内蒙古自治区地方志丛书

ᠬᠡᠰᠢᠭᠲᠡᠨ ᠬᠣᠰᠢᠭᠤᠨ ᠤ ᠲᠡᠦᠬᠡ

克什克腾旗志

（1991—2008）

克什克腾旗地方志编纂委员会编

方志出版社
Publishing House of Local Records

图书在版编目（CIP）数据

克什克腾旗志. 1991—2008/ 克什克腾旗地方志编纂委员会编.-- 北京：方志出版社，2020.10
ISBN 978-7-5144-4031-7

Ⅰ. ①克… Ⅱ. ① 克… Ⅲ. ①克什克腾旗—地方志—1991-2008 Ⅳ. ①K292.64

中国版本图书馆CIP数据核字（2020）第059086号

克什克腾旗志（1991—2008）

编　　者：克什克腾旗地方志编纂委员会
责任编辑：范　静

出 版 者：方志出版社
地址　北京市朝阳区潘家园东里9号（国家方志馆4层）
邮编　100021
网址　http://www.fzph.org
发　　行：方志出版社图书经销中心
电话（010）67110500
经　　销：各地新华书店
印　　刷：赤峰彩世印刷有限责任公司

开　　本：889×1194毫米　1/16
印　　张：72.5
字　　数：1500千字
版　　次：2020年10月第1版　2020年11月第1次印刷
印　　数：3000册

ISBN　978-7-5144-4031-7　　定价：368.00元

克什克腾旗地图

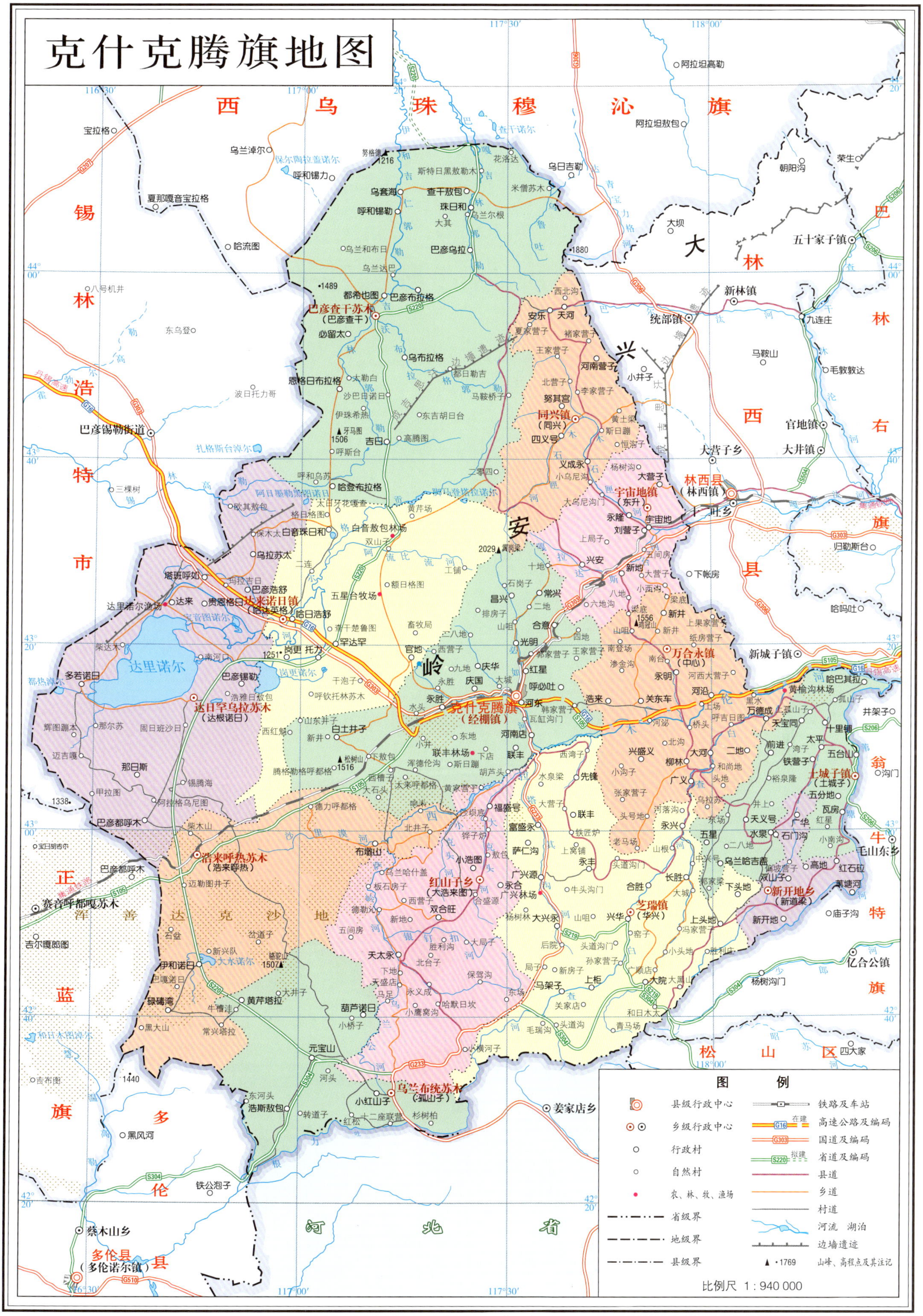

审图号：蒙S（2019）04号 内蒙古自治区地图院编制 二〇一九年一月

克什克腾旗旅游交通示意图

克什克腾旗（克旗）旅游简介

克旗位于内蒙古赤峰市西北部，地处内蒙古高原与大兴安岭南端山地和燕山余脉七老图山的交汇地带，总面积20673平方公里，距赤峰市230公里，距首都北京600余公里。

克旗旅游资源丰富，素有"内蒙古缩影"之称，集草原、森林、沙地、湖泊、温泉、石林、冰臼、珍稀动植物、蒙古族风情、文物古迹于一体。辖区拥有1个世界地质公园，2个国家森林公园，2个国家级自然保护区，2个国家重点文物保护单位，拥有星级宾馆8家，旅行社10家，旅游企业140多家，接待床位达到18000余张。2005年，被全国旅游商会、世界华人华侨旅游合作组织等联合评为"中国优秀旅游目的地"，阿斯哈图花岗岩石林园区被评为国家AAAA级景区，乌兰布统景区被国务院评为国家重点风景名胜区，达里湖景区被水利部评为全国水利风景名胜区，赛罕山庄风电场旅游景区被国家旅游局评为全国工业旅游示范点；2007年，中国·克什克腾世界地质公园揭碑开园；2008年成功创建"中国旅游强县"；2009年，被中国摄影家协会评为"全国摄影创作基地"，同年达里湖园区被评为国家AAAA级景区；2010年被国家标准委确定为国家级旅游服务标准化示范区，同年被国土资源部评为"中国温泉之乡"。

2011年共接待国内外游客232万人次，实现旅游综合收入10.44亿元，力争到"十二五"末，实现打造"全国生态旅游名旗"的目标。

自驾游精品路线

1 北京市---乌兰布统---达里湖---白音敖包---阿斯哈图石林---黄岗梁---热水镇---经棚镇---青山---西拉沐沦大峡谷---桦木沟

2 赤峰市---青山---经棚镇---热水镇---黄岗梁---阿斯哈图石林---白音敖包---达里湖---乌兰布统

3 北京市---乌兰布统---达里湖---白音敖包---阿斯哈图石林

4 赤峰市---青山---经棚镇---热水镇---黄岗梁---阿斯哈图石林---白音敖包---贡格尔草原---经棚镇

5 北京市---乌兰布统---桦木沟---西拉沐沦大峡谷---经棚镇---青山---热水镇---黄岗梁---阿斯哈图石林

6 锡林浩特---达里湖---白音敖包---阿斯哈图石林---黄岗梁---热水镇---经棚镇

旅游服务热线

天气预报查询	121
邮政编码查询	184
电话号码查询台	114
克旗汽车站问询处	0476-5235732
克旗火车站问询处	0476-2266012
赤峰汽车站问询处	0476-8334251
赤峰火车站问询处	0476-2222222
赤峰机场问询处	0476-8333956

旅行社名录

单位名称	经理	电话
地质公园旅行社	李彦臣	13015181373
安达旅行社	倪建新	13404882666
龙泉旅行社	褚秀涵	13514866758
塞外草原旅行社	顾莹雪	13848665165
龙行天下旅行社	韩海涛	13789768977
方舟旅行社	李中华	13500662407
北方草原旅行社	谢成林	13804765456
金色假期旅行社	武振明	13848665268
赤峰国旅克旗网点	曲文龙	13848060358
金秋坝上旅行社	刘静伟	0476-5234848

火车时刻表

车次	列车类型	始发站	始发时间	经过站	经过站到达时间	经过站发车时间	终点站	到达时间
1814/1815	普快	哈尔滨	16:29	经棚	第2日08:06	08:08	包头	21:22
1816/1813	普快	包头	10:40	经棚	当天22:34	22:36	哈尔滨	15:36
1818/1819	普快	呼和浩特	18:27	经棚	第2日04:11	04:14	乌兰浩特	17:03
1820/1817	普快	乌兰浩特	14:21	经棚	第2日03:12	03:18	呼和浩特	13:10
6051/6054	普慢	集宁南	15:50	经棚	第2日01:27	01:29	通辽	11:21
6053/6052	普慢	通辽	12:02	经棚	当天23:45	23:47	集宁南	10:20
K501/K504	空调快速	通辽	16:30	经棚	第2日00:24	00:26	呼和浩特	10:47
K502/K503	空调快速	呼和浩特	12:00	经棚	当天21:55	21:57	通辽	05:37
1456/1457	空调普快	呼和浩特	07:58	赤峰	第2日05:31	05:40	通辽	10:00
1458/1455	空调普快	通辽	17:25	赤峰	当天21:53	22:03	呼和浩特	19:02
2559	空调普快	北京北	20:41	赤峰	第2日07:05	07:05	赤峰	07:05
2560	空调普快	赤峰	21:10	赤峰	当天21:10	21:10	北京北	05:59
2621	空调普快	北京北	10:15	赤峰	当天17:20	17:20	赤峰	19:20
2622	空调普快	赤峰	19:40	赤峰	当天19:40	19:40	北京北	05:28
4208/4209	普快	沈阳北	10:17	赤峰	当天21:18	21:18	赤峰	21:18
6029	普慢	承德	13:08	赤峰	当天19:58	19:58	赤峰	19:58
6030	普慢	赤峰	06:15	赤峰	当天06:15	06:15	承德	12:47
K7351/K7354/K7355	空调快速	大连	16:48	赤峰	第2日09:20	09:20	赤峰	09:20
K7356/K7353/K7352	空调快速	赤峰	18:16	赤峰	当天18:16	18:16	大连	10:13
K7362/K7363	空调快速	沈阳	19:05	赤峰	第2日06:38	06:38	赤峰	06:38

客车时刻表

终点站	始发车时间
赤峰	6:20 7:10 8:00 8:30 8:50 9:00 9:30（高客）9:40 10:00 10:30 11:20 12:10 13:0013:50 14:00（高客） 14:40 15:30
林西	7:50 8:30 9:10 9:50 10:30 11:10 12:00 12:50 13:30 14:10 14:50 15:30 14:10 17:00
围场	6:50
林东	9:50
天山	6:40
平庄	6:50
呼和浩特市	10:00
锡林浩特市	8:30 14:00
渔场	12:30
军马场	9:20 13:00 13:20 13:30
青山林场	12:00
多伦	8:40
其他车次请拨打0476-5235732查询	

公路里程表（单位：KM）

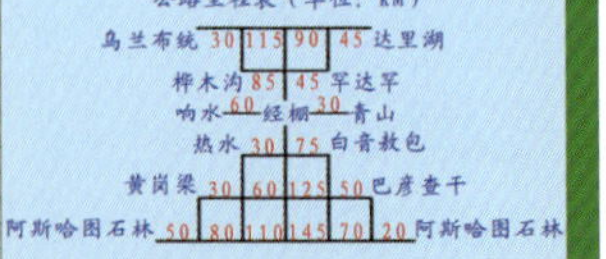

经棚镇区示意图

哈达社区
经十一街
宝石小区
黄岗社区
二中
宾悦新城
阳光温泉大酒店
玉竹社区
乌兰布统街
消防大队
信访局
公安局
吉祥家园
旗医院
农牧业综合楼
汽车站
应昌路
解放路
西拉沐沦街
世纪家园
滨河路
碧柳河
环卫局
政府行政服务大厅
供热站
新地税
地质公园博物馆
新城嘉园
碧柳街
如意家园
亚美宾馆
新城宾馆
西拉沐沦广场
北方宾馆
环城路
达里诺尔街
乐购超市
经棚镇政府
劳动局
国税
残联
柳兰社区
信合
青山街
碧柳社区
开发楼
河东大厦
法院
检察院
农机
防疫站
农发行
青山社区
凯莱商务宾馆
应昌小区
贡格尔街
天鹅湖宾馆
林业宾馆
交通局
蒙小
老汽车站
农行
建行
蒙中
二小
云杉社区
贡格尔社区
嘉城新苑
人行
三五肉类
云杉街
工行
新华书店
市场
社保局
星河宾馆
经棚宾馆
龙熙园
清真寺
中蒙医院
百货大楼
维多利广场
广播局
林业小区
庆宁寺
达尔罕街
防火办
党校
庆宁社区
中心市场
医药公司
皮毛场
赛罕街
景山家园
萃英社区
石林社区
一小
一中
赛罕社区
老年公寓
农村信用社
人寿保险
经棚街
经棚镇南广场
加油站
烈士陵园

经棚体育公园（2008年7月/拍摄）

克旗党委和行政综合办公楼与楼前广场（2008年7月/拍摄）

克什克腾世界地质公园地质科普广场（2008年6月/拍摄）

热水园区广场（2008年6月/拍摄）

经棚镇全景（2008年6月/拍摄）

塞罕坝风电场（2008年9月/拍摄）

响水水电站
（2007年6月/拍摄）

黄岗矿业（2008年10月/拍摄）

经棚桥（2007年9月/拍摄）

经棚镇南公路与省际通道公路衔接处（2008年11月/拍摄）

夏季牧业（2007年6月/拍摄）

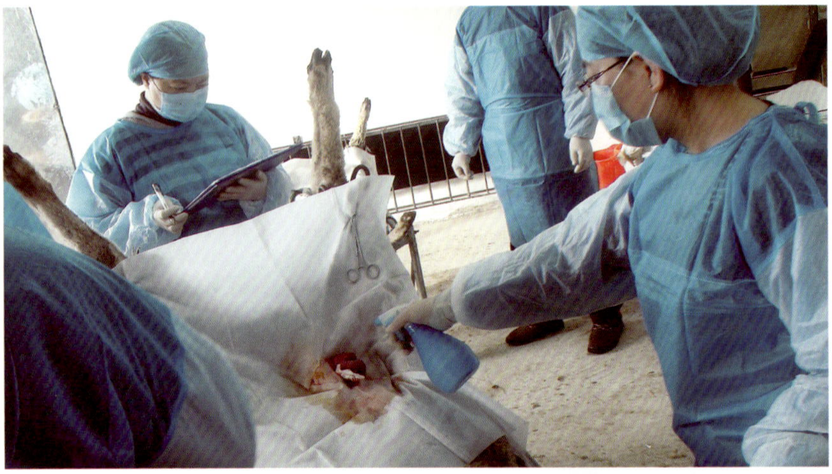

金峰公司羊胚胎移植
（2007年10月/拍摄）

机械剪羊毛比赛
（2008年6月/拍摄）

经棚镇鹅养殖小区（2008年8月/拍摄）

达里诺尔湖冬捕（2008年12月/拍摄）

昭乌达肉羊公羊（2008年5月/拍摄）

昭乌达肉羊放牧（2008年7月/拍摄）

贡格尔草原收获牧草（2008年9月/拍摄）

胡萝卜加工产业
（2008年11月/拍摄）

宇宙地镇刘营子村土地
整理项目（2008年7月/拍摄）

设施农业（2008年7月/拍摄）

基本农田（2008年9月/拍摄）

贡格尔河（2006年6月/拍摄）

平顶山秋色（2007年10月/拍摄）

浑善达克沙地（2006年10月/拍摄）

草地锦带（2007年7月/拍摄）

将军泡子（2008年7月/拍摄）

达里诺尔湖（2007年5月/拍摄）

克什克腾国家地质公园通过联合国教科文组织评审，晋升为世界地质公园，经棚镇举办庆祝活动（2005年2月/拍摄）

克什克腾世界地质公园青山景区开园庆典（2006年7月/拍摄）

阿斯哈图石林
（2007年10月/拍摄）

青山岩臼
（2007年8月/拍摄）

乌兰布统秋色（2008年9月/拍摄）

2008年6月，来自美国、加拿大、澳大利亚、法国、乌拉圭等18个国家参加2008年世界草地与草原大会代表参观达里诺尔自然博物馆

中国克什克腾世界地质公园博物馆（2008年6月/拍摄）

蒙中医院（2008年6月/拍摄）

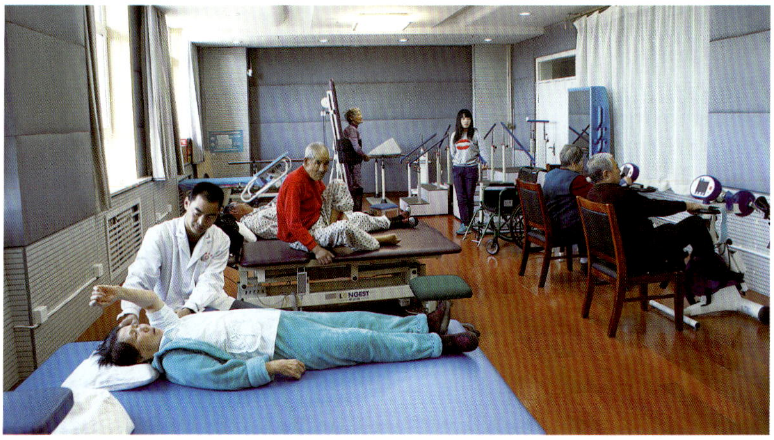

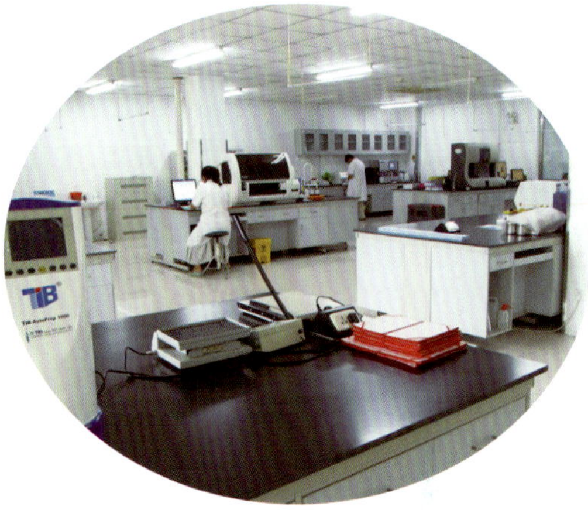

蒙中医院康复治疗（2008年6月/拍摄）

克什克腾旗医院（2008年8月/拍摄）

经棚第一中学（2005年7月/拍摄）

学前班学生学习马头琴演奏（2005年5月/拍摄）

经棚一中学生上实验课（2008年10月/拍摄）

经棚第二中学（2008年8月/拍摄）

经棚蒙古族中学
（2007年5月/拍摄）

经棚民族实验小学
（2006年6月/拍摄）

萃英学校（2008年6月/拍摄）

那达慕大会（2007年7月/拍摄）

搏　克
（2007年7月/拍摄）

2005年9月26日，中加项目达里诺尔环境教育中心建成庆典

草原驼文化节
（2006年12月/拍摄）

那达慕大会会场（2006年7月/拍摄）

应昌路遗址塔基（2007年7月/拍摄）

砧子山岩画（2006年4月/拍摄）

商代凸旋纹青铜甗
（2008年12月/拍摄）

辽代白釉刻花填褐彩牡丹纹罐
（2008年12月/拍摄）

新石器时代圆雕石人像
（2008年12月/拍摄）

新石器时代玉箍形器
（2008年12月/拍摄）

战国时代涡纹青铜镜
（2008年12月/拍摄）

元代“中书分户部印”钅
（2008年12月/拍摄）

国家一级保护鸟类大鸨（2006年4月/拍摄）

翘鼻麻鸭（2007年7月/拍摄）

国家一级保护鸟类白尾海雕
（2007年7月/拍摄）

长嘴剑
（2007年6月/拍摄）

东方鸻
（2005年6月/拍摄）

国家一级保护鸟类遗鸥
（2007年6月/拍摄）

冠鱼狗
（2007年5月/拍摄）

灰尾漂鹬
（2006年5月/拍摄）

红颈瓣蹼鹬（2006年5月/拍摄）

《克什克腾旗志（1991—2008）》评审委员会成员合影

前排左起：玉　红　徐媛英　邹吉凤　查干浪涛　唐玉茹　姚思泰　韩　泽

后排左起：张金鹏　林爱民　李向阳　郝文强　刘瑞翔　田　烨　郭晓辉

克什克腾旗地方志办公室工作人员合影

前排左起：胡昌明　王利国　李春海　刘德生　后排左起：吕振山　王广利　田　烨　张广成

《克什克腾旗志（1991—2008）》
编纂委员会成员

（2005 年 7 月 7 日）

主 任 委 员：刘万华（旗委书记）

李欣华（旗委副书记、旗政府旗长）

副主任委员：王立山（旗委副书记）

汪耳河（旗委常委、旗政府副旗长）

刘云国（旗委常委、宣传部长）

李长春（旗人大副主任）

刘德生（旗政协副主席）

刘文章（旗政府调研员）

委　　　员：马鹏飞（旗委办公室主任、旗接待办主任）

赛希雅拉图（旗政府办公室主任）

肖凤金（旗财政局局长）

刘明涛（旗发展与改革局局长）

郑清忠（旗经济贸易局局长）

宝音特古斯（旗档案局局长）

李维海（旗统计局局长）

刚苏和（旗教育局局长）

闫素珍（旗卫生局局长）

富翠萍（旗文化事业局局长）

刘　军（旗民政局局长）

浩毕斯嘎拉图（旗农牧业局局长）

李景章（旗林业局局长）

袁洪涛（旗交通局局长）

高建国（旗建设局局长）

张汉民（旗国土资源局局长）

胡昌明（旗档案局副局长）

旗 志 主 编： 刘德生（兼）

旗志编纂委员会下设办公室

主　　　任： 赛希雅拉图（兼）

副　主　任： 胡昌明（负责旗志办常务工作）

《克什克腾旗志（1991—2008）》
编纂委员会成员

（2013 年 6 月 6 日）

主 任 委 员： 边中悦（旗委书记）

于伟东（旗委副书记、旗政府旗长）

副主任委员： 冯树鑫（旗委副书记、克什克腾世界地质公园管理局局长）

金　仓（旗委常委、旗政府常务副旗长）

朱凤兰（旗委常委、宣传部长）

钟青松（旗委常委、旗委办公室主任）

刘德生（旗人大常委会调研员）

李景章（旗人大常委会副主任）

袁洪涛（旗政协副主席）

刘文章（旗人民政府原调研员）

委　　员： 张志强（旗人民政府办公室主任）

郑清忠（旗财政局局长）

张天鹏（旗发展和改革局局长）

张显忠（旗国土资源局局长）

崔贵虎（旗经济和信息化局局长）

苏义拉图（旗档案局局长）

刘百全（旗统计局局长）

田　烨（旗教育局局长）

张国华（旗人力资源和社会保障局局长）

张国祥（旗卫生局局长）

宋长山（旗旅游局局长）

宋达夫（旗民政局局长）

赛　汉（旗环保局局长）

刘爱民（旗农牧业局局长）

赵玉民（旗林业局局长）

李书良（旗交通运输局局长）

张会永（旗住房和城乡建设局局长）

钢苏和（旗民族宗教事务局局长）

孙再兴（旗文化体育和广播电影电视局局长、文化服务中心主任）

徐春河（旗广播电影电视服务中心主任）

陈向前（旗委办公室副主任、督查室主任、机要局局长）

旗志编纂委员会下设办公室

办公室主任：张志强（兼）

副　主　任：胡昌明（负责旗志办常务工作）

旗志主编：刘德生

副　主　编：胡昌明

《克什克腾旗志（1991—2008）》编纂委员会成员

（2015年7月9日）

主任委员： 边中悦（旗委书记）

潘存国（旗委副书记、旗人民政府旗长）

副主任委员： 金　仓（旗委副书记、克什克腾世界地质公园管理局局长）

薛德凯（旗委常委、统战部部长、旗人民政府常务副旗长）

朱凤兰（旗委常委、宣传部长）

钟青松（旗委常委、旗委办公室主任）

刘俊林（旗人大常委会副主任）

孙长江（旗政协副主席）

委　　员： 张志强（旗人民政府办公室主任）

陈向前（旗委办公室副主任）

郑清忠（旗财政局局长）

张天鹏（旗发展和改革局局长）

乌恩吉日嘎拉（旗国土资源局局长）

崔贵虎（旗经济和信息化局局长）

苏义拉图（旗档案局局长）

刘百全（旗统计局局长）

田　烨（旗教育局局长）

张国华（旗人力资源和社会保障局局长）

张国祥（旗卫生局局长）
宋长山（旗旅游局局长）
宋达夫（旗民政局局长）
赛　汉（旗环保局局长）
刘爱民（旗农牧业局局长）
赵玉民（旗林业局局长）
李书良（旗交通运输局局长）
张会永（旗住房和城乡建设局局长）
钢苏和（旗民族宗教事务局局长）
孙再兴（旗文化服务中心主任）
伊文豪（旗体育服务中心主任）
徐春河（旗广播电视服务中心主任）

办公室主任： 张志强（兼）

副　主　任： 胡昌明（负责旗志办常务工作）

旗 志 主 编： 刘德生

副　主　编： 胡昌明

《克什克腾旗志（1991—2008）》
编纂人员名单

特聘顾问： 郭凤岐

主　　编： 刘德生

副 主 编： 胡昌明

一、为本志提供资料人员名单（按姓氏笔画为序）

马孝秋	马鹏涛	王凤利	王国双	王惠民	邢　昆
朱少辉	刘广森	刘玉国	刘志慧	祁　静	许文华
苏纯利	杜春涛	李向云	李兆义	李雨田	李学武
李春海	李春煜	杨志国	杨荫年	杨喜斌	步洪涛
汪希鹏	张子慧	张树兴	陈万明	陈向明	季建东
周　伟	周国军	宝常军	赵连军	钟铁军	侯希文
姜东曙	贾宝鹏	郭　林	郭志远	郭俊杰	康　凯
康健勇	隋世新	董凤学	董相军	董爱民	樊　华
薛　丽	戴春芳				

二、为本志提供照片人员名单（按姓氏笔画为序）

马文武	方永彬	刘　琦	刘国民	刘国富	孙国树
李有明	李兆义	李学杰	李春煜	李景章	何炳刚
邹尚有	汪　洋	宋丽军	张今卓	张宝财	张新伟
金志伟	赵国君	姜　君	盖俊楷	董凤学	董相军
韩立新					

三、特邀工作人员

李春海　　吕振山　　张广成　　王广利

《克什克腾旗志（1991—2008）》评审委员会人员名单

主　任： 胡满达　王立恩

副主任： 查干浪涛　刘兴飞　唐玉茹　于兆飞

委　员： 姚思泰　韩　泽　郝文强　徐媛英　玉　红　邹吉凤　李向阳　刘瑞翔　林爱民　张金鹏　郭晓辉　田　烨

序 一

《克什克腾旗志(1991—2008)》,经过编纂者的努力和大家的关怀终于问世了,这是我旗精神文明建设的一大丰硕成果,值得庆贺。

地方志具有存史、资政的功能,是了解一方自然风貌、经济发展、社会政治和民俗风情的重要参考资料。克旗历史上曾两度修志,一是民国时期的《热河经棚县志》;一是1993年10月出版的《克什克腾旗志》,是我旗珍贵的文化遗产,亦为地方志的续修奠定了基础。

2005年,克旗启动了地方志续编工程,《克什克腾旗志(1991—2008)》门类齐全、内容丰富、采编审慎、文字凝炼,浓缩了时段内的沧桑岁月和历史跨越,将克旗各族人民在党的坚强领导下,自力更生,艰苦创业的历程铭刻于历史,是广大读者研究地方历史、翻检历史脉络与线索的参考资料,是开展爱国主义、革命传统教育的乡土教材,是一部具有鲜明时代风貌和地方特色的百科全书。

克什克腾旗有着深厚的历史积淀和丰富的文化内涵,百岔川岩画和红山文化遗址证明,西辽河流域是中华文明三大源头之一;西拉沐沦河流域是中国历史上许多民族生活繁衍的乐土;在人民革命和民族解放斗争中,作为革命老区有着彪炳史册的革命斗争历史。克什克腾旗是魅力无穷、充满生机与活力的地方。中华人民共和国成立以来,特别是改革开放四十年来,克旗的发展变化可谓天翻地覆,日新月异。本志书所记录的正是改革开放爬坡过坎、重塑更生的关键历史阶段。人民创造了历史,克旗各族人民解放思想、实事求是,大胆地试,勇敢的闯,干出了一片新天地。从传统的计划经济体制迈向前无古人的社会主义市场经济体制,再到使市场在资源配置中起决定作用和更好地发挥政府作用,初步建立了社会主义市场经济体制。我们坚持一切为了人民的初心,矢志改革创新,致力于脱贫致富,各种便民、惠民、利民举措持续实施,在发展中保障和改善民生,不断强化经济基础,增进人民福利。推动新型工业化、信息化、城镇化、农业现代化同步发展,共同创造和共享经济、政治、文化、社会、生态等各方面发展成果。使改革开放,兴旗富民成为克什克腾旗最显著的特征、最壮丽的景象。

从开启新时期,到跨入新世纪,从站上新起点,到进入新时代,我们风雨同舟、砥砺奋进。我们党引领各族人民谱写了一曲感天动地、气壮山河的奋斗赞歌。在短暂的时间中,我们举全旗之力,掀起一波又一波创建绿色生态家园的农田草原水利基本建设大会战,夯实了经济社会发展进步的基础;克服重重困难建起了我国长江以北最大的铁锡金属矿山企业——黄岗梁铁矿,中国北方第二大银多金属矿山企业——拜仁达坝银矿;风电企业异军突起;生态建设与保护效果显著,"塞北水塔"克什克腾天蓝水绿风清,生态旅游方兴未艾,从克什克腾世界地质公园到国家、自治区、市、旗各级各类自然保护区几乎全部覆盖了两万平方公里国土面积;交通、通讯、教育、科技、文化、卫生和社会保障事业快速发展,人民生活水平得到较大提高,艰难困苦,玉汝于成;回首往事,感奋激昂。各族人民风雨同舟,守望相助。每条战线、每个领域都有值得载入史册的春秋故事,丰富我们的历史档案。

为人民立言,为时代立传,编修旗志属于培根铸魂的工作,"关乎人文,以化成天下"。我们站在弘扬优秀传统文化、树立文化自信、促进文化繁荣、凝聚人心基点上,记录时代进步与发展,焚膏继晷,含英咀华;钩沉索引,续此弘篇。续编《克什克腾旗志(1991—2008)》为33篇,洋洋百万余言,以马列主义、毛泽东思想、邓小平理论、"三个代表"重要思想、科学发展观和习近平新时代社会主义思想为指导,运用辩证唯物主义和历史唯物主义观点,以述、传、图、表诸形式,广征博采,取精用宏;条分缕析,明白晓畅。力求观点与史实统一,思想性与科学性统一,秉笔直书,不尚空谈,殊为不易。

稽前鉴后,彰往昭来。修志之意,旨在激励当代、启迪后世。《克什克腾旗志(1991—2008)》得以问世,承蒙各地各单位协力支持,许多老同志、专家学者,自治区、赤峰市志办领导和同人,各兄弟旗县区史志部门同志的大力支持和指导,在此致以诚挚感谢。克旗志办的修志人员以高度的责任感和强烈的事业心,精心考证,广征博引,呕心沥血,终成鸿著。

借助旗志付梓之际,衷心祝愿克什克腾旗高举中国特色社会主义伟大旗帜,以习近平新时代中国特色社会主义思想为指导,迎难而上,开拓进取,为决胜全面建成小康社会,建设繁荣富庶新克旗不懈努力,谱写出更加辉煌灿烂的新篇章。中华复兴可期,斯民正扬鞭催马;克旗腾飞在望,吾辈当勠力争先。

是为序

赤峰市人大常委会副主任
中共克旗委书记 史中悦

克旗人民政府旗长 潘存国

2020年6月30日

序 二

一部《克什克腾旗志(1991—2008)》(以下简称《克旗志》)远播了克旗改革开放新时期的锦绣华章。

克旗志人,剞精鉥心笔耕;几多专家,研精究微评审;各级领导,精心不疲指导,使《克旗志》历经多年,多易其稿,精金百炼,在割能断,终以思想精深、内容丰厚、资料准确、篇目得当、特色突出、文笔流畅,跻身于精品佳志之列。

《克旗志》洋洋洒洒百万余言,以其体实而萼振、质朴而意胜的如椽之笔,纂述出了克旗的宏伟风物和不凡光环。

(一)突出地方特色,彰显克旗风光。

当笔者有幸到克什克腾旗(以下简称“克旗”)游览后,便彻底颠覆了原来对草原的概念。克旗,除了平坦的草原之外,还有奇特的山川,广阔的森林,明珠的湖泊,幽深的湿地,荒宏的沙丘,等等。

克旗有石林。它突兀于山峦之上,拔地而起;其怪石鳞次,如塔似柱,刺破青天。相比昆明的石林,更加雄伟壮观,巧夺天工;层层叠叠的水平岩石,节理规模之大,世界罕见。克旗的山上有岩臼。它们分布在青山顶部山脊上,达 2 平方公里范围之广,时间超过亿年。对岩臼形成的原因,专家学者意见不一,有的游客或说是外星人开凿。深感大自然的鬼斧神工,是世界地质公园中一种独具特色的花岗岩石类型。克旗的山上有“冰斗”。从高处俯瞰平顶山之“冰斗”,直观的可见冰川流动,陆续把侵蚀的破碎岩石带走,使底部凹陷不断加深,终于形成三面陡峭、一面开口的圈椅背状的漏斗型地貌遗迹,是完整地反映第四季冰川地质类型的典型代表。

克旗有峡谷——西拉沐沦大峡谷,长 340 公里,宽 50 公里,谷底为西拉沐沦河(蒙古语“黄色的河”),是西辽河水的正源。西拉沐沦(河)克旗段,长 150 公里,沿途有 50 余条河流或季节性河流汇入,蜿蜒东下,涌泉漩溢,高程落差,飞瀑簾垂。峡谷两岸,疏林沙地,林若伞盖,层林尽染,平添一派大漠过渡风光。

克旗有湖泊——达里诺尔自然保护区的达里湖,是克旗的明珠。独具特色,湖水为苏打型半咸水。湖里的华子鱼,具有特殊的鲜美味道。笔者不喜吃鱼,竟然在这里吃了两大条。

克旗有湿地——乌兰布统湿地,南与河北省围场交界,是集滦河源头、草原湖泊、沙地湿地等多样性地质系统为一身的湿地园区。这里栖息着多种野生动物,仅鸟类有 80 余种。尤其是大片的半人高的草场,是现今内蒙古难以见到的“天苍苍,野茫茫,风吹草低见牛羊”的稀有景观。

克旗有森林——11个林场和林业苗圃,构成了林海之原。如黄岗梁森林公园,集草、山、河、湖、甸、林、沙等多样景观于一体;汇原始森林景观、白桦与山杨树丛景观、针阔叶林混交景观于一园;融草原特色、森林特色与蒙古族风情于一区。其桦木沟国家森林公园,内有天然野果园、野生动物驯养场、狩猎场、野生花园观赏区、翡翠谷风景区等,此处的乌兰布统古战场,是著名的影视外景基地,曾在此拍摄了《射雕英雄传》《天上草原》《康熙大帝》《脚下天堂》等多部影视剧。克旗的沙地云杉,是中国乃至世界特有的珍稀濒危树种,其白音敖包一处种群,为欧亚大陆云杉种群中,非地带性植被的特殊类型,属于超地带性顶级植被类型。

克旗有温泉——最高水温83℃,为碱性水,是理想的医疗沐浴场所。

在这里,那青青的草地,苍茫的山峰,葱茏的树林,蔚蓝的湖水,幽芜的湿地,暗黄的沙岗,洁白的蒙古包、光点的羊群,飘动的白云,五颜六色的遍地野花,相互辉映,静动交错,形成了五彩斑斓的草原天堂;这里四季分明,春有杜鹃花潮,夏有林海滴翠,秋有霜林如染,冬有银装素裹,如诗如画,如梦如幻,构建了一幅璀璨夺目的唯美风景。

(二)创新体式结构,呼应时代之感。

一部志书的体式结构,用文字表述出来就是篇目。它是方志体例的具体体现和实际运用。志书的体式结构是“横排门类,纵述史实”,设置篇目的原则,要求“事以类聚,类为一目”。《克旗志》为了彰显地方特色,强化时代之感,坚持与时俱进,开拓创新。

首先,是思维模式的创新。克旗志人,突破正向思维的定式,采用逆向思维进行谋篇;其次,是方志理论的创新。他们突破传统的“类以事聚,事为一目”的设篇原则,采用“类以事聚,事为一目”的倒置方式;再者,是共性与个性关系的创新。对于个性大于共性的事物,突破将事物分散地横陈于多个节目中的惯常作法,将个性化大的事物,设置为特色专篇,避免将地方特色事物“五马分尸”,淹没在浩瀚的志文之中。

如是,《克旗志》就构建了两个“特色篇”,即第三篇“克旗世界地质公园”和第四篇“国家级自然保护区与森林公园”。这就使克旗的地方特色事物,聚束式地映射出时代的熠熠光彩。

例如“克旗世界地质公园”,在地质上属于中朝板块与西伯利亚板块晚古生代对接带,内蒙古中部地槽褶皱带中段南端,大兴安岭、燕山山脉、浑善达克沙地之三大地貌区的结合部位。主要地质遗迹,包括:阿斯哈图花岗岩石林、青山岩臼及花岗岩峰林、平顶山“冰斗”群、西拉沐沦大峡谷、热水塘温泉、达里诺尔(湖)火山群、黄岗梁第四季冰川遗迹、浑善达克沙地、乌兰布统湿地等九大园区。这些园区是类型独特、稀有、典型、完整的地质遗迹。地表植物有东北植物区系、内蒙古植物区系、华北植物区系而交汇并存的特点。2005 年 2 月 11 日，由联合国教科文组织评为中国第二批世界地质公园，是同期中国唯一一处以行政区划命名的世界地质公园。

“克旗国家级自然保护区与森林公园”篇，包括达里诺尔、白音敖包两个国家级自然保护区和黄岗梁、桦木沟两个国家级森林公园。

达里诺尔自然保护区，是湖泊、河流、沼泽及湿草甸等生态系统。湖泊总面积 25644 公顷，占保护区总面积的 60%。这里动植物资源丰富，栖息繁殖的鸟类有百种之多，集群数量在万只以上，是国家一级保护鸟类东方白鹳、黑鹳的繁殖地，已列为亚洲重要湿地名录。

白音敖包自然保护区，为沙丘高地平原地貌，地下水位较低，有两条河流流经区境，生长着濒危树种沙地云杉，是中国独有的珍稀云杉树种，也是世界仅存的云杉新种。它对了解中国云杉起源、演化和气候变迁、自然历史演进，具有重要的科研价值。

黄岗梁森林公园，属于大兴安岭山系，有大兴安岭最高峰、海拔 2029 米的黄岗大鹅头。它集草地、山地、河谷等多样景观于一体；融森林景观、草原特色与蒙古族风情于一身。其动植物分布多样，区域特征独特，具有重要科研保护价值。

桦木沟森林公园，地表水丰富，是滦河等 4 条河的发源地。植被生长茂密，动物繁多，鸟类成群，人文风情浓郁。

克旗地质公园、自然保护区和森林公园，不仅数量多，而且规格高，是国家级和世界级的，这在一个旗(县)十分鲜有。这极大地提高了克旗的声誉，是地区极其珍贵的无价之宝，是旅游观光、人文休闲活动的珍稀资源。

鲁迅先生在《南腔北调集》说：“要极省俭的画出一个人的特点，最好是画他的眼睛。”《克旗志》的特色篇，堪称流光溢彩的“志眼”。这些特色专篇，加上其他章、节、目中的同中有异、异中有同、大同小异、小同大异的特色亮点、光点和元素，就从宏观、中观和微观上，凸显了克旗的地方特色和时代光芒，形成志书的日月高照，繁星点点的绚烂大观。

(三)发掘传统文化，适应时代精神。

我们的首轮新编志书，取得了巨大的成绩。但回头来看，笔者感到有“四多四少”的遗憾，即现实资料多，历史资料少；经济资料多，人文资料少；一般资料多，特色资料少；罗列资料多，著述功力少。尤其是经济类资料厚重，而人文类资料薄弱这一条，为方志界内外专家所共识。

习近平总书记指出：把跨越时空、超越国度、富有永恒魅力、具有当代价值的文化精神弘扬起来,把继承传统优秀文化又弘扬时代精神、立足本国又面向世界的当代中国文化创新成果传播出去。

对于二轮志书来说,由于记述范围之所限,更要注意加强人文方面的记述,挖掘中华传统文化基因,与当代文化相适应,与时代精神相协调。

克旗文化积淀深厚,《克旗志》对文化内容的记述,可谓浓墨重彩;对人文历史的开掘,堪称“取精用弘”。

一是,设置文化篇章,重视文化特点。《克旗志》设立的文化专篇有:第六篇“民族 宗教 方言”、第二十九篇“文化”、第三十篇“教育”、第三十一篇“科学技术”、第三十二篇“医疗 卫生 体育”、第三十三篇“精神文明建设”,还有“克旗世界地质公园博物馆”等章。

在这些文化篇章中,尤其重视记述文化特点。

比如,文化的独特性。该志第七篇的“蒙古族习俗”,包括“生活习俗”的饮食、衣饰、居住、婚嫁、丧葬;“岁时习俗”的春节、旺畜节、祭敖包、点灯节、祭火神;“礼仪习俗”的血亲与姻亲称谓、常礼;“生产习俗”的小马打烙印、公马两岁去势(阉睾丸)、各户的羊打印或上耳记等。这些民族习俗的独特性,就是差异性,就形成了不同的文化的特征。

又如,文化的精神性。克旗在精神文明建设中,涌现出不少区(省级)、(地)市级文明单位。2008 年,克旗有区级文明单位 7 个,市级文明单位 73 个。精神性是文化最基本的特征。这些文明单位是克旗精神文明的榜样,有力地带动了全旗精神文明建设向纵深发展。

再如,文化的传递性。克旗世界地质公园博物馆,由国家、自治区和克旗政府共同投资兴建,北京的两家公司进行设计、布展与设计、施工。采用现代电子技术,融展示与参与、教育与科研、游览与观光于一体。以现代博物馆文化,向人们传达地质科学知识。

二是,构置文化要素,闪耀文化光点。《克旗志》在经济、政治、社会、地质公园、自然保护区、旅游等部类中,注重构置文化要素。诸如:

世界地质公园西拉沐沦大峡谷园区,是中华古文明的发祥地之一,《克旗志》记述了在河谷发现的兴隆洼文化、赵宝沟文化、红山文化、小河沿文化和夏家店文化等史前人类遗存;记述了发现的商朝先民岩画和青铜器等早期文化遗存。世界地质公园“乌兰布统湿地”园区,有丰厚的人文历史。该志记述了清代在这里发生的著名乌兰布统之战,康熙二十九年(1690),康熙在这里战胜噶尔丹,维护了国家的统一,大将佟国纲战死于此,其水泊被民众称为“将军泡子”,还有佟国纲的衣冠冢。记述了这里的十二座连营遗址,地表有石砌建筑基址三排,东西长 17.6 米,南北宽 13.5 米,门开在南墙东部，院内东北部有长方形房址，初定为清代木兰围场守护所。乌兰布统园区，是驰名的影视外景地，记述了曾在此拍摄电视连续剧《三国演义》《射雕英雄传》《康熙王朝》《还珠格格》等120余部影视片。这里的现代影视文化，兼具观光旅游、休闲娱乐、养生度假等文化要素，经久不衰的在熠熠闪光。

在“旅游业”篇，记述有“砧子山岩画”，位于达里诺尔北岸，现可分辨画幅在30个个体以上，为工型简笔，生动逼真，有动有静，有缓行有疾奔；猎手箭前奔鹿，惊慌失措，嬉戏的幼鹿，憨态可掬，母鹿腹下的小鹿，恬静能听，表现出极高的艺术价值和观赏性。这一篇，还记有全国重点文物保护单位“元代应昌城遗址”。

在“商贸服务业”篇，记有文化娱乐和体育健身服务业。包括卡拉OK歌厅、放像厅、室内外台球处、书报厅、电子游戏厅、打字复印处、扩照相处、歌舞厅、新华书店、图书租赁点、网络服务所、音像制品租销点、门球场、乒乓球和棋牌活动室等。

在区、市新闻媒体和《人民日报》、中央电视台、《光明日报》、香港《大公报》、香港《东方报》及《天津日报》等百多家新闻媒体上，发表的宣传克旗的文章几千篇。如1996—2008年，央视先后制作、播出了12集克旗地质公园风光片，文艺片《野菊花》《我的故乡》，4集《克什克腾旗草原之行》，5集克旗风光片《青山岩臼探秘》等，探索发现片《达里诺尔：生命的奇迹》（上下集），“新闻联播”播出的《内蒙古：草库仑牧区小康路》，科教片《唐臣的十八年》《神秘的九缸十八锅》《达里诺尔水精灵》，外宣片《翻越石头的记忆》，以及大量的克旗报道等。期间，有《人民日报》头版头条刊发的《丹心一片 绿染黄沙》，报道克旗治沙模范唐臣的事迹。还有《人民日报》、《中国信息报》等多家报纸，用专版或大量篇幅，对克旗世界地质公园所作的推介和对克旗所作大量专题报道等。

在“群众团体 社会团体”篇的“文联”中，有2001—2008年克旗作者获奖文艺作品一览表，包括小说、散文、诗歌、报告文学、故事等体裁，共25种。

《克旗志》散布在各个部类的文化要素，如星光闪闪；加之文化专篇，这就形成了全志文化内容的众星捧月的灿烂景观。

三是，发掘传统文化，传承基因亮点。中华民族在5000余年文明发展进程中，创造了博大精深的灿烂文化。中国传统文化，记载了中华民族自古以来在建设家园的奋斗中，开展的物质和精神活动，进行的理性思维，反映了中华民族的精神追求，是中华民族生生不息、发展壮大的重要滋养。发掘中国传统文化，是方志的题内之要。续修志书与首轮志书比较，因记述范围的关系，历史文化内容相对减少。《克旗志》却重视传统文化的记述，除了上述提到者外，在“文化”篇中，历史文化记述分外亮眼。

其一，是遗址文化。有西周至春秋晚期的“龙头山”遗址、经棚镇的“南台子”遗址、万合永镇的“上店”和“元房子”遗址、新石器时代至清代的“牛粪沟”遗址、距今3300年前后的“园林子矿冶”遗址、元代的“应昌路故城”遗址、清代的“乌兰布统战场”遗址、清代的“十二座连营”遗址、金代的“嘎松山关隘”遗址、清代私人府第的“协理台吉官府”旧址,以及日军侵略铁证“努其宫侵华日军工事”旧址等。

其二,是古墓葬文化。如圆圈洼石棺壁画墓、采石场墓群、塔黄图辽墓、棒槌山辽墓。

其三,是古建筑遗址。有元代“曼陀山龙兴寺”遗址、清代“关帝庙”。

其四,是石刻题记。如烧锅木石刻题记(梵文)、福山嗣良碑记、土城子界碑记。

其五,是岩画。有“彤日枭面图”、“巫舞图”、阁老营子岩画、牧场岩画、“群鹿图”等等。

中国传统文化,反映了中华民族的精神追求,是中华民族生生不息、发展壮大的重要滋养。民族文化最基本的文化基因,与当代文化相适应,与现代社会相协调,与时代精神相契合。这就是在实践李克强总理强调的:修志问道,以启未来。

在《克旗志》即将付梓之际,受托而为序。

郭凤岐

2019年4月28日

(作者系中国地方志学会学术委员,天津市地方志编修委员会原副主任兼秘书长,天津市地方志办公室原主任、研究员,南开大学客座教授)

凡 例

一、《克什克腾旗志(1991—2008)》为断代志,是首部《克什克腾旗志》的续志,也是全面记载1991—2008年克什克腾旗自然、政治、经济、文化、社会等方面的地方资料性文献。

二、志书以马克思列宁主义、毛泽东思想、邓小平理论和“三个代表”重要思想、科学发展观、习近平新时代中国特色社会主义思想为指导,坚持辩证唯物主义和历史唯物主义的立场、观点和方法,坚持实事求是的思想路线,客观反映克旗历史发展轨迹,并力求做到思想性、科学性、资料性的统一。

三、志书为续志,上限始自首部《克什克腾旗志》的下限,即1991年1月;下限断至2008年12月31日。为保证记述事物的完整性、连续性,志书一些记述内容适当进行上溯和下延。以克旗2008年行政区划为记述范围,历史上曾经隶属而后变动的区域,必要涉及者,只作相关而非系统记述。

四、志书采用述、记、志、传、图(含照片)、表、录、索引等体裁,以志体为主;概述统揽全志,提要钩玄;大事记运用编年体并辅之以记事本末体;志体横排门类,纵述史实,以时纵贯,一般作篇、章、节、目4个层次,直书史实,穿插图、表记叙。

五、志书按地图、序言、彩照、凡例、目录、概述、大事记、专志、附录、索引和编纂始末排序,志书主体部分33篇。

六、志书遵循《中华人民共和国通用语言文字法》,除引用文字和文献辑存外,均采用规范的语体文、记述体。使用国家语言文字工作委员会正式公布的简化汉字,并力求准确、简练、朴实、流畅。

七、志书采用第三人称记述。人物直书姓名,必要时冠以职务,不缀褒贬;地名,以现行标准地名为准,使用历史地名,首次出现时括注现行标准地名;过繁的名称,首次出现时用全称,同时括注通用简称,之后使用简称;涉及外国人名、地名机构名及术语译名,均以现行的通用译名为准,必要时括注外文名称。

八、志书数字书写以国家标准CB/T1158315—2011《出版物内数字用法》为准。

计量单位以1984年国务院颁布的《中华人民共和国法定计量单位》和1993年国家技术监督局发布的《量和单位的规定》等国家标准为准,并采用法定计量单位符号。

标点符号用法遵循国家发布的BG/T15834—2011《标点符号用法》。

九、志书纪年：中华民国成立之前，采用历史朝代纪年，括注公元纪年；中华人民共和国成立后，一律采用公元纪年。

十、志书人物，设人物传略和人物简介两部分。

人物入传坚持“生不立传”原则；依据中共克旗委办公室、克旗人民政府办公室人物传略和人物简介、名录的录入标准录入人物。各类人物以出生先后为录入顺序。名录中的先进个人以评奖时间为序，专业技术人员按单位录入不排序。

十一、志书资料来自档案、统计年鉴、地方志，以及有关单位、图书馆和图书、报刊、口述史等。所用资料，经过考证，一般不再注明出处。

十二、《克什克腾旗志(1991—2008)》记述内容与1993年版《克什克腾旗志》记述内容不一致时，以《克什克腾旗志(1991—2008)》记述为准。

目　录

第三篇　克什克腾世界地质公园

第四篇　国家级自然保护区与森林公园

第五篇　人　口

第六篇 民族 宗教 方言

第七篇 环境保护

第八篇　基础设施

第九篇　城乡建设

第十篇　经济综述

第十一篇　畜牧业

第十二篇　农业　水利

第十三篇　林　业

第十四篇　工业　乡镇企业

第十五篇　旅游业

第十六篇　商贸粮油　社会服务业

第十七篇　财政　税务

第十八篇　金融业

第十九篇　经济综合管理

第二十篇　中国共产党地方组织

第二十一篇 地方人民代表大会

第二十二篇 地方人民政府

第二十三篇　政协地方委员会

第二十四篇　人民团体　社会团体

第二十五篇 综合政务

第二十六篇 检察 审判

第二十七篇　公安　司法

第二十八篇　军　事

第二十九篇　文　化

第三十篇 教 育

第三十一篇　科学技术

第三十二篇　医疗卫生　体育

第三十三篇 精神文明建设

人 物

附 录

索 引

ᠭᠠᠷᠴᠠᠭ

ᠳᠣᠯᠤᠭᠠᠳᠤᠭᠠᠷ ᠠᠩᠭᠢ ᠶᠢᠨ ᠳᠣᠣᠷᠠᠳᠤ ᠳᠡᠪᠲᠡᠷ

ᠬᠤᠶᠠᠳᠤᠭᠠᠷ ᠳᠡᠪᠲᠡᠷ ᠮᠣᠩᠭᠣᠯ ᠤᠨ ᠰᠤᠷᠭᠠᠭᠤᠯᠢ ᠶᠢᠨ ᠬᠢᠴᠢᠶᠡᠯ ᠦᠨ ᠵᠣᠬᠢᠶᠠᠯ

ᠭᠤᠷᠪᠠᠳᠤᠭᠠᠷ ᠬᠡᠰᠡᠭ ᠮᠣᠩᠭᠣᠯ ᠬᠡᠯᠡ ᠪᠢᠴᠢᠭ ᠦᠨ ᠰᠤᠷᠭᠠᠯᠲᠠ ᠶᠢᠨ ᠰᠢᠨᠵᠢᠯᠡᠯ ᠦᠨ ᠠᠷᠭ᠎ᠠ

ᠳᠥᠷᠪᠡᠳᠦᠭᠡᠷ ᠳᠡᠪᠲᠡᠷ ᠬᠣᠶᠠᠳᠤᠭᠠᠷ ᠨᠢ

[illegible]

[illegible]

[illegible]

[illegible]

[illegible]

[illegible]

[illegible]

[illegible]

[illegible]

[illegible]

ᠳᠣᠯᠣᠭᠠᠳᠤᠭᠠᠷ ᠳᠡᠪᠲᠡᠷ ᠰᠢᠨᠵᠢᠯᠡᠬᠦ ᠤᠬᠠᠭᠠᠨ ᠪᠠ ᠮᠣᠩᠭᠣᠯ ᠬᠡᠯᠡ

[illegible]

[illegible]

ᠭᠠᠷᠴᠠᠭ

[illegible]

ᠬᠡᠰᠡᠭ ᠬᠠᠷᠢᠴᠠᠭᠤᠯᠤᠯ ᠰᠤᠳᠤᠯᠭ᠎ᠠ ᠶᠢᠨ ᠬᠦᠮᠦᠵᠢᠯ ᠪᠠ ᠪᠣᠯᠪᠠᠰᠤᠷᠠᠯ ᠤᠨ ᠬᠦᠮᠦᠵᠢᠯ ᠪᠠ ᠪᠣᠯᠪᠠᠰᠤᠷᠠᠯ ᠤᠨ ᠰᠤᠳᠤᠯᠭ᠎ᠠ

[illegible]

[illegible]

[illegible]

[illegible]

[illegible]

ᠭᠤᠴᠢᠨ ᠲᠠᠪᠤᠳᠤᠭᠠᠷ ᠨᠡᠢᠲᠡᠯᠡᠯ ᠲᠣᠭᠣᠨᠠᠭᠠᠯ ᠤᠨ ᠰᠤᠷᠭᠠᠭᠤᠯᠢ ᠶᠢᠨ ᠰᠤᠳᠤᠯ ᠤᠨ ᠬᠦᠷᠢᠶᠡᠯᠡᠩ

[illegible]

ᠨᠡᠢᠭᠡᠮ ᠬᠡᠯᠡᠨ ᠰᠢᠨᠵᠢᠯᠡᠬᠦ ᠤᠬᠠᠭᠠᠨ

ᠬᠡᠯᠡᠨ ᠦ ᠰᠣᠶᠣᠯ ᠤᠨ ᠬᠡᠯᠡ ᠰᠢᠨᠵᠢᠯᠡᠯ

ᠭᠤᠷᠪᠠᠳᠤᠭᠠᠷ ᠬᠡᠰᠡᠭ ᠰᠤᠷᠭᠠᠭᠤᠯᠢ ᠶᠢᠨ ᠰᠢᠨᠵᠢᠯᠡᠬᠦ ᠤᠬᠠᠭᠠᠨ ᠤ ᠦᠨᠳᠦᠰᠦ ᠬᠡᠮᠵᠢᠶ᠎ᠡ

ᠭᠤᠴᠢᠨ ᠶᠢᠰᠦᠳᠦᠭᠡᠷ ᠪᠦᠯᠦᠭ ᠰᠢᠨᠵᠢᠯᠡᠯ ᠤᠨ ᠵᠠᠰᠠᠭ ᠬᠠᠭᠠᠨ ᠤ ᠪᠢᠴᠢᠭ

ᠭᠠᠷᠴᠠᠭ

ᠭᠠᠷᠴᠠᠭ

ᠮᠣᠩᠭᠣᠯ ᠪᠢᠴᠢᠭ

ᠪᠢᠴᠢᠭᠯᠡᠯ ᠦᠨ ᠰᠤᠳᠤᠯᠤᠯ

ᠬᠡᠯᠡᠯᠭᠡ

概述

概 述

克什克腾旗(以下简称克旗)位于内蒙古中东部、赤峰市西北部,地处内蒙古高原与大兴安岭南端山地、燕山山脉七老图山、浑善达克沙地、科尔沁沙地几大地貌交汇带。东邻林西县、翁牛特旗,南邻赤峰市松山区、河北省围场满族蒙古族自治县,西接锡林郭勒盟多伦县、正蓝旗,北与锡林浩特市、西乌珠穆沁旗毗邻。全境南北长 207 公里,东西宽 170 公里,总面积 20673 平方公里,平均海拔 1100 米,地理坐标为:北纬 42°23′~44°22′,东经 116°21′~118°26′。克旗人民政府所在地经棚镇,距赤峰 223 公里,距呼和浩特市 664 公里,距首都北京 621 公里。克旗地貌类型复杂多样,属中温带大陆性季风气候,年平均气温 2~4℃,年日照 2600~2900 小时,年降雨量 250~500毫米,无霜期60~150天。截至 2008 年底,克旗总人口 25.6 万人。所辖 11 个苏木乡镇,2 处旅游开发区,2 个街道办事处,是一个以蒙古族为主体民族,汉族居多数,蒙古族、汉族、回族、满族、壮族、达斡尔族等 10 个民族聚居的地区。

一

克旗的历史文化可追溯到 8000 年以前的新石器时代,兴隆洼文化的石雕石人和红山文化的陶塑,克什克腾皆有发现。这里是商民族的发祥地,商族南迁后,这里又变成了山戎、东胡的领地。至秦代有匈奴,汉代有乌桓、鲜卑居住,隋唐时有库莫奚、霫、契丹生活在这里。古称"平地松林"。克什克腾,是蒙古语"亲兵"、"卫队"的意思,是一代天骄成吉思汗册封部队的称号。克旗于清顺治九年(1652)建制,迄今已有 350 余年的历史。

经棚镇是克旗人民政府所在地,是克旗政治、经济、文化中心。经棚镇是历史古镇,清顺治年间(1644—1661),西藏喇嘛到此传经,搭起了一座简易的棚子为诵经场所,"经棚"便由此得名。清乾隆二年(1737)在敖包山下的风水宝地修建了庆宁寺,后又相继建成关帝庙、清真寺,体现了多元文化形态。经棚镇的商业地位十分重要,清朝时这里就成了主要的旅蒙商道和南北货物的集散地,天津、北京、张家口的旅蒙商通过这里将货物运往锡林浩特、二连浩特和蒙古的乌兰巴托,并逐渐发展成为同张家口、多伦、乌兰巴托(大库仑)齐名的塞北四大商埠之一。经棚镇的商贸地理位置十分优越,仍然是南方轻工业产品和北方皮张肉食的集散地和商贸枢纽。

独特的地理位置和自然环境,造就了克旗丰富多样的自然资源。全旗耕地总面积 130 万亩,粮食产量稳定在 1.5 亿公斤左右。2008 年 6 月末,家畜存栏 255 万头(只),

其中牛27.5万头,羊215万只。林业用地1337万亩,森林覆盖率25.6%。拥有天然草牧场2655万亩,其中可利用天然草场2200万亩。矿产资源丰富,是中国北方重要的矿产资源战略接替基地。截至2008年,已发现金属和非金属矿38种,矿床、矿点、矿化点近300处,初步形成了黄岗、拜仁达坝、小东沟三大采选矿区,全旗有色金属矿山日处理能力14000吨。黄岗铁锡矿已探明的铁矿石储量1.17亿吨,锡金属50万吨,是长江以北最大的铁锡多金属共生矿。拜仁达坝银多金属矿探明银金属储量5500吨,是国内已探明的第二大银多金属矿。克旗水资源充足,境内有大小河流50余条,天然湖泊60余个,水资源总量6.69亿立方米。现已建成小水电站10座,总装机17950千瓦,年发电量4490万千瓦时;风电资源开发潜力巨大,截至2008年底,全旗风电装机容量72万千瓦,是全国风电装机规模最大的县级地区。

克旗贡格尔草原是距离北京最近的草原。在这3200平方公里的草原上,生长栖息着500余种野生植物和100余种野生动物,120余种珍禽。达里诺尔(汉语意"大海一样的湖")位于贡格尔草原的西南部,面积238平方公里,是内蒙古四大湖泊之一,是赤峰市最大的湖泊。在达里诺尔的两畔又各有一个湖泊相依为伴,湖内产红鲤鱼、鲫鱼、瓦氏雅罗鱼等,其肉质鲜美。每年夏季丹顶鹤、白枕鹤、天鹅、鸿雁等百余种水禽来湖区繁衍后代,给湖区增添了勃勃生机,是名副其实的"百鸟乐园"和"候鸟驿站"。

克旗有着特殊的植物区系,是大兴安岭东北植物区系和华北植物区系的交汇区。特殊的植物区系优势,成就了克旗的美丽神奇。在这两万多平方公里的土地上,有世界地质公园1处、国家级森林公园2处、国家级自然保护区2处、国家级文物保护单位2处、国际狩猎场1处、国家旅游风景名胜区1处。这里汇集了冰川遗迹、火山地貌、温泉、沙地、草原、河流、湖泊、湿地,被称为"塞北金三角"和"内蒙古的缩影"。2005年,被联合国教科文组织命名的"克什克腾世界地质公园",是世界48家地质公园中,唯一一家以行政区划名称命名的世界地质公园。2006年,克旗被全国旅游商会、世界华人华侨旅游合作组织等机构评为"中国优秀旅游目的地",2008年被评为中国旅游强旗(县)。

二

克旗地域辽阔,物产丰富,自然资源得天独厚,为克旗建设与发展提供了雄厚的物质基础;克旗人民纯朴善良,智慧勤劳,是建设克旗、发展克旗的强大力量;克旗社会安定、民族团结、民心凝聚,是克旗经济社会发展极其宝贵的思想政治基础。1991—2008年,全旗经济社会发展进程中,经历了四次中共克旗党代会(第十次至第十三次)、五届克旗人民代表大会(第十一届至第十五届)和五届政协克旗委员会会议(第四届至第八届),实施了四个"五年计划"("八五"至"十一五")。中共克旗委、克旗人民政府带领全旗各族人民高举团结建设、改革开放的旗帜，坚持“两个文明”建设一齐抓，紧紧围绕提高城乡人民生活水平和富民强旗的目标，突出加快发展主题。以项目建设为支撑，发挥地区资源优势，以不断深化改革开放和科技进步为动力，实施“生态立旗、工业强旗、牧业富旗、旅游活旗、科教兴旗”发展战略，加速农牧业经济结构战略性调整，加快矿产业、绿色清洁能源开发速度，推进工业化进程，做大做强旅游产业。通过18年的努力奋斗，如期完成了四个“五年计划”，克旗经济发展实现了新跨越，改革开放开创了新局面，特色经济形成了新亮点，小康社会迈出新步伐，人民生活水平跃上了新台阶。为实现“全市的工业强旗、全区的牧业大旗、全国的旅游名旗”三个战略定位打下了坚实的基础。

“八五”时期(1991—1995)，以邓小平同志南方谈话和中共十四大为标志，克旗的改革开放和现代化建设事业进入了一个新的发展阶段。在由计划经济向社会主义市场经济转变和人民生活由温饱向小康跨越的历史进程中，旗委、旗人民政府带领全旗广大干部群众进一步解放思想、转变观念、深化改革、扩大开放、克服困难、加快发展。全旗经济建设和社会发展取得显著成绩，党的建设、精神文明建设和民主法制建设取得新的进展，全旗经济社会发展进入了构筑社会主义市场经济体制基本框架的新的历史阶段。全旗国民生产总值由1990年的2.2亿元增加到1995年的4.14亿元，年均递增13.4%；地方财政收入由1321万元增加到2300万元，年均递增11.7%。按可比口径计算，财政自给率由33.9%提高到52.8%。农牧业基础地位进一步巩固，综合生产能力明显增强，粮食产量连续稳定在1亿公斤左右，达到自给有余。全旗大小畜头数稳定在百万头只以上。乡镇企业总产值由1990年的3654万元增加到1995年的4.4亿元，增长了12倍，年均递增64.5%。工业总产值由1990年的8040万元，增加到1.14亿元，年均递增7.2%，全社会固定资产投资五年累计完成2.5亿元，比“七五”时期增加了5倍。一批重点建设和技改项目相继建成投产，成为克旗经济发展的增长点。交通运输、邮电通讯基础设施条件得到根本性改善，经济发展的外部环境有了较大改观。

“八五”时期，克旗经济社会发展取得了长足进步，但是在发展过程中，还存在一些困难和不利因素。例如：交通不便、信息闭塞、工业企业规模小、科技含量低、经济效益差、管理水平粗放。工业产品只是初加工，投入产出比和产品附加值低，市场意识、竞争意识不强，国民经济虽然保持了一定的发展速度，但与发达地区比，经济质量、效益和全员劳动生产率低。财政投入虽然年年有所增长，但增支因素增加，生财、聚财和活化资金的能力不强。克旗经济发展的基础条件与发达地区相比虽然有较大的差距，但是克旗地上地下资源丰富，为地方经济发展提供了雄厚潜在的物质基础。特别是改革开发以来，逐步走出了一条符合克旗实际的发展道路，全旗经济建设所取得的成就，为克旗加快建设发展打下了良好基础。

“九五”时期(1996—2000)，克旗经济社会发展经历了经济转轨、产业结构调整的变革，经受了亚洲金融危机和多种自然灾害的考验。面对困难和挑战，中共克旗委、克旗人民政府始终把深化改革作为解决经济发展深层次矛盾的重要举措来抓，确立了“农牧为本、生态立旗、旅游活旗、科教兴旗、工贸强旗”的发展战略。在农村，积极稳妥地推进以延长土地承包期为主要内容的改革。土地承包期30年不变，稳定了民心，调动了农民向土地投资投劳的积极性。在牧区，完成草牧场“双权一制”落实工作。草牧场划分承包到户，解决了长期以来草牧场“吃大锅饭”带来的弊端，为牧民走建设养畜之路奠定了基础。对计划经济条件下建立起来的工业企业，实施以建立现代企业制度为方向的改革攻坚。面向市场，因厂制宜，一厂一策，进行改革、改组、改造，同时加强了下岗职工再就业和社会保障工作。经过艰苦细致的工作，完成了企业改革，工业经济开始进入恢复性增长，骨干企业发展势头良好，成为经济增长的源头活水，以股份制经营为主的多种经济成分已成为国民经济发展的劲旅。同时，社会保障制度和教育、科技、卫生等社会领域的改革也稳步推进，促进了各项事业的长足发展。改革为经济发展注入了活力，改革为今后的发展开辟了道路。

“九五”期末，旗委、旗人民政府团结和带领全旗各族人民，在克旗遭受百年不遇的特大旱灾和雪灾，农区部分乡镇同时遭受特大洪雹灾害的情况下，坚定信心，齐心协力，较好地完成了经济结构调整、企业改革、城乡基础设施建设、生态建设和农田草原水利基本建设等各项目标任务，保持了经济社会稳步发展。2000年，成功举办“内蒙古自治区首届草原文化节暨第二届赤峰克什克腾草原旅游节”，旅游业带动了餐饮服务、信息产业的发展，第三产业实现增加值2.2亿元，同比增长12%。

“十五”时期(2001—2005)，全国进入全面建设小康社会，加快推进社会主义现代化新的发展阶段。中共克旗委、克旗人民政府，进一步厘清发展思路，明确发展方向。紧紧围绕国家实施西部大开发战略和积极的财政政策、稳健的货币政策的有利时机，抓住招商引资和重点项目建设两个突破点，提出建设全市的工业强旗、全区的牧业大旗、全国的旅游名旗“三个定位”发展目标。争取资金、争取项目，实施专项推进，全旗经济社会呈现了良好的发展势头，实现了经济由恢复性增长到快速发展的历史性跨越。2005年，全旗地区生产总值实现18.8亿元，年均增长24%，超出预期目标15.2个百分点。其中：第一产业实现增加值6.04亿元，年均增长15%；第二产业实现增加值7.49亿元，年均增长45%；第三产业实现增加值5.27亿元，年均增长19%。工业经济发展迅猛，2005年全旗工业实现增加值5.37亿元，比2000年增长两倍多，年均增长44%。尤其是2003年以来，一批重点工业项目相继投产见效，对经济发展和财政增收起到了巨大的拉动和支撑作用。黄岗铁矿两次增资扩股，生产能力进一步提高，拜仁达坝银多金属矿竣工投产，年产银金属100吨，东电茂霖达里风场二、三期，大唐塞罕坝风场一期风电建设项目先后并网发电，风电总装机8万千瓦。农牧业产业化经营扎实推进，农牧业生产由种植业为主导型向养殖业主导型、粗放经营型向质量效益型转变。以旅游业为代表的第三产业发展势头强劲，克什克腾国家地质公园成功晋升世界地质公园，阿斯哈图石林园区被评为国家AAAA级景区，五年累计接待国内外游客369.6万人次，旅游综合收入9.77亿元，年均增长19%和31.7%。全旗财政收入完成1.7亿元，较“九五”期末增长2.9倍，年均增长31.2%。农牧民人均纯收入2800元，净增1413元，年均增长15%。城镇居民人均可支配收入达到6100元，净增2344元，年均增长10.1%。社会消费品零售总额6.8亿元，年均增长19.2%。2005年，克旗成为赤峰市唯一一个进入全国县域经济基本竞争力提升速度最快的100个县的地区。

深入实施生态立旗战略，重点生态工程和封育禁牧同步推进。“十五”期间，累计投入京津风沙源治理、退耕还林还草等生态建设资金3.36亿元，生态环境明显改善，农牧业综合生产能力进一步增强。投入公路建设资金3亿元，新建和改扩建黑色路面650.6公里、沙石路550公里，公路通车总里程2600公里，公路等级和通行能力显著提高。投入城镇建设资金7000万元，实施经棚广场、体育场和镇区北扩工程，完成主要街路建设改造、新增房地产开发面积45.7万平方米、集中供热面积85万平方米。供水、供电和通讯等设施日益完善，气象、地震、人防等事业有了新进展。“十五”期末，全社会固定资产投资累计完成42.5亿元，是“九五”时期的8.8倍。

“十一五”时期的前三年(2006—2008)，克旗经济社会发展面临良好的机遇，主要是国家西部大开发战略深入实施，东北老工业基地加快振兴，自治区对东部盟市发展支持力度加大，党和国家促进地区经济发展的宏观政策更加有利。经过多年的建设与发展，思路更加清晰，发展重点更加明确，资源和产业优势更加明显，固定资产投资和重点项目建设形成的累积效应开始显现。全旗民族团结，社会稳定，干部群众精神振奋，干劲十足，为克旗进一步加快发展奠定了重要的思想基础、舆论基础和工作基础。中共克旗委、克旗人民政府抓住机遇，因势利导，在广大干部群众中深入落实科学发展观，坚持把生态建设与环境保护放在首位，继续深化改革，扩大开放，加强资源管理，推动资源节约，使经济发展与环境保护相协调。同时，增加生态建设投入，在保持已有生态建设成果的基础上，以西部生态治理为重点，加大对重点项目区、生态移民区、严重沙化及生态脆弱区的生态保护与建设力度，保障重点区域生态安全。严格保护基本农田和基本草牧场，加强对现有耕地的科学治理和矿山用地的恢复工作，改善生产条件和生态环境，促进经济社会快速、健康和可持续发展。2008年，全旗地区生产总值实现57.92亿元，比1991年增长40倍；财政收入完成10.14亿元，是1991年的78倍。全旗工业实现增加值34.04亿元，比1991年增长11.3倍。全旗经济社会实现跨越式发展，站在新的起点上，形成以生态工业、生态农牧业、生态旅游业、生态城镇为支撑，构建生态政治、生态经济、生态社会、生态文化，促进人与人、人与自然、经济与社会全面协调可持续发展，建成国家级生态旗的发展思路，成为引领富民强旗目标的一面旗帜。

“十一五”时期，克旗县域经济基本竞争力提升了210位，进入全国的西部百强县，荣获全市“十一五”工业发展突出成就奖，成为自治区循环经济试点示范区和可持续发展实验区。克什克腾世界地质公园揭碑开园,成功创建中国旅游强县、全国生态旅游服务标准化示范旗、中国温泉之乡和全国影视创作基地。获"全国农田水利基本建设先进单位"称号和"十一五"国家科技计划组织管理优秀组织奖,富民强旗成果进入国家"十一五"重大科技成就展。

三

农牧业是克旗的传统支柱产业,是广大农牧民赖以生存和发展的基础。1991—1993年,中共克旗委、克旗人民政府以市场为导向、以资源为依托、以科技为先导、以效益为中心,积极调整农牧业产业结构,在稳定粮食生产的前提下,发展高附加值、高商品率的产品。种植业稳增总产、主攻单产、优化结构、改善品质、转化增值、提高效益。大力发展经济作物、饲料作物,形成粮经饲三元结构;畜牧业,坚持数量质量并重、草食动物与杂食动物并重,草原畜牧业与农区及半农半牧区畜牧业并重、放牧与阶段性舍饲并重的原则,改善畜群畜种结构,提高母畜、改良畜比例和繁殖成活率、出栏率。农区以农牧结合为突破口,推行舍饲和阶段性舍饲;牧区以饲料地和青贮地开发为突破口,引种入牧,推广"五个一"配套工程(每户100亩优质打草场、10亩饲料地、10亩青贮地、1处青贮窖、1处塑料暖棚),走建设养畜的路子。全旗稳定以种养业为主的第一产业,放手发展以矿山开发和加工工业为主的第二产业,大力发展以交通、通讯、金融和农畜产品流通为主的第三产业。

本着提高农牧业综合生产能力和增加农牧民收入,克旗历届党委和政府狠抓农牧业基础建设不放松,以自治区"金龙杯"竞赛为动力,坚持大搞以水利为中心的农田草原基本建设。1991—1993年,全旗农业基础建设总投资3925万元,比前三年增加86.5%,其中群众自筹1977万元,比前三年增加59.4%,投入劳动积累工1200余万个,比前三年增加近700万个。全旗累计新打配套机电井762眼、小土井1904眼,保灌面积由1990年的15万亩增加到24.2万亩,新修防渗渠360.3公里,新修畦田19.7万亩。新增水土保持面积82万亩,其中新修水平梯田19.71万亩,建设生态经济沟232条、46.9万亩。造林38.8万亩,封山(沙)育林61.87万亩,建设家庭小草库仑844处,牲畜棚圈20026处,建半人工草场72万亩。农牧业机械总动力75982千瓦,比1990年增加51.6%,并获得农业部"铁牛杯"奖。农田草原水利基本建设连续三年获得自治区"金龙杯"奖。1993年,全旗工农业总产值3.7亿元,比1990年增长31.9%,年均递增9.7%。其中农牧业总产值2.65亿元,比1990年增长30.4%,年均递增9.2%。"九五"时期全面实施"农牧为本"战略,进一步强化农牧业基础建设,全旗着力推广3个农牧结合生产模式,即:牧区全面推广"五个一"模式化技术,农区及半农半牧区全面推广新庙乡常善沟村"四配套"模式、"李万江庭院经济模式"。同时加强农畜产品原料基地建设，推进农村牧区产业化进程。

为了进一步推进农村牧区改革，1994年，旗委、旗人民政府制定了《关于加强农村牧区社会化综合服务体系建设的实施意见》，在稳定完善家庭联产承包和草畜双承包责任制的基础上，社会化综合服务体系建设有了新的发展。在技术服务体系、购销服务体系、社会保障和信息服务体系方面，初步形成了以大宗农畜产品加工、销售企业为龙头，以农牧林水机服务中心为骨干，以苏木乡镇综合服务站为纽带，以嘎查村级服务组织为基础，以农牧民自我服务为补充的农村牧区社会化综合服务网络。按照有利于保护和恢复生态环境，有利于科学合理地开发和利用山产资源，有利于群众利用“五荒”致富的原则，旗委、旗人民政府制定了《关于拍卖“五荒”使用权的实施意见》，将“五荒”使用权以公开竞价的形式拍卖到各户经营，谁投资投劳谁受益。同时试行股份制造林。到1996年，全旗拍卖“五荒”100余万亩，股份制造林5万亩。这一系列深化改革的措施，从根本上打破了传统的管理体制和经营机制，农村牧区生产力进一步解放。

“十五”时期及以后，旗委、旗人民政府继续把“三农”“三牧”问题、农牧业增效、农牧民增收放在突出位置，用工业化的思维、市场化的理念、产业化的措施谋划和推进农牧业的发展，让农牧民得到越来越多的收益。农区以转变畜牧业生产经营方式为突破口，稳定提高舍饲畜牧业效益，提高和扩大养殖专业村、专业乡的建设水平和规模。推进暖棚、暖圈、青贮窖、微贮池、加工机械等配套舍饲畜牧业基础设施建设。大力发展草产业，增草增畜，进一步扩大耕地种植优质牧草面积，提高单产效益。畜牧业专项资金重点用于棚圈建设和饲草料加工机械设备的投入，加速农区畜牧业的发展。牧区突出家畜改良，坚定不移地推行草畜平衡制度，实施天然草牧场退牧还草工程，加大畜牧业基础设施建设，鼓励和扶持牧民在有水源条件和防护措施的前提下，依法合理开发饲料地。积极推行划区轮牧、夏秋轮牧的放养方式，恢复和保护生态，确保草牧场永续利用。在种植业方面，坚持以“优质、高产、高效”为核心，提高经济作物、饲料作物和特色作物种植比例，发展“无公害食品”“绿色食品”和“有机食品”，扩大脱毒马铃薯、圆葱、莜麦、油料、烤烟等特色粮食作物和经济作物种植面积。用特色占领市场，增加农牧民收入。2008年，全旗农作物播种面积111.8万亩，粮豆总产量1.62亿公斤。特色作物马铃薯和胡萝卜种植面积分别扩大到25.8万亩和5.1万亩，实现产值3.27亿元。牧业年度家畜存栏255万头只，出栏牛10万头、羊100万只。完成黄牛冷配7.6万头、绵羊人工授精42万只，牲畜良种及改良率97%，落实新农村新牧区重点项目65个，投入涉农涉牧项目资金6100万元，农牧民人均从产业化中获得纯收入3200元。

农村牧区的扶贫工作是一项长期而艰巨的政治任务，1997年，全旗启动151个扶贫开发项目，落实扶贫资金1136万元，有22个嘎查村、4.6万贫困人口解决了温饱问题，是前10年年均脱贫人数的5.5倍。1998年以后，继续实行扶贫工作党政一把手负责制，坚持单位包村、干部包户、部门包项目责任制，抓好电力扶贫、科技扶贫、教育扶贫和卫生扶贫。把各种扶贫资金集中用在那些受益面广、帮扶力强的项目上,切实改善贫困地区的生产条件,做到真扶贫、真脱贫。至2008年末,旗财政投入扶贫开发资金3000余万元,促进3.34万低收入人口稳定增收。

四

实施“生态立旗”战略,打好生态基础。克旗地处大兴安岭山脉与燕山山脉交汇处,又是浑善达克沙地与科尔沁沙地的结合部,是京津地区的生态屏障。独特的地理位置,决定了克旗必须把生态建设与保护放在更加突出的位置,这是克旗历届党委和政府作出的正确抉择,一直坚持“一届接着一届干,一张蓝图绘到底”的责任担当。1991年,克旗第十一届人民代表大会《政府工作报告》提出,大力加强生态建设,从根本上改变农牧业生产条件。之后三年,每年造林10万亩,完成小流域治理15万亩,重点加强针叶林、山杏林、沙棘林三个基地建设和村级林场建设,同时狠抓封护措施,严禁滥砍盗伐,不断提高森林覆盖率。1992年,全旗以营造农田草原林网、水土保持林和经济林为重点,完成造林面积10万亩;以建设生态经济为重点,完成小流域治理面积22万亩;以封护、造林、种草和飞播牧草为重点,完成治沙面积24.8万亩。同时恢复和兴办村级林场,组建专业护林队伍,加强森林草原防火工作,依法管护好生态环境。1993年,全旗以建设农牧业稳定发展的生态屏障和利国利民的“绿色银行”为推动,完成造林面积10.7万亩,小流域治理25.9万亩,新建生态经济林15万亩。2000年,旗委、旗人民政府作出《关于实施生态立旗战略加强生态环境保护和建设的决定》,召开“环京津周边地区克什克腾旗沙源治理工程启动仪式暨生态立旗千人誓师大会”,制订《克旗生态建设规划》。将全旗划分为草原、沙地、山丘和高寒漫甸四个类型区,实施生态治理工程。草原以保护为主,实行围栏封护、闭耕还草、划区轮牧,有计划地改良退化草场,适当建设人工草场,恢复草原生态环境。贡格尔草原逐步做到闭耕,建立贡格尔草原自然保护区,依法保护草原;沙地以西拉沐沦河流域为重点,实施百万亩沙地治理工程。以西拉沐沦河为轴,两侧各3公里,建立潢源自然保护区,作为重点治理区域,采取飞播、封护、造林等措施,逐步控制流动沙丘,同时加大流域内畜群结构调整力度,规定合理载畜量,限制对生态环境破坏性较大的山羊和马属动物的饲养数量;山丘区以跨乡镇大流域重点治理为骨干,以乡、村、组小流域治理为单元,工程措施和生物措施一齐上;高寒漫甸按照林成网、田成方、路配套的标准,实施百万亩农田草原防护林网工程。打破乡界、村界、组界,统一规划、统一标准、统一治理,形成大网格、宽林带,生态、生产互为一体的生态保护体系。把生态环境纳入领导实绩考核内容,实行苏木乡镇、嘎查村领导任期目标责任制。

“十五”时期,旗人民政府先后四次发布“禁牧令”,历史上首次对全旗草原实行分区域全年禁牧,季节性休牧等管理措施。境内国道、省际通道及主要旅游公路沿线、国家重点公益林区、旅游景区、主要河流发源地、主要生态建设项目区、克什克腾世界地质公园园区和实行全年牲畜舍饲的乡镇,划定为全年禁牧区,实行常年禁牧。在牧区牧草返青期,实行季节性休牧,在全旗各国营林场、渔场、矿山企业、电站实行禁止饲养牲畜等管理措施。2002 年,克旗组建生态监察大队。2005 年,在生态监察大队的基础上成立克旗草原监督管理局,到 2008 年,全旗共落实禁牧休牧面积 2895 万亩。

打牢生态基础,保护是前提。2001 年以来,旗委、旗人民政府坚持正确处理保护与建设的关系,始终把生态保护放在首位,坚持保护中建设,建设中保护的原则。因地制宜地抓好生态公益林区、水土流失严重的石质山区、退化沙化草牧场和新建生态工程的保护,尤其是自然保护区和特殊生态功能保护区建设。同时,广泛深入地宣传《中华人民共和国水土保持法》《中华人民共和国森林法》《中华人民共和国草原法》《中华人民共和国环境保护法》等法律法规,依法打击毁林毁草开荒案件和乱捕乱猎活动,坚决制止破坏森林、破坏草原生态环境的行为。在加强环境保护的基础上,把加快生态建设步伐、提高建设质量作为打牢生态基础的重要举措来抓,根据全旗复杂的地形地貌和生态状况,实行条块结合、分区治理、重点攻坚,加快绿色屏障建设。1991 年,全旗有林地面积 447 万亩,其中天然乔灌木林 405 万亩,占全旗林地面积的 90.4%,人工林 42 万亩,占全旗林地面积的 9.6%。到 2008 年,全旗林业用地面积 1337 万亩,森林面积 795 万亩。其中天然林 660 万亩,占全旗森林面积的 83%,人工林面积 135 万亩,占全旗森林面积的 17%。全旗森林覆盖率由 1991 年的 12% 上升到 2008 年的 25.6%。全旗保护区面积占国土总面积的 15% 以上,生态建设与环境保护取得一定成效。

五

突出工业主导地位,推动工业经济跨越式发展。1991 年以前,克旗地方工业以能源、矿产和农牧林产品加工为支柱产业。拥有电力、采矿、冶炼、制糖、酿酒、印刷、建材、食品、皮革、缝纫、机器制造及维修、木材加工等 13 个门类 88 个工业企业,有职工 6690 人,年产值 9570 万元。在能源建设方面,1983 年,克旗被列为全国一百个电气化试点县,到 1991 年,建水电站 8 座,装机 14 台,年发电 3720 万千瓦时。1999 年,启动风能发电。2008 年,大石门水电站建成蓄水,燕窝铺电站、龙尾电站、上湾子一级电站等新建扩建水电站并网发电,总装机 17950 千瓦时,水能发电 6098 千瓦时,风能发电 72 万千瓦时。在矿产开发方面,1991 年以前,重点是宇宙地铅锌矿、安乐锡矿和工业硅、金刚砂冶炼项目。在畜产品加工方面,主要是皮毛厂制革、制鞋项目投产和洗毛厂一期工程竣工。1991 年后,工业企业以强化经营管理、加强技术改造、开展节能降耗、提高产品质量和效益为重点,开展了“质量、品种、效益年”活动,产品质量明显提高。其中,绵白糖被评为部优产品,儿童系列玩具和金刚砂被评为区优产品,有 5 种产品被评为自治区级新产品,4 种产品被评为市级新产品。实施技术改造项目 10 项,完成技术改造投资 268 万元,其中安乐锡矿、砖厂、预应力空心板生产线和芥末油车间等技改项目发挥了很好的经济效益。"八五"时期,克旗新建扩建一批重点工业项目,对大石门子电站、广兴煤矿煤电联产、生化制药、安乐锡矿二期工程、黄岗梁铁矿开发等项目,做了大量的前期准备工作。上湾子一级电站、黄岗铁矿一期工程开工建设,年加工 1500 吨原毛的毛条厂投入生产,利达公司粉丝生产线和糖厂颗粒粕生产线相继投产。B 型沙棘油、真空包装山野菜、羊剪绒系列产品、低度青稞酒等 10 余种新产品上市。黄岗铁矿、上湾子一级电站等一批重点项目的建成,成为克旗经济发展新的增长点,到"八五"期末,克旗初步形成农畜土特产品加工业、矿产开发业、能源、建筑建材业和林业综合开发的主导产业。到 2008 年,克旗已经拥有黄岗铁矿、安乐锡矿、宇宙地铅锌矿等采掘附带选场企业 25 家,日处理矿石 25900 吨,黄岗矿业一、三区,银都矿业一、二期,拜仁矿业、维拉斯托矿业、储源矿业等矿业开发项目相继投产,矿山日采选能力 3 万吨。芝瑞镇兴华村、上柜村出现多家玄武岩个体开采加工企业。克旗工业园区规划编制完成,有 6 个项目入园,投资规模 280 亿元。"十一五"中期,克旗已有各类工业企业 204 家,其中规模以上企业 30 家,全旗工业总产值 78.9 亿元,实现年税金近 10 亿元,工业经济对克旗财政贡献率 85.7% 以上,2008 年全旗工业总产值比 1990 年增长 82 倍多。

六

发展旅游业,带动地区经济社会全面发展。独特的地理位置和地质结构造就了克旗境内极富特色的地貌特征和丰富多样的旅游资源。在这片广袤神奇土地上,有草原、森林、沙漠、湿地、湖泊、温泉、冰雪、石林、岩臼、珍稀动植物,蒙古族风情、历史古迹等自然人文景观,素有"内蒙古缩影"和"北京后花园"之称,独具特色的旅游资源对中外游人吸引力越来越大。1995 年开始,中共克旗委、克旗人民政府把旅游作为一项"阳光产业"纳入重要议事日程,着手制定旅游开发近期和远期规划,有计划、有步骤地开展旅游开发工作。在开发的重点上,以自然景观为基础,加强人文景观和服务设施建设,突出抓好达里湖、贡格尔草原、白音敖包沙地云杉林、阿斯哈图石林等 11 处自然景观的开发和鲁王城等 4 处人文景观的建设。在布局上,以热水温泉度假村为中心,以黄岗梁国家森林公园和国际狩猎场、达里湖旅游开发区、乌兰布统古战场为主线,形成点线结合的景点格局。在发展方向上,把旅游作为先导产业来抓,旅游搭台、经贸唱戏、广交朋友、招商引资,促进相关产业和全旗经济的发展。

1995 年,克旗创建集团率先在达尔罕曼陀山建立起旅游景点,2002 年,投资开发阿斯哈图石林景区,始为克旗旅游业开发初创期。2005 年,克旗被联合国教科文组织评定为"克什克腾世界地质公园"后,旗人民政府聘请北京金水木景观设计有限公司编制

《克什克腾旗旅游总体规划(2005—2020 年)》,2006 年,聘请上海同济城市设计规划院再次细化《克什克腾旗旅游总体规划(2006—2020 年)》。旗委、旗人民政府审时度势,相继确定打造“全国的旅游名旗”的发展定位,做出《关于加快旅游业发展的决定》,制定《克什克腾旗旅游管理办法》。2007 年,制定《克旗创建中国旅游强县工作实施方案》,启动参与全国首批旅游强县创建活动。依托克什克腾世界地质公园等生态旅游资源,逐步形成了世界地质公园游、草原生态游、传统民族文化游等旅游品牌。随着黄岗梁、桦木沟国家森林公园和一批自治区级自然保护区的建立,克旗丰富的旅游资源陆续得到开发利用,至 2008 年,全旗已形成以达里诺尔为中心的贡格尔草原风情游;以热水塘为中心的温泉乐、疗养度假游;以乌兰布统古战场为中心的草原生态游;以大青山岩臼园区为中心的古地质遗迹和历史文化游;以经棚为中心的西拉沐沦峡谷、疏林沙地游五大旅游区域的自然生态、历史文化、民族风情三大主体景观。结合全域旅游,强化基础设施建设,修通连接各景观区公路 500 余公里,开通环绕、覆盖全境旅游景区旅游线路 11 条,形成年接待国内外游客 170 万人次的旅游接待能力。旅游业的迅速崛起,带动了相关产业的发展,2008 年,克旗全年接待游客 165 万人次,实现旅游收入 4.88 亿元。

旅游业是可持续发展的黄金产业,对地区经济社会,特别是第三产业的发展具有很强的带动力。从 1995 年起步,十几年的时间,克旗的旅游业已经呈现出迅猛的发展势头,旅游景点服务设施从无到有,接待能力迅速提高。旗委、旗人民政府按照可持续发展的原则,依托特色优势,大力实施“旅游活旗”战略,以生态旅游和地质旅游为重点,突出整体优势,搞好全面规划,不断加强景点基础设施建设,加快旅游路网建设,抓好旅游业规范管理,开发旅游产品,拉长旅游产业链条,逐步把旅游业培育成为对旗域经济发展具有较强拉动作用的一大支柱产业,为经济社会发展注入新的活力。

七

依靠科技、教育促进经济社会发展。“八五”时期,中共克旗委、克旗人民政府坚持经济建设依靠科技进步、科学技术面向经济建设的方针,围绕科技兴农兴牧,建立健全农牧业科技推广网络,大力推进适用科学技术的普及,全面提高农牧业生产技术水平。在工业企业中推广应用新技术,加快技术进步和技术改造,促进新产品和名优产品的开发,把更多的先进科技成果转化为生产力。

“九五”时期,旗委、旗人民政府把“科教兴旗”作为增强科技实力、提高劳动者素质、加快经济发展、提高经济质量的根本途径,提到了地区经济社会发展的战略高度,摆在了优先发展的战略地位。

1993 年制定《克什克腾旗 1993—2000 年科技发展规划》,1996 年制定《1996—2000 年克旗科技发展规划和科教兴旗实施方案》和《克什克腾旗农业科技人员深入生产第一线开展技术承包服务管理办法》。“八五”期间,申报旗级科技进步奖项目43项,评出一等奖9项,二等奖8项,三等奖9项。评出科技进步先进单位3个、科技培训先进单位2个。1998年,全旗建成6个科技示范苏木乡镇,46个科技示范嘎查村,1000户科技示范户。在科技推广和服务体系建设上,本着巩固旗一级、建设乡一级、发展村一级的原则,基本达到一乡一站(综合科技服务站)、一村一员(科技员)、一组一户(科技示范户)、一户一人(科技明白人)的发展目标。“九五”末期,实施科技“三个一工程”,确定了一个科技示范乡,一个科技先导企业,一个科技推广项目。1999年,旗人民政府颁布《克旗科学技术进步奖励条件》,推动科技兴旗工作不断拓宽、延伸、健康发展。“十五”期间,开展建设首都绿色屏障科普活动,实施五大项目工程。在新井新台子建设科普示范防护林1000亩,在喜鹊沟和三义台里井子建设科普示范草地,围封改良草场1000亩,在经棚镇建设科普示范苗圃100亩,在303国道经棚镇应昌路段栽植科普示范林1公里;栽植落叶松、樟子松、山杏科普示范林100亩。1995年,喜鹊沟家畜胚胎移植推广中心牛胚胎移植项目获得赤峰市科技进步一等奖,羊胚胎移植得到大面积推广应用,2006年累计胚胎移植羊3万只。2002年,旗科委牵头,依托好鲁库超细型无角美利奴细毛羊示范推广项目,集中为农户提供养殖技术服务,项目辐射9个乡、14个村、3620户,累计导血老型细毛羊40万只。同时推广机械剪毛和羊毛标准化分级技术,使羊毛等级和价格大幅度提高。2003年,金峰畜牧业有限公司实施超细型无角美利奴细毛羊示范推广项目,发展养羊联合体会员520户。2005年,在自治区第三届农牧业科技成果博览会暨赤峰市第五届农业新技术、新产品交易会上,克旗6家民营企业共筛选150个产品参展,其中金峰公司参展的种羊获得大赛一等奖。2008年,全旗有3家企业被认定为市级科技民营企业,有8个苏木乡镇被赤峰市政府授予科技进步先进苏木乡镇,有3个乡镇被评为市级科普示范乡镇。

在教育方面,全面贯彻德、智、体全面发展的教育方针,办好各级各类教育。面向本旗经济社会发展,全面深化教育体制改革,调整中等教育结构,基础教育、职业技术教育、成人教育统筹发展。认真贯彻《中国教育改革与发展纲要》和《中华人民共和国义务教育法》《中华人民共和国教师法》,有步骤地实施九年义务教育,大力发展职业教育和成人教育,优先发展民族教育。多渠道增加对教育的投入,不断改善办学条件。重视师资队伍建设,切实提高教师待遇,提高教学质量。鼓励、支持社会力量办学,发展教育产业。1991年,全旗有2所高级中学、28所初级中学、各类小学199所、各类幼儿园21所。2008年,全旗有1所普通高中、1所蒙古族完全中学、10所初级中学、38所乡村小学、30个教学点,有公办幼儿园1所、民办幼儿园或托儿所26所。高中教师学历合格率95%以上,初中教师学历合格率100%。教育资源不断优化,办学条件极大改善,学校布局趋于合理。

八

基础设施建设是区域经济发展的基础条件，克旗在基础设施建设上下了很大力量，全旗经济社会发展的基础条件得到了不断改善。但是受地广人稀、资金短缺、投入不足等因素的影响，基础建设滞后仍是制约地区经济社会发展的瓶颈。“十五”时期以来，克旗借助国家西部大开发战略启动实施的历史性机遇，加快城乡基础设施建设步伐。在公路建设上，重点抓乌达线、罕高（巴彦高勒）线、经连线、306线的开通和黑色路面建设，逐步实现国省干线油路化、旗乡公路标准化，基本实现村村通公路和重点旅游景点公路连网，形成辐射全旗、四通八达的交通运输网络；在小城镇建设上，在现有建制镇的基础上，遵循城镇化发展规律，超前规划一定数量的城镇，重点抓好经棚镇、热水塘基础设施建设，确定乌兰布统、达日罕乌拉、达来诺日镇的发展定位。坚持扩大规模与完善功能并重的原则，利用市场机制，走资金筹措多元化、公共设施商品化、建设主体企业化的路子，不断增强城镇服务功能；在配套设施及社会事业建设上，继续实施“绿色行动”和“亮美工程”，大力发展卫生、文化、体育事业，营造人与自然和谐相处的良好环境。同时加强信息基础设施建设，逐步推进电信、广电和计算机网三网融合，大力普及信息化知识和技能，积极开发信息资源。在机关行政管理、社会公共服务、企业生产经营和家庭个人消费等领域，推进信息技术的广泛应用。

1991年，克旗境内有经赤、经锡、经林3条国省干线，全长268公里。到2008年，境内有集（宁）通（辽）铁路运营里程163公里，省际高等级公路东西向经过旗境中部，国道303线东西向穿越旗境北部，306线从经棚东南向直达赤峰。全旗境内公路通车总里程达到2650公里，其中县级油面公路2条，总长198公里；苏木乡镇公路16条，总长696公里。

经棚镇是全旗政治、经济、文化中心，经过多年建设，城镇化水平不断提高。形成四路（滨河路、应昌路、解放路、环城路）十街（经棚街、赛汗街、达尔罕街、云杉街、贡格尔街、青山街、达里诺尔街、碧柳街、西拉沐沦街、乌兰布统街）主体架构。到2008年，镇内人行道、区巷道全面硬化，主路、街路全部安装路灯，部分街区安装了景观灯。镇区建有150公里供水管网，供水管网覆盖全镇80%生产生活区，集中供水普及率超过90%。镇内实行集中联网供热，供热面积100万平方米以上。碧柳河、多伦河经棚段两岸建成可防御50年一遇的防洪堤坝。地下建成10余公里排污主干管道，建成达到国家二级排放标准的污水处理场，日处理污水1.5万吨。镇区建有垃圾转运站、生活垃圾处理场、建筑垃圾处理场，有环卫工人150余人，日处理垃圾数百吨。

1991—2008年，克旗医疗卫生工作在构建城乡医疗卫生保健网络方面取得很大进步，旗医院、旗蒙医中医医院、旗防疫站、妇幼保健所、热水塘温泉疗养院、各苏木乡镇卫生院等医疗卫生机构,医疗条件医疗水平不断改善提高,为广大群众防病治病、医疗保健提供了基本保障。

全旗文化事业面向市场,转换机制,转变职能,有新的发展。2008 年,有博物馆 2 个,档案馆、图书馆、文化馆各 1 个,有文艺表演团体 1 个,建有应昌路文物保护工作站。有网吧 23 家、歌舞厅 9 家、游戏厅 3 家、书店 13 家、印刷企业 5 家。旗境内有 115、118 两个微波站和 802 电视转播台,有旗属 3.02 千瓦调频广播电台和有线电视台,广播电视覆盖率 95% 以上。克旗文联主编的文学刊物《松漠》编辑出版 32 期,与《克什克腾报》等刊发大量文学作品,克旗作家出版 18 部小说、散文、诗集,宣传推介克旗,丰富了群众文化生活。克旗有中国联通、中国移动、中国铁通三大电信运营商,全旗苏木乡镇、开发区初步建成了微波、电缆、光缆综合通讯网络,长途传输实现了数字化、电话交换程控化。旗内有邮电局所 11 处,机动车邮路 12 条,邮路总长 2100 公里,覆盖全部农村牧区。

克旗体育事业以群众体育为基础,以民族体育为特色,以竞技体育为重点,坚持深入开展全民健身运动。传统射箭、赛马、摔跤等民族体育项目得到传承和发展,田径、体操、球类、棋类等项目深得群众喜欢,广播操、职业操、韵律操、艺术操参与人群和篮球、排球、足球、乒乓球、网球、羽毛球、台球等运动人群持续增加,太极拳、登山、跑步运动已成为普遍健身项目。到 2008 年,全民健身活动项目 50 余种。全旗群众健身场所近百处,其中经棚镇内有标准综合体育馆、篮球馆、门球馆、网球馆、乒乓球馆、游泳馆及篮球场、排球场、网球场、羽毛球场等健身场所 50 余处。1991 年以来,克旗成功举办 12 届文化旅游节暨大型“那达慕”民族体育盛会。

九

坚持社会主义精神文明和民主法制建设,不断巩固发展安定团结的政治局面,和谐的经济社会发展环境。中共克旗委、克旗人民政府在领导全旗经济社会发展的历史进程中,牢固树立“两个文明”一起抓,两手都要硬的思想,致力于社会主义精神文明和民主法制建设,为中国特色的社会主义建设提供精神动力、智力支持和思想保证。

“八五”初期,坚持党的四项基本原则,广泛深入地进行爱国主义、集体主义教育;进行自力更生、艰苦奋斗教育;进行形势任务和基本国情教育;进行社会公德和职业道德教育,不断提高人们的思想道德和科学文化素质,培养有理想、有道德、有文化、有纪律的社会主义新人。在社会层面,特别是青少年中深入开展学雷锋活动,在领导干部中开展学焦裕禄活动,在企业中开展学大庆、学铁人活动,在少年儿童中开展学赖宁活动。同时广泛开展文明单位、文明城镇、五好家庭、双文明户等创建活动,开展创优良秩序、优美环境和优质服务活动。在民主和法制建设方面,充分发挥旗乡两级人大的作用,落实普法规划，在全社会营造学法、知法、懂法、守法、用法的法制环境。加强党对工会、共青团、妇联等群众团体的领导，充分发挥群团组织的作用。发展爱国统一战线，加强人民政协工作，贯彻落实党的民族宗教政策，开展马克思主义民族观、党的民族政策和民族团结教育，贯彻执行民族平等、民族团结和各民族共同繁荣进步的方针，不断推进民族团结进步事业的发展。

“九五”时期，以培育、塑造“克旗形象”为核心，全面贯彻“以科学的理论武装人、以正确的舆论引导人、以高尚的精神塑造人、以优秀的作品鼓舞人”的工作方针，进一步加强爱国主义、集体主义、社会主义思想教育，增强民族自尊、自立、自强精神，积极倡导艰苦奋斗、勤俭建国、励精图治、爱岗敬业、无私奉献的社会风尚，大力开展创建文明居民、文明单位、文明城镇、文明村、十星级文明户、十骏马文明户活动，弘扬“团结奋进、负重自强、求真务实、开拓创新”的克旗精神，激励干部群众奋发图强，为实现“文明、开放、富裕、安定”的新克旗共同奋斗。

“十五”和“十一五”时期，克旗精神文明与民主法制建设不断加强，建设水平整体提高。在社会层面，深入实施《公民道德建设实施纲要》，按照“八荣八耻”的要求，扎实开展社会主义荣辱观教育，倡导尊老爱幼、家庭和睦、邻里互助、诚实正直、勤俭自强的社会风尚，广泛开展群众性精神文明创建活动，巩固精神文明创建成果，全面提高城乡精神文明建设水平。在政治层面，坚持稳定压倒一切的思想，全力做好社会治安综合治理工作，创造安定有序的发展环境，建设平安克旗，2004 年，克旗获得自治区社会治安综合治理“长安杯”奖。

建立健全社会保险保障制度，促进社会和谐稳定。1991 年以后，全旗国有企业职工全部纳入养老保险、基本医疗保险，全面推行新型农村牧区合作医疗制度，逐步形成了以基本养老保险、基本医疗保险、工伤保险、生育保险和农村牧区养老保险为主体的社会保障体系。

十

1978 年，以中共十一届三中全会为标志全面实行改革开放。到 2008 年，克旗各族人民在各级党委、政府的亲切关怀和大力支持下，在改革开放这条希望之路上携手并肩、阔步前进了整整 30 年。30 年改革创新、继往开来、奋斗进取，克旗的各项事业都取得长足进步，实现经济社会跨越式发展。但在发展的过程中同时存在和显现出一些不容忽视的深层次矛盾和问题。主要是经济社会发展中体制性、结构性矛盾还没有从根本上解决；经济总量小，综合实力不强，增长方式仍很粗放；工业产业结构单一，且矿产经济产业链条短，资源利用水平低，产业集聚度不高；农牧业基础薄弱，产业化程度低，农牧民持续增收压力大，建设小康社会任务还很艰巨；旅游开发效益和服务能力提升缓慢,仍需在旅游基础设施建设、产品开发、品牌打造、产业链条延伸、服务能力提高方面下大力气;经济增长环境成本较高,生态保护与建设任务还很艰巨;社会保障、教育、医疗、就业等一些涉及群众切身利益问题还没有得到有效解决。成绩要发扬光大,经验要总结提高,问题和矛盾必须正视,需要以新的姿态和精神面貌迎接新的挑战。

克什克旗,人杰地灵,优美浑厚。克什克腾世界地质公园、众多国家和地方森林公园、自然保护区以其雄浑壮美的气度和千娇百媚的自然风光,展示着克什克腾的自然禀赋;自殷商以降绵亘数千年的人文历史和多元一体的历史文化,宣示着克什克腾各族人民的家园情怀;百岔川岩画、青铜甗、应昌路遗址、乌兰布统古战场述说着克什克腾深厚的历史积淀;在中国革命历程中披肝沥胆,抛头洒血的勇毅担当,传承着中国共产党人不忘初心、艰苦奋斗的革命精神;改革开放30年的进取奋斗步伐,昭示着克什克腾经济发展、政治稳定、民族团结、社会和谐,各项事业发展进步的崭新轨迹。克旗已经步入全国县域经济基本竞争力提升最快的旗县行列,一个富裕、文明、和谐的克什克腾正在崛起。

克什克腾在改革开放中奋力前行!

克什克腾旗志（1991—2008）

KE SHI KE TENG QI ZHI

大事记

1991 年

1 月 18 日 旗政府召开政府常务会议，研究通过《计划生育后遗症鉴定办法》与《计划生育并发症鉴定办法》。

3 月 4—8 日 政协克旗第四届委员会在经棚镇召开，会议选举出 14 人为常委会委员，选举董润生为政协克旗第四届委员会主席。

3 月 4—9 日 克旗第十一届人民代表大会在经棚镇召开，出席代表 197 人。会议选举汪永泽为克旗人大常委会主任，选举高国芳为旗长。

3 月 14 日 旗委印发《中共克旗委关于加强全旗嘎查村级组织建设的意见》，提出当前嘎查、村级组织建设的指导思想、工作目标和具体措施。

3 月 20 日 旗委召开"旗直机关干部改进作风，深入基层"部署大会，组织动员包括苏木乡镇干部在内的 1139 名干部到基层开展工作。

4 月 2 日 克旗第十一届人大常委会第一次会议通过《克旗人大常委会与旗人民政府、人民法院、人民检察院工作联系办法》《关于来信来访接待处理办法》《关于加强社会治安综合治理的决定》。

4 月 6 日 旗委、旗政府命名土城子镇机关等 18 个单位为旗级精神文明单位。

5 月 4 日 克旗首条铁路建筑工程——集通铁路建设破土动工，23 个施工队 3000 余人进入施工作业段，将完成克旗段路基土石方约 1500 万立方米。

5 月 13 日 旗委、旗政府印发《关于大力发展乡镇企业的决定》。

5 月 15 日 旗委、旗政府召开修复碧柳河防洪大坝动员大会，号召经棚镇内全体干部、职工、学生行动起来，参加修筑防洪坝工程义务劳动，修复碧柳河防洪大坝。

5 月 17 日 国家计委等单位在克旗热水塘镇召开黄岗铁锡矿开发论证会。

6 月 8—11 日 赤峰市在克旗召开巩固普及初等教育成果经验交流会。

6 月 10 日 《克什克腾报》复刊，旗委常委宣传部部长王殿荣兼任总编辑。

6 月 18 日 克旗第十一届人大常委会第二次会议审议通过《克什克腾旗人民政府关于九年义务教育十年规划》《克什克腾旗人民政府关于依法治旗实施方案》《克什克腾旗人大常委会依法治旗的决议》。

6 月 27 日下午 经棚镇、新庙乡、三义乡、河南店乡、木希嘎乡等 5 个乡镇遭遇冰雹暴雨袭击，17 分钟降水 15.5 毫米，12 个村 35 个村民小组受雹洪灾害，受灾农田 1435 公顷，直接经济损失逾千万元。

7月1日 旗委在民族影院召开纪念中国共产党成立70周年大会,旗委书记王洪勋发表《提高党的战斗力,为建设团结、富裕、文明的克旗而奋斗》讲话;会议表彰31个先进基层党组织、30名优秀党务工作者、76名优秀党员。

10月20日 旗直机关、厂矿、学校、部队开始以义务劳动形式,参加经棚镇格类河、碧柳河小流域综合治理大会战,每天有1500余名干部职工、学生、战士奋战在治山工地上。截至10月31日,出动8000余人次,共完成"两河"流域工程整地近35公顷,完成土石方近60万立方米。

11月22—30日 旗委、旗政府组织职能部门对全旗农村牧区工作进行综合检查验收。

同年 经棚镇区治理碧柳河一期工程完工,修防洪大坝5230延长米。

△ 克旗被评为自治区干部马克思主义理论正规化教育先进集体。

1992年

1月1日 旗委、旗政府部署机关干部下基层工作,向农村牧区选派602名机关干部到生产一线开展工作。

1月2日 旗委印发《关于在全旗深入开展社会主义思想教育的安排意见》,要求各级党组织在今冬明春及今后一个时期开展好社会主义思想教育活动。

1月9日 旗委组织旗、乡、村三级千人宣讲团奔赴农村牧区村民组(独贵龙),宣传中共十三届八中全会精神。

1月17日 克旗糖厂生产的"达里湖"牌绵白糖,获轻工部颁发的优质产品证书。

2月15日 旗委、旗政府命名宇宙地等乡、旗直机关等36个单位为1991年度旗级文明单位。

2月21—24日 旗委召开十届三次全委(扩大)会议,总结改革开放以来克旗农业和农村牧区工作经验,确定克旗今后一个时期农村牧区工作任务、目标和措施。

2月28日 克旗十一届人大二次会议审查批准《克旗国民经济和社会发展十年规划》与《克旗"八五"计划纲要》。

3月4日 旗委召开常委会议研究决定:全旗农村牧区社会主义思想教育分三步开展,1992年重点抓好10个苏木乡镇,66个嘎查、村,并从旗直机关抽调79名干部组成10个社教分团,进驻重点苏木乡镇和嘎查、村开展工作。会议通过《关于在全旗农村牧区深入开展社会主义思想教育实施方案》和《关于组建全旗农村牧区社教队工作方案》。

3月30日 旗委、旗政府决定成立满洲里克什克腾经贸公司。

4月18日 克旗十一届人大八次常委会议审议通过《克什克腾旗人民政府关于建

设生态经济沟，综合开发山区资源的报告》《关于建设高标准节水灌溉农业的报告》。

5月5日 旗委批转《克旗综合改革领导小组关于克旗综合改革实施方案》。

5月7日 自治区人大常委会副主任白俊卿率领畜牧业考察团一行8人在克旗考察。

6月1日 旗委、旗政府印发《关于扩大对外开放，开展经济技术协作优惠待遇的暂行规定》，制定出台关于外商投资、内联企业、引进资金和人才、技术管理等方面的二十六条政策性优惠规定。

6月17日 旗人大常委会审议通过《关于恢复岗更湖渔业生产的决议》。

7月2—3日 自治区主席布赫到克旗考察集通铁路好林段建设情况。

7月31日至8月1日 克旗14个苏木乡镇的37个村，159个村民组遭受冰雹、洪水袭击，直接经济损失近1.5亿元。

8月1日 旗政府发布《关于公布克什克腾旗第二批重点文物保护单位的通知》，旗级文物保护单位23个。

8月25日 克旗三义乡二窝铺一千瓦蒙古语电视差转台建成运行。全旗60%的牧民从此可收看到蒙古语电视节目。

9月3—4日 旗委、旗政府召开专题工作会议，总结推广西岗更嘎查畜牧业模式化工程技术，落实建设养畜、科学养畜、发展现代畜牧业等措施。

9月4日 旗委、旗政府决定实施畜牧业模式化建设，即“五个一”工程（户建100亩人工草场、10亩饲料基地、10亩青贮基地、1处塑料暖棚、1口青贮窖）。

9月14日 旗委、旗政府印发《关于行政机关、事业单位干部及专业技术人员离职承包乡镇企业或到农村牧区搞技术承包的实施细则》《关于行政机关、事业单位兴办经济实体有关问题的实施细则》《关于党政机关、事业单位干部停薪留职、自谋职业有关问题的实施细则》《关于鼓励行政事业单位的干部职工离职承包、租赁亏损企业的实施细则》等政策性文件，按照“精简上层、充实基层、转变职能、强化服务”机构改革思路，推动实施“小机关，多实体，大服务”改革。

9月22日 旗委、旗政府批准加拿大威克斯医疗仪器有限公司在克旗建立独资企业“威克斯农牧药业有限公司”。

9月25日 建设工期历时近两年的7452延长米的碧柳河防洪大坝工程竣工，通过上级水利部门验收。

9月28日 旗委、旗政府印发《关于站所人事管理权限下放的通知》，将旗直部门设在苏木乡镇的11个站所人事管理权限下放至苏木乡镇。

10月3日 旗委、旗政府印发《关于支持部队做好调整精简工作的通知》，支持驻军调整时的后勤保障工作。

10月21日 旗人大常委会审议通过《克什克腾旗保险管理工作暂行规定》。

10 月 28 日 克旗向日本北海道滕田牧场输出驯马师第一批一行 2 人。此前,克旗与日方签订输出 30 名驯马师的劳务合同。

11 月 3 日 旗委、旗政府召开全旗农村牧区经济工作会议,提出发展高产、优质、高效农牧业。

11 月 6—8 日 克旗连续普降暴雪,积雪厚度超过 50 厘米,牧业生产受灾严重,500 余头(只)牲畜死亡。

11 月 24—25 日 克旗黄岗铁矿一期工程建设项目,在北京通过专家评审,正式立项。

12 月 18 日 克旗获得年度自治区农田草原水利建设"金龙杯"一等奖。

12 月 30 日 克旗与沈阳市于洪区结为友好旗区。

1993 年

1 月 2—5 日 旗委、旗政府印发《中共克旗委、克旗人民政府关于进一步搞好农牧结合,加快畜牧业发展的决定》《中共克旗委、克旗人民政府关于加快发展乡镇企业的意见》《中共克旗委、克旗人民政府关于加快市场建设和鼓励个体私营经济发展的决定》。

1 月 21 日 克旗罐头食品厂生产出"腾波牌"商标杏仁乳、果茶饮料。

2 月 2 日 旗委、旗政府印发《关于进一步搞好农牧结合,加快畜牧业发展的决定》,要求调整畜牧业内部结构,强化饲养管理,由传统养畜向科学养畜转变。

2 月 24 日 旗委办公室、旗政府办公室联合印发《关于一九九三年组织旗直机关干部深入农村牧区,开展以翻番致富达小康为中心的社会主义思想教育工作的通知》,选派 117 名旗直机关干部深入农村牧区指导工作。

2 月 27 日至 3 月 1 日 政协克旗四届三次会议在经棚镇召开。

2 月 28 日至 3 月 2 日 克旗第十一届人民代表大会第三次会议在经棚镇召开。

3 月 20 日 中共克旗委印发《克旗农村牧区达小康竞赛活动实施细则》,确定全旗农村牧区小康标准、实施进度和组织领导机构。

3 月 26 日 旗委、旗政府举行人民警察授衔仪式。

5 月 30 日 克旗组建成立农村牧区达小康竞赛活动办公室,具体协调全旗达小康竞赛活动的宣传发动、组织指导、检查评比工作。

6 月 12 日 旗委印发《关于进一步做好减轻农牧民负担工作的通知》。

7 月 19 日 内蒙古黄岗铁矿举行开工奠基典礼,一期工程全面开工建设。

8 月 1 日 克旗首家股份制企业——克什克腾广厦建材有限责任公司成立。

8 月 7 日 旗委印发《关于加快小城镇建设的意见》,明确克旗城镇经济发展的思路和举措,以促进农村牧区二、三产业的发展。

8 月 30 日 经棚镇区有线电视开播，开通 9 个频道节目，3000 户居民看上有线电视节目。

4 月初至 8 月末 克旗接连发生旱、风、虫、洪、雹等自然灾害，农业受灾面积过 6 万公顷，绝收农田面积过 1000 公顷，造成直接经济损失 2000 多万元。

9 月 17 日 旗委、旗政府印发《关于深化城镇经济体制改革实施方案》，要求国营企业积极推行股份制，进一步完善承包经营责任制，抓好投入产出总承包试点和对亏损企业实行扭亏增盈责任制承包试点工作。

10 月 18 日 部署旗乡两级换届选举各项工作，抽调旗直机关工作人员组成 28 个换届选举工作队，到各苏木乡镇指导、协助选举工作。全面启动第七次旗乡两级人民代表选举，预定选举克旗第十二届人民代表大会代表 198 名，选举苏木乡镇新一届人民代表大会代表 1462 名。

10 月 20 日 集通铁路铺轨至经棚火车站，在经棚火车站举行隆重祝捷大会。

11 月 23 日 旗委、旗政府命名龙口电站等 9 个单位为 1993 年度旗级文明单位。

11 月 27 日 克旗精神文明建设委员会在经棚镇召开精神文明建设经验交流会暨表奖大会。

12 月 6 日 旗委、旗政府在经棚镇召开克旗机构改革动员大会，公布《克什克腾旗机构改革方案》和《克什克腾旗机构改革方案实施细则》，同步实施机构"改制"、人员"分流"。

12 月 7 日 旗委、旗政府印发《关于印发克什克腾旗机构改革方案》的通知，确定旗党委工作部门为 6 个：旗委办公室、组织部、宣传部、统战部、政法委、政策研究室。旗委机要科、保密局并入旗委办公室；撤销老干部局，工作交旗委组织部；旗直机关党委设在组织部，一个机构两块牌子；撤销旗文明办，工作交旗委宣传部；撤销旗委讲师团，工作交旗委党校；旗工商联与旗委统战部合署办公；旗体改委并入旗委政策研究室；旗信访办、翻译科并入政府办公室；撤销旗档案局，有关业务交旗档案馆；旗委党史办并入旗档案馆。确定政府组成部门 19 个。

1994 年

3 月 9 日 旗委、旗政府召开专题会议，决定成立克旗企业改革领导小组，原则通过《克旗深化企业改革实施方案》，以推动工贸企业产权制度改革。同时，抽调 100 名党政机关干部分赴各类国有、集体企业落实企业转制。

3 月 9—13 日 政协克旗第五届委员会在经棚镇召开，会议选举王庆有为政协克旗第五届委员会主席。

3 月 10—14 日 克旗第十二届人民代表大会在经棚镇召开。出席代表 198 人。

会议选举出12名人大常委会委员,选举呼格吉图为克旗第十二届人大常委会主任;选举高国芳为克旗人民政府旗长;选举武希坡为克旗人民法院院长、赵学祺为克旗人民检察院检察长。

3月28日 克旗企业改革领导小组会议通过《克旗关于实施股份合作制的试行办法》《克旗组建股份合作制企业的操作办法》《克旗关于转换企业经营机制中有关问题的处理办法》和《克旗关于企业拍卖的实施细则》等政策性文件。

4月5日 旗委、旗政府举行克旗革命烈士陵园重建落成揭幕仪式。

5月15日 旗委、旗政府印发《关于加快农村牧区社会化综合服务体系建设的实施意见》,推动农牧口事业单位转变工作职能。

5月17日 自治区党委副书记王占在克旗考察工作。

5月18日 集通铁路全线贯通。

5月20日 自治区党委书记王群在克旗调研、指导企业改革工作。

6月1日 旗委、旗政府印发《关于拍卖"五荒"使用权的实施意见》,决定对全旗苏木乡镇集体所有的荒山、荒坡、荒滩、荒沟、荒水使用权进行拍卖,使用年限为50年。

6月15日 克旗第三届个体劳动者代表暨先进表奖大会在经棚镇召开。

6月18日 克旗长途光缆传输和4000门程控电话开通入网。

7月7—23日 克旗境内连降暴雨,有13个乡镇、34个村139个村民组遭受洪水冰雹袭击,直接经济损失逾千万元。

7月13日 旗委、旗政府印发《关于印发〈克什克腾旗农村牧区达小康规划纲要〉的通知》。

7月31日至8月5日 自治区副主席包文发在克旗现场办公,指导经济工作。

8月3日 自治区副主席阿拉坦敖其尔在克旗考察。

9月8日 克什克腾旗国家税务局、克什克腾旗地方税务局分别举行成立暨挂牌仪式。

9月16日 旗委、旗政府印发《关于加强工商联工作促进非公有制经济发展的意见》。

同日 克旗工商业联合会第六届会员代表大会在经棚镇召开。

△ 克旗人民政府召开民族团结进步暨学习使用蒙古语文表彰大会。

10月25日 旗委转发《克旗精神文明建设委员会关于进一步加强十星级(十骏马)文明小康户评比竞赛活动管理工作的意见》,全旗陆续展开文明小康户竞赛活动。

10月28日 旗委召开全体委员会议,选举自治区第六次党代会代表和赤峰市党代会代表。

12月14—15日 旗委、旗政府召开企业改革领导小组会议。全旗94户国有、集体工商企业全部完成转制工作。

12 月 21—24 日 旗委、旗政府召开农村牧区重点项目落实会议，落实 9 个重点建设项目。

12 月 27 日 克旗消费者协会成立。

1995 年

1 月 4 日 旗委办公室、旗政府办公室印发《关于对一九九五年农村牧区重点项目实行领导分片负责、旗直单位承包苏木乡镇责任制的通知》，实行旗级领导“包车组”制度。

2 月 15 日 旗委、旗政府印发《关于加强粮油生产征购工作的通知》，指导粮食经营体制改革后的购销工作。

2 月 27 日 旗委、旗政府命名万合永乡头地小学等 15 个单位为旗级文明单位。

3 月 2 日 旗委印发《关于全旗开展社会主义市场经济理论大学习、大讨论的实施方案》，全旗展开社会主义市场经济理论大学习大讨论活动。

3 月 20—23 日 政协克旗五届二次会议在经棚镇召开。

3 月 21—24 日 克旗十二届人大二次会议在经棚镇召开。

3 月 卫生部授予克旗医院“国家二级甲等医院”称号。

5 月 13 日 选派旗、乡两级农业干部、技术人员千余人深入田间，推广旱地农作物模式化栽培技术。

5 月 29 日 中共克旗党代表会议选举王洪勋等 21 人为中共赤峰市第三次代表大会代表。

6 月 9 日 旗人大常委会召开十二届九次会议。接受高国芳辞去旗长职务，任命张彦斌为副旗长、代旗长。

7 月 3 日 赤峰市委决定免去王洪勋的克旗委书记职务，呼格吉图任克旗委书记。

7 月 21 日 旗委印发《关于旗级领导干部经济建设“十个一”工程实施方案》，决定在今后一个时期，30 名县处级干部实行包乡（镇、苏木）、村（嘎查）、户、项目（企业）联系户制度，以加强对经济工作的领导。

8 月 2 日 旗委就最高人民法院为克旗人民法院荣记集体一等功召开庆功会。

8 月 3—7 日 由《中华儿女》杂志社牵头，团中央、统战部、全国青联、人民日报社等媒体的领导、学者、记者在克旗进行采访、举办草原笔会活动。

8 月 15—16 日 自治区副主席张廷武在克旗考察喜鹊沟国营配种站、上湾子电站等处建设发展情况。

9 月 7—14 日 克旗北部苏木乡镇出现早霜冻，最低温度 -4℃，粮食作物受灾面积 3 万公顷，造成粮食减产 3500 万公斤。

10 月 2—3 日 自治区党委书记刘明祖察看宇宙地、热水镇等地旱霜冻灾情。

10 月 19 日 旗委、旗政府召开推行国家公务员制度动员大会,全旗行政机关干部向公务员过渡。

11 月 10 日 旗人大常委会十二届十二次会议审议、通过《克旗人大常委会关于加快发展乡镇企业的决议》。

11 月 15 日 自治区主席乌力吉在克旗检查抗灾救灾工作。

11 月 21 日 赤峰市委、市人民政府在克旗召开现场办公会,解决经济社会发展中的一些难点问题。

12 月 1 日 集通铁路开通客运列车。

12 月 4—6 日 中共克旗第十一次代表大会在经棚镇召开,出席会议代表 219 人。大会选举产生中共克旗第十一届委员会委员 34 人,候补委员 6 人,选举产生新一届纪律检查委员会。

12 月 7 日 中共克旗第十一届委员会举行第一次会议,选举呼格吉图为书记。中共克旗第十一届纪律检查委员会举行第一次会议,选举常桂英为书记。

12 月 8 日 中共克旗十一届一次全委(扩大)会议审议通过《中共克旗第十一届委员会关于加强自身建设的决定》《中共克旗委关于制定全旗国民经济和社会发展“九五”计划的建议及 2010 年远景目标的决议》。

12 月 10 日 克旗残疾人联合会召开第二次代表大会。

12 月 28 日 克旗第十一次妇女代表大会在经棚镇召开,大会选举王瑞琴为克旗第十一届妇女联合会主席。

1995 年末 克旗被自治区林业厅确定为全区林业综合配套改革试点旗。

1996 年

1 月 2 日 旗委召开常委(扩大)会议,决定从 1996 年起全面实施旗级领导干部目标管理责任制。

1 月 10 日 旗委、旗政府印发《关于加快工业经济发展的决定》,提出克旗工业发展的长期目标、总体思路、工业发展的主要任务。

1 月 26—29 日 政协克旗五届三次会议在经棚镇召开。

1 月 27—30 日 旗十二届人大三次会议在经棚镇召开,188 名代表出席会议。补选刘子文为克旗第十二届人民代表大会常委会主任,补选张彦斌为旗长,接受呼格吉图辞去旗人大常委会主任职务。

2 月 7 日 自治区人民政府批准克旗达里诺尔珍稀鸟类及其栖息环境——湖泊、湿地、草原、林地等生态多样性自然保护区为自治区级自然保护区。

3 月 22 日 举行克旗人民武装部回归部队交接仪式,从 4 月 1 日起,武装部收归军队建制。

4 月 8 日 旗委、旗政府印发《关于“九五”对外开放和横向经济联合的发展规划》。

4 月 16 日 赤峰市政府在宇宙地镇召开现场办公会,推广宇宙地镇山区水利配套建设经验。

4 月 20 日 旗政府在经棚镇举行首部《克什克腾旗志》发行仪式。

5 月 6 日 克旗召开“严厉打击犯罪”战役第一次集中行动战前动员大会。

5 月 14 日 旗委、旗政府印发《关于加快发展乡镇企业的决定》,出台干部到乡镇企业工作激励机制和发展乡镇企业、鼓励人才向乡镇企业流动的优惠政策。

5 月 16 日 克旗召开首次个体私营经济发展工作会议。

5 月 25 日 克什克腾旗与赤峰市红山区建立友好旗区关系。

5 月 29 日 亚洲银行项目加拿大专家尤瑞奇向克旗赠送树苗和树种。

5 月末 林业部批准黄岗梁林场为国家级森林公园。

6 月 14—16 日 自治区副主席包文发在克旗现场办公,推进克旗扶贫联系点工作。

6 月 22—23 日 赤峰市政府在热水塘镇召开农田建设拉练检查会议,推广宇宙地镇在水利建设方面的典型经验。

7 月 1 日 旗委召开纪念中国共产党成立 75 周年暨表彰大会。

7 月 16 日 旗委、旗政府做出《关于向宇宙地镇党委书记刘清河同志学习的决定》。

7 月 17 日 克什克腾旗与河北新集市建立友好旗市关系。

7 月 30 日至 8 月 2 日 国家级自然保护区评审委员会主任、国家环保局副局长王玉庆率领评委会、部分生态专家实地考察达里诺尔自然保护区,为达里诺尔晋升国家级自然保护区做准备。

8 月 2 日 黄岗铁矿一期建设工程建成投产,选矿试车成功。

8 月 9 日 全国人大常委、环境与资源委员会主任委员曲格平考察达里诺尔自然保护区。

8 月 22 日 经棚镇通过自治区级卫生城镇检查验收。

8 月 28—30 日 旗委、旗政府做出《关于加强防沙治沙工作的决定》。

10 月 30 日 旗委书记呼格吉图与自治区政府签订责任状,克旗成为自治区首批财政自给目标化管理旗,承诺 3 年后财政实现自给。

11 月 1 日 克旗全国基本单位普查开始登记,11 月 25 日登记结束。

11 月 12 日 留日博士张景生和日本友人大崎鼎联合捐资 100 万日元建设新开地中学教学楼。

12 月 9 日 中共克旗委、克旗人民政府印发《关于加大扶贫开发工作力度,尽快解决农村牧区贫困人口温饱问题的决定》。

12 月 12 日 达里诺尔自然保护区通过国家级自然保护区评审。

1997 年

1 月 11—13 日 政协克旗五届四次会议在经棚镇召开。

1 月 12—14 日 克旗十二届人大四次会议在经棚镇召开。

1 月 13 日 旗委、旗政府印发《关于进一步壮大嘎查村集体经济实力的意见》。

1 月 24 日 中国农业发展银行克什克腾支行挂牌营业。

1 月 28 日 旗委十一届二次全委(扩大)会议通过《关于行政机关、事业单位创办实体的意见》,鼓励人员分流,创办实体,增加机关收入,提高干部职工福利。

2 月 22—23 日 旗委、旗政府召开书记、旗长现场联席办公会议,研究解决皮毛厂技术改造、黄岗铁矿生产、热电联产、交通重点项目、扶贫工作、食品公司冷库建设等问题。

3 月 8—9 日 旗委、旗政府在宇宙地镇、热水塘镇分别召开万头牛育肥基地、万亩农田旱改水工程现场办公会议,以推动农业产业化发展。

4 月 3 日 克旗文学艺术界联合会第三次代表大会在经棚镇召开。

5 月 6—11 日 旗政府对克旗、锡林郭勒盟多伦县边界进行实地踏察和协商划界,对达成边界协议和存在争议的区域绘制边界线地形图并向自治区人民政府进行报告。

5 月 25—27 日 锡林郭勒盟白音库伦、巴彦锡勒两牧场分场在克旗达日罕乌拉苏木白音门德、白音查干嘎查和巴彦查干苏木金星嘎查区域布设牧点并建房,引起边界争执。

6 月 16 日 克旗天骄奶酒厂生产的天骄牌奶酒被指定为内蒙古自治区 50 年大庆使用产品。

6 月 26 日 旗委作出《关于在全旗共产党员中开展向孟庆兰同志学习活动的决定》。孟庆兰生前系克旗教育局教研室教研员。

6 月 28 日 自治区烟草公司克旗分公司成立。

7 月 17 日 旗委、旗政府印发《克什克腾旗细毛羊良种化科技攻关项目实施方案》。

7 月 18 日 旗委、旗政府在经棚体育广场举行万人大会,隆重庆祝内蒙古自治区成立 50 周年。

8 月 2 日 全国政协常委、国务院政策研究室原主任袁木在克旗考察农牧区生产及牛羊胚胎移植育种工作。

8月22—23日　自治区副主席包文发在克旗召开扶贫现场办公会。

8月26—28日　全国政协提案委员会委员、国家计委副主任盛树人，全国政协委员塞风，林业部副部长蔡延松，北京林业大学校长沈国舫，全国政协常委、赤峰市政协副主席苏赫组成的专家组考察沙地云杉林和白音敖包自然保护区。

9月9日　赤峰市委、市政府《关于赤峰富龙热力股份有限公司死股问题办公会议纪要》，同意克什克腾旗水电公司整体加入赤峰煤气经营总公司，克旗水电公司的资产作为国家配股资产为富龙公司配股，成为富龙公司的全资子公司。

11月6日　旗政府召开1997年第二次政府常务会议，研究企业破产和职工安置。会议决定按照自治区和赤峰市再就业工作要求，制定克旗再就业方案，保证下岗职工就业。

11月9日　市委办公室印发《关于中澳合资内蒙古金峰畜牧有限公司澳美种羊场等若干问题的现场办公会议纪要》，决定好鲁库种羊场从1996年开始划拨草场，给内蒙古金峰畜牧有限公司澳美种羊场无偿使用25年。

12月4日　中国地质科学院地质研究所研究员韩同林、劳雄在克旗考察大青山冰臼群。

同日　自治区副主席沈淑济考察黄岗铁矿。

12月8日　国务院批准达里诺尔为以保护珍稀鸟类及其生态系统为主的综合的国家级自然保护区。

12月9日　赤峰市委决定克旗浩来呼热乡与好鲁库种羊场合署办公，乌兰布统乡与元宝山牧场合署办公，对外挂两块牌子。

12月15日　中国地质科学院专家考证确认，克旗大青山冰臼群是第四纪冰川遗迹，且发育完整，类型齐全，为国内外罕见奇观。

12月16日　旗委、旗政府印发《关于进一步稳定完善农村土地承包关系的实施意见》，要求村委会向农户发包的土地必须签订承包合同，严禁强行解除未到期的合同。

12月23日　克旗达里风电厂引进荷兰政府贷款项目。

1998年

1月8日　旗委、旗政府印发《关于深化乡镇企业改革的意见》。

1月18日　克旗公安局“110”报警服务台开通并投入使用。

1月27—28日　旗委、旗政府召开落实草牧场所有权、使用权有偿使用责任制和延长土地承包期工作会议，对草牧场“双权一制”和延长土地承包期工作做出具体安排部署。

3月9—11日　政协克旗五届五次会议在经棚镇召开。

3月10—12日 克旗十二届人大五次会议在经棚镇召开。

3月10日 克旗5个苏木镇41个嘎查草牧场“双权一制”落实工作结束,60万公顷草牧场划分到户,全部签订使用和保护合同,发放所有权证和使用权证。

3月16日 自治区副主席宝音德力格尔带领科教兴区战略实施情况检查团检查克旗科教兴旗工作。

4月6日 经棚一中举行自治区级文明单位挂牌仪式,成为全旗学校中首家进入自治区级文明单位。

4月15日 全旗21个乡镇、117个行政村、1021个村民组稳定完善新一轮土地承包,7.35万公顷耕地发包到户。

4月 旗政府印发《经棚镇居民最低生活保障实施办法》。

5月7日 旗政府决定建立大青山自然保护区。

5月9日 克旗中心血库建立。

5月19日 克旗公安看守所举行“国家一级看守所”挂牌仪式。

5月26—29日 中国地质学院地质研究所研究员韩同林、教授钱方,中国科学院地质研究所研究员徐钦琦,中国第四纪冰川遗迹陈列馆馆长于波(女)及新华通讯社记者等考察大青山岩臼和白音敖包沙地云杉林。

6月30日 自治区人民政府副主席郝益东到克旗考察畜牧业。

7月10日 自治区政府下达《关于划定赤峰市与锡林郭勒盟部分旗县市接壤地段行政区域界线的决定》,确定克旗与锡林浩特市的边界法定界线。

7月12—15日 经棚镇碧柳河洪水暴涨,最大洪峰流量每秒120立方米,碧柳河堤坝出现险情。

7月17—18日 旗委、旗政府召开现场办公会,宣布元宝山牧场与乌兰布统乡,好鲁库牧场与浩来呼热乡分别实行场乡合一体制,管理以乡为主。

7月21日 经棚第三中学更名为经棚实验中学。

7月22日 旗政府在达里渔场举行达里诺尔自然保护区晋升为国家级自然保护区庆典仪式。

7月末 旗政府决定建立乌兰布统自然保护区,保护面积31550公顷。

8月27日 克什克腾旗与辽宁省大连市沙河口区结为友好旗区。

8月29日 赤峰市政府批准大青山自然保护区晋升为市级自然保护区。

9月2日 克旗在经棚镇非农业户口常住居民中落实《经棚镇城镇居民最低生活保障实施办法》。规定户人均月收入低于80元的城镇户口常驻居民为最低生活保障对象。

10月14—16日 加拿大驻华大使馆参赞司治中考察达里诺尔国家级自然保护区。

11 月 21—23 日 克旗普降暴雪，牧区 5 个苏木积雪厚度在 50 厘米以上，形成草原“白灾”。

1999 年

1 月 1 日 《克什克腾报》更名为《赤峰日报》克什克腾版。

1 月 15—17 日 中共克旗委十一届四次全委(扩大)会议在经棚镇召开。

1 月 18—21 日 政协克旗第六届委员会在经棚镇召开。98 名委员出席会议。会议选举出 21 名常委会委员，选举孟庆林为政协克旗第六届委员会主席。

1 月 19—23 日 克旗第十三届人民代表大会在经棚镇召开，174 名代表出席会议。选举刘子文为旗人大常委会主任。旗长候选人落选，旗长暂缺。

3 月 30 日 旗十三届人大二次常委会议审议批准《克什克腾旗经棚地区城镇规划建设管理暂行办法》。

4 月 8 日 旗委印发《关于深化卫生改革，加快卫生事业发展的决定》，部署全旗卫生改革工作。

5 月 8 日 达尔罕曼陀山一号风电厂建成发电。

5 月 13 日 旗十三届人大三次常委会议任命白音巴特尔为旗政府副旗长、代旗长。

5 月 26 日 克旗工商行政管理局上划垂直管理。

6 月 28 日 自治区主席云布龙在克旗考察调研喜鹊沟胚胎移植中心、克旗与锡盟边界稳定情况。

7 月 3 日 克旗在 5 个苏木乡镇开展税费改革试点，把嘎查村提留和苏木乡镇统筹统一改为“农村牧区公益事业建设税”。

7 月 10 日 克旗经(经棚镇)山(红山军马场)线 124 公里公路开工建设。

7 月 22 日 “1999 赤峰市克旗贡格尔草原旅游节”开幕，这是克旗首次举办大型旅游推介活动。

8 月 3—9 日 旗委、旗政府组成 117 人党政考察团，赴吉林省公主岭市考察招商引资。

8 月 8 日 教育部副部长张天保在经棚实验中学考察。

8 月 16 日 “1999 赤峰市克旗贡格尔草原旅游节”总结表彰及发展战略研讨会在经棚镇召开。

9 月 15—16 日 克旗总工会第十一次代表大会在经棚镇召开。选举李孝文为旗总工会主席。

9 月 22 日 旗委、旗政府印发《关于优化石材开发市场外部环境的暂行规定》，规定石材加工企业在税收和收费上享有优惠政策,并组建成立石材开发市场管理委员会和石材开发协会,决定在经棚镇、芝瑞乡、南店乡建立石材交易市场,在芝瑞乡、南店乡建立玄武岩石材开发小区。

9月28日 克旗成立招商引资管理委员会,并制定出台招商引资的优惠政策和对招商引资做出贡献的企事业单位、中介人的奖励办法。

9月 旗委、旗政府相继印发《关于扩大对外开放,开展全民招商的暂行规定》《关于优化牛羊加工市场外部环境的暂行规定》《关于进一步优化乡镇企业个体私营企业发展环境若干问题的暂行规定》等政策性文件,推动民营经济快速发展。

11月30日 旗第十三届人大常委会第八次会议审议批准《克什克腾旗旅游管理暂行办法》,审议通过《克什克腾旗人民代表大会关于加强环境保护的建议》。

12月 自治区人民政府批准克旗大青山自然保护区为自治区级自然保护区。

同年 全旗新增有效灌溉农田1000公顷,灌溉草库仑1000公顷,完成草原建设4.67万公顷。

2000年

1月3—6日 经连续三天降雪后,经棚镇气温降至-34℃,草原牧区形成"白灾"。

1月12日 因大雪,克旗公共交通中断。旗政府调集37辆越野车运送白音查干苏木203名在经棚蒙中、蒙小寄宿学生回家度寒假。

1月15—16日 中共克旗十一届五次全委(扩大)会议在经棚镇召开。

1月17—19日 政协克旗六届二次会议在经棚镇召开。

1月18—21日 旗第十三届人民代表大会第二次会议在经棚镇召开,出席会议代表163人。会议补选白音巴特尔为旗政府旗长。

1月31日 旗政府与赤峰日报社联合举办"新千年克旗旅游摄影作品展"。

2月22日 旗委成立讲学习、讲政治、讲正气"三讲"教育领导小组,旗委书记呼格吉图兼任组长。

2月29日 旗委召开旗级领导班子和旗直科局领导干部"三讲"教育活动动员大会。

3月22日 克旗遭遇沙尘暴,经棚镇能见度仅100米,白音高勒苏木一女牧民出牧,因风沙迷路被冻死。

4月4日 国务院办公厅批准白音敖包自然保护区晋升为国家级自然保护区。

4月12日 旗政府召开第二次政府常务会议,决定将卫生局承担的职工医疗保险行政职能和原医改办承担的医疗保险改革职能划入劳动局管理。

4月20日 克旗在赤峰市红山区举办冬季旅游摄影大赛颁奖仪式暨旅游发展战

略研讨会。

4月26日 共青团中央等7单位在人民大会堂举行全面推进保护母亲河中国青年志愿者绿色行动营计划暨达里诺尔项目启动仪式。全国人大常委会副委员长布赫、团中央常务副书记巴音朝鲁等出席启动仪式。北京薄涛制衣有限责任公司为主发起的“达里诺尔绿色行动营”项目也同时启动。

5月19日 旗委、旗政府印发《关于实施生态立旗战略,加强生态环境保护与建设的决定》,提出从2000年开始,每年完成人工造林合格面积1.13万公顷,防沙治沙1.3万公顷,治理水土流失面积2万公顷,改良草场4万公顷。同时,颁布《克旗加强生态环境保护和建设的暂行规定》,全旗开始有步骤地实施禁牧。

5月24日 旗委召开党代表会议,选举出席赤峰市第四次党代会代表25人。

5月25日 赤峰市委任命白音巴特尔为中共克旗委书记;提名秦义代理克旗人民政府旗长。

5月30日 旗委、旗政府召开“环京津周边地区克什克腾旗沙源治理工程启动仪式暨生态立旗千人誓师大会”。宣布旗委、旗政府《关于实施生态立旗战略,加强生态环境保护与建设的决定》。

6月9日 旗直机关单位出动千余名干部职工在达里镇五星台子平整乱采乱挖药材毁坏的草牧场。

6月16—20日 中国人与生物圈国家委员会生态旅游专家考察团在克旗考察各自然保护区。

6月22日 旗政府决定建立潢源自然保护区,保护面积53992公顷。

7月15日 第一届内蒙古克什克腾草原旅游文化节暨第二届赤峰克什克腾草原旅游节开幕。

7月31日至8月5日 自治区环保局同加拿大国际发展署,连续在达里诺尔渔场召开中加内蒙古生物多样性保护和社区发展项目区工作会议,在经棚镇召开中加生态旅游及自然保护区管理研讨会,探讨合作开发自然保护区发展项目。

8月3日 自治区副主席周德海在克旗考察。

8月7日 自治区党委书记刘明祖带领工作组,查看克旗灾情,指导救灾和农牧业生产。

8月17日 全国人大常委会委员、全国人大农业与农村委员会副主任委员洪绂曾一行在克旗检查《中华人民共和国草原法》贯彻落实情况。自治区人大常委会副主任张廷武和赤峰市政府领导陪同检查。

8月21日 交通部部长黄振东一行考察克旗交通发展状况。

8月末 克旗历时150天的第四届嘎查、村、居委会换届选举工作结束。全旗127个村委会、40个嘎查和5个居委会完成选举换届。

9 月 1 日 旗委、旗政府成立参事室,聘用 20 名离退休干部任参事。

9 月 7 日 克旗召开关心下一代工作委员会成立十周年暨先进集体和先进个人表彰大会。

9 月 14 日 克什克腾旗与通辽市科尔沁区缔结友好旗区关系。

9 月 16 日 自治区副主席周维德在克旗考察热水镇小城镇建设。

11 月 1 日 从零时起,克旗开展全国第五次人口普查。

11 月 14 日 北京青基会、北京希望工程救助中心、内蒙古青基会以及共青团赤峰市委等单位,会同中央电视台、北京电视台、《中国青年报》《北京青年晚报》等多家新闻媒体,在上头地乡水头村举行捐赠仪式,捐赠 11 万元建校款,捐赠价值 1.2 万余元物品。

11 月末 克旗获得“全区体育先进旗”称号。

12 月 2—3 日 北京市 100 万元救灾款和 3.5 万件御寒衣物运送至克旗灾区。

12 月 15 日 旗政府决定建立贡格尔草原保护区,保护面积 101900 公顷。

12 月 17—18 日 中共克旗第十二次代表大会在经棚镇召开。出席大会党代表 249 人。选举出中共克旗第十二届委员会委员 35 人,候补委员 6 人。选举白音巴特尔为书记。中共克旗第十二届纪律检查委员会第一次全委会议选举花拉为书记。

2001 年

2000 年 12 月 31 日至 2001 年 1 月 1 日 克旗遭受特大暴风雪袭击,风力达 9 级以上,瞬间最大风速 23 米/秒,最低能见度仅为 5 米。全旗 28 个苏木乡镇不同程度遭受“白灾”,303 线、306 线国道克旗段部分中断,部分苏木乡镇都有牛羊丢失或冻死。

1 月 9 日 农业部副部长范小建带领工作组在克旗考察暴雪灾情。

1 月 18 日 中共克旗委在经棚镇召开全旗党员干部“三个代表”学习教育活动动员大会。

2 月 3 日 全旗苏木乡镇和旗直单位主要负责人 200 余人,进行为期 5 天的“三个代表”学习教育集中培训。

2 月 16 日 全旗 1000 余名党员干部分成 27 个工作队,到嘎查、村,与农牧民同住、同吃、同劳动,开展抗灾救灾和指导备耕生产工作。

3 月 15—17 日 政协克旗六届三次会议在经棚镇召开。

3 月 16—18 日 克旗十三届人大三次会议在经棚镇召开,162 名代表出席会议。听取和审议《克旗人民政府关于“十五”规划和 2010 年远景目标规划》,选举秦义为克旗人民政府旗长。

3 月 22 日 自治区党委书记刘明祖在克旗视察灾情,并到达来诺日镇托里嘎查看望牧民。

4月6日 旗政府在经棚镇召开京津周边地区沙源治理和经棚地区绿化美化动员大会。

4月27日 旗委在经棚镇召开“三个代表”学习教育活动阶段总结暨干部下乡动员大会。

4月29日 旗委、旗政府印发《关于扩大对外开放,开展全民招商的若干规定》。

4月30日 旗政府召开第三次政府常务会议,决定成立克旗城市规划委员会。

6月4日 旗委、旗政府在经棚镇召开生态建设总结表彰暨环京津周边地区沙源治理动员大会。

6月25日 国务院批准元代应昌路遗址为全国重点文物保护单位。

6月30日 旗委、旗政府决定,全旗农区养羊全部实行半舍饲,每年12月1日至次年5月30日,禁止散养放牧。

7月24日 克旗安乐锡矿发生5死4伤重大安全事故。

7月28日 赤峰市政府在克旗召开市长办公会议,专题研究好鲁库种羊场历史遗留问题。

7月末 全旗启动苏木乡镇行政机构改革,原28个苏木乡镇撤并为20个。

8月2日 克旗举行达里诺尔至乌兰布统公路建设项目及其营运特许权转让签约仪式。

8月24日 旗政府在达尔罕乌拉苏木举办“草原之夏”汽车越野赛,推进克旗旅游业发展。

8月28日 自治区国土资源厅批准克什克腾地质公园为自治区级地质公园。

9月6—9日 全国政协副主席王文元带领全国政协考察团在克旗考察白音敖包、曼陀山、莲花山生态保护与建设情况。

10月12—13日 国家环保总局副局长祝光耀带领考察组在克旗考察《全国生态环境保护纲要》贯彻落实情况。重点调研考察达里诺尔国家级自然保护区柳灌丛湿地、宝音图草甸湿地核心区、沙里河河口核心区、葫芦灌丛草甸核心区和白音敖包国家级沙地云杉林核心区、沙地云杉苗圃等。

10月19日 旗委在经棚镇召开全旗嘎查村开展“三个代表”教育活动动员大会。

11月27日 克什克腾国家地质公园通过国家评审。

12月1日 克旗首批12辆公交车分两路在经棚镇主街道营运。

12月10日 国土资源部批准克什克腾地质公园为国家级地质公园。

12月12日 旗政府召开第四次政府常务会议,会议通过《克旗小城镇户口分等级管理办法》《经棚镇区集中连片供热实施方案》。

12月26日 《赤峰日报》克什克腾版停刊,克什克腾报社撤销。

2002 年

1 月 6 日 内蒙古军区司令员黄高成在克旗人民武装部检查工作。

1 月 22 日 国家外汇管理局扶贫慰问团在南店镇下头地村扶贫慰问,赠送棉被、衣物、现金等。

1 月 28 日 克旗食品药品监督管理局组建成立。

2 月 26 日 达里 2 号风电场投产运行,风电场装机 26 台,总容量 18960 千瓦,预计年发电量 3748 万千瓦时,总投资 9800 万元。

2 月 28 日 克什克腾地质公园代表在北京参加国家地质公园授匾仪式,成为第二批国家级地质公园之一。为自治区首家国家级地质公园。

3 月 1—2 日 政协克旗六届四次会议在经棚镇召开,97 名委员出席,补选 3 名政协副主席。

3 月 2—4 日 克旗十三届人大四次会议在经棚镇召开,168 名代表出席会议。选举斯钦巴特尔为人大常委会主任,选举吉日嘎拉、吴瑞喜、李秀峰为旗政府副旗长,选举赵晓明为旗检察院检察长。

3 月 12 日 香港爱德基金会邵平平女士一行在克旗察看牧区灾情后,决定实施百万元救助项目。

4 月 10 日 旗政府在经棚镇召开治沙标兵唐臣事迹报告会暨春季造林动员大会。

4 月 19 日 旗委在经棚镇召开旗直党政机关机构改革动员大会。

4 月 20 日 自治区党委书记储波,党委常委、秘书长任亚平,自治区副主席傅守正等在克旗检查指导工作。

4 月 克旗被确定为全国草原改良建设机械化保护性种植示范区,首批项目任务 2000 公顷,其中免耕补播 1333 公顷牧草。

5 月 3 日 天津《时尚生活周报·假日 100 天》记者和读者代表,在克旗造林基地造林。

5 月 30 日 旗政府召开第二次政府常务会议,决定成立工业园区建设工作领导小组和园区建设管委会。

6 月 13 日 全国人大常委会环资委副主任叶如棠带领执法检查组在克旗开展《中华人民共和国矿产资源法》落实情况和环境资源保护工作执法检查。

6 月 19—21 日 全国政协副主席周铁农在克旗考察调研。

6 月 20 日 在全国防沙治沙表彰大会上,克旗人民政府获得"全国防沙治沙先进集体"称号,唐臣获得"全国防沙治沙十大标兵"称号。

6 月 21 日 赤峰市委、市政府做出向全国防沙治沙标兵唐臣学习的决定,并在经棚镇召开唐臣事迹表奖座谈会。

7月14—16日 自治区党委副书记杨利民在克旗考察调研党建、旅游开发、农牧业结构调整情况。

7月20日 全国人大常委会副委员长、全国妇联主席彭珮云,全国妇联副主席、书记处书记沈淑济一行考察克旗妇女儿童工作及达里诺尔、白音敖包国家级自然保护区。自治区主席乌云其木格、自治区人大常委会副主任王秀梅、自治区政府秘书长乌兰巴特、自治区妇联主席林瑞和赤峰市委、市政府主要领导陪同考察。

8月2日 碧柳河骤降大暴雨,上游发生特大洪峰,过水量每秒440立方米,新庙乡、经棚镇沿岸有房屋、农田被冲毁。

8月8—9日 自治区党委副书记、政府副主席岳福洪在克旗考察调研黄岗矿业和旅游业开发工作。

8月12日 举行内蒙古克什克腾国家地质公园开园揭牌仪式。国土资源部副部长孙文盛,自治区人大常委会副主任张廷武,自治区副主席周维德以及北京、吉林、河南、广西、内蒙古等省区国土资源部门领导、赤峰市党政主要领导参加开园揭牌仪式。

8月16日 国家计划委员会主任曾培炎在克旗考察风沙源治理、退耕还林还草、生态移民、新能源建设等方面的工作。自治区党委书记储波、自治区主席乌云其木格和赤峰市委主要领导陪同考察。

8月21日 卫生部副部长王陇德一行在克旗考察基层卫生工作情况。

8月26日 克旗遭受特大冰雹洪水袭击,全旗9个乡镇受灾,2人死亡。

9月1日 中科院院长路甬祥、中科院院士陈竺考察达里诺尔国家级自然保护区,自治区副主席郝益东等陪同考察。

9月2日 克旗出现历史罕见的大面积早霜冻,1.4万公顷农作物遭受霜冻灾害。

9月6日 克旗体育场在经棚镇河东村新址开工建设。

9月6—7日 国家文物局副局长郑欣淼带领文物安全检查组检查克旗应昌路遗址。

9月8日 林业部荒漠化中心主任刘拓考察克旗土城子镇架子山防沙治沙工程。

9月13—14日 国家审计署副审计长令狐安在克旗考察工作。

9月16—18日 自治区副主席周德海在克旗考察黄岗矿业有限责任公司、克什克腾国家地质公园和宇宙地镇农牧业产业化发展建设情况。

10月8日 赤峰市政府批准克旗潢源自然保护区、乌兰布统自然保护区晋升为市级自然保护区。

10月9日 克旗土城子镇天宝同村摩托罗拉希望小学举行落成剪彩仪式,摩托罗拉中国电子有限公司董事长兼总裁陈永正等出席仪式。

12 月 2 日 克旗第十二次妇女联合会代表大会在经棚镇召开,会议选举产生克旗妇联第十二届执行委员会委员和妇联主席。

2003 年

2 月 14 日 中共赤峰市委任命秦义为中共克旗委书记。

2 月 26—28 日 政协克旗六届五次会议在经棚镇召开。

2 月 27 日至 3 月 1 日 克旗十三届人大五次会议在经棚镇召开。会议选举李欣华为克旗人民政府旗长。

4 月 1—2 日 自治区副主席郭子明在克旗查看雪灾,慰问受灾群众。

4 月 9 日 国家林业局党组成员、纪检组长杨继平在克旗检查指导林业工作,并看望"全国防沙治沙十大标兵"唐臣。

4 月 18 日 旗委、旗政府决定成立克旗非典型肺炎预防控制领导小组。

4 月 29 日 "防非"领导小组更名为克旗非典型肺炎防治工作指挥部,政府旗长李欣华任总指挥,旗委副书记王立山、常务副旗长汪耳河、副旗长宋喜岭任副总指挥,指挥部办公室设在克旗卫生局,卫生局长闫素珍兼任办公室主任,办公室下设 8 个预防、医疗工作组,全面展开"防非"工作。

4 月末 旗委完成机构改革。旗委办公机构设置为:纪律检查委员会(与监察局合署办公)、旗委办公室、组织部(与直属机关工作委员会合署办公)、宣传部(挂对外宣传办公室和精神文明建设办公室牌子)、统战部(与工商联合署办公)、政法委员会(与社会治安综合治理委员会办公室合署办公)、机构编制委员会办公室(挂事业单位登记管理局牌子)。原旗委政策研究室并入旗委办公室,领导干部目标责任考核领导小组办公室并入组织部,精神文明建设委员会办公室并入宣传部,老干部局由组织部管理。

5 月 14 日 内蒙古黄岗矿业有限责任公司、克旗农电局、大兴铅锌矿等 16 家企业,为支援防治"非典",举行捐赠活动。

5 月 19 日 自治区副主席赵双连在克旗考察省际通道工程建设。

5 月 23 日 旗政府召开第二次政府常务会议,通过《经棚镇区监察管理办法》。

6 月 27—28 日 自治区人大常委会副主任周德海在克旗考察拜仁达坝银矿探矿开发项目、草牧场划区轮牧项目、旅游业发展、小水电建设等。

7 月末 克旗第五届嘎查、村、居委会换届选举结束。全旗共有 125 个嘎查、村和 13 个居委会依法进行了换届选举。

8 月 7—9 日 内蒙古自治区四星级精神文明城镇验收组指导验收克旗四星级精神文明城镇创建工作。

8 月 17—19 日 自治区党委副书记、纪委书记巴特尔在克旗考察党建工作。

8 月 18—20 日 “内蒙古大兴安岭地区矿产资源开发研讨会”在热水塘镇举行，会议广泛研讨克旗矿业开发的远景和面对的发展问题。中国地质学界的多位“两院”院士和中国地质调查局、中国科学院、中国地理科学院、中国地质大学、吉林大学、国土资源航空物探遥感中心和自治区人民政府相关厅局的领导、专家与会。

8 月下旬 中国地质大学教授田明中、武法东等专家考察确认，万合永镇平顶山一带，系第四纪气候标志性地貌——冰斗群，为克旗又一重大地质发现。

9 月 9—10 日 国家计生委副主任王国强、自治区副主席连辑等在热水塘镇出席自治区人口与计划生育综合改革经验交流会。

9 月 27 日 自治区党委书记、人大常委会主任储波和自治区财政厅、发改委、民政厅、旅游局的领导实地考察克旗旅游工作。

10 月 8 日 克旗人民政府召开第三次政府常务会议，决定扩大禁牧范围，发布第三号禁牧令。

10 月 10 日 元代应昌路遗址保护管理机构“内蒙古应昌路文物工作站”在克旗成立，由国家文物局拨款建设。

10 月末 克旗在各苏木乡镇和林业企业等非农业人口实施最低生活保障制度。

11 月 19 日 自治区党委副书记，自治区副主席岳福洪在克旗考察达里风场三期建设工程。

11 月 29 日 林业部确定桦木沟林场为国家级森林公园。

12 月 1 日 旗政府召开第四次政府常务会议，决定喜鹊沟胚胎移植研究推广中心转换经营机制，在保留中心法人资质、事业单位名称和人事档案的前提下，现有人员整体转入新组建的项目公司。

12 月 16 日 赤峰市委任命刘万华为中共克旗委书记。

12 月末 克旗被民政部授予全国村民自治模范旗。

2004 年

1 月 4—7 日 政协克旗第七届委员会在经棚镇召开，130 名委员出席会议。会议选举出 26 名政协常委会委员，选举宋喜岭为政协克旗第七届委员会主席。

1 月 5—8 日 克旗第十四届人民代表大会在经棚镇召开。179 名代表出席会议。选举斯钦巴特尔为旗人大常委会主任，选举李欣华为克旗人民政府旗长。

1 月 19 日 内蒙古军区司令员黄高成在克旗人民武装部检查工作。

1 月末 克旗贡格尔草原围栏封育划区轮牧试点示范项目启动，中央财政投入 1650 万元，项目建设面积 3.6 万公顷。

2 月 2 日 旗政府召开防治禽流感工作会议，通报全旗疫情防治情况，落实预防措施。

2月9日 克旗被自治区交通厅授予“全区农村牧区公路建设先进旗”称号。

2月末 克旗超细型无角美利奴细毛羊示范推广项目,在9个乡18个村的实验任务完成,并获得成功。

3月10日 旗委、旗政府抽派848名机关干部下乡,与全旗所有村、嘎查的2595户农牧民贫困户实行对接扶贫。

3月14日 旗政府常务会议决定:重新组建好鲁库种羊有限责任公司;全旗苏木乡镇卫生院工作人员全部纳入养老保险统筹范围;旗医院、旗蒙医中医院和旗民族疗养院实行自收自支管理体制,增拨部分工资;宇宙地镇医院热水分院更名为热水医院。

3月28日 旗委、旗政府制定出台《关于促进农牧民增加收入的意见》。

4月1日 自治区人民政府批准克旗潢源自然保护区、乌兰布统自然保护区晋升为自治区级自然保护区。

同月末 国家农业成果转化资金项目——沙地云杉扦插快繁工程化项目取得成功,通过科技部验收。

5月17日 台湾曹民基金会向克旗百名贫困残疾人捐赠100辆轮椅。

5月25日 自治区领导带领自治区发改委、国资委、包头钢铁集团公司、水利厅、农牧业厅、统计局、北方联合电力有限责任公司、内蒙古电力(集团)有限责任公司等部门负责人,在克旗达里风场、白音敖包自然保护区、阿斯哈图石林景区、黄岗梁旅游区、内蒙古黄岗矿业公司、热水塘开发区调研。

5月26日 达里诺尔自然保护区组织召开自然保护区“参与式管理”研讨会。中国加拿大项目专家组、相关职能部门、保护区社区牧民代表、睦邻苏木代表共同讨论对达里诺尔展开综合保护的途径和措施。

5月30日 达日罕苏木境内3.3万公顷沙地榆,出现榆树紫叶甲虫虫害,成灾面积2万公顷,株虫率70%,树叶受害率85%以上。旗有关部门及时开展灭虫工作,国家林业局森林病虫害防治总站和自治区森防站、赤峰市相关部门及时指导灭虫工作。

6月16日 内蒙古拜仁达坝银多金属矿开工建设。

6月23—26日 由中国画研究院院长龙瑞、中国美术家协会中国画艺术委员会副主任李宝林、中国画研究院山水画家赵卫、吴讯等20人组成的全国著名美术家内蒙古采风团,先后在达里诺尔、贡格尔草原、白音敖包自然保护区、阿斯哈图石林景区、大青山岩臼峰林景区等地进行采风活动。

7月1—3日 自治区文化厅组织文物专家组对克旗博物馆馆藏文物开展级别鉴定,初步鉴定出珍贵文物18件,其中国家一级文物10件;国家二级文物21件。

7月3—4日 第一届世界地质公园大会FT04内蒙古克什克腾旗国家地质公园考察团在阿斯哈图石林园区、贡格尔草原、白音敖包自然保护区、大青山岩臼峰林园区等地开展地质考察。

7月6—8日 加拿大国际发展署负责中国加拿大内蒙古生物多样性项目官员克里斯多夫·乔治、加拿大驻中国大使馆参赞梁淑贞及其丈夫汤姆和中国生态学专家一行在达里诺尔自然保护区考察,并指导保护工作。

7月10—12日 尚德国际妇女代表团考察组一行在克旗巴彦高勒苏木考察"春蕾计划"项目。尚德国际妇女会主席艾林·米切尔、尚德国际妇女会前任主席珍·齐莫、尚德西南太平洋分会下届主席洛娜·米德参加考察。

7月16—17日 全国政协副主席李兆焯一行在克旗实地考察草原划区轮牧示范区、旅游业、洁净能源开发等建设项目。

7月21日 中华人民共和国中央人民政府驻澳门联络处办公室主任白志健在克旗考察旅游资源开发利用情况。

7月31日 联合国科教文组织地质公园专家顾问、世界地质公园评审委员会评委赵逊在克什克腾国家地质公园考察。

同日 红山军马场被全国绿化委员会、国家林业局、全军环保绿化委员会命名为全国草原生态保护示范教育基地和全军生态环境保护示范基地。

8月8日 克旗专项实验种植的"克新四号"脱毒马铃薯育种获得成功。

8月20—23日 自治区党委副书记陈光林,政法委书记胡忠、副书记胡毅峰等考察克旗旅游业开发情况。

8月21日 赤峰市国土资源局在赤峰市国土资源局交易中心对黄岗梁矿区五、六、七区采矿权进行公开拍卖。

9月1日 自治区副主席赵双连考察内蒙古黄岗矿业公司和内蒙古银都矿业有限责任公司等重点企业。

9月2—3日 中央电视台导演崔亚楠率"心连心"艺术团小分队赴巴彦高勒苏木、阿斯哈图石林景区、达来诺日镇等地进行慰问演出。

9月3日 自治区人大常委会副主任王凤岐在克旗检查《中华人民共和国消防法》和《内蒙古自治区消防条例》落实执行情况。

9月7日 中央政策研究室副主任郑新立在克旗考察阿斯哈图石林园区、划区轮牧示范项目区、沙地云杉保护区等。

9月10日 建立牧区110巡逻队。

9月22日 克旗青少年助学基金正式启动。首批发放助学金5.558万元,救助339名特困学生。

10月11日 广东省纪委和内蒙古自治区纪委共同在克旗开展"草原爱心"助学活动,结对资助克旗20名失辍学儿童。

10月20日 大唐赤峰塞罕坝风力发电有限责任公司在赤峰举行成立揭牌暨一期

工程开工典礼仪式。塞罕坝风场一期工程总投资2.7亿元,装机3万千瓦,是中国大唐集团公司开发的第一个风力发电项目。

11月1日 自治区林业厅批准托河林场所属平顶山地区为自治区森林公园。

11月17日 克旗从澳大利亚引进1000只萨福克、无角多赛特肉用种公羊,为打造北方知名肉用种羊繁育基地做准备。

12月2日 自治区政府批准在黄岗梁林区、桦木沟林区建立自治区级自然保护区。

12月4日 自治区副主席乌兰带领有关部门负责人,对克旗医疗卫生单位改革、农村牧区新型合作医疗试点、蒙医药发展、计划生育综合改革等方面工作进行调研。

12月23日 赤峰市第四届人大常委会第二十五次会议通过"关于贡格尔河季节性断流不容忽视的议案的决议"。

12月31日 克旗财政收入实现翻番,首次过亿元大关。实现工业增加值2.5亿元,同比增长90%,其中规模以上工业同比增长超过130%。完成固定资产投资10亿元,招商引资突破5亿元。

2005年

1月14—17日 政协克旗七届二次会议在经棚镇召开。

1月15—18日 克旗十四届人大二次会议在经棚镇召开。

2月4日 旗委在经棚镇召开"保持共产党员先进性教育活动"动员大会。全旗分批次开展教育活动,为期一年半。

2月11日 在巴黎召开的联合国教科文组织"世界地质公园评审大会"上,克什克腾世界地质公园通过评审,正式命名为"中国克什克腾世界地质公园"。这是内蒙古第一家世界地质公园,也是中国第一家以行政区划命名的世界地质公园。

4月25日 旗委、旗政府举行"基本普及九年义务教育,基本扫除青壮年文盲"攻坚动员大会。

4月28日 旗委、旗政府召开"庆祝克旗关工委成立十五周年暨先进集体、先进个人"表彰大会。

5月10日 在中华环保基金会生态建设专项基金支持下,启动浑善达克沙地36万公顷防沙治沙示范项目——经济型大黄种植及繁育示范基地项目。

5月10—12日 2000余名干部职工在经棚镇东、西两面山上集中开展春季义务植树造林大会战,栽植樟子松6.5万株。

5月15日 内蒙古新闻网首页推出"克什克腾世界地质公园"专题网页,并链接了大型门户网站。

5 月 18 日 旗政府决定与大连民族学院建立友好合作关系，确定克旗为“大连民院经济管理学院旅游管理系实践基地”“大连民院经济管理学院教师科研及民族地区资源开发基地”。

6 月 13—14 日 全国政协副主席、全国工商联主席黄孟复，全国工商联副主席谢伯阳、辜胜祖在克旗考察达里诺尔国家自然保护区、白音敖包自然保护区、世界地质公园阿斯哈图景区、龙口水电站、达里风场。自治区副主席余德辉、自治区政协副主席许柏年等陪同考察。

6 月 15—23 日 自治区林业厅牵头组织相关单位在克旗检查验收京津风沙源治理、退耕还林工程项目。

6 月 24 日 克旗十四届人大十二次常委会议审议通过《克什克腾旗旅游管理办法》《克什克腾世界地质公园保护管理办法》。

6 月 24 日下午 土城子镇遭受百年罕见暴风雨袭击，灾情主要涉及土城子镇区及周边 3 个村的 14 个村民组，受灾人口 2760 人，死亡 1 人。冲毁淹没农田 358 公顷，造成直接经济损失 430 余万元。

6 月 25 日 克旗草原监督管理局成立。

6 月 29 日至 7 月 1 日 国家开发银行行长郭明社在克旗考察。

6 月末 旗政府印发《克什克腾旗农村牧区医疗救助实施办法》。

7 月 7 日晚 8 时 15 分左右 土城子镇十里铺村、五台山村遭受冰雹侵袭，受灾农田 170 公顷。

7 月 11 日 旗政府召开克旗第二轮地方志编纂工作会议，启动续志工作。

7 月 31 日 克旗广兴源镇遭受罕见特大洪灾，暴雨持续 1 小时。洪水溺死 1 人，水毁农田 340 公顷，水淹房屋 80 余间，造成直接经济损失 320 余万元。

8 月 10—12 日 中国大唐集团公司与赤峰市人民政府百万千瓦风电场开发协议签订仪式、中国大唐集团首批风电机组投产发电暨塞罕坝风电二期工程开工庆典仪式在克旗举行。中国大唐公司党组书记、总经理翟若愚，自治区人民政府顾问周德海出席庆典仪式。

8 月 15—18 日 由北京市 50 多家旅行社负责人、10 余家新闻媒体记者与赤峰市各旅行社负责人组成的“相聚草原”联谊活动团，在克旗草原开展联谊、推介、考察活动。

8 月 28—29 日 第六届世界华人地质科学研讨会暨中国地质学会 2005 年学术年会代表，考察克什克腾世界地质公园阿斯哈图石林、青山岩臼峰林、达里诺尔火山群等园区及地质公园博物馆。

8 月 26 日 中华全国供销合作总社党组书记、理事会常务副主任周声涛在克旗考察调研供销合作社工作。

9 月 4 日 自治区防沙治沙协会专家组在克旗考察调研新庙乡退耕还林工程区、

高寒漫甸农田牧场防护林工程区、土城子架子山综合治理区、桦木沟林场、白音敖包林场、黄岗梁人工林项目区等。

9月8日 颁布实施《克什克腾旗转变畜牧业生产方式推行草畜平衡制度暂行规定》《克什克腾旗加强草原保护管理办法》及《2005—2006年度克旗草畜平衡实施方案》。

9月15日 经棚镇区9所中小学校约15000名师生集会,举行"崇尚科学,反对迷信,维护人权,拒绝邪教"主题宣传教育活动。

9月25日 以北京市政协主席程世峨为组长的中央巡回检查组在克旗检查指导保持共产党员先进性教育活动。

9月26日 内蒙古银都矿业有限公司总投资2.9亿元的拜仁达坝银多金属矿正式投产。

9月26日 由中国和加拿大两国政府共同投资的达里诺尔环境教育中心落成。

11月1日 克旗按照《2005年全国1%人口抽样方案》和《2005年全国1%人口抽样细则》的要求,开展人口抽样调查。

11月16日 自治区防控高致病性禽流感督查组在克旗督查工作。

12月19日 在南京召开的首届中国绿化博览会评比活动中,克旗获得中国绿化博览会银奖。专家认为,白音敖包云杉林是世界上独特的沙地云杉群落,是植物基因库、植物活化石。

12月23日 旗委、旗政府在经棚镇召开苏木乡镇机构改革动员大会。

同年 克旗引进国内区外资金11.75亿元,相当于"十五"时期前四年总和。

△ 克旗实行教育"一费制",全年共减负102万元。

△ 克旗又一轮撤乡并镇工作全部完成,20个苏木乡镇撤并为11个(2个苏木、2个乡、7个镇)。同时,在原乌兰布统乡和原浩来呼热乡分别设旗直属办事处,在原热水塘镇设立旅游开发区。

2006年

1月19日 全旗526名苏木乡镇干部参加机构改革竞争上岗考试。

1月23日 赤峰市委任命李欣华为中共克旗委书记。

1月24日 克旗十四届人大常务委员会第十八次会议,任命周春义为旗政府副旗长,代理旗长。

2月16日 中央电视台《新闻联播》"建设社会主义新农村"栏目摄制组在克旗采访建设社会主义新农村典型事迹。

2月19—22日 政协克旗七届三次会议在经棚镇召开。

2月20—23日 克旗十四届人大三次会议在经棚镇召开。

3月6日 自治区保持共产党员先进性教育检查组在克旗检查指导第三批保持共产党员先进性教育活动。

3月8日 克旗启动新型农村牧区合作医疗试点工作。

4月25日 克旗与山东省寿光市缔结友好旗市关系。

5月15日 自治区副主席雷·额尔德尼带领自治区京津风沙源工程考察组考察克旗沙化治理项目进展情况。

5月16日 旗公安机关开始办理换发“第二代”居民身份证。

5月24日 第二届克旗、锡林浩特市、西乌珠穆沁旗三地旅游合作论坛在克旗举办，论坛主题：“加强旅游区域合作，多方互补共赢”。

6月1日 国家、自治区、赤峰市、克旗四级人大代表视察克旗“基本普及九年义务教育，基本扫除青壮年文盲”攻坚工作。

6月15日 北京市海淀区教委“基本普及九年义务教育，基本扫除青壮年文盲”攻坚对口支援考察团在克旗考察。

6月17日 国务院纠风办地方二组在克旗专题调研减轻农牧民负担工作。

6月30日 自治区人大执法检查组在克旗就《内蒙古自治区蒙医中医条例》贯彻落实情况进行执法检查。

7月1—2日 国家环保总局副局长潘岳考察克旗自然环境保护工作。自治区副主席郝益东等陪同考察。

7月8日 克旗举行“克什克腾世界地质公园·青山园区”开园庆典仪式。

7月22日 全国人大常委会副委员长、全国妇联主席顾秀莲在克旗视察阿斯哈图石林园区、白音敖包国家自然保护区、达里风电场和达里诺尔环境教育中心，听取克什克腾世界地质公园、国家自然保护区的开发和保护情况汇报。自治区人大常委会副主任胡忠陪同视察。

7月25—26日 中共克旗第十三次代表大会在经棚镇召开。245名代表出席大会。大会选举出中共克旗十三届委员会委员39人、候补委员7人，选举出中共克旗纪律检查委员会委员15人，选举花拉为纪律检查委员会书记。中共克旗第十三届委员会第一次会议选举出常委会委员13人，选举李欣华为书记。

7月30日 国家工商总局局长王众孚在克旗考察指导工商工作。

8月9—10日 国家发展和改革委员会副主任陈德铭在克旗考察。自治区党委副书记、政府副主席岳福洪陪同考察。

8月19日 李嘉诚医疗扶贫项目在克旗启动，对脑瘫、唇裂、腭裂、肢体畸形等残疾人实行免费手术治疗。

8月27日 自治区政府副主席赵双连在克旗小东沟钼矿考察。

9月7日 克旗地区遭遇有气象记录以来最早最大雪灾。且连续多次降雪，平均降雪厚度45厘米，其中巴彦查干苏木、达日罕乌拉苏木、达来诺日镇、同兴镇、红山子乡、经棚镇等部分地区积雪厚度70厘米。农作物受灾面积4.84万公顷，受灾人口11.7万人，因灾死亡10人，倒塌房屋119间；因灾死亡牲畜14816头(只)，造成直接经济损失2.03亿元，其中农牧业损失1.67亿元。

9月17日 自治区副主席郭子明到克旗察看雪灾灾情。

9月26日 香港乐施会救助“内蒙古克什克腾旗雪灾紧急援助项目”物资运至克旗。

10月15日 自治区党委原书记、人大常委会原主任王群在克旗考察生态建设、旅游文化产业开发和风电开发等项目。自治区副主席雷·额尔德尼、连辑一同考察。

10月25—31日 自治区“基本普及九年义务教育，基本扫除青壮年文盲”达标评估团在克旗进行达标评估验收，并在经棚镇召开评估验收总结会议。

9月至11月间 克旗进行第六届嘎查、村、居委会换届选举，历时100天。全旗共有132个嘎查、村、居委会进行换届选举，共登记选民163551人，有119540人参加选举，参选率为89.5%。共选出嘎查、村、居委会主任132人。

12月12日 自治区副主席赵双连在克旗考察拜仁达坝矿区。

12月13日 自治区总工会检查团在克旗总工会进行年度目标工作检查。

12月31日 克旗经棚镇路、街使用新名称。路名自东向西依次为解放路、应昌路、滨河路；街名自南向北依次为经棚街、赛汗街、达尔罕街、云杉街、贡格尔街、青山街、达里诺尔街、碧柳街、西拉沐沦街、乌兰布统街。

同年 克旗在农村牧区全面实施最低生活保障制度。共有3416户、7741人享有最低生活保障，占全旗农牧业人口总数的3.8%，全年累计发放保障金286.7640万元，人均年补贴370元。

2007年

1月24—27日 政协克旗七届四次全委会议在经棚镇召开。

1月25—28日 克旗十四届人大四次会议在经棚镇召开。

1月28日 旗政府在经棚镇举办旗域经济发展战略研究报告会，副科级以上干部近500人听取报告。

1月 在“内蒙古十大自然景区、十大历史名胜”评选活动中，克什克腾世界地质公园获“内蒙古十大自然景区”称号。

4月18日 内蒙古兴安银铅冶炼公司银多金属冶炼项目，在克旗工业园区举行奠基仪式。

6 月 2 日 自治区副主席郭子明在克旗检查工作。

6 月 4—12 日 旗政府考察团赴云南石林彝族自治县考察，与之结为友好旗县。

6 月 7 日 克旗召开新农村新牧区建设动员大会。

6 月 10 日 自治区农业综合开发验收组在克旗检查验收 2004—2006 年农业综合开发项目实施、工程管护和项目专项资金管理工作。

6 月 13 日 中国奥委会副主席、国家体育总局党组书记李志坚在克旗考察。

6 月 22 日 自治区旅游局批准克旗启动创建中国旅游强县工作。

6 月 26—28 日 水利部“人畜饮水试点典型县”检查组在克旗检查。克旗代表自治区两个“人畜饮水试点典型县”受检。

6 月 27 日 国家“基本普及九年义务教育、基本扫除青壮年文盲”督导检查团在克旗检查指导工作。

7 月 16 日 自治区副主席罗啸天在克旗考察农村卫生工作。

7 月 18 日 乌兰布统开发区最偏远的燕子窑沟 6 户农牧民家通电。至此，克旗 11 个苏木乡镇、2 个开发区的全部行政村(嘎查)的 80395 户农牧民家庭全部通电。

7 月 22—24 日 中央政法委副秘书长、中央综治办主任陈冀平在克旗考察。

7 月 23—24 日 国务院扶贫开发领导小组副组长，中国人民银行副行长吴晓灵在克旗调研扶贫开发工作。自治区副主席雷·额尔德尼陪同调研。

7 月 26 日 政协克旗委员会文史资料《克什克腾蒙古族》在经棚镇举行首发式。

7 月 26—27 日 全国人大常委会委员、农业与农村委员会主任刘明祖在克旗调研旅游产业发展情况。

8 月 8 日 克旗举行 1300 名老年人健步迎奥运活动。

8 月 14—15 日 国家、自治区、市、旗四级克旗籍人大代表视察克旗旅游工作。

8 月 20 日 克旗为庆祝中国克什克腾世界地质公园开园，在经棚广场举办大型文艺晚会“美丽神奇的克什克腾”。中央电视台节目主持人白岩松，内蒙古电视台主持人缪丽茹、刘钦、欧仁托娅联袂主持，内蒙古电视台文艺中心担纲制作；多名国内著名歌唱家、歌手、歌唱组合参加演出。

8 月 21 日 克旗举行中国克什克腾世界地质园揭碑开园仪式。中国地质学会、国土资源部、联合国教科文组织、中国地质科学院，自治区国土资源厅、自治区旅游局、国税局等有关方面官员专家出席揭碑开园仪式。赤峰市委、人大、政府、政协等领导出席。联合国教科文组织代表彼得·道森参加公园揭碑仪式。

同日 “克什克腾书画院”成立，并举办首届区内外书画篆刻名家邀请展。

8 月 23 日 克什克腾世界地质公园与泰山世界地质公园缔结友好公园关系。

8 月 24 日 克旗首个农牧民专业合作社——经棚镇永胜农牧民专业合作社”注册成立。

9月15日 由中国青年政治学院立项,澳门中华新青年学会捐资25万元援建的澳门中华新青年协会克什克腾旗经棚镇三义希望小学竣工剪彩。

9月 克旗第十五届人民代表大会开始换届选举,共划分108个选区,183632人参加投票,参选率为94%。推荐代表候选人287人,选举产生克旗第十五届人民代表大会代表179人。

10月12日 赤峰储源矿业一期年采选180万吨矿石工程项目投产。

11月5日 应昌路故城遗址全国重点文物保护单位总体规划,在自治区专家会议上获得通过。

11月7—11日 政协克旗第八届委员会议在经棚镇召开,163名委员出席会议。会议选举出政协克旗第八届委员会常务委员会委员39人,选举宋喜岭为政协主席。

11月8—12日 克旗第十五届人民代表大会在经棚镇召开,出席会议代表179人。选举斯钦巴特尔为旗人大常委会主任,周春义为旗政府旗长。

11月28日 "内蒙古克什克腾国际蒸汽机车旅游摄影节"组委会在北京召开新闻发布会。凤凰卫视2007中华小姐环球大赛季军姜楠担任摄影节"形象大使"。

12月12日 北京奥运会组委会火炬接力中心考察组在克旗考察2008北京奥运会火炬克旗段传递路线。

12月16日 克旗乌套海百万千瓦风电场合作开发协议在赤峰举行签约仪式。

12月24日 首届"内蒙古克什克腾国际蒸汽机车旅游摄影节"在热水开发区举行开幕仪式。摄影节形象大使姜楠主持开幕式。新华社、凤凰卫视等30余家媒体的记者和国内外上千名摄影家、摄影爱好者参加开幕仪式。

2008年

3月5日 旗委、旗政府向内蒙古银都矿业有限公司、内蒙古黄岗矿业有限责任公司两家纳税超亿元企业颁发"特殊贡献企业奖",颁发奖金各250万元。

3月5—8日 政协克旗八届二次会议在经棚镇召开。

3月7—9日 克旗十五届人大二次会议在经棚镇召开。

4月12日 国家林业局、自治区林业厅"内蒙古自治区野生鸟类监测与调查"项目和自治区科技厅"内蒙古自治区野生鸟类资源调查"项目在达里诺尔启动,项目将全面调查自治区境内迁徙、栖息繁殖的野生鸟类种群、数量,收集鸟类栖息变化第一手资料。

4月16日 旗政府发布第5号禁牧令,划定14个禁牧区,禁牧面积由160万公顷增加至193万公顷。

4月17日 克旗召开生态保护与建设动员大会。

5月8—9日 克旗举办"迎奥运、讲文明、树新风"风采礼仪大赛,有26支代表队参赛。

5月11日 克旗召开国家生态旅游服务标准化示范区建设试点部署大会。

6月5日 克旗召开旅游发展暨创建中国旅游强县部署大会。

6月11日 在全国“倡导绿色生活、共建生态文明”活动中,克旗防沙治沙综合示范区被国家林业局、教育部、共青团中央联合授予“国家生态文明教育基地”称号。

6月26日 旗委、旗政府在北京举行“2008 内蒙古赤峰克什克腾世界地质公园旅游推介会”,京城 130 家旅行社、22 家媒体参加推介会。

6月29日 来自澳大利亚、美国、新西兰、法国、加拿大、瑞士、意大利等 18 个国家出席 2008 世界草地与草原大会的 54 名代表在克旗草原考察。

7月2日 农业部首席兽医师贾幼陵在克旗考察划区轮牧项目。

7月16日 赤峰市委任命边中悦为中共克旗委书记。

7月17—18日 自治区副主席郭启俊在克旗考察调研农牧业产业化、农牧业基础设施建设、林权制度改革及防汛工作。

7月25日 自治区党委书记、人大常委会主任储波在克旗考察调研风电发展情况。自治区党委常委、秘书长符太增,自治区副主席赵双连和赤峰市委、市政府领导陪同考察调研。

8月2日 自治区副主席赵双连率国有资产管理委员会负责人考察大唐国际克旗煤制气项目建设情况,赤峰市政府领导陪同考察。

8月3日 中央电视台少儿频道“智慧树周末版”栏目组在克旗草原拍摄“智慧树周末版”节目。

8月3—5日 国务院国资委主任、党委书记李荣融等考察克旗境内大唐(赤峰)塞罕坝风力发电场建设情况,自治区副主席赵双连和赤峰市政府领导陪同考察。

8月18日 自治区首家“农银村镇银行”在克旗成立。自治区副主席刘新乐、中国农业银行总行副行长潘功胜和赤峰市政府领导出席揭牌仪式。

8月22日 全国政协副主席、民革中央常务副主席厉无畏率民革中央调研组在克旗调研草原生态建设补偿长效机制建设情况。

同日 自治区政协副主席娜仁带领政协委员考察团在克旗考察草原建设与牧民收入情况。

9月2日 在首届赤峰市农村牧区文艺汇演中,克旗代表队的器乐类唢呐独奏《社员都是向阳花》获金奖,马头琴独奏《敖特情》获铜奖,声乐类女声长调《乌仁达瓦》获银奖,舞蹈类《酒盅舞》获表演银奖和创作银奖。

9月6—7日 广东省人大常委会主任欧广源带领企业负责人在克旗考察工矿企业及能源开发等建设项目。

9月26日 经棚镇污水处理厂试运行。

10 月 克什克腾世界地质公园与德国埃菲尔世界地质公园签署《关于缔结姐妹公园的协议书》。

11 月 4 日 克旗召开学习实践科学发展观活动试点工作动员大会。

12 月 1 日 在全区信息化工作会议上,克旗政府获“全区信息化工作先进集体”称号。

12 月 25—28 日 中央电视台第七频道《乡土》栏目组在达里湖拍摄冬捕生产。

12 月 27—28 日 自治区副主席布小林,赤峰市党政领导等在克旗热水开发区出席第二届内蒙古克什克腾国际蒸汽机车旅游摄影节开幕仪式,并出席达里诺尔冬捕祭湖暨旅游摄影节开幕仪式。40 余家新闻媒体和国内外百余名摄影爱好者参加活动。

第一篇

第一章　建置区划

第一节　区　位

克旗地处内蒙古高原与大兴安岭南端山地和燕山余脉七老图山的交汇地带，位于内蒙古中东部，赤峰市西北部。地理坐标为北纬 42°23′～44°22′，东经 116°21′～118°26′。全境南北长 207 公里，东西宽 170 公里，总面积 20673 平方公里。经棚镇距赤峰市 223 公里，距呼和浩特市 664 公里，距首都北京约 621 公里。境内有集宁　通辽铁路沿境北通过，有 303 国道沿东西向、306 国道沿南北向通过。全境整体地势西北高，东南低，东南以山峰丘陵为主，山峰海拔较高，西部为沙地和草原，北部多山脉峰脊，全境海拔 630～2067 米。

四至点：旗境东至土城子镇哈巴其拉村东约 5 公里西拉沐沦河南岸，南至红山子乡吐力根河与赵古堆河汇流处，西至达日罕乌拉苏木少布查干，北至巴彦查干苏木北系陶宝格。

四邻：东及东南向与赤峰市松山区、翁牛特旗、林西县接壤，南邻河北省围场县，西与西北与锡林郭勒盟多伦县、正蓝旗、锡林浩特市毗邻，北与西乌珠穆沁旗毗连。

第二节　建置沿革

一、历史建置

从 20 世纪八九十年代，克旗陆续发现的“红山文化”遗址及“富河文化”的遗存证实，境内约在 5000 年至 6000 年前已有人类活动。

万合永镇、芝瑞镇的先民岩画、达里诺尔砧子山岩画和土城子镇商代青铜甗的出土证实远至商代先民就在克旗生产、生活。也有学者认为，《荀子・成相篇》：“契玄王生昭明，居于砥石迁于商，十有四世乃有天乙，是成汤。”砥石，为克旗境南百岔河源头一带。

至秦初，商人迁徙后，克旗嬗变为山戎、东胡地。

西汉时，克旗属乌桓地。《汉书・匈奴传》载：“秋，马肥，大会蹛林，课校人畜计。”蹛林，即绕林而祭，是匈奴、鲜卑人习俗，意在课校人畜。因克旗境内遍布松林，故有松漠或平地松林之称。

东汉和帝永元中期（约公元 93—公元 96 年间），匈奴北单于被击破，鲜卑人遂迁入。初属辽西鲜卑，继为宇文鲜卑，东晋末叶属慕容鲜卑。

“十六国”、南北朝、隋朝时期，克旗为库莫奚、霫地。

唐贞观后,克旗属河北道松漠都督府,都督窟哥是契丹人。

安史之乱至五代时,克旗为契丹地。

《辽史·卷三十二·志二》:“契丹之先,曰奇首可汗,生八子。其后族属渐盛,分八部,居松漠之间。今永州木叶山有契丹始祖庙,奇首可汗、可敦并八子像在焉。潢河之西,土河之北,奇首可汗故壤也。”

《辽史·卷一百零三·列传第三十三·文学上》有载:“辽起松漠,太祖(耶律阿保机)以兵经略方内,礼文之事固所未遑。及太宗入汴,取晋图书、礼器而北,然后制度渐以修举。”

“契丹祖源,松漠之间”,为史实证。

据《辽史·地理志一》载,克旗属辽上京道临潢府,境东南属为饶州,在临河、安民两县;境南在仪坤州广义县。辽时,克旗境内更是辽之帝王皇家狩猎场。辽圣宗在位近50年,大规模狩猎于平地松林的记载在7次以上,辽历代帝王都有猎于平地松林的记载。辽道宗即有“帝日射鹿三十,燕从官”的记载,也有“寔猎,遇麛失其母,悯之,不射”的记载。知时克旗自然环境优渥,物产丰饶。

金天眷元年(1138),克旗隶属于金北京路。天德二年(1150)改为北京临潢府,贞元元年(785)改置北京临潢路,后并入大定府路、平州。金承安二年(1197),克旗划入全州卢川地。

元初,克旗即为蒙古地。成吉思汗“有旨分赐按陈及其弟火忽、册等农土。申谕按陈曰‘可木儿温都儿、答儿脑儿、迭蔑可儿等地,汝则居之’”(《元史·列传第五·特薛禅》)。克旗遂为弘吉剌氏藩地。

至元七年(1270),斡罗陈及其妃囊加真公主请于朝,“‘本藩所受农土,在上都东北三百里,实本藩驻夏地,可建城邑以居。’帝从之。遂名其城为应昌府。”

元至正二十八年(1368),明亡元,“后一年,帝(顺帝妥懽帖睦尔)驻于应昌府。”“元亡第三年四月,元顺帝殂于应昌。子爱猷识理达腊嗣,至明洪武十一年(1378)四月殂,爱猷识理达腊子脱古思帖木儿嗣”(见《明史·本纪·太祖二》)。

洪武三年五月,李文忠克应昌,元嗣君北走,获其子买的里八剌,降五万余人,穷追至北庆州,不及而还。

明初,克旗隶属北平行都指挥使司全宁卫。

明永乐末年(1420前后),克旗成为蒙古鄂齐尔博罗特部游牧地,至沙剌勒达(即墨尔根诺颜),号所部为克什克腾。

明嘉靖二十九年(1550),蒙古达赉逊库登汗东迁,克旗隶属蒙古察哈尔部。

崇祯七年(1634),克什克腾部归降后金。

清顺治九年(1652),朝廷招编克什克腾部为克什克腾旗,隶属于昭乌达盟。

清道光五年(1825),朝廷在克旗设置多伦诺尔厅白岔巡检司,治理汉民聚居地事务，旗务仍隶属于昭乌达盟管辖。

清光绪十年(1884 年)，白岔巡检司治所迁至经棚。

民国 2 年(1913 年)，撤销白岔巡检司，建立经棚设治局。民国 3 年(1914 年)11 月，改经棚设治局为经棚县，隶属于热河特别区热河道。在经棚设立克旗旗务公署，克旗扎萨克驻经棚办公。

民国 22 年(1934 年)，撤销经棚县，辖属、县务并入克什克腾旗，治务归属于兴安西省(治所开鲁)。

民国 31 年(1942 年)，克旗随兴安西省撤销，划入兴安总省(治所海拉尔)。

民国 34 年(1945 年)8 月 15 日，克旗脱离"伪治"而光复。在经棚成立维持会。同年 12 月 1 日，同时建立克什克腾旗政府、经棚县政府，隶属于热北行署。

民国 37 年(1948 年)2 月，撤销经棚县设置，归属克什克腾旗辖治，隶属于昭乌达盟。

二、建置沿革

1969 年 7 月 27 日，克旗随昭乌达盟划归辽宁省管辖。

1979 年 7 月 1 日，克旗复辖属于内蒙古自治区昭乌达盟。

1983 年，昭乌达盟建置撤销，设赤峰市。克旗隶属赤峰市。

2008 年 12 月，克旗隶属赤峰市。

第三节 境域变动

16 世纪中叶，克什克腾部东迁西拉沐沦河上游，开始在七老图山南北驻牧，为元鲁王分封地。东、南临全宁路，西接开平府，北邻塔塔儿部。

明崇祯七年(1634 年)，皇太极征服察哈尔部。同年十月，阿什达尔汉、达雅齐受命划分塞罕坝以北为蒙古克什克腾部牧地。

清康熙十六年(1677 年)，克旗札萨克阿玉什献木兰牧场(今河北围场县北和克旗乌兰布统地区)作玄烨狩猎场，克什克腾部牧地北移潢河源头。《蒙古游牧记》记载：此时克什克腾部徼地东西 334 里，南北 357 里。东自毕勒固图和硕—蜘蛛山(蒙古名阿扎尔)—三金山—高淀山(蒙古名音纳哈喀喇)—拜察默尔哲峰，与今翁牛特旗接壤；南自高柳谷(蒙古名伊克布尔哈苏台)—布图坤—巴尔岭，与今翁牛特旗、今赤峰市松山区划界；西自克勒特格伊牧场—乌苏图杜尔宾山—大黑山(蒙古名巴彦喀喇)—萨里克河—伊里库窝图河—柳林淀河(蒙古名木锡夏)—蒿赉库勒泊、克尔特黑库勒泊—乌苏图库勒泊，界为察哈尔盟正蓝旗交界处；北自浩齐特—黄山(蒙古名巴彦洪果尔)—布伦山—双山(蒙古名屯图尔)—木叶山(蒙古名齐吉恩都尔)—墨尔哲峰—色尔蚌峰—白河(蒙古名阿鲁查罕)—土河(蒙古名西巴尔台)—木锡嘎河—哈尔达苏台河—马淀(蒙古名阿克塔乌尔格图)—噶尔达哈尔浑泊与今锡盟西乌珠穆沁旗林西县界邻。

1991 年,克旗四至点为:东至土城子镇哈巴其拉村东西拉沐沦河南岸,南至红山子乡乌兰布统赵古堆河与吐力根河汇流处,西至达日罕乌拉苏木少布查干,北至白音查干苏木北系陶宝格。境域四邻为:东南—东—东北向:自大光顶子山—新开地乡苇塘河村—土城子镇哈巴其拉村东—西拉沐沦河南岸西桥沿河—新井乡河沿村黑水—北大山—窟窿山,分别与赤峰市松山区、翁牛特旗、林西县接壤;南向:东起大光顶子山,沿塞罕坝山岭分界—吐力根河—四道河口,与河北省围场县接壤;西—北向:呈北北东向,自乌兰布统乡河夹心子南—浩来呼热大黑山西—麦德日呼都格西—少布查干—多伦诺尔—苏米敖包—阿德根查干乌拉—欧林达坝—乌兰诺尔南—北系陶宝格—阿格特诺尔—北大山东北,分别与锡林郭勒盟多伦县、正蓝旗、锡林浩特市、西乌珠穆沁旗界连。

1992—2002 年,克旗依据自治区政府的裁定,确定四邻边界线。境域四邻为:东南—东—东北向:自大光顶子山—新开地乡苇塘河村—土城子镇哈巴其拉村东—西拉沐沦河南岸西桥沿河—新井乡河沿村黑水—北大山—窟窿山,分别与赤峰市松山区、翁牛特旗、林西县接壤;南向:东起大光顶子山,沿塞罕坝山岭分界—吐力根河—四道河口,与河北省围场县接壤;西—北向:呈北北东向,自乌兰布统乡河夹心子南—浩来呼热办事处大黑山西—麦德日呼都格西—少布查干—多伦诺尔—苏米敖包—阿德根查干乌拉—欧林达坝—乌兰诺尔南—北系陶宝格—阿格特诺尔—北大山东北,分别与锡林郭勒盟多伦县、正蓝旗、锡林浩特市、西乌珠穆沁旗界邻。至 2008 年四邻边界线再无变动。

第四节　治所设置

清康熙初年至民国 37 年(1948 年)3 月前,克旗实行旗县分治。县治所与札萨克府驻地不尽相同,大体情况如下:

克旗札萨克与经棚县治所辖区表

表 1-1-1

旗札萨克府治下			经棚县(司)治下		
时　间	驻　地	辖　区	时　间	所在地	辖　区
清康熙初年	豁特必勒(三姓庄,今芝瑞镇马架子村)	今克旗西、西北部、南部	清道光五年(1825 年)	白岔巡检司(今芝瑞镇永兴村)	48 牌 563 个自然村
清康熙中晚期	潢源(今浩来呼热台来呼吐格村)	今克旗西、西北部、南部	清光绪十一年(1885 年)	白岔巡检司迁今经棚镇	今克旗中东部
嘉庆中期	吉拉巴斯山下(今达来诺日镇贡格尔河畔)	今克旗南部、西部、西北部	民国 2 年(1913 年)	撤销白岔巡检司,建立经棚设治局	今克旗中东部

续表 1－1－1

旗札萨克府治下			经棚县(司)治下		
时 间	驻 地	辖 区	时 间	所在地	辖 区
光绪十年(1884 年)	托里庙(今达尔罕乌拉苏木岗更诺尔南岸)	今克旗南部、西部、西北部	民国 3 年(1914 年)11 月	改经棚设治局为经棚县	5 区 43 牌 563 个自然村
民国 2 年(1913 年)	旗札萨克府迁入经棚	2 个努图克 11 个嘎查	民国 23 年(1934 年)1 月	撤销经棚县，并入克什克腾旗	1 街 10 村(相当于乡)574 屯 5 个努图克 11 个嘎查
民国 34 年(1945 年)8 月 15 日光复，旗辖 2 个努图克，13 个艾里。民国 35 年(1946 年)1 月，县划 10 个区 95 个乡。至民国 37 年(1948 年)3 月，再撤县入旗。					

中华人民共和国成立后，旗政府治所一直设在经棚镇，但有过 2 次迁址：1966 年，由经锡路北迁至应昌路东经三街路北；2007 年，再迁至应昌路与解放路间碧柳街北。

一、区划调整

中华人民共和国成立后，克旗辖区因行政机构调整有 6 次大的变动。

1956 年 3 月，克旗进行农业区半农半牧区调整，撤销 10 个区，改区划为 39 个乡。

1958 年 4 月，撤并 39 个乡，改乡为 13 个人民公社。

1981 年 7 月，设置 1 个镇，16 个人民公社，157 个生产大队，5 个居委会。

1983 年 3 月，全旗划分 3 个镇、20 个乡、5 个苏木，127 个村、40 个嘎查。

1991 年 1 月，全旗设置 3 个镇、20 个乡、5 个苏木，126 个村、40 个嘎查、6 个居民委员会。

2001 年 7 月，撤乡并镇，设置 9 个镇、8 个乡、3 个苏木。

2005 年 12 月，再度撤乡并镇，设置 7 个镇、2 个乡、2 个苏木、2 个开发区。

2008 年 12 月，全旗设置 7 个镇、2 个乡、2 个苏木、2 个开发区。

二、行政分布

1991 年，克旗政区延续 1983 年全旗农村、牧区行政布局，计有 5 个苏木、3 个镇、20 个乡、172 个嘎查村(居委会)；2001 年 7 月，全旗进行苏木乡镇机构改革，撤销阿其乌拉苏木、河南店乡、天盛号乡、昌义乡、上头地乡、柳林乡、天合园乡、热水塘镇 8 个苏木乡镇，全旗苏木乡镇撤并为 3 个苏木、7 个乡、8 个镇。

2005 年 12 月，全旗进行新一轮苏木乡镇机构改革，撤销巴彦高勒苏木、三义乡、新庙乡、浩来呼热乡、新井乡、书声乡、乌兰布统乡、南店镇、广兴源镇 9 个苏木乡镇，行政区划再次进行相应调整。

至 2008 年，克旗辖巴彦查干苏木、达日罕乌拉苏木 2 个苏木，红山子乡、新开地乡

2个乡,经棚镇、芝瑞镇、万合永镇、土城子镇、宇宙地镇、同兴镇、达来诺日镇7个镇。同时,在经棚镇城区和原浩来呼热乡政府驻地分设出2个旗直属居委会,在原热水塘镇政府驻地、原乌兰布统乡政府驻地设立2个旅游开发区。全旗辖84个村,30个嘎查,20个居委会。

上述两次苏木镇乡级区划变更基本上是苏木乡镇的整体撤并,其行政区域界线沿用1997年勘界时划定的界线。

2001年7月克旗苏木乡镇区划变更情况一览表

表1-1-2

序号	区划变更后苏木乡镇名称	总面积(平方公里)	总人口(万人)	村委会居委会(个)	政府驻地名称	变更区划
1	经棚镇	348	2.87	9	经　棚	经棚镇 河南店乡
2	广兴源镇	685	1.43	11	广兴源	广兴源乡 天盛号乡
3	芝瑞镇	969	1.24	8	吕家沟门	芝瑞乡 昌义乡
4	南店镇	592	1.46	12	任家大院	南店乡 上头地乡
5	万合永镇	773	1.48	10	老烧锅	万合永乡 柳林乡
6	宇宙地镇	728	1.99	9	宇宙地	宇宙地镇 热水塘镇
7	同兴镇	1285	1.71	10	同兴号	木希嘎乡 天合园乡
8	土城子镇	473	1.51	10	土城子	土城子镇
9	达来诺日镇	1542	0.55	9	哈日浩舒	达来诺日镇
10	新庙乡	713	1.22	9	大营子	新庙乡
11	三义乡	903	1.04	6	马架子	三义乡
12	浩来呼热乡	1660	0.46	4	浩来呼热	浩来呼热乡
13	乌兰布统乡	987	0.22	5	孤　山	乌兰布统乡
14	新井乡	1013	1.22	8	大营子	新井乡
15	书声乡	613	1.33	8	倪其营子	书声乡
16	新开地乡	340	1.42	7	戴家窝铺	新开地乡

续表 1－1－2

<table>
<tr><th>序号</th><th>区划变更后苏木乡镇名称</th><th>总面积(平方公里)</th><th>总人口(万人)</th><th>村委会居委会(个)</th><th>政府驻地名　　称</th><th>变更区划</th></tr>
<tr><td>17</td><td>红山子乡</td><td>1503</td><td>0.92</td><td>6</td><td>合盛源</td><td>红山子乡</td></tr>
<tr><td rowspan="2">18</td><td rowspan="2">达日罕乌拉苏木</td><td rowspan="2">2234</td><td rowspan="2">0.71</td><td rowspan="2">16</td><td rowspan="2">新陶力苏木</td><td>达日罕乌拉苏木</td></tr>
<tr><td>阿其乌拉苏木</td></tr>
<tr><td>19</td><td>巴彦查干苏木</td><td>2031</td><td>0.39</td><td>9</td><td>呼日林敖包</td><td>巴彦查干苏木</td></tr>
<tr><td>20</td><td>巴彦高勒苏木</td><td>1281</td><td>0.32</td><td>6</td><td>查干敖包</td><td>巴彦高勒苏木</td></tr>
<tr><td>合计</td><td>20</td><td>20673</td><td>23.51</td><td>172</td><td>20</td><td>28</td></tr>
</table>

注:(1)将原上头地乡的乌兰哈吉盖村划入书声乡,后并入土城子镇。
(2)将原上头地乡的杨树林村划入新开地乡。
(3)将原上头地乡的上头地村、下头地村、水头村划入南店镇,后并入芝瑞镇。

2005 年 12 月克旗苏木乡镇区划变更情况一览表

表 1－1－3

<table>
<tr><th>序号</th><th>区划变更后苏木乡镇名称</th><th>总面积(平方公里)</th><th>总人口(万人)</th><th>镇区人口(万人)</th><th>村委会居委会(个)</th><th>政府驻地名　　称</th><th>变更区划</th></tr>
<tr><td rowspan="4">1</td><td rowspan="4">经棚镇</td><td rowspan="4">3528</td><td rowspan="4">6.61</td><td rowspan="4">5.75</td><td rowspan="4">24</td><td rowspan="4">经　棚</td><td>经棚镇</td></tr>
<tr><td>三义乡</td></tr>
<tr><td>新庙乡</td></tr>
<tr><td>浩来呼热乡</td></tr>
<tr><td rowspan="3">2</td><td rowspan="3">芝瑞镇</td><td rowspan="3">2314</td><td rowspan="3">3.72</td><td rowspan="3">0.67</td><td rowspan="3">17</td><td rowspan="3">吕家沟门</td><td>芝瑞镇</td></tr>
<tr><td>南店镇</td></tr>
<tr><td>广兴源镇</td></tr>
<tr><td rowspan="2">3</td><td rowspan="2">万合永镇</td><td rowspan="2">1846</td><td rowspan="2">2.59</td><td rowspan="2">0.45</td><td rowspan="2">12</td><td rowspan="2">大营子</td><td>万合永镇</td></tr>
<tr><td>新井乡</td></tr>
<tr><td rowspan="2">4</td><td rowspan="2">土城子镇</td><td rowspan="2">986</td><td rowspan="2">3.05</td><td rowspan="2">0.54</td><td rowspan="2">15</td><td rowspan="2">土城子</td><td>土城子镇</td></tr>
<tr><td>书声乡</td></tr>
<tr><td>5</td><td>宇宙地镇</td><td>728</td><td>2.06</td><td>0.53</td><td>9</td><td>宇宙地</td><td>宇宙地镇</td></tr>
<tr><td>6</td><td>同兴镇</td><td>1285</td><td>1.80</td><td>0.18</td><td>7</td><td>同兴号</td><td>同兴镇</td></tr>
<tr><td>7</td><td>达来诺日镇</td><td>1543</td><td>0.63</td><td>0.52</td><td>9</td><td>哈日浩舒</td><td>达来诺日镇</td></tr>
<tr><td rowspan="2">8</td><td rowspan="2">巴彦查干苏木</td><td rowspan="2">3312</td><td rowspan="2">0.75</td><td rowspan="2">0.38</td><td rowspan="2">13</td><td rowspan="2">呼日林敖包</td><td>巴彦查干苏木</td></tr>
<tr><td>巴彦高勒苏木</td></tr>
</table>

续表 1－1－3

序号	区划变更后苏木乡镇名称	总面积(平方公里)	总人口(万人)	镇区人口(万人)	村委会居委会(个)	政府驻地名称	变更区划
9	达日罕乌拉苏木	2234	0.67	0.27	10	新陶力苏木	达日罕乌拉苏木
10	新开地乡	340	1.59	0.68	7	戴家窝铺	新开地乡
11	红山子乡	2557	1.40	0.31	11	合盛源	红山子乡
							乌兰布统乡
合计	11	20673	24.87	10.28	134	11	20

注:(1)经棚镇村(居)委会总数中含浩来呼热办事处4个居委会。
(2)宇宙地镇村(居)委会总数中含热水塘开发区1个居委会。
(3)红山子乡村(居)委会总数中含乌兰布统开发区5个居委会。

第二章 镇 苏木 乡简介

第一节 经棚镇

经棚镇是旗政府所在地,是全旗的政治、经济、文化中心。位于克旗中东部,地理坐标为北纬42°56′～43°32′,东经116°58′～117°43′。距赤峰230公里,距呼和浩特市664公里,距首都北京621公里,集通铁路、省际通道、303和306国道在此通过。总面积3528平方公里[含浩来呼热办事处(筹备处)]。周边与宇宙地镇、万合永镇、芝瑞镇、红山子乡、达来诺日镇、达日罕乌拉苏木、同兴镇相邻。属中温带大陆性季风气候,春季干旱低温,夏季短促,多秋雨,冬季漫长,年平均气温2℃～4℃,年降水量300～400毫米,无霜期80～130天。

全镇辖24个村民委员会(居民委员会)、149个村民小组。至2008年,有蒙古族、汉族、回族等9个民族在镇区聚居,农牧区总人口2.5万人,中心镇区常住人口4万人。

一、建置沿革

1953年,经棚镇建立,一直是克旗人民政府所在地。1958年建立经棚人民公社,1966年更名为景峰人民公社,1980年恢复经棚人民公社,1984年恢复经棚镇。

2001年7月,河南店乡划并经棚镇。

2005年12月,新庙乡、三义乡和浩来呼热乡划并经棚镇。

2008年,依规划,沿碧柳河开辟出与应昌路平行的第三条主干道滨河路,形成三纵十横城镇框架。

二、基础设施

(一)道路交通

1991 年,经棚镇有解放路、应昌路两条主干街路。2003 年后,经棚镇全面拓宽、修平、取直,改造完成解放路、应昌路。2008 年 10 月,建成滨河路。

1991 年后,经棚镇依据规划,对原经棚一街、经棚二街、经棚三街、经棚四街、经棚五街、经棚六街、经锡路等街道改造、翻建,砂石路面全部罩油。2005 年开始,改造、翻建经棚七街,再开通、罩油经棚八街、经棚九街、经棚十街 4 条街道。2007 年,从南向北依次更名为经棚街、赛汗街、达尔罕街、云杉街、贡格尔街、青山街、达里诺尔街、碧柳街、西拉沐沦街、乌兰布统街。至 2008 年末,经棚镇南北向 3 大主路,东西向 10 条街路全部建成使用。

1997 年,修通经棚火车站油路及上站桥。2003 年开通经棚镇南出口“经棚隧道”。

2008 年末,经棚镇区道路总长度 47 公里,道路总面积 70 万平方米,油路面积 63 万平方米。硬化 14 条小巷,总面积 1.4 万平方米。

1991 年,经棚汽车站开通全旗各乡镇客运班车。2001 年 12 月,经棚汽车站转制,加入赤峰运输公司,更名为赤峰市中昊运输有限责任公司克旗运输分公司。2005 年,汽车站由原应昌路、解放路中段,搬迁至应昌路、滨河路北段新站址。2008 年,经棚汽车站平均日发班车 124 台次,日发送旅客 1600 人次。

2000 年,开通经棚镇内公共汽车客运,首次投入 14 辆中巴车,开通经棚镇内 3 条公交线路。2007 年 9 月,新购进 20 台中型客车,以承包方式参加公交运营。

2008 年 5 月,经棚镇客运三轮机动摩托车退出客运市场。12 月,克旗出租汽车公司发展到 3 家,有出租车 383 台。

1995 年 12 月 1 日,集通铁路经棚段开通客运列车。

(二)供电

1991—2008 年,经棚镇内供电设施完备,能保障镇区内生产、生活用电。2004 年,经棚镇内建成长 3.2 公里,66 千伏供电主线路,配置 16300 千伏安、2 台主变压器,能满足镇区季节、高峰、大型活动集中用电。

(三)防洪排污

1991 年,按照旗政府决定,镇内全体干部职工用义务劳动办法,修筑完成经棚镇区碧柳河大坝。1992 年,修筑经棚镇区多伦河北岸防洪河坝。累计修筑防洪河坝 35 千米。2008 年,全部翻修碧柳河两岸河坝,并在北段修建起水上橡胶水坝和碧柳河东岸带状地质公园式绿地。

1991 年,经棚镇区内主要用马路两侧的排水明沟排放雨水和污水。1995 年后,经棚镇区街路改造,分流排放雨水、污水,建设路面散水和地下管道排水设施。2006 年末,经棚镇区开始全面铺设地下排污主管道,建设沉沙池。2008 年末,全镇地下排污主干管道(Φ300~400 毫米)8 公里,主镇区散水、排水顺畅。

(四)街衢照明、公厕、商场建设

1991 年,经棚镇内在路边电杆上安装路灯 215 盏。

1997 年末,应昌路、解放路、经棚三街、经棚四街、经棚五街和经锡路、园林路主要路段全部安装上新路灯 454 盏。2005 年,城区北向扩展同时,新增加路灯 327 盏,全部更新应昌路、解放路两主干道路灯。2006 年年末,经棚镇内路灯杆型、灯型统一更新,计有路灯 781 盏,实现主要街道亮化。2008 年年末,经棚镇应昌路、解放路两主干道和十道街衢计有路灯 945 盏,其中设置部分景观灯。

2004 年前,经棚镇内有简易开放公厕 69 处。2004 年后,翻建、改建、新建公共厕所。2008 年,经棚镇内建设有公共厕所 81 处。

2001 年,将园林路北段,改建成商业步行街,占地近 3 万平方米,形成能容纳 400 个摊位的中心集贸市场。

(五)邮政通讯

1991 年,克旗邮政电信局在经棚镇主要街衢设有营业室。

1998 年 5 月,克旗邮政电信实行分营。经棚镇内设有中国联合网络通信有限公司克什克腾旗分公司,镇内开通有固定电话国际国内业务、互联网业务和移动通讯业务。2000 年 6 月,中国联合通信公司克旗营业部开通 GSM130、131、132 和 CDMA133 无线通信服务和 193 国际国内长途、互联网、IP 电话和无线寻呼业务服务。

1999 年 7 月,成立克旗移动通信公司,移动电话通讯开始覆盖经棚镇全部辖区。

2004 年 10 月,中国铁路通信公司赤峰分公司克旗营业部成立,经营固定电话(230、233 号段)、互联网业务。

2008 年,经棚镇内有联通、移动、电信三大电讯运营商及其网点。

三、农牧业生产

2005—2008 年,经棚镇农业播种面积基本保持在 1.3 万公顷,蔬菜种植在 1730 公顷以上。

牧业生产主要集中在原三义乡、浩来呼热所属村。年度牛羊存栏在 20 万头(只)左右,境内有 13 处畜种改良站(点)、有 8 个养殖专业村、300 余户养殖专业户。2008 年 6 月末,全镇大小牲畜存栏 19.8 万头(只)。

四、商贸服务业

1991 年,经棚镇内共有商业批发零售企业 23 家,后因经济体制改革逐渐减少,个体私营企业逐渐增加,2000 年后,个体经营餐饮、日用百货、小旅店、录像厅、台球室、电子游戏厅等日益增加。在旅游业带动下,宾馆、饭店、个体餐馆相继运营,接待能力增强。镇内有农牧业生产资料、土特产品开发、日用消费品营销、盐务、烟草、医药、石油和天燃气、书店等服务企业。商贸服务业门类齐全、购销两旺,成为克旗商贸服务集散地。

五、社会文化事业

(一)教育

1991 年,经棚镇内有:经棚回民小学、经棚蒙古族小学、经棚实验小学、经棚第四小学、经棚镇中心完全小学。经棚第一、二、三中学、蒙古族中学、教师进修学校等。

2008 年末,经棚镇区有经棚蒙古族小学、经棚民族实验小学、经棚镇第二小学、经棚镇中心完全小学、经棚镇三义完全小学。2001 年 9 月,经棚回民小学并入经棚实验小学,更名为经棚民族实验小学。2002 年 9 月,经棚镇中心完全小学同经棚第四小学合并,更名为经棚镇第二小学。同年 9 月,经棚镇河南店村校改建为经棚镇中心完全小学。2006 年,三义中心完全小学更名为经棚镇三义完全小学。经棚镇内有经棚第二中学、经棚新庙总校、经棚第一中学、经棚蒙古族中学、克旗教师进修学校、内蒙古电视大学克旗工作站等。

(二)广播电视

1991 年,经棚镇内广播覆盖主镇区人口。2008 年,调频广播综合覆盖全部镇区。

1992 年 12 月,经棚镇内开始传输有线电视节目。

2008 年末,克旗有线电视覆盖全部镇区,可收看 38 套节目。

(三)文体设施

1991 年,经棚镇内有旗属文化馆、图书馆、博物馆、乌兰牧骑、电影公司、新华书店。体育设施有运动场、灯光篮球场、摔跤训练馆。

2004 年,新建体育运动场、足球场、门球场、网球场等。

2008 年 8 月,建设体育中心。体育中心占地面积 48260 平方米,建筑面积 6041 平方米,建设 4 片标准网球场,附设乒乓球室、健身活动室等。

(四)医疗卫生

1. 医疗机构

经棚镇区设有:克旗医院和克旗蒙医中医院。撤乡并镇时,原三义乡卫生院迁入经棚,经棚镇内有数十家个体诊所、药店(堂)。

2. 防治机构

经棚镇内有旗卫生防疫站(旗疾病预防控制中心)。

3. 保健机构

经棚镇内有旗妇幼保健所、旗中心血库两处卫生保健机构。

4. 卫生监督机构

经棚镇内有旗卫生监督所,对全旗食品卫生、公共卫生实施监督。

第二节　土城子镇

土城子镇位于克旗东南部,距旗人民政府所在地经棚镇 87 公里,距赤峰市 125 公里。总面积 986 平方公里。地势西高东低,最高海拔 1610 米,平均海拔 1064 米。境内有苇塘河发源于乌日都浑地川道,流长 42 公里,向北流入西拉沐沦河。镇内气候特征呈冬季漫长而寒冷,春秋季干旱多风,年平均气温 5℃,7 月热到最高值,平均气温 26℃,1 月份温度至最低,平均气温 -15.5℃,年降水量 300 ~ 310 毫米,无霜期多在 120 ~ 133天。

全镇耕地主要分布在河滩平川区,土壤类型以栗钙土为主,黑钙土、草甸土、风沙土交错分布。适合粮食作物玉米、高粱、谷子、豆类种植,经济作物适合蔬菜、油葵、烟叶、马铃薯等种植。有林地面积 6472 公顷。

镇辖 15 个行政村(居委会),146 个村民组。至 2008 年末,有 8036 户、2.9 万人。辖区居民汉族占大多数,也有蒙古族、满族、回族、朝鲜族等少数民族居住。

一、建置沿革

土城子镇是历史古镇,也是革命老区。据《热河经棚县志》记载:辽代大安六年(1090 年)在此设置安民县治,属饶州道(治所在今林西县境内樱桃沟),因后存有土城墙遗址,故土城子之名沿用至今。安民县治时是连接塞北与内地的交通和贸易集散地。

中华人民共和国建立前夕即建立克旗土城子区,1948 年改称克旗四区;1956 年更名为土城子乡;1958 年成立土城子人民公社;1984 年改设为土城子镇,辖 10 个村。

2005 年 12 月,土城子镇与原书声乡合并组建新土城子镇。镇人民政府驻地在土城子村,辖 15 村,146 个村民小组。

2002 年,土城子镇被赤峰市委、赤峰市政府命名为“文明标兵镇”,2003 年,土城子镇被自治区精神文明建设委员会命名为“二星级文明镇”。

二、基础设施

国道 306 线纵穿土城子全镇,镇区客货运输交通便利,公路交通实现村村通、组组通。

土城子有两座移动公司和一座联通公司通讯塔,网络信号覆盖全镇 90% 地区,全镇各村均能手机通讯,固定电话户逾千户,镇政府所在地及周边已接入互联网服务。

土城子镇内供电设施齐备,工农业用电、照明用电全面保障。

2008 年末,全镇村村通有线电视,收看 9 个频道电视节目。

土城子镇内设有邮电所、电信所、派出所、变电所、兽医站、信用合作社等各类公益服务机构。

三、生产建设

(一)农牧业

土城子镇经济以农业为主,农牧结合,农工商全面发展。在改革开放中,确定"生态立镇、农牧富镇、科教兴镇、产业强镇"的发展战略,并发挥区位、资源优势,以发展农牧业产业化为主攻方向,围绕建设两大主导产业区,积极发展现代农牧业,加强基础设施建设,推进新农村建设,保护生态环境,走上经济、社会协调和可持续发展的路子。采取"异地转移和就地安置同抓,外出务工和返乡创业并举"的方法,鼓励农村劳务经纪人,开展技能培训,引导、转移农民走向非农产业,2000—2008 年,全镇年输出劳务万人次,初步建立起劳动力市场,建设成劳务用工基地。

种植业方面,主要农作物为玉米、小麦、高粱、谷子、土豆、甜菜、杂豆、烤烟等。进入 21 世纪后,镇党委、政府引导农民建设好两个主导产业区:良种推广产业区、特色种植产业区。良种推广产业区主要依靠国家项目资金支持,在稳定粮食种植面积的基础上,扩大良种种植面积,在平川区推广玉米良种种植,在漫甸推广小麦良种繁育,提高单产,增加农民收入。特色种植产业区主要是扩大平川区的蔬菜、玉米制种和漫甸区的土豆、杂粮、杂豆种植面积,扩大规模,实现规模化。通过建设漫甸区万亩马铃薯品种繁育生产基地和平川区玉米制种、温室蔬菜生产基地,推动农业产业化的快速发展。

畜牧业方面,确立"稳定头数保生态、舍饲育肥增效益"的基本发展思路,在稳定基础母畜的基础上,通过种畜改良,提高个体品质,增加养殖效益。发展舍饲育肥小区,扩大黄牛育肥存栏,利用秸秆饲料和适当种植草料等措施,发展畜牧业。

2008 年 6 月末,大小畜存栏头数 3.3 万头(只)。

(二)工商业

食品工业方面,历经多年经营,土城子镇"青稞酒"、豆腐、咸菜(芥菜)疙瘩已形成地方风味特产。"青稞酒"原为巴什营子龙泉酒厂生产,现为内蒙古雪源酒业有限公司经营,生产"青稞迎宾""青稞王""克旗青稞"等系列产品。至 2008 年年末,土城子豆腐年生产量 10 万公斤,咸菜疙瘩年销售 5000 公斤以上。街头有"豆腐块、咸菜疙儿,土城子特产独一家"的谚语。

商业方面,1997 年,土城子镇政府制定长期建设规划,加快小城镇建设步伐。以餐饮、物流、农贸为主的个体私营经济快速发展,至 2008 年末,镇区形成个体工商户一条街,集市贸易发展活跃。逢"一""六"集日,农副产品种类繁多,购销两旺。镇区已成为克旗东南部地区主要贸易集散中心。

土城子镇有煤、铁等矿产资源被开采利用。

(三)农田建设

1986 年,土城子镇进一步开展以水利为中心,进行农田基本建设。至 1995 年,全镇共打机电井 115 眼、大口井 38 眼、小土井 51 眼,并修有节水防渗渠。进行系列农业生态治理工程,至 2008 年末,全镇农田有效灌溉面积 2334 公顷,保证灌溉面积 1267 公顷。

1991—2002 年土城子镇农业工程治理项目一览表

表 1-2-1

年份	工程项目	治理面积(公顷)	重要措施	治理目标	涉及范围	投工投劳	成　　果
1990	黄榆沟沙带	2000	植树种草围封保护	封固沙丘 20 个	4 村 19 组	150 万个	沙丘披绿装
1991	"北大荒"生态恢复	267	打井保水植树种草	恢复生态	1 村	3 万个	生态得以恢复
1992	小苇塘荒山治理	667	种草植树	改变风蚀沙化	2 村	6.5 万个	年种草种树各万亩
1993	敖包山	150	种草植树保护植被	恢复生态	1 村	2 万个	植被恢复
1994	元宝山生态经济区	240	封育植树种草	改善生产环境	1 村	3 万个	形成林网
1995	东大荒	1000	封育恢复生态	扼制生态退化	1 村	2 万人会战	修梯田种植山杏、沙棘、松柏
1995—2002	架子山工程	8000	建林网草带种草种药	保护生态,增加经济效益	3 村 20 组	160 万个	建成林网 108 个,草带 86 条,种树 5867 公顷,种草 2000 公顷,种药 135 公顷

土城子镇通过农业综合开发项目、土地整理项目、节水灌溉工程等改造中低产田,实施农村饮水安全工程,发展可再生能源,加强农业信息网络建设,改善全镇村貌和农民生产生活条件。

四、社会事业

(一)教育卫生

土城子镇内有土城子总校和 2 所小学,义务教育普及率 100%,青壮年非文盲率 98%。

土城子镇建有 1 所中心卫生院,床位 20 张。各村建有标准化卫生室,全镇建立健全了初级卫生保健网络。

(二)文化

土城子镇历史悠久,文化厚重。镇南6公里处龙头山下有商代文化遗址,在天宝同村出土有高54厘米、重11.75公斤的商代早期青铜甗。

1992年6月,境内安民县治遗址(辽)、天宝同墓葬(元)、潘书声烈士墓(现代)、第三区人民政府旧址(现代)被列入自治区三级文物重点保护单位。以民间舞龙为主的社火文化已有百年传承。2002年,土城子镇被自治区文化厅命名为"民间社火之乡"。

第三节　芝瑞镇

芝瑞镇位于克旗东南部,距经棚镇75公里。总面积2313平方公里。东邻土城子镇,南界毗邻河北省围场县、赤峰市松山区、翁牛特旗,西邻红山子乡及桦木沟林场,北邻万合永镇。镇域总体属于高寒漫甸,多山,赤峰市最高峰大光顶子位于境内,海拔高度2067米,川道狭窄,壑深坡陡。境内最低海拔高度1388米,平均海拔高度1600米,中温带大陆季风气候。年平均气温4℃,年均降水量为250~300毫米,无霜期90~110天。境内主要河流有乌也日河、百岔河、塔其沟河、默勒黑吐河等。

全镇辖17个行政村,240个村民组。2008年末,全镇有13630户、36800人。

芝瑞镇耕地总面积1.79万公顷,其中水浇地面积1300公顷,有林地面积6.9万公顷,其中天然林面积2.5万公顷,人工林面积2.8万公顷,森林覆盖率40%,天然草牧场面积13.9万公顷。

芝瑞镇属半农半牧区,以农业种植和畜牧养殖为主导产业。主要农作物品种有小麦、玉米、土豆、莜麦、油料和杂粮、杂豆等,牧业以养殖昭乌达肉羊、肉牛为主。闻名遐迩的百岔铁蹄马产自域内,被农业部确定为138个国家级畜禽遗传资源保护品种之一。

境内风能资源丰富,有大唐风电、汇风公司等风电企业。境内产玄武岩石材,至2008年末,境内设有3处玄武岩石材加工园区,先后有10数个玄武岩采矿企业掘采,年采矿石12万立方米,最多时有100余处石材加工点,年最多加工石材400万平方米。

镇内有独特的旅游资源,如驰名的塞罕坝草原、天然次生桦树林、莲花山林网、四淇拨湿地、河洛沟红叶、百岔川岩画、康熙御封塞罕敖包等。

一、基础设施建设

(一)交通概况

20世纪90年代,芝瑞乡、广兴源乡、南店乡、上头地乡、天盛号乡、昌义乡通往各村的公路都为土路,有部分砂石路,在正常天气状况下,基本上交通通畅。

2004年,芝瑞镇镇、村、组公路经过整修,全部能通行机动车。

2007 年,经棚镇至赤峰经芝瑞镇 95 公里公路建成沥青路面。

2008 年,芝瑞镇镇、村公路能全天候通行机动车。

(二)镇区建设

2003 年,芝瑞镇建成镇政府综合办公楼;完成镇区农电网改造工程。

2008 年末,芝瑞镇政府所在地初见小镇规模,设有幼儿园、总校小学、中学、中心卫生院。通讯、交通设施完备,有邮电所、电信分公司、供电所、加油站。设有信用社、保险分公司。交通便利,有旗级公路经山线、克围线、经乌线,村村通镇级公路。

二、建置沿革

中华人民共和国成立前后芝瑞镇为第五区。1957 年,分设为兴隆乡、团结乡、合胜乡三个乡。1958 年,上述 3 个乡合并成立人民公社,以解放战争时期在此地牺牲的赵芝瑞烈士的名字命名为芝瑞人民公社。1984 年,改建为芝瑞乡。2001 年,昌义乡并入,建芝瑞镇。2005 年,再并入南店镇、广兴源镇。2002—2008 年,芝瑞镇先后并入的乡有芝瑞乡、广兴源乡、南店乡、上头地乡、天盛号乡、昌义乡。

三、农牧业

(一)农业生产

农业是芝瑞镇传统产业,农作物多种植小麦、莜麦及大豆。推广小麦模式化栽培、玉米大垅双行种植,玉米、甜菜覆膜栽培、甜菜纸筒育秧、作物配方施肥、病虫害综合防治、引进优良品种、运用节水灌溉,推广间混套种、免耕播种、精量播种、种子包衣等系列农业耕作新技术。

2008 年,全镇农作物总产量 4.6 万吨。

(二)畜牧业生产

芝瑞镇畜牧业以养殖牛、羊、猪及马为主,1991—2000 年,芝瑞乡、广兴源乡、南店乡、上头地乡、天盛号乡、昌义乡家畜总数年近 15 万头(只)。2005 年末,芝瑞镇家畜存栏 16.3 万头(只)。2008 年末,全镇马饲养量压缩到 2000 匹以下,淘汰山羊养殖,牛羊存栏 142450 头(只)。

芝瑞镇牧业生产推动自然养畜向建设养畜转变。先后引进优良种公畜和优质牛羊品种,实施农牧结合工程建设,扶助农牧结合户、养殖模式户,推广大小畜改良和机械药浴,饲料青贮氨化,精贮微贮,棚圈配套,牛羊舍饲育肥,模式养殖等多项科技养畜新技术,推动畜牧业不断发展,并通过建立科技服务网络,变传统养畜为科学养畜,由数量畜牧业向优质高效畜牧业发展。

2005 年后,芝瑞镇政府在镇区先后建成活畜交易市场,牛羊育肥小区,肉羊繁育中心,农牧集贸市场。

2008 年 6 月末，全镇大小畜存栏 27.9 万头(只)。

四、扶贫开发

20 世纪 90 年代中期，芝瑞乡、广兴源乡、南店乡、上头地乡、天盛号乡、昌义乡开始扶贫开发工作。

21 世纪初，芝瑞镇通过利用扶贫贷款项目发展种植业、养殖业。通过组织劳务输出推动就业，结合旗直科局结对帮扶等措施，帮扶镇内贫困人口初步解决温饱。

2001 年，通过改善农牧业生产条件、加强农田水利和农牧结合工程建设，实施“造血”扶贫，通过推广农牧业科技、提高粮食单产和牲畜品质、建设棚圈舍饲，实施“科技”扶贫，通过争取上级投入、项目贷款，实施扶贫开发工程，开展“项目”扶贫，至 2008 年末，全镇大部分贫困户实现脱贫。

五、社会文化事业

(一)教育

1991—2002 年，芝瑞镇辖区原各乡镇均设有完全小学和总校，随撤乡并镇，总校附设初中班撤并。2005 年再度乡镇合并后，芝瑞镇辖区内保留有南店总校小学、广兴源总校小学、芝瑞总校小学、芝瑞镇广兴源总校、芝瑞镇南店总校等中学或附设初中班。各学校专任教师学历、资质合格率 100% 。

至 2008 年末，各学校建成多媒体教室和标准化实验室。初中升高中入学率 83% 。

2007 年，芝瑞镇辖区各学校均通过国家基本普及九年义务教育、基本扫除青壮年文盲验收，成为基础教育达标学校。

(二)卫生

1991—1993 年，芝瑞乡、广兴源乡、南店乡、上头地乡、昌义乡即已健全乡、村两级卫生防疫保健网络。

1998 年，镇卫生院通过爱婴乡镇、初级卫生保健等达标验收，防疫、妇幼工作完成任务指标。

2001 年，镇基本形成爱国卫生、医疗防疫、妇幼保健、乡村卫生一体化网络。

2003 年，非典型肺炎疫情预防中加强医疗预防保健网络建设。

2006 年，建立起新型农村合作医疗制度，全镇 12584 户 34859 人参加新型农村合作医疗。

2008 年，全镇共有 5 所医院，医务人员 86 人，医院床位 118 张，基本实现小病不出村，常见病镇能医的目标。参加新型农村合作医疗户数 93% 以上。

(三)文化设施

20 世纪 80 年代，芝瑞乡、广兴源乡、南店乡、上头地乡、天盛号乡、昌义乡各村基本能收听广播节目、收看1—2个频道无线电视节目,乡政府所在地逐步能收看有线电视。1998年末,部分村民组看上有线电视和开通程控电话。乡镇政府所在地均开通移动电话,有线电视覆盖集中常住人口区域的40%。

2008年,芝瑞镇有线电视可收看加密频道12个,移动电话覆盖45%人口居住区域。

第四节　万合永镇

万合永镇位于克旗东部,西拉沐沦河两岸,镇政府驻地距经棚镇53公里,总面积1845平方公里。最低海拔709米,最高海拔1960米,平均海拔1334米,属山区和丘陵山区。自然村均分布在古鲁班图川、百岔川、大小陶高川、德力班齐川、巴音白星川、新井川。

镇内主要河流有西拉沐沦河、百岔河和陶高河。西拉沐沦河流经镇内35公里,横贯东西。百岔河流经境内40公里。陶高河流经柳林村全境,近35公里,是柳林村农业生产的主要自然水利资源。西拉沐沦河沿岸和百岔河与西拉沐沦河的交汇处形成大片湿地,成为待开发地和候鸟的栖息地。镇内地带性土壤为栗钙土和风沙土,耕地有机质含量为2.58%。地下矿藏主要有铀、铅、锌、萤石、钼、砷、叶腊石、黑水晶、硫黄、银等。

万合永镇草牧场总面积4.42万公顷,其中放牧场面积3.8万公顷,打草场面积6100公顷。耕地总面积7930公顷,其中水浇地面积1930公顷,林业用地面积近3.6万公顷,其中林业用沙地面积2.6万公顷,已有林地面积9870公顷(人工林面积3070公顷,自然林6800公顷)。经济林山杏面积1.07万公顷,公益林6863公顷,其中集体公益林6798公顷,个人公益林65公顷。森林覆盖率为31.3%。镇内有青山林场、托河林场、黄榆沟林场3个国有林场。

万合永镇由原万合永镇和新井乡合并而成。镇内有2所村级完全小学,2所卫生院,14处医疗卫生所,80名医务人员。有1处农村信用社,2处邮电所,1处治安派出所。全镇12个村全部开通有线或无线电话,建有多处中国移动网络基站和中国联通网络基站。省际通道、306国道、土关线旗级公路从镇内通过,镇内公路250公里。12个村全部通汽车和邮政。各自然组全部通电和能接受卫星电视信号。

一、建置沿革

万合永镇,中华人民共和国成立前后为克旗第二区。1948年,初建乡时以驻地村新井村新井组命名新井区,为克旗第十区。1958年,建立新井人民公社,1984年改建为新井乡。2002年,柳林乡与万合永乡合并,建万合永镇。2003年10月,河沿村和巴音白星村合并成河沿村,中心村和广和隆村合并为中心村,二地村和头地村合并成二地村,三岔口村、西大营子村、兴盛义村合并为兴盛义村,民族村、柳林村、桥头村合并为柳林村。2005年10月,新井乡和万合永镇合并,建置万合永镇。有12个行政村,151个村民小组。2008年末,万合永镇辖上述12个行政村,有149个村民小组、8117户、27634人。

二、基础设施

(一)交通水利

20世纪90年代,原新井乡、万合永乡、柳林乡通往各村的公路均为砂石路,在正常天气状况下,基本上交通通畅。

2004年,镇、村、组公路经过整修,全部能通机动车。

2006年,新井收费站至万合永镇中心村首先建成沥青路面。

2008年,镇、村公路通车里程达200公里,沥青路面90公里。

至2008年,万合永镇水利设施建设有机电井98眼,防渗渠道17条71000延长米及渠系配套工程,有渠首11处,全镇保灌面积1400公顷。

(二)资源开发

万合永镇矿产资源富集,有铀、铅、锌、萤石、钼、砷、叶腊石、黑水晶、硫黄、银等矿产资源,且部分矿石品位高、埋藏浅。依托资源优势,引进资金、技术、人才,采取租赁、联营、股份制合作等多种形式,开发矿产资源。至2008年,全镇探矿、采矿企业10家,成为全镇经济增长点之一。

镇境内西部有克什克腾世界地质公园青山园区、南部有平顶山园区,为独特的优质旅游资源。进入2005年后,青山园区得到全面开发利用,平顶山园区开发做前期准备。

(三)镇区建设

2003年,万合永镇完成农网改造工程。

2005年,万合永镇完成镇区水泥路面改造、排水管道等配套设施建设。

2008年,万合永镇小城镇建设已初见规模。

三、农牧业

(一)农业生产

2002年,万合永镇制定"以农养牧、以牧促农"的发展方略,围绕市场搞种植,继续调整种植业结构,粮、经、草比例3:4:3。2003年,进一步调整为4:2:4;2008年,粮、经、饲结构稳定在4:1:5。

树立科技带头人、科技示范户、种田养畜明白人,引导农民开展科学种田,先后推广小麦模式化栽培,玉米大垅双行种植,玉米、甜菜覆膜栽培,甜菜纸筒育秧,作物配方施肥,病虫害综合防治,引进优良品种,运用节水灌溉,推广间混套种、免耕播种、精量播种、种子包衣等系列农业耕作新技术。

2005 年后,粮食作物种植面积稳定在 7800 公顷左右,经济作物保持在 1500 公顷左右,粮食总产量基本稳定在 2.4 万吨左右。

2008 年,农作物总产量 4.9 万吨。

在农业生产结构调整中,先后引进圆葱、杂豆、胡萝卜、向日葵等经济作物和谷草、杂花苜蓿、英红玉米、健宝牧草等饲草料作物。

(二)畜牧业生产

畜牧业产业是万合永镇的传统产业和农民收入的重要来源。1991 至 1998 年间,新井乡、万合永乡、柳林乡家畜总数年近 12 万头(只)。

2003 年 6 月末,万合永镇家畜存栏突破 13 万头(只)。之后,淘汰山羊养殖,压缩马饲养量到 2000 匹以下,牛羊存栏稳定在 10 万头(只)左右。2008 年 6 月末,全镇大小畜存栏 10 万头(只),其中改良种牲畜 6.3 万头(只)。

1991—2008 年,建立起畜牧科技服务网络,引进西门塔尔、夏洛莱、澳美导血、无角多赛特等优质种公畜。实施农牧结合工程建设,扶助农牧结合户、养殖模式户,推广大小畜改良和机械药浴,饲料青贮氨化、精贮微贮,棚圈配套、牛羊舍饲育肥、模式养殖等多项科技养畜新技术。同时实行封山禁牧、调整畜群结构。在克旗各乡镇中率先组建生态监察中队,尝试禁牧舍饲。2005 年,万合永镇第一届人民代表会议第四次会议通过《万合永镇加强生态环境建设,推动畜牧业可持续发展的决定》,规定牛在每年 5 月 1 日至 9 月 1 日期间,羊在每年 6 月 1 日至 9 月 1 日期间,全面禁止在本镇境内放牧散养。

四、社会文化事业

(一)教育

原万合永镇和新井乡建有万合永镇总校、新井总校、柳林总校三所初级中学和兴盛义村小学、柳林村小学、万合永小学、新井完小。学校建有多媒体教室和标准化实验室。初中升入高中入学率 83% 以上。2008 年,镇内有 2 所小学,达到义务教育学校规范化要求。

(二)卫生

1991—1993 年,新井乡、万合永乡、柳林乡即已健全乡、村两级卫生防疫保健网络。1995 年,万合永乡建成乡属中心卫生院。

1998 年,新井乡、万合永乡 2 所卫生院通过爱婴乡镇、初级卫生保健等达标验收。防疫、妇幼工作均达到任务指标要求。

2002 年,万合永镇爱国卫生、医疗防疫、妇幼保健、乡村卫生一体化网络基本形成。

2003 年,万合永镇通过非典型肺炎疫情防控,进一步加强医疗预防保健网络建设,预防传染病能力明显提升。

2006年，万合永镇建立起新型农村合作医疗制度，全镇4871户16768人参加新型农村合作医疗。

2008年，全镇有医务人员35人，医院床位48张，在柳林村有分院，基本实现小病不出村，常见病镇能医的目标。

（三）文化

20世纪90年代，新井乡、万合永乡、柳林乡各村基本通广播节目，收看1～2个频道无线电视节目，政府所在地逐步能收看有线电视。1995年末，万合永乡有9个村民组360余户村民开始看上有线电视。1998年，乡政府所在地有线电视增加加密频道。1999年，万合永乡开通6个村200余部程控电话。2000年，新井乡程控电话实现"村村通"。有线电视覆盖率40%。

2002年，万合永镇有5个村40个村民组开通移动电话。

2008年，万合永镇能收看32个有线电视加密频道，移动电话覆盖面34%。

五、扶贫开发

1994年，万合永乡、柳林乡、新井乡，开展扶贫开发工作。

通过利用世界银行扶贫贷款项目发展种植业、养殖业，组织劳务输出，创造就业岗位，利用旗直科局结对帮扶等措施，帮扶全镇贫困户脱贫，初步解决贫困人口温饱。

至2008年末，全镇贫困户基本实现脱贫。

第五节　宇宙地镇

宇宙地镇位于克旗东北部，距经棚镇42公里。地理位置在大兴安岭黄岗梁南麓，环热水开发区。全镇总面积728平方公里（含热水开发区）。东与林西县交界，西与经棚镇接壤，南与万合永镇为邻，北与同兴镇共边。地势北高南低，平均海拔910米，北部山峰重叠林立，中部山川纵横交错，南部丘陵沟壑相间，是典型的土石山区。境内有木石匣河由北而南、嘎拉德斯太河由西而东流经全境，在刘营子村鲁家店并入木石匣河。最高气温38℃，最低气温-40℃，年均气温3.5℃，年有效积温2500℃，降水量年均350毫米，无霜期100～120天，属大陆性季风气候。

全镇耕地面积8333公顷，其中水浇地面积2867公顷，林地面积2.6万公顷，草牧场面积3.63万公顷。辖7个村民委员会，1个居民委员会，103个村（居）民小组。2008年末，总人口2.06万人，有汉族、蒙古族、回族、满族等民族。辖区内矿产资源丰富，主要有铁、铅等多种有色金属，有鑫宇、开元、郝氏、鑫润等矿业企业。

一、建置沿革

中华人民共和国成立前后，宇宙地镇属克旗第八区。1958年，成立人民公社时，宇宙地分属热水汤人民公社和木希嘎人民公社。

1984 年,从上述 2 个人民公社划出部分村,以驻地村命名,建立宇宙地乡,辖 5 个村。1994 年,改建为宇宙地镇。

2001 年,将热水塘镇并入,形成 7 个村民委员会,1 个居民委员会,计 103 个村(居)民小组。

二、基础设施

(一)交通建设

1991 年,宇宙地镇境内有国道 303 线。通往各村组公路均为砂石路或土路。

1995—2000 年,宇宙地镇通村道路全部建成砂石路,交通状况改善。

2001—2004 年,宇宙地镇通村公路开始标准化建设。

2005 年,新阿旅游线建成,宇宙地镇内公路交通进一步改善,通往 12 个村民组的公路得到硬化。

2008 年,宇宙地镇村公路通车里程 198 公里,硬化公路 42 公里。

(二)水利建设

1991 年,宇宙地镇基本依靠木石匣河和嘎拉德斯汰河进行灌溉。

1994—2000 年,宇宙地镇大力开展水利建设,打出 89 眼农田配套机电井,建成东升灌渠,改善农田灌溉条件,增加了水浇地面积。

2001—2008 年,宇宙地镇以水源开发为重点继续大搞农田水利建设,全镇建成 267 眼配套农田灌溉机电井,在刘营子村、新地村、东升村完成农业综合开发 667 公顷,改造中低产田 407 公顷。全镇累计铺设输水管路 11. 12 万延长米,7 个村累计建设节水增粮项目农田 800 公顷,水浇地面积 2867 公顷。

(三)电力建设

20 世纪 90 年代末,宇宙地镇 103 个村民组通电率 100% ,2005 年全部完成农电网改造。

(四)镇区建设

2008 年末,宇宙地镇政府所在地有一条东西大街。学校、医院、政府机关均建有办公楼房。交通通讯设施完备,社会服务功能齐全,初步形成矿产开发、建筑建材、交通运输、农副产品加工、餐饮服务产业。有宾馆、餐饮店、综合超市,宾馆床位 130 张,商店 30 余家,大小餐馆 14 家。

三、农牧业

至 2008 年,宇宙地镇累计投入生态保护和建设资金 715 万元,围封沙源 700 公顷,森林覆盖率 37% 以上。2008 年通过自治区级生态乡镇验收。

(一)农业生产

1991—1999 年,宇宙地镇粮食生产总产量正常年份在 6 万吨,热水镇粮食总产量多在 3 万吨,并种植一定比例的甜菜、油料等经济作物。

2000 年开始,不断调整产业结构和粮、经、草比例,扩大经济作物和饲料种植面积,并扩大地膜玉米、杂粮、杂豆和饲料种植。

2002 年,合并设镇后,宇宙地镇制定"加强蔬菜种植,发展生猪产业"的发展方略,围绕市场搞种植。大力推广蔬菜等经济作物种植,通过建设技术服务站,树立科技带头人、科技示范户等推动农业不断发展。

2003 年,宇宙地镇被自治区农业厅认定为自治区无公害蔬菜基地。

2004 年,宇宙地镇被农业部认定为国家级无公害蔬菜基地,土豆、芹菜、架豆角、胡萝卜、辣椒、白菜等 12 个蔬菜品种被评定为国家级无公害蔬菜。

2008 年,宇宙地镇农作物播种面积 7200 公顷,初步确立种植蔬菜和繁育生猪两大主导产业,蔬菜种植面积 1867 公顷,年生产蔬菜 9 万吨。作物总产量 7.85 万吨。

(二)畜牧业生产

1991 年,宇宙地镇和原热水镇年家畜存栏总数近 10 万头(只)。

1992—2001 年,宇宙地镇牧业生产通过实施农牧结合工程,推广大小畜改良和家畜疫病防治,饲料青贮氨化、棚圈配套建设、牛羊舍饲育肥、模式养殖等多项科技养畜新技术,逐步走上科学养牧之路。

2002 年,宇宙地镇大力发展生猪养殖业,年出栏商品猪 2.5 万头。年出栏生猪千头以上的规模养殖户 13 户。

2003—2008 年,宇宙地镇实行封山禁牧,组建生态监察中队。在全镇范围内全面推行舍饲,生态环境得到全面保护。

2008 年末,宇宙地镇大小牲畜存栏 10.5 万头(只)。年出栏肉牛 1 千头、肉羊 3 万只。

四、社会文化事业

(一)教育

宇宙地镇建有中学、中心完全小学、热水小学。

2000—2003 年,宇宙地镇中学连续被评定为旗级"教育先进单位"。

2001 年,宇宙地镇中学被评为"赤峰市重点学校"。

2003—2005 年,宇宙地中学先后完成 7000 余平方米的教学楼和学生公寓楼建设,建有多媒体教室和标准化实验室。

2004—2005 年,旗政府授予宇宙地镇中学"教育工作责任目标先进单位"。

2000—2008 年,宇宙地镇中心完全小学多次被授予市级"先进家长学校"、旗级"教育先进单位”等称号。

2007 年,宇宙地镇中心完全小学通过国家基本普及九年义务教育、基本扫除青壮年文盲达标验收。

(二)卫生

1991—2000 年,原宇宙地镇、热水镇建有 2 所卫生院,均通过爱婴乡镇、初级卫生保健乡镇等达标验收。

2001 年,宇宙地镇基本建成爱国卫生、医疗防疫、妇幼保健、乡村卫生一体化医疗卫生网络。

2003 年,结合非典型肺炎疫情预防,初步建成医疗预防保健机制。

2004 年,新建成 950 平方米中心卫生院,设床位 25 张,新增心电监护仪、麻醉呼吸机,X 光检验等设备。

2006 年,建立起新型农村合作医疗制度,全镇 90% 居民加入新型农村合作医疗。

2008 年,有 1 处中心卫生院,8 处村级卫生室,有医护人员 36 人,基本实现小病不出村,常见病镇上能医的目标。

(三)文化设施

1991—1994 年,宇宙地镇和热水镇各村基本通播广播节目,晚间可收看 1 ~ 2 个频道无线电视节目。

1995 年,宇宙地镇和热水镇两镇政府所在地开始收看有线电视节目。

1998 年,宇宙地镇和热水镇两镇政府所在地开通有线电视加密频道。

2000 年,宇宙地镇开通 300 部程控电话。有线电视覆盖 30% 居民区。

2001 年,宇宙地镇开始建设移动电话基站。

2008 年,宇宙地镇有 7 个村 1 个居委会 98 个村民组,开通移动电话。

(四)公共养老

2003 年,宇宙地敬老院被评为“赤峰市模范敬老院”。

第六节 同兴镇

同兴镇位于克旗东北部,大兴安岭黄岗梁东麓,镇政府驻地同兴号村,距经棚镇 76 公里,全镇总面积 1285 平方公里,由北向南呈长条状,以山地为主,地势西高东低,平均海拔 1516 米,境内有黄岗梁和北大山两大高峰,最高海拔 2029 米,境内有木石匣河和巴尔汰河两条主要河流,境内流长分别为 88 公里、15 公里。东与克旗宇宙地镇、林西县接壤,南与经棚镇、热水开发区相邻,西北与达来诺日镇、巴彦查干苏木交界。全镇年均气温 2℃ ~4℃,1 月份气温到达最低值,月平均温度 -22℃,7—8 月气温到达最高值,月平均温度18℃,年均降水量为350～450毫米,无霜期90～120天。

全镇辖7个村,88个村民组。至2008年末,有5199户17910人,有汉族、蒙古族、回族、满族、朝鲜族等民族。耕地面积6067公顷,有草场面积29000公顷,放牧场面积54333公顷。有钨、铁、锌、锡、萤石等矿产资源。有天然林面积近8200公顷,森林覆盖率在26%以上。

一、建置沿革

中华人民共和国成立前后同兴镇为克旗第九区。1956年建乡时以驻地村名同兴号命名为同兴号乡,1958年建立同兴人民公社,1983年改为木希嘎人民公社,1984年改为木希嘎乡。2001年,木希嘎乡和天合园乡合并,建同兴镇。2002年,同兴镇有10个行政村,89个村民小组。2003年1月,合并河南营子村和小努其村为河南营子村,合并同兴村和大努其村为同兴村,合并四义号村和中地村为四义号村;2006年,小努其村从河南营子村并入同兴村。

二、农牧业

(一)农业生产

同兴镇粮食总产量正常年份都在600万公斤左右,并种植一定比例的甜菜、油料等经济作物。

2000—2007年,同兴镇粮食作物种植面积为2000～3200公顷,经济作物保持在1000公顷左右,粮食总产量稳定在700万公斤左右。

2008年,全镇农作物总产量810万公斤。

全镇在农业生产结构调整中,先后引进圆葱、杂豆等新经济作物品种和谷草、杂花苜蓿、英红玉米等饲草料作物种植。

(二)畜牧业生产

畜牧业是同兴镇的传统产业和农民收入的主要来源。1991—1998年,家畜存栏年近8万头(只)。

畜牧业生产加强基础设施建设,数质并重,科学饲养,建立起比较完善的科技服务网络。通过实施农牧结合工程和畜牧业种子工程,扶助农牧结合户,推广大小畜改良和疫病防治技术,扩大饲草饲料种植面积,饲料青贮氨化,棚圈配套,舍饲育肥,模式化养殖,调整畜群结构,提高养殖效益,巩固和增强了畜牧业基础地位。

2003年,实行封山禁牧,保护生态措施,从每年11月15日起至次年6月1日,全镇所有大小畜实行舍饲。同年,在镇区先后建成活畜交易市场、牛羊育肥小区、肉羊繁育中心。

2005年,同兴镇第一届人民代表大会第四次会议通过《同兴镇加强生态环境建设,推动畜牧业可持续发展的决定》,明确与全旗同步推行舍饲禁牧政策。

2008 年 6 月末,大小畜存栏 16.21 万头(只)。

三、基础设施

(一)交通水利

同兴镇通往各村的公路均为砂石路。2004 年,经过整修,全部能通行机动车。

2005 年,巴彦查干阿斯哈图石林至林西段 11.5 公里建成沥青路面。

2008 年,同兴镇镇、村公路通车里程 123 公里,沥青路面 12 公里。

至 2008 年,同兴镇水利设施建设逐步完善,有 6 个村使用上自来水。修有防渗渠道 7 条 2.1 万延长米及渠系配套工程,有若干小土渠和小塘坝,年利用冰雪水汇地 1400 余公顷,全镇保灌面积 370 余公顷。

(二)资源开发

同兴镇矿产资源有铁、锡、铅、锌、萤石等矿产资源,且储量大、品位高、埋藏浅。同兴镇依托资源优势,引进资金、技术、人才,采取租赁、联营、股份制合作等多种形式,开发矿产资源。先后开发同兴铁矿、四义号理石矿、黄岗铁矿五号矿区、四号矿区、白砬子理石矿、红眼沟铅锌矿、白音昌铁矿和钨铁矿、铁匠炉梁铅锌矿等。

至 2008 年,全镇探矿、采矿企业 13 家。

同兴镇境内有阿斯哈图石林、黄岗梁国家森林公园之十三道湾黄岗峡谷等,为独特的旅游资源。

(三)镇区建设

2003 年,同兴镇建成镇政府综合办公楼。完成全镇农网改造工程。

2005 年,完成镇区水泥路面改造,新装路灯、排水管道等配套设施。

2008 年,小城镇建设初见规模。

四、社会文化事业

(一)教育

同兴镇总校辖 1 所初级中学和天合园村、同兴村小学。2008 年,同兴镇总校有 9 个初中教学班,458 名在校生,61 名教师;2 所小学有 21 个教学班,645 名在校生,在编教师 70 名。专任教师学历合格率 100% 。

学校建有多媒体教室和标准化实验室。初中升入高中入学率 83% 以上。

2004 年,同兴镇总校被赤峰市教育委员会评为“赤峰市小学发展教学示范校”;2004 年、2005 年,被旗政府授予“教育工作责任目标先进单位”;2007 年,通过国家“两基”达标验收。

(二)卫生

1991—1993 年,原木希嘎乡、天合园乡乡村两级卫生防疫保健网络健全。1995 年,天合园乡乡属卫生院建成。

1998 年,两乡卫生院通过爱婴乡镇、初级卫生保健等达标验收。防疫、妇幼工作达到任务指标。

2001 年,全镇爱国卫生、医疗防疫、妇幼保健、乡村卫生一体化体制基本形成。

2003 年,全镇卫生预防保健体制建设在非典型肺炎疫情预防中得到加强。

2006 年,全镇建立起新型农村合作医疗制度,4463 户 14267 人参加新型农村合作医疗。

2008 年,全镇有医务人员 20 人,医院床位 20 张,在天合村设有分院。

(三)文化

20 世纪 90 年代,同兴镇各村基本通广播节目、收看 1 ~2 个频道无线电视节目,逐步能收看有线电视。

1998 年,镇政府所在地有线电视增加加密频道。

1999 年,开通 3 个村 200 部程控电话。2000 年,程控电话实现村村通。有线电视覆盖率达 40%。

2001 年,有 5 个村 40 个村民组开通移动电话。

2008 年,村村通电话,能收看有线电视加密频道电视节目,移动电话覆盖面达到 87% 以上。

五、扶贫开发

1991 年后,通过利用世界银行扶贫贷款,旗直科局结对帮扶等措施,改善农牧业生产条件、加强农田水利和农牧结合工程建设,实施“造血”扶贫;通过推广农牧业科技、提高粮食单产和牲畜品质、建设棚圈舍饲,实施“科技”扶贫;通过争取上级投入、项目贷款,实施扶贫开发工程,开展“项目”扶贫。至 2008 年末,全镇绝大多数贫困户实现脱贫。

第七节　达来诺日镇

达来诺日镇位于克旗中西部,镇政府驻地哈日浩舒,距经棚镇 55 公里。总面积 1542 平方公里。周边与经棚镇、同兴镇、巴彦查干苏木、达日罕乌拉苏木毗邻。达来诺日镇地处贡格尔草原上,东北部为黄岗梁余脉山地森林,西南为浑善达克沙地东缘,中部为开阔草原。贡格尔河纵贯全境,地势东高西低,平均海拔 1529 米。夏季凉爽,冬季多雪,是全旗最好天然牧场之一。

达来诺日镇辖 7 个嘎查,2 个居民委员会,45 个“独贵龙”,2008 年末,全镇 2054 户、6786 人,其中镇区人口 0.52 万人。

达来诺日镇有可利用草牧场13万余公顷,年牲畜存栏12～13万头(只)。国道303线贯穿全境,也是从经棚通往阿斯哈图石林、白音敖包云杉林、达里诺尔等主要景区的交通枢纽。境内有贡格尔草原和白音敖包云杉林等景区。

一、建置沿革

中华人民共和国成立前后,达来诺日属巴隆阿鲁努图克。1958年,成立人民公社,以达里诺尔命名为达里诺尔人民公社。1962年,划出其一部另建达日罕乌拉人民公社。1968年,又划出其一部建立达里诺尔军马场(1979年,军马场撤销,1984年,建为阿其乌拉苏木)。1983年,地名普查时达里诺尔正音为达来诺日。1984年,改建为达来诺日苏木,1994年,建成达来诺日镇,是克旗第一个牧区镇。

二、基础设施

(一)广播 电视 电话

达来诺日镇广播站,早午晚三次播报和转播新闻。镇域绝大部分地区通过卫星天线能收看蒙汉2个频道无线电视节目。

1997年,镇政府所在地居民开始收看有线电视节目。

1998年,镇政府所在地有线电视增加加密频道,可收看9个频道有线电视节目。

1999年,镇政府所在地开通程控电话。

2000年,陆续建成移动电话基站,使用上移动电话。

2003年,中国移动、联通分别在达来诺日地区开通经营业务,手机通讯开始普及。

2005年后,达来诺日地区有线电视覆盖率80%,移动电话覆盖95%。

2008年,达来诺日镇能收看32个有线电视加密频道,移动电话覆盖98%的区域。

(二)交通饮水

1991年,通往达来诺日镇的公路为砂石路。1997年,303国道建成,形成镇内1.3公里油路。

2007年,303国道翻新、加宽,镇内交通条件进一步改善。

2008年,镇全部嘎查通砂石公路。

2003年,镇区居民用上自来水。

(三)办公房舍

2005年,达来诺日镇新建党委政府综合办公楼。

三、畜牧业

达来诺日镇主导产业是畜牧业,牧民收入主要来源是牲畜养殖。

多年来,达来诺日镇坚持不懈地实施牧业现代化项目、草场围封、划区轮牧、季节性轮牧休牧、草地浅耕翻、飞播牧草、棚圈窖池建设、兴修水利、引进优良品种,改造畜群畜种结构。喜鹊沟胚胎移植推广中心率先在达来诺日镇牧户中开展牛羊胚胎移植,牲畜疫病防治全覆盖。

至2008年6月末,达来诺日镇牲畜存栏达到20.3万头(只),良种及改良种牲畜18.63万头(只)。

四、乡镇企业

1996年,达来诺日镇建立起制砖厂,全厂20名员工。1998年,砖厂进行体制改革,实行股份制。2003年,嘎查砖厂转让给个体经营。

1957年,达来诺日苏木建设有综合厂,其中有乳制品厂,为乡镇集体企业。1987年,乳制品厂摆脱人工手工加工乳制品、乳粉,开始机械生产散装乳粉,并成功注册"达里驼峰"牌商标。1991年,使用机械设备,生产袋装乳粉,季(生产季为每年6—8月)产乳品4000公斤。1995年,扩建乳制品厂,建成13间新厂房,扩大生产规模。1998年,季产乳品16000公斤,为周边牧民销售牛奶提供便利。2002年,达来诺日乳粉厂关闭。

五、社会文化事业

(一)教育

1991年,达来诺日镇区共有3所学校,分别为达里第一中学、达里第二中学、达里实验小学,各嘎查分别建有小学,全镇共有1000余名学生。1995年起,各嘎查小学逐渐合并或解散,到2002年,嘎查学校基本撤除。2004年,达里中学和小学合并,成立达里总校。2005年,中学学生全部前往经棚镇上学,达里总校变为小学部分。

至2008年,达来诺日镇有两所小学:达里实验小学和达里总校,有160余名在校生,90名在编教师。

(二)卫生

2006年,达来诺日镇实行新型农村合作医疗制度,全镇有1384户4107人参加新型农村合作医疗。

2008年,达来诺日镇卫生院有在编医护人员13名,有10张床位,普通病、常见病都能在镇医院治疗。

第八节 巴彦查干苏木

巴彦查干苏木位于克旗北部,苏木政府驻地呼日林敖包,距经棚镇115公里。总面积3311平方公里。巴彦查干苏木东、北边界与赤峰市林西县、锡林郭勒盟西乌珠穆沁旗接壤,西界与达来诺日镇、达日罕乌拉苏木毗邻,南边与同兴镇交界。苏木境内丘陵、沙地、草原错综交互,南部山脉连绵起伏,西部多沙丘,东部和中部为丘陵、森林、草原相间。地势东高西低,平均海拔1500米,最高海拔黄岗梁2029米。境内主要有查干敖包,海拔1378米,昌图敖包海拔1294米,乌兰呼舒敖包海拔1200余米。年均气温2~4℃,1月份最冷,达到年最低值,月平均温度-28.5℃,7—8月气温达到最高值,月平均温度16℃,年均降水量350~450毫米,无霜期80~120天。

巴彦查干苏木境内有乌兰呼贝尔、乌套海、吉林塔拉等草原,可利用草牧场面积192万公顷,幅员辽阔,水草丰美,具有得天独厚的畜牧业生产条件,是发展畜牧业理想之地。乌套海大尾羊是克旗久负盛名的优质畜种,长期得到品种保护。水资源丰富,发源于黄岗梁西麓的全旗四大河流之一的伊和吉日河,流经苏木6个嘎查,出境流入锡林郭勒盟西乌珠穆沁旗。乌宝力格河、那仁高勒河、海拉斯图宝力格河、巴彦宝力格河等内流河均系伊和吉日河支流。发源于黄岗梁西麓的贡格尔河,横贯境南流入达里诺尔。发源于黄岗梁北麓陶高、那木吉雅的巴嘎吉日河纵贯全境,流入锡林郭勒盟西乌珠穆沁旗。

巴彦查干苏木境内有铅、锌、银、钨、铁、锡、萤石等丰富的矿产资源。

至2008年末,巴彦查干苏木有13个嘎查,56个独贵龙,有2455户,8434人,多数为蒙古族,汉族占少数。

一、建置沿革

巴彦查干苏木原属忠阿鲁努图克(区),努图克所在地在今都希叶图嘎查。

1958年,巴彦查干地区成立人民公社,以所辖村名命名为白音查干人民公社。1979年,划出其一部分,另建白音高勒人民公社。1984年,改建为巴彦查干苏木。2005年,巴彦高勒苏木合并入巴彦查干苏木。至2008年末,巴彦查干苏木有13个嘎查。苏木驻地设有学校、医院、信用社、饭店、商店、宾馆等。

二、基础设施

(一)交通饮水

巴彦查干和巴彦高勒2个苏木通往经棚和各嘎查的公路均为砂石路。2004年,修筑达来诺日镇罕达罕—巴彦查干乡村公路。2005年,修筑阿斯哈图石林—巴彦高勒28公里沥青路;至2008年末,巴彦查干苏木沥青公路通车里程160公里。

至2008年末,巴彦查干苏木建成16眼人畜用水机电井。

(二)广播电视通讯

1991年后,巴彦查干、巴彦高勒2个苏木各嘎查基本通广播节目,能收看内蒙古汉语频道和蒙古语频道两套无线电视节目。

1997年末,苏木所在地居民开始收看有线电视节目。

1998年,苏木政府所在地有线电视增加加密频道。

1999年,苏木所在地安装程控电话。

2001年,苏木开始建立移动通信基站,开通移动电话。

2008 年末,有线电视加密频道 26 个,移动电话全覆盖。

(三)办公房舍

2006 年,苏木建设党委政府综合办公楼,2007 年投入使用。

三、资源开发

巴彦查干苏木矿产资源富集,有银、铅、锌、铁、萤石等矿产资源,储量大、品位高、埋藏浅。先后建成黄岗铁矿、银都矿业、拜仁矿业、维拉斯托等矿山企业。

巴彦查干境内有克什克腾世界地质公园阿斯哈图石林、黄岗梁国家森林公园等。历史古迹有“金界壕”遗址。

四、畜牧业生产

巴彦查干苏木是牧业区。1998 年后,巴彦查干苏木全面落实牧业生产承包责任制,不断提高科学养畜水平,加强牲畜疫病防治和棚圈基础建设,数次战胜罕见的特大风雪灾害,获得牧业生产丰收。

2008 年 6 月末,全苏木大小畜总头数 41.8 万头(只),其中良种畜、改良畜 37.9 万头(只)。

本地有驰名的肉质肥嫩、毛细体大、耐寒、生长快、出肉率高的“乌套海大尾羊”和体高、粗壮、力大的“都希叶图马”。

五、社会文化事业

(一)教育

1991 年,巴彦查干苏木有 1 所初级中学,1993 年撤销并入旗蒙古族中学。2008 年末,苏木有 1 所完全小学,有学生 217 人,78 名教师,教师学历合格率 100%。学校建有多媒体教室和标准化实验室。2005 年,巴彦查干完全小学被授予旗级“文明单位”;2007 年,巴彦查干完全小学通过国家“两基”达标验收。

(二)卫生

1991 年,巴彦查干、巴彦高勒 2 个苏木各有 1 所卫生院,2005 年,合并乡镇时巴彦高勒卫生院仍保留在巴彦高勒嘎查。

2005 年,全苏木建立起新型农村合作医疗制度,有 7866 人参加新型农村合作医疗。

至 2008 年,巴彦查干苏木 2 所医院共有医务人员 27 人,床位 50 张,各嘎查设有卫生所和医疗点,牧民群众治疗常见疾病可不出苏木。

第九节　达日罕乌拉苏木

达日罕乌拉苏木位于克旗西部,苏木政府驻地新陶力苏距经棚90公里。苏木周边与经棚镇、达来诺日镇、巴彦查干苏木及正蓝旗、锡林浩特市接壤。总面积2234平方公里。为高原沙地型草原,平均海拔高度1316米。气候特点呈冬季漫长而寒冷,春季短促而多低温。年平均降水量为380毫米。年平均气温1.3℃,7月气温达到高值,平均18℃,1月出现最低值,平均-28.5℃。无霜期为70~100天。

达日罕乌拉苏木地处浑善达克沙地东缘,南部多沙丘及小灌木林,中北部有草原河流、湖泊。达里诺尔和多伦诺尔(鲤鱼泡子)在苏木境内。主要河流有莎仁河、贡格尔河、央森高勒河、克力更高勒河和耗来河等,河湖水域总面积2.67万公顷。

境内出产白蘑、蕨菜、黄花、杏仁、黄芪、知母、百合、赤芍、白芍、甘草等野生植物,有百灵、天鹅、马鹿、狍子、狐狸、野鸡、鹿、黄羊、旱獭等珍禽野兽生息繁衍。

一、建置沿革

达日罕乌拉苏木因境内达日罕乌拉山而得名,蒙古语译意为“神圣之山”。原属巴隆阿鲁努图克,1958年,归属达里诺尔人民公社管辖,1962年,建立达尔罕乌拉人民公社,1984年,改为达日罕乌拉苏木。

2001年7月,撤销阿其乌拉苏木建置,并入达日罕乌拉苏木。阿其乌拉苏木始建于1984年,因境内的阿其乌拉山得名。阿其乌拉系蒙古语,汉意为“杈丫形山”。苏木政府所在地在哈拉盖图,在达里湖北岸砧子山北约3公里,距经棚镇约70公里。总面积724平方公里,辖7个嘎查,19个独贵龙。2001年7月,撤并时有居民667户、3248人。

达日罕乌拉苏木辖10个嘎查,73个独贵龙。2008年末,有2016户7280人。以蒙古族为主体,聚居有汉族、满族、回族等。

二、基础设施

至2008年末,苏木建有达日罕总校和巴音门德2所小学,有12个教学班,在校学生450人,81名教职工。义务教育普及率100%,青壮年非文盲率98%。

苏木建有中心卫生院,有床位30张,各嘎查建有标准化卫生室。建有邮电所、电信所、派出所、草原站、兽医站、信用社等各类公共服务机构。

苏木所在地与经棚通有沥青公路,境内长40公里,连接303国道。

全苏木90%以上的牧户定居。有线电视覆盖全苏木居民区,全天可收看10个频道电视节目;程控电话、移动电话进入普通牧户家庭;苏木所在地用户已接通互联网,广泛利用太阳能、风力发电。

三、畜牧业生产

达日罕乌拉苏木是克旗重要畜牧业基地，以牧业生产为主，有草牧场面积18万余公顷，其中已围封草库仑6700余公顷。建设饲料基地733公顷。年牲畜存栏在15～17万头（只）。

苏木注重对畜群结构调整和牛、羊品质改良，建设有牛冷配站点。引进西门塔尔、夏洛莱等优质肉牛品种，推广多赛特、澳美及本地肥尾羊等优良品种。

苏木注重牧业可持续发展和资源永续利用，先后实施禁牧、休牧、轮牧措施，禁牧封育草场2.15万公顷。至2008年末，配备牧业机械近千台，有机电井近百眼；建成标准化牲畜棚圈1000余处，青贮窖200余处，人工种草4000公顷。黄牛冷配上万头，绵羊改良10万只。

2008年6月末，全苏木大小畜存栏23.3万头（只），其中改良畜22.05万头（只），双峰驼3000余峰。

在发展生态畜牧业的同时，实施生态移民，首批移民94户400余人。

四、旅游开发

达日罕乌拉苏木有达里诺尔、曼陀山、火山群等自然景观和元代应昌路遗址（鲁王城）、金界壕、砧子山岩画等多处人文景观。浑善达克沙地和贡格尔草原交汇处，形成独特的草原风光。有世界上最窄的河耗来河，有岗更诺尔、都日诺尔、贡格尔河、沙里河等草原湿地景观。境内建有多处风力发电站，是克旗重要旅游景区。苏木牧民自建旅游点，发展观光旅游业。

第十节　新开地乡

新开地乡位于克旗东南部，距经棚镇63公里。东南与翁牛特旗亿合公乡和毛山东乡毗邻，西与芝瑞镇（原上头地乡）接壤，北与土城子镇相连。全乡面积340平方公里。

新开地乡属干旱区，冬季漫长而寒冷，春秋季干旱多风，地下水位较深。年平均气温3.9℃，通常1月出现最低冷值，7月出现最高热值。年降水量320毫米左右，无霜期100～130天。

新开地乡为丘陵漫甸区，境内沟谷纵横。地势南高北低，最高海拔1661米，平均海拔1279米，主要有黑大山海拔1516米。境内有敦德浑地河，发源于东都坤兑川，自西南向北流长24.6公里，进入土城子镇铁营子村，汇入西拉沐沦河。苇塘河发源于新开地村达尔罕敖包，自西南流向东北，长37公里，是克旗与翁牛特旗的界河。2005年后，上述两河多干涸，成为季节河。新开地乡有褐煤和铅、锌、银、铁、钼、铜等金属矿藏20余种。其中褐煤探明储量150万吨，铅锌探明储量300万吨，苇塘河王山沟银矿探明矿石储量180万吨。境内有红石砬小南沟林场风光、双山子村黑大山落叶松林海风光、新开地村达尔罕敖包高寒漫甸草原风光、高寒漫甸万亩落叶松林网、新道梁村偏坡营子西沟的“圣佛洞”、雪花营子东沟的“万年冰”、广华村胜利沟前山的“冰洞”等自然景观。出产有山杏、蘑菇等特产和小黄芩、防风、柴胡、苍术等野生中药材。

新开地乡耕地主要分布在丘陵漫甸,土壤类型为黄暗栗钙土、黑钙土,交错分布。耕地面积15460公顷。粮食作物适合小麦、莜麦、谷子、玉米、高粱、荞麦种植,经济作物适合马铃薯、葵花、豆类、辣椒种植,其中马铃薯种植每年3000公顷以上。新开地乡地处高寒漫甸地区,昼夜温差大,有利于马铃薯营养物质含量的积累。独特的自然条件,使新开地马铃薯具有个大、皮薄、整齐、干物质含量高、表皮光滑、无污染、退化轻、病虫害少、耐运耐藏,易于烹油及适合加工,适口性极佳等特点。淀粉含量、蛋白质含量、糖类含量、矿物质含量高,是远近闻名的马铃薯之乡。

一、建置沿革

新开地乡是革命老区。1958年,属土城子人民公社。1963年,从土城子人民公社划出部分大队建成新开地人民公社。1984年,改建为新开地乡。2001年区划变更时,上头地乡所属杨树林子村划入该乡。

2008年末,乡辖7个村,74个村民组。全乡3793户15963人。有汉族、蒙古族、满族、回族等7个民族。

二、基础设施

2008年末,新开地乡建有新开地总校和4所小学,有41个教学班,在校学生950人,有教职工162人。义务教育普及率100%,青壮年非文盲率98%。乡建有中心卫生院,有床位15张;各村建有标准化卫生室。

2008年末,新开地乡有乡级公路75公里,村级公路120公里,可以直达经棚、土城子、赤峰等地区,村村组组通公路。

2008年末,新开地乡电网设施齐备,工农业用电、照明用电全面保障。乡里建有电管站、邮电所、电信所、兽医站、信用社、派出所等各类公共服务机构。乡政府所在地和戴家窝铺开通有线电视,可收看14个频道电视节目。建设有移动公司和联通公司通讯基站各一座,网络信号覆盖全乡96%地区,全乡7个村均通手机信号,固定电话户逾千户,乡政府所在地及周边3个村委会所在地已接入互联网服务。

三、农牧业

(一)农业生产

新开地乡经济以农业为主,在改革开放后,进一步确定“生态立乡、农牧富乡、科教兴乡、产业强乡”发展战略,并发挥区位、资源优势,以发展农牧业产业化为主攻方向,走经济、社会协调和持续发展的路子。

种植业主要农作物有玉米、小麦、莜麦、谷子、马铃薯、杂豆等。年均全乡总播种面积约8000公顷,其中粮食作物7270公顷,经济作物730公顷。2000年后,初步形成两个主导产业区——良种推广产业区和特色种植产业区。良种推广产业区主要是在平川区推广玉米良种种植,在漫甸推广马铃薯良种繁育;特色种植产业区主要是平川区玉米制种和漫甸区马铃薯、杂粮、杂豆种植,不断扩大规模,实现规模化种植。

2008年,新开地乡粮食种植总面积6170公顷,农作物总产量1.8万吨。

(二)畜牧业生产

新开地乡在畜牧业发展方面走出了“稳定头数保生态、舍饲育肥增效益”的路子,在稳定基础母畜的基础上,通过畜种改良,提高个体品质,增加养殖效益。通过有计划地发展舍饲育肥小区,扩大黄牛育肥存栏,利用秸秆饲料和适当种植草料等措施,发展畜牧业。

2008年6月末,全乡大小畜存栏2.4万头(只)。

四、加工业

食品加工业方面,2007年,成立新开地马铃薯合作社,推动马铃薯深加工,新开地马铃薯淀粉、粉条已形成地方特产,远销沈阳、天津、大连、北京等许多城市。2008年末,新开地马铃薯年产量7500万公斤,产值3700万元。

商品贸易方面,1997年后,新开地乡戴家窝铺初步形成贸易集散地,餐饮、物流、农资和农产品贸易经营快速发展,农历逢“三”“五”集日,农副产品购销两旺。至2008年年末,形成个体工商户一条街,成为克旗东南部地区贸易集散中心。

工业方面,2008年,新开地乡境内有2家金属采选企业,年采矿石5万吨。

五、重点建设

1986—1995年,新开地乡坚持开展农田基本建设。共打机电井15眼、大口井23眼、小土井30眼,并修有节水防渗渠。至2008年末,全乡农田有效灌溉面积733.3公顷,保证灌溉面积566.7公顷。

1990—2002年新开地乡农业工程项目一览表

表1-2-2

年 份	工程项目	治理面积(公顷)	措 施 目 标	涉及范围
1990—1991	黑大山林场	333.3	植树种草围封保护	1个村9个组
1991—1993	石匠沟生态恢复	133.3	植树种草恢复生态	1个村
1994	新开地前坡	133.3	种草种树治理风蚀沙化	1个村
1995—2002	苇塘河	33.3	种草建林网草带	2个村8个组

新开地乡采取“异地转移和就地安置同抓、外出务工和返乡创业并举”的就业思路，发展农村劳务经纪人，开展技能培训，引导、转移农民走向非农产业，全乡年输出劳务逾3500人次，进入21世纪，初步建立起劳动力市场，建设成劳务用工基地。

在社会主义新农村建设中，新开地乡抓住机遇，落实国家农业政策，争取农业项目投入，通过农业综合开发项目、土地整理项目、节水灌溉工程等改造中低产田，实施农村饮水安全工程，发展可再生能源，改善全乡村貌和农民生产生活条件。2002年，被赤峰市委、市政府命名为“文明标兵乡”；2003年，被自治区精神文明建设委员会命名为“二星级文明乡”。

第十一节　红山子乡

红山子乡位于克旗南部，北与经棚镇交界，东与芝瑞镇毗邻，西南与乌兰布统开发区(筹备处)、浩来呼热办事处(筹备处)接壤。乡政府驻地合盛源距经棚镇56公里。地处阴山余脉塞罕坝北麓，地域广阔，森林茂密。地势南高北低，多山峰峡谷，且有众多河流蜿蜒谷间。主要山峰有小西天、乌兰布统峰、元宝山、鸡冠子山、二龙山等。主要河流有萨岭河、大浩来图河、吐力根河、赵古堆河，著名的西拉沐沦河在其北部横贯全境。全乡总面积2557平方公里[含乌兰布统开发区(筹备处)]，具有林区特点，雨雪较多，年平均气温1.2℃，年降水量450毫米左右，无霜期90～110天。

辖区内有大局子、桦木沟两个林场及龙口、上湾子、响水等五座水利发电站，形成独特的气候条件和旅游资源。全乡有耕地6382公顷，草牧场6.2万公顷，森林面积5.3万余公顷，森林覆盖率38%。

全乡辖6个村53个村民组。有汉族、蒙古族、回族、满族、朝鲜族等民族聚居。2008年末，全乡有2353户9700人。

一、建置沿革

红山子乡原为克旗第七区，1956年撤区划为3个乡。1958年合并三乡建红山子人民公社，1984年改建为红山子乡。2005年乌兰布统乡并入红山子乡，另设乌兰布统旅游开发区。红山子乡有6个行政村，53个村民组。

二、农牧业

(一)农业生产

红山子乡粮食总产量正常年份在2000万公斤左右，并种植油料等经济作物。主要农作物有小麦、莜麦、玉米、油菜、马铃薯等。在调整产业结构中，扩大经济作物和饲料种植面积，粮、经、草比例基本稳定在6∶1∶3。粮食作物种植面积约6700公顷，经济作物保持在1000公顷，粮食总产量稳定在2800万公斤左右。2008年，先后引进葡萄、中草药等经济作物品种,杂花苜蓿、英红玉米等饲草料作物种植。农作物总产量6840吨。

(二)畜牧业生产

畜牧业是红山子乡的传统产业和农民收入主要来源。

2008年6月末,全乡大小牲畜存栏20.2万头(只)。

2002年,在全乡推行牲畜季节舍饲,并组建生态监察中队,落实舍饲措施。

2008年,红山子乡调整畜牧养殖结构,由数量畜牧业向优质高效低耗畜牧业发展,淘汰山羊养殖,牛羊存栏保持在15万头(只)左右。

三、重点建设

(一)交通

1991年前后,红山子乡通往各村公路以土路为主,在正常天气状况下,交通基本通畅。

2000年后,修建乡级砂石路,交通状况改善。

2005年,修建坝外砂石路25公里,通村公路进一步改善。

2007年,建成35公里通乡沥青路,乡级公路里程90公里。

(二)资源开发

红山子乡境内有丰富矿产资源和山产资源。矿产储量较大的有铀、钼、铁、铜、萤石、无烟煤等。

山产品有久负盛名的蕨菜,远销韩国和日本,蘑菇、黄花、山白菜、山莴苣等山野菜,年采集量500吨左右。

境内集山川、丘陵、草原、森林、湖泊、河流于一体,成为独特旅游资源,旅游业成为红山子乡新兴产业。塞罕坝上观光、水电站度假、西拉沐沦漂流、桦木沟国家森林公园消夏避暑吸引着国内外游客,是著名的影视、摄影基地。

四、扶贫开发

1995年,红山子乡开始开展扶贫开发工作。

2000年初,通过利用世界银行扶贫贷款项目发展种植业、养殖业,利用旗直科局结对帮扶等措施,帮扶全乡贫困户脱贫,初步解决贫困人口的温饱。先后通过实施"造血"扶贫,改善农牧业生产条件、农牧结合工程建设,实施"科技"扶贫,推广农牧业科技、大小畜改良,提高畜牧业效益;至2008年末,全乡绝大多数贫困户实现脱贫。

五、社会文化事业

(一)教育

1991年,红山子乡分设红山子中学和红山子中心完全小学,有1所幼儿园。

2008年,红山子乡总校有7个初中教学班,262名在校生,44名教职工。红山子总校小学有11个教学班,316名在校生,62名教师。专任教师学历合格率100%。

红山子总校建有多媒体教室和标准化实验室。初中升入高中入学率83%以上,小学入学率100%。

2001年,红山子乡总校通过赤峰市级基本普及九年义务教育、基本扫除青壮年文盲达标验收。

2007年,通过自治区"两基"达标验收。

(二)卫生

1957年,红山子地区始建有卫生院。

1990—1998年,红山子乡建成中心卫生院,并在全乡建立起乡、村两级卫生防疫保健网络。1998年,通过爱婴乡镇、初级卫生保健达标验收。1999年,新建红山子乡中心卫生院。2001年,全乡基本形成爱国卫生、医疗防疫、妇幼保健、乡村卫生一体化。

2003年,红山子乡结合非典型肺炎疫情预防行动,建立起传染病预防保健机制。

2006年,红山子乡建立新型农村合作医疗制度,全乡4463户14267人参加新型农村合作医疗。

2008年,红山子乡有医务人员16人,床位18张,基本实现小病不出乡,常见病、多发病能医治的目标。

(三)广播电视通讯

1991年,红山子乡各村通广播节目,能收看2个频道无线电视节目。

1995年末,红山子乡有4个村民组350余户村民开始收看有线电视。

1998年,红山子乡人民政府所在地开始收看加密频道有线电视节目。

2000年,红山子乡开通200部程控电话;6个村40多个村民组开始使用移动电话;6个村逐步开始收看有线电视节目。

2008年,红山子乡有线电视加密频道18个,移动电话覆盖率75%。

第十二节　办事处 开发区

一、浩来呼热街道办事处(筹备处)

(一)建置沿革

经棚镇浩来呼热街道办事处(筹备处)是由好鲁库种羊场划归地方后,撤销浩来呼热乡,在原政区基础上经过撤乡并镇机构改革而形成的乡级政区。

1. 好鲁库种羊场

1990年10月,好鲁库种羊场为赤峰市畜牧局所属事业单位,有1342户4869人,其中城镇户口377户2083人。

1993 年 3 月，由好鲁库种羊场保卫科提出方案，经总场批准，安置吸纳从事种养业或第三产业 1000 余人在场内入户。

1994 年，经赤峰市畜牧局批准，在牧场全面推行草牧场有偿承包使用制度。按照每亩打草场 1 元、放牧场 0.50 元、饲料地 6 元、草粮轮作地 10 元的单位标准收费(退休工人的养老羊用地免除收费)。

1994 年 5 月，好鲁库种羊场设置场部居民管理委员会，统一管理总场驻地的社会公共事物和计划生育等工作。

2. 浩来呼热乡

1984 年 2 月，经赤峰市委、市政府批准，在好鲁库种羊场经营区域上设立浩来呼热乡，但不另设乡党委，场党委负责全场、乡的党务工作。设立乡政府，以加强对行政区域、文教卫生、计划生育、公安司法、民政、武装、邮政等社会管理。配备人员编制 6 名。

1995 年，浩来呼热乡政府设置公安派出所、财政所和计划生育办公室，人员编制增至 14 名。

1997 年 11 月，赤峰市委、市政府在好鲁库召开现场办公会议，决定好鲁库种羊场、浩来呼热乡实行“场乡合一”管理体制。同时划定金峰有限责任公司草牧场使用范围享受优惠性政策。

1998 年 8 月，浩来呼热乡机构设置财政所、公安派出所、党政办公室、计划生育办公室、农机农科站、畜牧兽医站、土地管理所、草原站、文化广播站，配备人员 22 名，其中有 6 名公务员。

1998 年 12 月 22—24 日，召开中共浩来呼热乡第一次代表大会，全乡 186 名中共党员，选举产生 42 名党代表出席会议，选举产生第一届中共浩来呼热乡委员会。

3. 浩来呼热街道办事处(筹备处)

2005 年，苏木乡镇机构改革，撤销浩来呼热乡，行政区域划并经棚镇，浩来呼热乡辖区设立浩来呼热街道办事处(筹备处)。

2005 年 12 月，浩来呼热办事处党委、政府班子组建完成，内部设置党政办公室、财经和社会发展办公室、工业园区建设协调办公室、计划生育办公室、生态监察中队，附设工作机构有畜牧兽医站、文化广播站、新型合作医疗管理办公室等，有工作人员 38 人。浩来呼热乡所辖 4 个行政村改编为居民委员会。同时，设立好鲁库社区公共事务管理委员会。

(二)自然概况

浩来呼热办事处地处克旗西南部，西及西南与锡林郭勒盟正蓝旗、多伦县相接，东南至北依次与克旗乌兰布统开发区、红山子乡、达来诺日镇及达日罕乌拉苏木为邻，总面积 1600 平方公里。全境属浑善达克沙地，海拔 1300 ~ 1500 米。最高处为东南部大井山，海拔 1801 米，次为西部老西山，海拔 1583 米。最低处为西拉沐沦河谷地，东部石门一带河谷地高程不足海拔1000米。境内遍布沙丘沙岭,连绵起伏,构成形状不同、大小不等的坨甸地貌。丘间塔拉以栗钙土草原为主,大者逾千公顷,以好鲁库、伊和诺日、碌碡湾最为典型,小者不足几公顷,为主要草牧场和耕地。

浩来呼热办事处辖区年平均气温1℃,最高气温35℃,最低气温零下34℃,以西风、西北风为主,多发生在春季,年平均风速3.7米/秒,年平均降水350~450毫米,多集中在7—8月和次年1—2月,年蒸发量约2000毫米;年日照平均3000小时;年无霜期80~100天。基本气候特点是,春季多风短暂,冬季寒冷漫长,夏季干旱,秋季多雨。

主要河流有沙里漠河,发源于境内中部源水头(百尔贺赫尔洪,古称潢源),源水头为下陷沙地槽状盆地,在三面环坡沙隙中涌泉无数,向东裂谷下泻成河,北行10里左右,折向东流,与萨岭河相汇,进入西拉沐沦河。另有漠河里沟,全长约8公里,南北流向;大水诺尔(古克尔特黑库勒泊),源出碌碡湾小河头,1995年后,成为季节性河流,大水诺尔逐渐收缩干涸。

浩来呼热办事处辖区少地表径流,人畜饮用水主要开采50~100米深度地下水。

浩来呼热办事处辖区属于草甸草原和坨甸草原植物群落交汇地带,分布有600余种植物,分属48科231属。榆树分布广泛,形成沙地生态系统屏障;山杏为重要山产资源,分布范围广、质量上乘,年产约50万公斤左右;优质牧草有野生羊草、无芒雀麦等。

野生动物常见狍子、黄羊、野鹿、野猪、狐狸、野兔、獾子、狼和天鹅、鸿雁、鹰、野鸡、黑琴鸡、鹌鹑、沙鸡、百灵鸟等。

1998年,好鲁库牧场碌碡湾分场遭受雹灾,农作物几近绝收。2006年9月8日发生冰雪灾害,木冰导致大量树木折断,饲料地作物冻死。

(三)基础设施

1. 饮水

1995年,赤峰市计划委员会立项拨付30万元专项资金,建成好鲁库自来水饮水工程。2004年,投入水利项目资金新打1眼机电井,修筑1座100立方米高位水池,铺设1000米主干输水管道。2005年,铺设3000米供水干线。2006年后,办事处所属各居委会全部使用自来水。

2. 道路

1991年,集通铁路施工建设期间,修筑成好鲁库牧场连接经棚镇砂石路。

2000年,内蒙古省际通道建成通车,从浩来呼热西部入境,横穿北部,境内长20公里,浩来呼热乡到经棚的公路距离缩短至74公里。

2007年,建成伊和诺尔至碌碡湾33公里通村砂石公路。

2008年,建成省际通道至响水电站旅游公路。

3. 电视、电话

1996年以前,好鲁库地区的内部电话是磁石交换机系统,总场设有电话室,同外部联系靠大功率微波天线传输,基本能够保障通信联络,同时办理邮政业务。

1996 年,好鲁库种羊场采取总场投资和各用户集资办法,在总场部和 3 个分场部建成卫星电视接收系统和有线电视网络,能收看 8 套电视节目,用户 700 余户。

2000 年后,家庭小型微型电视接收机迅速普及。同时,好鲁库社区有线电视网络更新改造设备,增加中央电视台加密频道,收视节目逐步增加到 18 个频道。

2008 年,经过通信行业重组,浩来呼热办事处所辖地区通信由中国联通公司经营,开通宽带网络服务业务,上网用户 200 余户。

(四)农牧业

1. 畜牧业

1956 年,克旗人民委员会经过勘察,以大水淖为中心开始建设伊和诺尔国营牧场。饲养黄牛 100 头、羊 1000 只,种植莜麦等饲料 6.67 公顷。1958 年,自治区人民委员会规划建设好鲁库种羊场,并入伊和诺尔牧场。引进东德美利奴羊、高加索细毛羊等良种羊进行繁育。

1991 年,好鲁库种羊场牲畜存栏 3 万头(只),主要品种为德国美利奴羊、萨利斯克羊。

1993 年,好鲁库种羊场进行经营体制改革。1994 年 1 月,好鲁库种羊场同澳大利亚联合开发公司合资建立内蒙古金峰集团畜产品有限责任公司,从澳大利亚引进原种邦德细毛母羊 1480 只、澳美公羊 18 只。1994 年 6 月末,存栏种羊约 2 万只,其中场有种羊存栏 2800 只。

1995 年,好鲁库种羊场从内蒙古畜牧科学院引进 5 只进口原种德国美利奴公羊,导血改良原有老型德美羊,在碌碡湾分场建设专业化育种基地,饲养经营德美羊。

1998 年,一度养殖绒山羊、细毛羊、大尾羊。

2000 年后,牲畜数量快速增长,草牧场沙化退化加剧,草场产草量严重下降。浩来呼热乡第六届人民代表大会,提出生态立乡发展方向,稳定牛、发展细毛羊、限制山羊和马匹数量。提出为牧而农、为养而种产业发展思路,开始调整农牧业生产结构。2001—2006 年,全面实施退耕还林项目,退耕还林 600 公顷。绒山羊逐步退出养殖经营。2006 年 6 月末,浩来呼热地区牲畜存栏 22 万头(只),其中羊存栏 12 万只,多为大尾羊。

2003 年,浩来呼热乡七届二次人代会通过《浩来呼热乡草牧场"双权一制"实施方案》,落实草牧场使用权属,按照当年人口平均划分,人均使用草牧场 0.9 公顷,共 90666.7 公顷草牧场落实到户。同年,开始落实草畜平衡政策,划定每年 3 月 1 日至 6 月 1 日为阶段性禁牧期。

2006 年,浩来呼热办事处推行出牧许可制度,即经过以草定畜,核定牧户的适宜载畜量,向牧户核发出牧证。出牧证明确规定牧户的放牧时段、许可放牧地点。

2008 年 6 月末,浩来呼热办事处大小牲畜存栏 30.96 万头(只),其中良种牲畜 24.5 万头(只)。

2. **种植业**

1991 年,好鲁库牧场有好鲁库、布敦山、伊和诺尔、碌碡湾和牧场草原站 5 个机耕作业队,拥有各类机械机具 180 台套,总功率 1400 千瓦。全部耕地实行机械化耕作,饲草料机械化加工。

1991—1997 年,好鲁库种羊场年种植作物面积 2000 公顷,以小麦为主,亩产 80~100 公斤。次年改换种草,到第四年产草量达到旺盛期,亩产干草 500~800 公斤。草粮轮作约 10 年 1 个周期。1993 年后,全牧场取消原以分场为单位的独立核算方式,机耕作业队组织统一生产,负责全牧场草场更新和用粮供应。作物种植面积约为 1667 公顷,以种植饲料为主。

1998 年后,全牧场耕地以人口为单位划分到户,人均约 0.3 公顷,作为口粮田或饲料地,种植作物主要为小麦、莜麦及马铃薯。

2008 年,浩来呼热办事处所辖居民人均使用草牧场和饲料地约 1.2 公顷。

(五)社会文化事业

1. **教育**

1960 年,好鲁库种羊场建场后兴办职工子弟学校。

1984 年,好鲁库中学发展成完全中学,有高中部、初中部,在校学生 200 余人,教师 40 人。好鲁库中心完全小学建有学前班、小学班,在校学生 600 余人,教师 30 余人。各分场均开设有学校,适龄儿童从学前到初中阶段可以就近上学。

1984—1986 年,好鲁库种羊场开办有畜牧技术职业中学,面向全旗招收初中毕业生,开设饲养管理、鉴定育种、疫病防治等 10 余门实用课程,由畜牧科专业技术人员授课,三届共培养学生 500 余人,多被分配到各分场担任畜牧兽医技术员。

1993 年,好鲁库种羊场中小学合并,学前班至初中共设 10 个班,在校学生 400 人。分场仅设小学。

1998 年,好鲁库种羊场和浩来呼热乡"场乡合一"后,场办各校交由克旗教育主管部门统一管理,教师实行考试考核上岗。好鲁库中学更名为浩来呼热总校,撤销布敦山分校;保留伊和诺日、碌碡湾 2 个分校小学部 1 至 3 年级,各配备教师 1 人,实行复式班教学制。

2001 年,浩来呼热乡投资新建碌碡湾分校。

2006 年,浩来呼热乡在义务教育工程项目支持下新建浩来呼热总校并进行校园美化绿化。同年 10 月,通过内蒙古自治区"两基"达标验收。

2. **医疗**

1993 年,好鲁库种羊场卫生院实行承包经营,定额补贴。

2006年，实施农村牧区新型合作医疗，全办事处参加合作医疗人口3000人，“参合”率80%。2008年，“参合”率90%。

（六）商业

1991—1993年，好鲁库种羊场供销科统一经营百货门市、副食门市、生产资料门市和副食加工厂、饭店，各分场设有网点。1993年后，全部实行承包经营，个体私营商业网点迅速出现。2008年，商业经营网点发展近百家，从业人员近300人。

二、乌兰布统旅游开发区

乌兰布统旅游开发区地处克旗西南部，浑善达克沙地东南缘，南部与河北围场县隔河相望，西部与锡林郭勒盟多伦县接壤，北与浩来呼热、红山子乡交界，东与芝瑞镇、桦木沟林场毗邻，总面积1300平方公里。境内最高海拔1869米，最低海拔1412米，平均海拔1500米。属大陆性季风气候，夏季短促凉爽，冬季漫长寒冷，昼夜温差较大，寒暑变化明显。年平均气温1.2℃，7月最热，平均气温17.5℃，1月最冷，平均气温-23.7℃，年降水量350~400毫米，无霜期60~90天左右。日照时数2700~2950小时，日照率62%~65%。全年多偏西风。年均风速2.8~3.0米/秒。

辖区水资源丰富，南部漠海恩都尔山海拔1800米。山南为吐力根河发源地，山北是乌兰公河发源地。吐力根河自东向西流经至河夹心南（克旗与多伦县交界处）同赵古堆河汇流出境。乌兰公河自南向北经红山子汇入萨岭河，至潢源自然保护区沟门处，汇入西拉沐沦河。两河流域发育有大片沼泽及湿草甸，有将军泡子、蘑菇场泡子、公主湖、野鸭湖等大小10余个湖泊。

辖区内多黑钙土，有机质含量较高，酸碱度适中，植被以禾本科为主，种类繁多，谓之“五花草滩”，肥力高，农牧林皆宜。

境内以草甸草原和丘陵草原为主，植被类型有针叶林植被、阔叶林植被、灌丛植被、草原植被、草甸植被、沼泽和水生植被。有记录野生草本植物67科244属464种，其中药用植物319种，饲用植物50余种，食用植物24种；可供观赏植物60余种。

境内具有湿地、草原、草甸、沙地疏林草原、灌丛、森林等多样性生态系统，为野生动物栖息繁衍提供适宜生态环境。初步查明，有鸟类14目32科83种，在本地繁殖的约58种。有重点保护鸟类22种。自治区较为珍稀的冷水鱼种细鳞鱼，在吐力根河分布数量较多。

境内已探明矿藏有萤石、银等。其中萤石储量0.9亿吨，有金属采选企业1家。

（一）建置沿革

1. 元宝山牧场

1957年，商业部投资兴建的克旗元宝山牧场为商业牧场。1980年，商业部投资扩建牧场后，交原昭乌达盟商业局管理。1998年7月，牧场交克旗实行属地管理，与乌兰布统乡实行“场乡合一”管理体制,场乡合属办公,一套班子,两块牌子,并保留元宝山牧场办公室。至1998年初,元宝山牧场有职工776人,其中退休职工76人。

2. 乌兰布统乡

1984年2月,经赤峰市委、市政府批准,在元宝山牧场经营区域上设立克旗乌兰布统乡,但不另设乡党委,牧场党委负责全乡党务工作。设置乡财政所、地税所、工商所、公安派出所。

1997年11月,赤峰市委、市政府在好鲁库召开现场办公会议决定,元宝山牧场整建制划归克旗属地管理,与乌兰布统乡实行场乡合一体制。

1998年3月,旗委组织部决定撤销乌兰布统乡党组,建立乌兰布统乡党委。同年7月,旗委、旗政府在元宝山召开元宝山牧场、乌兰布统乡场乡合一改革现场办公会,会议决定,场乡合一改革后的机构设置以乡为主体,保留元宝山牧场独立法人身份和账户,党群机关、行政事业单位工作人员进行考录。设乡财政所,财务管理以财政所为主。同年12月,召开中共乌兰布统乡第一次代表大会,会议选举产生第一届中共乌兰布统乡委员会。原元宝山牧场四个分场改为村民委员会。红山军马场在乌兰布统孤山子居委会辖区内,由北京军区后勤部管理红山军马场辖区范围内社会事务。

2001年末,乌兰布统乡设党政办公室、财经办公室、社会发展办公室、乡镇建设办公室、党建办公室、农牧业综合技术服务中心、文化服务中心、计划生育服务站、农经站、防保站、财政所、生态监理所等。

3. 乌兰布统旅游开发区管委会

2001年,经赤峰市机构编制委员会批准,成立乌兰布统旅游开发管理委员会办事处(筹备处,以下简称乌兰布统办事处),为旗政府派出机构,主要负责协调管理辖区旅游资源开发与利用、生态资源保护、规范旅游经营行为、依法管理辖区内的旅游景点等。2003年初,确定北京军区红山军马场、原红山子乡将军泡子和福盛号村小红山子村民组及周边地区,划为乌兰布统旅游开发管理委员会管辖,设小红山子居委会、孤山居委会(红山军马场)。

2005年12月,克旗苏木乡镇机构改革,撤销乌兰布统乡,在乌兰布统旅游开发管理委员会和乌兰布统乡辖区设立乌兰布统旅游开发区,同时设立管理委员会办事处(筹备处)。乌兰布统管委会办事处内部设置党政综合办公室、经济发展办公室、社会事务办公室、农牧业综合服务中心、文化广播电视服务中心、人口和计划生育服务中心、社会保障所,附设工作机构有畜牧兽医站、林业工作站等。乌兰布统乡所辖4个行政村改为6个居民委员会,下辖27个居民组。

2008年,乌兰布统管委会办事处辖区与之并存有元宝山牧场、红山军马场2家企业。

(二)基础设施

1. 饮用水

1997 年前,元宝山牧场总场、各分场都打有大口井,供人畜饮水。1998 年,元宝山牧场在黄芩塔拉村打出机电井,安装自来水。1999 年,元宝山牧场在元宝山村、葫芦诺日村打出机电井,居民开始用自来水。2005 年,乌兰布统办事处新打出 14 眼机电井,增加灌溉面积,提高农作物、牧草产量。2006 年,小红山子居委会开始使用自来水。

2. 公路交通

1998 年,乌兰布统修通乌蔡线砂石路。

2003 年,乌兰布统至北大地 17.4 公里沥青路面铺筑完成并通车。

2004 年,开工建设 114 公里县级公路——经乌线,2007 年,铺筑完成沥青路面并通车。

2006 年,开工建设 34 公里长乌兰布统至多伦县二级砂石路,当年通车。

3. 电话、电视

1998 年以前,元宝山牧场地区是内部电话,使用磁石交换机系统,总场设有电话室,各分场设话务室,同外部联系靠大功率微波天线传输,基本能够保障正常通讯联络。1991 年,元宝山牧场总场电话室负责办理邮政、报刊征订、投送业务。1998 年,乌兰布统乡开通广播电视。1999 年,乌兰布统乡在乡政府所在地(元宝山村)建成卫星电话接收系统。2000 年后,乌兰布统乡开始普及家庭小型微型电视接收机。2003 年,在乌兰布统旅游开发区办事处所在地,建成卫星电话接收系统,并安装 2 部卫星电话。2004 年,中国移动、中国联通开始在乌兰布统地区开通经营业务,手机通信普及。2008 年末,乌兰布统办事处辖区可收看 20 个有线电视频道。移动电话通讯覆盖全部居民区。

(三)农牧业

1. 畜牧业

1991—2002 年,乌兰布统地区基本为自然养牧,主要牲畜为羊、牛、马。以家庭为饲养单位。

2003 年,乌兰布统乡推行草畜平衡制度,划定每年 3 月 1 日至 6 月 1 日为阶段性禁牧期。

2005 年,乌兰布统办事处主抓绵羊养殖,通过采取"抓大户、带小户,抓改良、提质量,抓草业、降成本,抓防疫、降风险,抓销售、增效益"等措施,牲畜存栏数量提高到绵羊 18.3 万只,牛 9800 头,马 500 匹,人均饲养量 30 个绵羊单位。围封沙化、半沙化草牧场 1667 公顷,退牧育草 6.7 万公顷;实施植被退化草牧场免耕 1733 公顷。

2006 年,乌兰布统办事处制订《乌兰布统旅游开发区生态环境建设与保护规划》《乌兰布统旅游开发区生态保护与建设管理办法》,乌兰布统乡 4 个村人均饲养量调整为20个绵羊单位,小红山子居委会调整为人均饲养10个绵羊单位。引进肉用种公羊17只,新建绵羊改良站1处,改建黄牛冷配站点1处,牲畜改良率86%。

2008年,乌兰布统办事处实施“减马、优羊、发展良种肉牛”指导计划,开始由畜牧业为主向发展旅游业为主转变,以养羊为主向养牛为主转变。6月末,大小牲畜存栏20.9万头(只)。

2. **种植业**

乌兰布统办事处辖区内土地性质有2种,小红山居委会土地性质为集体所有,元宝山居委会、浩斯敖包居委会、黄芩塔拉居委会、葫芦诺日居委会土地性质为国有。

1991年,元宝山牧场有黄芩塔拉、小河头2个机耕作业队,全部饲料地实行机械化耕作,饲草料机械化加工。1991—1997年,元宝山牧场年种植作物面积350公顷,以小麦、油菜为主。

1999年,乌兰布统乡依据克旗人民政府批准的《乌兰布统乡草牧场“双权一制”实施方案》,落实草牧场使用权属,以辖区常住人口(元宝山牧场离退休职工除外)为基数,按人均4公顷标准,划分打草场,按人均0.2公顷标准,划分饲料地,有偿承包使用。

2003年,小红山子居委会人均基本农田1公顷,种植作物以小麦、莜麦为主,部分农牧户对外承包土地种植马铃薯等经济作物。

2004年,元宝山牧场按照国家农牧业税费改革要求,取消草牧场和饲料地承包费。

2005年,以马铃薯为主的经济作物,以英红玉米、紫花苜蓿为主的优质牧草种植面积逐步扩大。建成马铃薯生产全程机械化作业示范区,马铃薯种植面积200公顷。

2006年,乌兰布统办事处围绕养殖搞种植,实施“减粮扩草,以草为本”工程,对乌兰布统地区饲料地进行统一调整,把沙化比较严重和不适宜耕种的870公顷饲料地全部闭耕。

2007年,乌兰布统办事处制定《元宝山牧场饲料地管理办法》,强化对4个村饲料地种植管理。

(四)旅游业

1994年,元宝山牧场地区出现旅游活动。

1995年夏,克旗文化局在乌兰布统古战场中心区(将军泡子)开设观光旅游点,为旅游观光者提供食宿服务和导游服务。

1996年后,元宝山牧场地区陆续有集体单位和个体经营者在夏季设置临时住房,为旅游观光者提供食宿服务。附近农牧民为游客提供马匹,供骑乘。

2000年,乌兰布统地区旅游业迅速发展,旅游食宿服务单位迅速增加,从事旅游业人员增多。旅游业初现繁荣。

2004年,由乌兰布统旅游开发管理委员会、红山军马场出资注册成立乌兰布统同鑫旅游有限责任公司,设立乌兰布统古战场(将军泡子)、影视外景地、公主湖、盘龙峡谷、十二座连营遗址、佟国纲墓、五彩山、滦河源头等景区。

2006 年，乌兰布统同鑫旅游有限责任公司与成都规划设计院牧科数码有限责任公司共同组建内蒙古乌兰木通旅游投资有限公司，打造将军泡子主题公园，建设独体别墅和家庭牧场样板房，引进滑翔机、尤伯球等旅游项目。同年，全辖区旅游宾馆、饭店 70 家，床位 5500 张；旅游马匹 1200 匹；旅游从业人员近 1800 人，户均 1 名旅游服务人员。年游客近 33 万人次，旅游收入 9240 万元。

2008 年，乌兰布统辖区旅游开发继续发展，“农家乐”、家庭宾馆迅速增加，滑雪场、将军泡子主题公园、跑马场等建成。辖区大中小型宾馆、饭店 80 家，“农家乐”、家庭宾馆 30 家；床位 6000 张，旅游从业人员 4000 余人。旅游体验项目有乘马、坐马车、坐驼车、坐羊车、自驾沙地车、乘沙地摩托、射箭、漂流等，观光项目有影视协拍、景点观光、休闲度假等。入境游客 35 万人次。

（五）社会文化事业

1. 教育

1958 年 8 月，元宝山牧场建场后兴办有职工子弟学校，下设 4 个分校。

1973 年，元宝山牧场中学发展成完全中小学体系，有高中、初中、小学，各分场均设有小学分校，适龄儿童能全部就近入读小学。

1984 年，元宝山牧场中学高中部撤销。

1991 年，元宝山牧场中学初中有 6 个教学班，在校生 118 人，教师 26 人。

1996 年，元宝山牧场中学初中有 3 个教学班，在校生 79 人，教师 11 人。

1998 年，元宝山牧场和乌兰布统乡“场乡合一”后，元宝山牧场中学更名为乌兰布统总校，撤销 4 个分校，总校有 8 个教学班，在校生 120 人。

2002 年，元宝山牧场中学初中部撤并到广兴源中学，元宝山牧场总校更名为乌兰布统乡中心完全小学，开始纳入克旗教育系统归口管理。

2006 年，乌兰布统乡建成“摩托罗拉希望小学”和“力帆光彩希望小学”。

2007 年，旗政府投入专项资金购置教学设备、实验仪器、文体器材和图书，配备课桌椅 60 套，远程教育地面接收系统一套。同年，乌兰布统乡教育通过自治区“两基”达标验收。

2. 医疗

1999 年，场乡合一后，建立乌兰布统乡卫生院，卫生院实行经费差额补贴。

2006 年，乌兰布统办事处推行农村牧区新型合作医疗，当年农牧民“参合”率 90%。

同年 6 月，经旗政府批准，乌兰布统卫生院、北京军区红山军马场职工医院合并为乌兰布统卫生院。由乌兰布统旅游开发区管理委员会、北京军区红山军马场、克旗卫生局三家筹资在孤山居委会选址重建。

2007 年，乌兰布统卫生院建成投入使用。卫生院占地 1799 平方米，总建筑面积

1120 平方米,医务人员 15 人,病床 15 张,配有 200 毫安高频数控专用 X 线摄影机、彩色超声诊断仪、呼吸机、心电图机等医疗器械。为克旗 120 急救中心网络系统成员单位。承担乌兰布统办事处辖区及周边地区农村公共卫生服务工作。

三、热水旅游开发区

热水旅游开发区位于内蒙古大兴安岭南麓黄岗梁脚下,距经棚镇 28 公里,总面积 6 平方公里,建成区面积 3 平方公里,其中特级保护区面积 1 平方公里,一级保护区 5 平方公里。开发区下设 1 个社区居委会,3 个居民组,居民 482 户,常住人口 2500 人。

热水旅游开发区依托温泉资源,是内蒙古自治区独特的集疗养、旅游、度假、娱乐于一体的草原旅游集散地。温泉水中含有化学元素氟、镭,特殊气体氡、硫化氢,稀有元素镓、钼、钨、锂、锶等。嗅之微熏硫黄味道,洗浴皮肤有润滑感。

热水旅游开发区疗养和旅游服务业功能齐全服务优质,基础设施完善。至 2008 年末,已建成高中档宾馆 29 家,其中星级宾馆 5 家,日接待能力 6000 余人。

(一)温泉简介

热水塘温泉的开发利用已有 1000 余年历史。传说辽太祖耶律阿保机到塞罕坝拜日,路经此地逗留洗浴;辽太宗耶律德光曾专程到温泉洗浴。元代鲁王赞温泉为“神泉”“圣水”。清圣祖玄烨曾到此沐浴,并赞誉“此为圣水,宝似金汤”,至今还留有“康熙沐井”遗址。民国 19 年(1930 年),活佛九世班禅曲吉尼玛到经棚庆宁寺讲经时,曾到热水温泉洗浴。2001 年,撤乡并镇,将原热水镇所在地设克旗热水旅游开发区。

(二)温泉建设

基础设施 至 2008 年末,热水开发区硬化路面 6.8 万平方米,绿化面积 4.7 万平方米,修建排污管道 2200 米,给水管道 28000 米,安装路灯 236 盏,修建有冷水供应水源、铺设管道 3700 米,修建有 2800 平方米休闲娱乐广场。

热水旅游开发区开通有广播节目、有线电视、程控电话、移动通信。有线电视、通信机站覆盖率 100%。

温泉水开发利用 2008 年末,热水旅游开发区开采井 6 眼,井深 50 ~ 412 米,水温 48 ~ 83℃。

(三)温泉文化

结合温泉疗养和地域特点,开发出温泉旅游文化项目。

在利用天然温泉水疗养同时,开发区开展摄影、美术创作、诗词歌赋、书法、小说、故事、电影、电视剧创作比赛、度假笔会、文艺研讨活动。

在集通铁路经棚至热水路段保留蒸汽机车,供摄影爱好者摄影、休闲观光。2005 年后,每年冬季举办“蒸汽机车摄影节”,成为中外摄影爱好者创作基地。

2008 年末克旗嘎查、村委会、居委会基本情况表

表 1－2－3

苏木乡镇名称	嘎查、村委会、居委会名称
经棚镇（24）	河东村（5）、联丰村（9）、呼必图村（11）、河南店村（6）、庆华村（9）、庆国村（11）、永胜村（19）、白土井子村（18）、红星村（10）、光明村（9）、昌兴村（17）、常善村（11）、合意村（15）。经锡路居委会（5）、东小井居委会（6）、园林路居委会（11）、经棚路居委会（10）、解放路居委会（8）、北街居委会（8）、新村居委会（8）、布敦山居委会（6）、浩来呼热居委会（13）、碌碡湾居委会（6）、伊和诺日居委会（7）
芝瑞镇（17）	富盛永村（15）、广兴源村（9）、大兴永村（10）、永丰村（15）、联合村（17）、萨仁沟村（9）、先锋村（12）、马架子村（14）、上柜村（13）、兴华村（14）、永兴村（10）、合胜村（17）、华兴村（13）、大院村（20）、长胜村（20）、上头地村（16）、下头地村（14）
万合永镇（12）	柳林村（19）、兴盛义村（16）、广义村（10）、大河村（6）、万德成村（8）、二地村（18）、浩来村（9）、关东车村（10）、新井村（10）、永明村（13）、河沿村（15）、中心村（15）
土城子镇（15）	天宝同村（6）、十里铺村（5）、太平村（5）、土城子村（6）、五分地村（7）、铁营子村（6）、瓦房村（15）、五台山村（9）、哈巴其拉村（11）、水泉村（14）、前进村（10）、五星村（16）、乌兰哈吉盖村（12）、天义号村（12）、石门沟村（12）
宇宙地镇（9）	永隆村（11）、东升村（12）、刘营子村（18）、大营子村（10）、很黑村（10）、三地村（14）、新地村（11）、宇宙地居委会（4）、热水塘居委会（2）
同兴镇（7）	义成永村（10）、努其宫村（10）、同兴村（20）、四义号村（14）、天合园村（12）、安乐村（11）、河南营子村（12）
达来诺日镇（9）	官地嘎查（3）、罕达罕嘎查（11）、岗更嘎查（9）、托力嘎查（7）、哈日浩舒嘎查（3）、巴彦珠日和嘎查（9）、哈登恩格日嘎查（5）、达来诺日居委会（3）、达来诺日保护区居委会（3）
巴彦查干苏木（13）	都希叶图嘎查（4）、巴彦布拉格嘎查（4）、巴彦查干嘎查（5）、必留太嘎查（2）、恩格日布拉格嘎查（4）、乌布拉格嘎查（5）、吉力嘎查（3）、哈登布拉格嘎查（4）、查干敖包嘎查（4）、朱日和嘎查（4）、巴彦乌拉嘎查（5）、乌套海嘎查（6）、呼和锡勒嘎查（2）

续表 1-2-3

苏木乡镇名称	嘎查、村委会、居委会名称
达日罕乌拉苏木(10)	达根诺日嘎查(2)、巴彦锡勒嘎查(5)、那日斯嘎查(18)、多若诺日嘎查(2)、巴彦都呼木嘎查(13)、达来嘎查(9)、贵恩格日嘎查(4)、塔班呼如嘎查(1)、巴彦浩舒嘎查(2)、乌拉苏太嘎查(5)
新开地乡(7)	广华村(12)、新开地村(16)、高地村(9)、红石砬村(9)、双山子村(8)、苇塘河村(5)、新道梁村(14)
红山子乡(11)	福盛号村(8)、小浩来图村(8)、大浩来图村(7)、永合村(11)、双合旺村(6)、天太永村(12)。葫芦诺日居委会(4)、元宝山居委会(6)、黄芩塔拉居委会(6)、浩斯敖包居委会(5)、小红山子居委会(3)

注:表内苏木乡镇下括注数字为嘎查村居委会数,嘎查村居委会后括注数字为独贵龙村(居)民小组数

第二篇

自然环境

第一章　地质　地貌

第一节　地　质

一、地层

依据1991年编制的内蒙古区域地层表，克旗南属准噶尔—兴安地层区，西拉沐沦断裂以北属赛罕塔拉—乌兰浩特地层分区，西部属镶白旗—赤峰地层分区。

克旗全境出露地层，主要为中生界侏罗系和新近系火山岩系，次为古生界的二叠系、石炭系、志留系。未见太古界、元古界和古生界中寒武系典型地层，也未发现中生界的三叠系、白垩系地层。

自老至新主要发育地层有：

奥陶—志留系(O—S)，零星出露于西拉沐沦河东部沿岸和巴彦查干及巴彦白星沟门一带。岩层多呈东西走向，倾角为60°~80°。主要岩性为绢云母石英片岩、白云母石英片岩及夹薄层板岩。下部是角闪斜长片麻岩、绿泥片岩夹大理岩。地层厚度约1000~1450米。

石炭系(C)，主要出露在宇宙地镇和热水塘开发区，巴彦查干苏木和芝瑞镇、土城子镇等部分地区。多南东或北西走向，倾角为30°~70°。主要岩性粉砂质板岩夹安山岩、粉砂岩、变质砂岩、页岩，为海陆交替沉积层。厚度540~5150米。

二叠系(P)(主要为二叠系下统)，青凤山组：出露于原三义乡西槽子至经棚镇，红山子乡至芝瑞镇西北部，为砂砾岩、砂岩、砾岩、板岩夹灰岩和泥灰岩等，厚330~1470米。黄岗梁组，出露于经棚镇、芝瑞镇、万合永镇、土城子镇、原书声乡等地，以及黄岗梁白砬子至同兴镇同兴号以东地区。多为北东向伸延，倾角为30°~60°，主要为砂岩、砾岩、砂砾岩、页岩、灰岩，也有中基性火山岩、凝灰砂岩、板岩及砂岩、灰岩、角砾状灰岩等岩相类型。顶部多有大理岩夹层，厚1110~2590米。大石寨组，基性、中性、酸性火山岩夹砂岩、板岩大理岩。

二叠系上统有：铁营子组，出露于红山子乡、万合永镇、土城子镇等部分地表。由东北向西南向延伸，倾角为20°~40°，多为砾岩、砂岩、板岩夹及酸性凝灰岩，厚度1450~1770米。染坊地组，出露于红山子乡、万合永镇、土城子镇等部分地区。北东向伸延，倾角为20°~40°，多为酸性凝灰岩、安山岩、流纹岩、板岩角砾岩等。林西组，主要为砂质板岩、砂岩、页岩及泥质凝灰岩。

侏罗系(J)：包括下中上三统。侏罗系下统，仅分布于新开地乡偏坡营子一带。出露面积不大，为粉砂质板岩或粉砂质板岩夹砂砾岩，厚度190米。侏罗系中统，主要出露于同兴镇黄岗河、白音皋、小井一带及北大山、平房、黄岗梁山西,北东向延伸。多为砂岩、砾岩,有泥岩夹薄层劣质煤透镜体,厚度大于1390米。侏罗系上统,兴安岭下组,出露于同兴镇、万合永镇等部分地区,北东向延伸。多为安山岩、英安岩、辉石流纹岩、砂砾岩、夹中性凝灰岩。厚度390~560米。兴安岭上组:出露于兴安岭的横立山、小西天、二龙山一带及新开地乡、土城子镇、万合永镇部分地区。北东向延伸。多为凝灰岩夹页片状、泥灰岩、钙质页岩、石英岩、流纹岩、凝灰熔岩或砂岩。厚度840~1200米。满克头鄂博组,主要岩石组合多为酸性火山岩、凝灰岩、板岩及砂砾岩等。玛尼吐组,主要岩石组合为中性火山岩、凝灰质碎屑岩等。巴彦高勒组,主要为酸性火山岩、中性火山岩、火山碎屑岩、砂砾岩等。

白垩系(K),主要分布在浩来呼热办事处、巴彦敖包一带,属黑依哈达组,主要岩石组合为酸性凝灰岩、砂岩、流纹岩、凝灰角砾岩等。

新近系(N),上新统主要出露于巴彦查干苏木、芝瑞镇、原书声乡及达里湖北岸的砧子山等地。中新统老梁底组和上新统赤峰玄武岩。老梁底组主要岩石组合为砂岩、砾岩、页岩,赤峰玄武岩多为橄榄玄武岩,间夹砂岩、凝灰砂岩、页岩及泥煤,厚度100~440米。

第四系(Q),广泛分布在达来诺日镇至浩来呼热办事处一线山川沟谷,有中更新统红土、上更新统黄土、橄榄玄武岩和湖积物硅藻土、湖沼物沉积物、风积沙及冲洪积砂砾卵石等,厚度10~40米。

二、岩石

克旗境内主要有三类岩石,即沉积岩、变质岩、岩浆岩,其中岩浆岩占总基岩面积85%,主要为火山喷出岩和侵入岩。

(一)火山喷出岩

火山喷出岩有酸性、中性、基性和超基性四类。

酸性熔岩以石英斑岩、英安岩、流纹岩为主,分布于经棚镇、红山子乡。中性熔岩以安山岩、安山珍岩为主,分布于经棚镇、土城子镇、同兴镇。基性、超基性熔岩以玄武岩、橄榄玄武岩为主,分布于芝瑞镇、万合永镇区。

也有零散火山碎屑岩分布。

(二)侵入岩

克旗境内侵入岩以酸性岩类为主。主要为华力西晚期、燕山早期、燕山晚期侵入体。岩石出露较广,多见于红山子乡、土城子镇、宇宙地镇、芝瑞镇、万合永镇。

华力西晚期侵入体 有超基性岩体,见于柯单山一带,岩石为纯橄榄岩、辉橄岩、含辉石岩析离体辉长岩。纯橄榄岩中富存有铬铁矿,有花岗闪长岩、闪长岩体,分布于巴彦查干、原广兴源乡等地,呈近东向不规则状岩株产出。

燕山早期侵入体 第一阶段侵入体见于河盛源一带，为正长岩岩体，呈近南北向岩株产出。第二阶段侵入体，分布在巴彦查干苏木、黄岗矿区、新庙、热水塘一线和河盛源等地。为晚侏罗世构造岩浆旋回产物，呈北东向带状，岩体呈岩株或岩基产出，岩性以钾长花岗岩为主，也有二长花岗岩、黑云母花岗岩、斜长花岗岩等类型。侵入体内有稀土、铁、砷、锡、钨、铅、锌等多种金属矿藏。

燕山晚期侵入体 第一阶段侵入体见于黄岗梁林场南、经棚镇东及万合永镇柳林地区，呈北东向带状岩基产出，岩石有钾长花岗岩、斜长花岗岩、花岗斑岩等。侵入体与其内工艺水晶矿床成矿期关系密切。第二阶段侵入体见于沙胡同以东、南部旗界边缘地区，呈岩株或岩基产出，岩石有钾长花岗岩、花岗斑岩、花岗闪长岩等类型。

三、构造

据初步研究，克旗域属中期古板块与西伯利亚古板块间的乌拉尔—蒙古—鄂霍茨克显生宙地槽区，在中新生代，处欧亚板块东缘，受太平洋板块作用、火山和深成岩浆活动影响，演化为滨太平洋大陆边缘构造带。

克旗地质构造体形成明显有前中生代构造、中生代构造、新生代构造的时空特征。

(一)前中生代构造

以经棚—新井一线划分，南部为西拉沐沦加里东地槽褶皱带，北部为阿巴嘎早华力西地槽褶皱带，以及迭加在上述两个地槽褶皱带之上的蒙东南中晚华力西地槽褶皱系。

蒙东南中晚华力西地槽褶皱系在旗域内次级构造特征有：黄岗梁—甘珠尔庙复背斜。沿达来诺日—黄岗铁矿—同兴号一线展布，走向50°～60°，向南端倾伏。轴部为下二叠统青凤山组，翼部为下二叠统黄岗梁组及后期迭加的上二叠统林西组。次级褶皱和断裂发育，并有晚华力西期和燕山期花岗岩类侵入。经棚—林东复向斜，沿经棚—宇宙地一线分布，轴向55°，轴部为上二叠统林西组，翼部为下二叠统黄岗梁组。河盛源—五分地复背斜，沿河盛源—柳林一线分布，轴向60°，轴部为下二叠统黄岗梁组，翼部为上二叠统铁营子组，沿轴部有燕山期花岗岩侵入。

(二)中生代构造

克旗中生代基本构造特征体现在岩浆活动上，早中侏罗世时，构造挤压产生新断裂，形成断陷盆地；晚侏罗世时，构造挤压的断裂活动形成火山喷发、岩浆侵入；断块运动和其形成的火山喷发带、火山喷发盆地、火山基底隆起带、岩浆侵入带呈现这一时期构造特征。

至2008年年末，初步调查主要断裂带及断隆带、断陷带有：

西拉沐沦深断裂 沿西拉沐沦河东西向延伸，属加里东期板块俯冲带，断裂南倾，倾角55°～65°。

北东向断裂 巴彦查干断裂带、黄岗梁—甘珠尔庙断裂带、经棚—热水断裂带、广兴源—柳林断裂带,均呈北东向展布,多属火山喷发带和火山喷发盆地控制断裂。

北西向断裂 巴彦查干至沙胡同断裂,走向北西。

东西向断裂 分布在巴彦查干北、台来花钼铌矿床西、河盛源西。

断隆、断陷 克旗境内自北西向南东存在有3个断隆带和4个断陷带:巴彦查干断隆带,黄岗梁—甘珠尔庙断隆带,河盛源—五分地断隆带;乌套海断陷带,五大队断陷带,龙口—浩来呼热断陷带,芝瑞—书声断陷带。

断裂带、火山喷发带、火山基底隆起带和断陷带、断隆带,多呈北东向展布,斜列式相间产出,成为地区中生代构造基本特征。

(三)新生代构造

以升降运动为主,并受断裂构造控制的火山喷发新生代构造运动,形成新生代断陷盆地,已调查的断陷盆地有达来诺日—浩来呼热盆地和丹峰盆地。

达来诺日—浩来呼热盆地除堆积有上更新统溢流相玄武岩外,还有多处近代湖泊,沉积物有白垩土和硅藻土。

丹峰盆地堆积有上新统溢流相玄武岩夹陆相碎屑岩和煤层。区域内存储褐煤和硅藻土。

第二节　地　貌

一、特征

克旗境域北部是大兴安岭山脉南端,东部是燕山山脉边缘,南部是七老图山脉,三个山脉联接起克旗东南部,北东南三面山峦迭嶂,丘陵起伏,沟壑纵横,河流交织;西部是内蒙古高原东缘,浑善达克、科尔沁两大沙地也在克旗交汇,草原平坦如砥,土肥水沃;西南端兼有高原沙丘、峡谷,东南端兼有漫甸台地,境域内地貌山、陵、平、谷俱全。地势相对西北高,东南低,东部多山区坡地,南部多漫甸台地。平均海拔高度1100米左右,最低处680.9米,最高处2067米,主要呈高原山地、熔岩台地、草原地貌。

习惯上以北大山—黄岗梁—敖包山—二龙山为界,境域分为东部、西部两个地形单元,东部山区山峰众多而层峦叠嶂,西部草原广漠辽阔,伴有起伏不平沙丘。山区南北高中间低,草原由东南向西北倾斜,两大地形相对高差200~1400米,全境最高点为境域南端大光顶子山,最低点为土城子镇哈巴其拉附近清水口,及旗境东部边缘西拉沐沦河处,全境海拔高度多在1200~1700米。

全旗总面积中,山地约占39%;高原约占23%;平原约占9%;丘陵约占21%;台地约占8%余。

二、地貌区

克旗境域根据地形特点划分为大兴安岭地貌区、七老图山地貌区、高原地貌区、熔岩台地地貌区、高平原沙丘地貌区、中山山地地貌区。

大兴安岭山系地貌区　为境内西拉沐沦河以北，内蒙古高原以东部分，幅员约80×150公里。属新华夏时期，由断块隆起和阶梯式断裂发育而成。其特点是山体高而窄。黄岗梁（大兴安岭最高峰）是此区域主峰，山峰切割深度500～600米，东西两侧明显不对称。东坡山势陡峻，峰峦重叠，沟谷纵横；西坡平缓，山顶浑圆，山峰散立，海拔在1000～2000米间，属中山山地。山体外缘由低山、丘陵、山间盆地及山间冲积河谷、平原组成。峰岭岩石由花岗岩类及安山岩、流纹岩、大理岩、凝灰岩组成。阳坡地段有森林。山间谷地为木希嘎川、必如川、嘎拉德斯汰川、格类川、哈拉嘎川等，基本属中山山地地貌，川谷有溪水，土壤肥沃，为农作物生产区。行政区域包括经棚镇、宇宙地镇、同兴镇。

七老图山系地貌区　为燕山北麓余脉北向延伸部分，包括境域西拉沐沦河以南，高原东端，幅员55×100公里。主要由太古代变质岩系及不同时期的花岗岩、沙岩、沙砾岩、凝灰岩、流纹岩、片麻岩、砂页岩和玄武岩组成。多为剥蚀块状中山、低山、丘陵、山涧谷地。地势由西南向东北倾斜。山体海拔高度1100～1900米，属中山山地。此区域分布有白岔川、乌也日川、大陶高川、辉图浑地川、敦德浑地川、乌尔山浑地川、默勒黑图川、塔日其沟川、大浩来图川等大川，川谷多有溪流。山前谷地土质较肥沃，为农作物产地。行政区域包括红山子乡、乌兰布统开发区等。

高原地貌区　为旗境西北部区域，是内蒙古高原东部边缘。幅员约60×160公里，海拔高度1200～1500米，属新华夏内陆沉降带和锡林郭勒凹陷带。主要由湖盆地、冲击河谷平地、熔岩台地、沙地边缘山地组成，土壤多为中生代和新近系砂岩、砂砾岩、泥岩上覆湖相沉积物、第四纪沉积物。地势西北高，东南低。区域内开阔平坦，结构单一，切割轻微，为缓穹岗阜或宽广浅盆地。平地相间有不同时期的夷平面，形成和缓起伏丘波状平原（蒙古语称“塔拉”）。面积大的如贡格尔塔拉、查干罕塔拉、乌兰胡渤塔拉、硕楞格塔拉等。塔拉内水丰草茂，为克旗基本牧场。行政区域包括浩来呼热办事处、达日罕乌拉苏木、达来诺日镇、巴彦查干苏木等。

熔岩台地地貌区　为旗境东南部，以塞罕坝为核心区，包括辉图浑地、敦德浑地、乌尔山浑地等熔岩台地区（俗称漫甸）。面积约1560平方公里，海拔高度1000～2000米，山峰切割深度200～600米，地势由西向东逐渐下降。属岱海盆地火山熔岩带，为新近系后期火山喷发和熔岩溢流而形成。台地基岩多为玄武岩、花岗岩、片麻岩、砂岩等。上面多有玄武岩流与砂质黄土和黑土覆盖，形状多呈圆丘，边缘切割明显，有百米陡崖与河谷相接景观，台地表面起伏平缓，分布有低缓山丘，形成台面、边坡、谷底地貌组合。自然植被较好，多用作夏季牧场。行政区域包括芝瑞镇、新开地乡、土城子镇、万合永镇等。

高平原沙丘地貌区　为旗境西南部，浑善达克沙地东缘。构造上属锡林郭勒凹陷带,地势西北高、东南低,以波状起伏高平原为主,由湖盆地、冲积河谷平地、熔岩台地、沙地及边缘山地等类型组成,面积在5000平方公里以上,海拔高度1200~1500米。区域多固定或半固定沙丘。沙丘多呈垄状或链状,高度10~30米,丘间多平甸,南部沙地内有短小内流河、小湖泊和沼泽地,为优良打草场和放牧场。行政区域涵盖乌兰布统开发区、浩来呼热办事处、达日罕乌拉苏木及达来诺日镇、经棚镇等。

中山山地地貌区 为克旗中部区,包括西拉沐沦河以北大兴安岭南段山地和南部燕山北麓七老图山地。总面积约6638平方公里,占全旗总面积的32.7%。地势由西向东逐渐下降,切割深度300~600米,海拔1200~1700米。山体外缘多山间谷地、低山。大兴安岭南段山地地质构造属新华夏构造带,山体岩石以陆海相沉积岩为主,主要类型有花岗岩、甲长花岗岩、沙岩、沙砾岩、凝灰岩、流纹岩、安山岩、凝灰角砾岩。七老图山山体岩石以花岗岩和玄武岩为主,土壤多为残积坡积物和黄土状堆积物,山体背风面覆盖风积沙。行政区域包括同兴镇、宇宙地镇、经棚镇、万合永镇和达来诺日镇、巴彦查干苏木部分区域。

三、冰川遗迹

克旗在全面保护生态环境同时,对自然地理遗迹进行调查,先后确认阿斯哈图石峰林、青山冰臼群、平顶山冰斗群等重要冰川遗迹,并成功申报世界地质公园,为遗迹保护利用建立起制度性保障。

花岗岩石峰林 主体分布于大兴安岭黄岗峰北约40公里处,亦称北大山岩体。石峰林所处海拔1700米左右,石林沿山脊呈北东向展布,分布面积约5平方公里。第四纪冰河期间,经过节理裂隙、构造抬升、冰川和寒冻等物理及风化、水蚀等化学外力反复作用,发育形成刃脊和角峰,相对高度5~20米。底部相连,多呈方形或条形,水平节理。从外形上近观,石峰林如塔、如柱、如墙、如笋、如人、如兽、如鸟,如人工刻意雕琢,展示出大自然的鬼斧神工。有“内蒙古石林”之称。

花岗岩岩臼 位于经棚镇东约30公里处大青山上。大青山海拔1570米,峰峦叠嶂,多为悬崖峭壁,地质构造奇特复杂,山体土石分明;连绵起伏近20公里,总面积9200公顷。山顶偏南面为平缓起伏花岗岩岩面,散布有千余个岩臼,形成岩臼群。岩臼有圆形、椭圆形、匙形和不规则半圆形,形状如臼缸、杯桶、盆盘、锅碗,多口小肚大,底部平坦。少数岩臼之间底部相通,中间有穿洞,形成连体岩臼。大者直径长过10米,宽5米,深3.5米,小者仅有几厘米,如纽扣大小。岩臼内壁陡而光滑,有螺旋状凸起条纹。

1997年后,有多位专家学者考察认为:岩臼为第四纪冰川运动而形成。是冰层覆盖下水的涡流携带着石块在石体上旋转磨挖而形成。

平顶山冰斗群 2003年8月,中国科技信息网向世人公布内蒙古克旗平顶山发现第四纪冰斗群消息。新华社转发了这条新闻。

冰斗位于克旗东南部，距经棚镇50公里万合永镇境内，海拔709～1960米，地势东北低，西南高。数以百计的冰斗分布于群山之间，形成大量刃脊和角峰。经专家考证，平顶山冰斗群是2008年前中国发现的数量最多，发育最好，期次最全，保存最完整的大型冰斗群。

经棚冰斗　位于经棚镇南山山腰处，海拔高度1100米，形如漏斗，斗口朝北，径深80米×60米，东西南三面壁陡谷窄，为二迭系安山岩。

帐房沟冰斗　位于帐房沟北1.5公里处，海拔高度1500米，斗若椅型，斗口南向，直径150米，深100米，东北西三面陡峭壁立，为燕山期中粗粒花岗岩。

花岗岩角峰和刃脊　平顶山冰斗群由于冰川流动，在形成"岩石漏斗"同时，形成大量的岩石角峰、刃脊。这些角峰突兀尖利、凌空跃动，刃脊蜿蜒连绵、千姿百态，成为独特地质奇观。

大青山角峰、刃脊　在大青山北面，伴随冰削、冰蚀和水渍，在东西U型谷两侧形成众多角峰和刃脊。角峰和刃脊上有大量"冰川飘砾"，块石如禽如兽，从天飞来，如椅如桌，似垒若造，堪称奇观。

摩天岭角峰和刃脊　分布于摩天岭—韭菜山一带。角峰直立如塔，刃脊形如鳍。

冰槽、冰坎、冰盆　在冰川作用下，大青山、平顶山、黄岗梁等石林、岩臼、冰斗区域和角峰、刃脊下还有众多冰槽、冰坎。在经棚镇大浩来、下店村等村庄山角，在西拉沐沦河上游及其支流碧柳河、萨岭河谷沿岸，有冰坎（俗称石门）、冰盆（俗称石坑或洼）被发现。

四、山峰隘口

克旗大型山峰基本属于黄岗梁山系和七老图山系。主要隘口分布在旗境南北两边。

（一）山峰

1. 黄岗梁山系诸峰

黄岗梁　又名兴安山、苏克斜鲁山，由巴彦查干苏木东部入境，呈北北东向，斜贯于旗境东及东北部，连绵170余公里。第四纪冰川遗迹明显。有支脉东西延伸，山势高峻，奇峰林立，岭脊狭窄，巍峨险峻。主峰海拔高度2029米，南向距经棚镇30公里。山川多溪流，为木希嘎河、碧柳河、贡格尔河、锡林河、吉林河等多条河流发源地。山中多矿藏，黄岗铁锡多金属矿位于此。山上植物种类丰富，包括人参、川芎、黄芪等名贵药材，药用植物在200种以上，有"百药之山"称誉；松、桦遍布，原始次生林完整，栖息着豹、鹿、青羊、盘羊、貂、鸷鹰、雨燕、啄木鸟等多种兽禽。为"克什克腾世界地质公园黄岗梁第四纪冰川遗迹园区"。

北大山　位于同兴镇。山脉呈北北东向，绵亘于旗境东北部。主峰海拔1879米，长11公里,宽4公里。夏初,山顶常存积雪。山南麓发现有辽代墓葬,有石人、石虎、石羊、石桌等人工遗迹;东北坡陡峭,西坡平缓,山坡松桦密布;山北有多处花岗岩石林,突兀耸立,形态卓异。为"克什克腾世界地质公园阿斯哈图花岗岩石林园区"。

红格尔敖包 位于巴彦查干苏木,海拔1219米。南向距经棚镇110公里,东与锡林郭勒盟西乌珠穆沁旗交界。有巴嘎吉仁高勒河发源于此。

木叶山 蒙古名济吉恩都尔山,位于同兴镇,主峰海拔1831米,西南—东北走向,山上多山杨、白桦及灌木,次生林生长茂密。

撒尔巴山 俗名平顶子山,位于同兴镇,东西走向,主峰海拔1945米,山顶方平,故名。山坡松桦茂密。

阿拉烧哈山 俗名四义号后山,位于同兴镇,主峰海拔1999.2米,山势呈东西走向。

圆蛋子山 位于黄岗梁林场,山势呈东西走向。主峰海拔1940米,北坡有茂密次生林;山顶设防火瞭望台,可鸟瞰黄岗梁西北部。

三岔山 位于同兴镇,主峰海拔1858米,呈西北—东南走向,山势陡峻,山坡密生次生林。因向东南伸展出三条支脉而得名。东支脉为东吐鲁山,西支脉称木头沁山,中支脉叫阎王鼻子山。

白砬子山 位于同兴镇,海拔1738米,山下有铁锡矿。

古鲁笨乌德 俗称欧林大坝,位于巴彦查干苏木与锡林郭勒盟锡林浩特市交界处,主峰海拔1401米。

温都尔山 位于乌苏池南,呈东北—西南走向,是巴彦查干苏木与锡林浩特市界山,主峰海拔1449.2米。

砧子山 位于达里诺尔(湖)北岸,火山喷发形成,如打铁之砧突兀矗立于草原上,故得名。海拔1347米,山石壁上有岩画。

曼陀山 位于达里诺尔(湖)南岸,海拔1368米。山南麓有达王庙遗址,东麓有元代隆兴寺遗址和山洞—"净梵天水云洞"。

苏米敖包(山) 位于达日罕乌拉苏木与锡林浩特市交界处,海拔1490米。

绍布查干山 位于达日罕乌拉苏木与锡林浩特市、正蓝旗交界处,海拔高度1360米。

白音敖包 俗名牛心山,位于达来诺日镇东,东北—西南走向,海拔1499米。围绕白音敖包生长2000余公顷原始沙地云杉林,成树高20~30米,树型如塔,树干挺拔,针叶短秀。现建成国家级珍稀植物(沙地云杉)自然保护区,是克什克腾世界地质公园达里诺尔(湖)火山群园区部分。

嘎拉德斯汰山 俗名王八盖子山,位于经棚镇、宇宙地镇、万合永镇交界处,主峰海拔1967米,山势呈南北走向,陡峻巍峨。西坡有稀疏天然次生林。山顶建有"八零二"

电视转播台。

大青山　位于万合永镇，东北—西南走向，主峰海拔 1538 米，面积 37 平方公里。山峰脊利角锐，石奇型怪，形态多像形拟物。山顶偏南部分布有千余个大小岩臼，形成岩臼群奇观。2005 年，被命名为克什克腾世界地质公园青山岩臼及花岗岩峰林园区。

天桥山　位于万合永镇，东北—西南走向，主峰海拔 1516 米，山峦峻秀，峰奇多姿，山上有天桥庙，出产水晶。

哈达山　位于经棚镇，主峰海拔 1336 米。峰险壁峭，高大巍峨。

字儿山　位于经棚镇区南，山峰海拔 1112 米，山陡峰峻。山下修建有公路隧道，为经棚镇南出口，山北坡有人工松柏林，山顶阴坡有石砌梵文六字箴言而得名。

敖包山　位于经棚镇区西北侧，因山上集石垒筑敖包而得名。海拔 1142 米。山上建有电视卫星地面接收站、差转台和通讯基站。

摩天岭　又名黄山，蒙古语名巴彦红果尔，位于经棚镇南，西北—东南走向，主峰海拔 1637.3 米。山峰绵亘回旋，群踞呈雄，山阴侧面坡地多山杨、桦树及松柏。伴生茂密灌丛。

2. **七老图山系诸峰**

大光顶子山　又名宁楚浑杜尔宾山，位于芝瑞镇，因山顶光秃而得名。山势东北—西南走向，高耸巍峨，主峰海拔 2067 米，为克旗境内最高山峰，英金河发源于山东南麓。是克旗与赤峰市松山区、河北省围场县界山。

伯里克哈马尔峰　位于芝瑞镇，主峰海拔 2025 米，少郎河发源于东南麓。是克旗与赤峰市松山区、翁牛特旗界山。

大马鬃山　位于芝瑞镇境东北，因山顶有一长形巨石如烈马扬鬃而得名，海拔高度 1742 米。

一棵松　位于芝瑞镇，因西北坡有一参天古松而得名，海拔 1838 米。是克旗与河北省围场县界山。

大顶子山　位于芝瑞镇境南，海拔 1875 米，山势雄伟高拔。是克旗与河北省围场县界山。

塞罕敖包　旧名道图喀喇漠多，传清康熙帝赐名达尔罕漠多林，位于芝瑞镇境南塞罕坝上，因山顶有元代祭祀敖包而得名，海拔 1779 米。

松鹤山　又名陡石山，位于芝瑞镇境东，因山顶有巨石若松鹤展翅而得名。主峰海拔 1621 米，山陡峰峭，山腰有清晰海蚀线。

羊角山　位于芝瑞镇境东，因山呈双峰对峙，形如羊角而得名。主峰海拔 1606 米，山势巍峨险要。悬崖峭壁上生长有松柏，山岩缝隙上生长有野生大葱（俗名“神葱”），山间多蝮蛇，有青羊（斑羚）。

莲花山　又名寨当拉虎峰，位于芝瑞镇境西，因遥望若一朵莲花而得名。主峰海拔

1680～1750 米。

岳碧尔山 又名托河敖包,位于万合永镇境南,南北走向,主峰海拔 1960 米,顶峰有完整巨石,高耸入云。山上有平凹,形成草甸沼泽,夏季水丰能成水泊。是大陶高河、默勒黑图河、白河发源地。山坡林木茂盛,多山杨、白桦、灌木丛生,伴生有黑松。晴天在山顶可望见达里诺尔湖面。

平顶山 位于万合永镇境南,北—北东走向,山势险峻,峰环回抱,脊刃指天,主峰海拔 1625 米。存有多样完好冰川遗迹,尤其以冰斗群最为完好。山中有佛殿遗址,存有石经幢,发现有元代墓冢群。2005 年,被命名为克什克腾世界地质公园平顶山冰斗群园区。

白岔山 又名乌苏图杜尔宾山,位于芝瑞镇与红山子乡交界处,山势南北走向,峰峦连绵起伏,群山环拱,主峰海拔 2039 米。山坡多榆、桦、松、柳、杨,林木繁茂,动植物种类繁多,是萨仁河等多条河流发源地。

小西天 为白岔山支脉,西北—东南走向,山势陡峻险要,巍峨秀颀,海拔 2008 米。山间林木茂密。

漠海恩都尔山 俗名四旗蛤蟆岭,位于芝瑞镇境西南,白岔山南端,山势呈南北走向,主峰海拔高度 1963.4 米。山巅有白岔泊,绵亘数里。是白岔河、吐力根河、哈尔汉河发源地。

大红山 蒙古语名乌兰布统峰,位于红山子乡境南,因周围开阔,山峰孤立,且红赭显赫而得名,海拔 1595 米。是清朝著名乌兰布统战役战场。

元宝山 又名二龙山,位于红山子乡境西南,因形似弯曲巨大元宝而得名,海拔 1748.9 米。山上建有防火瞭望楼。

大碛山 古名大黑山,蒙古语名巴彦喀喇山,位于红山子乡西南,海拔 1801 米。是浩来呼热办事处与红山子乡界山。

五台山 古名马尾山,蒙古语名葸济,位于土城子镇区北,因山体呈阶梯状凡五层,而得名,海拔 954 米。

(二)隘口

塞罕坝要隘 汉译为美丽的隘口,为阴山东行余脉。距经棚镇南向约 100 公里,横亘于克旗境南边陲。塞罕坝长约 50 公里,宽 16 公里,海拔 1600～1900 米。

南沟隘口 位于芝瑞镇境内,为旗境南端通过塞罕坝交通要塞。从经棚镇过南沟隘口道路崎岖盘旋,有闻名“十八盘”盘山路。2007 年建成沥青公路。

乌兰坝隘口 位于万合永镇境内,早为经(棚)赤(峰)商道隘口。1966 年后,修通旗级公路。

黄岗梁要隘 又名兴安岭要隘,是古辽西通往漠北要隘之一,有闻名十三道河路段,成天险屏障。

第二章　气候　物候

第一节　气　候

依照中国气候区划，克旗属中纬度温带半干旱大陆性季风气候。其气候特征明显，春季(4—5月)短暂干旱，多风而气温变化大，多春旱；夏季(6—8月)温凉短促，降雨集中，占全年降水的68%；秋季(9—10月)光照充足，气温下降快，昼夜温差大，秋霜临界期早晚不定；冬季(11月—翌年3月)寒冷漫长，一月最冷，月均温度－12.4℃，最低温度－40.2℃，干燥多风。

一、日照

克旗气候特点与海拔高度决定其日照条件优良，全年日照时数在2688.1～3066.8小时，日照百分率60%～62%。全年太阳总辐射量每平方厘米57万～60万焦耳。作物自然生长期间的太阳总辐射量每平方厘米35万～37万焦耳。

1991—2008年经棚镇区日照情况表

表2－2－1　　　　单位：小时

年份	总日照时数	月最高日照		月最低日照		月均日照时数
		时数	出现月份	时数	出现月份	
1991	2873.6	318.6	8	178.7	12	239.5
1992	2766.1	282.0	5	179.6	11	230.5
1993	2937.5	302.7	5	181.1	11	244.8
1994	2993.5	307.0	5	194.0	12	249.5
1995	2902.7	311.4	5	183.0	12	241.9
1996	2921.3	281.7	6	189.5	12	243.4
1997	2982.4	295.6	3	197.2	12	248.5
1998	2688.1	302.9	5	157.7	11	224.0
1999	3014.6	302.5	6	178.9	12	251.2
2000	2969.7	309.2	6	181.0	1	247.5
2001	3066.8	328.8	7	185.9	1	255.6
2002	2813.1	311.4	7	175.9	12	234.4
2003	2743.9	300.6	8	195.5	12	228.7
2004	2919.4	308.0	4	187.8	12	243.1

续表 2-2-1

年份	总日照时数	月最高日照		月最低日照		月均日照时数
		时数	出现月份	时数	出现月份	
2005	3052.3	293.7	5	208.8	12	254.4
2006	2958.3	292.3	3	208.0	12	246.5
2007	3054.0	296.3	6	167.7	12	254.5
2008	2984.9	294.8	9	199.1	12	248.7

二、气温

克旗区域气候不尽相同,气温也不一致。全旗大体可分为3个类型区。

西部牧区,冬季较寒冷,夏季温凉,冬季多雪。年均气温1℃~2℃,1月份极冷,约-15℃左右,7月份气温最高,17℃~20℃,1991—2008年,最高温度极值为33℃(1997年),最低温度极值为-40.2℃(2001年)。0℃初日温度多出现在3月18—30日,0℃终日温度多出现在9月21日—10月5日。

东部农业区,冬季较寒冷,夏季炎热,冬季少雪。年均气温1.0℃~4.0℃,1月份极冷,-12.4℃~-16.8℃,7月份气温最高,17℃~20℃,1991—2008年,最高温度极值37.8℃(2000年),最低温度极值-40.2℃(2001年)。0℃初日温度在3月8—27日,0℃终日温度在10月5—31日。

南北半湿润林区,冬季寒冷多雪,夏季温凉湿润,雨水较充沛。年均气温0.0℃~2.0℃,1月份极冷,-11.5℃~-14.2℃,7月份气温最高,17℃~22℃,1991—2008年,最高温度极值35℃(2000年),最低温度极值-45.5℃(2001年)。0℃初日温度在3月15—30日,0℃终日温度在9月10日—10月10日。

1991—2008年经棚镇区气温情况表

表 2-2-2

年份	年均气温(℃)	极端高温		极端低温	
		温度(℃)	时间(月日)	温度(℃)	时间(月日)
1991	2.9	33.4	5月20日	-31.2	1月5日
1992	2.7	30.7	7月5日	-31.5	11月9日
1993	2.6	31.4	6月20日	-33.0	1月15日
1994	3.8	32.6	7月31日	-33.9	12月17日
1995	3.4	34.5	7月7日	-31.9	1月1日
1996	3.0	31.6	5月29日	-29.9	2月18日

续表 2-2-2

年份	年均气温(℃)	极端高温		极端低温	
		温度(℃)	时间(月日)	温度(℃)	时间(月日)
1997	3.9	36.5	7月13日	-32.1	1月6日
1998	4.2	35.5	6月25日	-38.0	12月5日
1999	3.9	35.1	6月11日	-34.8	1月12日
2000	2.9	37.8	7月15日	-40.0	1月24日
2001	3.7	34.7	5月21日	-40.2	1月13日
2002	4.1	34.4	6月6日	-34.2	12月15日
2003	3.6	32.6	8月14日	-32.6	1月15日
2004	4.2	35.2	7月17日	-33.0	1月22日
2005	3.0	36.2	7月19日	-35.1	12月3日
2006	3.6	31.6	8月27日	-32.2	2月4日
2007	4.5	36.0	6月10日	-30.2	11月15日
2008	3.8	36.2	7月	-28.0	1月14日

三、降水

1991—2008 年，克旗年降水量 237.0～574.6 毫米，并分布不均匀。林区降水量偏多，牧区年降水由南往北逐渐增多，农区由东往西逐渐增多。

降水期集中在每年 6—8 月份，占全年总降水量 66.2%；冬季为降水寡期，占全年降水量 3.5%。

1991—2008 年克旗年降水情况表

表 2-2-3

年份	年降水总量(毫米)	年降水极值				0.1毫米以上降水天数(天)
		最多月份	月降水量(毫米)	最少月份	月降水量(毫米)	
1991	446.6	7	159.0	1	0.1	83
1992	485.3	7	164.5	1	0.5	90
1993	449.4	7	185.8	1	0.4	95
1994	356.8	7	112.5	11	0.0	85
1995	367.6	7	94.4	1	0.2	84
1996	574.6	8	187.2	2	0.5	107

续表 2-2-3

年份	年降水总量(毫米)	年降水极值				0.1毫米以上降水天数(天)
		最多月份	月降水量(毫米)	最少月份	月降水量(毫米)	
1997	347.3	7	130.0	2	0.8	79
1998	497.8	7	250.2	2	3.0	111
1999	347.6	7	74.2	1	0.1	87
2000	433.8	8	180.6	3	0.7	113
2001	361.6	6	109.9	12	0.6	89
2002	311.0	6	106.2	1	0.4	91
2003	427.8	7	128.3	2	0.8	104
2004	415.4	8	190.9	1	0.8	96
2005	237.0	8	63.9	1	0.5	95
2006	316.3	7	109.5	3	0.3	96
2007	276.2	7	96.3	1	0.9	80
2008	399.5	6	121.3	2	0.1	105

四、风 霜

(一)风

克旗处中纬度西风带,除局部有小气候外,全年多西风,冬季多西北风。风速2.8~3.0米/秒。春冬风多,且多大风。5月中旬后,风天逐渐减少,8月风值最低,9月中旬后风天增多,风速加大。多在1月份出现最大风值。日风速昼大于夜。

1991—2008年克旗年刮风情况表

表 2-2-4

年份	年六级以上风力天数(天)	年17米/秒风速天数(天)	年刮风极值			
			最多月份	最大风速(米/秒)	最高风力	一次持续最长时间(小时)
1991	—	61	4/11	19.0	8	3
1992	—	43	4	16.3	7	4
1993	—	53	4	16.0	7	4
1994	—	44	4	17.0	7	5
1995	—	57	4	15.3	7	3
1996	—	30	4	17.0	7	4

续表 2－2－4

年份	年六级以上风力天数（天）	年 17 米/秒风速天数（天）	年刮风极值			
			最多月份	最大风速（米/秒）	最高风力	一次持续最长时间（小时）
1997	—	25	1	15.0	7	5
1998	—	24	6	14.0	7	4
1999	—	28	1	16.0	7	5
2000	—	29	4	18.0	8	3
2001	—	27	3/5	16.0	7	3
2002	—	25	4	17.0	7	4
2003	—	17	4	15.0	7	5
2004	—	24	5	16.0	7	4
2005	—	30	6	16.7	7	4
2006	—	24	6	17.0	7	3
2007	—	21	5	17.0	7	4
2008	—	25	5	15.7	7	4

（二）霜

1991—2008 年，克旗经棚镇年均无霜期 103～165 天。最短无霜期为 2003 年，103 天。最长无霜期为 1994 年，165 天。

全旗境域差异明显，牧区、林区无霜期相对较短，农区相对稍长，南北相对高海拔区域无霜期相对短，中部相对低海拔区稍长。

1991—2008 年经棚镇区年无霜期情况表

表 2－2－5

年份	年无霜天数（天）	经棚镇区	
		终霜日期	初霜日期
1991	133	1991 年 5 月 3 日	1991 年 9 月 13 日
1992	121	1992 年 5 月 10 日	1992 年 9 月 8 日
1993	141	1993 年 4 月 30 日	1993 年 9 月 19 日
1994	165	1994 年 3 月 31 日	1994 年 9 月 12 日
1995	144	1995 年 4 月 23 日	1995 年 9 月 14 日
1996	154	1996 年 4 月 20 日	1996 年 9 月 21 日
1997	125	1997 年 5 月 8 日	1997 年 9 月 10 日

续表 2－2－5

年份	年无霜天数（天）	经 棚 镇 区	
		终霜日期	初霜日期
1998	108	1998 年 5 月 30 日	1998 年 9 月 15 日
1999	137	1999 年月 4 月 28 日	1999 年 9 月 14 日
2000	118	2000 年 5 月 11 日	2000 年 9 月 6 日
2001	113	2001 年 5 月 30 日	2001 年 9 月 20 日
2002	126	2002 年 4 月 30 日	2002 年 9 月 3 日
2003	103	2003 年 6 月 8 日	2003 年 9 月 19 日
2004	104	2004 年 5 月 26 日	2004 年 9 月 7 日
2005	134	2005 年 5 月 11 日	2005 年 9 月 22 日
2006	129	2006 年 4 月 20 日	2006 年 9 月 26 日
2007	124	2007 年 5 月 19 日	2007 年 9 月 20 日
2008	127	2008 年 5 月 13 日	2008 年 9 月 17 日

第二节 物 候

克旗物候特征在农区与牧区不一致，农区东南部与北部也差异明显。此物候为经棚镇及南部物候特征。

一、生物候

（一）植物候

榆树：4 月下旬绽芽，5 月中旬榆钱成熟，10 月下旬落叶。

杨树：4 月下旬绽芽，5 月上旬放絮，5 月中旬放叶，10 月中旬枯黄。

柳树：3 月下旬枝叶萌动，4 月下旬展叶，5、6 月下旬飞絮，10 月下旬落叶。

山杏：5 月上旬开花，中旬展叶，8 月下旬果熟，10 月下旬落叶。

映山红：4 月下旬开花。

披碱草：4 月中旬生蘖出土，7 月上旬开花，9 月下旬枯黄。

黄花苜蓿：4 月中旬蘖芽出土，7 月上旬开花，9 月中旬枯黄。

野豌豆：5 月中旬出蘖见苗，7 月上旬开花，9 月下旬枯黄。

白蒿：4 月中旬蘖芽见苗，10 月上旬枯黄。

马蔺：4 月下旬见苗，5 月中旬开花，10 月下旬枯黄。

蒲公英：4 月下旬见苗，5 月中旬开花，9 月下旬枯黄。

蕨菜:5 月下旬采集。

黄花:7 月初采集。

蘑菇:8 月初采集。

小麦:4 月上中旬播种,4 月下旬出苗,5 月中旬铲趟,8 月末收割。

玉米:4 月中下旬播种,5 月上旬出苗,9 月中旬收割。

(二)动物候

燕子:4 月中旬始见,下旬筑巢,5 月下旬至 6 月上旬产卵,7 月孵化,8 月上旬雏燕出壳,9 月下旬南归。

大雁:4 月中旬始见,9 月下旬南飞,10 月下旬绝见。

麻雀:4 月上旬产卵,下旬至 5 月上旬孵化,5 月中旬有雏雀出窝。

青蛙:4 月中旬始见,5 月上旬始鸣,8 月下旬不鸣。

蛇:4 月上旬复苏,中旬出洞,10 月中旬蛰眠。

鼹鼠:4 月下旬拱堆。

蝈蝈:8 月上旬始鸣,10 月上旬终鸣。

蝴蝶:4 月上旬始见,10 月下旬绝见。

蚂蚁:4 月上旬始见,10 月末绝见。

二、非生物候

1991—2008 年,克旗雷、雪、霜、冻非生物候差异明显。

1991—2008 年克旗非生物候状况表

表 2－2－6

年份	初　雷	终　雷	初　雪	终　雪	初　霜	终　霜	结　冻	解　冻
1991	1991 年 5 月 13 日	1991 年 10 月 15 日	1991 年 10 月 18 日	1992 年 5 月 8 日	1990 年 9 月 18 日	1991 年 5 月 3 日	1991 年 9 月 13 日	1992 年 5 月 10 日
1992	1992 年 4 月 10 日	1992 年 9 月 27 日	1992 年 10 月 3 日	1993 年 5 月 7 日	1991 年 9 月 13 日	1992 年 5 月 10 日	1992 年 9 月 8 日	1993 年 6 月 3 日
1993	1993 年 6 月 5 日	1993 年 9 月 14 日	1993 年 9 月 27 日	1994 年 3 月 25 日	1992 年 9 月 8 日	1993 年 4 月 30 日	1993 年 9 月 19 日	1994 年 5 月 8 日
1994	1994 年 5 月 9 日	1994 年 9 月 4 日	1994 年 10 月 2 日	1995 年 5 月 3 日	1993 年 9 月 19 日	1994 年 3 月 31 日	1994 年 9 月 12 日	1995 年 5 月 23 日
1995	1995 年 5 月 14 日	1995 年 10 月 13 日	1995 年 9 月 24 日	1996 年 5 月 10 日	1994 年 9 月 12 日	1995 年 4 月 23 日	1995 年 9 月 14 日	1996 年 5 月 21 日
1996	1996 年 5 月 3 日	1996 年 10 月 10 日	1996 年 10 月 5 日	1997 年 5 月 7 日	1995 年 9 月 14 日	1996 年 4 月 20 日	1996 年 9 月 30 日	1997 年 5 月 8 日
1997	1997 年 5 月 20 日	1997 年 10 月 2 日	1997 年 10 月 3 日	1998 年 4 月 23 日	1996 年 9 月 21 日	1997 年 5 月 8 日	1997 年 9 月 10 日	1998 年 5 月 14 日
1998	1998 年 4 月 7 日	1998 年 10 月 10 日	1998 年 10 月 17 日	1999 年 4 月 26 日	1997 年 9 月 10 日	1998 年 5 月 30 日	1998 年 9 月 6 日	1999 年 5 月 19 日
1999	1999 年 5 月 2 日	1999 年 11 月 6 日	1999 年 10 月 2 日	2000 年 4 月 7 日	1998 年 9 月 15 日	1999 年 4 月 28 日	1999 年 9 月 12 日	2000 年 5 月 11 日
2000	2000 年 5 月 15 日	2000 年 10 月 6 日	2000 年 11 月 7 日	2001 年 4 月 11 日	1999 年 9 月 14 日	2000 年 5 月 11 日	2000 年 9 月 24 日	2001 年 5 月 30 日
2001	2001 年 5 月 2 日	2001 年 9 月 16 日	2001 年 11 月 4 日	2002 年 4 月 23 日	2000 年 9 月 6 日	2001 年 5 月 30 日	2001 年 9 月 25 日	2002 年 5 月 26 日

续表 2-2-6

年份	初 雷	终 雷	初 雪	终 雪	初 霜	终 霜	结 冻	解 冻
2002	2002年5月7日	2002年10月17日	2002年10月5日	2003年4月20日	2001年9月20日	2002年4月30日	2002年9月12日	2003年6月8日
2003	2003年5月10日	2003年9月24日	2003年10月11日	2004年5月3日	2002年9月3日	2003年6月8日	2003年9月19日	2004年5月22日
2004	2004年5月11日	2004年9月30日	2004年10月1日	2005年5月10日	2003年9月19日	2004年5月26日	2004年9月21日	2005年5月26日
2005	2005年5月4日	2005年9月29日	2005年11月28日	2006年4月19日	2004年9月7日	2005年5月11日	2005年9月21日	2006年5月19日
2006	2006年5月31日	2006年10月16日	2006年9月8日	2007年5月8日	2005年9月22日	2006年4月20日	2006年9月8日	2007年5月18日
2007	2007年3月30日	2007年9月17日	2007年10月13日	2008年4月22日	2006年9月26日	2007年5月19日	2007年9月27日	2008年5月19日
2008	2008年5月3日	2008年9月4日	2008年11月13日	2009年3月30日	2007年9月20日	2008年5月13日	2008年9月23日	2009年5月31日

第三章　水　文

第一节　地表水

克旗境内地表水包括外流水系与内流水系两类,外流水系主要有西拉沐沦水系和滦河水系;内流水系主要是内流河和内陆湖泊。

一、外流河水系

西拉沐沦水系是克旗主要外流水系,发源于浩来呼热开发区百尔赫贺尔洪白槽沟,上游名沙里漠河,在浩来呼热沟门村附近与萨仁河汇流后称西拉沐沦河,至土城子镇哈巴其拉村清水口流入翁牛特旗境内,属羽状型水系,其主河流流经经棚镇、万合永镇、土城子镇,境内长度169公里,主河流域面积14308平方公里,支流流域总面积6787平方公里。主河流河宽80~200米,沿河宽溢50~500米,河床下切5~10米,正常水深1.2米,春夏汛期水深2米。每年3—4月,因冰雪融水,有小型短汛,每年6—8月雨季时,有不规律洪汛。每年10月至次年3月结冰、封冻。除春季冰雪融水、夏季雨水补给外,主要是地下水泉溢成河。河基本流向自西而东,上下游落差大,形成巨大水能资源。河水总硬度为5德国度,酸碱度8.5。

1991—2008年,正常平均流量8.4立方米/秒。年均径流量56482亿立方米,支流年均径流量为2.874亿立方米。主河流年输沙量215.2万吨。

西拉沐沦河克旗段一二级主要支流在西拉沐沦河南岸有萨仁河、大浩来图河、塔日其沟河、白岔河、苇塘河、辉图浑地河、敦德浑地河,在北岸有碧柳河、木希嘎河、巴彦萨拉河等。

萨岭河、白岔河、木希嘎河等是西拉沐沦河主要支流。各支流都发育曲折,不畅渲泄，且沿河植被良好，输沙极少，萨仁河年输沙量2.8万吨。各支流每年3—4月有冰雪融水或成小汛，每年6—8月雨季有不规律洪汛。每年10月至次年3月结冰、封冻。主要是山泉溢出成河。

西拉沐沦河克旗段主要支流分布情况表

表2－3－1

位置	级别	支流名称	流域面积（平方公里）	长度（公里）	年均径流量（亿立方米）
西拉沐沦河南岸	一级	萨岭河	559	61	0.52
	一级	大浩来图河	220	39	0.078
	一级	塔日其沟河	460	46	0.163
	一级	白岔河	1786	136	0.678
	一级	苇塘河	309	93	0.110
	二级	辉图浑地河	369	24	0.143
	二级	敦德浑地河	423	70	0.131
西拉沐沦河北岸	一级	碧柳河	1055	49	0.375
	二级	木希嘎河	1353	73	0.60
	二级	巴彦萨拉河	253	19	0.076

在克旗境内，汇流入滦河水系河流主要是吐力根河。吐力根河为克旗与河北省围场县界河，在克旗境内长61公里，年均径流量3.37万立方米。河宽1～5米，水深0.5～1.5米。主要支流是卓克图河，在克旗境内长17公里，在红山子乡乌兰布统开发区河夹心南流入吐力根河；卓克图河有主要支流泡子河，境内长22公里。每年3—4月有冰雪融水补给，每年6—8月雨季有雨水补给，或形成小洪汛。每年10月至次年3月结冰、封冻。输沙极少。水质微碱性。

二、内流河水系

（一）河流

克旗内流河主要分布在西北部草原上，有部分流入锡林郭勒盟。河流不宽，外溢少，岸草繁茂，河床切割少，水深1米左右，因地势平缓，形不成洪汛，不输沙。春夏有冰雪融水、雨水补给，主要是地下水泉溢成河。每年10月至次年3月结冰、封冻。河水呈碱性。

2008 年克旗内流河主要分布情况表

表 2-3-2

河流名称	境内长度（公里）	年均径流量（亿立方米）	流经苏木镇	源　头
伊和吉林高勒	102	0.463	同兴镇、巴彦查干苏木	黄岗梁西麓
巴嘎吉林高勒	52	0.152	巴彦查干苏木	黄岗梁北麓
乌鲁吐河	27	—	巴彦查干苏木	北大山西麓
锡林郭勒	41	0.129	巴彦查干苏木 达日罕乌拉苏木	淖沦诺尔
贡格尔河	120	0.660	同兴镇、达来诺日镇、达日罕乌拉苏木	阿拉烧哈山西麓
沙里河	35	0.165	达日罕乌拉苏木	岗更诺尔东
亮子河	16	0.031	达日罕乌拉苏木	达里诺尔南永安岗
耗来河	17	—	达日罕乌拉苏木	灰腾梁东麓

（二）湖泊

1991—2008 年，克旗境内存有天然湖泊 50 余个，分布在西南部、西部沙地和草原上，总水面约 3.5 万公顷。

2008 年克旗境内主要湖泊分布情况表

表 2-3-3

湖泊名称	水域面积（平方米）	水深（米）	水质 pH 值	水　产	位　置
达里诺尔	240	1~13	苏打型半咸水	鲫鱼、瓦氏雅罗鱼	达日罕乌拉苏木西北
岗更诺尔	17	1~3	淡水	鲫鱼、鲢鱼等	达里湖东
多伦诺尔	2.2	1~3	淡水	鲤鱼	达里湖西
大更诺尔	0.8	1~3	淡水	鲫鱼	达日罕乌拉苏木西南
大水诺尔（伊和诺尔）	4.5	1~3	淡水	鲫鱼、瓦氏雅罗鱼	浩来呼热办事处(好鲁库)南
将军泡子	0.8	1~1.5	淡水	—	乌兰布统峰西南
查格斯台诺尔	2.1	1~1.5	淡水	—	巴彦查干苏木西南
阿克图诺尔	0.5	1~1.5	淡水	—	巴彦查干苏木弥僧庙
乌兰诺尔	0.5	1~1.5	淡水	—	巴彦查干苏木西北
淖沦诺尔	0.8	1~1.5	淡水	—	巴彦查干苏木白音坤地
公诺尔	0.8	1~1.5	咸水	—	白音敖包西
赛罕诺尔	0.6	1~1.5	淡水	—	芝瑞镇赛罕敖包

第二节　地下水

一、地下常温水

至2008年末，克旗已知地下水主要为松散堆积层孔隙水、碎屑岩孔隙水、基岩裂隙水、碳酸盐裂隙岩溶水。

克旗地下常温水分布情况表

表2－3－4

水储类型	所在地层	资源量(万吨/年)	地下水位埋深(米)	矿化度(克/升)	水质类型	地貌特征
松散堆积层孔隙水	河谷冲积砂砾卵石孔隙	18168.9	5～10	0.2～0.5	碳酸钙镁型	河漫滩和河谷一二级阶地
	冰水湖积层孔隙	23219.2	2～70	0.2～1.0	碳酸钙钠型	西部高平原至黄岗梁山前
	冰水堆积砂砾卵石孔隙	7162.5	≥40	0.3	—	西拉沐沦河下游沿岸
	坡洪积扇层孔隙	49375.6	10～40	0.2～0.5	重碳酸钙型	山前坡洪积扇裙地带
	风积粉细砂层孔隙	9858.8	1.5～8.5	—	—	西南部和东部沙丘地带
碎屑岩孔隙裂隙水	断裂带、侵入接触带	3215.1	深浅不一或出露	1.0	重碳酸钙型	同兴镇和巴彦查干东部山谷
基岩裂隙水	玄武岩孔洞裂隙	5955.8	11～40	0.15～0.5	重碳酸钙镁型	东南部熔岩台地
	构造裂隙	5983.2	—	0.4～1.0	重碳酸钙(钠)型	中东部山谷地带
	花岗岩风化裂隙	2186.9	—	0.1～0.4	重碳酸钙钠型	同兴至宇宙地中低山区地带
碳酸盐裂隙岩溶水	大理石岩裂隙	179.1	—	—	—	北部同兴镇一带的山峰上部

二、地下热水

距经棚镇东北30公里处，即克旗热水开发区，有1处热水温泉。据内蒙古自治区第十地质矿产开发院2008年5月提交的《内蒙古自治区克什克腾旗热水塘地热资源详查报告》,热水塘地下热水,稳定动储量约3000吨/日,包括60℃以上热水、59~40℃温热水、40~10℃温水3种类型;最高水温83℃。

(一)热水(≥60℃)

热水塘热水赋存形式为承压水,热储厚度60~65米。盖层厚度17.0~50.0米,底板标高1029.00~1069.00米,平均盖层厚度35.84米。高温热水化学类型为Cl—Na. HCO_3·Cl—Na型,pH值8.80~9.25,为碱性水,矿化度在0.5mg/L左右。具有热水特征的化学组分为Na^+、Cl^-、SO_4^{2-}、SiO_2、F^-及pH值,特征组分含量变化范围:Na^+ 105~110mg/L, Cl^- 56~62mg/L, SO_4^{2-} 42~45mg/L,可溶性$SiO_2$91~96mg/L, F^-3.2~3.5mg/L。除Na^+、SO_4^{2-}、F^-外,热水特征组分含量高出温热水,其中以SiO_2及pH值较为明显。表明围岩中各特征组分分解、溶滤强度随地热流体温度升高而加大。热水中SiO_2、F^-含量达到命名矿水浓度标准,分别为硅水、氟水。

(二)温热水(40≤59℃)

温热水赋存于热储盖层砂卵砾石层中,厚度25~60米,与下层热水呈越流补给关系。水化学类型为HCO_3·Cl—Na及HCO_3·SO_4^{2-}·Cl^-—Na型,pH值8.45~8.50,偏碱性,矿化度一般0.5mg/L左右。温热水中SiO_2、F^-含量较高,均达到命名矿水浓度标准,分别为硅水、氟水。

(三)温水(10≤40℃)

在40℃以下温水区(厚度20米左右),温水基本水化学类型为HCO_3—Na·Ca、HCO_3—Ca·Mg型,局部温泉为HCO_3·SO_4·Cl—Na型。化学组分含量为Na^+46~62mg/L,Ca^{2+}25~50mg/L,$SiO_2$27~42mg/L,pH值一般8.15~8.50,偏碱性,矿化度0.5mg/L左右。

克旗高温热水和低温热水化学组分含量如下表。

克旗热水塘热水特征化学组分含量表

表2-3-5

地热流体类型	孔号	特征化学组分含量(mg/L)					pH值
		Na^+	Cl^-	SO_4^{2-}	SiO_2	F^-	
热　水	r1	105.61	62.20	42.21	91.16	3.25	8.80
	r2	109.90	56.87	45.02	95.30	3.47	9.25
温热水	ZK1	120.94	56.87	48.80	56.69	3.57	8.50
	ZK3	110.46	55.09	44.50	85.00	3.29	8.45

第四章　土壤　植被

第一节　土　壤

全国第二次土壤普查查明，克旗土地有8个一级地类，27个二级地类，12个土类，25个亚类，80个土属，149个土种。土地总面积2.0673万平方公里。

灰色森林土　多分布于境内东部海拔1300米以上的中、低山地，面积39.7万公顷，占土地总面积19.8%，土壤母质主要是花岗岩、安山岩、粗面岩、玄武岩等残积、坡积物，为森林草甸草原植被发育土壤，自然肥力强。

黑土　分布于境内西南部1700米以上的熔岩台地上，面积2.9万公顷，占土地总面积1.4%。土壤母质主要是第四纪黄土状堆积物，质地较粘重，适宜众多草本植物生长。

黑钙土　分布于境内1100米以上熔岩台地、中山山地、坡地及浑圆山顶部，面积35.7万公顷，占总土地面积21.1%。土壤母质主要是黄土状沉积物，为草甸植被发育土壤，肥力强。

栗钙土　分布于境内海拔750～1100米西部草原和东南部山体中下部，面积29.5万公顷，占总土地面积14.7%。土壤母质主要是黄土状沉积物，为草原植被发育土壤，适宜草原植物生长。

草甸土　分布于境内西拉沐沦河及其河流沿岸，达里诺尔湖盆周边漫滩、河流阶地、湖泊洼地，面积6.8万公顷，占土地总面积3.4%，土壤母质主要是冲积物和湖积物，为森林草甸植被发育土壤，肥力强。

沼泽土　多分布于境内中北部和西南部林牧区沿河岸边，湖盆周围及局部台地低洼地带，面积3500公顷，占总土地面积1.5%，受地下水、地表积水影响和湿润生物条件而形成。

泥炭土　分布于宇宙地小黑河滩地，沼泽土、泥炭土混成，面积不大。

盐土　分布于达里诺尔(湖)盆地，面积约3300公顷，占总土地面积0.16%。

风沙土　多分布在境内西部高原、西南部浑善达克沙地及西拉沐沦河沿岸，面积70.4万公顷，占土地总面积35.1%，是克旗境内分布面积最大土壤类型。

粗骨土　分布于境内山地顶部、陡坡或阳坡中上部，面积3.7万公顷，占土地总面积1.84%。一般植被稀疏，多生长小灌木，土壤肥力较低。

石质土　分布于境内山地顶部、陡坡或阳坡中上部，面积1.6万公顷，占总土地面积0.81%。土壤肥力不高，生长植物稀疏。

新积土 多分布于河漫、河床或谷间沟口的冲积、洪积扇上,分布零星。总面积约3000公顷,占总土地面积0.15%。成土母质为冲积物和洪积物,土体中多石砾和卵石,生长少量植物。

第二节 植 被

克什克腾旗地形、气候以及水文地质条件的复杂性决定了植被类型的多样性,同时还由于地处华北燕山山地、东北大兴安岭以及蒙古植物区系的交接地带,各植物区系在境内相互渗入,交错演替,植被成分复杂,又具有明显的过度性。主要植被类型可划分森林、草甸、草甸草原、干草原、沼泽、沙生等植被。人工栽培的乔灌木和牧草,人工栽培的农作物等。

一、森林及森林草原植被

森林植被主要分布于大兴安岭山地及南部的七老图山地,以天然次生林为主。根据森林群落建群层片的生态特点,可分为天然原始针叶林区、夏绿针阔混交林区。沙地云杉林是本旗仅存的原始森林,林下生有孢子类、苔藓类和繁茂的草本植物。夏绿叶阔混交林广泛分布于海拔1200米以上的中山山地,如黄岗梁、桦木沟、大局子等林区,其它地区山区也有零星留存。山地森林的主要建群种有白桦、山杨、蒙古栎,伴有黄榆、大果榆、椴树、槭树、黑桦、胡桃等。针叶树种有自然生长的云杉、兴安落叶松,并伴有少量的油松、樟子松、杜松、兴安杉等。林下灌丛常以虎榛子、绣线菊、兴安杜鹃、西伯利亚杏为主,其次有黄柳、映山红、山里红、毛樱桃、山刺玫、胡枝子以及蕨类植物、草本代表植物(唐松草、野芍药、地榆、碱草、针茅)等,生长繁茂,种类颇多。大果榆多分布于川谷中以及山地阳坡。本旗森林及灌丛植被分布面积较大,且集中连片,经过人工栽植和自然繁育,规模日益扩大,且林相较优良,覆盖度60~80%。

二、草甸、草甸草原、干草原植被

草甸植被主要分布于木石匣河、百岔河、必如河沿岸的高河漫滩、洪积扇及西北高平原湖盆、丘间洼地上,草甸植被由一些喜欢潮润的植物、耐盐植物组成,较常见的有苔草、马蔺、芨芨草、小糖草、寸草、蒲公英、萎陵草、猪毛菜、灯芯草、苣荬菜、地榆、稗子、西伯利亚蓼、野黑麦草、鸢尾、苍耳等,覆盖度80%以上。草甸草原植被主要分布于北部大兴安岭山地、南部熔岩台地及西北部分高平原上,往往和森林植被呈镶嵌状分布,由中旱或广幅旱生植物组成。草群组成较为丰富,生长茂密,由于雨热同季,其开花期集中在温暖且湿润的7—8月份,覆盖度80%以上。较常见的植物有苔草、贝加尔针茅、羊草、地榆、唐松草、线叶菊、蓝盆花、昌蒲等,伴生有黄花、达乌里胡枝子、冰草、隐子草、芨芨草、冷蒿、野豌豆、早熟禾等。干草原植被主要分布于西拉沐沦河以北低山丘陵、西部高原及浑善达克沙地外缘地区，由旱生禾本科杂草组成，偶见侵入山杏灌丛以及零星的小乔木灌丛和榆树等。常见的植物有大针茅、羊草、糙隐子草、草熟禾、披碱草、胡枝子、野豌豆、冰草、百里香等，伴生有冷蒿、甘草、闭穗、狼毒，覆盖率40～60%。

三、沙生植被区

沙生植被分布于西部及东部较小地块浑善达克沙地及西拉沐沦河沿岸沙地上。西部沙地植被较好，沙地洼地、沟谷多由灌木、半灌木及草本植物组成，还生长有榆、杨、沙地柏。西部白音敖包还有较大面积的沙地云杉林。西拉沐沦河南北两岸沙地中广泛生长有沙柳、黄柳、锦鸡儿、山杏等植物。常见的乔灌草沙生植物有黄柳、红柳、沙柳、榆、油桦、虎榛子、山黄榆、锦鸡儿、沙棘，还有差不嘎蒿、沙蒿、铁杆蒿、针茅、冰草、隐子草、沙蓬、百里香、黄花、野芍药、内蒙黄芪、大黄、白头翁等，覆盖度为20～60%。

四、沼泽植被

沼泽植被主要分布于中西部长年积水或季节性积水的河谷、低河漫滩、湖盆低地、森林下缘湿地，地表常年积水或季节性积水，沼泽植被不但有喜湿性植物生长，而且有相当比重的草甸型植物渗入。常见的植物有芦苇、塔头苔草、水柳、三陵草、泽泻、菖蒲、牛鞭草、水莎草、小糖草、看麦娘等。植物生长较繁茂，覆盖度70%以上。

五、人工栽培的乔灌木和牧草

中华人民共和国成立以来，持续不断地开展植树造林种草工作，使本地区森林、灌丛和牧草栽培面积不断扩大，形成了天然林和人工林繁育共同发展的格局，尤其是克旗南部、西南部、东部和北部山区、丘陵地带，人工造林成果显著。人工栽培的乔灌木和牧草有兴安落叶松、云杉、樟子松、杨树、白桦、沙棘、锦鸡儿、沙打旺、黄柳、沙柳、红柳、苜蓿草、冰草等。

六、人工栽培的农作物

历史上克旗主要是以游牧为主的畜牧业区域，自清代以降，自南向北逐渐辟为农业区域，形成了农业区、牧业区并存的格局。人工栽培的农作物主要有小麦、谷子、玉米、莜麦、荞麦、豆类、胡麻、向日葵、土豆等。

第五章 自然资源

第一节 土地资源

一、土地数量

2008年末,克旗有土地总面积206.73万公顷。其中灰色森林土地39.69万公顷,约占19.8%;黑土地2.88万公顷,约占1.42%;黑钙土地42.4万公顷,约占20.9%;栗钙土地29.5万公顷,约占14.5%;草甸土地6.8万公顷,约占3.4%;风沙土地70.3万公顷,约占34.6%,沼泽泥炭土地3万公顷,约占1.5%;湖盆盐土地3000余公顷,约占0.16%;山顶粗骨、石质土型土地5.3万公顷,约占2.65%;河床或谷间沟口的冲积、洪积新积土地3000公顷,约占0.15%。

二、土地质量

(一)土地养分含量

有机质 耕地土壤有机质含量多在1.5%~3%,加权平均值2.01%。属第三级土壤;非耕地土壤有机质含量多在3%~5.5%,加权平均值4.13%,属第一级土壤。

全氮 耕地土壤全氮含量多在0.1%~0.15%,加权平均值0.1212%,碳氮比为9.6,为第三级土壤;非耕地土壤全氮含量多在0.15%~2%,加权平均值0.1815%,碳氮比为13.2,为第二级土壤,耕地土壤碳、氮比小于非耕地土壤碳、氮比。

速效磷 土壤速效磷含量多在3~5ppm,加权平均值为4ppm,为第五级土壤;非耕地速效磷含量多在2~4ppm,加权平均值3ppm,为第五级土壤。

速效钾 土壤中速效钾含量高,耕地多在100~200ppm,加权平均值162ppm,属第二级土壤;非耕地加权平均值179ppm,属第二级土壤。

土壤矿质养分全磷量(P_2O_5)多在0.07235%,全钾量为2.85%。

主要土壤类型有机质含量由高到低依次为沼泽土—灰色森林土—草甸土—黑土—黑钙土—风沙土—栗钙土。

2008 年克旗土壤养分分布情况表

表 2－5－1

土壤类型	养分含量				说　明
	有机质含量平均	全氮含量平均	速效磷含量平均(ppm)	速效钾含量平均(ppm)	
灰色森林土	7.43%	0.2497%	4	211	暗灰色森林土好于典型灰色森林土
黑土	5.45%	—	—	—	—
黑钙土	4.03%	0.209%	3	176	淋溶黑钙土养分好于暗栗钙土
栗钙土	2.33%	0.1402%	5	198.1	暗栗钙土养分含量稍高于草甸栗钙土。
风沙土	2.54%	0.133%	2	127	固定风沙土养分高于半固定、流动风沙土
草甸土	5.47%	0.198%	8	379	典型草甸土养分高于碳酸盐草甸土
沼泽土	15.9%	0.3058%	5	276	—

克旗土壤养分含量总体上缺磷少氮，钾较充足。土地养分含量缺磷面积最大，耕地缺磷面积 7.18 万公顷，其中极缺磷面积为 2.86 万公顷。其次缺氮，缺氮面积 2.56 万公顷。高氮面积仅 1.9 万公顷；中氮面积 4.3 万公顷。

（二）物理特性

经采取容重样测定，克旗主要土壤类型耕地土壤容重量大多数在 1.25～1.4 克/立方厘米，表土层容重量平均 1.35 克/立方厘米，心土层容重量平均 1.39 克/立方厘米；孔隙度 45%～55%。

克旗耕地表层土壤一般 pH 值在 7～8，草甸栗钙土 pH 值最高 8.12，黑土 pH 值最低为 6.81。总体地上土壤呈微碱性至碱性。pH 值大的土壤，碳酸钙含量高。耕地土壤主要为栗钙土、黑钙土和草甸土，都含有一定量碳酸钙，以栗钙土、碳酸盐黑钙土和碳酸盐草甸土含量最高。

克旗耕地土壤代换量多为 10～20 毫米当量，保肥供肥性能中等。

（三）土地状况

经初步调查，克旗主要类型表层构成、土层厚度、酸碱度、生长植被已基本清晰。

2008年克旗境内土地状况表

表2-5-2

土壤类型	表层构成	土层厚度(厘米)	土色	酸碱度(pH)	自然植被
灰色森林土	枯落枝叶腐殖质	41左右	灰黑色	6.5	针、阔叶林或次生林、杂灌木
黑土	凋落物或腐殖质	40~60	灰黑色	6左右	植物多样
黑钙土	枯草落叶	—	灰黑色	6~8.5	多禾本科植物
栗钙土	枯草落叶	—	灰黄色	7.8~8	多年生草本植物和小灌木
草甸土	腐殖质或枯草叶	40~50	暗灰色	7~9	草本植物
沼泽土	腐殖质或枯草	—	棕灰色	6~7	水草、芦苇
泥炭土	腐殖质	—	棕灰色	6~7	水草、芦苇
盐土	盐化土	20~30	灰白色	9.8	少量草
风沙土	移动风沙	21左右	灰棕色	—	榆、桦、沙柳及草
粗骨土	移动风沙	≤10	灰棕色	—	小灌木
石质土	砾石沙土	≤10	棕灰色	—	少量草
新积土	砾石动土	—	棕黄色	—	少量草

(四)土种成因

克旗境内成土种类主要有残积—坡积物、冲积物、洪积物、湖积物、冲—湖积物、冲—洪积物、黄土、沙黄土、砂质等。

残积—坡积物 多分布于山顶部或山体边坡及坡积裙地带。土体较薄,含有砾石、石块,石砾,石块棱角明显。包括酸性岩残积—坡积物,中基性岩残积—坡积物,泥页岩残积—坡积物,砂岩、砂砾岩残积—坡积物等。

冲积物 多分布于沿河两岸河漫滩和各级阶地上,为长期性流水或河流泛滥冲积而成。剖面层次明显,上部常为细粒沉积,下部为粗砂及河卵石,多轻质土壤。

洪积物 多分布于山前沟口洪积扇地段。多为季节性洪水搬运堆积而成。顶端多粗大砾石,剖面层理不明显。

湖积物 多分布于境西北部湖盆地段,为湖泊静水沉积。质地均匀,层理较厚,剖面下部可见铁锈斑纹和贝壳类,为轻质土壤或中质土壤。

冲—湖积物 分布于达里诺尔湖盆周围,多为复合类型。剖面中下部有砾石,多为轻质土壤。

冲—洪积物 分布在部分河漫滩和阶地上,属复合类型。近河床颗粒粗,远河床颗粒细,有明显砾石和细粒沙交错层理,多为沙质土壤。

黄土 分布于东南部熔岩台地顶部和沙区外围山地坡脚地带,颜色为黄色,由风力作用堆积形成。不显层理而有垂直节理，质地均一，多为中质土壤。

沙黄土　多分布于沙地边缘山地坡脚地带，属风成类型。颜色为灰黄色，无层理，垂直节理亦不明显，质地均一、疏松，多为沙质土壤或轻质土壤。

砂质　主要分布于境西部风积沙地区及边缘山地背风面和冲积平地或湖积洼地上。砂质或为受风力搬运堆积而成，沙子粒度均匀、松散，不含石砾，无层理；或受水搬运沉积而组成，粗细砂混杂，粒度不均匀，砂体有砾石。

三、土地利用

（一）土壤资源调查评价

进入21世纪后，克旗开始对土壤资源进行调查评价，用以指导土地利用。

依据区域农牧林综合地力指数和区域农牧林单项地力指数，全旗土地规划为3个土区，5个亚区规划利用。

东部、东南部中山台地栗钙土、黑钙土农林牧区，包括东部中山台地栗钙土农林区和东南部熔岩台地黑土、黑钙土农牧区2个亚区。土壤总面积32.62万公顷，占全旗土地总面积的16%。自然植被良好，农牧林适宜配置方式为牧大于林大于农。

中部中山山地灰色森林土林业主体区，土壤总面积62.3万公顷，占土地总面积30.6%。农林牧适宜配置方式为林大于牧大于农。

西部高原风沙土、黑钙土林牧区，土壤总面积108.2万公顷，占全旗土地总面积53.3%，包括西部高原黑钙土、风沙土林牧渔业土区和西南坨甸风沙土区2个亚区，林牧适宜配置方式为牧大于林，不宜农。

2007年林牧土壤资源区域综合评价情况表

表2－5－3

区域名称	评价	农用土壤				林用土壤				牧用土壤			
		Ⅰ	Ⅱ	Ⅲ	总计	Ⅰ	Ⅱ	Ⅲ	总计	Ⅰ	Ⅱ	Ⅲ	总计
东部东南部中低山台地栗钙土、黑钙土区	面积（%）	0.29	9.13	5.2	14.62	6.7	6.06	14.02	26.78	16.62	14.77	27.22	58.61
	指数	13.63	365.2	161.2	540.03	227.8	169.68	280.4	677.88	465.36	339.71	517.18	1322.25
中部中山山地灰色森林土、黑钙土区	面积（%）	0.62	2.93	2.12	5.67	20.7	29.15	8.7	58.55	21.63	6.81	1.97	35.78
	指数	29.14	117.2	65.72	212.06	703.8	816.2	174	1694	605.64	142.12	151.43	899.21
西部高原风沙土林牧区	面积（%）	—	0.15	0.055	0.205	1.21	1.54	5.24	7.99	56.38	9.07	26.36	91.81
	指数	—	6	1.705	7.705	41.14	43.1	104.8	189.06	1578.64	208.61	500.84	2288.09

2007 年农林牧土壤资源区域单项情况评价表

表 2－5－4

区域名称	评价	农用土壤				林用土壤				牧用土壤			
		Ⅰ	Ⅱ	Ⅲ	总计	Ⅰ	Ⅱ	Ⅲ	总计	Ⅰ	Ⅱ	Ⅲ	总计
东部东南部中低山台地栗钙土、黑钙土区	面积(%)	2	63.45	35.55	100	25	22.63	52.37	100	28.35	25.2	46.45	100
	指数	94	2.498	1102.05	3694.5	850	633.64	1047.4	2531.04	793.8	579.6	882.55	2255.95
中部中山山地灰色森林土、黑钙土区	面积(%)	10.99	51.6	37.42	100	35.35	49.78	14.86	100	60.47	17.21	22.27	100
	指数	516.5	2046	1160.02	3740.55	1201.9	1393.84	297.2	2892.94	1693.16	397.21	425.03	2515.4
西部高原风沙土区	面积(%)	—	72.66	27.34	100	15.1	13.25	65.65	100	61.41	9.87	28.72	100
	指数	—	2900.4	947.54	3753.94	513.4	539	1313	2365.4	1719.48	227.01	545.68	2492.17

注:这里的“面积”是指单项资源面积占农牧林总资源面积的百分数。“指数”是指单项资源在农林牧土壤总资源中的肥力总指数,代表综合地力指数

克旗东部东南部中低山台地栗钙土、黑钙土农林牧区,区域综合地力指数较低,农牧用地属高肥区,肥力潜力大;林业用地属于中肥区。综合地力指数比较:牧大于林大于农。中部中山山地灰色森林土、黑钙土以林为主农林牧全面发展区,区域综合地力指数最高,农林用地属高肥区,肥力潜力大;牧用资源属中肥区。综合地力指数比较:林大于牧大于农。西部高原风沙土林牧区,区域综合地力指数最低,农业用地肥力属高肥区,牧林业用地肥力属中肥区,综合地力指数比较:牧大于林大于农。

克旗以牧用土壤资源肥力总指数最高,林用土壤资源肥力次之,农用土壤资源肥力最低。克旗土壤资源对牧用适宜性最高,林用次之,农用最低。

(二)利用现状

至 2008 年末,克旗宜农、宜牧、宜林土地基本已开发利用,总体土地利用数量基本稳定。

2008 年末克旗土地利用情况表

表 2－5－5

用地类别	用地总面积(公顷)	占地比重(%)
耕　地	86551.06	4.58
田　园	24.61	0.01
林　地	508007.73	26.86

续表 2－5－5

用地类别	用地总面积(公顷)	占地比重(%)
草　地	1214749.59	64.23
城镇、工矿用地	11750.37	0.62
交通运输用地	7469.15	0.40
水域水利设施用地	34006.79	1.80
其他用地	28586.88	1.50

第二节　水资源

克旗水资源地表水主要来自外、内流河水系。外流河水系主要是西拉沐沦水系和滦河水系；内流河水系包括内陆河、内陆湖泊。

克旗境内以大兴安岭和七老图山脉为分水岭，形成西拉沐沦河水系和滦河水系两大水系，加之内陆河，总计有大小河流 50 余条。至 2008 年末，已探明全旗水资源总量约 9.69 亿立方米，其中地表径流量 7.44 亿立方米，地下水补给量 5.86 亿立方米，两者重复量 3.61 亿立方米。地下水可开采量 4.23 亿立方米，地表水总供水量 2.44 亿立方米，地下水总供水量 1.54 亿立方米。

1991—2008 年克旗水资源平均存量表

表 2－5－6

河湖水系名		水流总长度（公里）	水域总面积（平方公里）	年均径流量（亿立方米）
西拉沐沦河水系	主河	169	14308	5.65
	支流	610	6787	2.87
滦河水系	主河	60	592	0.2
	支流	39	1100	0.13
内陆河水系	—	410	4590	1.8
湖泊	—	—	350	—
地下水资源	地下常温水年总储量 107786 万吨			
	地下热水年可采量 22.6 万～51 万吨			

第三节 草原资源

中华人民共和国成立后,克旗共进行过4次草原资源调查,1986年编写出《克旗草场资源调查报告》《克旗人工半人工草场调查报告》《克旗退化草场调查报告》并建有植物标本室。2001年克旗第四次草原调查,全旗草原划定为4种类型:温性草甸草原、温性草原、低地草甸和山地草甸。草原总面积152.4万公顷,可利用面积119.3万公顷,约占全旗总土地面积75%。草原植被主要为干草原植被和草甸草原植被,分别约占天然草原的65%和25%。

在农业部的支持和自治区农业厅统一安排下,自治区草原勘察设计院应用遥感(RS)地理信息系统(GIS)、全球定位系统(GPS),对全旗不同土地类型面积、草地资源生产力及其发展潜力、草地退化、草地资源变化趋势等草地资源现状进行调查,建立起草地资源数据库。

2008年克旗草地基本状况调查表

表2-5-7

调查项目	退化、沙化、盐渍化草地面积(公顷)	调查项目	退化、沙化、盐渍化草地面积(公顷)
轻度退化草地	642880	轻度盐渍化草地	6746.7
中度退化草地	429613	中度盐渍化草地	20520
重度退化草地	33327	重度盐渍化草地	8780
退化草地面积合计	1105820	盐渍化草地面积合计	36046.7
轻度沙化草地	101553	“三化”草地面积合计	1494532.7
中度沙化草地	209493	天然草地总面积	1524046.7
重度沙化草地	41620	人工草地及饲料地	6620
沙化草地面积合计	352666	草地面积总计	1530666.7

注:此表为克旗农牧业局2008年调查修订后的数字。

一、草原类型

克旗草原类型丰富多样,北部为典型草原植被,西南部为沙化草原植被,南部为高寒漫甸草原,东部为山地灌丛草原。分布于蒙古、东北、华北三个植物区系交汇处,植被建群种和优势种以蒙古植物区系的植物被分布最广,东北植物区系的植物种类次之,形成了丰富的草原植物资源。2002年调查,草原上已采集定名的野生植物有95科389属1016种,可饲用植物240种以上,可供药食兼用植物30余种。第四次草原调查依据地貌类型,初步认定草原主要是温性草甸草原、温性草原、低地草甸草原、山地草甸。

温性草甸草原　温性草甸草原主要分布在南部塞罕坝、乌兰布统开发区和桦木沟林场等地,海拔1300～2067米,面积40.9万公顷。土壤发育良好,多为淋溶黑钙土或浅色黑钙土,水分和营养状况比较优越,生长发育出丰富杂类草层。植物群落组成主要为贝加尔针茅、羊草、线叶菊、扁蓿豆、蓬子菜、南牡蒿、地榆、狐尾蓼、兰花棘豆、黄囊苔草等。禾本科植物种类较杂。

温性草原　温性草原为克旗主体性草原,占草原总面积60%。又分为平原丘陵草原、山地草原和沙地草原三个亚类。主要分布在大兴安岭山地的外围,西拉沐沦河以南的山地、丘陵和西北部牧区,浑善达克沙地东缘,海拔1200～1600米,面积78.8万公顷,土壤为栗钙土或暗栗钙土,质地为壤质或沙壤质。平原、丘陵草原植物群落建群种为大针茅,羊草伴生种有冰草、洽草、糙隐子草、冷蒿、阿尔泰狗娃花、黄芩、扁蓿豆、麻花头、风毛菊、委陵菜等。山地草原植物群落主要灌木有西伯利亚山杏、绣线菊、虎榛子;半灌木有差不嘎蒿、细叶胡枝子;草本植物有羊草、冰草、拂子茅、冷蒿等。沙地草原沙丘上多生长黄柳、沙蒿、分叉蓼、差不嘎蒿;丘间塔拉(平坦草地)多生长羊草、冰草、苔草、糙隐子草、冷蒿、寸草苔、星毛委陵菜等。

低地草甸草原　低地草原主要分布在河湖两岸低地(河漫滩)及谷洼地汇水地段上,土壤水分充足,海拔800～1500米,面积10万公顷。土壤为草甸土或盐化草甸土。中生禾本科植物组成草甸植物主体,如芦苇、芨芨草、三枝棱草、小康草、苔草等,杂类草有星星草、驴蹄草、鹅绒委陵菜、车前、马蔺、问荆等。

山地草甸草原　山地草甸草原为隐域性植被类型,多与天然林连接,生态环境比较湿润,地表有腐殖质层,土壤为黑钙土或淋浴黑钙土,海拔1500～2000米,面积8000公顷。山地草甸草原植物种类丰富,由贝加尔针茅、线叶菊组成主要建群种,伴生植物有羊草、早熟禾;杂类草层片十分发达,常见的有扁蓿豆、野豌豆、兰花棘豆、野火球、歪头菜、蓬子菜、地榆、狭叶紫胡、日阴菅等,每平方米植物种数30种左右,草层高度50厘米,覆盖度60～80%。

二、草地利用

1991年后,克旗畜牧业经济由集体所有制全部转为家庭所有制,牲畜头数快速增长,部分地区超载过牧,加之气候干旱,草原退化明显。

2001年,克旗第四次草原调查显示,草原重度退化15%、中度退化55%,退化面积100万公顷。草群高度由第三次(1986年)草原调查时的50厘米下降到10～20厘米,植被盖度由60～85%降到35～45%;草山草坡出现水土流失,沙质草原出现裸沙,沙化面积超过35万公顷。草牧场平均生物产量降到1000公斤/公顷,每个羊单位所需草地面积暖季1.52公顷,冷季0.93公顷。

1980年前,克旗草原畜牧业生产在牧区分放牧场和打(贮)草场。打草场基本固定,分户使用,没有围栏保护并不随意放牧,户与户之间自然形成使用草牧场界线。放牧场多靠近河流湖泊,无明确界线,多以独贵龙为单位集中放牧。半农半牧区有极少较大面积打草场,冷季饲草主要利用农副产品秸秆,利用耕地边缘或林间草地获得少量饲草。1985 年,旗政府在达来诺日镇西岗更嘎查进行试点,按人 7 畜 3 占有份额,把 1200 公顷打草场划分到牧户,发放草场使用证。取得经验后,牧区开始尝试承包使用草场。

三、使用方式

围建"草库仑"划区轮牧 1991 年后,围栏草地得到大面积推广,国家无偿提供刺线,动员牧民围封退化草牧场。随后,牧户开始自动筹款,积极围封草牧场,草库仑面积迅速扩大。

2000 年后,草库仑内草牧场得到保护利用的同时,围栏外的草牧场退化凸显,全旗开始制定草原建设项目设计标准,开始有计划地建设水、草、林、机、料配套的家庭式牧场。

2003 年,农业部项目投资 1650 万元,探讨实施划区轮牧、围栏封育、恢复草原植被和合理利用草原的有效途径。2004 年,建设完成巴彦查干苏木吉日嘎查和乌宝力格嘎查划区轮牧实验示范区项目建设。项目区规划草牧场 1 万公顷,分为 31 个单元,每个单元划分 9 个轮牧小区,每小区有 267 ~ 333 公顷草牧场。建设划区轮牧实验示范区共涉及 193 户牧民。草牧场单元采用水泥桩刺线围栏,草牧场小区采用网围栏分割封育轮牧。封育轮牧区内打井并配套安装提水风车,铺设输水管道和安置蓄水罐、饮水槽等。2006 年建设项目通过验收。

有偿承包 1996 年,结合贯彻落实《内蒙古自治区进一步落实完善草原所有权、使用权和承包责任制的规定》,全旗草牧场全部实行有偿使用。1998 年,全旗牧区草牧场全部承包到户。2007 年,全旗草牧场以责任制形式承包到户。

草牧场有偿使用 1991 年,克旗草牧场有偿使用工作率先在阿其乌拉苏木启动试点。打草场全部划分到户,放牧场划分到嘎查,并按草场质量和载畜状况制定收取草场使用费标准和使用规定。1992 年,印发《克旗人民政府关于有偿使用草牧场的规定》,全旗草牧场实行有偿使用,收取的草牧场使用费 80% 用于草原建设,20% 用于草原管理工作。

"双权一制"改革 1996 年,自治区政府印发《内蒙古自治区进一步落实完善草原所有权、使用权和承包责任制的规定》(简称"双权一制")。1997 年,中共克旗委、克旗人民政府制定印发《关于进一步落实草牧场"双权一制"责任制实施办法》,专项推进"双权一制"改革落实工作。1998 年,完成"双权一制"工作任务,发放草原所有权证 36 本,草原使用证 3686 本,签订草牧场承包合同书 3686 份。草牧场承包面积 36.2933 万公顷,承包期 30 年,从 1998 年 1 月 1 日—2027 年 12 月 31 日终止,涉及全旗牧区 41 个嘎查 123 个独贵龙 3991 户。

2006年末，除红山子乡以外，全旗半农半牧区草牧场“双权一制”全部落实，发放草原所有权证74本，草原使用经营权证8044本，签订草牧场承包合同书122532份，承包草牧场面积60.75万公顷，承包期为24年，从2003年1月1日—2027年12月31日终止，共涉及全旗82个行政村40844户。克旗草牧场“双权一制”改革到2006年末完成并通过自治区专项工作组验收。

草畜平衡制度　2001年5月、11月，旗政府连续发布“禁牧令”，规定全旗31.93万公顷草牧场实行禁牧休牧，其中休牧面积8万公顷，划区轮牧面积1.333万公顷。经棚镇扎木苏村民组率先实行阶段性舍饲。2002年，全旗推行草畜平衡制度，禁牧草牧场100万公顷以上。山羊全部实行舍饲。2005年，常年和季节性禁牧面积161.2万公顷。2006年，推行凭证出牧制度。旗政府印发《克什克腾旗转变畜牧业生产方式推行草畜平衡制度暂行规定》，对红山子乡（含乌兰布统旅游开发区、红山军马场）、新开地乡、芝瑞镇、同兴镇、万合永镇、土城子镇、宇宙地镇、经棚镇（含浩来呼热办事处）等8个乡镇实行全年全境禁牧。巴彦查干苏木、达日罕乌拉苏木、达来诺日镇3个单位实行季节性休牧。全旗常年禁牧面积达到141.23万公顷，以嘎查、独贵龙为主推行划区轮牧。2008年，红山子乡等8个乡镇常年禁牧，达日罕乌拉苏木等5个苏木和筹备处、开发区实行季节性禁牧，总禁牧面积193万公顷，其中全年禁牧95.5万公顷，季节性禁牧97.5万公顷。

四、保护建设措施

禁止开垦草原　1999年，旗政府依据《内蒙古自治区人民政府关于严禁乱开滥垦加强生态环境保护与建设的命令》，开展草原执法综合检查。2001年，对全旗随意开垦草原进行清查，清理非法私自开垦草原116块8267公顷，责令限期退耕种草，恢复植被。对全旗家庭草库仑建设、草牧场更新改良和饲料地开垦，严格履行审批程序，对开垦条件、开垦面积和种植品种做出明确规定，依法加强管理。2008年，开展全旗执法检查。

制止过度使用草原　2002年9月，全旗实施草畜平衡制度，划定类型区，确定草牧场利用方式和牲畜饲养方式。以农牧户为单位，核定载畜量，并签订草畜平衡责任书。2001—2006年，旗政府印发《克什克腾旗转变畜牧业生产方式推行草畜平衡制度暂行规定》，4次发布《关于部分区域实行禁牧的命令》，首次对全旗草原实行分区域全年禁牧、季节性休牧等管理措施。明确规定国道、省际通道及主要旅游公路沿线、国家重点公益林区、旅游景区、主要河流发源地、主要生态建设项目区、克什克腾世界地质公园园区和实行全年牲畜舍饲的乡镇实行常年禁牧。在牧区、牧草返青期实行季节性休牧。全旗各国营林场、渔场、矿山企业、电站实行禁止饲养牲畜等管理措施。2008年，全旗禁牧休牧限牧面积193万公顷。

从2003年开始，执行对禁牧区按禁牧面积补助饲料粮政策，常年禁牧区补助饲料粮 82.5 公斤/公顷,季节性禁牧区补助饲料粮 20.6 公斤/公顷。

改良草场 1991 年,克旗借助国家西部大开发和京津风沙源生态治理项目,持续开展草原建设。2006 年,人工种草累计 8667 公顷,改良重度退化草场 2.1 万公顷,人工、半人工改良草场 2.9 万公顷。2008 年,饲料种植 8000 公顷,青贮作物种植 1.4 万公顷。

综合开发利用 1995 年,克旗列入国家草原建设、生态治理、多种经营和防沙治沙农业综合开发项目建设旗。1995—1997 年,实施国家农业综合开发第 3 期项目,分别在达日罕乌拉苏木、达来诺日镇和巴彦查干苏木实施草原建设项目。以户为单位,建设 400 处(户)家庭牧场,治理草地 7333.3 公顷,牧户人均增收 1870 元。基本建设标准是户人均占有牲畜 50 个羊单位以上,户有 1 处 20 ~ 33 公顷水、草、料、林、机五配套草库仑,1 处畜用越冬塑料暖棚,1 处饲料青贮窖。

多种经营项目主要是牛羊育肥、胚胎移植和良种繁育。在喜鹊沟国营家畜配种站成立家畜胚胎移植中心,1995—1997 年共进行牛羊胚胎移植 7800 头只,其中牛移植冻胚 230 头,移植成功产仔 92 头;羊移植 7570 只,移植成功产仔 4886 只。1998—2000 年,实施国家第 4 期建设项目,完成 1 万只育肥羔羊,从国外购进无角多赛特肉羊胚胎 652 枚,移植成功产仔 291 只。2001—2003 年,实施国家农业综合开发第 5 期项目,共建设人工草地 3.1 万公顷,其中可灌溉草牧场 600 公顷,改良草场 2667 公顷,建成饲料地 33.3 公顷,打机电井 15 眼,建成 95 处 8600 平方米标准化牲畜暖棚,22 处 1100 立方米青贮窖,106.7 公顷牧草防护林,新建成 1 处牲畜改良站。克旗实施国家农业综合开发第 5 期项目,农牧民人均增收 630 元。

沙化治理 2001 年,克旗实施京津风沙源治理项目中的草地治理项目。主要目标是控制草原沙化、水土流失、恢复草原植被、保护地区生态安全。项目涵盖全旗各苏木乡镇。西部牧业区主要进行草地围栏封育、草场改良,东部农业区主要治理水土流失。京津风沙源治理项目规划到 2010 年完成。到 2008 年,治理草地 8 万公顷,建成 22.5 万平方米牲畜越冬暖棚,1000 处青贮窖,购置 2182 台套饲草料加工机械。2008 年,克旗京津风沙源治理项目草牧场建设生态效益明显,草原植被覆盖度提高 12 ~27%,植物种类由每平方米 4 ~5 种增加到 10 种以上。

禁止乱采滥挖 克旗采取法律和行政措施,落实《克旗中药材收购许可证》《克旗中药材采挖许可证》制度,保障中草药材和食用植物得到永续利用。

防止火灾、鼠害、虫害 克旗森林草原防火由旗政府统一指挥,设常设机构森林草原防火指挥部,旗长任总指挥,防火指挥部下设森林草原防火办公室,各苏木乡镇都设有防火指挥部,实行"一把手"负责制。全旗执行统一的防火检查制度,每年春季 3 月 15 日—6 月 15 日,秋季 9 月 15 日—11 月 15 日为防火戒严期。

克旗草原每年都有不同程度鼠害发生,年均有 6.3 万公顷草原遭受鼠害。主要鼠类有沙鼠、黄鼠、鼢鼠、布氏田鼠等,鼠害以生物和物理方法防治为主。鼠害较严重区域,由草原使用者到主管部门领取统一配制的毒饵进行杀、灭、防治。1991—2008 年,没有组织全旗性大规模灭鼠。

克旗草原虫害主要是蝗虫和草地螟,主要防治措施是喷洒药物灭杀。1991—2008 年,没有发生大面积、高虫口密度草原虫害。

1995—2003 年克旗草牧场建设情况表

表 2－5－8

年　度	草牧场建设(公顷)					草牧场配套建设							资金投入(万元)		
	人工草地	草场围栏	草场改良	饲料地	草场防护林	青贮窖(个)	暖棚(处)	打井(眼)	家庭牧场户	良种繁育(头只)	购繁殖种公羊(只)	购良种公羊(只)	国家	自筹	贷款
1995—1997	2000	2667	2667	407	107	220	220	90	400	1235	1435	—	455	383.1	—
1998—2000	4173	—	5133	213	180	80	110	81	—	—	650	2	1162	489	780
2000—2003	1620	—	2000	33	107	22	1043	15	—	—	—	—	1599	545	153
合　计	7793	2667	9800	653	394	322	1373	186	400	1235	2085	2	3216	1417.1	933

第四节　林木资源

一、资源调查

1991—2008 年,森林覆盖率逐步提高,资源得以充分保护合理利用,且生态效益明显。

2002—2008 年克旗林业资源调查表

表 2－5－9

年份	有林面积(公顷)	天然林面积(公顷)	人工林面积(公顷)	森林覆盖率(%)
2002	353333	156666	10987	16.45
2003	371885	156667	72381	21.5
2004	240822	167562	73146	25.46
2005	482497	167562	76146	23.4
2006	530240	176280	89816	25.6
2007	541645	176439	91647	26.1
2008	552178	176439	102180	26.7

二、林木数量

1991年以后,克旗森林除部分山地为针叶林外,边杂地主要为针阔混交林。阔叶林有白桦、山杨、柞、枫、山丁子、山楂、稠李等,针叶树伴生树种榆、柳及沙棘等乔灌木,基本丛生在大川河塘中。仅存少量云杉、落叶松、杜松等原始林。

随着国家"三北"防护林工程建设和封山育林、植树造林等生态建设,森林逐步得到恢复,森林覆被率不断增加。20世纪末,国家实施京津风沙源治理、退耕还林(草)、天然林保护等项目,推动林业建设和生态保护。

至2005年末,克旗有林地面积73090公顷,其中天然林面积增加到22730公顷,比中华人民共和国成立初期增加11530公顷。森林覆被率由7.4%增加到23.4%。

2006年,克旗林业用地总面积867346公顷,其中有林地面积236675公顷,疏林地面积7791公顷,灌木林地面积293565公顷,未成林地面积51612公顷,苗圃地182公顷,有待植林地277521公顷。人均有林地面积为0.9公顷。全旗活立木总蓄积量1390万立方米,其中用材林蓄积量183万立方米;防护林蓄积量1145万立方米;特用林蓄积27万立方米;疏林蓄积13万余立方米;散生木蓄积15万立方米;四旁树蓄积量为7万立方米。按权属分:国有活立木蓄积量1234万立方米;集体林蓄积量为50万立方米;个体蓄积量为106万立方米。全旗人均活立木蓄积54.7立方米。

三、天然次生林

天然次生林基本是在原始森林毁后蘖生而成。在全旗23.65万公顷有林地中,天然次生林74.53%,总蓄积量1145万立方米,占全旗木材总蓄积量82.36%。

天然次生林垂直分布,主要集中在海拔1500~2000米中山地带,上为高山草原,1500米以下森林草原交错。中山上半部主要为白桦或以白桦为主的阔叶林。下半部多为白桦、山杨、蒙古栎。天然次生林水平分布以西拉沐沦河为界,可分南北两区片。南片属七老图山脉北麓大局子、桦木沟林区,为落叶松、油松、白桦混交林;北片为大兴安岭余脉黄岗梁林区,多为次生林。在浑善达克沙地有榆树、柳树、山杨、山杏、乔灌交错,零星杂以松、桧,为原始林遗迹;各河川多生长有河柳、沙棘。

四、人工营造林

到2008年,克旗有人工林地14万公顷,其中已成林地9万余公顷,未成林造林地4.97万公顷。

克旗人工林树种以落叶松、樟子松、云杉、杨树、山杏、沙棘为主,主要栽植区域在海拔1000米以上山地、高寒漫甸区;海拔1000米以下平地和川地多栽培杨树、山杏、沙棘等。

在已成林人工林面积中,有落叶松4.08万公顷,樟子松1623公顷,云杉989公顷,杨树1.48万公顷,榆树1837公顷,油松31公顷,果树林149公顷,灌木2.96万公顷。

人工林总蓄积量中有落叶松153万立方米，樟子松1.48万立方米，云杉3.05万立方米，杨树87万立方米。

五、植物动物名录

1. 植物名录

木本植物

乔木

裸子植物门

（一）松科

白杉、油松、兴安落叶松、沙地云杉、樟子松、华北落叶松、日本落叶松、长白落叶松

（二）柏科

杜松、侧柏

被子植物门

（三）杨柳科

山杨、小叶杨、北京杨、小青杨、加杨、新疆杨、甜杨、赤峰杨、沙柳、卷边柳、蒿柳、粉枝柳、大黄柳、垂柳、旱柳、深山柳、乌柳

（四）胡桃科

核桃楸、胡桃

（五）桦木科

白桦、黑桦、红桦、枫桦（硕桦）

（六）山毛榉科

蒙古栎、辽东栎

（七）榆科

黑榆、黄榆、白榆（家榆）、春榆

（八）桑科

裂叶榆、桑

（九）蔷薇科

稠李、花桃树、山桃、花楸、化红

（十）卫茅科

桃叶卫茅

（十一）槭树科

糖槭、五角枫

（十二）椴科

糠椴、蒙椴

灌木

裸子植物门

(一)柏科

兴安桧、义子圆柏

(二)麻黄科

草麻黄、单子麻黄

被子植物门

(三)杨柳科

五蕊柳、黄柳、小红柳、细叶沼柳、筐柳、黄花柳、密齿柳、沙柳、越桔柳、崖柳、皂柳、沼柳、乌柳、西伯利亚沼柳

(四)桦木科

砂生桦、柴桦、油桦、枣叶桦、虎榛子、榛、毛榛

(五)桑槲寄生科

槲寄生(北寄生)

(六)桑科

蒙桑

(七)蓼科

东北针枝蓼

(八)藜科

华北驼绒藜、木地肤

(九)小檗科

黄卢木

(十)虎耳草科

红升麻、茶藨子、楔叶茶藨、兴安茶藨

(十一)蔷薇科

黑果栒子、灰栒子、柳叶绣线菊、狭叶绣线菊、三裂绣线菊、华北珍珠梅、全缘栒子、土庄绣线菊、麻叶栒子、全线栒子、水栒子、毛山楂、蒙古扁桃、毛樱桃、珍珠梅、娟毛绣线菊、窄叶绣线菊、楼斗绣线菊、床叶悬钩子、小叶金老梅、金露梅、西伯利亚山楂(辽山楂)、胡枝子、达乌里胡枝子、细叶胡枝子

(十二)豆科

小叶锦鸡儿、山槐、狭叶锦鸡儿

(十三)鼠李科

乌苏里鼠科、小叶鼠李、柳叶鼠李

(十四)山茱萸科

红瑞木

(十五)杜鹃花科

照山白、兴安杜鹃、迎红杜鹃

(十六)木樨科

紫丁香、白丁香

(十七)唇型科

百里香

(十八)忍冬科

黄花忍冬、蒙古荚莲、兰锭果忍冬、宽叶接骨木、毛接骨木、鸡树条荚蒾、蒙古荚蒾、小叶忍冬

(十九)菊科

差不嘎蒿、万年蒿、万年蓬、岩蒿

(二十)虎耳草科

美丽茶藨、东北茶藨

草本植物

孢子(蕨菜)植物门

(一)卷柏科

园枝卷柏

(二)木贼科

问荆、草问荆

(三)岩蕨科

旱岩蕨、耳羽岩蕨

被子植物门

双子叶植物纲

(四)桑科

野大麻

(五)荨麻科

麻叶荨麻、狭叶荨麻

(六)檀香科

百蕊草、急折百蕊草

(七)蓼科

扁蓄、义分蓼、卷茎蓼、狐尾蓼、桃叶蓼、两栖蓼、西伯利亚蓼、珠芽蓼、细叶蓼、兴安蓼、草甸箭草蓼、小桃叶蓼、苦荞麦、酸模、东北酸模、小酸模

(八)藜科

杂配轴藜、轴藜、野滨藜、西伯利亚滨藜、沙蓬、华虫实、兴安虫实、小果兴安虫实、软

毛虫实、光果虫实、细叶藜、灰线藜、尖头叶藜、刺藜、雾冰藜、猪毛菜

(九)苋科

北美苋、反枝苋、凹头苋

(十)石竹科

毛萼麦瓶草、厚叶繁缕、兴安繁缕、种阜草、灯心草蚤缀、无毛卷耳、簇茎石竹、兴安娄菜、孩儿参、麦瓶草、伞繁缕

(十一)毛茛科

棉团铁线莲、紫萼铁线莲、掌叶毛茛、小掌叶毛茛、单叶毛茛、长茎毛茛、浮毛茛、细叶白头翁、长毛银莲花、瓣蕊唐松草、展枝唐松草、欧亚唐松草、白花驴蹄草

(十二)小蘗科

西伯利亚小檗

(十三)十字花科

光果亚麻荠、条叶庭荠、西伯利亚庭荠、小花花旗杆、无腺花旗杆、沙芥、小花唐芥、大叶碎米荠、细叶碎米荠、香芥、曙南芥、香花芥、燥原芥、盐芥、山遏兰菜

(十四)景天科

瓦松、钝叶瓦松

(十五)蔷薇科

三裂地蔷薇、毛地蔷薇、金露梅、千枝梅、小叶金露梅、大萼萎陵菜、鹅绒萎陵菜、星毛萎陵菜、轮叶萎陵菜、匐枝萎陵菜、大萎陵菜、多茎萎陵菜、腺毛萎陵菜、高二裂萎陵菜、雪白萎陵菜、掌叶多裂萎陵菜、绢毛萎陵菜、朝矢萎陵菜、灰白萎陵菜、蚊子草、绿叶蚊子草

(十六)豆科

细叶黄蓍、草木犀黄蓍、白花黄蓍、达乌里黄蓍、皱黄蓍、斜茎黄蓍、小叶小花棘豆、大花棘豆、兰花棘豆、黄穗棘豆、异色黄穗棘豆、海拉尔棘豆、线叶棘豆、山岩黄蓍、华北岩黄蓍、木岩黄蓍、刺岩黄芪、大叶野豌豆、狭叶山野豌豆、广布野豌豆、山野豌豆、北野豌豆、多茎野豌豆、歪头菜、矮山黧豆、五脉山黧豆、山黧豆、野大豆、披针叶黄花、扁蓿豆、细叶扁蓿豆、苦马豆、天兰苜蓿、黄花苜蓿、细齿草木栖、野火球、米口袋

(十七)牻牛儿苗科

草原老鹳草、灰背老鹳草、毛蕊老鹳草、老鹳草

(十八)芸香科

北芸香、地椒

(十九)水马齿科

水马齿

(二十)堇菜科

奇异堇菜

(二十一)瑞香科

草瑞香

(二十二)柳叶菜科

高山露珠草、小花柳叶菜、毛脉柳叶菜、多枝柳叶菜

(二十三)伞形科

迷国芹、棱子芹、毒芥、红柴胡、东北羊角芹、秘花岩风、兴安蛇床、岩茴香、柳叶芹、沙茴香、峨参、田页蒿、页蒿

(二十四)报春花科

天山报春、白花点地梅、长叶点地梅、海乳草

(二十五)箩科

紫花杯冠藤

(二十六)旋花科

毛打碗花、田旋花、银灰旋花

(二十七)紫草科

东北齿缘草、假鹤虱、滨紫草、白果紫草、勿忘草

(二十八)唇形科

水棘针、光萼青兰、香薷、扭藿香、青兰、兴安益母草、尖齿糙苏、串铃草、亚洲百里香

(二十九)玄参科

达乌里芯芭、长腺小米草、矮腺小米草、水芹菜、白花返顾马先蒿、红色马先蒿、秀丽马先蒿、锡林婆婆纳、大花婆婆纳、兔儿尾苗、东北婆婆纳、鼻花

(三十)车前科

盐生车前

(三十一)茜草科

小花猪殃殃、三脉猪殃殃

(三十二)败酱科

西泊利亚败酱、缬草

(三十三)菊科

沙菀、裂叶蒿、林地蒿、变蒿、小头变蒿、漠蒿、狭叶青蒿、莳萝蒿、野艾蒿、柳蒿、水蒿、碱蒿、线叶蒿、蒙古蒿、冷蒿、猪毛蒿、魁蒿、红足蒿、荫地蒿、山尖子、翠菊、绒背蓟、条叶蓟、西伯利亚还阳参、紫花野菊、勘察加飞蓬、兴安乳苑、细枝狗哇花、粗毛山柳菊、柳叶旋复花、叶山苦、山莴苣、团球火绒草、全缘橐吾、箭叶橐吾、折苞风毛菊、全叶风毛菊、小花风毛菊、密花风毛菊、碱地风毛菊、美花风毛菊、硬叶乌苏里风毛菊、齿苞风毛菊、柳叶风毛菊、球苞麻花头、麻花头、伪泥胡菜、湿生千里光、苣荬菜、山牛蒡、亚洲蒲公英、全

叶马兰、野艾

单子叶植物纲

(三十四)眼子菜科

柳叶眼子菜、龙须眼子菜

(三十五)泽泻科

野慈姑

(三十六)花蔺科

花蔺

(三十七)禾本科

芨芨草、羽茅、米氏冰草、多花冰草、沙芦草、毛沙芦草、西伯利亚冰草、羊草、赖草、巨序翦股颖、蒙古翦股颖、华北翦股颖、芒翦股颖、短穗看麦娘、苇状看麦娘、大看麦娘、野燕麦、野古草、菵草、无芒雀麦、沙地雀麦、缘毛雀麦、耐酸草、大拂子茅、拂子茅、假苇拂子茅、忽略野青茅、大叶章、小叶章、虎尾草、糙隐子草、包鞘隐子草、多叶隐子草、止血马唐、稗、无芒稗、披碱草、园柱披碱草、垂穗披碱草、小画眉草、紫羊茅、达乌里羊茅、水甜茅、异燕麦、光稃茅香、落草、阿尔泰落草、银穗草、大臭草、抱草、臭草、白草、荻、芦苇、林地早熟禾、散穗早熟禾、细叶早熟禾、渐叶早熟禾、硬质早熟禾、假泽早熟禾、额尔古纳早熟禾、草地早熟禾、星星草、大药碱草、缘毛鹅冠草、大芒鹅冠草、垂穗鹅冠草、大针茅、贝加尔针茅、克氏针茅、西伯利亚三毛草、缘穗三毛草、大狗尾草、金狗尾草、断穗狗尾草、大油芒、沙鞭、野大麦

(三十八)莎草科

内蒙古扁穗草、华扁穗草、灰脉苔草、扁囊苔草、寸苔草、膜囊苔草、黄囊苔草、日阴菅、槽杆荸荠、中间型荸荠、东方藨草、水葱、蔫草

(三十九)灯心草

小灯心草、细灯心草

(四十)百合科

白头葱、硬头葱、黄花葱、雾灵韭、双齿韭、短韭、小根蒜、辉葱、兴安天门冬、龙须菜、舞鹤草、北重楼、单花郁金香、少花顶冰花

(四十一)鸢尾科

射干鸢尾、马蔺、囊花鸢尾、紫包鸢尾、溪荪

(四十二)兰科

宽叶红门兰、二叶舌唇兰、斑点杓兰、小柱兰、尖唇鸟巢兰、对叶兰、沼兰、珊瑚兰

(四十三)农作物

谷子、黍子、糜子、小麦、莜麦、荞麦、大豆、赤豆、红花菜豆、菜豆、豌豆、蚕豆、绿豆、扁豆、小豆、芸豆、玉米、蓖麻、线麻、胡麻、小油菜、葵花、苦荞、高粱、大麦、青麻

药用植物

孢子(蕨菜)植物门

(一)卷柏科

卷柏、尖叶卷柏

(二)木贼科

木贼、大问荆

(三)鳞毛蕨科

华北鳞毛蕨

(四)水龙骨科

华北石韦

被子植物门

双子叶植物纲

(五)荨麻科

小花墙草

(六)檀香科

长叶百蕊草

(七)蓼科

酸模叶蓼、水蓼、拳参、巴天酸模、毛脉酸模、皱叶酸模

(八)藜科

碱地肤、刺沙蓬

(九)苋科

马齿苋

(十)石竹科

卷耳、石竹、兴安石竹、瞿麦、草原霞草、女娄菜、旱麦瓶草、叉岐繁缕、银紫胡

(十一)毛茛科

草乌头、华北乌头、紫花高乌头、芹叶铁线莲、短尾铁线莲、大瓣铁线莲、金莲花、兴安升麻、毛茛、匐枝毛茛、回回蒜、石龙芮、翠雀花、芍药、大银莲花、箭头唐松草、卷叶唐松草、瓣蕊唐松草、欧亚唐松草、东亚唐松草、楼斗菜、兰堇草、水葫芦苗、黄戴戴、驴蹄草

(十二)小蘗科

细叶小蘗

(十三)防卫科

蝙蝠葛、五味子

(十四)罂粟科

白屈菜、野罂粟、北紫堇

(十五)十字花科

硬毛南芥、粉绿垂果南芥、荠、播娘蒿、葶苈、光果葶苈、水田碎米荠、草甸碎米荠、阿尔泰糖芥、糖芥、腺茎独行菜、宽叶独行菜、风花菜、垂果大蒜芥、遏兰菜、芝麻菜

(十六)景天科

费菜、八宝、小丛红景天

(十七)虎耳草科

梅花草

(十八)蔷薇科

龙牙草、地蔷薇、莓叶萎陵菜、萎陵菜、三出萎陵菜、二裂萎陵菜、菊叶萎陵菜、银露梅、多裂萎陵菜、铺地萎陵菜、水杨梅、石生悬钩子、地榆

(十九)胡桃科

山核桃

(二十)豆科

内蒙黄蓍、糙叶黄芪、薄叶棘豆、硬毛棘豆、多叶棘豆、砂珍棘豆、甘草、苦参

(二十一)牻牛儿苗科

牻牛儿苗、长白老鹳草

(二十二)亚麻科

野亚麻、宿根亚麻

(二十三)蒺藜科

西伯利亚白刺、蒺藜

(二十四)芸香科

白鲜

(二十五)远志科

远志、卵叶远志

(二十六)大戟科

叶萩、地枸叶、乳浆大戟、大戟、狼毒大戟、地锦

(二十七)凤仙花科

水金凤

(二十八)葡萄科

乌头叶蛇葡萄、山葡萄

(二十九)锦葵科

野西瓜苗、北锦葵、冬葵

(三十)金丝桃科

长柱金丝桃、乌腺金丝桃

(三十一)堇菜科

鸡腿堇菜、裂叶堇菜、斑叶堇菜、库叶堇菜、紫地丁、堇菜、细距堇菜、双花堇菜、毛果堇菜、掌叶堇菜

(三十二)瑞香科

狼毒

(三十三)千屈菜科

千屈菜

(三十四)柳叶菜科

柳兰、沼生柳叶菜

(三十五)小二仙草科

狐尾藻

(三十六)叶藻科

杉叶藻

(三十七)五加科

人参

(三十八)伞形科

柴胡、兴安柴胡、田葛缕子、羊洪膻、泽芹、狭叶泽芹、辽藁木、胀果芹、短毛独活、防风

(三十九)报春花科

粉报春、段报春、东北点地梅、北点地梅、黄连花

(四十)白花丹科

二色补血草

(四十一)龙胆科

鳞叶龙胆、达乌里龙胆、秦艽、三花龙胆、条叶龙胆、假水生龙胆、扁蕾、尖叶假龙胆、肋柱花、瘤毛獐牙菜、岐伞獐牙菜、花锚、白花龙胆

(四十二)萝科

徐长卿、地梢瓜、菟丝子

(四十三)花葱科

花葱

(四十四)紫草科

钝背草、大果玻璃草、石生齿绿草、鹤虱、卵盘鹤虱、紫草、砂引草、紫筒草、附地草

(四十五)马鞭草科

蒙古莸

(四十六)唇形科

香青兰、毛建草、细穗香、细叶益母草、薄荷、地茎糙苏、多裂叶荆芥、并头黄芩、黄芩、粘毛黄芩、塔头黄芩、盔状黄芩、夏至草、毛水苏、紫荆、糙苏

(四十七)茄科

小天仙子、曼陀螺、天仙子、龙葵、青杞、枸杞

(四十八)玄参科

柳穿鱼、疗齿草、卡氏沼生马先蒿、返顾马先蒿、红纹马先蒿、穗花马先蒿、轮叶马先蒿、草本威灵仙、细叶婆婆纳、水蔓菁、白婆婆纳、北苦水

(四十九)紫葳科

角蒿

(五十)列当科

列当、毛药列当、黄花列当

(五十一)车前科

大车前、平车前

(五十二)茜草科

北方拉拉藤、蓬子菜、茜草、黑果茜草

(五十三)败酱科

岩败酱、败酱

(五十四)川续断科

窄叶蓝盆花、华北蓝盆花

(五十五)桔梗科

紫斑玟风铃草、展枝沙参、兴安沙参、北方沙参、山沙参、石沙参、狭叶沙参、柳叶沙参、多岐沙参、二型叶沙参、锯齿沙参、紫沙参、有柄紫沙参、长柱沙参、轮叶沙参、皱叶沙参、丘沙参、锡林沙参、长白沙参

(五十六)菊科

亚洲蓍、蓍、短瓣蓍、铃铃香青、南牡蒿、黄花蒿、冷蒿、大籽蒿、蓖齿蒿、东北牡蒿、紫菀、高山紫菀、三褶脉紫菀、苍术、猫儿菊、狼把草、小花鬼针草、飞廉、莲座蓟、烟管蓟、还阳参、兰刺头、沙兰刺头、飞蓬、线叶菊、阿尔泰狗哇花、狗娃花、山柳菊、欧亚旋覆花、抱茎苦菜、山苦荬、大丁草、北山莴苣、长叶火绒草、火绒草、蹄叶囊吾、小白菊、白山蓟、毛连菜、祁洲漏芦、翼茎风毛菊、风毛菊、草地风毛菊、毛管草、鸦葱、桃叶鸦葱、羽叶千里光、狗舌草、兴安一枝黄花、苦菜菊、蝟菊、蒲公英、华蒲公英、细叶黄鹌菜、碱黄鹌菜、苍耳、北方马兰、东风菜

单子叶植物纲

(五十七)香蒲科

狭叶香蒲、小香蒲

(五十八)黑三棱科

小黑三棱

(五十九)眼子菜科

眼子菜

(六十)芝菜科

海韭菜、水麦冬

(六十一)泽泻科

草泽泻

(六十二)禾本科

冰草、沙生冰草

(六十三)鸭跖草科

鸭跖草

(六十四)百合科

知母、有斑百合、山丹、小黄花菜、黄精、玉竹、小玉竹、藜芦

(六十五)鸢尾科

细叶鸢尾

(六十六)兰科

手掌参、绶草

果蔬花卉植物

(一)蔷薇科

山楂、辽宁山楂、东方草莓、山荆子、山杏、西伯利亚杏、欧李、秋子梨、玫瑰、山刺玫、多刺山刺玫、悬钩子、草莓、山樱桃、山桃、山葡萄

(二)无患子科

文冠果、无患子

(三)胡秃页子科

沙棘

(四)百合科

山韭、野韭、细叶韭、长梗韭、金针(萱花菜)

(五)蕨科

蕨菜

(六)伞菌科

白蘑、黑蘑(草蘑)、树蘑、鸡腿子蘑、营盘蘑、天花板蘑、钉子蘑、片子蘑、水云蘑、蛇盘蘑

(七)木耳科

黑木耳、银耳

(八)园栽果类

苹果、沙果、海棠果、欧李、楸子、核桃、鸭梨、酸梨、杜梨、樱桃、葡萄、家杏、李子、白梨

(九)瓜类

西瓜、冬瓜、南瓜(倭瓜)、裂瓜、香瓜、黄瓜、梢瓜、西葫芦、瓠瓜、丝瓜、打瓜

(十)疏菜类

葱、韭、蒜、芹菜、菠菜、白菜、生菜、西红柿、辣椒、菜椒、茄子、洋葱、大萝卜、胡萝卜、水萝卜、豆角、圆白菜、菜花、芥菜、油菜、茴香、蒜苔、地环、洋姜、豆芽、香菜

(十一)薯类

红薯(地瓜)、马铃薯(土豆)

(十二)经济类作物

甜菜、葵花

(十三)易见家庭种养花卉

西番莲(牡丹)、菊花、芙蓉、茉莉、玫瑰、波斯菊(扫竹梅)、江西腊、夜来香、含羞草、石竹、鸡冠花、水仙、榆叶梅、非洲菊、瓜子海棠、扫帚草、倒挂金钟、仙人掌、仙人指、仙人球、龟背竹、君子兰、一叶兰、万年青、含笑、南天竹、夹竹桃、八仙花、吊兰、郁金香、大金鸡菊、黄菖蒲、美人蕉、大丽花、唐菖蒲、一桂黄花、火炬花、荷兰菊、大丽花、月季、石榴、桂花、一品红、金鱼草、万寿菊

2. 动物资源名录

克旗独特的地理位置、地质地貌,为多种动物生栖、繁衍提供了条件,造就了动物种类丰富、独特多样的动物资源。

1991—2008年间,调查核实,克旗有野生兽类6类18科62种。以食肉、啮齿、偶蹄目为主。

有鱼类7科21种,均为硬骨系鲤形目,其中当地野生鱼类5科14种,引进鱼类2科7种。当地品种以达里诺尔湖瓦氏雅罗鱼及鲫鱼数量多。

有两栖类、爬虫类及节肢类动物10科17种。主要以青蛙、蟾蜍及蝮蛇为多。

有野生禽类16目42科240种,有家禽6种。

兽类

食肉目

(一)猫科

草原斑猫、豹猫、猞狸、兔狲

(二)鼬科

水獭、猪獾、狗獾、艾虎、黄腹鼬、黄鼬、香鼬、白鼬、水貂、紫貂

(三)犬科

貉、沙狐、狐狸、狼

啮齿目

(四)松鼠科

松鼠、灰鼠、岩松鼠、花鼠、黄鼠、旱獭

(五)鼯鼠科

飞鼠

(六)跳鼠科

五趾跳鼠、三趾跳鼠

(七)鼠科

大林姬鼠、黑线仓鼠、褐家鼠、小家鼠、社鼠

(八)仓鼠科

灰仓鼠、黑线仓鼠、大仓鼠、小毛足鼠、黑线毛足鼠

(九)沙鼠亚科

长爪沙鼠

(十)鼢鼠亚科

东北鼢鼠、草原鼢鼠、东北鼢

(十一)田鼠亚科

麝鼠、狭颅田鼠、沼泽田鼠(东方田鼠)、布氏田鼠

兔形目

(十二)兔科

蒙古兔

翼形目

(十三)蝙蝠科

大耳蝠、蝙蝠、家蝠

食虫目

(十四)猬科

大耳猬、刺猬、达乌尔刺猬

(十五)鼹科

缺齿鼹、射鼹

偶蹄目

(十六)猪科

野猪

(十七)鹿科

梅花鹿、马鹿、狍子

(十八)牛科

黄羊、青羊、盘羊、岩羊

家畜类

马、牛、骡、驼、驴、羊、猫、狗

鱼类

当地种类

(一)鲤科

鲤鱼、鲫鱼、瓦氏雅罗鱼、麦穗、棒花、船丁、餐条

(二)鳅科

泥鳅、花鳅、董氏条鳅、达里湖条鳅

(三)刺科

中华多刺鱼

(四)鲶科

鲶鱼

(五)鲑科

细鳞鱼

引进种类

(六)鲤科

草鱼、镜鲤、团头鲂、白鲢、鳙、青海裸鲤

(七)鲑科

虹鳟

两栖类、爬虫及节肢类

两栖类

(一)蟾蜍科

蟾蜍(大蟾蜍)、花背蟾蜍

(二)蛙科

青蛙、林蛙

爬虫类

(三)游蛇科

蝮蛇、中介蝮蛇、乌苏里蝮蛇、黄脊游蛇、白条锦蛇

(四)蜥蜴科

蜥蜴、丽斑麻蜥

(五)蝰科

黑眉蝮

节肢类

(六)巨蚓科

蚯蚓

(七)水蛭科

水蛭

(八)觿螺科

沼螺

(九)蛤蜊科

蛤蜊

(十)匙指虾科

草虾

禽类

䴙䴘目 PODICIPEDIFORMES

(一)䴙䴘科 Podicipedidae

小䴙䴘、黑颈䴙䴘、凤头䴙䴘、赤颈䴙䴘

鹈形目 PELECANIFORMES

(二)鸬鹚科 Phalacrocoracidae

鸬鹚、黑颈鸬鹚

(三)鹈鹕科 Pelecanidae

白鹈鹕

鹳形目 CICONIIFORMES

(四)鹭科 Ardeidae

苍鹭、草鹭、黄嘴白鹭、大麻鳽

(五)鹳科 Cuconiidae

白鹳、黑鹳

(六)鹮科 Thrskiornithidae

白琵鹭

雁形目 ANSERIFORMES

(七)鸭科 Anatidae

疣鼻天鹅、大天鹅、小天鹅、鸿雁、豆雁、灰雁、赤麻鸭、翘鼻麻鸭、罗纹鸭、赤膀鸭、花脸鸭、绿翅鸭、绿头鸭、琵嘴鸭、针尾鸭、白眉鸭、赤嘴潜鸭、红头潜鸭、斑脸海番鸭、鹊鸭、普通秋沙鸭、红胸秋沙鸭、斑嘴鸭、鸳鸯、黑雁

隼形目 FALCONIFORMES

(八)鹰科 Accipitridae

鸢(黑)、玉带海雕、白尾海雕、金雕、白头鹞、白尾鹞、雀鹰、日本松雀鹰、苍鹰、普通鵟、大鵟、毛脚鵟、乌雕、栗鸢、草原雕

(九)隼科 Falconidae

黄爪隼、红脚隼、红隼、燕隼、灰背隼、阿穆尔隼、小隼、游隼

鸡形目 GALLIFORMES

(十)雉科 Phasianidae

石鸡、斑翅山鹑、日本鹌鹑、雉鸡、环颈山鹧鸪

(十一)松鸡科 Tdtraonidae

黑琴鸡

鹤形目 GRUIFORMES

(十二)三趾鹑科 Turnicidea

黄脚三趾鹑

(十三)鹤科 Gruidae

蓑羽鹤、白枕鹤、灰鹤、白头鹤、丹顶鹤

(十四)秧鸡科 Rallidae

黑水鸡、白骨顶、小田鸡

鸻形目 CHARADRIIFORMES

(十五)鸨科 Otidi

大鸨

(十六)反嘴鹬科 Recurvirotridae

反嘴鹬、黑翅长脚鹬

(十七)燕鸻科 Glareolidae

普通燕鸻

(十八)鸻科 Charadriidae

凤头麦鸡、灰头麦鸡、金斑鸻、剑鸻、金眶鸻、环鸻颈、东方鸻

(十九)鹬科 Scolopacidae

大沙锥、扇尾沙锥、半蹼鹬、黑毛塍鹬、斑尾塍鹬、小杓鹬、白腰杓鹬、大杓鹬、鹤鹬、红脚鹬、泽鹬、青脚鹬、白腰草鹬、林鹬、矶鹬、翻石鹬、红胸滨鹬、小滨鹬、青脚滨鹬、长趾滨鹬、斑胸滨鹬、尖尾滨鹬、弯嘴滨鹬、阔嘴鹬、流苏鹬、针尾沙雉、中杓鹬

鸥形目 LARIFORMES

(二十)鸥科 Laridae

海鸥、银鸥、灰背鸥、棕头鸥、红嘴鸥、黑嘴鸥、遗鸥、小鸥、鸥嘴噪鸥、红嘴巨鸥、普通燕鸥、白额燕鸥、须浮鸥、白翅浮鸥、黑尾鸥

鸽形目 COLUMBIFORMES

(二十一)沙鸡科 Pteroclidiae

毛腿沙鸡

(二十二)鸠鸽科 Columbidae

岩鸽、山斑鸠、灰斑鸠、鸥斑鸠

鹃形目 CUCULIFORMES

(二十三)杜鹃科 Cuculidae

大杜鹃、中杜鹃、小杜鹃、四声杜鹃、噪鹃

鸮形目 STRIGIFORMES

(二十四)鸱鸮科 Strigidae

雕鸮、长耳鸮、短耳鸮、纵纹腹小鸮

雨燕目 APODIFORMES

(二十五)雨燕科 Apodidae

白腰雨燕、楼燕

佛法僧目 CORACIFORMES

(二十六)戴胜科 Upupidae

戴胜

(二十七)翠鸟科 Alcedinidae

兰翡翠

鴷形目 PICIFORMES

(二十八)啄木鸟科 Picidae

蚁鴷、大斑啄木鸟、灰头绿啄木鸟、小斑啄木鸟、赤脚啄木鸟

雀形目 PASSERIFORMES

(二十九)百灵科 Alaudidae

蒙古百灵、短趾百灵、亚洲短趾百灵、凤头百灵、云雀、小云雀

(三十)燕科 Hirundinidae

家燕、金腹燕、崖沙燕

(三十一)鹡鸰科 Motacillidae

山鹡鸰、白鹡鸰、黄头鹡鸰、黄鹡鸰、灰鹡鸰、田鹨、水鹨、树鹨、平原鹨、草地鹨

(三十二)鸫科 Turdidae

红胁蓝尾鸲、北红尾鸲、穗即鸟、白顶即鸟、沙即鸟、蓝矶鸫、赤颈鸫、斑鸫、矛斑蝗莺、黑眉苇莺 、东方大苇莺、厚嘴苇莺、褐柳莺、黄眉柳莺、暗绿柳莺、冕柳莺、白喉林莺

(三十三)鹟科 Muscipapidae

北灰鹟、红喉姬鹟、兰歌鸲、北蝗莺、大苇莺、黄腰柳莺、灰柳莺、乌鹟、鸲姬鹟

(三十四)岩鹨科 prunellidae

高原岩鹨 prunella nimalayana

(三十五)山雀科 Pairdae

沼泽山雀、大山雀

(三十六)太平鸟科 Bombycillidae

太平鸟

(三十七)伯劳科 Laniidae

虎纹伯劳、牛头伯劳、红尾伯劳、棕背伯劳、灰伯劳、楔尾伯劳

(三十八)鸦科 Corvidae

喜鹊、达乌里寒鸦、秃鼻乌鸦、小嘴乌鸦、大嘴乌鸦、灰喜鹊、寒鸦、红嘴山鸦

(三十九)椋鸟科 Sturnidae

北椋鸟、灰椋鸟

(四十)文鸟科 Ploceidae

(树)麻雀

(四十一)雀科 Fringillidae

燕雀、白腰朱顶雀、黄雀、金翅雀、蒙古沙雀、锡嘴雀、黑尾蜡嘴雀、普通朱雀、赤朱雀、北朱雀、暗色朱雀、松雀

(四十二)鹀科 Emberizidae

红颈苇鹀、小鹀、田鹀、黄喉鹀、黄胸鹀、栗鹀、灰头鹀、苇鹀、铁爪鹀

图 2-5-1　优美的环境

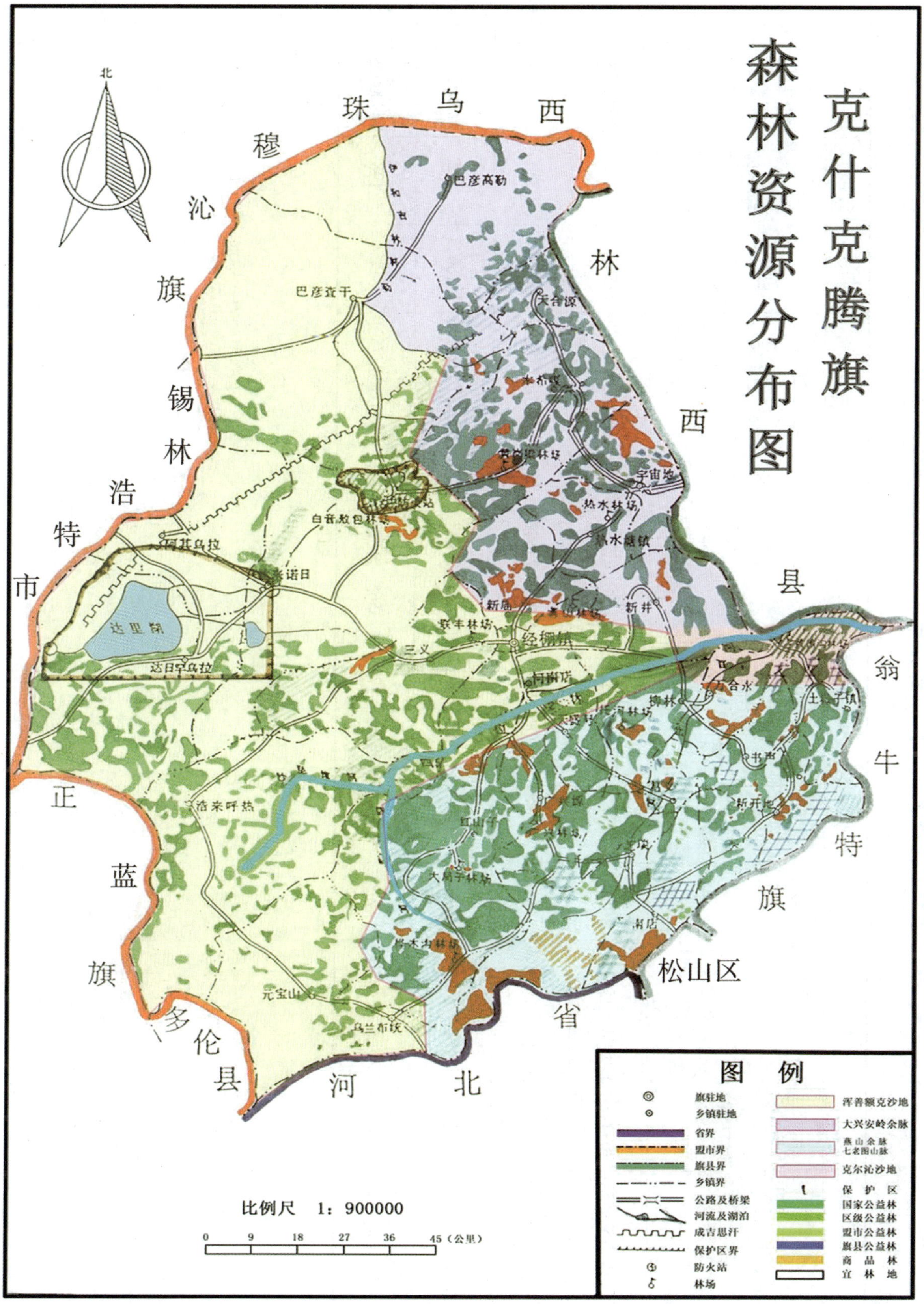
克什克腾旗
森林资源分布图
北
珠
乌
西
穆
沁
旗
锡
林
浩
特
市
林
西
县
翁
牛
特
旗
松山区
正
蓝
旗
多
伦
县
河
北
省
巴彦高勒
巴彦查干
天合源
宇宙地
达里湖
达日罕乌拉
经棚镇
三义
新井
土城子镇
书声
新开地
红山子
浩来呼热
元宝山
乌兰布统
图　例
旗驻地
乡镇驻地
省界
盟市界
旗县界
乡镇界
公路及桥梁
河流及湖泊
成吉思汗
保护区界
防火站
林场
浑善额克沙地
大兴安岭余脉
燕山余脉
七老图山脉
克尔沁沙地
保护区
国家公益林
区级公益林
盟市公益林
旗县公益林
商品林
宜林地
比例尺　1：900000
0
9
18
27
36
45（公里）

1991—2008 年克旗部分年份森林资源情况对照表

表 2-5-10

年份	林业用地(公顷)													非林地(公顷)		活立木总蓄积(立方米)	森林覆被率(%)
	林业用地合计	有林地(公顷)						疏林地	灌木林地	未成林造林地	苗圃地	无林地		非林地合计	其中:林网四旁树占地面积		
		有林地合计	林分				经济林					无林地合计	其中:宜林荒山荒地				
			林分合计	用材林	防护林	特用林											
1991	579552	208342	179398	157399	19528	2471	28944	12017	123180	27763	96	208154	102528	1158548	2172	5259728	19.27
1995	769499	202197	201999	180308	19918	1773	198	11986	154332	27641	67	373276	311489	9623301	2260	5997384	20.72
2001	713178	231219	231102	200391	27869	2842	117	9759	116152	27047	470	328531	316766	1018624	192	12366573	20.07
2006	867346	236675	236526	38093	194033	4400	149	7791	293565	51612	182	277521	277521	864454	198	13900095	25.6

第五节　生物资源

一、植物资源

克旗野生、人工栽培植物共计4门93科364属1014种。其中，人工栽培植物137种，野生植物877种。即：木本植物20科138种；草本植物43科411种；药用植物66科328种；果蔬花卉植物137种。

植物区域分布规律和特点大体为：白桦、黑桦、山杨、蒙古柞、山杏、虎榛子等建群种或优势植物，主要分布在海拔1200米以上的中部山区；针叶林除白音敖包自然保护区有沙地云杉原始林分布外，天然落叶松、华北落叶松、油松、樟子松等针叶林分布于黄岗梁、大局子等海拔1700米以上的山地区；植被为森林草原植被。贝加尔针茅、羊草、地榆、唐松草、线叶菊、蓝盆花等主要为草甸植物，及伴生的黄花、胡枝子、萎陵菜、冰草、隐子草、芨芨草、冷蒿、野豌豆、早熟禾等野生植物主要分布在1200米以上的中山山地、熔岩台地及西北部分高原上，植被为草甸草原植被。常见的大针茅、羊草、早熟禾、披碱草、百里香等牧草，及主要伴生植物冰草、冷蒿、甘草、狼毒，并夹杂山杏等灌丛多分布在1200米以下山地、台地及西北局部高原区，植被由旱生禾本科杂草组成，为草原植被区。常见有黄柳、沙柳、榆树、锦鸡儿、沙棘、沙蒿、铁杆蒿、叉分蓼、针茅、沙蓬、百里香等沙生植物，多分布于西南部浑善达克沙地及西拉沐沦河沿岸沙地上，区域为沙生植被区。常见的塔头苔草、芦苇、三棱草、水莎草等植物，主要分布于常年积水或季节性积水的河谷、低河漫滩或湖盆低地，生长区域为沼泽植被区。

克旗农作物主要有小麦、莜麦、谷子、玉米、荞麦、甜菜等，种植在山地缓坡、河谷平原的洪积扇和一二级台地上，形成栽培植被区。人工栽培的乔灌木主要有油松、落叶松、樟子松、杨树以及苹果、沙果、杏、葡萄、枸杞、沙棘等木本植物。

二、动物资源

独特的地理位置和地质地貌，为多种动物栖息、繁衍提供生存条件，动物种类多样，资源丰富。

1991—2008年，共有兽类7目(类)18科62种。以食肉、啮齿、偶蹄目为主。

有鱼类1目7科21种，都是硬骨系鲤形目。其中当地野生鱼类14种，引进鱼类2科7种。当地品种以达里诺尔(湖)瓦氏雅罗鱼及鲫鱼为多。

有两栖类、爬虫类及节肢类动物10科17种。主要以青蛙、蟾蜍及蝮蛇为主。

有禽类17目42科246种。其中，野生禽类16目42科240种，家禽6种。

第六节　矿产资源

一、金属矿产

克旗金属矿产资源分布广,矿种多,储量大,至2008年末,境内已发现金属矿19种,金属矿产地112处,其中大型矿床1处,中型矿床5处,小型矿床7处,矿点42处,矿化点57处。银、铅、锌、锡等有色金属主要分布在西拉沐沦断裂带以北,钼主要分布在西拉沐沦断裂带以南,铁主要分布在黄岗梁中心区域。境内主要矿产资源是铁(探明储量1.0896亿吨)、锡(探明储量46088万吨,其中伴生矿占93.6%)、钨(储量5.4万吨,全部为伴生矿)、铍(探明远景储量2000吨)、砷(探明储量220.78万吨,其中伴生矿占94.3%)、钼(探明远景储量2.036万吨)、褐煤(探明储量1.429亿吨)。其中开采利用金属矿产资源9种,矿产地40处,有铁、银、铅、锌、锡、钨、钼8个矿种,有色金属矿18个,贵金属矿2个,黑色金属矿7个。

2008年克旗金属矿产地概况表

表2-5-11

矿种		矿床规模						探明储量(万吨)					
		大型	中型	小型	矿点	矿化点	合计	矿种	C级	D级	表外	估算	合计
黑色金属	铁锡	1	—	—	—	—	1	铁矿石	4626.6	4519.3	1683.7	—	10329.6
								锡	2	29.3	15.5	—	44.8
								三氧化钨	—	5.3	0.1	—	5.4
								锌	—	10.4	1.2	—	11.6
								砷	—	19.5	—	—	19.5
	铁锌	—	—	—	2	—	2	—	—	—	—	—	—
	铁	—	—	—	8	22	30	铁矿石	—	—	—	67	67
	铬	—	—	1	—	—	1	铬铁矿石	32.4	23.8	9.5	—	65.7
	锰	—	—	—	—	1	1	—	—	—	—	—	—
有色金属	铜	—	—	—	7	9	16	—	—	—	—	—	—
	铅锌	—	—	—	5	7	12	—	—	—	—	—	—
	多金属	—	—	1	8	4	13	锌	—	3.3	—	—	3.3
								铅	—	0.59	—	—	0.59
								铜	—	0.43	—	—	0.43
								银	—	0.0178	—	—	0.0178

续表 2－5－11

矿种		矿床规模						探明储量(万吨)					
		大型	中型	小型	矿点	矿化点	合计	矿种	C级	D级	表外	估算	合计
有色金属	钨	—	—	—	2	2	4	—	—	—	—	—	—
	锡	—	1	3	6	4	14	锡	0.2	1.66	0.05	0.17	2.08
	钼	—	1	1	4	—	6	钼	—	>1.876	—	—	>2.036
	砷钴	—	1	—	—	2	3	砷	—	—	—	1.28	1.28
								钴	—	—	—	0.008	0.008
贵重金属	金	—	—	—	—	2	2	—	—	—	—	—	—
	银	—	1	—	—	1	2	银	—	—	—	0.103	0.103
								锌	—	—	—	6.9	6.9
稀有放射性金属	钽铍	—	—	1	—	—	1	氧化铍	—	—	—	0.2	0.2
								五氧化二钽	—	—	—	0.03	0.03
	铌钽	—	—	—	—	2	2	—	—	—	—	—	—
	铷	—	—	—	—	—	1	1	—	—	—	—	—
	铀	—	1	—	—	—	1	—	—	—	—	—	—
计		1	5	7	42	57	112	—	—	—	—	—	—

(一)矿带矿区

克旗矿产资源具有成群、成带集中分布特点，依据成矿地质背景划分为 2 个矿带。

1. 黄岗梁—甘珠尔庙矿带

黄岗梁—甘珠尔庙矿带呈北东向分布，长 70 余公里，宽 30 余公里，主要矿产资源有铁、锡、钨、砷、铍等，有 4 个成矿区。

黄岗梁—甘珠尔庙矿带矿区分布情况表

表 2－5－12

矿区	矿带位置	面积(平方公里)	主要矿产	储量(吨)	远景储量(吨)
台来花稀有稀土成矿区	矿带南西端	1000	铍、铌、钽、钇	—	BeO 2000、$Ta_2O_5$300
查木罕—安乐钨锡成矿区	矿带南西段北西部	30×8	钨、锡及铜、铅、锌、银	锡 2.08 万	—

续表 2－5－12

矿　　区	矿带位置	面积(平方公里)	主要矿产	储量(吨)	远景储量(吨)
大乃林沟铁锡钨砷多金属成矿区	矿带南西段中部	40×6	铁、锡、钨、砷、锌	铁1.083亿、锡44.8万、钨5.4万。砷20.73万、钴60、锌11.6万	—
哈达吐铜铅锌多金属成矿区	矿带南西边缘	90	锌、铅、铜、银	锌33000、铅5900、铜4300、银178	—

2. **河盛源—土城子五分地矿带**

河盛源—五分地矿带北东东向长近90公里，宽20公里，主要矿产资源为钼、铀等。

河盛源—五分地矿带矿区分布情况表

表 2－5－13

矿　　区	矿带位置	面积(平方公里)	主要矿产	储量(吨)	远景储量(吨)
河盛源铀钼成矿区	矿带南西端	150	铀、钼、钨、锡、铜	—	—
天盛号—万合永钼铜铅锌多金属成矿区	矿带北西边缘	30×10	钼、铜、铅、锌	20360	—
大黑山铁铜多金属成矿区	矿带北东端	100	铁、铜、铅、锌	67000	—

3. **矿区**

至2008年末，克旗已发现重要矿带外成矿区7处。

克旗矿区分布状况表

表 2－5－14

矿　　区	矿带位置	面积(平方公里)	主要矿产	储量(吨)	远景储量(吨)
油房西银多金属成矿区	芝瑞—书声断陷带	—	银、锌	锌69000	1027
哈尔楚鲁图铜铅锌多金属成矿区	巴彦查干断隆带南西段	—	铜、铅、锌	—	—
天桥山工艺水晶成矿区	万合永天桥山	30×8	烟色水晶	11.4	—
达来诺日—浩来呼热泥炭硅藻土成矿区	达来诺日—浩来呼热新生代盆地	80×40	硅藻土	—	—
芝瑞—书声褐煤成矿区	芝瑞分区	80×20	褐煤	1.428亿	—
浩来呼热煤成矿区	浩来呼热开发区	—	煤	—	—
乌套海褐煤成矿区	—	—	—	—	—

(二)富储金属

1. 铁

截至2008年末,克旗已发现大型铁矿床1处,矿点10处,矿化点22处,探明储量有1.17亿吨。主要为燕山期形成的矽卡岩型矿床,也有热液型脉状矿点矿化点,集中分布在黄岗梁—甘珠尔庙断隆带南西段黄岗梁地区。

克旗铁金属资源状况表

表2-5-15

矿(化)点名称	探明储量(万吨)	矿区面积(平方公里)	伴生矿物	利用情况	主要踏查时间(年)
黄岗铁锡矿	10800	22	锡、钨、锌、铜、镓、铟、钼、镉、砷等	开采	1995
乃林沟铁矿点 35	—	石英等	—	1968—1977	—
书声铁厂铁矿点	10	0.81	铜、石英等	—	1968—1977
柴禾岚子铁矿点	101.9	—	石英、透闪石	曾试开采	1968—1977
于家北沟铁矿点	—	—	孔雀石、蓝铜	—	1969—1970
阿拉比流铁矿点	—	—	铜、孔雀石、透闪石	—	—
苏木沟锌铁矿点	135.5	2.49	—	曾试开采	1972—1977
大乃林沟锌铁矿点	—	—	—	—	1977
三道营子铁矿点	—	2	孔雀石、蓝铜	—	1975—1977
黑土坡沟铁矿点	—	—	—	—	1969—1970
贾古营子铁矿点	—	—	—	—	1969—1970
骡子沟铁矿点	—	—	—	曾试开采	1977
双庙铁矿化点	—	—	—	—	—
俺根纳巴林高铁矿化点	—	—	—	—	—
刘家营子铁矿化点	—	—	—	—	—
宋家营子铁矿化点	—	—	石英、方解石、萤石	—	—
王家营子铁矿化点	—	—	铜、孔雀石	—	1969—1970
鸽子山铁矿化点	—	—	—	—	—
喇嘛地沟铁矿化点	—	—	—	—	1968
中万永沙嘴沟铁矿化点	—	—	—	—	—
广兴源铁矿化点	—	—	—	—	1969

续表 2－5－15

矿(化)点名称	探明储量(万吨)	矿区面积(平方公里)	伴生矿物	利用情况	主要踏查时间(年)
海苏台铁矿化点	—	—	—	—	1966
新井铁矿化点	—	—	—	—	1966
八地铁矿化点	—	—	铜、孔雀石等	—	1966
石板沟铁矿化点	—	—	—	—	1969
道尔吉沟铁矿化点	—	—	—	曾有采矿	1969—1970
硐子山铁矿化点	—	—	—	—	—
五分地铁矿化点	—	—	—	—	1968
敖包沟铁矿化点	—	—	—	—	1969
大帐房铁矿化点	—	—	—	—	1969—1970
下排头营子铁矿化点	—	—	—	—	1968
赖林沟铁矿化点	—	—	铜	—	1969—1970
大北沟铁矿化点	—	—	铜、石英、孔雀石等	—	1969

2. 铜

克旗铜矿以热液型矿化为主，已发现矿点7处，矿化点9处。

克旗铜金属资源状况表

表 2－5－16

矿(化)点名称	探明储量(万吨)	矿区(带)面积(平方公里)	伴生矿物	主要踏查时间(年)
黑格塔拉铜矿点	—	—	—	1977
达来诺日铜矿点	—	—	—	1971
下排营子铜矿点	—	—	铅	1970
高家营子西铜矿化点	—	—	—	1970
纪家营子铜矿点	—	—	—	1974
庙子沟铜矿点	—	—	—	1968
阿拉烧哈山铜矿化点	—	—	—	1966
官地铜矿点	—	—	—	1979
上道梁子铜矿化点	—	—	—	—
二道梁子铜矿化点	—	—	—	1966

续表 2-5-16

矿(化)点名称	探明储量(万吨)	矿区(带)面积(平方公里)	伴生矿物	主要踏查时间(年)
小西沟铜矿化点	—	—	—	1966
喇嘛地沟铜矿化点	—	—	—	1970
老窝堡铜矿化点	—	—	—	1969
于家北沟西铜矿化点	—	—	—	1970
兴隆沟铜矿化点	—	—	铁、石英等	1968
于家北沟铜矿点	—	—	—	1970

3. 铅锌

克旗铅锌矿资源丰富，多在燕山早期以热液型矿化而成矿，已发现矿点 6 处，矿化点 6 处。

克旗铅锌金属资源状况表

表 2-5-17

矿(化)点名称	探明储量(吨)	矿区(带)面积(平方米)	伴生矿物	踏(普)查、开采时间(年)	
				踏查	开采
沙龙沟铅锌矿点	—	〔(0.2～5)×(10～150)〕米×8 条	—	1966 1986 1991	2001
大石山铅锌矿点	—	3.3×200 米	—	1966 1989	曾开采
红眼沟铅锌矿点	—	〔(25～70)×(1～4)〕米×16 条	—	1976	—
沙河沟铅锌矿点	—	—	—	1970	—
赵家营子铅锌矿化点	—	—	—	—	—
陆家窝铺铅锌矿化点	—	(10～45)×2000 米	—	1975	—
下于营子铅锌矿化点	—	—	—	1966	—
海苏台铅锌矿化点	—	—	—	1966	—
八地铅锌矿点	—	25×1500 米	—	1968	—
经棚东山铅锌矿点	—	—	—	1968	—
巴克奇林铅锌矿化点	—	〔(1～25)×600 米〕 +〔(4～25)×800 米〕	铜、银	1989 1994	1995
敖包吐沟铅锌矿化点	—	〔(25～30)×(5～6)〕米×2 条	—	—	—

4. 锡

克旗锡矿资源丰富，多在燕山早期以热液型矿化而成矿，截至2008年末，探明独立中型锡矿床1处，小型矿床4处，发现矿点4处，矿化点6处；锡金属储量C级2062吨，D级10590吨，表外530吨，远景储量1708吨，计20854吨。

克旗锡金属资源状况表

表2-5-18

矿(化)床(点)名称	探明储量(吨)	矿区(带)面积(平方米)	伴生矿物	踏(普)查、开采时间(年)	
				踏查	开采
安乐锡矿床	12257	[(500～1800)×(2500～3000)]米×59条	铜、铅、锌、银	1986 1990	1995
园林子锡矿床	4957	[(15～346)×(0.9～27)]米×29条	—	1985 1992	1992
那仁布拉格锡矿床	1707	—	—	1985	—
伊和沃门特锡矿床	1932	矿体长(30～200)米×19条	石英、钼	1986 1988	1990
石匠山锡矿点	—	[(20～30)×(0.7～1)]米×2条	钼、铁、锑	—	—
白音浩锡矿点	—	[(1～9)×(20～160)]米×3条	—	1974 1979	—
大鹿圈沟锡矿点	—	[(0.5～12.5)×(50～210)]米×2条	—	1986	—
东城子沟锡矿点	—	[(50～210)×(0.5～12.5)]米×2条	—	1985	—
于营子锡矿化点	—	—	—	—	—
木希嘎锡矿化点	—	—	—	—	—
园林子北山锡矿化点	—	—	—	—	—
周梁锡矿化点	—	—	—	—	—
骆驼场梁锡矿化点	—	—	—	—	—
黄岗梁锡矿点	—	—	—	—	—

5. 银

克旗银矿床多与铅、锌、铜等有色金属伴生成矿。截至2008年末，全旗探明金属银总量在5500吨以上。

克旗银金属资源状况表

表 2-5-19

矿区(床、点)名称	探明储量(吨)	矿区面积(平方公里)	伴生矿物	踏(普)查、开采时间(年)	
				踏(普)查	开采
拜仁达坝银多金属矿东区	3961	5.15	铅、锌	2001	2004
拜仁达坝银多金属矿西区	780	5.4	铅、锌、铜	2001	2006
维拉斯托矿区	29	10.8	锌、铜	2006	2007
油坊西银矿床	1027	—	锌	1968 1994	2008
红山子乡杨树坡银矿化点	—	—	铜、铅、锌	1979	—

(三)多金属矿(化)点

克旗境内矿化多金属矿比较普遍,多以铜、铅、锌共生矿床(点)为主,多为燕山早期成矿。

克旗多金属矿(化)资源状况表

表 2-5-20

矿(化)点名称	探明储量(吨)	矿体(或矿带)面积(平方米)	伴生矿物	踏(普)查、开采时间(年)	
				踏查	开(探)采
哈达吐小型多金属矿床	铅 5851 锌 32959 铜 12928 银 178	[(600~2000)×(150~350)]米	—	1989 1994	1988
哈尔楚鲁图多金属矿点	—	[250×(1~2)]米×2 条	—	1996	2000
太平庄多金属矿点	—	[(600~800)×(1~25)]米×2 条	—	1968	—
兴隆庄金属矿点	—	[(0.6~2)×(20~320)]米×9 条	—	1989	—
双庙多金属矿点	—	[(0.1~4.8)×(80~420)]米×11 条	—	1988	1990 2008
下地多金属矿点	—	[(1~10)×(1~150)]米×3 条	—	1975	1996 2008
柳条沟多金属矿点	—	[(0.8~30)×(30~125)]米×7 条	—	1966 1974	2008
黄土梁多金属矿点	—	[(0.1~2.5)×30]米×2 条	—	1975	2008
高家营子多金属矿点	—	[(2.5~35)×(8~160)]米×7 条	—	1974	—

续表 2－5－20

矿(化)点名称	探明储量(吨)	矿体(或矿带)面积(平方米)	伴生矿物	踏(普)查、开采时间(年)	
				踏查	开(探)采
陆家窝铺多金属矿化点	—	〔(0.1～0.2)×(10～20)〕米×7条	—	1972 1976	2008
二道沟梁多金属矿化点	—	(0.7×50)米	—	1966	2008
七地多金属矿化点	—	(7×30)米	—	1987	—
高营子多金属矿化点	—	—	—	—	—

(四)重要金属矿(化)点

克旗境内发现有铬、锰、钨、钼、钴等重要矿产资源。

克旗稀有金属矿资源状况表

表 2－5－21

金属名	矿(化)点名称	探明储量(吨)	矿体(或矿带)面积(平方米)	伴生矿物	踏(普)查、开采时间(年)	
					踏查	开(探)采
铬	柯单山小型铬铁矿床	20～30	8000×2000米	铁	1962 1967 1971	—
锰	那汗沟门铁锰矿化点	—	20×10米	铁	1966	—
钨	查木罕钨矿点	—	〔(1～22)×(50～250)〕米×26条	铍8条 锡4条 及铁铜	1978 1983	1979 1996
	浩腾图钨矿点	—	〔(2～8)×(40～110)〕米×13条	坤、铋、 铁、铌	1975 1983	1991 2008
	查木罕沟钨矿化点	—	—	—	1977 2008	—
	袁营子钨矿化点	—	—	—	1970	2008
钼	小东沟中型钼矿床	29958	〔(200～300)×(200～500)〕米×5个	铁	1970 1980	2007.9
	河盛园小型钼矿床	—	矿体长20～90米×12个	铅、锌、铜	—	—
	塔拉沟钼矿点	—	—	—	1970	—
	大局子林场钼矿点	—	—	—	1970	—
	新房子钼矿点	—	20×20米	—	1970	—
	奈林沟砷钼矿点	—	—	—	1970	1995年曾采

续表 2-5-21

金属名	矿(化)点名称	探明储量(吨)	矿体(或矿带)面积(平方米)	伴生矿物	踏(普)查、开采时间(年)	
					踏查	开(探)采
砷钴	大乃林沟砷钴矿床	砷 12797 钴 80	有砷钴矿脉 8 条长 35~170 米	铅、锌、铁、铜	1958 1973	1958 年曾采
	白音浩砷钴矿化点	—	—	—	—	—
	三道营子砷钴矿化点	—	—	—	1975	—
金	莫富里沟金矿化点	—	—	—	1965—1968	—
	塔黄土金矿化点	—	—	铜、铅锌等	1966	—

(五)稀有稀散金属

克旗境内存在铍、铌、钽、铷等稀有金属矿点和锗、镓、铟稀散金属。

克旗稀有稀散金属矿资源状况表

表 2-5-22

金属	矿(化)点名称	推算储量(吨)	矿体面积情况	踏(普)查、开采	
				踏查时间(年)	开采
稀有金属	太来花钽铍矿床	钽铁 300 氧化铍 2000	铌钽矿体 14 条,铍矿体 10 条	1985	—
	达日罕乌拉铌钽矿化点	—	8.5	1975	—
	东哈达井子铌钽矿化点	—	0.2~0.3 平方公里出露	1975	—
	巴彦高勒铷矿点	—	伟晶岩矿脉约宽小于 1 米,长 3~5 米	—	曾有私采
	放射性铀矿	有钼 1000 吨以上	12 处	踏查	—
稀散元素	锗	—	—	—	—
	镓	—	—	—	—
	铟	—	—	—	—

二、非金属矿藏

(一)资源状况

至 2008 年末,克旗已发现非金属矿藏地 98 处,其中大型矿床 2 处,中型矿床 4 处,小型矿床 3 处,矿点 61 处,矿化点 27 处。存在非金属矿藏 19 种,有萤石、水晶、硅藻土、沸石、云母、石榴石、硅灰石、硅石以及玛瑙、天河石、绿柱石、叶腊石、电气石等。也出产玄武岩、石灰石、砖瓦黏土等建筑原材料。开采非金属矿产 54 处。

克旗非金属矿藏地概况表

表 2-5-23

矿种		矿床规模(个)						累计采出矿量或探明原矿量	备注
		大型	中型	小型	矿点	矿化点	合计		
非金属	萤石	—	—	—	4	12	16	采出原矿 3300 吨	—
	工艺水晶	2	3	—	3	2	10	采出水晶晶体 11.4 吨	古采 1 处
	云母	—	—	—	—	2	2	—	—
	石榴石	—	—	—	1	—	1	—	—
	沸石	—	—	—	3	—	3	—	—
	硅藻土	—	—	—	1	—	1	—	—
	硅灰石	—	—	—	1	—	1	—	—
	硅石	—	—	—	1	—	1	—	—
建筑材料	石灰石	—	—	—	6	—	6	—	—
	黑色花岗石石材	—	—	—	5	—	5	—	—
	砖瓦黏土	—	—	—	21	—	21	—	—
细工石料和宝石	玛瑙	—	—	—	—	3	3	采出玛瑙 0.2 吨	—
	天河石	—	—	—	1	—	1	采出天河石 0.3 吨	古采 1 处
	绿柱石	—	—	—	—	1	1	—	—
	叶腊石	—	—	—	—	2	2	—	—
	电气石	—	—	—	—	1	1	采出电气石 0.05 吨	—
煤	无烟煤	—	—	—	2	—	2	采出原矿 300 吨	古采 1 处
	烟煤	—	—	1	1	—	2	原矿 >6.25 万吨	—
	褐煤	—	1	2	8	4	15	原矿 C+D 级 14250 万吨	—
	泥炭	—	—	—	1	—	1	—	—
水	热泉	—	—	—	1	—	1	—	—
	矿泉水	—	—	—	1	—	1	—	—
计		2	4	3	61	27	98	—	—

克旗非金属矿(化)点状况表

表 2-5-24

矿藏名称	矿(化)点名称	推算储量(吨)	矿体规模概况	开采利用情况	
				踏查时间	开采时间
萤石	巴彦高勒萤石矿点	—	矿脉窄,矿区约 0.6 平方公里	—	1982 1989 2004
	沙拉乌喔勒萤石矿化点	—	〔(0.7~1)×(4~6.5)〕米×6 条	1977	—
	各布恨乌拉萤石矿化点	—	〔(0.2~0.3)×(10~20)〕米×4 条	1977	—
	同兴镇庙子沟萤石矿化点	—	见 3 米宽矿脉	—	1973
	义成永小东沟萤石矿点	—	见宽不足 1 米,长百米矿脉	—	—
	义成永郝沟萤石矿点	—	小	1976—1979	1974
	义成永那罕沟门萤石矿点	—	〔(0.4~2)×(70~80)〕米×4 个	1976—1979	—
	义成永大本吐萤石矿化点	—	—	1976—1979	1994
	莫富里沟萤石矿化点	—	〔(0.1~1)×40〕米	1966	—
	袁营子萤石矿化点	—	小	1969—1970	—
	东石洼萤石矿化点	—	小	1969—1970	—
	龙太萤石矿化点	—	小	1976—1979	曾采
	大克日木太萤石矿点	—	—	1969—1970	1976—1978
	黄土坑萤石矿化点	—	有出露	1969—1970	—
	白云博落萤石矿化点	—	—	1969—1970	—
	半截沟羊羔山萤石矿化点	—	—	—	1989—1991
水晶	天桥山工艺水晶矿床	采出 5 千公斤以上水晶	发现伟晶岩脉 5 条,晶洞 8 个	—	—
	大营子水晶矿点	—	矿体〔(10~100)×(1~30)〕米×12 条	1970	—
	周营子水晶矿点	—	矿体〔(3~4)×7〕米	1970	—
	渗金沟水晶矿点	—	矿体〔(0.3~24)×15〕米×2 条	—	—
	陈家营子水晶矿床	—	矿体〔(0.3~15)×1~15〕米×2 处	1970	—
	张家沟水晶矿床	—	—	1970	—
	哈龙归水晶矿床	—	矿体(0.7×20~25)米	1969	1968
	北水泉水晶矿点	—	小	1969	—
	石板沟水晶矿化点	—	小	1970	—
	王家营子水晶矿化点	—	小	1969	—
云母	兰苏台云母矿化点	—	—	—	—
	巴彦高勒白云母矿化点	—	—	1982 发现	—

续表 2-5-24

矿藏名称	矿(化)点名称	推算储量(吨)	矿体规模概况	开采利用情况	
				踏查时间	开采时间
石榴石	黄岗梁石榴石矿点	—	部分出露	—	—
硅石	河盛源硅石矿点	—	部分出露	—	—
玛瑙	龙王庙子玛瑙矿化点	—	有出露	1969—1979	—
	响水玛瑙矿化点	—	—	1992 年发现	—
	杖房沟玛瑙矿化点	—	矿脉:(0.1~0.5)×50 米	1988 年发现	—
天河石	巴彦高勒达其天河石矿点	—	—	1990 年初查	1985—1992
绿柱石	黄岗梁绿柱石矿化点	—	—	1990 年初查	—
叶腊石	毛营子叶腊石矿化点	—	矿脉:(50×(1~2.5)米	—	—
	山嘴叶腊石矿化点	—	—	1991 年发现	1994 年
电气石	乃木呆电气石矿化点	—	—	1992 年发现	—

(二)建筑材料

克旗有供开发利用的砖瓦黏土资源。截至 2008 年末,开发利用砖瓦黏土的乡镇有宇宙地镇、土城子镇、芝瑞镇、万合永镇、同兴镇、经棚镇、红山子乡、新开地乡以及达日罕乌拉苏木达日罕嘎查等。也出产一些重要建筑原材料和建筑材料配料。

克旗建筑原材料、配料资源情况表

表 2-5-25

材料名称	矿(化)点名称	利 用 情 况	用 途
硅藻土	浩来呼热硅藻土矿点	1987 年初查	三级建材原料
沸 石	白音敖包林场沸石矿点	1976—1979 年初查	烧制水泥配料
	关东车沸石矿点	1996 年发现	
	万德成东梁沸石矿化点	—	
硅灰石	石匠沟硅灰石矿点	1996 年初查,发现 3 个矿体	建材原材料

续表 2-5-25

材料名称	矿(化)点名称	利 用 情 况	用　途
石灰石	杨树沟石灰石矿点	—	建材原材料
	台里井子石灰石矿点	1996 年开采	
	达来诺日石灰石矿点	—	
	白石砬石灰石矿点	—	
	大乃林沟石灰石矿点	—	
	黄岗梁石灰窑子沟石灰石矿点	—	
玄武岩石材	兴华村康家敖包玄武岩矿化区	矿化总面积有数十平方公里，1993 年后大量开发利用。	建材原材料
	兴华村敖包南沟玄武岩矿化区		
	长胜村边界地沟玄武岩矿化区		
	长胜村中兴号玄武岩矿化区		
	南店村木斯台黑色花岗石矿化区		

三、矿物能源

(一)煤炭

截至 2008 年末，克旗发现的可利用煤炭资源有无烟煤、烟煤、褐煤、泥炭等，以褐煤和烟煤为主。集中分布在丹峰煤田芝瑞区和吉日(俗名五大队)—浩来呼热断陷盆地内，有 1 处中型井田、3 处小型井田、13 处矿点、4 处矿化点。大体为二叠纪含煤建造，晚侏罗纪含煤建造，晚第三纪含煤建造，第四纪含煤建造，以晚第三纪含煤建造和褐煤晚侏罗纪含煤建造等主要聚煤期。累计探明原煤 D 级储量 3.6814 亿吨，其中丹峰煤田芝瑞区探明褐煤原煤 D 级储量 1.428 亿吨，吉日—浩来呼热断陷盆地内探明烟煤原煤 D 级储量 2.2534 亿吨。

克旗煤炭资源概况表

表 2-5-26

成煤时期	矿(化)点名称	煤 系 情 况	专业踏查时间(年)	开采利用时间(年)	停产时间(年)
二叠纪含煤建造	阿吉吐无烟煤矿点	推测煤系地层 50 平方公里	1953	1973	1983
晚侏罗世含煤建　造	双山子无烟煤矿点	推测煤系地层 48 平方公里	1961	1960	1961
	巴彦坤地烟煤矿点	推断煤炭资源量 10640 万吨	1975—1979 2005.7	—	—
	乌套海烟煤矿化点	设定矿区面积 354.4 平方公里	1965—1966 2005.7	—	—
	好鲁库褐煤井田	勘查煤储量 11894 万吨	1988—1990 2005.7	—	—

续表 2-5-26

成煤时期	矿(化)点名称	煤系情况	专业踏查时间(年)	开采利用时间(年)	停产时间(年)
二叠纪含煤建造	阿吉吐无烟煤矿点	推测煤系地层50平方公里	1953	1973	1983
晚第三纪含煤建造	广兴源褐煤井田	推测煤系矿区面积3.78平方公里	1977—1980 2005.7	1977—2002	2002
	书声水泉梁褐煤井田	估算D级储量1680万吨	1969—1970 1980	1964—1995	—
	新开地煤窑沟褐煤井田	估算D级储量2520万吨	1969—1970 1980	1980—1995	1995
	书声五七煤矿 阿吉吐褐煤矿点	—	1969—1970 1980	1980年代中期	—
	芝瑞胜利褐煤矿点	—	1969	1980年代乡民零采	—
	南店车胎沟褐煤矿点	—	1969—1970	1991—1994乡企采	1995
	南店大院褐煤矿点	—	村民发现	1995	—
	昌义华兴褐煤矿点	—	—	1995	—
	土城子褐煤矿点	—	—	1995	—
第四纪含煤建造	大水淖泥炭矿点	规模不清,燃料意义不大	1975 1988—1989	—	—

注:1960—1970年,克旗曾发现一部分新近纪含煤建造矿点矿化点

克旗新近纪含煤建造矿点矿化点一览表

表 2-5-27

地域	调查开采史	矿产地质特征	评价
昌义高家营子	1968—1970年辽宁省第二区调队踏查	新近系上新统赤峰玄武岩夹层见煤,煤层厚5厘米。	矿化点
万合永东沟门	1968—1970年辽宁省第二区调队踏查	新近系上新统赤峰玄武岩夹层含煤,煤层厚0.6米。	矿点
广兴源乡河南营子	1958年昭盟地质队普查,估算储量8万吨	新近系上新统赤峰玄武岩夹层含煤,共三层,厚分别为0.5米,0.35米,1.1米。	矿点
南店乡马鬃山	1969—1970年辽宁省第二区调队踏查	新近系上新统赤峰玄武岩夹层含煤,地表厚0.1米。	矿化点
新开地老窝铺	1969—1970年辽宁省第二区调队踏查	新近系上新统赤峰玄武岩夹层含煤,地表厚3~5厘米。	矿化点
新开地白音卜罗	1969—1970年辽宁省第二区调队踏查	新近系上新统赤峰玄武岩夹层见煤,煤层厚0.1~0.15米。	矿化点

(二)石油

1995 年,华北石油管理局在克旗巴彦查干北部实施内蒙古二连盆地腾格尔凹陷 4 区块油气勘查项目时,勘探发现石油,勘查油田面积 3800 平方公里,克旗境内勘查面积 786 平方公里,包括何日斯凹陷区(面积 78 平方公里)和好鲁库凹陷区(面积 708 平方公里)。

1997 年,油气勘查项目首批 3 眼探井全部出油。

2007—2008 年,延长油矿管理局石油勘探事业部、油气勘探公司石油勘探开发部在腾格尔凹陷 3、4 区块完成二维地震概查线 18 条,推测石油储量近 2000 万吨。巴彦高勒油田可能赋存天然气。

四、清洁能源

(一)水能

克旗境内有西拉沐沦河、内陆河、滦河 3 个水系,有大小河流 50 余条,又多穿流于山涧峡谷中,上下游落差较大,尤其是西拉沐沦河流经旗境内 130 公里地段,形成较好水能资源。经测算,水能理论蕴藏量 14 万余千瓦,可开发资源 6.3 万千瓦,年发电量 2.2 亿千瓦时。

(二)风能

克旗西北部为蒙古高原边缘,东南部为高原漫甸,地势平坦,有良好的风能资源环境,可开发风场面积有 600 平方公里。克旗年均风速在 6.6 米以上,主导风向和主导能量方向为北风,次多风和次多能量方向为西北风,风向稳定。经测定,克旗风场年均密度 1.139 公斤/立方米;年均风能功率密度 10 米高度为 412.9 瓦/平方米,40 米高度为 710.9 瓦/平方米;有效风能功率密度 10 米高度风速在 5 ~ 25 米/秒区间为 552.8 瓦/平方米,40 米高度风速在 5 ~ 25 米/秒区间为 796 瓦/平方米;年有效风时数 7000 小时,年均满负荷利用小时数 2300 小时,可装机 350 万千瓦以上。

1997 年后,克旗开始对全旗风能资源进行调查、选址实测风速、有效风能密度。至 2008 年末,已勘测完成风场 11 处。

(三)光能

克旗的气候特点和海拔高度决定其日照条件优良,空气清洁,日照充足,全年日照时数在 2688 ~ 3067 小时,日照百分率 60% ~ 62%。全年太阳总辐射量每平方厘米 57 万 ~ 60 万焦耳。形成优质太阳能源,且地广人稀,有广阔利用条件和前景。

第六章　自然灾害

1991—2008 年,克旗发生的自然灾害主要是气象灾害,未发生地质灾害和较大生物灾害。

第一节　干　旱

1991—2008 年,克旗有过 9 次重干旱,其中严重春旱 3 次,机率 33.3%;严重夏旱 5 次,机率 55.6%;严重伏旱 3 次,机率 33.3%。

1991—2008 年克旗旱灾情况表

表 2-6-1

灾情时间(年月)	灾情时长(天)	灾属性质	影　　响
1993 年春夏两季	—	春旱夏旱	74 万亩农田受灾
1995 年	—	春旱伏旱	30.6 万亩农田压青
1997 年	—	夏旱	粮草减产
1999 年	—	伏旱	粮食减产 0.6 亿公斤,牧草减产 40%
2000 年	—	伏旱	粮食减产 30 万公斤,牧草减产 70%,牧业经济损失达 9800 多万元
2002 年	—	夏旱	农田 44.7 万亩,林木 23.9 万亩,牲畜 82 万头(只)受灾
2005 年 5—8 月	92 天	夏旱	全旗牧草、粮食各减产 50%
2006 年	—	春旱	春播作物有 20 万亩未出苗,50 万亩农田不能播种,草牧场受灾面积 1700 多万亩,受灾户 2.7 万户,受灾人口 11.2 万人
2007 年	—	偏春旱、夏旱	粮草各减产 50%

第二节　洪　涝

1991—2008 年,全旗有过 6 次较严重洪涝灾害。

1992 年 6 月,13 个乡、镇、苏木遭受洪涝灾害,淹死 4 人,冲毁(淹没)农田 3800 公顷,冲走牲畜、粮食、毁坏民房等,共损失 146 万元。

1993 年夏季,20 个乡镇遭受洪涝灾害,淹死 9 人,损毁电力设施、公路、汽车等,造成损失 956 万元。

1998 年夏季,前后共有 19 个乡、镇、苏木遭受洪涝灾害,冲毁(淹没)农田 3.3 万公顷，倒塌民房84间，受灾人口11436人，水利设施受灾20处，防洪堤坝受灾627公里，经济损失1481万元。

2006年7月，5个乡、镇、苏木遭受洪涝灾害，淹死9人，受灾人口16255人，冲毁（淹没）农田3911.4公顷，绝收2399.8公顷，造成直接经济损失1497万元。

2007年进入主汛期后，宇宙地镇和芝瑞镇遭受洪涝灾害，淹死3人，冲毁（淹没）农田84公顷，冲走牲畜124头（只）。

2008年6月，6个乡镇遭受洪涝灾害，受灾人口26090人，冲毁（淹没）农田2287公顷，其中绝收924公顷，直接经济损失687.8万元。

第三节　冰　雹

1991—2008年，全旗发生过2次较严重冰雹灾害。

1995年6—7月，25个乡、镇、苏木先后发生冰雹灾害，损毁1.32万公顷农田作物。

1998年夏季，19个乡、镇、苏木先后发生冰雹灾害，造成11436人受灾，损毁0.9万公顷农田作物，经济损失1481万元。

第四节　雪　灾

1991—2008年，全旗发生过4次较严重雪灾。

1991—2008年克旗雪灾情况表

表2-6-2

灾害发生时间（年月）	主要灾情地区（乡镇苏木）	受灾或死亡牲畜数	直接经济损失（万元）
1997年	牧区	死亡1300头（只）	—
1998年11月	牧区	85万头受灾	—
2001年冬	牧区	30万头（只）受灾，部分死伤	—
2006年冬	全旗	逾百万头（只）受灾，部分死亡	2840

第五节　沙尘暴

1991—2008年，全旗发生过16次灾害性沙尘暴，年均近1次，机率89%。

1991—2008 年克旗发生灾害性沙尘暴情况表

表 2-6-3

沙尘暴发生时间(年月)		沙尘暴持续时间(天)	
1991 年 11 月		1 天	
2001	3 月	1 天	共 5 天
	4 月	2 天	
	5 月	2 天	
2002	3 月	5 天	共 8 天
	4 月	3 天	
2005	4 月	7 天	共 11 天
	5 月	1 天	
	10 月	1 天	
	11 月	2 天	
2006	3 月	6 天	共 9 天
	4 月	3 天	
2007	3 月	1 天	共 2 天
	12 月	1 天	
2008	3 月	1 天	共 5 天
	5 月	4 天	

第六节　霜冻 低温

1991—2008 年,全旗发生过 1 次灾害性早霜冻,机率 25%;发生低温灾害 3 次,机率 75%。

1992 年 6 月,发生全旗性低温灾害,造成 6666.7 公顷农作物受灾,经济损失 106 万元,冻死牲畜逾百头(只)。

1995 年 9 月,全旗 28 个乡镇苏木发生早霜冻灾害,造成 2.69 万公顷农作物受灾,减产 52.7%。

1997 年 5 月,天合源乡发生低温灾害,冻死牲畜逾千头只。

1998 年 5 月,19 个乡镇苏木发生低温灾害,造成 9330 多公顷农作物受灾,冻死牲畜逾千头(只)。

1999—2008 年,无霜冻低温灾害。

克什克腾世界地质公园

中国克什克腾世界地质公园地质上属中朝板块与西伯利亚板块晚古生代对接带，内蒙古中部地槽褶皱带中段南端，大兴安岭山脉、燕山山脉、浑善达克沙地三大地貌区结合部位。规划总面积5000平方公里，保护总面积1750平方公里，重点保护面积1344平方公里，主要地质遗迹包括阿斯哈图花岗岩石林、青山岩臼群及花岗岩峰林、平顶山“冰斗”群、西拉沐沦大峡谷、热水塘温泉、达里诺尔（湖）火山群、黄岗梁第四季冰川遗迹、浑善达克沙地、乌兰布统湿地九大类型区，是类型独特、稀有、典型、完整的地质遗迹。东北植物区系、内蒙古植物区系、华北植物区系交汇并存。

2005年2月，联合国教科文组织评审通过为中国第二批世界地质公园，是同期中国唯一一处以行政区划命名的世界地质公园。

第一章　阿斯哈图花岗岩石林园区

第一节　石林园区概况

“阿斯哈图”，蒙古语，意译“立陡、险峻的岩石”。阿斯哈图花岗岩石林景观散布于大兴安岭山脉最高峰以北的北大山山脊上，海拔1600～1700米；遗迹景观保护面积25.78平方公里，石林占地约5平方公里。石林在形态上与云南路南石林、元谋石林、现代冰川及新疆雅丹地貌具有相似的特点，但属花岗岩石林，是独具的地质类型、特有的地貌景观。

图3－1－1　阿斯哈图石林景观

图3－1－2　克什克腾旗阿斯哈图景区

石林景观相对高度5～20米。相对集中于5个山脊区域，突兀于丘陵山峦之上，拔地凸起，峰奇石怪，兽型鸟状，活灵活现；如塔似柱，巧夺天工；台榻床卧，若人工刻意而为，且花岗岩的“释重节理”分明，近似水平的层层叠叠的岩石节理规模之大，世界稀有。

第二节　园区特色

阿斯哈图石林园区坐落于大兴安岭余脉高山上，主要石林形态有石墙、石塔、石丛、石柱、石台、石蛋、抽象像形石，柱状石林、蘑菇状石林、塔状石林、饼状石林、无规则状石林、石峰林及刃脊、角峰成排或独立于山脊线上，在冰掘、风化、水蚀、冷热变化多重作用下，逐渐造就的节理层叠而独特，极具“冰川石林”地貌特征。

第三节　主要成因

阿斯哈图石林，俗称北大山岩体或石林岩石。岩石特征为侏罗纪岩基状侵入二长花岗岩—钾长花岗岩系列，属晚二叠世闪长岩钙碱性花岗岩。晚侏罗纪，地球内部岩浆侵入冷凝而形成，距今约1.8亿~1.5亿年。花岗岩体按三组节理发育，尤其水平节理发育完好，实属罕见。近800万年以来，在节理裂隙、构造抬升、物理和化学风化等外力共同作用下，尤其是在第四纪山岳冰川作用下，沿刃脊或冰斗后缘形成雄伟壮观、千形百态花岗岩石林。为世界上独特的地貌类型。

第二章　青山岩臼及花岗岩峰林园区

第一节　岩臼及花岗岩峰林园区概况

青山花岗岩臼及花岗岩峰林景观位于克什克腾世界地质公园东部大青山上，距经棚镇25公里。园区绵延起伏长近20公里，主峰海拔1574米，山上山下温差大。保护面积92平方公里，花岗岩臼面积37平方公里，组成冰臼群。是世界地质公园中一种罕见的独具特色的花岗岩石类型。

图3-2-1　青山岩臼景观

整个大青山，峰峦叠嶂，花岗岩峰林遍布整个青山景观区，或尖如刃脊，又呈角峰；或峰峦嶙峋，山奇石险，酷似各种动物造型，且分布众多。置身山中，可见冰蚀地貌轮廓，足见大自然鬼斧神工。

学者们认为，花岗岩臼及花岗岩峰林形成已过亿年，风蚀、重力、寒暑、水蚀等外力长期作用和内在发育共同造就花岗岩臼及峰林的独特形态，为世界罕见规模巨大、保存完好、类型齐全的地貌奇观。

第二节　园区特色

青山岩臼分布在大青山顶部漫长的山脊上，仅在青山岩臼园区中段山顶南向平缓岩面2平方公里范围内，就有300余个大小岩臼。岩臼以圆形、椭圆形居多，也有匙形和不规则半圆形；还有蝌蚪型岩臼、梅花型岩臼、臼中臼。以平底大肚为特征，多口小肚大，直竖平底，大者直径10余米，深达3.5余米；小的宽深不过10厘米。

图3-2-2　克什克腾旗大青山景区

少数岩臼之间底部相通，中间有穿洞，形成连体岩臼。高平处岩臼不见进出水口，低洼或斜侧的岩臼有出水痕迹，岩臼内壁常见有螺旋状条纹，深浅不一，个别岩臼内生长着花草或白桦树。

青山园区岩峰林多陡峭角峰，也有石峰成鸟兽形状，以及地质园区内发育的冰斗、冰蚀洼地、U形谷、角峰，地貌特征明显。

第三节　主要成因

青山岩臼、岩峰林成因多认为是白垩世早期侵入花岗岩抬升暴露地表后，在长期风化、风蚀化学和冻融、应力物理等地质作用下，从岩石的薄弱部分开始，先形成凹坑，而后逐渐加深扩大，岩臼与岩石成分、构造裂隙和地理环境有关，并最终形成大小不一岩臼。

对青山岩臼成因，有不同解说。有学者认为是大冰盖的产物，冰盖下石块在水作用下，旋转成臼，称之为“岩臼”。有学者认为是赤峰风道的产物，称之为“壶穴”；学者一致认为，不可忽视花岗岩石在风、重力等外力长期作用下的成因，研究青山岩臼成因，对探讨内蒙古高原环境变迁具有重要科学意义。

第三章　平顶山第四纪“冰斗”群园区

第一节　“冰斗”群园区概况

2003年8月,中国科技信息网发布内蒙古克旗平顶山发现第四纪冰川“冰斗”群消息,平顶山“冰斗”群景观初步得以确认。

平顶山“冰斗”群园区位于经棚镇东南51公里,属万合永镇辖区,海拔709～1960米,平均海拔1370米。呈东北低,西南高地势。园区规划保护面积63平方公里。

图3－3－1　平顶山“冰斗”景观

平顶山“冰斗”景观大多角峰突兀,刃脊锐利,若切削洗磨一般,且峰脊交错,连绵巍峨,宛若天然屏障;花岗岩体发育好,水平节理、垂直节理分明。从高处俯瞰平顶山“冰斗”,可直观地看见冰川流动,不断把侵蚀的破碎岩石从中间搬走,底部凹陷不断加深,终于形成三面陡峭、一面开口的圈椅背状的漏斗状地貌遗迹。冰斗内可见冰川擦痕、冰川阶步、冰川堆积物;冰川外围可见侧碛、终碛及混杂堆积。平顶山“冰斗”景观完整而具体地反映出冰川发育的历史阶段和不同时期的气候变化痕迹,极具地质类型的代表性、典型性和科研价值。

第二节　园区特色

平顶山园区保留大量冰斗、角峰、刃脊、冰碛垄群、冰蚀槽谷、冰川U型谷、冰川擦痕、冰川阶步、冰石海、冰川漂砾、冰碛泥砾、侧碛堤、终碛堤等系列冰川遗迹,多分布于海拔1400～1700米高度崇山峻岭中,完整地反映第四纪冰川发育的不同阶段和气候演变。

第三节　主要成因

平顶山“冰斗”群为燕山期花岗岩，主要是白垩世侵入黑云母钾长花岗岩和黑云母花岗岩系列，为典型冰川遗迹。“冰斗”群因发现较晚，且山峻岭险，未遇人为破坏，冰川遗迹状态原始、齐全完整，至今在U形谷中，存在冰碛垄群，与冰斗群呼应，而且冰川遗迹期次完全、数量众多，为罕见大型冰斗群奇观，为研究冰川形成、演化提供不可多得的实证材料。

第四章　西拉沐沦大峡谷园区

第一节　大峡谷概况

西拉沐沦大峡谷，地质学称西拉沐沦深断裂。沿西拉沐沦河近似东西向延伸，长340公里，宽约50公里，2004年12月，被批准为内蒙古自治区自然保护区。

西拉沐沦大峡谷谷底即西拉沐沦河，西拉沐沦蒙古语意为“黄色的河”，是西辽河水系正源。西拉沐沦（河）克旗段长151公里，沿途有50余条河流或季节性河流汇入，蜿蜒东下，涌泉漩溢，一路注水，水段多高程落差；雨季，河谷往往形成瀑布，涌绿飞白。

西拉沐沦是中国最早有记载河流之一。《淮南子·地形训》载：“辽出砥石”。《水经注·大辽水》载：“辽水，亦言出砥石山，自塞外东流，直辽东之望平县西……入于海。”据考证，饶乐水（秦汉时）、乐水（三国两晋时）、弱乐水（南北朝时）、弱水（隋唐时）、潢水（辽代时）……都是西拉沐沦不同时期称谓，反映着河流与人们生活的关系。

图3－4－1　西拉沐沦峡谷景观

西拉沐沦上游有两条主要支流——沙里漠河和萨岭河，两条河流汇合后河段指称“西拉沐沦”。两条河流皆河曲弯多，河道宽窄、落差变化大，河水急缓错落变幻，形成多处峡谷景观。

西拉沐沦大峡谷山川秀丽，南岸多生杨、桦、松、枫、柏、栎等树木，北岸多生矮榆、墩柳、山杏、灌丛,灌木和乔木混杂交错,环境良好,保持着原生态。

这里也是中华古文明发祥地。在河谷一、二、三级阶地上,发现有兴隆洼文化、赵宝沟文化、红山文化、小河沿文化和夏家店文化等史前人类遗存;并发现商朝先民岩画、青铜器等早期文化遗存。1971 年开始,在西拉沐沦河上游,先后建成响水电站、上湾子Ⅱ级电站、上湾子Ⅰ级电站、胡家湾子电站、龙口电站、龙尾电站等水电站。电站库区均建成旅游度假胜地。

第二节　园区特色

西拉沐沦大峡谷为两级阶地,下为河流基座、上为黄土台源。是燕山山地与兴安岭山地地质构造的分界线。沙里漠河和萨岭河为西拉沐沦河主要支流。沙里漠河发源属大兴安岭山地南麓浩来呼热百尔赫贺尔洪的白槽沟(俗称源水头),沙地中突然下陷形成小盆地,上下高差近 200 米,状如簸箕,数泉漫溢涌出,随季节时紧时歇;雨季溢涌剧烈,涡漩翻波,白水涟涟,水响回荡,湍急东下,现小涓流辟开大峡谷之势。萨岭河发源于塞罕坝上乌苏图杜尔宾山西麓,流经多为石质山地,两岸巉岩兀立,峡谷弯多陡窄,水流湍急,别具高原峡谷风光,储存良好水电资源。

第三节　主要成因

西拉沐沦大峡谷南岸是燕山山脉连接的华北台地,北岸是古生代地槽,河两侧,陆壳形成时代、地壳结构、物质组成、演化过程和变质程度等方面均存在着巨大差异,且直接或间接控制着区域矿产分布。也有学者认为西拉沐沦大峡谷是中朝板块与西伯利亚板块的接合带,或认为是华北台地与内蒙古生代地槽褶皱系的分界线。大峡谷对研究该地地质发展演化和寻找矿床具有重要价值。

第五章　热水塘温泉园区

克什克腾世界地质公园热水塘温泉园区(名称源于蒙古语“嘎拉德斯汰阿日山”,汉语译为“热水汤”,以下简称热水塘温泉园区)距经棚镇东北 30 公里。1977 年,经辽宁省地质队初步勘查,获得基本地热概况。2007 年 4 月,根据内蒙古自治区克旗热水塘地热资源勘查项目任务书(编号:〔2006〕水 2－14)设计,经内蒙古自治区地质勘查项目招标委员会批准,内蒙古自治区第十地质矿产勘查开发院实施勘查。2007 年 11 月,完成全部野外勘查工作。2008 年 5 月,提交《内蒙古自治区克什克腾旗热水塘地热资源详查报告》。给出热水塘温泉园区地下热水资源和地质状况结论。

第一节　温泉园区概况

园区热水富集区在乌梁苏台河谷北岸山前，温泉地下热水分布面积约0.62平方公里。

园区地貌类型有侵蚀构造地形和堆积地形：侵蚀构造地形为尖顶状、平顶状中山和尖顶状、浑圆状低中山；堆积地形为山间谷地和冲积一级阶地。

热水塘区域地层主要是花岗岩、板岩、安山岩、砂岩和砂黏土夹黏砂土透镜体或砂砾石，在山间沟谷地带，岩性为灰黄、褐黄色黄土状黏砂土；在河谷、阶地上，主要是灰黑色、灰褐色黏砂土及砂砾卵石，砾卵石为花岗岩、板岩、安山岩、砂岩等。

第二节　地热资源

一、地热田概况

（一）水温

园区水温天然背景值为10℃，热水最高温度为83℃，属低温地热资源热水，热水区呈辐射状向外围低温区扩展，扩展趋势与地温一致。

（二）热储结构

园区热储盖层主要由第四纪黄土状黏砂土、砂卵石及砂黏土构成。黏土砂卵石层中含有上层潜水，水位埋深1～6米，水温20℃左右，与热水层隔5～30米，连通性弱。位于热水高温区盖层厚度17～50米，底板标高1029～1069米，平均盖层厚度35.84米。

二、地热田特征

（一）物理特征

园区地热流体富集层位的电阻率一般小于20欧姆米，最低时仅7.31欧姆米。区域内存在KH型和AK型两种电测深曲线。砂岩、砂质板岩及花岗岩与上覆第四系之间均有明显的波阻抗界面；在热水储存部位，波速较低；地震波形表现为同相轴不连续，波形杂乱，无规律。

（二）水化学特征

园区地热流体热水、温热水、温水及温度异常水化学组成之间均有明显差异。

1. 热水（≥60℃）

热水赋存形式为承压水，水化学类型为Cl—Na、HCO_3·Cl—Na型，pH值8.80～9.25，碱性水,矿化度均为0.5毫米/升左右。热水的特征组分含量高出温热水,其中以 SiO_2 及pH值较为明显。热水中 SiO_2、F^- 含量较高,均达到命名矿水浓度标准,分别为硅水、氟水。

2. 温热水(40℃~60℃)

温热水(40℃~60℃)赋存形式亦为承压水,水化学类型为 $HCO_3 \cdot Cl—Na$ 及 $HCO_3 \cdot SO_4{}^{2-}Cl^-—Na$ 型,pH值8.45~8.50,偏碱性,矿化度一般0.5毫料/升左右。温热水中 SiO_2、F^- 含量较高,均为硅水、氟水。

热水特征化学组分含量表

表3-5-1

地热流体类型	孔号	特征化学组分含量(毫料/升)					pH值
		Na^+	Cl^-	$SO_4{}^{2-}$	SiO_2	F^-	
热　水	r1	105.61	62.20	42.21	91.16	3.25	8.80
	r2	109.90	56.87	45.02	95.30	3.47	9.25
温热水	ZK1	120.94	56.87	48.80	56.69	3.57	8.50
	ZK3	110.46	55.09	44.50	85.00	3.29	8.45

3. 温水(水温10℃~40℃)

温水(水温10℃~40℃)为承压热水区上层潜水,赋存于热储盖层的砂卵砾石层中,接受大气降水补给,并与下层热水有越流补给关系,具弱承压性。受热水影响,Na^+ 含量明显偏高。基本水化学类型为 $HCO_3-Na \cdot Ca$、$HCO_3-Ca \cdot Mg$ 型,局部为 $HCO_3 \cdot SO_4 \cdot Cl-Na$ 型。

4. 温度与水化学特征

随热水—温热水—温水—常温水温度变化,水化学类型随着地热流体温度降低,特征化学组分含量及pH值依次下降。

温度与水化学特征组分关系对比表

表3-5-2

类　型	水温(℃)	主要水化学类型	Cl^-	Na^+	$SO_4{}^{2-}$	SiO_2	F^-	pH值
热　水	60~72	$Cl-NaHCO_3 \cdot Cl-Na$	56~63	105~110	42~45	91~96	3.2~3.5	8.5~9.3
温热水	44~49	$HCO_3 \cdot SO_4 \cdot Cl-Na$	55~57	110~121	45~48.8	56~85	3.2~3.6	±8.5
温　水	15~40	$HCO_3-Na \cdot CaHCO_3-Ca \cdot Mg$	12~25	20~56	21~45	14~88	1.5~5.4	8.5~8.9
常温水	<10	$HCO_3-Ca \cdot MgHCO_3-Ca$	7~34	10~20	5~25	14~27	0.6~3.6	7.95~8.8

5. **地热化学变化**

从1977—2007年的变化趋势看，主要地热流体特征组分Cl^-、Na^+、SO_4^{2-}、F^-均有所下降。

热水化学组分动态变化一览表

表3－5－3

组分（毫米/升）	1977	2007	组分（毫米/升）	1977	2007	组分（毫米/升）	1977	2007
HCO_3^-	72～78	80～120	Na^+	124～134	105～120	F^-	20～30	3～3.5
SO_4^{2-}	36～55	42～80	Ca^{2+}	3～4	4～8	SiO_2	70～83（最高109）	±90
Cl^-	61～65	55～62	Mg^{2+}	1～3	0.5～1	Ph	9	8.5～8.8

三、地热田热储情况

（一）热储面积厚度温度

园区温度大于10℃热储分布总面积0.62平方公里；破碎带热储厚度20～60米。热储温度最高83℃。

克旗热水塘地热田热储地热能情况表

表3－5－4

热储分布面积A（平方米）	热储分区厚度h（米）	热储温度tr（℃）	基准温度to（℃）	热储平均比热容C（J/m³·℃）	热储热能Qr（焦）
15342.32	60	72			134.12×10^{12}
45019.55	60	65			349.13×10^{12}
67716.76	50	55			358.05×10^{12}
81591.65	50	45	10	2.35×10^{6}	335.55×10^{12}
81528.57	40	35			191.59×10^{12}
101970.91	30	25			107.83×10^{12}
221652.60	20	15			52.09×10^{12}
615822.36	—	—	—	总计	1528.36×10^{12}

（二）热能储存量、补给量、可开采量

通过专业计算，获得流体储存量、弹性储存量、地热能储存量、流体天然补给量、地热能补给量、热田可开采量等基本数据。

热水塘温泉地热储量情况表

表3－5－5

储　量　内　容	单位	数　　量
地热流体储存量	立方米	2.18×10^{6}
地热流体弹性储存量	立方米	3.52×10^{4}
地热能储存量	焦耳	1.53×10^{15}
地热流体天然补给量	立方米/日	2546
地热能补给量	焦耳/日	6.60×10^{11}
地热流体可开采量	立方米/日	1400

第三节　成因和评价

一、主要成因

热水塘温泉园区地下有成热矿源，褶皱属华力西晚期褶皱，构造轮廓主体由一系列不对称的背向斜组成，褶皱构造主要有：刘家营—热水汤背斜、满子沟东南向斜、申营子西南背斜。园区内断裂特征呈北东向断裂和北西向断裂，辐射扩展范围受热水区断裂构造控制，且局限在构造控制区域内，形成地理条件。

热水中心区水头高度比外围温热水区高出6米左右，地热水头压力由大于60℃的热水富水带向外围40℃～60℃温热水带延伸时逐渐降低。地热水头压力对地热产生影响，降水量对地热流体有所补给，可持续产出热水；但井孔数量、开采强度对地热流体循环速度有影响。

二、水质评价

(一)医疗矿水

1. 物理特性

根据矿泉温度分类标准，热水塘地热流体分别有热水区、温热水区、温水区，温热水分布范围较广，低温地热资源，为碱性水，是理想医疗沐浴水。

2. 化学成分

矿泉中含有医疗作用化学活性离子成分，达到医疗价值热矿水浓度氟水、硅水标准。

热水塘温泉化学活性成分含量表

表 3－5－6

编号／成分	样品					标准			
	r1	r2	Q2	ZK1	ZK3	有医疗价值浓度	矿水浓度	命名矿水浓度	矿水名称
F^-	3.25	3.47	1.02	3.57	3.29	1	1	2	氟水
H_2SiO_3	118.51	123.89	115.27	73.70	110.50	25	25	50	硅水

3. **放射性**

医疗上常用放射性水为氡水，热水塘温泉地热田热水中含有 226Ra、222Rn，虽丰度未达到有医疗价值浓度，但具一定医疗保健作用。

热水塘温泉放射性成分含量（Bq/L）表

表 3－5－7

编号／成分	样品					标准			
	r1	r2	Q2	ZK1	ZK3	有医疗价值浓度	矿水浓度	命名矿水浓度	矿水名称
226Ra	0.008	0.112	0.037	0.0526	0.062	0.37	0.37	0.37	镭水
222Rn	0.077	0.011	0.081	0.66	8.66	37.00	47.14	129.5	氡水

（二）综合水质

地热流体对铁等属性近似金属材料制品腐蚀性极小，为非腐蚀性水。根据热水中 SO_4^{2-} 含量及有关评价标准，热水对混凝土中碎石类、砂类混凝土均不具侵蚀性。部分水质仅适用于农业及部分工业用水，作为生活饮用水须作适当处理。

第四节　开发利用

热水塘温泉是国家甲级温泉，水中含氟、镭、气体氡、硫化氢，稀有元素镓、钼、钨、锂、锶等数十种微量元素。温泉资源推动疗养院建设，园区内建成数十家温泉疗养院、宾馆、饭店和招待所。

园区交通便利，集通铁路、303 线国道从园区通过。

集通铁路在热水塘开发区西侧回旋穿山越谷，如长龙腾空，已成旅游景观，辟有“蒸汽机车摄影游”和蒸汽机车摄影节，四季有国内外游客作专题游。是功能齐全，服务优质，集疗养、度假、娱乐于一体的旅游开发区。

第六章 火山锥群 冰川遗迹

第一节 达里诺尔火山地貌园区

一、火山地貌园区概况

达里诺尔火山地貌园区成锥群状分布于克旗西部,距经棚镇90公里,总面积近百平方公里,是东北九大火山群之一,是亚洲最大的死火山群遗迹,有120余个典型的火山口。

火山群遗迹自南而北为风积沙地—湖盆低地—湖积平原—玄武岩台地,广袤辽阔。

主要遗迹有火山口、火山锥、熔岩喷气碟等及火山喷积物。

马蹄型火山口、状如砧子的火山锥、花沿口形的喷气碟原始形态几近完美。马蹄形火山口是裂隙—中心式喷发而形成,火山口直径有的在百米以上,远看形状尤为真切。

火山锥是火山熔岩和碎屑堆积遗迹。地面高度大者约50米上下,孤立如锥倒立,达里诺尔北岸的砧子山比较典型。

喷气碟是火山熔岩因内部气体不断推动岩浆外溢,叠加口垣形成的遗迹。不断堆高的口垣或如碟盘,或似喇叭花冠,高度不一,熔岩间歇喷发的次数多,可见喷气碟层多而高,喷气口直径不足一米。

二、地貌成因及意义

达里诺尔火山锥群是从上新世晚期(200万年)至中更世(50万年)数次喷发逐步形成的火山台地地貌,有火山熔岩台地、火山口、火山锥、熔岩颈、熔岩喷气碟及火山弹、火山渣、岩饼、岩球等。是研究该地区地理、地貌、气候变化、动植物及人类发展的重要实物史料和在旅游娱乐中了解地理,获取知识,增强环境意识的实物资料。

第二节 黄岗梁第四纪冰川遗迹园区

一、冰川遗迹园区概况

黄岗梁第四纪冰川遗迹园区位于克旗西北部,平均海拔1300米,大兴安岭最高峰——黄岗峰海拔2029米。公园园区以黄岗峰为中心,规划园区总面积113平方公里。

园区内山高峰险,树高林密,第四纪冰川遗迹类型多样、原始完好、富集典型性,为珍稀山谷冰川遗迹。

这里也是国家森林公园。为蒙古植物、华北植物和东北植物区系交汇区域，具有丰富的生物多样性、典型性，有“北方植物基因库”的称誉。境内包含森林、灌丛、草原、草甸、沼泽及低温植被6个植被类型，12个群系，46个群丛；植被盖度达94%；有高等植物926种100余科400余属。

图3-6-1　黄岗梁冰川景观

二、地貌特色

公园园区内有27座高峰，峰回谷转，山环湾复，峡谷各呈景观，民间有“石匣十三湾，湾湾别样天”的说法。园区地势西北高，东南低；地形以丘陵和高山台地为主；地貌大体为从外缘山峰渐次向浑圆低缓丘陵、高平原过渡；并形成众多纵横沟壑。地质遗迹有冰斗、U形谷、角峰、终碛堤、侧碛堤、条痕石、冰川阶步、漂砾、中积石、冰川擦痕等冰川遗迹特征，具有重要的科研价值。

第七章　沙地　湿地

第一节　浑善达克沙地园区

一、沙地园区概况

浑善达克沙地园区在克旗境内浑善达克沙地的最东缘，沙丘并不高大，如垄链般连绵有序。多为固定和半固定沙丘，沙丘大部分为垄链状，少部分呈新月状，总体作北西向东南方向展布。沙丘高10~30米，沙粒多呈浅黄色，少量白色；沙丘间多为湖相沉积草甸洼地、季节性湖泊、沙泉小泊。面积达千平方公里以上。

浑善达克沙地形成于上新世，约在晚新生代全球进入第四纪冰期和青藏高原隆升背景下演变发育而成。西北部接壤达里诺尔湖、贡格尔草原，东部连贯西拉沐沦大峡谷。虽为沙地，却充满生机，生长着本地特有的榆树和黄柳、红柳等乔灌木。

二、特色风光

浑善达克沙地经过长期风堆水冲，布满垄状、链状、新月状沙丘，形成独有的特色地貌，固定沙丘上又形成沙地疏林景观，包括沙地阔叶林景观、沙地夏绿灌木丛景观、沙地禾草木景观、沙地半灌木半草蒿景观；半固定沙丘上裸沙丘和流动沙丘多成景观。园区内遍生榆树、黄柳、山杏，榆树树型浑圆，阔而不高，似伞张盖；柳条成丛，簇簇抒秀，展现独有特色。

园区野生植物、动物,种类繁多。木本、禾本、草本植物多种多样,一些野生果木如山丁子、山里红、山杏、山梨树、山麻籽等,春花秋实,香气沁人,极耐观赏。进入园区,彩雉、山鹑呼朋唤侣;狼、狐、狍、獾、兔、鼬出没。

秋季,疏林沙地景观特色最为分明,霜至林染,沙榆、山杨、红柳、山杏、枫槐,五彩缤纷,宛如画卷。

第二节 乌兰布统湿地园区

(限外追记:2009 年 8 月 20 日,克什克腾世界地质公园通过联合国教科文组织中期评估,在评估达标基础上,中外专家学者一致同意增加克旗乌兰布统湿地园区为克什克腾世界地质公园第九个园区,以完整介绍克什克腾世界地质公园,于此追补记述。)

一、乌兰布统湿地园区概况

乌兰布统园区位于克旗西南部,地处燕山山地、七老图山脉和浑善达克沙地边缘过渡地带,乌兰布统是蒙古语,汉译为"红色山峰",因一座褐红色山峰兀然独立在境北而得名;总面积 30090 公顷。中心区距经棚镇 115 公里,距赤峰市 180 公里,距呼和浩特市 620 公里,距北京 485 公里。东部、东北部与红山子乡毗邻,南部与河北省围场县交界,西部与锡林郭勒盟多伦县接壤,区划上隶属于乌兰布统旅游开发区。这里是滦河、乌兰公河源头,有吐力根河、赵古堆河、萨岭河等多条河流流经;园区内有将军泡子、公主湖、野鸭湖、蘑菇场泡子等大小湖泊 20 余个,形成高原内陆湖群,是集滦河源头、草原湖泊、沙地湿地等多样性地质系统为一身的湿地园区,为重要的水源涵养区,环境演化敏感区,也是国家重点风景名胜区。

乌兰布统园区属温带大陆性季风气候,海拔相对较高,原生态特点突出,年均气温 1.2℃,暑热期在 7、8 月份,平均气温 16℃上下,全年无酷暑。

图 3-7-1 乌兰布统景区标识

园区是历史上著名乌兰布统之战发生地。公元 1690 年,清军战胜噶尔丹,维护了国家的统一,大将佟国纲战死于此,一水泊自此被民众称为"将军泡子"。还有十二座连营遗址、佟国纲衣冠冢遗址等历史文化遗存;偶尔也能见到战甲、兵器、盆釜残存。

1998 年 7 月 16 日,克旗人民政府决定设立乌兰布统自然保护区。

2002 年 10 月，赤峰市人民政府批准乌兰布统自然保护区晋升为市级自然保护区。

2003 年 12 月，内蒙古自治区人民政府批准乌兰布统自然保护区晋升为自治区级自然保护区。同时，克旗人民政府组建乌兰布统自然保护区管理局，设公安派出所加强保护工作。

二、地方特色

乌兰布统园区是典型的塞外丘陵草原，苍茫辽阔，丘陵阴坡生长着白桦林、山杨林及红柳灌木丛，兼具草原、漠北深处的苍凉和邃远。绵延数百公里塞罕坝如天然屏障，耸峙雄关，标划出塞外草原的特色，保留着古老的游牧文明。

园区内有大面积次生林，随地形变化呈垂直地带性分布。针叶林、阔叶林、灌丛、草原、草甸、沼泽、水生 7 类植被形态，31 个群系，有野生维管束植物 70 科 240 余属，包括药用植物如柴胡、芍药、麻黄、益母草、防风等；园区内栖息着多种野生动物，仅鸟类达 14 目 32 科 80 余种。

园区是驰名的影视外景地，至 2008 年末，有大型电视连续剧如《三国演义》《射雕英雄传》《康熙王朝》《还珠格格》等 120 余部影视片在此拍摄外景。

园区集草原湿地风光、人文古迹、影视景地、疏林沙地等多样旅游元素于一体，塞外草原特色显著，风光旖旎；盛夏气候、景色尤其怡人，是研究高原湿地地质地理、古生物生态环境演化的实证资料，也是度假避暑胜地，有“北京的天然后花园”“距北京最美最近的草原”和“花的世界、林的海洋、云的故乡”的美誉。

乌兰布统是国家 AAAA 级旅游景区，园区已形成完备旅游接待能力。至 2008 年末，开辟的旅游娱乐项目有骑马、射箭、漂流、滑沙、滑草、民俗体验（坐马车、羊车、驼车

图 3－7－2　克什克腾旗贡格尔草原

或马拉爬犁,蒙古族歌舞)、野外休闲(自驾吉普车或摩托车越野兜风)、地方餐饮(蒙古烤全羊、手把肉、奶茶奶酒奶食品等)等,蒙古族民俗风情独特,服务设施齐备,交通便利。

第八章　保护利用

第一节　申报与规划

一、申报

克什克腾世界地质公园各园区开发建设非同时进行,经历相对独立建设,分别申报保护,后统一申报克什克腾世界地质公园的过程。

1999 年,“北大山地质公园”项目立项。

1999 年 12 月,内蒙古自治区人民政府批准大青山地区为自治区级自然保护区,规划保护面积 9200 公顷,核心区面积 2100 公顷,全面保护大青山岩臼等地质遗迹。

2000 年,西拉沐沦河源水头,申报列为赤峰市级“潢源水源涵养林保护区”;2004 年 4 月,内蒙古自治区人民政府批准建立自治区级潢源自然保护区,规划保护面积 53992 公顷,3 个核心区总面积 15622 公顷,以全面保护西辽河源头的草原、湿地、河流、湖泊和生态系统多样性。

2001 年 8 月 28 日,内蒙古自治区国土资源厅批准有关园区建立内蒙古自治区级地质公园。

2001 年 12 月 10 日,国土资源部批准克什克腾地质公园为第二批国家级地质公园。

2002 年 8 月 12 日,国土资源部与自治区政府在经棚举行国家地质公园开园揭碑仪式。

2003 年 7—9 月,旗政府聘请中国地质大学学者、教授多人多批次野外考察,完成申报世界地质公园资料准备工作。

2004 年 6 月 27—29 日,北京第一届世界地质公园大会后,世界地质公园评审委员会专家考察克什克腾地质公园。

2004 年 6 月末,联合国教科文组织专家考察克什克腾地质公园。

2004 年 7 月,世界地质公园评审委员会委员赵逊,进一步考察克什克腾地质公园。

2004 年 11 月,克什克腾地质公园通过中国世界地质推荐评审会议评审,列入推荐候选名单。

2005 年 2 月 11 日,联合国教科文组织授予“中国克什克腾世界地质公园”称号。

2007 年 8 月 21 日，经联合国教科文组织、中华人民共和国国土资源部批准，克什克腾世界地质公园揭碑开园。

2007 年 10 月，中国克什克腾世界地质公园博物馆落成。

二、规划

2005 年夏，克什克腾世界地质公园开展全面规划建设。同年，制定完成世界地质公园总体规划，一、二期目标建设规划。年底，克什克腾世界地质公园总体规划修编完成。

同年，旗政府与中国地质大学、内蒙古农业大学、内蒙古大学签订建立长期科学研究、教学实践基地协议，克旗人民政府为对方提供实习、考察条件，双方共享科研成果。

2006 年，修编完善克什克腾世界地质公园总体规划，制定完成世界地质公园建设保护一期、二期规划；依据规划，在利用中，强化地质遗迹自然性保护。

第二节　保护与建设

一、立法保护

2005 年 6 月，克旗人民代表大会通过并颁布《克什克腾世界地质公园（地质遗迹）保护管理办法》。

遵照克旗人民代表大会确定的“克什克腾世界地质公园”按照科研、教学、考察、旅游相结合的管理模式，进行保护开发。实行分级管理、保护，突出核心区管理、保护。旗政府即时依法开展保护性建设，政府各相关职能部门对地方法规同时利用媒体持续开展保护宣传、教育活动。

二、投资保护

2005—2008 年，国家投入 1240 万元，自治区政府投入 700 万元，克旗自筹 689 万元，用于世界地质公园管理保护。

第三节　管理与利用

一、精准管理

（一）管理机构

2005 年春，克什克腾世界地质公园批准建立后，旗政府即时组建克什克腾世界地质公园管理委员会，并配备专职管理人员。

2007 年 6 月，经自治区编制委员会批准，成立克什克腾世界地质公园管理局，为正处级单位,核准编制32人;内设地质遗迹保护科、宣传教育科、执法检查科、办公室和公园博物馆5个科室。

(二)数据管控

克什克腾世界地质公园实行数字化管理。2008年末,相继建立起克什克腾世界地质公园数据库,克什克腾世界地质公园网站,克什克腾世界地质公园演示系统。

(三)责任管护

世界地质公园各园区内的地质遗迹资源实施区、市、旗、乡(苏木)四级责任保护,实施工程围护措施和人工管护,在各园区界域设立警示标牌。至2008年末,"世界地质公园"遗迹围封长度累计逾200公里,设立警示牌和界碑300余块。同时,建立起标识系统、宣传系统、道路指示系统。

二、适度利用

(一)科学研究

至2008年末,初步确立中国第四纪冰川克什克腾研究基地、中国花岗岩研究基地品牌地位。就克什克腾地质公园研究,出版5部专著、发表20余篇论文,完成110余篇本科、硕士、博士专业论文。带动克旗地质科普、地学研究和环境保护。

(二)旅游开发

至2008年末,克什克腾世界地质公园除平顶山冰斗群园区外,其他各园区均开始接待旅游观光服务。

阿斯哈图石林园区 阿斯哈图石林形态丰富,主要以石林观光和草原浏览为服务项目,设置有5个浏览景观区,进入景观区有专用客车。园区修建有东西两条油面旅游专线公路,建有旅游宾馆、饭店;夏季,当地牧民就地扎建蒙古包,开展"牧家乐"食宿服务,供旅客体验牧区、牧民生活、民俗。

图3-8-1 克什克腾旗阿斯哈图景区

青山岩臼、岩峰林园区 青山岩臼、岩峰林园区有旅游公司开展旅游服务。山北坡建设有上山索道和缆车,山南侧修建有上山台阶,山上辟有景观区游览线路,配备有导游员;山下有接待服务设施,可提供餐饮住宿服务。

达里诺尔火山锥群园区　达里诺尔火山锥群分布在达里诺尔以西平坦草原上，达里诺尔自然保护区有旅游公司和博物馆为游客提供食宿、观赏、考察、解说等游览服务。

西拉沐沦大峡谷园区　西拉沐沦峡谷内有六家水电站和水库区，接待观光、度假；服务设施齐全，交通方便。

黄岗梁冰川遗迹园区　黄岗梁冰川遗迹园区周边有黄岗梁林场、黄岗铁矿和阿斯哈图石林园区旅游接待部门，为团体、自助旅游提供就近食宿服务。

浑善达克沙地园区　浑善达克沙地疏林景观——垄状、链状、新月状沙丘和沙地疏林景观紧接贡格尔草原和西拉沐沦峡谷，景区内可进行自驾车游览观光，食宿服务可就近于宾馆、饭店。

热水塘温泉园区　热水塘温泉是国家甲级温泉，开发利用早。交通便利，园区内有数十家温泉疗养院、宾馆、饭店和招待所。

集通铁路在热水塘开发区西侧回旋穿山越谷，辟有“蒸汽机车摄影游”。

至2008年末，热水塘园区基本建成功能齐全、服务优质的集疗养、度假、娱乐于一体的旅游开发区。

第九章　中国克什克腾世界地质公园博物馆

第一节　地质公园博物馆概况

2005年底，中国克什克腾世界地质公园博物馆（以下简称“地质公园博物馆”）动工建设，由赤峰市建筑设计院设计，自治区政府和克旗政府共同投资修建。2006年12月，地质公园博物馆完成土建工程，建筑面积8105平方米，室内布展面积5000平方米，总投资3000万元。2007年6月，地质公园博物馆完成内部设计与布展。设计与布展由“北京世纪彩虹展示有限公司”和“北京双臣久雅建筑装饰工程有限公司”设计与施工，采用现代电子技术，融展示与参与、教育与科研、浏览与观光于一体，通过参观、浏览，了解克什克腾世界地质公园内独特的地质遗迹类型、多样的生态环境和丰富而独特的地域民族文化，学习地质、地理、气候知识，增强环境保护意识，是重要的科普教育基地。

地质公园博物馆外观呈水平条状，蕴含着克什克腾世界地质公园内花岗岩石林的节理特征，中间为地方民族特色浮雕柱。地质公园博物馆包括3层9个展示厅，分别为地质遗迹厅、生态环境厅、标本陈列厅、历史文化厅、科技会堂、4D影院、图书馆、书画苑及贵宾接待室。

第二节 展览参观

2007 年 8 月,地质公园博物馆开始接待参观游览,工作日免费向游人开放。

地质公园博物馆各展厅均配备有讲解员、导引员,根据参观者的时间安排和不同参观对象,设计有不同参观路线,提供各展厅参观时间和参观内容,供参观者选择。

地质公园博物馆开放后,首先接待经棚镇中小学师生参观,利用先进现代电子技术,讲解世界地质公园内独特的地质遗迹类型、多样生态环境系统,发挥科普教育基地作用。接待师生参观学习逾万人次。

在提供参观过程中,初步探索科研与教学、展示与参与、休闲与教育相结合的展览模式,打造参观者学习地质知识的现代化平台。

至 2008 年末,地质公园博物馆共接待游客参观 5 万余人次。

图 3-9-1 考察世界地质公园

第四篇

国家级自然保护区与森林公园

KE SHI KE TENG QI ZHI

第一章　达里诺尔自然保护区

第一节　保护区范围

达里诺尔自然保护区(以下简称达里诺尔保护区)位于克旗西部,距经棚镇约90公里。总面积119414公顷。核心区面积为1414公顷,占保护区总面积的1.18%。缓冲区面积为6508公顷,占保护区总面积的5.5%。实验区面积为111492公顷,占保护区总面积的93.32%。地域上跨越达来诺日镇、达日罕乌拉苏木,西北部与锡林郭勒草原自然保护区毗邻,以锡林郭勒盟边界为界,东北以303国道为界,南至浑善达克沙地东段北缘。

东界:在东岗更嘎查所在地以东北向延伸至国道303线,南向经岗更诺尔东岸沼泽地直线延伸入南部沙地约8.5公里。南界:东至西直线穿越沙地至赤峰市—锡林郭勒盟边界。保护有4~8公里宽浑善达克沙地榆树疏林景观。西界:基本同锡林郭勒盟—赤峰市边界重合。具体地理位置在北向自盟市边界至半拉山。北界:大体与国道303线重合。具体地理位置为自半拉山东向至砧子山后,沿金长城至四道墙,至国道303线北,至达来诺日镇所在地。

第二节　保护区区划

达里诺尔保护区内划分有5个核心区,3个缓冲区和1个实验区。核心区为珍稀濒危物种集中分布区域和重点保护的天然状态生态系统。缓冲区为核心区免受干扰而发挥缓冲作用的区域,位于核心区周围。实验区在核心区、缓冲区外围,以开展科研及提供游览观光。

一、核心区

达里诺尔保护区保护重点对象是鸟类栖息环境,其保护内容涵盖有湖泊、湿地、草原、林地等多样生态系统。其核心区具体划分为宝音图柳灌丛湿地核心区、湖滩岛芦苇湿地核心区、沙里河河口湿地核心区、岗更诺尔沼泽草甸核心区、葫芦嘴灌丛草甸核心区等5个核心区,总面积为1414公顷,占保护区总面积的1.18%。

宝音图柳灌丛湿地核心区:位于达里诺尔保护区东部草原上,面积315公顷,占核心区总面积的22.3%。区内地势起伏,多柳灌丛、湿草甸、小型湖泊星罗棋布,为湖区鸟类栖息繁衍主要地区之一。

湖滩岛芦苇湿地核心区:位于达里诺尔东侧,在北河口和南河口之间。面积238公顷,占核心区总面积的16.8%。区内多浅水湖、沼泽湿地及碱滩,密生芦苇,是鸟类栖息繁衍主要地区之一。

沙里河河口湿地核心区:位于沙里河河口一带,面积324公顷,占核心区总面积的23.8%。由沙里河水入达里诺尔而形成沼泽湿地,芦苇茂密,为达里诺尔鱼类产卵主要场所和湖区鸟类,尤其是鹤类等珍禽最主要栖息、繁殖地区。

岗更诺尔沼泽草甸核心区:位于岗更诺尔东侧沿岸地带,面积196公顷,占核心区总面积的13.9%。区内多沼泽湿地、塔头甸子,形成天然蔽所,人畜难进,成为鸟类尤其是丹顶鹤、白枕鹤、大天鹅主要繁殖区域之一。

葫芦嘴灌丛草甸核心区:位于岗更诺尔南端西侧。面积341公顷,占核心区总面积的24.1%。区内地势偏低,为灌丛湿地和湿地草甸。南临浑善达克沙地,西、北即开阔草原,鸟类大型集群常于此栖息。

二、缓冲区

达里诺尔保护区设有3个缓冲区,缓冲区总面积6508公顷,占保护区总面积的5.5%。

宝音图柳灌丛湿地核心区外围,设置近似矩形缓冲区,面积1130公顷,占保护区总面积的1%。

湖滩岛芦苇湿地核心区和沙里河核心区外围,设置有1个缓冲区,面积3454公顷,占保护区总面积的2.9%。以保护达里诺尔东岸沼泽草甸、草地、浅滩和达里诺尔水体。

岗更诺尔沼泽草甸核心区与葫芦嘴灌丛、草甸核心区外围,设置1个缓冲区,面积1925公顷,占保护区总面积的1.6%。以保护岗更诺尔东南岸草甸、沼泽和岗更诺尔水体。

三、实验区

达里诺尔保护区实验区面积111492公顷,占保护区总面积的93.32%。实验区主要供开展科研、教学参观、考察和生态旅游等活动之用。

实验区内设置有6个游览区:应昌路游览区、凤凰嘴游览区、曼陀山及达里诺尔南岸游览区、多伦诺尔游览区、岗更诺尔游览区、湖滨娱乐区。

第三节　重点保护对象

达里诺尔是中国北方重要的候鸟迁徙通道及集散地,具有地理位置的特殊性、湿地生态系统的稀有性、生态生物多样性等特点。依此,达里诺尔自然保护区为保护珍稀鸟类及其赖以生存的湖泊,湿地、草原、林地等多样生态系统及火山遗迹、历史文化古迹的综合性自然保护区。

一、生态系统多样性保护

达里诺尔保护区主要包含3个大型生态系统：西北部台地草原及湖积平原草原，南部浑善达克沙地，中东部高原内陆湖群及河流发育形成的湿地生态系统。湖泊、河流、沼泽及湿草甸等湿地生态系统已列为亚洲重要湿地名录。

（一）林地生态系统保护

达里诺尔保护区的林地生态系统集中分布于南部浑善达克沙地及达尔罕山。基本属榆树疏林生态系统。分布面积25491.64公顷，占保护区总面积的21.34%。区域植被发育良好，种类多样，乔木主要为大果榆及山杨等，灌木有小叶锦鸡儿、西伯利亚杏、东北木蓼、虎榛子、小叶茶藨、黑果栒子、小黄柳、内蒙沙蒿、楼斗叶绣线菊等。结构独特，垂直结构明显有三层：即榆树乔木层；小叶锦鸡儿、西伯利亚杏、东北木蓼、内蒙沙蒿、小黄柳等灌木层；冰草、克氏针茅、无芒雀麦、糙隐子草、羊草、苔草及一年生丛生禾草、沙生杂草等草本层。隐蔽度高，适合动物、禽类活动和栖息。分布其中约有50余种鸟类，其中包括隼形目鹰科、隼科，鸮形目鸱鸮科，鸽形目鸠鸽科，鹃形目杜鹃科，佛法僧目戴胜科及雀形目中鸟类。是国家一级保护鸟类东方白鹳、黑鹳的繁殖地。

（二）草原生态系统保护

达里诺尔保护区地带性植被为草原，广泛分布于达里诺尔保护区境内的台地、湖积平原及山地顶部，总面积54446公顷，占达里诺尔保护区总面积的45.6%，代表群落为以羊草为建群种的羊草草原和以大针茅为建群种的大针茅草原。羊草草原群落主要植物有羊草、糙隐子草、克氏针茅、达乌里胡枝子、扁蓄豆、山葱等；大针茅草原主要植物有大针茅、羊草、糙隐子草、达乌里胡枝子等。草原群落盖度20%～30%，草层高度20～40厘米。

羊草草原退化后多生出冷蒿；大针茅草原退化后多有小叶锦鸡儿、狼毒等植物生出；盐渍化草场则芨芨草、马蔺等长势旺盛。

达里诺尔保护区草原栖息有众多雀形目鸟类及猛禽。常见有蒙古百灵、亚洲短趾百灵、凤头百灵、云雀、斑翅山鹑、小鵐、田鵐、鸢、雀鹰、白尾鹞、白头鹞、灰背隼等。

（三）湿地生态系统保护

达里诺尔保护区境内湿地总面积为42737公顷，占达里诺尔保护区总面积的35.8%。在湿地栖息繁殖的鸟类100种以上，集群数量在数万只以上。

湿地生态系统主要包含湖泊系统、河流系统和沼生系统。

1. 湖泊系统

达里诺尔保护区湖泊总面积25644公顷，占达里诺尔保护区总面积的21.5%，占湿地总面积的60%。主要有达里诺尔、岗更诺尔（牤牛泡子）、多伦诺尔（鲤鱼泡子）三大湖泊及一些小湖泊。达里诺尔为苏打型半咸水湖,总面积22884公顷;岗更诺尔(牤牛泡子)、多伦诺尔(鲤鱼泡子)及其小湖泊均为淡水湖。

2. 河流系统

图4-1-1 达里诺尔湿地

达里诺尔保护区河流系统主要有贡格尔河、亮子河、沙里河及耗来河4条河流。境内流域总面积为1502公顷。占保护区总面积的1.3%,占湿地面积的3.5%。河流两岸河滩地形成大面积沼泽、湿草甸及柳灌丛湿生植物,生长茂密。

3. 沼生系统

沼生系统分布面积15591公顷,占保护区湿地总面积的37%。为鹤形目、鹳形目、雁形目、鸻形目和鸥形目鸟类重要觅食、营巢地。

沼生系统分为终年积水的挺水植物型湿地、季节性积水的湿草甸型湿地、灌丛型湿地、地表无积水的草甸型湿地等形态。

二、动植物资源丰富性保护

达里诺尔保护区多样性生态系统孕育出动植物资源的丰富性。至2008年末,已记录有鸟类16目43科233种,其中国家一级保护鸟类9种,丹顶鹤、大鸨、遗鸥、东方白鹳、黑鹳、金雕、玉带海雕、白尾海雕、白头鹤;二级保护鸟类37种,大天鹅、小天鹅、疣鼻天鹅、白琵鹭、黄嘴白鹭、赤颈䴙䴘、卷羽鹈鹕、(黑)鸢、草原雕、白头鹞、白尾鹞、白腹鹞、鹊鹞、雀鹰、日本松雀鹰、苍鹰、普通鵟、大鵟、毛脚鵟、乌鵰、红脚隼、秃鹫、鸳鸯、黄爪隼、红隼、燕隼、猎隼、灰背隼、蓑羽鹤、白枕鹤、灰鹤、小杓鹬、小鸥、鹛鸮、长耳鸮、短耳鸮、纵纹腹小鸮,被列入中国生物多样性保护行动计划中鸟类物种多样性保护优先序列的鸟类有21种;湖泊、河流有野生鱼类21种,主要野生经济鱼类有瓦氏雅罗鱼、鲫鱼等,达里诺尔中以其命名的达里诺尔高原鳅为中国特有种;达里诺尔保护区内有啮齿类动物15种,浮游动物29属,底栖动物9属;

图4-1-2 丹顶鹤

有高等维管束植物67科250属434种;浮游植物76属;中生植物在260种以上,多年生草本植物在280种以上,旱生植物在150种以上。

三、自然景观类型多样性保护

达里诺尔保护区自然景观类型初步分为3类18种。

草原景观　总面积约45932公顷,约占景观面积的38.5%,主要为台地草原、湖积平原草原。

沙地景观　主要集中分布在南部的浑善达克沙地,总面积为30439公顷,占达里诺尔保护区总面积的25.5%,主要为沙地榆树疏林草原,基本为半流动沙丘和流动沙丘,也是天然放牧场。

湿地景观　总面积为42830公顷,占达里诺尔保护区总面积的35.8%,主要为湖泊浅水景观、淡水湖泊景观,河流型湿地景观,灌丛型湿地景观、沼泽草甸景观、草甸景观及盐碱滩景观等。

第四节　保护区管理

一、管理机构

达里诺尔保护区建有管理处,为准处级事业单位,与克旗达里诺尔渔场实行一套班子,两块牌子,合署办公。保护区管理处行政上由旗政府领导,业务上归环境保护行政主管部门领导。

1987—1998年,达里诺尔保护区设克旗达里诺尔珍稀鸟类保护区管理委员会,由旗政府分管副旗长任管理委员会主任委员。

1998年,改设达里诺尔国家级自然保护区管理局,至2001年,仍由旗政府副旗长兼任局长。

1998年,经克旗机构编制委员会批准,管理局内设办公室、资源管理科、科研监测科、宣传教育科等机构。有编制20名。

2001年始,达里诺尔国家级自然保护区管理局主任由达里诺尔渔场主要领导兼任。

2002年,经批准,达里诺尔保护区管理局设置公安派出所(股级),受达里诺尔保护区管理局和克旗公安局双重领导,核定差额事业编制7名。

2002年10月,达里诺尔国家级自然保护区管理局改为达里诺尔国家级自然保护区管理处,保护区管理处主任由达里诺尔渔场主要领导兼任。

2008年,达里诺尔保护区管理处内设办公室、资源管理科、科研监测科、宣传教育科等机构。有人员编制20名。

二、申报保护

1983—1985 年,内蒙古环境保护办公室、内蒙古师范大学、赤峰市环境保护办公室等单位,对达里诺尔鸟类初步开展考察研究,统计鸟类有 109 种,隶属 15 目 32 科,其中国家一类保护鸟类有白鹳、丹顶鹤、白枕鹤 3 种。迁徙中驻足候鸟有天鹅、白骨顶、鸿雁、斑嘴鸭、豆雁、灰雁等,集群多达数千只甚至逾万只。据此提出建立“达里诺尔丹顶鹤、天鹅保护区”设想和建议。旨在保护珍稀鸟类及候鸟的繁殖与南北迁徙及其栖息环境,保护达里诺尔渔业资源,合理利用水资源,保持湖区水平衡。

1985 年,达里诺尔列入《内蒙古草地类自然保护区规划》,拟规划建自然保护区。

1987 年 11 月,旗政府批准建立达里诺尔自然保护区。管理工作交由达里诺尔渔场负责。

1995 年,内蒙古城乡建设环境保护厅和赤峰市环境保护办公室委托内蒙古环境监测中心站,对达里诺尔开展进一步考察,编制完成《达里诺尔自然保护区规划》。

1996 年,赤峰市政府向自治区政府提出申请,晋升达里诺尔自然保护区为自治区级自然保护区。同年,自治区政府批准达里诺尔自然保护区晋升为自治区级自然保护区。

1996 年 5 月,自治区政府向国务院提出申请,晋升达里诺尔自然保护区为国家级自然保护区,同年 12 月,国家级自然保护区评审委员会通过达里诺尔自然保护区晋升为国家级自然保护区。

1997 年 12 月,国务院批准达里诺尔自然保护区晋升为国家级自然保护区。

三、保护措施

(一)工作机制

达里诺尔保护区依法建立管理制度,处置违法破坏行为。依法组织环境监测,为自然资源建档立案,开展常规监测,对重点保护对象进行本底调查和掌握重点保护对象,如水体、鸟类变化情况。组织开展科学研究,横向科研交流和课题合作。进行生态建设。

(二)岗位责任制

达里诺尔保护区内设机构职责实行岗位责任制,行政事务、后勤供给、车辆管理、生活福利和文书档案管理、信息收集、协调内外关系等由办公室负责;资源与环境管理,减少人为干扰和珍稀动物抢救、灾害防护及科教宣传等工作由资源管理科负责;常规性科研工作,包括水体、气象、动植物监测工作和项目编制、学术交流、技术引进、动态信息、人员培训、标本管理等工作由科研监测科负责;环保法律、法规宣传,环境科学知识普及、教育规划拟定等由宣传教育科负责;资源保护、区内治安、案件查处、消防安全、旅游安全等工作由公安派出所负责。

达里诺尔保护区管理处建立有管理站、管护点及瞭望塔、实验室、生物标本馆和达里诺尔自然博物馆等工作机构，具体落实监管和宣传教育工作。

（三）实验研究

通过在达里诺尔及贡格尔河、沙里河、亮子河、耗来河区域实施生物措施，加强管护，恢复退化区、盐碱区植被，遏制荒漠化、沙化趋势，保护湿地生态系统和珍稀濒危鸟类物种；采取措施，保证湿地资源的可持续利用，持续发挥湿地生态系统功能和效益；建立并完善湿地调查监测体系和湿地宣传教育培训体系，掌握野生动植物的消长动态，掌握湿地功能变化，恢复或丧失变化态势，分析出导因，揭示其演变机理，有效地保护生物多样性与可持续利用湿地资源提供科学依据。

（四）参观游览活动

达里诺尔保护区在保护自然环境和自然资源的前提下，组织参观、旅游等活动，利用自然资源、自然景观为开展保护工作创造条件，并向游客和当地居民宣传环境保护知识，提高环境保护意识。

第二章　白音敖包自然保护区

第一节　自然保护区概况

白音敖包沙地云杉国家级自然保护区（以下简称白音敖包保护区）位于克旗西北部，距经棚镇75公里。东北临查干套海河，西北与巴彦查干苏木接壤，东南部为白音敖包林场，西部、西南部毗连贡格尔草原。保护区总面积13862公顷，核心区面积2780公顷，缓冲区3539公顷，实验区7543公顷，其中林地面积6491公顷，沙地云杉林面积为1947公顷，森林覆盖率42.7%。

图4－2－1　白音敖包沙地云杉林

保护区总体为沙丘高地平原地貌，大部分为东西走向的连绵不规则垄状固定沙带，少部分为半固定沙地及零星分布的新月形沙丘。地势南高北低,地形起伏不大,以南部白音敖包山为最高点,海拔高度1498.8米,平均海拔高度1350米左右。保护区土壤以沙土为主,迎风坡沙地云杉林下多为灰色薄层风积腐殖质森林土,有部分沙质黑钙土、沙栗土、沙质草甸土等。基本土壤特征为层薄、贫瘠、干旱而透水性强。保护区内地下水位较低,分布有贡格尔河和敖包河两条河流,南部敖包河流经保护区境内约9公里,北部贡格尔河流经保护区境内约14公里。

白音敖包保护区气候属半干旱大陆性气候。年平均气温约-1.4℃,大于5℃以上的年积温约1942℃。年降水量约300毫米,集中在6—8月;降水暑热同期,年蒸发量约1526毫米,为降水量的3.4倍;无霜期78~98天;年日照数约2800小时。冬季多西北风,夏季多西南风。

第二节　森林类型和科研保护价值

一、植物类型

沙地云杉(Picea mongolica)是中国特有的珍稀濒危树种,为裸子植物,松柏纲、松柏目、松科。至2008年末,在世界上仅发现内蒙古浑善达克沙地东南部克旗白音敖包一处种群。沙地云杉林植物区系分区属于中国植物区系区划中泛北极植物区欧亚草原植物亚区东蒙古亚地区范畴。为欧亚大陆云杉种群中非地带性植被的特殊类型,属于超地带性顶级植被类型。

白音敖包沙地云杉成树高25~36米,平均树高约17米,树干胸径22~36厘米,多数成树树龄80~120年,最大树龄近400年。林木郁闭度0.6~0.8。

二、科研保护价值

沙地云杉属浅根系树种,侧系根发达,根长可达树干长的3倍,森林地下根系蔓延交织,盘根错节,聚拢散沙,发挥出特有的防风固沙作用。白音敖包沙地云杉林控制着面积约1000公顷、厚度10~100米的沙丘。沙地云杉林对研究和防治中国北方土地荒漠化和京津周边地区生态恢复、治理有着重要科研意义。

沙地云杉为山地白杆演化新种,是植物自然适应高寒沙地干旱贫瘠环境后而形成的独特物种谱系,是独有的云杉天然基因库,新种形成,经过了漫长的自然选择过程。通过沙地云杉种系发生、形成特征、分子变异和种群生态地理实验分析和研究,可为北方营造防风固沙林、建设防护林体系提供种苗基因资源和更为丰富的造林经验。

沙地云杉在沙地边缘形成区域天然屏障,为多种珍稀濒危鸟类和动物的栖息繁衍提供着保障,生态效益和生态地位特殊。

第三节　动植物资源特点

白音敖包保护区根据沙地云杉林立地条件和植物组成，初步划分为4种类型：藓类苔草沙地云杉林、禾草杂类草沙地云杉林、杂类草白桦沙地云杉混交林和沿河沙地云杉林。本地区与大兴安岭、冀北山地毗连，在植物区系上体现出明显的过渡性质，以蒙古草原植物为主，生长有贝加尔针茅、大针茅、西伯利亚羽茅、线叶菊、羊草等；既混生有华北植物区系成分如茶条槭、白桦、稠李、黄花忍冬、虎榛子、元宝槭、知母等，又杂生有兴安植物区系成分如兴安落叶松、沙地柏、耧斗叶绣线菊、红花鹿蹄草等。

一、野生植物资源状况

图4－2－2　白音敖包自然保护区草原植被

白音敖包保护区林木除沙地云杉外，有少量沙地白桦、山杨、油松、虎榛子、桑树、野火球、元宝槭、茶条槭、兴安落叶松、沙地柏、辽宁山楂、毛山楂、黄花忍冬及本地榆树；生长有蒙古高原植物贝加尔针茅、大针茅、西伯利亚羽茅、羊草、洽草、线叶菊等。有高等植物68科239属460种，其中，单种科和寡种科占总科数的87.8%，维管束植物418种。具有较大经济价值的野生植物有：麻黄、野大麻、华北大黄、蚤缀、瞿麦、草乌头、铁线莲、芍药、毛茛、野罂粟、水杨梅、地芋、黄芪、苜蓿、野亚麻、白藓、远志、卫茅、柴胡、防风、龙胆、香薷、马线蒿、桔梗、百合、黄精、知母等。

二、野生动物资源状况

白音敖包保护区因位于森林—草原生态交错地带，为生活在沙地、草原边际地带的野生动物提供着得天独厚的栖息繁衍条件，也为迁徙性野生动物提供着独有的集散和歇息环境，从而形成白音敖包保护区丰富的野生动物种群。调查显示，在白音敖包保护区内栖息、迁徙、集散的野生动物有7目17科68种，鸟类有16目33科130种以上。包括国家一级保护鸟类、二级保护鸟类30种以上。在林中生存繁衍的主要野生动物有马鹿、狍子、猞猁、沙狐、豹猫、艾虎（两头乌）、黄鼬（黄鼠狼）、野兔等，主要鸟类有黑琴鸡、斑翅山鹑、雏鸡、山雀、黑鹳等。

第四节 保护区管理

一、管护机构

1983 年,白音敖包保护区始设立保护站。

2000 年 4 月,白音敖包保护区设立“内蒙古白音敖包国家级自然保护区管理局”,隶属于克旗人民政府,管理局内设办公室、财务室、公安科、科教科、资源管理科和综合科六个科室。至 2008 年末,白音敖包保护区有专业管理技术人员 12 人、森林公安 5 人、专职管护人员 22 人。

白音敖包保护区管理局实行三级保护管理体系:管理局—管理站—管护点,并配备森林公安开展执法保护。保护区管理局与周边单位及牧区嘎查签订共管协议。

至 2008 年末,白音敖包保护区建设成 3 个管护站,2 座瞭望塔,设置防护围栏 50 公里,开设防火隔离带 30 公里,已全面划界立标,核心区、缓冲区、试验区 3 个功能区界桩、界碑全部设置完成。白音敖包保护区建有要素气象监测站,配置有自动气象监测仪器、超净工作台、虫情测报灯、数码摄像机等。

根据《中华人民共和国自然保护区条例》和《内蒙古自治区自然保护区实施办法》,白音敖包保护区制定有《白音敖包保护区管理制度》《白音敖包保护区护林员管理办法》等管理制度。保护区主要进出口设立 3 个检查站,进出入保护区的各种车辆、行人实行全天候检查,严禁携带枪支、易燃物、危险品进入保护区。

二、申报保护

1979 年,克旗革命委员会向自治区革命委员会提出申请建立白音敖包云杉林保护区,同年自治区革命委员会批准建立克旗白音敖包自治区级自然保护区。

1983 年,克旗设立白音敖包自然保护区管理站,隶属克旗林业局管理。

1997 年 4 月,自治区林业厅向林业部申请建立白音敖包国家级自然保护区。

1998 年,林业部组织全国植物分类专家、东北林业大学教授周以良,中国林业科学研究院裸子树木分类学家洪涛,中国科学研究院裸子植物分类学家傅立国等学者专家对白音敖包沙地云杉开展鉴定,确定云杉种群特征。

1999 年 11 月,国家自然保护区评审委员会评审通过白音敖包自然保护区晋升为国家级自然保护区。

2000 年 4 月,经国务院批准,国家林业局确认白音敖包自然保护区为国家级自然保护区。

同年,克旗组建白音敖包国家级自然保护区管理局。旗林业局局长李景章兼任局长。

三、灾害防治

白音敖包保护区沙地云杉常发性病虫危害有：云杉重齿小蠹、云杉腮扁叶蜂、贺兰腮扁叶蜂、白音阿扁叶蜂、云杉瘿球蚜、云杉大黑天牛、云杉天牛等7种。

1991年，保护区开始针对云杉扁叶蜂进行无公害杀虫剂灭幼脲III号防治试验。

1993年，保护区与瑞典农业大学博士张庆贺合作进行人工合成聚集素防治小蠹虫的试验及生产应用研究，有效控制病虫害的发生和扩展。

1995年，林业部森林防护总站专家在保护区主持沙地云杉病虫害观测、调查、试验，形成《重齿小蠹虫越冬成虫的空间分布性及死亡率调查》。论文在美国夏威夷国际蛀干害虫研讨会上得到肯定，形成的理论观点和获得的技术经验随即应用于指导沙地云杉小蠹虫防治。

1997年8月，全国政协人口资源环境委员会在白音敖包自然保护区召开现场调研会，全国政协、林业部、国家环保局、自治区政府、自治区政协、自治区林业厅等13个单位70人出席会议，会议确认金鉴明、雍世鹏、沈国舫、严旬任白音敖包自然保护区技术顾问，指导沙地云杉病虫害防治工作。

2005年9月，克旗西北部遭遇木冰灾害，造成自然保护区核心区和缓冲区部分林木树头折断或倒伏，有约13.3公顷林地面积受灾，自然保护区管理局采取多种保护措施，使树木得到恢复。

2006年，保护区承担国家林业局“防治沙地云杉重齿小蠹国际先进技术项目(948项目)”研究，至2008年试验取得重大进展，已实现彻底防控小蠹类害虫目标。

2008年，保护区发生重齿小蠹、云杉腮扁叶蜂、贺兰腮扁叶蜂、白音阿扁叶蜂等害虫危害面积1680公顷，成灾面积210公顷，发生率28.8%，成灾率3.6%。

至2008年，保护区已建成基本完备病虫害预测预报、防治体系，制定有《病虫害防治预案》，建立有常规测报点、预测制度。

四、防火护林

白音敖包保护区管理局防火工作实行行政一把手负总责。

保护区建立有较为健全、完善的《防扑火工作责任制度》《防扑火应急预案》。日常巡护、检查站工作、防火器材维护与管理、入山火源管理、后勤保障、值班值宿等都有较成熟工作制度和民众“防火公约”。

1991—2008年，没有发生大型火灾。

五、科研监测

1989年，在国家自然科学基金资助下，保护区开始开展“沙地云杉林生态系统研究”，旨在揭示沙地云杉林生态系统结构、功能。

1994年，在国家自然科学基金资助下，保护区开展对沙地云杉种群保护生态学专题研究及保护区草地植被调查,以全面了解沙地云杉林生长规律和与草原生态的关系。

1997 年,《内蒙古沙地云杉林生态系统结构、功能和生产力的研究》《沙地云杉种群保护生态学研究》项目被列入国家级自然科学基金研究课题,并编制出版专著《沙地云杉林生态系统研究》。在此基础上,沙地云杉育苗技术、无性繁殖技术、病虫害防治技术取得成功。

2004 年,在北京林业大学专家指导下,保护区建立沙地云杉森林生态监测系统,设置专职技术人员开展样地数据调查,记录建档,全面掌握沙地云杉林及林下植被的消长变化。开展针对蛀干害虫(以小蠹类昆虫为主)防治项目攻关。

2006 年,保护区开展“防治沙地云杉重齿小蠹国际先进技术项目”系统研究。

第三章　森林公园

第一节　黄岗梁国家森林公园

一、森林公园概况

黄岗梁国家森林公园位于克旗西北部,森林公园总面积 18 万公顷。属大兴安岭山系,以丘陵和高山台地为主,土壤多为灰色森林土、栗钙土、沙壤土。地势西北高东南低,平均海拔约 1300 余米,大兴安岭最高峰—大鹅头,海拔 2029 米。

黄岗梁地区是中国温带向寒温带的过渡带,属大陆性气候,四季变化分明。冬季寒冷、多雪、漫长,年均积雪 30 ~ 50 厘米;夏季温凉、多雨、短促;春秋气候清新、凉爽、干燥;年降水量 400 ~ 450 毫米,年平均气温 2℃ ~ 2.4℃,极端最高气温 30℃,极端最低气温 - 32℃。无霜期 70 ~ 90 天,植物生长期近百天。

黄岗梁国家森林公园涉及区域为黄岗梁国有林场营林范围,松桦成坡连片,次生林茂密,以天然分布为主,形成天然森林和草甸景观,森林覆盖率 55%,植被盖度 94%;植物种类逾千种。初步调查显示,仅高等植物就有 103 科 406 属 926 种,主要有菊科、禾本科、玄参科、十字花科、石竹科等。沙质草原上有沙生冰草、百里香、达乌里胡枝子、叉分蓼等沙生植物。石质低山、丘陵上遍布着白莲蒿、银穗草等半灌木群落。低山带多现西伯利亚山杏和贝加尔针茅、野古草、大油芝等。中山带阳坡为蒙古型贝加尔针茅草原、绣叶菊草原和羊草草原。杂生有唐松草、萎陵菜、蓬子菜、地榆、地蔷薇、兴安石竹等。阴坡和湿润谷地多生有珠芽蓼、金莲花、地榆、龙牙草及报春花属植物等。黄岗梁国家森林公园有哺乳动物 41 种,如东北马鹿、狍、野猪、狐狸等;有鸟类 89 种,黑琴鸡、山鸡、鹰、隼、鹞等。

黄岗梁国家森林公园集草原、山地、河谷、湖泊、湿地、草甸、丛林、沙地等多样景观于一体，融针阔混交、森林草地交织的森林景观、草原特色与蒙古族风情于一身，是具有旅游、避暑、度假、科研考察等功能的大型国家级森林公园。

黄岗梁国家森林公园划分四个核心区：即阿斯哈图冰石林区，原始森林保护区，野生动物保护区，湿地特殊环境保护区。核心区外围设有缓冲区，最外围设为实验区。

图 4－3－1　黄岗梁山路

阿斯哈图石林及黄岗峰景观区　克什克腾世界地质公园景观区之一，属巴彦查干苏木和同兴镇行政辖区。有冰石林、冰斗、冰川遗迹、U 形谷、冰碛、角峰、漂砾、条痕石、中积体等多样冰川遗迹。

原始森林保护区　保护区总面积约 6.5 万公顷，区内分布着天然白桦林、山杨林、落叶松及少量沙地云杉，为鲜见天然林群落。乔木多兴安落叶松、白桦、东北白桦、黑桦、沙地云杉、油松等；灌木常见西伯利亚杏、大果榆、虎榛子及杜鹃、金露梅、银露梅等。

野生动物保护区　保护区总面积 3000 公顷，位于黄岗梁营林区境内，森林植被类型多为原始落叶松林，有少量人工落叶松林和山杨白桦混生林，区内生存有野鹿、狍子、野猪、野兔、獾、沙狐、黄鼠狼、獐、豹、环颈雉、黑琴鸡、鹰、隼等。

湿地特殊环境保护区　为黄岗梁地区河谷地带，木石匣河、锡林河及众峡谷溪流流经区域，形成沼泽、水泊湿地，河流曲迴转折，形成不同河湾湿地林海景观。

二、科研价值

黄岗梁国家森林公园地处蒙古植物区系、华北植物区系以及东北植物区系的交汇地段，动植物分布多样，区域特征独特，具有重要科研保护价值。

2001 年，联合国教科文组织人与生物圈中国分会年会在黄岗梁国家森林公园举办，同时公园被中国人与生物圈国家委员会批准纳入中国生物圈保护区网络。

2002—2008 年，日本和国内的专家、学者多次到黄岗梁考察，从事科研活动。

三、旅游观光

黄岗梁国家森林公园内自然形成天然森林景观、白桦与山杨树丛景观、针阔叶混交林草地景观、山地草甸景观等多处自然生态景观，季节特征分明，春有杜鹃花潮，夏成林海滴翠，秋霜层林如染，冬季素裹银装，如诗如画。不同的季节可开展不同类型的旅游项目，是避暑、度假、娱乐理想之地。每年 6—10 月是旅游黄金季节。黄岗梁国家森林公园初步开发出景观区 7 个，景点 21 个。

图4-3-2 黄岗梁公园山溪

主要景观区有,大兴安岭主峰景观区:大兴安岭最高峰大鹅头,位于公园南面,海拔2029米,为高山草甸草原。登临山顶,眺望四野,山川草原尽收眼底。圆蛋子山景观区:位于公园东部,杨桦柳杂生繁茂,交枝错叶,松杉栎遮日蔽地,林阴下,野山菌、山野菜俯拾即是。十三道湾及冰谷景观区:位于公园东北部,高山峭壁,谷狭川窄且多弯,有木石匣河曲折东流,河两岸峰峦叠翠、树木葱郁,山坡遍生杜鹃。七星湖景区:位于公园西北,因有大小不等七个水泊组成而得名。湖边遍布芦苇水草,周边有疏林草地,夏秋多天鹅、灰鹤、野鸭等鸟类出没。西吉台森林草原观光区:位于公园西部,夏有蒙古族牧民出牧点,蒙古包星罗棋布,民族风情浓郁。马鹿驯养繁殖区:位于公园西北,夏季可观赏马鹿成群在草原觅食。

1999年10月,国家林业局批准建立黄岗梁国际狩猎场,对游人开放。高山密林中有狍子、野猪、野兔、獾、沙狐、黄鼠狼、环颈雉、黑琴鸡等兽禽,经批准可供狩猎。

公园林中出产20余种可食用山野菜,纯天然无污染,其中蕨菜、金针、蘑菇被誉为塞北三珍。和当地牛羊肉、手把肉、烤全羊搭配,可烹饪出地方民族特色美食。

公园山谷、森林深处,在秋季有野山楂、山丁子、山梨、稠李子等多种野果和森林花卉及数十种中药材可以采摘。黄岗梁国家森林公园可开展观光、骑射、滑冰、滑雪、观鸟、狩猎、采集等多种休闲活动,及蒙古民族歌舞欣赏等文化娱乐活动,具有鲜明的旅游观光特色。有蒙古包、欧式木屋供住宿选择。

四、公园保护

黄岗梁国家森林公园在筹备建设初期,明确公园地理坐标范围内全面落实国家自然保护区各项法律法规。贯彻落实国家级自然保护区各项方针、政策,重点保护森林、野生动植物资源,禁止不经批准以任何方式猎杀、捕捉、惊吓鸟类和捡拾鸟蛋;禁止不经批准猎杀野生动物。禁止捕捞、放牧、采集标本等行为,维护生态平衡。

图4-3-3 黄岗梁公园水泊

图 4-3-4　黄岗梁公园毗邻草牧场

2004 年 12 月，经自治区政府批准，黄岗梁地区列入自治区级自然保护区，设立 2 个核心区，2 个缓冲区及实验区，规划保护面积 38037 公顷，核心区保护面积 13326 公顷。对该区域森林、草原、灌丛、河流、湿地、动植物和自然生态系统实行全面保护。

五、申报保护

1995 年，黄岗梁森林公园开始论证筹建。

1996 年 5 月，林业部批准建立黄岗梁国家森林公园，同年，北京林业大学园林学院完成公园总体规划设计。

2000 年，开始投资建设，至 2004 年，经两期建设，森林公园初步建成。

第二节　桦木沟国家森林公园

一、森林公园概况

桦木沟国家森林公园位于克旗西南部，地属七老图山脉，当地称塞罕坝地区。平均海拔 1540 米，主要为丘陵山林和丘陵草原。土壤以灰色森林土、风沙土、草甸土为主。森林公园总面积 9820 公顷，距经棚镇 90 公里，有经乌线、黑桦线从森林公园内经过。

图 4-3-5　克什克腾旗大局子林场

森林公园内地表水系丰富，山谷中溪水遍布，是百岔河、吐力根河、萨仁河、滦河的发源地，水质好。河流两侧多河岸沼泽，构成湿地，驰名的如将军泡子、公主湖等。

森林公园属温带向寒带过渡性气候带，冬季漫长而寒冷，多有 30～50厘米积雪；夏季降水丰富，湿润而凉爽，春秋降水不多，气清而干爽，四季变化分明；年平均气温 -2℃，年最高气温 30℃，年最低气温 -32℃；降水量 420～480 毫米。无霜期 75～95 天；植物生长期百天左右。

桦木沟国家森林公园属桦木沟林场林区，有森林面积 4.79 万公顷，其中天然乔木林 3.64 万公顷；天然灌木林 294 公顷；人工林 1.12 万公顷。

图 4-3-6　桦木沟公园林海

图 4-3-7　克什克腾旗乌兰布统

森林公园核心区为天然次生桦树林景观,桦树林沿阴坡依山成林,林势茂密,形成鲜见林海景观,面积约3200余公顷。

森林公园规划九个景观区:砬沿子沟营林区野果园,总面积2000公顷,内有天然野生果树山梨、山槐、稠李、山丁子、山刺梅、野山楂等,按类别划区,供游客观光、采摘。于家沟野生动物驯养场,总面积340公顷,约距林场场部5公里,以自然式篱笆围合,放养东北马鹿、狍子等。公园狩猎场:有野生蒙古兔、野猪、狍子等动物可射猎,面积约2000公顷。塞罕敖包祭祀区,供祭祀活动使用,面积约35公顷。草原森林野生花园观赏区:多为林区特色花卉,可观赏、摄影,并有干花旅游纪念品,面积约200公顷。公主湖度假村:面水而居,空气湿润,气候凉爽,有民俗房屋和蒙古毡包供食宿选用,面积约2328公顷。乌兰布统古战场:背依红山,直面草原,内有湖泊、河流,水草繁茂,形成山水、草原、疏林景观,面积约1846公顷。影视外景基地:先后在此拍摄有《射雕英雄传》《天上草原》《康熙大帝》《草原母亲》《脚下天堂》等多部影视剧,面积约948公顷。翡翠谷风景区:谷深境幽,小溪蜿蜒谷底,俯瞰如龙舞动,别具风光,面积约123公顷。

森林公园内有多种野生动物栖息繁衍,常见动物有马鹿、蒙古兔、野猪、狍子、狼、狐狸、獾、艾虎、猞猁和黑琴鸡、苍鹰等。植物资源丰富多样,天然乔木如白桦、黑桦、山杨、蒙古栎等,人工林如华北落叶松、云杉、樟子松、油松均长势茁壮;天然灌木如河柳、稠李、虎榛子、山杏、杜鹃、胡枝子等漫山遍野,葱郁茂密;草本植物如羊草、贝加尔针茅、隐子草、冰草及衍生类型冷蒿、驼绒藜等繁盛厚密,奇花异草时而可见。

二、旅游观光

(一)旅游景观

桦木沟国家森林公园重要自然景观有:地形、地貌景观,天然白桦丛林景观,针阔混交疏林草地景观,湿地草甸草原景观,天然野花野果园景观,森林狩猎场等。重要人文景观有：乌兰布统古战场，影视外景基地，蒙古族民俗风情等。

（二）旅游项目

至2008年末，桦木沟森林公园开展的旅游项目有：

1. 在森林公园各度假村休闲度假。

2. 多个自然景观区、人文景观区供旅游观光。主要景色如草原平湖、大漠草地、敖包祭祀、白桦林涛、猎苑幽谷、石林树趣、金莲花海、峡谷盘龙、影视觅踪、战场寻古等。

3. 参观驯养过程，体验驯养野生动物的情趣。

4. 果熟季节在林中采摘野果，夏秋季，在草原采撷蘑菇、野菜。

5. 每年农历6月13日开展大型祭祀塞罕敖包活动，领略民族宗教风情。塞罕敖包是克旗五大海日罕（蒙元时皇室命名的祭祀地）之一。

6. 可登临山顶利用防火瞭望塔，鸟瞰坝上森林、浑善达克沙地、塞北草原、乌兰布统古战场全景等。

7. 森林公园部分区域有国家批准的狩猎场，可射猎蒙古山兔、野猪、狍子等野生动物。

8. 森林公园有大面积野生和人工金莲花种植园，放花季节遍野金黄，如花的海洋供观赏、拍摄。

9. 参观三拐子沟影视基地。

图4－3－8　克什克腾旗达里湖

三、公园保护

桦木沟国家森林公园开展依法依规保护建设。编制有桦木沟国家森林公园保护利用规划，确定核心区、缓冲区，禁止砍伐、开垦、开矿、采石、采药等活动；禁止未经批准的狩猎、捕捞、放牧、标本采集等活动。

2004 年 12 月,经自治区政府批准,成为自治区级自然保护区。设立两个核心区,两个缓冲区及实验区,规划保护面积 41858 公顷,核心区保护面积 15669 公顷。对区域桦木丛林及其他天然针阔叶林、湿地、野生动植物和自然生态系统实行保护。

图 4-3-9　桦木沟公园湿地

四、申报保护

2002 年,开始筹备建设桦木沟森林公园。

2003 年 11 月 29 日,国家林业局批准建立桦木沟国家森林公园。

2008 年末,公园累计接待考察人员数百人次,接待游览观光、短期度假游客 8 万人次以上。

图 4-3-10　黄岗梁国家森林公园

第五篇

人口

第一章　人口规模

第一节　人口数量

1991 年末，全旗总人口为 240169 人，截至 2008 年末，总人口为 256153 人，其中男性 131789 人，女性 124364 人。18 年间，增加 15986 人，人口平稳缓慢增长，平均每年增长 0.06‰。

1991—1999 年克旗人口数量统计表

表 5-1-1　　单位：人

苏木乡镇＼年份	1991	1992	1993	1994	1995	1996	1997	1998	1999
全　旗	240169	241657	244941	245479	248060	249580	252275	254360	257107
经棚镇	23407	23740	24337	25450	26374	26985	29192	30527	32906
热水塘镇	9572	9542	9646	9688	9677	9681	9683	9696	9698
土城子镇	15294	16381	15510	15480	15616	15712	15805	15949	15953
达来诺日(苏木)镇	5726	5859	5948	5990	6012	6058	6074	6107	6107
宇宙地(乡)镇	10572	10581	11555	11563	11614	11635	11637	11646	11647
同兴镇(木希嘎乡)	12018	11986	12166	12211	12250	12266	12277	12283	12287
天合源乡	5646	5688	5773	5674	5710	5727	5750	5798	5805
新庙乡	12617	12399	12585	12277	12292	12366	12373	12374	12375
河南店乡	3904	4226	4280	4302	4307	4368	4375	4380	4385
广兴源(乡)镇	10178	10196	10349	10355	10376	10502	10509	10534	10534
天盛号乡	4344	4327	4392	4401	4402	4406	4410	4410	4442
红山子乡	10032	10005	10036	10053	10085	10114	10120	10141	10157
南店(乡)镇	6687	6629	6732	6742	6755	6783	6796	6823	6930
昌义乡	5225	5255	5333	5267	5274	5277	5281	5285	5291
芝瑞(乡)镇	7548	7549	7663	7632	7636	7637	7637	7638	7638
万合永(乡)镇	8174	8082	8203	8296	8298	8301	8329	8338	8342
柳林乡	6809	6810	6913	6924	6947	6976	6978	6979	6983

续表 5-1-1

年份 苏木乡镇	1991	1992	1993	1994	1995	1996	1997	1998	1999
新开地乡	14382	14217	14262	14392	14566	14665	14707	14711	14736
新井乡	12832	12717	12908	12464	12516	12561	12562	12565	12566
上头地乡	8709	8745	8883	8925	8946	8955	8962	8998	9005
书声乡	13510	13546	13735	13645	13657	13670	13686	13688	13691
三义乡	10664	10627	10832	10642	10649	10653	10654	10654	10662
浩来呼热乡(好鲁库种羊场)	5103	5082	5158	5208	5291	5335	5398	5584	5590
乌兰布统乡(元宝山牧场)	1584	2595	2648	2753	3582	3646	3737	3825	3892
达日罕乌拉苏木	3964	3992	4052	4055	4056	4061	4062	4063	4064
阿其乌拉苏木	3222	3258	3305	3350	3375	3395	3418	3432	3450
巴彦查干苏木	4187	4218	4281	4282	4338	4360	4361	4418	4440
巴彦高勒苏木	3380	3405	3456	3458	3459	3485	3502	3514	3531

2000—2008 年克旗人口数量统计表

表 5-1-2　　单位:人

年份 苏木乡镇	2000	2001	2002	2003	2004	2005	2006	2007	2008
全　旗	243334	244396	241692	248389	246457	241675	246779	250940	256153
经棚镇	29480	32312	34299	39691	41199	41524	61742	69164	70408
热水塘镇	9465	9489	—	—	—	—	—	—	—
土城子镇	15909	15906	15958	16012	15928	15832	29672	29340	29140
达来诺日镇(苏木)	6505	6423	6434	6311	6140	5940	6140	6347	6786
宇宙地镇(乡)	11328	11296	20724	20664	20816	19648	20190	20407	21128
同兴镇(木希嘎乡)	11937	11731	17238	17094	17024	16276	16559	16344	17909
天合源乡	5660	5654	—	—	—	—	—	—	—
新庙乡	11620	11218	11134	11872	11553	11751	—	—	—
河南店乡	3904	3766	—	—	—	—	—	—	—
广兴源(镇)乡	9835	9696	12831	12990	12846	12491	—	—	—

续表 5-1-2

年份 苏木乡镇	2000	2001	2002	2003	2004	2005	2006	2007	2008
天盛号乡	3217	3134	—	—	—	—	—	—	—
红山子乡	8797	9713	9724	10047	9898	8996	9692	9801	14593
南店(乡)镇	6561	6651	12533	12572	12264	11745	—	—	—
昌义乡	5183	5081	—	—	—	—	—	—	—
芝瑞镇(乡)	7326	7148	12229	12244	12118	11698	36459	36932	36816
万合永镇(乡)	7837	7845	14066	13975	13781	13742	24818	24999	27634
柳林乡	6372	6296	—	—	—	—	—	—	—
新开地乡	14987	15861	15702	15962	15800	15836	15898	16163	15963
新井乡	12049	11948	11865	11856	11379	10685	—	—	—
上头地乡	8730	7493	—	—	—	—	—	—	—
书声乡	13045	12780	14336	14585	13861	13565	—	—	—
三义乡	9920	9612	9421	9251	8876	8696	—	—	—
浩来呼热乡(好鲁库种羊场)	5268	5296	5301	5320	5379	5351	5416	—	—
乌兰布统乡(元宝山牧场)	3974	3568	3572	3876	2850	3023	4808	5267	—
达日罕乌拉苏木	3700	3822	6712	6798	7084	7141	7210	7480	7280
阿其乌拉苏木	3063	3045	—	—	—	—	—	—	—
巴彦查干苏木	4266	4211	4186	4194	4198	4204	8175	8696	8496
巴彦高勒苏木	3396	3401	3427	3375	3463	3531	—	—	—

注:(1)2002 年后宇宙地镇包含热水开发区人口;(2)2006 年经棚镇中包含经棚街道办事处、浩来呼热办事处人口;(3)2008 年红山子乡包含乌兰布统开发区人口

第二节　人口分布

1991—2008 年,克旗非农人口所占比重总体上呈平稳增加趋势,由 29998 人增加到 51613 人,年均增速为 15.65%。非农人口主要集中在旗政府所在地—经棚镇。其余各乡镇非农人口较少,主要是苏木乡镇政府所在地政府机关和事业单位。

1991—2008年克旗城乡人口分布情况统计表

表5-1-3

年份	总人口	农业人口(人)	非农人口(人)	非农人口占比(%)	年份	总人口(人)	农业人口(人)	非农人口(人)	非农人口占比(%)
1991	240169	210171	29998	12.5	2000	243334	206714	36620	15
1992	241657	211340	30317	12.5	2001	244396	203908	40488	16.6
1993	244941	213686	31255	12.8	2002	241692	198383	43309	17.9
1994	245479	213801	31678	12.9	2003	248689	205255	43434	17.5
1995	248060	215226	32834	13.2	2004	246457	201563	44894	18.2
1996	249580	215343	34237	13.7	2005	241675	196667	45008	18.6
1997	252275	217457	34818	13.8	2006	246779	199484	47295	19.2
1998	254360	220014	34346	13.5	2007	250940	201884	49056	19.5
1999	257107	220840	36267	14.1	2008	256153	204540	51613	20.2

第三节 人口密度

克旗地域宽广,人口密度不大,全旗平均人口分布密度约每平方公里12人。各苏木乡镇人口分布密度有明显差异,西部地区地域面积大人口少,东部地区地域面积较小人口多;西部牧区与东部农区所占面积基本各半,牧区人口仅占12%左右,农区人口占88%有余;农区人口密度约为每平方公里22人,牧区人口分布密度约为每平方公里3人。牧区各苏木镇人口分布密度差别不大,农区各乡镇之间人口分布密度差异明显,东南部乡镇如新开地乡、土城子镇等农区人口密度较大,而西部如红山子乡、经棚镇西部农区人口密度较小。

克旗部分年份人口分布密度表

表5-1-4

区划	苏木乡镇	1991			2002			2006		
		人口(人)	面积(平方公里)	密度	人口(人)	面积(平方公里)	密度	人口(人)	面积(平方公里)	密度
	全 旗	240169	20673	12	241692	20673	12	246779	20673	12
农区	合 计	212124	9584.8	22	212060	9585	22	215030	9585	22
	经棚镇	23407	40.52	578	34299	348	99	61742	1668	37
	热水塘镇	9572	320	30	—	—	—	—	—	—

续表 5－1－4

区划	苏木乡镇	1991 人口(人)	1991 面积(平方公里)	1991 密度	2002 人口(人)	2002 面积(平方公里)	2002 密度	2006 人口(人)	2006 面积(平方公里)	2006 密度
	全　旗	240169	20673	12	241692	20673	12	246779	20673	12
农区	土城子镇	15294	406	38	15958	406	39	29672	773	38
	宇宙地镇(乡)	10572	362.35	29	20724	682	30	20190	682	30
	同兴镇(木希嘎乡)	12018	915.02	13	17238	1185	15	16559	1185	14
	天合源乡	5646	270	21	—	—	—	—	—	—
	新庙乡	12617	417	30	11134	417	27	—	—	—
	河南店乡	3904	308	13	—	—	—	—	—	—
	广兴源(镇)乡	10178	474	21	12831	685	19	—	—	—
	天盛号乡	4344	211	21	—	—	—	—	—	—
	红山子乡	10032	1503	7	9724	1503	6	9692	1503	6
	南店(镇)乡	6687	396.06	17	12533	527	24	—	—	—
	昌义乡	5225	256	20	—	—	—	—	—	—
	芝瑞镇(乡)	7548	626.98	12	12229	883	14	36459	2095	17
	万合永(镇)乡	8174	284	29	14066	661	21	24818	1341	19
	柳林乡	6809	377.38	18	—	—	—	—	—	—
	新开地乡	14382	285.87	50	15702	338	46	15898	338	47
	新井乡	12832	680	19	11865	680	17	—	—	—
	上头地乡	8709	246	35	—	—	—	—	—	—
	书声乡	13510	302.68	45	14336	367	39	—	—	—
	三义乡	10664	903	12	9421	903	10	—	—	—
牧区	合　计	28045	10205	3	29632	10205	3	31749	10205	3
	浩来呼热乡(好鲁库种羊场)	5103	1664	3	5301	1664	3	5416	1664	3
	乌兰布统乡(元宝山牧场)	1584	1054	2	3572	1054	3	4808	1054	5
	红山军马场	879	—	—	—	—	—	—	—	—
	达来诺日(镇)苏木	5726	1542	4	6434	1542	4	6140	1542	4
	达日罕乌拉苏木	3964	1433	3	6712	2234	3	7210	2234	3
	阿其乌拉苏木	3222	801	4	—	—	—	—	—	—
	巴彦查干苏木	4187	2031	2	4186	2031	2	8175	3711	2
	巴彦高勒苏木	3380	1680	2	3427	1680	2	—	—	—

第二章 人口构成

第一节 民族构成

1991 年,克旗有蒙古族、回族、满族、朝鲜族、达斡尔族、壮族、侗族等少数民族。1999 年,仅有蒙古族、回族、满族、朝鲜族、达斡尔族 5 个少数民族;2000 年迁入鄂温克族;2003 年迁入藏族;至 2008 年,克旗有蒙古族、回族、满族、朝鲜族、达斡尔族、鄂温克族、壮族、藏族、侗族、黎族、苗族、土家族 12 个少数民族,蒙古族人口最多,其次是回族,再次是满族、朝鲜族。

1991—2008 年克旗少数民族人口统计表

表 5－2－1　　单位:人

年份	回族	满族	朝鲜族	达斡尔族	鄂温克族	壮族	侗族	藏族	其他民族
1991	3360	1547	65	7	—	16	3	—	—
1992	3371	1538	62	7	—	16	3	—	—
1993	3504	1536	60	8	—	17	3	—	—
1994	3498	1548	63	8	—	17	3	—	—
1995	3385	1652	67	8	—	17	—	—	—
1996	3421	1687	68	8	—	1	—	—	—
1997	3523	1544	73	7	—	1	—	—	—
1998	3526	1656	72	7	—	—	1	—	—
1999	33651	1569	68	1	—	—	—	—	—
2000	3517	1755	35	6	2	14	4	—	—
2001	3413	1826	34	6	2	14	3	—	2
2002	3874	1345	48	6	2	14	3	—	—
2003	3574	1976	52	9	2	14	5	1	—
2004	3362	1913	45	9	2	14	4	2	—
2005	3389	1876	45	9	—	14	4	2	—
2006	3486	1967	48	14	3	13	—	2	—
2007	4221	2753	50	15	3	13	—	2	34
2008	4142	2822	61	15	2	13	—	1	67

1991—2008 年克旗蒙古族人口统计表

表 5-2-2　　单位：人

年份	人口	年份	人口
1991	23052	2000	26656
1992	23327	2001	27239
1993	23882	2002	27467
1994	24399	2003	27830
1995	24490	2004	27830
1996	24523	2005	27309
1997	24701	2006	29560
1998	24140	2007	31140
1999	24998	2008	31570

1991—2008 年克旗汉族人口统计表

表 5-2-3　　单位：人

年份	人口	年份	人口
1991	212119	2000	211345
1992	213333	2001	211857
1993	215931	2002	208933
1994	217186	2003	215226
1995	218441	2004	213276
1996	219872	2005	209025
1997	222426	2006	211685
1998	224985	2007	212678
1999	226820	2008	217491

克旗部分年份民族构成情况表

表 5-2-4

民　族	1991		1995		1999		2001		2006	
	人口（人）	比重（%）	人口（人）	比重（%）	人口（人）	比重（%）	人口（人）	比重（%）	人口（人）	比重（%）
汉　族	212119	88.3	218441	88.1	226820	88.2	211857	86.7	211685	85.8
蒙古族	23052	9.58	24490	9.9	24998	9.7	27239	11.1	29560	12
回　族	3360	1.4	3385	1.36	3651	1.42	3413	1.4	3486	1.4

续表 5-2-4

民族	1991		1995		1999		2001		2006	
	人口(人)	比重(%)	人口(人)	比重(%)	人口(人)	比重(%)	人口(人)	比重(%)	人口(人)	比重(%)
满族	1547	0.64	1652	0.67	1569	0.61	1826	0.75	1967	0.8
朝鲜族	65	0.027	67	0.027	68	0.026	34	0.014	48	0.0195
达斡尔族	7	0.003	8	0.003	1	0.001	6	0.002	14	0.0057
鄂温克族	—	—	—	—	—	—	2	0.001	3	0.0012
壮族	16	—	17	0.007	—	—	14	0.006	13	0.0053
黎族	—	—	—	—	—	—	2	0.001	—	—
藏族	—	—	—	—	—	—	—	—	2	0.0008
侗族	3	0.001	—	—	—	—	3	0.001	—	—

第二节 性别构成

1991年,克旗人口男女性别比为106.7,随后逐步略呈增大趋势,1999年到达一个峰值,为107.5,之后又呈缩小趋势,2008年缩小为105.4,18年间,男女性别比变动1.3个百分点。

1991—2008年克旗人口性别构成情况表

表 5-2-5

年份	男(人)	女(人)	性别比
1991	123961	116208	106.7
1992	124641	117016	106.5
1993	126021	118920	106.0
1994	126703	118776	106.7
1995	127669	120391	106.0
1996	128336	121244	105.8
1997	130565	121710	107.3
1998	131755	122605	107.5
1999	133225	123882	107.5
2000	125835	117499	107.1
2001	125864	118532	106.2

续表 5－2－5

年份	男(人)	女(人)	性别比
2002	130308	111384	117.0
2003	127389	121300	105.0
2004	125705	120752	104.1
2005	123266	118409	104.1
2006	126636	120143	105.4
2007	128576	122364	105.1
2008	131789	124364	105.4

第三节　年龄构成

2000年，克旗开展第五次人口普查，从普查数据中看出20世纪末克旗人口年龄构成。人口比重最高的是30～34周岁年龄段，为10.66%；人口比重最低的是85周岁以上人口，为0.07%。男女人口比重均呈同样趋势。第四次人口普查年龄比重最高峰在10周岁左右，与此时相比，10年间，人口比重最大的年龄段上移20岁。

2000年克旗人口年龄构成统计表

表 5－2－6

年龄构成	合计(人)	比重(%)	男(人)	比重(%)	女(人)	比重(%)
合　计	242957	—	125188	—	117769	—
0周岁	1900	0.78	1018	0.42	882	0.36
1～4周岁	9802	4.03	5163	2.13	4639	1.91
5～9周岁	15755	6.48	8184	3.37	7571	3.12
10～14周岁	28526	11.74	14552	5.99	13974	5.75
15～19周岁	16830	6.93	8656	3.56	8174	3.36
20～24周岁	15025	6.18	7775	3.2	7250	2.98
25～29周岁	22906	9.43	11940	4.91	10966	4.51
30～34周岁	25889	10.66	13469	5.54	12420	5.11
35～39周岁	24762	10.19	12681	5.22	12081	4.97
40～44周岁	24033	9.89	12221	5.03	11812	4.86
45～49周岁	18577	7.65	9324	3.84	9253	3.81

续表 5-2-6

年龄构成	合计(人)	比重(%)	男(人)	比重(%)	女(人)	比重(%)
50~54 周岁	11665	4.80	5898	2.43	5767	2.37
55~59 周岁	7069	2.91	3644	1.5	3425	1.41
60~64 周岁	8039	3.31	4158	1.71	3881	1.60
65~69 周岁	6052	2.49	3169	1.3	2883	1.19
70~74 周岁	3568	1.47	1927	0.79	1641	0.68
75~79 周岁	1788	0.74	968	0.4	820	0.34
80~84 周岁	592	0.24	343	0.14	249	0.10
85 岁以上	179	0.07	98	0.04	81	0.03

2000 年后,按照 18 周岁以下、18 周岁~35 周岁、35 周岁~60 周岁、60 周岁以上等年龄段划分,克旗 18 周岁以下人口比例 20%~30%,呈下降趋势;18 周岁~35 周岁人口比例 26%~30%;35 周岁~60 周岁人口比例 35%~40%;60 周岁以上人口比例 8%~12%。

克旗部分年份年龄段人口比重表

表 5-2-7

年份	总人口(人)	18 周岁以下		18~35 周岁		35~60 周岁		60 周岁以上	
		人数(人)	比重(%)	人数(人)	比重(%)	人数(人)	比重(%)	人数(人)	比重(%)
2000	242957	72813	30.0	63820	26.3	86106	35.4	20218	8.3
2003	248689	57975	23.3	71857	28.9	94295	37.9	24562	9.9
2005	241675	50752	21.0	70086	29.0	94253	39.0	26584	11.0
2006	246779	45661	18.5	69258	28.1	107059	43.4	24801	10.0
2007	250940	43242	17.2	70847	28.2	110368	43.9	26483	10.6
2008	256135	45359	17.7	75939	29.6	108502	42.4	26353	10.3

第四节 职业构成

2000 年第五次人口普查显示,克旗 15 周岁以上人口中,从行业角度看,从事农、牧、林、渔业人口最多,多分布在农村牧区,占 79.11%;其次是从事批发和零售贸易、餐饮业人口,占 4.07%;再次是从事制造业人口,占 2.99%。其他行业降序排列为:教育、文化艺术及广播电影电视业，交通运输、仓储及邮电通信业，国家机关、党政机关和社会团体，社会服务业，建筑业，卫生、体育和社会福利业，采掘业，电力、煤气及水的生产和供应业，金融、保险业，地质勘查业、水利管理业，科学研究和综合技术服务业，及其他行业。各大行业中农林牧渔业，批发和零售贸易、餐饮业，科学研究和综合技术服务业三个大行业的从业人员是女性所占比例高于男性，其他行业均为男性高于女性。

2000 年克旗 15 周岁以上从业人口行业构成统计表

表 5－2－8

行业分类	总数(人)	比重(%)	男(人)	比重(%)	女(人)	比重(%)
(合计)	13936	—	7694	—	6242	—
农林牧渔业	11025	79. 11	5720	74. 34	5305	84. 99
批发和零售贸易、餐饮业	567	4. 07	272	3. 54	295	4. 73
制造业	417	2. 99	312	4. 06	105	1. 68
教育、文化艺术及广播电影电视业	376	2. 70	217	2. 82	159	2. 55
交通运输、仓储及邮电通信业	350	2. 51	301	3. 91	49	0. 79
国家机关、党政机关和社会团体	346	2. 48	273	3. 55	73	1. 17
社会服务业	198	1. 42	119	1. 55	79	1. 27
建筑业	192	1. 38	159	2. 07	33	0. 53
卫生、体育和社会福利业	135	0. 97	78	1. 01	57	0. 91
采掘业	123	0. 88	110	1. 43	13	0. 21
电力、煤气及水的生产和供应业	106	0. 76	70	0. 91	36	0. 58
金融、保险业	69	0. 50	40	0. 52	29	0. 46
地质勘查业、水利管理业	11	0. 08	10	0. 13	1	0. 02
科学研究和综合技术服务业	9	0. 06	4	0. 05	5	0. 08
其他行业	7	0. 05	6	0. 08	1	0. 02
房地产业	5	0. 04	3	0. 04	2	0. 03

注：上表为抽样数据

克旗 15 周岁以上人口中，从职业角度看，从事农、林、牧、渔、水利业生产人员最多，占 78. 63%；其中男性 73. 68%，女性 84. 73%，女性高于男性；其次是生产、运输设备操作人员及有关人员，占 7. 5%，其中男性 11. 37%，女性 2. 72%，男性高于女性；再次是商业服务业，占 5. 75%，其中男性 5. 25%，女性 6. 36%，女性高于男性；其他职业从业人员比重从高至低依次排序为：专业技术人员，办事人员和有关人员，国家机关、党群组织、企业、事业单位负责人，其他劳动者。

2000年克旗15周岁以上人口职业构成统计表

表5-2-9

人员分类	总数(人)	比重(%)	男(人)	比重(%)	女(人)	比重(%)
(合计)	13936	—	7694	—	6242	—
农、林、牧、渔、水利业人员	10958	78.63	5669	73.68	5289	84.73
生产、运输设备操作人员及有关人员	1045	7.50	875	11.37	170	2.72
商业服务业	801	5.75	404	5.25	397	6.36
专业技术人员	649	4.66	358	4.65	291	4.66
办事人员和有关人员	291	2.09	225	2.92	66	1.06
国家机关、党群组织、企业、事业单位负责人	184	1.32	158	2.05	26	0.42
不便分类的其他劳动者	8	0.06	5	0.06	3	0.05

注:上表为抽样数据

第五次人口普查资料显示,克旗未工作人口比重最高三大类人员:料理家务、丧失工作能力和在校学生,分别占43.76%、20.98%和14.3%。其中料理家务多为女性,占63.14%。

2000年克旗15周岁以上未外出工作人员分类表

表5-2-10

人员分类	总数(人)	比重(%)	男(人)	比重(%)	女(人)	比重(%)
(合计)	3503	—	1262	—	2241	—
料理家务	1533	43.76	118	9.35	1415	63.14
丧失工作能力	735	20.98	382	30.27	353	15.75
在校学生	501	14.3	278	22.03	223	9.95
离退休	289	8.25	224	17.75	65	2.9
从未工作正在找工作	190	5.42	108	8.56	82	3.66
失去工作正在找工作	152	4.34	79	6.26	73	3.26
其他	103	2.94	73	5.78	30	1.34

注:上表为抽样数据

第五节　婚姻构成

据第五次人口普查，克旗婚龄人口婚姻构成，初婚占大多数，为75.07%；其次是未婚人口，占16.58%，未婚人口所占比重男性高于女性，男性占19.82%，女性占13.17%。初婚有配偶、再婚有配偶、丧偶3项指标均为女性所占比重高于男性。

2000年克旗婚龄人口婚姻构成统计表

表5－2－11

人员分类	总数（人）	比重（%）	男（人）	比重（%）	女（人）	比重（%）
（合计）	17439	—	8956	—	8483	—
未婚	2892	16.58	1775	19.82	1117	13.17
初婚有配偶	13092	75.07	6576	83.43	6516	76.81
再婚有配偶	412	2.36	172	1.92	240	2.83
离婚	122	0.7	100	1.12	22	0.26
丧偶	921	5.28	333	3.72	588	6.93

注：上表为抽样数据

第六节　文化构成

第五次人口普查抽样调查显示，克旗6周岁以上人口中，未上过学的占14.2%，其中男性30.29%，女性69.71%，女性高于男性，是男性2倍余；受教育人口中，比重最高是小学和初中文化程度，高中及以上教育人口所占比重较小。小学教育以下受教育人口中女性高于男性，初中教育以上受教育人口中男性高于女性，且差距有拓展趋向；至大学本科时，男性受教育者高于女性。

2000年克旗6周岁以上人口分性别受教育统计表

表5－2－12

教育层次	总数（人）	所占比重（%）	男（人）	所占比重（%）	女（人）	所占比重（%）
（合计）	227931	—	117242	—	110689	—
未上过学	32375	14.20	9807	30.29	22568	69.71
扫盲班	2203	0.97	768	34.86	1435	65.14

续表 5－2－12

教 育 层 次	总数(人)	所占比重(%)	男(人)	所占比重(%)	女(人)	所占比重(%)
小学	92539	40. 60	45421	49. 08	47118	50. 92
初中	69788	30. 62	41426	59. 36	28362	40. 64
高中	22306	9. 79	14293	64. 08	8013	35. 92
中专	4861	2. 13	2989	61. 49	1872	38. 51
大学专科	3269	1. 43	2117	64. 76	1152	35. 24
大学本科	588	0. 26	420	71. 43	168	28. 57
研究生	2	0. 00	1	50. 00	1	50. 00

注:上表为人口普查数据

2000 年克旗 6 周岁以上人口分年龄段受教育统计表

表 5－2－13　　　　单位:人

年龄段	总 数	未上过学人数	上扫盲班人数	小学生	初中生	高中生	中专生	大 学专科生	大 学本科生	研究生
(合计)	227931	32375	2203	92539	69788	22306	4861	3269	588	2
6～9 周岁	12431	1457	—	10971	3	—	—	—	—	—
10～14 周岁	28526	172	—	16075	12055	220	—	—	—	—
15～19 周岁	16830	124	—	4322	8795	3131	371	75	12	—
20～24 周岁	15025	169	5	5318	6860	1603	686	339	44	1
25～29 周岁	22906	379	32	9226	9000	2639	894	628	108	—
30～34 周岁	25889	695	61	11751	9229	2639	635	732	147	—
35～39 周岁	24762	1397	127	7880	9796	4061	758	630	113	—
40～44 周岁	24033	3565	368	7890	5648	5516	545	434	66	1
45～49 周岁	18577	4684	505	7545	3591	1593	373	233	53	—
50～54 周岁	11665	3359	212	5152	2186	377	251	111	17	—
55～59 周岁	7069	2850	177	2326	1206	294	153	48	15	—
60～64 周岁	8039	4533	271	2095	855	128	129	17	11	—
65 周岁及以上	12179	8991	445	1988	564	105	62	22	2	—

注:上表为人口普查数据

第三章 人口变动

第一节 变动概况

1991—2008年,克旗人口发展呈波状增长趋势,1999年人口总数到达一波高峰,为257107人。1999年后,人口开始缓慢下降,出现负增长。

从2000年开始,除个别年份外,大多数年份迁入克旗境内人口都小于迁出人口,人口出现外流。迁出人口大多是农村人口迁入中小城市。经棚镇人口一直呈上升趋势,由1991年的23407人上升到2008年的59615人。迁出人口中,迁往旗外省内的占多数,2000—2008年迁出人口统计中,迁往旗外自治区内的人口分别是2012人、4406人、2311人、1911人、2360人、2360人、427人、753人、546人,迁往旗外自治区内的人口分别占迁出人口的85.5%、89.2%、82.5%、70.9%、71.2%、71.2%、49.8%、36.2%、43.8%。迁入人口中,从自治区内旗外迁入克旗者占多数。2000—2008年,从自治区内旗外迁入克旗的人口分别是1363人、5927人、1621人、2151人、2281人、2360人、332人、522人、447人,分别占迁入人口的85%、95.2%、80.9%、86.8%、85.0%、79.4%67.2%、57.6%、54.8%。

在人口年龄结构变化上,2000年与2008年相比,18岁以下人口所占比重呈下降趋势,由30%降为18.5%,下降11.5个百分点;而18~35岁、35~60岁两个年龄段人口所占比重均呈上升趋势,分别由26.3%上升为28.5%,由35.4%上升为43.4%,分别上升2到8个百分点。上升最快的是35~60岁年龄段人口。同时,18岁以下人口所占比重下降速度又高于其他年龄段人口上升速度。

从2004年开始,出现出生人口小于死亡人口现象,人口自然增长率出现负值。

1991—2008年克旗人口变动情况统计表

表5-3-1

年份	总人口(人)	出生人数(人)	出生率(‰)	死亡人数(人)	死亡率(‰)	迁入(人)	迁出(人)	净增人数(人)	自然增长率(‰)	增长率(‰)
1991	24016	2886	12.05	1375	5.75	3204	2969	1746	6.3	7.45
1992	241657	2649	11	1471	6.1	4126	3816	1488	4.9	6.20
1993	244941	2560	10.5	1415	5.8	6265	3126	4284	4.7	17.73
1994	245479	3154	12.9	1339	5.5	3182	3359	1638	7.4	6.69

续表 5-3-1

年份	总人口（人）	出生人数（人）	出生率（‰）	死亡人数（人）	死亡率（‰）	迁入（人）	迁出（人）	净增人数（人）	自然增长率（‰）	增长率（‰）
1995	248060	3072	12.4	1353	5.5	3243	2381	2581	6.9	10.51
1996	249580	2794	11.2	1312	5.3	2473	2435	1520	5.9	6.13
1997	252275	2522	10	1322	5.2	2407	2041	1566	4.8	6.27
1998	254360	2421	9.5	1302	5.1	2592	2045	1666	4.4	6.60
1999	257107	2119	8.3	1434	5.6	4060	1663	3082	2.7	12.12
2000	243334	1590	6.18	1369	5.32	1604	2354	-529	0.86	-2.06
2001	244396	1338	5.5	1105	4.54	6227	4940	1520	0.96	6.25
2002	241692	1491	6.1	885	3.62	2003	2801	-192	2.48	-0.79
2003	248689	1551	6.42	954	3.95	2477	2808	266	2.47	1.10
2004	246457	1373	5.52	1685	6.78	2682	3313	-943	-1.26	-3.79
2005	241675	1345	5.46	1613	6.54	1946	3313	-1635	-1.08	-6.63
2006	246779	1006	4.16	325	1.34	494	857	318	2.82	1.32
2007	250940	1021	4.1	310	1.25	906	2079	-462	2.85	1.88
2008	256153	1447	5.7	717	2.83	815	1247	298	2.87	2.57

第二节　人口老龄化

1991—2008 年,克旗人口开始逐步向老龄化方向发展。从各年度人口年龄结构变化看,2000—2005 年相比,18 周岁以下人口占比呈下降趋势,其他年龄段人口占比均呈上升趋势,上升最快的是 35～60 周岁年龄段人口。18 周岁以下人口占比下降速度高于其他几个年龄段人口上升速度。第四次人口普查年龄比重最高峰在 10～14 周岁,与第四次人口普查时相比,第五次人口普查时,35～60 岁年龄段人口上升最快,人口比重最大的年龄段上移 20 岁。

2003 年,克旗 60 周岁以上人口 9.9%,2004 年,60 周岁以上人口 10%,2005 年,60 周岁以上人口 11%,2008 年持续保持在 10% 以上。

第四章　计划生育

第一节　生育计划

1998—2003 年，克旗结合国家人口计生委在全国范围内开展“婚育新风进万家”宣传活动，活动着重围绕建设新型社会主义生育文化、普及计划生育生殖健康知识、提高民族素质等主题，开展持续生育科学教育宣传，并把“婚育新风进万家”活动作为生育宣传专项样板，以点带面，用典型示范，通过建立计划生育宣传服务站、集中培训宣传骨干，不断拓宽活动宣传途径，开展持续生育宣传教育，收到良好宣传效果。

2004 年后，克旗人口和计划生育管理部门在上级人口计生管理部门指导下，以人口和计划生育综合改革为契机，进一步拓宽政策宣传途径、开阔宣传视野，创新宣传方式，运用“婚育新风进万家”“世界人口日”持续进行专题宣传活动，为人们进一步更新生育观念，提高人口素质发挥政策引导作用。

克旗人口与计划生育行政部门，根据全国人口发展规划以及上一级人民政府人口发展规划，结合当地实际情况编制本行政区域的人口发展规划，并将其纳入国民经济和社会发展计划。根据人口发展规划，制定人口与计划生育实施方案并组织实施。

克旗人口和计划生育局负责实施人口与计划生育实施方案日常工作，全旗人口有序稳定发展。

1991—2008 年克旗人口生育情况统计表

表 5－4－1

年份	计划生育率(%)	出生率(‰)	自然增长率(‰)
1991	97.36	12.05	6.3
1992	98.89	11	4.9
1993	98.98	10.5	4.7
1994	98.80	12.9	7.4
1995	98.73	12.4	6.9
1996	97.38	11.2	5.9
1997	98.26	10	4.8
1998	98.43	9.5	4.4
1999	97.85	8.3	2.7

续表 5-4-1

年份	计划生育率(%)	出生率(‰)	自然增长率(‰)
2000	98.84	6.18	0.86
2001	98.04	5.5	0.96
2002	98.22	6.1	2.48
2003	98.19	6.42	2.47
2004	98.99	5.52	-1.26
2005	98.51	5.46	-1.08
2006	97.90	4.16	2.82
2007	98.36	4.1	1.7
2008	98.48	5.7	2.1

第二节　生育服务

1991年后,对克旗境内的育龄妇女继续开展有计划、有针对性地生育技术服务。对农村牧区和城镇育龄妇女采取规范有序的生育服务,动员其自愿采取生育措施。

2001年6月后,克旗进一步落实国家《计划生育技术服务管理条例》等各项规定,充分保障公民享有避孕方法知情选择权;充分保障公民获得计划生育技术服务权利。人口和计划生育行政管理部门通过多种服务措施,为育龄群众提供及时有效、安全适宜的避孕节育服务;每年至少两次向育龄妇女开展优生优育、生殖健康、生殖保健、政策法规知识宣传。

2006年后,克旗结合全旗生育工作实际,深入开展"创建优质服务先进旗"活动,围绕"生殖缺陷干预、生殖道感染干预、计划生育优质服务"三大生育工程,开展全面提高生育优质服务水平,推动"知情选择"计划生育活动。

第三节　管理机构

一、领导机构

1982年,设置克旗计划生育委员会。

1991年初,计划生育委员会内设办公室、财会股、统计股、宣传股、业务技术股、政法股、计划生育宣传技术服务站等机构,有管理及技术人员120余人。

1994年5月,旗计划生育委员会改设为克旗计划生育局,内设办公室、财会股、统计股、宣传股、业务技术股、政法股、计划生育宣传技术服务站等机构。

2002 年，旗计划生育局更名为人口和计划生育局。

2008 年，旗人口和计划生育局内设办公室、财会股、统计股、科技股、政法股等股室，附设计划生育协会、旗计划生育服务站 2 个事业单位。

二、事业单位

（一）计划生育协会

1990 年 7 月，克旗始设计划生育协会，编制 3 名。

克旗计划生育协会成立后，利用“会员之家”“人口学校”，根据不同年龄群众需求，开展青年青春期、新婚期、孕产期和母乳喂养等科学知识宣传。针对育龄妇女举办培训班或研讨会，就生殖生理、卫生保健、避孕方法、晚婚晚育、优生优育等课题进行指导宣传。

2001—2008 年，旗计划生育协会围绕计划生育协会工作、提高性别平等意识和促进出生婴儿性别比正常发展、关爱女童等持续开展教育活动，动员一批志愿者带头学习生育政策和落实各项生育预防措施。

克旗计划生育协会重点开展“我为协会尽责任，我为国策做贡献”主题教育活动。利用节假日和当地的集市、集会等组织育龄群众家庭和青年人计划生育知识竞赛，发送避孕和生殖健康宣传材料，倡导婚育新风。坚持带动群众搞好环境卫生、改变不良卫生习惯，预防传染病。

（二）计划生育服务站

1984 年，克旗始建计划生育服务站，开展技术、药具、宣传培训等服务项目。

2004 年 7 月，经克旗人口和计划生育局多方筹措资金，扩建计划生育服务站。扩建面积 1900 平方米。2004 年 11 月投入使用。服务站设有妇产科、理疗室、B 超室、心电图室、检验室、手术室、药房、病房 8 个功能科室，同时设置高级护理病房，配备有麻醉呼吸机、心电监护仪、母婴监护仪、半自动生化分析仪、便携式超声诊断仪、酶标仪等服务设备。

2008 年，旗计划生育服务站有工作人员 17 人，其中技术服务人员 14 人。包括主治医师、医师 2 人，护师、检验师、药剂师等。

第五章　人口普查与调查

第一节　人口普查

1990 年 7 月 1 日和 2008 年 12 月 31 日与全国同步,全旗开展第四次和第五次人口普查。

1990 年 7 月,克旗进行第四次人口普查。普查登记标准时间点为 1990 年 7 月 1 日。克旗总户数 60752 户总人口 239815 人,其中男性 123614 人,女性 116201 人;少数民族人口 29057 人(其中蒙古族 23618 人)。

2008 年开始,克旗进行第五次人口普查。普查查明克旗总人口为 242957 人,其中男性 125188 人,女 117769 人。少数民族人口 31989 人(其中蒙古族 26656 人)。

第二节　人口抽样调查

1991—2008 年,按照国家统一要求克旗共开展三次全旗性 1% 人口抽样调查。

1991 年,克旗首次开展 1% 人口抽样调查,抽样调查标准时间为 1991 年 11 月 1 日,调查的重点是人口的自然情况和变动情况。调查方式主要是按照上级指定的区域(农村、牧区、镇区)入户调查、填表、汇总、上报。

1995 年,克旗采用抽样入户方式进行第二次 1% 人口抽样调查。抽样调查标准时间为 1995 年 11 月 1 日,调查项目主要是:姓名、与户主的关系,户口登记状况,性别、年龄、民族、婚姻状况,1 月 1 日在户状况、12 月 31 日在户状况,出生、死亡、迁入、迁出、育龄妇女生育子女总数和存活子女总数,及当年生育胎次等项目。重点调查出生率、死亡率、自然增长率,以及人口总数的变动情况。

2005 年,克旗开展第三次 1% 人口抽样调查。抽样调查标准时间为 2005 年 11 月 1 日,调查项目在 1995 年调查项目基础上,侧重查清 2000 年以来人口数量、构成、居住、就业与保险等方面的变化情况。

第六篇 民族 宗教 方言

第一章　民　族

第一节　民族构成与分布

克旗是以蒙古族为主体，汉族居多数，回族、满族、壮族、藏族、侗族、朝鲜族等多个民族聚居的少数民族地区。

1991—2008年，各民族按照各自的生产生活方式和共同追求的经济发展目标，共同发展进步，呈现出各民族“共同团结奋斗、共同繁荣发展”的稳定局面。

一、蒙古族

1991年，克旗有蒙古族人口23052人，2008年末，克旗蒙古族人口6362户31570人，期间增长1.37倍，呈缓慢上升趋势。随着经济发展和社会进步，蒙古族人口综合素质不断提高。至2008年末，克旗蒙古语授课中小学7所，在校生2055人；幼儿园6所，逐步形成从幼儿园到小学、初中、高中的民族教育体系。城镇学龄前儿童入园率98%以上，适龄儿童入学率98%以上。蒙古族青壮年人口识字水平、科学文化素养得到不断提高，率先实现“基本扫除青壮年文盲，基本普及义务教育”标准。新型牧区合作医疗参合率85%以上，牧区公共卫生服务体系不断完善，初步形成三级卫生服务网络。

2008年末，克旗蒙古族群众年均收入4907元，比1991年增加4196元，是1991年的6.9倍。牧业年度家畜存栏71万头（只），比1991年增加41万头（只）。畜牧业是克旗牧区主导产业，草牧场承包经营，稳定了牧区牧民的生产方式。畜牧业生产由传统畜牧业方式向现代畜牧业方式转变。随着与畜牧业相关的新兴产业发展和二、三产业相互促进，牧区经济和蒙古族群众收入出现多元化增长。

长期以来，蒙古族人民培育和创造出以蒙元文化为主要特色的草原文化和民俗民风，在弘扬和传承民族文化过程中，不断赋予传统民族文化以时代内容和气息。形成有克旗特色的银冬驼文化节、马文化节和兴畜节，以那达慕为载体的男儿“三艺”（骑马、射箭、博克）传统民族体育，成为外界了解克旗、认识克旗和宣传克旗的一个窗口。使克旗蒙古族文化不断得以丰富和提高。涌现出一批优秀领导干部、专业技术人员、先进工作者、劳动模范、专家学者、企业管理者。

二、汉族

1991—2008年，汉族占全旗人口总数85%左右，18年间增加5372人，呈低速增长态势。

三、其他少数民族

克旗其他少数民族主要有回族、满族、朝鲜族、达斡尔族、藏族、侗族、壮族、苗族等民族。

2008年末,克旗回族有1378户4142人,多聚居于经棚镇、土城子镇和乌兰布统开发区。他们善于经商办企业,多从事农畜产品生产、加工、销售、贩运和服务业。经棚镇清真寺是回族宗教信仰活动的主要场所。

1991年,克旗有朝鲜族65人、壮族16人,至2008年有朝鲜族61人、壮族13人、达斡尔族15人。少数民族迁入、移居克旗的,有部队转业干部,有分配大学生,有婚姻关系及流动移居等多种原因。

2008年末,克旗满族有2822人,比1991年增加1275人。

四、民族人口分布

因社会人员流动和经济活动变化,克旗境内民族人口分布情况不断有所变化。基本情况是蒙古族人口主要分布在达来诺日镇、达日罕乌拉苏木、巴彦查干苏木和经棚镇;少数分布在浩来呼热开发区、乌兰布统开发区、万合永镇、芝瑞镇、土城子镇、红山子乡等地;也在同兴镇、宇宙地镇有少数分布。回族主要分布在经棚镇、土城子镇两地,在乌兰布统开发区、红山子乡等地有少量分布。汉族人口集中分布在经棚镇、西拉沐沦河南北农作区,少量分布在牧业区。

第二节 民族习俗

一、蒙古族习俗

(一)生活习俗

1. 饮食

克旗蒙古族饮食习俗,在城镇与汉族及其他民族趋同发展,以粮、肉、乳、菜为主,仍保留着早用奶茶,食传统奶食品、面点习惯,午饭、晚饭食用米饭、馒头、烙饼、面条、水饺、蒸包等;在牧区,更多保留着传统饮食习俗,早、午食用奶茶、传统奶食品,晚食用米饭、馒头、烙饼、面条、蒸包等,夏季多有蔬菜,冬季蔬菜减少,肉食增加。手把肉或成为主食。

日常待客先用奶茶、奶食品,或用手把肉(牛、羊肉皆用),甚至全羊宴(有煮、烤不同做法),配菜多牛羊下货。

奶食品主要有奶豆腐(蒙古语"胡鲁达")、"奶嚼口"、奶皮子(蒙古语"乌鲁木")、黄油(即奶油,蒙古语"沙拉陶苏")、酸奶(蒙古语"爱勒格")、酸奶渣(蒙古语"阿烙勒")、奶子酒(蒙古语"爱勒嗬")等。奶茶或称阿巴嘎茶,用砖茶或普洱茶熬成深褐色,取其茶水加入牛奶(或奶粉)、黄油、炒米、奶豆腐、奶嚼口等兑制而成。奶酒多为牧民自制,透明醇香,性缓,不易速醉。

2. **服饰**

蒙古族在日常生活中也随当地普通民俗多穿戴流行服饰，如休闲装、中西装等。民族节庆、出席正式活动、举办重要仪式多穿戴民族服饰。

蒙古族妇女头饰仍保留着传统头饰如“忙乃布其(汉译梳旒)”、“沙哈嘎(汉译发套)”、“陶斯古尔(汉译发罩)”等风格，以珊瑚、绿松石等传统装饰品为美为贵；戴耳环、耳坠，珠串儿多挂于“忙乃布其”上。男子多戴蓝、黑褐色帽，冬季常戴狐狸皮出檐帽或羔儿皮圆筒帽；女子多用红、蓝、白绸头巾、头帕缠头。头饰品多在正式民族庆典活动上配戴。

3. **居住**

蒙古族基本实行了定居，只有在夏季逐水草放牧或旅游接待时，才使用蒙古包(蒙古语称“蒙古勒格日”)。蒙古包仍为圆形传统式样(木制骨架，皮绳扎结，毛毡围盖，伞形天窗)。蒙古包面南，内放用品以西北为尊，供佛像和祭品，东放食品器皿，西南挂马鞭、布鲁及放置鞍具，东南放奶桶、水桶、水壶、锅勺铲等。定居房屋与当地汉族砖木结构起脊房屋相同。

4. **婚嫁**

蒙古族婚嫁习俗在保留部分原有民族习俗同时，也吸收当代婚嫁习俗元素，自由恋爱成为结成婚姻的主导趋势。也沿用订亲(邀请媒人提亲后，举办仪式，馈赠礼品、信物或牲畜，多在男方家举办)、迎娶(中途迎娶，马队绕婚车，盘问答诘、款待全羊宴)、拜天地(穿民族服饰、办婚礼庆典、歌舞助兴)等仪式。

在城镇举办婚礼，多请婚庆公司主持，举行隆重庆典仪式。牧区除吸收部分当代庆典仪式元素外，或沿用地铺红毡，新人叩拜佛位、天地、长辈、火焰，叩头献哈达敬酒，回赠首饰、食物，后举办庆典酒会宴客等。

5. **丧葬**

城镇蒙古族丧葬多采用火葬，牧区多采用土葬。

(二)岁时习俗

蒙古族重要岁时节日有春节、旺畜节、祭敖包、点灯节、祭火神等。

春节 蒙古族有过春节习俗，视正月(谓查干萨日)是吉祥、福盛之月。要衣饰更新，准备年饭，清扫卫生。年饭食品除自用外，还要准备敬奉天地神灵和招待亲友。除夕(蒙古语称“毕特古勒厚”)用煮烂牛羊头蹄敬奉神佛，家人围坐吃羊头肉和牛羊蹄筋。入夜，全家人围坐在锅撑子旁，给老人敬酒磕头、聚餐；星星出全后，男主人带领儿孙朝祖坟方向走过百步，点火，用奶酒、牛羊头蹄肉、炸果子、烙饼等祭祀祖先。年初一，晚辈、年轻人骑马、持哈达、礼品拜年，对长辈拜年要叩头，长辈也回敬哈达并祝福或款待酒食。

旺畜节(蒙古语玛拉都、玛力音新、希尼、奥鲁拉等，意谓牲畜新年) 蒙古族有在农历二月初举办牲畜新年的习俗,或一嘎查、或一独贵龙、或一牧户为单位进行。意在查看膘情,庆祝春收(接羔接犊),祈求畜旺牧丰。多是众人赶牲畜齐集野外,支帐篷,给种畜、头牛挂彩穗,用黄油抹擦牲畜头脑处,宴请放牧人,向其敬酒致谢;酒后进行唱歌、摔跤、跳舞等娱乐活动。

祭敖包 蒙古族有每年农历五月十三日祭敖包习俗,主要在旗内五大“海日罕”(巴彦海日罕、赛罕海日罕、陶高海日罕、嘎拉德斯汰海日罕、土子海日罕)进行,以巴彦海日罕(巴音珠日和敖包)祭典最为隆重,次之塞罕海日罕。21世纪初,在浩来呼热乡大水脑的潢源旁山巅垒石成敖包为祭,已成风俗。祭祀方式仍沿用立幡展旗,插松柏枝,供放整羊、奶酒白酒、奶食品等食材,民众敬香,主祭致辞,信众诵念“福寿归来”,求颂神灵保佑,风调雨顺,五畜兴旺,草地无灾。祭祀活动后也往往举办赛马、摔跤等娱乐活动。

点灯节 农历十月二十五,经棚延续着纪念宗喀巴诞辰点灯的习俗。在夜晚星辰显现后举行。用铜碗、铜盅(或面食做成类似器皿)盛放黄油、捻绳灯芯的灯点燃,灯多宜善。僧人向佛祖叩拜祭祀,或颂光明、吉祥、保重、万事如意之类的吉语。

祭火神(俗称祭锅撑子) 牧民保留着农历腊月二十三祭祀火神习俗。主要仪式有:清扫蒙古包;擦洗炉口;摆放供桌(上放绵羊胸骨、黄油、白酒、杜松、干茶等祭品);用蓝、白、黄、红、绿五色布条装缀锅撑子,并在其上摆放用木碗装的阿木苏(什锦粥);装招福供盘(内有肋条四根、颈骨、胸脯、灌肠和羊尾),日落星出后围聚转动招福盘或手端阿木苏招福,向火中投放祭品,旧有同时请喇嘛诵经环节,呐喊唤福,最后向火中叩拜等。祭后三日内对锅撑子保洁,不借火,用铁拨火。

(三)礼仪习俗

1. 称谓

蒙古族血亲、姻亲成员间称谓有固定习俗,反映出辈分与亲缘关系。

克旗蒙古族血亲、姻亲成员称谓表

表6-1-1

辈分		关系	男性称谓	女性称谓	自称
祖父辈	高祖父母	父亲的曾祖父母	胡伦其额博	胡伦其额吉	吉亲其尔呼
	曾祖父母	父亲的祖父母	额伦其额博	额伦其额吉	东布勒呼
	祖父母	父亲的父母	额博	额吉或额木格额吉	温布勒或欧其
	外祖父母	母亲的父母	那戈其额博	那戈其额吉 (那戈其额博)	捷吉其呼很

续表 6－1－1

辈分		关系	男性称谓	女性称谓	自称
父辈	父母亲	本人父母	阿爸(阿吉、阿雅、阿该)	额吉(额嬷、嬷嬷)	—
	叔婶统称“阿巴嘎”	父亲的兄长(兄嫂)	伊合阿巴嘎	同前	阿其呼和阿其呼很
		父亲的弟弟(弟媳)	巴嘎阿巴嘎	同前	
	姑姑	父亲的姐、妹	—	阿巴嘎额哥齐	—
	姑夫	父亲的姐夫、妹夫	胡鲁根阿布或胡鲁根阿布盖	—	—
	姨姨	母亲的姐、妹	—	那嘎	—
	姨夫	母亲姐、妹的丈夫	那嘎阿布	—	—
	公婆	丈夫的父母亲	哈达玛额其格	哈达玛额和	—
	岳父母	妻子的父母亲	哈达玛阿爸	哈达玛额吉	—
同辈	哥哥	长兄嫂	阿哈	博勒根	—
	弟弟	弟与弟媳	都德(德古)	都布勒	—
	姐姐	姐与弟	—	额哥齐	—
	妹妹	哥与妹	—	呼很都	—
	丈夫妻子	夫与妻	格林额近	玛奶很、玛奶额和那勒(格日根)	—
	连襟	姐妹丈夫间	阿哈(哥)都德(弟)	—	—
	妯娌	兄弟的妻子之间	合称“爱布僧”	博里根(长嫂)德姑(弟妹)	—
	表兄弟姐妹	姑表亲间	博勒阿哈(哥)博勒都(弟)	博勒额格其(姐)博勒呼很都(妹)	—
	姨表亲间	那格其阿哈(兄)那格其都(弟)	那格其额和其(姐)那格其呼很都(妹)	—	—

克旗蒙古族血亲辈分称谓基本线索：

上溯辈分为：额其格(父辈)—额博(祖父)—额伦其额博(太祖父)—胡伦其额博(上第四辈)—额伦额博(上第五辈)—胡伦额博(上第六辈)—浩老包额博(上第七辈)—温都尔额博(上第八辈)—巴拉东额博(上第九辈)。

下排辈分为：呼布贡(儿子)—温布勒呼(欧其或吉其，孙子)—东布勒呼(重孙子)—吉亲其尔呼(下第四辈)—古其呼(下第五辈)—古亲其尔呼(下第六辈)—吉古呼(下第七辈)—吉勒贵呼(下第八辈)—特勒贵呼(下第九辈)。

2. 常礼

(1)尊长

蒙古族依传统以西为尊,长者居西是尊。

对男性长辈行鞠躬礼或“打千礼”(上身前俯,右腿略屈前伸若跪,右手前垂);对女性长辈行裣衽礼。常用问候语:“赛白呶”或“赛呶”。

(2)待客

迎客时让客人先进屋,依男西女东次序就坐,用敬烟、上茶、摆酒为招待。接待贵客,或用整只羊,家主人陪餐,以羊乌查为大敬,要长辈先动刀,席间献哈达。亲友探望要互相赠送礼物,如酒、点心等,客走,主人要反赠礼物,让客人不空手而回。

(3)忌讳

客人进屋或蒙古包要留意屋檐或包门是否悬挂弓箭、红布,挂者即产房不可入,进屋不能挽袖或掖起下摆,更不能拿鞭子、棍子;客人对出迎老人要进行礼让,进屋后客人上坐,但不能盘腿;蒙古包不能坐西北角和灶口,忌站立于门槛儿上;走动时不可跨越火盆、锅撑;忌在火盆或锅撑子上烤脚、磕烟袋。

酒席餐饮上晚辈先向长辈敬酒,长辈接酒多用无名指蘸酒奠祭天地人,众人不可喧哗;晚辈轮序敬酒,长辈在席,晚辈不可狂饮娱乐。

蒙古族忌讳往河水中大小便、洗衣物、倾倒污水。

(四)生产习俗

1991—2008 年,克旗蒙古族牧民仍保留着给小马打烙印(屁股上,多方形或圆形,形内各户有区别)、公马 2 岁时去势(阉割睾丸),日常使用马要钉马掌,放牧时要骑的马上马绊;取牛奶叫挤奶子,各户的羊要打印或穿上相同的耳记,以便识别。

二、汉族民俗

(一)生活习俗

1. 饮食

汉族主食有白面、大米、玉米、莜面、小米、高粱、荞面、豆类等,个人根据口味,有多种食品选择,食谱有:米饭、白面点、莜面点、荞面点。副食品肉类以猪、牛、羊肉为主,鸡、鸭、鹅、鱼次之。

2. 服饰

汉族服饰已同全国一样,随流行时尚装而变化。休闲装、西装、运动装、牛仔装多有穿着;也有中老年人时着汉服(唐装)。服装多买成衣,农村牧区有自行缝制,服装样式、面料、色彩多种多样。

男人戴帽流行有礼帽、前进帽、网球帽、鸭舌帽、瓦片帽等,老式解放帽多为农牧区中老年人戴。狐狸皮、貉子皮长耳绵帽,绵羊皮长耳绵帽逐渐减少,越冬多为羽绒服连体帽。妇女头饰有编织帽、围巾、发卡、金银玉石发簪、耳坠(耳钉、耳环)等,样式、种类繁多。男人多戴手表,女多戴金银玉石手镯、脚链。

男女鞋袜类多种多样,用料有皮、绵布、化纤等,样式有靴子、冬棉鞋、夏凉鞋、旅游鞋、运动鞋、休闲鞋、室内拖鞋等。

(二)岁时节日

汉族重要传统节日有春节、元宵节、清明节、端午节、中秋节、重阳节等。

春节(俗谓过年)　为汉族最重要传统节日。自农历年腊月二十三日(俗称祭灶日或小年)始,开始进入节日状态。“二十四,扫房日”,之后煮肉备菜、撒糕蒸馍、买年画贴春联、祭祖探亲,至三十日夜,阖家团圆,看电视守岁吃年夜饭。自新年正月初一始,自家长晚辈间、亲戚间相互拜年,有晚辈向长辈跪拜、致礼、赠送礼品、话语问候,长辈给晚辈“压岁钱”,互请酒饭等形式。过年期间(如除夕夜、初一晨、初五晨等时辰)燃放鞭炮致庆,驱邪迎福;机关、门店要贴春联、挂灯笼。

元宵节　汉族以农历正月十五为传统节日,节日期间,家庭、街店门前悬挂彩灯和举办娱乐活动。元宵节举办的群众性文艺活动多为文艺晚会、歌咏比赛等;街道、农村多举办耍龙灯、划旱船、舞狮子等活动。元宵节各家要吃水饺和元宵(汤圆),晚上燃放烟花、鞭炮喜庆升平。

清明节　汉族有过清明节习俗。是日各家要早起扫墓上坟。上坟以燃纸祭拜为多。经棚公墓开始以扫墓献花为祭祀仪式;农牧区也开始减少使用明火烧纸钱,开始用插花、植树等文明环保方式祭奠。经棚学校、机关清明节要祭扫经棚革命烈士陵园。家庭以食用煮鸡蛋为节日习俗。

端午节　汉族以农历五月五日为传统节日,俗称五月节。是日,家家户户窗前挂葫芦,门插杨柳枝;人早起踏青,采艾蒿,小孩腕系五色线、戴荷包。节日前后要吃粽子、水饺、鸡蛋。

中秋节　汉族以农历八月十五日为传统节日,俗称中秋节或八月节。讲求阖家团聚,吃水饺、月饼和摆宴席,部分家庭有摆供祭月习俗,祭品多为西瓜、月饼和各色水果,或燃香。

重阳节　汉族以农历九月九日为老年节。

(三)礼仪习俗

1. 称谓

汉族的血亲、姻亲称谓沿袭其原移民风俗,多与山西、山东及周边相似。

克旗汉民族的血亲、姻亲称谓表

表 6－1－2

辈份		关系	男性称谓	女性称谓	自称
祖父辈	高祖父母	父亲的曾祖父母	老老太爷	老老太奶奶	玄孙
	曾祖父母	父亲的祖父母	太爷爷	太奶奶	曾孙,俗称重孙
	—	母亲的祖父母	太外祖父(太老爷)	太外祖母(太姥姥)	曾外孙(女)(俗称重外)孙(女)
	祖父母	父亲的父母	爷爷	奶奶	孙子,孙女
	外祖父母	母亲的父母	老爷(外公)	姥姥(外婆)	外孙,外孙女
	—	母亲的舅父母	舅爷	舅奶奶	—
父辈	父母亲	本人父母	爸爸(或爹、大大)	妈(或娘)	—
	大爷、大娘	父亲的兄长(兄嫂)弟弟(弟媳)	叔叔、大爷(大伯)	婶婶(或婶子、婶娘)、大娘	侄儿、侄女
	姑姑	父亲的姐、妹	—	姑姑	—
	姑父	父亲的姐夫、妹夫	姑夫	—	—
	舅舅舅母	母亲的兄嫂、弟、弟媳	舅舅	舅母	外甥(女)
	姨姨	母亲的姐、妹	—	姨姨	—
	姨父	母亲姐、妹的丈夫	姨父	—	—
	公婆	丈夫的父母	爸爸(旁称公公)	妈妈(旁称婆婆)	—
	岳父母	妻子的父母	爸爸(俗称老丈人)	妈妈(俗称丈母娘)	—
同辈	哥哥	长兄嫂	哥哥	嫂嫂(嫂子)	—
	弟弟	弟与弟媳	弟弟(兄弟)	弟妹(妹子)	—
	姐姐	姐与弟	—	姐姐(大姐)	—
	妹妹	哥与妹	—	妹妹(小妹)	—
	丈夫妻子	夫与妻	老公(XX 他爸)	老婆(XX 她妈)	—
	连襟(俗称连桥)	姐妹丈夫间	姐夫(哥)妹夫(弟)	—	—
	妯娌	兄弟的妻子之间	—	嫂子、妹子	—
	表兄弟姐妹	姑表亲间、姨表亲间	哥哥、弟弟	姐姐、妹妹	—

2. **常礼**

汉族常礼，男女长幼有别，都多用握手礼。少数男人抱拳行揖礼。对至亲长辈重要节庆和纪念也行跪拜叩头礼或鞠躬礼。

（四）婚丧习俗

1. **婚嫁**

汉族婚嫁习俗主要有订亲、结婚两个基本环节。

订婚　也称订亲或换盅，意在确立婚姻关系。婚姻当事人在确立婚姻关系后，请男女双方至亲（多为父母亲）同媒人（婚姻介绍人）择日举行仪式，男方携礼物到女方家，通过宴会方式告知亲朋好友已确立婚姻关系，男女方长辈换盅饮酒，故俗称“换盅”。其间，姑娘给公婆斟酒，婆婆赠送礼物饰品。

结婚　结婚即举办婚礼，由男女双方共同确定结婚日期和具体时刻，选择典礼场所和婚庆服务公司。汉族婚礼多在中午12时前举行典礼仪式，城镇家庭多在饭店举办典礼，农村牧区家庭或到城镇饭店举办典礼仪式。而请亲朋或乡贤主持。典礼前，男方行聘礼，主要是服装、饰品和礼钱；女方要送嫁妆，主要是家用电器、行李、日用品等。典礼当日（多在早晨太阳出来前，路远头一天）由媒人和娶亲人带“四合礼”（多是肉、烟、酒、食品）接娶（讲究“去单返双”“姑不娶姨不送”），接亲人在女方家吃早点，到男方家宴席用餐（新娘在娘家吃饺子，到婆家吃面条，称“上马饺子下马面”）。典礼时，由婚庆公司主持典礼（主要步骤是新人入场、介绍新人、行拜堂礼和新人向双亲行礼、证婚和主婚人及新亲致词、饮交杯酒和亮灯等），由司仪安排宴客，其间主婚人和新人及亲属要向来宾敬酒，表达谢意。

2. **丧葬**

汉族丧葬由土葬向火葬演变，习俗也随之演进。主要在逝者穿着、入殓、火化、出殡、安葬等环节形成一定惯例而成风俗。火化时要净容，举办追悼仪式或告别仪式，火化完，装殓骨灰，烧冥钱、晚辈行跪拜礼。出殡时，儿子（长子）要头顶丧盆（瓦盆）下落摔碎（俗称摔老盆），儿子或至近晚辈抱遗像送葬，至近儿孙辈扛引魂幡，姑娘、媳妇捧抱下葬罐、长明灯，灵车经历沿途道路撒放剪纸钱至墓地。安葬时，请民间俗约司仪主持，安葬骨灰盒、下葬罐、长明灯等，墓内安葬完毕，由公墓服务人员或乡村邻里封墓填坟，送葬亲属跪拜叩头致谢，第三天“圆坟”祭祀。后有逢七、百日、周年、三周年和岁时节日祭祀。

三、回族民俗

（一）生活习俗

回族民众信奉伊斯兰教，多同汉族、蒙古族杂居，延续传统习俗。

1. **服饰**

回族民众与汉族民众服饰基本相同，男子喜欢戴白色瓜皮礼拜帽及砍肩、马褂。女子佩戴长短盖头,不露出头发。

2. **饮食**

回族民众饮食尊重伊斯兰教教规,肉食仅吃牛羊等反刍动物,禽类食用鸡鸭鹅等嗉禽类,禁忌食用非反刍动物肉食,并以“洁净为相宜,污浊受禁止”,经阿訇屠宰出血而食用。主食谱与汉族人同,有大米、白面、玉米、小米等。回民节日宴请时,家中喜自制油香(一种炸制的圆形油饼)和炖菜。经棚镇回民大炖菜和“八大碗”较有特色,用多种食材和牛羊肉放在一起“混炖”,单人单碗食用,随吃随添,以为传统。

(二)岁时节日

回族民众的民族传统节日主要有尔代节、古尔邦节、圣纪节等。

尔代节 俗称大开斋,阿拉伯语称“尔代·费士尔”,故亦有“尔代节”叫法。依伊斯兰教规,每年伊历九月为“斋月”,要斋戒;月满,即到“善瓦里月”初(见到新月牙,约10月1—3日)要开斋,沐浴净身,着新礼拜,意味省身察己,除去罪恶。互致“拿手(行握手礼)”问平安,或馈赠“油香”等以为礼尚,开斋也意味度过困苦,开始新生活。

古尔邦节 时为伊历12月10日,约在开斋节后70天左右。称“尔德·艾祖哈”,意译为宰牲节(亦称献牲节),源于向真主献牲的礼仪。是日,经棚清真寺举行会礼仪式,信教民众沐浴净身,早起戒食,盛装至寺参加礼拜庆祝活动。

圣纪节 时为伊历3月12日。传为伊斯兰教创始人穆罕默德诞辰和归真日,又称圣忌。是日,早晨穆斯林要聚集清真寺,由教长念诵《古兰经》,吟诵赞圣词,讲述穆罕默德生平事迹、功绩品德,以示纪念。

(三)礼仪习俗

1. **称谓**

回族的血亲、姻亲称谓多与汉族相似。

克旗回族的血亲、姻亲称谓表

表6-1-3

辈份		关系	男性称谓	女性称谓	自称
祖父辈	高祖父母	父亲的曾祖父母	老老太爷	老老太奶奶	玄孙
	曾祖父母	父亲的祖父母	太爷爷	太太(太奶奶)	曾孙,俗称重孙
	—	母亲的祖父母	太外祖父(太老爷)	太姥姥(太姥娘)	曾外孙(女)(俗称重外)孙(女)
	祖父母	父亲的父亲母	爷爷	奶奶	孙子,孙女
	外祖父母	母亲的父母	老爷(外公)	姥娘(姥姥)	外孙,外孙女
	—	母亲的舅父母	舅爷	妗奶奶(舅奶奶)	—

续表 6-1-3

辈　份		关　系	男性称谓	女性称谓	自　称
父辈	父母亲	本人父母	爸爸(或爹、大大)	妈(或娘)	—
	叔婶	父亲的兄长(兄嫂)弟弟(弟媳)	大大(大爷)、伯伯(叔叔)	娘(婶子、婶娘)	侄儿、侄女
	姑姑	父亲的姐、妹	—	姑姑	—
	姑父	父亲的姐夫、妹夫	姑夫	—	—
	舅舅舅母	母亲的兄嫂	舅舅	舅母(妗子)	外甥(女)
	姨姨	母亲的姐、妹	—	姨姨	—
	姨父	母亲姐、妹的丈夫	姨父	—	—
	公婆	丈夫的父母	爸爸(俗称公公)	妈妈(俗称婆婆)	—
	岳父母	妻子的父母	爸爸(俗称老丈人)	妈妈(俗称丈母娘)	
同辈	哥哥	长兄嫂	哥哥	嫂嫂(嫂子)	—
	弟弟	弟与弟媳	弟弟(兄弟)	弟妹(妹子)	—
	姐姐	姐与弟	—	姐姐(大姐)	—
	妹妹	哥与姐妹	—	妹妹(小妹)	—
	丈夫妻子	夫与妻	老公(XX 他爸)	老婆(XX 她妈)	—
	连襟(俗称连桥)	姐妹丈夫间	姐夫(哥)妹夫(弟)	—	—
	妯娌	兄弟的妻子之间	—	嫂子、妹子	—
	表兄弟姐妹	姑表亲间、姨表亲间	哥哥、弟弟	姐姐、妹妹	—

2. 常礼

回族人常礼多与汉族同,只是跪拜形式不同。回族人只对真主行跪拜叩头礼,对父母和家中长亲人亡故行报丧跪拜礼,不叩头。

进行宗教活动和重要礼仪时,行拿手礼(如握手,但两人不互握,而是双手伸开交叉合在一起片刻,意在表达决定态度)。宗教仪式上,拿手互致“安拉赐你平安”;婚礼上,亲家“拿手”,表示决不反悔和祝贺;闹矛盾经调解和好,两人也“拿手”,表示决不再记前嫌。

(四)婚丧习俗

1. 婚嫁

回族民众多同族通婚,异族通婚少,尤以女孩少嫁异族。若通婚,双方只信奉伊斯兰教,保持回族生活习俗。基本环节有定婚、举办婚礼。仪式基本与汉族相同。

定婚　即正式确定婚姻关系,选择吉日,由媒人沟通主持,聚会交换定婚礼品,多为男方下聘礼。定婚后,男方往往做“油香”配红枣送亲友,以示定婚。女方用定婚礼品(饼类糕点)配红枣送亲友,通报女儿定亲。

结婚 即举办婚礼。择日择时新郎家用彩车迎接新娘,请阿訇写下婚书(名“依札布”)、朗诵祝词(即赞圣词)、用阿拉伯语问讯新郎同意与否、回答同意(“盖必里图”)后,向新郎头上掷红枣、栗子等果品,将婚书颁予新郎,称颂恭贺(“穆巴来克”)。随后,开宴招待亲友宾客,此时为增加喜庆气氛,往往强制新郎父母抹花脸,穿戏装,出洋相。婚宴完毕,介绍新郎新娘、亲家双方亲戚认亲、排序。新婚夫妇入洞房,第三天回娘家探望父母亲。

进入21世纪后,经棚镇渐有回族民众请婚庆公司主持婚礼,与汉族同,但回族人婚礼不燃放鞭炮,不吹打乐器。新人必须沐浴净身后举行典礼仪式。

2. **丧葬**

回族丧葬事宜仍遵守伊斯兰教教规和仪式进行。采用土葬,仍遵从速葬(不超过三日)、不迁坟,不并骨(男女合葬)的习俗。经棚镇经锡路西北有回民公墓。

主要葬礼仪程有安灵、跪孝、安葬、“做事”等。

在亡人将逝弥留之际,开始洗脸净手,请阿訇诵忏悔经(称“讨白”);咽气后脱去衣服,停放尸体于特制木板床(俗称“水溜子”)上,苫盖白色布单。待出殡时用温水洗涤尸体后,用白布(俗称“克凡布”)包裹,安放净匣(俗称“塔布匣”)内,抬于院中,由教长或阿訇率亲属友邻列队在经匣前传经(念诵“站者那则”经),做礼拜,意谓集体告别。

在安葬(俗称“发送”)前一日乡老(或邻贤)率领家属晚辈,向各回民乡邻“跪孝”,报告丧讯,并通知次日“发送”时间,以便参加安葬者沐浴净身。送葬时,亲属穿白色长服、腰系白色布带为孝送行。

安葬后有七日、四十日、百日、周年祭祀,俗称“做事”。祭日请阿訇到墓前和在家并亲友分别诵经,祭悼亡灵。

克旗回族人安葬逝者时,不燃放鞭炮,不奏哀乐,不摆供品,也不用烟酒招待亲朋邻里送葬人。多是葬后用回民大炖菜和油香饼招待阿訇和送葬者。

第三节 民族事务发展

一、经济发展

克旗民族工作把推动民族经济发展作为中心任务。

2008年末,克旗蒙古族人口31570人,其他少数民族人口7123人,分别占全旗人口的12.3%和2.8%。蒙古族和其他少数民族聚居地区面积占全旗国土面积近50%,矿产资源、民族文化资源、旅游景观多集中民族聚居地区,是经济发展的支撑点和增长点。依托民族聚居区资源优势,坚持把发展区域经济作为民族工作着力点,民族事务工作第一要务，统领民族工作。2008 年末，3 个牧区苏木镇（蒙古族聚居区）牧民人均纯收入 4907 元，18 年间增加 4196 元。2008 年 6 月末，牧区牲畜存栏达 71 万头（只），良种畜比例 30% 以上，畜牧业综合生产能力极大提高，畜牧业生产条件全面改善。

二、生产生活条件改善

2000 年后，全旗采取结对帮扶措施，开展民族地区扶贫攻坚，至 2008 年末，脱贫人口 2119 人。推进科技培训，持续投入，举办各类培训班 52 期，培训牧民养畜明白人 2000 余人。逐步完善民族教育体系，从幼教到蒙古族普通高中、职业中学教育，培养新型创业后备力量。建成并完善初级医疗卫生服务网络，改善牧民生产和生活条件。实现广播电视全覆盖，为牧区牧民生产生活提供优质服务。

三、民族干部培养和使用

根据民族干部熟悉本民族语言、历史、传统和习俗，熟悉基层政治、经济、文化和社会工作特点，坚持通过民族干部发挥党和政府联系少数民族群众的桥梁和纽带作用。

2008 年末，全旗有副科级以上蒙古族和其他少数民族干部 124 人，占 26.6%，其中蒙古族干部 62 人，占 13.3%。民族干部多数集中在民族地区文化教育、医疗卫生、农牧林等机关事业单位。中共克旗委一贯重视民族干部培养和使用，制定实施规划，纳入议事日程，安排民族干部在各类岗位上锻炼和提高，让其在重要岗位上磨炼，到基层工作、干部交流与轮换，送各级党校培训，到发达地区或旗内异地挂职，多种措施培养和使用民族干部。在历届旗委、人大、政府、政协班子及公检法等处级以上班子成员中，保持少数民族干部占 10% 以上；在历届克旗人民政府职能部门班子成员中，保持少数民族干部占据一定比例；在历届旗委组成部门及群团组织班子组成中，均保证有民族干部担任领导职务。

四、民族语文教育

2000 年，各蒙古族小学有 22 个学前班，在园儿童 327 人。开始尝试在部分班级进行双语（蒙古语、汉语）学习。2008 年，各蒙古族小学共有 15 个学前班，在园儿童 281 人，全部使用双语学习。

1991 年，有 42 所蒙古族小学、在校生 1616 人。有 6 所蒙古族初级中学，在校生 1118 人；有 1 所蒙古族高级中学，在校生 163 人。从小学开始全部使用双语授课。

2001 年，克旗有 8 所蒙古族小学，在校生 2279 人；有 5 所蒙古族初级中学，在校生 1041 人，1 所蒙古族中高级中学，在校生有 147 人。全部坚持使用蒙古语、汉语学习、授课。在部分初中班尝试蒙古语、汉语、英语三语授课。蒙古族高中使用蒙古语、汉语、英语三语授课。学校有专用语音教室。

2008 年，有 6 所蒙古族小学，在校生 1031 人。1 所蒙古族初级中学，在校生 543 人；1 所蒙古族高级中学，在校生 460 人。部分蒙古族小学开设英语课，初高中均使用三语授课。学校均有专用语音教室。

五、民族文化

(一)蒙古语言文字学习使用

建立有历任旗委、旗政府主要领导为主任的蒙古语文工作委员会,下设办公室,加强对全旗蒙古语文工作领导,蒙古语言文字学习、使用和推广工作有序、连续、扎实。

长期坚持宣传党的民族语言文字政策和相关民族法律法规,促使其得以深度落实。国家地方有关于加强蒙古语文工作各项规定、办法、条例,得到及时学习、使用、推广,不断总结蒙古语言文字学习、使用的经验,推动蒙古语文工作创新。18 年间计召开 4 次学习和使用蒙古语言文字先进表奖会,有 12 个使用蒙古语言文字先进单位和 18 名先进个人分别受到区、市、旗三级党委政府的表彰和奖励。

(二)蒙元文化书籍整理出版

坚持开展对蒙古族文史及口头文学的搜集、整理、出版工作。先后整理出版《克什克腾蒙古族》《寻觅克什克腾》《克什克腾文史资料》《克什克腾的山岳寺庙》《克什克腾蒙古族风俗》《克什克腾蒙古族婚礼》《克什克腾男儿三艺》《额尔敦陶格陶全集》《克什克腾地理》《贡格尔》等书籍。

(三)蒙古语文推广学习

1984 年,克旗创办地方蒙古语文杂志《富饶美丽的克什克腾》,至 2008 年,编辑出版 10 期。

2008 年,克旗民族宗教局投资,分别在巴彦查干苏木巴彦查干嘎查、乌宝力格嘎查、达来诺日镇岗更嘎查和达日罕乌拉苏木达来嘎查建成牧民图书室,各配备有 1000 余册蒙文图书。

第四节　民族事务管理

一、管理机构

旗政府设置民族事物管理机构:民族宗教事务工作委员会(局)。

1991 年,民族宗教事务工作委员会内设蒙古语文工作办公室、宗教股、人秘股。

2002 年,民族宗教事务工作委员会内设机关办公室、蒙古语文办公室、宗教股、综合股等 4 个股室。

2006 年,民族宗教事务工作委员会内设办公室、蒙古语文办公室、宗教股 3 个股室。

2008 年,民族宗教事务局内设办公室、蒙古语文办公室、宗教股 3 个股室。

二、民族事务

依法管理民族事务，通过民族团结进步教育活动，推动民族事务管理；借助规范蒙古语言文字工作，加强民族事务管理；通过民族文化活动，强化民族事务管理。

1991—2008 年，每年集中在 9 月开展民族团结进步教育活动，宣传党的民族政策、民族法律法规，营造民族团结的氛围，并定期召开民族团结进步工作表彰会，表奖在活动中涌现出的先进典型，总结经验，推动民族事务管理。

规范蒙古语言文字工作，加强民族事务管理。组织党政机关、企事业单位蒙汉文并用情况和以经棚镇区、苏木（镇）所在地市面蒙汉文并用情况开展规范活动，会同工商、城管、建设和公安等部门对社会市面牌匾、标识、广告实行联席会议联审制度，依法管理市面蒙古文、汉文并用工作，全旗市面蒙古文、汉文并用率、准确率和规范率都保持在 98% 以上。党政机关、企事业单位把蒙古文、汉文并用工作纳入日常管理范围，重要文件、会议和活动蒙古文、汉文并用率都保持在 98% 以上，而且能够保证为基层少数民族群众提供蒙古语和蒙古文服务。

通过民族文化活动强化民族事务管理，借助旅游业发展带动民族文化发展，主要突出草原文化、蒙元文化、民族宗教这一主线，融入到景观游览、人文遗迹、民族风情中，彰显区域民族文化业态。吸引社会各界力量参加民族文化产品建设，打造民族文化产品品牌、丰富民族文化产品内涵，提升文化产品品位，促进和加强民族事务管理。每年定期组织举办祭白音珠日和敖包那达慕，以各种文化比赛为载体，开展蒙古象棋、长调、民歌、书法、摔跤、刺绣、射箭、赛马、赛驼等比赛，深入挖掘民族文化资源，推动文化交流，延续民族文化传承。

民族宗教管理部门牢固树立民族宗教工作无小事思想，不断深入基层，贯彻落实党的民族政策，依法保护蒙古族和少数民族群众合法权益。认真实施少数民族发展资金项目，最大限度发挥项目资金的效益，推动民族地区经济发展和社会进步。1991—2008 年，累计投入民族项目发展资金 1108 万元，1.2 万名牧民受益。

三、民族团结进步教育

1991—2008 年，持续开展民族团结进步教育活动，每年 9 月份为民族团结进步教育活动月。在活动中宣传党的民族理论、民族政策、民族法律法规，不断巩固和发展各民族平等、团结、互利、和谐的民族关系，开创民族共同团结进步，共同繁荣发展局面。

1991—2008 年，克旗在民族团结进步教育活动中，涌现出一批先进单位和先进个人。受到自治区表奖 4 个单位，受到赤峰市表奖 21 个单位、35 人，旗政府表奖 35 个单位、210 人。

第二章 宗 教

第一节 机 构

1991—2008 年,克旗民族宗教事务局(委员会)依法对宗教事务进行管理。在主要寺庙成立管理委员会:庆宁寺管委会(2005 年 9 月成立)、清真寺管委会(1984 年成立,1988 年、1995 年两次改选),分别对寺内藏传佛教、伊斯兰教和佛教活动进行管理。

第二节 信仰与信众

1991—2008 年,克旗境内主要有佛教、伊斯兰教、天主教 3 种宗教信仰,2008 年末,全旗 3 种宗教共有信教人员 1.4 万人。

一、佛教

清初,佛教随着人群迁徙而传入,先期在蒙古族居住的地区传播,主要为“格鲁派(俗称‘黄教’)”一宗。晚清、民国时期为盛。中华人民共和国成立后渐衰,民间少有佛事活动。1978 年后,信众渐多。2000 年,经棚庆宁寺恢复佛事活动。罗布桑柴、吉扎拉曾和旦却坚赞先后担任主持。

二、伊斯兰教

1991 年,克旗回族人口 3360 人。2008 年,回族人口 4142 人。为克旗第二大少数民族,回族人口主要居住在经棚镇,以伊斯兰教为宗教信仰。

1991—2008 年,克旗穆斯林阿訇有 27 人。

三、天主教

1991—2008 年,克旗天主教信徒主要聚集在新开地乡新开地村、芝瑞镇哈达梁村,有些散居于新开地的双山子、新道梁,宇宙地的北台子村等处。

1991 年有信教人员 300 余人,至 2008 年末,克旗有天主教信教人员 800 人。

第三节 场所与活动

一、寺庙

庆宁寺(蒙古语称“比茹浩特寺”或“比拉古寺”)是克旗至今保存最完整的佛教寺庙,位于经棚镇敖包山东麓,占地 1 万余平方米。庆宁寺由山门、影壁、正殿、东西配殿、后殿及院墙等组成。整座建筑依山就势,登高望远,高低有致。正殿为双层重檐歇山顶式建筑，飞檐斗拱，巍峨灵动；后殿为单檐歇山顶式建筑。额枋和梁枋上下均彩绘人物、游龙、飞凤、禽鸟、花卉等。始建于清康熙三年(1664)，清乾隆二十五年(1760)曾改建，后有3次修葺。庆宁寺佛教活动鼎盛时，有喇嘛上百人，农历五月十三日为大型庙会日，众僧云集。1998年，克旗复修庆宁寺，恢复山门，重塑佛像，供奉黄教创始人宗喀巴大师及徒弟根顿朱巴和扎斯杰，并置办法器。

2000年11月16日，众教徒迎请洛桑确吉坚赞活佛光临庆宁寺主持佛事活动。后经洛桑确吉坚赞活佛提名和克旗信教人员请求，迎请出生于克旗的北京雍和宫旦却坚赞法师为庆宁寺住持。

2000—2008年，克旗佛教佛事仪式活动主要在经棚庆宁寺举行。克旗传统庙会活动日分别为：农历正月初八(祭祀日)、农历四月初八、十八(娘娘庙会)、农历四月二十八(药王庙会)、农历五月十三(关帝庙会)、农历六月十三(龙王庙会)、农历七月十五(城隍庙会)、农历九月初九(仙家庙会)。主要为信众求取平安、达成心愿。恢复佛事活动后，庆宁寺主持和僧众等回报社会、回馈施主，善待感恩众生，满足其心愿的基本佛事活动为共识，为构建和谐社会、促进祖国统一大业做出贡献。

二、清真寺

伊斯兰教宗教场所主要是经棚清真寺，位于经棚敖包山东南麓山脚下。清真寺始建于清咸丰二年(1852年)，初为土建。光绪二十八年(1902年)，阿訇刘岐、依玛姆哈其伦提议集资重修，后经多次维修；1981年和1995年，旗政府拨款并动员社会各界捐款，进行大型维修，增建沐浴室。现存一处占地2250余平方米庭院，内建筑面积910平方米，有二层楼阁式大殿、讲堂、浴室、经匣室等30余间房屋；主殿可容纳300余人进行礼拜活动，为伊斯兰信众开展宗教传道、民俗服务和宣传宗教政策、扶助困难教徒场所。

伊斯兰教宗教活动仪式主要在经棚清真寺举行。除固定的节日活动外，平常教时活动为主麻，即礼拜五吉祥日进寺沐浴礼拜。回族的婚嫁、迁居、开市、土祭多选择此日。习俗上认为礼拜二为歇闪白日，视为不祥日。

三、天主教堂

天主信教人员主要在新开地天主教堂开展宗教活动。平时由当地经头领导做礼拜活动，每天做2次，早晨做“弥撒”，晚念“玫瑰经”，星期天中午增加“拜苦路”活动。

第四节　宗教事务管理

1991—2008年，建立有旗分管领导担任组长的民族宗教事务工作领导小组，具体管理全旗民族宗教事务工作。

在国家法律法规范围内，依法开展宗教活动，管理宗教活动场地和信教群众。

尊重信教群众风俗习惯,从维护民族团结,促进民族和睦相处高度出发,保证群众信教自由、教俗自由。

第三章　方　言

第一节　方言演进

克旗民众地方方言更多认同、使用普通话,大部分俗语消亡。见面“吃了吗?”这类问候语已无人使用,代之以“忙什么呢?”“挺忙吧?”。反映人际关系的“八杆子戳不着”“拉舌头扯簸箕”“炕头打井房顶开门”“抱着硬杆子晃”之类;反映可用人才少的“一筐木头也没砍出一个楔子”;表达人做事不讲规则的“四六不上线”“一辈子看不见后脑勺”之类;反映彼此联系的“打骡子马惊”之类,几近消亡。一部分土语、方言被普通话所取代,如“老爷儿(指太阳)”“爷来盖(前额)”“夜来个(昨天)”“嘎瞎(愚昧顽固)”等。

进入21世纪后,随着网络广泛使用,一些地方方言快速被排挤,网络流行语首先进入青年人语境。如“媚美(美女MM)”取代“俊儿”,“炫酷(张扬个性)”取代“个色”,“悲催(窘迫凄惨)取代“丧门”等。

第二节　特色方言

一、熟语方言

(一)熟语

在日常生活中,形成的一些习惯性交流用语。

陈芝麻烂谷子(已过时无意义的事情)

仨亲俩厚的(各种亲朋)

分不出里外拐(不识亲疏)

驴唇不对马嘴(因果关系不相符)

求爷爷告奶奶(多方求情)

着三不着俩(话无边际不可信)

八九不离十(相差不多)

大眼瞪小眼(无计可施)

听风就是雨(盲目轻信)

烟不出火不进(反映木讷)

货到地头死(被迫卖掉)
送上门不是买卖(主动反而被动)
锯响就有沫儿(行动就有所获)
磨刀不误砍柴功(有备才能节时)
背着抱着一般沉(结果相同)
砍得没有镟的圆(谎话难能成真)
包子有肉不在褶上(内容重于表象)
吃凉不管酸(不能尽责)
心里明白腿打摽(力不从心)

(二)方言

多为描写性语句或词语,或因强化色彩、情状作用而被保留。

1. 比喻性构词

连汤苟不牢(表达不清)
低头耷拉脑(毫无精神)
待死不拉活(半死半活)
松皮耷拉骨(松散不紧密)
翻不过蛋来(理解力差)
四棱展线(方正齐整)
三吹六哨(说多缺少诚信)
将七捏八(将就勉强)
胡诌八咧(胡说八道)
丢三落四(不利索麻利,多差错)
扬耷二症(精神散乱,行为失常)
十拉五的(半经常)
几里旮旯(角落)
抱而逃荒(手忙脚乱)
蹶子连天(捶胸顿足发脾气)
心搅麻乱(心情烦躁)
冒过尖山(溢满容器)
急头败脸(急躁失态)
哭叽尿嚎(形容悲怆畏琐)
无故拉撒(无原因而为)
何苦来的(何必)
掰儿(破)啦(也作"败儿啦",多指牌打输的结果)

2. 加后缀构词

在克旗一部分方言中,常用“不”“大”“个”等后加词缀,组成一些词组,来增加状物生动性。

加“不 X”者,如:倔不及(哧)(固执倔强)、冷不丁(忽然)、彪不愣(鲁莽)、乍不愣(偶然)、毛不愣(毛手毛脚)、硬不撅(生硬)、艮不揪(柔韧)、巴不得(渴求)、恨不能(急求)、闷不出(不善言语)、傲不登(傲慢)、脏不及(脏兮兮)、乐不得(极高兴)。

加“大 X”者,如:粘大糊(粘贴)、毛大溜(恐慌)、湿大漉或湿大乎(湿润)、急大赖(着急)、稀大拉(稀少)、沉大噜(显沉重)、馋搭拉(嘴发馋)。

加“个 X”者,如:面个都(食物性面)、甜个兮(味甜)、死个丁(性硬实)、脆个生(口感发脆)、美个滋(高兴貌)。

二、谚语

克旗民众中形成的谚语紧密联系着地方的生产、生活状况,又多是生活的感悟和经验。

(一)生产气象类

立夏以后,种瓜点豆。

立夏至小满,种啥都不晚。

清明种麦粮进仓,过了清明一把糠。

过了芒种,不可强种。

夏至连端午,麦受千日苦。

夏至无雨,囤里缺米。

五月旱不算旱,六月连阴吃饱饭。

羊盼谷雨马盼夏,牛到芒种就不怕。

秋分不割,霜打风折。

六月六,看谷秀。

七月葱,八月空。

有收无收看水,收多收少看肥。

地翻三遍,金砖不换。

一年两个春,粮米贵如金。

早晨下雨一天晴,晚上下雨到天明。

一场春雨一场暖,一场秋雨一场寒。

雷雨三过晌。

早晨烧晚上浇。

关门雨下一宿。

水缸出汗蛇过道，燕子钻天雨来到。
云行东，一场空；云行西，带雨衣；
云行北，发大水；云行南，雨漂船。
天上鱼鳞斑，地上晒谷不用翻。
日晕风，月晕雨。
蠓虫扑脸，离霜不远。
早晚烟扑地，老天有雨意。
风刮一大片，雹打一条线。

(二)生活事理类

骏马要从马驹训，人才要由儿时教。
好马出在腿上，好汉出在嘴上。
懒汉灶里无柴烧，馋婆碗中无荤腥。
鸟靠翅膀马靠腿，人靠头脑鱼靠尾。
奸人多借机作怪，野狼多黑夜叼羊。
人施千条妙计，我作一定之规。
不当家不知柴米贵，不养儿不知父母恩。
儿不嫌母丑，狗不嫌家贫。
没做违心事，何怕鬼叫门。
墙倒众人推，破鼓众人捶。
入其乡随其礼，到了草地吃炒米。
远亲不如近邻，近邻不如对门。
没有弯弯肚子，就不要吃镰刀头。
君子之交淡如水，小人之交全凭嘴。
马无夜草不肥，人无外财不富。
多个朋友多条路，多个仇人多把刀。
割倒蒿子显出狼。
领口不正衣襟歪。
瓜子不饱是人心。
人要衣裳马要鞍。
脚上泡是自己走的。
走道防跌，吃饭防噎。
山高遮不住太阳。
舌头再硬顶不出腮。
吃冷酒使官钱早晚是病。

一槽拴不住俩叫驴。

十个指头不会一般齐。

人心隔肚皮,虎心隔毛尾(yi)。

办事不由东,累死也无功。

人比人得死,货比货得扔。

雪窝里埋不住孩子。

生气人易老,快乐青春留。

人心要实,火心要虚。

猪肥腿懒,人鬼心奸。

堂前教子,枕边教妻。

染缸里找不出白布来。

冻不死的葱,饿不死的僧。

人平不语,水平不流。

好过的年节,难过的日子。

多赌无赢家。

地宽房宽不如心宽。

不气无愁活到白头。

三、歇后语

在民众口头语中还使用着一些歇后语,仍与生产、生活的紧密联系而保持着生命力。

冻豆腐——难拌(办)

麦秸秆吹风——小气

捍面杖吹火——一窍不通

磨道的驴——听喝

哈拉海(本地植物名)扎刺——没挑儿

电线杆上绑鸡毛——好大掸(胆)子

洗脸盆扎猛子——不知深浅

山里红包粽子——趁枣(早)

三九天穿裙子——美丽动(冻)人

三伏天穿皮袄——里外发烧

十冬腊月的生日——冻(动)手冻(动)脚

半天空撑口袋——装风(疯)

卖豆腐置了河边地——浆里来水里去

阴天种豆子——潮种

河里撒尿——随大流
胸口长草——心荒(慌)
大拇指卷单饼——自吃自
坐绞锥纺棉花——没个稳当像
歪嘴子吹火——尽使邪气
开柜子没拉手——扣门儿
小鸡穿靴子——蹋打不开
哑巴吃饺子——心里有数
沙锅里捣蒜——一锤子买卖
灶王爷上的横批——一家之主
马尾穿豆腐——提不起来
凉锅贴饼子——蔫溜儿了
乌鸦落到猪身上——只见别人黑不见自己黑
老母猪进菜园——见啥吃啥
老虎推碾子——哪听那一套
老虎吃蚂蚱——不够嚼头
老虎捻佛珠——假充善人
老鼠逗猫玩儿——没事找事
老鼠钻风箱——两头受气
耗子啃皮球——嗑(客)气了
屎壳郎搬家——滚蛋儿
黑瞎子敲门——熊到家了
黑瞎子照镜子——自瞧那熊样
捞鱼鹳打前失——全凭嘴支撑
王八吃秤砣——铁了心了
初一吃饺子——没外人
三间房里盘大炕——伸开腿、打开滚了
猪八戒爬城墙——倒搭一钯
狗咬耗子——多管闲事
猪鼻子插葱——装象(像)
狗上锅台——不识抬举
霜打的烟叶——蔫蔫了
绱鞋不用锥子——针(真)好
吹喇叭的分家——挨不上号了

瞎子放驴——随它去吧
坟地发水——灌(惯)鬼啦
喝酱油耍酒疯——咸(闲)的
羊羔吃奶——你得跪
低栏杆——靠不住
山崖上的野葡萄——一提一串
乌龟驮西瓜——滚的滚爬的爬
过脚面的水——平蹚
和尚庙里借梳子——走错门了
和尚的木鱼——合不拢嘴
沸水锅里的螃蟹——横行不一会儿
穷寡妇赶集——要人没人要钱没钱
黄鼠狼找食——见鸡(机)行事
黄鼠狼给鸡拜年——没安好心
黄鼠狼生耗子——一窝不如一窝
黄羊犄角——没杈(差)
饺子皮太簿——难免露馅
京戏走台步——慢慢蹭

图6-3-1 祭敖包

第七篇

第一章　机构与队伍

第一节　管理机构

环保机构始设于1983年，根据内蒙古自治区行政机构设置要求，在旗城建局内设环境保护机构。

1984年4月，城建局内设环保土地股，配置专职环境保护人员。1984年7月，经旗编制委员会批复成立克什克腾旗环境保护监测站，隶属城建局。1989年4月，旗环境保护监测站列入政府职能部门序列，为独立核算自收自支事业单位。

1996年5月，经克旗机构编制委员会批准，在环保监测站基础上，组建克什克腾旗环境保护局，为科级事业单位。同年8月，克旗机构编制委员会《关于成立旗环境保护局的通知》正式批准设置克什克腾旗环境保护局，核定编制6人。

1997年9月，经旗机构编制委员会批复，环境保护局内设办公室、环境监测站、环境监理股。

2002年5月，经旗政府批准，旗环境保护局由事业科局改为行政局，列入政府行政序列，内设办公室、污染控制与监督管理股、宣传教育与法规股、自然保护与综合计划股、环境监理站。

2004年3月，根据上级环保部门对应配置机构要求，旗环境保护局环境监理站更名为环境监察大队。

2008年，环境保护局内设办公室、事务中心、环境监测站、环境监察大队、污染控制与监督管理股、环境评估室、法规宣教股、自然保护股、大气污染治理办公室。

第二节　队伍建设

1983年环境保护机构建立初期，设专门环保人员1人，主要参与自治区建设厅对达里诺尔鸟类考察和经棚镇区采暖锅炉消烟除尘监测。同年8月，克旗环境监测站成立，配备工作人员3人。1992年，旗监测站有工作人员4人，全部通过监测员上岗培训和考试，主要开展环保宣传、环境监测工作。

2008年末，旗环境保护局领导指数为5人，全局工作人员47人，其中行政编制11名，全额事业编制20名，自收自支编制16名。

1992年后，环境监测站经常开展职工专业培训，同时注重专业对口选录大专毕业生。

1999—2008 年,环保局多次获得区、市、旗政府授予的全市电磁辐射环境污染源调查先进集体、支持地方工业发展先进单位、全市环境保护先进集体、自然保护区建设与管理先进单位、环境保护责任目标奖、环境保护一控双达标先进单位、环境保护责任目标优秀奖等荣誉,获得"全国污染源普查工作优秀单位"等称号。

第二章　环境状况

在生态功能区划上,克旗包括内蒙古高原中温型草原区、冀北山地暖温型半温润森林区、大兴安岭山地温型湿润半湿润森林区、西辽河流域半干旱农田草原复合区、城镇经济功能服务区。

在气候生产条件上,东北部中等高山区是主要种植业区(俗称农区),多沟壑河谷,山区植被覆盖率较高,林木茂密;谷地耕地土壤以灰色森林土、黑钙土、栗钙土、暗栗钙土、草甸土为主。有机质含量较高、土层较深厚,适宜于多种农作物生长。中南部区域南面熔岩台地区多沟壑分割,形成川道,狭窄幽深,林密草长,坡地、谷地有机质含量丰富;东南面低山丘陵漫甸区漫甸地势平缓,耕地土质较贫瘠。西部和西北部草原牧业区(俗称牧区)主要是干草原和草甸草原,适宜牧养。

第一节　生产环境现状

一、种植区

1991—2008 年,全旗耕地面积年度变化呈下降趋势。1991 年,全旗耕地面积约 9.1 万公顷;2001 年,全旗耕地面积 8.2 万公顷;2004 年,全旗耕地面积下降为 5.86 万公顷;2008 年,全旗耕地面积恢复到 8.33 万公顷。逐年减少的主要原因是还林还草减少耕地,道路交通建设、村镇建设占用耕地和水土流失毁地。耕地面积逐年恢复的主要原因是整理可利用土地。全旗水土流失毁损耕地累计逾 1000 公顷,退耕还林还草耕地面积约 3.4 万公顷。

1991—1999 年,克旗农作物种植面积稳定在 6 万 ~ 6.5 万公顷,粮食作物稳定在 5.3 万 ~ 5.5 万公顷。年造林 0.4 万 ~ 1.5 万公顷。2000 年以后,全面实施退耕还林、还草工程,农区 25 度以上山坡地、贫瘠地逐步完成退耕还林、还草;在平地、水浇地建设基本口粮田。全旗农作物种植面积、粮食作物种植面积逐年有所减少,年造林面积增加。对荒山、荒沟、荒坡、荒滩等实施拍卖、承包、租赁,展开多种形式治理,发展林牧业、草业,以减少水土流失。

2005 年后,开始尝试推广、普及庭院经济、简单设施农业。利用有机物生成沼气,利用农作物秸秆养牧育肥,部分农户开始尝试家庭立体循环经济。2008 年末,农作物种植面积为 7.45 万公顷。有人工林 10.22 万公顷。

使用少量化学农药、地膜等，有轻度耕地污染。

二、牧养业

1991—1999 年，克旗有可利用草原面积 151.5 万公顷。基本保持原始状态，部分区域出现沙化、退化。2001—2008 年，全旗可利用草原总面积为 119.3 万公顷，部分草牧场出现退化、沙化、盐渍化。

2002 年 9 月后，在全旗范围内实施草畜平衡制度，划定类型区，确定草场利用方式和牲畜饲养方式；以农牧户为单位，核定载畜量，并签订草畜平衡责任书；以即时牲畜数与适宜载畜量对照，确定年末存栏和出栏数。2003 年后，全旗全面推行限牧禁牧制度，实行分区域全年禁牧、季节性休牧和禁止饲养牲畜等。至 2008 年末，全旗禁牧休牧限牧面积 160 万公顷以上。2006 年后，全旗草原生态出现好转，防灾抗灾能力有所增强，优质基础母畜、种公畜占畜群比例上升。

除草场超载外，自然生产方式基本没有污染。

三、工矿企业

克旗矿产资源富集，水、风能蕴藏量丰富。

1994 年开始，大规模实施企业转变经营方式、管理体制，承包、租赁经营后，企业普遍规模小、资金不足，环保资金投入比例很小。企业烟尘、废水、粉尘等污染问题显现，工业环境、环境保护、环境治理成为社会关注问题。

1996 年 10 月，旗人大财经委、旗政府法制科、环保局联合组成检查组，首次开展对工矿企业污染状况进行执法检查。工业环境治理提到旗政府工作日程。

1999 年 9 月，旗人大常委会组织相关部门，历时 20 余天，对旗内工矿企业、自然保护区进行贯彻落实《中华人民共和国环境保护法》执法检查，并于旗人大十三届八次常委会通过《关于加强环境保护工作的决议》。督促工矿企业重视环境污染，关注民生环境，从源头上开展治理，防控工业污染。

2000 年开始，芝瑞镇、土城子镇、新开地乡一带煤、玄武岩等非金属矿藏，芝瑞镇、万合永镇、红山子乡金属铀、钼矿藏，宇宙地镇、同兴镇、巴彦查干苏木金属铁、锡、银、铅、锌矿藏得到开发，废水、废气、废渣的排放，环境压力进一步增大。

同时，环境保护部门行使“环境保护第一审批权”，实行环境影响评价制度，在招商引资、对外联营、合资入股等形式引入工矿企业时，严把准入关，严格实行环境许可制度。成立由分管旗长为组长，环保、国土、安监、水利等相关部门为成员单位的绿色环保矿山创建领导组织，制定创建方案，开展矿山环境综合整治，打造“绿色环保”矿山。到 2008 年末，境内各工矿企业环境指标均达到国家环境控制标准，全部矿山企业尾矿库建设均执行国家标准。

2008 年,依据《国务院关于开展第一次全国污染源普查的通知》,全面开展污染源普查工作,共完成 229 家规模工业源、672 家生活源普查工作,工业环境向好转变。

第二节　镇区生活环境现状

1990 年以来,经棚镇城镇环境出现生产生活固化废弃物、噪声、废气、废水等污染物。镇区有机关、企业单位采暖锅炉 90 台,洗浴锅炉 10 余台,加之茶炉、餐饮炉灶 130 余台,烟尘排放全部不能达标,烟尘黑度、浓度、二氧化硫超标排放。尤其是冬季采暖期,经棚镇区出现雾霾状烟气,时有煤烟型废气污染。且缺乏专业清洁队伍,生活垃圾、建筑垃圾倾倒随意,冬春垃圾成堆,夏秋腐败生臭,形成固化废弃物污染。碧柳河两侧有数家企业向河道直排废水,致使碧柳河水污染,并不时出现河水断流。

2003 年后,经棚镇生活垃圾、建筑垃圾处理实现封闭存放,专业清除。

2007 年,镇区排污工程实现街路联通,除河西旧城、平房区、城郊局部尚未进入管网外,主要行政区、机关、学校、企业、商贸服务区等城区排水户全部入网。经棚镇通过供热系统改造,治理废气污染,至 2008 年末,实现集中联网供热;各类服务业、餐饮业用炉烟尘排放基本实现达标。在平房居民区、城郊区推广使用型煤锅炉,并提供优惠环保型煤。

2008 年 9 月,经棚镇污水处理厂建成投入使用,城镇市政管网入厂污水可全部进行处理,碧柳河经棚镇区段实现生活污水零排放,碧柳河经棚镇区段橡胶坝水上公园基本建成。

2000 年,开通克旗环境监测举报电话“12369”。

2006—2008 年,经棚镇全年空气质量均为二级以上。

第三章　环境监测

第一节　重点监测区

达里诺尔(湖)是国家级自然保护区,首先成为克旗首个生态环境重点监测区。由赤峰市环境监测站、克旗环境监测站开展年度两次以上湖水水质监测。湖区总面积 217 平方公里(2005 年数据),包括 22 个大小湖泊,其中面积较大者有岗更湖(俗称牤牛泡子)、多伦湖(俗称鲤鱼泡子)和宝音图泡子。有贡格尔河、亮子河、沙里河和耗来河四条内流河注入达里诺尔。监测断面设置在主湖区及其附属湖、泡子、河流。监测项目为水温、pH、总碱度等 30 余项。

1991—2008 年，达里诺尔水化学特征仍以含盐量高、碱度大为水体主要化学特征。矿化度在 4322 ~ 5287mg/L，总均值为 4819.6mg/L，属半咸水湖。四条河流和岗更湖、多伦湖各监测点位矿化度在 200 ~ 500mg/L。

湖区 pH 值范围在 9.35 ~ 9.55，呈碱性，多年全湖总均值为 9.45。主湖区 pH 值年际变化趋势与降雨量关系密切，丰水年分，总均值偏低，反之则偏高。其余各测点即岗更湖、多伦湖及四条河流 pH 值均在 7.51 ~ 8.54。

湖水为苏打型水质，湖水 HCO_3^- 和 $CO_3^=$ 之和多年平均值 1984.3mg/L，总碱度多年平均值 2320.7mg/L(46.4 毫克当量升)。达里湖内其他主要离子季度变化、年际变化均不明显，各测点数值相对稳定。

1991—2008 年达里诺尔重要离子监测值情况表

表 7 - 3 - 1　　　　单位：mg/L

离子	HCO_3^-	$CO_3^=$	CL^-	$SO_4^=$	Na^+	K^+	Ca^{2+}	Mg^{2+}
范围	1206.2 ~ 1626.6	294.3 ~ 637.4	1185.6 ~ 1289.6	267.8 ~ 458.3	1781.1 ~ 2481.6	163.8 ~ 302.2	7.8 ~ 22.7	24.5 ~ 30.0
均值	1759.9	641.7	1218.1	398.8	2099.7	216.1	16.9	27.9

湖水总磷浓度在 0.66 ~ 1.32mg/L，岗更湖、多伦湖及四条河流相对较低，在 0.05 ~ 0.14mg/L。湖水总氮浓度在 2.04 ~ 4.01。多年平均值为 3.02mg/L。

达里诺尔 CODmn 浓度范围在 15.2 ~ 44.8mg/L，多伦湖在 15.5 ~ 19.6mg/L，岗更湖在 15.5 ~ 22.8mg/L，四条河流在 8.5 ~ 17.8mg/L，季节度、年际变化均无明显规律。

达里湖浮游生物总量年平均 3.926mg/L，含量的季节变化为秋 > 夏 > 春季，浮游植物中以兰藻、硅藻、绿藻为主，浮游动物以桡足类、介型类、枝角类为主。

达里诺尔水质测试指标中，依据国家《地表水环境质量标准》(GB3838 - 2002)中一类水质标准，有 19 项有相应标准，达里诺尔水 pH 值、总磷、总氮、高锰酸盐指数、硫酸盐、氟化物、砷 7 项指标超出国家标准，超标率为 36.8%。岗更湖和多伦湖 pH 值、高锰酸盐指数、总磷超出相应标准。沙里河的 pH 值、高锰酸盐指数、氟化物项目超出国家标准。

第二节　监测项目

一、水质监测

1991—1993 年，旗环境监测站仅开展地表水简单监测。

1994 年，在经棚镇开始进行水环境监测，评价项目 9 项。镇内地下水达标；地面水悬浮物、亚硝酸盐氮、高锰酸盐指数、挥发酚、六价铬超标，工业废水超标率 100%。

1998 年，水环境监测评价项目 14 项。经棚镇地下水水源井水质良好，符合国家标准，水体未污染。地面水由于接纳镇区生活污水和工业废水，加之上游地区水土流失严重,河流输沙量增加,呈有机物污染状况。

1999—2007 年,全旗地下水源井和地下手压井水质均符合执行标准。地面水有 1 个采样断面轻度有机物和三氮污染,其他清洁。

2005 年,对旗境内工矿企业废水开始监测。

2008 年,旗地表水监测项目 27 项。经棚镇地表水和西拉沐沦河水质属清洁状态,与 2007 年相比水质有所好转。地下水水源井水质较好,未受污染,压水井、浅水井个别有不同程度污染。

二、噪声监测

1997 年 6 月,在经棚镇开始对建筑施工噪声实施监测。

1998 年 9 月,开始对区域噪声实施监测,区域环境噪声平均等效声级 53.1 分贝,超标率 55.4%。噪声主要来自交通运输。道路交通干线噪声平均等效声级 66.3 分贝,超标路长 950 米,占所测路长 14%。

2000 年,经棚镇区域噪声基本达到标准,交通噪声在个别路段有超标现象。

2005 年末,开始对境内工矿企业噪声污染物实施监测。

2008 年,经棚镇共设声环境监测点 88 个,生活噪声昼间均值 46.7 分贝,夜间均值 39.8 分贝,区域环境噪声相对降低;交通噪声共设 20 个点位。监测路段总长 13140 米,监测平均值 65.9 分贝,最大值 74.6 分贝,超标 4.6 分贝,总超标率 25%,超标路段长 3800 米。噪声主要来自交通和生活方式。

三、大气监测

1994 年,开始对经棚镇区工业及采暖锅炉黑度进行常规监测,编制监测报告。

1998 年 11 月,开始对经棚镇区大气环境质量(二氧化硫、氮氧化物)实施监测。经监测,均未超标。

1999 年,增加环境空气 TSP 和锅炉烟尘浓度监测。

1998—2002 年,经棚镇区空气质量良好,除春季大面积沙尘等自然因素外,适于正常活动。经棚镇空气质量一直保持良好,秋季空气质量均为优。

2003 年,开展烟尘二氧化硫监测。

2005 年,对旗境内工矿企业废气开始监测。

2006 年,开展室内空气质量监测,环境空气 PM_{10} 监测。

2003—2008 年,经棚镇区大气环境监测点位有 3 个,测得二氧化硫、二氧化氮、可吸入颗粒物,浓度值均未超标。环境空气质量均为二级以上,适于正常活动。

第三节　监测能力与设备

一、监测能力

1991—1993 年，旗环境监测站仅开展地表水简单监测，累计上报监测数据约 300 个。

1995 年 8 月，通过内蒙古自治区技术监督局计量认证评审，环境监测认证项目 25 项。

2000 年 10 月，通过内蒙古自治区技术监督局和内蒙古自治区环境保护局计量认证评审，环境保护监测认证项目增加至 35 项。

2006 年，通过内蒙古自治区技术监督局和内蒙古自治区环境保护局计量认证评审，环境保护监测认证项目达到 143 项，成为赤峰市第一家具备水、固体废物、土壤铁、镉、砷、镁、汞等重金属元素监测能力的旗县。具备紫外分光比色能力。

2008 年末，环境监测站具备有水、气、声、土壤环境质量及污染源监测，固体废物监测，室内（包括车内）空气质量监测，生态监测等方面监测能力，环境监测认证项目达到 176 项。

二、监测设备

1991 年，旗环保监测站仅有 1 台电光分析天平（TG328A），1992 年，添置 721 分光光度计、汽车尾气检测仪等，较大型监测仪器增加至 4 台；1995 年，再购置 1 台林格曼望远镜，2002 年，购置电热恒温干燥箱。

2004 年，购置 1 台多功能噪声分析仪（HS6288E 型）、3 台电子控温电热器（DK 型）、1 台电热恒温水浴锅。

至 2008 年末，环保监测设备达到 35 台（套）。

第四节　监测队伍

1986 年，克旗组建环境监测站，有监测人员 2 人，至 1993 年，主要对部分区域地表水、经棚镇锅炉烟尘黑度进行简易监测。

1994 年末，环境监测站工作人员配备 6 人，有 2 人取得初级工程师资质，有效监测数据 128 个。环境监测工作逐步规范。

2004 年，环境监测站工作人员配备 9 人，有 1 人取得中级工程师资质，1 人为初级工程师资质。

2008 年，环境监测站配备专业监测人员 10 人，有 2 名中级资质工程师，7 名初级资质工程师。

第四章 环境治理

第一节 制度建设

一、立规定制

1995 年后,克旗把环境保护、生态平衡列入经济发展、社会进步中长期规划,并采取主动措施,改善环境。

1999 年 9 月,旗十三届人大常委会第八次会议在检查调研基础上,就增强公民环境意识、环境监督管理和监测、控制局部污染、征收排污费、完善环境影响评价报告制度、工矿企业污染、经棚镇区冬季取暖烟尘污染,企业向碧柳河、格类河排放污水,镇区内垃圾清运二次污染等问题形成《关于加强环境保护工作的决议》,要求加大环保宣传力度,增强环境意识和法制观念,提高环境意识,加强环境保护监督管理机构建设,落实排污收费政策,控制污染源。对污染进行集中、治理。

2001 年后,克旗持续开展工业环境治理。依据“源头治理,预防为主,防治结合,谁污染谁治理”环保工作方针。倡导建设“环保工厂,绿色矿山”,开展工矿企业环保达标活动,矿山企业环境保护不达标准不得生产。

二、制度落实

(一)行政措施

1996 年,开展城市环境综合整治定量考核。旗环保局对黄岗水泥有限责任公司下达第一份限期治理工业粉尘污染通知书。

1999 年,旗政府印发《2000 年克旗工业污染源达标治理工作方案》,热水塘镇环境整合整治定量考核试点经验向其他建制镇推广。2000 年,旗政府印发《克旗 2000 年工业污染源达标排放的决定》《关于 2000 年工业污染源及经棚镇区取暖锅炉限期治理的决定》,2005 年,印发《克什克腾旗人民政府关于进一步加强经棚镇区大气污染防治工作的通知》,依据有关要求,开展系列污染防治、治理工作。

2005 年后,分解城市发展建设及城市环境状况指标,用政府指令把责任划分到各行业部门,以加快城市环境综合整治的步伐。

2007 年,结合国家节能减排战略举措,旗成立减排领导小组,制定节能减排目标,“依靠建设项目管理控制总量,依靠限期治理消减总量,依靠循环经济消化总量”。严格建设项目审批程序,实施环保第一审批权,制定环境评价一票否决制度;开展工业建设项目“环境影响评价”;开展对重点企业、环境风险企业污染控制与监督管理;开展环境违法、违规案件查处，强化环境执法；对工业企业环保设施及矿山企业尾矿库建设进行规范治理，集中清理整顿矿山开发秩序，推行排污许可证制度；对工业污染源加强监测，加大监测频率。

(二)政策措施

1997年，开展生态示范村镇创建活动，激励环境治理成绩显著村镇。

1998年，在牧区和半农半牧区，实施分草场到户，推行划区轮牧，以草定畜，围封建设草库仑，草场退化区域实行圈养舍饲。在农村，先后实施退耕还林、还草工程；采取荒山、荒坡、荒滩、荒沟、荒水使用权拍卖，进行区域或流域治理，并结合国家生态建设规划，实施京津风沙源治理工程和系列区域水土保持工程。

同年10月后，开始对环境治理成效突出者给予鼓励，先后命名宇宙地镇为生态示范镇、命名新庙乡光明村为生态示范村，作为典型，在全旗推广经验；命名新开地乡、柳林乡为生态示范乡，柳林乡西大营子村和新井乡关东车村、永明村为生态示范村。在农牧区推广舍饲养畜、休牧、轮牧养畜、围封草牧场等生态措施，遏止草原退化、沙化及水土流失。

2006年后，对境内科尔沁沙地、浑善达克沙地及西拉沐沦河沿岸地区，纳入国家级重点生态功能保护区，实施强制性禁牧，对草原草牧场实行限牧，对农村半农半牧区全面实行季节性休牧或限牧、禁牧。

第二节　治理措施

一、水污染治理

1998年，在旗皮毛厂开展废水治理、创建清洁工厂试点，搬迁水源地有污染隐患的企业，启动“碧水”工程。

1999年，在经棚镇继续实施城镇“蓝天、碧水、清静、生态”工程，镇区楼房全部实行集中供热。建成经棚污水处理厂，镇区进入管网的生产、生活污水通过处理，达标排放。

2000年后，针对西拉沐沦河上游碧柳河、格类河污染问题，对污染隐患较大企业制定限期治理计划。污水排放企业整体搬迁或关闭。一些肉类加工、铸造厂、食品加工等企业先后迁出主镇区。

2005年，旗政府印发《克什克腾旗集中式饮用水源保护区污染防治管理办法》，划定经棚镇区饮用水源保护区，制定城镇供水系统供水安全环境质量目标和预案措施，分阶段实施。

2005年末，基本完成“碧水工程”治理目标，碧柳河、格类河污染得到根本治理。

二、大气污染治理

1996年，克旗黄岗水泥厂建成降尘室，年回收粉尘约600吨。

1997年，对经棚镇区皮毛厂和洗毛厂锅炉烟尘进行治理。

1998 年,旗政府作出经棚镇区烟尘限期治理决定,对镇区重点烟尘污染源分批分期限期治理。

1999 年,克旗实施"蓝天、碧水、清静、生态"四大工程,减少因燃原煤而产生的烟尘、二氧化硫造成的大气污染。全年完成限期大气治理项目 22 个,停产治理企业 14 家。

2000 年 3 月,克旗人民政府召开全旗环境保护工作会议,印发《克什克腾旗人民政府 2000 年经棚镇区取暖锅炉污染限期治理的决定》,85 家限期治理单位全部同旗人民政府签订目标责任状,40 家单位完成锅炉烟尘限期治理任务,全旗 34 家工业企业中,当年 31 家企业达标。

2001 年 9 月,经棚镇实行联片供热,同年取消采暖锅炉 37 台,新竣工办公楼和住宅楼全部实施联片集中供暖。

2002 年,经棚镇内 56 个单位加入集中供热管网,镇区 80% 小锅炉被取缔。

2005 年,旗政府印发《关于进一步加强经棚镇区大气污染防治工作的通知》,成立大气治理领导小组,在环保局设立大气治理领导小组办公室,对采暖锅炉、洗浴锅炉、茶炉及餐饮业炉灶开展规范性治理,同时重点解决面源污染,推广型煤和清洁燃料,引进型煤炉灶、煤转气锅炉。经棚镇冬季空气污染得到有效治理。

2006 年,经棚镇内继续取缔老式锅炉、取暖锅炉、洗浴蒸汽炉、茶炉、餐饮炉灶、改造型煤锅炉。经棚镇区 182 家餐饮业全部使用清洁燃料,初步完成"蓝天工程"。经棚镇区建成 8 处集中供热站,共取缔 91 台分散采暖锅炉,更新改造 12 台洗浴锅炉、11 台茶炉,取缔 257 台燃煤餐饮炉灶,推广 12 台示范民用型煤锅炉,扶持建设 1 家型煤厂。

三、噪声污染治理

1999—2008 年,经棚镇持续实施"清静工程",建设"噪声达标区","噪声达标区"覆盖镇区 51% 地域,建成"经棚镇解放路安静小区"。城镇生活噪声、建筑施工噪声、交通噪声污染得到整治,建筑施工扰民得到控制。

四、固体废弃物污染治理

2001 年后,经棚镇开始有组织地治理固体废弃物,建立固定居民生活垃圾存放点,实行封闭存放;组建居民区垃圾清收队,分包区片,定时清收生活垃圾,生活垃圾处理当日清除、掩埋。建筑垃圾可利用的或再利用或铺路,不能利用的定点掩埋。

五、农牧区沙化退化治理

至 2008 年,农村 25 度以上坡地全部退耕种树种草。森林覆盖率由 1990 年的 16.5% 恢复到 26.1%;草甸、草甸草原、草原植被覆盖度保持在 80% 左右;沙地沙生植被区植被覆盖度保持在 20% ~60%;沼泽植被区植被度保持在 70% 以上。植被总覆盖率保持在 47% 以上。全旗农村牧区生态环境得到改善,牧区草原退化、沙化得到遏制。

2008 年，针对农村牧区生活垃圾、污水、畜禽粪便治理，编制完成《克旗农村牧区污染防治项目库》《克旗农村牧区环境综合整治规划》。开始重点整治农村牧区环境卫生脏、乱、差现象。

第五章　环境监管

第一节　制度建设

一、地方环保监管制度

1994 年 7 月，旗城建与土地局形成《关于贯彻实施环保法情况的调查报告》，就此旗十二届人大常委会第三次会议，做出《关于继续深入贯彻实施环境保护法的决议》。

1999 年 10 月，旗委十三届七次常委会听取和审议了环保局形成的《关于贯彻实施〈环保法〉情况报告》和旗人大财政经济委员会形成的《关于贯彻实施〈环保法〉执行情况的检查报告》，会议审议通过了 2 个报告，并提出落实要求。

2001—2005 年，旗委、旗政府相继批转《关于克旗环保局加强污染防治，实施“蓝天碧水清静”工程的报告的通告》。《关于进一步加强达里诺尔国家级自然保护区旅游资源开发管理的意见》。《关于加强自然资源开发、保护与管理若干问题的决定》等系列政策性文件，形成地方环境保护工作政策规范。

2004 年 8 月，旗人大常委会通过《关于进一步加强全旗自然保护区、地质公园、森林公园旅游开发规划和建设项目管理工作的决议》。

二、环境影响评价制度

环境影响评价制度首先启于克旗黄岗铁矿建设。环境评价由赤峰市环境评价研究所主持，旗环境保护局全程参与。

2000 年后，按照国家对建设项目环境保护的要求，除农村、牧区按村镇规划建房及农田、草牧场设施建设外，旗境内所有建设项目全部进行环境影响评价。

2000—2008 年，共有 488 个建设项目进行环境影响评价，评审通过并获得环境影响评价批准手续后，方可开工建设。建设项目环境影响评价执行率和督办率均 100%。

三、环保“三同时”制度

2000 年后，对新建、改建、扩建项目，全部实行环境保护设施与主体工程同时设计、同时施工、同时投入使用“三同时”环保制度。

2005 年后，除对新、改、扩三大建设项目重点监管，实行环保“三同时”制度外，对区域开发、自然资源开发、旅游开发,工业园区招商引资工程等项目,坚持主体工程与环境保护设施必须“三同时”建设。重点项目执行率98%以上。

第二节 监管规划

一、长期目标

1997年,克旗规划开展生态示范村镇创建工作。

2001年,克旗制定环境保护“2234”长期环境监管目标。即:两个坚持、两个重点、三个加强、四项工程。两个坚持是坚持环境保护基本国策和生态立旗发展战略不动摇,坚持污染防治、节能减排与生态保护并重;两个重点是开展自然生态保护和生态环境监管;三个加强是加强环境执法力度,加强环境宣传教育,加强基础建设;四个工程是在全旗持续实施蓝天工程、碧水工程、生态工程、清净工程。制定配套的规章制度和保障措施。

2008年,旗环境保护局牵头编制《克什克腾旗国家生态旗建设规划》,同年通过自治区环保厅专家组评审,《克什克腾旗国家生态旗建设规划》作为指导国家生态旗建设的依据。

二、近中期目标

2000—2008年,克旗规划环境监管近中期目标,重点项目环境评价和环境保护设施与主体工程同时设计、同时施工、同时投入使用“三同时”环保制度,执行率100%;水源地水质达标率100%;经棚镇年大气质量好于二级以上天数在350天以上;新建矿山用地、植被恢复率80%;2000年前建设矿山土地植被恢复率45%以上;规模化畜禽养殖场污水排放达标率50%以上;废物资源转化率60%;生活垃圾无害化处理率25%以上。

第三节 检查 监察

一、检查

1996年10月,旗人大财经委牵头,组织旗政府法制科、环保局组成联合检查组,对境内企、事业单位、自然保护区、工矿企业等13个单位进行环境执法检查。

1999年9月,旗人大常委会组织环境监管相关部门,开展历时23天贯彻实施《中华人民共和国环境保护法》执法检查,重点检查工矿企业、国营林场、水电站、自然保护区、重点乡镇、苏木18个。旗人大十三届八次常委会形成《关于加强环境保护工作的决议》,在肯定公民环境意识增强、环境监督管理和监测、控制局部污染、征收排污费等方面工作的同时，就增强环境监管能力、完善环境影响评价报告制度、工矿企业污染严重而群众反响强烈、经棚镇区冬季取暖烟尘污染严重、企业向碧柳河、格类河排放污水，镇区内垃圾清运形成二次污染，以及排污费收缴等方面要求：加大环保宣传力度，增强全旗人民的环境意识和法制观念，加强环境保护监督管理机构建设，落实排污收费政策；控制新建项目，防止形成新的污染源；尽快解决经棚镇区环境卫生问题。

2004 年 6 月，旗人大常委会组织克旗籍市、旗两级人大代表对境内旅游景点、自然保护区、森林公园和地质公园全面进行执法检查。

2005—2008 年，先后针对饮用水源安全、重金属污染、环境风险、环境敏感区域、自然保护区违规建设项目、矿山企业、违法排污企业、奥运空气质量、城市噪声污染等开展环保专项行动，出动环保执法人员 760 余人次，检查、整改污染源 160 个，办理环境信访案件 23 件；实施经济处罚企业 18 家，累计罚款 64.5 万余元。

二、监察

2002 年 10 月，根据上级环保部门对应配置机构要求，经旗编委会批准，环境保护局内设的环境监理站更名为环境监察大队。开展监督、指导考核检查，实行挂牌督办制度，曝光典型案件，宣传典型事例。针对全旗工业企业、矿山开发、餐饮服务、旅游资源开发，新建、改建、扩建项目实施环境监察管理，开展环境违法专项治理活动，清查建设项目，取缔淘汰、落后生产工艺，限制、查处进口非五金电器、废电线、废电缆和废电机；划分饮用水源地保护区，制定污染事故防治预案，整治排放有毒有害污染物；监管、治理城市噪声污染；制止自然保护区和生态敏感区乱挖、乱采、乱选、乱建现象。

2005—2007 年，对不使用清洁能源、不使用型煤洗浴业、餐饮业下达行政处罚、限期整改通知单，计 26 家。全部淘汰日选铁 500 吨以下，铅、锌、铜、钼 100 吨以下，金 25 吨以下矿石选矿场。全部取缔非法选矿场，对 8 个自然保护区和生态敏感区乱挖乱采、乱批乱建进行全面清查整顿。

第四节　排污费征收

1991 年，旗环保部门主要征收经棚镇区机关、企事业单位采暖锅炉烟尘排放，及部分工业企业排污费。年征收额度较小。

1992 年，建立规范性排污收费制度，核定标准，并逐步完善收费程序。

2000 年后，矿山工业快速发展，污染源增多，收费额度有所提高。

2008 年，收费力度加大，额度提高。

1992 年征收排污费 11.9 万元，2008 年征收排污费 503 万元。

第六章　生态管护

第一节　生态功能定位

一、功能区划分

2008 年,为贯彻落实《全国生态环境保护纲要》,旗环境保护局编制完成《克旗生态环境功能区划报告》。通过生态环境功能区划,确定区域生态功能分区。克旗生态功能区主要分为一级区、二级区、三级区;一类景观区和二类景观区。

一级区划　根据主要气候和地貌类型,将旗域划分为 5 个一级区,即内蒙古高原中温性草原区、冀北山地暖温性半湿润森林区、大兴安岭山地温带湿润半湿润森林区、西辽河流域半干旱农田草原复合区和城镇经济功能服务区。

二级区划　依据地形地貌、植被类型及主要生态系统的服务功能将一级区进一步划分为 9 个二级区。一级区内蒙古高原中温性草原区划分有 3 个二级区:内蒙古高原森林草原亚区、内蒙古高原典型草原亚区、浑善达克沙地植被亚区。一级区冀北山地暖温性半湿润森林区划分 2 个二级区:冀北山地森林与森林草原亚区、冀北山地森林草原农田复合亚区。一级区大兴安岭山地温型湿润半湿润森林区划分 2 个二级区:大兴安岭岭南山地森林与森林草原亚区、大兴安岭岭南山地森林草原农田复合亚区。一级区西辽河流域半干旱农田草原复合区包括 1 个二级区:科尔沁沙地植被亚区。一级区城镇经济功能服务区包括 1 个二级区:城镇经济功能服务区。

图 7－6－1　蛤蟆坝　刘琦拍摄于红山子

三级区划　依据生态服务功能的重要性以及生态敏感性将二级区划分为 80 个三级区。

一类景观区分为:森林景观、草原景观、湿地景观、农业景观、人工林景观、人工建筑景观。

二级景观分为:针叶林景观、针叶混交林景观、阔叶林景观、疏林景观、灌丛景观、林地景观、沙地景观、森林草原景观、典型草原景观、河流型湿地景观、湖泊型湿地景观、沼泽型湿地景观、旱作农业、水浇地、人工乔木林、人工灌木林、城镇、工矿景观。

二、管护措施

依据生态功能区类型、保护目标、发展方向制定了较为详细的管理保护措施。

第二节　划区管理

旗政府把设立自然保护区作为保护生态环境重要手段，对重要生态功能区划定范围重点保护。在环境敏感区域、生态系统关键区域开展自然保护区建设工程，先后建成四级各类自然保护区 8 个。

1987 年 11 月，旗政府根据对达里诺尔地区鸟类考察和达里诺尔在珍稀鸟类及其候鸟迁徙中的地位，批准建立旗级自然保护区。1996 年 2 月，自治区政府批准达里诺尔晋升为自治区级自然保护区。1997 年 12 月，国务院批准达里诺尔晋升为国家级自然保护区。

1979 年 12 月，自治区政府批准建立白音敖包自治区级自然保护区。2000 年 4 月，国务院批准白音敖包自然保护区晋升为国家级自然保护区。

图 7－6－2　牧点　刘琦拍摄于达里

2000 年，克旗编制《西辽河源头特殊生态保护功能区抢救性项目建议书》《内蒙古赤峰克什克腾旗科尔沁沙地生态功能保护区西拉沐沦河沿岸植被保护工程项目建议书》《内蒙古赤峰市克什克腾旗天然草场保护示范工程项目建议书》，对生态环境脆弱区域提出抢救性保护。同年 12 月，旗政府再建立以保护天然草原、草原荒漠过渡带植被、湿地为主要对象的贡格尔旗级自然保护区。

2001 年，旗委、旗政府印发《关于进一步加强达里诺尔国家级自然保护区旅游资源开发管理的意见》《关于加强自然资源开发、保护与管理若干问题的决定》等重要文件，实施生态保护工程，强化自然保护区建设与管理，严格遵守《自然保护区管理条例》，查处各种破坏生态资源和违法建设项目，禁止破坏保护区内生态环境，积极实施生态修复项目，同年，在达里诺尔国家级自然保护区实施中国—加拿大生态多样性保护、重点湿地保护项目。

2001 年 11 月，以阿斯哈图地区为核心区的地质公园先后得到自治区国土资源厅、国土资源部批准。

自2003年始,在全旗范围实施天然林保护工程、退耕还林还草工程、防护林保护工程。对全旗全部天然林实施保护,对25度以上坡耕地全部实行退耕还林还草,对“三北”防护林等规模防护林实施全面保护措施。

同年11月,经国家林业局批准,黄岗梁林区、桦木沟林区为国家级森林公园。

2004年,实施中—韩环保项目,重点对浑善达克沙地实施自然、生态恢复。在自然保护区内开展生态旅游。

同年12月,大青山地区、乌兰布统地区、潢源地区、黄岗梁地区、桦木沟地区先后晋升为自治区级自然保护区。

2005年2月,经联合国教科文组织批准,包括阿斯哈图石林、大青山冰臼岩峰群、平顶山冰斗群、达里火山堆群等八大核心区的克什克腾世界地质公园成立。

2008年,编制完成自然保护区、森林公园、地质公园保护规划,并制定《克什克腾旗境内自然保护区管理暂行办法》。

2008年末,克旗已建成自然保护区、森林公园、地质公园11个,形成山、水、林、草全面保护格局,总保护面积5274.56万公顷,占全旗国土面积25.51%。

第三节 协作研究

旗政府致力于通过广泛技术合作开展环境保护研究和自然资源利用研究。

2000年,旗政府先后邀请“人与生物圈”国家委员会和中国科学院专家考察克旗各自然保护区和旅游资源,筹备召开中国—加拿大生态旅游及自然保护区管理研讨会。

2001—2006年,旗政府在国家有关部门的指导、支持下,与加拿大政府相关部门合作,在达里诺尔国家级自然保护区,实施中国—加拿大生物多样性保护、重点湿地保护等环境保护项目。

2003年,旗政府在国家有关部门指导、支持下,与韩国政府相关部门合作,在浑善达克沙地实施自然、生态恢复项目。

2004年4月,在克旗召开中加项目座谈会。同年,中韩项目相关人员来克旗考察。

2006年6月中下旬,中国《人与生物圈》国家委员会、内蒙古自治区环保局、赤峰市环保局联合组织克旗生态旅游科学考察,对旗境内自然保护区、地质公园、森林公园进行全面考察,对旗境内自然保护区、地质公园、森林公园建设、管理提出指导性建议,对克旗发展生态旅游、生态城镇建设予以指导。

同年8月上旬,国家环保局、自治区环保局与加拿大国际发展署联合在克旗主办中—加内蒙古生物多样性保护和社会发展项目研讨会,研究探讨中加生态保护合作,推动生态旅游和自然保护区管理。

第七章　环保与教育

1991 年后，克旗秉持“环境保护，宣教先行”环保工作理念，提高民众环保意识，营造“人人关注环境，人人参与保护环境”的氛围。从 1994 年起，利用每年“4·22”地球日和“6·5”世界环境日，开展大型环保宣传活动。重点宣教内容包括环境保护法律法规，环境危机警示，国家环境产业政策，环境保护全民责任等。

第一节　宣教举措

1998—2008 年，旗政府投资拍摄《达里诺尔情》风光片，在克旗、赤峰电视台播放；拍摄《二十一世纪不是梦》(40 集)环境警示片在旗电视台连续播出。

1999 年，旗环保局与旗妇联联合，在全旗范围内举办“妇女、家园、环境”为主题的环保知识竞赛，组织近千名小学生上街宣传，清理白色垃圾。

2000 年，环保局牵头开展“崇尚自然、弘扬草原文化、保护环境、促进生态旅游”——草原文化、生态旅游环保志愿者万人签名活动，号召人们正确认识和处理保护环境与旅游开发的关系。

1998—2005 年，环保局先后创办《克旗环保信息》和《点击环保》两种刊物。

2001 年后，连续在全旗中小学开展创建“绿色学校”“环保一条街”和“我为环保做点事”活动。并组织“绿色学校”参加全国小学生环保知识竞赛，选拔环保小记者，组建“小骏马”记者团。至 2008 年末，克旗有三级环保“绿色学校”14 所，其中自治区级 1 所，市级 3 所，旗级 10 所。

2002—2006 年，环保局牵头多次举办领导干部、境内工矿企业、旅游景点、各类保护区负责人环保培训班，对主要负责人进行环境保护法律法规、国家环境产业政策、自然保护知识等方面专业培训。

2007 年，环保局牵头，举办“生态杯”大型环保知识竞赛，参赛者逾 300 人。

2008 年 6 月，旗环保局与旗妇联、教育局联合举办以“小手拉大手，争当环保卫士”为主题节能减排进学校、进社区启动仪式，发放宣传手册、环保购物袋、环保书包、节能水壶水桶等；同年 7 月，旗环保局与旗关心下一代工作委员会共同组织中小学生环保夏令营，通过学生带家长、家庭影响社会的方式增强人民环保意识。

第二节　宣教方式

环保宣传、教育方式灵活多样，主要有，在“4·22”地球日和“6·5”世界环境日，主管旗长发表电视讲话；在街头散发传单、接待咨询、展览图片；在学校、机关、企事业单位开展环保法律法规知识竞赛；开展节能减排进社区、进学校环保征文评奖。

在旗党校各类培训班开设环境保护讲座，在中小学增设环境教育课程等。

借助中央电视台、内蒙古电视台、赤峰电视台和《中国环境报》《内蒙古日报》《赤峰日报》对外开展专题宣传。

利用旅游节、那达慕以及旗内重大庆典开展环保签名、赠送环保购物袋、设置垃圾分类桶、制作展出图片画板等。

图7－7－1　优美的环境

第八篇

第一章　公路交通

第一节　公路交通机构

一、管理机构

1991—2008 年，旗交通局是政府管理公路交通运输和相关事宜职能部门。

1991 年，交通局内设办公室、财会股、公路股。直属管理单位有：公路段、交通征费稽查所、交通运输管理所、港航监督站（海事处）。管理企业有：克什克腾运输公司、第二汽车运输公司（集体运输企业）。

2008 年，交通局内设办公室、财务股、审计股、管理股、公路股、公路建设规划办公室、交通战备办公室。直属单位有：交通运输管理所、路政执法大队、县级公路路政大队、地方交通征稽所、海事处，直属公路养护管理单位：公路管理工区、公路管理段。

二、交通战备办公室

2003 年 3 月，组建交通战备办公室，为常设机构，办公地点设在克旗交通局。设交通战备办公室主任、副主任各 1 人。

2006 年 4 月，旗机构编制委员会明确交通战备办公室为正科级单位，旗交通局局长兼任办公室主任。

交通战备办公室对交通专业保障队伍实行定编、定位、定人、定联络方式管理；对交通专业保障队伍成员建立管理档案；对战时和紧急情况下交通需求有联络计划、交通保障预案、后备力量、保障机制和措施等。

三、企事业单位

1991 年，旗公路管理段负责全旗的国、省（自治区）、县（旗）公路养护。2001 年 6 月，公路养护实行分级管理，克旗分设公路管理工区和公路管理段。

（一）公路管理工区

2001 年 6 月，组建克旗公路管理工区，管理并养护旗境内国道 303 线和 306 线的公路。

（二）公路管理段

2001 年 6 月，公路管理段负责管理和养护旗境内的县（旗）级公路，主要有经山线、土关线；并对所辖 1524 公里的乡村公路给以宏观管理指导。

（三）交通运输管理所

1993 年 3 月，整合交通征费稽查所、运输管理站职能，成立旗交通管理所。

1995 年 9 月,交通管理所更名为交通运输管理所,行使管理道路运输市场职能。

(四)地方交通征费稽查所(港航监督站、海事处)

1996 年 11 月,经赤峰市交通局批准成立克旗地方交通征费稽查所,与克旗港航监督站合署办公。

2004 年 5 月,撤销克旗港航监督站,成立地方海事处,与地方交通征费稽查所合署办公。负责辖区船舶检验、水上交通安全管理和地方养路费收缴。

(五)交通征费稽查所

1993 年 3 月,交通征费稽查所、交通运输管理站合并,成立克旗交通管理所。

1996 年 6 月,养路费征收工作划归自治区交通征费稽查局赤峰分局管理。克旗交通管理所更名为克旗交通征费稽查所。

2008 年,撤销旗交通征费稽查所,人员归属自治区公路路政执法监察总队赤峰支队第九大队。

(六)路政管理大队

1997 年 9 月,克旗机构编制委员会批准成立克旗公路路政管理中队,隶属于公路管理段。

1998 年 4 月,公路路政管理中队改建为路政管理大队,隶属公路管理段。2001 年 6 月后,隶属公路管理工区。

2007 年 12 月,克旗辖管国省干线路政管理大队和地方道路路政管理大队合并,成立克旗公路路政管理大队。

2008 年,经旗机构编制委员会批准,公路路政管理大队为独立法人单位,隶属旗交通局。

(七)地方路政管理大队

2004 年 5 月,成立克旗地方路政管理大队,负责县级及以下公路路政管理,隶属公路管理段。

2007 年,地方路政管理大队与辖管国省干线公路路政管理大队合并,隶属克旗交通局。

(八)运输企业

1. 克旗汽车运输公司

1988 年 4 月,克旗汽车运输公司承包给赤峰运输公司,承包期 10 年。

1998 年 4 月,赤峰运输总公司兼并克旗汽车运输公司,成立赤峰中昊运输总公司克旗运输分公司。

2005 年,新建经棚汽车站,12 月中旬,克旗运输分公司搬入新址。

2. **克旗第二汽车运输公司**

1976 年，景峰人民公社运输队改建为克旗运输合作社。1985 年 5 月，在运输合作社基础上成立克旗第二汽车运输公司，为集体运输企业。

1994 年 7 月，第二汽车运输公司改制，成为股份制企业。

1998 年 6 月 5 日，克旗第二汽车运输股份有限公司解散。

第二节　公路经营养护体制改革

一、经营体制改革

1990 年 12 月，按照赤峰市机构编制办公室批复，克旗运输管理站改设为运输管理所。

1992 年，克旗运输管理所重点加强对客运、货运、汽修、装卸搬运以及运输服务等行业运输管理工作和克旗运输分公司、经棚汽车站业务管理、服务质量监督。同年，征收运输管理费、客运附加费。

同年 8 月，克旗公共客运进入赤峰市场。

1995 年，经棚汽车站向社会开放，对个体客运服务设立售票窗口，形成国营、集体和个体客运服务格局。

1998 年，允许个体、社会面包车、小汽车在干线和支线公路从事客运经营，允许有客运资质定线客车，通过招标经营客运。对客运市场经营实行“定线路、定班次、定时间，统一进站售票发车”的“三定、一统一”管理；对货客运、汽车维修、搬运装卸实行登记、审核、检测管理。

2005 年，对旗内运输市场参运的 69 台定线客车实行规范化运营，免收出租车交通管理费，实施“通车工程”，全旗 125 个嘎查、村中，有 122 个嘎查、村开通班车。

二、养护体制改革

1991—1998 年，公路养护企业在分配制度上，试行“效益工资，定额管理”，生产效益同养路职工责、权、利挂钩。公路段段长与道班班长，道班班长与作业组及道工分别签订责任目标合同，明确职工所得工资与养护质量、效率挂钩。

1999 年，实行招投标办法管理，探索公路养护与管理运行机制，以内部招投标为主，实行两级招投标方式，即公路段对道班，道班对工人；公路段对道班招投标实行议标加聘用两种办法，道班对工人招投标，引入竞争机制，根据本人能力、意愿、原工资级别及投标标的确定中标人员及中标里程。养路工人竞标后上岗，每人承包的路段为 2 ~ 3. 5公里不等，承包期 3 年。

2002 年，公路部门实行分级管理，国省道路由赤峰市公路管理段克旗管理工区管理,旗乡道路由克旗公路段管理。

2002年,公路管理工区内部成立工程公司和养护公司,公路养护、大中修工程全部实行招投标合同制、全员劳动合同制和定额管理,实行集体作业,小标段承包,质量考核,计量支付的分配方法。

第三节 公路建设

一、公路线路

2008年末,旗境内有2条国道,总长229公里;省际通道穿越克旗境内,长136公里;有2条县道,长208公里;有16条乡镇、苏木公路,总长696公里。

(一)国道

1. 国道303线

国道303线:自巴林边—阿其乌拉段公路,境内路线全长134公里。东向自经棚—林西段,全长41公里余,1975年,铺成三级油路。1997年和2004年,有两次部分路段取直、油路翻修。共设有13座小桥,57道涵洞。西向自经棚—锡林浩特段,旗境内经棚—阿其乌拉段,长93公里。1997年,开工改造建设,1998年末,建成三级油路,竣工通车。有11座新建桥梁,105道涵洞。303国道克旗段全部实现油路化。

2. 国道306线

国道306线:在克旗境内有两段。1998年,原平双公路土城子黄榆沟至龙头山段和经棚至陈家营子桥段公路均改为国道306线。公路全长215公里。1993年6月建成经棚—陈家营子公路境内62公里路段,1997年10月,全线通车;2000年,经自治区发展计划委员会批准完成306国道经棚—陈家营子段二级油路改造。2002年,开通经棚南隧道。

原国道306线为克旗经棚—赤峰西线,总里程222公里。1996年,根据自治区交通厅公路规划,此线定为县级路,更名为“经山线”。

(二)省际大通道

呼伦贝尔盟阿荣旗至广西北海公路,经过克旗境内段在好鲁库公主埂至西拉沐沦河Ⅱ号桥区间,道路长135.8公里。2002年克旗境内段采用平原微丘区一级公路标准施工建设,设计行车速度100公里/小时。克旗境内段共建有大中桥18座,小桥18座,涵洞226道。路段具体走向为西南向东北方向。克旗境内路段与同步测设的省际大通道经棚至大板段公路相接,基本沿集通铁路以南布线,是内蒙古一条对外省际通道和运输主干线。

(三)县级公路

1. 土关线

为原经土线(经棚—土城子)改造而成。原经土线全长151公里(包括双合支线5.3公里)。1998年,根据内蒙古公路管理规划,将经土线经棚至关东车农队段41公里并入国道306线,土城子至关东车农队段98公里改为土关线。

土关线建设有桥梁6座,20道涵洞。

2. 经山线

经棚至山咀子公路:全长100公里。沥青混凝土路面46公里,简易铺装路面54公里,为三级油路。经棚向东南方向,原为306线国道。1996年,根据自治区公路规划,改为县级公路,改名“经山线”。

(四)乡镇(苏木)公路

黑桦线　黑水桥—桦木沟公路,全长80.3公里,沥青混凝土路面31.5公里,未铺装路面48.8公里。为四级路,黑水桥向西南方向。

黑桦线修建有小桥6座39延长米,4道涵洞。黑桦线与“敖连线”相联结,为克旗西南部循环公路线。

新四线　新庙—四地公路,全长17公里,自经棚镇新庙双桥向北至常善村,修建有3座小桥、9道涵洞,为四级公路。

罕巴线　罕达罕—巴彦高勒苏木公路,全长133公里。有二级油路115.2公里,沥青混凝土路面。未铺装四级路面17.8公里。道路与国道303线相连接。

宇天线　宇宙地—天合园公路,全长63公里,有三级油路33公里,四级水泥混凝土路面30公里。宇天线有桥梁5座、11道涵洞。自宇宙地向西北方向,与林西五永线连接。

宇杨线　宇宙地—杨树沟公路,全长15.7公里,1984年建成,为未铺装路面四级公路。

黑昌线　黑水桥—昌义公路,全长62.7公里。天盛号至昌义间有24公里山岭重丘区三级公路,其余为未铺装路面四级公路。路段修建有4座小桥、14道涵洞。

广新线　广华—新开地公路,全长29.6公里。其中有28公里三级水泥混凝土路面。

水浩线　水头—浩来呼热办事处,全长61.8公里。其中有9.6公里三级油路,52.2公里未铺装四级路面。

达阿线　达日罕乌拉苏木—阿其乌拉公路,全长25.3公里,为三级沥青混凝土油路。

敖连线　敖包底—连营公路,芝瑞镇敖包底向西南方向,全长67.4公里,为三级简易铺装沥青混凝土路面。敖连线公路南与河北省围场县连接,北与黑桦公路连通。

大富线 大营子—富盛永公路,全长8.6公里。连通赤经公路和黑昌公路,为四级未铺装路面。

永柳线 永丰—柳林公路,全长12.4公里。为四级未铺装路面。2007年,建成通汽车。

南新线 南店—新开地公路,全长35.9公里,为四级未铺装路面。

达灰线 达来诺日—灰腾梁公路,全长17公里。其中有10.5公里三级简易铺装路面,有6.5公里未铺装等外公路。

热黄线 热水—黄岗梁公路,全长42.6公里,原为四级未铺装路面。有小桥1座,17道涵洞。

2007年9月,克旗建设77公里热水至黄岗梁至阿斯哈图石林园区旅游公路。线路得到改造,铺设沥青混凝土路面,新建成7座小桥,56道涵洞。

黄万线 黄榆沟—万合永公路,全长23.3公里,为四级未铺装砂石路面。路线起点为黄榆沟林场与国道306线相交处,终点为万合永镇与土关线支线相连处。

(五)专用公路

2008年末,克旗境内修有两条专用公路。

同兴镇—黄岗梁林场公路 全长24.9公里,四级未铺装路面。用于木材运输。

黄岗梁—马架子公路 全长64.8公里,除近2公里三级水泥混凝土路面外,其余62.8公里均为四级未铺装路面。用于运输矿石粉。

二、公路修建

(一)主要公路勘测设计

1991—2008年,克旗自行负责勘测设计的公路主要有国道306线经棚—陈家营子段;经棚—乌兰布统—河北围场(克旗境内段);白音敖包—阿斯哈图—达青牧场段;乌兰布统—红山军马场—浩来呼热段;黑水桥—龙口电站段,黑水桥—红山子段;达日罕—阿其乌拉段、天合园—阿斯哈图段。

1. 国道306线克旗段

国道306线经棚—陈家营子段公路是306国道终点路段;向北与省道204线、国道303线连接。

国道306线克旗段属国家公路自然区划Ⅱ3区,东北西部为干冻区,沿线土壤主要为风砂土、粉质低塑限黏土;沿线以山地、丘岭风蚀地貌为主,地势西高东低,海拔高度800~1300米;沿线主要河流有西拉沐沦河、百岔河、碧柳河等,路线经过区域植被稀疏,生态系统脆弱。

2. 经棚—乌兰布统—河北围场克旗段公路

经棚至乌兰布统至河北围场克旗段公路属国家公路自然区划Ⅱ3 区，沿线地质土壤为砂土、粉质土和粉砂土，地表为草原，海拔高度 1500 ~ 1600 米，生态系统脆弱。全线采用山岭重丘区三级公路标准建设。

路线以经棚镇为起点，途经广兴源、敖包底、桦木沟—乌兰布统等地。

3. 白音敖包—阿斯哈图公路

白音敖包—阿斯哈图公路位于克旗西北部，全线长 74 公里，是国道 303 线与省道 204 线连接线达（达日罕）达（达青牧场）线的其中一段，连接白音敖包沙地云杉自然保护区和阿斯哈图石林景区。沿线为沙地丘陵地貌，地表为草原，生态系统脆弱。公路采用山岭重丘区三级公路标准。

路线自白音敖包自然保护区，经吉日嘎查、巴彦查干苏木，至阿斯哈图石林景区。

4. 乌兰布统—红山军马场公路

乌兰布统至红山军马场公路可接线 303 国道与 111 国道，成为内蒙古中部进京快捷路段。全线长 30 公里。公路采用山岭重丘区二级公路标准。

路线起于乌兰布统乡烟子窑处，至红山军马场。

5. 黑水桥—龙口电站段公路

黑水桥至龙口电站段公路为连通克旗西南部乡镇主要公路之一，全线总长 9.6 公里，连通龙口电站、龙尾电站、上湾子一级、上湾子二级及响水电站等。全线采用山岭重丘区三级公路标准设计。

6. 黑水桥—红山子公路

黑水桥至红山子公路为克旗西南部主要通乡公路。路线总长 26.6 公里。连接芝瑞镇、乌兰布统、浩来呼热，与经棚镇交界。路线起点六棵树，终点至红山子乡政府所在地。公路地处阴山余脉，塞罕坝北麓，地势南高北低。沿线地质土壤多沙性，地表为草地或疏林地貌，沿线海拔高度 985 ~ 1335 米。全线按三级公路标准建设。

7. 达日罕—阿其乌拉公路

达日罕至阿其乌拉公路是克旗西北部主要牧区公路，路线总长 23 公里，总施工长度 25.7 公里，连接达日罕乌拉苏木、达来诺日镇、达里湖旅游区、浑善达克旅游区及紫濛山庄旅游区。沿线地质土壤为砂土、粉质土和粉砂土，地表为草原；沿线海拔高度 1220 ~ 1260 米。

8. 天合园—阿斯哈图公路

天合园至阿斯哈图公路起自天合园前敖包河（克旗与林西界），终点至阿斯哈图石林，全线长 14.4 公里。沿线沙质土壤，地表为耕地或草原，全线按山岭重丘区三级公路标准设计。

9. 旅游公路建设

达达线 G303 至阿斯哈图石林段二级油路 2008 年,克旗开工建设达达线 G303 至阿斯哈图石林段二级油路公路,全线共两段,罕达罕至白音敖包段,为旧路改造,主要是路基加宽、路况改善,路段全长 28 公里,总投资 3688 万元;白音敖包至白音查干至阿斯哈图石林段,改建砂石路为二级油面路。路段全长 60 公里,总投资 9622 万元,两段工程皆于当年竣工通车。

罕达罕至阿斯哈图三级油面公路 2001 年,罕达罕至白音敖包公路开工建设,当年竣工通车,路段全长 29 公里。2003 年,白音敖包至阿斯哈图公路开工建设,当年竣工通车。路段全长 76 公里。公路连通白音敖包沙地云杉、贡格尔草原、阿斯哈图石林等旅游景区。公路全长 105 公里,总投资 4492 万元。

经棚至乌兰布统(蒙冀界)三级油面公路 2003 年,开工建设经棚至广兴源段公路,当年建成通车,路段长 54 公里;2004 年,建设广兴源至乌兰布统(蒙冀界)段公路,2005 年竣工通车。路段长 67 公里。经棚—乌兰布统(蒙冀界)三级油面公路,全长 121 公里,总投资 1.1 亿元。

达达线达日罕—阿其乌拉三级油面公路 2005 年,开工建设达日罕至阿其乌拉三级油路公路,当年竣工通车。公路全长 26 公里,连通达日罕乌拉苏木、达来诺日镇、达里湖旅游区、浑善达克沙地疏林景区及紫蒙山庄度假村。

达日罕—白音敖包段公路 2006 年,开工建设达日罕至白音敖包段公路,当年竣工通车。公路连通国道 303 线,穿过贡格尔草原,全长 64 公里,总投资 3548 万元。

(二)桥梁、涵洞、隧道

1. 桥梁

1991—2008 年,克旗共有公路桥梁 103 座。其中,国道桥梁 30 座,省道桥梁 22 座,县道桥梁 40 座,乡道桥梁 11 座。主要桥梁有:

(1)黑水桥

黑水桥位于境南经赤公路距经棚镇 18 公里处的西拉沐沦河上。

1982 年建成,钢筋水泥空心板桥;3 孔,载重 15 吨位,桥长 41.1 米,宽 7 米。

(2)文革桥

文革桥位于经赤公路经棚镇南 4.5 公里处碧柳河上。

1966 年 10 月建成,敞肩式石拱桥;载重 18 吨位,桥长 84.15 米,孔跨度 33 米,高 7.7 米,宽 7 米,两侧附人行道各 0.7 米。

(3)经棚大桥

经棚大桥位于经棚镇区碧柳河上。

1972 年 10 月落成,钢筋混凝土双柱式双曲拱桥;6 孔,载重 13 吨位。桥长 110 米,孔跨 15 米,面宽 7 米,两侧人行道 1 米。

(4)贡格尔桥

贡格尔桥位于国道303线贡格尔河上。

1988年建成,灌柱式钢筋混凝土桥梁;3孔,桥长32.2米,单跨径10米。

(5)科学实验桥

国道306土城子苇塘河沟门桥。1978年建成,桥长30.7米,单孔跨径70米。

303国道恩肯河小山湾桥。1979年建成,桥长37.8米,单孔跨径16米。

上述两桥均为单孔跨径叠肋式石拱桥,采用空腹肋拱式,重力型台,属于20世纪70年代公路科研项目。

以下为位于省际通道克旗段上桥梁,均为2005年10月建成,桥梁净面宽11.25×2米。

(6)阎家营子沟桥

桥梁位于省际通道阎家营子沟处,为跨沟桥。桥梁3孔,跨径16米,全长53米,桥高15.2米。

(7)(右幅桥)牛粪沟桥

桥梁位于省际通道俗名牛粪沟处,桥梁6孔,跨径180米,全长187.1米。半幅横向桥宽12.25米,组合梁高1.95米。

(8)碧柳河大桥

桥梁位于省际通道经棚镇碧柳河上,桥梁9孔,跨径20米,全长195.5米。

(9)泉子河沟大桥

桥梁位于省际通道水泉子沟处。桥梁5孔,跨径20米,全长106.6米。

(10)三七地沟大桥

桥梁位于省际通道三七地沟处,桥梁5孔,跨径20米,全长107米。

(11)胡吐哈吐沟大桥

桥梁位于省际通道胡吐哈吐沟处,桥梁5孔,跨径20米,全长107米。

(12)西拉沐沦河1号大桥

桥梁位于省际通道第一次跨跃西拉沐沦河处,桥梁13孔,跨径20米,全长267米。

(13)西拉沐沦河2号大桥

桥梁位于省际通道第二次跨跃西拉沐沦河(k54+832)处,桥梁11孔,跨径20米,全长227米。

(14)西樱桃沟大桥

桥梁位于省际通道西樱桃沟处,桥梁7孔,跨径20米,全长147米。

(15)宇山大桥

桥梁位于经棚镇东鹅蛋梁冲沟上。桥梁6孔,跨径180米,全长187米。

2. 涵洞

1991—2008年,全旗新建公路涵洞786个,其中,国道涵洞59个。省道涵洞147

个,县道涵洞257个,乡道涵洞323个。

3. **隧道**

2001年8月,在经棚镇东南侧开工建设经棚隧道,2003年8月竣工。隧道全长290米,其中暗挖段210米,进出口各有明洞60米+20米,最大埋深34米,隧道洞身处于风积沙中。在省际通道向西北可通过隧道进入经棚镇。

三、公路改造

1991—2008年,克旗境内共接收自治区重点公路工程、赤峰市重点公路工程以及公路改造、油路翻修和大中修建工程400余公里,工程监督项目43项。重点公路建设项目15项,主要是国道改造、县乡公路建设和旗级旅游公路开辟。

(一)国道改造

303线经棚—阿其乌拉公路改造工程 1997年,国道303线经棚至阿其乌拉公路开工改造,1998年竣工通车。计划完成三级油路改造83公里,投资7200万元,实际完成三级路改造93公里。增加10公里经棚以东三兴昌至天河永改线工程。

306线陈家营子桥—经棚二级公路改造工程 2001年,306线陈家营子桥至经棚新建62公里二级油路开工改造,总投资1亿元,2004年竣工。其中,黑水至关东车、韩家营子至经棚两段共18公里路段与省际通道重合。

303线经棚—阿其乌拉段二级油路改建 2006年,303线经棚至阿其乌拉公路加宽路面,改善路况,由三级公路改建成二级标准公路,2007年竣工通车。改建工程全长85公里,总投资1.257亿元。

(二)县乡公路建设改造

黑水桥—红山子三级水泥路 2005年,黑水桥至红山子公路开工建设,途经大局子、桦木沟国营林场和龙口、龙尾、胡家湾、上湾子一、二级5座水电站,同年竣工通车。公路全长26.6公里,总投资1066万元。

南店—塞罕坝风电场三级公路 2006年,南店—塞罕坝风电场三级公路开工建设,同年竣工通车。道路全长25公里,总投资610万元。

经山线大兴永—横沟子段三级公路改造 2007年,大兴永至横沟子段砂石路改造三级油面路,同年竣工通车。公路全长60公里,总投资3650万元。

响水—汗苏鲁三级公路改造 2007年,响水至汗苏鲁砂石路三级油面公路改造,同年竣工通车。公路全长25公里,总投资610万元。

S105线连通浩来呼热乡三级油路改造 2007年,省道105线连通浩来呼热乡砂石路改建三级油面路,同年竣工通车。公路全长9公里,总投资540万元。

S105线至响水三级公路 2008年,省道105线至响水三级公路,同年竣工通车。公路全长8.2公里,总投资680万元。

省际通道永明店连通书声—新开地至沟门三级公路　2008年，省际通道永明店处至书声至新开地至沟门三级公路，途经柳林村、广义村、书声(天义号)、广华、新开地，终点至克旗与翁旗交界处沟门村。主体工程为将原有砂石路、土路改建为三级油面路，提升公路质量，预计2009年竣工通车。公路总长93公里，总投资5300万元。

第四节　公路养护

一、管养线路

1991年，克旗境内国道、省道、县(旗)公路由公路管理段负责管理和养护。

2001年6月，公路实行分级管理养护，旗公路管理工区负责国道、省际通道管理养护，旗公路管理段负责县(旗)级公路管理养护。公路管理工区负责管养国道303、306线，养护里程229公里；管养省际通道克旗段，养护里程136公里。公路管理段养护经土线、经山线，养护里程208公里；养护16条乡镇、苏木公路，养护总里程696公里。

二、养护方式

公路养护，坚持走“精细养护与生态养护”结合之路。对路基、边坡进行经常性加固，设专人对桥涵、标志号、沿线设施进行重点养护，常规性检查、维修；加强对路树的刷白、修枝及对花草施肥、浇水等日常管理，确保路面平整顺畅。2008年，公路养护质量好路率87.8%，公路养护综合值77.6。县乡公路综合好路率65.2%。

三、养护设备

1995年，克旗公路段有公路养护机械49台，1252千瓦。

1999年，克旗公路段有公路养护机械59台，2058千瓦。

2005年，克旗公路段有公路养护机械41台。

同年10月，省际通道通车，自治区交通厅配给克旗公路管理工区养护机械车辆42台(件)。

2008年，克旗境内国省干线公路有养护机械53台(件)，5171马力；小型机具95台(件)。县乡公路有养护机械16台(件)，570马力。

四、公路绿化

1991—2008年，公路养护走出山水林田路综合管养治理路子，为减少公路水毁，降低风沙侵害，实施多项“绿色通道”工程。

(一)国省干线公路绿化

1991—1997年，旗公路段组织职工对306线经陈公路两侧进行沙害治理。采取人工栽植沙棘、插黄柳、别沙障等多项措施在303线公路两侧山地、坡地进行小流域治理，植树造林。

1998—2000 年,对 306 线、303 线实施绿化工程,栽植杨树、柳树、松树、沙棘等,累积投入人工逾 10 万个。

2003 年,集中力量绿化国道 306 线克旗土城子龙头山至黄榆沟林场段。工程全长 29 公里,绿化面积 20 公顷。同年,按照 GBM 工程质量标准,对国道 303 线塔布葫芦至阿其乌拉段 10 公里路段实施绿化美化。

2004 年,公路管理工区集中开展春季植树会战。新植、补种路树 36 公里,栽植树木 2.78 万株;种植美化树木榆树球、水蜡球、杏树等灌木 15 公里,18 万株。

2004—2007 年,克旗公路管理工区集中治理 303 线经棚至阿其乌拉段公路雪害,修筑土坝挡雪墙 2083 米、石砌挡雪墙 230 米,修建储雪场 20520 立方米,公路两侧围栏围封生态植物 10000 米,累积封闭路肩边坡 46 公里。

2005—2008 年,公路管理工区绿化辖区内国道 303 线、306 线公路累积达到 630 公里,美化公路超过 200 公里,种植杨树、柳树、樟子松、油松、水蜡球、榆叶梅、红瑞木、五角枫、四季锦带、榆树球、榆树等逾 5 万株。

2001 年,克旗公路管理工区建成达里和红旗两处实验苗圃,先后引种中林美荷、迎春 5 号、红瑞木、四季锦带等多个树种。

(二)省际通道公路绿化

省际通道克旗段全长 141.5 公里。穿越浑善达克和科尔沁沙地,地段土质沙化,风沙侵蚀危害、沙埋阻断交通现象时有发生。2004—2005 年,本着"因地制宜、因害设防、适地适树,生物措施与工程措施相结合,灌、草相结合,一年生与多年生植物相结合,近期防护与远期防护相结合"的思路管护绿化。

主要工程措施有:使用高粱秸秆、玉米秸秆、葵花秸秆等栽植方格状低高立式沙障;使用稻草、塑料绳、固定钩等设置固沙网。

主要生物措施有:雨季在沙障间直播小叶锦鸡儿和羊柴;直播小麦、裸燕麦、沙蒿、沙打旺等草本植物。累计围封生物沙障 130 余万平方米。用水蜡球、红瑞木、云杉等树种绿化美化 136 公里中央分割带。

省际通道克旗段道路两侧主要使用本地树种,以阔叶树种为主,搭配乔木、灌木四季锦带、金叶垂榆、樟子松、小白杨等进行绿化。

(三)县乡公路绿化

2001 年 7 月,旗公路管理段开展县乡管公路绿化。

2003—2008 年,重点开展经山线、土关线公路绿化,使用树种为本地杨树及沙柳、柠条等。

五、GBM 工程

2001 年,克旗开始实施 GBM 工程,GBM 工程意为公路标准化、美化工程。

2001—2003 年，重点对国道 306 线土城子黄榆沟至龙头山段 30 公里和国道 303 线塔布葫芦至阿其乌拉段 10 公里管养路段实施 GBM 工程建设。

2004 年，公路管理工区在 GBM 工程建设中，被赤峰市公路管理处授予 GBM 工程建设先进单位。

2005—2008 年，公路管理工区集中在国道 306 线实施 GBM 工程会战。

在省际通道沿线防护绿化 480 余公顷，路堤边坡、路基边坡种草绿化 65 公顷。

第五节　公路运输

一、客运

（一）长途客运

1. 经营体制

1988 年，赤峰运输总公司克旗运输分公司（以下简称克旗分公司）。客运管理采取单车核算，自负盈亏，对关联业务服务采取"分灶吃饭，费用包干"。

1992 年，客运开放市场后，个体客运经营者出现。

1995 年后，克旗中小客运采取班车定线，统一进站发车管理。

2000 年 5 月，克旗分公司车站售票、检票全面实行微机管理。

2001 年 12 月，克旗分公司进行企业转制，原有 135 名固定职工全部买断工龄，通过入股方式，组合上岗。转制后，公司更名为赤峰市中昊运输有限责任公司克旗运输分公司。

2. 运营能力

1997 年，赤峰运输总公司克旗运输分公司有客运车辆 38 台，平均座位 20 个，平均运距 98 公里，经营境外线路 2 条，境内线路 22 条。

2001 年，赤峰市中昊运输有限责任公司克旗运输分公司（以下简称中昊克旗分公司）有客运车辆 50 台，平均座位 21 个，平均运距 172.6 公里，经营境外线路 3 条，境内线路 30 条。

2008 年，运输市场有客运班车 98 台，2140 个座位，营运里程约 9655 公里，经棚汽车站平均日发班车 124 台次，旅客日发送量 1600 人次。共辖客运车辆 61 台，经营线路 56 条。初步实现"村村通"客运班车。

3. 长途客运票价

1991 年，汽车客运票价人公里平均运价约四分。

2000 年，客车运价上调 20.8%。

2005 年，客车运价在现行等级运价的基础上调高 20%。开通收费站的公路，二级公路每人次在票价基础上加收 0.7 元道路通行费；一级公路每人次在票价基础上加收

0.8 元道路通行费。

(二)公共交通

2000 年,中昊克旗分公司承办开通经棚镇内公共汽车。

2001 年,中昊克旗分公司承担经棚镇公交运营业务。

中昊克旗分公司将经棚镇公交线路经营权承包给黑龙江省林口县个体开发商经营。2002 年初,首批投入 14 辆中巴车开通经棚镇公共交通,开通经棚镇内 3 条公交线路。公交车实行 7 公里内一票制,票价早期 0.5 元/人,后改定 1 元/人,中、小学生月票每人每月 30 元,普通乘客月票每人每月 45 元。

2003 年 6 月,中昊克旗分公司收回经棚镇公交线路经营权,同个体车主签订公交线路承包经营合同,为期 6 年。同年有 12 台公交客车运营。票价 1 元/人。

2007 年 9 月,重新规划镇区公交营运线路,划定 1 路车:经棚广场—新庙红光村;2 路车经棚二中—经锡路原肉联厂冷库前。并新购进 20 台中型客车,以承包方式参加公交运营。

(三)出租车客运

1991 年,经棚镇约有 60 辆畜力车参与短途出租客货运。

1995 年,出现三轮机动摩托车(俗称“摩的”)从事客运。

2000 年,参与客运的三轮机动摩托车增加到 400 余台,票价 2 元。

2006 年,个体客运的三轮摩托车有 600 台。

同年 5 月,旗长办公会议决定克旗义通运输有限公司经营客运出租业务。首批引进 58 台东风小康出租汽车,投入运营,核准票价 4 元。

2007 年 7 月,再购进 40 台夏利车投入市场。三轮摩托车车主改用汽车参与客运。

2008 年,交通部门制定“出租汽车市场专项整治方案”,5 月,三轮摩托车退出客运市场。12 月,出租汽车公司发展到 3 家,共有出租车 383 台。

(四)个体客运

1987 年,首次在万合永乡出现农民个人购买凌河 660 型客车从事客运。

1991—2008 年,境内客运线路逐步完成个体承包运营,2002 年后,基本为个体车辆运营。

2008 年,个体经营旅客运输业户有 182 户,营运客车 189 台,1646 个客座位。累积参与经营客运班线 23 条。

二、货运

(一)普通运力

1987 年,经棚镇出现个体经营者购买东风 140 汽车从事个体运输。

1992 年,克旗货运市场放开经营,国营运输企业退出货物运输市场。

1994 年末,克旗个体运输户发展到 712 户,有从业人员 750 人。

1995 年 3 月,个体经营者成立经棚运输有限责任公司。有货物运输车辆 23 台。

2008 年,克旗共有各类营运货运汽车、农用车 1565 台,总载重吨位 4500 吨。

(二)运量

1991—2008 年,克旗的货运基本为个体经营。1991 年货运量为 31.8 万吨,2008 年货运量为 143 万吨。增长 4.5 倍。

(三)汽车运价

1991—2008 年,汽车货运实行全国或地区汽车统一运价计算办法,主要包括货物运价和货物运输管理收费。

1992 年,汽车货运管理费收费标准:货车每吨位每月 13 元。

1994—2008 年,公路汽车运输市场放开,市场竞争机制初步形成。公路汽车运价水平开始根据管理权限和市场供求关系确定。

第六节　公路运输管理

一、路政管理

(一)管理机构与人员

1991—1997 年 8 月,公路段负责全旗路政管理,配备专职路政人员。

1997 年 9 月,成立路政管理中队,隶属于公路段,人员从公路段编制中调剂使用。中队有路政人员 4 人。

1998 年 4 月,路政管理中队改设为克旗路政管理大队。

2001 年 6 月,公路分级管理后,路政管理大队归属公路管理工区,业务管理实行赤峰市路政支队和克旗交通局双重领导。

2004 年 5 月,公路管理段成立地方路政管理大队,编制 4 人。

2005 年 7 月,公路路政管理大队人员编制增加至 14 人。

2008 年,克旗有路政管理工作人员 24 人。

(二)路政管理

路政管理坚持"管养一体、综合治理、预防为主、依法治路"方针,把维护路权,保护路产作为路政工作中心任务。

(三)重点工作

1. 法规宣传

1998 年 1 月,《中华人民共和国公路法》颁布实施后,开展宣传活动。使用广播、电视媒体等形式在中心镇区持续开展普法宣讲。

2. 治理货运“超限、超载”

2001—2004 年,克旗路政大队共查处超限运输车辆 6412 台。

2005—2008 年,在国省干线设立固定或临时超限超载检测卸载点。查处超限车辆 4600 余辆,卸载各类货物 32000 余吨。对国省干线两侧乱堆乱放垃圾杂物,店外经营,堵塞交通等问题进行集中清理。

二、运政管理

(一)重点与方式

1991—2008 年,对客运、货运、汽车维修、装卸搬运、运输服务进行行政管理和违规处罚,主要是监督检查道路运输经营者资质、行为、经营环境和服务质量,开展路检路查和户检户查。检查未经批准擅自经营客、货运输经营户,不按规定承运限运物资、无凭证运输货物和危险物品,拖欠漏逃道路运输规费,客、货运输违法、违章经营等市场违规行为。

派员驻站检查。分别在 306、303 国道设有土城子、宇宙地检查站,进行不定期驻站检查;在非法经营者经常出入路口或路段实施目标检查;开展专项整治或市场治理稽查或联合稽查、互检互查;对客流、货源车辆集中乡镇所在地、厂矿等检查监督运输经营者。经棚汽车站长期派员驻站检查监管。

(二)执法检查

1991—2008 年,运政管理和运政执法检查主要治理整顿超越批准范围从事道路运输、变更经营范围、超载超限,不能按规定缴费等;客运超员,甩客、卖客、中途倒客,不按规定线路、班次、站点停靠,无故停运等;出租车不装标志灯、宰客等。

(三)运政执法队伍建设

1. 制度建设

交通执法队伍建立有目标管理、岗位责任、执法程序、工作规范、服务承诺、奖惩措施等规章制度,实行行政执法责任制。行使规范的行政处罚、行政许可、行政征收、行政强制、行政裁决等执法职能。

2. 组织建设

交通管理部门除常规执法队伍外,组建有交通行政执法领导小组、道路运输行政许可监督委员会、交通行政复议领导小组等行政执法协调、监督机构。

3. 作风建设

结合工作需要,有针对性地开展执法队伍建设活动。进行业务考核、内务评比等作风建设。

4. 人事管理

交通管理部门坚持抓队伍建设,定编、定员、定岗、定期考核,择优选拔考录路政、运政、征稽、海事等执法机构人员。

(四)驾驶员培训管理

道路运输管理机构负责具体许可与管理机动车驾驶员上岗培训。2014年10月，交通运输管理所批准赤峰中原驾校克旗分校、克旗万达驾校开展驾驶员培训。

(五)港航(海事)监督管理

1987年1月，克旗始建港航监督站，管理境内水域渔业捕捞作业船舶，负责安全监督及船舶检验。

1996年，旗水利渔政管理部门接管渔业船舶安全监督及船舶检验。港航监督站负责湖区旅游船舶安全管理监督和船舶检验。

2004年，港航监督站更名为克旗地方海事处。

2005年末，有旅游船舶30艘。船舶驾驶员定点培训、考试合格、持证上岗。

2008年末，水上旅游景点建立安全救生组织。有水上安全监督员15人，救生员15人。

地方海事处对水上交通安全实行不定期监督检查、船舶检验。至2008年末，未发生过船舶安全事故。

三、运输市场监管

1990年12月，克旗成立运输管理所，各乡镇(苏木)组建运输管理站。在宇宙地镇和土城子镇设置2个检查站，开展外业稽查监管，重点是客运、货运、汽修、装卸搬运管理，同时对中昊克旗分公司、经棚汽车站进行业务监督和服务质量监督，征收运输管理费、客运附加费。

1992年8月，允许旗县国营运输公司客车进入赤峰，干线公路客运交叉运输网开始形成。

1995年，经棚汽车站对社会开放，给个体旅客运输设立售票窗口。

1998年9月，开始允许个体和社会面包车、小汽车在干线和支线公路上从事客运业务。

2006年，依据《中华人民共和国道路运输管理条例》，对运输市场征收运输管理费，对营运汽车进行检测。

2008年，克旗初步实现“村村通”客运班车目标。

四、运输安全管理

1991年末，克旗始组建公路运输治安派出所，为自收自支股级事业单位。

(一)依法立制

1991—2008年，克旗交通运输行业依法建立健全安全生产工作领导组织和安全管理制度,实行安全管理和安全生产责任制。

(二)管理措施

1991—2008 年,对境内主要道路、旗乡公路全部建设防撞墩、防护栏、警示标志;对险桥、险涵、险段、施工便道标识清晰,对易发生水毁、沙阻、雪阻和其他病害的路段定期巡查,保证公路通行安全。

加强运输安全生产前期预防监管。经棚汽车站实行进出站例检制度,执行安全例会和车辆完好报班制度;禁止非本车驾驶员驾驶车辆,整治超员超载行为,禁止顾客携带危险品乘车。

从源头治理违章运输、超限超载行为。

建立健全安全生产、消防工作组织、制度、档案,安全生产和消防器材配备齐全。

定期进行安全生产工作检查,不定期开展安全生产综合大检查。

五、规费征稽管理

(一)养路费征收标准

1992—2008 年,实行按月缴纳和全年包缴两种缴费办法。

(二)违规处罚

拖、欠、漏、逃养路费按规定补缴养路费缴纳滞纳金和罚金;倒换牌照或涂改、伪造、顶替养路费缴讫证、免征证或罚款单据的车属单位或个人,须补缴全费额养路费和滞纳金,并处罚款;超载运输车辆,按超载吨数或人数补征养路费和处以罚款;上路行驶须带缴、免费凭证;免征车辆须按时办理免征手续。

(三)车辆购置

购置新车须在办理车辆落籍手续前缴纳车购费,不按规定缴费,要承担滞纳金,车辆转籍过户、车辆换证须办理变更手续,免征费须办理凭证和定时更换证件。

(四)养路费征收

1. 国家养路费

1996 年 6 月始,自治区交通征费稽查局赤峰分局负责管理克旗公路汽车客运、货运养路费征收,由克旗交通征费稽查所按养路费征收任务计划进行征缴。1996 年实际征收 299 万元,2008 年实际征收 884.5 万元。

2. 地方养路费

1996 年 6 月,组建地方交通征费稽查所。

1997 年,开始征缴拖拉机、三轮车及摩托车等小额养路费。1997—2003 年,下达征缴计划,2004 年后取消征缴计划。1997 年实际征收 39.4 万元,2008 年实际征收 193 万元。

第二章　铁路交通

第一节　管理机构

1995 年 7 月,集通铁路通车运营。

克旗境内铁路归内蒙古集通铁路有限责任公司大板办事处管辖。

第二节　克旗段线路站点

一、线路

集通铁路在克旗经过的浩来呼热乡、三义乡、经棚镇、新庙乡、热水塘镇、宇宙地乡等 4 个乡 2 个镇的 18 个村 112 个村民组,全长 161 公里。西在克旗的公主埂站与锡林郭勒盟正蓝旗的赛音呼都格站接轨,东在宇宙地巴林边与林西县新林镇站相连。

集通铁路克旗段内共有 7 座隧道。其中大坝梁隧道为集通铁路最长隧道,长 980 米;全部隧道总长 2574 米。

集通铁路克旗段内有 15 座桥梁,其中百米以上大型桥梁 8 座,克旗段桥梁总长 1948 米。多伦河(格类河)大桥为集通铁路最长桥梁,全长 480 米,也是全线最高桥梁,最高处 30 米。

集通铁路克旗段内有 273 个涵洞,横向总长 7881 米。

克旗境内设置 10 处平交道口,全部为双人人工看守道口。

二、车站

克旗境内设 18 个火车站,首批建设运营 10 个站,即公主埂站、好鲁库站、汗苏鲁站、马架子站、经棚站、下坑子站、上店站、六地站、热水塘站、宇宙地站;首批建用 3 个客货运营站,即好鲁库站、经棚站、宇宙地站;7 个会让站。

至 2008 年末,克旗段客货运营站为 2 个,会让站 8 个。

第三节　集通铁路克旗段建设

1991 年 6 月,集通铁路克旗段开工建设,地方施工路基土石方 1.525 亿立方米,浆砌片石 5.3 万立方米。是集通铁路建设的难点路段,桥梁、隧道、涵洞集中在克旗,挖深填高多在 20 米以上,最深高处 30 米。

1993 年 10 月 20 日,集通铁路铺轨到经棚站。

1995 年 12 月 1 日,集通铁路正式开通客运列车。

第三章 邮 政

第一节 机 构

1991 年,克旗邮政、电信实行统一管理,一体经营。邮政电信局设在经棚镇,各苏木乡镇设有邮电支局或邮电所。全旗农村牧区有邮电支局所 27 处。邮电系统从业人员 198 人,其中在农村牧区工作职工 85 人。

1998 年 9 月,邮政、电信实行分营,邮政局改制为全民所有制企业化经营。9 月,克旗邮政局成立挂牌。辖全旗 13 个苏木乡镇邮政支局和 5 个邮政所。有职工 121 人,其中在农村牧区工作职工 46 人,有 13 个邮政支局和自办支局,5 个邮政所。

2002 年 6 月,克旗撤并乡镇后,保留 8 个苏木乡镇邮政支局所和 11 个邮政所。

2008 年末,克旗邮政局有 8 个苏木乡镇邮政支局,11 个邮政所。有邮政从业人员 84 人,其中在农村牧区工作的 15 人。

第二节 邮 路

1991 年,全旗有机动车邮路 10 条 1745 公里;有马匹、自行车等邮路 20 条 2474 公里;邮路总长 4219 公里。

1998 年末,全旗共有邮路 9 条,机动车邮路 1200 公里,有 3 台邮运车;有马匹、自行车邮路 17 条 1300 公里;邮路总长 2500 公里。经棚—赤峰汽车邮路为国家邮路,由赤峰邮政局管理。

2008 年末,全旗机动车邮路为 8 条,总长 2100 公里,有 2 台邮运车,覆盖克旗全部农村牧区。

第三节 邮政业务

一、函件

1991—2008 年,邮电局办理的函件主要有普通信函、挂号信函、快件信函、印刷品邮寄。

1992 年 1 月,开办邮政贺年有奖明信片业务。

1993 年 1 月,开办邮政礼仪信函业务。

二、包裹

1991 年后，邮电局主要办理普通包裹和快件包裹投递业务。

三、汇兑

1991 年，邮电局主要办理普通汇款和快件汇款业务。

1995 年 10 月，邮电局开办邮政计息汇款业务；同年 11 月，开办邮政特快送款业务。

2000 年 8 月，开办适时汇款、两小时汇款、入账汇款、即时汇款等电子汇兑业务。

2005 年 6 月，实现储蓄网与汇兑网互通。

四、报刊发行

1992 年 9 月后，国家邮政总局规定，报刊发行可以破时征订。之后，克旗报刊发行主要在年度末和半年前集中征订；部分报刊实行破季、破月订阅。

五、邮政编码

2006 年，撤乡并镇，保留的苏木乡镇使用的邮政编码发生变动。

2006 年克旗各苏木乡镇邮政编码一览表

表 8－3－1

编码区	邮政编码	编码区	邮政编码	编码区	邮政编码
经棚镇	025350	土城子镇	025363	万合永镇	025359
宇宙地镇	025378	同兴镇	025358	达来诺日镇	025369
达日罕苏木	025371	巴彦查干苏木	025372	芝瑞镇	025365
红山子乡	025366	新开地乡	025362	—	—

六、邮政储蓄

1991 年，邮政储蓄开办的主要储蓄业务有普通邮政储蓄业务、“大额可转让”定期存单业务、定额定期“通存通兑”业务等。

1992 年 5 月，开始开办邮政“礼仪储蓄”业务。

1995 年 12 月，克旗邮政储蓄网点全部实行计算机办理业务。

1991 年邮政储蓄余额 116 万元，2008 年邮政储蓄余额 9200 万元。

七、集邮

1983 年，邮政开办集邮业务，成立集邮协会。1989 年，办理集邮邮票预订业务。

1995 年，克旗有集邮会员 400 人。2008 年集邮会员发展到 492 人。

第四章　信息产业

第一节　体制改革

1998 年 5 月,邮政电信进行体制改革,实行分营,成立克旗电信局,并实行垂直管理,隶属赤峰市电信局。

1999 年 7 月,电信局分离出无线寻呼业务,成立克旗移动通信公司,运营移动电话业务。移动通信业务实行垂直管理,隶属赤峰移动通信公司,设赤峰移动通信公司克旗营业部。

2000 年 2 月,移动通信业务拆分运营,成立赤峰移动通信公司克什克腾旗分公司。

同年 6 月,中国联合通信公司内蒙公司赤峰分公司克旗营业部成立。开通 GSM130、131、132 和 CDMA133 无线通信业务和 193 国际国内长途、互联网、IP 电话和无线寻呼业务。

2000 年 7 月,内蒙古电信公司赤峰分公司克旗营业部成立运营。

2002 年 6 月,克旗电信局完成企业转制,更名为内蒙古自治区电信公司赤峰分公司克什克腾旗支公司。10 月,重组成立内蒙古网络通信公司克旗分公司。

2004 年 8 月,移动通信营业部成为独资企业分支,更名为内蒙古移动通信有限责任公司克旗分公司。

2004 年 10 月,中国铁路通信公司赤峰分公司克旗营业部成立运营,并网克旗程控交换机,经营固定电话(230、233 号段)、互联网业务。

2004 年 12 月,中国联合通信公司内蒙公司赤峰分公司克旗营业部更名为中国联合通信有限公司克旗分公司。

2005 年 12 月,克旗网通公司加入内蒙古自治区网通(集团)公司,更名为内蒙古自治区网通(集团)公司赤峰分公司克旗支公司。

2008 年 5 月,中国电信(集团)公司全面收购中国“联通”公司 CDMA 业务,克旗电信公司重组成立内蒙古自治区电信公司赤峰分公司克什克腾支公司。

2008 年 10 月,中国铁通公司赤峰分公司克旗营业部并入中国移动通信集团内蒙古有限公司克旗分公司。

2008 年 12 月,网通公司与联通公司合并重组为中国联合网络通信有限公司克旗分公司,运营固定电话国际国内业务、互联网业务。

第二节　移动通信

一、机构

1999 年 9 月,移动通讯业务从电信局分离,开始独立运营。2000 年 4 月,移动通信营业部成立挂牌。

2004 年 8 月,中国移动通信香港公司收购内蒙古移动通信有限责任公司,克旗移动通信营业部随之成为独资企业分支,并更名为内蒙古移动通信有限责任公司克旗分公司。

2006 年 10 月,内蒙古移动通信有限责任公司克旗分公司更名为中国移动通信集团内蒙古有限公司克旗分公司。

2008 年末,克旗移动公司有员工 35 人。

二、网络建设

克旗移动公司从成立至 2008 年末,先后开通 134、135、136、137、138、139 和 158、159、150 等移动电话网。推介全球通、动感地带、神州行等品牌服务。提供的语音、数字服务业务 20 种以上。

至 2008 年末,移动公司在克旗辖区内共建成 75 个基站,覆盖全部苏木乡镇,覆盖 80% 的嘎查村。

三、经营业务

1999 年,克旗移动通信与电信分营后,移动电话平均年以 50% 的速度增长,营业收入持续增长,成为克旗发展最快信息产业。

1999—2008 年克旗移动公司用户情况表

表 8－4－1　　　　单位:户

年份	用户数	年份	用户数
1999	550	2004	21116
2000	3500	2005	25173
2001	6800	2006	39017
2002	11000	2007	52531
2003	15000	2008	65000

2008 年末,中国移动通信集团内蒙古有限公司克旗分公司经营的固定电话用户为 958 户,互联网用户 875 户。

第三节　联合网络通信

一、机构

1991 年,克旗邮电局经营全旗 28 个苏木乡镇固定电话服务业务。除经棚镇、乌兰布统乡外,设有邮电支局所 26 处。

1998 年 5 月,邮政、电信分离后,电信局运营 26 处邮电支局所固定电话业务。

2000 年 6 月,中国联合通信公司内蒙公司赤峰分公司克旗营业部成立。

2002 年 10 月,电信局完成企业转制后,重组成立内蒙古网络通信公司克旗分公司。

2002 年 11 月,撤销阿其乌拉邮电所。

2004 年 12 月,联通克旗营业部更名为中国联合通信有限公司克旗分公司。

2008 年 12 月,网通公司与联通公司合并组建为中国联合网络通信(集团)有限公司克旗分公司,有员工 111 人。

二、业务服务

(一)电报

1. 电报电路

1991 年,邮电局有 26 条电报电路,即经棚旗局—各苏木乡镇支局所。

1992 年 4 月,赤峰市邮电局开通 STC32/64 路电报分集器,克旗邮电局电报转入自动转报网。

2. 电报业务

1991 年,邮电局主要开办普通电报、政务电报、汇款电报、新闻电报、天气电报、水情电报和公众电报业务。1996 年,开办礼仪电报业务。

1992 年 12 月,电报资费为每字 0. 07 元,12 月调整为每字 0. 13 元。2004 年 8 月调整为 0. 15 元,2004 年末,克旗停办电报业务。

(二)电话

1. 有线电话

(1)长途电话

1991 年,邮电局开办的长途电话业务种类有普通电话、代号电话、政务电话、特种电话、紧急调度电话和公众业务电话。

1994 年 6 月,开通 PCM 群传输,有 30 路端长途交换机。同时,开通长途直拨电话。

2003 年 3 月 10 日,赤峰市旗县区间形成电话本地网。

(2)镇内电话

1994 年 6 月,经棚镇安装开通 4000 门 HJD04 程控交换机。电话号码由 4 位升至 6 位。

1995 年 6 月,赤峰市扩充完成 C3 本地网,统一使用长途区号 0476,经棚镇电话号码升至 7 位。

2008 年末,经棚镇内开办的主要市话业务种类有普通电话、同线电话、合用电话、公用电话和专线电话、用户交换机、电话分机等。

(3)农村牧区电话

1991 年,有农村牧区电话交换台 26 处。

1994 年 6 月,4 个镇首先开通程控电话。

2001 年 7 月,各苏木乡镇全部开通程控电话。

2008 末,全旗农村牧区有固定电话用户 23000 户。

2. 无线电话

1992 年 3 月,开始开通无线寻呼业务。

1995 年 6 月,开始开通 900M 移动通讯电话(大哥大)。当年发展用户 116 户。

1998 年 8 月,网通公司开始建设无线接入基站,首批建站 3 处,80 个信道。

2003 年 7 月,网通公司开通“小灵通”业务,至 2008 年末,发展“小灵通”用户 7065 户。

2008 年末,联通公司克旗分公司有 28 个无线接入基站,3 个直放站,室外覆盖率 95%,室内覆盖率 93%。

(三)互联网

2003 年 11 月,网通公司开通互联网宽带业务。2008 年 10 月,开通互联网业务。2008 年 12 月,与克旗网通公司合并运营互联网业务。

至 2008 年末,克旗有互联网用户 6970 户。

第四节　中国电信

2000 年 7 月,内蒙古电信公司赤峰分公司克旗营业部成立。

2004 年 6 月,内蒙古电信公司赤峰分公司克旗营业部更名为中国电信集团公司内蒙古赤峰公司克什克腾旗分公司。

2005 年,中国电信克旗分公司开展的电信业务服务有国际国内长途电话、本地固定电话、数据传送、互联网业务等。

2008 年 8 月,中国电信收购联通公司 CDMA 业务后,并网克旗程控交换机,中国电信集团克旗分公司经营电信电话网、互联网宽带业务等综合信息服务业务。同年 12 月,中国电信集团克旗分公司有固定电话用户 1800 户,移动电话用户 3 万户,互联网用户 3200 户。

第五章　供电　用电

第一节　管理机构

1991 年,水电水产局为克旗供电用电管理机构。

1996 年,水电水产局划分为克旗水产公司(达里渔场)、水利服务中心、克旗供电公司、克旗水电开发公司。

2001 年,克旗农电局改制为供电企业,隶属东北电网赤峰市农电局垂直管理。

2008 年,农电局内设办公室、调度科、营销科、政工科、财务科、劳动人事科、生技科、安监科、工程科、科技科、计量所、治保科。下辖经棚、镇郊、宇宙地、达里、达日罕、书声、芝瑞、土城子、同兴、广兴 10 个供电所。

第二节　经营体制改革

1991 年,克旗供电用电实行国有计划经营。水电水产局为旗政府职能科局,行使发电、供电管理职能。

1996 年,农电局逐步转换经营体制,全旗各供电单位实行企业化经营,绩效目标管理。

2001 年,农电局划归东北电网后,按照集团化运作、集约化发展、精细化管理、标准化建设的"四化"要求,实施人力资源、财务、物资集约管理,构建大规划、大建设、大运行、大生产、大营销的"三集五大"经营体系,向现代企业公司发展。开始建设具有信息化、自动化、互动化特征的智能电网。

第三节　电力设施

一、发电设施

(一)水力发电

1983 年,克旗成为全国 100 个电气化试点县(旗)之一。至 2008 年末,建设水电站 11 座,总装机容量 25750 千瓦,年平均发电量 6169 万千瓦时。

克旗水电站建设项目情况表

表 8－5－1

电　站　名	建设时间	发电时间	总装机（台）	总装机容量（千瓦）	年设计发电量（万千瓦时）
龙口电站	1971. 5	1974. 5	2	7200	1800
响水电站	1978. 5	1981. 11	2	2500	1060
上湾子二级电站	1985. 11	1990. 12	2	3200	870
胡家湾子电站	1971. 4	1980. 5	3	960	250
五道石门电站	1976. 4	1980. 6	2	400	120
上湾子一级电站	1994. 10	1998. 5	2	3600	960
金桥电站	1971. 5	1986. 5	2	500	150
龙尾电站	1997. 7	1999. 6	2	600	150
响尾电站	2002. 7	2003. 1	1	160	100
金沐沦电站	2005. 5	2006. 10	1	630	250
大石门电站	2008. 4	—	2	6000	1550

(二)风力发电

1999 年,在曼陀山建成首座风电站,装机容量 1200 千瓦,装机 2 台。

2000 年后,在达来诺日镇西部、芝瑞镇赛罕坝、巴彦查干苏木等地开展风能资源调查、选址实测风速、有效风能密度。2004 年风能建设快速发展,至 2008 年末,确定风场 30 余处,已装机 545 台,装机总容量 72 万千瓦。

2004—2008 年克旗风电建设项目情况表

表 8－5－2

项目名称	建设单位	位　置	立项批准(发改委)文号	装机容量（万千瓦）	用地面积（公顷）	发电时间	装机数（台）
达日罕风电场	克旗创建集团公司	达日罕乌拉苏木后山	—	0. 12	—	1999. 12	2
达里风电场一～三期	东电茂霖风能发展有限责任公司	达里镇西	内发改能源字〔2004〕2291 号	5. 016	8000	2000. 2 2002. 2 2004. 5	71
达里风电场四～五期	东电茂霖内能发展有限公司	达里镇西	内发改能源字〔2005〕278 号	9. 9	8000	2005 2007. 12	66
大唐赤峰塞罕坝风电场一～三期	大唐赤峰塞罕坝风能开发有限责任公司	芝瑞镇大院村	内发改基础字〔2004〕1806 号	12. 07	8. 3409	2005. 9 2006. 7	142
大唐赤峰塞罕坝风电场四～五期	大唐赤峰塞罕坝风力发电有限责任公司	芝瑞镇大院村	内发改能源字〔2005〕725 号	9. 86	9. 14	2006. 9 2008. 12	待装机

续表 8－5－2

项目名称	建设单位	位置	立项批准(发改委)文号	装机容量(万千瓦)	用地面积(公顷)	发电时间	装机数(台)
克旗上头地风电场	克旗瑞风新能源电力开发有限公司	芝瑞镇长胜村	内发改能源字〔2007〕781号	50	12.3405	2007.5	待装机
克旗乌套海南风场一期	克旗汇风新能源有限责任公司	巴彦查干乌套海	—	4.95	10.8832	2008.9	66
大唐赤峰塞罕坝塔山子4.95万千瓦风电项目	赤峰唐能新能源有限公司	芝瑞镇	内发改能源字〔2008〕82号	4.95	—	待入网	66
大唐赤峰青马场4.95万千瓦风电项目	赤峰唐能新能源有限公司	芝瑞镇	内发改能源字〔2008〕84号	4.95	—	待入网	66
大唐赤峰一棵松4.95万千瓦风电项目	赤峰(大唐)新能源有限公司	芝瑞镇	内发改能源字〔2008〕2800号	4.95	—	待入网	33
大唐赤峰头道沟4.95万千瓦风电项目	赤峰(大唐)新能源有限公司	芝瑞镇	内发改能源字〔2008〕2801号	4.95	—	待入网	33

(三)发电量

1991年,克旗水电能力逐步形成,1996年后,克旗水力发电量发展趋于稳定、风力发电快速发展。

1991—2008年克旗水力、风力发电情况一览表

表 8－5－3

年份	水力发电			风电发电		总发电量(万千瓦时)
	发电量(万千瓦时)	总装机(台)	电站数	发电量(万千瓦时)	总装机(台)	
1991	3719	—	—	—	—	3719
1992	2799	—	—	—	—	2799
1993	3955	—	—	—	—	3955
1994	3625	—	—	—	—	3625
1995	3231	—	—	—	—	32310
1996	3930.9	13	6	—	—	3930
1997	3315	13	6	—	—	3315
1998	3738	15	7	—	—	3738
1999	3627	15	7	231	2	3858
2000	3924	15	7	293	2	4217
2001	3425	15	7	694	2	4119
2002	4119	15	7	3300	2	7419

续表 8－5－3

年份	水力发电			风电发电		总发电量（万千瓦时）
	发电量（万千瓦时）	总装机（台）	电站数	发电量（万千瓦时）	总装机（台）	
2003	4305	16	8	3499	2	7804
2004	4347	16	8	8651	73	12998
2005	3886	16	8	13065	215	16951
2006	3999.6	16	8	26198.7	264	30198.3
2007	5311	17	9	32929	264	38240
2008	6098	17	11	66649	545	72747

二、供电设施

1996—2008 年，克旗先后建成 11 座 66 千伏变电所。66 千伏总线路长 333.8 公里，有 66 千伏主变压器 20 台，容量 11910 千伏安。

10 千伏配电线路 86 条，线路总长 3838 公里。

1996—2008 年克旗骨干变电所情况表

表 8－5－4

电压等级（千伏）	主变压器容量（千伏安）	主变压器台数（台）	所属变电所	建成时间（年）	线路长度（千米）
66	9000	2	土城子变电所	1996	27.5
66	13150	2	广兴变电所	2004	22
66	14300	2	宇宙地变电所	2004	11.7
66	12000	2	同兴变电所	2004	28
66	13150	2	达里变电所	2001	54.08
66	4000	1	达日罕变电所	1998	24.36
66	3150	1	芝瑞变电所	2007	21.3
66	5150	2	书声变电所	2004	56.4
66	12600	2	新城变电所	2006	27.8
66	16300	2	经棚变电所	2004	3.2
66	16300	2	拜仁达坝变电所	2004	57.5

1991—2008 年，克旗主要送电线路在增设、更新、改造中得以改善，由 5 条增加为 12 条 357.17 公里。

1991—2008年克旗主要送电线路概览表

表8-5-5

线路名称	起止地点	线路长度(公里)	送电时间	线型	杆塔数(棵)
新达线	新城—达里	54.08	1992.1	LGJ—$50^2/70^2$	161
书土线	书声—土城子	27.5	1994.2	LGJ—$70^2/90^2$	181
宇西线	宇宙地—林西	24.04	1993.6	LGJ—$120^2/90^2$	132
热书线	热水—书声	56.37	1997.7	LGJ—150^2	255
黄拜线	黄岗梁—拜仁达坝	57.59	2005.4	LGJ—150^2	283
新经线	新城—经棚	3.2	1991.11	LGJ—95^2	19
热新线	热水—新城	27.8	1991.11	LGJ—95^2	160
新龙线	新城—龙口	23.69	2006.6	LGJ—150^2	101
达达线	达里—达日罕	24.36	1997.10	LGJ—95^2	164
新冶线	新城—冶炼厂	14.04	2008.7	LGJ—240^2	65
热黄甲线	热水—黄岗梁	32.79	2005.6	LGJ—150^2	144
热宇甲线	热水—宇宙地	11.71	1991.11	LGJ—95^2	69

1991年后,克旗28个苏木乡镇输变电建设迅速发展,变电所增加,输变电能力提高。

1991—2008年克旗输变电情况表

表8-5-6　　单位:个

年份	苏木乡镇			嘎查村			独贵龙组			变电所	
	总数	通电数	通电率(%)	总数	通电数	通电率(%)	总数	通电数	通电率(%)	总数	容量(千伏安)
1991	28	26	93	160	135	84	1176	1019	87	7	102890
2006	11	11	100	134	124	88	1167	1031	88	10	117950
2008	11	11	100	134	134	100	1167	1151	99	10	328660

第四节　电网改造

一、农网改造工程

1998年,克旗实施第一期农村牧区电网改造计划。2002年,实施第二期农村牧区电网建设和改造工程项目。累计投入电网改造资金9434.54万元,先后完成66千伏送电线路改造工程1条,架设线路24.36公里,完成10千伏送电线路改造工程46条,架设线路959.4公里。

1998—2003 年克旗农村牧区电网改造工程项目表

表 8－5－7

	年份	改　造　项　目	投入资金（万元）	完成情况	可靠率（%）
农网改造一二期工程	1998	66 千伏达日罕送变电工程、无功补偿工程	652.4	已完成	100
	1999	10 千伏配电网改造工程、更新高耗能配变工程	1727.59	已完成	100
	2000	低压改造工程	1525.05	已完成	100
	2001—2003	66 千伏达里主变增容、低压电网改造工程、更新高耗能主变上程、10 千伏配电网改造工程、低压电网改造工程、未改电网消缺	5529	已完成	100

二、城网改造工程

（一）线路改造

2004 年 10 月，农电局组织实施镇城电网建设与改造工程，历时 3 年，至 2006 年 10 月完成，总投资 4297 万元，改造城镇 66 千伏线路 119.2 公里，改造城镇 10 千伏线路 106.5 公里。低压改造线路 0.82 公里。

2004—2006 年，先后分两期完成城镇电网改造工程，有 66 千伏黄岗梁—拜仁达坝送变电工程、66 千伏热水—黄岗梁送电工程、营销 MIS 系统工程、计量装置改造工程、66 千伏升压改造工程（经棚、书声、土城子、同兴）、66 千伏经棚镇郊变电工程、66 千伏新城龙口线输电工程、10 千伏线路改造工程、10 千伏线路升压工程、低压台区改造工程，总投资 4297 万元，可靠率 100%。

（二）配套完善

1. 2006 年 10 月，农电局组织实施旗域电网配套完善工程，至 2007 年 10 月完成，总投资 3840 万元，改造城镇 66 千伏线路 71 公里。

2. 2007 年 10 月开始，实施二期城镇电网配套完善工程，至 2008 年 11 月完成，总投资 5250 万元，改造城镇 66 千伏线路 109 公里。

（三）农网完善工程

1. “户户通”

2006 年 10 月—2007 年 11 月，克旗农电局组织实施完成“户户通”工程 134 处（2006 年 26 处，2007 年 108 处），总投资 2483 万元，改造城镇 10 千伏线路 410.669 公里，改造低压线路 135.076 公里。

克旗“户户通”工程电网建设与改造情况表

表 8-5-8

年份	工程所在苏木乡镇	工程数(处)	工程编号数	工程决算资金(万元)
2006	巴彦查干、芝瑞、达日罕乌拉、经棚、宇宙地、红山子、万合永	26	CF108066001 ~ CF108066026	488.15
2007	达来诺日、巴彦查干、芝瑞、达日罕乌拉、经棚、红山子、同兴	108	CF208076001 ~ CF208076108	1275.67
合计	—	134	—	1763.82

2. **改造完善**

2006 年 10 月,实施农网改造完善工程,总投资 7750 万元,改造城镇 66 千伏线路 37 公里,改造城镇 10 千伏线路 319 公里,低压改造线路 9 公里。至 2008 年末,投资、工程完成过半。

第五节 用 电

一、用电量

1991—2008 年,全旗用电量呈持续增长。

1991—2008 年克旗行业用电统计表

表 8-5-9

年份	总用电量(万千瓦时)	增长率(%)	工业用电量(万千瓦时)	农业用电量(万千瓦时)	居民用电量(万千瓦时)
1991	4176.9	-0.026	1577	246.9	1056.5
1992	4546	8.8	1521.8	181.6	1208.5
1993	4629.9	1.8	1716.9	155.8	1298.5
1994	4068.5	-12.1	1341.1	171	1284.1
1995	4526.3	11.25	1780.7	162.8	1343.2
1996	5239.3	15.7	2144.7	165.1	1466.9
1997	5382.3	2.7	2156	165	1447
1998	5025.5	-6.6	2025	171	1561
1999	5089.1	1.3	2020.1	160.9	1582.9
2000	6014.4	18.2	2224.5	374.3	1827.3
2001	6835.9	13.6	3138.8	304.4	1818.3

续表 8－5－9

年份	总用电量（万千瓦时）	增长率（%）	工业用电量（万千瓦时）	农业用电量（万千瓦时）	居民用电量（万千瓦时）
2002	7275	6.4	3381.4	341.9	2000.6
2003	8776	20.6	4353.5	398	2140
2004	10073.2	14.7	4182	334.4	2358.1
2005	11011.3	9.3	4922.8	386.4	2380.2
2006	15446.6	40.3	7268.24	425.87	2315.12
2007	25343.63	64.1	14892.66	602.75	2801.05
2008	35255.99	39.11	24300.16	502.32	3392.92

二、电费

1991—2005 年，克旗城镇地区、农村牧区电费均采取走收方式进行收缴，到 2005 年赤峰市统一采用 MIS 系统后，城乡统一实行户缴坐收方式收缴电费；工业用电、农业用电、农村牧区居民用电和城镇居民用电电价执行不同的指导价格。

1991—2008 年克旗电费情况统计表

表 8－5－10

年份	总缴电费（万元）	工业用电		农业用电		居民用电	
		电费（万元）	执行电价（元/千瓦时）	电费（万元）	执行电价（元/千瓦时）	电费（万元）	执行电价（元/千瓦时）
1991	409.99	201.32	0.174	50.08	0.223	234.43	0.222
1992	456.05	264.83	0.174	40.59	0.223	268.18	0.222
1993	518.56	298.76	0.174	34.79	0.233	288.16	0.222
1994	1216.7	296.36	0.221	41.55	0.243	422.44	0.329
1995	1376.76	393.6	0.221	39.61	0.243	441.85	0.329
1996	2021.19	544.83	0.254	45.54	0.276	366.75	0.250
1997	2439.47	586.43	0.272	48.5	0.300	434.1	0.300
1998	2486.99	550.8	0.272	51.3	0.300	468.3	0.300
1999	2338.80	610.04	0.302	56.03	0.348	552.47	0.349
2000	2587.39	671.65	0.302	130.15	0.348	637.62	0.349
2001	3096.4	1770.4	0.394	107.3	0.34	900.2	0.378
2002	3657.7	1775.4	0.377	89	0.312	862.1	0.412
2003	3973.65	2309.41	0.372	97.76	0.306	969.25	0.404
2004	5456.6	3190	0.421	230.2	0.366	1078.4	0.417

续表 8-5-10

年份	总缴电费（万元）	工业用电		农业用电		居民用电	
		电费（万元）	执行电价（元/千瓦时）	电费（万元）	执行电价（元/千瓦时）	电费（万元）	执行电价（元/千瓦时）
2005	6247.8	3859.5	0.473	147.9	0.366	1142.7	0.566
2006	8891.17	5582.76	0.473	171.12	0.406	1134.07	0.566
2007	14793.5	10442.48	0.438	254.08	0.406	1397.39	0.468
2008	21186.72	12683.64	0.454	331.3	0.386	2151.61	0.479

第六节　管理与服务

一、安全举措

1992年后，制订、实施年度反事故措施计划和安全技术劳动保护措施计划，完善区域内高、低压电网网架结构，提高安全供电能力，改善作业环境和劳动条件，预防伤亡事故、职业病；加强安全监督管理，确保设备健康运行，推进电网安全化管理。

二、经营服务

2001年，克旗农电划归东北电网后，按照电网总公司要求，把建设电网坚强、资产优良、服务优质、业绩优秀的现代公司作为战略发展目标。注重电网科学规划，结构合理、安全可靠，提高智能化水平和效率，实现经营区域全部联网，主要技术装备基本更新，主要运行指标达到先进水平。资产结构不断优化，盈利能力和偿债能力增强，内部资源配置效率持续提高。电力供应安全、经济、清洁、可持续有保障；服务规范、高效，不断提升品牌形象，提高利益相关方综合满意度，在社会公共服务行业服务质量和效率比较中走在前列。

2002年后，开始实施《按线按台区管承包管理考核办法》。

2005年后，采用营销MIS信息化技术，不断提高抄、核、收作业效率，完善抄、核、收业务流程、逐步取消手工作业，实行抄表、核算、收费人员分离管理，全面落实抄表、电量电费核算、电费收取、电费账务、营业稽查、营业责任事故追究制度，建立健全抄表、核算、收费作业程序、工作标准等质量监督管理体系，电费收缴实现精准化，电费回收率实现100%。

2006年，全面强化线损管理，开展“线损管理年”活动。

2007年，农电局进入东北电网有限公司一流县级供电企业行列。

2008年，农电局投资300余万元在经棚镇建成客户服务中心。

城乡建设

第一章　机　构

第一节　机构设置

一、管理机构

城乡建设局是城乡建设的管理机构。1993 年 12 月，城乡建设环境保护局与土地管理局合并，更名为城乡建设环境保护与土地局，内设办公室、人秘股、财务股、地籍股、村建地政股、建设工程股、质量监督站、城管土地监察中队。1996 年 4 月，城乡建设环境保护与土地管理局分设，并成立建工建材局，水泥厂、砖厂、水泥构件厂、顺达公司、金鹏监理公司、城建设计室划归建工建材局管理。在原环境保护监测站基础上组建环境保护局。1996 年末，城乡建设环境保护与土地局更名为城乡建设局，内设机构调整为：办公室、财务室、人秘股、城市建设股、规划村建股、城管中队。2002 年，机构改革后城乡建设局，更名为建设局，内设办公室、城乡建设管理股、建筑工程管理股、规划与村镇建设股。2008 年，建设局内设办公室、城乡建设管理股、建筑工程管理股、规划与村镇建设股。下设事业单位：供热办、检测中心、监察大队、规划办公室、质量监督站、园林管理所，有事业编制 41 名。

二、事业单位

（一）自来水公司

1982 年，始建自来水公司，位于经棚镇解放路中段，为自收自支事业单位。

2002 年，自来水公司建起办公楼。

2008 年末，自来水公司有职工 60 人。

（二）城镇管理局

2006 年 1 月，克旗成立城镇管理局。

2008 年末，克旗城管局内设办公室、市容市政股、道路交通股、业务审理股、环卫监察股、城管执法大队，核定编制 28 名。

（三）房产管理所

1991 年，房产管理所主要管理经棚镇内公有住房。

1995 年后，增加交易过户、房产抵押登记、房产评估业务。

第二节　体制改革

一、管理体制

1991—1994 年,城乡建设管理实行建设单位预选施工单位,报旗城乡建设局考察确定。也有建设单位与施工单位协商,经城乡建设局批准,签订建筑工程施工合同,依据施工合同,进行建设管理。

1995 年后,旗内建筑市场开始逐步形成,外地建筑施工队伍进入建筑市场。建筑施工管理转向市场,开始转入工程招标、投标管理,打造公开、公平、公正竞争环境。

建筑业管理转变为重点管理建筑企业资质、施工规程、质量监理、规范验收、产权登记,指导企业落实质量管理制度、安全生产制度等建筑施工制度。

二、住房制度改革

1991 年后,逐步改变城镇住房国家福利分配制度,并有计划地把原有公房(直管、自管房)以按质论价、稍有优惠的办法出售给住户。私有房屋开始进入房地产市场买、卖、抵押。国家或集体不再进行住房分配。

1998 年末,全旗机关、单位的自管公房已基本出售完毕。

2006 年末,全旗仅存直管公房 5168 平方米,直管廉租楼房 8318 平方米。

2008 年末,全旗剩存直管公房 4324 平方米。

1993 年,克旗机关单位开始推行住房公积金制度,成立"克旗住房公积金管理办公室"。

1997 年,住房公积金管理办公室更名为"克旗住房公积金管理中心"。

2004 年,住房公积金管理中心上划管理权限,隶属赤峰市住房公积金管理中心,更名为赤峰市住房公积金管理中心克旗管理部。

住房公积金存缴使用办法是:机关、企事业单位和本单位职工按职工工资比例(允许有限浮动)等额逐月向住房公积金管理中心存缴住房公积金,到退休时支取,连同本金利息归职工个人所有,并可继承。在住房公积金存缴期间,职工可向住房公积金管理中心申请低息购房、建房贷款。

2006 年末,全旗已有 119 个单位 3799 人交纳住房公积金,累计缴纳住房公积金 3069 万元;有 1302 人申请到住房公积金贷款,累计贷款金额 3942 万元。

2008 年末,全旗已有 217 个单位共 10309 人开立住房公积金账户,累计归集公积金 8368.29 万元,支持 1752 户职工购买住房,累计发放住房公积金贷款 7012.8 万元。

第二章　建设规划

第一节　规划编制

1986年,修编经棚镇城镇建设总体规划(规划年限为1986—2000年)。1987年12月,经赤峰市人民政府批准实施。

1991—1994年6月,修编完成新一轮经棚镇总体规划。1994年11月,经克旗第十二届人民代表大会常务委员会第五次会议审议通过,并报赤峰市人民政府审批。

1996年,赤峰市政府批准实施经棚镇总体规划和《克什克腾旗旗域城镇总体规划》。

一、旗级规划

旗域城镇体系　到2000年克旗人口预计发展到27万人,城镇化水平达到22.5%;到2010年,克旗总人口预计发展到31万人,城镇化水平35.5%。

旗域城镇级次　旗域城镇规划分为四个等级。第一等级:经棚镇、宇宙地镇;第二等级:热水塘镇、土城子镇、达来诺日镇;第三等级:广兴源镇、浩来呼热镇、木希嘎镇;第四等级:其他乡、苏木所在地。

规划期限　分近期和远期2个时间段,近期为1992—2000年,远期为2001—2010年。

二、经棚镇总体规划

规划区范围　北界下瓦窑村以北4000米处;南界文革桥;西界教师进修学校西2000米处;东界东山脚下与1050米等高线重合。总体规划面积为3500万平方米。分为4个功能区:河东中心区、河西区、宇山以南区、车站区。

城镇规模　近期人口规模4万人,远期人口规模6万人;用地规模为近期建设用地646.5万平方米,人均161.8平方米;远期建设用地887.9万平方米,人均148平方米。

第二节　规划修订实施

2001年,旗政府委托赤峰市市政规划设计院修订《克什克腾旗旗域城镇总体规划》和《经棚镇总体规划》,2001年7月编制完成。规划修订后经克旗第十三届人大常委会第三次会议审议通过,报赤峰市人民政府批准实施。

一、旗域总体规划

旗域城镇体系　划分为3个经济区:西部高原沙地草原生态区;东南部中低山丘农

业经济区;东北部中心工贸经济区。

2020 年,全旗规划预测人口在 30.8 万 ~32 万人。规划预测城镇化水平达到 45% ~50%。

全旗城镇规划为四个层次等级。1 个区域中心镇:经棚镇;4 个区域副中心镇:热水开发区、土城子镇、达来诺日镇、芝瑞镇;8 个三级城镇:宇宙地镇、乌兰布统开发区、巴彦查干镇、浩来呼热镇、南店镇、广兴源镇、同兴镇、万合永镇;其他为四级乡、苏木。

二、经棚镇总体规划

规划期限与范围 规划区分近期、远期、远景 3 个阶段。近期为 2001—2005 年,远期为 2006—2020 年;远景规划意向为 2021 年后。规划区总面积为 40 平方公里。范围四至为:东至东山山脊线,南至碧柳河文革桥,西至敖包山山脊线,北至下瓦窑村北。

城市规模 规划近期人口规模 4.2 万人,远期人口规模 8 万人。近期人均建设用地指标 152.92 平方米,远期人均建设用地指标 98.37 平方米。

城镇性质 经棚镇为克旗政治、经济、文化中心,交通枢纽,以草原特色旅游城市为中心的旅游城镇。

三、规划编制

1991—1996 年,经棚镇分区规划完成总体规划的 20%。

1999 年,补测和填图《经棚镇总体规划》现状图,2003 年完成。

1999 年,编制经棚"广场公园"的专项规划。

2000 年,编制克旗人民政府北移规划。

2001 年,编制完成经棚镇区集中供热规划,当年实行集中供热。

2005 年,编制完成经棚镇区北扩道路和集中供热两个专项规划和经棚镇区 7 个区块的详细规划。

四、规划实施

1991 年后,经棚镇住宅区开发建设,坚持先规划、后施工原则进行严格控制道路红线、建筑高程、立面造型、层高、座落位置和朝向。

2006 年,克旗党政综合办公楼开工建设,标志着经棚镇新城区建设规划实施。

2007 年,成立克旗城镇规划管理委员会,对全旗总体规划、各项分区规划、重点项目、国有土地使用等进行统一审批、管理。

2008 年,碧柳河改造和水上公园建设开始实施。

第三章　城镇建设

第一节　市政建设

1990年后，旗政府有计划地实施经棚镇区总体规划，较大规模地进行市政基础设施建设。

一、道路建设

（一）主路建设

1991年后，陆续开展道路改造、翻建，先后对原经棚一街、二街、三街、四街、五街、六街、经锡路等街道进行砂石路面全部罩油，对解放路、应昌路两条主干街路进行全面改造，整体进行拓宽、延长、取直、贯通和路面翻新铺油。

2005年后，改造经棚七街，开通经棚八街、九街、十街4条街道并全部建成油路。

1997年，通过财政筹资和旗直机关干部义务劳动建成通往火车站石混拱桥并修通火车站油路。

2003年，开通、使用经棚镇南出口“经棚隧道”。经棚镇区道路主体框架建成，并与两条过境国道303线、306线和省际通道连通。穿越经棚镇内的碧柳河上建成桥梁5座（包括省际通道大桥）。经棚镇交通状况得到改善。

2006年末，镇区道路总长度46公里，道路总面积70万平方米，其中油路面积62万平方米，人均拥有道路面积16.67平方米。

（二）人行道、街巷道硬化

1991年后，对经棚镇区街道改造、建设。

2006年末，经棚镇内人行道硬化面积126861.48平方米。住宅小区、绿地由建设行政主管部门同建设单位签订协议，收取建设单位保证金，强制硬化住宅小区，预留绿地。凡竣工交付使用住宅小区基本硬化。

1997年后，由旗建设行政主管部门组织实施小巷道路硬化。

至2008年末，经棚镇硬化14条小巷道路，总面积1.4万平方米。

二、街道照明

1991年初，经棚镇内利用路边电杆，安装路灯215盏。1996年，旗城市建设与供电部门协作改造镇内路灯。1997年末，应昌路、解放路、经棚三街、四街、五街和经锡路、园林路主要路段全部安装路灯，计埋设路灯灯杆574根，安装路灯454盏。2004年，陆续改造、更新镇内各街道路灯。2005年，随城区北向扩展、道路改造延伸，新增加路灯

327 盏,并更新应昌路、解放路两主干道全部路灯。2006 年末,经棚镇内路灯杆型、灯型全部更新、计有路灯 781 盏,镇内主要街道全部亮化。2008 年末,经棚镇应昌路、解放路和十条街道有路灯 945 盏,并设置多处景观灯。

三、公厕建设改造

2004 年前,经棚镇内有上世纪修建公厕 69 处,多为简易未封闭建筑。

2004 年,旗政府拨专款,翻建、改建经棚镇区全部公共厕所,同时新建公共厕所 12 处。翻建、改建和新建公厕一律全封闭,大容积、防渗漏,外观式样新颖。

2008 年末,经棚镇内建设有公共厕所 81 处。

四、商业步行街

2001 年,旗政府通过提供优惠政策、招商引资,开发改造园林路北段为商业步行街,街两侧建有二层商厅。将原旗体育场改建成中心集贸市场,占地近 3 万平方米,能容纳 400 个摊位。

五、防洪河坝

1991 年,旗政府决定修建经棚镇内碧柳河两岸河坝,采取旗财政投入建材资金,以镇内机关为单位分摊任务,全体干部职工义务劳动,修筑完成碧柳河大坝。

1992 年,修筑经棚镇区格类河北岸防洪河坝 35 千米,可防御 50 年一遇洪水。

2008 年,由旗财政投资,全部翻修碧柳河两岸河坝,并在北段修建起水上橡胶坝和碧柳河东侧带状公园。

六、排水设施

1991 年,经棚镇区内仅有地下排污管道 6033 延长米,主路两侧主要采用排水明沟(石砌边沟)排放雨水和污水。

1995 年后,在镇区街路改造和建设中,雨水、污水分流排放,建设路面散水和地下管道排水。

2006 年末,全镇铺设地下排污主管道 25252.48 延长米,分支管道 15459 延长米,建成 6 个沉沙池。

2008 年末,全镇铺设地下排污主干管道 8 公里,实现镇区散水、排水管网排放。

七、环境卫生

1991—2005 年,镇内环境卫生由经棚镇管理。

2006 年后,旗城管局负责经棚镇区环境卫生管理。至 2008 年末,镇区环卫工人 200 余人。建有垃圾转运站、生活垃圾处理场、建筑垃圾处理场,日处理生活垃圾百余吨。

第二节 公用事业

一、给排水

(一)取供水

1991 年,经棚镇有 1 眼公共水源井,有 1 公里余供水管道。

1995 年,增建水源井 2 眼,水源井为 3 眼。

2005 年 8 月,旗财政投入资金,实施供水扩建工程,当年铺设供水主管道 10 公里。

2006 年,经棚镇给水扩建工程主体完成,铺设供水主管道达到 45 公里;分支管道 85 公里;新建成水源井 4 眼,用水单位 1550 户,用水居民 3.2 万人。

2008 年,经棚镇给水扩建工程全部完成,再铺设管网 10 公里,砌筑检查井、接户井 55 座;改造水源井 2 眼,新增水源井 3 眼,建成 1 座二级加压泵站,2 座 1000 吨清水池及完成加氯机修间、配电室泵房等配套设施。

同年,自来水公司增设水质化验室,配备专职化验员,按照国家饮用水标准,对色度、浊度、pH 值等 13 项指标开展常规化验和定时检测。

2008 年末,镇区投入使用水源井 6 眼,供水管网 140 公里,其中主管网 28 公里,分支管网 112 公里,供水管网覆盖生产生活区 80% 面积;建设有 1 座高位水池,用水单位 17735 户,用水居民 7 万人。全年供水量 150 万吨,供水普及率 90%。

(二)污水处理

2005 年 8 月,在经棚镇宇山南缘开工建设经棚污水处理厂。

2008 年 9 月,污水处理厂建成,通过赤峰市环保评审组验收,正式投入运营。管网覆盖经棚镇区生产生活区 80% 面积,日处理污水 1.5 万吨。污水处理后,达到国家二级排放标准。

二、供热

1991—2000 年,经棚镇区机关单位办公用房住宅楼、居民平房自行供暖。

2001 年,经棚镇对单位、个体供热系统开始全面改造,成立阳光热力公司,实施集中供热。同年实现集中供热 5 万平方米;居民用取暖费 16 元/平方米。

2005 年,经棚镇修建集中供热锅炉 8 座,供热面积 60 余万平方米,主城区实行集中供热。

2008 年末,经棚镇区有集中供热锅炉 12 座,供热总面积 107 万平方米。经棚镇集聚居民区集中供热。居民取暖费为 22 元/平方米。

三、公共交通

1997 年,经棚镇区开始使用公共交通工具,起步主要是三轮摩托车出租,至 2006

年,经棚镇有出租三轮摩托车600辆。

2002年,经棚镇首次开通东小井经应昌路至新庙乡政府所在地,森林警察中队经解放路至河西原肉联厂两路公交车。

2006年,北方义通运输公司成立,初期有58辆小型客运出租车投入镇内运营。

2008年末,经棚镇内淘汰三轮摩托车全部改用小型客运出租车。小型客运出租车增加到383辆。有两路公交线路32辆公交车。

四、园林绿化

(一)道路 庭院

1991年,经棚镇区持续开展道路绿化和庭院美化,拆除铁刺围栏,种植、修建绿地草坪。先后更新和栽植路树2580余株,新增绿地面积1.45万平方米。

图9-3-1 克什克腾旗福盛号村村部

庭院绿化美化主要是更新树种,扩大绿地面积。机关单位庭院雕塑小品、假山、喷泉、花坛,栽植馒头柳、垂榆、杜松等乔、灌木和花草。1996年,经棚镇内有4个单位进入市级“庭院绿化达标单位”。2008年末,经棚镇主街主路栽植有本地常绿云杉、油松、樟子松等绿化树。庭院绿地美化,与小区开发建设同步进行。

图9-3-2 克什克腾旗联丰村村标燕窝新巢

(二)公园 广场

1998 年,在应昌路北旧垃圾场上建成"三角绿地"。栽植各种树木,种花、种草 5450 平方米,并配备蘑菇亭、石桌、凳、秋千等休闲游乐设施。

2001 年,在镇区东南开始修建集休闲娱乐健身于一体的经棚广场。2003 年完成广场建设一期工程建设,7 月投入使用。广场硬化面积 8000 余平方米,广场中央为蒙古包穹顶图案,看台整体造型切合"经棚"寓意,为舒展经卷;台阶立面黑色理石上雕刻有百岔川、黑石滩、砧子山岩画;建有诗词碑林,用黑色理石雕刻知名书画人士诗词墨迹;设置有儿童游乐器具和群众健身器材。公园一期工程建成面积 2.2 万平方米,建有硬化游园小径 7361 平方米,砌有直通字山峰顶石阶;公园栽植各种绿化苗木和花草,建成 4 个总面积 400 平方米培育花苗温室大棚。

2007 年 6 月,旗政府广场开工建设,2008 年 8 月末竣工交付使用,总投资 1700 万元。建设总规模 6.014 万平方米,硬化铺装面积 2.758 万平方米,板材、块材安装 1280 平方米,喷泉水体面积 1200 平方米;制作有人工假山;安装有风车灯、草坪灯、庭院灯、景观灯、探照灯、投影灯、水下射灯、LED 灯等各种照明灯具 855 套。

广场栽植云杉、白桦、红瑞木、油松、五角枫、唐槭、山丁子、山里红、垂榆、水蜡球、黄刺梅、松柏球、连翘、金丝垂柳、紫丁香、樟子松、花楸、黄杨球等近 20 种乔木 780 余株。

2008 年末,经棚镇区绿化覆盖率 13.6%,建成区绿地率 3.6%,经棚镇居民人均公共绿地面积 10 平方米。

第三节　镇区管理

经棚镇的城市管理主要围绕城镇规划、市政公用设施、园林绿化、工商秩序、市容市貌、环境卫生等方面采用城建、公安、工商、卫生、城管等多部门联动的方式进行综合管理。

一、镇容管理

1991 年后,持续开展城市建设"三上"(规划上等级、建设上台阶、管理上水平)活动,拆除或查处占压红线等各种违章建筑,取缔"五马闹市",治理街区"六乱"现象;规范街面广告,宾馆、饭店、商店牌匾,改善了城市容貌、环境卫生和工商秩序。

1995 年,成立由分管旗长任组长的"经棚镇区综合治理领导小组",制定并实施《经棚镇城镇建设管理办法》,进一步改善经棚镇容镇貌,提升城镇综合管理水平。

1996 年,克旗人民政府出台《经棚镇市容市貌管理办法》,从城建、公安、工商、卫生等部门抽调人员成立"市容市貌综合治理办公室",加强经棚镇城市规范化管理。

1999 年,由旗城建行政管理部门组织开展"应昌路达标一条街活动"。全年 4 次组织相关管理部门联合行动，对镇区容貌、环境卫生等进行综合治理，同年，应昌路达到亮化、美化标准，经棚镇通过验收，进入自治区“三星级文明镇”行列。

2000年，重点加强对建筑施工工地防污染管理。所有建筑垃圾日产日清，施工场地围封作业，有序堆放建筑物料，按规定排放施工污水。

2001年，组建成立经棚镇城市管理监察大队，进一步规范城镇管理。同年，通过自治区验收，经棚镇进入自治区“卫生城”、“四星级文明镇”行列，被市政府授予“赤峰市文明镇”称号。

2002年，全部取消镇区内的马路商亭、电话亭，拆除主要街道临时性建筑，全面禁止沿街、沿马路设摊经商，规范街面各类广告牌匾。

图9-3-3 克什克腾旗联丰村村标燕窝新巢

2003年，依据“城市容貌标准”，改造广播、电视、电信等空架线为地下管线。埋设地下线路总长度1.3万米，地下管道长度960米，进一步改善经棚镇镇区容貌。

2004年，旗政府成立克什克腾旗城管监察大队，负责城市建设和城镇化监察与管理。

1991—2008年，在城镇管理过程中，共查处712起违章建筑；拆除200处占压红线的建筑；取缔1703处“马路工厂”“马路商店”等；摘除1752件不规范广告、牌匾、饭店幌子等；处理148起建筑纠纷。

二、环境卫生

经棚镇区环境卫生多年坚持临街单位“门前承包”制度，坚持春秋两季机关单位集中人力义务开展环境卫生大扫除。

1982年，经棚镇始有卫生清洁队。

1991年，经棚镇环境卫生管理开始实现日常化管理。

2001年，定点地面裸放垃圾改为地下箱式存放，配备箱式专用垃圾清运车；居民生活垃圾由环卫工人每天两次定时收集清除。裸放垃圾侵占街道固体垃圾与生活废水混倒，冬季结冰不能及时清运、夏季大量滋生蚊蝇等不卫生现象，得到整体改善。

2002年后，镇内居民住宅小区实行物业公司与业主协议管理日常环境卫生，设置垃圾箱，定人、定时打扫卫生。

2006年初，组建城镇管理局，授予执法权，开展日常镇容镇貌监管。同年，经棚镇区有环卫工人160人，箱式垃圾清理车2辆，翻斗垃圾车2辆，三轮垃圾车1辆，箱式垃圾点24个。

2008 年,经棚镇区生活垃圾全部实行定点封闭存放,当日垃圾当日运出填埋处理。主要街道和商业街放置有垃圾箱,环卫车清晨清运。生活废水由地下管网排出。环卫工人包路段,脏乱即清理。

三、物业管理

2000 年,经棚镇始有物业服务机构。

2004 年后,物业服务向规范化发展,形成专业服务公司。较大的有阳光物业有限责任公司、佳信物业有限责任公司。物业公司提供服务项目主要有住宅公共卫生保洁、物业共用部位维护管理、共用设施设备维修管理、公共环境卫生和绿化管理、装修装饰管理和协助管理部门开展安全、消防、交通管理工作。

2008 年,经棚镇有物业公司 2 家,从业人员 130 人。

第四章 建筑业

第一节 概 况

一、建筑队伍

1991 年,建筑市场有 12 个建筑施工队,包括城建局属第一建筑工程公司,经棚镇属第二建筑工程公司和 6 个乡镇建筑队、4 个外埠施工队。

1992 年,第一建筑工程公司更名为顺达建筑工程总公司,隶属关系不变。

1993 年,顺达建筑工程总公司由三级建筑资质升为二级建筑资质。顺达建筑工程总公司同第二建筑工程公司的主要力量基本转入沈阳、锡盟、长春、朝阳等外埠地区承揽工程。

1994 年,建设主管部门对所属企业进行体制改革,顺达建筑工程总公司转变为具有独立法人资格经营实体。

1997 年,顺达建筑工程总公司破产,其二级建筑资质证书由原顺达建筑工程总公司部分职工购买,新组建康运建筑工程公司。

原第二建筑工程公司在 1993 年自然解体,建筑工人加入其他建筑队伍,部分人员组建晟发建筑工程公司。

20 世纪 90 年代末,建筑市场全面开放招商引资、房地产开发,外埠建筑队伍进入克旗建筑市场。

2008 年,克旗建筑市场共有建筑施工队 20 个,其中 16 个为外埠施工队。

二、建筑设计

1985 年,克旗成立建筑设计室有工程设计人员 2 人,丁级设计资质,隶属城建局,为自收自支、独立核算事业单位。

1991 年,建筑设计室有专业技术人员 4 人,能承担 6 层以下工业与民用建筑设计。

1999 年,建筑设计室通过定岗、定员、竞争上岗,开始内部改革,实行浮动工资,年终绩效奖励。

2002 年 7 月,建筑设计室出售原有固定资产,安置职工,依托国有资产,重新组建企业化建筑设计单位。

2008 年,建筑设计室有设计人员 9 人,年设计各类建筑 10000 平方米以上。

三、建筑监理

1996 年,对建设工程项目实行监理制,同年,由具有工程监理资质人员组建赤峰金鹏建设工程监理公司克旗分公司,为克旗首个工程监理机构。随后解体,相继成立华鑫工程监理公司和申泰工程监理公司。

2000 年后,建筑工程监理覆盖率保持 100%。

2008 年,克旗建筑市场有华鑫工程监理公司、申泰工程监理公司、天虹工程监理公司等从事工程监理。

四、建筑质量监督

1985 年,成立克旗建设工程质量监督站,同时组建建筑材料检测中心,有工程质量监督员 3 人,通过行政手段对建设工程质量进行监督。

(一)日常质量监督

建设工程项目实施全过程监督,直到工程竣工验收合格。

每年开展有质量监督、建设工程、施工队项目经理等方面人员参加的不少于 2 次的施工质量安全大检查。

推广使用新材料、新技术,淘汰落后施工机具和建筑材料。

(二)建材质量检测

工程质量检测做到项目不漏项、不合格建材不使用。

2003 年,投入资金更新检测设备,检测能力达到“土建二级”“市政三级”“构件二级”检测标准,基本保证全旗各类工程项目对建材质量的检测要求。

(三)工程竣工验收

1991—2008 年,克旗建设工程质量监督覆盖率 98%,工程质量合格率 100%,未发生重大质量事故。

1991 年,首创一项市级乙级优质工程,填补克旗建筑史上没有市级以上优质工程空白。

1991—2008 年,工程建筑共创出 13 项自治区级优质工程或样板工程,27 项市级优质工程，19 项“玉龙杯”结构优质工程。

2003 年起，建筑工程执行新的国家建筑工程项目验收规范标准。凡竣工项目，全部按新的验收规范标准进行验收。

五、建筑管理

在建筑业管理上，注重对基本建设程序进行管理，制定基本建设程序流程表，禁止违反基本建设程序行为；建立施工许可和竣工验收备案制度。2000 年后，50 万元以上工程项目报建率，施工图纸审查率、施工合同、监理合同、设计合同、地质勘察合同签约率均保持在 100%。

1991—1994 年，建设主管部门在全旗范围内对建筑市场上建筑资质不合格、采用挂靠承揽工程、随意转包或违法分包等行为进行专项整顿治理，取缔 5 个建筑资质不合格建筑施工队，重新审核认定签发 2 个四级建筑资质施工队、2 个五级建筑资质施工队、5 个六级建筑资质施工队。

1995 年，建筑市场开始实行建筑工程招标、投标制度，规范建筑工程市场。

1996—2002 年，建筑市场的招投标率 100%。

2003 年，改革招投标管理办法，改“标底招标制”为“工程量清单制”。同年，实行生产操作人员资格证书制度，通过培训，建筑“五大员”（项目经理、施工员、安全员、材料员、质检员）和工程监理人员、设计人员、施工一线生产操作人员基本做到“持证上岗”。

在施工安全管理上，全面贯彻全面落实安全生产责任制，做到安全生产、文明施工。1996—2008 年，共创建自治区级文明工地 18 个，市级文明工地 20 余个。2001—2008 年，连续 8 年未发生建筑重大安全生产事故。

第二节　房地产开发

一、住宅建设

1991 年后，经棚镇区住宅建设进入快速发展时期，同时自管和直管公房建设基本停止，主要是建设私有砖木结构（少量砖混结构）独门独院传统式起脊住房。同时，通过职工集资、单位补贴方式开始兴建单位住宅楼（职工拥有产权）。

1993 年，通过职工集资、单位补贴方式兴建住宅楼 3 万余平方米。

1999 年，克旗本地或外埠开发商通过购买土地使用权（使用期有一定年限）开发建设商品性住宅楼。后在经棚镇区开发建设商品楼逐渐形成热潮。同年，竣工住宅楼面积 59196. 33 平方米。此后，开发商通过配备 50% 以下不等份额住房贷款方式开发销售住宅楼，并保持每年竣工住宅楼面积在 5 万平方米以上。住宅楼以 6 层或 6 层以下为主。

2003 年,经棚镇内建成首处 11 层住宅楼。

2004 年,克旗竣工住宅楼面积 12.4 万平方米。

2008 年,经棚镇区住宅楼建筑面积 99.4 万平方米,常住人口人均居住面积 27.8 平方米。

二、房地产管理

1991 年后,经棚镇房地产由单一公有住房管理转向房地产产权登记、产权抵押、评估、交易,房屋租赁等方面管理。1992 年,房产管理所实现房屋产权、户籍登记考核达标。1998 年,经棚镇、热水镇初步形成房地产开发、买卖规模市场,房地产交易市场逐步规范。2005 年,成立克什克腾旗诚信房地产估价事务所,培训房地产抵押、评估业务人员,开展房地产抵押、评估中介服务。2008 年,克旗房产管理所登记房地产产权、户籍 1.4 万户,总面积 113.2 万平方米;办理房地产抵押、评估业务 5250 宗,面积 42.1 万平方米;办理房屋租赁、交易 6350 宗,面积 50.7 万平方米。

图 9-4-1　克什克腾旗联丰新村落成仪式

第十篇

经济综述

第一章　经济体制改革

第一节　农村牧区经济体制改革

一、土地承包经营

1991 年,克旗农村全面实行家庭联产承包制。

1993 年,对农民土地使用权承包到期土地,再次延长 30 年。在承包经营责任制内基本上“增人不增地,减人不减地”。

1997 年,贯彻落实《中共中央批转农业部关于进一步稳定和完善土地承包关系意见的通知》精神,制定完善土地承包关系工作方案,重新丈量土地、核定人口、承包到户。至 1998 年 3 月,全部完成新一轮土地承包经营。全旗共 1045 个村民组 52734 户农户参与耕地使用权承包,承包土地 71061 公顷,签订耕地使用承包合同 50244 份。

二、牲畜承包饲养和草原承包使用

20 世纪 80 年代,牧区苏木(镇)全部实行牲畜分包到户饲养经营。

1997 年,克旗依据《内蒙古自治区人民政府进一步落实完善草牧场“双权一制”的规定》,在全旗牧区苏木(镇)全面落实草牧场所有权、使用权和有偿使用责任制(简称“双权一制”)。基本做法是:参照“人七畜三”比例,划分放牧场,把使用权落实到户后,统分双层经营,留有一定机动草场;30 年有偿承包使用;核定草场载畜量,草场增草可适量增畜。

同时,草牧场所有权落实到嘎查,草牧场使用权落实到户,全部签订合同书,发放所有权证、使用权证。

草牧场有偿使用收费标准分放牧场、打草场核定,每 5 年重新认定 1 次。

1998 年,牧区“双权一制”改革全部完成,共发放草原所有权证 36 本、草原使用证 3686 本,签订草牧场承包合同书 3686 份;承包草牧场面积 36.2933 万公顷;承包期 30 年,从 1998 年 1 月 1 日起到 2027 年 12 月 31 日终止。涉及全旗牧区 41 个嘎查 123 个独贵龙 3991 户家庭。

三、税费制度改革

1991 年 12 月,依据《国务院农民负担费用和劳动管理条例》《内蒙古自治区农牧民负担监督管理条例》,克旗农牧区由村嘎查委员会向农牧民提留管理费、公积金、公益金,用于村嘎查干部报酬和办公经费,开展农田水利草牧场基本建设、造林防火等支出及用于供养五保户、困难补助、灾害救助等,是农牧民缴纳税费、定购农畜土特产品之外的主要负担,简称“三提”。

同时,乡镇苏木每年要统筹乡(镇苏木)村(嘎查)两级办学、计划生育、优待抚恤、民兵训练、道路建设等五项开支,简称“五统”,也是农牧民主要负担。

开展农田水利草牧场基本建设、造林防火、房舍维修等农牧民可用义务工、劳动积累工支付。

2002 年后,逐步取消苏木乡镇统筹、教育集资、基金集资、屠宰税、劳动积累工和义务工,调整农业税、农业特产税、牧业税,重新核定农业土地面积,确定计税常产。开始发放“农牧民负担监督卡”。

1994 年,依据《内蒙古自治区屠宰税征收办法》,对自养自食以外牲畜屠宰征收售价 3% 的税收,2006 年取消此税种。

2004 年,内蒙古自治区全面取消牧业税;取消除烟叶以外的农业特产税。

2006 年 1 月 1 日起,国家全面取消农业税。

四、牧业社会化服务

2005 年,行政机构改革完成后,克旗基本建立起适应农牧业发展的社会化服务体系。

2003 年,农业局与畜牧业局合并,进一步整合全旗农牧业科技服务资源。

2008 年,乡级兽医、农机、水利服务,草原、生态管理机构基本完善;嘎查村畜医诊所、牲畜改良、机械药浴设施基本完备。

第二节　工商业经济体制改革

一、经营体制

1989 年 5 月,酝酿启动国营企业改革,主要是在内部管理上扩大企业自主权。

1991 年,除金融保险、邮政外,克旗有生产企业 40 家,其中全民所有制生产企业 19 家、集体企业 21 家。有职工 4000 余人,其中全民企业职工 1827 人。有流通企业 33 家,其中全民所有制企业 27 家、集体企业 6 家。有职工 2270 余人,其中全民企业职工 1991 人。

1991 年,根据《中共中央关于经济体制改革的决定》,开始推行经济体制改革。基本目标是发展有计划的商品经济,经济体制向计划和市场相结合的方向转变,在经济计划的指导下,发挥市场的调解、引导作用,逐步实现经济管理体制转变,从对经济的直接行政控制向依靠经济法规、经济政策和经济手段开展间接管理为主转变;从对综合经济的单一指令性计划向指导性计划和市场调解相结合管理方向转变;从对农牧业的指令性计划管理向指导性计划管理转变。

同时,全旗工商企业开始进行放权让利、扩大经营自主权改革尝试。

1992 年 10 月后，中共中央确立经济体制改革的目标为建立社会主义市场经济体制。政府开始减少定指标、定任务、定投资等微观管理；减少行政干预经济提供协调服务；重视社会需求、综合平衡、总量管理。进行人事制度、劳动制度、分配制度改革。

全旗国营企业、集体企业开始引进承包、租赁经营责任制。商业企业首先实行柜台、门点承包。承包经营责任制向全民所有制企业拓展，再拓展到集体企业等全旗各类企业。租赁经营、承包经营、买断经营成为普遍经营形式。

1997 年，进一步深化经济体制改革，企业全面转换经营机制，对企业进行全面清产核资后，进行关闭、破产、出售、重组处理，实行企业重组、民有民营、股份制经营、合伙经营。原企业职工通过“买断工龄”（以工龄年为单位，制定补偿标准，进行一次性补偿。克旗工商企业补助标准为 0～600 元/工龄年）、单位交付时段不等的养老保险金、实施再就业工程、内部退休等办法安置职工。被安置职工不再保留全民、集体企业职工身份，转入社会保险管理部门，完成身份置换。

至 2000 年 12 月，除垂直管理的金融、电力、石油、医药、通讯、书店等企业外，地方企业全部完成产权制度改革，转换经营机制，大多成为民营企业，部分重组为股份有限公司。全旗仅存地方国有企业 4 家、各类集体企业 30 家。

二、企业结构

2001 年，全旗登记注册企业 54 家，其中全民和集体所有制企业 34 家、民营工业生产企业 20 家。

2008 年，全旗有各类企业 207 家，其中规模以上企业 30 家（垂直管理者除外），包括国有企业 2 家、有限责任公司 22 家、股份有限公司 2 家、私营企业 4 家。国有或国有控股企业主要为垂直管理金融、电力、石油、通讯、医药、邮政、书店等企业，有限责任公司主要是矿业开发及畜牧业和风电企业。

第三节　林业经济体制改革

1995 年，开始推进国营林场体制改革。国有林场、苗圃推行职工股份制造林、营林，林场提供林地、苗木、机械工具，林业收益分成。

1996 年 10 月，旗委、旗政府出台《克什克腾旗林业综合配套改革实施方案》，国有林业单位（场、站、圃）打破行政管理体制，实行所有权、经营权分离，自主经营，自负盈亏。采用场长任期责任制，全权负责国有林场生产经营管理。

1999 年，各林场全面实行承包责任制，用工劳动合同制。

2000 年，国有林场开展竞争上岗和以林木资源分流职工试点改革。本着因需设岗原则，重新定岗、定员、定编，开展全员竞争上岗，对自愿下岗人员，用林木资源作为补偿，解除劳动关系，进行分流。

2005 年,根据《赤峰市人民政府办公厅关于加快国有苗圃改革工作的通知》和全市国有苗圃改革现场会议精神,采取兼并方式进行苗圃改革,原国有苗圃产权全部移交就近林场管理。

第二章　经济发展规划与运行

第一节　发展思路与目标

1990 年 11 月,中共克旗第十次代表大会提出:继续坚定不移地贯彻执行党的基本路线,切实加强和改进党的领导,团结和依靠全旗各族人民,巩固和发展安定团结的政治局面,自力更生,艰苦创业,深化改革,加强农牧业基础建设,集中力量抓好以农田草原水利为中心的农业开发,发展能源、原材料工业,加强工业基础建设。深化改革,探索改革举措,推动克旗经济、社会发展;推进国民经济持续、稳定、协调发展。到 1995 年,工农业总产值达到 18300 万元,年均递增 6.4%,粮食产量稳定在 1.1 亿公斤,大小畜达到 120 万头(只),地方财政收入达到 1750 万元;农牧民人均纯收入分别为 800 元和 1000 元;社会主义精神文明同物质文明协调发展;党的建设提高到新水平。

1995 年 12 月,中共克旗第十一次代表大会提出:立足优势,面向市场,实施农牧为本、资源转换、工业立旗、科教兴旗和开放牵动战略,以强本固基和改善生产条件为重点,大力发展"两高一优"(高产、高效、优质)农牧林渔业;以开放搞活和上项目为重点,大力发展地方工业和乡镇企业;以小城镇建设和旅游业开发为重点,大力发展第三产业。全旗国民生产总值平均递增 18% 以上,到 2000 年达到 9 亿元,比 1980 年翻三番;到 1998 年确保财政收入达到 5500 万元,力争实现 6000 万元,实现财政自给;到 2000 年确保实现 8000 万元,力争实现 1 亿元,自给有余。

2000 年 12 月,中共克旗第十二次代表大会提出:今后五年,以结构调整为主线,以改革开放为动力,以强旗富民为目标,继续坚持"农牧为本,以牧为主,生态立旗,旅游活旗,科教兴旗,工贸强旗"战略,重点打好四个基础。大力实施生态立旗战略,打好生态基础;抓住西部大开发和扩大内需契机,打好基础设施建设基础;做好调整、优化经济结构文章,打好经济基础;把科技教育放在优先发展地位,打好人才基础。

2006 年 7 月,中共克旗第十三次代表大会提出:以邓小平理论和"三个代表"重要思想为指导,以科学发展观统领经济社会发展全局,以绿色环保、资源增值为主线,以提高财政收入和城乡人民收入水平为目标,以全市的工业强旗、全区的牧业大旗、全国的旅游名旗为发展定位,强化生态保护和基础设施建设,全力打造特色基础产业集群,加快提升效益畜牧业发展水平,重点培育旅游增值产业,提高经济运行质量和效益,积极构建和谐社会，切实加强党的领导、精神文明建设和民主法制建设，加快推进克旗全面建设小康社会进程。

到2010年，全旗地区生产总值年均增长40%左右，突破80亿元，力争达到100亿元；财政收入年均增长42%以上，突破8亿元，力争达到10亿元；五年累计完成全社会固定资产投资350亿元，引进区外投资300亿元。城镇化率达到45%以上；森林覆盖率达到35%；城镇居民人均可支配收入达到14000元以上，农牧民人均纯收入达到7000元以上。

第二节　主要经济指标完成情况

1991—2008年，制订和实施了四个五年国民生产计划(以下分别简称为“八五”计划、“九五”计划、“十五”计划、“十一五”计划)。前三个五年生产计划已经完成，第十一个五年生产计划正在实施中。

1991—2008年克旗主要经济指标完成情况统计表

表10－2－1

年份	农业总产值(万元)	增速(%)	工业总产值(万元)	增速(%)	财政收入(万元)	牲畜存栏总数(头只)	固定资产投资(万元)	社会消费品零售总额(万元)
1991	22369	10.1	9570	19.0	1781	1142465	712	11678.7
1992	25553	14.2	10329	7.9	1617	1239539	1460	13121.3
1993	26493	3.7	11574	12.1	1925	1168394	4244	8428.6
1994	25707	－2.9	9955	－14.0	2068	1189403	4198	16646.0
1995	26600	3.4	15779	58.5	2400	1279395	4131	20500.0
1996	28090	5.6	21467	36.0	3808	1364015	4351	20554.3
1997	27213	－3.1	24936	16.2	4904	1385840	6959	22680.0
1998	33810	24.2	37409	50.0	5383	1453131	9302	24164.0
1999	31788	－5.9	22038	－41.1	5308	1533854	4952	25976.0
2000	28391	－10.7	22743	3.2	4367	1522880	5177	27809.0
2001	51662	81.9	27591	21.3	4135	1599711	14645	30238.0
2002	56678	9.7	32214	16.8	4408	1691610	29970	34249.6
2003	66257	16.9	42287	31.3	5212	1795000	60041	39071.6
2004	94466	42.6	68419	61.8	10498	2078360	90775	58613.0
2005	100760	6.7	134688	96.9	17000	2376409	200793	68108.0
2006	100975	0.2	232566	72.7	34567	2632606	233993	79357.9
2007	134740	33.4	576735	147.9	75169	2557624	349332	95085.7
2008	157156	16.6	788557	36.7	101362	2576060	470224	118448.5

注：上表数按当年价取值

第三节　地区生产总值

1991—2008 年,克旗国内生产总值保持了快速增长。

1991—2008 年克旗地区生产总值完成情况统计表

表 10－2－2

项目 年度计划		地区生产总值(万元)		第一产业(万元)		第二产业(万元)		第三产业(万元)	
		当年价	增速(%)	当年价	增速(%)	当年价	增速(%)	当年价	增速(%)
"八五" 1991—1995	1991	22463	4.1	13053	－0.2	3456	21.9	5954	5.2
	1992	27067	20.5	13159	0.8	6514	88.5	7394	24.2
	1993	34815	28.6	18132	37.8	7467	14.6	9216	24.6
	1994	38082	9.4	20024	10.4	6784	－9.1	11274	22.3
	1995	48145	26.4	22112	10.4	12958	91.0	13075	16.0
"九五" 1996—2000	1996	54056	12.3	26734	20.9	13964	7.8	13358	2.2
	1997	63715	17.9	30461	13.9	15997	14.6	17257	29.2
	1998	64954	1.9	33352	9.5	13459	－15.8	18143	5.1
	1999	65679	1.1	31751	－4.8	13485	0.2	20443	12.7
	2000	63382	－3.5	25998	－18.1	14488	7.4	22896	12.0
"十五" 2001—2005	2001	69984	10.4	28471	9.5	15627	7.9	25886	13.1
	2002	82155	17.4	32314	13.5	18599	19.0	31242	20.7
	2003	112216	36.6	37256	15.3	38476	106.9	36484	16.8
	2004	150201	33.8	50308	35.0	54210	40.9	45683	25.2
	2005	188070	25.2	61327	21.9	74939	38.2	51804	13.4
"十一五" 2006—2010	2006	256963	36.6	64600	5.3	128549	71.5	63814	24.9
	2007	423971	64.9	79403	23.9	263157	104.7	81411	27.6
	2008	579240	36.6	93800	18.1	380624	44.6	104816	28.7

注:本表使用的是 2008 年《克什克腾旗统计年鉴》中《克旗改革开放三十年国民经济主要指标》数字

1991—2008 年克旗四个五年计划生产总值增长情况统计表

表 10－2－3

年　份	地区生产总值(万元)	年均增长速度(%)	第一产业总值(万元)	第二产业总值(万元)	第三产业总值(万元)
1991—1995	170572	17.8	86480	37179	46913
1996—2000	311786	5.9	148296	71393	92097
2001—2005	602626	24.7	209676	201851	191099
2006—2008	1260174	46.0	237803	772330	250041

第四节　工业总产值

1991—2008 年，克旗工业生产总值持续、快速增长。

1991—2008 年克旗工业总产值和增速情况表

表 10－2－4

年　份	全部工业总产值（万元）	年均增长速度（%）
1991—1995	57207	16.7
1996　2000	128593	12.9
2001—2005	305199	45.6
2006—2008	1597858	85.8

第五节　农牧业总产值

1991—2008 年，克旗农牧业生产稳定发展，继续发挥基础产业作用。

1991—2008 年克旗农牧业生产总产值增长情况统计表

表 10－2－5

年　份	农牧业生产总值（万元）	农　业		牧　业	
		总产值（万元）	年均增长速度（%）	总产值（万元）	年均增长速度（%）
1991—1995	126722	57111	9.4	51727	8.7
1996—2000	149292	59582	－4.5	68438	4.8
2001—2005	369823	127664	34.3	209938	37.7
2006—2008	392871	103711	12.4	269238	16.3

第六节　固定资产投资

1991—2008 年，克旗在实施“八五计划”五年间累计投资 15356 万元；实施“九五计划”五年间累计投资 34793 万元；实施“十五计划”五年间累计投资 429924 万元，实施“十一五计划”三年间累计投资 1133753 万元。固定资产投资保持快速增长，投向主导产业和公用事业的固定资产投资都呈现增长态势，投资渠道、投资总量在逐步增多。

1991—2008 年克旗部分固定资产投资统计表

表 10-2-6

年份	农林牧渔业(万元)	采矿业(万元)	制造业(万元)	电力燃气水生产(万元)	水利环境公共设施(万元)	文教(万元)	卫生社会保障(万元)	交通仓储邮政(万元)
1991	91	—	—	155	37	—	30	—
1992	50	—	—	238	23	40	30	129
1993	391	1280	—	454	—	27	—	179
1994	219	1200	—	653	—	133	—	495
1995	382	1785	—	735	—	142	67	325
1996	50	210	—	856	—	349	40	120
1997	112	—	480	1283	—	728	120	1065
1998	—	—	562	3508	—	516	926	331
1999	605	—	—	360	145	80	180	250
2000	1410	232	52	800	—	222	330	420
2001	2890	924	—	1739	391	553	460	1539
2002	6323	750	300	10962	—	1266	629	1652
2003	7405	600	1080	21608	223	2967	1532	12116
2004	14422	28020	2140	22213	6462	1475	2270	6287
2005	23423	54604	1644	86444	8904	1441	925	11641
2006	26425	63124	16510	86820	9451	3450	990	12240
2007	16913	37417	22986	219161	20750	80	300	20950
2008	17904	57594	42212	184004	66467	870	4350	52308

注:1992—2003 年,"文教"投资为教育文化电视广播体育总投资

第七节　社会消费品零售

1991—2008 年,克旗社会消费品零售总额呈现稳定增长态势。

1991—2008 年克旗社会消费品零售总额统计表

表 10-2-7

年份	社会消费品零售总额(万元)	增速(%)	年份	社会消费品零售总额(万元)	增速(%)
1991	10198	4.5	2000	27809	7.1
1992	11500	12.8	2001	30238	8.7
1993	13339	16	2002	34250	13.3
1994	16646	24.8	2003	39072	14.1
1995	20500	23.2	2004	58613	50
1996	20554	0.2	2005	68108	16.2
1997	22680	10.3	2006	79358	16.5
1998	24163	6.5	2007	95086	19.8
1999	25976	7.5	2008	118449	24.6

第三章　经济结构

第一节　所有制结构

1991—1998 年，克旗主要为全民所有制和集体所有制企业。1991 年全旗有各类全民企业 46 家，各类集体企业 58 家，另有少量乡镇办集体企业。

1993 年，出现个体私营企业；1997 年，出现股份制企业。

1998 年，各类全民所有制地方企业减少至 13 家；2002 年，减少至 4 家。

1995 年，克旗有各类集体企业 68 家，之后逐渐减少；1998 年，减少至 45 家；2001 年，减少至 30 家。

1999 年，多种所有制企业出现并存发展态势，有国有企业 4 家，集体企业 32 家，股份制企业 7 家，个体私营企业 14 家。之后，有限责任公司迅速增加。

2002 年后，在采矿业、制造业、电力能源等方面逐渐形成新的生产力，规模企业开始出现，至 2008 年末，规模企业 30 家，其中，国有规模企业 2 家、规模股份有限公司 2 家、规模有限责任公司 22 家、规模私营企业 4 家。

第二节　产业结构

1991—2008 年，克旗在实施四个“五年计划”过程中，三大产业结构处在不断调整变化中。

1991—2008 年克旗产业结构情况表

表 10－3－1

产业 / 计划	地区生产总值(万元)	第一产业份额(万元)	第二产业份额(万元)	第三产业份额(万元)	三个产业比重
“八五”计划末(1995 年)	48145	22112	12958	13075	46∶27∶27
“九五”计划末(2000 年)	63382	25998	14488	22896	41∶23∶36
“十五”计划末(2005 年)	188070	61327	74939	51804	33∶40∶27
“十一五”规划前期(2008 年)	579240	93800	380624	104816	15∶61∶24

第三节　固定资产投资结构

1991—1999 年,克旗固定资产投资基本由公共财政计划投资,投资方向主要是农牧林渔业、电站、供水、文化教育卫生体育、交通邮政等基础设施建设方面。

2000 年后,克旗的固定资产投资开始多元化,投资方向扩展。公共财政投资依然主要集中在公共设施领域,主要是农田基本建设、防风治沙造林、牧业基础设施、人民生活水电气设施、公立医院、学校及设备、道路等建设上。同时,在采矿业、房地产开发等行业民营资本开始快速进入,旗境外资金大量进入采矿、房地产行业。

第四章　人民生活

第一节　城镇居民生活收入

一、城镇常住居民

1991—2008 年,克旗城镇常驻居民收入水平和消费水平在不断提升,抽样调查显示,城镇居民生活消费逐年增加,消费水平逐步提高,反映出城镇居民整体生活水平提高。

2000—2008 年克旗城镇居民基本收入情况表

表 10－4－1

年份	总收入(人年元)	总支出(元)	人均住房面积(平方米)	百户使用自来水	百户均使用燃气	户均拥有彩色电视机(台)	户均拥有电冰箱(台)	户均拥有电脑(台)	户均拥有电话机(部)
2000	3756	3260	—	98	21	1.2	1	—	0.63
2005	6146	5380	25.36	96	44	0.96	0.54	0.04	0.92
2008	9936	7520	29.3	100	98	1.32	0.86	0.46	0.94

二、职工工资收入

1991—2008 年,克旗职工工资逐步增加。大多数职工居住在城镇,职工人均工资水平反映了城镇职工的生活收入状况。

1991—2008 年克旗城镇居民收入情况表

表 10－4－2

年份	人均年工资收入(万元)	增速(%)	年份	人均年工资收入(万元)	增速(%)
1991	1592	11.4	2000	5589	7.2
1992	1938	21.7	2001	6084	8.9
1993	2437	25.7	2002	7952	30.7
1994	3033	24.5	2003	9191	15.6
1995	3446	13.6	2004	10711	16.5
1996	3861	12	2005	12263	14.5
1997	4280	10.9	2006	14353	17
1998	4698	9.8	2007	18508	28.9
1999	5215	11	2008	24085	30.1

第二节　农牧民生活收入

一、农牧民纯收入

1991—2008 年，克旗农牧民人均纯收入总体保持稳定增长，只有个别年份有所下降。2003 年后，一直保持两位数速度增长。

1991—2008 年克旗农牧民收入情况表

表 10－4－3

年份	农民纯收入(元)	牧民纯收入(元)	农牧民平均纯收入(元)	农牧民平均纯收入增速(%)	年份	农民纯收入(元)	牧民纯收入(元)	农牧民平均纯收入(元)	农牧民平均纯收入增速(%)
1991	669	711	685	10.4	2000	1373	1548	1387	－8.3
1992	733	848	741	8.1	2001	1369	1539	1383	－0.2
1993	776	994	792	6.8	2002	1478	1678	1499	8.4
1994	918	1123	933	17.8	2003	1777	1972	1798	19.9
1995	1113	1366	1136	21.6	2004	2233	2376	2248	25
1996	1193	1224	1196	5.3	2005	2767	3076	2800	24.6
1997	1330	1438	1340	12	2006	3251	3816	3311	18.3
1998	1348	1454	1355	1.1	2007	3730	4333	3794	14.6
1999	1505	1615	1512	11.6	2008	4347	4907	4406	16.1

二、农牧民总收入

1991—2008年,克旗农牧民总收入逐步增加,尤其2000年出现较大增幅,家用电器、移动电话、摩托车大量进入普通家庭,农牧业生产机械大面积使用,生产生活条件得到改善。

1991—2008年克旗农民生活情况调查统计表

表10-4-4

年份	总收入(元)	总支出(元)	人均住房面积(平方米)	户均拥有彩色电视机(台)	户均拥有电冰箱(台)	户均电话机(部)	户均拥有移动电话(部)	户均拥有助力车(辆)	户均洗衣机(台)
1991	1037	946	12.6	—	—	—	—	—	—
1995	1669	1751	15	—	—	—	—	—	—
2000	2316	2107	15.2	—	—	—	—	—	—
2005	4179	3338	16.1	0.82	0.06	0.22	0.09	0.64	0.15
2008	7086	7407	18	0.9	0.2	0.3	0.6	0.5	0.3

1991—2008年克旗牧民生活情况调查统计表

表10-4-5

年份	总收入(人年元)	总支出(人年元)	人均住房面积(平方米)	户均拥有彩色电视机(台)	户均拥有电冰箱(台)	户均电话机(部)	户均拥有移动电话(部)	户均拥有助力车(辆)	户均洗衣机(台)
1991	1177	1075	—	—	—	—	—	—	—
1995	3860	—	7.6	—	—	—	—	—	—
2000	2683	2773	11.7	—	—	—	—	—	—
2005	4568	4458	15.5	1	0.46	0.29	0.57	1.62	0.43
2008	7123	5873	16.3	1	0.4	0.5	0.5	0.9	0.6

第十一篇

第一章　机　构

第一节　管理机构

1991—2002 年，畜牧业局（克旗畜牧业综合开发服务中心）是克旗畜牧业管理机构。2002 年 9 月，农业局与畜牧业局机构合并，组成克什克腾旗农牧业局，为农业、畜牧业管理机构。

1991 年，畜牧业局内设办公室、计划财会股、现代化办公室。直属事业单位有：兽医工作站、家畜改良站、草原工作站、牧业经营管理站、国营喜鹊沟配种站、经棚兽医院、兽医药械供应站、地毯厂（由羊毛衫厂转产为地毯厂）等机构。

1996 年 4 月，畜牧业局更名为畜牧业综合开发服务中心。

1995 年，畜牧业综合开发服务中心增设项目管理办公室，专门负责各类项目建设的投资与项目数据管理。

1996 年，国营喜鹊沟配种站更名为赤峰市家畜胚胎移植推广中心。

1997 年，畜牧业综合开发服务中心增设业务股，成立动物卫生监督检验所。

1998 年，畜牧业综合开发服务中心成立种畜禽质量监督管理站。同年，在畜牧业综合开发服务中心首次增设总畜牧师职务。畜牧业综合开发服务中心所属地毯厂倒闭。

1999 年，畜牧业综合开发服务中心更名为畜牧业局。增设兽药监督管理所，兽医药械供应站更名为兽医药械批发站。

2002 年，在畜牧业局设立生态监察大队，为科级全额拨款事业单位。

2002 年 9 月，农业局与畜牧业局合并，更名为农牧业局。农牧业局内设办公室、计划财务股、乡镇企业管理局、畜牧业现代化办公室、畜牧业综合办公室、农业综合办公室、农机综合办公室等机构。同年，兽医站和兽医卫生监督检验所分别更名为动物防疫站和动物防疫监督检验所。

2005 年，农牧业局草原监理所与生态监察大队合并，在农牧业局内组建克旗草原监督管理局，为正科级事业单位。草原监督管理局内设办公室、财会股、草原监理股、草原监测股、草原规划股。

2008 年 12 月，农牧业局设立兽医局，局内设疫病控制股、执法监督股、动物卫生监督所、动物疫病预防控制中心。

同时，苏木乡镇畜牧兽医工作站更名为克旗驻 × × 苏木乡镇动物卫生监督站。

同年，农牧业局内设办公室、综合股、财务股、畜牧股、草原股、兽医股、种植业管理股、乡镇企业办公室、农牧业经营管理站、农牧业生产股、克旗草原监督管理局、克旗兽医局。

第二节 服务机构

一、家畜改良站

1960 年,始建立家畜改良站。1991 年,家畜改良站有职工 22 人,其中高级畜牧师 2 人、畜牧师 4 人。负责畜禽品种改良、种畜禽鉴定、种畜禽产品生产经营管理和监督,畜禽改良技术培训和适用技术推广等工作。2008 年,家畜改良站有职工 18 人,其中高级畜牧师 1 人、畜牧师 11 人,大专以上学历职工 15 人。

二、兽医工作站

1952 年,建立兽医工作站。1991 年,兽医工作站有职工 54 人,其中兽医 46 人。负责全旗动物疫病防治、检疫、药浴驱虫、防疫监督与管理,全旗动物疫病防治技术培训和适用技术推广等工作。2008 年,兽医工作站有职工 16 人,有兽医师 4 人,有大专以上学历职工 15 人。

三、国营喜鹊沟配种站

1991 年,国营喜鹊沟配种站有职工 13 人。主要负责全旗种用公牛、羊的繁育和牛羊配种改良。1992 年,国营喜鹊沟配种站在内蒙古自治区首先使用牛、羊胚胎移植技术获得成功,1995 年应用牛羊胚胎移植技术于牧业生产。1996 年,在国营喜鹊沟配种站基础上组建家畜胚胎移植技术研究推广中心,为旗直属正科级事业单位。同年挂赤峰市家畜胚胎移植技术推广中心牌子。2004 年,家畜胚胎移植技术研究推广中心从澳大利亚引进纯种多赛特、萨福克公、母羊 1000 只,冷冻胚胎 1 万枚。同年,实施羊胚胎移植 1.2 万枚。2006 年,进行牛胚胎移植 323 例,年成功率最高 47%;进行羊胚胎移植 2.3 万例,年成功率最高 65%,年均指导各苏木乡镇开展家畜改良 3 万例。2007—2008 年,克旗家畜胚胎移植中心进行牛胚胎移植 60 例、羊胚胎移植 1.2 万例,成功率分别为 39%、63%。2008 年 8 月,克旗家畜胚胎移植技术研究推广中心整体转制。保留国营配种站和家畜胚胎移植技术研究推广中心两块牌子,其基础设施和固定资产划入内蒙古草原金峰畜牧集团有限公司。同年,家畜胚胎移植中心有技术人员 20 人。

四、草原工作站

1960 年,组建草原工作站。1991 年,草原工作站有职工 14 人,技术人员 8 人。2008 年,草原工作站核定全额事业编制 13 名。现有畜牧师 4 人,助理畜牧师 6 人,其中大专以上学历职工 5 人。

五、草原监理所

1985 年,成立草原监理所。1991 年,草原监理所有职工 8 人,为专业技术人员,负责全旗草原有偿使用管理工作，开展草原执法检查和监管。2005 年，草原监理所并入生态监察大队。

六、生态监察大队

2002 年 9 月，组建生态监察大队为科级事业单位，核定全额事业编制 10 名。同年 10 月，各苏木乡镇组建生态监察中队。受农牧业局授权，对全旗草畜平衡制度落实情况和对相关违法行为进行监察和查处；全旗休牧政策落实进行监督；对各种破坏草原生态案件的查处。2005 年，并入草原监督管理局。

七、草原监督管理局

2005 年 5 月，农牧业局草原监理所与克旗生态监察大队合并，成立草原监督管理局，为正科级事业单位，隶属于农牧业局，内设办公室、财会股、草原监理股、草原监测股、草原规划股。核定全额事业编制 17 名。2008 年，草原监督管理局内设财会、草原监理、草原监测、草原规划、办公室。

八、动物防疫监督检验所

1994 年，成立兽医卫生管理所，负责对违反动物防疫法律法规和规章行为纠正和查处、处罚，对动物诊疗和执业兽医监督管理，对畜禽标识的监督管理等工作。2008 年，核定全额事业编制 11 名，现有兽医师 4 人、助理兽医师 2 人，其中大专以上学历职工 6 人。

九、兽药监督管理所

1999 年 4 月，成立兽药监督管理所，负责对全旗兽药生产经营的审批、换发证和监督管理工作。2008 年，全额事业编制 13 名。现有兽医师 3 人、助理兽医师 2 人，其中大专以上学历职工 5 人。

十、畜牧业经营管理站

1984 年，克旗设立畜牧业经营管理站，负责对全旗畜牧业生产经营与牧区经济管理等工作。2008 年，核定全额事业编制 3 名。

第三节　国营牧场

1991 年，克旗有好鲁库种羊场、元宝山牧场、红山军马场、浩雅尔花牧场等国营牧场。

一、好鲁库种羊场

1985 年，自治区畜牧厅将好鲁库种羊场转交赤峰市畜牧业局管理。

1994 年，赤峰市畜牧业局将好鲁库种羊场转归克旗政府属地管理。其间，好鲁库种羊场主要是繁育原种细毛羊,品种有新疆细毛羊、萨力斯克细毛羊和东德肉毛兼用羊。年出售纯种细毛种羊及商品羊1万只。

1996年,在好鲁库种羊场建立中澳合资内蒙古草原金峰畜牧集团有限责任公司,繁育德系澳洲美利奴品种羊。

1998年,中共赤峰市委、赤峰市政府决定好鲁库种羊场与浩来呼热乡合并。实行场乡合一管理,一套班子两块牌子,财务分立,乡长兼任种羊场场长。

2001年,好鲁库种羊场转换经营机制,1235名职工全部纳入社会养老保险,实行生活最低保障制度。2003年底,转制结束。

2006年,撤乡并镇后,组建浩来呼热办事处,保留好鲁库种羊场牌子。

二、元宝山牧场

元宝山牧场原是国家商业部直属商业牧场。总面积10万公顷,其中可利用草场面积66667公顷,饲料地1340公顷。

1980年,元宝山牧场转归赤峰市政府管辖。

1994年,元宝山牧场转归克旗政府属地管理。

1998年,元宝山牧场转换经营机制,与乌兰布统乡合并,保留元宝山牧场牌子。元宝山牧场下设4个分场,改制后划归乌兰布统乡为4个行政村。

2005年,元宝山牧场总场改设为乌兰布统旅游开发区办事处。

三、红山军马场

1964年,始建红山军马场。红山军马场使用草牧场和占地总面积585平方公里,军马场对草牧场拥有使用权,隶属北京军区后勤部,为部队繁育、提供军需马、骡。红山军马场行政辖区隶属于克旗红山子乡小红山子村,该村拥有红山军马场土地所有权。

1990年,红山军马场开始转产养羊,成为中国人民解放军总后勤部养羊基地,兼提供军需马、骡。

2008年,红山军马场在乌兰布统办事处有38平方公里的养畜牧场。

四、浩雅尔花牧场

浩雅尔花牧场原为部队军马场。1988年,浩雅尔花牧场转归属地管理,由克旗畜牧业局管理。

1990年,浩雅尔花牧场转产改建为克旗羊毛衫厂。

1991年,克旗羊毛衫厂再次转产为克旗畜牧业局地毯厂。1998年,克旗畜牧业局地毯厂关闭。

第二章　畜牧业生产

第一节　概　况

1991—2008 年，克旗饲养的家畜家禽种类共涉及到两纲、三目、四科、五属、十个种和两个亚种。以草食目中的反刍动物和马属动物既马牛羊为主，兼养一定规模的猪、禽以及少量的马鹿、兔、紫貂、银狐、野猪、雉鸡等。

家畜家禽养殖呈不平衡分布，由西北向东南牛马羊数量递减，猪禽主要分布在东南部乡镇半农半牧区，在达日罕乌拉苏木的沙丘地带有骆驼养殖，绵羊在全旗各地广泛分布，且数量居各类家畜之首。

畜群结构随着市场需求变化和宏观发展政策调控，不断作出相应调整。1991 年 6 月末，克旗家畜存栏 1204810 头只，其中：牛占家畜存栏总头数的 15.4%，马占 4.1%，羊占 75%，驴、骡各占 0.17%，驼占 0.02%。2006 年 6 月末，全旗家畜总存栏 2632606 头只。其中：牛占家畜存栏总头数的 9.1%，比 1991 年下降 6.3 个百分点，羊占 86.5%，比 1991 年上升 11.5 个百分点；马占 0.6%，驴占 0.06%，骡占 0.15%，驼占 0.03%。

图 11-2-1　克什克腾旗达里草原

图 11-2-2　克什克腾旗贡格尔草原

山羊、马属动物的调整变化最大。1991 年，克旗山羊存栏 2 万余只，占家畜存栏总头数的 1.67%。随着羊绒价格的猛增和大量引进绒山羊，1999 年 6 月末，山羊存栏 54 万只，占家畜存栏总数的 36%，为 1991 年同期的 27 倍，形成一个山羊发展高峰。此后，逐渐递减，2006 年 6 月末，全旗山羊存栏下降到 5 万余只，占全旗家畜总头数的 2%。马的饲养数量呈缓慢下降态势，2006 年 6 月末，全旗马存栏不足 2 万匹。生猪饲养呈缓慢上升态势，1991 年 6 月末，全旗生猪存栏 6.2 万口，2008 年增加到 9.5 万口，年均增幅 3.8%。牛的饲养也呈缓慢增长态势，1991 年 6 月末,全旗牛存栏 18.5 万头,2008 年 6 月末存栏 28.4 万头,年均增幅 2.3%。

绵羊饲养是增长最快的家畜品种,1991 年 6 月末,全旗绵羊存栏 66 万只,2008 年 6 月末,全旗绵羊存栏 217 万只,年均增幅 9.2%,年最高增幅 15.6%。

畜禽品种变化明显,引进国外优良品种方式有所改变,牛由直接引进种公畜变为主要引进优良品种冷冻颗粒精液。

在新引进的优良品种中,1991—1995 年,以肉乳兼用品种牛如荷兰短角、草原红牛和西门塔尔牛为主。1995 年后,主要引进西门塔尔、夏洛莱、利木赞和安格斯牛等肉用型品种牛和以北京黑白花、荷斯坦等为乳用型品种牛。

1993 年,克旗主要饲养萨力斯克细毛羊和毛肉兼用型东德细毛羊。之后,新庙、广兴源、宇宙地、芝瑞、新井、书声等地开始引进澳洲美利奴细毛羊品种,进行导血改良。2000 年,开始大量引入萨福克、无角多赛特、夏洛莱等国外优良肉用品种羊。

1995 年,本地山羊陆续被盖县绒山羊、罕白绒山羊、鄂尔多斯绒山羊淘汰。猪品种改良较为缓慢,只有规模养猪场在开展品种改良、纯种繁育,引进的良种猪主要有大白、长白和杜洛克,农牧户饲养当地土种猪。

在优良土种家畜中,乌套海绵羊的数量有所增加,主要集中在牧区饲养。百岔铁蹄马、都什亚图马和岗更牛在挽力、耐力和速度上优势明显,优良品种得到保护。

2004 年 6 月末,克旗家畜存栏首次突破 200 万头(只)大关,达到 207.836 万头(只),位居赤峰市旗县第一。其中,良种及改良畜 165.6763 头(只),占总牲畜头数的 79.7%。

1991—2008 年克旗主要牲畜六月末存栏统计表

表 11-2-1

年份	总数(头只)	增速(%)	牛(头)	羊(只)	生猪(头)	马(匹)
1991	1142465	-0.8	184845	900927	62347	51375
1992	1239539	8.5	190774	916054	73774	53242
1993	1168394	-5.7	193663	827013	87209	54272
1994	1189403	1.8	189602	848834	89336	54964
1995	1279395	7.6	205494	926634	83022	57258
1996	1364015	6.6	223048	983990	90307	59092
1997	1385840	1.6	225395	1003563	30126	59017
1998	1453131	4.9	221551	1076346	87046	59705
1999	1533854	5.6	233664	1146305	85660	59156
2000	1522880	-0.7	227830	1147732	82917	55552

表 11－2－1

年份	总数(头只)	增速(%)	牛(头)	羊(只)	生猪(头)	马(匹)
2001	1599711	5.0	192089	1296267	68230	49012
2002	1691610	5.7	146016	1439814	62655	33547
2003	1795000	6.1	170758	1530149	56465	27537
2004	2078360	15.8	235058	1737810	68181	26182
2005	2376409	14.3	255875	2003001	81016	25730
2006	2632606	10.8	255315	2253358	104329	14091
2007	2557624	－2.8	275148	2155285	100890	17906
2008	2576060	0.7	284123	2166690	94763	20483

注：牲畜总头数、牛羊数为统计年鉴数，生猪、马数为克旗畜牧业局统计数

1991—2008 年克旗畜牧业阶段经济效益情况表

表 11－2－2

年份	牲畜出栏总数(头只)	肉类总产量(吨)	羊毛、绒总产量(吨)	畜产品总产值(亿元)
1991	460620	20383	1862	2.9746
1996	379076	19009	1710	1.7466
2001	445375	20238	2189	2.9183
2006	918527	27932	4007	7.5296
2008	533039	23574	4677	10.5014

第二节　畜牧业工程建设

从国家“八五”计划到“十五”计划期间，持续开展各类畜牧业生产项目建设。利用世界银行贷款和亚洲银行贷款，国家财政和地方各级财政资金扶持，在克旗持续实施第三至第五期“农业综合开发牧区草原建设项目”。

1992—1996 年，实施“农牧结合建设”项目；1993—1995 年，实施“中国北方草场生态治理”项目；1993—1998 年，实施“高产细毛羊专项推进配套建设”项目；1997 年后，持续实施“畜牧业种子工程”项目；1997—2004 年，实施“细毛羊良种化科技攻关”项目；2000 年后，陆续实施“京津风沙源治理草原建设工程示范”项目、“天然草地恢复和建设牧草种子基地及草原围栏建设”项目、“肉牛肉羊产业化开发”等项目。各类项目建设累计投资超过 1 亿元人民币，覆盖全旗各个苏木乡镇。

第三节　家畜饲养管理

1991 年后,家畜饲养管理方式从原始传统游牧放养持续向定居放牧饲养转变,逐步实行半舍饲、季节性禁牧舍饲和地区性划区轮牧。

1991—2000 年,全旗半农半牧区大畜主要采用冬春舍饲圈养,夏秋季节集体出场或借场放牧;小畜采取夏秋季牧场放牧,冬春季放牧加舍饲饲养。

2000 年,开始季节性禁牧,全部牲畜在禁牧期均为舍饲管理;非禁牧期,各地多采取联户集群在村落周围林间地头及草山草坡上放牧。山羊不准散养放牧,全年实行舍饲圈养。

图 11－2－3　克什克腾旗贡格尔草原

2006 年后,全旗农区和半农半牧区长年禁牧舍饲。牧区打草场季节性禁牧。非禁牧期,在自家的草库仑内放牧,少数牧户开始采用划区轮牧。畜群规模多为 200～300 只羊群。大畜牛马仍然实行长年散撒饲养。马群规模明显缩小,极少有百匹马群。

1995 年后,全旗不断加大畜牧业项目建设力度,各类家畜饲养管理的基础建设、发展条件明显改善。养殖户普遍采用越冬暖棚防寒、打畜用饮水井、置备配套打贮草机械和进行饲料加工。全旗基本告别自然养畜的传统饲养方式。到 2003 年,全旗畜牧业基础建设完成棚圈和羊舍建设 120 万平方米、青贮窖池 3.88 万立方米、草地治理 112670 公顷、购置饲料加工机械 660 台套、打贮草机械 213 台套、打牲畜饮水机电井 81 眼、进口提水风车 18 台。全旗家畜产仔成活率、成幼畜保育率、繁殖成活率由 1991 年的 89%、82%、80% 提高到 2008 年的 95%、90%、88%。

第四节　家畜生产技术

一、生产条件改进

随着半舍饲、舍饲畜牧业的发展,饲草饲料加工能力不断提高,饲草料种类不断增加,除继续采用传统青干草(羊草)之外,大量使用青贮氨化饲料、农作物秸秆调制饲料。全旗每年打贮草 1.5 亿公斤左右,农作物秸秆调制饲料 1 亿公斤以上,能满足全旗畜群半舍饲需要。精饲料主要采用玉米、莜麦、小麦、豆类、麸皮等配制。育肥牲畜饲喂人工配制饲料或部分采用颗粒饲料。规模养猪采用配制饲料,农牧户散养自用猪多为杂食圈养,已少有组群放牧。

1992年,全面展开农牧(种养)结合建设项目,开始大规模建设青贮窖、氨化池、塑料暖棚。年内建设完成一个农牧结合示范乡、8个农牧结合示范村、1500户农牧结合示范户。至1996年,农牧(种养)结合建设项目专项推进工作取得突破性进展,全旗落实农牧结合户2万户,建成18469处塑料暖棚,16785个永久性青贮窖,1684个氨化池,629处饲料加工厂(点),年牛羊育肥能力14万头只以上,当年,全旗畜牧业产值1.7亿元。

1995年,牧区草原建设示范项目一期工程启动,年末申报该项目二期工程。至1998年,牧区草原建设示范项目二期建设共完成总投资838万余元,通过内蒙古自治区专项工作组验收,并获得内蒙古自治区草原建设一等奖。同年,牧区草原建设示范项目三期建设开始实施。

1995年9月,北方肉羊产业化开发项目通过国家科学技术委员会和自治区科学技术委员会验收。

1998年,细毛羊良种化专项推进通过自治区、市验收。

2002年,农业部投入1650万元专项资金,在克旗实施天然草原恢复、建设牧草种子基地及草原围栏建设示范项目。

2005年,克旗草原建设面积63800公顷,完成草场围栏10.12万公顷,人工种植多年生牧草5000公顷,改良草场13333公顷,开发高标准牧草种子基地367公顷。

利用国家项目建设投资或国际贷款开展畜牧业基础设施建设。

2000年,利用国家京津风沙源治理项目资金启动草原建设工程项目试点。2002年,京津风沙源治理草原建设项目投资1672万元,至2005年,京津风沙源治理草原建设项目累计完成建设投资7500万元。

2001年,利用世界银行雪灾重建贷款建成9眼人畜饮水井,新建149处牲畜棚圈,开辟93公顷旱作人工草地,配套围封74公顷草库仑。2002年,利用世界银行雪灾重建贷款种草5.33万公顷,改良草地4.67万公顷,围封草场12万公顷,免耕播种改良草地1333公顷,人工模拟飞播1333公顷。2003年,使用世界银行雪灾重建贷款项目通过世界银行检查验收。

二、改良技术推广

1991年,黄牛冷配技术在全旗得到普及推广。

2000年,使用冷冻颗粒精液改为使用冷冻细管精液,再次简化技术操作程序,达到无菌操作,使母牛受胎率提高到80%以上,并减少疾病传播感染,繁殖母牛的生殖道疾病减少90%以上,极大地提高母牛的再生产能力。

2008年,克旗改良牛比例达到93%,18个月龄牛出栏体重比1991年同龄牛体重增加50公斤以上。

1991 年,绵羊品种改良以常温人工授精为主,兼用部分胚胎移植和纯种繁育技术。全旗绵羊品种改良发展趋势总体上由毛用型澳美导血逐步向肉用型和肉毛兼用型发展。

1996 年,克旗成为内蒙古自治区细毛羊科技攻关项目建设区,全旗开始大面积实施细毛羊科技攻关。经过一期、二期、三期项目建设,至 2001 年,全旗累计引进澳美纯种公羊 1500 只,累计导血母羊 150 万只,共生产澳美导血后代羊累计 125 万只。1996 年,克旗细毛羊平均每只产污毛 2 公斤,毛长在 7.5 厘米以下,毛细度为 64 ~ 60 支纱,64 支纱以上细毛羊不足羊总量 20%,净毛率为 45%。2001 年后,成年母羊个体产污毛 3.5 公斤,毛长 8.5 厘米,毛细度为 66 ~ 64 支纱,净毛率 47%。投入产出比为 1∶12。全旗每年可产优质毛 253.35 万公斤,比 1996 年增产优质毛 84.15 万公斤,净毛量从 1996 年的 64 万公斤增加到 2001 年的 114 万公斤。产值由 1996 年的 1536 万元增加到 2001 年的 2736 万元,细毛羊生产性能接近同等澳美羊生产水平。

图 11-2-4　克什克腾旗达里草原

1996 年、2001 年细毛羊基地建设成效对比表

表 11-2-3

年份	剪毛羊数(只)	总产毛量(公斤)	只平均(公斤)	净毛量(公斤)	净毛率(%)	毛长(厘米)	细度(支纱)	备　注
1996	1250000	1875000	1.5	843750	45	7.2	60	攻关前
2001	1650000	3300000	2.0	1551000	47	8.5	66	攻关后

2000 年后,适应市场需求变化,除部分地区保留高产细毛羊品种繁育外,大部分地区开始发展肉羊生产和进行相应的肉羊品种改良。从澳洲引进 1600 余只纯种萨福克、无角多赛特、康贝克、德克赛尔、瑞德欧、兰德利斯、东普利生、杜泊等优秀肉用羊品种。通过常温人工授精和胚胎移植技术,肉羊良种化进程迅速提高,2006 年 6 月末,克旗改良羊总数 1597605 只,占家畜总头数的 65.1%,其中肉羊比例为 75%。

三、繁育技术推广

家畜品种改良主要应用牛冷配、羊常温人工授精辅之以胚胎移植技术。

1984 年，在内蒙古农牧学院和自治区畜牧改良站技术人员指导下，从牛的胚胎移植开始试验，1986 年初步取得成功，生产出胚胎移植犊牛。1991 年，胚胎移植走出实验室，开始小范围试验推广。

1992 年，在克旗喜鹊沟国营家畜配种站挂牌成立赤峰市家畜胚胎移植推广中心。1995 年，喜鹊沟牛胚胎移植成功并获得赤峰市级科技进步一等奖。1997 年，推进“畜牧业种子工程”，在新井乡、芝瑞镇新建胚胎移植站点 2 处。随后，胚胎移植技术开始在克旗部分苏木乡镇推广。至 2002 年，新井、新庙、南店、芝瑞、广兴、红山子、天合源等乡镇大规模推广应用胚胎移植技术。

1993 年，历时五年的高产细毛羊综合配套建设项目通过自治区级验收，各项技术指标全部达到标准。

2003 年，克旗确定 10 个苏木乡镇作为肉羊产业开发重点区域，推广胚胎移植技术大面积进行肉羊生产，并实施肉牛产业化开发项目。

2005 年，在全旗范围推广、应用胚胎移植技术发展肉羊生产。同年完成鲜胚移植 5000 枚，回收纯种肉用羔羊 3000 只。全旗绵羊人工授精站点发展到 212 处。

2006 年，赤峰市家畜胚胎移植推广中心陆续从澳洲引入纯种肉种羊 1840 只。主要有康贝克、无角多赛特、萨福克、兰德利斯、瑞德欧、东普利生、德克赛尔和杜泊等纯种优质肉用羊，作为供体母羊和纯繁种用公羊的种源。全旗已建成 7 处胚胎移植站点，累计胚胎移植和纯种繁育肉用羊总数 3 万只。绵羊情期鲜胚受胎率 65% 以上，冻胚移植受胎率 50%，切割胚胎移植受胎率 40.5%，山羊移植受胎率 60% 以上。牛鲜胚移植受胎率 56%，冻胚移植受胎率 50%。超数排卵处理供体母羊平均个体采集可利用胚胎 10.8 枚，最高年份 11.8 枚。羊个体一次最高采集可利用胚胎 38 枚。

2008 年末，赤峰市家畜胚胎移植推广中心存栏纯种肉羊 2500 只，其中供体母羊 1500 只，种公羊 100 只，后备母羊 500 只，后备公羊 500 只。每年可生产优质纯种肉羊 500 只。形成完善的肉羊良种繁育体系。

第五节　牧业税费

1991 年，克旗按大小畜头数收取牧业税。

1992 年，克旗草牧场开始实行有偿使用。

1997 年，全旗草牧场实行所有权、使用权责任制，草场使用权有偿承包，草牧场基准收费为集体放牧场、打草场，平均每公顷每年收费 5.25 元(放牧场 3 元，打草场 7.5 元)，国有放牧场平均每公顷每年收费 26.25 元(放牧场 7.5 元，打草场 45 元)。

2003 年,按牲畜头数缴纳牧业税,大畜每头每年 5 元,小畜每头每年 3 元。

2004 年,内蒙古自治区全面取消牧业税。

2006 年 1 月 1 日,国家全部免征牧业税。

第三章　畜禽疫病防治

第一节　疫情 病情

1991 年,全旗境内基本上消除牛瘟、牛肺疫、马鼻疽、马传染性贫血等畜类疫病。至 2008 年,未发生重大疫情。地方常见畜禽传染病如人畜共患传染病布氏杆菌病、五号病、结核病、破伤风、炭疽病、狂犬病等有不同程度的流行或散发。

1991 年,南店乡发生多起狂犬病,有儿童被病犬咬伤致死病例。

1991—2008 年,家禽传染病有鸡新城疫病、禽霍乱病、鸡白痢病和巴氏杆菌病发生,在养鸡场得到有效控制,在农户散养鸡中偶有发病。全旗没有发生流行性禽流感(即真性鸡瘟)的报告。

第二节　疫病防治

一、疫病防治

1993 年,克旗历时 18 年的马鼻疽防治项目,于 8 月通过赤峰市专项工作组验收,达到自治区制定的马鼻疽消灭标准。

1999 年开始,实施“动物保健工程”。对羊痘病、牛羊疥癣病作为重点防治项目;对家畜五号病采取强制封锁、强制扑杀、强制消毒、强制检疫、强制免疫“五强制”措施;对重点防治疫病实行统一疫苗药品供应、统一防疫时间、统一技术操作规程、统一收费标准、统一检查验收“五统一”防治办法。克旗为国家布鲁氏菌病监测点。

2003 年,经自治区专业部门考核验收,牛皮蝇蛆病防治工作达到自治区级消灭标准。

2005 年,动物防疫冷链体系建设项目启动,旗财政预算列支动物防疫专项经费,用于冷链建设、疫苗供应和消毒灭源。动物卫生监督检验所先后建成动物防疫化验室并配置实验设备、2 处疫苗冷库、2 处活动冷库,各个苏木乡镇畜牧兽医站配备大容量冰柜,用于生物疫苗和药品冷贮。全旗所需生物药品实行统一计划、统一上报、统一购买、统一供应。生物制剂运输全部由赤峰市动物防疫站专用冷藏车运输。按技术规范进行常温或低温保存,按计划供应,定期发放。冷链建设,有效防治多种牲畜病害。

二、动物检疫免疫

1996 年后，全面开展动物检疫。每年检疫活畜 20 万头只次，检疫肉类 2600 吨，绒毛 800 吨、皮张 20 万张，检疫屠宰生猪 6100 口以上。

2002 年，动物免疫接种开始实行标识制度，凡已免疫接种动物，一律打上免疫耳标，并建立动物免疫档案。每年完成免疫家畜 550 万头只次，免疫家禽 300 万羽次，驱治体内外寄生虫 150 万头只次。

2005 年，全旗 11 个苏木乡镇先后设立 20 个动物防疫站，配备 86 名动物防疫人员；每个嘎查村按 1 万只羊单位配备 1 名动物防疫员，全旗配备 327 名动物防疫员，开展家畜防疫免疫工作。

三、兽药研发

1993 年，兽医工作站自行研制出“ORS 口服补液盐”，广泛应用到畜禽疫病防治中。1996 年 8 月，马秉武、陈贵金合著论文《ORS 在畜禽疫病防治中的应用及讨论》在兽医外科学分会全国畜禽口服补液盐技术专业委员会第五次学术讨论会上被评为优秀论文。

同年，克旗中兽药厂自行开发研制的碘硝酚取得自治区批准文号。

1996 年，克旗兽医站与克旗中兽药厂联合研制开发出“复方安胎散”（中药散剂），在全旗范围推广应用，有效地控制了全旗性大面积流行的山羊流产病，并于同年获得克旗科技进步二等奖。

同年，普及推广牛羊机械化药浴，极大地减少流行疫病发生，因而获得自治区机械化药浴丰收项目一等奖。

1998 年初，筹建兴达兽药厂，年内小针剂、大输液、片剂生产设备安装调试完毕，开始兽药生产。

同年 7 月，羊痘防治技术通过赤峰市项目组验收，应用于牧业生产。旗兽医站获得羊痘防治项目自治区科技成果奖。

2003 年，克旗兴达兽药厂自行开发研制出广谱驱虫兽药“伊砜赛奴”，该药被称为驱治家畜体内外寄生虫“一针净”，即一针全杀。遂取得正式生产文号，年生产 200 万头份成药，在旗内使用的同时，一度向蒙古共和国销售。

第三节　防控措施

在畜禽疫病防治中，克旗长期坚持“预防为主、防重于治”方针，总结出“早、快、严、小”防治原则和强制封锁、强制扑杀、强制消毒、强制检疫、强制免疫的“五强制”应对疫情措施，防治技术水平不断提高，服务体系建设和防疫法制建设不断加强。

逐步完善动物防疫检疫体系。1991 年，全旗共有畜牧兽医技术人员 205 人。1993

年，全旗基层兽医站畜牧技术人员等人、财、物统一改由苏木乡镇管理。旗业务主管部门负责业务工作安排、技术指导和调节人员使用。1997 年，基层畜牧兽医站实行定人员、定岗位、定报酬改革后，全旗畜牧兽医站共设事业编制 249 名。2005 年，基层畜牧兽医站统归旗农牧业局管理，动物防疫员 259 人，基层畜牧兽医站总人数 297 人，旗动物防疫站有专业技术人员 50 人。

1994 年，首先在经棚镇区实行“定点屠宰、到点检疫”办法。

1991—2008 年，全旗动物防疫工作以《中华人民共和国动物防疫法》和《内蒙古自治区动物防疫条例》为抓手，坚持预防为主的方针，不断加大防疫力度，严防境外疫病传入，及时清除发生疫病的各种隐患。实行普遍免疫目标管理和严格的疫情报告制度，实施普遍免疫接种，建立免疫档案和免疫标记制度，制定重大疫病防控应急预案，健全完善疫情监测网络，做好控制重大疫病所需经费、疫苗、药品、物资、设备和技术等方面的准备。同时加强市场管理，对出售的畜产品，旗乡两级兽医检疫监督机构派人到现场、到户检疫。对屠宰牲畜，派人到屠宰点实施同步检疫，建立疫情责任追究制度，因防疫工作开展不力而引发的疫情，从上到下追究责任，直至追究到养畜户。年防疫项目均达到控制标准，没有发生大的疫情。

图 11－3－1　风吹草动

农业 水利

第一章　农　业

第一节　机　构

一、管理机构

1991 年，农业局内设办公室、计划财务股。直属事业单位有：农业技术推广站、植物保护检疫站、土壤肥料站、农村经营管理站、经济作物站、农业环保能源站、种子管理站、农业广播学校。

1992 年 1 月，农业局改设为农业综合开发服务中心，内设办公室、财务股，农业技术推广站、植物保护检疫站、土壤肥料站、农村经营管理站、经济作物站、农业环保能源站、种子管理站、农业广播学校，辖有 1 个种子公司、1 处果园、1 处国营良种场；乡镇设有 16 个农业技术推广站、16 个农业经营管理站。

2002 年 9 月，农业局与畜牧局合并设置农牧业局，承担农业综合开发服务中心和畜牧业综合开发服务中心行政职能。局内设办公室、计划财务股、乡镇企业管理局、畜牧业现代化办公室、畜牧业综合办公室、农业综合办公室、农机综合办公室。

2008 年，农牧业局设置办公室、综合股、财务股、畜牧股、种植业管理股、乡镇企业办公室、农牧业经营管理股、农牧业产业化股等股室和克旗草原监督管理局、克旗兽医局。

二、事业单位

1991 年，农业局在全旗乡镇设有 16 个农业科学技术推广站、16 个经营管理站，1 个种子公司、1 处果园、1 处国营良种场。

2008 年 10 月，旗机构编制委员会印发《关于明确旗农牧业局所属事业单位“五定”方案的通知》，核定农牧业局所属事业单位有动物防疫站、家畜改良工作站、草原工作站、动物卫生监督检验所、兽药监督管理所、农牧业经营管理站、农业广播电视学校、植物保护检疫站、农业环保能源站、种子管理站、农技推广站、土壤肥料站、经济作物站等单位。

2008 年 12 月，在农区乡镇设 8 个农业科学技术推广站，8 个经营管理站，1 处国营良种场（生产管理）。

三、农业技术队伍

1991 年，全旗共有农业技术人员 28 人，其中高级职称 1 人，中级职称 14 人。

2008 年，农牧业局有农业技术专业推广人员 32 人，其中高级农艺师 5 人，农艺师 15 人。

第二节 农业体制改革

1991年,农业经营实行家庭联产承包责任制,对耕地进行承包经营。耕地管理主要有两种形式:“三田制:区分为口粮田、责任田、机动田;“两田制”:区分为口粮田、责任田。

耕地承包责任制实行合同管理,承包人与村民委员会集体签订承包合同,合同有正副文本,通过鉴证建立有耕地承包合同档案。

1992年末,全旗共签订规范的鉴定有效的耕地使用承包合同42785份,占农户总数的95%。

1997年,克旗根据中共中央《关于进一步稳定和完善农村土地承包关系的通知》精神,开展新一轮耕地延续承包工作,延续期为30年,至2025年。形式上取消口粮田、责任田区分,“机动田”严格控制在总耕地面积的5%以下。延续承包实施中主要采用“大稳定、小调整”原则,根据家庭人口增减进行调解。

1997年12月,开始进行第二轮耕地承包,1998年3月完成。

全旗计有1045个村民组,52734户农户参与耕地使用权承包;共承包土地71061公顷,签订耕地使用承包合同50244份。

第三节 耕地利用

一、耕地资源

全旗总耕地面积(土壤普查宜农面积)近8.4万公顷,年播种面积6万余公顷,其中水浇地面积2.8万公顷,占总耕面积的41%。主要分布在东部和东南部,耕地土壤以灰色森林土、黑钙土、栗钙土、暗栗钙土、草甸土为主。有机质含量平均2.05%,养分标准达到三级以上,土层较深厚,适宜多种农作物生长。

全旗人均耕地面积0.43公顷。为典型雨养型农业区,农作物一年一熟。

1991—2008年,克旗因水土流失毁地、还林还草减地、道路交通、城镇建设占地等原因,全旗耕地面积处在小幅变动中。

1991—2008年克旗耕地情况统计表

表12-1-1

年份	耕地总面积(公顷)	年份	耕地总面积(公顷)
1991	61973	1994	62180
1992	62300	1995	63254
1993	61952	1996	78104

续表 12-1-1

年份	耕地总面积(公顷)	年份	耕地总面积(公顷)
1997	84311	2003	62828
1998	84159	2004	58580
1999	83633	2005	55963
2000	82436	2006	68034
2001	80959	2007	68188
2002	71990	2008	83305

二、农田建设

1991—2001年,全旗持续开展春秋两季农田基本建设大会战,重点是平整土地、熟化土壤、兴修水利、建设稳产高产基本农田。按照田成方、林成网、渠成系、路相通、高标准,井、渠、田、林、路、机、艺综合配套的建设要求,建设成多处集中连片、有规模效益的基本农田。

2002—2008年,全旗以水利建设为重点,通过利用地上水、采取地下水、节水防渗、引水爬坡等措施不断提高基本农田质量、效益和抗灾能力。2008年末,全旗农田灌溉面积2.8万余公顷,保灌面积1.65万公顷。

三、农业项目建设

1992年,开始农业项目建设。

1992—1995年,在土城子镇、木希嘎乡、宇宙地乡、新庙乡、广兴源乡、万合永乡、新井乡、宇宙地良种场8个项目区实施商品粮基地建设总投资近500万元。项目区推广杂交玉米品种、小麦良种;使用项目资金建成种子库房、标本室、种子经销门市部、种子水泥晒场和购买种子加工机械等,快速实现良种化,同时,改造中、低产田,推广旱地覆膜技术,确保作物产量稳步提高。项目区平均粮食总产量以16.1%速度增长。项目区年农业总产值12780万元,平均增速近15%。

1994年,实施"丰收计划"项目,项目任务种植220公顷水浇地小麦,单产5250公斤/公顷,落实到13个乡镇(场)41个村8240户,平均单产5382公斤/公顷。

1996年,实施赤峰市下达的"温饱致富工程"项目,旱地玉米覆膜5000公顷,实际完成5867公顷,平均每公顷单产6028.5公斤,比露地直播玉米平均每公顷增产2754公斤。

同年,实施粮食自给工程项目,总投资265万元,用于技术推广、良种引进和推广培肥改土、耕作制度改革培训、服务设施设备购置等。

同年,良种基地土城子镇、热水镇、宇宙地镇、万合永乡、新开地乡、广兴源乡、新井乡项目区粮食总产量6970万公斤,增长19.8%;农业总产值15095万元,增长23%。

1998年后,开始实施农业综合开发项目。

至2008年末,农业先后实施开发高产示范田项目、良种补贴项目、测土配方施肥项目、农村牧区户用沼气建设项目等。

2006年,在芝瑞、新开地、土城子、宇宙地、万合永、巴彦查干、达来诺日、达日罕乌拉、同兴、经棚10个乡镇苏木推广6667公顷粮饲兼用玉米硕秋5、龙单8、赤旱5、科青1等良种补贴项目,国家补贴资金100万元,在项目区落实高产示范田,单产700公斤以上。

2007年,实施农业测土配方施肥项目。

2008年,实施玉米、马铃薯良种推广补贴项目、农村牧区户用沼气建设项目。

四、作物品种

1991—2008年,农业区种植主要农作物有粮食作物、经济作物、蔬菜、水果等,在种植过程中,不断引进新品种和淘汰低产品种,也有部分传统作物一直被种植。

主要农作物品种有:粮食作物主要有小麦、玉米、莜麦、荞麦、谷子、大豆、蚕豆、马铃薯等;油料作物主要有油葵、葫麻、芥花、麻籽等;经济作物主要有烟叶、甜菜等。蔬菜品种主要有白菜、甘蓝、菠菜、芹菜、茄子、辣椒、西红柿等。水果种植主要有123苹果、沙果、李子、杏、葡萄、油桃、草莓等。瓜果种植主要有角瓜、黄瓜、西瓜等。

五、耕作技术

1991—2008年,主要耕作技术有春秋翻动耕地,木犁翻地耕层约15厘米左右,机翻地一般耕层25厘米左右。采取耙耢、镇压、中耕松土等措施,增强土壤透气性,改善土壤性状,提高土地营养能力。

种植方式上,多采用垄作法,成垄种植。依据土壤、气候、作物确定垄宽距和作物间距。同一耕地往往要轮种不同作物,俗称"换茬",以调解土壤肥力和土壤结构。

培肥地力上,使用农家肥,也大量使用化肥。对旱作农田有时也采用草田轮作办法,缓解地力瘠乏。

耕种方法上,多有不同作物间种、套种、混种,以提高产量和效益。

栽培技术上,采用有地膜覆盖、保护地栽培、配方施肥、模式化栽培、立体种植、微肥施用等技术;也尽可能采用畦田保灌、梯田提灌、节水喷灌等综合增产技术。

六、农业效益

1991—2008年,主要农作物收益在调整中不断变化,总产值保持增加。

1991—2008 年克旗农作物产量统计表

表 12-1-2

年份	总数（万吨）	小麦（万吨）	玉米（万吨）	豆类（万吨）	油料（吨）	农业效益	
						总产值(万元)	增速(%)
1991	10.08	7.80	0.90	0.03	3012	8682	12.4
1992	12.15	8.50	0.70	0.60	3495	10249	18.0
1993	9.18	6.73	0.40	0.33	3135	13832	35.0
1994	9.47	5.14	1.60	1.17	3082	12987	-6.1
1995	8.23	5.56	0.80	0.59	4757	11361	-12.5
1996	15.28	7.96	2.50	1.11	4424	13394	17.9
1997	12.50	6.24	2.50	1.11	3183	12618	-5.8
1998	17.15	8.51	2.50	1.53	4988	12790	1.4
1999	12.56	5.40	3.40	1.00	7146	12542	-1.9
2000	4.90	1.42	2.20	0.18	2799	8238	-34.3
2001	8.57	1.76	400	0.55	3076	16973	106.0
2002	9.42	1.80	4.31	0.30	1899	18974	11.8
2003	14.01	2.65	6.00	0.47	2807	29100	53.4
2004	13.85	3.53	5.51	0.30	2379	34418	18.3
2005	12.41	1.24	4.99	0.44	3044	28199	-18.1
2006	11.19	1.35	2.98	0.25	2899	28932	2.6
2007	7.45	0.78	3.19	0.19	2086	35034	21.1
2008	11.43	1.60	3.38	0.45	6482	39745	13.4

第四节　农技服务

一、服务体系

1991—2008 年，农业服务主要依靠农业行政部门所属事业单位和农技队伍开展。

1991—1997 年，集中力量建设、完善乡镇农技推广站基础设施建设。

1998—2008 年，集中力量培训农民技术员、培养农业科技示范户。逐步完善农业科学技术服务体系。

二、种子管理

1991—2001 年，主要农作物种子由克旗种子公司集中采购、供应，部分种子由种子公司组织培育。

2002—2008年,主要农作物种子由有资质的农资经营公司组织供应。

农作物主要有粮食作物、经济作物、饲料作物三类,种子管理以粮食种子为主。

粮食作物以小麦、玉米、马铃薯、莜麦、谷子、杂粮杂豆(高粱、大豆、黍子、蚕豆、豌豆、芸豆)为主。

经济作物主要种植油葵、油菜、胡麻、芥花、蔬菜、甜菜等。主要种植的蔬菜品种有白菜、芥菜、韭菜、芹菜、芫荽、葱、蒜、黄瓜、角瓜、窝瓜、胡萝卜等。瓜果有西瓜、香瓜。

饲料作物主要是优质饲用玉米和优质高效饲草。

三、技术指导

(一)农业结构调整

1994年后,调整农业产业结构,适应市场需求,初步确立"稳粮、扩经、增饲"的思路。

2005年后,再度调整为"以农养牧、以牧促农","为养而种、为牧而农"的农业产业结构发展思路。

2008年,全旗农田饲草面积近2万公顷,占耕地种植总面积的26.8%。

(二)发展优势品种

2006年后,依据地缘优势,结合市场需求,在种植业上大力开展马铃薯、玉米和蔬菜种植。马铃薯种植面积从3000余公顷发展到2006年的1.2万余公顷,西北部乡镇形成商品薯种植基地,年出售商品薯6.5万吨以上。东南部乡镇形成薯种植加工基地,年加工马铃薯15万吨以上,有中小型淀粉加工厂80余处。

至2008年,初步建成土城子镇、万合永镇玉米制种基地。经棚镇、宇宙地镇无公害绿色蔬菜生产基地。

(三)订单种植推广

2000年后,引进农业订单,组织订单种植。

全旗涌现多个种植业协会,有经棚镇光明村胡萝卜种植协会,万合永镇万德成村烤烟种植协会等。

(四)田间管理指导

农业科技指导服务主要由设在乡镇的农业科技推广站具体实施。1991—2001年,农业科技主要是指导农民使用农机具,推广新品种,防治农作物病虫害。

2002—2008年,农业科技指导服务主要是指导农民运用新技术,以提高单产,增加效益。

第五节　农机服务

一、机构

1991 年，农牧业机械管理局(以下简称农机局)内设人秘股、财务股、农牧机械管理股、工业企业股和农牧机械技术推广站、农机监理所、农牧机械化学校、下属企业有农机公司、农机修造厂；28 个苏木乡镇设农机站。

1996 年，农机局更名为农牧业机械管理服务中心。

2001 年，撤乡并镇后，下设 20 个农机站。

2008 年，农牧业机械管理服务中心内设办公室、财务股、技术监督股、农牧机械管理股、农牧机械监理所、农牧机械化学校、农牧机械技术推广站。11 个苏木乡镇和浩来呼热、乌兰布统 2 个办事处(筹备处)设有农机站。

二、企事业单位

1. 农牧业机械监理所

1984 年，农牧业机械监理所组建成立，为股级事业单位。主要职责是大型农机具驾驶员的考核，核发大型农机具牌照，颁发、换发驾驶证，农机具年检、农机装备推广。1991 年，农牧业机械监理所有编制 7 名，2008 年，有职工 13 人。

2. 农牧业机械化学校

农牧业机械化学校成立于 1973 年。1991—2008 年，培训各类农用拖拉机驾驶员 9500 余人次。1991 年，有教师 5 人。2008 年，有教师 6 人。

3. 农牧机械技术推广站

农牧机械技术推广站前身为农牧机械研究所，1973 年组建成立；1989 年更名为技术推广站。1991—2008 年，先后推广小麦种肥分层播种机 500 余台、小麦脱粒机 450 余台、玉米覆膜播种机 20 台、免耕播种机 25 台套、背负式联合收割机 10 台、土豆播种收获机械 30 台、小型风力发电机 200 余台、牲畜药浴机 32 台。农牧机械技术推广站有 10 名技术人员 20 余次获得科技进步、丰收计划奖励。

4. 农牧业机械公司

1974 年，农牧业机械公司组建成立，1998 年，在企业转换经营机制过程中宣布破产。

三、农牧业机械

农牧业机械主要有农牧业耕作、农牧业收割加工、农牧业辅助工具等。

1991—2008 年部分年份克旗农牧业机械动力使用情况表

表 12-1-3 单位:千瓦

年份	柴油机动力	电动机动力	汽油机动力	农机总动力
1991	33050	33726	11528	78356
1995	30060	34360	11772	76216
2000	71121	37166	18401	126696
2002	73145	38502	16481	128139
2005	106615	33769	15957	156341
2008	185922	21968	30	207920

广泛使用的农牧业机械有拖拉机、播种机、收割机、脱粒机、面粉机、农用车、柴油机、电动机及饲料粉碎机、饲草打搂捆、铡切等机械。

1991—2008 年部分年份克旗农牧业机械拥有情况表

表 12-1-4

年份	拖拉机(台、轮式)	播种机(台)	收割机(台)	脱粒机(台)	柴油机(台)	电动机(台)	农用车(台)
1991	1296	262	18	554	145	2337	129
1995	1380	307	27	434	117	3061	418
2000	2058	459	96	466	217	3368	3177
2002	1988	604	69	468	369	3420	2986
2005	3320	627	67	484	539	3474	4302
2008	5916	2524	1137	261	824	1655	4085

四、农牧业机械应用

1991 年,农牧业生产广泛应用春耕秋翻、播种覆膜、收割脱粒、面米加工、打草贮草、饲料加工、牲畜药浴等农牧业机械。

五、农牧机械监理

1991—2008 年,进行监理的农牧机械主要是拖拉机、联合收割机。主要工作是核发、审验、换发驾驶证,检验机械。

1998—2008 年克旗拖拉机安全监理统计表

表 12－1－5

年份	驾驶员办证数(人次)	拖拉机入户数(台)	年份	驾驶员办证数(人次)	拖拉机入户数(台)
1998	1860	1696	2004	4551	6853
1999	1992	2149	2005	4602	6970
2000	2032	2716	2006	1156	2428
2001	2463	3907	2007	1172	2787
2002	3058	4609	2008	1396	4022
2003	3731	5683	—	—	—

第六节　种植管理

一、经营体制

1991—2008 年,农业实行以户为单位耕地承包制经营。分别于 1990 年、1998 年进行两轮土地使用承包制合同约定,第二轮承包 2025 年末止。

二、农业税费

1991—2005 年,农民依据相关税法向国家依法缴纳农业税、农业特产税,承担义务工。农民向集体经济组织年度缴纳村提留、乡统筹和出公共建设义务工。缴纳的村提留、乡统筹控制在上年收入的 5% 以内。

2002 年,国家推行坡地退耕还林还草政策,为农民发放农业补助,鼓励农民种树种草。

2005 年,取消农业税、农业特产税。

2008 年,国家和旗财政重点补助玉米、马铃薯良种推广项目。

三、种肥管理

1991—2008 年,农业使用种子化肥实行有资质农资公司专营。

四、农业灾害与防治

(一)气候灾害与防治

1991—2008 年,影响农业生产较大的气象灾害有:旱、洪涝、风、雹、冻。降水量季节分配不均,多发生春旱。防治春旱和伏旱主要措施为春秋灌溉保持墒情,地膜覆盖减缓水分蒸发,引水或使用地下水浇灌等。冬、春季多大风。大型治理措施是划定自然保护区进行环境保护,山坡地退耕还林还草,荒山、荒坡、荒沟、荒滩拍卖进行社会化治理,实施草畜平衡制度,开展全旗性禁牧。没有发生全旗性洪涝灾害,局部地区发生洪灾和雹灾。2005 年 5 月末—7 月末,出现多次局部性洪灾和雹灾。主要治理措施是修渠引洪和筑坝防洪;使用“防雹炮”驱赶冷雨云,防止雹灾。1995 年和 2006 年出现早冻害和雪灾,造成农牧业生产灾害,粮食减产。2006 年 9 月 8 日,出现罕见早降雪降温,北部地区雪深 45 厘米,局部地区厚 70 厘米,冰霜冻成灾面积 4. 8 万公顷。预防措施主要选择早熟品种和抗低温品种。

(二)病虫害与防治

1. 病害防治

1991—2008 年,农作物发生的病害有禾谷类黑穗病、小麦锈病、黑颖病等。小麦黑穗病、星黑穗病、,莜麦坚黑穗病、玉米穗病等发生频繁。菜类病害有霜霉病、褐斑病、白粉病等,防治措施是调整种植业结构、套种间作、药物防治等。其间没有发生大面积农作物病害。

2. 虫害与防治

1991—2008 年,农作物虫害主要有二代黏虫、麦秆蝇、地下害虫(金龟子、金针虫、蝼蛄、地老虎)、蝗虫、草地螟、蚜虫、红蜘蛛等。防治措施主要是耕地秋翻、药物捕杀等。

第二章　水利　水产

第一节　机　构

1984 年 6 月—1996 年 5 月,克旗水电水产局,为政府管理水利、水产、电力、农电工作职能部门,是一个行政、企业、事业合一的职能局。水利、电力、水产区分管理。达里诺尔渔场业务受水电水产局管理。全局共有职工 861 人,其中干部 134 人,企业、事业职工 727 人。

1996 年 5 月,撤销水电水产局,成立水利、电力、水产集团总公司,设 3 个公司,1 个服务中心,即:水产公司,供电公司、水电开发公司、水利服务中心。

水利服务中心担负全旗水政执法,抗旱防汛,水利工程建设管理,农田草牧场水利建设,水保生态建设等行政职能,业务受赤峰市水利局指导,行政归属水利电力水产集团总公司。

1996 年末,水利服务中心内设办公室、“380”办公室、水保站、水产站、防汛办公室、工程管理股、水政执法队、水利队等机构。

2001 年 4 月,撤销克旗水利电力集团总公司,水利服务中心更名为克旗水利局。内设办公室、计划财务股、工程管理股、水政执法大队、防汛办公室、水保站、水产站、水利队等股室站。下辖2家企业:天露公司、塑料管厂。

2005年7月,水利局设水土保持工程项目部,负责以沙源小流域治理为主的水土保持项目的施工管理。

同年11月,设水利宣传与水资源调查规划大队(机构沿续至2006年末)。

2008年末,水利局内设办公室、计财股、防汛办公室、水利工程管理股、水保站、水产站、水政执法大队、水利勘测设计队、水保施工项目部、人畜饮水施工管理大队、重点项目推进办公室。

第二节　水利改革

一、职能转变

1991—1995年,水利管理主要是旗水电水产局依法依规实行集中管理,通过地方财政,支持水利工程建设。小型机电井实行购买自有或承包经营。鼓励社会参与农牧业水利设施建设。

1996年5月,水利经营体制实行改革,成立水利服务中心后,担负全旗水政执法,抗旱防汛,水利工程建设、管理,农田草牧场水利建设,水保生态建设等职责。开始从生产管理向综合管理、经营服务职能转变,由"管水"向"管水用水"转变。

二、减政放权

1997年后,水利服务中心在水土保持、防汛防洪、水利工程管理、水政执法管理的同时,逐步放开水利水产经营,通过完善政策、放开事权、搞活经营,鼓励小型水利工程建设;在明晰水利设施产权后,尝试租赁承包、股份合作经营。

2001年4月后,水利服务中心分离其事业经营职能,成立水利局,主管全旗大型水利工程招标投标、水政执法、防洪防汛、水土保持和地方国有水利设施投资和建设等。

第三节　水利工程

一、人畜饮水工程

1991年后,政府根据全旗水资源状况,水利局向国家、上级主管部门争取水利工程项目,大搞农田水利基本建设。有效地改善全旗人畜饮水、农牧业生产条件。

1991—2008年,全旗共打农灌机电井1758眼,高处配建扬水站。在利用地下水时,注意节约水源,同时采用新技术,修建配套工程,如浆砌石或砼防渗、低压管灌、固定或半固定喷灌、滴灌节水等。

1991—2008 年克旗打机电井情况统计表

表 12-2-1　　　　单位:眼

年份	农灌井数量	人饮井数量	防氟井数量	年份	农灌井数量	人饮井数量	防氟井数量
1991	402	3	—	2001	41	1	—
1992	329	2	1	2002	60	—	—
1993	51	—	—	2003	226	—	—
1994	101	—	1	2004	157	—	—
1995	50	—	—	2005	91	—	—
1996	34	—	—	2006	100	—	—
1997	42	8	7	2007	20	—	—
1998	31	4	5	2008	20	—	—
1999	—	2	1	合计	1758	22	15
2000	3	2	—	—	—	—	—

二、蓄水灌溉工程

1991—2008 年,修筑渠首拦河闸,利用地上河水和拦蓄冰雪水灌溉农田,共修筑渠首拦河闸 12 处,较大型的有:1993 年建成的同兴镇灌渠拦河闸,1994 年建成的宇宙地镇东升灌渠拦河闸,2002 年建成的经棚镇下排头营子灌渠拦河闸,2003 年建成的白音查干苏木乌套海灌渠拦河闸。这些灌渠均具有年浇灌面积万亩以上灌溉能力。灌渠多采用防渗与渠道提水扩灌结合、截伏流与提水结合、自流和截流结合等工程措施灌溉农田,到 2008 年末,全旗水浇地面积 13629 公顷。其中重点工程如 1997 年宇宙地镇建成的北台子引潜、扬水、低压管道灌溉工程,改写了北台子村民组无水浇地的历史,同年灌溉耕地 70 公顷,人均增收 800 元。

图 12-2-1　克什克腾旗经棚镇农丰节

图 12-2-2　克什克腾旗经棚镇农丰节

三、水源节水工程

2001—2006 年,全旗完成小流域综合治理 28 条,单个区域面积 300 ~ 1500 公顷,总治理面积 15860 公顷。完成水源工程建设 474 处,增加灌溉面积 1580 公顷;完成节水工程建设 461 处,增加灌溉面积 2460 公顷。投入水源与节水工程建设资金 935 万元。

重点水源与节水工程有达来诺日乌力吉草库仑移动喷灌示范区,呼必图浅层地下水开发项目区,桑布拉人工种草改良草场示范区,万合永 U40—U80 型防渗渠道节水工程建设区。

2007—2008 年,全旗完成水源工程建设、节水工程建设 4 处,增加灌溉面积 370 公顷。

四、水利工程管理

1991—1995 年,对机电井管理基本采取集体承包方式,由受益村民组指定专人进行管理,电费和维修费由受益单位或个人自行解决。小型灌渠由受益乡村统一管理,乡、村设立灌渠管理组织,渠道维护费由受益乡、村组织群众投劳集资解决。

1995—2000 年,全旗农业灌溉机电井采取承包、租赁、个人购买 3 种方式进行管理使用。灌渠采取受益单位自行管理。谁受益、谁管理,谁维护、谁使用。

2000—2008 年,全旗农业灌溉机电井采取能卖即卖,无买则承包,无承包则租赁的方式供农民使用。灌渠管理采取受益单位建立用水协会,由受益村民代表大会决定灌渠维护费和水费征收办法及标准,进行使用和维护。

五、水利建设荣誉

1992 年,自治区开展全区水利建设“金龙杯”竞赛,克旗获自治区水利建设“金龙杯”竞赛一等奖。

1998 年,克旗获自治区政府颁发的全区“农田草牧场水利基本建设”二等奖。

2000 年,克旗获自治区政府颁发的“农田草牧场水利基本建设”三等奖。

2003 年,克旗获自治区政府颁发的“农田草牧场水利基本建设”二等奖。

2004 年,克旗获自治区政府颁发的“农田草牧场水利基本建设”一等奖。

2005 年,克旗获自治区政府颁发的“农田草牧场水利基本建设”一等奖。

第四节　水土保持

一、水土流失状况

克旗地处浑善达克沙地与科尔沁沙地结合部,属京津风沙源治理区。依据自治区 2000 年遥感数据资料,克旗二级以上水土流失面积 10859. 41 平方公里,2000 年占全旗总面积 52% 。其中二级以上水蚀面积 5255. 55 平方公里,二级以上风蚀面积 5603. 86 平方公里。

二、水土流失治理

1991—2008年,克旗累计治理水土流失面积393平方公里,治理面积占流失面积的32%。其中:建设梯田37.91平方公里,营造水土保持林201.25平方公里,营造山杏为主的经济林61.8平方公里,种植多年生牧草68平方公里。

1991—2000年,基本采取季节会战形式推进全旗水土治理。每年市里把水土保持治理任务下达到旗,旗里把水土保持治理任务分解到各乡镇,采取春、夏、秋农闲间隙进行集中会战。由旗业务主管部门进行统一规划,乡镇政府组织劳动力施工。各乡镇依据任务量大小,每个劳动力分摊20~30个劳务积累工,重点是修筑水平梯田、人工种草、造林、生态经济沟建设和沙地治理。

施工办法是重点工程全乡干,中等工程连村干,一般工程各村干。治理效果比较明显的,如土城子镇天宝同村东大荒533公顷水平沟治理工程;宇宙地镇东大洼千公顷生态经济沟治理工程;原天盛号乡万亩连片治理工程;经棚镇区346公顷造林整地工程;原河南店乡千公顷连片治理工程。这些工程在治理上坚持近、中、长期效益结合,所有的项目都让农牧民在1~2年见到经济收入。宇宙地镇东大洼经济沟采取第一年种草,第二年种果树、种药的治理方式,既收到治理生态效果又让农民及时见到经济效益。

1995年开始,实行"五荒"(荒山、荒坡、荒地、荒沟、荒滩)拍卖治理,农民购买荒山后,向荒山投资投劳,有相当一部分农户从治理中得到经济实惠。到2000年末,全旗发展"五荒"承买户2.2万户。

2000年,广兴源镇福盛号小流域建设被水利部、财政部确定为"全国水土保持生态环境建设示范小流域"。

图12-2-3 克什克腾旗大石门水电站

2001年开始,以国家风沙源治理项目为依托,尝试推进水土保持生态建设,总结适应本地区生态建设的管理模式,全旗水利水保风沙源治理工程走上可持续、协调发展轨道。在农村牧区劳务积累工、义务工取消后,初步建立起水土保持、风沙源治理的投入与管理机制。

水土保持、风沙源治理,主要采取项目管理,突出综合性,注重规模化的办法。治理过程中,实行项目建设法人制、招投标制和监理制;组建水土保持项目管理组织、水土保持项目施工部，从规划设计到项目施工再到工程竣工验收，每个环节责任到人，确保工程质量和工效。结合农村产业结构调整，因地制宜，对治理区域宜封则封，宜林则林。全面兼顾整个流域山、水、田、林、路综合性，能连片的都实行集中连片规模治理，以发挥工程整体效益，形成产业规模。较大连片区域如：广兴源大东沟、小东沟、闫王鼻子治理区3333公顷；万合永敖海池、龙潭沟、河窝子沟、井筒子沟治理区3333公顷；经棚镇鹅蛋梁、庞家梁、黑水、栅子店治理区3667公顷；三义义成园、庆华治理区2667公顷。

建成一批流域性水土保持、风沙源治理精品工程，如：龙潭沟小流域（530公顷）治理工程，大东沟小流域（667公顷）治理工程，庞家梁小流域（667公顷）治理工程，十地小流域（600公顷）治理工程，敖海池小流域（530公顷）治理工程，庆华小流域（1330公顷）治理工程。

2001—2006年，累计投资4453.34万元，其中国家投入3351.00万元，地方及群众投资投劳折款1102.34万元；国家投入小流域治理3236.00万元。

2007—2008年，国家投资1458万元，地方配套633万元，群众投资投劳持续进行水土保持、风沙源流域治理。

2002年，经棚镇在庞家梁人工栽植羊柴、柠条、再生沙障，沙障面积67公顷，共治理小流域面积667公顷。

2003年，三义乡永胜村十地组采用生物封沟、修建土谷坊和骨干坝等措施展开小流域治理，治理面积469公顷，共实施生物封沟3条，修成土谷坊289座和骨干坝4座。

2004年，万合永镇龙潭沟小流域治理面积400公顷。万合永镇大青山西流域，治理面积667公顷。

图12－2－4　克什克腾旗龙口水电站

下图为治理画面。

图 12-2-5 2002 年 6 月,三义治沙初见成效

图 12-2-6 2003 年 4 月,书声上地组治理小流域现场

图 12-2-7 2004 年 4 月,书声龙潭沟治理工程画面

图 12-2-8 2004 年 6 月,新井七吉山西治理现场

图 12-2-9 2005 年 7 月,三义庆华村山杏林

图 12-2-10 2005 年 6 月,万合永二地村落叶松生长画面

第五节　水资源监测与保护

一、地表水域分布

境内以大兴安岭和七老图山脉为分水岭，分为西拉沐沦河水系、内陆河水系和滦河水系。

西拉沐沦河水系和滦河水系为外流水系。西拉沐沦河发源于好鲁库源水头，流域面积12987平方公里，主河流穿越旗境中部，全长169公里，碧柳河、木石匣河、巴尔汰河、大克头河、百岔河、苇塘河等主要支流几乎分布克旗全境。滦河水系克旗境内两条河流吐力根河、赵古堆河均位于克旗境南与河北省围场县交界处。

克旗内陆河水系主要都发源、分布于旗境西部草原上，部分流入锡林郭勒盟境内，贡格尔河、亮子河、沙里河、耗来河流入达里诺尔。

2008年末，境内有天然湖泊50个，总面积2.7万公顷，多分布于南部、西部草原上。

二、水资源监测

1991年后，水利部门逐步开展对全旗河流、湖泊进行水资源监测。2000年后，水利局成立水利宣传与水资源调查大队，每年分季节对全旗河流和湖泊开展监测。

2008年，监测网络系统有：西拉沐沦河水系干流布设监测站6处，支流布设监测站5处。内陆河水系共布设监测站6处。

图12-2-11　收　获

2006年克旗主要河流流量监测表

表12-2-2　　单位:万立方米

水系名称	河流名称＼月份	1	2	3	4	5	6	7	8	9	10	11	12	年径流量合计
西拉沐沦水系	塔其沟河	0.2	0.4	8.54	34.37	53.57	56.25	12.96	13.4	15.55	10.71	7.76	0.97	214.68
	百岔河	1.75	3.5	76.96	320.1	133.92	524.94	419.9	53.57	202.18	206.23	69.97	8.75	2021.77
	木石匣河	2	4	88.16	366.65	184.8	294.62	186.64	179.45	360.29	399.08	80.14	10.02	2155.85
	碧柳河	2.14	4.27	85.34	392.72	168.74	179.45	456.19	136.6	298.08	305.34	93.87	10.7	2133.44
	苇塘河	0.68	1.37	26.73	134.5	107.14	3.57	114.46	8.03	360.29	32.14	26.73	3.34	818.98
	大克头河	—	—	—	—	—	—	—	—	—	—	—	—	342.95
	小克头河	—	—	—	—	—	—	—	—	—	—	—	—	253.08
	怀都坤兑河	—	—	—	—	—	—	—	—	—	—	—	—	329.86
	东都坤兑河	—	—	—	—	—	—	—	—	—	—	—	—	214.44
	萨岭河	391.62	384.98	550.92	756.69	535.68	873.16	528.77	689.07	692.06	543.71	447.91	431.45	6826.02
	沙里漠河	466.87	458.96	656.78	902.08	597.28	674.96	832.86	897.59	964.24	779.41	569.74	514.35	8315.12
	清水河	205.71	202.22	289.39	397.47	303.26	412.13	355.52	401.76	311.04	294.62	251.03	266.63	3690.78
	合计	1071	1059.7	1782.8	3304.6	2084.4	3019.1	2907.3	2379.5	3203.7	2571.2	1547.2	1246.2	27316.97
内陆河水系	贡格尔河	1	1.96	43.11	186.18	182.13	104.46	139.81	78.29	64.8	133.92	35.58	4.9	976.14
	沙里河	0.6	1.21	27	205.91	170.08	37.5	—	32.14	25.92	85.71	24.55	3.2	613.82
	亮子河	1.3	2.57	56.42	283.55	251.77	152.67	85.54	168.47	145.15	198.2	52.29	6.41	1404.34
	耗来河	0	0	6.09	32.53	34.82	21.43	28.51	4.02	5.18	8.04	5.19	0.65	146.46

续表 12－2－2

水系名称	河流名称＼月份	1	2	3	4	5	6	7	8	9	10	11	12	年径流量合计
内陆河水系	大吉林河	1.78	3.56	34.65	150.36	107.14	152.67	111.46	101.78	54.43	83.03	31.5	3.94	836.3
	小吉林河	0.35	0.71	15.51	59.83	88.39	91.06	31.1	11.78	31.1	34.82	14.1	1.76	380.51
	合计	5.03	10.01	182.78	918.36	834.33	559.79	396.42	396.48	326.58	543.72	163.21	20.86	4357.57
滦河水系	吐力根河	—	—	—	—	—	—	—	—	—	—	—	—	94.61
	赵古堆河	—	—	—	—	—	—	—	—	—	—	—	—	303.92
	合计	—	—	—	—	—	—	—	—	—	—	—	—	398.53
总计	—	1076	1069.7	1965.6	4222.9	2918.7	3578.9	3303.7	2776	3530.3	3115	1710.4	1267.1	32073.07

2006 年西拉沐沦河陈营子桥断面流量监测表

表 12－2－3

单位:万立方米

月份	1	2	3	4	5	6	7	8	9	10	11	12	年径流量合计
流量	1483.18	1458.04	2086.5	2866.44	2210.98	2399.93	2973.02	2142.72	2153.95	2249.86	1810	1634.4	25469.03

三、水资源保护

注重从生态保护上开展水资源保护,通过加强水土保持和生态建设、加强保护执法等措施,使水资源得到持续利用。

在河流、湖泊兴建、改建、扩建项目时,对建设过程中破坏水土保持的,建设或生产单位必须治理;保持草畜平衡,科学确定河流湖泊流域内草场载畜量,严禁超载放牧,保护河流湖泊流域植被。

1991 年,水电水产局组建水政股,对全旗水资源进行管理。1997 年,组建水政监察大队,收缴水资源管理费。2006 年,对水资源和水土保持方案实行论证管理,当年开始征收水资源论证水土保持方案费、水土保持防治费、水资源管理费、渔业资源增值费等,以保证水资源的治理和持续利用。

1995 年,成立热水塘水资源管理站,负责热水塘地区地下热水的管理和供应。2003 年末,热水塘水资源实行企业化管理,注册成立"克旗天露供水有限责任公司",水利局委派董事长兼总经理。管理位于热水开发区内的两眼高温热水井、两眼低温水井、三眼冷水水源井,有热水主管道约 3 公里,冷水主管道 16 公里,年供应热水 8 万吨,自来水 10 万吨,承担热水开发区的冷、热水供应。

第六节　水产养殖

一、可利用水面

2008 年末,克旗有水面积 25704 公顷,其中湖泊 24659 公顷,水库 1020 公顷,池塘 25 公顷。

半咸水湖泊　达里诺尔仍保持"半咸水"湖状态,现有水面 22333.5 公顷,占全旗水面积的 86.7%,是全旗的渔业主产地,主产达里湖鲫鱼、瓦氏雅罗鱼。

淡水湖泊　岗更诺尔、多伦诺尔是淡水湖泊。岗更诺尔水面积 1866.6 公顷,多伦诺尔湖水面积 400 公顷,总计 2266.7 公顷,占全旗水面积的 8.8%。

水库　全旗至 2008 年末有 5 座使用的小中型水库。响水水库水面 266.7 公顷,上湾子 I 级电站水库水面 400 公顷,上湾子 II 级电站水库水面 33.3 公顷,龙口电站水库水面 160 公顷,五道石门子电站水库水面 160 公顷,总面积 1020 公顷,占全旗总水面积的 4%。各水库均有少量的水产养殖。

池塘　至 2008 年末,全旗有 25.2 公顷池塘养殖水面,主要是用于种苗培育生产。

克旗可利用水面分布情况表

表 12-2-4　　　　单位:公顷

名　称	总面积	湖泊	水库	池塘
总　计	25704	24659	1020	25.2
达里诺尔	22342.1	22333.5	—	8.6
岗更诺尔	1866.6	1866.6	—	—
多伦诺尔	400	400	—	—
响水水库	270.7	—	266.7	4
上湾子一级	400	—	400	—
上湾子二级	33.3	—	33.3	—
龙口水库	162	—	160	2
五道石门水库	160	—	160	—
五一灌渠	5.3	—	—	5.3
陈营子	5.3	—	—	5.3
蘑菇场泡子	18.7	18.7	—	—
胡罗卜淖泡子	10	10	—	—
胡家湾电站	30	30	—	—

二、养殖鱼类

至2008年末,克旗各湖泊、水库生长有20余种鱼类,主要经济鱼类有鲫鱼、鲢鱼、鳙鱼、草鱼、瓦氏雅罗鱼等。

克旗主要经济鱼类分布情况表

表 12-2-5

序号	鱼类名称	拉　丁　文	达里湖	岗更湖	多伦湖	响水	上湾子一级	上湾子二级	龙口
1	鲫　鱼	Carssius suratus auratus(Linnarus)	+	+	+	+	+	+	+
2	雅罗鱼	Leuciscus waleckii(Dvbowski)	+	+	+	+	-	-	-
3	鲤　鱼	Cyprinus Carpio Linneus	-	+	+	+	-	-	-
4	鳙　鱼	Aristichthys nobis(Richardson)	-	+	+	+	-	-	-
5	鲢　鱼	Hpophthaimichthys molitrix (alencinnes)	-	+	+	+	-	-	-
6	草　鱼	Ctenophryngodon idellus(C. et. v)	-	+	+	-	-	-	-

续表 12-2-5

序号	鱼类名称	拉丁文	达里湖	岗更湖	多伦湖	响水	上湾子一级	上湾子二级	龙口
7	长尾穗	Phosinus Lagowskii lagowskiiDrb	-	+	+	-	-	-	-
8	餐　条	Hemiculter amblyccphala Yih	-	+	+	+	-	-	-
9	麦穗鱼	Pseudora psrva(Temminck et Schlege)	+	+	+	+	-	-	-
10	船丁鱼	Saurogobio dumerili Bieeker	-	+	+	+	-	-	-
11	棒花鱼	Abbottina rivulars(Basilewsky)	-	+	+	+	+	+	-
12	兴凯颌须枸	Cnathopogon chankaensis(Dybowski)	-	+	+	+	-	+	-
13	凌湖枸	Dobio Lingyusnensis(Dybowski)	-	+	+	-	-	-	-
14	泥　鳅	Misgurnus anguillicaudatus(Csntor)	-	+	+	+	-	+	-
15	花　鳅	Cobitis taenia Linnaeus	-	+	+	+	-	+	-
16	达里湖条鳅	Nsmachilus baiaicus Kessler	+	+	+	+	-	-	-
17	北　鳅	Lefuacostata(Kessler)	-	+	+	+	-	-	-
18	条　鳅	Nsmachils sp	-	+	+	+	-	-	-
19	董氏条鳅	Nsnachilus barbatus toni(Dvb)	-	+	+	+	-	-	-
20	中华多刺	Pungitius sinensis(Guishenot)	+	+	+	+	-	+	-

三、年度水产量

2000—2008 年,克旗年水产量基本稳定在 80 万公斤左右,其中,达里湖水产量约为年 60 万~65 万公斤,岗更湖年水产量约为 11.6 万公斤左右,五座水库年总水产量约为 3.6 万公斤左右。

1993 年 12 月冬捕,达里诺尔渔场单日捕鱼 10 万公斤、单网产鱼 16 万公斤,创捕鱼历史记录。

1997 年,达里诺尔晋升为国家级自然保护区,被确定为有机食品基地,达里诺尔鲜鱼被认定为有机食品。

克什克腾旗志（1991—2008）　　第十三篇

KE SHI KE TENG QI ZHI

第一章　机　构

第一节　管理机构

1991—2008 年，克旗林业局经过了 3 次机构改革。1991 年，林业局内设人秘股、计财股、业务股、林政股、工作站、森保站、公安股、审计股、森调队、种苗站。

1996 年 4 月，撤销克旗林业局，组建林业技术服务中心，内设人秘股、计财股、审计股、林政股、工作站、森保站、森调队、公安分局、项目办、治沙站、种苗站。

2002 年 4 月，林业技术服务中心更名为林业局。

2008 年，克旗林业局内设机构调整为办公室、计财股、审计股、资源林政股、执法监察股和事业性机构森林公安分局、林业工作站、治沙站、森林调查队、森林病虫害防治站、国有林场站、林木种苗站、退耕办公室、绿化办公室、公益林管理站、野生动植物保护中心等。

第二节　事业单位

1991—2008 年，林业局所属事业单位基本保持稳定，有白音敖包国家级自然保护区、克旗森林草原防火指挥部办公室、白音敖包机械防火站、林业教育寄宿中心和 11 个国营林场、11 个苏木乡镇林业工作站等 26 个单位。

克旗林业工作队伍在结构上包括行政管理人员、林业科技人员、林业公安干警和林业企事业单位干部和工人等四方面人员。

1991—2008 年，林业工作队伍不断壮大和发展，呈现出专业范围扩大、学历层次提高、科技人员比例增大的特点。

截至 2008 年末，林业工作队伍已扩大到 800 余人，其中有林业工人 442 人，专业技术人员 219 人，事业干部 118 人，公务员 22 人；63 人拥有大学学历，142 人拥有大学专科学历，176 人拥有中等专业学历；在专业技术人员中，高级工程师 4 人，工程师 51 人，助理工程师 93 人，技术员 71 人。

第三节　林场苗圃

一、国有林场

1991 年，全旗有 11 个国有林场，其中 9 个国有经营性林场，2 个国有治沙林场；有 4 处国营林木苗圃，2005 年改变经营体制，划归属地林场经营；有 1 处国家级珍稀树种自然保护区。

(一)大局子林场

大局子林场位于克旗中南部红山子乡境内,是克旗重要的天然次生林区,森林集中分布在南部燕山山脉山区和沙里漠河两侧,西北部浑善达克沙地边缘多为天然榆树和沙生灌丛。大局子林场始建于1952年,前身为昭乌达森林抚育站。1954年改为森林经营所,1958年改为国营林场。

2008年,大局子林场林业用地总面积16852公顷。其中:有林地4256公顷,疏林地174公顷,灌木林地3736公顷,灌丛地288公顷,宜林地8247公顷,未成林造林地150公顷,苗圃地1.05公顷;森林覆被率50.1%。国家重点公益林总面积为7997公顷。其中:重点公益林生态区或江河源头防护林区250公顷,河岸防护林区146公顷,浑善达克沙地防护林区7601公顷。商品林面积为345公顷,地方公益林面积355公顷。

截至2008年末,大局子林场乔木林总蓄积为196万立方米。

大局子林场以公益林管护、商品用材林生产经营为主,林场职工及家属主要从事森林经营、育苗生产,采集山野菜等获取经济收入,林场辖区内有农牧民从事养殖业。

(二)桦木沟林场

桦木沟林场位于克旗中南部红山子乡境内,桦木沟林场是百岔河发源地之一,乌兰公河从境内流过,湿地较多,多集中于元宝山营林区,有蘑菇场泡子、将军泡子及公主湖等湖泊。始建于1955年,前身为森林经营所,1958年改为国营林场。林场天然林以次生白桦、山杨为主,人工林以落叶松为主。林场森林主要种群有白桦、山杨、华北落叶松、云杉、樟子松、油松、蒙古栎、虎榛子、山杏、杜鹃、胡枝子等。草原植被种群多为羊草、贝加尔针茅、隐子草、冰草及衍生类型百里香、冷蒿、驼绒藜等。

截至2008年末,林场林业用地面积10300公顷,林地面积6995.1公顷,灌木林面积288.3公顷。其中包括国家重点公益林面积6057.02公顷。商品林面积266公顷。

林场活立木总蓄积186.42万立方米。

林场主要从事森林管护、造林、森林抚育采伐,生态旅游、养殖业等。

(三)黄岗梁林场

黄岗梁林场位于克旗东北部,林场始建于1953年,初为克旗森林抚育分站,1954年改为森林经营所,1958年改为国营林场。林场植物区系为东、西伯利亚植物,成分南向延伸和东亚、中国华北植物,成分北向伸展的过渡系统,生物资源复杂而多样。植物的水平地带性分布以落叶松、白桦为建群体,山杨为伴生种,林下植被主要有绣线菊、山刺梅、苔草、地榆、大叶章。灌木树种主要有山杏、虎榛子、杜鹃。河流沿岸和季节性积水沼泽地上分布着丛桦、灌木柳、绣线菊、苔草、小叶章等。

截至2008年末,黄岗梁林场有国有林业用地面积15698公顷。其中有林地面积

6406公顷，疏林地面积3.3公顷，灌木林地面积1712公顷，宜林地面积7183公顷，未成林造林地面积392公顷，苗圃地面积2.1公顷。林场活立木总蓄积149万立方米。

林场主要从事公益林管护、商品林生产经营和林木育苗，以培育樟子松、云杉、落叶松苗木为主，年产合格苗木200余万株，套袋容器苗木80万株。2008年育苗林地15公顷。

（四）白音敖包林场

白音敖包林场位于克旗西北部，达来诺日境内，林场始建于1953年，1954年改为云杉经营所，1958年改为国营林场。

截至2008年末，林场林业用地面积9040公顷，有林地面积2974公顷，其中天然林2494公顷，人工林480公顷。灌木林3700公顷，其中有山杏林260公顷，虎榛子1770公顷，沙柳750公顷。天然林以次生白桦、山杨为主，人工林以落叶松为主。主要林种为沙地云杉林。

林场活立木总蓄积132万立方米，其中天然林117万立方米，人工林16万立方米。

（五）热水林场

热水林场位于经棚镇区东北30公里，热水林场始建于1960年，为造林林场。

截至2008年末，热水林场林业用地6504公顷，有林地2444公顷，其中天然林2344公顷，人工林100公顷。有灌木林1600公顷，其中山杏林1000公顷，虎榛子600公顷。天然林以次生白桦、山杨为主；人工林以落叶松、杨树为主。主要林种为防风固沙林。有宜林地1900公顷。林地多数分布在大兴安岭余脉与七老图山脉交界的山区、丘陵边缘。森林主要种群有白桦、山杨、华北落叶松、油松、蒙古栎、虎榛子、山杏、杜鹃、胡枝子等。植被种群主要为羊草、贝加尔针茅、隐子草、冰草及衍生类型百里香、冷蒿、驼绒藜等。

林场有活立木总蓄积91万立方米，其中天然林蓄积82万立方米，人工林蓄积9万立方米。

林场主要从事森林管护、造林，森林抚育采伐和畜牧养殖业等。

（六）广兴林场

广兴林场位于克旗中南部芝瑞镇境内。截至2008年末，林场国有林业用地4236公顷，其中，有林地1886公顷，疏林地112公顷，灌木林地1262公顷，未成林地39公顷，苗圃地0.45公顷，宜林荒山荒地937公顷。公益林总面积4058.25公顷，占林业用地的95.8%，重点公益林3085.2公顷，占林业用地的72.8%，其中有林地1721.7公顷、疏林地101.7公顷、灌木林地1261.8公顷；地方公益林973.05公顷，商品林178.05公顷。乔木树种主要有落叶松、白桦、山杨，灌木有绣线菊、山杏、杜鹃等。

林场林木总蓄积95万立方米。

(七)托河林场

托河林场位于克旗东南部,1959 年建场。

截至 2008 年末,托河林场有林业用地面积 4633 公顷,有林地 1077 公顷,灌木林 3094 公顷,疏林地 6.9 公顷,未成林地 15 公顷,有宜林地 44 公顷,苗圃地 0.15 公顷。天然林以次生白桦、山杨为主,人工林以落叶松为主。纳入重点公益林面积 16.3 万公顷,占公益林用地 53.84%。

(八)青山林场

青山林场位于经棚东部,前身是托河林场的营林区,1967 年建场。

截至 2008 年末,林场有林业用地面积 4.01 万公顷,有林地 6487 公顷,其中天然林 5820 公顷,人工林 667 公顷。灌木林 2.181 万公顷,其中山杏林 13596 公顷,虎榛子 7996 公顷。天然林以灌木山杏林为主,人工林以落叶松为主。有疏林地 10 公顷,未成林 17 公顷;有宜林地 1722 公顷,苗圃地 3.45 公顷。

青山林场活立木总蓄积 38.6 万立方米。

青山林场森林资源分公益林、商品林区别养护、经营。国家重点公益林面积 2.6854 万公顷,地方公益林面积为 369 公顷。商品林面积为 1419 公顷。

(九)联峰林场

联峰林场位于克旗经棚镇区西侧,沿西拉沐沦河及其支流格类河两侧,分布有大面积沿河沙地,与浑善达克沙地连接。1966 年建场。

截至 2008 年末,联峰林场有林业用地面积 8154 公顷,有林地 1900 公顷,天然林 184 公顷,人工林 600 公顷。有疏林地 10.2 公顷,灌木林 5959 公顷,其中山杏林 4500 公顷,虎榛子、沙柳 1459 公顷。有未成林造林地 16.65 公顷,苗圃地 3.6 公顷,宜林地 144 公顷。

联峰林场天然林以次生白桦、山杨为主,人工林以落叶松为主。

联峰林场活立木总蓄积 60 万立方米,其中天然林蓄积 51 万立方米,人工林蓄积 9 万立方米。

(十)黄榆沟治沙林场

黄榆沟治沙林场位于克旗东南部西拉沐沦河南岸,距经棚镇 120 公里,林地分布在西拉沐沦河及百岔河两侧的大面积沿河沙地上,以山地为主,与科尔沁沙地连接。1976 年建黄榆沟治沙林场。

黄榆沟治沙林场总经营林地面积 2213 公顷,其中有林地 44 公顷,大部分为人工杨树林。有灌木林 609 公顷,林场确定国家重点公益林为 502.5 公顷。

林场主要开展造林治沙、林木管护。

(十一)镇郊治沙试验林场

镇郊林场在经棚镇区,总体上属低山山区,镇郊实验林场1994年建场。

截至2008年末,镇郊林场林业用地面积1048公顷,有林地92.4公顷,其中天然林34.5公顷,以山杨、白桦为主。人工林57.9公顷,以杨树为主。有灌木林576.75公顷,灌丛地74.7公顷,主要有山杏、沙棘、虎榛子等树种。有未成林造林地33公顷,宜林地262.5公顷。镇区川地及平缓坡地人工林种以防护林为主,丘陵山区以天然次生林为主。镇郊林场已形成活立木总蓄积3.29万立方米。

镇郊林场主要为保护经棚镇生态环境而建,从事森林管护、造林、治沙、种草等。

二、林业苗圃

(一)经棚苗圃

经棚苗圃建于1949年,原位于经棚镇字山下,育苗面积2公顷。1991—2000年间,年均产合格苗木约95万株。2001年,苗圃迁址于经棚镇北10公里的原新庙乡红星村。2005年,苗圃归属联峰林场。有办公用房680平方米,职工25人,其中管理人员7人,技术人员6人。

(二)木希嘎苗圃

木希嘎苗圃建于1984年,位于同兴镇敖包村。苗圃占地面积1.4公顷,有育苗地面积1公顷。2005年,苗圃归属黄岗梁林场。时有办公用房600平方米,职工16人,其中管理人员7人,技术人员4人。

(三)达里苗圃

达里苗圃位于达来诺日镇,建于1957年。苗圃总面积36公顷,土壤以沙壤土为主。1991—2007年,年均育苗约2.5公顷,用于周边牧区防风固沙。2005年,苗圃归属联峰林场。苗圃时有办公室909平方米,职工10人,其中管理人员2人,技术人员2人。

(四)钟营子苗圃

钟营子苗圃位于克旗东南新开地乡钟营子村,建于1956年。苗圃总面积40公顷。1991—2007年,年均育苗1.2公顷。2005年,苗圃归属青山林场。有办公用房668平方米,有职工15人,其中管理人员4人,技术人员1人。

第四节 白音敖包机械防火站与林教中心

一、白音敖包机械防火站

1963年建站,承担克旗全境年开设1100公里草原森林防火生土隔离带(包括林缘防火生土隔离带350公里)任务,防火隔离带跨越六个县旗边界,是重要的森林草原资源保护措施。从建立防火站至2008年,防火隔离带有效阻拦外侵火18次。

1997 年,防火站组建起 40 人专业快速扑火队,并逐步形成专业防扑火能力,配备完备的防扑火设备,多次参加毗邻地区单位火灾扑救行动。

1998 年,防火站安装地面卫星接收机和有线广播电视。

2002 年,防火站筹措资金成立围栏刺线厂,弥补经费不足。

2005 年,防火站新建成占地面积 2880 平方米,建筑面积近 1000 平方米办公楼。

2007 年,防火站有防火指挥车 1 台,防火运兵大车 3 台,运兵小车 2 台,防火通讯手持机 4 部、风力灭火机 68 台,链式拖拉机 10 台,轮式拖拉机 4 台,野外作业生活车 4 台及配套机具,2 号扑火工具 150 把,扑火服装等,防扑火物资储备齐全。

2008 年,防火站有职工 44 人,其中工程师 1 人,助理工程师 2 人,高级技师 14 人,技师 10 人,高级工人 3 人。

二、克旗林业教育中心

1999 年 9 月,克旗林业系统成立教育中心(简称林教中心)。之前,克旗林业系统所辖 17 个单位(场、站、圃)办有学校,办学历史 37 年,但办学条件差,生源、师资不足,与教育行政管理和指导脱钩,教学质量不高。到 1999 年,克旗林业子女考入中专以上学校学生不足 50 人,大部分适龄学生中途辍学。鉴于这种情况,经克旗教育行政管理部门同意,在经棚镇建成林教中心,6 周岁以上孩子全部集中到林教中心就学管理。学生定员编班,聘用原林业系统学校教师为辅导老师或管理服务人员,安排学生分别到经棚第一小学、第二小学就读。课余统一寄宿管理。

2008 年,林教中心学生初中升入高中总评成绩由林场分散办学时的 19.8% 提高到 75.5%。

第二章　林业改革

第一节　林地林木产权改革

1991—2008 年,林地林木所有权有三种形式:国家所有、集体所有和林木个人所有。国有森林、林地和林木可由国有单位使用,依法享有对其占有、使用、收益和有限处置权;集体也可以合法形式(联营、承包、租赁等)取得国有森林、林地和林木使用权,集体森林、林地和林木可以由国有林业单位使用经营;经济组织、法人、公民可通过承包、租赁等形式取得使用权。

2000 年后,实施退耕还林、京津风沙源治理、生态保护与建设工程、农田防护林工程、野生动植物保护等重大森林保护工程。林权仍归国家、集体或个人所有。

2004 年,落实国家重点公益林生态效益补偿基金制度,全旗区划界定国家级公益林 412600 公顷，第一批补偿 337926.7 公顷，第二批补偿 34606.7 公顷，年补偿资金 2654.3 万元。

同年，在全旗范围内实行集体林业产权制度改革，将集体统一经营管理的森林、林木及宜林地以拍卖、承包、租赁、划分等形式确权到户，建立产权明晰、经营主体到位、责任划分明确、利益保障严格、流转秩序规范，监督服务有效的林业产权制度，实行电子化档案管理。

2008 年 6 月，进一步深入落实集体林权制度改革的各项政策、措施。

2008 年克旗林业产权情况表

表 13－2－1

使用权属	林地总面积（公顷）	公益林面积（公顷）		商品林总面积（公顷）	计划造林总面积（公顷）	宜林地总面积（公顷）	发放林权证数（本）
		重点公益林	地方公益林				
总　数	900334	372533.33	5000	37913	616	283327	8236
国有林场经营	616127	323893.33	200	14139	544	202254	1943
集体使用	201757	47306.47	4373	2658	7	71269	160
个人使用	82361	1333.53	427	20859	83	9804	6128
其　他	89	—	—	77	—	—	—

第二节　林场管理体制改革

1991—1995 年，国有林场、苗圃，执行主管部门林业产业计划，开展采伐、造林、营林、育苗等生产活动。

1995 年，在国有林场、苗圃推行职工股份制造林、营林，林场提供林地、苗木、机械工具，收益分成。

1996 年 10 月，国有林业单位（场、站、圃）打破行政管理体制，实行所有权、经营权分离，自主经营，自负盈亏。采用场长任期责任制，全权负责国有林场生产经营管理。

2000 年，国有林场开展竞争上岗和以林木资源分流职工试点改革。本着因需设岗的原则，重新定岗、定员、定编，开展全员竞争上岗，对自愿下岗人员，用林木资源作为补偿，解除劳动关系，进行分流。

2005 年，实施国有苗圃改革，改革采取兼并方式进行，原国有苗圃的产权移交就近林场管理，即黄岗梁林场兼并木希嘎苗圃、联丰林场兼并经棚苗圃和达里苗圃、青山林场兼并钟营子苗圃。苗圃资产经评估验资后，整体移交给林场，签订《国有苗圃资产移交书》。自此国有苗圃走向市场。自愿解除职工身份人员，解除与苗圃的劳动合同关系，签订《终止、解除劳动关系证明书》。

第三节 林业政策完善

1991—1999年,全旗国有林权统一实行林权认证管理,发放国有林权证,累计发放林权证1678张,国有林总面积77287.97公顷。国有天然散生、零星小片林委托集体经营。集体经营的林木实行个体承包,划分到户,发放证照。林木采伐利用实行限额审批管理制度和凭证采伐制度。

2000年,对全旗荒山、荒沟、荒滩、荒坡、荒水使用权进行拍卖,鼓励植树造林,治理"五荒"。全旗生态建设以风沙源治理工程为支撑,重点围绕浑善达克沙地,划分沙区、高寒漫甸区、山丘区和草原区四个类型区,按照条块结合、分区治理、重点攻坚的思路全面展开治理工作。

2003年,开始发展非公有制林业,调动社会力量投入林业建设,进一步明确林业在可持续发展中的重要地位,在生态建设中的首要地位,在西部大开发中的基础地位,加强生态保护,深化林业改革。

2004年,进一步明晰国有林地、宜林地和集体林地、宜林地产权,实行林权证制度。森林流转要进行评估、备案、权属变更,换发林权证。对克旗公益林进行区划界定,将符合条件的森林资源纳入到国家重点公益林,并按照有关要求进行管理。进一步细化公益林管理工作,完善各项工作制度。

第三章 林种 树种

第一节 林 种

1996年,内蒙古第二林业勘查设计院对全旗二类森林资源清查,针对实际进行林业区划,克旗森林划分为防护林、经济林、特种用途林和用材林。

一、防护林

2006年,划定防护林包括水源涵养林、水土保持林、防风固沙林、农田防护林、草牧场防护林、护岸林、护路林等防护林,限制采伐。确定水源涵养林460公顷,占0.74%;防风固沙林60840公顷,占98.16%;护岸林20公顷,占0.03%。

二、经济林

经济林包括果树林、食用油料林、工业原料林及其他经济林。

三、特种用途林

包括母树林、环境保护林、风景林、名胜古迹林和自然保护区林。

2008 年末，克旗特种用途林 4400 公顷。自然保护区林占重点公益林面积的 1.15%。

四、用材林

克旗有用材林 37764 公顷，其中一般用材林 22967 公顷，短轮伐期用材林 14797 公顷。

第二节 树 种

一、主要树种

1991—2008 年，克旗境内主要有本土树种和引种树种两大类。

（一）本土树种

经调查，至 2008 年末，克旗本土原生和长期引种本土化保留树种主要有 20 科 138 种。

克旗本土树种调查表

表 13－3－1

类属	科 属	名 称	主要分布地
乔木	松科	樟子松、油松、兴安落叶松、沙地云杉、华北落叶松、日本落叶松、长白落叶松	桦木沟、大局子、白音敖包等林场
	柏科	杜松、侧柏	南北部林场
	杨柳科	山杨、小叶杨、北京杨、小青杨、加杨、新疆杨、甜杨、赤峰杨、沙柳、卷边柳、蒿柳、粉枝柳、大黄柳、垂柳、旱柳、深山柳、乌柳	全旗林场和各地
	胡桃科	核桃楸、胡桃	—
	桦木科	白桦、黑桦、红桦、枫桦（硕桦）	—
	山毛榉科	蒙古栎、辽东栎	—
	榆科	黑榆、黄榆、白榆（家榆）、春榆	—
	桑科	裂叶榆、桑	—
	蔷薇科	稠李、花桃树、山桃、花楸、花红	全旗林场
	卫茅科	桃叶卫茅	—
	槭树科	糖槭、五角枫	—
	椴科	糠椴、蒙椴	—

续表 13－3－1

类属	科　属	名　　　　称	主要分布地
灌木	柏科	兴安桧、义子圆柏	—
	麻黄科	草麻黄、单子麻黄	—
	杨柳科	五蕊柳、黄柳、小红柳、细叶沼柳、筐柳、黄花柳、密齿柳、沙柳、越桔柳、崖柳、皂柳、沼柳、乌柳、西伯利亚沼柳	—
	桦木科	砂生桦、柴桦、油桦、枣叶桦、虎榛子、榛、毛榛	—
	桑槲寄生科	槲寄生(北寄生)	—
	桑科	蒙桑	—
	蓼科	东北针枝蓼	—
	藜科	华北驼绒藜、木地肤	—
	小檗科	黄卢木	—
	虎耳草科	红升麻、茶藨子、楔叶茶藨、兴安茶藨	—
	蔷薇科	黑果栒子、灰栒子、柳叶绣线菊、狭叶绣线菊、三裂绣线菊、华北珍珠梅、全缘栒子、土庄绣线菊、麻叶栒子、全线栒子、水栒子、毛山楂、蒙古扁桃、毛樱桃、珍珠梅、娟毛绣线菊、窄叶绣线菊、楼斗绣线菊、床叶悬钩子、小叶金老梅、金露梅、西伯利亚山楂(辽山楂)、西伯利亚山杏、胡枝子、达乌里胡枝子、细叶胡枝子	全旗林场
	豆科	小叶锦鸡儿、山槐、狭叶锦鸡儿	—
	鼠李科	乌苏里鼠李、小叶鼠李、柳叶鼠李	—
	山茱萸科	红瑞木	—
	杜鹃花科	照山白、兴安杜鹃、迎红杜鹃	桦木沟、大局子、黄岗梁等林场
	木樨科	紫丁香、白丁香	—
	唇型科	百里香	—
	忍冬科	黄花忍冬、蒙古荚莲、兰锭果忍冬、宽叶接骨木、毛接骨木、鸡树条荚莲、蒙古荚莲、小叶忍冬	—
	菊科	差不嘎蒿、万年蒿、万年蓬、岩蒿	—
	虎耳草科	美丽茶藨、东北茶藨	—

(二)引种树种

至2008年末，克旗引种的主要树种有近20科百余种，主要有新疆杨、加拿大杨、银中杨、垂柳、馒头柳、龙爪柳、榆叶梅、龟背竹、发财树、摇钱树、苹果、沙果、海棠果、鸭梨、酸梨、杜梨、樱桃、葡萄、李子、白梨、沙枣、枸杞等。

二、珍稀树种和古树名木

（一）珍稀树种沙地云杉

沙地云杉是稀有珍贵树种。至2008年，白音敖包自然保护区有1947公顷沙地云杉，呈群团状分布，森林覆盖率42%，是沙地云杉的集中分布区，平均树高12米，最高36米，成树胸径22～36厘米，多数原始沙地云杉树龄80～120年，最大树龄近400年。

白音敖包沙地云杉侧根系发达，多浅层延伸生长，且树根蔓长可达树干3倍以上。固拢散沙效果明显。

图13－3－1　沙地云杉(2006年3月/李景章拍摄)

（二）古树名木

1.“油松王”：生长在克旗红山子乡唐家店村西梁。树高12.1米，胸径363厘米，树龄220年左右。

2.“九龙榆”：生长在达日罕乌拉苏木毛都吐沟。树高12米，胸径460厘米，树龄300年以上。树干虬曲盘旋，部分根系外露，当地人称为“九龙神榆”。

图13－3－2　油松王(2005年9月/旗林业局拍摄)

图13－3－3　九龙神榆(2007年7月/李景章拍摄)

3.“芝瑞榆”:生长在芝瑞镇兴华村。树高28.5米,胸径360厘米,树龄300年左右,当地人视为“神榆”。

4.“铁营子榆”:生长在土城子镇铁营子村。树高24.5米,胸径360厘米,树龄300年左右,当地人视为“神树”。

图13－3－4　芝瑞榆(2005年9月/旗林业局拍摄)

图13－3－5　铁营子榆(2005年9月/旗林业局拍摄)

第四章　营林　造林

第一节　封育山林

一、封育概况

1991—1999年,共完成封山(沙)育林8.06万公顷。

2000年,国家实施京津周边风沙源治理工程项目,至2006年,全旗共完成工程封育面积7044公顷。10处北疆文明大通道两侧封育项目精品工程,面积约1700公顷。

图13－4－1　沙区通道工程(2006年6月/旗林业局拍摄)

至2008年,通过实施封山育林工程项目区建设,全旗风蚀沙化、水土流失区逐渐呈现绿色,生态环境改善,流动沙丘基本被固定,马鹿、狍子、獾、雉鸡、沙鸡等野生动物开始在封育区内出现、繁殖。

二、封育林精品工程

(一)沙区通道绿化工程

沙区主要分布在西拉沐沦河沿岸和浑善达克沙地沿边,共涉及全旗4个苏木乡镇,82个行政村,区域总面积106500公顷。沙区通道绿化工程规划治理面积26800公顷。沙区通道绿化工程是以京津风沙源治理工程为中心,在旗道乌达线、国道303线和西拉沐沦河流域、浑善达克沙地与科尔沁沙地中间地带开展的生态建设工程,主要采取潜在沙化地禁牧,流动沙地开展工程治理等措施,遏制流动沙丘和潜在沙地生态退化,恢复植被。截至2007年末,完成治理面积8947公顷,其中封山(沙)育林7344公顷,飞播造林490公顷,人工造林1113公顷。

图13－4－2　克旗沙区通道封山工程(2006年6月/旗林业局拍摄)

内蒙古省际通道克旗段绿化工程是沙区通道绿化工程中示范性工程。省际通道克旗段地处浑善达克沙地,绿化建设长度135.4公里,通道两侧延伸1公里,治理面积1940公顷,其中封山育林1930公顷、防护林10公顷,控制面积4062公顷。共完成135.4公里。

省际通道克旗段绿化工程建设采取招投标制,统一规划、统一标准、统一施工、统一验收;采取坐水栽植,生根粉浸根,大苗移栽等先进适用技术,工程建设质量达到设计要求。

工程建成后,新增有林面积1940公顷,沿途生态环境、居民生产生活条件得到改善。

(二)联峰耗来沟封育区

联峰耗来沟封育区位于经棚以南约7公里,属浑善达克沙地边缘。自然生长有白桦、黑桦、山杨、蒙古栎、山杏、虎榛子、黄柳等零星树种,植被为沙地沙生植物,植被稀疏,植被总覆盖度20%左右,流动沙地占整个项目区的30%以上,沙化、退化较严重。

图13－4－3　耗来沟封育区(2006年7月/旗林业局拍摄)

2001年,联峰耗来沟为京津风沙源治理封山育林工程项目区,建设面积250

公顷。仿效自然模式人工恢复生态,在原有植物种群类基础上补植樟子松、沙地榆、柠条等本土树种,补植面积 50 公顷;补播榆树、山杏、山竹子等乔灌木树种,补播面积 20 公顷。补植采用坐水返渗法,容器苗造林,旋耕机施工,并采用机械围栏封护和人工看护相结合封禁保护措施,加强对项目区管护。

封护 5 年后,工程项目区植被快速恢复,生态环境得到改善,植被盖度 60% 以上,乔木郁闭度 20% 以上,灌木盖度 40% 以上,流动沙丘被固定。区内出现狍子、獾、雉鸡、沙鸡等野生动物。经测算,项目区可年产牧草 60 万公斤,年经济效益约 24 万元。

第二节　植树造林

一、概况

1991—2008 年,全旗累计人工造林 60. 98 万公顷。其中:1991—1999 年主要在荒地和林地进行国有造林和集体造林。2000—2008 年,通过工程治理项目开展造林。主要有退耕还林、沙源治理、生态保护建设性造林。

1991—1996 年,人工造林基本为国有、集体造林,以劳务积累工为主;林业补贴种苗,组织区域大会战。

1997—1999 年,人工造林有国家项目和国债支持造林。

2000 年,京津风沙源治理工程启动;2001 年,国家推进西部大开发,退耕还林工程启动。在国家项目资金支持下,从人工造林转变为工程造林。

2004 年后,工程造林实行工程招投标制,工程造林科学化、规范化程度提高,造林成活率和工程质量也相应提高。

至 2008 年末,人工造林在工程造林推动下,项目区地表植被覆盖率大幅度提高,初步扭转土地沙化、退化局面,农田和草场得到有效保护。

1991—1999 年克旗人工造林和封山育林情况表

表 13－4－1　　单位:公顷

年份	人工造林				封山育林
	总数	国有	集体	个人	
1991	4067	399	3668	—	18433
1992	7880	1200	6680	—	19067
1993	8413	1567	6846	—	15933
1994	5563	1113	4450	—	5000
1995	6932	2047	4885	6	5000

续表 13-4-1

年份	人工造林				封山育林
	总数	国有	集体	个人	
1996	13067	2295	10638	134	4333
1997	6432	2305	3994	133	3733
1998	10867	1853	9014	—	5200
1999	8933	1612	6454	867	3933
合计	72154	14391	56629	1140	80632

2000—2008年克旗人工、工程造林和封山育林情况表

表 13-4-2　　单位:公顷

年份	人工造林总面积	工程造林			沙源治理工程	生态建设保护工程	封山育林
		小计	耕地	荒山			
2000	11520	—	—	—	2667	—	4133
2001	9787	1333	1333	—	8600	—	1667
2002	10987	7333	3666	3667	2067	—	7827
2003	72381	14000	7000	7000	1667	100	6667
2004	73146	8667	4667	4000	133	—	11000
2005	76146	7000	5667	1333	333	140	7333
2006	89816	447	—	447	520	233	10000
2007	91647	2333	333	2000	3667	—	5333
2008	102180	2000	—	2000	5467	—	7333
累计	537610	43113	22666	20447	25121	473	61293

注:人工造林总面积选自《克什克腾旗统计年鉴》,其他数据由林业局提供

二、植树造林精品工程

(一)高寒漫甸区莲花山工程

高寒漫甸项目区,位于克旗东南部,是西拉沐沦河一级支流百岔河重要水源涵养地,覆盖1个乡、1个国营林场。区域总面积68830公顷,总人口6.4万人。1999年开始规划项目区,规划控制面积13800公顷,工程造林面积4700公顷,占总控制面积的

34%。可庇护农田2200公顷,牧场6000公顷,控制水土流失1200公顷。截至2004年,完成工程治理面积9900公顷,工程建设面积3900公顷,占治理面积的39%。总投资3120万元,群众投工投劳195万个,动用土石方1014万立方米。

莲花山农田草场防护林示范工程,处于整个漫甸区的最西端,南北长22公里,东西宽8公里,总面积2000公顷。建设面积220公顷,动用土石方量约57.2万立方米,形成林带总长度56.4万延长米,林网687个,可庇护农田520公顷,草场1480公顷。

莲花山农田草场防护林工程项目以风沙源治理和退耕还林工程为依托,在总体布局上,打破乡、村、组界限,整个工程区统一规划,统一标准,统一会战,明确林权到户。根据自然地形和立地条件,宜网则网,宜带则带,宜片则片,形成整体农田、草场综合防护林体系。

整个莲花山农田草场防护林工程区共设计4种不同林网规格,3种不同林带结构,6种不同混交方式,并满足开展固定标准地农田风蚀及农作物产量调查,草场产草量及草种变化调查,各树种生长情况调查,各种规格、结构林网、林带防护林效果调查等。

经工程项目验收,建设各项指标均达到设计要求,造林平均成活率91%,整地质量合格率100%,幼苗成长良好。工程区每年增产大量优质牧草,为当地农牧民开展舍饲提供大量草源。机械整地、机械造林试验获得成功。

图13-4-4　高寒漫甸防护林(2008年9月/旗林业局拍摄)

(二)山丘区架子山工程

山丘区主要分布在克旗中东部,西以黄岗山脊为界,东与林西县接壤。共涉及全旗5个乡镇、56个行政村,区域总面积51966公顷,总人口近8万人。山丘项目区以退耕还林为主要治理措施,以恢复植被盖度、提高农牧业生产能力、建立农牧结合示范区为目标,规划面积40700公顷,规划治理面积3706公顷。截至2008年末已完成治理面积2016公顷。

架子山建设工程是山丘区造林育林示范工程,位于土城子镇北部,属西拉沐沦河南岸重度退化区，总面积2000公顷。治理前，架子山山丘区植被盖度不足15%。

架子山山丘区建设工程共完成人工造林850公顷，人工种草40公顷，造田20公顷，种植药材20公顷，沙地飞播造林种草450公顷，封山育林育草500公顷，建成林网128个，修山间作业路6条32公里，群众投工150万个，完成土石方量846万立方米，完成建设投资860万元。

图13－4－5　造林精品工程(2007年8月/旗林业局拍摄)

工程治理项目区林草盖度得到恢复，水土流失和沙化退化现象得到控制。

(三)坝上水源涵养用材林工程

坝上水源涵养用材林工程区位于克旗最南部，与河北省围场县相连，东西总长度62公里，属高寒漫甸草原，地势平坦。工程建设前，地表植被严重退化，降雨量明显减少。1995年，启动坝上落叶松水源涵养用材林建设工程。

工程区涵盖桦木沟林场、芝瑞镇和原南店镇，建设面积950公顷。工程建设根据不同地势采取不同整地方法，地势平坦、面积较大地块，采取机械开沟整地，面积较小、坡度较陡的地块，采取人工穴状整地造林。

至2008年末，坝上水源涵养用材林工程项目区已郁闭成林，平均树高2.5米，从南至北形成一道30多公里的绿色长廊，项目区内植被迅速恢复，产草量成倍提高。

第三节　护林与用林

一、规划管理

1996年，克旗完成全境二类森林资源清查工作，通过细化资源分类、提高经营管理水平和改善林分结构，树种生长量增大，为实施木材生产计划，采伐利用奠定基础。

2003年，由以木材生产为主向以生态建设为主转变，由以采伐天然林为主向以采伐人工林为主转变，由毁林开荒向退耕还林转变，由无偿使用森林生态效益向有偿使用森林生态效益转变，由部门办林业向社会办林业转变。

2004年，克旗天然林占森林资源绝对优势获得国家生态效益补偿性基金支持，商品林走向市场，公益林全面有效保护，公益效益地位突显。全旗共区划商品林面积10545公顷，占林业用地面积的8.39%，其中，有林地5553公顷，疏林地38公顷，未成林造林地2343公顷,宜林地2585公顷,苗圃地26公顷。

2004年和2006年,全旗分两批次共区划重点公益林61980公顷,占林业用地面积的49.3%。其中,有林地27130公顷,疏林地830公顷,灌木林地29520公顷,灌丛地4500公顷。主要分布在浑善达克和科尔沁两大沙地的生态区位上,河流源头重点公益林面积250公顷,河流两岸重点公益林面积230公顷;荒漠化和水土流失严重区规划重点公益林最多,60840公顷,占重点公益林面积的98.16%,其中,有林地25990公顷,疏林地830公顷,灌木林地29520公顷,灌丛地4500公顷,森林和陆生野生动物类型国家级自然保护区重点公益林660公顷。在权属上,国有重点公益林区划界定面积51003公顷,集体重点公益林面积10547公顷,个体重点公益林面积430公顷。

2004年1月,中央财政按每年每公顷67.5元标准对国家重点公益林实行补偿,克旗第一批补偿重点公益林面积50689公顷;2006年1月,中央财政仍按每年每公顷67.50元标准对国家第二批重点公益林实行补偿,补偿重点公益林面积5191公顷。地方重点公益林按每年每公顷30元标准实行补偿,补偿面积750公顷。

截至2006年7月末,建成132处重点公益林管护站房,安装4353块管护界桩,修建重点公益林档案室、防火器材库、森防药械库,建立了公益林专业档案,成立国家重点公益林管理领导小组,加强对国家重点公益林管理。同时各苏木乡镇、国有林场、自然保护区、各公益林单位均成立公益林管理领导机构,配备专兼职公益林管理工作人员。制定管理制度和考核办法。

二、管护队伍

2005年,林业局公开招录1343名公益林管护人员,统一进行岗前业务培训和军训,实行半军事化管理,统一着装,明确公益林单位和管护人员责任、权利和义务,实现对全旗各种公益林监管。

2008年末,克旗重点公益林管护人员已发展到1393人。

三、木材加工

1971年建立的桦木沟林场木材加工厂,主要生产方材、板材、线轴、线塔等,1983年关闭。1973年建立的黄岗梁林场木材加工厂,主要生产板材、方材、线轴、纸夹板、啤酒箱、托盘等,1998年关闭。1976年建立的大局子林场木材加工厂,主要生产线轴、鞋楦、沙发、板材、沙塔、木削片等,2000年关闭。1980年建立的林产公司主要生产标准板、毛边板、线塔、气管把等,2004年关闭。

截至2008年末,重组新建大小木材加工企业40处,均为个体经营形式,年消耗木材总量约8100立方米,主要产品为初加工半成品。

第五章　森林保护

第一节　病虫害防治

一、森林病虫灾害概况

1991—2008 年,克旗发生的森林病虫灾害总面积约 54100 公顷。主要害虫种类有:落叶松毛虫、落叶松尺蛾、云杉扁叶蜂、云杉重齿小蠹、落叶松八齿小蠹、落叶松鞘蛾、红腹叶蜂、落叶松叶蜂、松瘿小卷蛾、分月扇舟蛾、杨毒蛾、杨吉丁、柳蛎盾蚧、杨叶甲、青杨天牛、桦尺蠖、梦尼夜蛾、柠条种子小蜂、柠条豆象等;发生的主要林木病害有:落叶松立枯病、枯梢病、早期落叶病、杨叶锈病、杨树烂皮病、樟子松针锈病等。

1982 年后,林业局内设"克旗森林病虫害防治检疫站"。1991 年后,森林病虫害防治、预测预报、森林植物检疫管理逐步走向专业化、规范化。

二、森林病虫灾害防治概况

1991 年,全旗发生毒林虫害面积 1486 公顷。主要危害虫种为落叶松毛虫、落叶松尺蛾、落叶松鞘蛾、云杉扁叶蜂、云杉重齿小蠹、分月扇舟蛾。主要使用灭幼脲防治云杉扁叶蜂、落叶松毛虫、分月扇舟蛾;使用林丹烟剂灭杀落叶松尺蛾。

克旗森林病虫害防治检疫站与赤峰市森林病虫害防治检疫站、赤峰林业研究所合作,在大局子林场共同开展昆虫区系项目调查、防治。

1994 年,开始实施"白音敖包自然保护区综合管理技术研究"项目。

1995 年,自治区森林病虫害防治检疫站、赤峰市森林病虫害防治专家和领导实地考察保护区云杉林病虫灾害防治工作。

1996 年,克旗林业局根据专家意见,制定《1996—1998 年白音敖包自然保护区云杉扁叶蜂综合治理实施方案》。

1997 年春,白音敖包自然保护区云杉林内有 187 株云杉被风折断。6 月 5 日,在风折木上调查,每 20 平方厘米树皮内平均有小蠹虫成虫 48 头,及时采伐 187 株风折木,进行火烧处理。

1998 年,《白音敖包自然保护区综合管理技术研究》项目完成,经评审,完全达到项目设计目标。

同年,《白音敖包自然保护区综合管理技术研究》项目获得旗科技进步一等奖。

同年,开始实施《利用引诱剂大量诱杀重齿小蠹防治试验》项目。

2001 年 9 月,克旗森林病虫害防治检疫站被国家林业局批准为国家级标准站。

2002年,首次同河北省塞罕坝林场协作,使用农用运V小型飞机在桦木沟林场喷洒阿维菌素与BT粉混合液药剂防治松毛虫,杀虫率93%。

白音敖包自然保护区同国家林业局森林病虫害防治检疫总站协作,开展《利用引诱剂大量诱杀重齿小蠹防治试验项目》研究,引进瑞典农业大学人工合成化学引诱剂—聚集信息素,采用林间悬挂诱捕器,释放诱芯等技术措施,历时四年完成试验项目,共诱集到云杉重齿小蠹成虫600余万头,防治效果明显。

同年,国家林业局批准在克旗建立国家级森林病虫害中心测报点。木希嘎苗圃被国家林业局认定为国家级无检疫对象苗圃。

2007年、2008年,克旗森林发生病虫害,面积7467公顷和13533公顷。主要虫害为:落叶松毛虫、落叶松尺蛾、重齿小蠹、云杉阿扁叶蜂、落叶松八齿小蠹、舞毒蛾、松线小卷蛾、天幕毛虫、青杨天牛等。采取的主要防治措施是系毒绳、机械喷雾和喷烟、设立饵木、信息素诱杀等。

三、病虫害调查与检疫

克旗森林病虫害防治检疫站建立后,坚持开展森林病虫害防治检疫工作。

1999—2000年,开展森林病虫害检疫普查,发现属自治区检疫对象害虫—柳蛎盾蚧。

2003—2004年,开展林业有害生物普查及蛀干害虫调查,普查发现林业有害生物17种,其中虫害15种,病害2种,蛀干害虫4种。主要危害虫种为落叶松毛虫、落叶松尺蛾、落叶松八齿小蠹、云杉扁叶蜂、云杉重齿小蠹、芳香木蠹蛾、榆柴叶甲、天幕毛虫、金龟子、松大蚜、青杨天牛、桦梦尼叶蛾、落叶松球蚜、分月扇舟蛾、小地老虎。主要病害为苗木立枯病、落叶松早期落叶病。

至2008年,健全工作机构和工作机制,配备专兼职检疫员、专门检疫室和化验室、检疫药械库;设置3处木材检疫检查站,年产地检验和调运检验木材1.5万立方米,林木种苗1500万株以上,有效防止检疫性森林有害生物通过人为活动传播。

第二节 森林草原防火

一、森林草原防火概况

(一)重大森林草原防火工作举措

1991年4月,国家森林防火总指挥部确定克旗为第一批县级重点森林火险单位。

1992年1月,克旗成为市级森林防火基础设施建设达标旗。8月末,在巴彦查干苏木吉日嘎查建成宏基达瞭望楼。

1997年4月,森林草原防火指挥部根据全旗防火工作特点,划分出5个防火戒严区。

2004 年,投入资金进行防火基础设施建设,购置无线电通讯、风力灭火机、卫星电话设备,接通元宝山瞭望楼、桦木沟瞭望楼常电。

2005 年,投资翻建好鲁库瞭望楼。

2006 年 4 月,支持、协调乡镇、林场、矿山企业配备风力灭火机,全旗风力灭火机达到 300 台,提高火灾扑救能力。

(二)重大森林草原火灾扑救

1993—2008 年,全旗共发生森林草原火灾、火警 141 起,过火面积 16443 公顷,出动扑火人员 4000 余人。

1997 年,锡盟草原火进入克旗,沿境内马蹄山东、毛盖扫勒乌拉、巴嘎索荣、荷叶花、哈巴嘎一线漫延,克旗出动森警官兵和干部群众扑救,5 月 1 日晨扑灭大火。火灾过火面积 1.55 万公顷,参与灭火人员 1029 人,出动大小车辆 48 台,风力灭火机 31 台,二号扑火工具 880 把,各类无线电通讯设备 15 部。此次火灾造成直接经济损失 232.5 万元。阿其乌拉苏木 5000 余头只牲畜被迫转场放牧。

二、森林草原火灾预防

(一)机构队伍

克旗设有森林草原防火指挥部,设总指挥 1 人由克旗旗长担任、副总指挥若干人。森林草原防火指挥部常设防火办公室,负责指挥部日常工作,有专职工作人员 13 人。全旗各林场设有专门护林组织和专职营林员和护林员,负责所辖林区防火巡查和林政管理工作;各苏木乡镇设有草原站或林业工作站,负责苏木乡镇护林护草工作;各嘎查村设有 1～2 人负责本村护林护草工作。

至 2008 年,建有 2 支专业扑火队伍,即克旗武警森林中队,有武警 50 人,白音敖包机械防火站,有员工 40 人;全旗有半专业扑火队伍 56 支,1600 余人,配备有风力灭火机和二号扑火工具;义务扑火队伍 125 支,队员 2500 人。

(二)防火宣传

每年,在春季防火和秋季防火期期间,开展防火宣传教育,4 月、10 月两月定为全旗防火宣传月。

(三)防火规章

克旗在严格执行防火法律法规同时,结合克旗实际情况,健全和完善克旗森林草原防火制度体系,制定有《克什克腾旗森林草原工作目标化管理办法》《克旗森林草原防火指挥部有关成员单位防火宣传检查分片包干责任制》等。

(四)火源管理

每年 3 月 15 日至 5 月 31 日和 10 月 1 日至 11 月 15 日克旗进入森林草原防火戒严

期,对全旗防火工作实施戒严管制。防火戒严期内,任何单位和个人不得擅自进入森林草原防火区域;确需进入的要向克旗森林草原防火指挥部办公室申请办理防火通行证、野外用火许可证,签订防火责任书方可进入。

全旗确定的火源管理重点是:重点时段—防火戒严期;重点区域—林区、牧区、生态项目区;重点火源—上坟烧纸、野外弄火、机车跑火、私烧茬地;重点人员—闲散人员、外来流动人口、智障人员。

全旗划分5个重点火险防范区划:黄岗梁防火戒严区、白音敖包防火戒严区、桦木沟防火戒严区、大局子防火戒严区和巴彦查干防火戒严区。

1993年,克旗被国家确定为全国防火一类火险区。

2004年,克旗林区被内蒙古自治区确定为防火特殊管理区和克旗防火重点管理区。

(五)火情火灾监测

至2008年末,克旗火情火灾监测,主要采用地面巡护监测和防火瞭望台观测。建有防火瞭望楼9座,有瞭望员12人。瞭望面积覆盖全旗森林草原监测总面积80%。

(六)阻隔防火线

重要阻隔防火线有二类,林缘防火线和林间防火线。每年开设机耕防火隔离带1100公里,铁路两侧防火隔离带110公里。

林缘防火线 自乌兰布统开发区赵古敦河沿克旗与锡盟边界北上,途经克旗乌兰布统开发区、浩来呼热办事处、达日罕乌拉苏木、巴彦查干苏木等地和锡盟的正蓝旗、锡林浩特市、西乌珠穆沁旗等地至克旗巴彦查干苏木巴格吉林高勒河,全长750公里,宽0.05公里。

林间防火线 主要有红山马场烟子窑—源水头,巴尺沟—老虎洞,沙胡同—查干套海河,转山—双山子和白音敖包林场云杉林周边等线,总长350公里,线宽均为0.07公里。

(七)协防联防

1971年9月,克旗成为“二盟三市”联防总会第三分会成员,三分会包括锡林郭勒盟阿巴嘎旗、正蓝旗、锡林浩特市和克什克腾旗。分会由成员单位轮流担任主任委员单位,二年为一任期,任期中主任委员单位要部署联防区任务,负责分会日常工作,每个防火期对成员单位的工作开展情况和措施落实情况进行检查。届期满组织成员单位召开委员会议,总结工作,交流经验,对工作做出成绩单位和个人进行表彰。各成员单位要向主任委员单位及时报送本年度工作安排意见和总结,遇有特殊问题申请分会协调解决。

1972年,克旗在苏木乡镇、嘎查村间开始建立联合防火区,1990年、2000年、2006年先后有过调整,2008年有11个联合防火区。

1991—2008 年克旗防火工作获奖表

表 13－5－1

年份	评 奖 单 位	获 奖 单 位	奖 励 名 称
1992	林业部	克旗	全国连续三年无森林火灾先进单位
1996	内蒙古自治区人民政府	白音敖包防火站	防扑火工作一等功
1996	“三盟二市防火联防总”	克旗	防火工作先进集体
1998	“三盟二市”防火联防总	克旗	防火工作先进集体
2000	“三盟二市防火联防总”	克旗	防火工作先进集体
2004	国家林业局	克旗森林草原防火指挥部办公室	全国防火工作先进单位

第三节　护林执法

一、森林公安

1989 年 9 月，经自治区公安厅批准，由克旗公安局组织考试，克旗林业局、公安局联合考核，招录 13 名民警，组建克旗首个林业公安机构—白音敖包林场派出所，具体负责全旗野生动植物资源保护和维护林区治安任务。

1991 年，经自治区劳动人事厅、公安厅和林业厅批准，白音敖包林场派出所改建为克旗林业局林业公安股，同时列入克旗公安局序列，实行林业局、公安局双重管理。

1996 年，林业局公安股更名为克旗公安局林业公安分局。

1998 年 12 月，经旗编制委员会批准，克旗林业公安分局在全旗各林场组建白音敖包、桦木沟、大局子、托河、广兴、青山、联峰、镇郊、黄岗梁、热水 10 个林业公安派出所和克旗森林草原防火指挥部办公室林业公安警务室。

2003 年 6 月，公安局林业公安分局更名为克旗公安局森林公安分局。

2007 年 4 月，克旗森林公安分局为准科级事业单位。

2008 年末，克旗有 10 个森林公安派出所，其中有 4 个通过自治区级达标验收，达到一级所标准，6 个所达到二级所标准。全旗森林公安分局民警扩充到 61 人，其中，行政编制 2 名，事业编制 59 名，有 5 个森林公安派出所达到一级所标准。

二、林业执法

（一）队伍建设

克旗森林公安分局成立后，内强素质，外塑形象，把警容风纪、廉政建设放在思想政治工作首位，先后建立警务公开制度、开门评警，正规化管理考核、评比等规章制度。

(二)法制宣传

1991 年后,林业公安分局加强法律法规的学习宣传。

2003 年开始,克旗森林公安分局法制督察室通过落实《克旗森林公安分局加大案件查处力度实行社会服务承诺制度》《克旗森林公安分局法律审核案件工作制度》《克旗森林公安分局督察办法》等规章制度强化法制建设,运用法制督察工作带动森林法治宣传。

1992—2008 年,先后有百篇稿件在国家级、自治区级、市级、旗级报刊、电视台和网站发表。

(三)装备配置

1993 年,林业局不断加强森林公安股装备配置,到 1995 年末,林业公安股有 12 间办公室,8 台公安专用车,2 个刑勘箱,9 架照相机,12 支手枪,6 辆二轮摩托车。

2005 年末,各森林公安派出所均配备专用警车、基地台、传真机、录音器材、监控设备等查破案工具,为民警购置防弹背心、头盔、防刺背心等防护器材。

同年,森林公安分局完成公安信息网接入,配置 24 个插孔交换机,并开通“7138”号段的公安专线电话。

2008 年末,10 个森林派出所全部接入公安信息网。

(四)治理行动

克旗森林公安队伍成立初期,主要是协同武警部队、林政和防火指挥部办公室等单位人员,组织武装清山。

1989—1995 年,共出动各式机动车辆 1368 台次,使用马匹 1050 匹次,参加清山 6840 人次。共清除林牧区捡拾鹿角人员 3452 人次,清理工铺和暂居点 218 处,没收火种 752 件,清除火险隐患 20 处,没收各种狩猎工具 192 件。消除多起犯罪发案隐患,打击不法分子嚣张气焰。

2001—2008 年,森林公安分局开展治爆缉枪、打击偷猎、毁坏林地、破坏森林资源和生态环境及种植毒品植物等治理整顿。

第六章　林权与林政管理

第一节　林权管理

一、林权认证

(一)前期认证

1981—1983 年,开展以稳定山权、林权,落实林业责任制,开展确定责任山、划定自留山和确定林权即发放林权证(简称“三定”)工作。全旗共颁发林权证 27036 张,划定林权面积 4444.45 公顷,划出国有林面积 40501.73 公顷,占林地总面积的 91.19%;集体林面积 2188.43 公顷,占 4.89%;个人林地面积 1754.29 公顷,占 3.68%。国有天然散生、零星小片林 5091.77 公顷,委托集体经营。

对应绿化的荒山实行承包认领制度,全旗共发放荒山承领证 46756 张,划定造林地 13800 公顷。

1986—1987 年,全旗对集体经营的林木实行个体承包,划分到户,俗称“大照换小照”。

(二)确权管理

1991 年,在全旗范围内,对国有林权实行认证管理,发放国有林权证 1678 张,发证国有林总面积 77287.97 公顷。

2004 年,开始使用国家林业局制定的统一式样林权证,并实行电子化档案管理。

2006 年末,共发放林权证 3220 张,发证林权总面积 9.69 万公顷。其中国有发证林权总面积 8.22 万公顷;集体发证林权面积 1.36 万公顷;个体发证面积为 1050 公顷。

2008 年末,全旗共发放林权证 8236 张。发证林权总面积 68.11 万公顷。其中国有发证林权总面积 57.2 万公顷;集体发证林权面积 9.13 万公顷;个体发证面积为 1.78 万公顷。

二、限额采伐

1991 年起,林木采伐利用实行限额管理制度和凭证采伐制度,先后发放木材采伐许可证 1305 张。

1991—1995 年,林木采伐限额 283967 立方米,实际消耗蓄积 241761 立方米,生产木材 86801 立方米。

1996—2000 年,林木年采伐限额 340592 立方米,实际消耗蓄积 298186 立方米,生产木材 131793 立方米。

2001—2005 年,林木采伐限额 279788 立方米,实际消耗蓄积 254090 立方米,生产木材 131354 立方米。

2006—2008 年,克旗林木采伐限额 196453 立方米,实际消耗蓄积 196960 立方米,生产木材 113969 立方米。

1991—2008 年克旗林木采伐限额与实际消耗情况表

表 13-6-1

项目 年份	成林抚育(公顷)	次生林改造(公顷)	主伐(公顷)	幼林抚育(公顷)	国营木材总产量(立方米)	木材合计(立方米)	采伐限额(立方米)	实际采伐量(立方米)		
								合计	其中国有	其中集体、个人
1991	3054.2	—	164	3628.1	13441	14942	51254	50014	47914	2100
1992	2235.2	78.3	49.3	5842.7	12684	14259	48813	44073	41445	2628
1993	2650	133.3	71.9	5606.7	16500	18237	61300	47991	45013	2978
1994	3046.7	1066.7	71.9	7286.7	16852	19556	61300	50395	45895	4500
1995	3643.6	9329.3	—	4686.4	16233	19807	61300	49288	44778	4510
1996	3873.9	830.5	—	6800	16228	18636	51902	49182	45477	3705
1997	—	—	—	—	24243	25878	76950	56917	54192	2725
1998	3116.3	390	166.3	—	27144	30633	76950	74589	68724	5865
1999	4189	404.9	117.1	—	—	30490	72740	61587	56491	5096
2000	2707	339.4	86	—	23866	26156	62050	55911	49470	6441
2001	5819.9	1740.9	590.3	—	25343	26843	53500	68425	62371	6054
2002	3075	18	19.8	—	20204	24912	60126	42269	36567	5702
2003	3967	42.4	25.7	—	23698	28212	57754	52505	45305	7200
2004	5772.5	146.5	30.6	—	21518	28014	49754	53007	39603	13404
2005	2651	87	90	—	16770	23373	58654	37884	25992	11892
2006	4610	143	291	—	19099	33435	196453	60700	39515	21185
2007	4374	223	521	—	35939	48190	196453	88001	70756	17245
2008	1411	226	438	—	26657	32344	196453	48259	39411	8848

三、建立森林资源档案

按权属国有、集体所有、个体所有三类，苏木乡镇、国有林场、自然保护区与林业局两级分别建立森林资源管理档案。苏木乡镇、国有林场以小班地块为单位，林业局以行政村（林班）为单位。

森林资源档案的建立主要依据1996年自治区林业厅第二勘察设计院进行的克旗森林资源二类调查成果材料为依据建档，并根据年度森林采伐、造林验收等林业生产经营活动及时进行修正和补充。

1997—1998年，林业局组织全旗各苏木乡镇、国有林场、自然保护区对森林资源档案进行系统整理和统一编号，执行统一技术标准，专人负责，建立起逐年统计汇总报告制度。

2004年后，全旗实施森林分类经营管理；森林资源档案实行按小班地块的微机统计汇总和管理。

森林资源档案管理初步实现规范化。

第二节　林政管理

一、重要森林保护措施

1981—1983年，完成林业“三定”工作，按照国家“国栽国有，队栽队有，谁造谁有”方针确定森林权属，发放林权证。

2001年后，实施退耕还林、京津风沙源治理、天然林保护、三北防护林建设、野生动植物保护等系列重大森林保护工程。

2003年，开始发展非公有制林业，调动社会各方面力量投入林业建设。

2004—2005年，在全旗范围内实行集体林业产权制度改革，将集体统一经营管理的森林、林木及宜林地以拍卖、承包、租赁、划分等形式确权到户，建立起产权明晰，经营主体到位、责任划分明确，利益保障严格，流转秩序规范，监督服务有效的林业产权制度。

2004—2006年，在全旗实施国家重点公益林基金补偿制度，对全旗界定国家重点公益林进行补偿。

二、落实林业法规

1991—2008年，克旗持续重点宣传、贯彻、落实林业法律法规13部以上。

三、林地使用

1993—2008年，经批准克旗建设使用林地9宗。

1993年，内蒙古赤峰市黄岗铁矿使用黄岗梁林场林地13.29公顷。

1994 年,上湾子一级水电站使用大局子林场林地 12.78 公顷。

1999 年,白音敖包自然保护区扩充,白音敖包林场 1068.75 公顷林地划归白音敖包自然保护区使用。

2000 年,经棚镇郊林场新建场址,使用 0.066 公顷林地。

2001 年,黄岗矿业公司尾矿库使用黄岗梁林场林地 3.73 公顷。

2001 年,白音敖包至黄岗梁林场旧路改造,使用白音敖包林场林地 0.28 公顷。

2001 年,306 国道二级油路建设,克旗交通局征用 3.41 公顷林地。

2004 年,热水变电站和 66 千伏输变电线路工程,赤峰电业局征用林地 0.6 公顷。同年,内蒙古黄岗矿业有限责任公司探采铁锡矿使用黄岗梁林场 0.09 公顷林地。

四、林管成果

1991—2005 年,克旗林业系统集体获奖 30 余项。

1991—2005 年集体单位获奖名录

表 13-6-2

年份	获奖单位	颁奖单位	获奖称号
1991	克旗林业局林业公安股	自治区林业公安处	保护野生动物“先进集体”
1992	克旗林业局林业公安股	自治区林业公安处	保护野生动物“集体三等功”
1993	克旗森警大队	自治区森警总队	基层建设“达标先进单位”
	克旗林业局林业公安股	林业部公安局	保护野生动物“通令嘉奖”
	克旗林业局林业公安股	自治区林业公安厅	保护野生动物“集体三等功”
1994	克旗林业局	自治区林业厅	林业生产建设“爱林杯”
	克旗森警大队、林业局	中宣部、总政治部	全国军民共建先进单位
	克旗林业局林业公安股	自治区林业公安处	争创活动“集体三等功”
	克旗林业局林业公安股	自治区林业公安处	严打活动“集体三等功”
1995	克旗林业局	自治区林业厅	林业生产建设“爱林杯”;人工造林、限额采伐、制滥捕乱猎、资源林政管理、森林防火、林业多种经营、股份造林单项奖
	克旗森警大队	自治区森警总队	基层建设先进单位
	克旗林业局林业公安股	国家林业部	严打工作先进单位

续表 13－6－2

年份	获奖单位	颁奖单位	获奖称号
1996	克旗林业局	自治区林业厅	林业生产建设“爱林杯”；
1997	克旗林业局	自治区林业厅	林业生产建设“爱林杯”；
1998	克旗林业局	自治区林业厅	林业生产建设“绿化杯”
1999	克旗林业局	自治区林业厅	林业生产建设“爱林杯”
2000	克旗林业局	自治区林业厅	林业生产建设“爱林杯”
2001	克旗林业局	自治区林业厅	林业生产建设“爱林杯”
	克旗林业局	自治区林业厅	林业综合配套改革特别奖
	克旗林业公安分局	国家林业局	保护森林资源三号行动先进集体
2002	克旗人民政府	全国绿委会、人事局、林业局	全国防沙治沙先进单位
	克旗林业局	自治区林业厅	林业生产建设“爱林杯”
	克旗林业局	自治区林业厅	林业生产建设“爱林杯”野生动物保护单项奖
2003	克旗林业局	自治区林业厅	人工造林先进单位、野生动物保护先进单位
	克旗林业局林业公安分局	自治区森林公安局	2002—2003 年度全区森林公安系统严禁非法占用林地专项治理行动“先进集体”
	克旗林业局热水林场派出所桦木沟林场派出所	自治区森林公安局	2001—2003 年度全区森林公安系统“优秀派出所”
2004	克旗林业局	自治区林业厅	封山育林单项奖；资源林政管理、林业执法单项奖；野生动物保护单项奖
	克旗林业局关工委、桦木沟林场、镇郊林场、关心下一代小组	自治区关工委	关心下一代工作“示范单位”
	克旗白音敖包林场派出所、黄岗梁林场派出所、热水林场派出所	自治区森林公安局	派出所基层建设达标“集体三等功”

续表 13－6－2

年份	获 奖 单 位	颁 奖 单 位	获 奖 称 号
2004	克旗桦木沟林场派出所、托河林场派出所、联丰林场派出所、大局子林场派出所	自治区森林公安局	派出所基层建设达标“集体嘉奖”
	克旗黄岗梁林场	自治区森林公安局	全国森林公安系统“优秀基层单位”
	克旗林业公安分局	自治区公安厅	自治区森林公安系统“优秀基层单位”
2005	克旗林业局	自治区林业厅	林业生产建设“爱林杯”
	克旗林业局森防站	自治区林业厅	全区有害生物防治工作“先进单位”

工业　乡镇企业

第一章　工　业

第一节　管理机构

1991 年,工业局为旗政府职能机构。工业局内设办公室、生产股、财会股、审计股、人秘股。

2001 年 4 月,随着国有企业转换经营机制,撤销工业局。旗经济贸易委员会行使工业管理职能。编制 12 名。

2005 年,机构改革后,经济贸易局内设办公室、经济运行股、企业与投资规划股、商贸流通股、招商股、工业园区管理办公室、安全生产办公室和粮食管理办公室。编制 10 名。

2008 年,经济贸易局内设办公室、经济运行股、企业与投资规划股、财务股、新型墙体材料管理办公室。编制 11 名。

第二节　体制改革

一、所有制改革

1991 年,有工业生产企业 40 家,职工 4000 余人;其中全民所有制企业 19 家,全民企业职工 1827 人,集体企业 21 家。

1993 年下半年,工业企业采取关闭、重组、破产、兼并、拍卖办法,陆续转换经营机制。

1997 年末,全旗主要国有工业企业和国有控股工业企业基本完成转换经营机制,保留国有或国有控股工业企业有农电局、水电开发公司、内蒙古黄岗矿业有限责任公司、自来水公司、粮油工业公司、糖厂、饲料公司、中兽药厂、制酒厂、奶酒厂、印刷厂、龙泉酒厂、安乐锡矿。

2000 年,基本完成全旗工业企业转换经营机制,保留农电局、水电开发公司、自来水公司、内蒙古黄岗矿业有限责任公司等国有企业或国有控股企业。

二、经营体制转换

(一)承包经营

1991—1995 年,全旗生产、流通企业主要实行全民所有制或集体所有制。

1993 年开始,企业由利改税入手,引入承包经营责任制,一般从以承包门市、柜台开始,确定年(月)租金后,在原生产品种或国家许可生产、经营商品范围内,自主生产、经营。

2000 年初,除较大公共服务企业、资源性企业外,全部实行民有民营。

(二)关停 破产 拍卖

1996 年开始,克旗在实行人事、劳动、分配三项制度改革过程中,国有企业和集体企业陆续关停、破产、拍卖,至 2000 年,仅有国有或国有控股工业企业 4 家,集体所有制企业 30 余家。

(三)资产经营与股份制

2001 年后,开始组建民(私)营企业和股份制企业,至 2008 年末,民营工业或股份制工业企业逾 200 家。

三、用工、工资、分配制度和产权制度改革

1991 年后,开始企业“三项”(人事、劳动、分配)制度改革,逐步试行企业自主市场招工,计件或协商工资,企业自主福利分配等,企业民营和股份制经营后逐步形成自主用工,协议工资,企业依法为员工缴纳社会养老、医疗、工伤、生育保险,自行确定奖励制度等。

2000 年后,除国有和国有控股企业外,企业产权全部改变为自(私)有。

1990—1999 年克旗全民所有制工业企业变动情况表

表 14-1-1

企业名称	地　址	建厂、经营变动情况	年产值、利税(万元)	所属系统
克旗糖厂	经棚镇解放路北俗名寄骨寺	1978 年建厂,全民所有制制糖企业。时有职工 348 人。主产:绵白糖。1999 年破产	年产值:254 利税:64	旗工业局
克旗印刷厂	经棚镇应昌路中段	1958 年建厂,全民所有制印刷企业。时有职工 51 人。印刷:蒙古文、汉文材料。1998 年改制关闭	年产值:47 利税:6	旗工业局
克旗冶炼厂	经棚镇经锡路西	1987 年建厂,全民所有制工业冶炼企业。时有职工 178 人。主产:GC、SIC、工业硅产品。1999 年关闭	年产值:465 利税:52	旗工业局
克旗制酒厂	经棚镇应昌路东,原景山街	1958 年 10 月建厂,全民所有制制酒企业。时有职工 79 人。主产:白酒、饮料。1998 年关闭	年产值:73 利税:2	旗工业局
克旗罐头食品厂	经棚镇园林街	1970 年建厂,全民所有制加工企业。时有职工 34 人。主产:汽水、罐头、冰棍。1997 年倒闭	年产值:14	旗工业局

续表 14－1－1

企业名称	地　址	建厂、经营变动情况	年产值、利税（万元）	所属系统
克旗啤酒厂	经棚镇应昌路东，原景山街	1985 年 3 月建厂，全民所有制制酒企业。时有职工 66 人。主产：12°普通啤酒。1998 年倒闭	年产值：43 利税：2.7	旗工业局
克旗龙泉酒厂	土城子镇巴什营子	1976 年建厂，全民所有制制酒企业。时有职工 55 人。主产：白酒。1998 年改制	年产值：250 利税：7.5	旗工业局
克旗水泥厂	宇宙地镇政府西	1970 年建厂，全民所有制水泥制造企业。时有职工 126 人。主产：425 号水泥。1997 年改制	年产值：83 利税：5	旗工业局
克旗汽车修配厂	经棚镇经棚路（原景山街）	1975 年建厂，全民所有制修造企业。时有职工 44 人。主产：节能消声器、涂料，汽车维修、汽车配件销售。1998 年改制	年产值：24 利税：2	旗工业局
克旗农机修造厂	经棚镇园林路	1970 年建厂，全民所有制农机具制造企业。时有职工 74 人。主产：农机具、农机配件。1997 年改制	年产值：69 利税：1	旗工业局
克旗副食品加工厂	经棚镇园林街	1958 年建厂，全民所有制食品加工企业。时有职工 64 人。主产：蛋糕、面包、豆制品等。1997 年关闭	年产值：32 利税：2	旗商业局
克旗中兽药厂	经棚镇园林街	1990 年建厂，全民所有制制药企业。时有职工 21 人。主产：中兽药、植物增产菌。1998 年关闭	年产值：73 利税：2	旗畜牧局
克旗羊毛衫厂	经棚镇原经棚路	1986 年建厂，全民所有制企业。时有职工 61 人。主产：腈纶衫、手套。1998 年关闭	年产值：73 利税：2	旗畜牧局
克旗砖瓦厂	新庙乡红星村西	1973 年建厂，全民所有制企业。时有职工 78 人。主产：红砖、瓦。1997 年关闭	年产值：61 利税：1.9	旗城建局
克旗农房构件厂	经棚镇经锡路南	1985 年建厂，全民所有制企业。时有职工 30 人。主产：预应力空心板、水泥构件。1998 年改制	年产值：32 利税：3	旗城建局
克旗粮油加工厂	经棚镇解放路东（原秦荣街）	1956 年建厂，全民所有制加工企业。时有职工 134 人。主产：粮油加工、面粉制品、生熟食。1998 年改制	年产值：328 利税：49	旗粮食局

续表 14-1-1

企业名称	地　址	建厂、经营变动情况	年产值、利税(万元)	所属系统
克旗粮食车队	经棚镇解放路东	1976 年组建,全民所有制运输企业。时有职工 19 人。主产:粮油等货物运输、生熟食。1998 年撤销	年营业额:24	旗粮食局
克旗经棚粮库	经棚镇解放路东(原秦荣街)	1961 年建厂,全民所有制加工企业。时有职工 134 人。主产:粮食储存、保管。1995 年转为国家粮食储备库	—	旗粮食局
经棚锅炉安装维修队	经棚镇工业街	1987 年组建,全民所有制维修企业。时有职工 9 人。从事特种设备维修。1997 年解散	年营业额:8	旗工业局

1990—1999 年克旗集体所有制生产企业变动情况表

表 14-1-2

企业名称	地　址	建厂、经营变动情况	1992 年概算年产值、利税(万元)	所属系统
克旗木器一厂	经棚镇应昌路东	1953 年建厂,集体所有制制造企业。时有职工 42 人。主产:木制家具。1997 年破产	年产值:33	二轻工业局
克旗玩具厂	经棚镇解放路中段东	1976 年建厂,集体所有制制造企业。时有职工 115 人。主产:玩具、积木、木制工艺品。1998 年改制	年产值:70 利税:7	二轻工业局
克旗皮毛厂	经棚镇西原红旗街	1956 年建厂,集体所有制加工企业。时有职工 136 人。主产:羊剪绒制品、皮鞋、皮衣。1998 年改制	年产值:130 利税:2.8	二轻工业局
克旗农牧机械厂	经棚镇应昌路中段东	1956 年建厂,集体所有制制造企业。时有职工 55 人。主产:脱粒机、磨面机、农具。1998 年改制	—	二轻工业局
克旗五金厂	经棚镇原经棚路	1976 年建厂,集体所有制加工企业。时有职工 45 人。主产:金属薄板制品。1998 年关闭	年产值:21 利税:3	二轻工业局
克旗服装厂	经棚镇经锡路	1956 年建厂,集体所有制加工企业。时有职工 64 人。主产:服装成衣。1998 年关闭	年产值:72 利税:1.3	二轻工业局
克旗热水食用菌厂	热水塘镇	1983 年建厂,集体所有制养殖企业。时有职工 37 人。主产:食用菌罐头。1998 年关闭	年产值:72 利税:1.3	林业局

续表 14－1－2

企业名称	地　址	建厂、经营变动情况	1992 年概算年产值、利税（万元）	所属系统
克旗供销联社肉类联合加工厂	热水塘镇	1988 年建厂，集体所有制加工企业。时有职工 23 人。主产：牛羊肉加工销售。1998 年关闭	年产值：70	克旗供销联　社
赤峰长城地毯厂克旗经棚加工厂	经棚镇经锡路	1989 年建厂，集体所有制编织企业。时有职工 300 人。主产：地毯。1996 年解散	年产值：20	旗畜牧局
克旗粮食系统劳动服务公司	经棚镇解放路	1988 年组建，集体所有制餐饮加工企业。时有职工 33 人。主营：饮食服务。1999 年关闭	营业额：3	旗粮食局
克旗第二建筑工程公司	经棚镇东小井街	1988 年组建，集体所有制建筑企业。时用工 460 人。主营：建筑楼房、平房。1998 年破产	营业额：470	旗城建局

1990—2000 年克旗工矿企业情况表

表 14－1－3

企业名称	地　址	建厂、经营变动情况	概算年产值、利税（万元）	主管部门
克旗安乐锡矿	同兴镇天合园	1988 年 5 月建设，全民所有制工矿企业。时有职工 166 人。主产：铁锡矿石和矿粉。2000 年改制	年产值：600 利税：24	旗工业局
克旗宇宙地铅锌矿	宇宙地镇东升村	1985 年建设，全民所有制工矿企业。时有职工 148 人。主产：铅锌铜矿粉。2000 年改制	年产值：78 利税：2	旗工业局
克旗广兴源煤　矿	原广兴源镇德胜曹	1978 年 5 月建设，全民所有制工矿企业。时有职工 114 人。主产：褐煤。1997 年倒闭	年产值：31 利税：1.5	旗工业局

第三节　所有制结构

一、国有及国有控股工业企业

1991 年，克旗共有工业企业 85 家，其中全民所有制工业企业 27 家。

1998 年，全旗国有工业企业 13 家，民营股份制企业 7 家、个体私营工业企业 8 家。

1999 年，转变经营体制后，全旗有国有或国有控股工业企业 4 家、集体所有制企业 32 家，民营股份制企业 7 家、个体私营工业企业发展到 14 家。

2002 年,全旗有国有或国有控股工业企业 3 家,有民营股份制企业 6 家,个体私营工业企业 14 家。

2002 年,全旗规模工业企业 3 家,个体私营工业企业 1363 家,有少量其他集体所有制、股份制工业企业。共有规模以上企业 6 家,规模以下企业 55 家。

2008 年,旗境内有工业企业 204 家,国有和国有控股工业企业 2 家。规模以上企业 30 家,规模以下企业 174 家。

二、集体工业企业

1991 年,克旗有集体所有制工业企业 58 家。1998 年,克旗有集体工业企业 45 家。2002 年,有集体工业企业 30 家,陆续全部改制。

三、类型工业企业

1993 年末,开始出现合资、私营性个体工业企业。1997 年末,开始出现股份制工业企业。1998 年末,合资、独资私营性工业企业发展到 8 家。2008 年末,规模以上企业 30 家,其中,国有企业 2 家,有限责任公司 22 家,股份有限公司 2 家,私营企业 4 家;规模以下工业企业发展到 174 家。

四、规模工业企业

2008 年,规模以上企业:有旗农电局、水电开发公司、内蒙古黄岗矿业有限责任公司、黄岗水泥有限责任公司、阳光热力有限责任公司、内蒙古兴业矿业股份有限公司大兴铅锌矿、东电茂霖风能发展有限公司、鑫宇矿业有限责任公司、金星矿业有限责任公司、华盛农牧机械制造有限责任公司、风驰矿业有限责任公司、内蒙古银都矿业有限责任公司、大唐赤峰塞罕坝风力发电有限责任公司、内蒙古草原金峰畜牧集团有限公司、内蒙古矿业拜仁有限公司。

第四节　产业结构

一、电力工业

(一)水利发电

1983 年,克旗是全国 100 个电气化试点县(旗)之一。至 2008 年末,克旗在西拉沐沦河及支流段建成水电站 11 座。

龙口电站　龙口电站建成于 1974 年。2006 年 6 月,利用国家病险水库加固工程专项资金进行全面除险加固。2006 年 8 月,通过自治区水利厅验收后投入使用。电站库容 1470 万立方米,装机 2 台,总容量 6000 千瓦,年发电 1800 万千瓦时。

金桥电站　金桥电站位于西拉沐沦河下游,万合永镇境内。1971 年建站,为径流式引水电站。2007年完成技术改造。电站装机2台,总容量500千瓦,年发电150万千瓦时。

胡家湾电站　胡家湾位于龙口电站上游6公里处,1980年5月建成试发电,2005年后明流发电,装机3台,总装机容量960千瓦,年发电250万千瓦时。

五道石门电站　五道石门电站位于贡格尔河中游。1976年4月建站,1980年6月试发电;2001年1月,水利部批复除险加固。2005年5月除险加固工程完工,同年7月末通过验收。电站库容1130万立方米;装机2台,总容量400千瓦,年发电120万千瓦时。

响水电站　响水电站位于西拉沐沦河上游,1978年5月开工兴建,1981年11月试发电,并入东北电网。电站库容1682万立方米,装机2台,总容量2500千瓦,年发电1060万千瓦时。

上湾子二级电站　位于萨岭河下游。1986年开工建设,1990年12月并入东北电网试运行,1991年9月全部竣工。1992年4月30日通过验收。工程实际投资1459.53万元,库容575万立方米,装机2台,总容量3200千瓦,年发电870万千瓦时。

上湾子一级电站　位于萨岭河中游。1994年10月开工建设,1997年7月建成落闸蓄水。1998年5月18日运行发电,1999年8月通过验收。工程实际投资3088万元。库容3450万立方米,装机2台,总容量3200千瓦,年发电960万千瓦时。2002年4月,注册成立内蒙古上湾子一级水电有限责任公司。自治区水利厅机关事务管理局占有46%股份,旗水电开发公司占有45%股份,赤峰市水利局占有9%股份。

响尾电站　响尾电站位于西拉沐沦河上游沙里漠河。2002年7月开工建设,2003年1月试运行,为径流式引水电站。电站投资127万元,由水电开发公司职工集资入股建成,为股份制企业。电站装机1台,总容量160千瓦,设计年发电100万千瓦时。

燕窝铺电站　燕窝铺电站位于西拉沐沦河中游响尾电站下段。2005年6月开工建设,2007年10月建成,为径流式引水电站。电站投资495万元,由水电开发公司职工集资入股建设,为股份制企业。电站装机1台,总容量630千瓦,设计年发电250万千瓦时。

克旗水电站建设情况一览表

表14－1－4

电站名	建设时间	发电时间	技术改造时间	总装机(台)	总装机容量(千瓦)	年设计发电量(万千瓦时)
龙口电站	1971.5	1974.5	2006.8	2	6000	1800
金桥电站	1971.5	1986.5	2007.6	2	500	150
胡家湾电站	1974.4	1980.5	—	3	960	250

续表 14－1－4

电站名	建设时间	发电时间	技术改造时间	总装机(台)	总装机容量(千瓦)	年设计发电量(万千瓦时)
五道石门电站	1976.4	1980	2005.5	2	400	120
响水电站	1978.5	1981.11	—	2	2500	1060
上湾子二级电站	1986	1990.12	—	2	3200	870
上湾子一级电站	1994.10	1998.5	—	2	3200	960
龙尾电站	1997.7	1999.6	—	2	600	150
响尾电站	2002.7	2003.1	—	1	160	100
燕窝铺电站	2005.6	2007.10	—	1	630	250
大石门电站	2008	2010 建成	—	2	6000	1550

(二)风能发电

克旗有良好的风能资源,可开发风场面积600平方公里,年平均风速在6.6米以上,主导风向和主导能量方向为北风,次多风和次多能量方向为西北风,风向比较稳定。年有效风时数可达7000小时,年平均满负荷利用小时数为2300小时,可装机350万千瓦以上。

1999年,克旗开始风电建设,首先在达日罕曼陀山建成首座风电站,装机容量1200千瓦,装机2台。

2003年后,克旗开始在达来诺日镇西部、芝瑞镇塞罕坝、巴彦查干苏木等地开展风能资源调查、选址,实测风速、有效风能密度。至2008年末,确定风场30余处,完成装机743台,装机总容量76.356万千瓦。

1999—2008年克旗风电建设项目情况表

表 14－1－5

项目名称	建设单位	位置	立项批准(发改委)文号	装机容量(万千瓦)	用地面积(公顷)	发电时间	装机数(台)
达日罕风电场	克旗创建集团公司	达日罕乌拉苏木后山	—	0.12	—	1999.12	2
达里风电场(一、三期)	东电茂霖风能发展有限责任公司	达里镇西	内发改能源字〔2004〕2291号	5.016	8000	2004.3	71
达里风电场(四、五期)	大唐唐能新能源有限公司	达里镇西	内发改能源字〔2005〕278号	9.9	8000	2005.9 2007.12	49

续表 14－1－5

项目名称	建设单位	位　置	立项批准(发改委)文号	装机容量(万千瓦)	用地面积(公顷)	发电时间	装机数(台)
大唐赤峰塞罕坝风电场(一、三期)	大唐赤峰塞罕坝风能开发有限责任公司	芝瑞镇大院村	内发改基础字〔2004〕1806 号	12.07	8.3409	2005.9 2006.7	142
大唐赤峰塞罕坝风电场(四、五期)	大唐赤峰塞罕坝风力发电有限责任公司	芝瑞镇大院村	内发改能源字〔2005〕725 号	9.86	9.14	2006.9 2008.12	66
克旗郎城瑞风上头地风电场(一期)	克旗郎城瑞风新能源电力开发有限公司	芝瑞镇上头地	内发改能源字〔2007〕781 号	4.9	12.3405	2007.5	33
克旗乌套海南风场(一期)	克旗汇风新能源有限责任公司	白音查干苏木乌套海	—	4.95	10.8832	2007.5	66
大唐赤峰大黑山、大光顶子山风电项目	赤峰唐能新能源有限公司	芝瑞镇	内发改能源字〔2008〕82 号	9.86	—	2007.6	116
大唐赤峰塔山子、青马场风电项目	赤峰唐能新能源有限公司	芝瑞镇	内发改能源字〔2008〕84 号	9.9	—	2008.10	132
大唐赤峰一棵松风电项目	赤峰(大唐)新能源有限公司	芝瑞镇	内发改能源字〔2008〕2800 号	4.95(33)	—	未入网	33
大唐赤峰头道沟风电项目	赤峰(大唐)新能源有限公司	芝瑞镇	内发改能源字〔2008〕2801 号	4.95(33)	—	未入网	33

二、采掘业

(一)煤炭业

1991—2008 年，克旗开采利用的煤炭资源主要来自分布在芝瑞镇—书声乡一带，长约 50 公里、宽近 20 公里，面积近万平方公里的上新世含煤构造。有 6 个煤组，为低发热量高灰分褐煤。主要由乡镇企业组织开采。

20 世纪 70 年代末，辽宁煤田地质勘探公司 104 队勘查，初步估算 D 级储量约亿吨，20 世纪 80 年代初，建成广兴源煤矿，设计边墙煤矿点、瓦窑沟煤矿点 2 个开采井。1990 年，经扩建，建成年产 6 万吨矿山；1995 年，年产原煤 6436 吨；2002 年，因亏损关闭。

2005 年 7 月，克旗欣兴矿业有限责任公司取得广兴源褐煤区煤炭资源普查项目探矿权，勘查单位为内蒙古自治区煤田地质局 104 勘探队，矿区面积 3.78 平方公里。随后，展开探矿勘查。

2008 年，克旗已探矿或集体进行开采的褐煤生产矿点全部关停。

(二)金属矿业

1. 铅锌矿

1989 年,克旗建设有国有企业—克旗铅锌矿;1994 年,铅锌矿改制为克旗富大矿业有限责任公司;2000 年,转制为国有民营股份制企业—克旗鑫宇矿业有限责任公司。日处理矿石 150 吨。

1996 年,克旗金星矿业有限责任公司建成,日处理矿石 100 吨。

1997 年 10 月,内蒙古兴业集团大新铅锌矿建成投产,日采选矿石 150 吨;2000 年,完成二期扩建,日采选矿石 300 吨。2000 年后,克旗出现多家铅锌等有色金属采掘企业。

2008 年克旗铅锌矿山企业情况一览表

表 14－1－6

矿种	矿山企业名称	企业地址	矿区面积(平方公里)	建成时间	累计探明储量(万吨)	设计采选能力(万吨/年)	2008 年采选能力(万吨/年)	年产精粉量(万吨或万立方米)
有色金属	克什克腾旗风驰矿业有限责任公司	同兴镇	1.44	1980.8	22.065	3.4	3.4	1
	内蒙古维拉斯托矿业有限公司铜锌多金属矿	巴彦查干苏木	2.5	2008.12	881.14	33	30	10
	内蒙古拜仁矿业有限公司铜锌多金属矿	巴彦查干苏木	5.4057	2007.4	840	51	30	10
	克什克腾旗辽蒙天合矿有限责任公司顺元昌铅锌矿	同兴镇	0.1974	2006.7	40.5	4	0	0
	克什克腾旗开元矿业有限责任公司铅锌矿	宇宙地镇	1.2245	1992.10	62.03	9	6	1.5
	克什克腾旗鑫宇矿业有限责任公司	宇宙地镇	1.5715	1985.7	14.16	6	2	0.6
	赤峰德发矿业有限公司二道沟铅锌矿	万合永镇	0.7752	2008.7	493.3	9	3	0.7
	克什克腾旗金星矿业有限责任公司	巴彦查干苏木	2.168	1999.3	39.2	9	3	0.7

续表 14－1－6

矿种	矿山企业名称	企业地址	矿区面积（平方公里）	建成时间	累计探明储量（万吨）	设计采选能力（万吨/年）	2008 年采选能力（万吨/年）	年产精粉量（万吨或万立方米）
有色金属	克什克腾旗郝氏矿业有限责任公司大石山铅锌矿	同兴镇	1.9599	2007.8	443.3	6	5	1.1
	克什克腾旗兴源贸易有限责任公司敖包山铅锌多金属矿	巴彦查干苏木	1.3963	2008.10	57.6	3	0	0
	赤峰金都矿业有限公司巴彦查干矿区铅锌银矿	巴彦查干苏木	3.88	2008.10	64.8	9	0	0
	内蒙古鑫润矿业有限责任公司铅锌矿	宇宙地镇	0.6664	2006.3	20.7	1.5	0	0
	克旗金辉矿业有限公司黄土梁铅锌铜银矿	同兴镇	3.956	2008.4	773.5	30	0	0
	克什克腾旗东晟矿业有限责任公司巴彦查干苏木银多金属矿	巴彦查干苏木	2.3	2008.12	2.53	1.6	0	0
	克什克腾旗大地矿业有限责任公司三义永胜铜矿	经棚镇	1.7259	2008.8	98.6	9	0	0

2. 铁锡矿

1993 年 7 月，黄岗铁锡矿一期工程开工建设，1996 年 8 月开始生产，年采选原矿 20 万吨，生产铁精粉 8.6 万吨。2000 年 6 月，旗政府与内蒙古集通有限责任公司、内蒙古地质勘探设计第三院、克旗农电局组建国有控股公司—内蒙古黄岗矿业有限责任公司，扩大生产。生产能力达到年处理原矿 22 万吨，生产铁精粉 13.7 万吨。2002 年，内蒙古黄岗矿业有限责任公司取得一、二、三、四区采矿权。2003 年 5 月，内蒙古黄岗矿业有限责任公司年处理原矿能力提升到 40 万吨；2004 年，开发三区。2006 年，内蒙古黄岗矿业有限责任公司年处理原矿能力过百万吨，年生产铁精粉 67 万吨。2008 年 7 月，黄岗铁矿三区年处理 80 万吨原矿生产项目建成投产。

2004 年 8 月，河北亿隆矿业有限责任公司通过竞拍，以 3410 万元价格取得黄岗矿区五、六、七区采矿权，并在克旗注册成立克什克腾旗西北矿业有限公司。2005 年开工建设，2007 年末建成选厂，设计年生产 50 万吨铁矿石；2008 年末，部分矿区投入生产。

至 2008 年末，克旗主要铁锡采掘矿山企业有 5 家。

2008 年克旗黑色金属采掘企业情况一览表

表 14－1－7

矿种	矿山企业名称	企业地址	矿区面积(平方公里)	建成时间	累计探明储量(万吨)	设计采选能力(万吨/年)	2008 年采选能力(万吨/年)	年产精粉量(万吨或万立方米)
黑色金属	内蒙古赤峰黄岗铁矿一、二区	同兴镇	6.08	2000.6	6089.3	200	180	60
	内蒙古黄岗矿业有限责任公司黄岗铁矿三、四区	同兴镇	3.3263	2000.6	3067.8	70	120	40
	克什克腾旗西北矿业有限公司黄岗梁铁矿	同兴镇	17.1659	2006.7	380.2	50	20	6.5
	赤峰兆峰矿业有限责任公司	同兴镇	0.0904	1996.9	68.25	6	0	0
	克什克腾旗同兴燕腾矿业有限责任公司苏木沟铁矿	同兴镇	2.4943	2008.8	135.3	24	0	0

3. 银矿

2001 年,内蒙古第九地质矿产勘查开发院在巴彦查干苏木拜仁达坝地区发现约 4 平方公里银多金属矿床,初步探明有矿体 54 条,可开采工业意义矿体 20 条。经设计,分东西矿区开发。拜仁达坝银多金属矿东区由内蒙古银都矿业有限公司(2004 年 2 月,由甘肃盛达集团股份有限公司、内蒙古矿业开发总公司、克旗鑫宇矿业有限责任公司、赤峰红烨锌冶炼有限责任公司、内蒙古第九地质矿产勘查开发院参股组成)投资开发。2004 年 5 月开工建设,2005 年 10 月建成生产。

拜仁达坝银多金属矿西区由内蒙古拜仁矿业有限责任公司开发。2005 年末,内蒙古拜仁矿业有限责任公司成立,股东为内蒙古地质矿产局、赤峰天通铁路建设有限责任公司、内蒙古第九地质矿产勘查开发院。2006 年 5 月开工建设,2006 年末建成投产。

2001 年,内蒙古第九地质矿产勘查开发院在巴彦查干苏木维拉斯托地区发现银多金属矿。2006 年,经内蒙古地质勘查有限责任公司详勘,组建内蒙古维拉斯托有限责任公司投资开发。股东为内蒙古地质勘查有限责任公司、黑龙江金林矿业有限责任公司、北京煜红星矿业有限责任公司。2007 年 4 月开工建设,年末建成投产。

2008 年初,内蒙古兴业集团勘查开发新开地油房西银矿。初步查明银金属储量 36.67 吨,银品位为 338.1 克/吨;金金属储量 0.406 吨,铅金属 1400 吨,锌金属 17150 吨。2008 年 10 月建成投产。

2005—2008 年克旗银多金属矿生产情况表

表 14－1－8　　单位:万公斤

年份	拜仁东区			拜仁西区			维拉斯托矿区		
	银	铅	锌	银	铅	锌	银	锌	铜
2005	14881	1340477	1212908	—	—	—	—	—	—
2006	131649	14217832	14453993	—	—	—	—	—	—
2007	190001	19502197	21647165	8540	1711520	8801180	—	—	—
2008	188171	22155026	27385145	20630	2390760	12228860	7900	6796.3	1675.7

4. **钼矿**

2005 年初,内蒙古兴业集团投资勘查广兴源村小东沟钼矿,初步查明钼金属储量 3.28 万吨,平均品位为 0.109 克/吨(内)、0.037 克/吨(外)。2005 年 4 月,赤峰储源矿业有限责任公司开始设计开采;2007 年 7 月,建成投产。

2005 年,中国核工业集团赤峰铀业有限责任公司在红山子乡投资开发红山子钼矿。初步勘查钼储量约 4459.5 吨,平均品位 0.645 克/吨,2006 年 8 月建成投产。

2008 年克旗钼金属采掘企业情况一览表

表 14－1－9

矿种	矿山企业名称	企业地址	矿区面积(平方公里)	建成时间	累计探明储量(吨)	设计采选能力(万吨/年)	2008 年采选能力(万吨/年)	年产精粉量(万吨或万立方米)
有色金属	中国核工业集团赤峰铀业有限责任公司	红山子乡	—	2006.8	4459.5	—	—	—
	赤峰储源矿业有限责任公司小东沟矿区	芝瑞镇	0.8041	2007.9	3466.37	178.2	160	20
	克什克腾旗天马矿业开发有限责任公司柳条沟钼矿	万合永镇	0.533	2006.7	17	9	6	1.5

1992—2008 年克旗主要金属采掘情况表

表 14－1－10

年份	采矿量(吨)						产值(万元)	利税(万元)
	铅	锌	铁	锡	银	铜		
1992	84	413	—	113	803	33	5419	1926
1993	60	387	—	110	—	45	2962	1438

续表 14－1－10

年份	采矿量(吨)						产值(万元)	利税(万元)
	铅	锌	铁	锡	银	铜		
1994	62	546	—	101	—	40	7328	773
1995	1013	1647	—	112	—	40	8605	2017
1996	150	679	—	125	—	50	6447	873
1997	1060	3449	41965	112	—	18	11706	1611
1998	61	783	60000	—	—	30	16923	53
1999	218	1552	92067	—	—	91	28517	1580
2000	439	2279	136900	57	—	112	34732	8613
2001	—	—	180021	—	—	—	14402	10278
2002	—	—	213171	—	—	—	74298	8914
2003	2425	3118	234805	—	—	—	78869	17149
2004	2584	2790	921375	—	—	—	250947	133619
2005	3578	3150	1625952	—	—	—	544684	215487
2006	16892	17351	2292562	—	—	—	666314	166623
2007	49933	51689	4034181	—	—	—	4285458	1474116
2008	38714	—	3074925	126	0.7	—	5501573	1715751

(三)非金属矿业

至2008年,主要利用的非金属矿产品有萤石、玄武岩及叶腊石。多数企业为2005年以后建立的私营企业。

2008年克旗非金属采掘企业情况一览表

表 14－1－11

矿山企业名称	企业地址	矿区面积(平方公里)	建成时间	累计探明储量(万吨)	设计采选能力(万吨/年)	2008年采选能力(万吨/年)	年产量(万吨或万立方米)
克什克腾旗宏达矿业有限责任公司耗来沟萤石矿	红山子乡	1	2005.6	2.16	0.4	0	0
克什克腾旗郝沟萤石矿有限责任公司萤石矿	同兴镇	0.7088	2005.10	6.8	1	0.4	0.3
克什克腾旗同兴镇同兴萤石矿	同兴镇	0.48	2005.10	1.2	0.3	0.3	0.23

续表 14-1-11

矿山企业名称	企业地址	矿区面积（平方公里）	建成时间	累计探明储量（万吨）	设计采选能力（万吨/年）	2008年采选能力（万吨/年）	年产量（万吨或万立方米）
克什克腾旗泓玖有限公司万合永镇新井村萤石矿	万合永镇	0.2693	2005.10	1.77	0.45	0	0
赤峰鑫业矿业有限公司马架子萤石矿	同兴镇	0.8576	2005.12	1.3	0.3	0	0
克什克腾旗永胜萤石矿	经棚镇	0.2378	2005.9	2.02	0.3	0.3	0.23
克什克腾旗巴彦高勒萤石矿	巴彦查干苏木	0.8	2005.9	4.76	0.3	0.3	0.23
克什克腾旗晟鈺萤石矿同兴镇河南营子萤石矿	同兴镇	1	2006.5	2.9	0.3	0.3	0.23
克什克腾旗泓源矿业有限责任公司红山子乡小克头沟萤石矿	红山子乡	4.2904	2006.7	1.77	0.3	0	0
克什克腾旗东信矿业有限公司义成永那罕沟萤石矿	同兴镇	0.66	2006.6	1.3	0.15	0.15	0.14
克什克腾银源矿业有限公司萤石矿	红山子乡	0.3	2006.11	11.2	0.3	5	4.5
克旗隆昌工贸有限责任公司万合永镇曹家梁萤石矿	万合永镇	0.3158	2007.4	1.3	0.3	0	0
克什克腾旗天元矿业有限责任公司河南营子萤石矿	同兴镇	0.351	2005.7	1.1	0.4	0	0
克什克腾旗鑫胜矿业有限责任公司二周梁萤石矿	同兴镇	0.7	2006.7	1.72	0.3	0	0
大唐兴南矿业技术(北京)有限公司克什克腾旗分公司萤石矿	同兴镇	0.4311	2008.1	1.5	0.3	0	0
克什克腾旗源源三合龙矿业有限公司萤石矿	红山子乡	0.6274	2008.8	1.3	0.3	0	0
克什克腾旗清花矿业有限责任公司那罕沟萤石矿	同兴镇	0.9402	2007.11	1.26	0.3	0	0
克什克腾旗人合萤石矿	同兴镇	0.63	2007.9	2.67	0.3	0	0
克什克腾旗盛源矿业有限责任公司萤石矿	巴彦查干苏木	0.0878	2004.11	1.75	0.3	0	0
克什克腾旗芝瑞福瑞石材矿兴华玄武岩矿	芝瑞镇	0.7045	1993.3	10	0.1	0.1	0.1
克什克腾旗南店镇大成石材矿	芝瑞镇	0.0173	2004.12	7	0.5	0.5	0
克什克腾旗李长安石材矿	芝瑞镇	0.0325	2003.4	13	0.1	0.1	0
克什克腾旗芝瑞厚实石材矿常胜玄武岩矿	芝瑞镇	0.0619	2006.3	8	0.2	0	0

续表 14-1-11

矿山企业名称	企业地址	矿区面积(平方公里)	建成时间	累计探明储量(万吨)	设计采选能力(万吨/年)	2008年采选能力(万吨/年)	年产量(万吨或万立方米)
赤峰宏邦商贸有限责任公司头道沟理石矿	芝瑞镇	0.1817	2008.7	5	0.5	0.5	0
克什克腾旗金石矿业有限责任公司书声乡天义号村玄武岩矿	土城子镇	0.375	2005.12	6	0.5	0.5	0.5
克什克腾旗芝瑞乡孙家营子北山玄武岩矿	芝瑞镇	0.1526	2000.10	4	0.5	0.5	0
克什克腾旗岩泰石材有限责任公司芝瑞镇哈达沟玄武岩矿	芝瑞镇	0.1423	2008.5	4	0.5	0.5	0
克什克腾旗瑞祥石材有限责任公司芝瑞镇大西沟玄武岩矿	芝瑞镇	0.0159	2008.11	3	0.5	0.5	0
克什克腾旗磊鑫矿业有限责任公司玄武岩矿	芝瑞镇	0.1186	2008.7	2	0.5	0.5	0
克什克腾旗芝瑞镇南店鸿运石材矿	芝瑞镇	0.04	1999.4	12	0.5	0.5	0.5
克什克腾旗芝瑞镇福源石材矿	芝瑞镇	0.0233	2002.11	9	0.5	0.5	0
克什克腾旗万合永非金属矿业有限责任公司叶腊石矿	万合永镇	0.1288	2004.12	4	1	1	0

三、建筑材料业

1991年,全旗建材制造企业4家,其中国有水泥厂1家;至2008年,克旗水泥生产企业2家,红砖厂3家,建材石料企业14家。

1991—2008年克旗建材生产情况表

表 14-1-12

年份	水泥(万吨)	红砖(万块)	瓦(万片)	产值(万元)
1991	2.08	4875	15	519
1992	2.48	5934	—	559.3
1993	2.63	64300	—	647
1994	2.38	79096	161	—
1995	2.45	7363	263	448.3
1996	6.12	66728	240	551.6
1997	3.73	18391	2070	586.2
1998	3.89	69000	70	690.3

续表 14－1－12

年份	水泥(万吨)	红砖(万块)	瓦(万片)	产值(万元)
1999	4.45	8200	100	676
2000	4.01	9000	120	1108.7
2001	5.71	—	—	1469.8
2002	6.26	—	—	1687.1
2003	7.38	—	—	1762.8
2004	9.02	—	—	2159
2005	1.26	—	—	2810.6
2006	14.94	—	—	4053.9
2007	21.89	—	—	5865.6
2008	29.96	—	—	4499.6

四、餐饮加工业

(一)粮食

1991 年,克旗粮食加工企业主要有粮油加工厂、饲料公司,年加工粮食作物 8660 吨。2001 年,全旗粮食加工企业发展到 9 家,年加工粮食作物 102815 吨。

2008 年,全旗粮食加工企业 3 家,年加工粮食作物 3200 余吨。

(二)食品

1991 年,克旗食品加工企业 3 家,即副食品加工厂、糖厂、冷库。年加工食品成品 6710 吨。

2008 年,全旗食品加工企业 9 家,年加工食品成品 4000 吨。

(三)酒 饮料

1991 年,克旗的酒类生产企业有:白酒厂、云杉白酒厂、啤酒厂。有饮料生产企业 2 家。2008 年,克旗白酒生产企业 2 家,农牧区分散有酿酒小烧锅。

五、机械制造业

1991 年,克旗机械制造企业 4 家,即工业局、二轻工业局所属农机修造厂、汽车修配厂、农牧机械厂、电器修配厂。

2008 年,全旗有民营机械制造企业 2 家;各种机械维修企业 1 家,有多家维修店铺。

六、服装皮毛制鞋业

1991 年,服装加工、制鞋企业 4 家,年加工腈纶衫 8500 件、皮毛制品 30000 件、服装

16100件(其中皮革服装800件)、皮鞋、布鞋5800双,加工皮革1300张、3100平方米,轻革、毛毡制品9吨。

2008年,有1家民营皮毛加工企业。服装加工、制鞋生产多为个体摊铺,年加工服装、鞋子5000件(双)。

七、印刷业

1991年,印刷企业主要是克旗印刷厂,主要印刷品有报纸、刊物、信封、账簿、宣传品等,年用纸约110吨。1998年,企业改制,印刷厂关闭。

2008年,克旗民营印刷企业发展到3家,可以承印各种信封、明信片、账簿、试卷、辅导材料、宣传品、广告品等。

八、制糖

1991—1997年,有国有制糖企业克旗糖厂,有职工412人,年加工甜菜约32563吨,生产绵白糖4103吨,1998年,破产。

九、木材加工

1991年,克旗木材加工企业主要有物资局所属木材加工厂和二轻工业局所属第一木器加工厂、第二木器加工厂和玩具厂。

1997年,企业转制中,第一木器加工厂、第二木器加工厂先后转制关停。玩具厂转制为民营企业,更名为克旗森源玩具公司。

2008年,森源玩具公司生产森源牌积木、鲁班锁玩具及木制工艺品,年生产1.8万件(套)。

第五节　工业管理

一、行政管理

1991年,克旗全民所有制工业生产企业由旗工业局实施行政管理;食品加工企业由商业局实施行政管理;木材加工企业由物资局实施行政管理;轻工业集体企业由二轻工业局实施行政管理;供销系统生产加工企业由旗供销联社实施行政管理。

1998年,物资局撤销;2000年,二轻工业局撤销;2001年4月,工业局撤销;主管局撤销后,行政管理由克旗经济贸易委员会(局)实施。

2000年,旗供销联社所属生产加工企业完成转换经营机制,实行民有民营后,行政管理职能由经贸委(局)实施。

二、生产经营管理

1991年后,克旗工业企业生产经营,实行计划管理,依据国民生产计划和年度生产计划，确定年度生产指标，由企业组织生产，由旗计划部门统一组织销售。

2000 年后，企业生产经营以市场为导向，自行确定生产目标任务。

三、劳动人事管理

1987—1993 年，企业用工由劳动就业部门组织招录。长期劳动合同一般为 10 年；由旗劳动人事部门统筹管理。1995 年后，陆续开始劳务市场双向选择用工，实行劳动合同协议管理。

1997 年，组建克旗职业介绍所，劳务市场初步建立。收集用工信息和求职信息，进行公共发布，开始不定期组织劳务用工洽谈会。开始开展求职登记。

企业用工开展职业培训，实行年度检查制度，重点检查企业签订劳动合同、社会保险缴费、农民工工资发放等。

四、安全生产管理

1991—2008 年，企业安全生产由劳动部门开展安全生产监督管理。矿山企业、砖瓦生产企业、建筑企业、道路交通建设、民爆器械经营、压力容器经营等生产工人和经营者参加岗前安全生产培训，特种设备行业员工持资质证书上岗。

劳动部门牵头，协同公安、消防、城建、工会等多部门，年度进行安全生产检查。劳动部门设安全生产监察队伍。企业内部设安全监督员岗位，进行生产安全监督。

第六节　克什克腾循环经济工业园区

2006 年，克旗在经棚镇以西，沿集通铁路和省际通道规划建设克什克腾循环经济工业园区。规划面积 60 平方公里，控制面积 300 平方公里，有煤化工循环经济园区、煤化工二区、金属冶炼加工小区、装备制造小区、新型建材小区、电力能源小区 6 个分区构成，为市级重点工业园区。至 2008 年末，初步完成园区总体规划、水资源论证、区域环评，煤化工主导产业发展规划等。克什克腾循环经济工业园区以“走新型工业化之路、建绿色园区”为基本目标，围绕大唐国际克什克腾煤制天然气示范项目，年产天然气 40 亿立方米，通过 420 公里长输管线向北京输送清洁能源，并重点建设天然气精细化工、鲁奇炉副产品加工、废弃物综合利用 3 个产业链及其下游产品项目，总投资超过 200 亿元。同时，利用克旗丰富的矿产资源和赤峰市被列入全国有色金属之乡契机，实施铁、锌、钼等冶炼深加工项目，做大做强金属冶炼深加工产业，发展风电设备、矿山机械及农牧机械制造等装备制造产业，打造蒙东地区冶金产业基地。

至 2008 年末，入驻园区投产项目有 4 个：内蒙古兴安银铅冶炼有限公司 8 万吨银铅冶炼项目、赤峰克什克腾红山水泥有限公司 120 万吨/年新型干法水泥生产线项目、赤峰金泽建材有限公司 15 万立方米/年粉煤灰加气混凝土砌块项目、赤峰市克什克腾红山水泥有限公司商品混凝土搅拌站项目。

拟入驻公司和项目有:内蒙古大唐国际克什克腾煤制天然气有限责任公司煤制天然气项目,赤峰博元科技有限公司煤焦油加氢、粗酚精制酚醛树脂等项目和克旗银源矿业有限公司新型氟制冷剂项目,北京京城新能源有限公司风机制造项目等。

第二章 乡镇企业

第一节 管理机构

1984 年,克旗设置社队企业管理局。

1991 年,社队企业管理局更名为乡镇企业管理局,内设人事秘书股、计划财会股、生产技术股、矿山管理股。

1997 年,乡镇企业管理局增设个体私营企业管理局。

2001 年,克旗乡镇企业管理局内设人事秘书股、计划财会股、生产技术股、矿山管理股、审计股、项目管理办公室,个体私营企业管理局。下辖乡镇企业供销公司、克旗工艺美术厂 2 家企业。

2002 年 4 月,乡镇企业局撤销,职能并入财政局产业化办公室,后移交农牧业局。

第二节 产业概况

1991—2008 年,克旗乡镇企业基本集中于褐煤开采和生产建筑砖瓦。

一、煤炭业

1991—1997 年,乡镇企业开采利用的煤炭资源主要是分布在芝瑞镇—书声乡一带。包括广兴源煤矿在内,有 6 个煤组,皆为低发热量高灰分褐煤。主要由乡镇企业进行开采。

书声乡水泉梁褐煤矿。1964 年,原书声人民公社建成此煤矿,日产原煤约 10 吨。1995 年末,书声乡水泉梁褐煤矿发展成为年生产原煤 4000 吨的乡办企业。1997 年,煤矿停采。

新开地乡煤窑沟褐煤矿。1980 年代,辽宁煤田地质勘探公司 104 队勘查,初步估算 D 级储量 2520 万吨。1995 年后,煤窑沟褐煤矿发展为新开地乡乡办企业,年产原煤 8750 吨。1997 年,煤矿停采。

书声乡五七煤矿。1995 年,由书声乡办企业开采,年产原煤 1000 吨。1997 年,煤矿停采。

芝瑞乡胜利褐煤矿。1995年,芝瑞乡开采年产原煤约200吨。1996年,煤矿停采。

南店乡车胎褐煤矿。1988—1990年,南店乡企业办联合个体户协作采矿。年产原煤达到1000吨。1995年,停止采矿。

南店乡大院褐煤矿。1991年,原南店乡政府建成大院煤矿。1995年末,大院煤矿年产原煤8960吨。1996年,停止采矿。

昌义乡华兴褐煤矿。1991年,原昌义乡政府建成华兴褐煤矿。1995年,华兴褐煤矿年产原煤1000吨。1996年,停止采矿。

土城子镇褐煤矿。1990年,建成土城子镇褐煤矿。1995年,褐煤矿年产原煤5000吨,用工55人。1996年,停止采矿。

二、建筑业

1991—1997年,克旗乡镇企业结合市场需求,开办砖瓦厂,生产红砖红瓦。1997年后,乡镇企业或个体承包,或拍卖转为个体经营,原企业解体。

热水塘镇、广兴源乡分别各有一个乡镇办建筑企业,克旗热水建筑队和克旗广兴源乡建筑队,主要承建农牧区房屋建设,计有建筑工人160余人,1997年解散。

1991—1997年克旗乡镇企业生产情况表

表14－2－1　　单位:万元

企业名称	地　址	建厂、经营变动情况	概算年产值、利税	主管部门
书声乡“五七”煤矿	书声乡	1967年发现,后乡镇办采矿企业。时有职工40余人。主产:褐煤。1997年关停	年产值:8	所在乡和旗乡镇企业局
书声乡水泉梁煤矿	书声乡水泉梁	1964年建设,乡镇办采矿企业。时有职工56人。主产:褐煤。1997年关停	年产值:6	所在乡和旗乡镇企业局
新开地乡广华村煤矿	新开地乡广华村煤窑沟	1969年建设,乡镇办采矿企业。时有职工50余人。主产:褐煤。1997年关停	年产值:12	所在乡和旗乡镇企业局
新开地乡煤矿	新开地乡广华村	1973年发现,后乡镇办采矿企业。时有职工60余人。主产:褐煤。1997年关停	年产值:15	所在乡和旗乡镇企业局
三义乡砖厂	三义乡庆国村	1984年建设,乡镇办制造企业。时有职工100余人。主产:红砖。1997年承包	年产值:12	所在乡和旗乡镇企业局
三义乡瓦厂	三义乡庆华村	1984年建设,乡镇办制造企业。时有职工140人。主产:红瓦。1997年承包	年产值:18	所在乡和旗乡镇企业局

续表 14-2-1

企业名称	地　址	建厂、经营变动情况	概算年产值、利税	主管部门
新开地乡砖厂	新开地乡广华村	1985 年建设,乡镇办制造企业。时有职工 80 人。主产:红砖、瓦。1997 年承包	年产值:10	所在乡和旗乡镇企业局
热水塘镇砖厂	热水镇东	1985 年建设,乡镇办制造企业。时有职工 120 人。主产:红砖。1997 年承包	年产值:14	所在乡和旗乡镇企业局
宇宙地乡砖厂	宇宙地乡张营子村	1989 年建设,乡镇办制造企业。时有职工 120 人。主产:红砖。1997 年承包	年产值:16	所在乡和旗乡镇企业局
新庙乡哈达山砖厂	新庙乡哈达山	1985 年建设,乡镇办制造企业。时有职工 100 人。主产:红砖。1997 年承包	年产值:10	所在乡和旗乡镇企业局
木希嘎钨矿	木希嘎乡查木罕	1978 年建设,乡镇办采矿企业。时有职工 56 人。主产:红砖。1997 年承包	年产值:10	所在乡和旗乡镇企业局
热水建筑队	热水塘镇	乡镇办建筑企业。时有职工 108 人。从事:房屋建筑。1997 年解散	营业额:15	所在乡和旗乡镇企业局
广兴源乡建筑队	广兴源乡	乡镇办建筑企业。时有职工 64 人。1997 年解散	营业额:13	所在乡和旗乡镇企业局

旅游业

第一章　机构与管理

第一节　管理机构

一、领导机构

2004年，克旗建立旅游事业管理委员会，主任由时任旗政府旗长兼任，副主任由分管旅游工作时任旗委副书记和旗政府副旗长兼任，管委会成员由旗相关部门的主要领导组成，管委会在旗旅游局设置办公室，处理日常工作。

二、管理单位

1996年7月，克旗成立旅游局，核定编制1名，与文化体育局合署办公。

1997年4月，旅游局分设，内设办公室、旅游管理股，定编制4名。

2000年，克旗旅游局内设办公室、旅游管理股、旅游服务中心，人员编制增至9名。

2008年，旅游局内设办公室、旅游质量管理股、规划发展股，人员编制增至19名。

第二节　旅游宣传

1997年6月，克旗参加天津北方旅游交易会，为克旗首次参加国家级大型旅游交易会。此后，多次参加国内旅游交易会、国际旅游交易会和中国北方旅游交易会等旅交会。

1998年7月，克旗在达来诺日苏木举办“首届赤峰草原文化旅游节暨首届克什克腾草原那达慕”，此后，连续举办“赤峰草原文化旅游节暨克什克腾草原那达慕”旅游文化宣传活动。

1999年12月，旗政府承办“赤峰市冬季旅游摄影大赛”和开展“冬季旅游到克什克腾”活动。

2001年3—4月，旗政府组织旅游宣传促销团先后到呼和浩特、北京、天津、沈阳等地开展“克什克腾之旅”宣传促销活动。

2002年6月，克旗旅游局组织克旗乌兰牧骑进京开展克什克腾蒙古族文化巡演活动，宣传推介旅游产品。

同年7—8月，旗政府在阿斯哈图石林景区举行“克什克腾地质公园”开园仪式。在浑善达克沙地举办“首届克什克腾旅游汽车越野拉力赛”。

同年，浙江电视台拍摄、播出《初识克什克腾》，获得“30家地方电视台走进内蒙古”活动银奖。

2003年,《赤峰日报》以《美丽的克什克腾》为主题,整版全面推介克旗旅游资源;克旗旅游局组团参加赤峰旅游招商引资展览会;在国道303线、306线与林西、锡林浩特市、翁牛特旗、河北围场县交界出入口处,树立克旗旅游广告宣传牌。

2004年6月,克旗创建公司投资,以"美丽神奇的克什克腾"为主题,在中央电视台第四套、第七套节目投放旅游宣传广告。

同年7月,旅游局组织旗内主要旅游景区和旅游企业负责人参加首届国际旅游博览会。

2005年,中英文旅游杂志《东方之旅》,以8个版面详细向国内外读者介绍克旗旅游景区、景点和资源。

同年,旅游卫视《行者》旅游栏目组在克旗录制克旗旅游专题节目两期。

2006年6月,克旗人民政府举办中国克什克腾世界地质公园开园揭碑庆典仪式,邀请国内各界和港澳台知名人士出席仪式和参加游览活动。

同年,中央电视台第十套节目《探索与发现》栏目组录制并播放"达里湖探秘"节目。

2007年12月,克旗在北京举行"首届克什克腾冬季旅游节"新闻发布会。

同年12月至2008年,举办"首届克什克腾国际蒸汽机车旅游摄影节暨首届达里诺尔冬捕旅游节"和"首届克什克腾旗四季旅游摄影大赛"。

2008年,在中央电视台《朝闻天下》栏目、《城市之间》拦目,内蒙古电视台、赤峰日报社、赤峰电视台等媒体进行多时段旅游宣传。内蒙古卫视《天气预报》栏目开通"克什克腾世界地质公园"天气预报直播。

同年6月,旗政府与华运旅游集团中国铁道旅行社签署合作协议,商定由中国铁道旅行社组织客源,向克旗开通旅游专列。同年共向克旗发出8趟旅游专列,运送游客3600余人次。

第三节 从业人员培训

2002年,克旗成立旅游服务中心,公开招聘、选拔讲解员、导游员,持续培训讲解员、导游员、旅游管理人员、餐饮服务人员,从业人员得到从业指导。

1996—2008年旅游从业人员情况表

表15-1-1

年份	旅游从业人员数(人)	旅游培训(人次)	导游人员(人)
1996	300	20	2
1997	600	50	5
1998	750	70	20
1999	1300	80	25

续表 15－1－1

年份	旅游从业人员数(人)	旅游培训(人次)	导游人员(人)
2000	2500	120	30
2001	3880	200	20
2002	4300	280	22
2003	5400	350	35
2004	5800	500	50
2005	6300	570	80
2006	6800	700	85
2007	7000	1200	90
2008	7500	1500	98

第四节　市场监管

2005 年,成立克旗旅游综合执法大队,从旗直有关单位抽调 20 人在旅游局统一办公,为旗旅游局直属副科级执法机构。

2008 年,克旗旅游管理委员会通过监管执法和平安旅游协会进一步规范旅游纪念品商店、景区自费项目收费;规范、统一旅游星级宾馆公共信息图形符号和景区介绍牌、导游全景图、导览图等;完善索道、水上、骑马等旅游项目安全措施。

同年,克旗旅游管理委员会对全旗旅游企业实行目标责任制管理,并制定考核细则。

第五节　资源保护与利用

克旗对旅游资源注重依法依规保护和可持续利用。

2002—2008 年,达里诺尔自然保护区实施恢复生态项目,先后对南北河口核心区草原、缓冲区草地进行围封,实行封闭保护,芦苇逐渐恢复,土壤盐碱化得到控制;试种柽柳、耐碱牧草;开展湿地、草原、森林、水文定位监测,预防草原、森林火灾、虫害和人为破坏。

至 2008 年末,两处国家级自然保护区利用卫星遥感技术建成示范性保护项目—地理信息系统和管理信息系统。除地质公园平顶山景区、浑善达克沙地景区待开发外,各景区基础建设基本得到规范。拆除旅游景区中违法建筑和旅游设施,停止各旅游公司在自然保护区和地质公园核心区餐饮活动。取缔保护区内采石、挖沙等活动。

在日常管护上,发挥公安派出所、森林警察、管护队站等专业队伍、专职人员职能,同时鼓励、扶持社区牧民参与生态旅游经营,在旅游景区内为其提供经营场地、就业岗位,对周边牧民开展旅游经营培训、环保宣传。调整产业结构,减轻畜牧业经营对环境的压力;融洽社区关系,提高景区周边牧民保护资源意识和主动性,吸引景区周边群众参与到资源和环境保护上来,减少资源利用中出现的矛盾和利用与保护之间的矛盾。注重保持生态平衡,保护生物多样性,建设地质公园、森林公园、自然保护区文化。

2000 年后,克旗连续举办赤峰旅游节。各景区先后举办热水蒸汽机车摄影比赛和坝上摄影节、克旗风光全国摄影比赛;吸引各大院校师生到地质公园、森林公园、自然保护区开展实习或进行科研考察。2005 年 9 月,达里诺尔自然保护区建成达里诺尔自然博物馆,2 个森林公园陆续建成动植物标本室。2007 年,克什克腾世界地质公园在经棚镇建成地质公园博物馆。通过电视台播发专题片、广告片,开辟公园、保护区网站,介绍概况、景点、旅游产品、游览线路,召开推介会议和制作宣传材料、出版旅游书刊,全面开展深度保护。

2005 年,克旗初步形成草原生态、世界地质公园、民族传统文化三大旅游品牌。

2006 年,克旗全年接待游客 129. 6 万人次,旅游收入 3. 8 亿元。2007 年,全年接待游客 135. 8 万人次,实现旅游收入 4. 2 亿元。2008 年,全年接待游客 165 万人次,实现旅游收入 4. 88 亿元。

通过电视、平面媒体广告推介,尤其是创建中国旅游强县活动,提升克旗知名度,旅游资源得到国家旅游局和自治区、赤峰市旅游主管部门重视,国内外旅游部门、旅游企业关注,为旅游资源开发、旅游业发展注入活力。

克旗结合旅游景区、景点在农村牧区,自然原生态突出的特色,把旅游业纳入旅游业发展成熟村、嘎查作为社会主义新农村建设试点,吸引农牧民参与旅游业开发,带动农牧民增收。同时,挖掘地域民间文化,开发民俗旅游项目,丰富旅游内涵,加快新农村新牧区建设步伐。

第二章　旅游景观

2008 年,克旗有世界地质公园地质地貌景观、沙地云杉景观、达里诺尔(湖)风光、黄岗梁森林公园、桦木构森林公园休闲度假、贡格尔草原风光、乌兰布统坝上草原风光、西拉沐沦河峡谷景观等旅游景观区。

2002 年,曼陀山庄景区被评为国家 AAA 级景区;2005 年,乌兰布统湿地园区被评为国家重点风景名胜区;达里诺尔(湖)被水利部评为全国水利风景名胜区,紫濛山庄风电场景区被国家旅游局评为全国工业旅游示范点。2006 年,阿斯哈图石林园区被评为国家 AAAA 级景区;克旗被全国旅游商会、世界华人华侨旅游合作组织等联合评为“中国优秀旅游目的地”。2007 年,克旗被国家标准委员会确定为“中国生态旅游标准化示范地区(即时中国生态旅游标准化示范地区全国仅 3 家,克旗为内蒙古首家)”。2008 年,达里诺尔(湖)湿地园区、乌兰布统地质公园园区被评定为国家AAAA 级旅游景区。

第一节　地质公园园区景观

克什克腾世界地质公园以第四纪冰臼群和花岗岩石林地貌及地质构造为突出特色。地质公园划分为 9 个景观园区:阿斯哈图石林园区、青山岩臼及花岗岩峰林园区、平顶山“冰斗群”园区、西拉沐沦大峡谷园区、热水塘温泉园区、达里诺尔(湖)火山群园区、黄岗梁第四纪冰川遗迹园区、浑善达克沙地园区、乌兰布统湿地园区。至 2008 年,除平顶山“冰斗群”园区、浑善达克沙地景区外,都已开通景观区道路,景观均得到保护开发。

阿斯哈图石林景观　阿斯哈图石林为发育完全、近似垂直和接近水平节理花岗岩石林;石林走势沿山脊呈北东向布展,全部分布 5 处山脊区域,各种形态石林地貌景点近百处,海拔约 1700 米。保护面积 15.6 平方公里,占地约 5 平方公里。石林拔地凸起,兽型鸟状,若活灵动,如塔似柱,巧夺天工,台榻床卧,惟妙惟肖,且花岗岩“释重节理”分明,水平节理突出,层层叠叠如人工摆放,实所罕见。形态类型有单体连体石柱、蘑菇石柱、墙体石柱、石峰林、石床、石塔、石榻、石书、石禽等;相对高度 5 ~20 米。有七仙女峰、大汗栓马桩、草地鲲鹏等俗称。地貌层状性特点突出,有“大兴安岭脊梁骨”之称,被称作“内蒙古石林”。

图 15 -2 -1　阿斯哈图石林景观

青山岩臼峰林景观　青山岩臼峰林景观总面积 30 余平方公里,最高峰 1574 米,山脉东西向绵延伸展,山峰层峦叠嶂,峥嵘峻拔,峰突石利,犬牙交错,齐刺云天。山体土石分明,阳面沟谷岩石裸露,山阴杂树荫蔽,树草繁茂。最以型石、峰林、岩臼为奇观,形态多如兽禽,分布整座山脉,多角度能成天然景观。峰林或数剑向天,或孤峰独树,或峰中出仞,或幻兽化禽,熊、蛇、龟、蛙、犬、鹰,形态逼真,峭立山巅。主峰花岗岩石上,分布千余个各种类型岩臼,形成花岗岩岩臼群,大多圆形、椭圆形,平底大肚,如缸似锅,或底部连贯,或臼中生树、储水,规模宏大,形态完好,堪称“世界地质奇观”。

平顶山“冰斗”景观　平顶山“冰斗”群景观在克旗万合永镇,海拔 709 ~1960 米,平均海拔 1370 米。地势东北低,西南高;园区面积 63 平方公里。

“冰斗”景观角峰突兀,刃脊锐利,若切削状,且峰脊交错,巍峨连绵;岩体发育好,水平节理、垂直节理分明。冰川运动造成三面陡峭、一面开口圈椅背状的漏斗地形。冰斗

图 15-2-2 平顶山冰斗景观远景

图 15-2-3 平顶山冰斗景观近景

内可见冰川擦痕、冰川阶步、冰川堆积物;冰川外围可见侧碛、终碛及混杂堆积。平顶山“冰斗”景观完整而具体地反映出冰川发育的历史阶段和不同时期的气候变化痕迹,极具地质类型的代表性、典型性和科研价值。

达里诺尔火山群景观 达里诺尔火山景观是亚洲最大的死火山群遗迹,也是东北九大火山群之一,分布在达里诺尔西北岸,总面积近百平方公里,有120余个典型火山口。火山群遗迹自南而北为风积沙地—湖盆低地—湖积平原—玄武岩台地。主要类型有火山口、火山锥、熔岩喷气碟及火山喷积物等。

马蹄型火山口直径在十几米至百米以上,多为裂隙—中心式喷发而形成。

火山锥是火山熔岩和碎屑堆积遗迹,地面高度大者约50米,孤立如锥倒立。

图 15-2-4 达里诺尔马蹄形火山遗址

花沿口形喷气碟原始形态几近完美,是火山熔岩因内部气体多次不断推动岩浆外溢,叠加口垣而形成。不断堆高的口垣或如碟盘,或似喇叭花冠,高度不一,熔岩间歇喷发次数多,可见喷气碟层多而高;喷气口直径不足1米。

图 15-2-5 西拉沐沦上游峡谷

西拉沐沦大峡谷景观 西拉沐沦大峡谷景观在西拉沐沦河克旗段上中游,起点即潢源(俗称源水头),峡谷周围是浑圆沙丘,兀然如沉陷,现出簸箕貌盆地,泉水涌流,如沸水溢锅,从“锅口”向周沿溢撒,时溢时歇;雨季水涡翻波,奔流而下,冲出峡谷。击荡悬崖,喷溅鸣响。峡谷上游,河道弯曲,水流湍急,落差悬殊,两岸杂生桦树、山杨、榆树、红柳等乔灌木,成为独特疏林景观。沿峡谷建有7座小型水电站,电站水库区成为观光景点。

浑善达克沙地疏林景观　经过长期风堆水蚀，形成面积上千平方公里独特疏林沙地，虽为沙地，沙丘并不高大，在10～30米，总体作北西向东南方向延展，多呈垄链状或新月状绵亘有序；沙粒多浅黄色，少量白色，沙丘间多为湖相沉积草甸洼地、季节性湖泊、沙泉微泊。固定沙丘上基本是沙地疏林景观，半固定沙丘主要为半裸沙丘和流动沙丘景观。

图15－2－6　浑善达克沙地克旗境内疏林沙地

沙地野生动植物种类繁多，木本、禾本、草本植物多种多样，一些野生果木如山荆子、山里红、山杏、山梨树、山麻籽等春花秋实，香气四溢；进入沙地，常闻彩雉、山鹈声，有狼、狐、狍、獾、兔、鼬出没。

乌兰布统景区　乌兰布统，蒙语，汉译“红色山峰”，位于浑善达克沙地东南缘，因一座褐红色山峰兀然独立而得名。这里也是“乌兰布统之战”古战场。康熙二十九年（1690年），康熙在此打败噶尔丹，维护了国家统一。因大将军佟国纲战死，为纪念他，湖泊被当地民众称为“将军泡子”。

景区是蒙古高原向辽河平原过渡带，南临木兰围场，塞罕坝宛若屏障，绵延数百公里，它广袤辽阔，原野苍茫，集草原、森林、湖泊、沙地、湿地于一体，沙地疏林错落、河流众多，湖波荡漾，塞外草甸草原风光典型突出，是原生态游理想目的地，有“水的源头，云的故乡，花的世界，林的海洋”称誉，被赞为“北京天然后花园”“距北京最近最美的草原”。

景区有大红山子、将军泡子、十二座连营、佟国纲衣冠塚、五彩山等战场遗迹和自然景观，成为著名影视剧外景基地。至2008年末，有《三国演义》《射雕英雄传》《康熙王朝》《还珠格格》《康熙大帝》《墨攻》《天上草原》等120余部影视片在此拍摄外景。

图15－2－7　乌兰布统大红山和草原景观

园区开设的游乐休闲项目有蒙古族歌舞、马背骑射、马头琴演奏、季节那达慕、蒙古族婚礼仪式、蒙古牧家乐、小筏漂流、滑沙滑草及民俗体验（坐马车、羊车、驼车或马拉爬犁）、野外休闲（自驾吉普车或摩托车越野兜风）、特色餐饮（蒙古烤全羊、手把肉、奶茶奶酒奶食）等。

第二节　国家级自然保护区景观

一、达里诺尔(湖)

达里诺尔(湖)位于达里诺尔国家级自然保护区核心区,为高原内陆湖,湖形如海马状,湖水为半碱水,总面积22884公顷,东西有姊妹湖(岗更诺尔、多伦诺尔)相伴,总面积25644公顷。有亮子河、贡格尔河、沙里河、耗来河等注入,形成湿地湖群,已被列入亚洲重要湿地名录,是中国北方重要的候鸟迁徙通道、中转驿站,是闻名遐迩的"天鹅湖"。每年春秋,达里诺尔天鹅集群数量庞大,以数万只以至十万只计,蔚为壮观。在湖区发现有国家一级保护鸟类丹顶鹤、大鸨、遗鸥、白鹳、黑鹳、玉带海雕、白头鹤、金雕、白尾海雕9种。

图15－2－8　达里诺尔天鹅迁徙时景观

湖区汇集有湖泊、湿地、草原、火山遗迹、沙地疏林、金代边堡界壕等诸多自然、人文景观,尽显原始草原生态之美;深冬捕鱼、春鱼洄游、候鸟南北迁徙都形成独特季节景观。湖区以生态旅游为主题,开展休闲度假、水上游乐、民族风情、历史遗迹、避暑疗养旅游服务项目;开设有水上乐园、观鸟长廊、自然博物馆、曼陀山、碧海银滩等众多景点,是国家环保科普基地和中小学环境教育社会实践基地。

二、白音敖包沙地云杉林景观

白音敖包沙地云杉林野生群落集中在白音敖包国家级自然保护区内,地处大兴安岭南部山地向内蒙古高原的过渡地带,主要保护世界仅存的珍稀沙地云杉树种和其赖以生存的自然生态系统。林区以白音敖包为中心,海拔近1500米,平均高度1350米;东西宽7.5公里,南北长8.8公里,林地面积6490公顷,沙地云杉林面积1947公顷。

沙地云杉树干挺直俊拔,侧枝逐年从主干横生,形成年轮层次;侧枝对生分枝,分枝再对生枝杈,逐年分蘖,形如层层伞盖向上缩径叠加;沙地云杉针叶短小绵密,灰绿而充溢光泽;成树树势壮实整齐大气,酷似一座座宝塔,极具观赏价值。云杉林成树高25～36米,树干胸径22～36厘米,树龄在80～120年,现存最老树龄约400年。极具耐干旱、耐贫瘠、天然更新能力强等特点。沙地云杉为山地白杆演化新种,是植物自然适应高寒沙地干旱贫瘠环境而形成的独特物种谱系,是独有的云杉天然基因库。为固沙浅根系优良树种,侧系根发达,根长可达树干的3倍,森林地下根系蔓延交织,盘根错节,聚拢固沙，防风固沙作用强大。沙地云杉林控制面积约1000公顷、厚度10～100米的沙丘。沙地云杉林对研究和防治中国北方土地荒漠化和京津周边地区生态治理、恢复有着重要科研价值，可为北方营造防风固沙林、建设防护林体系提供种苗基因资源。

图15-2-9　白音敖包沙地云杉林景观

白音敖包保护区根据沙地云杉林立地条件和植物组成，初步划分为4种类型：藓类苔草沙地云杉林、禾草杂类草沙地云杉林、杂类草白桦沙地云杉混交林和沿河沙地云杉林。林中栖息鸟类有16目33科130余种；野生动物有7目17科68种。林内有高等植物68科239属460余种，维管束植物418种。

沙地云杉林在沙地边缘形成区域天然屏障，生态地位特殊而生态效益显著，又因沙地云杉珍稀性、景观性、生物多样性，成为珍稀的旅游资源。

第三节　国家森林公园景观

一、黄岗梁森林公园

黄岗梁国家森林公园集草原、山地、河谷、湖泊、草甸、丛林、疏林、沙地等景观于一体，聚针阔叶混交林交织、灌丛次生林杂生、松桦林漫坡连片的森林景观于一园，形成天然森林和自然草甸景观，总面积18万公顷，森林覆盖率55%，植被盖度94%，植物种类逾千种。是集旅游、避暑、度假、科研、考察、观光等多功能国家级森林公园。

公园内有高等植物103科406属926种，有“千花百药”之称。公园内有哺乳动物41种，有鸟类89种。

森林公园划分有4个核心区：阿斯哈图冰石林区，原始森林保护区，野生动物保护区，湿地特殊环境保护区。外围设置缓冲区、实验区。至2008年12月，初步开发利用的景观有大兴安岭最高峰大鹅头景观、十三道湾及冰谷遗迹景观、七星湖景观、西吉台森林草原景观、天然原始森林景观、白桦与山杨树丛景观、针阔叶混交林草地景观、山地草甸景观和马鹿驯养繁殖区观光等众多生态景观，且季节特征分明，春有杜鹃花潮，夏孕林海生机，秋霜层林尽染，冬季银装素裹。

二、桦木沟森林公园

桦木沟森林公园植物区系属七老图山北部山地森林草原区系。地带性植被有森林、草原和荒漠;隐域性植被有草甸、沼泽地,盐生沙生植被类型。森林面积4.79万公顷,天然乔木林3.64万公顷;天然灌木林294公顷;人工林1.12万公顷;森林覆被率22%。公园内有多种野生动物栖息繁衍。

图15-2-10 黄岗梁天然林景观

森林公园核心区为天然次生桦树林景观,桦树林面积3200余公顷,沿阴坡依山成林,林势茂密,形成鲜见大林海景观。

森林公园规划开发出九个景观区:砬沿子沟营林区野果园。塞罕敖包祭祀区,供开展民族祭祀活动。草原森林野生花园观赏区,林区特色野生花卉。公主湖度假村,乌兰布统古战场,影视外景基地。

图15-2-11 桦木沟天然林景观

开发旅游项目有:草原湖垂钓、湖上划船、峡谷览胜、林海观涛、高原落日、草地拾摭、林下采撷、登塔观光、牧歌唱晚、敖包祭祀(农历六月十三日)、战场怀古、猎场狩射等。

至2008年末,公园内建成宾馆、林家乐,提供旅游度假住宿、蒙古特色餐饮。

第四节 自然人文景观

一、贡格尔草原景观

贡格尔草原 雄浑伟岸的大兴安岭延伸到这里戛然而止;横亘于蒙古高原的阴山山系至此而终;黄沙滚动的浑善达克沙地蜇伏于此;这里是蒙古高原东缘—贡格尔草原。

贡格尔草原平坦如砥、雄浑壮阔,在草原上旅行,可见达里诺尔、岗更诺尔、多伦诺尔……众多湖泊如蓝宝石点缀其间。贡格尔河、沙里河、亮子河、耗来河犹如彩带千折百迴,滋润着草原,使草原愈加丰沃、肥美,多姿多彩。

贡格尔草原上有着极为丰富的植物,约有70科250属430余种。有闻名海内外的草原白蘑、黑蘑、鸡腿蘑等多种菌类生物。

贡格尔草原也是动物的乐园，走在草原上，空中有鸟类在欢快鸣唱，翱翔比翼；水中有锦鳞涌动，随波逐浪；地上时见狼、狐、狍、獾、兔出没。

贡格尔草原上有达里诺尔湿地与鸟类、珍稀树种沙地云杉2个国家级自然保护区，还有众多人文景观，如砧子山岩画、金代界壕遗址、元代应昌路遗址，当代景观如草原风电场等。

达里诺尔观日出，四时之景各呈一时之色。七八月为最美，尤以雨后之晨，长虹贯日，彩云疏缀，炊烟袅袅，草香四溢。

图 15－2－12　达里诺尔日出景观

达里诺尔夕照　初秋是观看夕阳最好季节，落日把她最辉煌、最灿烂的笑容投给长空，留给草原，洒向湖面。

初秋，达里诺尔暑热已淡，秋凉未至，最是宜人。夕阳普照，东方天际一轮皎洁的圆月早已临空高悬。此时即是摄影爱好者的盛宴时间。

图 15－2－13　达里诺尔湖区日落景观

岗更诺尔　蒙古语，汉译景色秀丽的湖，因当地流传有牤牛斗鲤鱼的传说，故俗称“牤牛泡子”。湖周围浅水水生植物繁茂，东岸自然矮堤外沼泽遍布，芦苇茂盛。南岸、西岸蒲草丛生，浩浩荡荡，有些草坯盘根错节、相连交织成片，由岸边游离到水中，形成若干大小不一的“浮岛”，可供鸟儿筑巢，生卵育雏。每当风起，“浮岛”便或东或西，任由风意游弋。为众多鸟类提供繁殖、孵育良好环境。每至春夏，丹顶鹤、大天鹅等十数种珍禽到此繁衍后代。岸上水中，遍布生机。

岗更诺尔，湖如其名，清秀美丽。船行湖中，有银鸥翻飞于头顶，有鸬鹚或浮、或潜于舷侧，时而有鲫鱼、鲤鱼腾空出水，鸟飞鱼跃景观，乐趣横生。2008 年，中央电视台《走进科学》栏目摄制播出《达里诺尔迷影》节目，拍摄于此。

多伦诺尔　蒙古语，意为捞出马镫的湖，也有译为马蹬形的湖。因湖内野生鲤鱼，俗称鲤鱼泡子，湖为火山熔岩堵塞而成。山中小湖，波澜不惊，北岸多榆树，或挺立岸边，或旁逸水面。树下多巨石临水，是赏景垂钓的理想去处。

多伦诺尔，有野生鲤鱼、鲫鱼和瓦氏雅罗鱼，以鲤鱼为多，且个体较大，肉质鲜嫩。

耗来河 耗来，蒙古语，汉语意“嗓子眼”，是连接多伦诺尔和达里诺尔的唯一河流。清莹的河水拘于狭窄河道，回环盘旋，犹巨蛇蓄势。河水深0.5米，河道最宽处不足2米，最窄处只有十几厘米。书本便可搭桥，被称为“中国最窄的河”。

图15-2-14 耗来河

贡格尔河 贡格尔，蒙古语，意为发源于深山脚下的河。贡格尔河发源于大兴安岭最高峰黄岗梁西麓，为克旗第三大河。上游森林覆盖，悬流瀑布，激扬清澈，中、下游都在草原上。河流一入草原，尽情抒展，千回百转，河岸绿草如茵，长河似练。静、幽、平、缓，清清河水映着牛马倒影，草原风光，因河而奇。

图15-2-15 贡格尔河

二、草原历史遗迹景观

(一)砧子山岩画

位于达里诺尔北岸的砧子山(死火山，因形状如打铁砧子，俗称砧子山)，岩画是罕见草原古代文化遗迹。可分辨画幅在30个个体以上，线条简洁，生动逼真，有动有静，动中或缓行或疾奔；猎手箭前的奔鹿惊慌失措，嬉戏的幼鹿憨态可掬，表现出极高的艺术价值和观赏价值，是克什克腾岩画的重要组成部分。

(二)元代应昌城遗址

元代应昌城遗址位于达里诺尔西岸。经考察，应昌城采用“前朝后市，左宗右社”的格局，坐北面南，由内城、外城和关厢三部分构成。长方形外城南北长约800米，东西宽约650米，城墙周长2900米，为夯土筑成，占地面积52万平方米，建筑面积近22万平方米。城墙东、西、南中部辟有瓮城城门；巷道外侧有垛墙，内侧有宇墙，外城墙四角建有角楼，南部为商业市肆。应昌城街道三横、三纵垂直井字形分布；街道两旁是店铺和居民庐舍，其间修建有学府和佛、道、伊斯兰等多种宗教活动场所；外城北部沿内城周边地区修建有衙署和庙宇，东西侧分别建设

图15-2-16 砧子山岩画

有报恩寺、罔极寺。由南城门向北,是长约260米、宽约12~15米主街道。现城墙痕迹清晰。内城(即鲁王宫)坐落于外城中部偏北处,南北长240米,东西宽220米,砖砌宫墙,四面宫墙中部辟有宫门、内建殿宇亭廊,现留有部分大殿立柱基础。城东南出土“应昌路新建儒学记”汉白玉阴刻石碑,记述建学堂兴儒教之盛。城外西山上有佛塔,现存基座。整座城城内是平坦大草地,东、西、北三面丘陵围抱,城型地貌宛如一个农具大簸箕。1963年,应昌城遗址为自治区级重点文物保护单位,2001年6月,为全国重点文物保护单位,2008年,成立遗址保护管理工作站。

据《元史·特薛禅传》载:至元七年(1270)弘吉剌部斡罗陈、囊加真公主呈请忽必烈在达里诺尔附近封地建城,名应昌府。至元二十二年(1285)升应昌府为应昌路。因大汗赐封弘吉剌部特薛禅之子按陈封号“济宁王”,其后裔蛮子台世袭济宁王,再晋封鲁王,后人世袭鲁王,故城池多称鲁王城。

图15-2-17　应昌府遗址

应昌城是元大都经元上都(今内蒙古正蓝旗昭乃门苏木)通往岭北行省重要通道驿站,鼎盛时发展成为草原上经济、政治、文化重镇和交通枢纽。自应昌城向西北至克鲁伦河上游,转而西行到达鄂尔浑河上游和林地区(忽必烈前“大蒙古汗国”——漠北哈喇和林古城)。

至正二十九年(1369)春,元顺帝妥懽帖睦尔北上退逃至元上都,不久辗转至应昌城,后病逝于此。其子爱猷识理答腊在应昌城即位,年号宣光(1371)。明正统年间应昌城被焚毁。

(三)金代边堡遗迹

金代边堡(也称金界壕、金长城、金边墙)在克旗境内遗存180余公里,东自林西县新林镇前敖包河村入境,过同兴镇、黄岗梁林场、巴彦查干苏木、达日罕乌拉苏木白音乌拉(俗名灰腾梁)嘎查入正蓝旗。据《金史·本纪六·世宗》载,世宗五年正月,“乙卯,沿泰州、临潢接境设边堡七十、驻兵万三千。”这应是金边堡修筑起始时间。又据《金史·志五》记载:“大定二十一年三月,世宗以东北路招讨司十九堡在泰州之境,及临潢路设二十四堡障参差不齐,遣大理司直蒲察张家奴等往视其处置。于是东北自达里带石堡子至鹤五河地分,临潢路自五河堡子至撒里乃,皆取直列置堡戍。评事移剌敏言:‘东北及临潢所置,土瘠樵绝。当令所徙之民姑逐水草以居,分遣丁壮营毕,开壕堑以备边。’上令无水草地官为民建屋,及临潢路诸堡皆以放良人戍守。省议:‘临潢路二十四堡,堡户三十,共为七百二十”。按元史载:“金遣丞相完颜襄先后出师,乃筑长城。堑山浚壕数百里为界。以唐古乣部戍守之。遇漠北诸部之冲，其为金明昌年建无疑。”由此可知，这段边堡至金章宗明昌年间仍在发挥御外划界作用。金章宗在位二十年，“承世宗治平日久，宇内小康，乃正礼乐，修刑法，定官制，典章文物粲然成一代治规”（金史卷十二）。而南宋只得对“叔大金皇帝”称侄贡币，是为金代发展鼎盛时期，用筑堡充军的办法守边安民，金边堡是这段历史直接的实物见证。

图 15－2－18　金代边堡界壕遗址

金边堡基本由边堡、戍寨、边墙壕堑、墩台四部分组成。边堡是屯兵、储存物资营地，选重要防范有利地段设置。克旗在贡格尔嘎查、甘珠尔敖包发现两处遗迹。戍寨是约间隔 15 公里而设置的屯兵营垒，小于边堡，多呈方形，建在山口、平阔之处，克旗境内发现 17 处戍寨遗迹。边墙壕堑是连续的夯土建筑，挖堑壕筑围墙，用于阻止骑兵进攻，墙为外陡内缓阶梯形，墙体上窄下宽，底宽在 10 米以上，壕宽在 4～10 米，不尽相同，壕深多在 2 米以上。墩台是设置在外墙壕内的布哨传令、燃放烽火、遇袭出兵、集结射击的平台，约一箭地射程设置一处。克旗金边堡遗迹保存完好，为国家级重点文物，站在山巅观看，如蜿蜒欲飞的长龙在草原上蠕行，奇特而壮观。

（四）曼陀山景观

曼陀山坐落在达日罕乌拉苏木所在地北侧，“曼陀”译意为神仙居住的地方。据《元史》：至元二十四年（1287 年），蒙古乃颜部落反叛，世祖皇帝忽必烈率军亲征，途经此地，驻跸应昌之夕，山巅一佛临空，现金身色，如影如幻，遂做佛事七昼夜。又因山前有元代龙兴寺遗址，后侧有山洞称净梵天水云洞，相传水云洞连通达里诺尔，曾有龙潜藏于洞。历史和传说给曼陀山平添许多神秘色彩。曼陀山上巨大盘石裸露于山顶，卧石盘桓彰显出浓郁自然岁月沧桑意味。站在山巅眺望，北面是波涛浩渺的达里诺尔，南向是起伏苍茫的浑善达克疏林沙地，山川、湖泊、沙地、草原尽收眼底，一片塞外独特风光。曼陀山是克旗最早开发建设的旅游景点。

图 15－2－19　达日罕乌拉曼陀山景观

第三章　旅游线路

第一节　建成路线

克旗旅游发展总体紧扣自然生态、历史文化、民族风情三个观光主题，旅游线路以经棚为中心，辐射阿斯哈图石林，青山岩臼峰林，达里诺尔（湖）和火山群，乌兰布统风景名胜区，黄岗梁冰川林海，白音敖包沙地云杉，贡格尔草原，热水塘温泉等景观景区路。

2008年，克旗规划开通区（省）际综合游线路：

北京—乌兰布统湿地园区—达里诺尔（湖）—白音敖包云杉林—阿斯哈图石林—青山岩臼峰林—百岔岩画综合游。

北京—乌兰布统湿地园区—百岔岩画—青山岩臼峰林—热水塘温泉—阿斯哈图石林—黄岗梁冰川遗迹—白音敖包云杉林—贡格尔草原—达里诺尔（湖）综合游。

北京（大连、沈阳）经赤峰—青山岩臼峰林—热水塘温泉—黄岗梁冰川遗迹—阿斯哈图石林—达里诺尔（湖）—乌兰布统湿地园区综合游。

北京（大连、沈阳）经赤峰—百岔岩画—青山岩臼峰林—贡格尔草原—达里诺尔（湖）—黄岗梁冰川遗迹—阿斯哈图石林—热水塘温泉综合游。

锡林浩特—达里诺尔（湖）—黄岗梁冰川遗迹—阿斯哈图石林—热水塘温泉—青山岩臼峰林—乌兰布统湿地园区综合游。

第二节　旗内旅游环线与专线

一、综合环形旅游线

经棚镇—曼陀山庄（303国道）—达里诺尔（湖）—火山群—浑善达克沙地—达尔罕山—曼陀山上龙兴寺—达里度假村；达里度假村—应昌路遗址—耗来河—砧子山；达里度假村—贡格尔草原、贡格尔河—达来诺日风力发电站—白音敖包云杉林—星星塔拉度假村—五道石门电站—黄岗梁森林公园、黄岗梁森林公园—阿斯哈图石林—经棚镇或热水开发区。

经棚镇（或热水开发区）—乌兰布统湿地园区（坝上草原）（南沿经乌线）—公主湖—蘑菇场泡子—南、北将军泡子—萨岭河—潢源保护区（西经元宝山）—上湾子电站—龙口电站—经棚镇（或热水开发区）。

经棚镇—百岔岩画（经西拉沐沦河向东南至百岔河下游）—辽城遗存—关东车旅游区—青山岩臼峰林—经棚镇。

经棚镇(或热水开发区)—关东车旅游区—青山岩臼峰林—热水开发区(经棚镇)。

二、旗内专项旅游线

自然保护区观光游:经棚镇—达里诺尔(湖)—鲁王城遗址—砧子山—白音敖包沙地云杉林。

世界地质公园观光游:经棚镇—青山岩臼群—热水塘温泉—阿斯哈图石林—达里火山群。

先民岩画艺术观光游:百岔河岩画—西拉沐沦河岩画—砧子山岩画—苇塘河岩画。

西拉沐沦峡谷风光游:经棚镇—龙口电站—上湾子电站—潢源自然保护区。

草原湖泊风光游:乌兰布统(古战场、影视基地)—达里诺尔(湖)—草原游牧部落—岗更诺尔—多伦诺尔。

奇观探秘游:白音敖包保护区(沙地云杉林)—黄岗梁冰川遗迹—阿斯哈图石林—热水塘温泉、蒸汽机车摄影—青山冰臼峰林。

古迹探秘游:曼陀山庄—应昌路遗址(含耗来河)—金长城遗迹—乌兰布统古战场。

第四章　旅游服务

第一节　主要旅游企业

一、克旗乌兰布统鑫源旅游开发有限公司

2006年6月,乌兰布统鑫源旅游开发有限公司成立,从事承接世界地质公园乌兰布统景区旅游服务。至2008年,在景区内,以鑫源公司为骨干,有三星级宾馆、饭店,农家乐170余家,住宿床位上万张,从事旅游服务人员3000余人。

开辟的游览项目有骑马、射箭、漂流、滑沙、滑草、民俗体验(坐马车、羊车、驼车或马拉爬犁,蒙古族歌舞)、野外休闲(自驾吉普车或摩托车越野兜风)、地方餐饮(蒙古烤全羊、手把肉、奶茶奶酒奶食品等)等。

二、内蒙古克旗创建阿斯哈图旅游有限责任公司

2002年1月,内蒙古克旗创建阿斯哈图旅游有限责任公司注册成立。2005年,旗政府收购经营权,成为独立法人资质国有独资企业,有员工100余人,经营阿斯哈图石林景区旅游服务。2005年12月,阿斯哈图石林景区通过国家旅游局评审,批准为国家AAAA级景区和中国优秀旅游目的地。至2008年末,景区内有大中小型、普通豪华蒙古包百余座,可日接待1.5万人餐饮3000人住宿。有2条旅游专线,进入景区,已与同程、携程等多家知名旅游网站合作,开展网上订票服务,与京津冀地区150余家旅行社

建立旅游团队承接合作关系，成功打造出“山水草原、北方石林”旅游品牌。

三、克旗达里诺尔国家级自然保护区生态旅游有限责任公司

达里诺尔国家级自然保护区生态旅游有限责任公司是达里诺尔国家级自然保护区生态旅游的主要经营企业。2000 年，达里诺尔国家级自然保护区和渔场职工共同出资成立，为民营股份制公司，经营景区旅游和餐饮、住宿服务。有专属旅游接待宾馆、饭店，公司有员工 90 余人。至 2008 年末，该公司及其他旅游经营单位已形成日接待上万人餐饮、上千人住宿能力，多年连续被赤峰市人民政府评为十佳旅游企业。

四、克旗青山世界地质公园管理有限公司

2004 年，武汉三特索道公司投资开发青山岩臼峰林园区，建成高差 338 米，全长 1228 米索道，乘车到达山顶用时约 18 分钟。

2005 年 3 月，克旗青山世界地质公园管理有限公司成立，为股份制民营旅游服务企业。景区内有 1. 1 公里长木栈道，4. 5 公里观光车道。

至 2008 年末，已形成日接待上万人游览能力，可同时接待 200 人进餐，有员工 60 人。

第二节　旅游宾馆饭店

至 2008 年，克旗辖区内用于接待旅游服务宾馆、饭店设施基本完备，餐饮、住宿服务管理规范，措施完善。拥有涉外宾馆 6 家，其中星级宾馆 4 家；旅行社 9 家，从事旅游服务户 130 余家，接待床位近 50000 张。

第三节　旅游接待

1996—2008 年，克旗旅游接待人次及旅游综合收入快速增长，10 年增长过百倍。

1996—2008 年克旗旅游情况一览表

表 15 - 4 - 1

年份	年接待人次（万人）	年旅游综合收入（万元）	年份	年接待人次（万人）	年旅游综合收入（万元）
1996	0. 98	88. 2	2003	67. 6	19000
1997	9. 5	665	2004	85. 2	25100
1998	20	1600	2005	105. 8	31700
1999	30	3000	2006	129. 6	38000
2000	43	7800	2007	135. 8	42000
2001	51	10275	2008	165	48790
2002	60	12600	—	—	—

第四节　旅游商品开发

1996—2008年,克旗旅游商品以土特产为主;加工较原始,品种单一,包装简单。主要有蒙古族民族工艺品和蒙古族食品及山野菜等几大类。具体如:蒙古刀、蒙古袍、马鞍、挂毯、挂饰、奶食品、肉食品(风干肉)、白蘑、蕨菜、黄花等;商户也从外地购进一些具有蒙古族特色的旅游纪念品。

第五章　旅游开发建设

第一节　引导开发

克旗旅游业由"政府主导型"开发而逐步启动发展后向市场主导转型。至2008年末,基本由政府引导转向市场调控。

在推动旅游业发展时,实施创建全国文化旅游名旗发展战略。克旗在旅游开发初始即明确旅游业定位于建设全国旅游名旗上,树立精品意识,按照"高品位规划、高标准建设、高水平管理"要求,推出有影响力、有带动性、经济社会效益好的精品景区景点,打造旅游拳头产品,下大力气进行旅游基础设施建设。

第二节　规划发展

克旗各旅游景区建设基本同世界地质公园、自然保护区、森林公园申报审批同步展开,开发与保护同步、利用与建设同步。2002—2008年,旗政府先后两次对克旗旅游资源分初创、建设、提升三个阶段开展总体规划,到2020年止。

一、北大克旗旅游规划

2002年,聘请北京大学景观规划设计研究中心编制完成克旗第一个旅游规划——《内蒙古赤峰市克什克腾旗旅游总体规划》(2002—2020年)(以下简称"北大克旗旅游规划")。

北大克旗旅游规划主要内容是:

在旅游空间总体布局上,开发以草原风光、蒙古族风情和地质奇观为主题的旅游产品体系,建设以经棚镇为旅游接待中心,以乌兰布统、巴彦查干苏木,达来诺日、芝瑞、热水等乡镇为节点,以达里诺尔自然保护区、白音敖包云杉林、贡格尔草原、黄岗梁冰谷林海、阿斯哈图石林、青山岩臼群、乌兰布统古战场、百岔川岩画等旅游骨干景区,把克旗建成与赤峰市旅游区相互补充，又特色鲜明的新型旅游区。

依据旅游资源特点、地域组合类型和资源结构、环境条件及开发前景等因素，初步分为五大旅游区域：草原风情与“湖光杉色”生态旅游区（西部草原湖泊旅游区）、地质奇观旅游区（东北山地旅游区）、乌兰布统古战场与草原生态综合旅游区（西南乌兰布统旅游区）、岩画艺术与森林生态旅游区（东南岩画山地生态旅游区）、蒙古族游牧文化旅游区（北部游牧文化旅游区）。

初级开发七个系列产品：绿色产品—平地、丘陵草原和山间草甸游；蓝色产品—湿地湖泊、人工水库、河流苇塘及沼泽游；黄色产品—沙漠游及沙地治理；白色产品—冬季冰雪风情游及渔捕观光；自然遗迹产品—地质遗迹景观游；自然环境产品—草原森林景观游；自然历史产品—民族文化风情、影视基地、文化遗存景观游。

二、金水木克旗旅游规划

2005 年，旗政府聘请北京金水木景观设计有限公司编制《克什克腾旗旅游总体规划》（2005—2020 年）（以下简称金水木克旗旅游规划）。

金水木克旗旅游规划的主要内容是：

在范围上，设全旗境域（20673 平方公里）为旅游规划区。

在目标上，规划划定 2005—2010 年为近期目标年，创业期；2011—2015 年为中期目标年，建设期；2016—2025 年为远期目标年，升华期。

在总体布局上，以经棚镇为中心形成辐射全境的“群星拱月”式格局，打造游牧民俗文化旅游、草原观光旅游、奇观探险旅游度假 3 个功能区，全面开发阿斯哈图石林、青山冰臼峰林、达里诺尔保护区、热水塘温泉度假、乌兰布统古战场影视基地旅游、桦木沟和黄岗梁国家森林公园观光度假、西拉沐沦观光等景区。

在产品开发上，集中开发自然地质探奇、游牧文化、绿色食品、健身康体、生态度假 5 个系列旅游产品。

三、完善规划

2006 年，赤峰旅游产业发展有限公司聘请上海同济城市设计规划院再度细化《克什克腾旗旅游总体规划》（2006—2020 年）；赤峰旅游产业发展有限公司聘请北京清华城市规划设计研究院风景旅游数字技术研究所编制《克什克腾旗阿斯哈图石林景区详细规划》和《克什克腾旗达里诺尔湖景区概念规划》；聘请城市建设研究院编制《克什克腾旗黄岗梁旅游区总体策划》《克什克腾旗热水旅游区策划方案》和《克什克腾旗乌兰布统草原旅游区策划方案》；聘请桂林桂工旅游规划设计研究院编制了《西拉沐沦大峡谷景区总体策划》。

第三节 旅游强旗建设

旗委确定“全市的工业强旗、全区的牧业大旗、全国的旅游名旗”的发展定位,做出《关于加快旅游业发展的决定》,旗人大常委会审议通过《克什克腾旗旅游管理办法》。

一、创建旅游强旗

2007 年 6 月,经自治区旅游局批准,克旗启动全国首批旅游强县(旗)创建活动。同年 10 月,自治区旅游局推荐克旗为中国旅游强县候选旗县。按照国家旅游局《创建旅游强县工作导则》《中国旅游强县标准》,着眼指导性、前瞻性、可操作性要求,制定《克旗创建中国旅游强县工作实施方案》。

二、旅游推介

在创建中开展旅游促销宣传,在中央电视台朝闻天下栏目、内蒙古电视台天气预报节目前、赤峰电视台、奥运频道城市之间栏目播发旅游广告;在锡林浩特机场和 207 国道与省际通道交汇处建设旅游景区广告宣传牌,举办克什克腾四季风光国际摄影大赛和赤峰学子游克旗活动;与同程旅游网合作建立旅游电子商务门户网站,制作旅游宣传光盘,邀请众多新闻媒体参加创建中国旅游强县新闻发布会,安排创建活动专题采访等。

三、批准通过评审

2008 年 8 月,赤峰市旅游局组织评议组依据《中国旅游强县标准》对克旗中国旅游强县(旗)创建工作展开初审,通过初评。2008 年 9 月,自治区旅游局报送克旗创建“中国旅游强县(旗)”申请报告。2008 年末,克旗被国家旅游局授予“中国旅游强县”称号。

第十六篇

第一章　商贸概况

第一节　管理机构

1991 年,克旗商贸工作的管理机构主要有商业局、二轻工业局、物资局、粮食局、供销合作社等机构。至 2003 年末,商贸企业转换经营机制后,各主管局或转变职能,或撤销。

一、商业局

1991 年,商业局内设办公室、财会股、秘书股、人事股、业务股、统计股、物价股。所属公司有百货公司、糖业烟酒公司、五金公司、食品公司、饮食服务公司,土城子百货批发站、宇宙地批发站。

1994 年,克旗商业局内组建克旗商贸总公司,实行商业局与总公司一套人马,两块牌子。

2003 年,商贸总公司改为旗经济贸易委员会所属机构。

2008 年,在原商业局基础上组建克旗商务局,内设办公室、商贸流通股、外贸外资股。

二、物资局

1991 年,物资局有 4 个所属公司,即燃料公司、物资综合公司、木材公司、机电公司。

1994 年后,物资局所属公司先后转换经营机制,四公司经资源整合,陆续在转制中或出售、或破产、或倒闭,至 2000 年末,完成资产变现,物资局撤销。

三、二轻工业局

1991 年,集体轻工业由二轻工业局管理,内设办公室、财会股、生产股、审计股。

1993 年 12 月,二轻工业局更名为二轻工业总公司。

1997 年后,二轻工业总公司所属企业在转制中或出售、或破产、或倒闭。

2003 年 1 月,二轻工业总公司解散。

第二节 商贸体制改革

一、国营商业改革

1991 年,国营商业基本为旗商业局、旗物资局所属各公司统购统销。

1993 年,国营商业陆续实行改革,公司员工以承包、租赁形式经营,从租赁、承包柜台到租赁、承包门点,逐渐承包企业。

1995 年,全旗商业企业开始全面实行租赁承包。

2000 年,全旗国营商业全部完成经营机制转换,实行股份合作制、个体所有制经营。职工通过"买断工龄"补偿、缴纳社会养老保险等置换身份,与原企业分离。

二、集体商业改革

1991 年,供销合作联社、二轻工业局所属各企业基本以集体所有制形式进行经营。

1993 年,各集体企业以个人或集体身份承包、租赁经营。

1995 年,各企业普遍实行租赁承包经营。

至 2003 年,集体商贸企业全部实行股份合作制、个体所有制经营。职工通过"买断工龄"补偿、缴纳社会养老保险等置换身份,与原企业分离。

第三节 国营商业企业

1991 年,全旗国营商业企业营业总额约 3750 万元。

1992—1997 年,国有商业保持稳定,营业额增加到 8100 万元。国有商业批发企业数量由多而少,1992 年,全旗商业批发企业 23 家,1997 年减少到 16 家。至 2000 年,保留的国有商业批发公司有烟草公司、石油公司和医药公司等。

克旗国营、集体商业企业变动表

表 16-1-1

企业名称	地　址	成立、经营情况	关闭或破产	所属系统
百货公司	经棚应昌路西南园林街	1949 年成立,全民所有制百货流通企业。主营日用百货、棉纺织品,1993 年开始租赁经营,有 1 个批发站,9 个零售门市部	1998 年破产	商业局
糖业烟酒公司	经棚镇	1963 年成立,主营烟酒糖茶副食品;1993 年开始租赁经营,有 2 个批发部,9 个零售门市部	1999 年破产	商业局

续表 16－1－1

企业名称	地　址	成立、经营情况	关闭或破产	所属系统
五金机电公司	经棚应昌路东南园林街	1973 年成立,全民所有制五金流通企业。主营五金、机电、化工商品,1991 年,有 1 个批发部,6 个销售门市部,1993 年开始租赁经营	1999 年破产	商业局
食品公司	经棚镇应昌路东南原跃进街	1954 年成立,全民所有制食品加工、销售企业。主营牛羊猪、家禽,公司曾建有肉联厂、公司牧场和在苏木乡镇建有 16 个畜禽收购站,1993 年开始租赁经营	1999 年破产	商业局
饮食服务公司	经棚镇应昌路中段	1962 年成立,全民所有制餐饮企业。主营餐饮、旅店、照像、理发、洗浴业,1991 年有各类经营网点 17 个,1993 年开始承包经营	1998 年破产	商业局
土城子批发站	土城子镇	1962 年成立,全民所有制百货批发企业。承担克旗东南部乡镇的百货商品、生产资料批发和农副产品转运,1993 年开始承包经营	1999 年破产	商业局
宇宙地百货批发站	宇宙地镇	1986 年成立,全民所有制百货批发企业。承担克旗东北部乡镇的百货商品、生产资料批发和农副产品收购,1993 年开始承包经营	1999 年破产	商业局
对外经济贸易公司	经棚镇应昌路中段西	1982 年成立,全民所有制农副产品出口企业。主营工业硅、锡沙、活畜、鹿茸、杏仁等出口贸易。1993 年开始租赁承包经营	1999 年破产	商业局
燃料公司	经棚解放路中段西	1979 年成立,全民所有制物资流通企业。主营煤炭	1997 年破产	物资局
物资综合公司	经棚解放路中段	1980 年成立,全民所有制物资流通企业。主营金属建材、木材、机电商品、液化气等	1997 年破产	物资局
木材公司	经棚解放路中段东	1980 年成立,全民所有制物资流通企业。主营木材、家具、办公设备、木材半成品加工等	1997 年破产	物资局
机电化轻公司	经棚解放路中段东	1983 年成立,全民所有制物资流通企业。主营汽车、轮胎和配件、机电设备及产品、电线电缆、橡胶产品等	1997 年破产	物资局
土城子物资供应站	土城子镇	1986 年成立,主要为克旗东南部乡镇提供建材、煤炭等物资供应	1999 年关闭	物资局
农机公司	经棚镇解放路南段	1974 年组建成立,主要经营农用机械和农机配件	1998 年破产	农机局
二轻供销公司	经棚镇原景山街	1976 年成立,主要经营土产日杂、五金、农具等	1999 年关闭	二轻工业局

续表 16－1－1

企业名称	地　址	成立、经营情况	关闭或破产	所属系统
经棚第一粮食供应站	经棚镇河西红星街	全民所有制粮食销售企业,承担经棚镇西部平价粮油供应	1999 年关闭	粮食局
经棚第二粮食供应站	经棚镇园林街	全民所有制粮食销售企业,承担经棚镇中部平价粮油供应	1999 年关闭	粮食局
经棚第三粮食供应站	经棚镇跃进街	全民所有制粮食销售企业,承担经棚镇东部平价粮油供应	1999 年关闭	粮食局

第四节　商业经营

1991—1995 年,全旗商业经营机构逾千家,其中全民所有制商业网点 100 家,集体所有制商业零售机构主要是供销合作社,有 284 家;全民、集体从商人员 4000 人左右。1991 年,个体经商户 660 余户,至 1995 年发展到 1300 户。社会消费品总额随之增长,从 1.2 亿元增加到 2 亿元。

1991—1995 年,商业经营主要是全民、集体企业批发和集体、个体户零售。主要批发的商品种类有:粮食、食用油、烟草及制品、纺织品和鞋帽、药品及医疗器械、石油及制品、农业生产资料、木材、食品和饮料等。零售的商品有:食品、饮料、烟酒、西药、中草药、中成药、家用电器、日用百货、家具、音像制品、自行车、摩托车、服装鞋帽、图书报刊、机械配件等。

至 1995 年,全旗批发零售贸易额 2 亿元。1991 年,全旗餐饮业总金额仅 700 余万元,1995 年,增长到 2000 万元。

1996 年开始,商业经营全面转换经营体制,由国营、集体经营转变为私营和个体经营,至 1999 年末,基本完成体制,2000 年,新的经营体制基本建立,个体商店迅速增加。全旗有个体商店 3850 家,从业人员 7850 人;2004 年,全旗个体商店 4200 家,从业人员 14600 余人;2008 年,全旗个体商店有 5700 余家,从业人员 18900 余人。

1996—2008 年克旗商业经营情况一览表

表 16－1－2

年份	社会消费品零售总额(万元)		批发零售贸易额(万元)		住宿、餐饮总额(万元)	制造业营业总额(万元)	其他企业营业总额(万元)
	数量	增速(%)	总额	其中个体营业额			
1996	20554.3	0.3	15615.4	—	1392.5	1826.9	1719.5
1997	22680.0	10.3	14391.0	—	2177.0	2016.0	4096.0

续表 16－1－2

年份	社会消费品零售总额(万元)		批发零售贸易额(万元)		住宿、餐饮总额(万元)	制造业营业总额(万元)	其他企业营业总额(万元)
	数量	增速(%)	总额	其中个体营业额			
1998	24164.0	6.5	18094.0	—	1622.0	1528.0	2920.0
1999	25976.0	7.5	20332.0	—	1910.0	659.0	—
2000	27809.0	7.0	20738.0	—	2301.0	1065.0	3705.0
2001	30238.0	8.7	23238.0	—	2720.0	960.0	3320.0
2002	34249.6	13.3	27574.6	—	2775.0	1560.0	3900.0
2003	39071.6	14.1	35069.6	—	3162.0	—	840.0
2004	58613.0	19.4	46428.0	—	11015.0	10235.4	1170.0
2005	68108.0	16.2	53602.4	39774.9	13207.6	12424.9	1298.0
2006	79357.9	16.5	62058.8	52110.6	15752.1	14827.7	1547.0
2007	95085.7	19.8	8409.0	1223.0	18984.1	18004.5.0	1705.0
2008	118448.5	25.0	10046.4	1516.0	23944.9	22398.2	1898.0

第二章　粮油贸易

第一节　机构设置与改革

1991 年，粮食管理局内设秘书股、人事股、业务股、仓储股、计调股、审计股和财会股。

1992 年，旗粮食局在粮食流通体制改革中施行政企一体，成立粮油购销储运公司，隶属粮食管理局，内设计财科、储运科、业务科和办公室。

同年 4 月，成立克旗粮油总公司，粮食管理局同粮油总公司实行一套人马，两块牌子，所辖各粮站更名为粮油公司，作为总公司下属企业。经棚镇内各粮食企业组建"克什克腾旗经棚粮油公司"。

1993 年 3 月，恢复经棚镇内第一粮站、第二粮站、第三粮站、旗饲料公司、粮食车队独立经济法人资格，直属克旗粮油总公司。4 月，恢复旗粮油贸易公司。

1994 年，粮油总公司内设综合业务科、经济开发科、财会科、人事科、办公室。允许分公司采取民有民营、国有民营、股份合作等形式开展经营活动。粮食经营计划管理一块由克旗粮油总公司下达指令性计划,一块由粮油总公司监管国有资产、资金保值增值。饲料公司、粮油工业公司改制为股份合作制企业,粮油总公司所属 24 个企业全部转换经营机制。

1997 年 7 月,国家粮食储备局正式批准经棚粮食储备库为国家粮食储备库。

1998 年,25 户粮食经营企业、12 户粮食收储企业和 5 户牧区粮站全部转换经营机制,界定经棚国家粮食储备库和农村 11 个粮食收购站为收储企业,5 个牧区粮站改制为国有粮食零售企业。粮食收储企业按平均收储量每 25 万～50 万公斤核定 1 人,确定职工人数,双向选择、竞争上岗;粮食经营企业采取出卖、租赁、承包、破产等形式进行转制,分流职工。建立再就业服务中心,统一管理下岗职工,缴清养老金统筹,解除劳动关系。

2002 年 11 月,整合粮食企业经营管理机构,将 12 个粮食购销企业合并为 2 个独立法人企业集团,即克旗粮食购销公司和经棚国家粮食储备库,粮站改变为 2 个企业经营网点,实行统一核算和管理。

2004 年 4 月,经棚国家粮食储备库实行国有独资公司化管理,粮食购销公司转制为国有控股有限责任公司,热水粮站转制为民有民营有限责任公司。采取发放一次性经济补偿金、缴纳三年养老保险金置换职工身份,离休、退休人员转入社会养老保险局,一次性社会化安置伤残人员。

2006 年 7 月,建成自治区粮油质检中心克旗工作站,成为自治区第一家县级工作站,负责粮食收购、储存、加工、销售诸环节的粮食质量检测工作。

2008 年末,粮食管理局内设机构调整为人事秘书股、综合业务股、财务审计股、中心检化室和粮食产业化办公室。

第二节 粮油经营企业

1991 年,粮食管理局有下属企业:粮食劳动服务公司、饲料公司、粮油议价公司、粮食车队,经棚第一、第二、第三粮站,粮油加工厂、经棚粮库、新开地粮站和热水粮食疗养所等 26 个企业单位。

2001 年,克旗有粮食购销企业 12 个,职工 126 人。

2004 年 4 月,经棚国家粮食储备库、旗粮食购销公司完成转换经营机制改革,284 名职工全员置换身份,19 名离休、退休人员转入社会养老保险,27 名伤残人员一次性安置。

转制后经棚国家粮食储备库承担国有储备粮、自治区储备粮和军供粮保管、供应任务。

1991—2008 年克旗国有粮食经营情况一览表

表 16－2－1

年份	国库粮食储备量(万公斤)	粮油纯购进量(万公斤)	旗内粮食销售总量(万公斤)	粮食企业流通费用总额(万元)	国有粮食企业资产总额(万元)	国有粮食企业负债总额(万元)
1991	11070	2040	2094	917	8877	7129
1992	5000	950	1765	773	9189	6687
1993	2047	1652	2013	1100	11743	10117
1994	4795	22675	1227	1369	12661	11052
1995	1200	1396	2047	1227	15766	13337
1996	2500	1744	2102	1285	16526	15220
1997	4758	1591	1747	1923	17881	17068
1998	5484	1386.4	140.3	1618	17606	17788
1999	8000	1766	735.6	681	15301	14679
2000	4911	1220	1083	1046	14663	15063
2001	2400	1430	1245	1019	12245	13310
2002	4235	2873	3260	953	11957	12489
2003	1826	3594.3	5134	2233	12213	13080
2004	1300	2875	3691	1058	10938	11132
2005	2651	653	791	696	13816	12140
2006	8500	1748	1794	463	11907	10214
2007	1050	1612	1705	380	5285	3223
2008	3163	2077	2173	380	3893	2006

第三节　粮油经营管理

1991—1992 年，粮食经营在完成国家粮食合同定购任务后，开始允许部分商品粮进入市场，出现平价粮和议价粮。部分粮食收储企业，开始从事粮食代理销售，且粮食经营市场化程度不断扩大。

1993—1997 年，粮食收购实行保护价和市场调节价。合同定购粮食低于市场调节价时，按市场最低价收购，以保护种粮积极性。粮食企业分别开展政策性经营和商业性经营，粮食管理和粮食企业分离，收储企业和销售企业分开。

1998 年后，粮食管理实行统一收购、统一销售、统一调拨、统一库存的“四统一”政策，开展粮食行政执法、粮食行政复议和诉讼，开展克旗粮食收购市场准入资格审查，审定核发粮食收购许可证；监督检查粮油储备企业和粮食经营者执行国家和地方粮食管理法律、法规和政策。监督国有粮食企业管好用好收购资金，做好粮食收购工作；管好用好粮食风险基金，管好储备粮。

2004 年 5 月后，粮食管理局由管理国有粮食企业转变为对粮食市场主体监管。主要以法律、经济为监管手段;管理方式依法依规进行。

2004 年 6 月—2005 年,粮食管理局颁发粮食收购许可证 12 份。至 2008 年,颁发粮食收购许可证 16 份。

2006 年,创办《克旗粮食产业信息》,为粮农提供产业信息服务。

同年,成立克旗粮食应急工作指挥部,指定经棚国家粮食储备库、鑫成粮贸有限责任公司为粮食应急加工企业。

第三章　供销合作商业

第一节　机构概况

一、旗供销联社

1991 年,供销联社内设秘书股、人事股、组导股、财会股、统计股、物价股、生产加工股、审计股。

2008 年,供销联社内设机构为办公室、财会科、政工科、业务科,辖 7 个基层供销社,5 个直属公司,主要经营日用消费品、农用物资、生产资料、烟花爆竹等。

二、二级单位

1991 年,全旗有基层供销社 17 个,1993 年合并为 15 个,1999 年撤并为 12 个。

2002 年,供销联社完成体制改革,保留有 6 个基层供销社。

2004—2008 年,旗供销联社开始充实、恢复供销业务,建成城郊供销社,建立新城供销社和恢复宇宙地供销社。

1993 年后,旗供销企业开始承包、租赁经营,1996 年后,进一步转换经营机制,部分基层社关闭、撤并,至 2000 年,克旗供销联社仍为旗属集体企业。

三、经营网点

1991 年,供销联社经营网点主要是 17 个基层供销社及 85 个分销店和旗供销社直属企业生产资料公司、土产公司、综合贸易公司、畜产公司、肉联厂和土城子土产站等,共 108 个经营网点。

2008 年,供销联社经营网点主要有 7 个基层供销社,5 个直属龙头企业,5 个经营中心(农资配送中心、烟花爆竹配送中心、再生资源市场及分拣中心、2 个日用消费品配送中心),58 个日用消费品连锁店,22 个农资连锁店,21 个农畜产品经营网点,55 个再生资源经营网点,63 个烟花爆竹经营网点,5 个农牧民专业合作社,2 个嘎查村级综合服务社。

第二节　供销体制改革

1993 年,旗供销联社对所属企业进行经营体制改革,主要为租赁、承包经营。

1995 年 2 月,启动供销联社经营体制改革,部分基层社实施破产。1996 年新庙、三义两个供销社并入城郊供销社。1997 年,土城子供销公司(由土城子土产站、土城子供销社合并成立)实施破产,重组土城子供销社。

1997 年 8 月,旗供销联社成立清产核资领导小组,对全社企业和基层社资产进行清理。

1998 年,全部基层分销店实施拍卖,拍卖款归所属基层供销社所有。同年,供销联社成立亿隆公司,主营烟花爆竹。

2000 年 11 月,制定《克旗供销合作联合社关于全面推进基层供销社改革与发展的实施方案》,明确"企业改制、职工安置、保留有效资产"三策并举,除盈利的亿隆公司外,旗供销联社所辖各公司全部破产。保留城郊、热水、达里、芝瑞、土城子、巴彦高勒 6 个资产相对完整基层供销社;出售新井、巴彦查干供销社资产,安置人员;书声、新开地、广兴、双合、红山子、同兴、达日罕乌拉 7 个供销社依法实施破产。

1997 年末,土产公司破产,与综合贸易公司合并重组。1998 年初,同兴供销社破产。1998 年,友联公司拍卖。2000 年 3 月,生产资料公司转制为联社控股有限责任公司;2001 年 8 月,畜产公司破产;2004 年 4 月,然皇食品有限责任公司破产。

至 2004 年,供销联社化解全部企业债务,1546 名下岗职工重新安置。

离退休职工、遗属安置纳入社会保障体系,由旗财政按离休人员 2.5 万元/人、退休人员 1.5 万元/人、职工遗属 3000 元/人标准一次性交纳社会保障统筹基金进行安置。

第三节　体制与方式创新

一、体制创新

2005 年后,旗供销联社开始实施新农村新牧区现代流通服务网络工程。至 2008 年,五大流通网络建设架构成型。

再生资源回收利用网络—以合众再生资源回收利用有限责任公司为龙头,抓住回收网点建设、市场集散交易和综合利用处理三个环节,形成以社区废旧物资收购户为基础,市场集散加工为核心,综合利用和无害化处理为目标的再生资源回收利用网络。

农业生产资料服务网络—以合丰农业生产资料销售有限责任公司为龙头,实行连锁经营,为农牧民提供农牧业生产资料和产前、产中、产后系列服务。

农副产品市场购销网络—以合兴农畜土特产品开发有限责任公司为龙头,以饲草料基地建设为基础,运用现代物流配送手段,建立起从基地、加工到市场、配送一条龙式农副产品市场购销网络。

日用消费品网络—以合利日用消费品营销有限责任公司为龙头,运用“小超市、大连锁”模式,集中采购,连锁配送,形成农牧日用消费服务网络。

烟花爆竹经营网络—以亿隆日用杂品有限责任公司为龙头,通过直营、加盟、合资等形式,设置烟花爆竹经营网点,形成覆盖全旗苏木乡镇的烟花爆竹连锁经营网络。

二、方式创新

旗供销联社采用的新的经营管理模式主要是合作、加盟、服务、联合、连锁、配送等,恢复农村牧区流通渠道,占据市场。

联合合作—供销社直接与大型生产厂家联合经营,与有实力的生产厂家、销售公司、物流企业、农牧民专业合作社等进行合作经营。发挥供销社网络集团化优势,在生产资料、农畜产品、边疆供销茶叶、烟花爆竹和再生资源等经营拥有主渠道和主导权,国家给予项目、资金投入优惠,进行商品配送,提供信息、技术服务,强化合作联合体的市场竞争力。

加盟连锁—利用供销营销网络优势和信誉,吸引农家店加盟到“新网工程”中来,把经营网点纳入连锁经营体系之中,实行统一名称、统一形式、统一配送、统一管理、统一价格、统一服务的“六统一”模式,使用供销系统标志,形成从生产到经营、销售、消费的连锁体系。

指导服务—供销联社参与农牧业产业化经营,为生产者提供产前、产中、产后服务;通过农牧民专业合作经济组织,建立农产品基地,推广农产品新技术,进行标准化、规范化、规模化生产。

商品配送—至2008年末,供销联社已建成24个日用消费品配送、农资配送、烟花爆竹配送中心。

第四章　专营商业

第一节　盐　业

一、管理机构

1983年1月,克什克腾旗盐业公司成立。

1990年,盐业公司实行经理负责制经营,由自治区盐业公司垂直管理,同年更名为自治区盐业公司克旗支公司。

2004年,克旗盐业支公司内设机构调整为办公室、财务科、业务科,增设盐政科,有员工14人。

同年,成立克旗盐务管理局,与盐业支公司实行一套人马、两块牌子政企合一体制。

2008 年末，自治区盐业公司克旗支公司暨克旗盐务管理局内设综合办公室、财务科、盐政科；有员工 12 人。

二、用盐购销

1980 年前，克旗食用盐和工业用盐、畜牧用盐基本为粗粒原盐，实行统购统销。

2000 年后，食用盐基本为小包装精制盐和精制加碘盐。

1990 年后，畜牧用盐多为地方制盐砖块。2000 年后，销售畜牧专用盐。

1991—2008 年克旗盐制品购销一览表

表 16－4－1　　单位：吨

项目 年份	购入量	销售量					
		食用盐				工业用盐	畜牧用盐
		散食盐	包装加碘盐	营养盐	食品工业盐		
1991	2200	1000	400	—	200	80	520
1992	2200	770	500	—	230	160	600
1993	2200	700	560	—	240	100	600
1994	2200	700	580	—	200	100	620
1995	2200	600	700	—	240	120	540
1996	2200	570	800	—	200	80	550
1997	2200	550	800	—	200	90	560
1998	2200	500	820	—	180	100	600
1999	2200	300	900	—	240	100	660
2000	2300	—	1100	—	320	230	750
2001	2350	—	1100	—	350	260	640
2002	2350	—	1150	5	360	215	620
2003	2400	—	1170	7	320	223	680
2004	2400	—	1200	15	340	200	645
2005	2600	—	1200	20	300	210	870
2006	2600	—	1200	30	280	220	870
2007	2600	—	1200	30	240	200	930
2008	2600	—	1200	30	260	280	830

三、市场稽查

2004 年后，克旗盐务管理局对克旗所有食用盐、畜牧用盐、工业用盐、渔业用盐销售市场开展监管稽查工作。除对克旗 10 个农村集贸市场检查外，每年巡回执法检查畜牧养殖大户 30 余家,检查重点工业企业 20 余家,检查商业批发零售商店 500 余家。旗盐务管理局,依法开展盐业市场稽查活动。共查处违法涉盐案件 36 起,查没私盐、劣质盐、土硝盐 58 吨。2007—2008 年,查处违法涉盐案件 43 起,查没私盐、劣质盐、土硝盐 29.9 吨。

第二节 烟 草

一、机构

(一)管理机构

1997 年 6 月,在糖业烟酒公司基础上成立烟草专卖局,内设办公室、计财股、专卖股、业务股。

1998 年 3 月,克旗烟草专卖局在经棚镇设立 3 个烟草专卖批发部,在土城子镇、热水镇、宇宙地镇开设烟草专卖批发站。

2000 年 10 月,克旗烟草专卖局实行垂直管理,划为市直企业,挂赤峰市克什克腾旗烟草专卖局和赤峰市烟草公司克什克腾旗卷烟营销部两块牌子,局内设人秘股、计财股、专卖股、营销中心,有员工 22 人。

2008 年,赤峰市克什克腾旗烟草专卖局和赤峰市烟草公司克什克腾旗卷烟营销部有员工 15 人。

二、销售

1991—2008 年,克旗市场的卷烟销售由旗烟草专卖局统一管理,实行许可证制度。

2005—2008 年克旗卷烟市场销售情况表

表 16 - 4 - 2

年份	销售数量(箱)	销售金额(万元)	全旗零售经营户(个)	人均消费量(条)
2005	463125	—	150	4.7
2006	5052476	4169.33	51	5.1
2007	5387384	4892.81	44	5.4
2008	6252464	6579.58	128	6.3

三、市场监管

1992—1999 年,克旗糖业烟酒公司对市场实施管理,通过核发卷烟专卖零售许可证,保证卷烟的规范经营销售;不定期开展执法检查,制止违法违规经营烟草制品。

1997 年 7 月后,克旗烟草专卖局结合贯彻落实《烟草专卖实施条例》,每年对卷烟零售经营户进行 1 ~ 2 次抽查或检查。通过核发卷烟专卖零售许可证,确认经营者资质；通过对经营户的年度资质审查保证卷烟的专卖经营和市场秩序。

2004—2008 年，克旗烟草专卖局依据《中华人民共和国烟草专卖法》和《烟草专卖实施条例》查处违法违规案件 9 例，6 人被刑事拘留。

第三节　医　药

一、管理机构

2002 年，赤峰市药品监督管理局克旗分局成立，履行药品管理职能。2004 年，克旗分局更名为赤峰市食品药品监督管理局克旗分局，增加食品综合监管，重大食品安全案件查处职能。

二、药品经营企业

（一）概况

1991 年末，旗医药公司，下设土城子、宇宙地、芝瑞医药批发站，有 35 个分店。

2002 年，有药品批发企业 1 家，下设 31 家连锁门店；有赤峰国药堂、赤峰人川大药房、内蒙古福瑞药业等连锁店 18 家，单体药店 41 家。

2004 年，克旗医药公司更名为克旗荣济堂医药有限公司。

2008 年末，克旗有药品经营企业 83 家，其中批发企业 1 家，单体药店 41 家，零售连锁门店 41 家，各苏木乡镇所在地均设有零售连锁门店。

（二）销售量

1991 年，克旗药品由医药公司统一采购，批发销售。

2002 年，药品市场开始放开经营，同年末，赤峰国药堂、赤峰人川大药房、内蒙古福瑞大药房、赤峰凯蒙大药房等药品企业进入克旗，连锁经营。

2008 年，克旗荣济堂医药有限公司经营药品占全旗医药市场三至四成批发量，仅占有克旗药品市场二成销售量。

2002—2008 年克旗荣济堂药品和医疗器械购销情况表

表 16－4－3

年份	药品			医疗器械		
	批发		零售额（万元）	批发		零售额（万元）
	数量（万件）	金额（万元）		数量（件）	金额（万元）	
2002	1.6	320	810	600	6	16
2003	1.4	280	825	560	5	18
2004	1.3	240	900	550	5	19

续表 16-4-3

年份	药品			医疗器械		
	批发		零售额(万元)	批发		零售额(万元)
	数量(万件)	金额(万元)		数量(件)	金额(万元)	
2005	1.1	230	920	510	4	20
2006	1.2	210	950	480	3.5	21
2007	1.3	180	960	430	3.2	23
2008	1.2	160	1100	410	2.8	25

三、市场监管

(一)常规监管

食品药品监督管理分局,保持对制售假劣及无证经营药品、医疗器械,一次性使用无菌医疗器械,过期失效药品、保健品、假劣药品实施常态化治理。

(二)专项整治

2003—2008 年,先后对防治非典型肺炎用药、黑龙江省齐齐哈尔第二制药有限公司生产的高甲素注射液、安徽华源生物药业有限公司生产的克林霉素磷酯葡萄糖注射液开展专项整治行动,查封、收缴市场上部分批次药品。

第四节 石 油

一、管理机构与体制

(一)管理机构

1978 年,旗石油公司成立,为全民所有制经营企业,批发、零售汽油、柴油及煤油、润滑油。

1991 年,石油公司内设经理办公室、人事劳资股、财会股、业务股、审计股、储运保卫股;经营单位有油库、加油站、车队。员工 133 人。

1992 年 6 月,石油公司实行垂直管理,更名为自治区石油总公司克旗石油支公司。

1998 年,克旗支公司划归中国石油天然气集团公司,员工 158 人。

2003 年,克旗支公司更名为中国石油天然气股份有限公司克旗经营部。到 2008 年,克旗石油经营部内设综合办公室、财会股、业务股,员工 176 人。

(二)管理体制

1991 年,克旗石油公司在定编、定员、定岗、定责基础上,推行劳动人事改革,实行全员劳动合同制,管理人员聘任制。员工实行工资与效能挂钩,推行“吨油含量工资制”。

2003 年，经营部再度改革劳资关系，有偿解除员工与企业劳动关系，56 人终结劳动合同。

2008 年，经营部有合同制员工 36 人，聘用员工 140 人。

二、经营网点

1992 年，成品油市场放开，全旗加油站迅速增加。

1992—2008 年克旗石油经营部网点建设情况表

表 16－4－4　　单位：个

年　份	总量	所　在　地　数　量		
		城镇	农村	牧区
1992—1996	10	3	7	—
1997—2000	12	3	7	2
2001—2004	14	5	7	2
2005—2008	23	5	14	4

三、购储

1991 年，克旗石油公司油库设有卸油鹤位，储藏库容 1550 立方米，可保障克旗市场 180 天用油。石油公司车队有 16 辆专用运油车，年均运输成品油 3000 立方米。

1995 年，克旗支公司在火车站东侧新建 1 处油库，有 4 个卸油鹤位，储藏库容 1450 立方米。

2008 年，克旗石油储藏库容 5500 立方米。

四、销售

1991—2008 年，成品油市场主要销售的油品为 93、90 号汽油，0、－20、－35 号柴油等品种。1991 年所售油品价格分为平价油与议价油两种价格。1992—2008 年，实行市场统一价格。

1991—2008 年克旗石油经营部购售油品一览表

表 16－4－5

年份	购进成品油数量(吨)			销售成品油数量(吨)			年销售量(吨)	年销售额(万元)
	汽油	柴油	润滑油	汽油	柴油	润滑油		
1991	1100	1300	20	886	1082	15	1968	848. 1
1992	1100	1450	20	902	1233	17	2135	1431. 4
1993	1150	1500	30	940	1408	24	2348	2182. 0

续表 16-4-5

年份	购进成品油数量(吨)			销售成品油数量(吨)			年销售量(吨)	年销售额(万元)
	汽油	柴油	润滑油	汽油	柴油	润滑油		
1994	1300	1680	40	1235	1509	35	2744	1359.0
1995	2150	2900	50	1969	2609	40	4578	1861.0
1996	2400	3500	49	2138	3207	43	5345	2825.1
1997	2980	3450	55	2749	2940	47	5689	3179.6
1998	3100	3700	55	2859	3495	49	6354	2025.6
1999	3150	4200	55	2979	3949	50	6928	2962.9
2000	3950	4500	65	3700	4054	55	7754	4823.4
2001	4100	8000	70	3813	5862	63	9675	4745.2
2002	4700	6950	75	4547	6744	68	11291	6127.3
2003	6100	9000	85	5748	8811	73	14559	8813.5
2004	8000	18000	100	7636	16025	81	23661	14196.6
2005	1000	2450	100	8255	23065	87	31320	18792.0
2006	11000	27000	110	9461	25867	93	35328	21196.8
2007	12000	34000	100	10965	32374	95	43339	27170.4
2008	15000	35500	120	13872	35051	98	48923	30831.5

第五章　社会服务业

1991 年,克旗仅有 1 家国营理发店、1 处大众浴池和 1 处国有机械维修企业。1995 年后,各种社会服务业陆续出现并快速发展,至 2008 年,主要有娱乐服务、广告发布、职业或婚姻中介服务、典当拍卖、保安服务、理发美容、健身、洗染、洗浴、家政服务、租赁、摄影、扩印、日用品维修等,基本体制为民办民营。

第一节　经营概况

1991—1995 年,社会服务业主要有商业局、供销合作联社所属各商业经营网点。

1996 年开始,全旗商业经营全面转换经营机制,由全民所有、集体所有向私营和个体经营转换。

2000 年,社会服务业主要是个体承租店铺、开设新的门店从事经营;全民所有制、集体所有制企业全部从社会服务业退出。

2008 年，社会服务业初步形成住宿、餐饮、娱乐、文体、司法援助、观光体验、休闲消费的服务网络。

第二节　餐饮服务业

1991 年，餐饮业主要为国企经营和集体企业经营。饮食服务公司是全旗主要餐饮服务企业，有 7 个餐饮门店，员工 156 人；有集体餐饮企业 27 家，从业人员 1310 人。

1993 年后，克旗餐饮业开始放开个体经营。

1994 年，克什克腾宾馆建成，内设有 1 处正餐厅，餐位 150 个，从业人员 48 人。

1996 年，克旗饮食服务公司有从业人员 128 人，转变经营机制后，其各门店（馆）全部承包、租赁经营；至 1999 年，克旗饮食服务公司完成经营机制转换，各餐饮门店（馆）或破产、或关闭、或出卖。集体餐饮企业全部关闭，退出经营。个体餐饮服务迅速成为主体，宾馆附设餐饮服务开始发展，特色饮食餐馆逐渐增多。

2000 年，从事餐饮服务个体餐馆 78 家，从业人员 390 人。

2004 年，克旗正餐厅发展到 9 处，共有餐位 1720 个，从业人员 320 人。形成一批旅店、餐饮一体化较大型综合服务企业。从事餐饮服务个体餐馆 180 家，从业人员 760 人。

2008 年，餐饮服务业在旅游业发展带动下，正餐厅发展到 15 处，有餐位 2870 个，从业人员 483 人；从事餐饮服务个体餐馆 260 家，从业人员 1300 人。

第三节　旅店服务业

1991 年，克旗旅店业主要为国有经营。旗政府经营旗第一招待所（后改为克什克腾宾馆），从业人员 50 人。各苏木乡镇政府设有招待所。

1994 年，建成克什克腾宾馆。占地约 7000 平方米，建筑面积 6300 平方米，有 182 个床位，150 个餐位，从业人员 48 人，为全民所有制事业单位。

1998 年，热水建成赤峰市民政局热水疗养院。占地约 6000 平方米，建筑面积 5200 平方米，有 102 个床位，从业人员 26 人，为全民所有制事业单位。

2000 年后，克旗大型宾馆建设快速发展，主要集中在经棚镇、热水镇。

至 2008 年末，除克什克腾宾馆 2002 年转制关闭外，克旗有大型宾馆 15 家，床位 1868 个，从业人员 485 人。

至 2008 年，克旗住宿服务业增长迅速。大型宾馆有：克什克腾宾馆、内蒙古赤峰市民政局热水疗养院、星河宾馆、世百合宾馆、热水环保宾馆、热水人民银行培训中心、热水猎人树度假村、热水交通宾馆、红山军马场贵宾楼、汇通宾馆、热水圣水泉宾馆、林业宾馆、新城宾馆、北方大酒店、经棚饭店。中型宾馆如友谊宾馆、春风宾馆等。个体旅店发展到405家,从业人员956人。

第四节　中介服务业

一、律师代理与公证

1991年,克旗有盛兴律师事务所和克旗法律公证处,为司法局下设机构。

2000年,开始独立开展司法服务。

1982年,克旗设立具有国内民事、经济公证资质的公证处,隶属司法局。1993年,转制为具有独立法人资质的自收自支事业单位。

2008年末,克旗公证处有注册公证员3人。办理公证近8000件,并为特困群众和残疾人提供多起无偿公证援助。

1991—2008年克旗公证、律师司法服务情况表

表16-5-1

年份	专业公证、律师数(人)		服务情况			
	执业律师数	公证员数	出据公证总数(件)	民事公证(件)	经济公证(件)	代理案件(件)
1991—1995	5	2	1325	410	925	248
1996—2000	4	5	2270	712	1490	462
2001—2005	3	1	2880	915	1893	545
2006—2008	5	3	1510	495	1145	336
合计	—	—	7985	2532	5453	1591

二、审计服务

1989年,成立审计事务所,为旗审计局下设股级事业单位,定编3名,2008年有会计师5人,实行独立核算,开展有偿社会审计服务。

1999年,审计事务所与会计师事务所合并,成立克旗腾飞会计师事务所,转为个人合伙制企业。

审计事务所在存续期间,共提供各类审计服务3000余件(次)。

三、会计服务

1991年,会计服务由财政局内部股室承担。1993年1月,财政局设立克旗会计师事务所,为股级事业单位。人员编制6名,其中会计师3人,共提供各类会计服务2800余件(次)。

四、职业中介

1991 年，旗劳动服务公司开展职业介绍和职业推荐。

1994 年，人事局设置人才交流服务中心，向用人单位介绍、推荐大中专毕业生就业服务。

1997 年，劳动就业服务中心内设公共职业中介服务机构——克旗劳动就业服务中心职业介绍所，联系用工单位和办理外出务工手续，开展规范的职业中介活动，组织劳务输出。

1994—2008 年克旗职业中介情况统计表

表 16－5－2

年　份	人才交流			劳动中介		
	交流会（次）	参与交流毕业生（人）	成功率（%）	本埠就业（人）	劳务输出（人）	成功率（%）
1994—1996	3	86	65	286	10391	70
1997—1999	3	97	66	497	15219	68
2000—2002	5	150	63	1346	17318	66
2003—2005	10	450	62	1423	21635	63
2006—2008	12	850	60	1510	30152	62

五、婚姻中介

1999 年，出现婚姻介绍所。

2004 年，有 2 个婚姻介绍所，从业人员 6 人。

2008 年，有 3 个婚姻介绍所，从业人员 12 人。

第五节　文体娱乐服务业

一、文化娱乐

1992 年，出现卡拉 OK 歌厅和放像厅。

1996 年末，全旗有室内外台球活动场所 40 余处，书报厅 3 处，电子游戏厅 12 处，打字复印部 6 处，扩照相 6 处，放像厅 6 家，卡拉 OK 厅 1 家，歌舞厅 3 家。

2008 年末，克旗有新华书店 1 家、图书租赁销售门点 8 家、演出团体 1 家、歌舞厅 13 家、电子游戏厅 3 家、印刷企业 5 家、打字复印部 28 家、互联网上网服务营业场所 23 家、音像制品出租销售 12 家。

二、体育健身

1991 年,有群众健身场所 21 处;2000 年,发展到 38 处,建有体育场、标准篮球场、训练馆;2006 年,新建成旗体育场、标准化网球馆,可开展国家标准比赛,平时供市民健身使用;2008 年,群众健身场所 66 处。克旗老年人活动中心均建有门球场。克旗老干部局、克旗体育局、克旗社会保险局设有乒乓球、棋牌等活动室,供离退休人员开展健身娱乐活动。

2008 年,有一级社会体育指导员 5 人,二级社会体育指导员 4 人,三级社会体育指导员 279 人。

第六节　综合维修服务业

一、汽车检测维修

(一)汽车检测

克旗境内汽车检测为交通厅批准的定点检测站或流动检测车;交通行政管理部门对检测行为进行监督和检查。

(二)汽车维修

1991 年,克旗有 39 家汽车修理点,其中,国营 4 家,集体 5 家,个体 30 家,从事修理人员 180 余人。2004 年,克旗集体和个体经营汽车维修业户 45 家,从业人员 230 人。2006 年,重点整顿二级汽车维护企业和加强汽车综合性能监测,治理二级维护企业不维护只收费的"卖证"行为,处罚取缔无证经营。2007 年,对参运的 98 台定线客车全面进行检测,逐车进行检查登记,凭安全员签发的车辆完好合格证由调度签发路单,对达不到安全技术标准的不合格车辆一律强制维护。2008 年,机动车维修业户全部通过年审。

至 2008 年,有集体和个体经营汽车维修业户 86 家,从业人员 278 人。

二、日用器具维修

1991 年,克旗有全民所有制农机修理厂 1 家,从业人员 22 人。

1995 年,有农机、摩托车、家电、家用日用器具维修部 4 家,从业人员 21 人。2008 年,增加到 42 家,从业人员 170 人。

克什克腾旗志（1991—2008）　　第十七篇

KE SHI KE TENG QI ZHI

第一章　财　政

第一节　机　构

一、管理机构

1991 年，克旗财政局内设人秘股、预算股、行政事业财务股、农牧业财务股、企业财务股、会计事务管理股、农牧业税征收股、财政监察股、综合股、控制社会集团购买办公室、国有资产管理股。

1993 年，财政局农牧业税征收职能股划归地税局。

1994 年，增设会计师事务所。

1997 年，设立国有资产管理局。

1999 年，增设社会保险股，政府采购管理办公室。

2002 年，增设经济建设股、农业综合开发办公室。

2006 年，增设行政政法股、教科文财务股。

2008 年，克旗财政局内设办公室、预算股、会计股、农财股、社会保险股、行政财务股、监察股、综合股、基本建设股、企业财务股、国库股、政府采购管理办公室、农业综合开发办公室、国有资产管理局。

二、派出机构

1991 年，财政局在全旗 28 个苏木乡镇派驻有财政所。

1992 年，财政所人事调配权划归苏木乡镇政府，旗财政局行使业务指导权。

2002 年 6 月，全旗撤乡并镇后，全旗有财政所 20 个。

2006 年，撤销乡级财政所。

第二节　财政体制改革

一、管理方式

1991 年，旗财政执行上级“核定收支、定额补助、超收留用、自求平衡”政策，遵循“增加财政收入，控制财政支出”方针，围绕“保工资、保稳定、保运转、保重点”，开展财政工作。

1994 年后，旗乡采取“分税制”财政体制，实行“定收定支，收入上缴，支出下拨，超支不补，超收三七分成”管理办法。按照“一级政府、一级财政、一级金库”要求，完善乡级金库建设,在各苏木乡镇建立标准财政所。

1999 年后,全旗旗乡“分税制”财政体制调整为划分收支范围,定额补助或上解,超收节支全留,短收超支不补,自求平衡 3 年不变。

2002 年后,全旗逐步取消苏木乡镇统筹、教育集资、基金集资、屠宰税、劳动积累工和义务工,调整农业税、农业特产税、牧业税,重新核定农业土地面积,确定计税常产。发放农牧民负担监督卡。

2004 年后,撤销乡级国库,旗乡财政实行“划分收支范围,核定收支基数,收入入库,工资统发,超收返还,短收扣减”管理办法。

2005 年,全旗免收农业税,牧业税和除烟叶以外的农业特产税。

2006—2008 年,全旗实行“乡财县管”,“预算共编,账户统设,集中收付,采购统办,票据统管”。

二、财政政策落实

1993 年,全旗清理核查供销系统财务挂账。

2002 年,全旗对退耕还林还草给予粮食补贴。

2005 年,全旗取消粮食费用补贴,实行现金补贴。

第三节　财政收入

1991 年后,克旗全面落实国家积极财政政策,深化财政管理改革,加强财政收入征管,全旗财政收入逐年增加。

“八五”期间财政总收入 1. 375 亿元,“九五”时期,财政总收入 3. 0357 亿元。1998 年财政收入 5383 万元,创历史新高。“十五”期间,全旗财政总收入 5. 0754 亿元。

2004 年,财政收入首次突破亿元大关,达到 1. 0498 亿元。

2008 年,财政总收入突破 10 亿元,达到 10. 1362 亿元。

在预算内收入中,增值税“八五”时期为 2341 万元,“九五”期间为 2965 万元,“十五”期间为 6414 万元;企业营业税“八五”期间为 1973 万元,“九五”期间为 2024 万元,十五”期间为 11195 万元;企业所得税“八五”期间 270 万元,“九五”期间 1670 万元,“十五”期间 4066 万元。

“八五”期间,预算外总收入 3959 万元,比“七五”期间增长 140%;“九五”期间,预算外总收入 6125 万元,比“八五”期间增长 154. 7%;“十五”期间,预算外总收入 8815 万元,比“九五”期间增长 143. 9%。

1991—2008 年财政收入表

表 17－1－1

年份	财政总收入(万元)	增速(%)	地方财政收入(万元)	其中(万元)								上划中央收入(万元)
				增值税	营业税	企业所得税	个人所得税	农牧业税	罚没及行政事业收费	专项收入	基金收入	
1991	1781	34.82	1781	119	420	49	0	355	88	25	—	—
1992	1617	－9.21	1617	153	570	42	0	366	61	28	—	—
1993	1925	19.05	1925	495	716	21	0	349	38	37	—	—
1994	2068	7.42	1103	285	105	20	0	446	5	21	—	965
1995	2400	16.05	1433	280	162	10	7	511	59	19	—	967
1996	3808	58.5	2842	245	200	66	20	760	33	25	—	996
1997	4904	28.78	3908	348	459	201	31	1137	211	0	—	886
1998	5383	9.77	4781	338	400	290	35	1565	497	42	394	996
1999	5308	－1.39	4313	400	291	386	65	1835	100	35	380	996
2000	4367	－17.73	3372	363	410	250	85	1596	220	56	30	995
2001	4135	－5.31	3850	325	440	100	100	1129	100	50	45	995
2002	4408	6.6	2959	344	1066	301	111	559	164	94	101	1449
2003	5212	18.23	3250	436	1073	279	152	662	67	113	63	1962
2004	10498	101.41	6410	1094	3222	384	149	246	452	231	217	4088
2005	17001	61.93	9943	1467	3934	1458	309	41	630	364	525	7058
2006	34567	103.33	16893	2586	1960	4399	558	29	421	534	4356	17674
2007	75169	117.46	28169	4389	4872	12201	505	—	1097	1648	156	40800
2008	101362	34.85	40369	7168	5329	12125	893	—	3377	2225	1017	52613

第四节　财政支出

1991—2008 年，克旗的财政支出呈现逐年平稳增长态势。一般预算支出增长速度加快，基本建设支出、社会保障支出、基金支出增长迅速，工业交通支出增长速度缓慢。

1991—2008 年克旗财政支出统计表

表 17－1－2

年份	财政总支出(万元)	增速(%)	一般预算支出(万元)	其中(万元)						基金支出(万元)	其他
				基本建设支出	农林水气象支出	交通运输支出	文教卫生支出	公检法司支出	社保就业支出		
1991	4130	6.03	4130	0	384	31	1305	188	184	—	—
1992	5514	33.51	5514	—	510	24	1516	210	218	—	—
1993	5345	－3.06	5355	—	524	21	1714	187	211	—	—
1994	5271	－1.38	5271	—	530	21	1897	242	258	—	—
1995	6016	15.84	5895	39	554	23	1934	303	298	—	119
1996	8386	37.34	8386	95	655	44	1780	311	570	—	193
1997	9370	11.73	9370	91	699	22	2328	284	209	—	231
1998	10288	9.79	10288	165	873	23	1319	317	169	316	—
1999	11039	7.30	10717	578	944	31	3047	355	219	314	8
2000	12681	14.87	12611	2505	769	15	2833	260	257	—	577
2001	24406	92.46	24393	9594	1450	0	5256	507	303	13	—
2002	25240	3.42	25240	6090	2474	7	7118	681	591	101	—
2003	36159	43.26	35255	12725	1664	183	7521	769	693	63	841
2004	39227	8.48	37834	4980	10623	4	8873	1038	591	217	1176
2005	49551	26.30	49026	6850	13861	103	10650	1274	597	525	1502
2006	61158	23.42	60521	14914	12392	3	13685	1739	1340	4666	2644
2007	84815	38.68	80526	—	9120	5060	20947	3290	8295	4253	—
2008	123930	46.12	110886	—	11322	550	24779	4815	9721	4343	—

第五节 财政管理

一、公共财政管理

在公共财政支出管理中,克旗坚持“量入为出、量力而行,综合平衡”原则,先后制定实施《会议费管理办法》《公费医疗管理办法》《节减行政事业费的规定》等地方性财务管理办法。实行有“零级预算”、经费定额包干、年初一次核定会议差旅电话费和公务用车等费用指标,按季拨款,超支不补等办法。

1999 年起,实行地税部门代征社会保险金。此后全旗企业离退休人员工资、下岗职工、失业人员、城镇居民最低生活保障金做到及时足额发放。

2000 年后,建立政府采购制度。编制采购目录和采购预算,制定政府采购流程和采购评标。同年,实行银行代发工资办法,保证及时发放工资,杜绝单位占用工资,经费超支现象。

二、预算外资金管理

1999—2008年,财政部门对各单位的预算外资金,按资金性质、所有权、使用权三不变原则,进行专储管理,实行“收支脱钩、收缴分离、票款分离”管理办法。对所有存在预算外资金的单位,均按部门预算方式,编制预算。

对全旗各单位的预算外资金提取社会发展基金,教育部门按10%比例提取,其他单位按30%比例提取。

同时,财政部门不定期进行行政事业性收费和罚没收入实行收支两条线管理检查,清理小金库和查处各种财经违纪现象。

三、企业财务管理

克旗国有企业财务管理,实行制定企业内部财务管理办法,档案化管理。

(一)清产核资

1994年,旗国有资产管理部门对138户国有企业(其中工业企业15家、商业企业87家、粮食企业24家、水利企业4家,其他企业8家)进行清户核资,企业资产总额30221万元,负债总额23809万元,负债率79%。所有者权益总额6412万元(其中国有权益6234万元,资不抵债企业10家)。

1997年,旗国有资产管理部门对国有企业产权开展登记和年检。产权登记90家(其中国有企业45家,行政事业单位45家);国有资产总额1.93亿元。

1998年,全旗有16家国有企业转制破产,旗国有资产管理部门对企业进行清查评估。

(二)产权交易

1998年,全旗出售国有、集体企业10家,交易额230万元。2000年,旗国有资产管理部门对5家破产国有企业部分剩余资产进行公开拍卖,交易额566.7万元。

2001年,旗国有资产管理部门对部分行政事业单位及企业所属8处固定资产进行公开拍卖,交易金额515万元。

第六节　国有资产管理

1997年8月,成立国有资产管理局,隶属财政局。

一、国有资产清查

国有资产管理局成立后,清查核实了全旗行政事业单位资产和国有企业资产。重点对行政事业单位固定资产、经营性资产、处置资产、账外资产和闲置资产进行清理。对闲置资产进行公开拍卖,保证国有资产保值增值,避免资产流失。

清查苏木乡镇资产,盘点固定资产,核实债权债务。监交合并苏木乡镇资产财务。清查和界定工商、计量、锅炉所等上划单位的资产,及时建立档案。

二、产权登记处置

国有资产管理局成立后,即对国有资产开展登记,统一颁发国有资产产权证。处置国有资产,一般采取公开拍卖方式进行。

第二章 税 务

第一节 国家税务

一、机构

1991—1993 年,克旗税务局内设办公室、人事股、监察股、综合股、征管股、计会股、检查股、稽查股、发票管理所、经棚税务所、土城子税务所、广兴税务所、乌兰布统税务所、达里税务所、热水税务所和代市税务局管理的热水税务疗养所。

1994 年,根据国家分税制改革和组建两套税务机构要求,克旗分设国家、地方税务局,克旗国家税务局挂牌成立,局内设置办公室、税收管理一科、税收管理二科、计划征收科、人事教育监察科、税务稽查分局,下设经棚税务所、宇宙地税务所、达来诺日税务所、广兴源税务所、土城子税务所。

1995 年,旗国税局增设监察室。

1997 年,旗国税局税务稽查分局内设稽查一队、稽查二队。

1998 年 9 月,根据赤峰国税局《关于克什克腾旗国家税务局职能配置内设机构和人员编制方案的批复》,克旗国家税务局内设机构调整为办公室、税政综合股、计划征收科、人事教育股、监察室、发票管理科、稽查分局,保留 5 个基层税务所。

2000 年,旗国税局内增设计算机信息中心。

2001 年,旗国税局撤销经棚税务所,成立旗国税局个体管理局。

2003 年 1 月,旗国税局内增设法制科,后更名为政策法规科。同年,撤销发票管理科。

2004 年,撤销个体管理局,成立经棚税务分局。

2005 年,旗国税局内设机构调整为办公室、政策法规股、税政管理股、税源管理科、办税服务厅、人事教育股、监察室、稽查分局、信息服务中心,派出机构有 5 个基层税务所。

2006 年,撤销广兴源、达来诺日税务所。

2008 年 12 月，克旗国家税务局内设有办公室、监察室、人事教育股、政策法规股、税政管理股、税源管理科、办税服务厅、稽查局、信息服务中心、经棚税务分局、土城子国税所、宇宙地国税所。

二、税收体制改革

1991—1993 年，全面改革工商税制，建立涉外税制，开征新税种，着手建立复合税制。主要有七类：流转税、所得税、财产和行为税、资源税、特定目的税、农业税、涉外税。

1994 年后，设置增值税、消费税、营业税，实行统一的企业所得税制。取消国营、集体、私营企业差别税制和国营企业调节税。统一个人所得税，取消个人收入调节税和城乡个体工商户所得税。调整资源税、城市建设税、城镇土地使用税，取消集市、牲畜交易税、资金税、工资调节税等，开征土地增值税、证券交易印花税等。

2001 年后，税收体制改革推行"费改税"，取消车辆购置附加费，开征车辆购置税。

2007 年，调整车船使用税和城镇土地使用税，内外资企业执行相同所得税制。

三、税种 税率

1994 年 1 月 1 日起，执行新税制，原产品税改为增值税计征，增加消费税种。国税部门主要负责征收中央直属企业税收。1999 年起，国家对居民银行储蓄存款利息征收个人所得税，由国税部门执行征收。2002 年 1 月 1 日，企业所得税由国税部门征收。具体税种、税率作出调整。

1994—2008 年克旗国税税目税率表

表 17-2-1

税　目	计　征　范　围	税率(%)
增值税	工业产品、商业批发、零售、修理修配、工业加工	17 或 13
消费税	白酒、金银首饰	25 或 20 或 5
企业所得税	除个体独资企业以外各类企业、工商业户、个人	33 或 25
个人所得税	个人储蓄存款利息	20

注：2008 年企业新设税改为 25% 计征

四、税费收入

1994—2008 年，主要税收来源于商业批发零售，工业矿山、水泥、肉食加工行业。

1994—1996 年，税收主要来自增值税、消费税。

1994—1996 年克旗国家税收情况表

表 17-2-2

年份	税收总收入(万元)	增值税、消费税合计(万元)	两税占比(%)
1994	1197	1186	99.1
1995	1199	1188	99.1
1996	1260.9	1240	98.3

1997—2000 年,克旗国税总税收分别为 1312 万元、1418 万元、1397 万元、1385 万元,主要来自增值税和消费税,两税占 98% 以上。

2001 年,总税收为 1472 万元,增值税、消费税合计为 1331 万元,占比 90.4%。

2003 年,总税收为 1923 万元,增值税、消费税合计为 1750 万元,占比 91%。

2004—2008 年克旗国税局税收入库情况表

表 17-2-3　　单位:万元

年份	税收收入	增值税	消费税	企业所得税	个人所得税
2004	4577	4406	8	60	103
2005	6046	5891	9	33	113
2006	20944	12965	10	7802	167
2007	53333	22222	8	30883	220
2008	66018	36757	9	29117	135

五、征管税收

(一)纳税申报

1. 纳税申报流程

通过各“申报征收岗”进行申报。

申报后,通过防伪税控认证子系统和公路、内河货物运输业发票税控系统对纳税人提供的增值税专用发票抵扣联、货运发票抵扣联及电子数据进行防伪认证。通过防伪税控报税子系统对纳税人报送的 IC 卡数据和发票汇总表及明细表进行核对,两者一致,存入报税子系统。

2. 税款征收流程

纳税人纳税申报成功后,“申报征收岗”确认纳税人税款是否入库。

实行“税银联网”或“税库银联网”的,按接收到商业银行或国库传来的划款信息确定税款入库。

(二)税收减免

为协调边远山区、贫困地区发展,在税制统一规定前提下,结合实际,执行减免税收优惠政策。2005—2008 年,分别减免税 1407 万元、2210 万元、1647 万元、3647 万元。

(三)税务稽查

1994 年后,旗国税局内组建稽查局,为独立执法主体。通过选案、检查、审理、查处等开展税务稽查工作。

第二节 地方税务

一、机构队伍

(一)克旗地方税务局

1994 年,克旗成立地方税务局。内设办公室、人事监审科、计划征收科、业务组。

1995 年,地税局内设机构调整为办公室、人事教育监审科、稽查局、计统征收科、税收管理科、税收管理一科、税收管理二科。在全旗 28 个苏木乡镇设置基层地方税务所,与财政所合署办公。

2006 年,地税局内增设信息中心,原农税局并入房地产税收一体化管理办公室,合并原镇郊地方税务所。

2008 年末,地税局内设办公室、人事监审科、税收管理科、计统征收科、税收管理科、税收管理一科、税收管理二科、房地产税收一体化办公室、社保费征收科、税务信息中心和直属中心地方税务所、土城子中心地税所、宇宙地中心地税所、乌兰布统中心地税所、达来诺日中心地税所。

(二)税务队伍建设

1994 年,地税局成立时有 49 名员工(从原税务局划分 34 人;员工中干部身份 22 人,工人 3 人,以工代干 14 人,协税员 10 人)。

2008 年,克旗地方税务局有 80 名员工(含协税员 14 人)。

1995 年,地税局被赤峰市精神文明建设委员会命名为市级“文明单位”。1999 年、2000 年,连续两年被赤峰市地方税务局授予全市地税系统规范化管理实绩突出单位和全市地税系统纪检监察先进集体。2003 年,获赤峰市地税系统征管能手团体第一名。2004 年,被赤峰市精神文明建设委员会办公室和赤峰市地税局评为创建文明行业先进单位。2005 年,被赤峰市政府授予全市社会治安综合治理工作先进集体、“诚信赤峰”建设先进单位;被赤峰市地税局评为实绩突出单位、信息工作先进单位。2006 年,被赤峰市地税局评为房地产税收一体化税务管理先进单位。

1998—2008 年,在行风测评活动中,连续保持行风测评第一名,十年保持着“行风建设标兵单位”称号。

二、税种与收入

(一)流转税类

1. 营业税

1994 年 1 月 1 日,克旗依据《中华人民共和国营业税暂行条例》及其《中华人民共和国营业税暂行条例实施细则》施行征税。

克旗执行营业税税目税率表

表 17-2-4

税收行业	税目与征收范围	税率
一、交通运输业	陆路运输、水路运输、航空运输、管道运输、装卸搬运	3%
二、建筑业	建筑、安装、修缮、装饰及其他工程作业	3%
三、金融保险业	—	3%
四、邮电通信业	—	3%
五、文化体育业	—	3%
六、娱乐业	歌厅、舞厅、卡拉 OK 歌舞厅、音乐茶座、台球、高尔夫球、保龄球、游艺	5% ~20%
七、服务业	代理业、旅店业、饮食业、旅游业、仓储业、租赁业、广告业及其他服务业	5%
八、转让无形资产	转让土地使用权、专利权、非专利技术、商标权、著作权、商业信誉	5%
九、销售不动产	销售建筑及其他土地附着物	5%

2. 城市维护建设税

1985 年,征收城市维护建设税。

根据纳税人所在地征收不同税率城市维护建设税:纳税人所在地在市区的,税率为 7%;纳税人所在地在县城、镇的,税率为 5%;纳税人所在地不在市区、县城或镇的,税率为 1%。

3. 教育费附加

1986 年,征收教育费附加。

从 1994 年 1 月 1 日起,教育费附加以各单位和个人实际缴纳的增值税、营业税、消费税的税额为计征依据,附加率为 3%,分别与增值税、营业税、消费税同时缴纳。

1994—2008 年克旗流转税类收入表

表 17－2－5　　单位:万元

年份	营业税	城市维护建设税	教育费附加
	税　额	税　额	税　额
1994	227	20	6
1995	178	16	4
1996	179	29	19
1997	323	42	32
1998	358	41	34
1999	333	49	49
2000	480	55	47
2001	358	49	37
2002	1114	75	63
2003	1139	117	90
2004	3293	169	191
2005	3966	255	287
2006	2450	265	436
2007	6168	570.4	851.5
2008	6832.2	1243.4	1257.6

(二)所得税类

1. 企业所得税

1994 年 1 月 1 日起,征收企业所得税,比例税率 33%,按年计算,分月或者分季预缴,月份或者季度终了后 15 日预缴,年度终了后 4 个月内汇算清缴,多退少补。

克旗执行企业所得税税率表

表 17－2－6

档次	税率	纳税年度应纳税所得额
1	18%	3 万元(含 3 万元)以下
2	27%	3 万～10 万元(含 10 万元)以下
3	33%	10 万元以上

2. 个人所得税

1994 年 1 月 1 日起,征收个人所得税。

2000 年 1 月 1 日起,对个人独资企业和合伙企业投资征缴个人所得税。

对在克旗境内有住所或者无住所而在境内居住满一年的个人所得,征收所得税。

克旗执行个人所得税课税对象、标准一览表

表 17－2－7

序号	课税对象	费用扣除标准		税　率
		1991—2006 年	2006—2008 年	
1	工资薪金所得	中国公民 800 元(外籍人员 4000 元)	中国公民 1600 元(外籍人员 4800 元)	5% ~45%
2	个体工商户生产、经营所得	成本、费用、损失个体户业主的生活费用扣除标准:每月 800 元,全年即:800×12	成本、费用、损失个体户业主的生活费用扣除标准:每月 1600 元全年即:1600×12	5% ~35%
3	对企事业单位的承包、承租	每月 800 元,全年即:800×12	每月 1600 元全年即:1600×12	5% ~35%
4	劳务报酬所得	每次所得不足 4000 元的减除费用 800 元,每次所得超过 4000 元的减除费用 20%		20%,一次收入畸高的则实行加成征税
5	利息、股息、红利、所得	—		20%
6	稿酬所得	同 4		20%,按应纳税额减征 30%
7	特许权使用费	同 4		20%
8	财产租赁所得	同 4		20%
9	财产转让所得	以转让财产的收入额减除财产原值和合理费用		20%
10	偶然所得	—		20%(社会福利债券 10000 元以下免征)
11	经国务院或财政部确定征税的其他所得	—		20%

1994—2008 年克旗企业所得税收入表

表 17－2－8　　　　单位:万元

年份	企业所得税	个人所得税
	税　额	税　额
1994	6	4
1995	65	8
1996	49	28
1997	322	11

续表 17－2－8

年份	企业所得税	个人所得税
	税 额	税 额
1998	89	60
1999	164	110
2000	119	155
2001	661	217
2002	602	221
2003	698	380
2004	959	373
2005	3642	772
2006	5944	1576
2007	7726.6	1378.8
2008	9745.6	2729.8

(三)农(牧)业税类

1. 农业税

1996 年 8 月起,征收农业税、农业税地方附加、农业特产税。

农业税征收执行统一的比例税制,采取地区差别比例税率。农业税税率最高不超过 6.5%。市政府确定克旗农业税适用税率;旗政府确定各苏木乡镇具体税率。贫困地区农业税税率从轻确定。

农业税地方附加随同农业税正税征收用于嘎查村干部报酬、五保户供养和嘎查村办公经费。自治区农业税附加比例为农业税正税的 29%。

农业特产税对取得农业特产收入的单位和个人的税产品征税。

2004 年,农业税税率降低 3 个百分点,农业税附加随正税同步降低征收。

2005 年,自治区全面免征农业税,克旗即时执行。

克旗执行农业特产税税目税率表

表 17－2－9

税目		税率(生产环节收购环节)
1. 烟叶产品	晾晒烟、烤烟	20%
2. 园艺产品	水果	8%
	蚕茧(桑蚕茧、柞蚕茧)	8%
	保护地棚菜(温室菜、大棚菜、中小棚菜)	8%

续表 17－2－9

税目		税率(生产环节收购环节)
2. 园艺产品	花卉	8%
	经济林苗木、酒花	5%
	药材(甘草、黄芪、枸杞、麻黄、鹿茸、苁蓉)	5%
3. 水产品	淡水养殖、淡水捕捞	8%
	水生植物(含芦苇、蒲草)	8%
4. 林木产品	原木(含小径材)	8%
	木本油料、柳条	5%
5. 食用菌	黑木耳、银耳、香菇、蘑菇	8%
6. 其他特产品	蜂蜜、商品饲草、山杏核、蕨菜、榛子、野果	5%

注:各盟行政公署、市人民政府开征的农业特产税的其他农业特产品收入,报经自治区人民政府批准,其税率可以在5% ~10%的幅度内浮动。

2. 牧业税

1989—1995 年,克旗依据《内蒙古自治区牧业税征收办法》,不分牧区、农区、半农半牧区,一律征收牧业税。1996—2001 年,牧业税税额有所调整。2002 年后,克旗执行《内蒙古自治区牧业税征收办法》(试行)征收牧业税,实行从量定额征收办法,牧业税税率具体年征收标准为:每头牛 10 元、每匹马 8 元、每只山羊 5 元、每只绵羊 3 元。

2004 年,取消牧业税。

3. 耕地占用税

自 1987 年 4 月 1 日起,在全旗征收耕地占用税。

1996 年自治区完善税制时,将各盟市的税额作调整,赤峰市调整为每平方米 6.25 元。2005 年后,克旗耕地占用税额调整为每平方米 8 元。

4. 契税

1997—2008 年,征收契税,采取一次性征收,适用税率 3%。

1994—2004 年全旗农(牧)业五税(包括农业特产税)收入表

表 17－2－10　　单位:万元

年份	税额	年份	税额
1994	596	2000	1185
1995	726	2001	880
1996	1557	2002	578
1997	1536	2003	682
1998	1793	2004	271
1999	1451	—	—

2005—2008 年克旗农业三税收入表

表 17－2－11　　　　单位:万元

年份	税额		
	农业特产税	耕地占用税	契税
2005	42	164	75
2006	29(烟叶)	0	161
2007	0	296.4	451.5
2008	0	297.9	940.9

(四)财产税类

1.房产税

克旗从 1986 年 10 月 1 日起在县城、建制镇和工矿区征收房产税。房产税税率分为两类:依据房产余值计算缴纳,税率为 1.2%;依据房产租金收入计算缴纳,税率为 12%。

2.车船使用税

自 1986 年 10 月 1 日起,按照车辆种类、吨位和规定税额对行驶于克旗公共道路的车辆计算征收车辆使用税。

内蒙古自治区车辆税额一览表

表 17－2－12

类别	车型	项目	计税单位	年税额(元)	备注
机动车	乘人车	5 座以下	每辆	120	—
		6 座至 10 座	每辆	140	
		11 座至 30 座	每辆	160	
		31 座至 50 座	每辆	200	
		50 座以上	每辆	240	
	载货汽车	载货汽车	按净吨位每吨	48	—
		载货汽车挂车	按净吨位每吨	39	
		拖拉机配套挂车	按净吨位每吨	24	
	摩托车	二轮	每辆	48	包括轻便摩托车
		三轮	每辆	60	
非机动车	人力车	人力平板车	每辆	9	—
		客货二轮车	每辆	9	
	畜力车	畜力胶车	每辆	8	—
	自行车	自行车	每辆	4	2007 年 1 月 1 日取消

3. 城镇土地使用税

1988 年 11 月 1 日起，对县城、建制镇和工矿区范围内使用土地的单位和个人征收城镇土地使用税，年税额按其实际占用土地面积每平方米 0.4 ~3 元不等征税。

1994—2008 年克旗财产税类收入表

表 17-2-13　　单位:万元

年份	房产税	车船使用税	城镇土地使用税
	税　额	税　额	税　额
1994	29	6	9
1995	38	7	8
1996	53	9	36
1997	58	15	46
1998	61	16	33
1999	67	17	28
2000	69	18	20
2001	88	16	26
2002	76	17	26
2003	99	17	32
2004	102	9	33
2005	120	7	34
2006	110	8	34
2007	121	8	36.8
2008	276	54.1	255.4

4. 土地增值税

1994 年 1 月 1 日起，开始对转让国有土地使用权、地上建筑物及其附着物所取得的增值额，按照规定的税率征收土地增值税。

1995 年，转让房地产所取得的增值额计税，实行四级超率累进税率。

自开征土地增值税后，仅 1996 年有税收收入 2 万元，2005 年后稍有增加。

2005—2008 年克旗土地增值税收入表

表 17-2-14

年份	税额(万元)	年份	税额(万元)
2005	4	2007	207.3
2006	45	2008	144.9

(五)综合税类

1. 资源税

1994 年 1 月 1 日起,对全旗各种应税自然资源征收资源税。根据资源税调节资源级差收入立法精神,资源税按照不同的税目或纳税人规定高低不等的差别税额。

2. 印花税

1988 年 10 月 1 日起,恢复对经济活动和经济交往中书立、领受的凭证征收印花税。分别执行比例税率和定额税率。

3. 固定资产投资方向调节税

1991 年后,对有固定资产投资行为的单位和个人征收固定资产投资方向调节税。投资方向调节税设置两大类税目,一类是基本建设项目,主要是新建、扩建项目;另一类是更新改造项目,主要是指现有企业、事业单位的设备更新和技术改造项目。

2000 年 1 月 1 日,暂停征收固定资产投资方向调节税。

4. 屠宰税

1994 年,恢复征收屠宰税。规定:在自治区境内屠宰猪、牛、羊、马、骡、驴、骆驼的单位和个人,为屠宰税的纳税义务人。全区屠宰税实行从价征收,经营应税牲畜的单位和个人以收购应税牲畜支付的金额为计税依据;其他单位和个人屠宰牲畜的,以屠宰后牲畜的销售价格为计税依据。从 2001 年 1 月 1 日起全区停征屠宰税。

5. 筵席税

1995 年 8 月 1 日,自治区规定境内开设的饭店、酒店、宾馆、招待所及其他饮食营业场所举办筵席的单位为纳税义务人,以纳税人开具的发票金额为计税依据,按每次筵席支付的金额计算征收筵席税。同年 9 月 22 日,明确对个人举办筵席按规定不征筵席税,但凡个人举办筵席开具餐饮发票的,应依照规定征收筵席税。2001 年 1 月 1 日,自治区政府决定停止征收筵席税。

1994—2008 年克旗综合税类收入表

表 17－2－15　　　　单位:万元

年份	资源税	印花税	固定资产投资方向调节税	屠宰税	筵席税
	税　额	税　额	税　额	税　额	税　额
1994	2	2	6	—	—
1995	3	4	0	131	—
1996	5	4	12	150	5
1997	4	4	37	142	4
1998	5	5	137	177	4

续表 17－2－15

年份	资源税	印花税	固定资产投资方向调节税	屠宰税	筵席税
	税 额	税 额	税 额	税 额	税 额
1999	3	11	24	211	6
2000	3	13	—	206	7
2001	39	17	—	177	1
2002	41	20	—	—	—
2003	140	20	—	—	—
2004	229	36	—	—	—
2005	600	43	—	—	—
2006	1630	59	—	—	—
2007	1718.6	188.6	—	—	—
2008	5376.4	427.1	—	—	—

(六)代缴资费和基金

1. 社会保险费

2000 年 12 月,旗政府决定,社会保险费征缴移交地方税务局施行。

养老保险缴费费率:单位缴费率为职工工资总额 20%,个人缴费率为本人缴费基数 6%。失业保险缴费费率:单位缴费费率 2%,个人缴费费率 1%。医疗保险缴费费率:单位缴费率为职工工资收入 6%,个人为本人工资收入 2%。

2. 工会经费

2005 年,旗地税局开始征收工会经费。

3. 地方教育附加费

1995 年 9 月 1 日起,开始征收七项地方教育附加费。统由地方税务部门征收。

部分基本建设项目地方教育附加费。由城建部门在办理开工许可证时代扣代缴,由地方税务部门征收。

商业广告地方教育附加费,按广告收入总额的 5% 计征。

各类营业性酒吧、夜总会、歌厅、舞厅、卡拉 OK 歌舞厅、高级洗浴业、录像厅、电子游戏厅地方教育附加费。上述征费项目,按经营者月营业额的 4% 计征。

旅店住宿业地方教育附加费,每床位每天征收 1 元,由宾馆、饭店、招待所及旅店代扣代缴。

机动车辆地方教育附加费,由公安部门车检单位在车辆年检时一并代扣代缴。由税务部门征收。特种车辆和农用拖拉机免征地方教育附加费。

销售原油、成品油、液化气地方教育附加费，由生产厂家和销售部门代扣代缴。

向自治区外售电地方教育附加费，由供电部门在收取电费时代扣代缴。

2005 年 10 月 1 日后，地方教育附加费按照实际缴纳营业税、增值税、消费税税额的 1% 征收。

4. 文化事业建设费

1997 年 1 月 1 日后，开始对缴纳娱乐业、广告业营业税的单位和个人，按照应纳娱乐业、广告业营业税的营业额依率计征文化事业建设资金。

1996—2008 年克旗税务代缴资费基金征收情况表

表 17－2－16　　单位：万元

年份	社会保险费	工会会费	地方教育费附加	文化事业建设费	水利建设基金	残疾人保障基金
	税额	税额	税额	税额	税额	税额
1996	—	—	3	—	—	—
1997	—	—	7	—	—	—
1998	—	—	5	—	—	—
1999	—	—	9	1	—	—
2000	—	—	6	1	—	—
2001	943	—	5	0	—	—
2002	1203	—	7	1	—	—
2003	1373	—	4	1	—	—
2004	2452	—	31	4	—	—
2005	2603	5	31	6	83	28
2006	4029	54	146	7	105	42
2007	5389.6	67	272.6	7.8	508.2	60
2008	8701.4	77	413.4	8	571	101

5. 水利建设基金

2005 年 1 月 1 日起，克旗地方税务局开始征收水利建设基金。

征收水利建设基金的范围和标准：原煤开采企业按原煤销售数量征收水利建设基金。

6. 残疾人保障基金

2005 年，开征残疾人保障基金。

第三节　税收管理

1991—1993 年,国家地方税务统一由旗税务局负责征管。

1994 年,明确地方税务机构负责征收营业税、个人所得税、土地增值税、城市维护建设税、车船使用税、房产税、资源税、城镇土地使用税、固定资产投资方向调节税、地方企业所得税(包括国有、集体、私营企业)、印花税、筵席税、地方税的滞补罚收入,按地方营业税附征的教育费附加、财政部门负责征收的农业税、牧业税、农业特产税、契税、耕地占用税,及其他应由地方税务机构负责征管的各税种。

一、税务登记

1996 年后,克旗基本实现税务登记规范化,执行《税务登记术语规范》和使用《全国组织机构统一代码证书》。

二、纳税申报

克旗地方税务局按规定,设立征税大厅、办税窗口接受纳税人纳税申报,2000 年后采用"申报完税一体""税银一体化纳税"、简易申报完税等措施,方便纳税人申报完税。

三、税款征收

旗地方税务局建成征收厅,对税务登记、申报受理、税款征收、发票发售、税法咨询和其他事项实行一厅式窗口服务。旗地税局推行纳税人以支票、银行卡、电子结算等多种方式缴纳税款"。

2008 年,旗地税局使用税收征管软件、纳税评估管理信息系统,建立起统一核定定额、多元申报纳税系统,纳税申报、税务登记;全旗 559 户企事业单位和 3589 户个体工商户可全部通过纳税系统完税。

四、减免税

2003 年 3 月至 2008 年末,全旗共有 443 户纳税人享受下岗再就业优惠政策,累计减免营业税、城建税、教育费附加、个人所得税等计 36. 39 万元。

五、税务稽查

1994 年,旗地税局组建税务稽查机构,开展税务稽查检查活动。

2002 年,取消旗、县(区)级地方税务局稽查局建制,设立自治区地方税务局直属东部稽查、中部、西部稽查分局,克旗税务稽查工作由东部税务稽查分局管理。

第十八篇

金融业

第一章　银行业

第一节　金融机构

1991 年,克旗金融机构有中国人民银行克旗支行、中国工商银行克旗支行、中国农业银行克旗支行、中国建设银行克旗支行、克旗农村信用合作联社,中国保险公司克旗支公司。金融业务由主要办理存款、贷款、汇款等向金融多功能综合服务发展;银行业务与证券业务及保险业务并存开展。

1996 年,中国农业银行克旗支行按国家统一要求,划分出中国农业发展银行,作为政策性银行,与克旗农村信用合作联社脱离,交由中国人民银行克旗支行管理。

1996 年,中国人民保险公司克旗支公司,分为中国人寿公司克旗支公司、中国人保财险公司克旗支公司,独立经营人身、财产保险业务。

2008 年末,克旗共有 8 家国有金融机构,分别为中国人民银行克旗支行、中国工商银行克旗支行、中国农业银行克旗支行、中国建设银行克旗支行、中国农业发展银行克旗支行,克旗农村信用联社、中国人寿保险公司克旗支公司、中国人保财产保险公司克旗支公司。2007 年 9 月,中华联合财经克旗支公司在克旗成立;2008 年 8 月,成立克旗农银村镇银行。

第二节　金融业务

一、存款

1991—2008 年,克旗境内企事业单位、机关团体存款和居民个人储蓄都在国有商业银行或农村信用联社办理。

1991—2008 年克旗金融机构存款情况表

表 18－1－1　　单位:万元

年份	工商行克旗支行	农行克旗支行	建行克旗支行	农发行克旗支行	克旗农村信用合作联社	合计
1991	3252	2882	286	—	2450	8870
1992	4500	3414	405	—	2876	11195
1993	3807	3403	585	—	3085	10880

续表 18-1-1

年份	工商行克旗支行	农行克旗支行	建行克旗支行	农发行克旗支行	克旗农村信用合作联社	合计
1994	4226	5521	1495	—	4774	16016
1995	5004	5719	1884	—	5394	18001
1996	4459	4040	2712	—	6311	17522
1997	4922	4674	3596	948	7343	21483
1998	5961	5589	4791	124	9148	25613
1999	6426	5968	5311	193	10078	27976
2000	7112	7483	5862	215	11574	32246
2001	5838	8692	8064	1324	14041	37959
2002	6312	8130	10292	904	17028	42666
2003	7156	11043	18798	671	19579	57247
2004	8588	15382	15415	1055	21015	61455
2005	11075	24309	36532	1024	26328	99268
2006	14157	30945	31692	925	36739	114458
2007	17514	41504	45514	1104	57661	163297
2008	22960	52818	55288	5885	73000	209951

二、贷款

1991—2008年,工商行克旗支行主要提供流动性贷款、项目及技术贷款、基本建设贷款、个人住房及综合消费贷款、抵押委托贷款等;农业银行主要提供农牧业产业化发展项目、农村牧区基本建设、旗域中小企事业、农牧业生产等方面贷款;建行克旗支行主要提供企业公司机构信贷和个人住房按揭、综合消费及经营信贷;农发行克旗支行主要为落实国家农业发展政策提供金融服务,办理粮食、油料、肉类等农事、副产品储备贷款;克旗信用合作联社主推农户小额信用、联保贷款、农业种植和物业养殖贷款、农牧业项目和生产及农牧业副产品加工贷款等。

1991—2008年克旗金融机构贷款情况表

表 18-1-2　　单位:万元

年份	工商行克旗支行	农行克旗支行	建行克旗支行	农发行克旗支行	克旗农村信用合作联社	合计
1991	6268	7344	168	—	1609	15389
1992	7817	8572	648	—	2058	19095
1993	8749	10206	1121	—	2396	22472

续表 18－1－2

年份	工商行克旗支行	农行克旗支行	建行克旗支行	农发行克旗支行	克旗农村信用合作联社	合计
1994	8129	6109	1131	—	2867	18236
1995	9100	6705	1463	—	3772	21040
1996	9270	7701	1917	—	4467	23355
1997	10149	7910	2157	17854	5020	43090
1998	10980	15234	3056	13329	6819	49418
1999	6002	18660	1601	13408	7282	46953
2000	6157	17166	1587	13812	9023	47745
2001	4727	18533	3842	12878	10121	50101
2002	2467	18276	2384	12360	11767	47254
2003	8521	18278	1958	12149	11193	52099
2004	8967	17415	2995	10430	15359	55166
2005	6060	15459	108	11657	21266	54550
2006	4685	18933	6042	12083	28737	70480
2007	55278	33283	20003	14273	43201	166038
2008	79608	33759	21025	13381	56246	204019

三、中间业务

1995 年后，工商行克旗支行、农行克旗支行、建行克旗支行分别开办基金买卖、债券股票代理、代理保险、理财服务等中间服务。

2000 年后，工商行克旗支行、农行克旗支行、建行克旗支行陆续开始办理牡丹信用卡、牡丹灵通卡、金穗信用卡、金穗惠农卡、龙卡信用卡、龙卡贷记卡、龙卡储蓄卡及龙卡生肖卡，为客户提供结算、转账、现金、汇款、委托收款、托收承付、代销国债、基金、发售理财产品、银行汇票等中间业务服务。

2003 年后，工商行克旗支行、农行克旗支行、建行克旗支行逐步开通电话银行、网上银行、手机银行，开办结算转账、现金汇款、委托收款、托收承付、代销债券基金、发售理财产品、兑付汇票本票等中间业务服务。

2006 年后，农发行克旗支行开始代理财政拨付支农资金，办理保险资金结算、代收代付等中间业务。

第三节 金融监管

一、监管机构

中国人民银行克旗支行(以下简称人行克旗支行)是克旗金融监管机构。

1991年,人行克旗支行内设人秘科、会计科、国库科、货币发行科、综合业务科、稽核科。

1992年,人行克旗支行组建克旗金融服务社,1994年,改称克旗城市信用社。

1997年,人行克旗支行内设农村合作金融管理科,开展对农村信用合作社业务监管工作。

2004年,人行克旗支行分设赤峰银监分局克旗办事处,履行银行监管、反洗钱等职能和征信管理。

2008年末,人行克旗支行内设综合办公室、金融管理部、纪检监察审计室、综合业务部。

二、监管工作

(一)职能转变

1993年,人行克旗支行贯彻落实国家货币政策,对境域内金融机构开展监管,保持本地区货币币值稳定,维护克旗金融体系安全、有效运行。

1995年,人行克旗支行依法执行货币政策,管理存款准备金、基准利率,监督管理克旗境内4家国有商业银行和克旗信用合作联社间同业拆借市场和银行间债券市场,对各金融机构经营风险监督和防范。经理国库,管理克旗境内人民币流通,组织实施金融业综合统计、数据汇总及宏观经济分析与预测,管理信贷征信业,有计划地推动社会信用体系建设。

(二)会计、国库核算管理

1991—2003年,人行克旗支行依据《中国人民银行会计制度》,管理各金融机构同城票据交换、联行业务、会计核算。1994年,开始使用计算机处理会计核算、联行业务。2005年,开始使用中央银行计算机会计集中核算处理系统(ABS),横纵向联网处理会计核算业务。

1991—2008年,人行克旗支行指派专职会计人员,专门经理国库核算业务。1995年,开始使用计算机处理国库会计核算业务。2005年,开始使用国家金库会计核算处理系统(TBS)联网处理国库会计核算业务。

(三)货币流通管理

1991—1999年10月1日,克旗金融市场流通第三套、第四套人民币;1999年10月后开始流通使用第五套人民币。

2007 年 7 月 1 日后,第三套人民币停止流通;当年,第四套人民币执行只收不付规定。

2008 年末,克旗金融市场上基本单一流通第五套人民币。

1991—2008 年人行克旗支行货币投放回笼情况表

表 18－1－3　　单位:万元

内容 年份	各项存款		各项贷款		现金收入合计	现金支出合计	收支相抵纯投放＋回笼－现金
	余额	其中储蓄存款余额	余额	其中短期贷款余额			
1991	6885	3727	14190	13279	19654	22782	3128
1992	9541	4931	17395	15641	26949	33697	6748
1993	8732	5854	20471	18122	32428	39972	7544
1994	13285	8524	24071	20670	50599	58384	7785
1995	20311	16603	34006	25398	71359	79454	8095
1996	22730	18787	38328	28669	70753	81923	11170
1997	26395	22489	45357	34230	125434	136549	11115
1998	31694	26969	52731	43099	146768	157864	11096
1999	33637	29462	47914	24795	192499	205187	12688
2000	37890	31896	49366	37300	233092	243648	10556
2001	46790	35490	50102	32790	274058	288083	14025
2002	50850	40570	49735	32992	281188	298556	17368
2003	66126	48003	52099	31581	352783	359932	7149
2004	77741	51394	55167	32401	442699	453856	11157
2005	121855	63557	54550	36683	428037	455221	27184
2006	140808	86809	70478	55525	554259	565099	10840
2007	192253	106981	166397	107371	882142	863848	－18294
2008	242642	126619	204545	94828	1098993	1117919	18924

1999 年后,人行克旗支行利用支农再贷款货币政策工具侧重支持克旗农村信用社发放支农贷款,缓解农村信用社自有资金不足,促进农村、农民、农业经济的发展。

人行克旗支行支农再贷款发放情况表

表 18－1－4　　单位:万元

年份＼内容	年累计发放额	年累计收回额	年末余额
1999	2050	2050	—
2000	3750	3750	—
2001	5600	5600	—
2002	5720	5720	—
2003	6720	6720	—
2004	7900	7900	—
2005	8800	8800	—
2006	8000	5000	3000
2007	12000	9000	3000
2008	18000	15000	6000

第四节　驻克旗商业银行简介

一、工商行克旗支行

(一)机构设置

1985 年 1 月,工商银行克旗支行成立开始营业。

1991 年,工商行克旗支行内设人事股、会计股、出纳股、工商信贷股、储蓄股、秘书股、计划统计股、保卫股等股室。有经棚路、解放路、经锡路 3 个储蓄所。

2001 年 9 月,工商行克旗支行内设机构调整为办公室、营业部、业务部。撤销经棚路、解放路、经锡路储蓄所。

(二)金融业务

1985 年,工商行克旗支行成立初期,主要办理单一存贷款、结算汇兑业务,服务工商企业。

1991 年后,工商行克旗支行逐步开办居民人民币存款、流动性贷款、项目及技术贷款、基本建设贷款、个人助学贷款、个人住房贷款、个人综合消费贷款、小额抵押贷款、委托贷款。

1995 年后开办电子汇兑、个人储蓄异地通存通兑和票据融资、中间代理、基金买卖、债券股票代理、理财等中间服务,代发工资、代理收付、资信评估等业务。

2000年后，逐步开通网上银行、电话银行、手机银行、牡丹信用卡、牡丹灵通卡等电子金融业务服务。

1991—2008年工商行克旗支行存贷款情况表

表18-1-5　　单位：万元

年份	存款合计	对公存款	个人存款	企业贷款	年份	存款合计	对公存款	个人存款	企业贷款
1991	3252	938	2314	6268	2000	7112	833	6279	6157
1992	4509	1691	2818	7817	2001	5838	990	4848	4727
1993	3807	786	3021	8749	2002	6312	1240	5072	2467
1994	4226	645	3581	8129	2003	7156	2084	5072	8521
1995	5004	714	4290	9109	2004	8588	2939	5649	8967
1996	4459	463	3996	9270	2005	11075	4366	6709	6060
1997	4922	600	4322	10149	2006	14157	6284	7873	4685
1998	5961	912	5049	10980	2007	17514	8424	9090	55278
1999	6426	662	5764	6002	2008	22960	11566	11394	79608

二、农行克旗支行

（一）机构设置

1979年7月，农行克旗支行恢复和基层机构组建完成。1980年1月，农行克旗支行开展营业。

1991—1997年，农行克旗支行在各苏木乡镇设有16个营业所，25个信用社。

1996年末，农行克旗支行分离出中国农业发展银行克旗支行。同时，与农村牧区信用合作社脱离行政隶属关系，农行克旗支行不再管理克旗信用合作社。

1998年初，农行克旗支行开始逐年撤并农村牧区营业网点，分流富余人员。至2006年末，农行克旗支行在克旗境内保留1个分理处。

2008年，农行克旗支行内设综合办公室、监察保卫部、计划财务部、信贷管理部、客户部、资产风险经营部等机构。

（二）金融业务拓展

1980年后，农行克旗支行恢复组建时，“统一管理支农资金，集中办理农村信贷，领导农村信用合作社，发展农村金融事业”。

1996年，农行克旗支行开始商业银行经营运作，侧重支持农牧业产业化、农村牧区城镇化、旗域中小企业、农牧业基础设施建设，承担国家支持农牧业信贷发放业务。

（三）存贷款

1991—2008年，农行克旗支行存贷款反映出金融业务范围的拓展和不断发展。

1991—2008 年农行克旗支行存贷款情况表

表 18 - 1 - 6　　　　单位:万元

年份	存款			贷款					
	各项存款	单位存款	个人储蓄	各项贷款余额	农业贷款	工商业贷款	乡镇企业贷款	私企和个体户贷款	扶贫专项贷款
1991	2882	1723	1159	7344	1894	5104	281	—	653
1992	3414	1962	1452	8572	1627	5882	269	—	794
1993	3403	1414	1989	10206	1995	7202	290	—	719
1994	5521	2956	2565	6109	3018	2265	334	—	492
1995	5719	2427	3292	6705	3183	2132	604	—	786
1996	4040	838	3202	7701	3357	2519	757	—	1068
1997	4674	335	4339	7910	3457	2186	1033	—	1234
1998	5589	454	5135	15234	5011	2393	1080	—	6761
1999	5968	599	5369	18660	3709	3078	1587	—	10286
2000	7483	1175	6308	17166	2535	1380	1594	686	10971
2001	8692	1676	7016	18533	2696	1355	990	1681	11811
2002	8130	1039	7091	18276	2612	1265	960	1912	11527
2003	11043	1995	9048	18278	2851	1148	960	2383	10936
2004	15382	3245	12137	17415	2914	1029	960	2508	10004
2005	24309	10751	13558	15459	2977	772	960	1263	9487
2006	30945	13712	17233	18933	2977	772	960	4974	9250
2007	41504	18950	10669	33283	13900	0	0	19383	0
2008	52818	29104	21308	33759	14680	0	0	19079	0

三、建行克旗支行

(一)机构设置

1991 年,建行克旗支行内设计划信贷股、拨贷款建筑经济股、财务会计股、储蓄股、纪检监察审计室、人事秘书股等股室。

1996 年,中国人民建设银行克旗支行更名为中国建设银行克旗支行。

2003 年,建行克旗支行准备股份制改造。

2004 年 9 月,建行克旗支行更名为中国建设银行股份有限公司克旗支行。

(二)金融业务

2004 年 9 月,建行克旗支行完成股份制改造,主要开展公司业务、个人银行业务、房地产金融业务、存贷款、结算、银行承兑汇票,开办代理保险、债券股票代理、基金买卖、理财服务和电子银行业务。

(三)存贷款

建行克旗支行存款主要有个人对公存款,包括人民币储蓄、储蓄"一本通"、单位活定期存款,贷款主要有对公信贷业务、个人信贷业务,包括中小企业、公司机构类信贷、买方信贷、票据业务、个人住房按揭贷款、个人消费经营助业贷款等。

1991—2008 年建行克旗支行存贷款情况表

表 18－1－7　　单位:万元

年份	贷款	存款	年份	贷款	存款
1991	168	286	2000	1587	5862
1992	648	405	2001	3842	8064
1993	1121	585	2002	2384	10292
1994	1131	1495	2003	1958	18798
1995	1463	1884	2004	2995	15415
1996	1917	2712	2005	108	36532
1997	2157	3596	2006	6042	31692
1998	3056	4791	2007	20003	45514
1999	1601	5311	2008	21025	55288

四、农发行克旗支行

(一)机构设置

1996 年 12 月,农发行克旗支行成立,为国家政策性支农金融机构。

2008 年末,农发行克旗支行内设办公室、会计出纳部、信贷部。

(二)金融业务

农发行克旗支行业务主要是为国家推进农业发展提供金融服务,办理粮食、油料、肉类、食糖及农副产品储备贷款;拨付主要农产品补贴资金、粮食风险基金。存款业务主要是企业单位存款、财政支农资金专项存款。贷款业务主要为粮食收购销售企业收购、储备、调销和仓建贷款及代理财政性支农资金拨付。

2001 年 11 月后,农发行克旗支行参加全国农发行系统联行统一结算、对账。

2002 年初开始,农发行克旗支行使用中国农业发展银行内蒙分行《财政补贴系统》软件进行财政补贴台账登记生成月报表。6 月末,使用《会计门柜处理系统》进行会计核算。

2003 年,农发行克旗支行使用《电子联行系统》处理往来账目、管理监控汇票、账务核算、查询查复、资金请调、调剂调拨等银行业务。

2004 年 8 月,农发行克旗支行使用电子公文系统,取消纸质文本传输。年末,使用综合业务会计应用系统处理公共管理、事物管理、账务管理、数据迁移、信息管理等银行业务。

2006 年后,逐步扩大对农村、农业和农民金融支持,除办理粮食油料等农副产品收购及调销、简易仓建贷款,中央和自治区财政支农资金代理拨付外,办理开户企事业单位存款和结算;办理农牧业龙头企业生产加工转化贷款,有重点地办理农业科技、农村基础设施、新农村建设和城镇建设贷款,农业综合开发、农业生产资料方面贷款。

1997—2008 年农发行克旗支行贷存款情况表

表 18-1-8　　单位:万元

年份	年末贷款余额	年末存款余额	年份	年末贷款余额	年末存款余额
1997	17854	948	2003	12149	671
1998	13329	124	2004	10430	1055
1999	13408	193	2005	11657	1024
2000	13812	215	2006	12083	925
2001	12878	1324	2007	14273	1104
2002	12360	904	2008	13381	5885

五、克什克腾旗农银村镇银行

2008 年 8 月,克旗农银村镇银行成立。克旗农银村镇银行是经国家银监会批准,由中国农业银行发起并为信托成立的立足县域、服务“三农”的试点金融机构。为全国首批试点的两家农银村镇银行之一,是自治区、赤峰市第一家农银村镇银行。

克旗农银村镇银行成立注册资本金 1960 万元。中国农业银行出资 1000 万元;内蒙古兴业集团股份有限公司、克旗金星矿业有限责任公司、克旗新城热力有限责任公司、赤峰航安房地产开发有限公司、赤峰东冉机械工程有限责任公司、赤峰启航钻机厂合作出资 960 万元。

克旗农银村镇银行主要业务范围为吸收公众存款,发放短期、中期、长期贷款,办理票据承兑与贴现,同业拆借,银行卡,代理发行、兑付、承销政府债券,代理收付款项及保险业务等。主要服务对象为克旗境内企业法人、个体工商户、农牧业经济组织、农户自然人等。

第五节　克旗信用联社简介

一、机构设置

1954 年 6 月，克旗人民银行开始组建村级信用合作社。1956 年，克旗撤区建乡后，开始建立乡级信用合作社。1958 年，克旗村级基本完成信用合作社组建。1959 年 5 月，村级信用社并入人民公社信用社。1968 年后，克旗撤销人民公社级信用合作社。1972 年，克旗开始恢复人民公社管理的农村信用社，当年建立恢复至 16 个信用社。1979 年 9 月，中国人民银行同中国农业银行分离，农村信用社划归农业银行管理（国家委托代管）。1984 年 3 月，克旗信用社管理体制改革，还权于社员代表大会，实行员工合同制。1985 年 8 月，克旗筹备建立信用合作联合社。

1989 年 9 月，召开社员代表大会，选举克旗信用合作联合社（以下简称克旗信用联社）主任（各地均由农行行长兼职），常务副主任。信用联社内设业务股、财务股、稽核股、人事股。

1996 年 12 月，克旗农业银行与克旗。1997 年，归口中国人民银行监管。

2002 年 5 月 23 日，克旗信用联社召开换届社员代表大会，选举 7 人理事会和理事长，选举出 5 人监事会。

2003 年 11 月，克旗信用联社归属银监会监管。

2004 年 11 月，克旗信用联社进行产权制度、管理体制改革。2006 年 10 月，克旗信用联社完成股份制改造。建立理事会、监事会，经营班子，实行“三权分立”。

2006 年 11 月 1 日，克旗信用联社召开职工代表大会选举监事。召开创立大会和新一届社员代表大会，选举出理事会和监事会及理事长、监事长，聘任克旗信用联社主任、副主任。2007 年 12 月，信用联社有营业机构网点 22 个。

2008 年，克旗信用联社内设人力资源部、财务计划部、信贷资产管理部、风险资产管理部、稽核监察部、安全保卫部、业务发展部、综合管理部、联社营业部。

二、金融业务

（一）存款

1991 年后，克旗信用联社，完善员工责任目标、建立效益工资考核机制，不断推进存款业务发展，2008 年比 1990 年存款纯增 71047 万元，为 1990 年的 32.9 倍。

1990—2008 年克旗信用联社存款一览表

表 18－1－9

年份	合作社数(个)	职工人数(人)	年末存款余额(万元)	同比增加(万元)	社均存款余额(万元)
1990	25	159	2161.3	—	86.5
1991	25	162	2450	288.7	98
1992	26	162	2876.1	426.1	110.6
1993	26	164	3085.4	209.3	118.6
1994	26	165	4774	1688.6	104.5
1995	26	167	5394	620	207.5
1996	21	174	6311	917	315.6
1997	21	176	7343	1032	349.7
1998	21	169	9148	1805	508.2
1999	21	165	10078	93	479.9
2000	21	186	11574	1496	643.2
2001	21	184	14041	2467	668.6
2002	20	176	17028	2987	1064.3
2003	19	185	19579	2551	1030.5
2004	18	176	21015	1436	1167
2005	18	175	26328	5313	1462.7
2006	18	174	36739	10411	2041
2007	23	214	57661	20922	2507
2008	1	216	73000	15546	—

(二)贷款

1990 年,信用联社重点对乡镇企业、农副产品收购、肉食品加工、社队农民保护地设施建设、化肥购进给予贷款支持。

2000 年后,克旗信用联社推行“千村万户信用工程”,主推农户小额信用贷款和联保贷款,重点扶持农牧民甜菜、烤烟、玉米育种、绿色蔬菜等定单农业种植和养殖业发展,支持农区农副产品加工、石材加工、打井修渠扩大灌溉、购买农资和畜牧业产业化项目、牧区牲畜越冬饲草贮备。

1990—2008 年克旗信用联社贷款情况表

表 18－1－10

年份	社数（个）	职工人数（人）	年末余额（万元）	本年累计发放（万元）	存贷比（%）	农牧贷占比（%）
1990	25	159	1420	778	65.7	89.2
1991	25	162	1608.8	1450	65.7	90
1992	26	162	2058	1594.8	71.6	89.6
1993	26	164	2396	1727.7	77.7	88.7
1994	26	165	2867	2986	60.0	91.2
1995	26	167	3772	4187	69.9	90.3
1996	21	174	4467	3349	70.9	88.9
1997	21	176	5020	7480	68.4	90.2
1998	21	169	6819	10325	74.5	90
1999	21	165	7282	10412	72.2	89.1
2000	21	186	9023	16287	78.0	91.2
2001	21	184	10121	16683	72.1	90.2
2002	20	176	11767	16003	69.1	90.4
2003	19	185	11193	18615	57.2	96.5
2004	18	176	15359	24272	73.1	69.8
2005	18	175	21266	30860	80.8	84.5
2006	18	174	28737	36550	78.2	73
2007	23	214	43201	36550	74.9	75.6
2008	1	216	56246	93366	76.7	85.9

三、股份制改造

（一）制度沿革

1954 年，克旗农村信用合作社成立时即实行股份制。年满 18 周岁和以上农（牧）民即可入股，每股 3 元。当年全旗入股社员 27501 人（股），股金金额 8.25 万元。1966 年后，克旗农村信用合作社停止发展社员和吸收股金、分红。1972 年，全旗恢复人民公社信用合作社，核对各社原股金账户，吸收社员入股。1983 年，落实社员入股办社制度，清理股金，换发股金证，核定股权，恢复分红。同时，要求农村信用合作社职工入股，每股起点 20 元。1985 年，全旗农村信用合作社进行全面赠股扩股，并实行保息分红制度。

(二)股金扩充

1990 年,全旗农村信用社继续开展增扩股,建立基础股和经营股制度,以 10 ~ 50 元为基础股,50 元以上作经营股,农村信用社职工入股不少于 300 元。

2004 年,农户社员股增加到 500 元,农村信用社职工股增加到 1 万元。

2005 年,农村信用社职工股增加到每人 2 万元(其中:资格股 1000 元,经营股 1. 9 万元),实行按年分红。

2006 年,农村信用社试行法人治理,发起人认购股金 1458 万元。

2007 年末,股东(社员)达到 19313 户。

2008 年,农村信用社进行股本清理整合,年末有股东(社员)户数 3586 户(自然人股 3578 户,法人股 8 户),自然人股金 3433 万元,占总股本的 92. 78% ,法人股 8 户,金额 267 万元,占总股本的 7. 22% 。自然人股东中有信用社职工股 237 户,自然人社员股 3341 户。

1990—2008 年克旗信用联社股金状况表

表 18 - 1 - 11

年份	股金户数(户)	股金股数(股)	年末余额(万元)	分红(%)	增加金额(万元)	减少金额(万元)
1990	44086	80102	148	—	75	21
1993	41373	81501	404	—	738	674
1998	77094	55501	311	—	398	383
2000	72297	48366	1451	—	1947	807
2002	72297	62882	1888	—	1017	580
2004	34602	75133	2254	—	1245	920
2006	19099	34378	1662	4	244	—
2008	3586	56601	3700	12	1300	—

第二章 保 险

1991 年,仅有中国人民保险公司克旗支公司经营克旗境内保险业务,为中国人民保险公司昭乌达盟中心支公司延伸机构。

1996 年,中国人民保险公司克旗支公司分设为中国财产保险有限公司克旗支公司和中国人寿保险有限公司克旗支公司。至 2008 年末,克旗驻有人险、财险、中华联合财产保险支公司。

第一节　经营险种

一、人险克旗支公司经营险种

1996—2008年，人险克旗支公司经营的保险产品主要有健康类、分红类、养老类、少儿类、意外伤害类五类险种。

二、财险克旗支公司经营险种

1996—2008年，财险克旗支公司经营的保险产品主要有企业财产、家庭财产、机动车辆、责任类、货物运输类五类险种。

第二节　承保赔付

1995年，财险克旗支公司开始经营财产保险产品，同时进行承保和赔付，1996年，人险克旗支公司开始经营人寿保险产品，同时进行承保和赔付，2005年，中华联合财产保险公司克旗支公司开办承保和赔付业务。

1996—2008年克旗财产保险支公司承保赔付情况表

表18－2－1　　单位：万元

年份	财险克旗支公司		人险克旗支公司		中联财险克旗支公司		总额	
	保费收入	赔付支出	保费收入	赔付支出	保费收入	赔付支出	保费	赔付
1995	304.8	162.2	—	—	—	—	304.8	162.2
1996	340.3	320.8	423.8	343.3	—	—	764.1	664.1
1997	360	185.3	630.2	134.5	—	—	990.2	319.8
1998	400.2	503.1	795.2	60	—	—	1195.4	563.1
1999	152	359	863.4	65	—	—	1015.4	424
2000	113	78	981.7	65	—	—	1094.7	143
2001	145	56	1084	45	—	—	1229	101
2002	189.5	123.9	1417.6	114.7	—	—	1607.1	238.6
2003	217	88.7	1728.7	107.9	—	—	1945.7	196.6

续表 18－2－1

年份	财险克旗支公司		人险克旗支公司		中联财险克旗支公司		总额	
	保费收入	赔付支出	保费收入	赔付支出	保费收入	赔付支出	保费	赔付
2004	209. 5	137. 7	2153	100	—	—	2362. 5	237. 7
2005	260	110	2187. 7	187. 3	90	45	2537. 7	342. 3
2006	397	202	2047. 5	64. 9	120	87	2564. 5	353. 9
2007	887	479	2502	524. 8	210	139	3599	1142. 8
2008	1832	1030	4356	871	1112	586	7300	2487

第十九篇

经济综合管理

KE SHI KE TENG QI ZHI

第一章　计　划

第一节　机　构

1993 年,工业局、矿产资源管理局、对外经济协作办公室部分职能并入计划委员会,更名为克旗计划与经济局,内设工业股、农牧股、财贸股、基建股、矿山股、综合股、易地移民办公室。

1995 年,克旗重组计划与经济局、工业局、矿产资源管理局、招商局。

1996 年,计划与经济局整合职能,组建成立计划委员会、经济贸易委员会。

2002 年,计划委员会更名为发展计划局。

2005 年,克旗发展计划局更名为克旗发展与改革局。

2008 年,发展与改革局,内设办公室、综合股、地区经济股、投资股、财会股、稽查办公室、生态办公室、西部开发办公室、库区移民办公室。

第二节　发展计划

1991—2008 年,编制和实施了克什克腾旗四个国民经济和社会发展计划,即第八个五年计划(以下简称“八五”计划)、第九个五年计划(以下简称“九五”计划)、第十个五年计划(以下简称“十五”计划)、第十一个五年规划(以下简称“十一五”规划)。

一、“八五”计划

1991 年,编制和实施《克什克腾旗国民经济和社会发展第八个五年计划基本思路》。

提出的主要任务是,创造良好的经济环境和社会环境,在保持经济总量基本平衡的前提下,力求使能源、原材料工业有大的发展,争取在五年或更长的时间内,把克旗发展成为能源和原材料生产基地。以提高经济效益为中心,保持经济的持续稳定增长,加强重点建设、技术改造,农田水利建设和草牧场建设。注重智力开发和科学技术应用,在物质基础和人才方面为“九五”计划时期经济和社会发展准备后续能力。在生产持续发展和经济效益不断提高基础上,继续改善人民生活,使克旗人均收入水平在赤峰市的位次上有所提升。

确定的主要经济和社会发展目标是,工农业总产值:按 1980 年不变价格计算,1995 年全旗工农业总产值达到 18300 万元,比 1990 年增长 36.5%,年均增长 6.4%。其中农业总产值年均增长 5.6%,到 1995 年达到 12200 万元,比 1990 年增长 31.2%。国民生产总值:按1990年价格计算,1995年达到22260万元,比1990年增长36.4%,年均增长6.4%。其中第一产业,1995年达到11300万元,比1990年增长31.3%,年均增长5.6%;第二产业,1995年达到3940万元,比1990年增长48.3%,年均增长8.2%;第三产业,1995年达到7020万元,比1990年增长38.7%,年均增长6.8%。经济效益:每万元工业产值消耗能源,由1990年的7.6吨标准煤下降到1995年的6.9吨标准煤。国营工业企业全员劳动生产率年均提高3%;预算内国营企业流动资金周转天数,由1990年的300天下降到1995年的200天;国营商业企业和供销社流动资金周转天数,由1990年的320天下降到1995年的180天。财政收入:1995年全旗财政收入1756万元。五年合计7327万元,比"七五"期间增加2987万元,增长75.7%,年均增长7%,1995年全旗财政支出3326万元,五年合计14591万元,比"七五"增长14%,年均增长6.4%,扣除政策性增加开支和预料外一次性开支,基本上保持财政收入与支出平衡。信贷收支:五年内,信贷资金来源增加2320万元。1995年达到7953万元,比1990年增长41.2%;信贷资金运用增加2393万元,1995年达到13079万元,比1990年增长22.4%。固定资产投资规模:五年内,全社会固定资产投资35205.2万元,其中:全民所有制单位固定资产投资29224.2万元,集体所有制单位投资1237万元,个体投资4744万元。交通运输和邮电通信:1995年全旗公路货运总量达到46.6万吨,比1990年增长13.7%。社会商品零售额:1995年达到19170万元,比1990年增长72.3%,年均增长11.5%。居民消费水平:1995年农民人均纯收入达到800元,年均增长6.4%,牧民人均纯收入达到1000元,年均增长10.8%。义务教育:"八五"期间,小学入学率达到100%,小学升学率达到92.1%,初中升学率达到33.8%。

二、"九五"计划

1995年,编制实施《克什克腾旗国民经济和社会发展第九个五年计划和2010年发展目标规划基本思路》,"九五"计划时期经济和社会发展战略是打好农牧业基础,发挥资源优势,实施工业立旗、科教兴旗战略,走好开放搞活、城乡一体化全面发展路子。"九五"计划期间经济和社会发展的基本目标是:在提前实现翻两番的基础上,到二十世纪末实现小康和初步建立起社会主义市场经济体制两大历史性任务。

经济和社会发展的具体目标是,国民生产总值:按1990年不变价格计算,国民生产总值年均增长27.1%,到2000年达到11.8亿元。其中第一产业年均增长8%,第二产业年均增长40.4%,第三产业年均增长42.6%。三大产业结构由1995年的59:19:22调整到38:27:35。人均国民生产总值达到4470元。工农业总产值:年均增长29.8%,达到14.7亿元。其中工业总产值年均增长53%,达到10.3亿元;农业总产值年均增长9.6%,达到4.4亿元。外向型经济:"九五"期间,进出口总额年均增长78.9%;利用外资总额合计达到2000万美元。人民生活水平:2000年,城乡居民生活基本达到小康水平。城镇居民人均生活费收入年均增长8.4%,达到2400元;农民人均纯收入年均增长 11.0%，达到 1800 元；牧民人均纯收入年均增长 10.2%，达到 2000 元。社会事业发展："九五"期末，全面普及小学阶段义务教育。培育和建设市场体系：培育和发展金融、劳动力、房地产、技术和信息等要素市场，"九五"期末，初步建立起市场经济基本框架。财政收入：地方财政收入年均增长 18%，九五"期末，达到 5583 万元。社会商品零售总额：年均增长 18%，"九五"期末，达到 4.55 亿元。社会商品零售物价总指数控制在 15% 以内。社会固定资产投资：全社会固定资产投资保持在 40% 以上，"九五"期末，投资总额达到 154760 万元。

三、"十五"计划

2001 年，编制实施《克什克腾旗国民经济和社会发展"十五"计划和 2010 年远景目标规划》，"十五"期间，全面实施"农牧为本，以牧为主，生态立旗，旅游活旗，科教兴旗，工贸强旗"经济和社会发展战略，促进国民经济持续、快速、健康发展和全面进步。"十五"计划期间奋斗目标是：全旗生态环境状况明显好转，可持续发展能力增强；资源优势转变为经济优势进程加快，经济比较活跃，综合经济实力增强；科技对经济增长的贡献显著提高；主要经济指标、人均生活水平同先进旗县差距逐步缩小，城乡人民群众生活得到改善。把克旗建设成生态强旗、旅游大旗，能源、原材料和绿色产品加工基地。

具体发展目标是，国内生产总值：按现行价格计算，"十五"计划期间，国内生产总值年均增长 8.8%，达到 95000 万元。其中第一产业年均增长 7.2%，第二产业年均增长 7.4%，第三产业年均增长 11.5%，三大产业结构比例由 2000 年的45∶20∶35 调整到 42∶18∶40。财政收入：财政收入年均增长 9.8%，达到 7000 万元。全社会固定资产投资率保持在 30% 以上，"十五"计划期末，投资总额达到 22000 万元。人民生活水平：2005 年，全旗城乡居民生活基本达到小康水平，城镇居民人均可支配收入年均增长 7.1%，达到 5300 元；农民人均纯收入年均增长 9.9%，达到 2200 元；牧民人均纯收入年均增长 8.2%，达到 2300 元。社会商品零售总额：社会商品零售总额年均增长 9%，达到 42800 万元。外向型经济：进出口总额年均增长 10%，达到 150 万美元；"十五"期间利用外资总额合计达到 1200 万美元。科技和社会事业：科技进步对经济增长贡献率达到 45%，科技成果转化率达到 60% 以上；全面普及九年义务教育，健全社会保障制度。生态环境：水土流失、沙化面积得到有效控制和治理，森林覆盖率达到 22%。

四、"十一五"规划

2005 年，编制实施《克什克腾旗国民经济和社会发展第十一个五年规划纲要》。"十一五"时期，克旗经济社会发展指导思想是：以强旗富民为目标，以全市的工业强旗、全区的牧业大旗、全国的旅游名旗为发展定位，以改革开放和科技进步为动力，以经济结构调整为主线，继续实施"生态立旗、工业强旗、牧业富旗、旅游活旗、科教兴旗"发展战略，大力推进农牧业产业化、工业化、城镇化进程，突出抓好矿业、能源、化工、旅游和畜牧业等重点产业,积极发展各项社会事业,促进全旗经济快速健康发展和社会全面进步。

“十一五”时期的具体预期目标是,地区生产总值年均增长30%左右,到2010年达到70亿元;人均地区生产总值达到28000元,三个产业比例调整优化为14:57:29;财政收入年均增长36%左右,达到8亿元。全社会固定资产投资五年累计达到350亿元;社会消费品零售总额年均增长22%,达到18亿元。科技、教育、文化、卫生、体育等社会事业得到较快发展;人均预期寿命达到73岁;城镇登记失业率控制在4.5%以内,初步建立覆盖城乡全体居民的社会保障体系。到2010年森林覆被率达到35%以上;草牧场植被盖度达到65%以上;镇区空气质量好于国家二级标准的天数达到300天;单位生产总值能耗比“十五”期末降低25%左右。城镇居民人均可支配收入年均增长20%,达到15000元;农牧民人均纯收入年均增长12%,达到5000元;城镇居民人均住房建筑面积达到30平方米,农牧民砖混结构住房比重达到80%。

第三节 重大工业项目建设

1991—2008年,克旗工业经济在能源建设、矿山开采方面实现突破,先后完成上湾子二级水电站、电网建设、上湾子一级电站、达里风电场一期、二期、三期、塞罕坝风电场一期、二期、三期、东电风能四、五期、创建集团一期风电场等大型能源项目建设,新增能源规模324760千瓦以上。先后完成广兴煤矿改建、安乐锡矿改建、黄岗铁矿、大新铅锌矿一、二期、红山子铀钼矿、拜仁达坝银多金属矿、小东沟钼矿、黄岗铁矿三区、黄岗铁矿五、六、七区等大型矿山开采项目建设。年增矿山开采能力1115万吨以上。

第二章 统 计

第一节 机构队伍

1991年,统计局内设办公室、国民经济综合核算股、统计设计法规股、工业财贸统计股4个股室;农村经济调查队、城镇经济调查队、企业调查队3个事业编制调查队,有人员编制17名。各苏木乡镇分别配置统计助理1人。

2003年,统计局成立统计执法大队,与统计局一套人员,两块牌子,各苏木乡镇全部建立统计工作站,配备工作人员1~2人。

2008年,统计局内设办公室、国民经济综合核算股、统计设计法规股、工业财贸统计股等股室。设有农村经济调查队、城镇经济调查队、企业调查队3个事业编制调查队,有职工23人。

第二节　统计工作

一、常规工作

1991—2008 年,统计局主要开展的专业统计有:综合与地区生产总值核算、基本单位、劳动工资、工业、统计法制、固定资产投资、商业和餐饮服务业、社会消费品零售额、建筑业、旅馆业、农牧民人均纯收入、城镇居民人均可支配收入、物价、旅游、工业品调查、能源、工业品产销存报表、畜牧业、农业、旗(县)基本情况报表、乡镇基本情况报表、村基本情况报表、房屋租赁报表、物业管理报表、房屋销售报表、农产品产量调查、贫困监测等。

大型普查活动旗里成立普查领导小组,由旗政府负总责,统计局负责执行落实,苏木乡镇统计工作站负责本苏木乡镇辖区范围内统计普查,旗直部门和苏木乡镇均抽调普查员和普查指导员,协同完成。

统计局每年 2 月定期发布《克旗国民经济和社会发展情况统计公报》,5 月份编辑出版《克旗统计年鉴》,按月编写《克旗统计信息》,提供统计分析报告。

2003 年后,围绕统计制度改革,加强统计基础建设和提高统计服务水平。至 2005 年,连续三年在赤峰市统计工作考核评比中名列前茅,2005 年被推荐为全区统计基础建设先进集体;2006 年建成克旗统计信息网站。

二、统计调查

(一)全面调查

采用全面调查方法的专业情况依据列表中的办法进行。

1991—2008 年克旗采用全面调查方法的专业调查情况表

表 19－2－1

专业名称	报表类型	报表时间	样本单位数(个)
基本单位调查	半年报	4 月 30 日、8 月 30 日	6806
劳动工资	季报	每季度最后 1 个月 2 日前	333
固定资产投资	月报	每月 2 日前	个数不固定
限额以上工业	月报	每月 2 日前	11
畜牧业报表	半年报	6 月 30 日、12 月 30 日	11
农　　业	半年报	6 月 30 日、12 月 30 日	11
旗县基本情况报表	年报	4 月 10 日	1
乡镇基本情况	年报	3 月 10 日	11
村基本情况	年报	4 月 10 日	138

(二)定期普查

国情国力调查、较大型的普查采用定期普查办法,以此反映某个领域或某个行业在一定时期内发展变化情况,为各级人民政府和相关决策部门提供依据。

1991—2008 年,克旗除人口普查外,开展以下普查工作:

第三产业普查:1993 年 6 月,克旗开始对 1991 年和 1992 年第三产业进行普查。这是首次全旗第三产业全面普查。调查内容主要有企业单位数、人员数、财务支出、实物资产、增加值等项目。

全国第一次农业普查:从 1996 年 1 月 1 日至 12 月 31 日。普查的主要内容是农业生产经营单位数量、规模、结构、生产性固定资产数量、劳动力素质等基本概况。

全国基本单位普查:1996 年,克旗进行第一次全国基本单位普查。普查标准时点时间为 1996 年 12 月 31 日。普查内容主要是 1996 年在克旗的法人单位和产业活动单位的基本情况。

第三次全国工业普查:1996 年 1—3 月克旗进行全国第三次工业普查,普查 1995 年全旗工业企业基本情况。主要查清工业的规模和现状、所有制结构、行业结构、产品结构、技术经济结构状况等,包括财务、劳动、产、销、存,原材料、能源消耗,设备、技术、产品质量、收支等 16 个方面,172 项内容。

第二次全国基本单位普查:2002 年克旗进行第二次全国基本单位普查。普查标准时点时间为 2001 年 12 月 31 日。普查的主要内容是各类单位的数量、组织形式、经济成分、规模结构以及生产要素的配置和地区分布、行业分布等。

第一次全国经济普查:2004—2006 年,克旗进行第一次全国经济普查。即合并原全国工业普查、全国第三产业普查、全国基本单位普查三个大型普查,并增加建筑业普查内容,统称为全国经济普查。

第二次全国农业普查:2006 年,克旗进行第二次全国农业普查,普查标准时点时间为 2006 年 12 月 31 日。普查的主要内容是农业生产经营单位数量、规模、结构、生产性固定资产数量、劳动力素质等基本概况。

夏季农牧业普查:克旗在每年 6 月定期进行夏季农牧业普查,数据截止时间为 6 月 20 日,6 月 21 日进入抽查验收阶段,6 月底结束。普查重点是耕地面积、播种面积、牲畜数量。

(三)抽样调查

常规性统计,多采用先确定抽样框,然后随机起点,等距或对称等距抽样的办法开展统计调查。

三、统计监督

统计局负责开展统计监督工作。在行政辖区内,凡向统计局报表的单位,全部建有报表台账，保存原始记录，监督统计数据有效性。每年抽查一次重点报表单位台账使用、保存情况，发现问题及时解决纠正。

苏木乡镇统计工作站对辖区统计台账和原始记录进行完整保存。

在统计监督中，注重加强法制建设，提高统计执法人员法律素质和执法水平，查处纠正统计上的弄虚作假行为。

第三章　审　计

第一节　机构职能

1991 年，审计局内设办公室、财政金融专项审计股、行政企事业审计股、基建与经济责任审计股，有编制 15 名。

2003 年，审计局内增设农村集体经济审计事务所，增设事业编制 2 名。

2007 年，成立克旗经济责任审计办公室，核定全额事业编制 3 名。

2008 年，克旗审计局设农村牧区集体经济审计事务所，编制 2 名。

第二节　政府审计

1991—1995 年，审计的项目单位主要是工业企业、商粮供应企业、农牧林水单位、文教卫生行政单位、财政税收单位，金融企业、乡级财政、基本建设项目、新开工建设项目资金来源、公检法司预算外资金管理使用情况、固定资产投资项目等。重点是审查并纠正违反财经纪律使用资金问题。

1996—2000 年，继续开展项目审计、同级预算执行情况审计、乡级财政决算审计。农业银行克旗支行、农业发展银行克旗支行、克旗保险公司、部分信用合作社和粮食企业资产负债与损益情况审计、行政事业基建单位概算执行和竣工决算审计，并对工商行政收费、社会保障资金、扶贫资金、四期农业开发资金、义务教育和沙源治理资金等重点资金进行审计，以及对国家机关和企事业单位财政财务情况开展审计。

2006—2008 年，重点对农业建设资金、失业保险和再就业资金、世行贷款等专项资金开展审计，继续开展机关事业单位财务收支资金审计，进一步强化财政预决算和经济责任审计，以促进增收节支，减少国有资产流失。

1991—2008 年克旗审计单位项目情况表

表 19-3-1

年份	年审计项目数(个)	涉及违规金额(万元)	上缴财政数(万元)	挽回损失数(万元)	促进增收节支数(万元)
1991	33	15	23	—	—
1992	25	1154	2.52	—	—
1993	44	66	12.9	—	—
1994	69	162	51	—	—
1995	40	120	1	—	—
1996	49	816	39	50	171
1997	46	456	17	24	164
1998	52	3040	10	—	—
1999	48	2026	26	119	236
2000	52	1432	31	—	—
2001	42	1165	37	285	151
2002	37	668	38	342	167
2003	43	1930	26	120	182
2004	43	2371	52	194	226
2005	36	3425	17	658	673
2006	31	912	10	193	203
2007	36	4293	36	664	696
2008	24	2434	28	34	997

第三节 社会审计与内部审计

一、社会审计

1991—2008 年,社会审计主要由克旗审计事务所和会计师事务所承担。主要是审计鉴证、会计管理服务以及项目竣工决算审计。

1999 年,审计事务所与会计师事务所合并,成立克旗腾飞会计师事务所,转为个人合伙制企业,承揽个体工商企业、商户财务预决算等。

二、内部审计

2002—2008 年,在林业局、水利局、农电局、民政局、城乡建设局、地税局、教育局、旗医院、供销合作社、交通局 10 个单位先后设立或重新核定内部审计机构并配备人员,进行常规性内部审计。这些内部审计机构负责对本单位内部的财务收支、项目资金、经济效益进行常规审核。

第四节　审计监督

1991—2008年，共开展审计项目750个，提交审计报告800余份，提出审计建议23条，撰写审计信息550余篇。审计查出违规金额26485万元，上缴财政457.42万元，挽回损失2683万元，促进增收节支3866万元，向司法机关移送案件1起，移交检察机关审理4人。

2000年开始，对党政及企事业单位领导人，经济责任审计，并提供绩效审计结论，为使用干部提供测评依据。

第四章　工商行政

第一节　机　构

一、管理机构

1991年，工商局内设办公室、人秘股、广告股、个体股、企业股、合同股、市场股、经济检查股、财会股和个体劳动者协会。

1993年，撤销物价局，并入工商局。工商局内增设物价股、物价检查所。

1996年12月，工商局与物价局分设。

1998年，工商局增设石油管理所，医药管理所。

1999年，撤销物价局，物价局职能划归工商行政管理局。核定克旗工商局内设机构11个股室、11个派出工商所、2个协会。

同年，工商行政管理局更名为内蒙古自治区克什克腾旗工商行政管理局，实行垂直管理。

2003年，组建成立克旗工商管理协会。

2008年，工商局内设办公室、人事股、法制股、个体股、企业股、市场股、经济检查股、财会股、物价股、物价检查所、个体劳动者协会、消费者协会。

二、基层工商所

1991年，工商局派出12个基层工商所，办理辖区企业登记初审和年检、换照审查手续，对辖区内的集贸市场经营、个体工商户开业、变更、歇业申请事项进行管理，指导企业、工商户正确申请商标注册，监督其商标使用、发布商业广告等。

1999年，核定工商局派出工商所为：经棚、芝瑞、广兴源、宇宙地、达来诺日、浩来呼热、土城子、新开地、柳林、乌兰布统、热水工商所,另设石油管理所、医药管理所。

2001—2003 年,撤销热水、浩来呼热、新开地、广兴源、柳林、乌兰布统工商所。

2008 年,工商行政管理局派出:经棚、达来诺日、宇宙地、土城子、芝瑞 5 个工商所。

第二节 注册登记

1991 年,依据有关规定对企业法人和企业经营行为进行申请登记、年度检查。

1999 年,工商局依据相关文件,办理矿山企业采矿权申请人的法人和营业登记。

2000 年,工商局在登记服务大厅实行一体化办公、一站式服务。

2008 年,全旗年度登记法人企业户逾万户,有限责任公司 90 余户。

1991—2008 年克旗企业登记变更情况表

表 19－4－1　　　　单位:户

年份	年度企业登记情况				变更情况		年检情况		实有企业情况			
	总数	法人企业户数	营业登记户数	有限责任公司	变更登记	注销登记	年检企业数	未年检企业数	总数	法人企业户数	有限责任公司	营业登记户数
1991	183	17	66	—	—	—	219	11	230	—	—	—
1993	264	56	204	—	—	—	260	—	264	—	—	—
1995	160	18	142	12	—	—	—	—	1314	238	12	1076
1997	27	15	11	2	0	0	—	—	27	15	11	2
1999	10	39	21	21	56	84	—	—	470	177	21	293
2000	—	51	22	32	0	0	—	—	414	210	46	—
2002	—	73	51	69	0	0	—	—	335	104	22	—
2004	—	120	89	90	0	3	—	—	363	198	26	—
2006	—	213	148	180	7	19	—	—	344	106	102	—
2008	523	314	187	271	19	21	—	—	523	314	271	187

第三节 个体私营经济

1993—2008 年,工商局对全旗从事个体工商业经营的申请人进行审核、登记、核发营业执照,并建立经济户口。

1993—2008年克旗工商户情况表

表19－4－2

年份	个体工商户（户）	从业人员数（人）	私营企业数（个）	私企雇工人数（人）	私企投资人数（人）	独资工商企业数（个）	独资工商企业雇工数(人)	合伙工商企业数（个）
1993	2851	3527	13	104	59	—	—	—
1994	2921	3637	25	195	124	—	—	—
1995	3048	4188	37	299	173	—	—	—
1996	3651	7138	61	954	335	—	—	—
1997	4315	7982	75	1318	621	—	—	—
1998	4992	11376	91	1792	805	—	—	—
1999	6054	14934	126	2153	951	—	—	—
2000	3835	7403	100	1894	853	—	—	—
2001	3821	7595	102	1926	853	—	—	—
2002	3570	9487	113	2052	961	—	—	—
2003	3071	9128	96	2058	657	—	—	—
2004	6275	8152	105	2233	746	18	60	3
2005	3925	5361	141	2737	987	8	33	1
2006	3393	6387	215	3445	1132	21	156	2
2007	1214	1986	256	—	3096	52	1172	3
2008	1876	3234	300	—	3273	59	1197	3

第四节　经济合同

1985年，成立经济合同管理委员会及在各苏木乡镇政府设置管理经济合同领导小组，并设置经济合同仲裁委员会。

1991年，工商局内设经济合同管理股，专门负责经济合同日常咨询和监督管理工作。检查法人经济合同43517份，价款4亿元。有6家企业被评定为“重合同，守信用”单位。

1998年，开展经济合同鉴证，强化合同管理，打击经济合同欺诈行为。

2000年，对全旗37家获区、市、旗三级“重合同、守信用”称号单位进行普查年检，有6家自治区级、8家赤峰市级、9家旗级“重合同、守信用”企业通过复检，上报备案。

2008年，继续通过评定“重合同、守信用”单位活动，保持对经济合同的监管，维护经济合同的法律效力。

第五节 商 标

工商局在全旗开展商标注册、管理工作。全旗注册商标9枚,有9家企业新注册登记商标。

1991年克旗注册商标情况表

表19-4-3

注册时间	商标名	企 业	产 品
1月20日	“红艺”	克旗食用菌场	罐头
2月10日	“圣凤”	克旗饲料公司	饲料
2月28日	“达里湖”	巴彦查干乳粉厂	全脂奶粉
1月30日	“经棚醇”	地方国营克旗酒厂	白酒
1月30日	“经棚”	地方国营克旗酒厂	白酒
1月30日	“皇奇”	地方国营克旗酒厂	白酒
9月30日	“宝峰”	克旗冶炼厂	金刚砂
10月20日	“双月”	克旗冶炼厂	牛角工艺品
10月30日	“赤花”	克旗饲料公司	饲料

1992—2002年,克旗注册商标以本地特产食品为主,其中达里诺尔渔场注册的“达里湖”牌商标,克旗天骄奶酒厂注册的“天骄”牌奶酒商标较为知名。

1992—2002年克旗注册商标情况表

表19-4-4

注册时间	商标名	企 业	产 品	备 注
1992.1.30	“(k)”牌	克旗玩具厂(森源玩具有限责任公司)	木制玩具	后进入国际市场
1992.3	“驼峰”	达来诺日苏木乳粉厂	乳粉	—
1993.3.30	“云杉”	克旗酒业有限公司(龙泉酒厂)	白酒	—
1993.10.21	“亚美”	克旗中兽药厂	中兽药、水针剂	—
1994.12.23	“自然”	克旗绿色食品加工厂	罐头	—

续表 19－4－4

注册时间	商标名	企　业	产　品	备　注
1996.12.21	“然皇”	克旗然皇食品有限责任公司	山野菜(包括脱盐保鲜蕨菜、黄花菜、苦杏仁、草原保鲜蘑菇、山芹菜、山韭)	销售全国各地
1997.7.21	“旗秀”	克旗粮油工业公司	粮油制品(包括米、高粱、谷类制品、芥末油)	—
1997.10	“纬达”	克旗热水粮站	面粉、谷类	—
1998.5.20	“创奇”	内蒙古绿色食品开发公司	罐头(包括蔬菜罐头、牛奶制品、食用油脂)	—
2000.11.7	“达里湖”	克旗达里诺尔渔场	达里湖鱼类产品	国内驰名
2002.9.8	“皇岗”	克旗黄岗水泥有限责任公司	水泥	—
2002.6.21	“腾发”	克旗草原腾发公司	肉制食品(包括火腿、肉干、肉片、咸肉、香肠、油炸丸子、腌肉等 29 种)	—

2003—2008 年，工商局注册商标 37 件，其中 1 件被内蒙古自治区工商局认定为著名商标。5 件被赤峰市工商局认定为知名商标。2008 年，推荐 2 件农产品商标为自治区著名商标；推荐 3 件申报赤峰市知名商标。协助达里诺尔渔场对“达里湖”进行知名商标申报，并申请“贡格尔草原”知名商标。协助有关企业准备“阿斯哈图”商标注册和新开地粉条加工有限公司申请“新开地”牌粉条、淀粉商标。

2004 年，工商局在商标监管中，查处 1 件商标侵权案。

第六节　广　告

1991 年，克旗有 4 家广告经营单位。

1993 年，工商局开始对广告经营单位实行年检，并重点整治人才招聘市场虚假小广告。

1996 年，克旗工商局专项治理各类未经工商部门登记、批准非法承制印刷各类印刷品广告行为。

2001 年，开展专项“反误导、打虚假”广告治理行动，查处违法广告案件 3 起。

2003—2008 年，工商局加大广告经营管理力度，累计查处违法广告案件 50 余起。

2008 年，克旗有广告经营户 5 家，从业人员 24 人。

第七节　市场监督

1992年末,各乡镇初步形成集市贸易,出现定点商品交易集散地。开始针对集贸市场物资来源变化,农副产品、畜产品、工业品、手工业品、生产资料、生活资料大宗经营市场,加强市场监管。

同年,山羊绒、绵羊毛退出专营,全面取消计划,放开价格、市场。除国家和自治区管理的中药品种外,放开大部中药材交易。

1993年,开展商户注册登记,查处1起走私案件,查处9类32个品种假冒伪劣商品。

1994年,对粮油市场实施重点监管。

1995年,集中开展打击制售假冒伪劣、过期商品违法行为,查出伪劣过期变质和"三无"商品43个品种,查处非法经营化肥、农膜等案件7件,查出饮料、副食、保健品三大系列七大类100余个品种存在问题,涉及企业和个体工商户258户。

1996年,对全旗绒毛经营网点及大型城乡集贸市场开展监督检查,打击绒毛掺假行为。共查处各类经济违章案件26件,查处非法经营化肥案件12件,查获非正常经营渠道购进成品油70吨,取缔3个非法设置的加油站,查处伪劣过期、"三无"商品1003种。

1998年,重点开展规范市场经营行为活动,侧重检查生产资料市场,打击造假掺假行为。全年检查城乡集贸市场18处,查处假冒过期变质商品67个品种,查处违法经营药品103个品种,查获山西流入假酒500瓶。

1999年,继续加强对医药市场整顿和监管,整顿药品购销中的不正当竞争行为。

2001年,集中整顿克旗粮食市场、农贸市场、成品油市场、医药市场、烟草市场和文化市场。全年共查办、结案各类经济违法案件348起,清理各类商品市场17个,取缔128户无证经营者。

2002年,集中开展整治集贸市场违规违章经营行为,全年检查12处集贸市场和660家各类企业和个体工商户,取缔无证经营户6家,查处违法违章经营案13起。取缔2户无照经营网吧,没收18套地面接收器。依法取缔非法坐店行医17人,查处29处违章零售药店。纠正供水、供电、供气部门强制配卖水表、电表、电线、燃气灶具等行为。全年累计查处违法违规经营案件761起,查没过期、变质、不合格及"三无"产品30余类180余种。

2004年,继续整顿、规范克旗食品市场。全年累计查处各类企业违规、违法交易、侵害消费者权益案件1142起。

2005年,进一步规范旅游市场、食品市场和建筑市场经营行为,集中开展打击假劣农资坑农害农不法行为。全年共查处各类违法违规经营案件1290起。

2007—2008年，主要查办各类市场一般程序违法、违章案件和简易程序案件，计350余起。

第五章　价　格

第一节　物　价

一、机构

1984年，设克旗物价局。

1993年，物价局同工商行政管理局合并为克旗工商行政管理与物价局。

1995年，设置克旗价格事务所，为地方政府自收自支事业单位。

1996年，物价局从工商行政管理与物价局分离，恢复克旗物价局。

1996—1999年，物价局内设人秘股、价格信息股、物价检查所、价格事务所。

1999年，物价局再度同工商行政管理局合并，成立克旗工商行政管理局。实行垂直管理。物价检查所实行双重领导，业务由市计划委员会管理，人员由市工商行政管理局管理。

2004年，物价检查所被评为自治区"规范化物价检查所"，2005年被评为自治区优秀物价检查所，同年进入国家级规范化物价检查所行列。

2004年，价格事务所更名为"克旗价格认证中心"，由自收自支事业单位变更为事业法人单位，开展价格评估和价格认证工作。

二、价格

（一）农产品价格管理

1992年后，除少数农产品品种外，绝大多数农产品价格均已放开。国家较大幅度地调整主要农产品计划收购价格。1992年，国家定价品种有：粮食、统配木材、棉花、烟叶、桑茧、紧压茶6种；实行国家指导价的品种有中药材、绵羊毛、糖料、树脂4种。粮食实行双轨制价格，部分粮食按国家定价收购。同年下半年，进一步放开粮食价格，实行最低保护价。

1993年，出售农产品执行国家定价、国家指导价、市场调节价三种价格形式，比例分别为10.4%、2.1%和87.5%。

1994年，提高定购粮食价格，小麦、玉米、大豆3种粮食平均50公斤提高12元，达到52元，提价幅度44%。

1996 年,再一次提高粮食定购价格,平均提高幅度 40%。

1999 年,农产品国家定价、国家指导价、市场调节价三种价格形式的比例分别为 6.7%、2.9%、90.4%。

2008 年,按国家政策对重点粮食品种实行最低保护价。

(二)副食品价格管理

1991 年后,各种商品市场价格比重逐年增大,价格管制逐步放开。

1999 年,经棚市场牛羊肉、鲜蛋、白条鸡等副食品价格相同或略低于国有部门定价,蔬菜价格已全部放开。

1999 年经棚镇市场部分粮油副食品价格表

表 19-5-1 单位:元/500 克

品	名	等级规格	国有粮食部门议销价格		市场收购价	集市零售价
原粮	小麦	三等	0.5		0.45	0.5
	粳稻	二等	—		—	—
	玉米	二等	0.5		0.35	0.4
	大豆	二等	1.2		1	1.05
成品粮油类	标粉	国标	0.85	—	0.88	0.9
	精粉	国标	1	—	1.05	1.1
	特二粉	国标	1.03	—	1.1	1.1
	特一粉	国标	—	—	0.6	—
	大众面粉	国标	0.8	—	0.83	0.85
	粳米	标二	—	1	—	1.05
	玉米面	粗	0.5	—	0.55	0.55
	葵花油	二级	3.5	—	3.7	3.5
	胡麻油	二级	4.1	—	4.2	4.3
	豆油	二级	—	—	—	—
	菜籽油	二级	—	—	—	—
肉禽蛋类	猪肉	带骨统货	—	—	—	—
		去骨腰条	—	—	—	5
		去骨后座	—	—	—	5.5
	牛肉	去骨统货	—	—	5.5	5
	羊肉	去骨统货	—	—	7	7
	鲜蛋	一等	—	—	2.4	2.3
	白条鸡	中等开膛	—	—	4.2	4.2

续表 19－5－1

品名		等级规格	国有粮食部门议销价格		市场收购价	集市零售价
蔬菜类	大白菜	一等	—	—	—	0.3
	韭菜	一等	—	—	—	1.5
	芹菜	一等	—	—	—	0.8
	蒜薹	一等	—	—	—	2.5
	西红柿	一等	—	—	—	1.2
	黄瓜	一等	—	—	—	1.5
	茄子	一等	—	—	—	2
	青椒	一等	—	—	—	2
	菠菜	一等	—	—	—	1
	油菜	一等	—	—	—	1
	菜花	一等	—	—	—	1.2
	萝卜	一等	—	—	—	0.5
	土豆	一等	—	—	—	0.5
	大葱	一等	—	—	—	0.8
	豆腐	一等	—	—	—	0.5 元/块

(三)收费管理

1. 行政事业性收费

《中华人民共和国行政许可法》实施后，禁止收取没有法律法规规定的行政性、事业性收费，收费单位和收费项目逐年减少。2001 年，克旗有行政性收费单位 78 家，2008 年减少至 30 家；2003 年克旗事业性收费单位 233 家，2008 年减少至 27 家。2001 年，按照国家财政部、国家计划委员会规定精神，部分行政事业性收费转为经营服务性收费。2004 年，凡进行注册登记、领取工商营业执照的企业组织，以及从事运输、中介服务、维修、文化经营网点等个体工商户，一律不再核发收费许可证，不符合规定的予以注销。

2001—2008 年克旗收费许可证情况表

表 19－5－2　　单位：家

年份	行政性	事业性	经营性	合计	同上年比(＋－)
2001	78	158	75	311	—
2002	107	56	96	259	－52
2003	69	233	116	418	＋159
2004	68	233	112	413	－5

续表 19-5-2

年份	行政性	事业性	经营性	合计	同上年比(+-)
2005	29	144	12	185	-228
2006	29	147	22	198	+13
2007	40	95	25	160	-38
2008	30	27	26	83	-77

注:上表为年度核准数字

2. **教育收费**

1991 年后,教育收费成为重要监管项目。主要是治理自立名目收取费用,落实、执行国家规定的学杂费标准。

1999 年开始对择校生收取择校费标准实行最高限价,高中(城市、县城)上限为每生每学期 1600 元,高中(农村、牧区)每生每学期为 1000 元。

2002 年,城镇小学杂费由每生每学期 30~40 元,调整为每生每学期 60 元;城镇初中杂费由每生每学期 40~50 元,调整为每生每学期 80 元。

同年,全旗农村、牧区初中、小学实行教育收费“一费制”。2004 年城镇义务教育实行“一费制”。

2005 年,农村、牧区初中、小学教育实行“两免一补”(免教科书费、免杂费、补住宿费)制。

(四)旅游门票价格管理

1997 年,克旗旅游业开始起步,2000 年,克旗建成约 20 个夏季旅游景点,在实施“旅游活旗”战略中,及时制定旅游景点门票价格。

2000 年克旗部分旅游景点门票价格表

表 19-5-3　　单位:元/人次

旅游景区	收费单位	收费标准	批准机关
达里湖国家级生态自然保护区	达里湖渡假村有限责任公司	5	克旗工商行政管理与物价局
曼陀山	创建有限责任公司	6	克旗工商行政管理与物价局
红山军马场坝上草原公园	红山军马场	5	克旗工商行政管理与物价局
大青山冰臼遗址	中人公司	6	克旗工商行政管理与物价局
公主湖渡假村	个体独资经营户	6	克旗工商行政管理与物价局
白音敖包沙地云杉国家级自然保护区	保护区管理处	6	克旗工商行政管理与物价局

续表 19-5-3

旅　游　景　区	收费单位	收费标准	批　准　机　关
黄岗梁国家级森林公园	—	—	正待明确经营权属关系，完成规划设计建设验收后确定门票价格。
将军泡子古战场	—	—	
阿斯哈图石林景观	—	—	

注：学生、军人或 10 人以上团体，按票价 30% 优惠。

2003 年后，随着旅游市场发展和完善，价格随之调整

2003—2008 年克旗旅游景区门票价格一览表

表 19-5-4　　　　单位：元/人次

年份	旅　游　景　区	价格	批　准　机　关	批　准　文　号	批准时间
2003	阿斯哈图旅游景区	50	赤峰市发展计划委员会	赤计费字 03(274)	2003. 4. 22
	阿斯哈图游览车	50	赤峰市发展计划委员会	赤计费字 03(420)	2003. 7. 01
	公主湖景区	5	赤峰市发展计划委员会	赤计费字 03(484)	2003. 7. 20
	白音敖包云杉观光	5	赤峰市发展计划委员会	赤计费字 03(484)	2003. 7. 20
	紫濛山庄草原风电观光	10	赤峰市发展计划委员会	赤计费字 03(484)	2003. 7. 20
	曼陀山庄	10	赤峰市发展计划委员会	赤计费字 03(484)	2003. 7. 20
	达里湖码头观光	2	赤峰市发展计划委员会	赤计费字 03(484)	2003. 7. 20
2004	金沐沦水上旅游观光	10	赤峰市发展和改革委员会	赤计费字 04(201)	2004. 4. 7
2005	乌兰布统草原景区	30	赤峰市发展和改革委员会	赤计费字 05(619)	2005. 7. 11
	达里湖旅游门票	20	赤峰市发展和改革委员会	赤计费字 05(619)	2005. 7. 11
2006	曼陀山庄	20	赤峰市发展和改革委员会	赤计费字 06(493)	2006. 7. 17
	达里诺尔水上乐园	20	赤峰市发展和改革委员会	赤计费字 03(274)	2006. 5. 30
	达里诺尔自然博物馆	15	赤峰市发展和改革委员会	赤计费字 06(331)	2006. 5. 30
	达里诺尔野禽世界	10	赤峰市发展和改革委员会	赤计费字 06(331)	2006. 5. 30
	达里诺尔联票	30	赤峰市发展和改革委员会	赤计费字 06(331)	2006. 5. 30
	青山景区索道	80	赤峰市发展和改革委员会	赤计费字 06(266)	2006. 4. 29
	青山景区索道单程	40	赤峰市发展和改革委员会	赤计费字 06(266)	2006. 4. 29

（五）供热价格管理

2002 年，经棚镇区实行集中供热，召开第一次价格听证会，结合实际确定集中供热价格。2004 年、2005 年两次召开听证会，调整燃料涨价后的供热价格。

2003—2008年经棚镇区集中供热价格情况表

表19－5－5　　单位:元/平方米

年　度	居民用热	非居民用热	文　件　依　据
2003	19	22	赤峰市发展计划委员会赤计字〔2003〕803号
2004—2005	20.5	24.5	赤峰市发展和改革委员会赤发改价字〔2004〕922号
2006—2008	22	29.5	赤峰市发展和改革委员会赤发改价字〔2006〕780号

(六)自来水价格管理

自来水价格变动,采取不同定价方式。1994年以前,由克旗物价部门审批定价;1994—1997年,由克旗工商行政管理与物价局制定价格;1998年,由赤峰市物价局批准制定自来水价格,单表月用水不足3吨,按水表最低底度标准3吨水收费;2002年,取消最低底度不足3吨水收费标准,按实际水表读数征收水费。2003年后,通过召开自来水价格听证会,制定居民生活用水价、机关单位用水价、其他用水价三项价格。2008年,克旗执行2003年批复用水价格。

1994—2008年部分年份经棚镇自来水价格调整变动表

表19－5－6

年份	收　费　范　围			收　费　依　据
	居民用水元/吨	机关单位用水元/吨	基本建设用水元/吨	
1994	0.8	1.2	1.5	克旗工商行政管理局克工商字〔1994〕28号
1998	1.2	1.6	3	赤峰市物价局赤价工字〔1998〕124号
2003	1.6	2.2	4	赤峰市发展计划委员会赤计价字〔2003〕855号

(七)石油价格管理

1991—2002年,石油市场价格基本保持稳定。2003年,成品油价格出现上涨。2005年,取消成品油批发起点,执行相应批发和零售价格。2006年后,在中石油、中石化系统内,石油价格在国家有关规定的基础上允许在8%的幅度内上下浮动运行。对中石油、中石化系统外的社会加油站,石油批发价格按不得小于4.5%的批零差率执行。

2007—2008年,成品油价格执行浮动价格。

三、价格监督检查

1998年,物价局开通"12358"价格举报电话。物价检查工作逐步纳入法制化轨道。有针对性地开展农业生产资料、教育收费、卫生收费、明码标价、价格欺诈查处等专项检查,对违法违规的单位和个人实施处罚。

1997—2008年部分年份克旗价格违法案件情况表

表19－5－7

年份＼项目	一般程序案件数	违法金额（万元）	简易程序案件数	违法金额（万元）	备注
1997	3	20.48	13	17.52	—
1998	16	27.21	18	46.31	—
1999	11	14.21	15	10.87	—
2000	8	23.69	7	5.7	—
2001	9	37.07	26	—	收费许可证逾期年检罚款
2002	9	55.13	2	—	收费许可证逾期年检罚款
2003	13	63.64	8	0.18	—
2004	20	87.91	13	2.43	—
2005	18	16.96	6	0.07	—
2006	4	16.53	3	—	收费许可证逾期年检罚款
2007	2	—	1	—	—
2008	2	—	1	—	—
合计	128	367.35	113	83.08	—

第二节　消费者权益保护

一、成立协会

1994年，工商局内设消费者协会。自消费者协会成立至2008年，共开展“3·15”集中消费维权行动13次，共建立5个消费者协会分会，设置5个消费者投诉站，建立维权指导站152个。

二、依法维权

1997年，旗工商局开通“12315”维权电话，接受消费者举报。

2003年，工商局以整顿食品市场为重点，全年查处经济违法案件720起，为生产者和消费者挽回经济损失70万元。2004年，查处侵害消费者权益案件66起，处理消费者申诉案件10起，查处消费品交易违法违章案件436起。

2006年，克旗工商局启用“12315”消费者申诉举报网络平台。形成覆盖全旗城乡的集受理、查处、监管“三位一体”消费维权服务网络。截至2008年末，旗“12315”申诉举报网络平台共设立6部专用电话、8个坐席。

第六章　质量技术监督

第一节　机　构

1977 年,成立克旗标准计量局,隶属于旗科学技术委员会。后撤局设所,归属旗经济贸易委员会。

1990 年,在标准计量管理所的基础上组建旗标准计量局。旗标准计量局内设质量管理股、计量管理股、标准化管理股、计量检定测试所、产品质量检验所。

1993 年,旗标准计量局更名为技术监督局。

1997 年,技术监督局内设技术监督执法稽查队。

1999 年,克旗技术监督局纳入自治区垂直管理。原劳动局锅炉压力容器检验所划归技术监督局。

2000 年,技术监督局更名为克旗质量技术监督局。

2002 年,经机构改革,质量技术监督局内设综合管理股、稽查股、办公室,原计量检定测试所、产品质量检验所、锅炉压力容器检验所三所合一,设克旗产品质量计量检测所。

2008 年,质量技术监督局内设办公室、综合管理股、稽查股和克旗产品质量计量检测所、技术监督执法稽查队。

第二节　标准化监管

克旗依据相关规定开展企业产品登记和企业标准登记备案,进行标准化监督管理。

工业标准化生产方面,1991—2008 年,分别执行国家标准、部级、自治区级标准和执行国家行业标准;农业标准化生产方面,重点推广旱地小麦、地膜玉米、保护地栽培等农业技术标准;牧业标准化方面,重点推广绵羊冷配技术规程、牛冷冻精液标准、舍饲青贮氨化饲料和农作物秸秆调制饲料配制、圈舍标准化等牧业技术标准;在创建“全国旅游名旗”活动中,推进生态旅游服务标准化,通过旅游服务标准的实施和服务标准体系建设,保护生态环境,保障游客安全,提升克旗旅游业发展水平和旅游服务质量。

在标准化监督管理中,逐步实行代码标识制度。逐步在企业法人、机关法人、事业法人、社团法人实行代码标识。1995 年,拓展到车辆入户实行代码标识。2002 年,代码标识应用到统计、银行、交通、税务等部门,逐渐建立起克旗组织机构代码数据库。经核对修改代码数据,补充、完善数据原始材料,至 2008 年,全旗有数字证机构 729 户,共办组织机构代码证书 729 份。

第三节　计量监管

1990 年，标准计量局陆续开展长度、力学、电学方面计量检定工作，在全旗开展台秤、案秤、天平、砝码、压力表、血压计、加油机等流量计等计量检测业务。

1991 年，全旗衡器、量提、米尺、压力表等法定计量器具全部使用法定计量单位。

1995 年，对社会公用标准器具、企事业单位使用最高标准器具，用于贸易结算、安全防护、医疗卫生和环境监测等强制检定目录内工作计量器具，开始实行强制检定。

1997 年，增设电话计费器强制检定。

2008 年，全面检定产品质量计量检定测试计量器具，全旗大中型企业强检计量器具受检率 90% 以上。

在计量管理上，注重加强基础性技术服务工作和区域量值传递；注重法制计量工作管理；注重运用计量工作促进企业技术改造、节能降耗、提高经济效益、维护公平竞争市场环境。1991—2008 年，常年开展全旗性各类市场的商品计量监督检查，检定“公平秤”“放心秤”，打击缺斤短两等计量欺诈行为；对集贸市场和加油站开展专项整治，建立和完善加油站、眼镜店等企业计量检测体系。

第四节　产品质量监管

1991 年，克旗标准计量局开展粮油、酒类、调味品、饮料、乳制品、建材等产(商)品质量检验。1995 年，产(商)品质量检验 20 类 150 余种。2000 年，28 类 200 余种。2005 年，32 类 240 余种。2008 年，39 类 300 余种。

2004 年，实施生产许可证制度，至 2008 年末，全旗共发放各类生产许可证 18 份。

第五节　特种设备安全监察检验

1999 年，劳动部门管理的锅炉、压力容器、特种设备检测管理业务移交质量技术监督局。

特种设备安全监察工作坚持贯彻“安全第一，预防为主”方针，以杜绝重大、特大事故，防止和减少事故为目标展开。把压力容器，起重机械作为预防重点，推进安全责任体系建设，落实企业安全主体责任，建立动态监管机制，通过与有关单位签订特种设备安全责任状，开展安全月、安全周和节假日拉网式安全执法检查，送达“特种设备安全监察整改指令书”，对矿山、学校、宾馆、旅游景区等重点防范单位实行重点监督。

2000 年后，全面开展对重点设备使用登记、定期检验、特种设备人员上岗培训。对锅炉、压力容器、电梯、起重机械、客运索道等特种设备实行使用必检。对液化气充装市场实行充装必检。

第七章 食品药品安全监督

第一节 机 构

1991—2001 年,药品经营、食品卫生由旗卫生部门药政具体监督管理。

2002 年,赤峰市药品监督管理局克旗分局(以下简称克旗药监分局)成立,同时挂克旗药品监督稽查队牌子。负责辖区内药品研制、生产、经营和使用的监督管理。

克旗药监分局初设时,内设综合办公室和综合业务监管室,5 人获得执法资格。

2002 年,食品安全工作纳入政府行政直管,同时制定出台食品安全工作领导小组例会制度、信息联络制度、投诉举报与重大案件组织协调制度、食品安全事故应急处理制度、责任追究制度。

同年 11 月,克旗药监分局完成人员、资产上划,共上划人员 6 人,资产 46240 元。

2004 年 9 月,克旗药监分局纳入食品安全管理职能,更名为赤峰市食品药品监督管理局克什克腾旗分局,履行食品综合监督、管理、重大食品安全案件查处职能。

2005 年 11 月,麻醉药品使用管理权移交给卫生部门。

2008 年,克旗食药监分局内设综合办公室、药品监督管理股、食品监督管理股。

第二节 药品经营

一、药品经营概况

克旗药监局组建前,医药公司负责全旗医药批发;下设 3 个批发站,35 个分店。

2002 年,旗内有内蒙古福瑞药业、赤峰国药堂、雷蒙、人川等零售连锁门店 18 家,单体药店 41 家。

二、药品经营质量规范认证

2003—2008 年 9 月,克旗药监分局制订药品经营企业认证计划和认证管理办法,组织对企业进行认证指导。旗内有 88 家药品经营企业、1 家批发企业、1 家零售连锁企业、45 家零售连锁门店、41 家单体药店,全部进行药品经营企业药品经营质量规范认证。

三、日常管理

(一)查处假劣药品、医疗器械

克旗食药监分局建立后,组织开展打击制售假劣及无证经营药品、医疗器械专项行动。截至 2008 年,共查处各类案件 1300 余起,销毁假劣药械 120 件,价值近 10 万元。

(二)维护医药市场秩序

2002 年,自治区人大执法检查组对克旗药品管理法贯彻落实情况进行执法检查,肯定克旗落实药品管理法所做工作。

2003 年,全面加强防治非典型肺炎用药的监督检查。

2004 年 3—10 月,药监分局开展抗菌药物合理用药、医疗器械市场专项检查。利用药品快速鉴别箱快速鉴别药品 31 个批次,对质量可疑的 8 个批次严格进行抽验,抽验不合格率 93%。

2005 年,召开全旗食品安全工作会议,与有关单位签订食品安全工作目标责任书。克旗食药监分局就上半年抽验的 46 批次木瓜中药饮片制剂认定不合格,不合格率 98%。

2006 年 5 月,食药监分局采取紧急措施,在全旗范围内清查黑龙江省齐齐哈尔第二制药有限公司生产的高甲素注射液。8 月,在全旗范围内紧急查扣安徽华源生物药业有限公司生产的克林霉素磷酯葡萄糖注射液。

第三节　食品药政

一、实行"五专"制度

加强对特殊药品的源头监管,落实"五专"即专人负责、专柜加锁、专用账册、专用处方、专册登记制度。

二、实施食品放心工程

2003 年 9 月,成立克旗食品放心工程领导小组,明确整治重点和整治环节。加强食品卫生日常监管和卫生许可证发放的监督管理,强化对学校食堂和餐饮业的卫生监督,进一步完善食物污染物监测网络。对全旗制售假劣食品和无证、无照生产经营食品的违法行为,进行全面查处。食品药品安全状况得到改善,市场秩序明显好转。

三、构建药品监督网络

2004 年 4 月,旗人口和计划生育局与旗食药监分局联合聘任 247 名乡镇(苏木)及村(嘎查)计生专职干部,为乡、村两级药品监督信息员,聘请 5 名旗级药品监督信息员,提供涉药问题线索,协助执法人员办案。2006 年 6 月,重新聘任乡村两级食品药品监督信息员 140 人,聘请旗级药品监督信息员 5 人,建成旗、乡、村三级药品监督信息员网络。

四、信用体系建设

2004 年 6 月,旗食药监分局建立 280 家行政相对人信用档案,对行政相对人的质量信用档案实行分级色标管理,并根据日常监督检查结果评定信用等级。2008 年,行政相对人信用体系建设基本完善。

第八章　国土资源

第一节　机　构

1988 年,成立克旗土地管理局,内设综合股、地籍股和地政监察股、区划办公室。1991 年,乡镇苏木设置土地管理所。1993 年,土地管理局与城建、环保合并成立克旗城乡建设环境保护与土地局。1995 年,建立直属浩来呼热、乌兰布统土地管理所。1996 年,城乡建设环境保护局、土地管理局分设。1998 年,土地管理局增设土地管理监察大队。1999 年,撤销浩来呼热和乌兰布统 2 个土地管理所,土地管理局内设“土地管理所”。2001 年,矿产管理局并入土地管理局,更名为克旗国土资源局,内设办公室、土地监察股、地籍股、矿产股、地质股、土地监察大队、土地管理所。

2008 年,国土资源局内设办公室、规划与测绘管理股、地籍管理股、土地保护利用股、矿产开发管理股、地质股、执法监察股。

第二节　土地划区利用

一、土壤资源评价

进入 21 世纪,土地行政部门开始进行旗内土壤资源全面评价,确定土壤资源的宜农、宜牧、宜林面积和方向,为制定农业区划和土地利用规划提供科学依据。土壤资源评价,主要以土壤肥力为评价中心,以土壤类型为评价对象,以农牧林业生产的适宜性为评价目的。着重从土壤属性和生产条件来评价土壤质量,并按土壤对农牧林生产的适宜性和土壤生产潜力水平作为判别土壤资源优势的标准。确认全旗宜农土壤资源面积 74907.75 公顷。宜林土壤资源面积512014.85公顷、宜牧土壤资源面积1329320.34公顷。

从用地数量上看,以牧用土壤资源面积最大,林用面积次之,农用面积最少。从用地质量上看,以农用土壤资源肥力指数最高,林用肥力指数次之,牧用肥力指数最低。

从区域上看,克旗东部、东南部、中低山台地区宜农、宜牧土壤资源肥力等级属于高肥区,肥力潜力大;宜林土壤资源肥力等级属于中肥区,农牧林适宜配置方式为牧大于林、林大于农;中部中山山地区宜农、宜林土壤肥力等级属于高肥区,肥力潜力大,宜牧土壤肥力等级属于中肥区,农林牧适宜配置方式为林大于牧、牧大于农。

二、土壤利用区划

经土壤资源评价，克旗宜划分三个土区、五个亚区。

东部、东南部中山台地栗钙土、黑钙土，农、林、牧并重区；东部中山台地栗钙土，以农林为主，农、林、牧结合区；东南部熔岩台地黑土、黑钙土，以农牧为主，农林牧结合区；中部中山山地灰色森林土，以林为主，农、林、牧结合区；西部高原风沙土、黑钙土林牧区；西北高原黑钙土、风沙土、林、牧、渔业区；西南坨甸风沙土牧业区。

第三节　土地利用状况与结构

一、土地利用状况

2006 年，全旗土地总面积 2067300 公顷，包括 8 个一级地类，27 个二级地类。其中：耕地总面积 86551.06 公顷；园地总面积 24.61 公顷；林地总面积 508007.73 公顷；草地总面积 1214749.59 公顷；城镇村及工矿用地总面积 11750.37 公顷；交通运输用地总面积 7469.15 公顷；水域及水利设施用地面积 34006.79 公顷；其他用地面积 28586.88 公顷。

二、土地利用结构

2008 年，全旗已确认一级地类在辖区土地总面积中的比例。

2008 年克旗一级地类占比表

表 19－8－1

一　级　地　类	占比(％)	总面积(公顷)
耕地总面积占全旗土地总面积	4.58	86551.06
园地总面积占全旗土地总面积	0.01	24.61
林地总面积占全旗土地总面积	26.86	508007.73
草地总面积占全旗土地总面积	61.48	1214749.59
城镇及工矿用地面积占全旗土地总面积	0.62	11750.37
交通运输用地总面积占全旗土地总面积	0.4	7469.15
水域及水利设施用地面积占全旗土地总面积	1.8	34006.79
其他土地总面积占全旗土地总面积	1.5	28586.88

第四节　土地利用总体规划

以 2008 年为规划基期年，对全旗行政管辖范围内的总面积 18911.46 平方公里土地，做出 20 年利用规划。

克旗规划期间土地利用结构调整表

表 19－8－2

一级地类	二级地类	三级地类	规划基期年		规划目标年		规划期面积增减(公顷)
			面积(公顷)	比重(%)	面积(公顷)	比重(%)	
农用地	耕地		86551.06	4.58	73632.93	3.89	－12918.13
	园地		24.61	0.01	235.46	0.01	210.85
	林地		508007.73	26.86	554020.93	29.30	46013.20
	牧草地		1162639.23	61.48	1158982.52	61.29	－3656.71
	其他农用地		9264.22	0.49	4989.21	0.26	－4275.01
	合计		1766486.85	93.41	1791861.05	94.75	25374.20
建设用地	城乡建设用地	合计	10875.80	0.57	9512.29	0.5	－1363.51
		城镇工矿用地	1619.11	0.08	2095.79	0.11	476.68
		农村居民点用地	9256.69	0.49	7416.5	0.39	－1840.19
	交通用地		2727.81	0.15	4392.83	0.24	1665.02
	水利用地		497.84	0.02	637.43	0.03	139.59
	其他建设用地		120.99	0.01	4847.07	0.26	4726.08
	合计		14222.44	0.75	19389.62	1.03	5167.18
其他土地			110436.89	5.84	79895.51	4.22	－30541.38
土地总面积			1891146.18	100.00	1891146.18	100	—

第五节 土地调控使用

克旗国土资源局，采取措施，严格保护耕地，控制耕地减少，控制建设占用耕地，控制灾毁减少耕地，通过土地整理复垦开发补充耕地。同时，通过农田水利、防护林网、土地沙化治理等工程与生物措施，加强耕地抗灾能力建设，加大灾毁耕地修复和补充。引导农业产业结构调整增加耕地，实施土地整理工程，加强耕地质量建设，全面提升耕地等级。

结合土地利用总体规划，确定基本农田保护区，依法保护基本农田，确定基本农田保护面积 86000 公顷。

2000 年以来，逐步建立占用耕地补充法人负责制、占用耕地补偿制度、耕地储备制度。各类非农建设确需占用耕地，建设单位必须补充数量、质量相当的耕地，从数量和质量两方面严格考核耕地占补平衡落实情况，加强对补充耕地等级评定，确保补充耕地质量。

全面推进以田、水、路、林、村综合整治和优化用地结构为核心的土地整理措施，重点建设高标准基本农田，增加有效耕地面积，提高耕地质量、改善农村生产生活条件和生态环境。建立耕地储备库。土地复垦项目应先行开垦耕地，项目经过验收合格后，将新增耕地储备指标划入全旗耕地储备库。

第六节　矿产资源管理

矿产资源开发管理重点：一是采用探矿权或采矿权审批、项目核准、生产许可、环保审查等管理措施；二是国土资源管理，经贸、公安、安监、监察、工商、电力等部门配合，打击无证勘查、无证开采、以采代探等违法行为。

1998—2000 年，重点加强对矿产资源监管，针对矿山经营状况，开展治乱治散，整顿矿业秩序，打击矿山开采中的违法行为，专项整治矿山安全生产、生态环境。健全完善矿产资源开发政策措施，建立健全各项管理制度，组织自查和专项、综合检查。

2001—2003 年，重点就规划利用加强管理。编制矿产资源规划、行业规划、矿区规划以及规划区内探矿权、采矿权设置方案。对规划区内已有小矿，采取经济、行政、法律手段，整合矿山企业，推动规划区内矿权联合、重组、兼并，走规模化生产、集约化经营路子。

2004—2005 年，重点开展行政执法，本着依法严厉打击、从重处罚原则，对无证、吊销或注销矿权的矿山企业，公安机关停止其火药器材供应，电业部门停止供电，有关部门依法吊销或注销其相关证、照；拒不停止开采，情节严重，造成矿产资源破坏的，移交司法机关，追究刑事责任。

查处以承包、租赁等方式非法转让探矿权和采矿权行为，核查矿山企业经营情况。核查探矿权、采矿权人与实际探矿、采矿经营者是否一致；核查采矿许可证、安全生产许可证和工商营业执照的登记主体是否一致；核查矿山企业取得采矿权后，是否发生合并、分拆、合资、合作等情形；核查企业所有制性质是否发生变化；核查探矿权人、采矿权人是否以承包、租赁等方式将探矿权采矿权全部或者部分转让他人。

保护监管矿产资源开发环境，及时关闭严重破坏、污染环境的矿山，关闭各级各类保护区的核心区和缓冲区以及规定的禁采区内矿山企业，关闭严重污染环境、浪费资源、因采矿造成严重水土流失、未通过环境影响评价和排污许可企业，对拒不停产、停而不整或不改企业，有关部门依法吊销或注销其相关证、照。整顿选矿厂，取缔未经批准选矿厂。

2008 年，持续保持对全旗矿产资源开发秩序的检查、治理和整顿态势。

第九章　安全生产监督

第一节　机　构

1995—2004 年,安全生产监督管理由克旗劳动局负责。

1997 年,克旗劳动局设置劳动监察大队。对生产企业、压力容器使用、经营企业、建筑工程开展常规性安全执法检查和监督。

2004 年,成立安全生产监督管理局。劳动局监察大队履行的管理压力容器经营职能移交克旗技术监督局;安全生产监督管理局行使对生产企业、建筑工程、矿山企业、民爆器械经营等管理职能,负责监管矿山、危险化学品、烟花爆竹、冶金等行业、企业的安全生产。

2008 年,安监局内设办公室、综合监督管理股、矿山监督管理股、危险化学品监督管理股、监察大队。

第二节　安全生产管理与监察

一、安全生产管理

1991—2008 年,主要依据劳动安全生产法律法规开展安全生产监督管理。抓安全生产宣传教育,生产一线工人和经营者上岗,必须参加岗前安全生产培训,特种设备行业员工上岗必须取得资质证书。企业生产,须取得安全生产许可证方可生产。配合安全生产周每年不定期由劳动部门牵头,公安、消防、城建、工会等多部门配合,进行安全生产大检查,消除安全隐患。

至 2008 年,克旗境内没有发生重、特大生产安全事故。

二、劳动安全监察

1995 年,劳动局设立劳动监察股。

1996 年,开始对各类企业用工实行年度检查制度,重点检查企业劳动合同签订、社会保险缴费、农民工工资发放、用工安全情况等。

2005 年,由克旗安监局牵头,国土资源局、经贸局等部门配合,全面开展煤炭资源回采率和安全生产专项检查。

2004—2008 年,克旗安全生产监管部门共查处生产安全事故 19 起,处理责任人 42 人次。

第二十篇

中国共产党地方组织

第一章　党的代表大会

第一节　代表选举

党代会代表实行任期制，每次任期五年。

第十次党代会有代表201人，其中干部代表121人，占60%；技术人员代表37人，占18.5%；劳动模范先进工作者代表40人，占20%；解放军代表3人，占1.5%。代表中，少数民族代表63人，占31%，妇女代表32人，占16%。

第十一次党代会有代表219人，其中干部代表132人，占60.2%；技术人员代表43人，占19.6%；先进模范人物代表42人，占19.2%；武警、森警代表2人，占1%。代表中，少数民族代表71人，占32.4%；妇女代表43人，占19.6%。

第十二次党代会有代表249人，其中，干部代表151人，占60.6%；技术人员代表48人，占19.3%；先进模范人物代表48人，占19.3%；武警、森警代表2人，占0.8%。代表中，少数民族代表76人，占30.5%；妇女代表48人，占19.3%。

第十三次党代会代表245人，其中干部代表141名，占57.6%；技术人员代表52名，占21.2%；先进模范人物代表50名，占20.4%；武警、森警代表2名，占0.8%。代表中，少数民族代表78名，占31.8%；妇女代表47名，占19.2%；年龄在45周岁以下代表149名，占60.8%；具有大专以上文化程度代表189名，占77.1%。

第二节　历次党的代表大会

一、中共克旗第十次代表大会

中共克旗第十次代表大会于1990年11月11—14日在经棚镇召开，与会代表188人。

会议听取讨论并审计通过了王洪勋代表中共克旗第九届委员会作的题为《坚定不移地贯彻执行党的基本路线，把我旗改革和建设事业继续推向前进》的工作报告和刘子文作的纪律检查工作报告。大会选举产生了中共克旗第十届委员会和纪律检查委员会。

选举出中共克旗第十届委员会委员31人，候补委员5人，选举产生中共克旗第十届纪律检查委员会委员15人，常委7人。

中共克旗第十届委员会第一次会议，选出常务委员会委员、书记、副书记。王洪勋当选为书记。

中共克旗纪律检查委员会第一次全体会议选出常务委员会、委员、书记、副书记。刘子文当选书记。

中共克旗第十届委员会委员（按姓氏笔画排列）

王　杰　王洪勋　王愚夫　王殿荣　巴　根（蒙古族）
冯士清（回族）　白雪峰（蒙古族）　任天学　刘子文　刘文章
刘会斌　刘新民　那僧德力根（蒙古族）　陈玉成　陈俊华（女）
李占卿　李孝文　汪永泽（满族）　孟庆林　孟繁有　单秀林
武希坡　姜文远　高国芳（蒙古族）　常桂英（女，满族）
斯钦图（蒙古族）　斯日古楞（蒙古族）　斯钦巴特尔（蒙古族）
董润生　董继荣　静国臣

中共克旗第十届委员会候补委员（按得票多少排列）

赛音巴雅尔（蒙古族）　白景武（蒙古族）　李宝珍　焦玉成
宋喜岭

中共克旗第十届委员会常务委员会委员

王洪勋　高国芳（蒙古族）　王愚夫　斯日古楞（蒙古族）
刘子文　斯钦巴特尔（蒙古族）　巴　根（蒙古族）　王殿荣
斯钦图（蒙古族）

二、中共克旗第十一次代表大会

中共克旗第十一次代表大会于 1995 年 12 月 4—7 日在经棚镇召开。与会代表 216 人。

会议听取讨论并审议通过了呼格吉图代表中共克旗第十届委员会作的题为《牢牢把握经济建设中心不动摇，紧紧抓住党的建设关键不放松，为建设新克旗，迎接新世纪而奋斗》的工作报告和刘子文作的纪律检查委员会工作报告。大会选举产生了中共克旗第十一届委员会和纪律检查委员会。

选举出中共克旗第十一届委员会委员 34 人，候补委员 6 人。

选举产生中共克旗第十一届纪律检查委员会委员 15 人，常委 7 人。

中共克旗第十一届委员会第一次会议选出常务委员会、委员、书记、副书记，呼格吉图当选为书记。

中共克旗纪律检查委员会第一次会议选举出常务委员会、委员、书记、副书记，常桂英当选为书记。

中共克旗第十一届委员会委员（按姓氏笔画排列）

于宗宽　王立山　王庆有　王振祥　王瑞琴（女）
艾　登（蒙古族）　白景武（蒙古族）　刘子文　刘文章
孙长江　李　友　李孝文　李景章　吴明山（蒙古族）

汪耳河(满族)宋喜岭　张彦斌(蒙古族)　武希坡　林　核
呼格吉图(蒙古族)　郑洪学　单秀林　孟庆林　孟繁有
赵学祺　段宝忠(蒙古族)　秦　义　常桂英(女,满族)
韩文国　斯钦巴特尔(蒙古族)　程俊孝　鲁万军　管振国
赛音巴雅尔(蒙古族)

中共克旗第十一届委员会候补委员(按得票多少排列)

武希树　苗树臣　张介一　包力朝鲁(蒙古族)　刘德生
鲍旭东(蒙古族)

中共克旗第十一届委员会常务委员会委员

呼格吉图(蒙古族)　张彦斌(蒙古族)　王振祥　孟庆林
吴明山(蒙古族)　孟繁有　刘文章　常桂英(女,满族)
宋喜岭　郑洪学

三、中共克旗第十二次代表大会

中共克旗第十二届代表大会于 2000 年 12 月 17—18 日在经棚镇召开。出席会议代表 239 人。

会议听取讨论并审议通过了白音巴特尔代表中共克旗第十一届委员会作的题为《求真务实、抓好落实、夯实基础》的工作报告和常桂英所作的纪律检查委员会工作报告。大会选举产生了中共克旗第十二届委员会和纪律检查委员会。

选举出第十二届委员会委员 35 人,候补委员 6 人。

选举产生中共克旗纪律检查委员会第十二届委员会委员 15 人,常委 7 人。

中共克旗第十二届委员会第一次会议选出常务委员会委员、书记、副书记,白音巴特尔当选为书记。

中共克旗纪律检查委员会第一次全体会议选举出常务委员会委员、书记、副书记,花拉当选为书记。

中共克旗第十二届委员会委员(按姓氏笔画排列)

于俊峰　乌日图(蒙古族)　王玉成　王立山　王树和
王瑞琴(女)　白音巴特尔(蒙古族)　白斯古楞(蒙古族)　刘子文
刘云国　刘长江　刘占会　吉日嘎拉(蒙古族)　宋喜岭
李　友　李孝文　李志春　汪　洋(蒙古族)
汪耳河(满族)花　拉(女,蒙古族)　闵晓天　孟庆林　明俊国
范国忠　郑洪学　哈斯巴图(蒙古族)　赵玉成　原晓东
浩毕斯嘎拉图(蒙古族)　秦　义　萨其拉图(蒙古族)
斯钦巴特尔(蒙古族)　韩晓峰(蒙古族)　蒙显军
魏永岐(蒙古族)

中共克旗第十二届委员会候补委员(按得票多少排列)

乌力吉巴图(蒙古族)　吕　军　杨茂枝　陆荣元
宝玉臣(蒙古族)　管振安

中共克旗第十二届委员会常务委员会委员

白音巴特尔(蒙古族)　秦　义　斯钦巴特尔(蒙古族)　郑洪学
花　拉(女,蒙古族)　原晓东　刘长江　吉日嘎拉(蒙古族)
于俊峰

四、中共克旗第十三次代表大会

中共克旗第十三次代表大会于2006年7月25—26日在经棚镇召开,与会代表237人。

会议听取、讨论并审议通过了李欣华代表中共克旗第十二届委员会作的题为《站在新起点、实现新跨越、加快推进我旗全面建设小康社会进程》的工作报告和花拉作的纪律检查委员会工作报告。大会选举产生了中共克旗第十三届委员会和纪律检查委员会。

选举出中共克旗第十三届委员会委员39人,候补委员7人。

选举产生中共克旗第十三届纪律委员会委员15人,常委7人。

中共克旗第十三届委员会第一次会议选举出常务委员会、委员、书记、副书记,李欣华当选为书记。

中共克旗纪律检查委员会第一次会议选举出常务委员会委员书记、副书记,花拉当选为书记。

中共克旗第十三届委员会委员(按姓氏笔画排列)

马鹏飞　仁　钦(蒙古族)　王　利　王　禹(蒙古族)
王玉成　王立山　冯树鑫　包力朝鲁(蒙古族)
布　和(蒙古族)　田　烨　白音门德(蒙古族)　刘云国
刘长江　刘建华　刘明涛　吕振山　朱凤兰(女)　宋喜岭
张会永　张显忠　张鹏飞　李欣华(蒙古族)　杨宗仁
汪耳河(满族)肖凤金　花　拉(女,蒙古族)　陈树国　周春义
姜惠君　娜　仁(女,蒙古族)　段宝忠(蒙古族)
赵晓明(蒙古族)　钟青松　浩毕斯嘎拉图(蒙古族)　崔贵虎
斯钦巴特尔(蒙古族)　斯钦巴特尔(蒙古族)　董　岩(蒙古族)
赛西雅拉图(蒙古族)

中共克旗第十三届委员会候补委员(按得票多少排列)

郑清忠　袁洪涛　孙明宇　刘文玉　李景章　崔忠海
浩毕斯嘎拉图(蒙古族)

中共克旗第十三届委员会常务委员会委员

李欣华(蒙古族)　周春义　王立山　花拉(女,蒙古族)　汪耳河(满族)杨宗仁　白音门德(蒙古族)　冯树鑫　刘云国　马鹏飞　王　利

1991—2008 年中共克旗委书记名录

表 20－1－1

姓　名	性别	民　族	籍　贯	任　职　时　间
王洪勋	男	汉　族	林西县	1990 年 2 月 12 日至 1995 年 6 月 26 日
呼格吉图	男	蒙古族	阿鲁科尔沁旗	1995 年 6 月 26 日至 2000 年 5 月 25 日
白音巴特尔	男	蒙古族	巴林右旗	2000 年 5 月 25 日至 2003 年 2 月 14 日
秦　义	男	汉　族	红山区	2003 年 2 月 14 日至 2003 年 12 月 16 日
刘万华	男	汉　族	松山区	2003 年 12 月 16 日至 2006 年 1 月 23 日
李欣华	男	蒙古族	巴林左旗	2006 年 1 月 23 日至 2008 年 7 月 16 日
边中悦	男	蒙古族	喀喇沁旗	2008 年 7 月 16 日至 2008 年 12 月 31 日在任

1991—2008 年中共克旗委副书记名录

表 20－1－2

届次	姓　名	性别	民　族	籍　贯	任　职　时　间	备注
十届	高国芳	男	蒙古族	松山区	1990 年 11 月 13 日至 1995 年 5 月 23 日	—
	王愚夫	男	汉　族	克什克腾旗	1990 年 11 月 13 日至 1991 年 2 月 17 日	—
	斯日古楞	男	蒙古族	敖汉旗	1990 年 11 月 13 日至 1992 年 7 月 7 日	—
	姜福堂	男	汉　族	山东省德州	1991 年 3 月 9 日至 1993 年 4 月	挂职
	呼格吉图	男	蒙古族	阿鲁科尔沁旗	1992 年 7 月 7 日至 1995 年 6 月 26 日	—
	陈玉成	男	汉　族	克什克腾旗	1992 年 2 月 17 日至 1994 年 3 月 29 日	—
	王振祥	男	汉　族	克什克腾旗	1994 年 3 月 29 日至 2000 年 5 月 19 日	—
	吴明山	男	蒙古族	敖汉旗	1995 年 4 月 22 日至 1995 年 12 月 7 日	挂职
	张彦斌	男	蒙古族	巴林右旗	1995 年 5 月 23 日至 1995 年 12 月 7 日	—
十一届	孟庆林	男	汉　族	克什克腾旗	1995 年 12 月 7 日至 1999 年 3 月 23 日	—
	吴明山	男	蒙古族	敖汉旗	1995 年 12 月 7 日至 1997 年 8 月 1 日	挂职
	张彦斌	男	蒙古族	巴林右旗	1995 年 12 月 7 日至 1999 年	—
	斯琴毕力格	男	蒙古族	通辽市科尔沁左翼后旗	1996 年 4 月 21 日至 1998 年 5 月	挂职

续表 20－1－2

届次	姓　名	性别	民　族	籍　　贯	任　职　时　间	备注
十一届	巴　兰	女	蒙古族	克什克腾旗	1998 年 2 月至 2000 年 3 月 2 日	挂职
	斯钦巴特尔	男	蒙古族	克什克腾旗	1998 年 11 月 27 日至 2002 年 1 月 29 日	—
	白音巴特尔	男	蒙古族	巴林右旗	1999 年 4 月 30 日至 2000 年 5 月 25 日	—
	秦　义	男	汉　族	红山区	2000 年 5 月 19 日至 2000 年 12 月 18 日	—
	郑洪学	男	汉　族	克什克腾旗	2000 年 11 月 22 日至 2000 年 12 月 18 日	—
十二届	斯钦巴特尔	男	蒙古族	克什克腾旗	2000 年 12 月 8 日至 2002 年 1 月 29 日	—
	秦　义	男	汉　族	红山区	2000 年 12 月 18 日至 2003 年 2 月 14 日	—
	郑洪学	男	汉　族	克什克腾旗	2000 年 12 月 18 日至 2002 年 1 月 29 日	—
	汪　洋	男	蒙古族	巴林左旗	2002 年 1 月 29 日至 2003 年 12 月	—
	王立山	男	汉　族	克什克腾旗	2002 年 1 月 29 日至 2006 年 7 月 26 日	—
	杨树林	男	汉　族	呼和浩特市	2002 年 5 月 14 日至 2003 年 6 月	挂职
	李欣华	男	蒙古族	巴林左旗	2003 年 2 月 14 日至 2006 年 1 月 23 日	—
	花　拉	女	蒙古族	阿鲁科尔沁旗	2003 年 4 月至 2006 年 7 月 26 日	—
	于凤先	男	汉　族	松山区	2003 年 12 月 15 日至 2006 年 1 月 18 日	—
	周春义	男	汉　族	喀喇沁旗	2006 年 1 月 18 日至 2006 年 7 月 26 日	—
十三届	王立山	男	汉　族	克什克腾旗	2006 年 7 月 26 日至 2008 年 12 月 31 日	—
	花　拉	女	蒙古族	阿鲁科尔沁旗	2006 年 7 月 26 日至 2007 年 9 月 26 日	—
	周春义	男	汉　族	喀喇沁旗	2006 年 7 月 26 日至 2008 年 12 月 31 日	—
	包银山	男	蒙古族	呼和浩特市	2007 年 7 月至 2008 年 8 月	挂职

第二章　组织机构

第一节　全体委员会历次会议

一、十届全委会

1991 年 3 月 12—14 日，召开十届二次全委(扩大)会，传达江泽民、李鹏在中共十三届七中全会上的讲话，传达自治区党委五届三次全委(扩大)会议精神，旗委书记王洪勋作《坚定不移地坚持以经济建设为中心，为实现第二步战略目标而奋斗》的工作报告，研究和确定克旗第八个五年计划和未来十年经济发展和社会进步目标以及相应的工作措施，安排部署克旗 1991 年的重点工作。

会议确定克旗“八五”时期及未来十年的经济发展思路是农牧为主，多种经营，发挥资源优势，振兴地区经济。基本目标是重点抓好农业综合开发，实现粮食稳定自给，到二十世纪末，国民生产总值在1980年基础上翻两番半左右，人民生活基本达到小康水平。稳定和完善家庭联产承包制，开展农村牧区基本建设和生态环境建设，推进“1235”工程（即：农村人均建成1亩水浇高产稳产田，2亩旱作基本田；牧区建成30万亩基本草场，畜均达到1亩，其中建成5万亩水草林机料相配套的高产饲草饲料基地）。会议还就企业改革、发展、管理和销售提出意见。

1992年2月21—24日，召开十届三次全委（扩大）会，传达贯彻自治区党委五届四次全委（扩大）会议和市委二届三次全委（扩大）会议精神。旗委书记王洪勋作《以党的十三届八中全会精神为指针，把我旗农牧业和农村牧区工作提高到一个新水平》的工作报告，研究部署乡镇企业发展、计划生育、农田草原基本建设工作和完善统分结合的双层经营体制，稳定粮食和牲畜两大基础的具体措施。会上命名了旗级文明单位。

1993年2月24—26日，召开十届四次全委（扩大）会，传达自治区党委五届六次全委（扩大）会议和市委二届五次全委（扩大）会议精神，旗委书记王洪勋作《深入学习贯彻党的十四大精神，推动克旗经济上台阶、人民生活水平达小康》的工作报告，对农村牧区工作做出安排，就计划生育、乡镇企业、财贸流通工作做出安排。

会议提出强化农牧业基础，发展高产、优质、高效农牧业；继续大搞农田草原水利基本建设，改善农牧业生产条件；以农牧结合为突破口，调整农牧业结构；探索“一村一品”“一乡一业”的区域性专业化生产基地建设等工作，发展资源开发型经济，加快资源优势向经济优势的转换，放手发展个体私营经济，加快对外开放、外引内联和招商引资步伐，搞活流通，组建贸工农一体化、产加销一条龙服务体系。

1993年9月17—19日，召开十届五次全委（扩大）会，传达学习中共十四届三中全会精神，传达贯彻自治区党委、赤峰市委全委（扩大）会议精神。旗委书记王洪勋作工作报告，会上进一步确立了以经济建设为中心，以改革开放为动力，以资源优势为依托的发展战略和大力发展高产、优质、高效农牧业，大力发展乡镇企业和地方工业，大力发展第三产业的经济发展思路。

1994年3月7—8日，召开十届六次全委（扩大）会，旗委书记王洪勋作《贯彻落实党的十四届三中全会精神，加大改革力度，加快经济发展》的工作报告。重点部署深化农村牧区改革，建立和完善社会化服务体系，发展乡镇企业和第二产业，大力推广农牧结合，调整粮经草种植结构，深化企业改革，加强市场体系建设。

1994年11月1—2日，召开十届七次全委（扩大）会，传达中共十四届四中全会和自治区党委五届十次全委（扩大）会议精神，旗委书记王洪勋作《认真贯彻落实四中全会精神，进一步加强我旗党的建设》的工作报告。专题安排部署加强党的思想建设、组织建设和党风廉政建设。

二、十一届全委会

1995 年 12 月 8 日,召开十一届一次全委(扩大)会,主要审议《中共克旗委关于制定全旗国民经济和社会发展“九五”计划及 2010 年远景目标的建议》。旗委书记呼格吉图讲话,部署工作任务。主要是推行领导干部目标化管理,实施开放牵动战略,加大开放搞活力度,加快人才培养等。继续抓好农田草原水利基本建设,抓好粮食生产;加速推进农牧结合和种养结合工程;抓好饲料地建设;抓好造林绿化、市政建设;加快发展工业和旅游业;提高流通企业、乡镇企业、个体私营经济发展水平。

1997 年 1 月 8—10 日,召开十一届二次全委(扩大)会,旗委书记呼格吉图作《求真务实,开拓创新,建设开放文明富裕安定的新克旗》工作报告。兑现 1996 年各项工作责任状,对有突出贡献者予以表彰嘉奖,同时签订 1997 年工作责任状。

会议提出在三年内基本实现财政自给,全旗基本实现脱贫;今后三年,财政收入每年以 1000 万元以上的速度增长,农牧民人均纯收入和城镇居民人均生活费收入每年分别以 200 元、500 元的速度增长。以区域化布局,专业化生产,规模化经营,社会化服务推动农牧业产业化,重点培育主导产品的商品载体,商品基地载体,龙头企业加工载体和服务载体。集中力量发展第二产业,加快发展第三产业,培育新的经济增长点。

确定落实农区到 1999 年,基本实现“1315 工程”目标,即农民人均拥有 1 亩旱涝保收水平畦田,3 亩旱作水平梯田,1 亩覆膜、5 亩治理的荒山。牧区实现“五个一工程”目标,即每户拥有 100 亩优质打草场、10 亩饲料地、10 亩青贮地、1 处青贮窖、1 处塑料暖棚。林业造林要继续以每年 25 万亩、人均 1 亩林的速度增长、提出塑造开放、文明、富裕、安定克旗新形象,实施好思想、作风、道德、形象、窗口、文化、法制和基础设施八个建设工程。

1998 年 1 月 9—10 日,召开十二届三次全委(扩大)会,旗委书记呼格吉图作《解放思想,抓住机遇,开拓进取,把我旗的改革开放和经济建设推向新阶段》工作报告。确定按照资源转换、农牧为本、工业立旗、科教兴旗和开放牵动“五大战略”;提高第一产业,主攻第二产业,发展第三产业;打好扶贫开发、深化企业改革、水源建设三大攻坚战;搞好林业综合配套政策,培育和开拓新兴市场,改善经济发展环境。

1999 年 1 月 15—17 日,召开十二届四次全委(扩大)会,旗委书记呼格吉图作《抓难点、抓重点、抓新经济增长点,努力把我旗经济运行质量和效益提高到一个新水平》工作报告,表彰了 1998 年全旗各项工作实际考核突出者。明确立足优势,面向市场,实施农牧为本、生态立旗、科教兴旗、旅游活旗、工贸强旗战略。对水利建设和实施沙地治理、丘陵山区水土保持生态治理、水源涵养用材林、农田草原防护林四个百万亩工程,实施农牧业“种子工程”,开发黄岗铁矿、沙棘深加工系列产品、风水电能源、牛羊肉深加工四个支柱财源,以及推动小城镇建设等,作了安排部署。

2000 年 1 月 15—16 日,召开十一届五次全委(扩大)会,旗委书记呼格吉图作《以结构调整为根本，以改革开放为动力，举全旗之力开创我旗经济社会发展新局面》工作报告。表彰了1999年度干部实绩考核突出的单位和个人。会议重申克旗的发展思路，部署了2000年全旗经济工作。

2000年5月20日，召开十一届六次全委会，听取了关于出席赤峰市第四次党代会代表预选建议名单，确定中共克旗代表会议日程。

2000年9月20日，召开十一届七次全委会，传达贯彻中共赤峰市委四届二次全委会精神，通过《中共克旗委关于进一步加强抗灾救灾工作的决定》。旗委书记白音巴特尔作《统一思想，振奋精神，坚定信心，以抗灾救灾为中心推动各项工作再上新台阶》工作报告，审议通过中共克旗第十一届七次会议公报。会议强调必须坚定不移地树立农牧业基础地位不动摇的思想，大搞农田草原水利基本建设，大力推进农牧业生产方式的转变，大力实施“生态立旗”战略，坚定不移地搞好经济结构调整。会议对重点工作作出了部署。

2000年12月16日，召开十二届八次全委会。酝酿中共克旗第十二届委员会委员、候补委员，中共克旗纪委委员候选人预备人选名单，审议通过克旗第十二次党代会大会主席团名单，讨论修改中共克旗委向十二次党代会所作的工作报告。

三、十三届全委会

2001年4月26—27日，召开十二届二次全委(扩大)会，会议就旗委领导分管工作，分别做出说明，旗委书记白音巴特尔、旗长秦义、旗委副书记郑洪学、旗纪委书记花拉分别讲话。会议讨论通过了《中共克旗委、克旗人民政府关于对外开放开展全民招商的若干规定》，专题研究克旗二、三产业发展，继续着力实施好“工贸强旗”和“旅游活旗”战略，重点扶持发展绿色产品加工业、矿产开发业、洁净能源业、旅游业。逐步展开特色城镇建设。提出依托资源优势，构建从原材料、绿色食品加工、能源开发和生态旅游开发为主的产业发展体系的大格局；深化改革，引导企业不断开拓市场，增强经济发展活力；遵循中心集聚、点轴拓展原则，以经棚镇为中心，集通铁路、303国道、306国道为轴线，加快基础设施建设；设立扶持中小企业发展基金，对高新技术产业、优先发展行业给予金融支持。会议对十佳域外投资者给予表奖。

2003年2月26日，召开十二届五次全委(扩大)会。旗委书记秦义作《以十六大精神为指导，与时俱进，开创各项工作新局面》工作报告。通报了2002年全旗苏木乡镇、旗直机关实绩考核结果。

会议强调，要抓住西部大开发机遇，加强生态环境和基础设施建设，加强生态环境保护与恢复；围绕以牧为主、为牧而农、为养而种、发展草业；突出发展能源、矿产、绿色产品加工和旅游产品加工等产业，打造骨干工业体系；突出旅游业地位，实施板块效应、整体上水平、重点突破和唱响四季大旅游战略歌。

2005年1月13日，召开十二届七次全委(扩大)会，旗委书记刘万华作《抓住机遇，乘势而上,为进一步加快全旗经济社会发展而奋斗》工作报告。对2004年度全旗农牧业经济和工业经济工作中评选的先进单位和个人予以表奖。

提出了今后一个时期,克旗工业强旗、牧业大旗、旅游名旗建设上的具体措施。扎实推进农牧业产业化、工业化、城镇化建设;提高行政事业单位人员工资;继续坚持“为养而种、为牧而农”思路,调整粮精饲比例;发展行业协会之中介组织作用。会议部署了加强党风廉政建设、规范从政行为、提高精神文明建设、民主决策、强化监督,加强干部管理,争创“五星级文明旗县”和全国的旅游名旗等,做好全市两个文明建设经验交流会申办工作。

2006年2月18日,召开十二届九次全委(扩大)会。旗委书记李欣华作《与时俱进,开拓创新,努力在抢抓机遇中实现发展的新跨越》工作报告。

提出克旗“十一五”时期经济社会发展的目标和任务,以强旗富民、构建和谐社会为目标,全旗地区生产总值达到70亿元,年均增长30%;财政收入达到7亿元,年均增长32%;全社会固定资产投资突破350亿元;社会消费品零售总额达到18亿元,年均增长21%;农牧民人均纯收入年均增长12%,达到5000元;城镇居民人均可支配收入年均增长20%,达到15000元。

开展“生产发展、生活宽裕、乡风文明、村容整洁、管理民主”的社会主义新农村新牧区建设。构建覆盖城乡、涵盖居民最低生活保障、五保户供养、灾民救助、新型农村合作医疗、贫困人口医疗救助、升学救助以及残疾人保障七个方面的社会保障体系;实施“产业化扶贫”和“社会扶贫攻坚”,切实解决全旗3.2万人绝对贫困人口温饱问题,贫困人口发生率控制在5%以内。完成三条全长358公里二级油路改造工程;三条全长183公里县级三级油路新建工程;十五条782.5公里通乡和旅游公路油路改造工程。优化调整学校布局,合并经棚二中和经棚实验中学,撤并村级小学12所。到“十一五”期末,克旗完全小学由46所调整为17所,初级中学由15所调整为3所。完善医疗救助体系、疾病预防控制体系和卫生监督执法体系,构建突发公共卫生事件应急机制。提升旅游产业品质,建成国家AAAA级景区3个以上。广播、电视覆盖率分别达到98%和95%以上,有线电视联网村达到70个以上,通村率达到60%以上。建设百万只肉羊、10万头肉牛绿色肉食品生产基地。

继续实施“工业强旗”战略,立足资源、区位优势,以工业园区为载体,以重点项目为支撑,以招商引资为突破口,重点打造矿产业、能源业、重化工业、有色金属冶炼、农畜产品加工、旅游商品开发骨干工业体系。加快中心城镇经棚镇和热水、达来诺日次中心城镇开发建设。编制克旗旅游业总体开发建设规划。

对加强党的建设,开展“学习型、效能型、和谐型、节约型”机关创建活动,加强干部管理做出安排。

四、十三届全委会

2007 年 1 月 23 日，召开十三届二次全委(扩大)会。旗委书记李欣华作《凝心聚力，务实开拓，努力实现经济社会又好又快发展》工作报告。对年度工作实绩突出者予以表奖。

提出把建设“全市的工业强旗，全区的牧业大旗，全国的旅游名旗”为发展定位，发展生态经济，促进资源增值。把生态保护与建设放在首位，坚持“优先保护、积极治理、合理开发、集约利用”的原则，因地制宜，分类治理，充分利用好国家相关政策，争取建设项目，抓好生态建设工程。突出工业经济主导地位，集约开发矿产业，扶持中小企业。以经棚镇和热水开发区为重点，推进中心城镇、重点城镇和旅游集散中心建设，扩大克什克腾旗世界地质公园影响力，打造“坝上明珠—克什克腾旗”旅游品牌。

会议对加强党的建设提出了具体意见。

2008 年 3 月 5 日，召开十二届五次全委(扩大)会。旗委书记李欣华作《深入贯彻落实党的十七大精神，谱写全旗经济社会又好又快发展新篇章》工作报告。通报表奖 2007 年度全旗各苏木乡镇、旗直部门领导班子和领导干部实绩考核成绩突出的单位、个人。

会议重申“发展生态经济，促进资源增值”的工作总体思路和“全市的工业大旗，全区的牧业强旗，全国的旅游名旗”发展定位，采取切实有效的措施，按照开发大资源、打造大产业、建设大基地的思路，不断充实以冶金矿产业、能源、煤化工和农畜产品加工为支撑的大工业框架；发展现代畜牧业，打造绿色有机品质优良的畜产品品牌；加快旅游基础设施建设，规范旅游市场，建设中国北方著名旅游目的地。加快克旗作为蒙东地区重要的有色金属生产加工基地、能源基地、煤制气与化工基地和绿色食品加工基地建设。推进以改善民生为核心的社会建设，每年财政安排不少于 2000 万元的预算专项资金，用于农村牧区、弱势群体、社会事业、基础设施等建设。

第二节　常委会

一、十届旗委部分常委会

中共克旗委第十届委员会期间共召开常委会议 71 次，其中讨论研究具体重要事项的会议有：

1991 年 2 月 27 日，第六次常委会，王洪勋主持会议，高国芳、斯日古楞、刘子文、斯钦巴特尔、王殿荣出席。同意宣传部内设《克什克腾报》编辑部，设事业编制 3 名，由宣传部长兼任总编辑。

1991 年 3 月 21 日，第七次常委会，王洪勋主持会议，高国芳、斯日古楞、姜福堂、斯钦图、斯钦巴特尔、刘子文、王殿荣出席。自治区建设厅姜福堂到克旗挂职,任旗委常委、旗委副书记,分管农村工作和基层干部管理以及全旗农村社会主义教育活动。会议研究同意全旗社会治安综合治理办公室同政法委员会合属办公,定编3名,从政法系统解决。

1991年3月29日,第八次常委会,王洪勋主持会议,高国芳、王愚夫、斯日古楞、姜福堂、刘子文、斯钦巴特尔、巴根、王殿荣出席,汪永泽、董润生、汪耳河列席。研究决定政府序列设置32个委办局,对科级正职颁发任命书。同意团旗委内设少年工作委员会。

1991年5月4日,第十一次常委会,王洪勋主持会议,王愚夫、斯日古楞、斯钦图、刘子文、斯钦巴特尔、王殿荣出席,汪永泽、董润生、汪耳河列席。研究决定,设置旗委保密局,由中共克旗委、克旗人民政府共同管理,核定编制2名,为准科级单位。同意增加中共克旗委党史办编制1名。

1991年6月3—5日,第十二次常委会,王洪勋主持会议,高国芳、斯日古楞、姜福堂、刘子文、斯钦巴特尔、斯钦图出席,决定成立"黄岗梁铁矿开发领导小组",高国芳任组长,下设筹备处,孟庆林任筹备处负责人,主抓黄岗梁铁矿开发建设。自上而下建立四级领导计划生育工作网络。

1991年10月7日,第十五次常委会议,王洪勋主持会议,高国芳、王愚夫、斯日古楞、刘子文、斯钦巴特尔、斯钦图、巴根出席。决定10月11日召开表彰大会,表彰农行新开地营业所"4·20"事件有功人员,授予冯国林、黄占峰、汤继明等"模范职工"称号,发放奖金500元。研究旗志编纂工作,要充实力量,下限延伸到1990年末。

1991年10月17—18日,第十六次常委会,王洪勋主持会议,高国芳、王愚夫、斯日古楞、刘子文、斯钦图、王殿荣出席。决定,在11月,开展计划生育工作达标突击月活动,并设立计划生育基金。决定成立克什克腾报社,设事业编制7人,设社长、总编各1人。

1991年12月11日,第十八次常委会,王洪勋主持会议,高国芳、王愚夫、斯日古楞、姜福堂、斯钦巴特尔、王殿荣、刘子文、巴根出席。研究同意芝瑞乡、天合源乡、土城子镇、新井乡、广兴源乡、上头地乡、新开地乡、柳林乡、书声乡、三义乡、南店乡、昌义乡、新庙乡、达日罕苏木、热水塘镇、宇宙地乡等乡镇配备科技副乡长和计划生育副乡长。

1991年12月14日,第二十次常委会,王洪勋主持会议,高国芳、斯日古楞、刘子文、王殿荣出席。决定,在11个乡镇建立乡纪律检查委员会;旗里组建社会主义教育活动办公室,王殿荣兼任主任。

1992年1月13日,召开第二次常委会议,王洪勋主持会议,高国芳、王愚夫、斯日古楞、斯钦图、刘子文、斯钦巴特尔、王殿荣、巴根出席。研究克旗农牧林业科技进步具体政策性事项。

1992 年 3 月 4 日，第四次常委会议，王洪勋主持会议，高国芳、斯钦图、陈玉成、斯钦巴特尔、巴根出席。决定抽调人员组建社会主义教育活动工作队，以农口科局为主，深入农村牧区、企业开展社教工作，并增加计划生育宣传内容。

1992 年 3 月 24 日，第五次常委会议，王洪勋主持会议，高国芳、陈玉成、刘子文、王敬国、王殿荣出席。研究设立满洲里协作办事处，对外称贸易公司。

1992 年 3 月 26 日，第六次常委会议，王洪勋主持会议，高国芳、斯钦巴特尔、刘子文、巴根出席。决定筹建成立重点工程项目指挥部，孟庆林任总指挥。

1992 年 4 月 20 日，第八次常委会议，王洪勋主持会议，陈玉成、刘子文、巴根、王敬国出席。决定设立“满洲里克什克腾经贸公司”。

1992 年 5 月 4 日，第九次常委会议，王洪勋主持会议，斯日古楞、陈玉成、刘子文、斯钦巴特尔出席。决定旗精神文明建设办公室、旗委讲师团并入宣传部；旗委保密局、机要科并入旗委办公室；爱卫办并入卫生局；合并地方病防治办公室、防治痨病所；职工教育办公室并入旗教育局；项目协作办公室并入旗经济委员会；畜牧业现代化办公室并入旗畜牧业局。合并农牧业委员会、扶贫开发办公室。铁路建设办公室、克旗地质队、克旗给水办公室、克旗房产管理所、城建设计室、旗属各国营林场转为企业化管理，与财政脱钩。从事业单位分离旗属良种场、旗属种子公司、旗属果园。重新核定农牧林水主管局编制。会议决定，刘文章任中共克旗委常委、宣传部长。

1992 年 6 月 6 日，第十一次常委会，王洪勋主持会议，高国芳、陈玉成、刘子文、巴根、斯钦巴特尔、刘文章出席。讨论研究通过旗机构改革方案。决定成立克旗地方铁路建设服务公司；将地方病防治办公室并入旗防疫站改归卫生局管理。

1992 年 10 月 27—29 日，第十八次常委(扩大)会议，王洪勋主持会议，高国芳、呼格吉图、刘子文、斯钦巴特尔、刘文章、巴根出席。结合贯彻落实中共十四大精神，讨论提出，农牧林水搞实体，建服务中心。调整农牧业结构，搞农牧结合，建设生态经济沟，建设“农牧林”结合的大农业；农业要调品种，变粮食、经济作物“二元”结构为粮食、经济作物、饲料作物“三元”结构；畜牧业主攻草业开发，发展农牧结合户，逐步实现半舍饲到舍饲。允许党政机关事业单位办实体，实体运行后逐渐和单位脱钩；机关开展定岗、定编、定人员“三定”工作。

1992 年 12 月 22 日，第二十次常委会，王洪勋主持会议，高国芳、陈玉成、呼格吉图、刘子文、斯钦图、斯钦巴特尔、刘文章、巴根出席。就全旗乡镇企业发展提出意见：在产业重点、布局上，不提具体项目；原则要求扩建一批、改建一批、新上一批，在测算清数据后制订奖励政策；农牧结合不搞按耕地亩数征收农牧结合基金。

1993 年 4 月 19 日，第六次常委会，会议由王洪勋主持，高国芳、陈玉成、呼格吉图、斯钦图、刘子文、斯钦巴特尔、刘文章、巴根出席。决定成立克旗民贸开发总公司，高国芳任董事会董事长。黄岗铁矿内设机构提升为准科级。

1993年5月22日,第七次常委会,高国芳主持会议,陈玉成、呼格吉图、刘子文、斯钦巴特尔、刘文章、巴根出席。决定成立旗达小康竞赛活动办公室;确定16名旗级领导在苏木乡镇村嘎查建立达小康联系点。

1993年7月16日,第八次常委会,王洪勋主持会议,高国芳、呼格吉图、陈玉成、斯钦巴特尔、刘子文出席。结合传达中央机构改革方案及实施意见,决定全旗党政机关人员暂时停止人员调动。

1993年10月15日,第十次常委会,王洪勋主持会议,高国芳、呼格吉图、刘子文、斯钦巴特尔、刘文章出席。指出,按照中共赤峰市委要求,中共克旗委常委由9人增至11人,增加人大主任和主管经济副旗长为旗委常委;人民代表大会换届后,旗人大常委会领导职数设定为5人,政协克旗委员会领导职数设定为7人,年龄须能干满一届,人大副主任非党干部至少1人,政协副主席非党干部须多于中共党员干部。旗人大换届选举与机构改革同步进行,旗党委设办公室,组、宣、统战三部和政法委员会;政府设置13个委办局,公安局党政一把手分别配置,其余科级单位领导配置为一正一副,个别工作量的大单位可配制一正两副。

1993年10月27—28日,第十一次常委会,王洪勋主持会议,高国芳、陈玉成、呼格吉图、斯钦巴特尔、刘文章出席。研究通过《克旗机构改革方案》,同意党政机构设置为:中共克旗委设办公室、组织部、宣传部、统战部、政法委、政研室。旗人民政府设办公室、计划与经济局、农牧委、教育与科技局、公安局、民政局、财政局、人事劳动局、卫生局、计划生育局、工商局、审计局、统计局、城建局、土地局、司法局、民族事务局、文化体育局、交通局。旗纪检委与旗监察局合署办公,下设7个科室为副科级;武装部为准县团级,内设3个科室。群众团体设旗总工会、团旗委、旗妇联。旗乡镇企业局、旗广播电视局、旗计量局、旗供销社设为事业单位;旗农牧林水机各管理局转为事业科局,成立服务中心;撤销旗档案局,业务交旗档案馆。科局级调研员改称主任、副主任科员。

1993年11月24日,第十二次常委会,王洪勋主持会议,高国芳、呼格吉图、陈玉成、斯钦巴特尔、刘子文、刘文章、汪耳河、巴根出席。决定整建制转为企业的单位不实行假退;符合年龄条件的干部一次性办理退休手续,由财政包管;旗直属党政机关男55周岁、女50周岁实行假退;事业单位符合年龄条件退二线;转为实体的(商业、粮食、物资、二轻等),符合年龄条件占行政编制干部自愿申请退休可以经批准退休,由财政负责退休金。

1994年5月6日,第七次常委会,王洪勋主持会议,高国芳、呼格吉图、王振祥、刘子文、孟繁有、斯钦巴特尔、汪耳河、刘文章出席。决定苏木乡镇配备计划生育专职副乡镇长(苏木达)和综合治理专职副书记。

1994年8月13日,第九次常委会,会议由王洪勋主持,高国芳、呼格吉图、王振祥、孟繁有、汪耳河出席。研究部署团旗委、少年工作委员会、旗工商业联合会换届工作。

二、十一届旗委部分常委会

中共克旗委第十一届委员会期间共召开常委会议(包括常委扩大会议)78 次,其中讨论研究具体重要事项的会议有:

1996 年 3 月 16 日,第六次常委会,呼格吉图主持会议,张彦斌、王振祥、孟庆林、刘文章、常桂英、郑洪学出席,宋喜岭列席。决定成立克旗建筑建材集团总公司,下设建材、建筑装潢、石材开发、铁路服务 4 个公司,对克旗工程总承包;成立克旗建工建材局,为事业单位,原属城建局的监工设计、质量检查等建工股站划属建工建材局。单位挂“集团总公司”和“建工建材局”两块牌子;成立克旗建筑工程招标投标管理委员会,孟繁有任主任。

1996 年 5 月 1 日,第八次常委会,呼格吉图主持会议,张彦斌、王振祥、孟庆林、孟繁有、刘文章、常桂英、郑洪学出席,宋喜岭列席。讨论通过供销系统、水电系统改革方案,讨论了草牧场有偿使用、个体私营经济发展若干问题决定、加强农村牧区社会养老保险工作等。会议决定,在克旗全面实行草牧场有偿使用;组建农村牧区社会养老保险局(准科)、林业开发总公司(正科)、华联公司(正科)、农业开发办公室(正科);环保局与城建分离;现代办与亚行办合并(正科);自来水公司、大局子林场、黄岗梁林场、白音敖包林场、桦木沟林场、白音敖包防火站、喜鹊沟家畜胚胎移植中心、人才交流中心、旗公路段、经棚工商所 10 个企业管理单位升格为准科级事业单位。

1996 年 8 月 17 日,第十二次常委会,呼格吉图主持会议,张彦斌、王振祥、孟庆林、斯钦巴特尔、刘文章、常桂英、郑洪学、于慎法出席。决定成立勘界领导小组,张彦斌任组长。凡乡级所在地的乡企、个体私营企业者、民办教师及国营农牧林渔场常住人口,使用蓝印户口。

1996 年 12 月 21 日,第十八次常委会,呼格吉图主持会议,张彦斌、王振祥、吴明山、斯琴毕力格、斯钦巴特、刘文章、常桂英、郑洪学出席。决定对旗属部委办班子进行调整,计涉及 49 人。

1997 年 3 月 26 日,第二十一次常委会,呼格吉图主持会议,张彦斌、王振祥、孟庆林、斯琴毕力格、斯钦巴特尔、刘文章、常桂英、郑洪学、于慎法出席。决定,成立畜牧项目办公室;建立开发区,扩招城市户口,预计经棚镇由 2.5 万人扩招到 5 万人。通过《克旗宜农土地开发及草场更新的暂行规定》,养畜户标准定位 20 个羊单位,牧区无畜户可以在苏木、镇统一规划下适当多开垦粮料地。

1997 年 4 月 25 日,第二十二次常委会,呼格吉图主持会议,张彦斌、王振祥、孟庆林、刘文章、常桂英、郑洪学、于慎法出席。专题研究畜牧业发展之计:走与产业化相联系路子,科学养畜、建设养畜,发展主导畜种,初步认定西门塔尔牛、澳美绵羊、阿尔巴斯绒山羊为主要发展品种,以喜鹊沟胚胎移植中心、白音敖包奶粉厂为龙头,建设旗乡村三级畜牧业服务实体群。

1997年6月6—7日,第二十三次常委会,呼格吉图主持会议,张彦斌、王振祥、孟庆林、刘文章、常桂英、郑洪学出席。确定全旗畜牧业应以“种子工程”为中心,以绵羊澳美导血为重点,改良防疫、生产服务、产业化同步推进,确定开展草牧场所有权、使用权有偿使用试点。

1997年11月16—17日,第二十九次常委会,呼格吉图主持会议,张彦斌、孟庆林、斯钦巴特、刘文章、郑洪学出席。就草牧场有偿使用作出政策规定:使用承包年限为30年,有偿使用草场人畜计算比重为人六畜四,界定时限为1996年末人口数、1997年6月末牲畜数;草场类别判定一般依据1997年产草量或1995—1997年3年年均产草量判定;承包方式原则上是一、二类草场均摊,已建草库仑草场划给建设人,超出部分使用权仍可划配建设人使用,提高收费标准,已经形成的建设项目控制区,留作公用;饲料地分配标准一般为人均5亩和畜均20亩;承包草场内开发的饲料地不允许出租;非牧业人口养畜,可租用部分草牧场。

1997年12月11日,第三十一次常委会,呼格吉图主持会议,张彦斌、孟庆林、斯琴毕力格、斯钦巴特尔、刘文章、常桂英、郑洪学、于慎法出席。审议克旗林业综合配套改革方案,决定成立林业局,下设“森林产业开发总公司”和“林业服务中心”。

1998年3月2日,第三十五次常委会,呼格吉图主持会议,张彦斌、王振祥、孟庆林、斯琴毕力格、斯钦巴特尔、刘文章、常桂英、郑洪学、于慎法出席。研究苏木乡镇、旗直局委办班子调整,共调整102人。同意撤销克旗政法系统党委,建立克旗公安系统党委;克旗人民法院、克旗人民检察院、中共克旗政法委党务工作归克旗直属机关党工委管理,克旗司法局党务工作归克旗人民政府系统党委管理。

1998年5月3日,三十九次常委会,呼格吉图主持会议,张彦斌、王振祥、斯琴毕力格、斯钦巴特尔、常桂英、郑洪学、于慎法出席。会议研究调整苏木乡镇和旗直委办局班子组成人员,共调整61人。

1998年11月27日,第四十七次常委会,会议由呼格吉图主持,张彦斌、王振祥、孟庆林、常桂英、郑洪学、秦义、花拉、白斯古楞出席。宣布中共赤峰市委关于中共克旗委领导人事调整的决定,斯钦巴特尔任中共克旗委副书记,秦义、程俊孝任中共克旗委常委,花拉任中共克旗委委员、常委、纪委书记,白斯古楞任中共克旗委委员、常委。研究调整苏木乡镇党委换届人事安排及旗直委办局班子人事安排,共调整191人。

1998年12月2日,第四十八次常委(扩大)会,呼格吉图主持会议,张彦斌、王振祥、孟庆林、斯钦巴特尔、巴兰、郑洪学、程俊孝出席。指出要大力实施农牧为本,生态立旗、科教兴旗、旅游活旗、工贸强旗发展战略,加强基础建设,改善农牧林生产条件;推进农牧林产业化、市场化建设,促进农林牧区商品经济发展;加强小城镇建设,繁荣城乡市场,提高克旗城镇化水平;加快资源转化,培植支柱财源;加快旅游开发,发展地方特色旅游业。

1999年3月23日，第五十三次常委会，呼格吉图主持会议，张彦斌、斯钦巴特尔、巴兰、郑洪学、秦义、程俊孝、白斯古楞出席。重点研究：加强牧区基础建设，改良、推广种畜品种，开拓农畜产品市场，抗灾保畜，稳定牧区经济发展。加快达里、热水和黄岗梁地区的基础设施建设，着力推动水电和旅游业、乡镇企业、绿色产业发展。强调，要集中力量培育畜产品尤其是牛羊肉为龙头的绿色产业、以黄岗为龙头的矿产业、以热水为龙头的特色旅游产业、以风电为龙头的电产业等四大主导产业。要在种子工程、牲畜改良，畜牧业基础建设，草业产业化，小麦基地、人均水浇地、点种覆膜地等建设上实现突破。

1999年5月28日，第五十四次常委(扩大)会，呼格吉图主持会议，白音巴特尔、斯钦巴特尔、郑洪学、秦义、于慎法、程俊孝、花拉、白斯古楞出席。会议要求，继续开展好农田水利建设、生态建设、草原基础建设三大会战，搞好生态建设示范旗规划，尽快建成绿色食品基地旗。

1999年11月14日，第五十九次常委会，呼格吉图主持会议，白音巴特尔、王振祥、斯钦巴特尔、巴兰、郑洪学、秦义、程俊孝出席。研究决定撤销水利电力水产管理局，组建克旗农电局和克旗水利服务中心，旗水利服务中心挂旗水利局牌子，组建小水电公司、水产公司，实行独立法人治理，归口水利服务中心管理；组建克旗农电党总支和克旗水利系统党委。组建经棚种业有限责任公司，成立绿色食品建设领导小组。会议讨论通过“克旗下岗职工基本生活保障金筹集办法”。

2000年3月23日，第六十六次常委会，呼格吉图主持会议，白音巴特尔、王振祥、斯钦巴特尔、巴兰、程俊孝、花拉出席。讨论通过与集通铁路有限责任公司合作开发黄岗矿区工作方案，决定在税收收入预算级次归属克旗本级条件下，同意由集通铁路有限责任公司独资经营。

2000年8月2日，第七十二次常委会，白音巴特尔主持会议，秦义、斯钦巴特尔、郑洪学、程俊孝、花拉、白斯古楞出席。研究决定，设立旗委参事室，机构设在旗委办公室，由旗委政研室协理日常工作，初期聘请19位离退休人员为参事。

三、十二届旗委部分常委会

中共克旗委第十二届委员会期间共召开常委会议(包括常委扩大会议)72次，其中讨论研究具体重要事项的会议有：

2001年3月6日，第三次常委会，白音巴特尔主持会议，秦义、斯钦巴特尔、花拉、汪洋、原晓东、刘长江、吉日嘎拉出席。讨论好鲁库场乡合一相关遗留问题，初步议定，明确场乡界限，算清场乡账目，核定分流人员，分级负责。离退休人员按体制纳入社会保障，下岗职工退职还牧，按职工身份一次性进行补偿；企业实行股份制经营。拖欠职工工资，金峰公司可参照债权转股权和草牧场所有权、使用权有偿使用政策办法，通过国有土地有偿使用费抵换解决。

2001年4月17日,第五次常委会,白音巴特尔主持会议,秦义、郑洪学、花拉、汪洋、原晓东、刘长江、吉日嘎拉、于俊峰出席。研究调整党政部委办局人事任免:1950年12月以前出生和个人提出申请的一律改任非领导职务,计86人改任非领导职务;研究决定,提拔使用112人任领导职务。撤销旗工业局、旗建工建材局,撤销克旗驻呼、驻京办事处,克什克腾报社并入克旗广播电视局。

2001年4月24日,第六次常委会,白音巴特尔主持会议,秦义、斯钦巴特尔、郑洪学、花拉、原晓东、刘长江、吉日嘎拉、于俊峰出席。提出,旗域经济向大工业方向发展,鼓励优势行业产业发展,旗域经济以私营为主;深化改革,完善市场机制,出台优惠政策,促进二、三产业发展。讨论修改《中共克旗委克旗人民政府关于扩大开放,开展全民招商的若干意见》,去掉引资奖励上限,确定奖励标准。

2001年5月28日,第七次常委会,白音巴特尔主持会议,秦义、斯钦巴特尔、花拉、汪洋、刘长江、吉日嘎拉出席。审议通过克旗撤乡并镇工作方案,决定撤销天合园乡建制,整体并入木希嘎乡,更名为同兴镇,镇政府驻地设在同兴号;撤销天盛号乡建制,整体并入广兴源乡,建广兴源镇;撤销昌义乡建制,整体并入芝瑞乡,建芝瑞镇;撤销柳林乡建制,整体并入万合永乡,建万合永镇,镇政府驻地设在老烧锅;撤销上头地乡建制,水头村、上头地村、下头地村并入南店乡,改建为南店镇,镇政府驻地暂设在任家大院,原上头地乡杨树林子村划入新开地乡,乌兰哈吉盖村划入书声乡;撤销热水塘镇建制,其区划范围整体并入宇宙地镇,镇政府驻地为宇宙地。热水塘镇区(面积约1.2平方公里)划定为疗养旅游开发区;原宇宙地乡永隆村划入同兴镇;撤销河南店乡建制,整体并入经棚镇;撤销阿其乌拉苏木建制,整体并入达日罕乌拉苏木。组建乌兰布统乡,同时划入红山子乡小红山子村民组,乡政府驻地暂驻原址不动,在红山军马场所在地建旅游开发区。同意建设经棚广场、经棚镇中心市场、经棚步行街。

2001年8月13日,第八次常委会,白音巴特尔主持会议,秦义、斯钦巴特尔、花拉、汪洋、原晓东、吉日嘎拉、于俊峰出席。审议通过《关于撤乡并镇选配领导干部工作的实施意见》《关于撤乡并镇选配苏木乡镇副职领导干部的实施办法》《苏木乡镇副科级领导干部考试工作方案》《关于调整部分党组织设置及处置不合格党员的建议》《关于调整苏木乡镇党委设置的意见》等文件,研究确定,撤销好鲁库种羊场,实行全面转换经营体制,在股权设置上赤峰市畜牧局不占股权,重新分配生产资料。派出审计组对种羊场历史财务问题进行清查。研究撤乡并镇后健全基层人武部机构,视乡镇规模,配备专职武装部长和专职人民武装部干部及待遇。通报乌达线公路建设特许权转让情况,自治区计委下设创建集团以BOT方式对乌达线进行建设,并与克旗签订补充协议,地方政府对公路建设进行补偿,对资金不申请拥有股权、债权;乌达线运行期为30年,期满后无偿交还克旗。决定,撤销商贸、工业、二轻、建工建材、粮油五个系统党委及所属企业16个党组织,同时成立中共克旗直属机关工作委员会,成立克旗商贸公司党总支、克旗粮油公司党总支。克旗粮油总公司、克旗粮油工业公司、克旗粮油贸易公司、克旗饲料公司、克旗粮贸开发公司、克旗离退休老干部党组织建设交由中共克旗直属机关工作委员会直接管理；原属工业系统党委、二轻系统党委、建工建材系统党委的转制为民有民营企业的12个企业党组织分别划归属地乡镇党委管理。

2001年8月21日，第十次常委会，白音巴特尔主持会议，秦义、斯钦巴特尔、郑洪学、花拉、原晓东、吉日嘎拉、于俊峰、汪洋出席。研究撤乡并镇后人事安排，全旗苏木乡镇和旗直机关计任免、调整人员240人。

2001年9月10日，第十一次常委会，白音巴特尔主持会议，秦义、郑洪学、汪洋、原晓东、吉日嘎拉出席。讨论通过设立热水温泉疗养旅游开发区及运行方案；决定热水温泉疗养旅游开发区管理委员会为旗人民政府派出机构，为行政正科级单位，人员为旗直编制，代表旗人民政府对辖区行使管理职能，不涉及农村事务，农民由宇宙地镇管理；开发区仅建供水公司，不办企业，设立财税、工商、派出所、医院等办事服务机构；开发区管理委员会设党总支，隶属克旗人民政府机关党委，党总支内建党支部，总支书记、总支委员均作兼职；开发区可建共青团组织。决定克旗矿产管理局与克旗土地管理局合署办公。

2001年12月22日，第十五次常委会，白音巴特尔主持会议，秦义、斯钦巴特尔、花拉、汪洋、原晓东、吉日嘎拉、于俊峰出席。传达中共内蒙古自治区第七次党代会精神，推进经济结构调整，推动思想观念、经济增长方式转变与改革、开放和科技进步等；实施生态建设、基础设施建设、工业化建设等工程。讨论通过克旗信访工作有关制度规定（领导包案责任制、信访工作领导接待日制度和信访工作谁分管谁负责制度等）。

2002年2月6日，第十六次常委会，白音巴特尔主持会议，秦义、汪洋、王立山、花拉、原晓东、刘长江、汪耳河、陈生、刘建华出席。通报通过旗委常委任职和分工，根据中共赤峰市委决定，汪洋任中共克旗委副书记，王立山、汪耳河任中共克旗委常委；陈生任中共克旗委常委、组织部部长；刘建华任中共克旗委常委、宣传部部长。

2002年3月17日，第十九次常委会，白音巴特尔主持会议，秦义、汪洋、王立山、花拉、刘长江、汪耳河、陈生、刘建华出席。讨论通过克旗旗直机关机构改革实施意见：党委设工作部门7个，即纪律检查委员会（与监察局合署办公），旗委办公室（承担政研室职能，撤销政研室），组织部（与旗直工委合署办公，并入干部考核办公室），宣传部（挂对外宣传办公室、精神文明建设办公室牌子），统战部（与克旗工商业联合会合署办公），中共克旗政法工作委员会（与综合治理委员会、610办公室合署办公），克旗编制委员会办公室挂克旗事业单位登记管理局牌子，克旗老干部局划归组织部管理。旗人民政府设职能部门23个，议事协调机构3个。

2002年4月16日，第二十一次常委会，白音巴特尔主持会议，秦义、汪洋、王立山、花拉、原晓东、汪耳河、陈生、刘建华出席。讨论通过旗直党政机关人员定岗分流实施意见。定岗人员范围与定岗方式:已完成公务员过渡的单位,竞争上岗只在具有公务员身份的人员中进行。新组建行政机关,竞争上岗要在原有相应职能事业单位中具有国家干部身份及 1994 年 4 月 5 日前在编在岗以工代干人员中进行。未进行公务员过渡的单位合并到已过渡公务员单位的,未进行公务员过渡单位的具有国家干部身份及 1994 年 4 月 5 日前在编在岗以工代干人员与已过渡公务员单位的具有公务员身份的人员享有平等竞争的权力。苏木乡镇行政岗位人员套用旗直单位机构改革政策,旗委组织部以《关于进一步推进乡镇机构改革的实施意见》予以确认。

2002 年 4 月 28 日,第二十二次常委会,白音巴特尔主持会议,秦义、汪洋、王立山、花拉、原晓东、刘长江、汪耳河、陈生、刘建华出席。讨论通过人事任免事项。调整旗直机关和部分乡镇领导班子人员,计涉及 210 人。研究机构调整和岗位设置事项,旗粮食局并入旗经济贸易局;旗安全生产委员会办公室正职兼任经贸局副职;旗老龄工作委员会并入旗民政局,正职由副局长兼任;民族宗教局局长由旗民族工作委员会副主任兼任;旗农业局、农机服务中心正职兼任畜牧业局副局长,机构具有独立性,行政职能由畜牧业局行使;原劳动就业局和社会保险局改建为正科级社会保障事业中心和就业事业中心,正职由人事劳动社会保障局副局长兼任,领导职数一正二副;组建旗广电事业局、文化事业局、体育事业局为正科级事业单位。以旅游文化体育局名义对外行使行政职能;挂靠旗财政局组建农牧业产业化办公室,与农牧业开发办公室合署办公,不占领导职数,内设乡镇企业局、现代化办公室,正职按副科管理。

2002 年 6 月 13 日,第二十三次常委会,白音巴特尔主持会议,秦义、汪洋、王立山、杨树林、花拉、原晓东、汪耳河、陈生、刘建华出席。决定成立解决好鲁库种羊场遗留问题领导小组,由旗委常委、副旗长汪耳河牵头工作;成立黄岗矿业公司武装部和农电局民兵应急分队。

2002 年 8 月 27 日,第二十四次常委会,白音巴特尔主持会议,秦义、汪洋、王立山、花拉、刘长江、汪耳河、刘建华出席。讨论通过好鲁库种羊场转制方案和克旗草畜平衡工作实施方案,用“以草定畜”办法解决牲畜数量过快增长问题。讨论通过克旗生态监察工作管理办法,决定建立生态监察大队,机构为行政正科级,每个苏木乡镇配备监察人员 1 人,每个村、嘎查配备监管人员 1 人。

2002 年 10 月 14 日,第二十八次常委会,白音巴特尔主持会议,秦义、汪洋、王立山、花拉、刘长江、汪耳河、陈生、刘建华出席。讨论研究乌兰布统开发区管理体制等事项,决定把乌兰布统乡、红山子乡、红山军马场临近或局部区域宜于旅游开发的地区纳入开发区,建立开发区管理委员会作为旗人民政府派出机构行使行政和社会事业管理职能。讨论通过苏木乡镇换届人事安排方案。

2002 年 11 月 4 日,第二十九次常委会,白音巴特尔主持会议,汪洋、王立山、花拉、汪耳河、陈生、刘建华出席。讨论通过出席内蒙古自治区第十届人大代表候选人,秦义、达木仁、白桂敏三人为候选人。

2003 年 1 月 3 日，第三十次常委会，白音巴特尔主持会议，秦义、汪洋、王立山、杨树林、花拉、刘长江、汪耳河、陈生、刘建华出席。讨论通过《关于进一步做好下岗失业人员再就业工作的实施意见》《克什克腾旗撤并嘎查村工作实施方案》《克什克腾旗关于党政机关人员停职领办创办企业或从事个体私营经济的具体实施办法》《中共克旗委 克旗人民政府关于改善投资环境的实施细则》等政策性文件。决定全旗各嘎查村不再设计划生育主任，改设计划生育专职干部，实行“乡聘乡管村用”。

2003 年 2 月 16 日，第三十一次常委会，秦义主持会议，李欣华、汪洋、王立山、花拉、刘长江、汪耳河、陈生、刘建华出席。通过李欣华任旗人民政府党组书记任命，李欣华主持旗人民政府工作。

2003 年 5 月 8 日，第三十六次常委会，秦义主持会议，李欣华、汪洋、王立山、花拉、刘长江、汪耳河、刘建华、杨宗仁、白音门德出席。专题研究防止非典型性肺炎工作，听取克旗防止非典型性肺炎指挥部的工作汇报，部署“防治非典”工作：要求党员干部对“防治非典”工作超前认识，坚持依靠科学、沉着应对，细化“防非”预案，不惜一切代价做好工作。

2003 年 5 月 24 日，第三十七次常委会，秦义主持会议，李欣华、汪洋、王立山、花拉、刘长江、汪耳河、刘建华、杨宗仁、白音门德出席。讨论研究农村牧区经济工作：坚持调整农牧业结构，推动订单农业，力争有所突破；农牧业产业化上，选出育肥羊、育肥牛、肉用种羊、脱毒马铃薯、山杏、肉鸡和獭兔七项产业作专项推进；决定设立乌兰布统开发区和热水开发区党委，隶属旗直属机关工作委员会管理；设立克什克腾国家地质公园管委会，办公地点设在国土资源局；合并经棚第二小学和经棚总校，由旗教育局直管；旗劳动和社会保障局保持原编制序列不变，由旗人事与劳动社会保障局授权行使权力。

2003 年 9 月 15 日，第三十八次常委会，秦义主持会议，李欣华、汪洋、王立山、花拉、汪耳河、杨宗仁、白音门德出席。听取内蒙古黄岗矿业有限公司重组工作和风电资源开发工作情况汇报，同意与包钢集团合作开发黄岗矿业；决定规划达里风场和塞罕坝风场两大风场。

2003 年 10 月 20 日，第三十九次常委会，秦义主持会议，李欣华、汪洋、王立山、花拉、刘长江、汪耳河、杨宗仁、白音门德出席。讨论通过《中共克旗委后备干部管理办法》《中共克旗委关于全旗中小学教育管理与监督意见》。

2004 年 2 月 19 日，第四十三次常委会，刘万华主持会议，李欣华、王立山、花拉、于凤先、汪耳河、杨宗仁、冯树鑫、刘云国、浩毕斯嘎拉图出席。讨论通过《克旗人民政府机构改革方案》，根据市里要求决定，设置旗行政审批办公室和采购中心。

2004 年 4 月 15 日，第四十五次常委会，刘万华主持会议，李欣华、王立山、花拉、于凤先、汪耳河、杨宗仁、冯树鑫、刘云国、浩毕斯嘎拉图出席。提出落实好草业开发有关规划,养畜重点放在肉羊上。讨论克旗水电开发公司转制问题。决定乌兰布统开发区和乌兰布统乡合并。

2005 年 1 月 4 日,第五十三次常委会,刘万华主持会议,李欣华、王立山、花拉、汪耳河、杨宗仁、白音门德、冯树鑫、刘云国、浩毕斯嘎拉图出席会议。讨论落实《关于国家机关事业单位工作人员开始全额发放福利补贴的通知》,按照有关政策要求,月发放福利补贴 160 元/人,扣除兑现部分,在职人员每人补发 130 元,离休人员每人补发 100 元。

2005 年 2 月 3 日,第五十四次常委会,刘万华主持会议,李欣华、王立山、花拉、于凤先、汪耳河、杨宗仁、冯树鑫、刘云国、浩毕斯嘎拉图出席。讨论通过全旗保持共产党员先进性教育活动组织机构和实施方案。

2005 年 4 月 11 日,第五十五次常委会,刘万华主持会议,李欣华、王立山、花拉、于凤先、汪耳河、杨宗仁、白音门德、冯树鑫、刘云国、浩毕斯嘎拉图出席。听取黄岗梁铁矿股份结构调整,教育"两基"达标攻坚工作,经棚镇北扩,旅游规划、建设与管理等工作开展情况汇报,决定成立专门工作组与旗农电创建集团协商,解决阿斯哈图景区门票收取、管理等问题,政府收回阿斯哈图景区资源使用权,成立阿斯哈图管委会;热水和乌兰布统两个开发区使用管委会名称。

2005 年 8 月 16 日,第五十六次常委会,刘万华主持会议,李欣华、于凤先、汪耳河、杨宗仁、冯树鑫、浩毕斯嘎拉图出席。研究成立撤并苏木乡镇事宜,初步议定:成立工作领导小组,年底完成准备,9 月 10 日前上报方案,按保留 10 ~ 12 个苏木乡镇区划研究论证。

2005 年 9 月 8 日,第五十七次常委会,刘万华主持会议,李欣华、花拉、于凤先、汪耳河、杨宗仁、冯树鑫、浩毕斯嘎拉图出席。专题讨论《克什克腾旗苏木乡镇机构改革方案》,确定原 20 个苏木乡镇撤并为 12 个苏木乡镇;经棚镇、土城子镇、达来诺日镇、宇宙地镇 4 镇为中心镇。

2005 年 11 月 22—23 日,第五十八次常委会,刘万华主持会议,李欣华、王立山、花拉、于凤先、杨宗仁、白音门德、冯树鑫、刘云国、浩毕斯嘎拉图出席。讨论《克什克腾旗国民经济和社会发展"十一五"规划纲要》(征求意见稿),提出"生态立旗",要体现京津地区重要的生态屏障地位;以"全市的工业强旗、全区的牧业大旗、全国的旅游名旗"为发展定位,继续实施"生态立旗、工业强旗、牧业富旗、旅游活旗、科教兴旗"发展战略,大力推进农牧业产业化、工业化、城镇化进程,突出抓好矿业、能源、煤化工、旅游等重点产业,积极发展各项社会事业,促进全旗经济快速健康发展和社会全面进步。听取赤峰旅游发展有限责任公司组建情况,公司在克旗注册,税费属地缴纳。听取全旗苏木乡镇机构改革情况,再确定苏木乡镇撤并为 11 个。

2005 年 12 月 22 日,第六十次常委会,刘万华主持会议,李欣华、王立山、花拉、于凤先、汪耳河、杨宗仁、白音门德、冯树鑫、刘云国、浩毕斯嘎拉图出席。讨论研究《中共克旗委关于苏木乡镇机构改革期间科级领导班子组建及干部调整安置的实施意见》(讨论稿)、《中共克旗委、克旗人民政府关于克什克腾旗苏木乡镇机构改革党政机关人员定岗分流实施意见》(讨论稿)、《中共克旗委、克旗人民政府关于克什克腾旗苏木乡镇机构改革事业单位工作人员和机关工勤人员定岗及分流安置实施意见》(讨论稿)等文件。

出台分流人员办法:截至2005年12月31日,工作年满30年的,或距退休年龄不足但工作年满20年的,58周岁的国家公务员(党群工作者),本人自愿,经所在单位同意,可提前退休。1955年12月31日以前出生的男性、1958年12月31日以前出生的女性公务员,截至2005年12月31日,工龄30年男性、工龄25年以上的女性公务员,本人自愿、所在单位同意,组织人事部门批准,可提前离岗。

决定,设立克旗招商局(正科级)、克旗工业园区办公室、克旗城镇管理局、经棚街道办事处、好鲁库街道办事处,增设城镇化领导小组办公室(设在建设局)和农村牧区医疗合作办公室(设在卫生局),局长兼办公室主任。

2005年12月29日,第六十一次常委会,会议由刘万华主持,李欣华、王立山、花拉、于凤先、汪耳河、杨宗仁、白音门德、冯树鑫、刘云国、浩毕斯嘎拉图出席。专题研究苏木乡镇机构改革期间科级领导班子组建及干部调整事宜。

2006年2月11日,第六十三次常委会,李欣华主持会议,周春义、王立山、花拉、汪耳河、杨宗仁、白音门德、刘云国、浩毕斯嘎拉图出席。听取全旗苏木乡镇机构改革领导小组关于行政事业单位人员安置情况汇报。初步决定,保留11个苏木乡镇,内设机构为党政综合办公室、经济发展办公室、社会事务办公室;事业站所设农牧业综合服务中心、计划生育服务中心、文化广电服务中心。20个苏木乡镇、2个开发区共有全额拨款在职人员1008人,使用乡镇行政、事业编制,重新定岗定人员。

2006年4月12日,第六十五次常委会,李欣华主持会议,周春义、王立山、汪耳河、杨宗仁、白音门德、冯树鑫、刘云国、浩毕斯嘎拉图出席。听取全旗草畜平衡制度落实情况和研究舍饲禁牧措施,明确畜牧业大旗定位不变,牲畜头数不能无限制增加,提高良种率,发展有机食品、品牌;建设优质、高产、高效、环保、安全畜牧业大旗。会议就旅游产业发展指出,2005年11月8日设立的赤峰市旅游产业发展有限公司,性质为国有独资公司,注册资本6亿元,公司及其资产属于克旗人民政府,公司注册地在克旗,税费须属地缴纳;克旗旅游区要打响四大品牌:地质奇观、草原风光、蒙古风情、历史文化。点亮四大亮点:阿斯哈图石林、乌兰布统草原、热水温泉、西拉沐沦大峡谷。

2006年7月19日,第七十二次常委会,李欣华主持会议,周春义、花拉、汪耳河、杨宗仁、白音门德、马鹏飞出席,王利列席。会议讨论中共克旗第十二届委员会向第十三次党代表大会工作报告(讨论稿)及嘎查村调整撤并实施方案,撤并调整16个嘎查村,拟将浩来呼热办事处布登山村、浩来呼热村、碌碡湾村、伊和诺日村和乌兰布统开发区葫芦诺日村、元宝山村、黄芹塔拉村、浩斯敖包村调整为8个居委会。撤并经棚镇河南店村与联丰村为河南店村,宇宙地镇新地村与乃林沟村合并为新地村,新开地乡红石砬村与苇塘河村合并为红石砬村,万合永镇关东车村与浩来村合并为关东车村,同兴镇同兴村与努其宫村合并为同兴村,达来诺日镇哈日呼舒嘎查与哈登恩格尔嘎查合并为哈日呼舒嘎查,巴彦查干苏木查干敖包嘎查与萨仁图嘎查合并为白音高勒嘎查,巴彦查干嘎查与乌兰和布日嘎查合并为白音查干嘎查。全旗125个嘎查村撤并为109个,新设8个居委会。

四、十三届部分常委会

中共克旗委第十三届委员会至2008年12月末共召开常委会议28次。

2006年12月19日,第三次常委会,李欣华主持会议,周春义、王立山、花拉、汪耳河、杨宗仁、白音门德、冯树鑫、刘云国、马鹏飞出席,王利列席。听取组建城市建设投资公司情况汇报,初步确定,名称叫城市建设发展有限责任公司,市旅游公司把克旗国有资产纳入公司,以开发克旗的旅游资源。原则上,已装入旅游公司的资产不要装入城建公司,旅游公司准备装入的资产,城建公司不要吸纳。郑清忠兼任经理,可聘用专职副经理。成立克旗接待服务中心,为旗接待办公室下设自收自支事业单位,面向社会招聘人员,为聘用人员,依法鉴定劳动合同,按规定缴纳社会养老保险,服务中心内设办公室、接待一处、二处,每处室2名职工,计6人。会议讨论通过公务员登记意见和调整不胜任现职领导干部暂行办法。

2007年3月10日,第五次常委会,李欣华主持会议,周春义、王立山、杨宗仁、白音门德、冯树鑫、刘云国、高希华、马鹏飞出席。旗委各常委、旗人民政府副旗长就分管工作,结合克旗"十一五"规划和《克什克腾旗区域经济发展战略研究报告》,汇报工作思路。决定经棚镇区北扩;突出旅游城镇特色,改善城区小街小巷环境;重点开发建设中心镇和两个开发区。建设热水至经棚高速公路。改革医院管理,实行企业化管理,实行聘任制。清查原有探矿权使用情况。

2007年8月7日,第九次常委会,李欣华主持会议,周春义、王立山、花拉、杨宗仁、冯树鑫、刘云国、高希华、马鹏飞、王利出席。会议讨论确定经棚镇街路名称:解放路、应昌路、庆宁路继续使用,东小井路更名为经西路,碧柳河东侧护坝沿线南北道更名为滨河路。街名以克旗境内山峰、地名命名。会议决定,牧区不再以面积,而是以亩产草量重新核定载畜量;农区数量型畜牧业向质量效益型畜牧业转变。

讨论通过《中共克旗委克旗人民政府关于加强生态保护与建设的决定》(讨论稿)、《中共克旗委关于加强领导干部作风建设的决定》(讨论稿)、《中国共产党克什克腾旗委员会集体决策重大问题议事规则》(讨论稿)等文件。

2007年12月18日,第十五次常委会,李欣华主持会议,包银山、杨宗仁、冯树鑫、牛芳泽、刘云国、高希华、浩毕斯嘎拉图出席。听取克旗国土主体功能区规划基本情况汇报，初步议定，全旗禁止开发区域面积348448公顷，占全旗总面积16.9%；限制开发区域面积1141839公顷，占全旗总面积55.2%；重点开发区域面积577013公顷，占全旗总面积27.9%；保护区核心区纳入禁止开发区域，缓冲区、实验区纳入限制开发区域；克什克腾世界地质公园特级、一级保护区域以外保护区纳入限制开发区；乌兰布统自然保护区缓冲区、实验区纳入限制开发区。

2008年1月8日，第十六次常委会，李欣华主持会议，周春义、杨宗仁、白音门德、刘云国、高希华、浩毕斯嘎拉图出席。讨论通过《克旗副科以上企业退休干部调资方案》《克旗离任嘎查村党支部书记、嘎查村委会主任享受生活补助金待遇暂行办法》。

2008年4月7日，第十九次常委会，李欣华主持会议，周春义、王立山、杨宗仁、白音门德、冯树鑫、牛芳泽、刘云国、高希华、浩毕斯嘎拉图出席。讨论《克旗工业园区建设规划》和《克旗矿业园区建设规划》。会议指出，两个建设规划定位为蒙东地区能源基地，按照国家级工业园区的标准来实施，以生态环保为前提，考虑、规划下游产业和产品加工，尤其矿业园区，重在控制、保护矿区生态环境。

2008年12月18日，第二十七次常委会，边中悦主持会议，王立山、杨宗仁、白音门德、冯树鑫、牛芳泽、刘云国、浩毕斯嘎拉图、项淑华、李秀良、侯国有出席。审议《中共克旗委全委会对苏木乡镇党政领导班子正职拟任人选和推荐人选表决实施办法》《中共克旗委常务委员会对旗委管理的干部任免表决实施办法》《克旗干部选拔任用工作全程纪实制度》《关于对领导班子和领导干部实绩考核情况进行反馈的暂行规定》《克旗科级后备干部管理办法》五项制度性规定。

2008年12月30日，第二十八次常委会，边中悦主持会议，周春义、杨宗仁、冯树鑫、牛芳泽、刘云国、浩毕斯嘎拉图、项淑华、侯国有出席。讨论通过《克旗纪委监察局派驻纪检监察机构统一管理的实施办法》和《中共克什克腾旗代表大会代表任期制实施办法》(试行)。

第三节　旗委机构

1991—2008年，中共克旗委员会内部机构设置变化不大，变动情况见下表。

中共克旗十至十三届委员会内设机构变动情况一览表

表 20－2－1

届次	时间	机构名称		个数
		常设机构	撤并机构	
十	1990. 11—1995. 12	办公室、组织部、宣传部、统战部、政法委、纪检委、政研室,另有内设机构机关党工委、编委办、老干部局、文明办等	1992 年 5 月,保密局、机要科并入旗委办公室;党史办并入档案局;文明办、讲师团并入宣传部。1993 年 12 月,机要科、保密局并入旗委办公室;撤销老干部局,工作交组织部;机关党委设在组织部,一个机构,两块牌子;撤销文明办,工作交宣传部;撤销讲师团,工作交旗委党校	7
十一	1995. 12—2000. 12	办公室、组织部、宣传部、统战部、政法委、纪检委、政研室	—	7
十二	2000. 12—2006	办公室、组织部、宣传部、统战部、政法委、纪检委、编制委员会办公室	2002 年 4 月,纪检委(与监察局合署办公),办公室(政研室并入后撤销),组织部(考核办并入,与旗直工委合署办公),宣传部(挂外宣办、文明办牌子),统战部(与工商联合署办公),政法委(与综治委合署办公,挂 610 办公室牌子),编委办(挂事业单位登记管理局牌子),设老干部局,由组织部管理	7
十三	2006. 7—2008. 12	办公室、组织部、宣传部、统战部、政法委、纪检委、编制委员会办公室	—	7

第四节　基层党组织

一、党委

(一)直属机关党委

1991 年,旗委直属基层委员会有:旗党校党委、旗武装部党委和旗直属机关党委。

1994 年 8 月,建立黄岗铁矿党委。

1995 年 2 月 18 日,建立中共克旗教育与科技局系统委员会;3 月 12 日,撤销中共克旗教育与科技局系统委员会,建立中共克旗教育系统委员会。

1996 年 3 月,撤销中共克旗直属机关委员会,设立中共克旗直属机关工作委员会,直属党委 17 个。

1998 年,撤销旗政法系统党委,建立旗公安局党委。

1999 年,撤销粮食系统党委,建立粮油总公司党委。

2002 年，组建中共克旗工商联系统党委。撤销二轻系统党委、建筑建材系统党委、工业系统党委、旗武装部党委、商贸系统党委、旗粮油总公司党委。中共克旗直属机关工作委员会直属党委为 12 个：旗委机关党委、旗政府机关党委、党校党委、公安局党委、黄岗矿业有限责任公司党委、林业系统党委、水电系统党委、交通运输系统党委、教育系统党委、卫生系统党委、供销系统党委、工商联系统党委。

2003 年，新建农电局党委、热水塘温泉疗养旅游开发区党委、乌兰布统开发区党委。

2004 年，新建劳动和社会保障系统党委、达里诺尔渔场党委。

2005 年，撤销供销系统党委，乌兰布统开发区党委隶属关系变更。

2008 年，中共克旗直属机关工作委员会直属党委为 15 个：旗委机关党委、旗政府机关党委、旗党校党委、旗公安局党委、黄岗矿业有限责任公司党委、林业系统党委、水电系统党委、交通运输系统党委、教育系统党委、卫生系统党委、工商联系统党委、农电局党委、热水塘温泉疗养旅游开发区党委、劳动和社会保障系统党委、达里诺尔渔场党委。

(二)农村牧区党委

1991 年，全旗有 28 个苏木乡镇党委，其中乡党委 18 个，镇党委 3 个，苏木党委 5 个，市属企业党委 2 个(牧场)。

2002 年，调整撤并苏木乡镇，苏木乡镇建制由 28 个减少为 20 个，苏木乡镇党委相应调整为 20 个。

2005 年，克旗苏木乡镇调整撤并为 11 个，设开发区 2 个，全旗苏木乡镇党委相应为 13 个。

至 2008 年，全旗基层党委有 28 个。

二、党组

(一)直属机关党组

1991 年，克旗有中国共产党党组为旗人大机关党组、旗政府机关党组、旗政协机关党组、旗公安局党组、旗人民法院党组、克旗人民检察院党组。

1994 年，建立中国人民银行克旗支行党组。

1996 年，建立克旗国税局党组。

1998 年，建立克旗地税局党组。

1999 年，建立克旗工商局党组。

2004 年，建立克旗国土资源局党组。

2008 年，克旗共有党组 11 个。

(二)农村牧区党组

1996 年,克旗建立 2 个乡党组:浩来呼热乡党组、乌兰布统乡党组。1997 年,浩来呼热乡党组撤销,1998 年,中共乌兰布统乡党组撤销。

三、党总支

(一)直属机关党总支

1991 年,中共克旗直属机关委员会直属总支委员会 27 个。

1995 年,撤销旗教育和科技局党总支,建立旗邮电局党总支,隶属旗直属机关委员会。

1996 年,撤销党总支 10 个,新建党总支 2 个。

1997 年,新建党总支 4 个。

1998 年,撤销 2 个党总支,新建 4 个党总支。

1999 年,撤销 1 个党总支,新建 1 个党总支。

2000 年,新建 1 个党总支。

2001 年,新建 1 个党总支。

2002 年,撤销 5 个党总支,中共克旗直属机关工作委员会直属党总支为 21 个。

2003 年,撤销 2 个党总支。

2004 年,新建 1 个党总支,撤销 5 个党总支。

2005 年,新建 1 个党总支。

2006 年,新建 1 个党总支。

2008 年,中共克旗直属机关工作委员会直属总支 17 个:旗人民法院党总支、旗人民检察院党总支、旗人大机关党总支、旗政协机关党总支、旗老干部局党总支、旗劳动社会保险保障中心党总支、旗民政局党总支、旗供销社党总支、旗经济贸易局党总支、旗农机服务中心党总支、旗粮食管理局党总支、旗建设局党总支、旗文化事业局党总支、旗邮政局党总支、旗工商局党总支、旗农牧业局党总支、旗水利局党总支。

四、党支部

(一)机关党支部

1991—2008 年,旗直机关党支部各年度均有变动,总数上保持在 230 ~ 330 个。

1991—2008 年旗直机关中共党支部变化情况表

表 20 - 2 - 2

年份	总数(个)	新增数(个)	撤销数(个)	备　注
1991	230	—	—	—
1992	232	5	3	—
1993	230	3	5	—

续表 20－2－2

年份	总数(个)	新增数(个)	撤销数(个)	备　注
1994	256	30	4	—
1995	259	8	5	—
1996	275	17	1	机关工委直属 12 个
1997	290	22	7	机关工委直属 13 个
1998	300	15	5	机关工委直属 14 个
1999	307	12	5	机关工委直属 15 个
2000	315	13	5	机关工委直属 16 个
2001	316	3	2	机关工委直属 15 个
2002	312	11	15	机关工委直属 14 个
2003	310	3	5	机关工委直属 15 个
2004	320	10	—	机关工委直属 17 个
2005	324	7	3	机关工委直属 15 个
2006	326	7	5	机关工委直属 15 个
2007	327	3	2	机关工委直属 14 个
2008	328	1	—	机关工委直属 14 个

(二)农村牧区党支部

1991 年,全旗共有 159 个农村牧区嘎查村党支部。

1992 年,全旗农村牧区嘎查村党支部有 160 个,其中农村 119 个、牧区 41 个。有嘎查村党支部所属党小组 1101 个,占独贵龙、村民组总数的 89.9%。

2003 年,撤并嘎查村 42 个。全旗还有 121 个嘎查村,有党支部委员会 121 个。

2007 年,在嘎查村设立党总支 1 个,联合党支部 22 个,“支部 + 协会”党组织 48 个,“企业 + 支部 + 农户”党组织 5 个。

2008 年,克旗有农村牧区嘎查村党支部 124 个。

(三)镇区、社区党支部

1991 年,经棚镇有居民委员会党支部 6 个。同年,达来诺日苏木所在地居民委员会建立党支部。

1994 年,经棚镇解放路北街居委会建立党支部。

1998 年,好鲁库所在地居委会建立党支部。全旗 11 个居委会建立 10 个党支部。

2003 年,建立孤山居委会党支部。

2005 年,建立同兴镇所在地居委会党支部。

2007 年,建立经棚街道党工委,辖 5 个居委会党支部。

2008 年,克旗社区共建立 12 个居委会党支部。

五、非公有制企业党支部

2002 年,成立旗工商联系统党委,管理境内非公有制企业党组织,至 2008 年,全旗非公有制企业党组织 37 个,其中党总支 4 个,党支部 33 个。

第三章　党务工作

第一节　组织工作

一、机构

1991 年,中共克旗委组织部(以下简称组织部)内设 4 个科室:旗直机关、苏木乡镇干部管理办公室、企业干部管理办公室、基层党组织建设办公室、办公室。核定编制 23 名。

1996 年,成立电教站。旗委组织部内设机构增加至 5 个。

2002 年,旗领导干部目标考核领导小组办公室并入组织部,宣传部党员教育职能划入组织部。旗直属机关工作委员会作为旗委的派出机构,与组织部合署办公。

2008 年,组织部内设机构为组织部办公室、组织建设办公室、干部综合调配办公室、干部教育监督办公室、党员电化教育办公室、干部实绩考核办公室、旗直属机关工作委员会。

1991—2008 年中共克旗委组织部长名录

表 20-3-1

姓　名	性别	民　族	学历	籍　贯	任离职时间	备　注
斯钦巴特尔	男	蒙古族	大专	克什克腾旗	1990. 7—1993. 12	旗委常委
汪耳河	男	满　族	大专	克什克腾旗	1993. 12—1995. 11	旗委常委
郑洪学	男	汉　族	中专	克什克腾旗	1995. 11—2000. 11	旗委常委
吉日嘎拉	男	蒙古族	大学	翁牛特旗	2000. 11—2002. 2	旗委常委
陈　生	男	汉　族	硕研	林西县	2002. 2—2003. 4	旗委常委
杨宗仁	男	汉　族	大学	翁牛特旗	2003. 4—2007. 1	旗委常委
高希华	男	蒙古族	大学	宁城县	2007. 1—2008. 7	旗委常委
侯国有	男	汉　族	大学	元宝山区	2008. 7—2008. 12	旗委常委

二、组织管理

(一)旗直党组织管理

1996 年,旗直属机关党组织设置调整后,党务工作重点转向制度化、规范化建设。

2003 年,制定《旗直机关党组织管理细则》。

2004 年,制定、完善机关党组织设置工作程序,印发《党支部实用工作手册》。

2007 年,组织开展学习型机关、服务型机关、和谐型机关创建活动,推动机关党建工作上水平、上台阶。

(二)农牧区基层党组织管理

1991 年,规划用 3 年时间,开展农村牧区嘎查村党支部达标升级活动。全旗 159 个嘎查村党支部,区分为先进党支部、一类党支部、二类党支部、三类党支部四个级次进行评价。

1996 年,组织部制定《克什克腾旗 1996—2000 年农村牧区基层党组织建设规划》。

1997 年,在全旗开展后进嘎查村党支部转化工作。

1999 年,在全旗嘎查村推行乡村财务、政务公开和民主管理制度,对相对后进苏木乡镇党委和嘎查村党支部进行重点管理。

2001 年,旗委办公室印发《克旗 2001—2005 年农村牧区基层组织建设规划》。

2007 年,进行嘎查村党组织活动场所建设,建成嘎查村党组织、党员活动阵地 14 处,改扩建 37 处。

2008 年,重点加强嘎查村党组织规范化建设,旗委印发《克旗嘎查村级组织职责范围及工作制度》。

(三)社区党组织管理

2003 年,中共克旗委组织部印发《克旗 2003—2005 年社区居委会党的建设工作规划》。

2006 年,经棚镇社区探索建立党员学习培训、党员联系帮扶、党员考核评价制度,推动社区党建工作规范化建设。

2008 年,实施《克旗城镇社区建设专项推进工作实施方案》和《关于加强城镇社区基础设施建设的意见》。

(四)私营企业党组织管理

2001 年,印发《中共克旗委关于进一步加强非公有制经济组织党建工作的意见》,具体安排旗域内非公有制经济组织党建工作。

2002 年,旗委印发《克旗非公有制企业党组织工作规则》。

2003 年后,全旗各企业党组织以创新活动载体为切入点,搭建党组织与党员发挥作用平台,开展企业党支部达标升级活动和“党员责任区、党员先锋岗、光彩之星”等主题实践活动。

各主管党委向非公有制企业党组织选派专兼职党建工作指导员,指导企业开展党建工作。

三、党员管理

(一)党员构成

1991—2008 年,党员人数平稳增加,女性党员、少数民族党员、高学历党员相应增加。

1991—2008 年部分年份党员性别、民族、职业构成情况表

表 20－3－2

年份	党员总数（人）	性别构成		民族构成		农牧渔民比重		在岗情况		离退情况		其他
		女性（人）	比例（%）	少数民族（人）	比例（%）	数量（人）	比例（%）	数量（人）	比例（%）	数量（人）	比例（%）	（人）
1991	9809	1357	13.83	1373	13.99	4522	46.1	3839	39.14	779	7.94	669
1996	10937	1630	14.9	1717	15.7	4814	44.02	4376	40.01	976	8.92	771
2001	11942	1922	16.09	1832	15.34	5326	44.6	4587	38.41	1298	10.87	731
2005	12425	2316	18.64	1935	15.57	5533	44.53	4330	34.85	1603	12.9	959
2008	12557	2402	19.27	2038	16.23	5686	45.28	4451	35.45	1453	11.57	967

1991—2008 年部分年份党员文化、年龄构成情况表

表 20－3－3

年份	文化构成						年龄构成					
	大专以上		高中中专		初中以下		35 岁以下		36～59 岁		60 岁以上	
	数量（人）	比例（%）	数量（人）	比例（%）	数量（人）	比例（%）	数量（人）	比例（%）	数量（人）	比例（%）	数量（人）	比例（%）
1991	551	5.62	2527	25.76	6731	68.62	2242	22.86	5721	58.32	1846	18.82
1996	930	8.5	3634	33.23	6373	57.27	2147	19.63	6684	61.12	21.6	19.26
2001	1567	13.12	4238	35.49	6137	51.39	2296	19.23	7400	61.97	2246	18.81
2005	2393	19.26	4532	36.47	5500	44.27	2123	17.09	7794	62.73	2508	20.19
2008	3496	27.84	3769	30.02	5292	42.14	1839	14.65	8014	63.82	2704	21.53

(二)党员发展与管理

1. 党员发展

在发展中共党员工作中,主要贯彻“坚持标准、改善结构、慎重发展”方针,侧重发展生产一线和青年、妇女党员。2008 年党员总数 12557 人。

1991—2008 年预备党员情况表

表 20－3－4　　单位：人

年份	预备党员总数	女性党员	少数民族党员	年龄构成			职业状况				学历构成				
				35 周岁以下	36 岁～59 周岁	60 周岁以上	在职职工	农牧渔民	离退休人员	其他	研究生	大学专科以上	中专	高中	初中及以下
1991	382	56	43	232	150	—	182	143	—	57	—	41	52	148	141
1992	350	57	41	220	130	—	175	134	—	41	—	44	54	135	117
1993	300	63	29	157	143	—	156	101	—	43	—	44	58	122	76
1994	364	73	71	226	138	—	180	137	—	29	—	57	68	135	104
1995	433	99	58	233	200	—	227	172	—	34	—	59	91	160	123
1996	401	81	91	237	164	—	248	127	—	26	—	84	94	138	85
1997	412	91	98	239	173	—	232	159	—	21	—	82	91	165	74
1998	424	109	57	243	181	—	236	161	—	27	—	77	98	153	96
1999	391	101	52	252	139	—	221	151	—	19	—	79	91	142	79
2000	374	112	65	232	142	—	212	146	—	16	—	81	93	131	69
2001	321	108	54	215	106	—	201	108	—	12	—	87	98	78	58
2002	395	103	57	262	133	—	243	144	—	8	—	102	94	128	71
2003	365	98	53	233	132	—	214	138	—	13	—	98	112	77	78
2004	341	112	65	221	120	—	201	122	—	18	—	121	46	79	95
2005	351	91	79	252	99	—	179	157	—	15	—	139	39	80	93
2006	335	71	54	240	94	1	111	219	—	5	—	88	16	118	113
2007	303	94	49	188	115	—	110	190	—	3	—	84	16	118	85
2008	237	67	57	156	81	—	79	134	—	24	—	78	12	88	59

1991—2008 年部分年份发展党员情况对照表

表 20－3－5

年份	发展党员数（人）	占党员总数比例(%)	女性党员（人）	占发展党员总数比例（%）	少数民族党员数（人）	占发展党员总数比例（%）	农牧民党员数（人）	占发展党员总数比例（%）	大专以上学历党员数（人）	占发展党员总数比例（%）	35 周岁以下党员数（人）	占发展党员总数比例（%）
1991	382	3.89	56	14.66	43	11.26	143	37.43	41	10.73	232	60.73
1996	401	3.67	81	20.2	91	22.7	127	31.67	84	20.95	237	59.1
2001	321	2.69	108	33.64	54	16.82	108	33.64	87	27.1	215	66.98
2005	351	2.82	91	25.93	79	22.51	157	44.73	139	39.6	252	71.8
2008	237	1.89	67	28.27	57	24.05	134	56.54	78	32.91	156	65.82

2. 党员管理

1992 年开始,旗委组织部印发《深化民主评议党员与党员目标管理有机结合的实施方案》,各基层党委制定配套实施细则,各党支部制定目标管理细则。

1993 年,党员目标管理与民主评议党员管理机制初步规范完善。

2001 年,党员管理在坚持目标化管理与民主评议结合基础上,强化"三会一课"制度,通过典型引路、学先进树形象等创建活动,发挥党员先锋模范作用。

2003 年,各级党组织结合实施《党员目标化管理指导规划》,对全旗各行各业、各种类型的党员全部实行表、册、证、卡"四位一体"管理。

2004 年,进一步民主评议党员实行四评一票,即自我评、党员评、群众评、支部评和民主投票评议。

2006 年,开展"无职党员设岗定责"活动。成立流动党员管理中心,印发《关于进一步加强流动党员管理教育工作的意见》,建立流动党员管理站 114 处。

(三)组织生活

1991—2008 年,组织党员干部开好年中、年末一年两次民主生活会及组织生活会,定期上好党课。

1992—2008 年,各级党组织建立民主评议党员制度,制定民主评议党员工作程序,党员每年至少参加 1 次民主评议。

2004 年,旗委组织部印发《关于在全旗农村牧区推行党员活动日制度的意见》,要求农村牧区党员每月固定一天为党员活动日,一年不得少于 6 次。建立起嘎查村党支部书记、嘎查村主任党员民主考评制度,考评结果记入本人档案。

四、干部管理

(一)制度建设

1991 年后,旗委、旗政府相继就后备干部管理、干部选拔任用工作程序、民主监督机制、干部考察工作、预防用人腐败、干部党风廉政和思想作风建设、干部档案管理、领导干部监督管理等做出具体规定,干部选用培训、管理、考评、监督逐步走向规范化、制度化。

(二)实绩考核

1996 年后,旗委成立考核办公室,实行党政领导班子和领导干部目标责任制管理,对苏木乡镇、旗直科局党政领导班子和领导干部工作进行实绩考核。领导班子实绩考核结果分为突出、比较突出、一般和较差 4 个档次。领导班子成员实绩考核结果分为优秀、称职、不称职 3 个档次。

1997 年,干部实绩考核工作与组织部门对领导干部年度考核和国家公务员年度考核一并进行。实行平时考核和年度考核两种考评方式,按照总结述职、核实数据、民主评议、实地考察、综合评价等程序进行。

1998—2002 年，对全旗苏木乡镇党委、政府，旗直部委办局，近 600 名科级干部全部进行年度考核。

2005—2008 年，领导班子和领导干部实绩考核侧重年度中心工作进行。主要对保持共产党员先进性教育活动、乡级财政收入及化解乡级债务、部门包扶城镇困难户、扶贫开发、安全生产、封山禁牧保护生态、森林草原防火、农牧业产业化、新型农村牧区合作医疗等工作进行评价。

（三）干部选拔

1991—2008 年，干部选拔任用经民主推荐、组织考察、征求意见报旗委书记办公会形成拟提拔、调整人选；经旗委常委会或全委会表决通过，归口通知、公示任用。

1991—2008 年克旗科级干部构成情况表

表 20－3－6

年份	合计（人）	正科（人）	副科（人）	性别（人）		民族（人）		年龄构成				学历构成（人）	
				女	男	汉族	少数民族	30 周岁以下（人）	31～50 周岁（人）	51 周岁以上（人）	平均年龄（岁）	中专高中以下	大专本科
1991	448	189	259	18	430	361	112	15	358	75	42.5	319	129
1996	641	217	424	37	604	483	158	21	552	68	41.6	409	232
2000	625	256	369	38	587	465	160	4	518	103	44	317	308
2001	529	199	330	39	490	387	142	8	509	12	41.1	294	235
2005	490	192	298	42	448	361	129	1	416	73	41.5	149	341
2006	468	184	284	44	424	347	121	16	402	50	41.9	46	422
2008	488	187	301	44	444	359	129	15	441	32	42.5	39	449

（四）干部培训

克旗逐步建立健全领导干部学习进修制度，依托中共克旗委党校及上级党校、行政干校，有计划地开展干部培训。1991—1995 年，共举办干部培训主体班次 56 期，培训 2863 人次。1996—2000 年，共举办主体班次 52 期，培训学员 5770 人次。2001—2005 年，共举办主体班次 43 期，培训学员 3934 人次。2006—2008 年，共举办干部培训主体班次 41 期，培训学员 4000 余人次。

（五）干部监督

1993 年，组织部门在任用干部前，向旗纪检监察、检察机关了解人选情况。

1998 年,县处级干部因公出国,统一由市委组织部审批,克旗组织部协助管理。

2002 年,旗委印发《中共克旗委关于进一步加强组织部门干部监督工作的意见》和 10 项干部管理、监督的暂行规定。

2003 年,开展对科局级干部学历、学位检查清理,对 1980 年后获得大专以上学历、学士以上学位及各级党校学历的干部全面进行清理认定。

2004 年,全面落实民主推荐、民主测评监督制度和科局级干部个人重大事项报告制度。拟定《干部监督联席会议制度》(讨论稿)。

2008 年,中共克旗委制定《克旗干部选拔任用工作全程记实制度》,对干部选拔任用工作实施全程监督。

(六)后备干部队伍建设

1991 年,旗委组织部印发《关于进一步加强后备干部工作几点意见的通知》和《科局级后备干部选拔程序》《科局级后备干部培养工作制度》,规定民主、公开、平等、择优选拔后备干部原则。1994 年,培养处级副职后备干部 30 人,科级后备干部 400 人,嘎查村级后备干部 400 人,少数民族后备干部 200 人,妇女后备干部 200 人,非中共党员后备干部 200 人。逐步提高 35 周岁以下优秀年轻干部比例。

1996 年,旗委制定《克什克腾旗后备干部队伍建设规划》(1996—2000 年)。

2001 年,全旗举办少数民族、知识分子、妇女、非中共党员后备干部培训班,培训 60 人。

2002 年,克旗有科级后备干部 312 人,30 周岁以下占比 31%,30 ~ 35 周岁占比 62%;大专以上学历占比 93%,少数民族占比 50%,妇女干部占比 50%,非中共党员占比 50%。

2003 年,制定《克什克腾旗后备干部管理办法》(试行),对各级后备干部选拔管理做出具体规定,规范后备干部选拔程序和要求。2005 年,制定《克旗优秀年轻干部培养管理使用办法》,建立优秀年轻干部和选调生档案。2006 年,公开选拔 29 名副科级后备干部。2008 年,有正科级后备干部 92 人,其中少数民族后备干部 25 人,妇女后备干部 20 人,非中共党员后备干部 7 人。副科级后备干部 235 人,其中少数民族后备干部 61 人,妇女后备干部 84 人,非中共党员后备干部 20 人。

(七)干部档案管理

1991—2008 年,赤峰市委委托旗委管理的县处级干部人事档案、旗委管理的副科级以上干部人事档案、副科级以上退休和离岗的干部人事档案,在党群系统工作的一般干部人事档案,由旗委组织部管理。

2004 年,旗委组织部对其管理的有涂改造假疑问的 741 份干部人事档案,开展全面清查,澄清问题,并向上级报告。

2006 年,旗委组织部审定 294 名干部人事档案,并将审定情况向本人反馈核实。

2008 年,旗委组织部管理 700 卷在职干部档案,112 卷改为非领导职务干部档案,119 卷离岗干部档案,302 卷退休干部档案。

第二节　宣传工作

一、机构

1991 年,旗委宣传部内设办公室、理论宣传科、社会宣传科、党员教育科。

同年 6 月,恢复《克什克腾报》社,归属宣传部。

1992 年,旗讲师团划入旗委党校、旗精神文明建设办公室并入宣传部,对外保留克旗精神文明建设办公室牌子。

1995 年,讲师团划归宣传部,为准科级事业单位,设定编制 3 名。

2002 年,党员教育工作职能移交给克旗委组织部。

同年,宣传部内设办公室、新闻宣传办公室、理论宣传办公室、精神文明建设委员会办公室、对外宣传办公室。成立《克什克腾工作动态》编辑部。

2008 年,宣传部内设办公室、新闻宣传办公室、理论宣传办公室、精神文明建设委员会办公室、对外宣传办公室、《克什克腾工作动态》编辑部。

1991—2008 年旗委宣传部部长名录

表 20－3－7

姓　名	性别	民　族	任职时间	离职时间	备注
王殿荣	男	汉　族	1990.7	1992.2	—
刘文章	男	汉　族	1992.5	1998.4	—
程俊孝	男	汉　族	1998.4	2000.11	—
于俊峰	男	汉　族	2000.11	2002.1	—
刘建华	女	汉　族	2002.1	2003.12	—
刘云国	男	汉　族	2003.12	2007.10	—
浩毕斯嘎拉图	男	蒙古族	2007.10	—	在任

二、社会宣传

1991 年,《克什克腾报》复刊,成立克什克腾报社。《克什克腾报》四开四版,设要闻、经济、政文、副刊等版面,每月 10 日、20 日、30 日出版发行。电视台、电台、报纸通讯员队伍发展到 315 人。

同年,先后开展“科学技术是第一生产力”“质量、品种、效益年”、小水电建设成就等专题宣传活动。5月中旬,举行首次企业政工人员职称评聘考试,66名企业政工干部参加考试,全部合格。

1992年,社会宣传工作主要围绕贯彻中共十三届八中全会精神、中共十四大精神及邓小平南巡谈话精神开展宣传,有旗乡村三级干部组成千人宣讲团,进村入户宣讲。下半年,配合全旗性社会主义思想教育,编写社会主义思想教育活动教材,培训工作队员,总结乡镇社会主义思想教育工作经验,报道、推广社会主义思想教育典型经验。摄制完成系统反映全旗农田草原水利基本建设成就专题片《田野欢歌》。

同年7月,《克什克腾报》改旬报为周报,专栏增加至20个。

1994年,社会宣传工作重点是对国有企业、集体企业转换经营机制,经营方式改革的战役性宣传。摄制完成反映克旗农牧业生产成就、计划生育、卫生保健、法制建设事业典型事迹《充满希望的热土》《希望的田野》《绿色保险》等多部电视专题片。

1995年,通过新闻媒体,举办农牧民科技讲座,向农牧民开展市场经济理论基础知识、奔小康知识和农牧业科技知识宣传教育,培育农牧民市场意识、致富意识。继续推进全旗农田草原水利基本建设和生态经济建设宣传。

1996年,宣传、文化、教育部门配合,先后开展禁毒、禁赌、反对迷信和送文化、送科技、送医疗“三下乡”活动。

1997—2000年,常规宣传侧重经济发展、经济结构调整,推出扶贫攻坚工作、地方名优土特产品销售、农田草原基础建设、高产优质农牧业、生态立旗战略、深化企业改革、发展私营企业、职工下岗再就业、老干部发挥余热等众多典型宣传。

1999年,利用报纸、电台、电视台同时开展对农牧民法治宣传教育,集中开展遵守交通法规、反对邪教、倡导文明生活方式宣传活动。

2001—2004年,专题宣传实施西部大开发、旅游活旗战略、调整优化经济结构、促进农牧民增收、个体私营经济发展、机构改革和农村牧区税费改革、创建中国优秀旅游旗等。

2003年,在全旗范围集中开展防治非典型肺炎宣传。

2005—2008年,重点围绕促进农牧民增收达小康、推进农牧业产业化、重点工业项目建设、建设社会主义新农村、教育“两基”攻坚、创建星级文明旗县、“保护碧水蓝天,构建和谐克旗”、建设“和谐社区”等核心工作开展宣传,以推动克旗经济发展和社会进步。

三、对外宣传

持续开展对外宣传,邀请上三级记者到克旗采访、采风。利用报刊广播电视、网络等媒体,加大宣传力度、树立克旗形象,提高克旗知名度。

1992—2008年外宣工作在市以上三级媒体共刊播稿件21200余篇,其中:国家级上稿2300余篇,区级上稿5100余篇,市级上稿13800余篇。全国各大新闻网络媒体发稿6000余篇。协助中央电视台、内蒙古电视台等媒体拍摄制作电视专题片《北国巨著—阿斯哈图石林》《平顶山“冰斗”群》《沙地云杉》《神奇的冰臼》《克什克腾草原之行》《百岔岩画》等数十部。《人民日报》《国绿色时报》《中国环境报》《民族画报》《光明日报》《内蒙古日报》、香港《大公报》《天津时报》等报刊,都曾对克旗的旅游资源、经济发展作过尝试报道。1992—2008年接待市以上三级新闻媒体记者采访7200余人次。

其间出版《克什克腾风景诗选》《草原明珠—克什克腾》《相约克什克腾》等书籍。2001年开通克什克腾绿色网页,2008年开通克什克腾网。

四、理论学习

党政干部理论学习和中共十五大重点开展对《马克思主义哲学纲要》《关于社会主义若干问题学习纲要》《建设有中国特色社会主义理论学习纲要》、《邓小平文选》第三卷、中共十四届三中全会《关于建立社会主义市场经济体制若干问题的决定》的学习和中共十三大报告、十四大报告及各全会精神的学习、研讨。

1991年,旗委被自治区党委组织部、宣传部共同授予全区干部马克思主义理论正规化教育先进集体。

旗乡两级干部理论学习中心组重点以通读《邓小平文选》第三卷、《什么是社会主义市场经济》《现代科学技术基础知识》和落实中共十四届三中、四中全会“两个《决定》”和五中全会精神为主要内容,结合学习开展讨论研究。1995年全年旗委理论中心组集中学习研讨12次,累计23天。

1991—2008年,结合重大理论学习,还先后就“树立社会主义荣辱观”“树立和落实科学发展观”“构建社会主义和谐社会”“建设社会主义新农村新牧区”“建设社会主义核心价值体系”“发展生态经济,促进资源增值”“旗域经济规划布局”等重大理论、实践专题展开学习研讨,依托旗乡两级理论学习中心组举办多期学习会、报告会、研讨会,聘请中央、自治区党校和高校专家授课,选派理论辅导员和理论骨干赴北京、呼市等地学习培训,参与上级组织的理论研究评奖活动,取得紧密联系克旗实际,具有应用价值和指导意义的成果。

五、党员教育

1991—1996年,开展了三轮党员正规化教育活动。

1997—2001年,党员教育工作注重发挥基层业余党校功能,利用各基层业余党校对党员开展教育培训。基层党委对基层业余党校普遍配置电化教育设备,各乡镇业余党校年度开展教育活动、科普培训活动均在百场以上。经验收,部分基层业余党校成为自治区基层标兵业余党校和赤峰市级优秀基层业余党校。

第三节　统一战线工作

一、机构

1991—2001 年,旗委统战部内设统战工作办公室、工商业联合会办公室、民族宗教办公室、综合业务办公室。

2002—2008 年,根据《赤峰市委、赤峰市人民政府关于克什克腾旗党政机构改革方案的批复》,旗委统战部、工商联合署办公。内设办公室、人士党派办公室、民族宗教办公室。

1991—2008 年中共克旗委统战部长名录

表 20-3-8

姓　名	性别	民　族	任　职　时　间	籍　贯
静国臣	男	汉　族	1987.8—1994.3	克　旗
艾　登	男	蒙古族	1994.3—1999.1	克　旗
赵学祺	男	汉　族	1999.1—2000.5	克　旗
宝玉臣	男	蒙古族	2000.5—2001.4	克　旗
刘德生	男	汉　族	2001.4—2003.12	克　旗
浩毕斯嘎拉图	男	蒙古族	2003.12—2006.6	克　旗
王　利	男	汉　族	2006.6—2007.10	宁城县
项淑华	女	汉　族	2007.10—2008.12	克　旗

二、政协委员推荐

在政协换届工作开始前,旗委统战部会同旗政协党组、旗委组织部,对政协委员、常委构成、名额分配、对象及条件与推荐程序等进行讨论、协商,基本步骤分为单位推荐、考查评议、提名公示三个阶段进行。

1999—2008 年,旗委统战部计向政协克旗委员会推荐政协委员 102 人。1999 年,向第六届政协克旗委员会推荐政协委员 35 人;2004 年,向第七届政协克旗委员会推荐政协委员 27 人;2007 年,向第八届政协克旗委员会推荐政协委员 40 人。

三、民族工作

旗委统战部民族工作主要是配合旗委各部门贯彻党的民族区域自治制度和开展民旗团结进步、民族理论政策宣传教育活动,为少数民族群众办实事。

1991—1999 年,旗委统战部结合《中华人民共和国民族区域自治法》颁布 10 周年,开展“民族团结进步表彰”活动。对全旗在民族团结进步活动、学习使用蒙古语文活动、树立“谁也离不开谁”的民族观活动中成绩突出者进行表彰和宣传。

2000—2005 年，旗委党校制订少数民族干部联合培训计划，旗委宣传部、民族宗教事务局联合举办《民族区域自治法》知识竞赛，选派统战干部赴中央统战部干部培训基地学习培训。

2001 年，在旗委统战部调研的基础上，旗委、政府分管领导组织相关部门参加的现场办公会。确定划拨经棚镇回民公墓用地 38. 8 公顷，并明确四至。同时协调解决回民公墓水、电、围封网围栏，苗木等问题。

2006—2008 年，旗委统战部坚持继续对全旗统战干部，统战、教职人员开展党的民族理论和民族宗教政策法规培训，开通互联网民族团结、共同繁荣主题宣传网页。

四、宗教工作

（一）管理服务

1991 年，旗委统战部在经棚镇清真寺、土城子镇清真寺和新开地乡天主教堂等 3 个宗教活动场所分别建立宗教组织管理制度，将宗教活动纳入制度化管理。

1994 年，经棚镇庆宁寺恢复宗教活动。

1997 年，建立旗乡镇（苏木）、村（嘎查）宗教工作领导小组。

1998 年，旗委统战部组织开展“文明宗教团体和文明寺庙教堂（点）”“先进教职人员”评比表彰活动。

2000 年 11 月 16 日，举办经棚庆宁寺开光典礼仪式。

2005 年，邀请北京、内蒙古、赤峰市知名佛学人士到克旗调研、座谈，开设佛教知识讲座。赴京迎请克旗籍北京雍和宫但却坚赞法师担任庆宁寺住持。

2006 年，筹备经棚庆宁寺全面修缮和乌兰布统清真寺建成庆典工作。

2008 年，旗委统战部协调旗民族宗教事务局指导各寺庙管委会对全旗宗教教职人员进行普查登记，建立教职人员信息库。经棚庆宁寺管委会举办庆宁寺佛像开光仪式暨庆宁寺修缮竣工典礼，邀请中国佛教协会理事长、北京雍和宫主持嘉木彦图丹活佛出席并主持开光仪式，中国佛学院教务长吴占有活佛应邀参加典礼仪式。

（二）支持维权

2001 年，旗委统战部组织工商局、民族宗教局、经棚清真寺管委会等单位负责人联合检查经棚镇内清真餐饮饭店、肉食品厂、肉食销售部计 100 余处。对未办理从业证件、非回族以回族身份经营、以清真饭店“幌子”招揽顾客等现象进行全面整治，维护回族群众习俗和信仰。

五、党外人士与非党干部管理

1991 年，旗委统战部集中对全旗畜牧、林业、水电、教育、卫生系统党外知识分子展开调查登记,并对35名党外知识分子建立联系档案。

1992—1993年,旗委统战部培养、推荐处级党外干部4人,处级党外后备干部1人;科级党外干部7人,科级党外后备干部20人。调查、登记全旗1900余名非党知识分子的基本情况。

1996年,旗委统战部向中共赤峰市委统战部推荐10名政协委员,有6名为党外联系对象。并制定《克什克腾旗党外后备干部队伍建设规划》(1997—2000年)。

2001—2003年,旗委统战部推荐党外政协委员37人,党外人大代表26人。重点培养处级党外干部3人,推荐科级党外后备干部6人。

2004—2008年,旗委统战部建立党外代表人士动态信息库,实行动态管理科级党外干部15人,科级党外后备干部22人,党外高级知识分子88人。

六、对外联络

1991年,旗委统战部通过中央统战部五局与北京市民革联系,邀请北京市民革17名专家学者到克旗开展考察和技术指导。

1992年,旗委统战部邀请赤峰市九三学社专家学者考察、指导克旗项目建设、科技攻关。

1997—2004年,旗委统战部侧重开展招商引资对外联络工作和争取扶贫助学资金。先后引入多位投资人到克旗考察、开发矿产资源、风能资源、绿色食品、旅游及房地产。台湾、香港地区的多位爱心人士为克旗贫困学生捐款助学。

2005年后,旗委统战部扩大与台湾、澳门地区及海外人士联系,吸引企业家到克旗投资。重庆力帆集团、台湾塑料集团分别出资建设2所希望小学。台湾尚利国际贸易公司与克旗奶酒厂签订购销合同,年购“天骄”牌马奶酒120吨。通过海外基金联谊会、自治区侨联,争取经棚镇中心完小、“侨心小学”建设资金;通过农工党赤峰市委联系中国初级卫生保健基金会,争取克旗达来诺日镇中心卫生院建设资金和治疗仪;通过自治区统战部海联处海外基金会,在克旗10个行政村建立海联农村卫生室。旗委统战部牵线与云南省石林彝族自治县缔结友好旗县关系,共同推动南北石林旅游。

七、侨商联谊

2007年7月,旗委统战部牵线搭桥,克旗承办自治区归国华侨联合会、市委统战部、市归国华侨联合会主办的第二届“侨商—赤峰草原行”克旗经贸洽谈会。日本和我国香港、广东、浙江、江苏、北京、呼和浩特市和包头市等50多位侨商到克旗进行经贸洽谈。与呼必图小学、达来诺日实验小学等校师生举办联谊活动。侨商们为学校捐助资金,认领贫困学生作助学帮扶对象。

第四节　政法工作

一、机构

1984 年，成立旗委政法委。同年 10 月，旗社会治安综合治理领导小组成立。1991 年，政法委内设政法办公室、调研室、督查室、综合治理办公室。1996 年，政法委增设政治工作办公室，撤销原调研室。2002 年，政法委与社会治安综合治理委员会办公室合署办公。2008 年，政法委内设办公室、政治工作室、执法督查室、社会治安综合治理办公室、防范和处理邪教问题办公室、维护社会稳定办公室。

1991—2008 年旗委政法委书记名录

表 20－3－9

姓　名	性别	民　族	任职时间	籍　贯
刘会斌	男	汉　族	1984.1—1993.10	克　旗
宝玉臣	男	蒙古族	1993.10—1998.11	克　旗
白斯古楞	男	蒙古族	1998.11—2000.11	克　旗
刘长江	男	汉　族	2000.11—2003.12	克　旗
冯树鑫	男	汉　族	2003.12—2007.9	敖汉旗
牛芳泽	男	汉　族	2007.9—2008.12	翁牛特旗

二、社会治安综合治理

1991—1994 年，旗综治办先后协调政法部门在全旗范围内集中开展禁毒行动，发动群众，教育和处罚非法种植罂粟，铲除罂粟 7000 余株，打掉盗窃团伙 1 个，破获各类刑事案件 14 起。

1997—1999 年，旗综治办协调政法部门集中开展社会治安综合治理行动，对人口无序流动、盗窃犯罪案件、治安秩序等问题开展治理整顿。

2004 年，在牧区建立草原“110”制度，在 4 个苏木镇建立草原“110”联防大队，各嘎查建立联防分队，各独贵龙建立联防小队。

2006 年，开展平安克旗创建活动，有 4 个旅游景区、4 个苏木乡镇、37 个嘎查村、26 个旗直单位、7 个社区、10 所学校、2 个企业通过“平安建设”验收。8 月，克旗在赤峰市平安建设经验交流会上做典型发言。

2008 年 2 月，旗政府出资为全旗所有家庭购买 20 元保额平安家庭财产保险。

同年，在 136 个行政嘎查村(社区)各选聘配备 1 名专职社会治安综合治理协管员，并兼任治安员和调解员。

2004年,自治区社会治安综合治理委员会授予克旗年度社会治安综合治理"长安杯";2005年,自治区社会治安综合治理委员会授予内蒙古黄岗矿业有限责任公司年度社会治安综合治理"长安杯";2006年,克旗被市委、市人民政府评为年度政法工作先进地区,被赤峰市社会治安综合治理委员会评为牧区、旅游区年度平安建设创建活动先进地区。

2007年,克旗被市委、市人民政府评定为维护社会稳定工作先进地区。

三、执法督查

旗政法委负责监督检查政法机关日常执法活动;调查研究执法活动中有关法律、政策问题;协调有争议的重大、疑难案件处置工作;督办领导批示的重要工作事项;负责群众来信来访接待和处理工作。2004年,克旗政法委印发《克旗政法机关营造良好法治环境实施意见》,进一步规范执法督查工作。1991—2008年,政法委协调处置有争议的重大、疑难案件30起。

第五节　机构编制

一、机构

1991—2008年,旗机构编制委员会下设办公室,为旗编委会办事机构。2002年以前,旗机构编制委员会办公室设在人事与劳动局,为一套机构,两块牌子。2002年以后,单独设立机构编制委员会办公室,列旗委工作机构序列。克旗编委会主任由旗政府旗长担任,副主任由旗委分管副书记和旗政府分管副旗长担任。

1994—2008年克旗编制委员会主任、副主任名录

表20-3-10

时间	主任	职务	副主任	职务	备注
1994.6—1995.7	高国芳	旗委副书记 政府旗长	呼格吉图 斯琴巴特尔	旗委副书记 旗人大主任 政府副旗长	—
1995.7—1998.4	张彦斌	旗委副书记 政府旗长	王振祥 斯琴巴特尔	旗委副书记 政府副旗长	—
1998.4—2001.11	白音巴特尔	旗委副书记 政府旗长	王振祥 秦　义	旗委副书记 政府副旗长	—
2001.11—2003.1	秦　义	旗委副书记 政府旗长	斯琴巴特尔	旗委副书记 政府副旗长	—
2003.1—2006.4	李欣华	旗委副书记 政府旗长	汪　洋 汪耳河 杨宗仁	旗委副书记 政府副旗长 旗委组织部部长	2004年5月后,由王立山接替汪洋任副主任

续表 20-3-10

时　间	主　任	职　务	副主任	职　务	备　注
2006.4—2008.12	周春义	旗委副书记 政府旗长	王立山 汪耳河 杨宗仁 马鹏飞 高希华	旗委副书记 政府副旗长 旗委组织部部长 旗委办公室主任 旗委组织部部长	2007年5月，汪耳河离任。杨宗仁转任副旗长。增补高希华任副主任

二、机构改革

（一）党政机构改革

1993年机构改革，旗党政机关工作部门设置25个，其中党委工作部门6个，政府工作部门19个。旗纪检委与政府监察局合署办公；旗机要科、保密局并入旗委办公室；撤销老干部局，工作职能移交旗委组织部；旗直属机关党委设在组织部，一个机构，两块牌子；撤销精神文明建设办公室，工作职能移交旗委宣传部；撤销旗委讲师团，工作并入旗委党校；旗工商联与旗委统战部合署办公；旗体制改革委员会办公室并入旗委政策研究室；旗信访办公室、翻译科并入政府办公室；撤销旗档案局、党史办公室，相关业务工作并入旗档案馆；商业局、粮食局、物资局、二轻工业局、矿山管理办公室、供销合作社退出行政序列，组建企业化经济实体或服务中心，行政职能移交计划与经济局；农业局改为农业综合开发服务中心，畜牧局改为畜牧业综合开发服务中心、林业局改为林业综合开发服务中心、农机局改为农牧业机械化综合服务中心、水电水产局改为水利水电综合开发服务中心，行政职能移交旗农牧业委员会；广播电视局、技术监督局改为事业单位，级别为正科，分别设立旗广播电视中心和技术监督所；撤销物价局，业务移交旗工商局；撤销科学技术委员会、科学技术协会，工作业务移交教育与科学技术局。

1995年，教育与科学技术局分设为教育局和科学技术委员会；计划与经济局分设为计划委员会、经济贸易委员会、工业局和矿产资源管理局。

1996年，人事与劳动局分设为人事局和劳动局；城乡建设环境保护与土地局分设为城乡建设环境保护局和土地局；农牧委分设为农牧业委员会和扶贫办公室；工商局分设为工商局和物价局；文化体育局分设为文化局和体育工作委员会。

1998年，成立国有资产管理局，与财政局合署办公；成立旗委考核办公室，与组织部合署办公。

2002年机构改革，旗党政机关设置工作部门30个，其中党委工作部门7个：纪检委（与监察局合署办公）、办公室、组织部（与直属机关工作委员会合署办公）、宣传部（挂对外宣传办公室和精神文明建设委员会办公室牌子）、统战部（与工商联合署办公）、政法委员会（与综合治理办公室合署办公，“610”办公室挂靠）、旗编委办公室（挂事业单位登记管理局牌子）。旗政府工作部门23个：办公室、发展计划局、经济贸易局（挂粮食局、安全生产委员会办公室牌子)、教育局、科学技术局(挂科学技术协会牌子)、民族事务委员会(挂宗教局牌子)、公安局、民政局(挂老龄工作委员会办公室牌子)、司法局、财政局(挂农业开发领导小组办公室牌子)、人事劳动和社会保障局、国土资源局、建设局、交通局、水利局、畜牧业局(挂农业局牌子)、林业局、旅游与文化体育局(挂广播电视局牌子)、卫生局、计划生育局、审计局、环境保护局、统计局。

设置部门管理机构1个:老干部局(正科)。设置议事协调机构2个:信访工作领导小组办公室和扶贫开发领导小组办公室(均为正科)。

2002年,旗委政策研究室并入旗委办公室;旗委考核办公室并入组织部;精神文明建设委员会办公室并入宣传部;计划委员会更名为发展计划局;经济贸易委员会更名为经济贸易局;民族宗教局更名为民族事务委员会;组建国土资源局,撤销土地局、矿产资源管理局;组建人事劳动和社会保障局,撤销人事局、劳动局;对外经济技术协作和招商引资行政职能由发展计划局和经济贸易局承担;国有资产管理、预算外资金管理职能由财政局承担;行政性公司所行使的行政职能由经济贸易局承担;农机技术服务中心不再挂农机局牌子,行政职能由畜牧业局承担;农业技术服务中心、畜牧技术服务中心的行政职能由畜牧业局承担;林业技术服务中心、水利技术服务中心的行政职能分别由林业局和水利局承担。

(二)乡镇机构改革

2002年,将全旗28个苏木乡镇调整撤并为20个,即经棚镇、宇宙地镇、土城子镇、芝瑞镇、南店镇、万合永镇、广兴源镇、同兴镇、达里镇、达日罕苏木、红山子乡、新开地乡、书声乡、三义乡、新庙乡、乌兰布统乡、浩来呼热乡、巴彦查干苏木、巴彦高勒苏木、新井乡。撤并昌义乡、上头地乡、热水塘镇、阿其乌拉苏木、天合园乡、木希嘎乡、柳林乡、天盛号乡8个苏木乡镇。撤并后的苏木乡镇党委、政府内部设置:党政办公室、财经办公室、社会发展办公室、乡镇建设办公室、党建办公室。事业机构设置为7个:农牧业综合技术服务中心、文化服务中心、计划生育技术服务中心、农牧业经营管理站、防疫保健服务站、财政所、生态监理所(队)。

2005年,全旗20个苏木乡镇合并为11个,即经棚镇、宇宙地镇、土城子镇、芝瑞镇、万合永镇、同兴镇、达来诺日镇、达日罕乌拉苏木、红山子乡、新开地乡、巴彦查干苏木。撤并南店镇、广兴源镇、书声乡、三义乡、新庙乡、乌兰布统乡、浩来呼热乡、巴彦高勒苏木、新井乡9个苏木乡镇。苏木乡镇党政机构设立党政综合办公室(挂综合治理办公室牌子)、经济发展办公室、社会事务办公室。苏木乡镇事业机构设立农牧业综合服务中心、文化广电服务中心、计划生育服务中心。

三、编制管理

(一)机构编制管理

1991—2008年,全旗机构编制执行集中统一领导和分级管理原则,有健全的机构编制管理和约束机制，职能调整、机构编制和领导职数增减，依据审批制度，由编委会审批。

（二）人员编制管理

1. 行政机关人员编制管理

1993—2002年，克旗党政机关行政编制为495名，工勤编制59名，苏木乡镇行政编制595名，工勤编制28名。

2002年，机构改革重新核定旗党政机关行政编制424名，工勤编制64名。政法专项编制270名（其中公安专项编制114名、司法专项编制45名、法院专项编制67名、检察院专项编制44名）；苏木乡镇行政编制490名，工勤编制40名。

2002年，旗党政机关实有公务员449人，工勤人员66人；政法工作人员303人；苏木乡镇实有公务员384人，工勤人员34人。

2005年，旗党政机关实有公务员511人，工勤人员49人；实有政法工作人员344人。

重新核定苏木乡镇行政编制370名，实有公务员245人。

2008年，旗党政机关行政编制463名，工勤编制64名；政法专项编制419名（其中公安专项编制164名、司法专项编制51名、法院专项编制78名、检察院专项编制47名、森林公安局专项编制79名）；苏木乡镇行政编制370名。

2008年，旗党政机关实有公务员527人，工勤人员58人；政法工作人员431人；苏木乡镇实有公务员264人。

2. 事业单位人员编制管理

2002年，旗直事业单位编制为4498名（不含自收自支），苏木乡镇事业单位编制为860名。实有旗直事业单位人员4304人（不含自收自支），苏木乡镇事业人员799人。

2005年，旗直事业单位编制为5331名（不含自收自支）。苏木乡镇事业单位编制为340名。实有旗直事业单位人员5224人（不含自收自支），苏木乡镇事业人员为338人。

2008年，旗直事业单位编制为5849名（不含自收自支）。苏木乡镇事业单位编制340名。实有旗直事业单位人员5132人（不含自收自支），实有苏木乡镇事业人员338名。

第六节　党校教育

一、机构

1991—2002年，旗委党校内设办公室、教务处、教研室、总务处。

2003—2008年，中共克旗委党校内设办公室、教务处、教研室、学员培训服务中心。

二、师资队伍

1991—1995年，旗委党校有授课教师16人。其中大学专科以上学历16人，有讲师4人。

1996—2000 年,旗委党校有授课教师 18 人。其中大学本科以上学历 17 人;有讲师 13 人,高级讲师 1 人。

2001—2008 年,旗委党校有授课教师 14 人。其中大学本科以上学历 14 人,有讲师 6 人,高级讲师 3 人。

三、党员干部培训

1991—2008 年,旗委党校主要是培训苏木乡镇旗直科级领导干部、中青年后备干部、嘎查村党支部书记和村主任(嘎查达)、机关干部岗位培训、理论骨干培训。共办培训班 73 期,培训 4799 人次。

四、公务员培训

1991—2008 年,旗委党校承担全旗公务员过渡、岗前、在岗、知识更新等培训任务,共办培训班 36 期,培训人员 3359 人次。2000 年,举办公务员世贸组织基本知识培训班 2 期,培训公务员 153 人。

五、学历教育

1991—2008 年,旗委党校举办成人学历教育 24 个班次,采取函授和全日制两种学习形式,培养大学专科毕业生 1000 余名,培养大学本科毕业生 340 余名。

1991—2008 年中共克旗委党校举办成人学历教育情况表

表 20-3-11

<table>
<tr><th rowspan="2">时　间</th><th rowspan="2">学习形式</th><th colspan="3">大学专科</th><th colspan="3">大学本科</th><th rowspan="2">其　他</th></tr>
<tr><th>班数(个)</th><th>人数(人)</th><th>专业</th><th>班数(个)</th><th>人数(人)</th><th>专业</th></tr>
<tr><td rowspan="2">1990.9—2000.8</td><td>函授</td><td>5</td><td>476</td><td>经济管理
政治法律</td><td>1</td><td>83</td><td>经济管理</td><td rowspan="3">1991 年 8 月,有一个全日制中专班 43 人毕业,1998 年 8 月有一个 36 人中专班毕业,2002 年 8 月至 2003 年 10 月,与中央民族大学共同举办函授形式少数民族经济管理研究生班一期,学员 51 人</td></tr>
<tr><td>全日制</td><td>3</td><td>120</td><td>经济贸易
采矿选矿
建筑工程</td><td>—</td><td>—</td><td>—</td></tr>
<tr><td>2001.9—2008.8</td><td>函授</td><td>8</td><td>496</td><td>法律
经济管理
财会
金融</td><td>7</td><td>259</td><td>法律
经济管理
金融</td></tr>
</table>

六、教学工作

旗委党校按“党校教育是全国各级党政领导干部培训轮训的主渠道”精神,组织开展教育教学工作。

(一)课程设置

马克思主义基本理论是旗委党校基础课程;党的路线、方针、政策是主要课程;党性教育是必修课程。旗委党校主体班次主要依此安排教学。

(二)教学管理

1991 年后,旗委党校逐步健全各种培训、轮训、调训制度,建立干部培训档案,正规化教育、继续教育发放成绩证明,实现培训规范化。

2000 年后,旗委党校注重师资队伍建设,提高教学质量,学校教师学历、能力不断提升。至 2008 年,大学本科学历以上教师占 93%,讲师、高级讲师占任课教师的 64%。

2005 年后,干部培训更加注重针对性和实效性,着重在务实、管用、需要和有效上设置课程,培训内容已不再是依教学计划“配给”,而是根据干部“需求”设计,不断引入理论热点问题开展研讨。

干部培训、轮训、调训根据学员班次特点,多实行党委组织部门、政府人事部门和党校共同管理学员。

第四章　学习教育活动

第一节　理论学习活动

一、社会主义市场经济理论大学习大讨论

1995—2000 年,旗委在全旗范围内组织开展社会主义市场经济理论大学习、大讨论活动。社会主义市场经济理论大学习、大讨论活动在全旗范围内的党员干部和群众中进行。通过组织宣讲团到基层巡回辅导、收听收看电视专题讲座、举办理论研讨会和组织干部到外地学习、到发达地区考察等形式开展。期间,旗委理论中心组组织学习 23 次,宣讲团到各地区、各单位理论中心组宣讲 14 次;全旗各级党组织共举办不同形式的报告会 198 场次;旗党校和各基层党校共举办有关大学习、大讨论培训班 58 期、培训 6800 人次、培训各级理论骨干 280 人;全旗各地区、各单位组织学习讨论 443 次,参加学习人员 22300 余人;克旗大学习、大讨论宣讲团先后深入机关、企业、农村牧区宣讲 102 次,受教育人数 32600 余人,各级党组织编发简报 528 期,全旗各级理论中心组通过学习结合本职工作撰写出 533 篇的调研文章,对全旗 2000 余名在职干部职工进行了社会主义市场经济理论大学习、大讨论正规化教育考试。

二、“三个代表”重要思想学习活动

2001 年 1—8 月,全旗开展第一批“三个代表”重要思想学习教育活动。90 个旗直部门,28 个苏木乡镇及其所属的 318 个站所,共有 5986 名各级干部参加学习教育活动。

2001年10—12月,克旗开展第二批"三个代表"思想学习教育活动。活动以"强班子、提素质、理思路、促发展"为主题,全旗163个嘎查村、10086人(其中嘎查村干部978人,村组干部、农牧民党员、农牧民中的旗乡两级人大代表、政协委员、村民代表、入党积极分子、共青团员9108人)参加学习教育活动。全旗共发放征求意见表11060份,入组1215组,到户10425户;召开座谈会573次,参加座谈人数9171人;分类梳理出群众意见建议265条,涉及8个方面共性问题,制定基层干部政治理论学习制度、深入基层联系群众制度、嘎查村级重大事务议事制度等24项制度,初步建立长效保障机制。各级党员干部为灾区农牧民群众捐款139万元,粮食144吨,衣物24000余件,共折合人民币201万元。化解村级不良债务741.6万元,解决热点难点问题22件。

三、科学发展观学习教育活动

2008年11月,成立学习科学发展观活动领导小组,确定宇宙地镇、达日罕乌拉苏木达来嘎查、经棚街道办事处、经棚街道园林路居委会、经棚二中、克旗华盛公司为试点单位,共有303名党员参加活动。

第二节 专题教育活动

一、"三讲"学习教育活动

1997年5—12月,旗委组织开展以"双学"(学理论、学党章)、"三讲"(讲学习、讲政治、讲正气)为主题的思想作风整顿活动。按县处级领导干部、苏木乡镇科级干部、旗直机关科级干部三个层面开展活动,全旗近700名科级以上干部参加活动。

二、"举、强、固、促"教育活动

2002年10月—2003年1月,开展"举旗帜、强党性、固宗旨、促先进"党员先进性教育活动。全旗以基层党支部为单位组织开展活动,541个基层党支部、10070名党员参加活动。

三、包户增收实践教育活动

2004年3月,启动干部下乡推进农牧民增收行动。旗直、中区市直100个单位,848名干部到基层,对全旗125个嘎查村的2595户农牧民进行包扶。20个苏木乡镇的871名干部在包村同时,重点包扶2316户农牧户,有能力党员和村干部351人包扶563户,全旗累计包扶农牧户总数5474户。共落实增收项目9大类39个小项目,投入资金749.695万元,其中协调贷款和周转金205万元,无偿资金372.404万元(其中职工捐款20.456万元),物资折款172.291万元。2005年,全旗共有104个中区市直、旗直单位开展包扶工作,共包扶125个嘎查村。1530名干部包扶4124户农牧户。其中,中区市直、旗直单位有787名干部包扶2247户,共包扶典型户630户,发展户901户、贫困户

716户。苏木乡镇有743名干部包扶1877户农牧户。共落实增收项目11大类47个小项目。共投入资金1399.53万元,其中无偿资金81.15万元,项目资金927.21万元,物资折款94.57万元,协调贷款296.6万元。2006年,全旗共有107个中区直、旗直单位开展了包扶工作,共包扶122个嘎查村。有802名干部共包扶2292户农牧户,其中典型户645户、发展户916户、贫困户731户。共落实增收项目10大类45个小项目,共投入资金1076.7996万元,其中,投入无偿资金63.31万元,贷款239.1万元,物资折款104.0996万元,项目资金670.29万元。2007年,全旗共有106个中区市直、旗直单位开展包扶工作,共包扶126个嘎查村。有802名干部共包扶2292户农牧户,其中包扶典型户645户、发展户916户、贫困户731户。共落实增收项目11大类55个小项目,共投入资金2409.9308万元,其中,投入无偿资金93.3148万元,项目资金1678.54万元,贷款530.7万元,物资折款107.376万元。2008年,全旗共有128个中区市直、旗直单位、企事业单位开展包扶工作,共包扶123个嘎查村,落实增收项目11大类55个小项目,投入资金3355.303万元,其中,投入无偿资金180.586万元,项目资金2229.56万元,贷款811.3万元,物资折款133.856万元。

四、保持共产党员先进性教育活动

2005年2—7月,克旗启动第一批保持共产党员先进性教育活动,旗委机关、人大机关、政府机关、政协机关、组织部、宣传部、纪检委、法院和检察院9个单位的362名党员(其中在职党员248人,县处级干部41人,离退休党员73人)参加活动。

2005年7—12月,开展第二批保持共产党员先进性教育活动,全旗20个苏木乡镇党委、2个开发区党委、14个旗直机关系统党委、13个党总支、334个党支部、6135名党员(其中在职党员3802人,离退休党员1579人,街道居委会党员754人)参加活动。全旗1530名党员干部通过建立“保持共产党员先进性,党和人民心连心结对互助卡”的方式共包扶农牧户4124户,落实增收项目11大类40余个,消除零就业家庭36户,安排就业1038人。

2005年11月—2006年6月,开展第三批保持共产党员先进性教育活动,全旗125个嘎查村党支部,5658名党员(其中农牧民党员5390人,村校教职工党员268人)参加活动。全旗共投入各类物资50余万元,救助贫困户2100余户,慰问老军人、残疾军人、军烈属、五保户等优抚对象365户,为1769户城镇低收入家庭7677人发放最低生活保障金286万元,发放率100%。

第五章　纪检监察

第一节　机　构

1991 年,旗纪检委内设办公室、纪检监察室、宣教调研室、案件审理室。28 个苏木乡镇党委全部建立纪律检查委员会。

1993 年,旗纪委与旗监察局合署办公,实行一套工作机构、两个机关名称,同时履行党的纪律检查和政府行政监察职能。内设办公室、纪检监察室、宣教调研室、案件审理室、信访室等机构,编制 22 名。

2002 年,旗纪检委、旗监察局向人民法院、人民检察院、人事劳动和社会保障局、国土资源局、财政局、人口和计划生育局、发展计划局、民政局、环境保护局、建设局、统计局、水利局等 12 个部门派驻纪检组(监察室),2005 年,纪检委向司法局派驻纪检组(监察室)。

2008 年,旗纪检委(监察局)内设办公室、纪检监察一室、纪检监察二室、宣教调研室、案件审理室、信访室(举报中心)、党风廉政室、执法监察室。

1991—2008 年克旗纪检委主要领导名录

表 20-5-1

姓　名	性别	民　族	职　　务	任　职　年　限	籍　　贯
刘子文	男	汉　族	旗委常委、纪委书记	1990.11—1995.12	克　　旗
常桂英	女	满　族	旗委常委、纪委书记	1995.12—1998.11	阿鲁科尔沁旗
花　拉	女	蒙古族	旗委常委、纪委书记	1998.11—2006.12	阿鲁科尔沁旗
冯树鑫	男	汉　族	旗委常委、纪委书记	2007.9—2008.12	敖 汉 旗

第二节　党风廉政建设

1991—1995 年,旗纪检委结合实际,重点开展狠刹用公款吃喝送礼、滥发钱物、公费旅游及干部利用职权违纪建房、多占住房等不正之风;建立健全系列党风廉政监督制度。在全旗 391 名乡科级以上领导干部中开展廉洁自律自查自纠工作,共查出不廉洁问题 36 件,清理个人占欠公款 9.6 万元,机关占欠企业资金 22.2 万元。

1996—2000 年,继续狠抓领导干部廉洁自律各项规定和制度落实,对全旗党政机关、企事业单位以及苏木乡镇副科级以上领导干部住房进行重新登记和清理，为 32 名正副处级、521 名正副科级干部建立住房登记卡。严格控制新建办公楼、各种会议和庆典活动及公款安装电话等，重点清理用公款购买通讯工具，收缴违纪资金 48 万元。推行村级财务公开制度，采取定期张榜公布等形式公开财务收支，公开计划生育指标，公开劳动统筹资金，接受群众监督。

2001—2008 年，旗纪检委逐项分解党风廉政建设和反腐败目标任务，构建党风廉政建设网络。规范旗直部门和苏木乡镇议事决策行为，制定印发《克旗"三重一大"集体议事决策制度》(试行)，按单位性质分类，确定各地区、各部门集体议事决策重要项目和大额资金使用的额度及重要人事任免程序。在全旗推行政务、村务、厂务公开，启动行政审批制度改革、财政制度改革、干部人事制度改革，全旗原执行的 325 项行政审批事项、420 项行政事业性收费项目，清理后取消审批事项 30 项，取消收费项目 7 项，同时编印《克旗行政审批项目目录》《克旗行政事业性收费项目目录》；监督落实机关办公政府采购制度；在领导干部中落实谈话述廉制度；开展清理乡村两级债权债务；推行"村财民理乡代管"的集体财物管理办法。清理个别机关及其领导干部和工作人员占用草牧场养畜或经营。

第三节　纠正部门与行业不正之风

1991—1995 年，纠正部门和行业不正之风工作贯彻纠建并举、标本兼治方针，从评行风，树新风入手，以源头治理为重点，集中力量，开展纠风工作：成立"减轻农牧民负担""治理公路三乱(乱设卡、乱收费、乱罚款)"等专项治理工作领导小组；废止不合法收费文件 5 件，狠刹乱罚款、乱收费不正之风；清理计划生育预算外资金 187.67 万元；清理纠正党政机关经商办企业 14 家。

1996—2000 年，以治理乱收费为重点，重点治理公路"三乱"，取消不合理收费站卡 2 个，整顿规范收费站卡 1 个；查处涉农违规收费、学校违规收费；制定《狠刹药品购销中的不正之风工作实施方案》，推动召开克旗首届药品公开招标采购会；在克旗纠风办监督下取缔 8 处无证行医卖药门点、5 处医疗单位滥设门诊，制止无资质人员、游医、药贩坐堂行医贩药。

2001—2008 年，按照"谁主管、谁负责"和"管行业必须管行风"原则开展纠风工作。在旗内 60 余个部门和行业开展民主评议行风活动，聘请行风监督员 540 余名。重点对旗乡村三级医院、个体诊所、医药批发企业和零售药店进行拉网式清查治理，取缔 16 处无证行医，公开销毁伪劣药品。继续监督涉农、教育、公路收费违规事件，对涉案人员进行处罚、教育。

第四节　改善投资环境

2003 年,成立克旗改善投资环境办公室和行政效能投诉中心,具体负责改善投资环境工作和行政效能监察工作。行政效能投诉中心与改善投资环境办公室合署办公,办公室设在纪检委。具体负责行政效能监察和调查处理损害经济发展环境案件。

克旗改善投资环境办公室,在全旗全面推行服务承诺制。将克旗 56 个经济管理部门、行政执法部门、社会事务管理部门、公用事业服务部门和司法机关的职责权限、服务承诺内容、违诺责任追究办法和投诉方式向社会公布。协调建立招商引资服务大厅,行政事业性收费与罚没款收缴大厅,工商企业证照办理服务大厅。

2008 年,行政审批、证件、缴费服务集中在政府行政服务中心进行,实现"一站式"服务。

第五节　执法监察

1991—1995 年,主要针对农牧民负担情况、计划生育预算外资金使用情况、扶贫资金管理情况开展执法监察。

1996—2000 年,以行政事业性收费为重点,会同相关部门对落实"收支两条线"管理规定情况进行专项执法监察,累计纠正违纪资金 160 余万元。组织开展农牧民负担审计工作,全旗审计面 60%。落实中小学收费监督卡制度,全旗各中小学收费标准和主要情况全面向社会公开。

2001—2008 年,对各苏木乡镇民政资金管理使用情况开展全面检查,对部分乡镇存在的截留、挪用、不及时发放救灾款、虚报冒领复员退伍军人定期定量补助、伤残军人抚恤费等问题进行调查处理和监督;对党政机关、事业单位使用公款购买个人商业保险进行执法监察并予以纠正;对工资政策执行情况进行执法监察,查处个别单位存在的未经人事劳动部门批准长期不上班、已调出人员仍在原单位发放工资、已退休人员仍按在职人员工资标准调资和发放工资、已判刑人员或受处分人员工资没有核减等问题;对西部大开发项目资金、国债资金、社会保障资金使用情况进行执法监察,共发现违规资金 148 万元,给予纠正和处理。

克旗纪检委在执法监察中,参与监督建筑市场招投标项目,累计监督招投标项目 35 项,监督投资总额 2 亿余元,推动建筑市场公开招投标率 100%。监督国有经营性活动和国有产权交易市场,监督土地出让 65 宗,成交金额 3269.45 万元,产权交易金额 366.4 万元。

第六节　信访举报和查办案件

1991—1995年，旗纪委、监察局共受理群众来信来访举报贪污、违反计划生育政策、挪用公款等违纪案件418件(次)，立案98起，结案78起，给予党纪政纪处分97人，移送司法机关5人，挽回经济损失150余万元。

1996—2000年，旗纪委、监察局共受理群众来信来访举报贪污、违反计划生育政策、挪用公款、工作失职等案件549件(次)，立案82起，结案82起，给予党纪政纪处分78人，移送司法机关4人。2000年9月召开克旗破坏生态环境违法违纪案件公开处理大会，对6起非法开垦草原、毁林典型案件进行公开处理，对17名破坏生态环境及工作失职的违纪人员进行处分。

2001—2008年，旗纪委、监察局共受理群众来信来访举报贪污、挪用公款、工作失职、违反财经纪律、滥用职权等各类案件764件(次)，立案85起，结案85起，给予党纪政纪处分85人，移送司法机关7人。

1991—2008年克旗纪委监察局立案查办案件及处分人员情况表

表20－5－2

年份	立案案件	处分人数	党纪处分						政纪处分							双重处分	追究刑事责任
			合计	警告	严重警告	撤职	留党察看	开除党籍	合计	警告	记过	记大过	降级	撤职	开除		
1991	29	29	23	4	4	—	5	10	6	1	1	2	—	—	2	—	—
1992	22	22	22	5	7	2	4	4	8	—	1	3	1	3	—	8	4
1993	16	16	14	3	2	1	3	5	4	1	—	1	1	—	1	2	—
1994	15	14	11	1	4	—	—	6	5	—	1	1	1	—	2	2	1
1995	16	16	13	4	2	—	1	6	4	—	—	—	4	—	—	1	—
1996	10	10	9	1	2	1	1	4	2	—	—	1	—	—	1	1	4
1997	11	11	10	2	2	—	2	4	1	—	—	1	—	—	—	—	—
1998	9	7	6	3	2	—	—	1	1	—	—	—	1	—	—	—	—
1999	14	13	11	3	6	—	1	1	3	—	2	—	—	—	1	1	—
2000	38	37	25	3	14	4	1	3	13	3	4	2	1	2	1	1	—
2001	20	20	14	6	1	—	—	7	6	1	—	1	2	1	1	—	—

续表

年份	立案案件	处分人数	党纪处分						政纪处分							双重处分	追究刑事责任
			合计	警告	严重警告	撤职	留党察看	开除党籍	合计	警告	记过	记大过	降级	撤职	开除		
2002	8	8	8	4	2	—	—	2	—	—	—	—	—	—	—	—	1
2003	9	9	9	2	1	—	2	4	—	—	—	—	—	—	—	—	—
2004	20	20	20	11	3	—	—	6	2	—	1	1	—	—	—	2	2
2005	13	13	13	4	5	—	3	1	4	—	—	3	—	1	—	4	—
2006	13	13	13	4	5	—	2	2	—	—	—	—	—	—	—	—	4
2007	6	6	6	2	3	—	1	—	—	—	—	—	—	—	—	—	—
2008	5	5	5	1	1	—	1	2	3	—	1	—	—	1	1	3	—
合计	274	269	232	63	66	8	27	68	62	6	11	16	11	8	10	25	16

第二十一篇

◇ 第一章　人大代表选举

◇ 第二章　历届人民代表大会　苏木乡镇人大

◇ 第三章　人大常委会

◇ 第四章　主要工作

第一章　人大代表选举

第一节　代表选举

1990年9月，克旗进行第十一届人民代表大会代表选举。

全旗划分出123个旗级人大代表的选区，确定第十一届人民代表大会代表名额为197名。同时确定苏木乡镇新一届人民代表大会代表名额1434名，划分苏木乡镇级人大代表选区894个。

在197名旗级人大代表中，有工人代表8名，占代表总数4.06%；有农牧民代表98名，占代表总数49.7%；知识分子代表41名，占代表总数20.8%；干部代表47名，占代表总数23.9%；解放军代表1名，占代表总数0.5%；无党派爱国人士代表2名，占代表总数1%。其中，少数民族代表62名，占代表总数31.5%。蒙古族代表47名，占少数民族代表总数的23.9%。共产党员代表122名，占代表总数的61.9%。妇女代表38名，占代表总数的19.3%。旗选举委员会提名推荐到基层参加选举的28名代表候选人，全部当选。

同时选举出1434名苏木乡镇级人大代表，其中工人代表56名，干部代表259名，爱国人士及其他方面代表4名，少数民族代表260名(其中蒙古族代表242名)。共产党员代表777名，妇女代表309名。

1993年10月，克旗进行第十二届人民代表大会代表选举。

内蒙古自治区人大代表选举工作领导机构确定克旗第十二届人民代表大会的代表名额为198名。同时，划定932个苏木乡镇级选区，确定苏木乡镇新一届人民代表大会代表名额1462名。

选举出旗级人民代表大会代表198名。其中，工人代表4名，占代表总数的2%；农牧民代表86名，占代表总数的43.4%；干部代表50名，占代表总数的25.2%；知识分子代表56名，占代表总数的28.3%；其他人士代表2名，占代表总数的1%。在198名代表中，少数民族代表56名，占代表总数的28.3%；党员代表146名，占代表总数的73.7%；妇女代表37名，占代表总数的18.6%。苏木乡镇级人大代表同时进行选举。

1998年9月，克旗第十三届人民代表大会代表的选举，按照内蒙古自治区人大常委会确定的180名代表名额进行选举。除河南店乡第三选区预留1名代表名额外，足额选出179名旗级人大代表。其中，工人代表6名，占代表总数的3.35%；农牧民代表67名，占代表总数的37.43%；知识分子代表50名，占代表总数的27.93%；干部代表51名，占代表总数的28.49%；解放军、森警、无党派爱国人士和宗教界爱国人士代表5

名,占代表总数的2.8%。在新当选的179名代表中,有少数民族代表45名,占代表总数的25.14%;中共党员代表117名,占代表总数的65.36%;妇女代表36名,占代表总数的20.11%。

2003年10月—2004年1月,克旗进行第十四届人民代表大会代表选举。经过政党、人民团体和选民十人以上联名推荐代表候选人299名,达到法定代表候选人差额数,经酝酿协商,299名候选人全部列为正式候选人名单。除经棚镇预留1名代表名额外,选出克旗第十四届人民代表大会代表179名。其中,工人、农牧民和其他劳动者代表81名,占代表总数的45.3%;知识分子代表49名,占代表总数27.3%;干部代表47名,占代表总数26.3%;解放军、宗教界爱国人士代表2名,占代表总数1.1%。在全旗新当选的179名旗级人大代表中,中共党员代表116名,占代表总数64.8%;少数民族代表47名,占代表总数26.3%;妇女代表47名,占代表总数26.3%。代表的文化结构为,大专以上文化程度的代表85名,占代表总数47.5%;中专及高中文化程度的代表57名,占代表总数31.8%;初中文化程度的代表37名,占代表总数20.7%。

2007年9月—11月中旬,克旗进行第十五届旗级人民代表大会代表选举。全旗政党、人民团体和选民十人以上联名推荐代表候选人287名,经过酝酿协商,287名候选人全部列入正式代表候选人名单。183632名选民参加选举投票,参选率94%,选举产生克旗第十五届人民代表大会代表179名。在新一届旗级人大代表中,有工人代表14名,占代表总数的7.8%;农牧民代表62名,占代表总数34.6%;知识分子代表40名,占代表总数的22.4%;干部代表61名,占代表总数的34.1%;解放军、宗教界爱国人士代表各1名,占代表总数的1.1%。在179名代表中,中共党员代表116名,占代表总数64.8%;少数民族代表50名,占代表总数27.9%;妇女代表39名,占代表总数21.8%。代表文化结构为,大专以上文化程度的代表117名,占代表总数65.4%;中专及高中文化程度代表44名,占代表总数24.6%;初中文化程度的代表18名,占代表总数10%。

第十一至十五届克旗人民代表大会代表换届选举情况表

表21-1-1

普选届次	选举时间	选举代表(名)	划分选区(个)	登记选民数(人)	参选率(%)	候选人数(人)
第十一届	1990.9—1991.3	197	123	152305	99.4	—
第十二届	1993.10—1994.3	198	126	159756	97.2	—
第十三届	1998.9—1999.1	179	112	161247	91.7	—
第十四届	2003.10—2004.1	179	119	158871	99	299
第十五届	2007.9—11.12	179	108	195353	94	287

第二节　资格审查

克什克腾旗第十一至十五届人民代表大会均设立代表资格审查委员会，依法对旗级人民代表进行代表资格审查。经审查，均符合旗级人民代表资格。

第二章　历届人民代表大会　苏木乡镇人大

第一节　第十一至第十五届人民代表大会

一、第十一届人民代表大会

1991 年 3 月 4—9 日，克旗第十一届人民代表大会在经棚镇召开。应出席大会代表 197 人，出席会议 191 人。大会听取和审议旗人民政府、旗人大常委会、旗人民法院、旗人民检察院的工作报告；审议克旗年度国民经济和社会发展计划、克旗年度财政预决算报告，通过相应的决议。会议选举产生新一届人大常委会组成人员和旗长、副旗长。大会选举汪永泽为克旗第十一届人大常委会主任，冯玉琴（女）、任玉林、希古尔、冯永顺为副主任，王如山、丹巴、田国文、刘广生、刘会斌、任天学、孙贵才、李占卿、李孝文、杨富国、常桂英（女）、斯钦巴特尔 12 人为常委会委员；选举高国芳为克旗人民政府旗长，斯钦图、陈玉成、孟繁有、孟庆林、马清河为副旗长。选举武希坡为人民法院院长，董继荣为人民检察院检察长。大会期间选举出席赤峰市第二届人民代表大会代表。

二、第十二届人民代表大会

1994 年 3 月 9—14 日，克旗第十二届人民代表大会在经棚镇召开。应出席大会代表 198 人，出席会议 198 人。大会听取和审议旗人民政府、旗人大常委会、旗人民法院、旗人民检察院的工作报告，审议克旗年度国民经济和社会发展计划与克旗年度财政预决算报告。通过相应的决议。选举产生新一届人大常委会组成人员、旗长、副旗长。选举呼格吉图为克旗第十二届人大常委会主任，任玉林、冯永顺、王殿荣、何立新、常桂英（女）、王杰为副主任。选举汪耳河、刘广生、孟庆会、王瑞琴（女）、孙贵才、宝玉臣、李孝文、乌树鸣、孙长江、格日勒（女）、胡秀峰、初桂珍（女）为常委会委员。选举高国芳为克旗人民政府旗长，孟繁有、斯钦巴特尔、孟庆林、白景武、秦义、赵玉山为副旗长。选举武希坡为克旗人民法院院长、赵学祺为克旗人民检察院检察长。

三、第十三届人民代表大会

1999 年 1 月 18—23 日，克旗第十三届人民代表大会在经棚镇召开。应出席大会代表179人,出席代表177人。大会听取和审议旗人民政府、旗人大常委会、旗人民法院、克旗人民检察院工作报告,审议克旗年度国民经济和社会发展计划与年度财政预决算的报告,通过相应的决议。选举产生新一届人大常委会组成人员、旗长、副旗长。选举刘子文为人大常委会主任,王杰、冯永顺、刘清河、何立新、常桂英(女)为副主任,王瑞琴(女)、白斯古楞、李孝文、吴景田、阿拉腾敖其尔、郑洪学、孟庆惠、姜东曙、贾国有、阎素珍(女)、韩振才、韩晓峰、赛音吉雅为常委会委员。克旗人民政府旗长候选人落选。选举王立山、刘文章、汪耳河、范国忠、秦义为人民政府副旗长。选举魏永歧为克旗人民法院院长,乌日图为克旗人民检察院检察长。

四、第十四届人民代表大会

2004年1月4—8日,克旗第十四届人民代表大会在经棚镇召开。应出席大会代表179人,出席代表179人。大会听取和审议旗人民政府、旗人大常委会、旗人民法院、旗人民检察院工作报告;审议克旗年度国民经济和社会发展计划与克旗年度财政预决算报告,通过相应的决议。选举产生新一届人大常委会组成人员、旗长、副旗长。大会选举斯钦巴特尔为克旗人大常委会主任,刘占会、李长春、李俊卿、王瑞琴(女)、王玉成为副主任,杨宗仁、冯树鑫、张国华、姜东曙、阿拉腾敖其尔、姜振校、韩振才、林少岭、项淑华(女)、娜仁(女)、贾国有、何云杰、王喜鹏为常委会委员。大会选举李欣华为克旗人民政府旗长,汪耳河、吉日嘎拉、姜惠君、李秀峰、刘建华(女)为副旗长。大会选举刘长江为旗人民法院院长,赵晓明为旗人民检察院检察长。本届人民代表大会任期为4年。

五、第十五届人民代表大会

2007年11月9—12日,克旗第十五届人民代表大会在经棚镇召开。应出席大会代表179人,出席代表179人。大会听取和审议旗人民政府、旗人大常委会、旗人民法院、旗人民检察院工作报告;审议克旗年度国民经济和社会发展计划与年度财政预决算的报告,通过相应的决议。大会选举产生克旗新一届人大常委会组成人员和旗长、副旗长。大会选举斯钦巴特尔为克旗人大常委会主任,花拉(女)、李长春、王玉成、刘德生、李景章为副主任,李俊卿、王瑞琴(女)、韩国苍、韩晓峰、孟克布仁、毛凤羽、曹国君、李洪泽、德格西、王健民、娜仁(女)、钟青松、刘学义、何云杰、贾国友、赵伟远、李瑞为常委会委员。选举周春义为克旗人民政府旗长,杨宗仁、刘建华(女)、李秀峰、浩毕斯嘎拉图、王利为副旗长。选举刘长江为克旗人民法院院长,徐国锋为旗人民检察院检察长。

第十一至十五届克旗人民代表大会代表情况表

表 21－2－1　　单位：人

届次	总数	代表性别		代表民族构成		代表界别构成					代表政治界别	
		男	女	少数民族	汉族	工人	农牧民	知识分子	国家干部	其他	中共党员	其他
十一	197	159	38	62	135	8	98	41	47	3	122	75
	%	80.7	19.3	31.5	68.5	4.06	49.7	20.8	23.9	1.5	61.9	38.1
十二	198	161	37	56	142	4	86	56	50	2	146	52
	%	81.3	18.7	28.3	71.7	2	43.4	28.3	25.2	1	73.7	26.3
十三	179	143	36	45	134	6	67	50	51	5	117	62
	%	79.9	20.1	25.1	74.9	3.4	37.4	27.9	28.5	2.7	65.4	34.6
十四	179	132	47	47	132	16	65	49	47	2	116	63
	%	73.7	26.3	26.3	73.7	9	36.3	27.3	26.3	1.1	64.8	35.2
十五	179	140	39	50	129	14	62	40	61	1	116	63
	%	78.2	21.8	27.9	72.1	7.8	34.6	22.4	34.1	1.1	64.8	35.2

第二节　苏木乡镇人大设置

1991—1994 年，克旗各苏木乡镇政府换届，人民代表大会一般推举苏木乡镇的党委书记或副书记为大会主席团主席及副主席，在人民代表大会闭会后代行苏木乡镇人大主席职能，主持苏木乡镇人民代表大会日常工作。

1995 年 2 月，各苏木乡镇人民代表大会开始设立苏木乡镇人大主席，苏木乡镇人大主席候选人由旗委提名，苏木乡镇人民代表大会选举产生。苏木乡镇换届选举人民代表大会主席团主持本届人民代表大会，并完成各项会议日程。闭会期间，人大主席或副主席负责日常工作。

1995 年后，克旗 28 个苏木乡镇先后设置苏木乡镇人大主席。

2002 年后，撤并苏木乡镇为 20 个，全旗设置 20 名苏木乡镇人大主席。

2006 年后，撤并苏木乡镇为 11 个，全旗设置 11 名苏木乡镇人大主席。

第三章 人大常委会

第一节 人大常委会会议

克旗人大常委会为克旗人民代表大会常设机关,主要依法履行决定权、监督权、任免权,实施法律监督和工作监督。人民代表大会闭会期间,人大常委会每两月举行一次会议。

一、第十一届人大常委会会议

克旗第十一届人大常委会(1991 年 3 月—1994 年 3 月)共举行 19 次全体会议。先后听取并审议共 51 个“一府两院”工作报告,相应作出 13 个决议决定,组织 4 次代表视察,进行 21 次专项调查和检查。在 19 次常委会中,有 12 次安排了经济工作的议程。第十一届人大常委会共任免国家机关工作人员 207 人次;办理 226 件代表提出的批评、建议和意见。

二、第十二届人大常委会会议

克旗第十二届人大常委会(1994 年 3 月—1999 年 1 月)共举行 35 次全体会议,听取并审议 65 个“一府两院”工作报告,围绕有关议题和法律法规贯彻实施情况开展 55 次视察、检查,作出 11 项决议决定,提出 33 项工作审议意见;审议批准《克什克腾旗野生植物资源保护管理办法》《克什克腾旗水产资源繁殖保护管理办法》《克什克腾旗经棚镇城镇总体规划》《克什克腾旗法制宣传教育暂行规定》。第十二届人大常委会共任免国家机关工作人员 179 人次,办理 256 件代表提出的批评、建议和意见。

三、第十三届人大常委会会议

克旗第十三届人大常委会(1999 年 1 月—2004 年 1 月)共举行 36 次全体会议。围绕“农牧为本、以牧为主、生态立旗、旅游活旗、科教兴旗、工贸强旗”发展战略和克旗社会关注的难点、热点问题开展监督工作,并适时做出相应决议。第十三届人大常委会听取审议了 68 个“一府两院”工作报告,审议通过《克什克腾旗人民代表大会常务委员会关于继续开展法制宣传教育的决议》《克什克腾旗旅游管理暂行办法》《克什克腾旗人民代表大会常务委员会述职评议办法》。共任免国家机关工作人员 251 人次;办理 172 件代表建议、批评和意见。

四、第十四届人大常委会会议

克旗第十四届人大常委会(2004 年 1 月—2007 年 11 月)共举行 33 次全体会议,听取并审议 25 个“一府两院”专题报告和工作汇报。先后对全旗贯彻实施《中华人民共和国行政许可法》等14部法律法规和条例情况进行执法检查。围绕经济建设中心，组织各级人民代表开展12次视察活动、40次调查评议活动。先后作出25项工作决议决定，提出34项审议意见。审议批准《克什克腾旗旅游管理办法》《克什克腾旗世界地质公园保护管理办法》。第十四届人大常委会对12名国家机关工作人员进行述职评议，依法任命15名人民陪审员，任免国家工作人员171人。办理代表建议、批评和意见164件。

五、第十五届人大常委会会议

克旗第十五届人大常委会(2007年11月—2008年12月)共举行6次全体会议。先后听取并审议10个"一府两院"工作报告，对全旗贯彻实施《中华人民共和国药品管理法》《中华人民共和国环境保护法》《内蒙古自治区物业管理条例》情况进行执法检查，开展2次针对性的视察活动。对40名旗级人民代表集中进行履职培训。截至2008年12月末，第十五届人大常委会共任免96名国家机关工作人员，办理85件代表建议、批评和意见。

第十一至十五届克旗人大常委会副主任名录

表21－3－1

姓　名	性别	籍　贯	任职时间	任职届别	备注
冯玉琴	女	红山区	1980.12—1994.3	第八、九、十、十一届	离任
任玉林	男	克什克腾旗	1987—1998.11	第十、十一、十二届	离任
希古尔	男	克什克腾旗	1988.10—1994.3	第十、十一届	离任
冯永顺	男	翁牛特旗	1991.3—2002.3	第十一、十二、十三届	离任
王殿荣	男	克什克腾旗	1994.3—1999.1	第十二、十三届	离任
何立新	男	宁城县	1994.3—2002.3	第十二、十三届	离任
常桂英	女	阿鲁科尔沁旗	1994.3—2002.3	第十二、十三届	离任
王　杰	男	喀喇沁旗	1994.3—2002.3	第十二、十三届	离任
哈　斯	男	巴林右旗	1996—1997.8	第十二届间	调离
代功学	男	林西县	1998.3—1999.1	第十二届间	离任
刘清河	男	克什克腾旗	1999.1—2002.3	第十三届	离任
刘文章	男	克什克腾旗	2001.3—2004.1	第十三届	离任
李长春	男	克什克腾旗	2002.3—2008.12	第十三、十四、十五届	在任
李俊卿	男	克什克腾旗	2002.3—2007.11	第十三、十四届	离任
王瑞琴	女	克什克腾旗	2002.3—2007.11	第十三、十四届	离任

续表 21－3－1

姓　名	性别	籍　　贯	任 职 时 间	任 职 届 别	备注
王玉成	男	克什克腾旗	2002. 3—2008. 12	第十三、十四、十五届	在任
刘占会	男	克什克腾旗	2004. 1—2007. 1	第十四届	离任
花　拉	女	阿鲁科尔沁旗	2007. 11—2008. 12	第十五届	在任
刘德生	男	克什克腾旗	2007. 11—2008. 12	第十五届	在任
李景章	男	克什克腾旗	2007. 11—2008. 12	第十五届	在任

注:“在任”指本书下限时仍在任职

第二节　人大常委会及其内设机构

一、领导机构

1991 年 3 月,克旗第十一届人大常委会,由 16 人组成。

1994 年 3 月,克旗第十二届人大常委会,由 19 人组成。

1999 年 1 月,克旗第十三届人大常委会,由 19 人组成。

2004 年 3 月,克旗第十四届人大常委会,由 19 人组成。

2007 年 11 月,克旗第十五届人大常委会,由 23 人组成。

第十一至十五届克旗人大常委会主任名录

表 21－3－2

姓　名	性别	籍　　贯	任 职 时 间	备　注
汪永泽	男	克什克腾旗	1991. 3—1994. 3	离　任
呼格吉图	男	阿鲁科尔沁旗	1994. 3—1996. 1	调　离
刘子文	男	克什克腾旗	1996. 1—2002. 3	离　任
斯钦巴特尔	男	克什克腾旗	2002. 3—2008. 12	在　任

二、内设机构

1987 年克旗第十届人大常委会各专门委员会始设专职人员。

1991 年,克旗人大常委会内设办公室、民族法律委员会、财政经济委员会、教育科学文化卫生委员会。

1995 年,克旗人大常委会内设办公室、民族与法制委员会、财政与经济委员会、教育科学文化卫生委员会。

1997 年,克旗人大常委会增设代表联络工作委员会。

2004—2008 年，克旗人大常委会内设办公室、民族法律工作委员会、财政经济工作委员会、教科文卫工作委员会、代表联络委员会，人员编制为 23 名。

第四章　主要工作

第一节　法律监督

一、十一届人大常委会

克旗第十一届人大常委会　三年间共听取和审议《中华人民共和国民事诉讼法》《中华人民共和国食品卫生法》《中华人民共和国药品管理法》《中华人民共和国经济合同法》等 9 部法律法规在克旗实施情况的报告，监督检查克旗政法机关和执法部门执法情况，有重点地确定议题，先后对《中华人民共和国企业法》《中华人民共和国土地管理法》《中华人民共和国草原法》《内蒙古自治区劳动保护条例》等 9 部法律法规实施情况开展执法检查。

第十一届人大常委会三年间召开的 19 次常委会议中，有 12 次安排经济工作议程，听取和审议克旗人民政府《关于建设生态经济沟综合开发山区资源的报告》《关于建设高标准节水灌溉农业意见的报告》《关于农田草原水利基本建设情况的报告》等 24 项工作报告，并作出相应的决议和决定。

二、十二届人大常委会

克旗第十二届人大常委会　着力于推进民主法制建设，促进公正司法和依法行政。先后组织执法检查组对《中华人民共和国民族区域自治法》《中华人民共和国妇女权益保障法》《中华人民共和国农业法》《中华人民共和国义务教育法》《中华人民共和国教师法》《中华人民共和国环境保护法》《中华人民共和国产品质量法》《中华人民共和国计量法》《中华人民共和国反不正当竞争法》《中华人民共和国消费者权益保护法》以及《内蒙古自治区个体工商户条例》《全国人大关于惩治生产销售伪劣商品犯罪的决定》等 24 部法律法规贯彻实施情况进行执法检查。听取审议相关部门关于反贪污贿赂斗争开展情况、行政审判工作开展情况、经济审判情况、法纪检察情况和社会治安综合治理情况的专项工作报告。听取和审议克旗人民政府关于第二个五年普法规划实施情况和第三个五年普法工作规划情况报告。形成第三个五年法制宣传教育决议和关于大力推进依法治旗工作决议。审议批准《克旗法制宣传教育暂行规定》。

克旗第十二届人大常委会多次听取审议发展高产、高效、优质农牧业工程实施情况报告，听取、审议荒山、荒坡、荒滩、荒沟、荒水使用权拍卖工作落实情况报告，听取、审议各专项工作推进情况、乡镇企业发展情况、扶贫工作开展情况等专题报告,并相应作出决议。组织对全旗全民所有制企业转制后运行情况检查调研。

三、十三届人大常委会

克旗第十三届人大常委会 先后对《中华人民共和国森林法》《中华人民共和国农业法》《中华人民共和国环境保护法》《中华人民共和国工会法》《中华人民共和国公路法》《中华人民共和国行政处罚法》以及《内蒙古自治区司法工作人员违法办案追究条例》等21部法律法规贯彻实施情况开展执法检查。2001年,旗人大常委会听取、审议克旗第三个五年普法实施情况报告,审议批准克旗第四个五年普法规划及工作安排,做出《克旗人大常委会关于继续开展法制教育的决议》。2003年,人大常委会制定《克什克腾旗人民代表大会常务委员会述职评议办法》,开始对部分国家机关工作人员进行述职评议。

克旗第十三届人大常委会围绕"农牧为本、以牧为主、生态立旗、旅游活旗、科教兴旗、工贸强旗"战略和社会关注的难点、热点问题开展监督工作,先后对全旗家畜疫病防治、退耕还林、水土保持、教育科技、中小学收费、社会救济、劳动保障等46项工作进行检查和调研,并听取和审议旗政府对重点工作的专题报告,形成相应的决议、决定和审议意见。

四、十四届人大常委会

克旗第十四届人大常委会 对《中华人民共和国行政许可法》《内蒙古自治区物业管理条例》等14部法律法规及条例的执行情况进行检查。通过听取审议人民法院涉农案件审判工作汇报、评议人民检察院、人民法院主要负责人述职、依法任命旗人民陪审员等多种方式开展司法监督。听取审议克旗第四个五年普法工作实施情况报告,就克旗第五个五年普法工作作出《关于加强法制宣传教育的决议》。

克旗第十四届人大常委会加强对国民经济和社会发展计划、财政预决算执行情况监督。履职期间,每年听取审议克旗人民政府关于计划和预算执行情况的工作报告和预算执行情况的审计报告,并提出强化预决算管理、提高财政资金使用效益的具体意见。为实现建设自治区牧业大旗的目标,重点对全旗草畜平衡工作、生态建设保护和畜牧业发展状况多次开展专题调研,提出多项意见、建议。先后对卫星广播电视地面接收设施管理、公安基层派出所建设、体育市场管理、中小学危房改造、城镇物业管理等工作开展调研和检查,提出改进意见。

五、十五届人大常委会

克旗第十五届人大常委会 2008年,重点开展对《中华人民共和国药品管理法》《中华人民共和国环境保护法》《内蒙古自治区物业管理条例》贯彻实施情况进行执法检查。听取、审议2007年财政决算的报告和相关的审计报告,强化对全旗计划、财政预决算的审查监督，就2008年上半年全旗国民经济和社会发展计划执行情况、财政预算执行情况，做出相应的决议。组织人民代表对新型农村牧区合作医疗工作进行视察。

第二节　地方法规制定

旗第十一届人大常委会　修订《克什克腾旗交通安全管理暂行办法》。审议通过《克什克腾旗保险管理工作暂行办法》。

旗第十二届人大常委会　先后制定《克什克腾旗野生植物资源保护管理办法》《克什克腾旗水产资源繁殖保护管理办法》《克什克腾旗法制宣传教育暂行规定》，批准《克什克腾旗经棚镇城镇总体规划》。

旗第十三届人大常委会　审议批准《克什克腾旗旅游管理暂行办法》，制定《克什克腾旗人民代表大会常务委员会述职评议办法》。

旗第十四届人大常委会　修订《克什克腾旗旅游管理办法》，批准《克什克腾世界地质公园保护管理办法》。

第三节　人民代表建议意见办理

克旗第十一届人民代表大会第一次至第三次会议间，共收到人大代表提出的建议226件，至1993年10月，全部办理完毕并答复代表。自行解决建议107件，占建议总数的47.4%；呈报上级要求协助解决建议45件，占建议总数的19.9%；暂时解决不了需逐步解决或向代表解释说明建议74件，占总数的32.7%。

旗第十二届人民代表大会期间，共收到人大代表提出建议256件。自行办理解决建议161件，占建议总数的66.5%；请示上级帮助解决建议25件，占建议总数的11.9%；由于政策限定或克旗实际暂时无法解决，待以后逐步解决或向代表解释说明建议60件，占建议总数的21.6%。

旗第十三届人民代表大会期间，共收到代表提出的建议172件。自行办理解决建议119件，占建议总数的69%；呈报上级协助解决建议17件，占建议总数的10%；由于政策限定或实际情况限制待以后逐步解决或向代表解释说明建议36件，占建议总数的21%。

旗第十四届人民代表大会历次会议共收到人民代表建议164件，大会期间全部办理完毕。自行解决建议112件，占总数的68.3%；报请上级帮助解决建议13件，占建议总数的7.9%；待逐步解决或向代表解释说明建议39件，占建议总数的23.8%。

克旗十五届人大一次、二次会议期间共收到代表建议和意见85件，全部及时办理完毕并答复代表。办结率100%。通过反馈，代表对办理结果较为满意。

第四节　干部任免

旗人大常委会对旗政府组成人员、检察机关、审判机关工作人员、人大常委会办事机构负责人负责任命免职。

旗第十一届人大常委会共任命政府组成人员57人,免职32人;任命旗检察机关工作人员32人,免职8人;任命克旗审判机关工作人员51人,免职10人;任命克旗人大常委会办事机构负责人11人,免职6人。

旗第十二届人大常委会共任命政府组成人员65人,免职19人;任命旗人民检察院、旗人民法院工作人员51人,免职23人;接受"一府两院"等17人请辞职务;任命旗人大常委会办事机构负责人11人,免职10人。

旗第十三届人大常委会共依法任免国家机关工作人员251人。

旗第十四届人大常委会决定任命旗政府组成人员45人,免职15人,接受辞职14人;任命克旗人大常委会、人民检察院、人民法院工作人员80人,免职31人,接受辞职14人。本届人大常委会共任免国家机关工作人员171人次。

旗第十五届人大常委会在2008年任命旗政府组成人员27人;任命旗检察院、旗法院工作人员57人;任命旗人大常委会办事机构负责人7人。共任免国家机关工作人员96人次。

第五节　信访接待

旗第十一届人大常委会共接待处理人民群众来信来访762件,其中接待人大代表来访18人次,人民群众来访542人次,办理人民群众来信202件。

旗第十二届人大常委会共接待来访1316人次,办理人大代表和人民群众来信548件。

旗第十三届人大常委会共接待来访群众1786人次,受理人民群众来信322件。对信访案件,或组织专门调查,或批转有关部门办理,要求做到件件有着落,事事有回音。

旗第十四届人大常委会共接待来访800余人次,受理人民群众来信190件。对来信来访,按照"分别受理、综合分析、统一交办、定期反馈、严格督查"的信访规定和要求,全部及时进行处理。

旗第十五届人大常委会在2008年共接待群众来访177人次,办理群众来信29件次。

第六节　调查 视察 评议

旗第十一届人大常委会先后组织代表对生态经济沟建设、白音敖包自然保护区和甜菜收购等项工作情况开展视察；并结合听取和审议克旗人民政府关于建设高标准节水灌溉农业、农田草原水利基本建设和科技兴农兴牧、农牧结合等工作开展视察活动。结合第二个五年普法工作开展执法大检查。先后组织检查组、调查组进行21项专题检查和调研。

旗第十二届人大常委会先后组织居住克旗的区、市、旗、乡四级人大代表对全旗农牧结合工程、水源工程建设和经棚镇区城镇建设及精神文明建设等重点工作进行视察，对贯彻多部法律法规贯彻实施情况开展执法检查。就扶贫开发、民族教育、防氟改水、教育三项税费收取和使用等组织55次视察和检查及调研活动。

旗第十三届人大常委会组织旗人大代表和在克旗工作、居住的区、市人大代表先后就克旗生态环境建设、农牧区舍饲、经棚镇城镇建设情况开展5次视察活动；对公安工作、检察工作开展检查和调研活动。其间，先后组织63次视察、检查、调研活动。对部分国家机关工作人员开展述职评议。

旗第十四届人大常委会强化监督工作，重点对《中华人民共和国行政诉讼法》《中华人民共和国行政许可法》等法律法规贯彻实施情况开展检查监督，并配合区、市人大常委会对《中华人民共和国种子法》《中华人民共和国民族区域自治法》等法律法规落实情况开展执法检查和调研。就克旗“三农工作”、国民经济和社会发展规划、草畜平衡政策落实、生态环境建设保护、畜牧业发展、中小学危房改造、城镇物业管理等25项工作先后开展专题检查或调查；组织居住克旗的自治区、市、旗三级人大代表对无公害农产品生产情况等12项工作开展视察活动。其间，对人大常委会任命旗政府、检察院和法院的12名国家机关工作人员进行述职评议。

2008年，旗第十五届旗人大常委先后就《中华人民共和国药品管理法》《中华人民共和国环境保护法》《内蒙古自治区物业管理条例》贯彻实施情况开展检查；组织人大代表对克旗新型农村牧区合作医疗等关系全旗改革、发展、稳定大局和群众切身利益及社会关注的热点问题开展专门视察和专项检查、调研。

第七节　联系代表与指导乡镇人大工作

克旗十一至十五届人大常委会组建有200余个各级人民代表活动小组,确定1～2名小组活动召集人,制定有活动制度和办法。通过执法检查、列席会议,参与座谈会、对外联络等多种形式,履行人民代表职责。

十一至十五届人大常委会每年组织人民代表视察全旗重点项目、难点工作、热点问题。人民代表大会闭会期间,人大常委会根据例会内容,按照人民代表的专业特长和工作性质,邀请、组织人民代表参与考察、检查和调研,参加克旗人大常委会工作例会。

十一至十五届人大常委会积极为人民代表履行职责创造条件,坚持联系旗级人大代表和在克旗工作、居住的自治区、赤峰市人大代表参与各项视察、检查和调研活动、参加人大常委会会议。

十一至十五届人大常委会坚持开展人大代表培训工作,让人民代表熟悉工作程序、工作职能、权利义务、履职途径。同时,组织代表进选区、进社区,密切代表与选民的联系,使代表准确了解、把握社情民意。各苏木乡镇人大主席列席人大常委会各次会议。与组织部、党校联合举办苏木乡镇人大主席培训班,提高苏木乡镇人大主席的理论修养、法律素质和业务工作水平。

十一至十五届人大常委会安排各苏木乡镇人大组织开好人民代表大会,组织召开苏木乡镇人大主席座谈会,探讨苏木乡镇人大工作方法,总结基层人大工作经验,逐步推进基层人大工作规范化。

地方人民政府

第一章　机　构

第一节　第十一至第十五届旗人民政府

一、第十一届旗人民政府

1991年3月4—9日，克旗第十一届人民代表大会在经棚镇举行，大会选举产生第十一届旗人民政府。高国芳当选旗长，斯钦图、陈玉成、孟繁有、孟庆林、马清河当选副旗长。

二、第十二届旗人民政府

1994年3月9—14日，克旗第十二届人民代表大会在经棚镇举行，大会选举产生第十二届旗人民政府。高国芳当选旗长，孟繁有、斯钦巴特尔、孟庆林、白景武、秦义、赵玉山当选副旗长。许国政任政府科技副旗长。

三、第十三届旗人民政府

1999年1月18—23日，克旗第十三届人民代表大会在经棚镇举行，大会选举产生第十三届旗人民政府。政府旗长候选人张彦斌落选，大会没有产生旗长；王立山、刘文章、汪耳河、范国忠、秦义当选副旗长。

1999年5月，旗人大十三届三次常委会议任命白音巴特尔为旗政府副旗长、代旗长。

四、第十四届旗人民政府

2004年1月4—8日，克旗第十四届人民代表大会在经棚镇举行，大会选举产生第十四届旗人民政府。李欣华当选旗长，汪耳河、吉日嘎拉、姜惠君、李秀峰、刘建华(女)当选副旗长。

五、第十五届旗人民政府

2007年11月9—12日，克旗第十五届人民代表大会在经棚镇举行，大会选举产生第十五届旗人民政府。周春义当选旗长，杨宗仁、刘建华(女)、李秀峰、浩毕斯嘎拉图、王利当选副旗长。

1991—2008年第十一届至十五届克旗人民政府旗长名录

表 22-1-1

姓名	性别	民族	任职时间	备注
高国芳	男	蒙古族	1990.10—1995.12	—
张彦斌	男	蒙古族	1996.1—1999.1	代理后选举
白音巴特尔	男	蒙古族	2000.1—2001.3	代理后选举
秦义	男	汉族	2001.3—2003.3	—
李欣华	男	蒙古族	2003.3—2006.2	—
周春义	男	汉族	2006.2—2008.12	在职

1991—2008年第十一届至十五届克旗人民政府副旗长名录

表 22-1-2

姓名	性别	民族	任职时间	备注
斯钦图	男	蒙古族	1991.3—1994.3	—
陈玉成	男	汉族	1991.3—1994.4	—
孟繁有	男	汉族	1991.3—1995.12	—
孟庆林	男	汉族	1991.3—1995.12	—
马清河	男	汉族	1991.3—1993.2	—
王殿荣	男	汉族	1992.2—1994.3	—
斯钦巴特尔	男	蒙古族	1994.3—1998.11	—
白景武	男	蒙古族	1994.3—1996.8	—
秦义	男	汉族	1994.3—2000.5	—
赵玉山	男	汉族	1994.3—1994.10	—
许国政	男	汉族	1994.3—1994.10	科技副旗长
汪耳河	男	满族	1995.2—2006.11	—
于宗宽	男	汉族	1996.3—1998.9	挂职
王立山	男	汉族	1997.7—2002.1	—
吉林泰	男	蒙古族	1997.3—1998.12	—
王迎宾	男	汉族	1997.2—1998.12	挂职
刘文章	男	汉族	1998.5—2001.3	—
范国忠	男	汉族	1998.5—2001.10	—
宋喜岭	男	汉族	1999.9—2003.12	—
白斯古楞	男	蒙古族	2000.11—2003.12	—
王树和	男	汉族	2000.4—2002.1	—
萨其拉图	男	蒙古族	2000.11—2002.8	挂职

续表 22－1－2

姓　名	性别	民　族	任 职 时 间	备　注
汪　洋	男	蒙古族	2000. 11—2001. 12	—
白锦贤	男	蒙古族	2001. 10—2002. 1	挂职
吉日嘎拉	男	蒙古族	2002. 1—2006. 7	—
吴瑞喜	男	蒙古族	2002. 1—2003. 12	—
李秀峰	男	汉　族	2002. 2—2008. 12	—
刘建华	女	汉　族	2004. 1—2008. 12	—
姜惠君	男	汉　族	2004. 1—2006. 7	—
董　岩	男	蒙古族	2004. 1—2007. 10	—
浩毕斯嘎拉图	男	蒙古族	2006. 7—2008. 12	—
杨宗仁	男	汉　族	2007. 1—2008. 12	—
李秀良	男	蒙古族	2007. 4—2010. 4	挂职
王　利	男	汉　族	2007. 10—2008. 12	—

第二节　机构设置与改革

1991 年，克旗人民政府设置 30 个科级行政机构：政府办公室、计划委员会、经济建设委员会、人事局、劳动局、民政局、财政局、审计局、统计局、工商行政管理局、物价局、税务局、农业局、畜牧局、林业局、农电局、乡镇企业局、交通局、公安局、司法局、商业局、粮食局、城市建设与环境保护局、教育局、文化局、卫生局、体育运动委员会、计划生育委员会、科学技术委员会、民族事务委员会。

另有旗档案局、广播电视局、工业局、二轻工业局、农机局、水利局、矿产局、物资局、科技协会、地震工作办公室、供销联合社、残疾人联合会等科级单位。

1993 年 4 月，经过职能划分和机构撤并，克旗人民政府科级行政机构保留 19 个：政府办公室、计划与经济局、农牧工作委员会、教育与科学技术局、公安局、民政局、财政局、人事与劳动局、卫生局、计划生育局、工商行政管理局、审计局、统计局、城乡建设环境保护与土地局、司法局、民族宗教事务局、文化体育局、交通局、乡镇企业局。

2002 年 5 月，根据《中共赤峰市委、赤峰市人民政府关于赤峰市旗县区党政机构改革实施意见》精神，克旗人民政府设置 23 个科级行政机构和 2 个议事协调机构：政府办公室（挂信息化领导小组办公室牌子）、发展和改革局、经济贸易局（挂粮食局、安全生产监督管理局牌子）、教育局、科学技术局（挂科学技术协会牌子）、民族事务委员会（挂宗教局牌子）、公安局、监察局（与纪律检查委员会合署办公，不占政府机构限额）、民政局（挂老龄工作委员会办公室牌子）、司法局、财政局（挂农业开发领导小组办公室牌子）、人事劳动和社会保障局、国土资源局、建设局、交通局、水利局、农牧业局(挂推进农牧业产业化办公室牌子)、林业局、旅游与文化体育局(挂广播电视局牌子)、卫生局、人口和计划生育局、审计局、环境保护局、统计局。

两个议事协调机构是:信访工作领导小组办公室、扶贫开发领导小组办公室(均为正科级)。

2004 年,增设安全生产监督管理局;分设人事局、劳动和社会保障局。政府科级行政机构为 25 个。

旗广播电视局、文化局和体育局确定为科级事业单位,独立办公。推进农牧业产业化办公室、农业综合开发办公室、粮食局 3 个单位独立办公;同时自设草原监督管理局、招商局、商务局、城管局、工业园区管理办公室、政务接待办公室 6 个科级事业单位。

至 2008 年末,克旗人民政府机构设置保持稳定。

第三节 苏木乡镇人民政府

1991 年,全旗设置 28 个苏木乡镇人民政府:达来诺日镇、达日罕乌拉苏木、阿其乌拉苏木、巴彦查干苏木、巴彦高勒苏木、新庙乡、三义乡、天合园乡、木希嘎乡、宇宙地乡、河南店乡、新井乡、万合永乡、柳林乡、天盛号乡、广兴源乡、书声乡、新开地乡、芝瑞乡、上头地乡、昌义乡、南店乡、红山子乡、浩来呼热乡、乌兰布统乡、经棚镇、土城子镇、热水塘镇政府。

2002 年,全旗 28 个苏木乡镇调整撤并为 20 个:经棚镇、宇宙地镇、土城子镇、芝瑞镇、南店镇、万合永镇、同兴镇、广兴源镇、达来诺日镇、达日罕乌拉苏木、巴彦查干苏木、巴彦高勒苏木、红山子乡、新开地乡、书声乡、三义乡、新庙乡、新井乡、浩来呼热乡、乌兰布统乡政府。

另设热水旅游度假开发区和乌兰布统旅游开发区。

各苏木乡镇党委、政府内设机构统一为:党政办公室、财经办公室、社会发展办公室、乡镇建设办公室、党建办公室、综合性办公室。各苏木乡镇设置 7 个事业机构:农牧业综合技术服务中心、文化服务中心、计划生育技术服务中心、农(牧)经站、防保站、财政所、生态监理所(队)。

20 个苏木乡镇核定副科级以上领导职数 176 名(其中正科 60 名、副科 116 名)。各苏木乡镇配备正科级领导 3 人,分别是党委书记、乡镇长(苏木达)、人大主席。配备副科级领导 5 人,分别是党委专职副书记 1 人、人民政府副乡镇长(苏木达)3 人、武装部长 1 人。其中有 16 个苏木乡镇经上级批准增设 1 名副书记。

2005 年 12 月,全旗苏木乡镇设置由 20 个撤并为 11 个:经棚镇、土城子镇、宇宙地镇、芝瑞镇、同兴镇、万合永镇、达来诺日镇、巴彦查干苏木、达日罕乌拉苏木、红山子乡、新开地乡政府。

另设热水旅游开发区和乌兰布统旅游开发区;设经棚镇街道办事处和浩来呼热街道办事处。

撤并后,苏木乡镇党政内设机构为:党政综合办公室(挂综治办牌子)、经济发展办公室、社会事务办公室;经棚镇增设城镇管理办公室。设事业性机构:农牧业综合服务中心、文化广播电视服务中心、计划生育服务中心;经棚镇增设社会保障事务所。

苏木乡镇土地所、林业工作站上划旗主管部门垂直管理。

11 个苏木乡镇核定副科级以上领导职数 79 名(其中正科 23 名,副科 56 名)。

经棚镇核定领导职数 9 名,党委设置 1 正 2 副;政府设置 1 正 4 副;设置人大主席 1 人(正科级)。

其他苏木乡镇核定领导职数 7 名。党委设置 1 正 2 副;政府设置 1 正 3 副,人大主席由党委副书记兼任。

第二章　施政纪要

第一节　经济发展

一、发展概况

1991—2008 年,克旗经济发展较快,2003 年,全旗国民生产总值突破 10 亿元,2007 年,国民生产总值升幅 33.5%,2004 年,全旗财政收入过亿元,2008 年超过 10 亿元,五年增长 10 倍。

1991—2008 年克旗重要经济发展数据统计表

表 22-2-1

政府届次	时间	国民生产总值(万元)		工农业总产值(万元)				财政收入(万元)	人均收入(元)		固定资产投资(万元)	社会消费品总额(万元)
		总数	增长率(%)	工业	农业	畜牧业	总值		城镇居民	农牧民		
十一	1991	22463	12.6	9570	8682	9026	31939	1781	—	685	712	10198
	1992	27067	13.8	10329	10249	10002	35882	1617	—	741	36001	11500
	1993	34815	30.2	11574	13832	10113	38067	1925	—	792	4244	13339
	1994	38082	-13.4	9955	12987	10095	35662	1986	—	933	4198	16646

续表 22－2－1

政府届次	时间	国民生产总值(万元)		工农业总产值(万元)				财政收入(万元)	人均收入(元)		固定资产投资(万元)	社会消费品总额(万元)
		总数	增长率(%)	工业	农业	畜牧业	总值		城镇居民	农牧民		
十二	1995	48145	-3.5	15779	11361	12491	42379	2400	—	1136	4351	20500
	1996	54056	4.4	21467	13394	11889	49557	3808	2070	1196	4742	20554
	1997	63715	14.1	24936	12618	11896	52149	4904	2574	1340	6959	22680
	1998	64954	8.4	37409	12790	13772	71219	5383	3077	1355	14621	24164
十三	1999	65679	3.3	22038	12542	15272	53826	5308	3580	1512	6629	25976
	2000	63382	-2.1	22743	8238	15609	51134	4367	3756	1387	9769	27809
	2001	69984	8.5	27591	16973	29746	79253	4135	3920	1383	17565	30238
	2002	82155	15.5	32214	18974	32023	88892	4408	4158	1499	36001	34250
十四	2003	112216	20.6	42287	29100	31577	108544	5212	4701	1798	66741	39072
	2004	150201	27.2	68419	34418	49856	162885	10498	5252	2248	102775	58613
	2005	188070	22.3	134688	28199	66736	235448	17000	6100	2800	215793	68108
	2006	277728	21.7	232566	28932	75296	333541	34567	6952	3311	230824	79358
十五	2007	471283	33.5	576735	35034	88928	711475	75169	8470	3794	357625	95086
	2008	640945	17	788557	39745	105014	945713	101362	9850	4406	482043	118449

二、经济举措

(一)矿产资源开发

克旗矿产资源丰富,是中国北方重要的矿产资源战略接替基地,是发展地方经济兴旗富民的经济增长点。旗政府主要采取积极立项争取资金、股份合作扩大产能、公开拍卖采矿权、招商引资等多种形式把资源优势转化为经济优势。

1992 年 10 月,冶金部批准黄岗铁矿开发立项。黄岗铁锡矿探明的铁矿石储量 1.17 亿吨,锡金属储量 50 万吨,是中国长江以北最大的铁锡多金属共生矿。2000 年 6 月,旗政府与内蒙古集通铁路有限公司、内蒙古地质三院等单位组建内蒙古黄岗矿业有限责任公司,2002 年,取得黄岗矿区一、二、三、四区采矿权。2003 年 9 月,包头钢铁集团向内蒙古黄岗矿业有限责任公司注入股本金 5000 万元,占公司注册资本的 61.4%,成为第一股东。2004 年,股本情况略有变化,包头钢铁集团股份调整为 44.34%,内蒙古集通铁路有限责任公司股份调整为 14.89%。截至 2008 年底,黄岗矿业股权结构为:包头钢铁集团占股 50.08%,北京鼎峰同惠工业技术公司占股 32.15%,内蒙古集通铁路集团公司占股14.89%，克什克腾旗政府占股1.52%，克旗农电局占股0.58%，自然人占股0.78%。

2004年8月，黄岗矿区五、六、七区采矿权拍卖，由河北亿隆矿业有限责任公司以3410万元拍得，注册成立克旗西北矿业有限责任公司民营企业。截至2008年底，黄岗矿区已形成年处理矿石量360万吨生产能力，实现销售收入11.8亿元，实现利润4.2亿元、税金3亿元。

2001年，拜仁达坝银多金属矿，初步探明储量1780余万吨。2004年2月，甘肃盛达集团股份有限公司、内蒙古矿业开发总公司、克旗鑫宇矿业有限责任公司、赤峰红烨冶炼有限责任公司和内蒙古第九地质勘查开发院组建成立内蒙古银都矿业有限公司。2005年9月，矿山建成投产，采选规模达2000吨/日，2008年，实现销售收入97486.89万元。

2005年末，内蒙古地质矿产局、赤峰天通铁路建设有限公司和内蒙古第九地质勘查开发院合作成立内蒙古拜仁矿业有限责任公司，开发拜仁达坝银多金属矿西区，2008年末，采选能力达日处理矿石1000吨。

同年，赤峰储源矿业有限责任公司投资开发广兴源小东沟钼矿，采选能力为日处理矿石5400吨。

2006年，内蒙古地质勘查有限责任公司、黑龙江金林矿业有限责任公司和北京煜红星矿业有限责任公司合作成立内蒙古维拉斯托有限责任公司，开发巴彦查干维拉斯托银多金属矿。2008年末，采选能力达日处理矿石1000吨。

至2008年末，全旗办理各类采矿许可证64个，持证开采企业55家。其中已具有较大规模的金属开采企业20家，选矿能力达到9400吨/日；小规模非金属生产企业44家。矿山企业年税金7.64亿元，矿产业成为克旗支柱产业。

（二）风能资源开发

1999年，旗农电局采用股份制形式在曼陀山风电场，安装风机2台，装机容量1200千瓦。同年末，成立东电茂林风能发展有限责任公司，建设达里风电场。至2004年，装机71台，装机容量4.896万千瓦。2005年9月，由中国大唐集团新能源有限责任公司塞罕坝分公司建设的塞罕坝风场一期工程，装机36台，并网发电；至2006年末，塞罕坝风场二期、三期装机106台；塞罕坝风场总装机142台，装机容量12.07万千瓦。

2006年10月，由大唐（赤峰）新能源有限公司建设的达里风场四期、五期工程，安装风机66台，装机容量9.9万千瓦，2007年末并网发电。2007年，由赤峰唐能新能源有限公司开发建设的大黑山、大光顶子山风力发电项目，安装风机116台，装机容量9.86万千瓦，当年并网发电。2007年5月，汇风新能源公司开发建设乌套海南一期风力发电项目完成，安装风机66台，装机容量4.95万千瓦，2008年并网发电。2008年，克旗朗城瑞风公司开发建设上头地风场一期风力发电项目，安装风机33台，装机容量

4.9万千瓦,同年,赤峰唐能新能源有限公司开发建设塔山子、青马场风力发电项目,安装风机132台,装机容量9.9万千瓦。

(三)扶贫开发

1987年,克旗列为自治区重点贫困旗。1988年,确定为国家扶贫开发重点旗。2001年调整为自治区扶贫开发重点旗。

1991年,全旗有贫困户9862户,占全旗总户数的21.9%,贫困人口占全旗农村牧区总人口的24.2%。同年,旗政府在旗扶贫办公室基础上组建成立旗扶贫开发办公室。实行旗级领导联系点、旗直机关承包村(嘎查),通过初期扶贫、扶贫攻坚、扶贫开发三个阶段,全面实施扶助贫困人口脱贫战略。在初期扶贫阶段,采取对口包扶、以工代赈等多种形式,建设饲草料基地、生态经济沟、牧区小草库仑,逐步改善贫困地区生产条件,强化畜牧业基础设施建设。在扶贫攻坚阶段,通过开展生态建设会战,培育农牧产品加工龙头企业,推动农村牧区经济向产业化发展。在扶贫开发阶段,依托龙头企业,构筑产出、加工、销售一体化产业化模式,建立养畜联合体,调整种养结构,推动优势产业发展,进一步改善农村牧区基础设施、环境卫生条件,通过生态移民、"千村扶贫开发工程"、世界银行贷款项目等"项目扶贫"方法,促进贫困人口脱贫。至2008年,全旗先后累积有224448人次得到脱贫帮扶。按2008年新贫困人口标准统计,全旗尚有50258名贫困人口继续得到帮扶。

(四)舍饲限牧

1998年,旗政府在落实"生态立旗"发展战略中,逐步推行封育禁牧、草场休牧、划区轮牧等措施,恢复和保护全旗生态环境。2000年,中共克旗委、旗政府印发《关于实施生态立旗战略加强生态环境保护和建设的决定》,首次在全旗农区、半农半牧区开始限牧或禁牧、舍饲圈养。2001年,旗政府制定《克旗生态建设规划》,落实各项限牧禁牧措施。2002年,组建生态监察大队;2005年,在克旗生态监察大队基础上,成立草原监督管理局。从2006年起,经棚、土城子、芝瑞、宇宙地、万合永、同兴、红山子、新开地等乡镇实行全年全境禁牧,达来诺日镇、达日罕乌拉、巴彦查干、浩来呼热、乌兰布统等苏木镇实行季节性休牧;在达来诺日镇、巴彦查干苏木部分区域实行划区轮牧。舍饲禁牧措施涉及全旗各苏木乡镇和11个国有林场、6个水电站。截至2008年末,全旗全年禁牧面积96.8427万公顷,季节性休牧面积101.992万公顷。

2001年后,利用国家项目资金,结合本地实际大规模开展围栏封育、人工种草、基本草牧场、飞播牧草、草种基地、牲畜棚圈、饲料贮窖建设。至2008年末,全旗完成草场围封73533公顷,人工种草4555公顷,基本草牧场建设2933公顷,飞播牧草3000公顷,饲料种植10000公顷,建成牲畜暖棚17.3万平方米,永久性青贮窖2万立方米。草原建设总规模84121公顷。

第二节 社会发展

一、新型城镇建设

(一)经棚镇总体规划与实施

1991—1994 年,经棚镇总体城镇建设规划修编完成。经 1994 年 11 月 22 日旗第十二届人大常委会第五次会议审议通过。1996 年,赤峰市人民政府批准实施。

1999 年,对“总体规划”现状图进行补测和填图。

2001 年 6 月,旗政府对“总体规划”再次修编。

1999 年,编制完成经棚“广场公园”专项规划,2004 年完成规划建设。

2000 年,旗党政办公地完成北移规划。2005 年春,新党政综合办公楼开工建设,2006 年 11 月旗党政综合办公楼落成。

2001 年,旗建设部门牵头,编制完成经棚镇区集中供热规划,同年 10 月,经棚镇部分区段开始实行集中供热,至 2003 年,经棚镇区基本实现集中供热。

2005 年,完成经棚镇河东区北段修建性规划和应昌路、解放路景观规划。

图 22-2-1 克什克腾旗经棚镇

2008 年末,完成经棚镇河东区新城区控制性规划和行政中心广场规划编制。完成新城区主街道路油面铺设和边路硬化、绿化,完成新城区集中供热主管道铺设,经棚镇新城区全部实行集中供热。

总体上,经棚镇规划控制区 40 平方公里,分河东、河西 2 个片区。河东区规划形成四纵十横路网格局。城镇布局上,沿碧柳河形成一个生活景观带;沿应昌路、解放路形成两条公共设施轴线和居住区、生活功能区,沿省际通道,自宇山南向西发展工业区。

(二)经棚镇区供水、排水工程建设

1991 年,经棚镇内有地下排污管道约 6000 延长米。至 2006 年末,全镇铺设地下排污主管道(直径 300～400 毫米)25252 延长米,分支管道 15459 延长米,建沉沙池 6 个。镇区污水基本实现地下排放。

2008 年末,镇区内供水管道总长超过 30 公里,日供水万吨以上。经棚镇滨河路排

污主管道铺设完成。同年建设克旗污水处理厂。

(三)经棚镇区道路与绿化建设

2002 年后,经棚镇区道路设施逐步得到改善。先后对解放路、应昌路、经锡路、经二街、经三街、经四街、经七街进行拓宽改造。北扩延伸应昌路、解放路至经十一街;完成经八街、经九街、经十街路面建设。新建成两座碧柳河大桥。

截至 2008 年末,城市道路总长度 48 公里,总面积 72 万平方米,经棚镇人均道路面积近 10 平方米。经棚镇区绿化覆盖率 38.7%,建成区绿地率 32%,人均公共绿地面积 13 平方米。

(四)集中供热

2000 年前,经棚镇冬季供暖以家庭为单位分散自取,建成楼以单位或单元楼供热。2001 年后,经棚镇供热快速发展,部分小区实行集中供热,取缔小锅炉。

2008 年末,经棚镇区实现集中供热面积 175 万平方米以上,供热主管网总长度 50 公里以上,集中供热率 76% 以上,有供热企业 4 家。

(五)房地产开发与住房保障

1995 年后,经棚镇住宅楼建设速度加快,主要以单位建设福利楼房为主。至 2008 年末,经棚镇区楼房面积 180 万平方米以上,"十一五规划"后,新增楼房面积 81 万平方米,其中住宅楼面积 76 万平方米,建成一批住宅小区。

2007—2008 年,在旗政府主导下,由房地产开发公司在经棚镇建成经济适用楼房 13400 平方米。

(六)园林、场馆建设

1995 年后,由旗建设行政主管部门组织实施经棚镇园林建设。

2001 年,开始建设经棚广场。2003 年,完成广场建设和公园一期工程建设,投入使用。2007 年,建成克什克腾世界地质公园博物馆。

2006 年,建成 8 处 4576 平方米老年门球场。

2007 年,建设旗政府广场,2008 年验收交付使用。

2008 年,建设经棚体育公园,规划建设用地面积 88700 平方米。包括公园、网球馆、综合体育馆三项主体工程。

二、城镇建设配套法规

1992 年,旗政府制定并实施《克什克腾旗住房制度改革实施细则》。

1993 年,旗政府制定《克旗村镇建设管理办法》。

1995 年,旗政府制定《克什克腾旗招投标管理办法》和《经棚镇城镇建设管理办法》。

1996 年，旗政府制定《经棚镇市容市貌管理办法》。

1997 年，修订《克什克腾旗经棚地区规划建设管理暂行办法》。

1998 年，旗政府制定实施《克什克腾旗建筑市场管理条例》。

1999 年，旗政府制定《克什克腾旗建设工程招标投标评分实施细则》。

2001 年，旗人民政府制定《经棚镇区集中供热管理办法》。

2004 年，旗政府制定《克什克腾旗经棚镇区监察管理办法》。

2007 年，旗政府制定《经棚镇区污水排放管理办法》。

三、新农村新牧区建设

2007 年，成立旗新农村新牧区建设领导小组。经考察研究，确定 8 个嘎查村为旗级新农村新牧区建设试点、12 个乡级新农村新牧区建设试点。

旗级试点嘎查村为：巴彦查干苏木乌宝力格嘎查、巴彦乌拉嘎查，达日罕乌拉苏木达来嘎查；经棚镇光明村，土城子镇太平村、十里铺村，宇宙地镇刘营子村，万合永镇关东车村。

乡级试点嘎查村有：达来诺日镇白音珠日和嘎查，达日罕乌拉苏木巴彦希勒嘎查，巴彦查干苏木吉日嘎查；宇宙地镇东升村，土城子镇土城子村，芝瑞镇大院村，万合永镇万德成村，同兴镇天合村，红山子乡福盛号村，新开地乡红石砬村，乌兰布统开发区小红山子村，浩来呼热办事处浩来呼热居委会。

图 22－2－2　克什克腾旗市民文明素质提升行动仪式

2007 年，编制完成《2007—2010 年克旗社会主义新农村新牧区建设试点嘎查村发展总体规划》，主要是推进“一村一品”发展模式，提高农牧业品质和规模效益。

2008 年，指导工作队入驻旗级新农村新牧区建设试点嘎查村。建成经棚镇光明村胡萝卜交易批发市场，组建农民胡萝卜种植协会；经棚镇永胜村建成多处肉羊养殖小区，并组建肉羊养殖专业合作社。

四、教育“两基”达标

2005 年，旗政府举全旗之力开展基本普及九年义务教育、基本扫除青壮年文盲达标工作。通过成立领导机构、制定《克旗基本普及九年义务教育、基本扫除青壮年文盲工作实施方案》，分解任务目标到旗直相关委办局、各苏木乡镇政府。

在“两基”攻坚工作中，全面贯彻落实国家教育方针，改善办学条件，调整、规划全旗各类学校布局。全旗初级中学由16所调整为12所,小学由96所调整为23所。整合教育资源,全旗小学教师合格率100%,初中教师合格率98.34%。增加教育投入6791.75万元,教育事业费小学生人均296元、初中生人均467元。新建标准化校舍50200平方米,配备电脑等电教设备715台件,全旗义务教育阶段中小学校全部达到国家规定标准。

截至2007年,克旗适龄儿童入学率连续3年保持100%,小学在校生辍学率连续3年为零。初中生辍学率控制在0.5%以下。“两基”攻关期间,全旗累计扫除青壮年文盲1250人,非文盲率99.1%。2007年10月,通过自治区“两基”评估验收,达到合格标准。

第三章　政务述略

第一节　第十一届克旗人民政府

第十一届旗政府共召开11次常务会议。

1991年1月18日,旗政府召开年度第一次常务会议。高国芳、斯钦图、陈玉成、哈斯、马清河、赵学祺等出席会议。会议重点研究流通体制改革领导小组组成人员,通过《克旗计划生育后遗症鉴定办法》《克旗计划生育并发症鉴定办法》,讨论筹建残疾人康复诊所问题,研究1992年全旗重要经济发展计划指标。

同年2月10日,旗政府召开年度第二次常务会议。高国芳、陈玉成、孟庆林、孟繁有等出席会议。会议听取1991年计划和财政预算编制情况,讨论通过关于1990年财政决算和1991年财政预算的报告,研究土地与草原有偿使用费管理和使用办法。

同年4月8日,旗政府召开年度第三次常务会议。高国芳、孟繁有、斯钦图出席会议,艾登、吕玉芳、秦义列席会议。会议重点研究1991年度复员退伍转业军人安置分配事宜,会议决定安排复员退伍转业军人94人,按系统分配。

1994年12月9日,旗政府召开年度第四次常务会议。高国芳、斯钦图、陈玉成、孟繁有、白景武等出席会议。会议同意旗委党校兼办克旗行政干部学校,实行党校、行政干校一个机构、两块牌子,相关报批手续按规定履行。会议同时研究关于木希嘎乡中地村部分村民毁害黄岗梁林场造林地苗木案件处理问题,责令木希嘎乡中地村补种1365颗树苗。

第二节　第十二届克旗人民政府

第十二届旗政府共召开12次常务会议。

1995年12月12日，旗政府召开年度第四次常务会议。张彦斌、孟繁有、斯钦巴特尔、白景武、汪耳河、于宗宽、王立山、单秀林等出席会议。会议重点调整副旗长工作分工。

1996年7月4日，旗政府召开年度第一次常务会议。张彦斌、斯钦巴特尔、汪耳河、白景武、于宗宽、王立山、单秀林、秦义等出席会议。会议通过《克旗人民政府关于重申政府工作制度有关问题的意见》，同时对副旗长工作分工作出调整。

1997年11月6日，旗政府召开年度第二次常务会议。张彦斌、斯钦巴特尔、汪耳河、秦义、单秀林、王迎宾、白斯古楞等出席会议。会议重点研究企业破产和事业单位职工安置问题，会议决定制定克旗再就业工作方案，鼓励多种形式就业，促进下岗工人就业。关于国家机关、事业单位工人参加社会保险统筹由旗劳动局、旗财政局按有关精神办理。

1998年2月8日，旗政府召开年度第一次常务会议。张彦斌、斯钦巴特尔、汪耳河、吉林泰、王立山、单秀林等出席会议。会议重点对各位副旗长、旗长助理、办公室主任工作做出分工，细化政府办公室管理制度。会议决定，经棚第一中学和经棚第一小学教学楼建设所缺资金，由各行政机关单位捐助一部分，以保证资金周转畅通。旗医院手术室及血库采购医疗设备，旗财政解决15万元，公费医疗结余的30%留卫生局购置医疗设备。

同年4月17日，旗政府召开年度第二次常务会议。张彦斌、斯钦巴特尔、汪耳河、刘文章、王立山、单秀林等出席会议。会议重点讨论土地详查情况报告。会议决定，计划生育工作人员女50周岁、男55周岁准许离岗、退休，所发补贴要严格控制在事业费内，旗财政给予31万元补贴。全旗消防工作经费纳入财政预算。

第三节　第十三届克旗人民政府

第十三届旗政府共召开14次常务会议。

2000年4月12日，旗政府召开年度第二次常务会议。白音巴特尔、秦义、汪耳河、刘文章、范国忠、王立山、宋喜岭、王玉成等出席会议。会议讨论确定2000年旗政府为群众办十件实事，会议决定将旗卫生局承担的职工医疗保险职能和原医改办承担的医疗保险业务职能划入旗劳动局管理。

同年8月24日，旗政府召开年度第三次常务会议。秦义、汪洋、汪耳河、范国忠、王立山、宋喜岭、白斯古楞、王树和等出席会议。会议研究决定,由旗交通局牵头,在广泛征求群众意见的基础上,确定开通经棚镇区公共交通工作方案,报旗人民政府批复。对经棚镇已有"摩的"车要淘汰一辆退出一辆,不再增加。会议同意组建经棚镇城市管理机构,定为准科级,隶属于旗城建局。

2001 年 4 月 30 日,旗政府召开年度第二次常务会议。秦义、汪洋、汪耳河、范国忠、宋喜岭、白斯古楞、萨其拉图等出席会议。会议决定将全旗破产改制企业职工档案移交旗社会保险局统一管理,所需费用由职工所在单位负担和财政适当解决。会议决定成立旗城市规划委员会,主要负责对全旗城镇建设规划领导、审查以及对国有土地使用及建筑市场监督管理。利用招商引资方式,筹建经棚镇综合市场,按规划占用的土地免收土地出让金。会议决定将经棚苗圃迁至红光果园重新建设,红光果园职工由旗农业服务中心负责安置。

同年 12 月 12 日,旗政府召开年度第四次常务会议。秦义、汪洋、汪耳河、范国忠、王立山、宋喜岭、白斯古楞、王树和、萨其拉图、白锦贤等出席会议。会议决定组织有关部门研究劳动力就业市场、失业保险金征缴和发放问题,推动形成规范、科学的管理机制。要依法强化养老保险基金征缴,采取措施扩大养老统筹覆盖面,增加保费收入,对养老保险接受资产进行清理、变现,从接受资产收益中提取 2% 的管理费,用于接受资产维修、管护。会议确定修订《克旗小城镇户口分等级管理办法》,促进小城镇户籍制度改革。会议决定全旗最低生活保障对象由旗财政部门、旗民政部门和所在苏木乡镇政府协调,纳入民政救济救助范围,从 2002 年起,提高最低生活保障对象比例到 3%。会议讨论通过《经棚镇区集中连片供热实施方案》,决定城建部门成立供热管理办公室,对供热企业给予政策扶持,确定当年民用住宅取暖费每平方米不超过 16 元,机关、单位、集体和个体经营户取暖费每平方米不超过 20 元。

2002 年 4 月 2 日,旗政府召开年度第一次常务会议。秦义、汪耳河、吉日嘎拉、宋喜岭、白斯古楞、吴瑞喜、李秀峰、白锦贤等出席会议。会议决定编制经棚公园广场总体设计方案,实施经棚镇区油路改造、经棚火车站上站油路改建工程,硬化经棚镇区人行道、绿化美化镇区周边环境。会议决定从第二期义务教育工程资金、教育专项资金、财政补偿资金中解决经棚蒙古族中学和经棚第三中学宿舍楼、教学楼建设资金。

同年 5 月 30 日,旗政府召开年度第二次常务会议。秦义、汪耳河、吉日嘎拉、宋喜岭、白斯古楞、吴瑞喜、李秀峰等出席会议。会议决定批准《内蒙古美乐公司企业资产重组实施方案》,公司所欠职工工资由旗财政列支。自治区林业厅所持股份股权转让后,由旗林业局协调解决处理。企业重组前,所欠地方规费全部予以免除,用于放弃股权补偿。企业重组后,每年拿出一半企业上缴税金作为林业部门事业费,企业除享受旗内规定的优惠政策外,同时享受西部开发国家优惠政策,五年内予以免除地方规费。会议决定成立克旗工业园区建设工作领导小组和园区建设管理委员会,由旗经济贸易局牵头组织有关部门研究制定工业园区招商引资优惠政策，在经棚镇南出口选择工业园区区址，规划面积60公顷。

同年8月21日，旗政府召开年度第三次常务会议。秦义、汪耳河、吉日嘎拉、白斯古楞、李秀峰等出席会议。会议决定企业以资产抵顶社会保险的，资产划归旗社会保险局。自收自支事业单位必须参加统一社会保险，非国家公务员上岗一律缴纳社会养老保险。会议决定从2002年8月起，企业退休干部每人每月发放8元、企业工人每人每月发放6元书报费。会议决定经棚镇集中供热实行“双轨制”，缴纳过“入网费”用户执行上一年价格标准，未交纳用户执行新的价格标准。会议研究决定严格执行中共赤峰市委、赤峰市人民政府决定，制定好鲁库种羊场转制方案，对1993年好鲁库种羊场改革按工龄年分得0.8只羊单位的职工，纳入城镇居民最低生活保障范围。

同年12月20日，旗政府召开年度第四次常务会议。秦义、汪耳河、吉日嘎拉、宋喜岭、吴瑞喜等出席会议。会议决定2002年完成经棚三街、经棚四街油路改造工程，完成火车站上站路填土石方工程及站前广场建设。建设以庆宁寺、清真寺和博物馆为核心的镇西旅游文化区。会议决定全旗教育实行“一费制”收费，杜绝学校代收。会议决定建设经棚第一中学教学楼、宿舍楼。

第四节　第十四届克旗人民政府

第十四届旗政府共召开16次常务会议。

2003年5月23日，旗政府召开年度第二次常务会议。李欣华、汪耳河、吉日嘎拉、宋喜岭、白斯古楞、吴瑞喜、李秀峰等出席会议。会议决定暂缓征缴事业单位失业保险费，加强征缴企业失业保险费。会议同意苏木乡镇设立劳动社会保障事务所，设置专兼职人员。会议决定工商税务等部门配合旗就业服务局制定具体再就业优惠政策实施方案，发放再就业优惠证。会议通过《经棚镇区环境卫生监察管理办法》，经棚镇政府对经棚镇区环境卫生负总责，建立长效监督机制，落实监察管理办法，旗财政增加资金投入。

同年10月8日，旗政府召开年度第三次常务会议。李欣华、汪耳河、吉日嘎拉、白斯古楞、吴瑞喜、李秀峰等出席会议。会议决定在全旗部分地区实行禁牧，发布第三号禁牧令。

同年12月1日，旗政府召开年度第四次常务会议。李欣华、汪耳河、吉日嘎拉、宋喜岭、白斯古楞、吴瑞喜、李秀峰等出席会议。会议决定同意赤峰喜鹊沟胚胎移植推广中心转制，保留中心法人资质、事业单位名称和人事档案，现有人员整体转入新组建的项目公司，原由赤峰喜鹊沟胚胎移植推广中心使用的草牧场，归其使用，原赤峰喜鹊沟胚胎移植推广中心债务在新公司的国有股收益中进行偿还，新公司所产种畜要优先保证本旗牲畜改良需要。会议决定增加40个编制用于补充基层学校教师，实行聘任制，从98个未分配的中师毕业生和原渔场小学教师中招录30人,从教师进修校英语师资班毕业的86名学员中招录10名小学英语教师。决定旗粮食局做好退耕还林、退牧还草、禁牧舍饲粮食供应,在每个苏木乡镇设一处供应站,确保粮食供应。

2004年3月13—14日,旗政府召开年度第一次常务会议。李欣华、汪耳河、吉日嘎拉、刘建华、董岩等出席会议。会议决定好鲁库种羊场转制,组建好鲁库种羊有限责任公司。原好鲁库种羊场学校4名工勤人员按1985年以前民办教师中工勤人员对待,2名教学人员参加下一次全旗教师统一考试招录,2名医务人员纳入浩来呼热乡医院编制内统一管理。旗政府收回原好鲁库种羊场在内蒙草原金峰畜牧(集团)有限责任公司的股权,由旗财政在5年内分期还清所欠发职工工资,一次性安置14名提前待退人员,以2002年8月31日工资为基数计算发放安置费。会议决定全旗苏木乡镇卫生院工作人员全部纳入养老保险统筹范围,旗财政和用人单位各按50%承担公摊部分缴费。克旗医院、克旗中蒙医院和克旗民族疗养院执行自收自支管理体制,增拨工资、设备购置款。宇宙地镇热水分院更名为热水医院,隶属于旗卫生局。卫生系统高级专业技术人员按规定享受医疗保健待遇。

同年9月3日,旗政府召开年度第二次常务会议。李欣华、汪耳河、吉日嘎拉、刘建华、李秀峰、姜惠君等出席会议。会议决定:在粮食企业改革中,特殊工种职工可以办理提前退休手续,但工龄要按照有关政策执行,不再增加工龄折算年限。参加基本养老保险的用人单位和职工在缴纳基本养老保险的同时,要严格按政策规定缴纳医疗、工伤、失业和生育保险金,对职工个人要求提高标准补缴以前年度基本养老保险金,参保单位必须全员补缴提高部分养老金及滞纳金。由旗财政在赤峰市劳动和社会保障部门下拨专项资金中拨付20万元给旗贷款担保公司作为下岗失业人员小额担保贷款基金。由旗就业局从再就业扶持资金中列支2004年“4050”(女40周岁,男50周岁职工)下岗失业人员基本养老保险金补助费。2005年由旗财政列支30万元用于全额事业单位人员失业保险金。自收自支事业单位和差额事业单位全部纳入失业保险范围。全旗工人档案全部纳入旗劳动和社会保障局管理,同时对丢失的职工档案进行清理和鉴定。

同年12月13日,旗政府召开年度第三次常务会议。李欣华、汪耳河、刘建华、李秀峰、董岩等出席会议。会议决定,由旗文化局进一步完善热水文化疗养所转制方案,确保转制工作一次性到位,职工安置费用从自治区文化厅拨付的30万元中列支,同时参照全旗其他转制企业的安置办法,为职工补缴1997年5月至2004年12月的养老保险金,并向后延续3年,按照克旗最低生活保障平均标准,补偿发放职工1997年5月至2004年12月的未发工资。

2005年3月17日,旗政府召开年度第一次常务会议。李欣华、汪耳河、吉日嘎拉、刘建华、李秀峰、董岩等出席会议。会议决定,全旗行政事业单位职工基本医疗保险覆盖面由原来旗直行政事业单位人员扩大到20个苏木乡镇和2个开发区的行政事业单位人员，基本医疗保险财政负担部分由年初预算的170万元增至270万元，新增的100万元由旗财政和苏木乡镇开发区各承担一半。建立社会医疗救助保险，全旗参加基本医疗保险的行政、事业、企业单位职工及灵活就业人员每人每年缴纳150元社会医疗救助保险金。会议决定，全旗聘用的233名代课教师的工资，2005年定为每人每月150元，2006年定为每人每月100元，由旗财政列支，到2007年取消代课教师。到2006年底，彻底解决拖欠教师工资。2004—2006年，教育费附加全额用于"两基"达标，不足部分由旗财政追加。自2005年10月15日取暖期开始，经棚镇内义务教育阶段中小学校的取暖费由旗财政承担，直接拨付给供热单位，以前拖欠取暖费由学校负责偿还。

同年10月12日，旗政府召开年度第二次常务会议。李欣华、汪耳河、吉日嘎拉、刘建华、李秀峰、董岩等出席会议。会议研究"十一五"经济社会发展规划修编事项，会议要求各部门要形成项目建议书，统一汇编后报旗委常委会研究上报。会议决定，按照旗人事局提交的2005年非师范类本科毕业生分配方案，根据岗位需要和毕业生所学专业情况，对64名本旗籍毕业生给予分配。全旗各基层卫生院2004年以前养老保险金补缴事项中，个人应缴部分由个人足额补缴，单位补缴部分2004年12月31日以前由旗财政全部承担，2005年1月1日以后由用人单位承担。经棚第二中学、经棚第三中学合并的新址教学楼以新校址规划建设用地作为政府投入，无偿划拨，建设资金由出让现址所得和"两基攻坚"项目资金解决，有关部门要简化审批手续，减免各种行政事业性收费，确保教学楼2006年8月31日前竣工交付使用。庆宁寺喇嘛生活补助费标准确定为每人每月280元，从2006年1月1日起执行，按实有人数发放，总人数控制在20人以内。旗财政一次性拨付3万元，用于解决庆宁寺喇嘛生活区建设欠款。

2006年3月24日，旗政府召开年度第一次常务会议。周春义、汪耳河、吉日嘎拉、刘建华、李秀峰、姜惠君、董岩等出席会议。会议决定：旗看守所新建监室缺口资金和安全防护设备购置费由旗财政视实际情况适当予以解决。2006年，旗财政预算安排消防经费10万元，业务经费根据实际逐年提高。提交旗编制委员会确定旗级新型农村牧区合作医疗试点工作办公室机构与人员编制，启动经费和工作经费由旗财政根据实际情况适当安排，所需数额列入2006年财政预算。旗财政为城镇最低生活保障扩面提供配套资金80万元，为农村牧区医疗救助提供配套资金20万元，为农村牧区最低生活保障提供配套资金120万元，上述款项列入2006年财政预算。

同年4月13日，旗政府召开年度第二次常务会议。周春义、汪耳河、吉日嘎拉、刘建华、李秀峰、董岩等出席会议。会议决定，加强对重点项目的调度，紧盯重点项目建设进度，力促项目尽快达产达效，同时加大依法治理力度和税收稽查力度，严防偷税漏税。由旗招商局制定招商引资优惠政策和奖励办法。内蒙古黄岗矿业与克旗黄岗矿业整合为克旗黄岗铁矿采矿权作价入股，近期制定具体方案，确保企业正常运转和黄岗铁矿一、三区开发顺利进行。从2006年起，旗财政按上年度旅游业税收收入的5%左右列支作旅游宣传管理专项基金,出台较为完善的克旗旅游业发展整体规划,聘请有资质、诚信度高的中介机构对阿斯哈图景区资源、资产进行评估。并进行国有资产注册登记,制定产权回收工作实施方案,组建赤峰市旅游产业发展有限公司,原水电职工退股等费用由赤峰旅游产业发展公司筹资解决。

同年6月14日,旗政府召开年度第三次常务会议。周春义、汪耳河、吉日嘎拉、刘建华、李秀峰、姜惠君、董岩等出席会议。会议决定:整合克旗进修学校、克旗广播电视大学、原克旗职业中学教育资源,建立克旗职业教育中心,校址初步定在原经棚实验中学。经棚第二中学新址公寓楼、餐厅工程资金由旗政府采取分期付款方式偿还。在应昌路、解放路与经二街至经十街交叉的17个路口设立信号灯,在应昌路与经一街、经三街、经八街、解放路与经一街、经八街交叉的5个路口安装电子监控系统。对应昌路、解放路、经一街至经九街全部道路施划冷喷标线,路灯设计方案确定后,招标建设。会议要求,加快经棚第二中学、芝瑞总校等几所学校工程建设进度,确保如期竣工交付使用。红山军马场要立即停止阻挠乌兰布统旅游开发有限公司项目建设,确保将军泡子主题公园工程项目建设正常施工。

第五节　第十五届克旗人民政府

第十五届旗政府截至2008年底共召开11次常务会议。

2007年1月4日,旗政府召开年度第一次常务会议。周春义、汪耳河、刘建华、李秀峰、姜惠君、董岩、浩毕斯嘎拉图等出席会议。会议原则通过克旗2007年经济发展计划指标和《克旗人民政府工作报告》,责成政府办公室再度广泛征求旗几大班子、各地区、各部门和社会各界的意见。通过《克旗人民政府办公室关于进一步严肃工作纪律、规范工作秩序的通知》,印发至各苏木乡镇人民政府和政府各委办局落实。

同年4月4日,旗政府召开年度第二次常务会议。周春义、杨宗仁、刘建华、李秀峰、董岩、浩毕斯嘎拉图、王振文、齐四清等出席会议。会议决定,旗国土资源管理部门牵头聘请有资质、有实力的规划单位开展矿业资源规划编制,所需资金从矿产资源补偿费地方留成中列支。旗财政列支150万元,由政府统一采购旗乡两级计划生育设备。成立由旗人民政府分管领导牵头的工作领导小组筹备克什克腾世界地质公园开园揭碑工作。同时,要求旗国土资源局和赤峰市旅游产业发展有限责任公司加强克什克腾世界地质公园博物馆和阿斯哈图石林景区的建设工作,确保克什克腾世界地质公园如期揭碑开园。会议同意,经棚第一中学举办建校50周年庆典活动和《经棚第一中学建校50周年庆典筹备方案》。

同年4月13日,旗政府召开年度第三次常务会议。周春义、杨宗仁、刘建华、李秀峰、董岩、浩毕斯嘎拉图、王振文等出席会议。会议决定,易地建设克旗人民武装部综合办公楼和民兵训练基地，要适度控制工程占地面积和建设规模，通过争取上级项目款和资金扶持、原办公场所资产变现、施工企业垫付等多种渠道筹集建设资金。2002 年机构改革离岗科级领导干部享受原职级工资待遇，并执行“提前离岗人员不享受在职人员特殊岗位津贴和年终一次性发放的奖金”的规定，从 2006 年 7 月 1 日工资套改时开始补发。旗财政列支 10 万元下岗失业人员小额担保贷款基金，小额贷款担保基金贴息贷款利息差由旗财政核算后给予拨付。失业保险扩面人员范围到除教育、卫生以外的差额事业单位、自收自支人员。财政全额拨款事业单位人员暂不列入。经棚镇滨河路带状公园、应昌路改造、政府广场、体育场和经八街建设项目经过细化后提交旗委常委会议研究审定。调整旗城管局具体工作职能提交旗编制委员会审定。发展大型公交车，禁止新增三轮客运摩托车，鼓励客运三轮摩托车司机改换出租汽车。以当地种植协会为法人，在经棚镇光明村双桥组建设辐射周边地区的胡萝卜交易市场，建设用地与村里协商解决，资金以自筹为主，旗财政补贴 20 万 ~50 万元产业化扶持资金。会议听取关于教育工作有关问题的汇报。全旗经检查确认为危房的学校校舍一律进行改造，同时对符合布局调整条件且存在危房的学校进行整合。旗教育局、旗职教中心可采取校企联办形式建设职教中心学生实习训练基地。聘请有资质、有实力的规划设计单位进行经棚镇西工业园区规划编制，做实做细金属冶炼加工小区和建材小区规划，能编制项目建议书的要提前编制项目建议书，园区规划费用列入旗财政预算。加强基层动物疫病防控体系建设，制定动物疫病防治工作预案，确保防疫密度 100%，杜绝重大疫病及急烈性传染病发生、蔓延。旗财政列支 100 万元动物疫病防治专项工作经费。旗旅游局与赤峰市旅游产业发展有限责任公司联合开展 2007 年旅游宣传促销活动，旗财政列支 18 万元参加“2007 年中国北方旅游交易会”。同意旗旅游局购置旅游监察大队工作用车和导游手持机。同意易地建设克旗医院，成立以政府主要领导和分管领导牵头的领导小组，协调指挥旗医院新址建设。

同年 12 月 13 日，旗政府召开年度第七次常务会议。周春义、浩毕斯嘎拉图、刘建华、李秀峰、王利等出席会议。会议决定：从 2007 年 1 月 1 日起，对全旗在编民警每月发放 300 元值勤岗位津贴。聘请有资质的评估单位对原旗人民政府办公楼及整体院落进行评估，作为优良资产赠拨给旗农村信用合作联社，化解不良资产。旗财政增拨现金资产 300 万元，支持旗农村信用合作联社化解历史包袱和解决股金分红不足。按着赤峰市人民政府责任目标要求，从 2007 年 1 月 1 日起，旗财政按工资总额 100% 拨付牧区卫生院工作人员工资，按工资总额的 40% 拨付农区卫生院工作人员工资，按工资总额的 30% 拨付克旗蒙医中医院工作人员工资。上述医疗机构工作人员工作单位如发生变动，取消相关工资补助。每年补助旗中心血库定额经费 15 万元。上述款项列入旗财政年度预算。

2008 年 2 月 27 日，旗政府召开年度第一次常务会议。周春义、杨宗仁、浩毕斯嘎拉图、刘建华、李秀峰、王利等出席会议。会议听取《政府工作报告》(送审稿)起草情况的汇报。对2008年旗人民政府承诺的10件实事进行研究讨论,建立并完善不断增长的财政向基本公共服务领域、农村牧区、社会基层和弱势群体倾斜机制,根据财力状况,旗财政每年列支2000万元,为全旗人民办10件实事。会议听取关于经棚镇城中村改造,滨河路建设用地征地实施方案等有关情况的汇报,会议原则同意经棚镇城中村改造滨河路建设用地征地实施方案。会议要求,经棚镇和旗国土、劳动、社保等有关地区和部门要团结协作,密切配合,抽调业务精、素质高的工作人员,进一步充实征地拆迁队伍,严明工作纪律,严格工作程序,向被征地农牧民讲清政策,阐明理由,依法有序、积极稳妥地完成好经棚镇城中村改造滨河路建设征地工作。会议做出关于做好2008年政府中心工作和重点项目建设工作的意见,会议决定成立城镇建设指挥部,两个文明现场交流会指挥部,奥运火炬传递指挥部,重点工业项目建设指挥部,公路、铁路、物流园区建设指挥部,阿斯哈图石林园区和热水开发区建设指挥部。

同年4月2日,旗政府召开年度第二次常务会议。周春义、杨宗仁、浩毕斯嘎拉图、刘建华、李秀峰、王利等出席会议。会议决定,旗政府办公室建立人大代表建议、批评意见和政协委员提案资料库,使之成为政府为全旗人民办实事的重要决策依据。核实、清理各年度与企业签订的风电开发协议。西北矿业公司打入旗财政指定账户部分保证金后,方可开工建设;相关部门要协调解决西北矿业公司黄岗六区建设用地,做好农牧民工作,保障黄岗六区项目建设实施。

图22-3-1　克什克腾旗党政办公楼

同年5月20日,旗政府召开年度第三次常务会议。周春义、杨宗仁、浩毕斯嘎拉图、李秀良、刘建华、王利等出席会议。会议决定:经棚街道社区办公用房按照统一规划、分步实施的原则统筹协调解决。自2008年起,经棚街道辖区内各房地产开发企业,要按照有关规定无偿为社区提供办公及活动用房,或足额缴纳社区建设基金。经棚街道每个社区居委会的办公经费由原来的10000元提高到12000元,居委会工作人员工资由470元/月提高到560元/月,辖区52个居民小组组长工资由120元/月提高到140元/月,并统一列入旗财政年度预算。同意经棚街道办事处增加4名人口和计划生育工作人员编制,增编人员从全旗人口和计划生育工作人员中选调,经旗编委会办公室、人事部门同意后,提交旗编委会审定。同意经棚街道办事处增聘10名计划生育协管员并购买1台便携式B超机,所需费用由旗财政列支。成立克旗创建“中国旅游强县”活动领导小组，下设工作办公室。编制2008年克旗旅游基础设施建设、宣传推介、旅游企业管理、从业人员培训工作实施方案、发展思路和报告创建“中国旅游强县”考察情况。同时要求，旗旅游局要抓紧实施好百家旅行社老总相聚克什克腾世界地质公园、建设中国摄影家协会创作基地、大型广告牌匾设置、赤峰学子游克旗、克什克腾国际蒸汽机车摄影节、达里湖冬捕节等旅游推介活动。2008年5月20日以后，涉及旧城棚户区改造的项目一律停止审批，待经棚镇总体规划修编完成后再按规划要求统一开发建设。根据赤峰喜鹊沟胚胎移植推广中心与农牧民签订的草牧场使用权协议，协调4800公顷草牧场使用权过户到金戈尔有机畜牧有限公司，由王喜鹏负责协调解决喜鹊沟胚胎移植中心405万元债务问题。赤峰喜鹊沟胚胎移植推广中心资产清查组查清的资产为金戈尔有机畜牧有限公司接收赤峰喜鹊沟胚胎移植推广中心资产依据，旗政府在资产交接过程中不负责为赤峰喜鹊沟胚胎移植推广中心担保。旗财政拨款30万元用于经棚蒙古族中学50周年校庆筹备工作；拨款200万元建设经棚蒙古族中学室内体育馆。旗财政拨款60万元购置职业中学实验设备；职业中学在校培训学员必须确保80%以上为克旗籍学员。成立全旗物流园区建设工作领导小组；旗发改局做出物流园区科学规划。旗供销联社组织实施再生资源回收市场建设，再生资源回收市场建成后，经棚镇废品收购户统一集中到市场内经营。

同年12月30日，旗政府召开年度第四次常务会议。周春义、杨宗仁、浩毕斯嘎拉图、刘建华、李秀峰、王利等出席会议。会议决定，2008年经棚镇区集中供热价格拟调整为：居民取暖为26元/平方米，非居民取暖为38元/平方米，报赤峰市价格主管部门批复后执行。委托内蒙古草原金峰畜牧集团有限责任公司经营管理喜鹊沟胚胎移植推广中心，并变更喜鹊沟胚胎移植推广中心法人登记，企业法人变更为现内蒙古草原金峰畜牧集团有限责任公司总经理李瑞，同时成立赤峰喜鹊沟胚胎移植推广中心变更法人登记工作领导小组，负责资产和债务核算移交、人员安置。从旗财政列支300万元，用于赤峰喜鹊沟胚胎移植推广中心变更法人登记工作相关费用，争取用3～5年时间，通过争取国家项目、地方财政补贴等途径，化解赤峰喜鹊沟胚胎移植推广中心债务。会议原则上同意旗旅游局提出的2009年克旗旅游宣传营销计划，在内蒙古卫视、赤峰电视台、同程网、新华网等媒体，在北京部分地区循环公交车、京承高速公路、北京西站等固定板块宣传、推介克旗旅游资源；编制各节庆日的旅游宣传计划；所需费用列入2009年财政预算。央视媒体宣传计划要根据赤峰市旅游宣传营销整体盘子统筹安排。同意采取公司化运作模式建设经棚镇污水处理厂中水回用项目和煤制天然气厂址生活服务区。从旗财政暂借200万元，用于2个项目建设的前期费用，待项目建成运营后收回。同意旗支援铁路建设办公室制定的铁路专用线建设项目征地补偿标准：草地30000元/公顷，有林地190995元/公顷，灌木林地100500元/公顷，疏林地按20%折合后为375000元/公顷，散生林地424995元/公顷，其他项目征地补偿标准另行议定。旗支援铁路建设办公室牵头负责项目征地的组织实施，与煤制天然气项目铁路专用线建设筹备处签订征地协议书，约定各地段补偿标准、补偿资金发放办法。

第四章　综合政务

第一节　规范行政

1991 年，旗政府初步明确行文规范、审批程序、事项分类和催办查办等工作制度。旗政府办公室印发《关于进一步加强机关蒙汉行文工作的通知》，要求全旗旗直各单位发往牧区的文件材料，执行蒙汉文并发要求。

1994 年，旗政府印发《关于印发克什克腾旗人民政府各项工作制度的通知》，明确以旗人民政府名义召开的专门会议，会前主办部门须把会议内容、规模等报告旗政府办公室，由旗人民政府办公室主任审查后送请旗长或分管旗长批准后召开。重大事项上报需请示旗人民政府，主管部门要提交明确上报意见，依据《克旗人民政府关于请示报告程序有关问题的规定》逐级请示报告。1997 年，旗政府或政府办公室行文开始全面依照自治区政府、市政府的要求行文。

2008 年，旗政府进一步完善行文工作制度，可发可不发的文件坚决不发，能不行文解决的问题就不行文。公文办理完毕后，及时整理(立卷)、归档。个人不得保存应当归档的公文。

第二节　行政审批

2004 年，旗政府设立克旗行政审批服务中心。

2007 年，克旗行政审批服务中心正式投入运行。行政审批中心以“便民、高效、规范、廉洁”为服务宗旨，采取“一门受理，集中审批，统一收费”运行机制和服务内容、办事程序、申报资料、承诺时限、收费标准“五公开”运作模式，实行限时办结、首问责任、一次告知和自动化办公等制度，为群众办理审批服务事项。

2008 年，行政审批服务中心编制《2008 年克旗行政事业性收费项目目录》。有 15 个入驻单位、37 名窗口工作人员，设 30 个标准化服务窗口，承办 68 个行政审批服务事项、11 个税收项目，并设有行政事业性收费窗口，统一收取全旗行政事业性收费。全年行政审批服务中心综合服务大厅接待服务对象 6 万人次以上，办件 30000 件以上，旗行政审批服务中心组建后审批件办结率均保持在 99% 以上。

第三节　法制工作

2000年，旗政府内设法制办公室，开始编制、组织实施克旗人民政府推进依法行政各种规划、方案；办理审批旗政府有关部门、各乡镇苏木政府规范性文件发布，行政执法监督工作；同时受理行政执法投诉，调查重大行政违法案件；承办旗政府决定的重大行政处罚的审查或听证工作；开展行政复议和承办审理旗政府受理的行政复议案件。

图22-4-1　克什克腾旗检察院宣传活动

推行行政执法责任制、阳光执法，通过旗人民政府文件和综合门户网站将旗本级36个行政机关、26个法律法规授权组织、11个受委托组织的行政执法行为及其依据逐项予以公布。列出完整的旗级行政执法机构权力清单，并开展依法行政、行政执法责任制考核评价。开展行政执法主体和执法人员资格认定，依法界定行政执法职责，并对行政执法人员进行培训。不定期组织行政执法案卷评查，促进行政执法规范化管理。坚持不断地开展“人民满意行政执法单位”评选工作，树立行政执法单位公正执法、文明执法形象。

旗政府规范性文件实行前置法律审查。按照“有件必备、有备必审、有错必纠”基本要求，凡旗政府制发的规范性文件全面落实备案审查制度，进行政府层级监督。重点对涉及行政许可、行政处罚、行政强制、行政事业性收费及是否违法，为公民、法人和其他组织设定义务等进行严格的法律审查。

坚持强化和改进行政复议工作，通过办理政府法律事务，化解行政争议，减少或避免行政诉讼。

第四节　信息工作

2001年，旗政府成立信息中心，隶属政府办公室。

2002—2004年，旗政府信息中心，主要负责维护、完善“克什克腾绿色网”功能模块及添加相关内容，以提高信息工作质量和服务水平。

2005年，政府办公室对政府网站进行全新改版，变更域名为“克什克腾政府网”。改版后，在保持原政府网站功能基础上，增设“领导之窗”“政务大厅”“投资克旗”“热点论坛”“农牧课堂”等栏目，提高对外宣传和服务社会、服务基层、服务民众能力。

2006年,旗政府信息中心承担国家电子政务交换体系克什克腾试点项目。通过VPN连接方式,组建以政府信息中心机房服务器为中心,以公安局、财政局、卫生局、计生局、民政局、残联及合管办7个参建单位和达日罕苏木、红山子乡为支点的人口基础信息库交换体系。

2007年,政府信息中心完成新华网克什克腾旗内部参考系统建设。

2008年,克什克腾政府网增设"政府信息公开""主题服务""旅游者"等栏目。至年末,累计上传动态信息2000余篇条,上传图片新闻600余篇条,转载医疗保健、专题教育、农牧业科技、市场分析预测等信息3000余篇条。

第五节 外事工作

1993年,旗政府开展同俄罗斯、蒙古、东南亚等国家和企业的经贸合作和文化交流,先后同加拿大、韩国、意大利等国家和香港地区签订经济技术合作意向书。派遣4人去日本从事马匹调训工作。与辽宁省鞍山市铁东区建立友好旗区关系,与沈阳市、鞍山市等地区企业、商务机构、科研单位签订多份经济技术合作协议书。

1994年,旗政府先后派遣10个工作团赴俄罗斯进行经贸洽谈。克旗乌兰牧骑同广东东莞皇朝文化村建立文化交流关系,到东莞开展文艺演出。克旗民贸技术开发集团总公司常务副总经理李宝珍在北京拜访美国对华贸易咨询公司总经理埃玛女士,播放《克什克腾风光》专题片,向美国民众介绍克旗。1995年5月,加拿大专家组一行3人在农业部项目办相关人员陪同下,考察"中国北方草原生态治理试验项目"克什克腾项目区前期工作情况。1996年5月,克旗与赤峰市红山区建立友好旗区关系。同年7月,克旗与河北省辛集市缔结友好旗市关系。10月,应河北省辛集市政府邀请,旗政府副旗长斯钦巴特尔等赴河北省辛集市参加全国第四届皮革展销会暨辛集市建市10周年庆典活动。2000年9月,克旗与通辽市科尔沁区政府缔结友好旗区关系。2001年4月,中国、加拿大两国生物多样性保护和社会发展项目之一的达里诺尔国家级自然保护区项目正式启动。2004年7月,以尚德国际妇女会艾琳米切尔女士为团长的一行12人,专程向巴彦高勒苏木中学40名春蕾班贫困女学生捐赠助学金。2006年4月,克旗与山东省寿光市政府缔结友好旗市关系。2007年6月5日,克旗与云南省石林彝族自治县缔结友好旗县关系。2007年8月,克什克腾世界地质公园与泰山世界地质公园缔结友好公园关系。

2008年6月,来自澳大利亚、新西兰、法国、加拿大、瑞士、意大利等18个国家的54名代表在参加完世界草地与草原大会后,到克旗就世界草地与草原现状调查、评价和监测进行专题研讨。10月,克什克腾世界地质公园与德国埃菲尔世界地质公园签署《关于缔结姐妹公园的协议书》,正式缔结姐妹公园。

第六节　督查与调研

1993 年,旗政府建立督查室。

1994 年,政府督查室围绕全旗农牧业生产情况、人大代表和政协委员提出的建议、意见和农田草原水利基本建设任务落实情况开展督查。

1995 年,政府督查室就全旗绒毛市场管理、价格、资金筹措等有关问题进行督查和调研,为政府对全旗绒毛收购管理工作提供决策参考建议。

1996—1999 年,政府督查工作主要围绕加强农村牧区经济、乡镇企业、物价、对外开放以及计划生育工作落实情况开展督查,同时开展人大代表、政协委员建议、意见、提案承办督查。

2000—2004 年,政府督查集中力量督查政府常务会议中确定的各项工作任务落实情况,就全旗人大代表、政协委员的建议、议案、和提案办理展开持续督查,就农牧业救灾、工业经济发展情况进行督查和调研。

2007—2008 年,政府督查室重点督查群众反映的重点、难点问题解决情况,督查全旗节能减排、主要经济指标完成情况等方面工作。

第七节　信访工作

一、机构

1979 年,组建民事信访办公室。1984 年,改建为信访领导小组办公室。1991 年,信访领导小组办公室设在旗人民政府办公室。2007 年,组建隶属于旗委、政府双重领导的克旗信访局,建立处理信访突出问题及群体性事件联席会议制度,原旗信访领导小组办公室设在旗信访局。2008 年,克旗信访局有人员编制 9 名,其中领导职数 4 名。

二、接访工作

1991—2005 年,信访工作采用定领导、定时间、定人员和包调查、包疏导、包解决、包回访办法开展工作。解决"文化大革命"时期一些落实政策的遗留问题和经济领域里承包经营中的政策执行问题。信访工作开展规范化建设,遵循"谁主管,谁负责"的原则,处理各类信访案件,重点解决企业改制、土地和草牧场承包中出现的责任纠纷、边界纠纷等上访问题。重点解决企业改制、土地征用、城镇房屋拆迁、收费不合理等上访问题。

2006—2008 年,信访工作初步构建起全旗联动的信访格局,开展各级主要领导"大接访"和领导干部定期接访活动,先后开展"矛盾纠纷排查化解年""重信重访问题专题治理年”和“信访积案化解年”活动,实行重点上访人员领导包案制度及非正常上访管理制度。重点解决农村土地征用、城镇房屋拆迁、生活困难求助和涉法涉诉等方面问题。

三、查处情况

1991—1995 年,全旗共接待受理群众来信来访 878 件次,接待群众集体上访 31 批 398 人次,处理进赤峰市集体上访 2 批 9 人次,上级交办案件、批示信 12 件,结案率 100%,无进北京上访和进呼和浩特市上访案件。

1996—2000 年,全旗共接待受理群众来信来访 5766 件次,接待群众集体上访 168 批 4264 人次,处理上级交办案件、批示信 16 件,结案率 90%。

2001—2005 年,共接待受理群众来信来访 7899 件次,接待群众集体上访 259 批 6751 人次,处理上级交办案件、批示信 29 件,结案率 95%。

2006—2008 年,全旗共接待受理群众来信来访 3121 件次,接待群众集体上访 135 批 2266 人次,处理上级交办案件、批示信 16 件,结案率 93.8%。

第八节 翻译工作

1990 年 6 月,旗政府办公室内设翻译科,开展翻译工作。落实党政机关行文蒙汉两种文字并用并行要求,每年翻译各种文字材料约 60 万字。

第九节 机关事务工作

2007 年 4 月,政府办公室内设行政科,处理机关后勤工作。主要进行机关卫生、办公室用品、环境卫生、绿化美化、基础设施及安全保卫等工作。

第二十三篇

政协地方委员会

第一章　政协克旗四至八届委员会

第一节　委员构成

政协克旗第四届委员会(1991 年 3 月至 1994 年 3 月)由 11 个界别 93 名委员组成。其中:政党界(中共)7 人,群众团体界 5 人,教育界 8 人,卫生界 8 人,科学技术界 18 人,工业交通界 9 人,财贸金融界 12 人,民族宗教界 8 人,文化艺术界 4 人,三胞侨眷界 4 人,个体专业户和农牧民界 10 人。委员中中共党员 36 人,占 39%;党外人士 57 人,占 61%;少数民族委员 41 人,占 44%;妇女委员 14 人,占 15%;知识分子委员 43 人,占 46%。政协克旗第四届委员会常务委员会委员 14 人。

政协克旗第五届委员会(1994 年 3 月至 1999 年 1 月),由 11 个界别,93 名委员组成。其中:政党界(中共)7 人,群众团体界 5 人,教育界 7 人,卫生界 7 人,科学技术界 18 人,工业交通界 6 人,财贸金融界 12 人,民族宗教界 8 人,文化艺术界 4 人,三胞侨眷界 4 人,非公有制经济界 15 人。委员中中共党员 37 人,占 40%;党外人士 56 人,占 60%;少数民族委员 40 人,占 43%;妇女委员 16 人,占 17.2%;具有大中专文化程度和专业职称的委员 47 人,占 50.5%。到五届四次会议委员增加至 106 人。政协克旗第五届委员会常务委员会委员 18 人,第三次会议增补 3 人。

政协克旗第六届委员会(1999 年 1 月至 2004 年 1 月),由 7 个界别、104 名委员组成。其中:政党界(中共)7 人,群众团体界 5 人,文教卫生界 25 人,科学技术界 18 人,工交财贸界 18 人,民族宗教界 8 人,非公有制经济界 23 人。委员中中共党员 41 人,占 39%;党外人士 63 人,占 61%;少数民族委员 33 人,占 31.7%;妇女委员 16 人,占 15.4%;知识分子委员 47 人,占 45%。到六届四次会议时,委员增加至 109 人。政协克旗第六届委员会常务委员会委员 21 人。

政协克旗第七届委员会(2004 年 1 月至 2007 年),由 7 个界别,130 名委员组成(时缺 3 人)。其中:政党界(中共)15 人,群众团体界 5 人,科学技术界 19 人,文教卫生界 21 人,农牧林水界 20 人,民族宗教界 9 人,经济企业界 38 人。委员中中共党员 62 人,占 48.8%;非中共党员 65 人,占 51.2%;少数民族委员 35 人,占 27.1%;妇女委员 28 人,占 22%;大专以上学历委员 93 人,占 72.1%,具有中级职称以上 53 人,占 41.1%。到政协克旗第七届委员会四次会议,委员增加至 131 人。政协克旗第七届常委会委员 26 人,第二次全委会增选 2 名常委会委员。

政协克旗第八届委员会(2007 年 11 月至 2008 年 12 月)由 9 个界别、163 名委员组成。其中政党界(中共)16 人、群众团体界 8 人、民族宗教界 9 人、经济界 21 人、企业界

18 人、工商联界 14 人、文教卫生界 30 人、科技界 25 人、农牧林水界 22 人。在政协克旗第八届委员会委员中,有中共党员 69 人,占 42.3%;非中共党员 94 人,占 57.7%;妇女委员 45 人,占 27.6%;少数民族委员 46 人(朝鲜族 1 人、回族 8 人、满族 3 人、蒙古族 33 人、壮族 1 人),占 28.2%;具有大专以上学历委员 143 人,占 87.7%。政协克旗第八届常委会委员 39 人。

第二节　领导人组成

1991—2008 年政协克旗委员会主席、副主席、秘书长名录

表 23－1－1

届　次	主　席	任 职 时 间	副　主　席	任 职 时 间	秘书长
第四届	董润生	1991.3—1994.3	布　和(达斡尔族) 白树德(回族) 静国臣 斯钦巴特尔(蒙古族) 巴特尔(蒙古族)	1991.3—1994.3 1991.3—1994.3 1991.3—1994.3 1991.3—1994.3 1991.3—1994.3	武玉成
第五届	王庆有	1994.3—1999.1	艾　登(蒙古族) 巴特尔(蒙古族) 李长春 王如山(回族)	1994.3—1998.10 1994.3—1999.1 1994.3—1999.1 1994.3—1999.1	武玉成
第六届	孟庆林	1999.1—2004.1	赵学祺 巴特尔(蒙古族) 李长春 刘占会 赛音巴雅尔(蒙古族) 苗清华	1999.1—2002.2 1999.1—2002.2 1999.1—2002.2 2002.3—2004.1 2002.3—2004.1 2002.3—2004.1	焦玉成
第七届	宋喜岭	2004.1—2007.11	赛音巴雅尔(蒙古族) 刘德生 刘俊林 段宝忠(蒙古族)	2004.1—2006.5 2004.1—2007.11 2004.1—2007.11 2007.1—2007.11	赵玉民
第八届	宋喜岭	2007.11—	刘俊林 段宝忠(蒙古族) 朱凤兰(女)	2007.11— 2007.11— 2007.11—	孙长江

第三节　内设机构

一、办公室

1991—2008年，政协克旗委员会下设办公室，由主任（秘书长兼）、副主任（副秘书长兼）、秘书及工勤人员组成，处理政协机关日常工作。

二、专门委员会

专门委员会是政协克旗委员会的内设办事机构，在主席会议领导下开展工作，配备主任、副主任1～2人，负责本专门委员会的日常工作。

1991年3月，政协克旗四届一次常委会内设3个科级专门委员会，即：文史提案委员会、经济科技委员会、文教卫生委员会，各专门委员会配备副主任1人。

2007年6月，政协克旗文史提案委员会、经济科技委员会、文教卫生委员会，配备主任、副主任各1人。

第二章　政协克旗四至八届委员会会议

第一节　全委会

一、政协克旗第四届委员会会议

1991年3月4—8日，第四届政协克旗委员会会议在经棚镇召开。出席会议委员90人，克旗党政各部、委、办、局、室负责人34人列席会议。旗委、旗人大常委会、旗政府领导及部分离退休领导应邀列席会议。会议听取和审议董润生做的《政协克旗第三届委员会常务委员会工作报告》、布和做的《关于政协三届一次会议以来提案工作情况的报告》；全体委员列席旗第十一届人民代表大会。会议选举董润生为政协克旗第四届委员会主席，布和、白树德、斯钦巴特尔、静国臣、巴特尔为副主席；选举常委会委员14人。会议通过大会政治决议。

政协克旗第四届委员会第二次会议于1992年2月25—27日在经棚镇召开。出席会议委员90人，会议听取和审议董润生做的《政协克旗第四届委员会常务委员会工作报告》、布和做的《关于政协四届一次会议以来提案工作情况的报告》；全体委员列席克旗第十一届人民代表大会第二次会议。通过大会各项决议。

政协克旗第四届委员会第三次会议于1993年2月27日—3月1日在经棚镇召开。出席会议委员89人，驻克旗的自治区、赤峰市政协委员、旗直各部委办局负责人及部分离退休领导共55人应邀列席会议。会议听取并审议董润生做的《政协克旗第四届委员会常务委员会工作报告》、布和做的《关于政协四届二次会议以来提案工作情况的报告》,全体委员列席克旗第十一届人民代表大会第三次会议。通过大会各项决议。

二、政协克旗第五届委员会会议

1994年3月9—13日,政协克旗第五届委员会在经棚镇召开。出席会议委员89人,会议贯彻落实中共十四届三中全会精神;听取和审议董润生做的《政协克旗第四届委员会常务委员会工作报告》、布和做的《关于政协四届一次会议以来提案工作情况的报告》;全体委员列席克旗第十二届人民代表大会第一次会议。会议选举王庆有为政协克旗第五届委员会主席,艾登、巴特尔、李长春、王如山为副主席,选举常委会委员18人,通过大会政治决议。会议对四届委员会推选的8名优秀委员和4个提案承办先进单位进行表彰奖励。

政协克旗第五届委员会第二次会议于1995年3月21—23日在经棚镇召开。出席会议委员91人,会议听取和审议王庆有做的《政协克旗第五届委员会常务委员会工作报告》、艾登做的《关于政协五届一次会议以来提案工作情况的报告》。全体委员列席克旗第十二届人民代表大会第二次会议。通过会议决议。

政协克旗第五届委员会第三次会议于1996年1月26—29日在经棚镇召开。出席会议委员98人,预备会议宣布增选13名政协克旗五届委员会委员。会议贯彻落实中共十四届五中全会精神;听取和审议王庆有做的《政协克旗第五届委员会常务委员会工作报告》、李长春做的《关于政协五届二次会议以来提案工作情况的报告》。全体委员列席克旗第十二届人民代表大会第三次会议,对克旗"九五"计划和2010年远景规划目标提出建议。会议新增选常委会委员3人;通过会议决议,表彰10名优秀委员。

政协克旗第五届委员会第四次会议于1997年1月11—13日在经棚镇召开。出席会议委员101人,会议听取和审议王庆有做的《政协克旗第五届委员会常务委员会工作报告》、李长春做的《关于政协五届三次会议以来提案工作情况的报告》。全体委员列席克旗第十二届人民代表大会第四次会议。会议补选了政协第五届委员会秘书长,通过大会政治决议。

政协克旗第五届委员会第五次会议于1998年3月9—11日在经棚镇召开。出席会议委员98人,会议听取和审议王庆有做的《政协克旗第五届委员会常务委员会工作报告》、李长春做的《关于政协五届四次会议以来提案工作情况的报告》。全体委员列席克旗第十二届人民代表大会第五次会议。会议通过政协五届五次会议决议。会议对16名优秀委员和5个提案承办先进单位进行表彰。

三、政协克旗第六届委员会会议

1999年1月18—21日,政协克旗第六届委员会在经棚镇召开,出席会议委员98

名。会议听取和审议孟庆林做的《政协克旗第五届委员会常务委员会工作报告》、李长春做的《关于政协五届一次会议以来提案工作情况的报告》。全体委员列席克旗第十三届人民代表大会第一次会议。会上10名委员就推进依法治旗进程、大力发展个体私营经济、加快农牧业产业化发展、努力实施素质教育、创造良好的交通环境等内容做大会发言。会议选举孟庆林为政协克旗第六届委员会主席，赵学祺、巴特尔、李长春为副主席，选举出常委会委员21人，通过会议决议。

政协克旗第六届委员会第二次会议于2000年1月17—19日在经棚镇召开。出席会议委员90人，会议听取和审议孟庆林做的《政协克旗第六届委员会常务委员会工作报告》、李长春做的《关于政协六届一次会议以来提案工作情况的报告》；会上13名委员就沙地治理改善环境、调整教育布局、推进下岗职工就业、加强畜禽疫病防治体系建设、巩固和发展民营企业、加快公路建设等方面做大会发言。全体委员列席克旗第十三届人民代表大会第二次会议。通过会议决议。

政协克旗第六届委员会第三次会议于2001年3月15—17日在经棚镇召开。出席会议委员90人，会议听取和审议孟庆林做的《政协克旗第六届委员会常务委员会工作报告》、李长春做的《关于政协六届二次会议以来提案工作情况的报告》。全体委员列席克旗第十三届人民代表大会第三次会议。通过会议决议；表彰12名优秀委员。

政协克旗第六届委员会第四次会议于2002年3月1—2日在经棚镇召开。出席会议委员97人，会议听取和审议孟庆林做的《政协克旗第六届委员会常务委员会工作报告》、李长春做的《关于政协六届三次会议以来提案工作情况的报告》。全体委员列席克旗第十三届人民代表大会第四次会议。会议补选刘占会、赛音巴雅尔、苗清华为政协克旗第六届委员会副主席；通过会议决议；对15名委员给予表奖。

政协克旗第六届委员会第五次会议于2003年2月26—28日在经棚镇召开。出席会议委员88人，出席会议委员88人，会议听取和审议刘占会做的《政协克旗第六届委员会常务委员会工作报告》、苗清华做的《关于政协六届四次会议以来提案工作情况的报告》。全体委员列席克旗第十三届人民代表大会第五次会议。会议通过决议；对30名委员、7个提案承办单位予以表彰。

四、政协克旗第七届委员会会议

2004年1月4—7日，政协克旗第七届委员会在经棚镇召开。出席会议委员120人，会议听取和审议宋喜岭做的《政协克旗第六届委员会常务委员会工作报告》、刘俊林做的《关于政协六届一次会议以来提案工作情况的报告》。全体委员列席克旗第十四届人民代表大会第一次会议。会议选举宋喜岭为政协克旗第七届委员会主席，赛音巴雅尔、刘德生、刘俊林为副主席；选举常委会委员26人，通过会议决议。

政协克旗第七届委员会第二次会议于2005年1月14—17日在经棚镇召开。出席会议委员123人，会议听取和审议宋喜岭做的《政协克旗第七届委员会常务委员会工作报告》、刘俊林做的《关于政协七届一次会议以来提案工作情况的报告》。10 名委员做大会发言。全体委员列席克旗第十四届人民代表大会第二次会议。会议增选 2 名常委会委员,通过会议决议,对 14 名委员给予表奖。

政协克旗第七届委员会第三次会议于 2006 年 2 月 18—22 日在经棚镇召开。出席会议委员 125 人,旗内 15 家工矿企业集团董事长、总经理特邀旁听会议。会议听取和审议宋喜岭做的《政协克旗第七届委员会常务委员会工作报告》、刘俊林做的《关于政协七届二次会议以来提案工作情况的报告》;6 名委员做大会发言。全体委员列席克旗第十四届人民代表大会第三次会议。会议补选了政协克旗委员会秘书长,补选常委会委员 3 人。通过会议决议对 12 名委员和 7 个承办单位给予表彰。

政协克旗第七届委员会第四次会议于 2007 年 1 月 24—27 日在经棚镇召开。出席会议委员 125 人,旗内 15 家工矿企业集团董事长、总经理特邀旁听会议。会议听取和审议宋喜岭做的《政协克旗第七届委员会常务委员会工作报告》、刘俊林做的《关于政协七届三次会议以来提案工作情况的报告》,5 名委员作大会发言。全体委员列席克旗第十四届人民代表大会第四次会议。会议补选段宝忠为政协克旗第七届委员会副主席,审议通过会议决议。会议对 11 名委员、13 件优秀提案者和 9 个提案承办单位给予表彰。

五、政协克旗第八届委员会会议

政协克旗第八届委员会于 2007 年 11 月 6—11 日在经棚镇召开。153 名委员出席会议。旗委、旗人大、旗政府、旗人武部领导和部分离退休同志应邀出席会议;旗直各部委办局,苏木乡镇党政负责人和中直、区直驻克旗部门负责人 103 人列席会议,特邀旗内各工矿、企业(集团)董事长、总经理列席会议。会议听取和审议宋喜岭做的《政协克旗第八届委员会常务委员会工作报告》,段宝忠做的《关于政协克旗第七届四次会议以来提案工作情况的报告》;部分政协委员做大会发言。会议选举宋喜岭为政协克旗第八届委员会主席,刘俊林、段宝忠、朱凤兰为副主席。会议通过各项决议。

政协克旗第八届委员会第二次会议于 2008 年 3 月 5—8 日在经棚镇召开。出席会议委员 158 人,旗委、人大、政府、人武部、检察院、法院领导和部分离退休老同志应邀列席会议,旗直各部委办局、苏木乡镇和中直、区直部门负责人 101 人列席会议。会议邀请旗内各工矿、企业(集团)董事长、总经理列席会议。会议听取和审议宋喜岭做的《政协克旗第八届委员会常务委员会工作报告》;听取和审议段宝忠做的《关于政协克旗第八届一次会议以来提案工作情况的报告》。全体委员列席克旗第十五届人民代表大会第二次会议。部分政协委员做大会发言。会议审议通过各项决议。

第二节　常委会议与主席会议

1991—2008 年，政协克旗常委会。

主要讨论部署阶段性工作，学习讨论党和国家的大政方针政策，协商讨论旗委、政府制定的大政方针和人民群众普遍关心的问题，并提出意见和建议。审议提交全体委员会议的文件。审查重要的建议案、考察视察报告、专题调研报告和提案。审议专门委员会的工作报告和总结。

1999 年，重新修订《政协克旗委员会关于加强政治协商、民主监督、参政议政工作的实施办法》。

2000 年，修订《政协克旗委员会常务委员会工作规则》。

2005 年，制定《政协克旗委员会主席会议工作细则》。

2008 年，修订《中国人民政治协商会议克什克腾旗委员会提案工作条例》。

政协克旗委员会主席会议由主席、副主席、秘书长组成，一般每两个月举行一次会议，必要时可临时召集。

第三章　主要工作

第一节　自身建设

1999 年，政协克旗第六届六次常委会议，结合克旗实际重新修订《关于加强政治协商、民主监督、参政议政工作的实施办法》，对“政治协商、民主监督、参政议政”的目的、内容、形式和协商对话的层次、渠道做出全面阐释。2000 年，政协克旗第六届七次常委会议通过《政协克旗委员会委员条例》，对委员的权利和义务等做出明确规定。2005 年，政协七届四次常委会议通过《政协克旗常委会议工作细则》，对常委会议工作程序做出规定，政治协商、民主监督、参政议政三大职能得到制度性保证。

第二节　协商与监督

政协克旗委员会通过常委会议、主席会议、专题调研、委员提案等形式为旗委、旗政府科学决策、依法行政提供参考依据和重要建议，进行协商和监督。

1994 年，多位委员提出的“经棚镇区植被破坏严重，建议成立镇郊林场的提案”得到旗委、旗政府重视，决定成立经棚镇郊治沙、造林实验林场，对镇区造林绿化及生态环境保护进行统一规划和管理。

政协克旗委员会为白音敖包申报国家级自然保护区展开调研和协商。1996年,邀请《人民政协报》记者来克旗考察采访,在《人民政协报》上发表《谁来抢救这片举世无双的红皮云杉林》,引起全国政协提案委和林业部高度重视。1997年8月,全国政协提案委员会组织和邀请林业部、中国林业科学院等单位专家到克旗,实地考察和鉴定,确认白音敖包云杉林属沙地云杉,是世界独一品种,具有极高科研和保护价值,对克旗白音敖包晋升国家级自然保护区提出具体指导意见。

政协委员联名提案"关于在经棚镇区建设公墓",得到旗政府采纳,旗民政部门及时做出规划,并组织实施。1997年,经棚镇区"龙凤山公墓"竣工落成。

1998年8月,政协经济科技委员会对草牧场"双权一制"落实情况进行实地考察,形成《克旗草牧场"双权一制"落实情况的考察报告》,指出存在问题的同时,提出改进建议,得到旗委、旗政府高度重视。

第三节 参政议政

政协克旗委员会利用多种形式参与克旗经济建设和社会发展决策过程,对人民群众普遍关心的热点问题开展协商讨论,议政建言,不断拓展参政议政渠道。

旗政协委员列席各届人民代表大会,听取并讨论政府工作报告,就全旗政治、经济、改革、发展等方面的重大问题发表意见和建议。召开专题会议,针对涉及改革发展的重大问题、发展规划,开展专题协商,听取旗政府及相关部门工作情况通报,广泛征求反馈政协委员和各界人士意见和建议。政协领导和办公室、各专门委员会负责人应邀参加旗政府的常务会议和其他重要会议;政协专门委员会人员应邀参加旗委、旗政府职能部门会议。旗委、旗政府向政协克旗委员会通报工作,每半年向政协克旗常委会通报全旗经济社会发展情况。

政协克旗全委会议,听取并讨论克旗"八五"计划,提出34条意见和建议。政协克旗常委会对旗委、旗政府《关于进一步搞好农牧结合加快畜牧业发展的决定》《关于加快发展乡镇企业的意见》《关于加快市场建设和鼓励个体私营经济发展的决定》三个讨论稿提出修改意见。

第四节 提案办理

委员提案主要有四种形式:政协委员以个人或者联名方式提出提案;政协全体委员会议期间以小组或者联组名义提出提案;参加政协的党派和人民团体,以本党派、本团体名义提出提案;政协各专门委员会以专门委员会名义提出提案。

第四届至第七届政协克旗委员会提案情况一览表

表 23－3－1　　　　　　　　　　　　　　　　　　　　　　　　单位：件

会议届次	收到提案数（件）	审查立案数（件）	涉及内容															产生重要影响提案数
			经济建设		科教文卫		人事劳动就业		社会治安法制建设		城建环保		统战宗教		市场监管		其他	
			数目	比例%	数目	比例%	数目	比例%	数目	比例%	数目	比例%	数目	比例%	数目	比例%		
四届	99	95	41	43	35	36.8	2	2.1	4	4.2	2	2.1	2	2.1	—	—	9	4
五届	371	362	110	30.4	78	21.5	45	12.4	13	3.6	72	19.9	9	2.5	19	5.2	16	5
六届	290	281	77	27.4	56	19.9	10	3.6	28	10	49	17.4	10	3.6	30	10.7	21	2
七届	237	207	46	22.2	62	30	14	6.8	3	1.4	59	28.5	6	3	9	4.3	8	2

第四届委员会议期间，收到委员关于恢复岗更湖渔业资源，关于解决经棚镇烟尘污染建议的提案。第五届委员会议期间，收到委员关于经棚镇区建设要科学合理规划的建议，关于引种入牧要有科学性、克服盲目性建议。关于有效实施再就业工程，积极为下岗职工排忧解难建议的提案。第六届委员会议期间，收到委员关于维修经棚庆宁寺恢复宗教活动的提案，关于修筑经棚镇格类河防洪坝，保障居民、企业及 303 线公路安全的提案；第七届委员会议期间，收到委员关于规范矿业管理，保持资源可持续利用的建议，关于克旗医疗卫生体制改革的现状分析与建议的提案，得到旗委、旗政府高度重视，制定、出台政策措施及时得到落实。关于《切实加大人畜共患疾病防治力度，增加布氏杆菌疫病防治经费投入》《完善农业服务体系，发挥科技部门作用，促进农牧民科学养畜》《尽快在经棚镇周边建设蔬菜基地》《加强对个体私营经济的引导，促进非公有制经济快速发展》《进一步完善物业管理制度》《健全低保制度加强弱势群体救助力度》《信用社要支持新农村新牧区建设》等提案得到及时落实。

政协克旗委员会历次会议后，政协提案委员会和旗政府办公室召开提案交办会议，在会议上签署《提案责任交办单》，交送提案承办单位办理。2007 年初，政协克旗委员会办公室会同旗委办公室、旗政府办公室联合印发《关于对苏木乡镇党政领导班子和旗直部门领导班子办理政协提案工作实绩考核内容评价办法》（试行），在提案办理时限、质量、制度、评价等方面提出详细、规范要求。

第五节　视察与调研

政协克旗委员会围绕旗委、旗政府每年确定的重点工作,有针对性地深入全旗基层部门、系统开展实地调研了解情况,对旗委、旗政府采纳的政协委员意见建议并形成决策的落实情况进行视察。注重拓宽政协委员参政议政的渠道。从1991年四届一次会议到2007年七届四次会议,政协克旗委员会共开展调研视察活动86次,形成调研报告80篇。

政协克旗第四届至第七届委员会调研课题一览表

表23-3-2

调研工作类别	重要调研内容	届别	序号
经济方面	关于克旗“菜篮子工程建设”	四届	1
	关于克旗国有企业转制工作	四届	2
	关于克旗重大草原工程建设项目	四届	3
	关于优化克旗招商引资环境	六届	4
	关于做大做强克旗肉羊产业	六届	5
	关于克旗农牧业经济发展情况	六届	6
	关于克旗个体私营经济发展	六届	7
	关于克旗小水电企业存在问题的调查	六届	8
	关于克旗城镇居民可支配收入情况	七届	9
	关于克旗农田水利基本建设情况	七届	10
	关于克旗旅游业发展情况	七届	11
	关于克旗私营企业和个体工商户发展	七届	12
	关于克旗矿业探采过程中环境保护问题	七届	13
	关于拜仁达坝银矿和黄岗矿区Ⅴ、Ⅵ、Ⅶ区调研	七届	14
	关于加快城镇化建设、提高城镇居民收入的调研	七届	15
	关于克旗增加农牧民收入途径的调研	七届	16
文化教育方面	关于落实《九年义务教育规划》情况	五届	1
	关于解决克旗城镇初中大班额及升学难问题	六届	2
	关于经棚二中教学楼安全出口和教室不足问题	六届	3

续表 23－3－2

调研工作类别	重要调研内容	届别	序号
文化教育方面	关于克旗牧区基础教育和文物保护工作	七届	4
	关于克旗中小学校园安全问题的调研	七届	5
	关于贯彻落实《中华人民共和国文物保护法》《内蒙古自治区体育市场管理条例》的调研	七届	6
医疗卫生方面	关于对达日罕乌拉苏木、达里苏木、红山子乡医疗卫生体制改革的调研	四届	1
	关于对克旗医院病房楼建设工作的调研	六届	2
	关于克旗新型农村牧区合作医疗试点工作	七届	3
	关于克旗基层动物防疫工作情况	七届	4
社会发展方面	关于克旗经棚镇区集中供热问题	六届	1
	关于克旗经棚镇成立消防队的调研和建议	六届	2
	关于克旗乡村两级综合服务体系建设	六届	3
环境保护方面	关于克旗防沙治沙工作情况	六届	1
	关于克旗退牧还草、禁牧舍饲工作情况	六届	2
	关于达里湖水资源和周边湿地有效保护情况	六届	3

第六节　文史工作

政协克旗各届委员会坚持抢救、挖掘文史资料，把征集文史稿件作为经常性工作，征集出版一批历史价值较高的文史资料。

政协四届、五届委员会征集史料稿件 37 篇，出版约 20 万字《克什克腾文史资料》第三辑。为政协赤峰市委员会《赤峰人物·现代篇》撰稿 3 万字。

政协克旗六届委员会先后出版《克什克腾文史资料·交通专辑》《克什克腾文史资料·小水电专辑》《克什克腾文史资料·风光诗词专辑》《克什克腾文史资料·回族专辑》。

政协克旗七届委员会出版约 22 万字的文史资料《克什克腾蒙古族》。

第七节　对外联谊

政协克旗四届委员会期间,分别与广东等7省25个地区政协建立友好关系。政协克旗五届委员会期间,先后与江西九江市浔阳区政协、辽宁省朝阳县政协以及市内各旗县区政协建立友好往来关系。政协克旗六届委员会接待全国政协副主席王文元、周铁农、环资委副主任张春园、全国政协副秘书长赵喜明等领导视察。与北京市石景山区政协、辽宁朝阳市政协、喀左县政协、河北承德市政协建立友好关系。政协克旗七届委员会接待全国政协副主席李兆焯、黄孟复考察调研。先后与北京市政协、北京市西城区政协、浙江省政协、鞍山市政协、河南省政协文史委、海南省政协、黑龙江省政协、安徽旌德县政协、锦州市政协、锡林郭勒盟苏尼特右旗政协、鄂尔多斯市政协、锡林郭勒盟正蓝旗政协、杭锦旗政协、大连市政协建立友好关系。

第二十四篇

KE SHI KE TENG QI ZHI

第一章　人民团体

第一节　克旗总工会

一、代表大会

第十次代表大会　1994 年 6 月 28—29 日，克旗总工会第十次代表大会在经棚镇召开。出席会议代表 205 人，其中少数民族代表 40 人，妇女代表 45 人。大会听取和审议克旗总工会第九届委员会《团结动员全旗各族职工在改革开放和两个文明建设中发挥主力军作用》的工作报告和克旗总工会第九届委员会的财务工作报告、经费审查报告；选举克旗总工会第十届委员会和经费审查委员会，并通过各项相应决议。中共克旗委副书记呼格吉图，旗长高国芳分别讲话。选举出克旗总工会第十届委员会委员 21 名，常务委员会委员 11 名，选举李孝文为克旗总工会第十届委员会主席。

第十一次代表大会　1999 年 9 月 15—16 日，克旗总工会第十一次代表大会在经棚镇召开。出席大会代表 165 人，其中少数民族代表 39 人，妇女代表 40 人。大会听取并审议通过克旗总工会第十届委员会《高举旗帜、服务大局，为全旗的改革发展稳定做贡献》的工作报告；审议并通过克旗总工会第十届委员会财务工作报告和经费审查委员会工作报告。大会选举出克旗总工会第十一届委员会和经费审查委员会。旗委副书记王振祥在大会上发表讲话。选举出克旗总工会第十一届委员 21 人，常务委员会委员 9 人，选举李孝文为克旗总工会第十一届委员会主席。

二、内设机构

1991 年初，克旗总工会内设办公室、法律顾问室、组织宣传部、生产部、妇女部。同年 12 月，生产部更名为劳动保护部，妇女部更名为妇女工作部。1992 年 3 月，劳动保护部更名为生产劳动保护部，法律顾问室更名为法律工作部。1995 年 12 月，撤销生产劳动保护部，设置财务部、经济保障部。2002 年 5 月，旗总工会经过机构改革，内设办公室、组织宣传部、法律劳动保障部、财务女工部 4 个机构。有专职工会干部 13 人。

三、组织建设

2008 年末，全旗有工会组织 242 个，其中，有工会工作委员会 13 个，开发区总工会 1 个，系统工会(联合会)10 个，党政机关工会 66 个，事业单位工会 55 个，企业管理单位工会 14 个，国有和国控企业工会 13 个，中区直企业工会 17 个，非公有制企业工会 53 个。

1991—2008 年克旗总工会组织建设情况表

表 24－1－1

年份	基层工会数(个)	会员数(人)	备　　注
1991	177	9931	—
1992	181	9982	—
1993	192	10123	—
1994	181	10045	—
1995	181	10286	包括 16 个系统工会
1996	189	10472	—
1997	198	11078	新建 9 个工会组织
1998	178	10751	—
1999	138	10215	—
2000	164	13154	—
2001	172	14778	—
2002	181	15243	—
2003	193	15894	职工加入工会率突破 90%
2004	199	15985	发展农民工工会会员 138 人
2005	207	16752	“外出务工人员联合工会”
2006	229	21765	10 个系统工会
2007	234	22765	—
2008	242	22982	—

四、推动工会事业发展

1992—2008 年,旗总工会持续开展“活力工程”竞赛活动,评选“模范工会”“模范工会干部”“特邀工会工作积极分子”进行表奖,对工会工作先进单位、“模范职工之家”及“优胜工会”等进行表彰。

1991—2008 年克旗总工会表彰奖励情况表

表 24－1－2

年份	表彰工会组织数(个)	表奖工会干部数(人)	表奖特邀积极分子数(人)	备　　注
1992	60	68	91	—
1993	34	40	55	—
1994	32	1314	53	—

续表 24-1-2

年份	表彰工会组织数(个)	表奖工会干部数(人)	表奖特邀积极分子数(人)	备　注
1995	48	51	76	“活力工程”竞赛,女职工“建功杯”竞赛
1996	55	60	93	—
1997	51	56	78	15个工会组织,21名工会干部,28名领导受到市级表奖。
1998	33	35	52	—
1999	15	15	22	—
2000	15	15	20	—
2001	44	45	69	“活力工程”竞赛
2002	5	—	—	—
2003	5	20	—	“五·一”模范职工”称号。
2004	5	25	—	工会工作先进单位,“岗位标兵”或“创新能手”称号
2005	5	—	—	“工会工作先进单位”
2006	30	—	—	“模范职工之家”称号
2007	40	—	—	“模范职工之家”称号
2008	52	—	—	“模范职工之家”“规范化建设优胜工会”“厂务公开民主管理优胜工会”称号

五、联系职工

(一)开展就业服务

1999年,通过再就业服务机构,帮助困难下岗职工实现再就业。

2000—2004年,克旗总工会通过劳动就业部门,组织劳务输出、职业培训、工会职业介绍机构,为下岗、失业职工提供就业服务。

2005—2008年,帮扶近500名下岗、失业职工实现再就业。

(二)推动职工读书培训

1991年,克旗总工会在全旗国营企业职工中,开展“双基”(基础政治理论、基本生产技能)学习活动。举办“双基”教育理论骨干培训班,培训全旗国营企业工会主席、职工教育专兼职干部和理论骨干100余人。同时,启动企业职工读书自学成才活动,全年建成59个企业读书自学指导会,成立读书学习小组291个。举办企业妇女干部专题培训班,120余名基层工会主席、女工干部参加培训。

(三)组织工会干部岗位练兵创新

1992 年,克旗总工会开始组织工业国有企业科技兴企、岗位创新活动。协调开展技术创新和新技术推广。全旗成立技术协作组织 40 余个,发展技术协作会员,确定 10 余个实用革新项目。

2000—2008 年,克旗总工会在基层工会职工中不断开展岗位练兵、技术创新、技能比赛活动。

(四)实施“送温暖”工程

1995 年,克旗总工会组织实施“送温暖”帮扶工程,与街道办联合建“爱心超市”,帮助困难职工渡过难关。1999—2001 年,全旗企业互助储金会积累资金近 60 万元,参加互助储金会职工 3700 余人,许多特困职工得到救助。

1995—2008 年克旗总工会实施“送温暖”工程情况表

表 24-1-3

年份	帮扶困难户		元旦春节慰问		扶助困难家庭学生	
	户数(户)	资金(元)	人数(人)	资金(万元)	人数(人)	资金(元)
1995	74	—	—	—	—	—
1996	271	—	—	—	—	—
1997	313	6.5	—	—	—	—
1998	—	—	295	—	—	—
1999	—	—	284	—	—	—
2000	—	—	400	4.5	—	—
2001	—	—	286	2	—	—
2002	—	—	278	2	—	—
2003	20	—	315	3.5	—	—
2004	—	—	152	4	—	—
2005	—	—	152	4.5	—	—
2006	—	—	244	5.8	—	—
2007	—	—	522	15.5	121	12.8
2008	—	—	293	7.75	96	8.5

六、维护职工权益

1991 年,旗总工会推动企业普遍落实职工代表大会制度。同年,全旗 73% 的企业召开职代会。多数企业建立工会法律工作委员会、工会劳动争议调解委员会,开展法律咨询服务,协调解决劳动争议。2001 年,全旗事业单位建立职代会制度。

2000 年,克旗总工会尝试推动企业用工建立平等协商和签订集体用工合同。协调国有独资和国有控股公司建立的董事会、监事会中设置职工董事和职工监事。

2003—2006 年，协调建立工会组织的非公有制企业中开展平等协商、签订集体用工合同，在各类企业中建立劳动保护监督检查委员会。

2007 年，推动企业开展创建“劳动关系和谐企业”活动，动员各类企业签订集体用工合同、工资集体协议，签订女职工权益保护集体合同。同年，会同克旗劳动保障、生产安全监督等部门开展规模性生产安全检查，排查企业证照、生产许可、安全许可、劳动用工、集体合同履约情况，追讨农民工工资，培训矿山安全群众监督员。

2008 年，克旗总工会与劳动行政部门合作，协助企业建立工会劳动法律监督组织、配备法律监督员，调整或组建劳动争议调解委员会，配备专兼职调解员，共同为农民工追讨欠薪，为困难职工劳动工资、社会保障、签订劳动合同提供帮助，为下岗困难职工联系就业岗位，提供就业培训。

七、推动企业文化制度建设

1991 年，旗总工会组织全旗企业职工开展庆“七一”系列文体活动。1995 年春节，旗总工会组织“全旗职工业余歌手大奖赛”活动。慰问全旗离退休老干部、老工人、武警官兵和企业职工。2000—2004 年，全旗企业工会在企业员工中开展劳动竞赛和增收节支、增产节约活动。

2005—2008 年，克旗总工会重点推动企业完善厂务公开、合理化建议制度建设、事业单位工会工作规范化建设。

八、推荐劳动模范

2004 年 9 月，克旗总工会在全旗范围内开展评选、推荐旗级劳动模范活动，全旗各级工会组织推选出 26 名旗级劳动模范，向赤峰市劳动模范评选领导小组推荐 15 名市级劳动模范候选人。2005 年，全旗有 16 名旗级劳动模范获“赤峰市劳动模范”称号，有 4 名市级劳动模范获“内蒙古自治区劳动模范”称号。2006 年，有 1 人获“内蒙古自治区劳动模范”称号。

第二节　共青团克旗委员会

一、代表大会

1991 年 8 月 6—8 日，共青团克旗第十六次代表大会在经棚镇召开。与会代表 141 名，来自 38 个基层团委，代表全旗 9615 名共青团员，其中妇女代表 39 名，少数民族代表 37 名。代表大会听取和审议共青团克旗第十五届委员会《高举团旗跟党走，为克旗的两个文明献青春，建伟业，育新人》的工作报告，并通过工作报告的决议。选举产生出 19 名共青团克旗第十六届委员会委员和常委会委员 9 人。李占卿当选为共青团克旗第十六届委员会书记。

1994 年 12 月 11—12 日,共青团克旗第十七次代表大会在经棚镇召开。与会代表 127 人,来自 39 个基层团委,代表全旗 9123 名共青团员,其中妇女代表 37 人,少数民族代表 33 人。大会听取和审议共青团克旗第十六届委员会《抓住新的机遇,壮大团的事业,在我旗的两个文明建设中肩负起跨世纪的历史重任》的工作报告,并通过工作报告的决议。大会选举产生 19 名委员、17 名候补委员、9 名常委会委员。孙长江当选为共青团克旗第十七届委员会书记。

1997 年 12 月 9—10 日,共青团克旗第十八次代表大会在经棚镇召开。与会代表 119 人,列席和特邀代表 20 人,来自 41 个基层团委,代表全旗 12096 名共青团员。大会听取和审议共青团克旗第十七届委员会《解放思想、抓住机遇、团结带领全旗各族青年奔向二十一世纪》的工作报告,并通过工作报告的决议。新选出的共青团克旗第十八次代表大会向全旗共青团员发出《面向二十一世纪,做改革开放和现代化建设的先锋》的倡议书。大会选举产生共青团克旗第十八届委员会委员 18 名和候补委员 10 名,常委会委员 7 名。韩晓峰当选为共青团克旗第十八届委员会书记。

2001 年 12 月 5—6 日,共青团克旗第十九次代表大会在经棚镇召开。与会代表 178 人,其中妇女代表 45 人,少数民族代表 35 人,列席和特邀代表 16 人,来自 34 个基层团委,代表着全旗 10931 名共青团员。大会听取和审议共青团克旗第十八届委员会《努力实践“三个代表”,积极投身新的创业,为实现克旗新世纪全面振兴贡献青春才智》的工作报告,并通过工作报告的决议。选举产生共青团克旗第十九届委员会委员 20 名、候补委员 8 名、常委会委员 9 名。项淑华当选为共青团克旗第十九届委员会书记。

2005 年 3 月 28—29 日,共青团克旗第二十次代表大会在经棚镇召开。与会代表 146 人,其中妇女代表 46 人,少数民族代表 39 人,列席和特邀代表 17 人,来自 36 个基层团委,代表着全旗 11189 名共青团员。大会听取和审议共青团克旗第十九届委员会《与时俱进、开拓创新、团结带领全旗青年,为全面建设小康社会贡献青春才智》的工作报告,并通过工作报告的决议。发表致全旗团员青年《牢记使命、拼搏奉献,在克旗全面建设小康社会的伟大实践中再立新功》的倡议书。选举产生共青团克旗第二十届委员会委员 20 名、候补委员 8 名、常委会委员 7 名。刘鹏当选为共青团克旗第二十届委员会书记。

二、工作机构

1991 年,共青团克旗委内设 5 个科室,即办公室、组织部、宣传部、少年先锋队工作部、青工农牧部。

2002 年 5 月,克旗编制委员会批准《共青团克旗委机构改革方案》,共青团克旗委内设 4 个科室,即办公室、组宣部、学校和少年先锋队工作部(希望工程办公室)、青工农牧部。

2008 年 12 月,共青团克旗委内设 4 个科室,即办公室、组宣部、学校和少年先锋队工作部(希望工程办公室)、青工农牧部,有行政编制5名,事业编制1名。

三、基层组织

1991—2008年,共青团克旗基层团委,主要设在全旗各苏木乡镇和旗乡学校中。

1991—2008年克旗基层共青团组织情况一览表

表24－1－4

年份	基层团组织总数(个)		苏木乡镇团委数(个)			学校团委数(个)		其他单位团委数(个)	团员数(人)
	团委	团支部	苏木	镇	乡	经棚镇内学校	其他学校		
1991	38	53	5	3	20	4	5	1	9615
1994	39	60	5	3	20	4	5	3	9123
1997	41	57	5	3	20	4	5	5	12096
2001	34	53	8	9	3	4	5	5	10931
2005	36	68	2	7	2	4	5	16	11189
2008	37	54	2	7	2	4	5	17	12173

四、共青团工作

(一)主题教育

1991—2008年,共青团克旗委始终把加强新形势下的青少年教育引导作为工作主线,广泛开展理想信念教育,扎实开展思想道德教育,以主题教育实践活动为载体,教育引导青少年结合清明节、"五四""六一""七一"等节日,开展爱国主义、集体主义、艰苦奋斗精神、形势任务、国情区情市情等主题教育实践活动。1997年,组织全旗中小学生500余人在假期开展"回顾历史、了解国情、热爱家乡"主题教育活动。

(二)专题活动

1. 青年文明号活动

1994年初,共青团克旗委在大型厂矿企业、交通运输、邮电通讯、旅游、卫生、税务、工商、公安等窗口行业开展创建"青年文明号"活动。1995—1996年,全旗有17个单位分别被评为自治区级、市级和旗级青年文明号。1997年,5个单位被评为市级青年文明号,10个单位被评为旗级青年文明号。

2. 青年志愿者行动

1994年,共青团克旗委号召全旗各级团组织以帮困扶贫为重点,以"一助一"长期结对服务为载体,以青少年志愿者服务总站为阵地,为敬老院、特困户、孤寡老人、残疾人等服务对象提供医疗、文化、生活等经常性服务。

截至1997年末,克旗各基层团组织共成立41个青少年志愿者服务站,使分散性、临时性志愿服务行为成为有组织、有计划的长期社会服务行为。

3. 生态文明实践活动

1991 年,共青团克旗委实施经棚镇东"青字号工程",经棚镇五所中学学生通过义务劳动,三年完成造林 33.3 公顷,栽植沙棘、樟子松、大扁杏等树种 3050 棵,成活率 80%。1996 年 5 月,开始建设克旗"希望工程林"植树工程,通过团员青年义务劳动二年完成造林 13.3 公顷,种植成连片沙棘林。收益所得全部用于"希望工程"项目。

(三)人才培养

1. 跨世纪青年人才工程

1994 年,共青团克旗委制定"青年星火带头人"活动实施细则,并予以实施。

1996 年,共青团克旗委开展"星火带头人"活动,开展培养青年星火带头人、青年岗位能手社会实践活动,列入培养的星火带头人 816 人,并在全旗范围内建立克旗"优秀青年人才信息库",有 85 名优秀人才信息入库。

1998 年,全旗团组织共落实科技示范基地 22.5 公顷,推广 6 个作物新品种和 4 个新技术项目,依托基地先后培训青年农牧民 500 余人。

2. 希望工程行动

1992 年,共青团克旗委争取救助资金帮扶贫困中小学生。当年,"希望工程——百万爱心行动"共结对资助 253 名贫困中小学生,其中一次性资助 100 名,分学期资助 153 名。

1993 年 5 月,共青团克旗委争取内蒙古青少年发展基金会立项,台湾企业家李志仁捐资 5.7 万元,在原天盛号乡先锋村援建希望小学 1 所。1998 年 5 月,香港企业家陈廷骅捐资 20 万元,在三义乡庆国村援建希望小学 1 所。

3. 圆梦助学行动

2004 年 9 月,共青团克旗委实施内蒙古青年人才基金会"阳光学子"助学项目,资助贫困大学生 10 人,发放助学金 4 万元。

2005 年 9 月,共青团克旗委实施内蒙古青年人才基金会"我要上大学"助学项目,资助贫困大学生 10 人,发放助学金 4 万元。

2006 年 8 月,共青团克旗委争取上级团委"圆梦大学"资助项目,争取内蒙古青年人才基金会"圆梦大学"助学金 4.4 万元,募集企业、单位捐款 6.35 万元,资助 66 名贫困大学生步入校园。

2007 年,共青团克旗委募集资金 17.61 万元,资助 126 名贫困大学生圆梦大学。

五、少先队工作

(一)机构设置

20 世纪 90 年代,共青团克旗委附设克旗少年工作委员会,共青团克旗委书记、副书记担任主任、副主任,办公室设在团旗委,学校少年部负责日常工作。

(二)少先队活动

1992 年,克旗少年工作委员会在全旗组织开展“学队章”活动。通过开展“学队章知识竞赛”“学队章我为红领巾添光彩”“学队章自己的事自己做”等系列活动,普及少先队知识和弘扬少先队精神。

1993 年,克旗少年工作委员会在中小学生中组织开展“学赖宁、赶十佳、争先进、戴证章,做党和人民的好孩子”主题教育活动。全旗各学校在学习活动中结合“达标创优”要求,促进少先队教育系统化,少先队建设规范化。

1994 年,少年工作委员会在克旗少年儿童中开展“跨世纪少年雏鹰行动”。通过召开“雏鹰行动”动员大会,印发“关于雏鹰行动致家长的信”,聘请有专长家长担任校外辅导员等措施,达到提高少年儿童素质,培养跨世纪合格建设者和接班人的目标。至 2006 年,各级团队组织召开“雏鹰行动”研讨会过百次;全旗城镇参加“雏鹰行动”活动 2.2 万人,全旗学校、幼儿园均参加。

1997—2008 年,少年工作委员会开始有计划有组织地开展不同主题假期夏令营活动,通过劳动实践教育、爱国主义专题教育、青年志愿者行动和少先队“雏鹰行动”等各种活动,促进全旗少年儿童健康成长和全面发展。

第三节　克旗妇女联合会

一、妇女代表大会

克旗第十一次妇代会　1995 年 12 月 28 日,在经棚镇召开克旗第十一次妇女代表大会,149 名代表出席会议。旗委副书记王振祥到会讲话;大会执行主席王瑞琴向大会做《全旗各族妇女团结起来,抓住机遇,开拓创新,为实现克旗经济建设的宏伟目标而努力奋斗》工作报告。大会选举出第十一届妇女联合会执行委员会委员 23 人,王瑞琴当选为克旗第十一届妇女联合会主席。

克旗第十二次妇代会　2002 年 12 月 2 日,在经棚镇召开克旗第十二次妇女代表大会,出席会议代表 185 人,特约代表 6 人,列席代表 15 人,娜仁做《与时俱进,奋发有为,推动全旗妇女事业和妇女工作全面发展》工作报告。市妇联副主席冯晓明、旗委书记白音巴特尔等领导出席会议。会议选举产生克旗妇联第十二届执行委员会,娜仁当选为克旗妇联第十二届执行委员会主席。

二、内设机构

1991—1993 年,克旗妇联内设办公室兼组织宣传部、城乡工作部、儿童部、妇女儿童工作委员会办公室 4 个部室。

1994 年,旗妇女儿童保护委员会、儿童少年工作协调委员会合并为妇女儿童工作委员会。

2002 年,旗妇联设办公室、组织宣传部、妇女发展部、妇女儿童权益部(旗人民政府妇女儿童工作委员会办公室)4 个部室。

2008 年,旗妇联内设机构为办公室、组织宣传部、妇女发展部、妇女儿童权益部。

三、重要工作与活动

(一)妇女组织建设

1996 年克旗妇联制订《1996—1998 年农村牧区基层妇代会组织建设规划》,提出利用三年时间建立健全基层妇代会组织。

1998 年后,全旗基层妇代会组织基本健全。

1999—2008 年,克旗妇联通过旗委党校举办多期妇联干部、妇女后备干部培训班。参与嘎查村换届选举的人数不断增加,当选的妇女带头人也持续增加,妇代会主任进"两委"(村民委员会、村党支部委员会)的比例明显提高。

(二)宣传工作

1. 在每年的"三八"妇女节、"六一"儿童节期间持续组织开展各类纪念活动。

2. 结合形势和任务,不断开展主题宣传活动。如"亿万妇女学法律 家庭平安保和谐"法制宣传活动、"我健康 我美丽"主题全民健身活动、"弘扬法治精神 促进社会和谐"法制宣传活动等。

(三)维权工作

2005 年 3 月,旗妇联举办"黄岗杯"法律知识竞赛。2006 年 9 月,克旗妇联配合旗人大开展《妇女权益保障法》执法检查。2007 年,旗妇联与旗法院联合成立克旗妇女儿童维权法庭,机构挂靠法院民事一庭,旗妇联设置专职陪审员。同年 11 月,旗妇女儿童维权基金正式启动,建立起赤峰市旗县首个维护妇女儿童权益基金。2008 年 3 月,在克旗妇联开通"12338"妇女维权热线。

(四)助学活动

2004 年,旗妇联利用国际尚德妇女会提供的 6 万元资金,在巴彦高勒苏木小学组建春蕾女童班,资助 30 名女童入学。至 2008 年,旗妇联持续开展对贫困女大学生救助活动,先后有逾百名贫困女大学生受到救助。

(五)"双学双比"活动

旗妇联持续组织全旗妇女参加 1989 年全国妇联发起的在农村妇女中开展以学文化、学技术,比成绩、比贡献为主要内容的"双学双比"竞赛活动。1990 年,牵头成立"双学双比"协调领导小组,组织开展系列"双学双比"竞赛活动。2003—2008 年,旗妇联连续六年被评为"双学双比"工作赤峰市级先进集体。

2007 年，旗妇联在达来诺日镇建立克旗少数民族地区科技示范推广项目培训中心，有针对性地对参与“双学双比”活动妇女进行培训。1991—2008 年，涌现出多名自治区级、市级妇女“双学双比”竞赛活动“状元”。

（六）“巾帼建功”活动

1991 年，克旗妇联成立旗巾帼建功活动领导小组，制订活动实施方案，召开动员大会。在城镇妇女中开展巾帼文明示范岗创建活动，至 2008 年末，涌现出各级巾帼文明示范岗 38 个，其中，自治区级 1 个，市级 6 个，旗级 31 个。

1991—2008 年，为推动活动开展，旗妇联和旗农业广播学校、旗科技部门、就业部门、网络技术等部门联合开展多次巾帼科技培训、巾帼致富推介、净化家园文明、妇女健康及维权、妇女互助网络建设、劳动力技能转化等专题培训行动。克旗和上级妇联表彰各类技术能手、巾帼文明标兵 100 余名。

（七）“五好文明家庭”创建活动

1991—2006 年，旗妇联在全旗范围内组织开展创建“五好文明家庭”活动，通过评比竞赛、挂牌、表彰等措施，有效地推动家庭文明创建活动。2007 年始，克旗妇联把创建“五好文明家庭”与和谐家庭创建活动结合起来，推动全旗和谐社会建设。

（八）救灾济困

2001 年冬，克旗遭受特大雪灾，旗妇联争取香港乐施会救助，得到救灾资金 100 万元，及时发放救助达来诺日镇、巴彦查干苏木、巴彦高勒苏木、达日罕乌拉苏木、阿其乌拉苏木受灾群众。

2006 年 9 月 8 日，克旗遭受早霜冻，旗妇联从香港乐施会得到 25 万元救助资金，为宇宙地镇、同兴镇、巴彦查干苏木 4200 余户受灾群众发放面粉、食用油等生活物资。

第四节　克旗工商业联合会

一、代表大会

克旗工商联第六次代表会议　1994 年 9 月 16 日，旗工商联第六次代表大会在经棚镇召开。出席会议会员代表 122 人，其中，企事业单位代表 10 人，苏木乡镇企业办代表 29 人，私营企业代表 1 人，原工商业者代表 1 人，个体工商户代表 67 人，工商联机关领导 2 人，有关部门、团体、协会负责人 12 人。会议听取旗工商联第五届执行委员会向大会所做的《发挥工商联优势，为克旗改革开放和经济发展做出新贡献》工作报告，选举产生克旗工商联第六届执委会领导机构，旗委统战部副部长祁占武当选为克旗工商联第六届执行委员会主席。

克旗工商联第七次代表会议　克旗工商联于 2005 年 4 月 25 日在经棚镇召开第七

次代表大会。全旗128名会员代表出席会议,代表中有无党派人士75人,中共党员53人,少数民族代表14人,女代表21人。会议通过克旗工商联第六届执行委员会向会议做的《在全面建设小康社会的伟大进程中开创我旗工商联工作的新局面》工作报告。会议选举出57名执行委员,组成克旗工商联第七届执行委员会,选举刘艳国为克旗工商联第七届执行委员会主席、克旗工商联总商会会长,选举产生19名总商会副会长。

二、机构设置

1991—2001年,旗工商联挂靠旗委统战部,统战部内设工商联办公室。

2002—2008年,旗委统战部、工商联合署办公,一个机构,两块牌子。

三、基层会员组织

2005年,旗工商联组建行业商会,克旗女子行业商会,商会由克旗38人女企业家组成,设有会长1人,副会长5人,秘书长1人。餐饮行业商会由40家餐饮企业组成,设会长1人,副会长8人,秘书长1人。克旗肉类加工行业商会由23家肉类加工企业组成,设会长1人。

四、工作与活动

(一)参政议政

1995—2008年,克旗非公有制经济界工商联会员代表、政协克旗委员会委员通过会议提案形式,广泛参与参政议政活动。在投资扶持旗重点企业,出台优惠、扶持政策措施鼓励企业安置下岗职工就业,引导民营企业参与新农村新牧区建设,提高肉羊产业化运作、社会化服务水平、促进农牧民增收,培养民营企业经营管理人才和财务人才,建设中小学生有益健康活动场所,加强经棚镇歌舞厅、夜总会治安管理,加强经棚镇内卫生管理和规范物业管理,克什克腾世界地质公园博物馆民族风情、地域特色建设等方面提出多项建议议案。

(二)光彩事业

1995年,克旗工商联和个体协会个体户为受水灾的上头地乡杨树林子村小学捐款。

1997年9月,克旗工商联邀请大连市工商联、私营企业家在克旗开展济困助学活动。

1999年,克旗工商联牵头,组织个体协会等有关部门成立克旗“光彩事业”领导小组。推动个体私营企业吸纳国有企业下岗职工到企业就业,全年安置下岗职工537人。

2008年,克旗工商联组织餐饮行业商会会员到经棚镇敬老院开展敬老慰问活动。克旗民营企业继续帮扶贫困大学生上大学,合计捐款近20万元。克旗民营企业为四川汶川地震灾区捐款43万元。

(三)服务会员

克旗工商联坚持联系中国建设银行克旗支行、个体私协,帮扶旗内个体私营企业融资，1994—1996 年，克旗个体户在建行累计存款 640 万元，累计贷款 1040 万元。

1996 年，克旗工商联组织个体私营企业外出考察学习，引导个体私营企业参与百城万店无假货活动。

1998—1999 年，旗工商联配合旗工商局继续开展全旗苏木乡镇个体私营企业经济调查摸底、登记备案，登记 12 个行业共 63 户私营企业户。新建 3 个工商联分会，发展会员单位 12 个。

2006—2008 年，旗工商联先后同辽宁省葫芦岛县、赤峰市林西县、红山区工商联所辖商会建立起友好商会联谊关系。

（四）党组织建设

从 2002 年开始，建立工商联系统党委，恢复工商界非公有制经济组织中的基层党组织和党员组织生活，并在非公有制经济组织中发展优秀分子加入中国共产党。2006—2008 年，向 10 个企业，选送党建指导员，协助旗直机关工委开展党建工作。工商联系统党委建立起 18 个党支部，发展 154 名党员，建立工会 12 个、妇委会 12 个、团组织 12 个、关心下一代工作委员会 4 个。

第五节　克旗科技工作者协会

一、机构设置

1991 年，旗科协内设办公室、普及部、学会部、咨询服务部，设科协主席 1 人，副主席 1 人，秘书长 1 人，有编制 7 名。

1995 年，旗科协与旗科技局、旗地震办公室合并，成立旗科学技术委员会。内设科普股、学会部。同年 3 月，成立全旗科普领导小组，办公室设在科技局（科协）。

1996 年，成立 23 个科普组织，吸纳会员 807 人。

2002 年 5 月，旗科技局与旗科协合署办公，对外挂克旗科协牌子。

2008 年 12 月，旗科协与旗科技局合署办公，内设科普股、学会部，设有科协主席、副主席、秘书长。

二、队伍

1991 年，克旗开展农牧民技术职称评定，克旗科协建立评定工作领导小组，协调涉农科局成立 12 个专业系列初评委员会；全旗评出 394 名农牧民技术人员。

1991—2008 年，经农业广播学校、农业函授教育，培训农牧民 8 万人次，1000 余人获得农（牧）技师、助理农（牧）技师、农（牧）业技术员职称。

2004 年，旗科协（科技局）协助经棚镇光明村成立胡萝卜种植协会，在全旗发展 12 个科普示范村，300 个科普示范户。

三、科普活动

(一)宣传

1991—1994年,克旗以开展“学科学、讲文明、比致富”竞赛活动,热水镇、宇宙地镇被评为科普宣传优秀乡镇。

1995年5月,克旗科协牵头开展大型科普宣传周活动。

1996年5月,克旗结合科技项目推广,开展科普宣传,年发放科技宣传资料和项目技术培训教材4万份,年发放农业适用技术录像带一套(汉语370分钟、蒙古语1200分钟),全旗累计播放录像带9000余小时。

1997—2008年,每年5月中旬,确定科普宣传周。旗科协(科技局)协同政府各涉农牧口、教育卫生联合开展科普活动,共放映科技录像50场,办科普讲座45场,发放科普资料上万份。接受宣传教育人数1.3万人次以上。

(二)培训

1992年,克旗科协主抓经棚镇河东村蔬菜专业培训,30名学员均通过结业考试,获得中国农业函授大学颁发的证书。

1991—1995年,举办全旗性大型科普培训6次,累计培训5万余人次。

第二章　社会团体

第一节　克旗残疾人联合会

一、代表会议

1990年6月7日,克旗召开首次残疾人代表会议,选举出克旗残疾人联合会理事长。

1995年12月10日,召开克旗第二次残疾人代表会议,与会代表71人,其中残疾人代表38人。会议总结克旗残疾人工作,选举出新一届克旗残疾人联合会理事长。

2003年4月17日召开克旗第三次残疾人代表会议,参加会议代表67人,其中残疾人代表47人,选举出新一届理事长。

2008年3月10日,召开克旗第四次残疾人代表会议,参加会议代表59人,其中残疾人代表34人,会议通过《脚踏实地求真务实努力开创我旗残疾人事业新局面》工作报告,选举出第五届理事会和理事长。

二、机构设置

1990年5月,成立克旗残疾人事业领导小组。同年建立克旗残疾人联合会,为副科级事业单位。

1991 年,克旗残联机构调整为正科级事业单位,内设办公室、财会室、残疾人康复办公室。

1991 年 4 月,28 个苏木乡镇相继组建残疾人协会,苏木乡镇政府主要领导兼任协会主席。

1998 年 4 月,克旗残联设置残疾人劳动就业服务所和残疾人康复服务指导站。2008 年,克旗残联有职工 9 人。

三、助残工作

1991 年,旗政府组建白内障复明、小儿麻痹后遗症矫治、聋儿听力语言训练三项康复工作办公室;抽调专业技术人员负责日常工作。

同年 5 月,克旗开展第一个法定"全国助残日"活动,制定《克什克腾旗社会残疾人优惠照顾办法暂行规定》。

1992 年初,克旗残联开办福利公司,安排 11 名残疾人就业。同年 6 月至 1993 年 6 月,第一次普查、统计克旗残疾人情况,并发放残疾人证。全旗共有残疾人 4039 人,占全旗人口总数的 1.68%。

1993 年,第三个"全国助残日"活动期间,创办克旗残疾人联合会康复诊所和两处盲人按摩室。同年,克旗残联组织全旗残疾人通过文化体育比赛开展自强不息、体残志坚创业活动。在自治区残疾人书画展上,克旗有 2 人 5 幅作品获得二、三等奖。经棚镇 2 名残疾人在 1992 年内蒙古自治区残疾人运动会获得前两名,于 1993 年 3 月代表内蒙古自治区参加全国第三届残疾人运动会。

自 1995 年起,克旗机关、团体、企事业单位、城乡集体经济组织均按本单位在职职工人数的 1.5% 比例安排残疾人就业,达不到规定比例安排残疾人就业的单位,按年度交纳残疾人就业保障金。

1996 年,克旗人民政府办公室组建克旗残疾人协调委员会,并调整克旗康复工作办公室。

1997 年初,克旗各苏木乡镇通过民政助理兼任的形式配备兼职残疾人联合会工作助理。开展残疾人普查、建档、立卡和核发残疾人证工作。全旗有残疾人 3325 人,其中肢体残疾所占比例最大,为总人数的 57.8%。

2002 年 8 月,克旗残联开始第三次全旗残疾人普查。同年,克旗残疾人以李嘉诚捐赠的 10 万元康复医疗器械为基础,成立克旗残疾人康复服务中心。接待深圳狮子会支援赤峰市白内障手术医疗队完成 66 例白内障手术。

2003 年,克旗残联创办特殊教育培智班,招收 9 名学员,通过培训,安排 15 名残疾人就业,并组织和介绍残疾人劳务输出 35 人次。

2004 年,克旗残联协调免费为 100 名白内障患者实施复明手术。

2005 年,经克旗残联协调,再次得到余彭年捐助,39 名白内障患者成功实施复明手术。争取台湾伊甸福利基金会支持,免费为全旗 120 名贫困残疾儿童发放总价值 20 余万元的“营养蜜儿餐”。

2006 年,审核发放残疾人证。全旗共有各类残疾人 6618 人,占全旗人口总数的 2.67%,其中肢体残疾人 3775 人,并核发残疾人证。

同年,克旗残联投入 4 万余元开展残疾人教育、就业培训,安置 60 余名残疾人就业。扶持 1 名盲人开办 1 处盲人按摩所。扶持 23 名残疾人发展种植、养殖业,资助 10 余名残疾家庭子女和残疾学生完成学业,其中包括大学生 3 人。帮助经棚镇残疾人杨晓丽参加全区残疾人技能大赛,获男性服装设计第一名。

同年,克旗残联再次协调余彭年“彭年光明行动”到克旗,免费实施 69 例白内障复明手术。全年成功实施 11 例脑瘫、肢体残疾手术,4 例唇、腭裂手术,安装 3 例假肢。9 月,争取到美国“世界轮椅基金会”捐赠 50 台轮椅。

第二节　克旗红十字会

一、红十字代表会议

1987 年 12 月 25 日,克旗红十字会召开成立大会和第一届理事会,出席会议 51 人。会议通过旗卫生局领导所做《关于成立克旗红十字会的筹备工作报告》,会议选举王愚夫为会长,选出副会长 4 人,秘书长 1 人。

1991 年 3 月 24 日,克旗红十字会召开第一届理事会第二次全体会议,会议选举陈玉成为会长,补选副会长,增设副秘书长。

二、机构设置

1999—2004 年,克旗红十字会为克旗卫生局内设准科级事业团体,核定编制 2 名。

2004 年,克旗红十字会为独立设置机构。为正科级事业团体,内设办公室、赈济部、少儿部、组织宣传部,核定全额事业编制 5 名。

三、会员

1991—2008 年,克旗红十字会员单位一直保持在 25 个左右,会员人数 1000 ~ 1500 人。

四、红十字工作与活动

(一)赈灾救济

2004 年,克旗红十字会独立设置后,开展大型赈灾救助活动,为四川汶川大地震募集善款 199.6 万元。

（二）无偿献血

2004—2008 年，组织 5 次无偿献血活动。

2004—2008 年克旗无偿献血情况表

表 24－2－1

年份	献血人数（人）	献血总量（毫升）
2004	508	124200
2005	525	117150
2006	630	146800
2007	784	187900
2008	848	247800

（三）募捐救助

2001—2008 年，旗红十字会通过募捐、接受慈善捐赠等，对克旗的贫困学生、失学儿童持续开展救助活动，救助学生逾百人。

（四）红十字青少年活动

至 2008 年 12 月，克旗共有学校红十字会员单位 8 个，参与活动的青少年 730 人次，经常参加助残、扶老、帮困的志愿者有 195 人。

（五）红十字宣传活动

2004 年，克旗红十字会每年利用“5·8”国际红十字会日，开展宣传活动。2003 年防止非典型性肺炎期间，发放防治非典宣传品 2000 册（份）。

第三节　克旗个体劳动者私营企业协会

一、代表会议

1991 年 6 月 5 日，克旗个体劳动者私营企业协会（以下简称旗个体私企协会）第二次会员代表会议在经棚镇召开，出席代表 30 人，选举产生旗个体私企协会第二届理事会，时任工商局局长当选为会长，选举副会长 3 人，秘书长 1 人；选举理事会理事 15 人，常务理事 8 人；下设 11 个分会。

1994 年 6 月 14 日，克旗个体私企协会第三次代表会议在经棚镇召开，出席代表 40 人，其中会员代表 35 人。时任工商局局长当选为会长，选举副会长 3 人，秘书长 1 人；选举理事会理事 16 人，常务理事 11 人。

2001 年 10 月 30 日，克旗个体私企协会第四次代表会议在经棚镇召开，出席代表

31 人,其中会员代表 25 人,会员代表中个体工商户代表 21 人,私营企业代表 4 人。时任工商局局长当选为会长;选举副会长 3 人,秘书长 1 人;选举理事会理事 23 人,常务理事 9 人。

二、机构设置

2008 年,旗个体私企协会下设 14 个分会,有专职办公人员 4 人,办公场所设在克旗工商局。

三、会员概况

1991—2008 年,克旗个体劳动者和私营企业快速发展,尤其是私营企业增长迅速,年均增速 11% 以上。

1991—2008 年克旗个体私企协会情况一览表

表 24－2－2

年度	个体工商户			私营企业					
	户数（户）	从业人员数（人）	注册资本金（万元）	户数（户）	投资人数（人）	雇工人数（人）	注册资本金（万元）	利税（万元）	销售额（万元）
1991—1995	3048	4188	1710	37	173	299	408	—	4844
1996—2000	3835	7403	6333	100	210	1762	7140	—	6055
2001—2005	3258	6652	10009	164	228	2932	68722	7606	28618
2006—2008	10246	19212	27123	730	3650	10954	173722	17169	20470

四、协会工作与活动

(一)贯彻党和国家商业政策

旗个体私企协会贯彻落实国务院《关于鼓励支持和引导个体私营等非公有制经济发展的若干意见》,印发《关于促进全旗个体私营经济发展实施意见方案》,多次组织召开个体私营企业代表座谈会,开展打假护农,送法律、法规下乡活动。

2008 年,旗个体私企协会对全旗 393 个私营企业、22 个党支部、242 名党员及 9 个工会、10 个团支部进行全面走访活动,掌握个体工商户、私营企业从业人员中党组织设置、隶属关系、党员人数和党组织活动情况,形成党建统计表,安装、录入非公有制企业党建工作管理数据软件。

(二)基层协会建设

1991—1995 年,旗个体私企协会整顿全旗各分会机构,配备会员小组政治工作员、监督员，建立小组长工作制度和41个会员小组。

旗个体私企协会以开展信息技术交流、经验共享、经营指导为目的，组建克旗交通运输、旅游、牛羊加工、美容美发行业协会并获批准。

2006—2008年，旗个体私企协会调整个体劳动者私营企业维权领导小组成员和组建基层分会维权服务站。

（三）法制、职业道德教育

1991—1995年，旗个体私企协会制订并实施《克旗个体私企协会关于在广大会员中开展“二五”普法工作的实施方案》，进行30余次会员集中学法，印制3000份普法试卷，组织答题。

开展“文明经营，优质服务”评比竞赛活动和争创“十星级文明经营户”评比竞赛活动。

2006—2008年，旗个体私营企业协会在个体劳动者和私营企业中开展社会主义荣辱观教育活动和职业道德教育，并相应进行“争创光彩之星”“做诚信户”“百城万店无假货”活动，评选一批诚信企业、“诚信经营示范单位”和食品安全示范街、示范店。

（四）服务会员

1991—1995年，克旗个体私企协会为会员开展信息、资金借贷、技术培训等多种服务，同旗经济信息中心联网，会员可直接对外发布商品信息；同建设银行克旗支行建立储蓄信贷联系点，为会员提供信贷；其间，举办汽车修理、电气焊工培训班二期，培训134人，考试合格人员取得特种作业人员操作证。

1996—2000年，旗个体私企协会协调旗工商局重建经棚中心市场，建成“塞外商城”，改善个体摊商经营环境。协助工商户、私营企业累计办理临时贷款逾8000万元。

2006—2008年，旗个体私企协会继续开展地方绿色食品、特色产品推介。旗个体私企协会、旗信用联社、旗工商局联合实施企业信用贷款阳光工程，制定《克旗个体私营企业贷款工作实施方案》，全年共为66户企业贷款授信，贷款3800多万元，解决资金短缺制约，扶持一批发展前景好、科技含量高、竞争能力强的个体私营企业。

（五）回馈社会

1991—1995年，克旗个体私企协会会员为芝瑞镇杨树林小学捐款1.5万元，修复受洪水损毁校舍；救助经棚中心市场28户火灾受灾户。

2006—2008年，旗个体私企协会组织会员积极参与社会公益活动。有150多家民营企业先后为四川汶川地震灾区捐款50余万元；有16家个体私营企业为贫困大学生捐款4.3万元；部分个体工商户为敬老院孤寡老人、特困户赠送大米、白面、素油，到敬老院为老人们免费理发、做义工服务。

第四节　克旗消费者协会

一、理事代表会议

1994 年 12 月 27 日,克旗消费者协会举行第一次全旗消费者代表会议,会议选举出消费者协会理事和克旗消费者协会理事长、副理事长、秘书长。

2001 年 10 月 30 日,克旗消费者协会在经棚镇举行第二次消费者代表会议,34 名消费者代表参加会议;会议通过《克旗消费者协会章程》,选举出消费者协会理事长、副理事长、秘书长。

二、机构设置

1994 年,成立消费者协会,设在工商局。

2001 年,克旗消费者协会经批准为科级自收自支事业单位。

2008 年 12 月,克旗消费者协会有消费者协会分会 5 个,消费者投诉站 5 个,维权联络站 152 个。

三、维权工作

(一)维权行动

1997—2003 年,旗消费者协会发布消费警示 164 次,参与消费者维权行动 1870 人次,举办现场集中维权咨询服务 96 次。克旗消费者协会开通消费者投诉热线。

2004—2008 年,克旗消费者协会发布消费警示 154 次,参与消费者维权行动 1340 人次,举办现场集中维权咨询服务 78 次。

(二)消费投诉

1998—2008 年,克旗消费者协会接受消费者投诉 432 起,处理 432 起。根据消费舆情,结合消费者意愿推荐消费诚信单位 15 家,多次开展查处假冒伪劣商品行动。

第五节　克旗关心下一代工作委员会

一、代表会议

1990 年 4 月 28 日,克旗关协召开第一次会议,出席代表 95 人,大会选举克旗关协第一届理事会,选举王春孝为关协理事长。

1993 年 6 月 8 日,克旗关工委在经棚镇召开第一次代表会议,旗委副书记呼格吉图兼任关工委主任,王春孝任关工委常务副主任。

2007 年 4 月 10 日,克旗关工委召开工作会议,会议通过《进一步加强关心下一代工作》报告，组织部长高希华兼任关工委主任，马国良任关工委常务副主任。

二、机构设置

1990年4月28日，克旗成立关心下一代协会理事会，是旗委领导下的社会团体，为克旗社会教育工作机构。理事会成立初期设理事长1人，副理事长8人，理事33人，秘书长1人，有编制1名。关协内设办公室、1所家长学校，有离退休常务工作人员9人。

1993年6月，克旗关心下一代协会改设为克旗关心下一代工作委员会。克旗关工委设主任1人，副主任12人，委员33人，秘书长1人，均为离退休人员；有在编专职办公室工作人员1人。

2007年，克旗关工委内设办公室、家长学校办公室、关爱团。离退休常务工作人员7人。有专职人员1人。

三、基层组织

1991—2008年，共建立基层工作组织227个，其中苏木乡镇关工委组织15个，行政机关关工委组织85个，学校关工委组织72个，其他企事业单位关工委组织55个。

四、主要工作

（一）教育规划

1991—2008年，克旗关工委先后制订实施四个大型教育规划：

1993年制定、实施《争创示范基层关工委组织实施方案》；1996年制定《1997—2000年克旗关心下一代工作规划》；2000年制定《2001—2003年克旗关心下一代工作规划》；2003年制定《2004—2006年克旗关心下一代工作规划》。

（二）帮扶关爱工作

1991—2008年，旗关工委动员全旗力量，集资51万元，存入财政专户，每年得利息5.1万元。旗关工委以此救助大中小学学生，有近300名困难学生得到救助。共动员单位、个人从外引资，为7所学校建设校舍，总建筑面积5361平方米；建成草原书屋13处，“夕阳红”书屋1处，“手拉手”书屋1处，共藏书3万余册。会同旗妇联、共青团、民政部门联合募集资金200余万元，累计救助各类贫困学生6917人次。在15所中小学各投资2000元，在校园内建成15所“爱心超市”。

（三）工作业绩

1991年，旗关协获自治区关心下一代协会先进集体奖。1993年，获赤峰市关心下一代工作委员会先进集体奖。1994年，获自治区关心下一代工作委员会先进集体奖。1996年，获全国“踏红军足迹，树革命理想”读书活动组织奖。1997年，获赤峰市关心下一代工作委员会先进集体奖。1998年，获自治区关心下一代工作委员会先进集体奖。

2000年,获全国"走进新世纪"读书活动组织奖。2004年,获自治区"示范关工委"荣誉称号。2005年,获赤峰市关心下一代协会先进集体奖。2007年,获全国"纪念红军长征"读书活动组织奖。

第六节　克旗文学艺术界联合会

一、代表会议

1982年12月26日,克旗第一次文学艺术工作者代表大会在经棚镇召开,出席会议代表58人,大会选举克旗文联第一届委员会,选举文联委员会主席、副主席和秘书长。赛西亚拉图任文联主席。

1989年8月16日,克旗文联召开会议,调整和补充文联主席、副主席、秘书长、副秘书长等人选。选举黄凌云为文联主席,并分别选举出旗文学工作者协会主席,戏剧、音乐、舞蹈、曲艺工作者协会主席,美术、书法工作者协会主席,电影工作者协会主席,摄影工作者协会主席。

1997年4月23日,克旗第三次文代会在经棚镇召开,出席会议代表110人,大会通过克旗文联工作报告,选举文联第三届委员会,选举常桂英为文联主席。

2000年,克旗文联文学季刊《松漠》创刊。至2008年末,共出版32期,刊发作品1000余篇500余万字。

二、机构设置

1982年12月26日,克旗成立文学艺术界联合会(以下简称克旗文联),为民政局注册社会团体,由旗委宣传部直接管理。内设文学组、书画组、摄影组、音乐舞蹈组、民间艺术组。

1989年5月,克旗文联调整内设机构,成立文学工作者协会、美术书法工作者协会、电影摄影工作者协会、克旗音乐舞蹈民间艺术工作者协会。

2007年12月,成立书画家协会和作家协会。

2008年3月,克旗文联内设机构调整为摄影家协会、书画家协会、作家协会、音乐舞蹈工作者协会。

三、获奖作品

2001—2008年,克旗文联所属各协会,不断涌现新人新作,并有一批作品获得奖项。

2001—2008 年克旗籍作者获奖文艺作品一览表

表 24 - 2 - 3

年份	获奖作品名称	作　者	体　裁	奖项名称	设奖活动名称
2001	《生活》	那·哈斯巴特尔	短篇小说	二等奖	《鸿嘎鲁》杯作品大赛
	《亚洲雄风》	高闻玉	书法	二等奖	“珠峰杯”海内外书法大赛
2003	我的梦，我的根	苑思春	歌词	二等奖	全区歌曲、小戏、曲艺作品征集
2004	《克什克腾民间故事》	敖·斯琴巴特尔	故事集	一等奖	内蒙古人民出版社第一届“人民”民间文学奖
	《辉煌的乐章》	张廷琢	散文	优秀奖	“庐山杯”全国文艺作品大奖赛
	《春之歌》	张廷琢	小说	优秀奖	第三届“黄河杯”全国文学艺术作品大奖赛（《小小说月刊》杂志社举办）
	《教师，辉煌的太阳》	张廷琢	诗歌	三等奖	祝你成功”全国文艺新秀作品大奖赛（湖北人民出版社《成功》杂志社举办）
	唐诗一首	张广元	书法	银奖	第二届齐鲁国际文化艺术博览会
	《力挽狂澜锁沙龙》	张玉良	报告文学	二等奖	第四届“新世纪之声”共和国赞歌征文
	《民间社火之乡—土城子镇百年龙灯》	苑思春	论文	二等奖	第五届全区群众文化论文评奖
2005	凤戏牡丹剪纸	伍永娟	剪纸	“最佳技艺”奖	“博海杯”美术作品展专业设计
	《草原明珠达里湖》	张廷琢	诗歌	佳作奖	“山水情怀”全国电视诗歌创作大赛（中华诗词文化研究所、河南省作家协会、河南省影视评论学会举办）
	《喜庆国诞五十五周年》	张廷琢	诗歌	一等奖	“中华颂”全国文学大奖赛
	陈毅诗词	高闻玉	书法	三等奖	纪念抗战胜利 60 周年—中国当代艺术家作品展
2006	舞龙戏水剪纸	伍永娟	剪纸	“最佳参展”奖	包头市政府建立五十周年大庆画展
	《蒲公英》	张廷琢	诗歌	优秀奖	首届新诗文全国精短文学作品大奖赛
	《克什克腾蒙古族那达慕》	宝音特古斯	专著	入选作品奖	第九届内蒙古自治区精神文明建设“五个一工程”评比
	《祖母—纪念祖母诞辰一百年》	赖国宾	散文	二等奖	首届“真情人生”全国纪实散文征文

续表 24－2－3

年份	获奖作品名称	作　者	体　裁	奖项名称	设奖活动名称
2007	《献身于公路事业 甘当默默奉献的铺路石》	张玉良	人物通讯	金奖	第七届“新世纪之声，和谐中国”征文
2008	《清场》	天热	中篇小说	一等奖	2007 年《草原》文学奖；赤峰市“平煤杯”文学作品大赛一等奖；内蒙古自治区人民政府第九届“索龙嘎”奖
	《书写生命的痕迹》	崔海棠	散文	优秀奖	同上
	《难以抹去的记忆》	张玉良	散文	优秀奖	同上
	《转正》	刘爱民	短篇小说	文学奖	内蒙古文联颁发的《草原》文学奖
	《秋游》诗	刘树全	书法	优秀奖	“嫦娥奖”海内外书法家作品邀请赛
	奥运情怀超越梦想	高闻玉	书法	“中国文化艺术贡献人物”奖	世界华人艺术精品大展

图 24－2－1　民间文艺

综合政务

第一章　人事管理

第一节　机　构

1991 年，克旗人事局内设办公室、干部管理股、工资福利股、旗编委会办公室。

1993 年，人事局与劳动局合并，组建克旗人事与劳动局，内设办公室、人事管理股、工资福利股、劳动安全监察股、劳动争议仲裁股、矿山安全监察站、旗编委会办公室。

1996 年，人事局与劳动局分设，人事局内设办公室、干部管理股、工资福利股、人事管理股、旗编委会办公室。

2002 年，人事局与劳动局合并，组建人事劳动与社会保障局，内设办公室、人事管理股、就业培训股、专业技术人员管理股、工资福利股、劳动和社会保障监察股、劳动争议仲裁股、人才交流服务中心。

同年，旗编委会办公室划归旗委组织部管理。

2008 年，人事局内设办公室、工资福利股、专业技术职称股、调配录入股、人才交流服务中心。

第二节　人事制度改革

1991—1995 年，行政机关、事业单位补充人员，采用考录招聘办法进行，对部分长期试用、代课、聘用制人员有条件地转为正式干部身份，同时接受部分国家分配大学毕业生。

1996—2008 年，行政机关补充人员开始实行公务员考录，事业单位补充人员经考试、考核合格后，进行聘用。

第三节　公务员录用管理

一、公务员录用

克旗 1991 年 1 月 1 日前的职工干部主要在全民企事业单位人员中调配使用。

全旗共有干部 4551 人。其中少数民族干部 1127 人（蒙古族干部 913 人），妇女干部 1090 人。

1991 年后，通过考试、考核，择优录用干部。1997 年后，招录公务员。

1997—2008 年克旗录用国家公务员情况表

表 25－1－1　　　　单位:人

年份	干部总数	政治面貌		民族构成		性别构成	年龄构成		年度招录人数		
		中共党员人数	其他	少数民族人数	蒙古族人数	妇女干部人数	35 周岁以下人数	35 周岁以上人数	招录总数	民族干部数	女性干部数
1997	56	6	50	12	9	20	14	1	56	12	20
1998	3	1	2	1	1	1	1	2	3	1	1
1999	8	3	5	1	1	2	2	6	8	1	2
2000	9	1	8	4	3	5	1	8	9	3	5
2001	10	1	9	3	3	5	1	9	10	3	5
2002	—	—	—	—	—	—	—	—	—	—	—
2003	56	21	35	16	10	20	20	36	56	16	20
2004	3	—	1	1	1	3	—	3	3	1	1
2005	5	4	1	2	2	1	5	—	5	2	1
2006	3	3	—	—	—	—	3	—	3	—	—
2007	57	30	27	17	15	20	57	—	57	17	20
2008	3	2	1	1	1	1	3	—	3	1	1

二、干部培训

1991—2008 年,克旗干部培训主要采用学历教育、继续教育和任职培训等形式进行。

1991—2008 年克旗干部培训情况表

表 25－1－2

年份	公务员(包括参照人员)岗位培训		事业单位职称继续教育培训	
	班数(个)	人数(人次)	班数(个)	人数(人次)
1991—1995	24	1817	40	3000
1996—2000	30	2039	54	3520
2001—2005	35	2546	56	3570
2006—2008	27	2018	60	3700

三、职位管理

1995 年,全旗开始实行公务员制度,管理行政干部和党务干部,至 1996 年 6 月,完成全旗干部向公务员过渡。通过考试、考核,有 29 个行政单位 255 人过渡成为国家公务员。党务部门工作人员参照公务员制度管理。28 个苏木乡镇 589 人过渡为国家公务员；苏木乡镇党委工作人员参照公务员制度管理。

1999 年 3 月，克旗依据《内蒙古自治区国家公务员职位管理办法》，公务员管理实现规范化。根据单位编制、个人条件设置办事员、科员、副主任科员、主任科员、助理调研员、调研员等职位。行政、党务实职干部依此同级使用管理，确定工资级别。

2003 年，机构改革过程中随职能调整，又有 6 个单位 39 人纳入公务员序列管理。

2006 年，落实《国家公务员法》，全面规范、完善行政、党务部门公务员管理制度，依据职级和职位进行管理。

2008 年 12 月，全旗 49 个科（乡）级行政机构，28 个科（乡）级党委机构，实行公务员制度管理或参照公务员制度管理。

1996—2008 年克旗公务员职位情况表

表 25－1－3　　单位：人

年份	科员数	副主任科员数（包括实职党政领导人）	主任科员数（包括实职党政领导人）
1996	533	158	96
1999	446	232	100
2002	370	237	73
2005	167	344	173
2008	328	376	186

注：科员数、副主任科员数、主任科员数包括参照公务员单位人员和实职党政领导数

四、干部任免与调配

1991—2008 年，全旗副科级以上实职党政干部由旗委组织部考核任命，履行任免手续；其中政府序列行政正职，克旗人大常委会履行法定任免程序。科级副职由旗政府任免，其他环节干部由人事局任免。

1991—2008 年，全旗副科级以上实职党政干部调配由中共克旗委组织部管理执行；部分后备干部到基层挂职，一般不转调工作关系。

五、军转干部调配

1991—2008 年，共接收安置转业军官 15 人，接收转业志愿兵 21 人。

六、离退休人员管理

1991—2008 年，全旗离休干部（中华人民共和国成立前参加工作者），由老干部局管理。行政事业单位干部退休，由原单位管理。国有企业、集体企业退休干部随社会养老关系转移到克旗社会养老保险事业局管理。

七、休假

1991—2008 年,公务员按有关规定参加工作满 10 年享受休假待遇,满 10 年不满 20 年休假 15 天,工作满 20 年以上年休假 20 天。

第四节　专业技术人员管理

1992 年,开始年度连续评定专业技术人员高级职称。

2008 年,对专业技术人员主要实行职称评聘管理。对农牧林业、中小学、党校、医院、防疫、会计、工程、律师、档案、图书文博、群众文艺等领域人员进行职称评定、聘用。分别为高级职称、中级职称、初级职称。实行评聘两条线,够条件即可参加评定,单位依据编制岗位择优聘用,兑现相应职称待遇。

1992—2008 年克旗专业技术人员情况表

表 25－1－4　　单位:人

行业职称 \ 年份		1992	1995	2000	2005	2008
农　业	高职数	—	1	1	5	9
	中职数	—	—	18	27	71
畜牧业	高职数	—	3	1	4	7
	中职数	—	—	35	43	52
林　业	高职数	—	—	—	3	14
	中职数	—	—	—	18	46
农　机	高职数	1	—	—	2	3
	中职数	—	—	—	7	13
水　利	高职数	—	—	—	2	4
	中职数	—	—	—	7	12
教　育（包括党校）	高职数	1	7	16	20	226
	中职数	—	—	114	123	456
卫　生	高职数	1	4	10	16	36
	中职数	—	—	12	21	58
文　化	高职数	—	1	—	—	1
	中职数	—	—	—	7	10
财　会	高职数	—	—	—	—	1
	中职数	—	—	—	8	13
其　他	高职数	—	—	1	7	12
	中职数	—	—	16	36	54

第五节　工资福利

一、工资制度改革

根据有关文件精神，1989 年 9 月 30 日在册的国家机关和事业单位工作人员普遍升两级工资。从 1992 年 1 月起，机关事业单位工作人员，其工龄津贴标准由每工作 1 年每月发给 0.5 元，调整为 1 元，按本人实际工龄计发。

1993 年 10 月，与全国同步实行第三次机关事业单位工资制度改革。机关单位与事业单位实行不同工资管理制度。党政机关实行职务级别工资，包括基础工资、级别工资、职务工资、工龄工资。事业单位工资分三类人员进行管理：专业技术人员、管理人员、工人。专业技术人员，实行职务等级工资制，其基本工资分为专业技术职务工资和津贴两部分。管理人员实行职员职务等级工资制，其基本工资分为职员职务工资和岗位津贴两部分。工人分为技术工人和普通工人两类，技术工人实行技术等级（职务）工资制，其基本工资分为技术等级（职务）工资和岗位津贴两部分，普通工人实行等级工资制，其基本工资分为等级工资和津贴两部分。

1996 年，行政事业单位开始对党政事业单位连续三年年终评定优秀工作者，实行工资晋级奖励。

2006 年 7 月，进行第四次机关和事业单位工资制度改革，国家机关公务员和参照公务员单位实行职级工资制，包括基本工资、津贴、补贴、奖金四部分。事业单位技术人员实行绩效工资制，包括岗位工资、薪级工资、绩效工资、津贴补贴四部分。

二、奖金津贴

1992 年 1 月，克旗执行自治区规定，党政机关、事业单位工作人员每月奖励工资 24 元。

2001 年，对党政机关、事业单位工作人员年度考核为优秀、称职者，年终发放一次性奖金，奖金按本人当年 12 月份基本工资核发。

2006 年，事业单位取消年终一次性奖金。

1991—2008 年，除工资津贴外，享受岗位津贴的国家工作人员有公安干警、司法干警、检察官、法官、纪检干部、审计、安全监察及部分计划生育工作人员。

第六节　人才交流

1994 年,建立旗人才交流服务中心。

1997—2008 年,全旗回乡大中专毕业生通过人才市场实现就业。

1997—2008 年克旗人才市场交流情况表

表 25－1－5

年　度	用人岗位数(人)	招聘人数(人)	成功(人)	招聘会次数(次)
1997—1999	150	75	75	3
2000—2002	300	185	185	3
2003—2005	32	216	216	4
2006—2008	360	177	177	8

第二章　劳动管理

第一节　机　构

一、管理机构

1991 年,旗劳动局内设办公室、统计计划调配股、工资福利股、专业技术人员管理股、劳动与社会保障监察股、就业培训股、劳动争议仲裁股。

1993 年 11 月,人事局和劳动局合并,组建人事与劳动局。

1996 年 11 月,人事局与劳动局分设,克旗劳动局内设办公室、专业技术人员管理股、工资福利股、劳动和社会保障监察股、就业培训股、劳动争议仲裁股。

2002 年 5 月,人事局与劳动局合并,组建人事劳动与社会保障局。

2003 年 5 月,人事局与劳动局分设。

2008 年,劳动局内设办公室、劳动和社会保障监察股、就业培训股、劳动争议仲裁股。

二、服务机构

(一)就业服务中心

1990 年,旗劳动服务事业管理局更名为旗劳动就业服务局。1996 年,旗劳动就业服务局更名为克旗就业服务局，内设办公室、财务股、失业保险股、培训股、劳动力市场股。1997 年，克旗就业服务局内设办公室、失业保险股、财会室、企业股、职业介绍所。2002 年，就业服务局更名为旗社会就业服务中心。2008 年，旗社会就业服务中心内设办公室、财会股、失业保险股、职业介绍所、培训股、就业训练中心、就业股、创业指导中心、农民工管理股。

（二）社会保险事业管理局

1991 年，克旗社会保险基金的管理机构为旗社会保险事业管理局（准科级事业单位），内设办公室、财务股、业务股。2000 年，开展旗直行政事业单位城镇职工医疗保险制度改革，将克旗卫生局承担职工医疗保险职能和医疗改革办公室承担职工医疗保险职能划归社会保险事业管理局。社会保险事业管理局内增设医疗保险股。同年，增设工伤生育保险股。2002 年，社会保险事业管理局更名为社会保险保障中心。2003 年 6 月，全旗农村牧区社会养老保险职能划归旗社会保险保障中心。增设农村牧区养老保险股。2008 年，增设城镇居民基本医疗保险股。

同年，旗社会保险保障中心内设办公室、财务股、养老保险股、城镇职工医疗保险股、工伤生育保险股、稽核审计股、退休人员管理股、农村牧区养老保险股、城镇居民基本医疗保险股、离退休人员活动中心。

第二节　劳动用工制度改革

一、合同制改革

1987 年后，全旗开始在国营企业和集体企业实行劳动合同制。

1993 年后，全旗国有企业和集体、私营企业用工基本实行劳动合同制，长期劳动合同一般为 10 年。

二、劳务市场建设

1988 年，开展城镇待业青年登记和内外埠劳务用工登记。1991 年，结合企业用工计划，采用双向推荐、选择方式。介绍、安置待业青年。同时，扶持待业青年创办企业，推动就业。1997 年，就业服务部门组建公共职业介绍机构——克旗职业介绍所，劳务市场初步建立。收集发布用工信息和求职信息，开始不定期组织劳务用工洽谈会。开始开展求职登记。1998 年，职业介绍所更名为职业介绍中心，通过自治区级认证。1999—2007 年，就业服务部门开始有计划地组织劳务输出。2008 年，克旗劳务用工市场化，企业用工完全通过劳动力市场进行。

第三节　就业服务

一、待业安置

1988—1996 年,就业服务工作主要是对城镇待业青年通过就业指导和培训后进行安置。

1988—1996 年克旗待业青年安置情况表

表 25 -2 -1　　单位:人

年份	安置人数	培训人数
1988	407	230
1989	470	296
1990	450	330
1991	508	341
1992	527	358
1993	531	357
1994	531	357
1995	538	362
1996	541	363

二、职业介绍

1988 年,克旗开展城镇待业登记和内外埠劳务用工登记。1991—1996 年,外埠和旗内用工劳务登记 432 人。

1997 年,经职业介绍、就业指导,有 360 人实现就业,再就业。有 140 名农牧民进厂务工。同年,对全旗城镇 238 名失业职工开展就业指导后,经职业介绍所介绍,有 172 人实现再就业。通过职业介绍所开展用工信息发布、咨询,办理就业证、卡,组织劳务输出。同年,办理外出就业卡 56 人(张)、就业证 32 人(份);联系 5 个劳务输出项目,向沈阳、大连等地区组织劳务输出 80 人。城镇登记失业率 2. 93% 。

1998 年,旗就业服务局在企业组织建立 10 个再就业服务中心和服务指导中心。组建 24 个乡级劳动服务站,开展劳动用工服务。下岗失业职工,有 260 人实现再就业,100 余人得到分流,下岗职工再就业率达到 71% 。同年,输出劳务人员 120 余人。同年,克旗城镇登记失业率 2. 95% 。

1999 年，收集旗内 50 余个空岗信息，推荐下岗失业职工 300 余人次，30 人成功就业。全年 230 余人实现就业、再就业，再就业率 83.5%。同年，城镇人员求职登记 658 人，城镇登记失业率 2.99%。

2000 年，求职登记 689 人。成功介绍就业 346 人。劳务输出 141 人。登记下岗职工 3479 人，安置就业 2538 人，国有企业下岗职工再就业率为 72%。失业登记人员 670 人，城镇登记失业率 2.9%。

2001 年，发展社区就业服务实体 7 家，安置下岗失业人员 50 人。发布招聘信息 54 期，提供就业岗位信息 616 个，介绍 583 人就业。同年，就业服务局为全旗 26 家破产转制企业保存职工档案 1668 份。向北京市、大连市、吉林市、蓬莱市等地输出劳务人员 128 人。登记下岗失业人员 496 人，城镇登记失业率 2.9%。

2002 年，登记求职人员 412 人，发布招聘信息 34 期，提供用工岗位 1100 余个，介绍成功 367 人，劳务输出 49 人。登记失业率 3.1%。

2003 年，登记下岗失业人员 5560 人，实现再就业 3450 人。发放再就业优惠证 695 份。在 20 个苏木乡镇建立劳动和社会保障事务所，镇区 7 个社区居委会建立劳动和社会保障工作站，并配备专兼职工作人员。向赤峰市、北京市、天津市、河北省等地输出劳务人员 4102 人。登记下岗失业人员 768 人，城镇登记失业率 3.5%。

2004 年，登记求职人员 1166 人，新增就业岗位 1038 个，安置就业困难人员 299 人，企业吸纳下岗失业人员 50 人，累计发放再就业优惠证 3485 份。向赤峰市、北京市、辽宁省、天津市、河北省、广州市、深圳市等地输出劳务工 5836 人。登记下岗失业人员 1166 人，城镇登记失业率 3.5%。

2005 年，安置大龄下岗失业人员 238 人。举办用工招聘洽谈会 21 次，发布用工岗位信息 3000 余条和招聘信息 186 条，全年有 1150 人次实现就业。发放下岗职工再就业优惠证 274 份。发展劳务输出经纪人 224 人，在北京市、广东汕头市、深圳市、河北唐山市、承德市等地，新拓展劳务输出用工基地 25 个。全年输出劳务工 8566 人。登记下岗失业人员 1128 人，城镇登记失业率 3.5%。

2006 年，有 1166 名城镇失业人员实现就业，2200 名农牧区劳动力实现转移。为 494 名下岗失业人员发放再就业优惠证，全旗持再就业优惠证人员达到 4422 人。登记下岗失业人员 3391 人，城镇登记失业率 3.5%。

2007 年，开发公益性劳动岗位 240 个，安置下岗失业人员 248 人。全年举办用工招聘洽谈会 112 次，通过职业中介有 1718 人实现就业。劳务输出 32381 人。持再就业优惠证就业 615 人。登记下岗失业人员 3391 人，城镇登记失业率 3.5%。

2008 年，开发公益性劳动岗位 206 个，安置失业人员 258 人。全年举办用工招聘洽谈会 26 次，通过职业中介有 1634 人实现就业。劳务输出 31416 人。登记下岗失业人员 2980 人，城镇登记失业率 3.5%。

第四节　职业培训

1997 年后，以旗委党校为基地，旗就业服务局提供培训服务，先后举办商贸、采矿、建筑等大专班，培训本地人才。对新登记求职者 600 余人，开展信息咨询、就业指导培训。

1998 年，通过旗就业服务部门培训 128 人，旗委党校和包头钢铁学院成人教育班联合办学，招收 83 名学员进行专业培养。

2000—2007 年，全旗建立再就业培训基地 4 处，有针对性的培训下岗失业人员共 16248 人次。

2008 年，全旗完成技能培训 1047 人，全年有 12534 名农村劳动力得到培训，有 230 名新招录工人得到岗前培训。全年完成培训任务 13811 人次。

第五节　劳务工资

一、工资制度

1991 年，全旗各类企业均实行基本工资加效益工资制。

1992 年，部分企业工资分配同企业效益挂钩，企业有更多工资分配权。

1993 年，旗内国有企业基本实行工资总额管理制度，实行工资宏观管理，企业工资自主分配权进一步扩大。

1996 年后，按照“国家宏观调控、分级分类管理、企业自主分配”的原则管理企业工资。

二、工资水平

1991—2008 年，国有企业、集体企业工资水平有所差异，同类企业间也有细小差别。

1991—2008 年克旗企业平均工资水平比较表

表 25－2－2　　单位：元

年　　度	国有企业人均月工资	集体企业人均月工资
1991—1995	200	180
1996—2000	320	285
2001—2004	600	520
2005—2008	1400	1300

第六节　退休 退职

1991—2008年，全旗各类企业员工执行中华人民共和国法定退休年龄。因企业倒闭、并购、破产或经营困难，职工下岗、失业现象，造成部分企业员工提前退职，也有部分员工因病提前退职。

1991—2008年克旗企业人员离退休情况一览表

表25－2－3　　单位：人

年度	国有企业		集体企业		地方农牧林渔场	
	退休人数	退职人数	退休人数	退职人数	退休人数	退职人数
1991—1993	121	3	98	—	26	—
1994—1996	172	—	107	—	41	—
1997—1999	179	—	78	—	79	—
2000—2002	124	—	81	—	95	—
2003—2005	157	—	70	—	101	—
2006—2008	145	—	62	—	95	—

第七节　劳动仲裁

1991—2008年，克旗劳动监察部门共受理劳动争议投诉245起，受理劳动争议仲裁案件32起，全部仲裁结案，共为劳动者挽回经济损失298.73万元。

1991—2008年克旗劳动争议仲裁情况表

表25－2－4

年度	受理劳动争议仲裁案件数(起)	仲裁结案数(起)	结案率(%)	提交法律诉讼案件数(起)
1991—1995	6	6	100	0
1996—2000	8	8	100	0
2001—2004	8	8	100	0
2005—2008	10	10	100	0

第三章　社会保障

第一节　社会保障制度建立

克旗于1986年建立社会保障制度。逐步形成以基本养老保险、失业保险、基本医疗保险、工伤保险、生育保险和农村牧区养老保险为主体的社会保障体系。

1991年,全旗国有企业职工全部纳入养老保险范围。

2000年,克旗社会保险基金由克旗社会保险局负责征缴。社会保险费征缴工作移交克旗地方税务局进行征缴。使用财政专户管理。

2001年,社会保险征缴支付建立起“地税征缴、专户储存、银行代发、专款专用”的基金使用、管理工作机制。

至2008年末,全旗有近2万名企事业单位员工、个体劳动者参加社会保险;有6326名离退休职工领取养老金;养老保险覆盖率97%以上。离退休人员养老金社会化发放率100%。全旗累计收缴社会保险基金3.76亿元,累计支付各种社会保险金2.78亿元。

第二节　城镇职工基本养老保险

一、制度落实

1991年,旗政府制定具体工作实施方案,细化企业职工养老保险制度。

1994年,旗政府印发《克什克腾旗城镇企业职工社会养老保险暂行规定》,将养老保险覆盖范围扩大到克旗城镇所有企业,自收自支事业单位全体职工及市直、区直、中直企业全部职工,党政机关、事业单位、社会团体的合同制工人。规定职工个人应按月缴纳基本养老保险费,缴费标准为工资收入的2%。合同制职工个人缴纳的基本养老保险费标准,由原来工资3%改为按工资收入2%收取。

1995年,企业职工养老保险实行社会统筹与个人账户相结合办法,全旗各类企业和自收自支事业单位全部参加社会统筹。同时将原已参加人寿保险公司经办养老保险的集体企业纳入养老保险统筹范围,各中直、区直、市直单位参加当地社会保险局经办的养老保险。行政事业单位聘用制干部按照行政事业合同制工人标准参加养老保险社会统筹。

1996年,旗政府出台社会统筹与个人账户相结合养老保险制度改革实施方案,开始全面建立企业职工基本养老保险个人账户。

1997 年,克旗执行新的养老金计发办法,退休职工养老金按四部分计发:基础养老金、个人账户养老金、过渡性养老金和过渡性调节金。

1999 年,将基本养老保险范围调整、扩展为国有企业、城镇集体企业、外商投资企业、城镇私营企业和其他城镇企业及其职工,以及实行企业化管理的事业单位及其职工。

二、养老保险费征集发放

1991—2008 年,全旗参加养老保险的范围,由全民、集体企事业单位逐步扩大至个体工商户和灵活就业人员。到 2008 年末,全旗城镇单位中参加基本养老保险的职工人数达 11124 人,比 1991 年末增加 7078 人,为 1991 年的 2.75 倍。城镇单位中参加基本养老保险离退休人员 3015 人,比 1991 年增加 2494 人,为 1991 年的 5.9 倍。

1991—1999 年,克旗养老金由克旗社会保险局发放。

2000 年,由中国建设银行克旗支行、克旗农村信用合作社和克旗邮政局储蓄所通过其服务网点直接向离退休人员发放养老金。至 2008 年末,100% 养老金实行社会化发放。

1991—2008 年克旗城镇职工基本养老保险情况表

表 25-3-1

年份	职工养老保险人数(人)		职工养老保险基金(元)	
	参保人数	退休人数	收入	支出
1991	4046	521	1067896	889428
1992	4246	553	1447214	989355
1993	4892	528	1673669	1238099
1994	4974	533	1841760	1431206
1995	5651	715	2838583	2609997
1996	6656	1567	5547916	5950768
1997	7883	1734	5987038	6370555
1998	8881	1394	10191785	8536511
1999	7744	1436	6740009	7592663
2000	8186	1553	11009998	10771296
2001	6392	1618	10710124	9610388
2002	6446	1756	14954835	13160384
2003	6280	1860	15250396	15055613
2004	6381	2060	22634439	16525720
2005	6802	2207	25074860	20403745
2006	6996	2240	37139709	25280659
2007	7125	2562	48585760	34576061
2008	11124	3015	74839450	43310074

第三节 失业保险

1988年,克旗开始建立待业保险基金收缴制度,有118户企事业单位参加待业保险,收缴基金3.2万元。

1989年,旗内待业保险金收缴入库3.5万元。全旗企业化管理的16个事业单位参加待业保险,收缴入库保险金3.5万元。

1990年,全旗待业保险金收缴入库3.8万元,全旗事业单位待业保险费收缴入库3.8万元。

1997年,初次使用失业救济金救济下岗特困职工,全年累积使用21.3万元。失业保险覆盖全旗98%的国有企业,覆盖50%的集体企业。全年收缴失业保险金12万元。

1999年,失业保险金实行地方税务局代缴,建立财政专户管理。

2006年,五项社会保险(养老、失业、医疗、工伤、生育)联合统一申报,地方税务局捆绑征收,核定应保单位203户,应申报缴费8736人,应申报缴费金额322.91万元,实际缴费单位46户。

2008年,全旗失业保险实际参保人数8442人,占应参保人数72.15%。

1991—2008年克旗失业保险金收缴使用情况一览表

表25-3-2

年份	参保单位数(个)		参保人数(人)	收缴数(万元)	支出数(万元)	救济人数
	企业单位	事业单位				
1991	—	—	—	4.1	—	—
1992	—	—	—	4.5	—	—
1993	—	—	6289	4.8	1.79	—
1994	—	—	4651	5.1	1.53	—
1995	—	—	4904	8.5	1.69	—
1996	—	—	5646	11.02	12.55	130
1997	5	1	—	12	21.3	238
1998	5	1	—	12	23.87	251
1999	13	4	1130	13.1	25.5	389
2000	17	25	1150	17.3	30.55	227
2001	3	6	362	3.2	7.9	74
2002	5	7	2200	47.63	41.32	164
2003	13	3	2300	43.7	36.6	173
2004	14	12	1400	51.6	4.88	12
2005	26	9	7083	97.3	15.05	9
2006	36	18	8736	123.05	39.14	82
2007	43	27	9468	162.60	39.11	4
2008	64	32	8442	249.24	51.18	12

第四节　城镇职工基本医疗保险

一、制度建立

1991—1999 年，克旗卫生局和克旗医疗改革办公室承担全旗城镇职工医疗保险行政管理、业务经办职能。

2000 年，克旗开始建立职工医疗保险制度，城镇职工医疗保险行政管理和职工医疗保险业务划归旗劳动社保部门管理；经办机构先撤后建，人员编制移交旗社会保险事业管理局。基本医疗保险覆盖城镇所有用人单位，包括企业（国有企业、集体企业、外商投资企业、私营企业等）、机关、事业单位、社会团体以及民办非企业单位及其职工。

2005 年，城镇职工基本医疗保险覆盖面由原来旗直行政事业单位人员扩大到 20 个苏木乡镇和 2 个开发区的行政事业单位人员。单位和个人的缴费比例分别按工资总额的 6% 和 2% 缴纳。同年，首次将灵活就业人员（包括克旗境内城镇个体从业人员、自由职业者和以非全日制、临时性、弹性工作的灵活就业形式并未建立固定劳动关系的从业人员）纳入基本医疗保险范畴。社会医疗救助保险费由原来的每人每年 30 元提高到每人每年 150 元。参保人员发生超过基本医疗保险社会统筹基金最高支付限额 2 万元以上的医疗费用，由社会医疗救助保险资金支付，最高给付限额为 15 万元。

二、医疗保险费征集发放

2008 年末，全旗各类单位中参加基本医疗保险人数 11549 人，是实施时的 4 倍；参加基本医疗保险的离退休人员 3278 人，是实施时的 3.4 倍。

2000—2008 年克旗城镇职工基本医疗保险情况表

表 25－3－3

年份	职工医疗保险人数（人）		职工医疗保险基金（元）	
	参保人数	退休人数	收入	支出
2000	2862	964	473056	232412
2001	3931	2111	1330746	1393206
2002	4825	1909	2807321	2189836
2003	5581	2227	2166625	3278739
2004	5576	2573	4664751	4664068
2005	9765	2880	5667856	4364728
2006	10668	3009	11626709	10198682
2007	10926	3027	15094143	8277644
2008	11549	3278	24187599	15748879

第五节　企业职工工伤与生育保险

一、工伤保险

1994 年,旗政府成立克旗劳动鉴定委员会,负责对病、伤、残职工工伤鉴定和管理,开始建立企业职工工伤保险制度。

1995 年,开始按社会保险方式对原有企业工伤救助制度进行改革。工伤保险覆盖范围确定为城镇内各类所有制企业、自收自支事业单位及其所属全部职工(包括一年以上临时工)。

2004 年,在克旗行政区域内正式施行《工伤保险条例》,工伤保险实行行业差别费率制,由企业缴纳,职工个人不缴纳工伤保险费。

到 2008 年末,全旗参加工伤保险的职工有 9802 人,比 1995 年实施时的 3469 人增加 6333 人,是实施时的 2.8 倍。

1996—2008 年克旗工伤保险情况表

表 25－3－4

年份	参保人数(人)	职工工伤保险基金(元)	
		收入	支出
1996	3469	79487	20276
1997	4052	109806	29971
1998	6084	77987	54980
1999	3725	53126	53988
2000	4163	79065	11051
2001	4282	83059	21600
2002	4281	96496	86265
2003	4031	114520	409208
2004	4300	380541	101387
2005	5165	386906	220700
2006	5675	540133	349130
2007	8585	823707	122271
2008	9802	1920746	306249

二、生育保险

1996 年,克旗开始建立女工生育保险制度。对生育保险费用实行社会统筹。确定生育保险覆盖范围为城镇各类所有制企业、自收自支事业单位和与国家机关、事业单位、社会团体建立劳动关系的职工。生育保险费由企业和各应保单位按工资总额的 0.8% 缴纳,职工个人不缴纳生育保险费。至 2008 年,全旗参加生育保险职工 6237 人,比 1997 年增加 2542 人,为实施时的 1.68 倍。

1997—2008 年克旗生育保险情况表

表 25－3－5

年份	参保人数(人)	职工生育保险基金(元)	
		收入	支出
1997	3695	63699	—
1998	5389	66634	85868
1999	3977	72888	40403
2000	4282	137733	27559
2001	4282	13898	4506
2002	4281	52343	1729
2003	4031	88181	42265
2004	4300	93109	46044
2005	4605	95630	40043
2006	5105	227275	103280
2007	5912	421451	60084
2008	6237	739615	100031

第六节　农村牧区社会养老保险

1996 年,克旗开始建立农村牧区社会养老保险制度。旗民政局内设农村牧区社会养老保险管理股处理日常工作,后划入旗社会保险局(中心)管理。承担全旗农村牧区社会养老保险基金的收缴、存储、支付以及建账立档等工作,指导全旗各苏木乡镇农村牧区社会养老保险业务工作。

1997 年,规定克旗辖区内所有农村牧区居民都可自愿参加农村牧区社会养老保险,实行个人缴纳为主、集体补助为辅,国家予以政策扶持。至 2008 年末,全旗苏木乡镇参加农村牧区社会养老保险人数 5482 人,比 1997 年增加 3396 人,增长 2.62 倍。领取农村牧区社会养老保险费的有 43 人。

第七节　城镇居民基本医疗保险

2008 年,开始建立覆盖城乡全体居民的医疗保障体系和城镇居民基本医疗保险制度,覆盖范围为不属于城镇职工基本医疗保险的全部城镇居民。包括:男年满 60 周岁以上(含 60 周岁)、女年满 50 周岁以上(含 50 周岁)的城镇居民;18 周岁(不含 18 周岁)以下的少年儿童和在校学生(包括中学、职业中学、特殊教育学校、中等专业学校、技工学校);劳动年龄内不具备参加城镇职工基本医疗保险条件的非从业城镇居民;持有中华人民共和国残疾人证且完全丧失劳动能力的重度残疾居民;享受最低生活保障待遇的人员;未参加新型农村牧区合作医疗的农民工家庭中,长期随父母在城市居住的农民工子女。没有参加新型农村合作医疗,且在城镇中小学校就读的农民工子女,参加就读学校所在地的城镇居民基本医疗保险。参加保险居民的年龄计算方法,以每年 10 月 1 日为准。

城镇居民基本医疗保险费缴纳标准为:18 周岁(含 18 周岁)以上居民年缴费 210 元(含政府补助资金),其中个人年缴费 130 元;最低生活保障对象和丧失劳动能力的重度残疾人、低收入家庭 60 周岁以上的老年人个人年缴费 70 元;18 周岁以下的少年儿童和在校学生年缴费 120 元(含政府补助资金),其中个人年缴费 40 元。城镇居民基本医疗保险待遇实行起付标准和最高支付限额制度。至 2008 年末,全旗城镇居民参加基本医疗保险的 6162 人。

第四章　民　政

第一节　机　构

一、管理机构

1991 年,旗民政局内设办公室、计划财务股、优抚安置股、社会救助股、社会事务股、勘界办公室。

2006 年,克旗民政局内设办公室、计划财会股、双拥优抚安置股、救灾救济股、最低生活保障办公室、区划地名和基层政权股、社会福利和社会事务股。编制 12 名。

2008 年,克旗民政局内设办公室、计划财会股、双拥优抚安置股、救灾救济股、最低生活保障办公室、区划地名和基层政权股、社会福利和社会事务股。编制 13 名。

二、事业单位

1991 年,民政局下设内蒙古荣复转退军人第一疗养院、光荣院、火葬场、社会福利厂。

2008 年，民政局下设内蒙古荣复转退军人第一疗养院、收容遣送站、光荣院、殡葬管理所、殡仪馆、公墓管理所。

第二节　基层政权建设

一、村民自治制度建立

1987 年，旗民政部门基层政权建设重点逐步调整，由协调指导苏木乡镇政权建设，向下延伸为指导村民委员会组织建设。1998 年后，在农村牧区建立起以民主选举、民主决策、民主管理和民主监督为主要内容的村民自治制度。

至 2008 年末，全旗农村牧区有 30 个嘎查、86 个村委会、18 个居委会共 134 个基层群众自治组织，均由全体村(居)民依法直接选举产生，并确立以村(居)民代表议事制度为中心的民主制度。

二、民主选举换届

2000—2008 年，全旗进行了四次嘎查村民委员会换届选举，均一次换届选举成功。选民参选率 90% 以上，100% 的嘎查村实现村民自治。2003 年 11 月，克旗被民政部命名为“全国村民自治模范旗”。

2000 年 4—8 月，全旗 127 个村委会、40 个嘎查和 5 个社区居委会全部完成换届选举。共登记选民 155851 人，实际参加选举 125745 人，6686 名选民办理委托投票，参选率 91%。共选举出嘎查、村(居)委会主任 172 人，副主任 201 人，委员 329 人。其中有 118 名主任、160 名副主任和 248 名委员为连选连任，占职位总数的 74.9%。在选出的 172 名主任中，有中共党员 133 人，占总数的 77%。有 2 人兼任中共党支部书记职务。

2003 年 3—7 月，全旗 125 个嘎查、村和 13 个居委会完成换届选举。登记选民 158697 人，实际参选 146551 人，1468 名选民办理委托投票，参选率 96%。共选出嘎查、村(居)委会主任 138 人，副主任 134 人，委员 202 人。其中有 93 名主任、96 名副主任、131 名委员为连选连任，占职位总数的 67.5%。在 138 名主任中，中共党员 109 人，占职位总数的 88%。有 3 人兼任中共党支部书记职务。

2006 年 9—11 月，全旗 134 个嘎查村(居)委会完成换届选举。共登记选民 163551 人，实际参选 119540 人，3879 名选民办理委托投票，参选率 89.5%。共选出嘎查、村(居)委会主任 134 人，副主任 138 人，委员 146 人。其中 83 名主任、94 名副主任、99 名委员为连选连任，占职位总数的 68%。在选出的 134 名主任中，有中共党员 99 人，占当选人数的 73.9%。有 6 人兼任中共党支部书记职务，其中女性 2 人；在 284 名副主任与委员中，有中共党员 182 人，占当选人数的 64%，其中女性 56 人，占当选人数的 19.7%。本次换届选举，有 3 个嘎查和 1 个居委会进行了二次选举。

第三节 优抚 安置

一、优待抚恤

旗民政部门负责落实对残疾军人、在乡老复员军人、带病还乡退伍军人、烈属、因公牺牲军人遗属、病故军人遗属等重点对象的优待和抚恤政策。

(一)优抚对象

克旗的优抚对象主要有伤残军人、伤残国家人员、伤残民兵民工、伤残警察、烈属;因公逝世军人遗属、病故军人遗属、在乡老复员军人和病返退伍军人等。

1991—2008年部分年份克旗优抚情况一览表

表25-4-1 单位:人

年份	总数	伤残军人	伤残国家人员	伤残民兵民工	伤残警察	烈属	公逝军人遗属	病故军人遗属	在乡老复员军人	病返退伍军人
1991	2380	170	1	10	—	98	1	6	1756	338
1998	1956	184	1	10	—	72	1	6	1375	307
2001	1849	184	1	10	—	70	1	6	1270	307
2003	1850	184	1	10	—	70	1	6	1271	307
2006	1851	184	2	10	1	70	11	6	1270	307
2008	1545	122	—	8	1	56	—	5	994	356

(二)优抚政策

革命伤残人员、烈属、因公牺牲及病故军人遗属这四类重点优抚对象依法享有定期定量抚恤补助金,其标准由国家统一制定和调整,经费来源于中央财政;在乡老复员军人生活补助金由中央财政每人每年补贴60元,其余部分由地方财政解决;带病还乡退伍军人生活补助和农村牧区义务兵家属优待金,均由地方财政统筹解决。

2005年起,建立重点优抚对象抚恤补助标准自然增长机制。基本增长办法为:对享受在乡抚恤补助的优抚对象,根据国家和自治区确定的补助标准,按旗统计局每年发布的上年农牧民人均纯收入增长幅度的50%增长;对享受城镇定期抚恤标准的"三属(烈属、因公牺牲军人遗属、病故军人遗属)",则按旗统计局发布的上年城镇居民人均可支配收入增长幅度的25%增长。

按此办法计算,全旗重点优抚对象抚恤补助标准2005年增长幅度为:

复员(退伍)军人每人增长120元;

一等伤残人员每人增长 1150 元；
二等伤残人员每人增长 390 元；
三等伤残人员每人增长 160 元；
“三属”每人增长 300 元。

（三）抚恤标准

2006 年 1 月 1 日后，残疾军人、伤残人民警察、伤残机关工作人员、伤残民兵民工残疾抚恤金执行国家标准。

2006—2008 年克旗执行残疾抚恤金标准

表 25－4－2　　单位：元／年

残疾等级	残疾性质	现行标准	原标准	年提高
一　级	因战	14560	11200	3360
	因公	14040	10800	3240
	因病	13570	10440	3130
二　级	因战	13100	10080	3020
	因公	12480	9600	2880
	因病	11960	9200	2760
三　级	因战	11650	8960	2690
	因公	10930	8400	2520
	因病	10140	7800	2340
四　级	因战	9470	7280	2190
	因公	8580	6600	1980
	因病	7800	6000	1800
五　级	因战	7280	5600	1680
	因公	6550	5040	1510
	因病	5930	4560	1370
六　级	因战	5820	4480	1340
	因公	5460	4200	1260
	因病	4680	3600	1080
七　级	因战	4350	3360	990
	因公	3880	3000	880
八　级	因战	2880	2240	640
	因公	2480	1920	560
九　级	因战	2180	1680	500
	因公	1870	1440	430
十　级	因战	1460	1120	340
	因公	1250	960	290

2006—2008 年克旗执行“三属”定期抚恤金标准

表 25－4－3　　单位:元／年

类　别	烈士遗属	因公牺牲军人遗属	病故军人遗属
城　镇	4980	4620	4260
农　村	3120	2940	2760

2006—2008 年克旗执行在乡老复员军人、带病回乡退伍军人生活补助金标准

表 25－4－4　　单位:元／年

类　　别	在乡老复员军人	带病回乡退伍军人
农业户口	2060	840
非农业户口	2120	960

二、在院抚恤

(一)生前抚养

克旗建有复员军人疗养院、光荣院。克旗革命烈士陵园,安葬解放战争中和中华人民共和国建立后在克旗牺牲的革命烈士。

内蒙古自治区荣复转退军人第一疗养院,是国家为重点优抚对象建立的康复医疗机构,由克旗民政局管理。为患有严重慢性病的在乡老复员军人,患有严重慢性病的在乡伤残军人,在部队立有三等功以上的病情较重的带病回乡退伍军人提供疗养服务。

克旗光荣院是国家为孤老优抚对象建立的优抚单位,旗民政局管理,主要接收、抚养孤老伤残军人和孤老复员军人。

1991—2008 年克旗复员军人疗养院、光荣院基本情况一览表

表 25－4－5

名　　称	建院时间	所在地	工作人员数(人)	院　民人数(人)	床位数(张)	隶属单位	占地面积(平方米)	建筑面积(平方米)
内蒙古荣复转退军人第一疗养院	1957	热水旅游开发区	24	—	98	民政局	6880	3400
克旗光荣院	1984	热水旅游开发区	6	14	50	民政局	3000	800

(二)逝世安葬

克旗革命烈士陵园位于经棚镇南端字山下。1947 年 6 月,为纪念解放战争中在克旗牺牲的赵芝瑞、秦荣、潘书声、梁敬等 60 余位烈士而修建此园,1956 年重建。1992

年，在纪念“双拥”工作50年活动中，经棚各族各界群众捐款6.6万元，旗民政局筹资2万元，重建主体纪念碑。1999年秋，旗民政局筹资6万元，组织干部职工义务劳动，对陵园墓地重新进行规划，重修60余座墓穴。2002年，经棚镇区社会各界捐款11万元，对烈士陵园进行地面硬化和栽植树木，修建2个永久性宣传碑。

2006年，达来诺日镇政府与克旗民政局筹资近3万元，在达来诺日镇修建革命烈士德勒格尔纪念碑。碑上用蒙汉两种文字，简要介绍德勒格尔烈士生平事迹。同时确定为旗级爱国主义教育基地。

三、退伍安置

1956—2008年，克旗退伍安置主要包括：当年城镇退伍义务兵、转业士官、复员干部、回乡退伍军人、伤病残退伍军人、军地两用人才。

从2001年始，对自愿自谋职业和符合安置条件待安置期间的退伍士兵，由当地政府发放安置费和生活补助费。

1996—2008年克旗退伍士兵安置情况统计表

表25-4-6

年份	接受退伍士兵(人)		安置情况			自谋职业情况	
	城镇	农村牧区	符合条件人数(人)	安置人数(人)	安置率(%)	人数(人)	补助金(元)
1996	36	39	36	36	100	—	—
1997	38	42	38	38	100	—	—
1998	35	65	35	35	100	—	—
1999	67	35	67	67	100	—	—
2000	11	72	11	11	100	—	—
2001	22	33	22	21	95	1	6000
2002	21	29	21	21	100	—	—
2003	18	62	18	15	83	3	18000
2004	15	98	15	13	87	2	14400
2005	12	66	12	12	100	1	6000
2006	24	48	24	—	—	—	12000
2007	21	55	21	—	—	21	23500
2008	15	71	15	—	—	15	23500

四、拥军优属

自20世纪80年代中期全国裁军整编后，克旗驻军部队陆续撤离，全旗“双拥(拥军优属、拥政爱民)”工作的重点转向全民国防教育、优待军属和警民社区共建活动。

依托克旗革命烈士陵园和赵芝瑞、潘书声烈士纪念园等基地，开展全民国防教育和革命传统教育。历年清明节期间,旗直机关、各中小学都组织学生及各界群众,在烈士陵园举行纪念活动,强化国防观念和拥军意识。

从2003年起,旗政府对现役军人家属实行优待金统筹制度,并建立优待金自然增长机制,每年按旗统计局发布的上年全旗农牧民人均纯收入增长幅度的50%增长优待金。

2004—2008年克旗现役军人优待金增长情况统计表

表25-4-7　　单位:户/元

年份	农 村	牧 区
2004	1777	1972
2005	2233	2376
2006	2767	3076
2007	3347	3656
2008	3730	4333

"八一"建军节和春节两个重要节日,旗委、旗政府对武警、森警和重点优抚对象进行走访慰问,征求他们对政府工作的意见和建议。平时,军地不定期相互走访,交流情况。

2001年后,驻克旗武警、森警部队,在经棚镇区开展警民社区共建活动。

第四节　救灾 救助

一、工作机制

1991年后,克旗救灾工作贯彻的基本方针是"依靠群众,依靠集体,生产自救,互助互济,辅之以国家必要的救济和扶持"。2004年,旗政府制定《克什克腾旗自然灾害应急预案》,对灾害核查、灾害评估、灾害应急响应、救灾组织机构、救灾联动、灾害救助措施、救灾善后等环节进行规范。2005年,民政局及时对灾后救助工作流程进行调整。随着地方财政对灾害救助支付能力提高,对防灾抗灾基础设施建设投入增加,抵御自然灾害能力在逐步增强。

二、重大自然灾害救助

1994年,克旗境内先后遭受干旱(从春至夏长达三个月没有有效降雨)、洪涝、冰雹、大雪、大风等灾害。全旗受灾人口11万人,因灾死亡2人;农作物受灾面积2.67万公顷,绝收面积1.33万公顷;倒塌房屋276间;因灾死亡牲畜2720头(只)。各类灾害共造成直接经济损失4870万元,其中农牧业经济损失4310万元。旗、乡两级人民政府积极组织灾区群众开展生产自救,互助互济。先后投入资金80万元对重灾户和特困户实施救助,救济6000人口粮,救济4000人衣被。恢复灾民建房85户254间。

1999年,全旗遭受干旱、洪涝、雪灾等自然灾害,其中以干旱与大雪为重。受灾人口16.3万人,农作物受灾面积5万公顷,绝收面积1.4万公顷。因灾倒塌房屋81间。7月9日至8月17日,农作物遭受伏旱,近40天内降雨量仅30毫米,比常年同期降雨量减少75%,并出现当地历史罕见高温天气,连续28天气温30~36℃。进入11月后,全旗连降6次大雪,降雪厚度均在25~30厘米。巴彦高勒和巴彦查干两地降雪厚度40~50厘米,形成严重白灾。上述各类灾害共造成直接经济损失13333万元,其中农牧业损失13167万元。灾后,旗政府安排投入救灾资金260万元,及时救助重灾户、特困户。救济33000人口粮,救济20000人衣被,恢复建房95户285间。

2000年,克旗遭受干旱、大雪等自然灾害。自3月初至8月上旬未降透雨,持续干旱时间之长为历史罕见。受灾农作物面积7.07万公顷,当年粮食减产约1亿公斤。至8月中旬以后,南部14个乡镇又遭受洪涝、冰雹灾害,受灾农田6000公顷。因灾倒塌、损坏房屋638间。被洪水淹死3人,雷电击死1人。11月中旬后,全旗连续14次降雪,总降水量30.1毫米,是历年同期降雪量的4倍。大部地区积雪厚度23厘米以上,北部牧区积雪厚度50~60厘米,由于气温骤降至-30℃以下,形成对畜牧业威胁最大的"冰盖雪"。7个牧区苏木乡镇交通、通讯中断,30多万头只牲畜被冰雪围困无法出牧,80%的塑料暖棚被毁。冻死2人,冻伤500余人。冻死牛羊3700头只。重大灾情引起上级党委、政府高度重视,央视等各大媒体予以关注并及时报道。全国各地纷纷向灾区捐赠款物,同年捐款350余万元。

2002年,全旗普遍遭受干旱、洪涝、风沙、冰雹、霜冻等自然灾害。受灾人口超过20万人,因灾死亡6人;农作物受灾面积4.87万公顷,绝收1.73万公顷;倒塌房屋257间;因灾死亡牲畜1690头(只)。9月2日,全旗出现历史罕见大面积早霜冻,1.4万公顷农作物遭受霜冻灾害,成灾面积1万公顷,绝收面积5000公顷,受灾人口5.5万人。灾害共造成直接经济损失7916万元,农牧业损失6725万元。旗政府投入救灾资金130万元,救济12000人口粮,救济6000人衣被。恢复建房54户161间。

2006年,克旗遭受特大雪灾。9月7日早降大雪,为本地有气象记录以来最早降雪。此后,又连续多次降雪,平均积雪厚度45厘米。巴彦查干苏木、达日罕乌拉苏木、达来诺日镇、同兴镇、红山子乡、经棚镇等地降雪积雪厚度70厘米。大雪伴随早霜冻,全旗农作物受灾面积4.84万公顷,成灾面积3.58万公顷,绝收面积8200公顷。粮食平均减产约50%,全旗粮食减产0.6亿公斤。受灾人口11.7万人,因灾死亡10人,倒塌房屋119间。因灾死亡牲畜14816头(只)。乡村公路、输电线路、有线电视线路及水利设施遭受不同程度破坏。灾害共造成直接经济损失2.0337亿元,其中农牧业损失1.6649亿元。严重雪灾发生后,各级领导亲临灾区视察灾情,指挥抗灾救灾。先后共落实救灾资金228万元,大米面粉30吨,棉被褥2400套,重建房屋119间。

三、救助捐赠

灾民救助 2000年,雪灾发生后,先后收到中华慈善总会、香港乐施会、北京市红十字会、北京市青基会、北京市民政局、北京军区、广东省军区、吉林省德惠市人民医院、解放军65655部队、兴发集团等众多单位及个人捐款353万元,衣物6.5万件,棉被1900套,面粉、大米62.5吨,食品2100箱和部分饲草。

助学解困 2005年,对考入大学的贫困大学生一次性现金救助每人1500元;2006年后,对贫困大学生一次性现金救助1000元或发放低保费。对2005年前入学未毕业的农村牧区大学生按特困户救助标准按年救助;城镇大学生按城镇最低生活保障标准按月救助。

2005—2007年克旗救助贫困大学生情况一览表

表25-4-8

年份	合计救助人次(人)	合计支出救助资金(万元)	其中							
			救助应届大学生				救助往届大学生			
			人数(人)	金额(万元)	其中		人数(人)	金额(万元)	其中	
					城镇人数(人)	农村牧区人数(人)			城镇人数(人)	农村牧区人数(人)
2005	154	21.95	69	12.7	22	47	85	9.25	65	20
2006	294	29	84	9.16	30	54	210	19.84	110	100
2007	412	27.92	100	10	46	54	312	17.92	142	170
合计	860	78.87	253	31.86	98	155	607	47.01	317	290

第五节 生活保障与社会福利

一、生活保障

(一)城镇居民最低生活保障

1998年,克旗首次在经棚镇建立居民"低保制度"。旗政府制定《经棚镇居民最低生活保障实施办法》,成立工作领导小组,在民政局设立居民最低生活保障办公室,配备专职人员负责日常工作。

2003年,在各苏木乡镇和林业企业的非农业人口中实施"低保"制度。

2005年,旗政府颁布《克什克腾旗城镇居民最低生活保障制度实施细则》,"低保"

制度进一步规范、完善。

截至2008年12月末，全旗累积有各类城镇“低保”对象3278户5898人，占非农业人口总数10.5%。1998—2008年累计34526人次享有生活最低保障。

1998—2008年克旗城镇居民最低生活保障情况一览表

表25-4-9

年份	保障户数（户）	年末保障人数（人）	保障标准（元/月）	年支出保金（万元）
1998	389	957	80	19.6
1999	413	964	104	46.8
2000	393	741	104	49.1
2001	465	859	104	52.8
2002	552	1015	104	63.5
2003	1427	2322	104	140
2004	1612	2531	104	204
2005	1769	2677	114	240
2006	2283	3562	125	317.5
2007	2759	4668	145	653
2008	3278	5898	165	1238.9
合计	15340	26194	—	3025.2

（二）农牧民最低生活保障

2006年，开始在农村牧区全面实施“低保”制度。同年末，有3416户7741人享有“低保”，占全旗农牧业人口总数的3.8%，全年累计发放保障金286.764万元，人均年补贴370元。

2006—2008年克旗农牧民最低生活保障情况一览表

表25-4-10

年份	总户数（人）	总人口（人）	低保比率	保障金数（万元）	人年均数（元）
2006	3416	7741	3.8%	286.764	370
2007	9967	16302	8.1%	630.7	387
2008	16400	20300	10.1%	1273.1	627

2006 年克旗农牧民最低生活保障情况一览表

表 25－4－11

苏木乡镇名称	户数(户)	人数(人)	其中				全年合计发放保障金(元)
			一类		二类		
			户数(户)	人数(人)	户数(户)	人数(人)	
经棚镇	466	812	113	204	354	608	300480
宇宙地镇	190	510	50	129	140	381	188760
同兴镇	197	515	54	135	143	380	190800
芝瑞镇	719	1655	229	494	490	1161	615560
万合永镇	373	1011	90	248	283	763	373880
土城子镇	450	999	126	252	324	747	369720
达来诺日镇	101	261	26	65	75	196	96560
新开地乡	269	604	71	162	198	442	223920
红山子乡	215	413	63	93	152	320	152400
浩来呼热办事处	95	128	33	33	62	95	47400
乌兰布统办事处	83	207	19	45	64	162	76320
达日罕乌拉苏木	133	267	42	68	91	199	98840
巴彦查干苏木	125	359	32	94	93	265	133000
总计	3416	7741	948	2022	2469	5719	2867640

(三)农村牧区医疗救助

2005 年 6 月,开始在全旗农村牧区实施医疗救助制度。

2006—2008 年克旗农牧区医疗救助情况一览表

表 25－4－12

年份	总救助人口(人)	低保人口数(人)	五保户数(户)	支出医救金数(万元)
2006	256	7741	1079	20.86
2007	14656	16302	1131	210
2008	21087	20300	1131	392.2

二、社会福利

(一)敬老院建设

克旗通过农村牧区敬老院集中供养五保户。由农牧民群众集体举办、政府给予必要扶助。1958 年，人民公社初期，克旗始建敬老院。1991 年，克旗农村乡镇和经棚镇各有 1 所敬老院。

2006 年，在旗人民政府协调下，多方筹集资金在达来诺日镇建成 1 所牧区中心敬老院，首批入住 21 名蒙古族五保老人，结束克旗牧区没有敬老院历史。

2008 年，克旗共有 15 所敬老院，院民 291 人，在院集体供养五保户占全旗五保户总人数的 27%。

2008 年克旗敬老院基本情况一览表

表 25 - 4 - 13

名　　称	始建时间（年月）	改扩建时间（年月）	时有工作人员数（人）	时有院民数（人）	床位数（张）	2008 年院办经济收入（万元）
经棚敬老院	1974	2005	4	19	30	2.5
新庙敬老院	1976	—	3	11	20	0.5
三义敬老院	1978	—	3	24	25	0.8
宇宙地敬老院	1986	2003	3	22	25	1.5
同兴敬老院	1984	2004	3	16	30	0.6
土城子敬老院	1979	—	3	15	20	1.6
书声敬老院	1979	2006	3	13	25	3.2
万合永敬老院	1986	2004	3	21	30	0.8
新井敬老院	1981	2003	3	14	20	0.8
芝瑞敬老院	1984	2003	4	32	45	2.5
广兴源敬老院	1983	2002	3	28	35	3.6
南店敬老院	1984	—	3	19	25	0.8
红山子敬老院	1983	1997	3	12	20	0.8
新开地敬老院	1978	2005	3	24	20	2.0
达来诺日中心敬老院	2006	—	3	21	30	—
合　计	—	—	47	291	410	22

（二）"五保户"供养

克旗农村牧区五保户供养采取集中供养与分散供养两种形式。

2005 年前，敬老院集中供养人员供养标准大体为每人每年口粮 400 公斤，零花钱 120 元，由其所在村（组）群众供给，不足部分由旗民政部门酌情解决。分散供养人员的供养则视其所在地村民生活水平而定，无统一要求。

2006年后,旗政府决定全旗五保户统一由财政供养。其供养标准为:敬老院集中供养者每人每年1200元,分散供养者每人每年800元。2008年,全旗此项财政支出为98.12万元。

2008年克旗五保户供养情况一览表

表25-4-14

苏木乡镇名称	总人口(人)	五保户人数(人)	集中供养人数(人)	集中供养资金(元)	分散供养人数(人)	分散供养资金(元)
经棚镇	61628	132	54	64800	78	62400
宇宙地镇	20816	111	22	26400	89	71200
同兴镇	17024	38	16	19200	22	17600
芝瑞镇	37228	206	79	94800	127	101600
万合永镇	25160	133	35	42000	98	78400
土城子镇	29789	130	28	33600	102	81600
达来诺日镇	6140	46	21	25200	25	20000
新开地乡	15800	95	24	28800	71	56800
红山子乡	9898	71	12	14400	59	47200
达日罕乌拉苏木	7084	42	0	0	42	33600
巴彦查干苏木	7661	42	0	0	42	33600
浩来呼热办事处	5379	19	0	0	19	15200
乌兰布统办事处	2850	16	0	0	16	12800
合计	246457	1081	291	349200	790	632000

(三)发售福利彩票

1989年,克旗由民政福利公司发售即开式奖券,1991年由旗民政局直接管理发放福利彩券。2001年,由发售即开式彩票转为发售电脑彩票,并纳入全自治区统一营销网络销售,进行市场化常态管理。2003年,停止销售即开式彩票。1995—2003年,发售福利彩票为克旗募集社会福利资金100万元,均用于以敬老院为主的社会福利设施建设。

三、城乡最低生活保障

1998年4月,克旗开始在经棚镇实施城镇居民最低生活保障制度。2003年10月,克旗在非农业人口中实施最低生活保障制度。2006年12月,克旗开始在全旗农村牧区全面实施最低生活保障制度。同年确定最低生活保障对象3416户7741人,占农牧业总人口的3.8%。

至2008年12月,全旗确认城镇、非农业人口最低生活保障对象3278户5898人,确认农牧业人口最低生活保障对象16400户20300人。

第六节　社会事务管理

一、婚姻登记管理

(一)登记机构

1991年,克旗有婚姻登记机构21处,旗民政局和20个苏木乡镇各1处。

2003年9月,全旗婚姻登记机构调整为12个,11个苏木乡镇和旗民政局各1处。

2008年,克旗有婚姻登记机构12个。

(二)登记

2001—2008年,全旗婚姻登记机构,依据相关法规共登记结婚人数9153对,登记离婚人数410对。

二、民间组织管理

克旗民政部门承担全旗社会团体和民办非企业单位的登记管理工作。

1991—2008年末,全旗在民政部门登记注册的各类社会团体有9个,涉及经济、文化、卫生等社会生活领域。登记注册民办非企业个体诊所1家。

1991—2008年克旗注册社会团体一览表

表25-4-15

序号	社团名称	类别	业务主管部门	登记时间
1	克旗老年人体育协会	法人	旗体育局	1991.6
2	克旗计划生育协会	法人	旗计划生育局	1991.7
3	克旗老年卫生工作者协会	法人	旗卫生局	1991.7
4	克旗个体劳动者协会	法人	旗工商局	2002.7
5	经棚镇光明村胡萝卜协会	法人	经棚镇人民政府	2005.5
6	克旗消费者协会	法人	旗工商局	2005.10
7	克旗摄影家协会	法人	旗文联	2007.12
8	克旗作家协会	法人	旗文联	2007.12
9	克旗书画家协会	法人	旗文联	2007.12

三、殡葬管理

(一)推行火化

1976 年,克旗建立殡葬管理所和火化厂,倡导火葬,减少土葬。1991 年,经棚殡仪馆年火化遗体 100 余具。2001 年,克旗民政部门开始配备火葬区兼职执法人员 5 人。2004 年,配备执法用车,查处违规土葬。2008 年,经棚殡仪馆年火化遗体 260 余具。

(二)殡葬改革

2001 年,推行火化的地区从原来经棚镇及周边乡镇扩大到 9 个乡镇。除巴彦查干苏木、达日罕乌拉苏木、达来诺日镇和同兴镇、芝瑞镇、新开地乡、书声乡、红山子乡少部分偏远地区不具备条件外,其他地区均划为火化区。

(三)建立公墓

1997 年,民政部门在经棚镇西北龙凤山建立经营性骨灰公墓。公墓占地 6 公顷。至 2008 年末,经棚镇西北龙凤山共建成不同档次和价位墓穴 1200 余座,已出售 1000 座以上。

四、地名管理

(一)地名管理

1982—1984 年,旗民政部门对全旗各类地名开展全面普查,于 1989 年出版《克什克腾旗地名志》《克什克腾旗标准地名手册》《克什克腾旗标准地名图》等地方地名工}。

1988 年 8 月,克旗人民政府发布《关于推广标准化地名名称的通告》,克旗地名使用步入规范管理。

1991 年后,旗民政局依据《克什克腾旗地名志》对全旗地名使用译名用字进行规范。纠正新旧名称混用、一地多名、一名多写、语种不明、含义不清等混淆现象。

2001 年后,按照有关要求有步骤地在全旗苏木乡镇设置地名标志,规范路牌、街牌。

在克旗境内乡级行政区划变动时,对自然地理实体名称和名胜古迹、纪念地等地名均不作正式变更;对个别新增或变更居住地(如移民新村)名称、具有地名意义企事业单位(如厂、矿、场、旅游景点等)名称,未按法定程序报批和公布的,均视实际使用情况,慎审履行程序报批、公布。

(二)标准地名

2006 年,全旗行政区划变动后,各镇、乡、苏木与村、嘎查经撤并,名称有所变更。

2006年克旗镇、乡、苏木与村、嘎查名称过录表

表25-4-16

镇(乡、苏木)名	村、嘎查数	村、嘎查、居委会名称(组、独贵龙数)
经棚镇 (驻经棚河东村)	13村 7居委会	河东村(5)、联丰村(9)、呼必图村(11)、河南店村(6)、庆华村(9)、庆国村(11)、永胜村(19)、白土井子村(18)、红星村(10)、光明村(9)、昌兴村(17)、常善村(11)、合意村(15) 经锡路居委会、东小井居委会、园林路居委会、经棚路居委会、解放路居委会、北街居委会、新村居委会
浩来呼热办事处(筹备处) (驻浩来呼热居委会)	4居委会	布敦山居委会、浩来呼热居委会、碌碡湾居委会、伊和诺日居委会
宇宙地镇 (驻东升村宇宙地)	7村 1居委会	永隆村(11)、东升村(12)、刘营子村(18)、大营子村(10)、很黑村(10)、三地村(14)、新地村(11) 宇宙地镇居委会。
热水塘开发区	1社区	热水塘开发区居委会(社区)
土城子镇 (驻土城子村)	15村	天宝同村(6)、十里铺村(5)、太平村(5)、土城子村(6)、五分地村(7)、铁营子村(6)、瓦房村(15)、五台山村(9)、哈巴其拉村(11)、水泉村(14)、前进村(10)、五星村(16)、乌兰哈吉盖村(12)、天义号村(12)、石门沟村(12)
万合永镇 (驻中心村)	12村	柳林村(19)、兴盛义村(16)、广义村(10)、大河村(6)、万德成村(8)、二地村(18)、耗来村(9)、关东车村(10)、新井村(10)、永明村(13)、河沿村(15)、中心村(15)
芝瑞镇 (驻兴华村吕家沟门)	17村	富盛永村(15)、广兴源村(9)、大兴永村(10)、永丰村(15)、联合村(17)、萨仁沟村(9)、先锋村(12)、马架子村(14)、上柜村(13)、兴华村(14)、永兴村(10)、合胜村(17)、华兴村(13)、大院村(20)、长胜村(20)、上头地村(16)、下头地村(14)
同兴镇 (驻同兴村)	7村	义成永村(10)、努其宫村(10)、同兴村(20)、四义号村(14)、天合园村(12)、安乐村(11)、河南营子村(12)
达来诺日镇 (驻哈日浩舒嘎查)	7嘎查 2居委会	官地嘎查(3)、罕达罕嘎查(11)、岗更嘎查(9)、托力嘎查(7)、哈日浩舒嘎查(3)、巴彦珠日和嘎查(9)、哈登恩格日嘎查(5) 达来诺日居委会、达里诺尔保护区居委会
红山子乡 (驻大浩来图村)	6村	福盛号村(8)、小浩来图村(8)、大浩来图村(7)、永合村(11)、双合旺村(6)、天太永村(12)
乌兰布统办事处(筹备处) (驻元宝山居委会)	5居委会	葫芦诺日居委会、元宝山居委会、黄芩塔拉居委会、浩斯敖包居委会、小红山子居委会
新开地乡 (驻新道梁村)	7村	广华村(12)、新开地村(16)、高地村(9)、红石砬村(9)、双山子村(8)、苇塘河村(5)、新道梁村(14)

续表 25－4－16

镇(乡、苏木)名	村、嘎查数	村、嘎查、居委会名称(组、独贵龙数)
达日罕乌拉苏木 (驻达根诺日嘎查)	10 嘎查	达根诺日嘎查(2)、巴彦锡勒嘎查(5)、那日斯嘎查(18)、多若诺日嘎查(2)、巴彦都呼木嘎查(13)、达来嘎查(9)、贵恩格日嘎查(4)、塔班呼如嘎查(1)、巴彦浩舒嘎查(2)、乌拉苏太嘎查(5)
巴彦查干苏木 (驻巴彦查干嘎查)	13 嘎查	都希也图嘎查(4)、巴彦布拉格嘎查(4)、巴彦查干嘎查(5)、必留太嘎查(2)、恩格日布拉格嘎查(4)、乌布拉格嘎查(5)、吉日嘎查(3)、哈登布拉格嘎查(4)、查干敖包嘎查(4)、朱日和嘎查(4)、巴彦乌拉嘎查(5)、乌套海嘎查(6)、呼和锡勒嘎查(2)

(三)变动地名

1. 经 2001 年和 2005 年两次苏木乡镇撤并,全旗保留 2 个苏木 2 个乡 7 个镇。

1991—2008 年克旗乡级行政区划名称变更表

表 25－4－17

序号	已撤销行政区划名称	撤销时间	现辖属行政区划名称
1	河南店乡	2001 年	经棚镇
2	新庙乡	2005 年	经棚镇
3	三义乡	2005 年	经棚镇
4	热水塘镇	2001 年	宇宙地镇
5	天合园乡	2001 年	同兴镇
6	天盛号乡	2001 年	芝瑞镇
7	广兴源镇	2005 年	芝瑞镇
8	昌义乡	2001 年	芝瑞镇
9	南店镇	2005 年	芝瑞镇
10	上头地乡	2001 年	芝瑞镇
11	书声乡	2005 年	土城子镇
12	柳林乡	2001 年	万合永镇
13	新井乡	2005 年	万合永镇
14	浩来呼热乡	2005 年	经棚镇
15	乌兰布统乡	2005 年	红山子乡
16	阿其乌拉苏木	2001 年	达日罕乌拉苏木
17	巴彦高勒苏木	2005 年	巴彦查干苏木

2. 经2003年嘎查村调整，全旗嘎查由40个撤并为30个，村由126个撤并为88个，居民委员会由6个增加为18个。至2008年，全旗共有11个苏木乡镇，118个嘎查村，18个居民委员会。

1991—2008年克旗嘎查、村委会、居委会名称变更表

表25－4－18

苏木乡镇名　　称	已撤销嘎查、村（居）委会名称	原属苏木、乡镇	现并入嘎查、村（居）委会名称	变更时间
经棚镇	永胜村	三义乡	常胜德村	2003年
	太来呼都格村	三义乡	白土井子村	2003年
	同心村	新庙乡	红星村	2003年
	红光村	新庙乡	光明村	2003年
	四合公村	新庙乡	昌兴村	2003年
	民主村	新庙乡	合意村	2003年
芝瑞镇	新民村	广兴源乡	富盛永村	2003年
	牛头沟村	广兴源乡	永丰村	2003年
	树林村	芝瑞乡	合胜村	2003年
	三道沟村	芝瑞乡	合胜村	2003年
	南店村	南店乡	大院村	2003年
	马家店村	南店乡	大院村	2003年
	哈达梁村	南店乡	大院村	2003年
	广兴永村	南店乡	长胜村	2003年
	头地村	上头地乡	上头地村	2003年
	水头村	上头地乡	下头地村	2003年
万合永镇	桥头村	柳林乡	柳林村	2003年
	三岔口村	柳林乡	兴盛义村	2003年
	西大营子村	柳林乡	兴盛义村	2003年
	头地村	万合永乡	二地村	2003年
	巴彦白兴村	新井乡	河沿村	2003年
	广和隆村	新井乡	中心村	2003年
土城子镇	小伙村	土城子镇	瓦房村	2003年
	龙潭沟村	书声乡	水泉村	2003年
	西场村	书声乡	五星村	2003年
	裕龙村	书声乡	天义号村	2003年

续表 25-4-18

苏木乡镇名称	已撤销嘎查、村(居)委会名称	原属苏木、乡镇	现并入嘎查、村(居)委会名称	变更时间
宇宙地镇	乃木呆村	宇宙地乡	刘营子村	2003 年
	良种场村	宇宙地乡	刘营子村	2003 年
	乃林沟村	热水塘镇	新地村	2006 年
同兴镇	大努其村	木希嘎乡	同兴村	2003 年
	中地村	木希嘎乡	四义号村	2003 年
	小努其村	木希嘎乡	河南营子村	2003 年
达来诺日镇	查干敖瑞嘎查	达来诺日苏木	罕达罕嘎查	2003 年
	巴润岗更嘎查	达来诺日苏木	岗更嘎查	2003 年
	准岗更嘎查	达来诺日苏木	岗更嘎查	2003 年
	塔拉图如嘎查	达来诺日苏木	巴彦珠日和嘎查	2003 年
	太日牙花嘎查	达来诺日苏木	巴彦珠日和嘎查	2003 年
巴彦查干苏木	乌兰和布日嘎查	巴彦查干苏木	巴彦查干嘎查	2006 年
	萨仁图嘎查	巴彦高勒苏木	查干敖包嘎查	2006 年
达日罕乌拉苏木	呼古日格嘎查	达日罕乌拉苏木	那日斯嘎查	2003 年
	道苏很嘎查	达日罕乌拉苏木	那日斯嘎查	2003 年
	巴彦门都嘎查	达日罕乌拉苏木	多若诺日嘎查	2003 年
	哈希牙图嘎查	达日罕乌拉苏木	达来嘎查	2003 年
	包日金嘎查	阿其乌拉苏木	巴彦浩舒嘎查	2003 年
	包木太嘎查	阿其乌拉苏木	乌拉苏太嘎查	2003 年
新开地乡	杨树林村	上头地乡	新道梁村	2003 年

3. 经棚镇街、路在逐步开通改造中,名称有所变化。

1991—2008 年经棚镇区街路名称变更情况表

(街名自南向北排列,路名自东向西排列)

表 25-4-19

街	原名称	现名称
1	经一街	经棚街
2	经二街	赛汗街
3	经三街	达尔罕街
4	经四街	云杉街
5	经五街	贡格尔街
6	经六街	青山街

续表 25－4－19

街	原　名　称	现　名　称
7	经七街	达里诺尔街
8	经八街	碧柳街
9	经九街	西拉沐沦街
10	经十街	乌兰布统街
路	原　名　称	现　名　称
1	解放路	解放路
2	应昌路	应昌路
3	碧柳河大坝路	滨河路

注：街均为东西走向；路均为南北走向。

五、区划管理

（一）边界勘定

克旗与周边8个县级行政区域接壤，分别是：河北省围场满族蒙古族自治县、内蒙古自治区锡林郭勒盟多伦县、正蓝旗、锡林浩特市、西乌珠穆沁旗、赤峰市林西县、翁牛特旗、松山区。

从20世纪50年代初期至90年代末，因为移民、生产建设、资源开发及一些上级国家机关、国营企业在接壤地区建立农牧场等原因，克旗与周边政区出现边界争议。至2000年，与周边8个相邻地区及旗内各苏木乡镇间行政区域界线，全部勘定完毕，厘清法定界线。2002年，全旗勘界工作结束，勘界领导小组办公室撤销，业务划归旗民政局区划地名股。

（二）旗（县区）间定界

1. 克旗—西乌珠穆沁旗边界

1992年4月，自治区政府印发《内蒙古自治区人民政府关于划定锡林郭勒盟西乌珠穆沁旗与赤峰市阿鲁科尔沁旗、巴林左旗、巴林右旗、克什克腾旗行政区域界线的决定》，明确两旗区域界线，边界全长95公里；即克什克腾旗与西乌珠穆沁旗行政区域界线。同年5月，自治区政府对赤峰市北部4个旗与锡林郭勒盟西乌珠穆沁旗的边界走向做出裁定，确定法定界线。

2. 克旗—林西县边界

1997年，克旗政府与林西县政府最后达成两旗县边界协议，并报请赤峰市人民政府批准，确定法定边界线。

3. 克旗—松山区边界

1997年，克旗政府与松山区政府最后达成两旗区边界协议，并报请赤峰市人民政府批准,确定了法定边界线。

4. 克旗—锡林浩特市边界

1998年7月10日,自治区政府印发《关于划定赤峰市与锡林郭勒盟部分旗县市接壤地段行政区域界线的决定》。依此确定了克旗与锡林浩特市的边界作为法定界线。

5. 克旗—多伦县边界、克旗—正蓝旗边界

1998年,克旗先后与正蓝旗、多伦县达成边界走向协议。自治区政府印发《关于划定赤峰市与锡林郭勒盟部分旗县市接壤地段行政区域界线的决定》,对两个协议予以确认,形成克旗—多伦县、克旗—正蓝旗两条法定边界线。

6. 克旗—翁牛特旗边界

1998年11月,赤峰市政府对克旗—翁牛特旗边界实际使用范围局部调整后,确定克旗—翁旗法定边界线。

7. 克旗—河北围场县边界

2000年3月,国务院对克旗—围场县边界元宝山至一棵松地段边界走向做出调整。2001年,国务院批复包括该段界线在内的蒙、冀两省区行政区域界线,最终确定法定界线。

(三)旗内勘界

1996年,克旗开始勘定旗内苏木乡镇行政区域界线,至1998年完成,共勘定全旗苏木乡镇行政区域界线62条,全长1557公里,树立界桩128个。

2002年,克旗撤乡并镇,明确撤并后的乡镇间行政区域界线43条:巴彦查干—巴彦高勒、巴彦查干—木希嘎、巴彦高勒—木希嘎、巴彦查干—达里、木希嘎—宇宙地镇、巴彦查干—达尔罕、木希嘎—新庙、木希嘎—达里、宇宙地—新井、宇宙地—新庙、新庙—达里、新庙—三义、新庙—经棚、达里—达尔罕、达里—浩来呼热、达里—三义、经棚—新井、经棚—广兴源、经棚—红山子、经棚—万合永、经棚—三义、新井—万合永、万合永—土城子、万合永—书声、万合永—芝瑞、万合永—广兴源、土城子—书声、土城子—新开地、书声—新开地、书声—南店、书声—芝瑞、新开地—南店、芝瑞—广兴源、芝瑞—南店、芝瑞—乌兰布统、芝瑞—红山子、红山子—广兴源、红山子—乌兰布统、红山子—浩来呼热、乌兰布统—浩来呼热、三义—浩来呼热、浩来呼热—达尔罕、三义—红山子。

2006年,克旗明确撤并后的苏木乡镇间行政区域界线25条:巴彦查干—同兴、巴彦查干—达来诺日、巴彦查干—达日罕乌拉、达来诺日—经棚、达来诺日—浩来呼热、达来诺日—同兴、达来诺日—达日罕乌拉、达日罕乌拉—浩来呼热、同兴—宇宙地、同兴—经棚、宇宙地—经棚、宇宙地—万合永、经棚—芝瑞、经棚—万合永、经棚—浩来呼热、浩来呼热—乌兰布统、浩来呼热—红山子、红山子—乌兰布统、红山子—芝瑞、红山子乡—经棚、芝瑞—新开地、芝瑞—土城子、芝瑞—万合永、新开地—土城子、土城子—万合永。

(四)边界争议调处

1. 1991 年 8 月,自治区政府通知锡林郭勒盟和赤峰市,要求做好两盟市边界协商准备工作。按照通知精神,克旗政府由旗长高国芳带领调查小组进行实地调查,并形成书面材料。克旗上报与西乌珠穆沁旗边界争议问题汇报提纲。

同年 9 月,自治区政府责成自治区民政厅调查克旗与西乌珠穆沁旗边界争议问题。自治区民政厅副厅长孙荣先带领调查组 2 次实地踏查边界。

同年 11—12 月,自治区政府召集赤峰市阿鲁科尔沁旗、巴林左旗、巴林右旗、克什克腾旗与锡林郭勒盟西乌珠穆沁旗在呼和浩特进行边界会商,民政厅厅长刘晓旺主持会议,自治区副主席伊钧华出席会议。克旗方面因为历史依据充分,现实情况清楚,经协商后,与西乌珠穆沁旗的边界走向基本达成一致意见。

1992 年 5 月,自治区政府对赤峰市北部 4 个旗与锡林郭勒盟西乌珠穆沁旗的边界走向做出裁定。依据法定界线,克旗部分地保留历史习惯线内地段,克旗历史边界与现实边界线基本统一,保留克旗实际控制线内的自然资源。1996 年 6 月,自治区民政厅组织界线双方完成新划定地段边界的测绘并竖桩。

2001 年,自治区民政厅再次派员到实地,解决划界后遗留问题,妥善安置在克旗境内 8 户西乌珠穆沁旗牧民。

2. 1995 年夏,因河北省围场县在塞罕坝上边界争议地带建造度假村,克旗林业部门在坝上营造防护林而发生边界冲突。至 8 月 15 日发展为械斗,克旗方面有 5 名林业工人在械斗中受伤,双方各有不同程度财产损失。8 月 20 日,按照河北省与内蒙古自治区两省区负责人指示,赤峰市与河北省承德市两市市长在赤峰进行会商并签发会谈纪要,决定双方人员在边界争议地段脱离接触,维持现状,等候上级处理。

1996 年 5 月,河北省围场方面又在争议地带的一棵松附近围封草场,并大量驱赶克旗当地群众畜群。克旗方面则继续在原规划林地内造林,再次发生边界冲突。5 月 11—13 日,围场方面连续出动数百人到克旗林地内毁坏苗木 3000 余亩,并有数十人深入克旗境内,到桦木沟林场三道沟营林区捣毁 4 处工棚,损毁粮食、衣物、炊具等生活用品,造成直接经济损失上万元。

1996 年 6 月,按照国务院办公厅电报指示,内蒙古自治区、河北省政府派员在承德就此事进行协商,于 6 月 8 日形成会商纪要。

1996 年 8 月,国务院再次派出由国家民政部副部长李宝库带领的七部委联合调查组〔调查组成员:李宝库、宋继华、陈克相、刘勇(民政部)、温忠民(公安部)、陈庚寅(水利部)、张小川(农业部)、满家正(林业部)、向洪宜、孙建宏(国土局)、王宝祥、罗建军(测绘局)〕赴实地调查。内蒙古自治区副主席王凤岐带领相关七厅局联合工作组在克旗配合协助调查工作。赤峰市人民政府(副市长曹旺、汪雅轩,副秘书长张文树、赵知文)与克旗(旗委书记呼格吉图,旗长张彦斌,政协主席王庆有,副旗长斯钦巴特尔、王立山)也相应成立工作班子配合协助调查。

国务院联合调查组经过5天实地调查后,做出“维持现状,等候处理”决定。此后3年,未发生边界争端。

2000年3月,国务院对克旗与围场县边界元宝山——一棵松地段边界走向做出调整,向克旗一方划归约2000公顷草场。2001年,国务院裁定包括上述地段界线在内的内蒙、冀两省区行政区域界线,长达30余年的省际边界争议终成法定界线。

3. 20世纪50年代,锡林郭勒盟开始沿与克旗交界地带建立国营、军营牧场,此后常与克旗牧民发生边界纠纷。内蒙古自治区畜牧厅、解放军总后勤部、沈阳军区及原昭乌达盟、锡林郭勒盟两盟行政公署等多次派员到实地调查处理。至20世纪70年代,克旗历史习惯边界线以内,已被锡林郭勒盟国营农牧场占用土地2万公顷。

1998年5月,按照自治区政府部署,自治区民政厅(组长:副厅长王永命)正式协调赤峰、锡盟两盟市勘定赤锡边界。赤峰市(市政府助理巡视员丛振荣任组长)与克旗政府(政府副旗长斯钦巴特尔任组长,政协主席王庆有协助工作)成立工作组参与划界。

5月22—27日,在锡林浩特市举行划界协商会议,双方未能达成一致意见。

5月30日至6月2日,在协商会议休会期间,临界双方群众再次发生严重冲突,克旗牧民受损严重,有两名牧民在冲突中受伤。6月3日下午,自治区民政厅副厅长王永命到达事发现场,向双方工作组传达自治区副主席周维德三点指示,严令立即制止打砸等非法行为,要求双方尽快复会继续划界,从根本上解决问题。6月5日,协商会议在克旗热水塘复会。但在会商中间因边界上再次发生打砸事件而陷入僵局。6月9日,自治区党委派出由党委办公厅、组织部、公安厅、民政厅、畜牧厅、国土局等部门组成联合督查组到克旗,督查处理打砸事件和划界工作。6月10日,自治区副主席周维德专程到克旗传达自治区党委、政府指示,并到部分地段进行考察。6月11—22日,边界双方继续协商并多次到实地调查,对部分地段划界达成一致,但对多数地段界线走向持不同意见而僵持。6月23日,内蒙古自治区工作组召集会议,宣布对赤峰、锡盟边界问题“决定意见”。赤峰市和克旗工作组当即向自治区工作组递交坚决不同意“决定意见”的信函。自治区工作组于当日撤离克旗。

7月10日,自治区政府下达“关于划定赤峰市与锡林郭勒盟部分旗县市接壤地段行政区域界线的决定”。按这一文件,克旗与锡林浩特市现实控制使用地段区域成为法定界线。克旗沿界牧民习惯使用的约2万公顷草牧场被划入锡盟。克旗沿界牧民反响强烈,要求更正上述划界决定。经中共克旗委、克旗政府多次向自治区政府反映划界后出现的问题、困难,自治区有关领导同意对失去草牧场的克旗牧民给予适当经济补偿,并协调锡盟于同年借给克旗牧民部分打草场,此外并无变更措施。

4. 克旗与锡林郭勒盟多伦县、正蓝旗间,多年存在边界争议。经旗政府与多伦县、正蓝旗政府多次反复实地考察、协商,于1988年达成克旗与正蓝旗边界走向协议。

1998年,达成克旗与多伦县边界走向协议。自治区政府对上述2个协议予以确认,克旗与多伦县、克旗与正蓝旗两条边界成为法定界线。

5. 20世纪70年代后,克旗与翁牛特旗之间边界发生争议。昭乌达盟行政公署予以多次调处。1995年3月,赤峰市政府协调两旗政府对争议地段进行实地调查,并就其中40余公里的界线走向达成一致意见。1996年,赤峰市政府再次协调两旗政府勘定克旗、翁旗边界苇塘河地段。双方经实地踏察后,于同年3月初,在赤峰市进行会商,初步确定苇塘河地段界线走向。

1997年7月5日,克旗原上头地乡与翁旗灯笼河马场,因边界争议而导致群体事件。赤峰市委、市政府即时派出工作组赴现场调查。于7月9日召开专题办公会议,确定处理意见。赤峰市勘界工作领导小组于1998年11月印发文件,对争议地段边界的实际使用范围做出局部调整。克旗、翁旗边界全线勘定完毕,划定法定界线。

6. 1997年,克旗人民政府与林西县政府、松山区政府,全部达成旗县、旗区间边界协议,并报请赤峰市政府批准生效,划定法定界线。

第五章　扶　贫

第一节　机　构

1984年,组建克旗扶贫委员会,办公室设在旗民政局。1988年,成立扶贫办公室。1991年,扶贫办公室更名为扶贫开发办公室。1995年,克旗扶贫开发办公室划并克旗农村牧区工作委员会。1996年,克旗成立扶贫开发领导小组,扶贫开发办公室从克旗农村牧区工作委员会分离,成为扶贫开发领导小组常设机构。1998年,克旗成立世行贷款扶贫项目领导小组办公室,挂靠扶贫办。

2008年,克旗扶贫开发领导小组办公室内设办公室、项目管理股、物资采购股、财务计划股。

第二节　贫困状况

1988年,克旗被列入全国少数民族重点扶贫县。

20世纪90年代前,克旗按同期贫困标准,有15个苏木乡镇94个嘎查村9862户48090人处于贫困线以下,占总户数的21.9%、总人口的24.2%。在贫困人口中,人均年收入110元以下的有3057户15530人,人均年收入111元到120元的有6805户32550人。

全旗贫困人口,农区多集中在干旱山区的新开地、柳林、万合永、天盛号、书声和土城子等几个乡镇;牧区多居住在达来诺日镇偏僻区域。许多贫困区也是地方病流行区,克山病、克汀病、地甲病、大骨节病等地方病多发。

1993 年,克旗按同期贫困标准共确定 15 个乡 2 个苏木 106 个嘎查村为重点扶持对象。总贫困户数 33853 户,总贫困人口为 152338 人,占全旗总人口的 62.19%;其中少数民族贫困户 4432 户 19944 人,贫困人口主要分布在贫水地区与地方病区。

1994 年,克旗被列入国家"八七"扶贫攻坚计划重点扶持的有新开地乡、书声乡 2 个贫困乡,有 45 个重点扶持贫困村。克旗时有贫困户 29563 户,10 万人,约占全旗总户数人口的 58%。

2001 年,按照人均收入农区在 820 元、牧区在 1020 元以下新的贫困标准,克旗有贫困户 23932 户、贫困人口 90027 人。全旗计有 92 个嘎查村列入重点贫困嘎查村,占贫困人口的 80%。

至 2008 年,全旗先后有 224448 人次得到帮扶;按贫困标准统计,有 50258 人继续受到帮扶。

第三节　扶贫举措

一、初期扶贫

1988—1993 年,是克旗初期扶贫阶段,基本扶贫目标是:"七五"期间,实现解决贫困人口温饱,农区户年人均收入 200 元以上,牧区户年人均收入 300 元以上,并有 45% 的贫困户实现脱贫。"八五"期间,基本实现贫困户脱贫,农区户年人均收入 300 元,牧区户年人均收入 500 元以上。

初期扶贫阶段,国家投入克旗扶贫项目资金贷款 445 万元,建设各类扶贫项目 134 个。

加强农田水利基本建设　其间共投入资金 619.4 万元,主要用于农田水利基本建设。新打 851 眼机电井,新建 2 处扬水站,扩大保灌面积 5680 公顷,扩大有效灌溉面积 5000 公顷,每亩单产粮食由原来的 100 公斤,增加到 300 公斤以上,年均增加产值 3768 万元,贫困户人均增加收入 267 元左右。

改善畜牧业结构　共投入资金 291.6 万元,购买基础母畜和良种畜 15760 头(只),扶持 1806 户贫困户。

建设饲草料基地　共投入资金 125.2 万元,围封草库仑 13333 公顷,建设人工草场 3333 公顷,新开发饲料基地 2000 公顷,年产饲料粮 330 万公斤,年增产值 264 万元,牧区人均年增收 142 元。

扶持旗办企业　共投入资金 796.1 万元,重点扶持安乐锡矿、宇宙地铅锌矿、宇宙地水泥厂等旗办企业,支持其扩建和技改;在乡镇企业中,扶持农畜产品加工和建工建材业项目，以吸纳贫困户劳动力就业。

开展扶贫和科技项目培训　开展集中扶贫培训，投入资金超过10万元。科技项目培训共投入资金16.4万元，举办各级各类扶贫培训班724期，培训人数4.35万人次，有9000人基本上掌握一门实用技术。

实行以工代赈、以粮代赈　在生态经济沟建设、牧区小草库仑建设、修建梯田、修建经陈线公路桥等建设项目上实行以工代赈、以粮代赈，共治理小流域40667公顷，种树种草26133公顷，建设生态经济沟125条16300公顷。

开展贫困区基础建设　全旗在贫困区共投资20.6万元，建人畜饮水工程65处，解决2.1万人、11.7万头(只)牲畜饮水困难。兴办2处乡医院，解决1.1万人就医困难。实现4个苏木乡镇通车通邮，为1个苏木7个村民组架设21.3公里输变电线路。

开展社会扶贫　动员社会力量和社会资金投入扶贫。市、旗两级党员干部进行重点包扶。

经过第一阶段的集中扶贫，到1993年末，全旗贫困户下降到13839户，农村贫困户人均年纯收入由151元增加到297元，牧区贫困户人均年纯收入由214元增加到525元；有20014户贫困户实现脱贫，有4290户贫困户摆脱贫困。大部分贫困户基本解决温饱。

二、扶贫攻坚

1994—2000年是克旗扶贫攻坚阶段，制定的基本目标是：到2000年，全旗贫困苏木乡镇牧民人均年纯收入1000元以上，农民人均年纯收入700元以上，农民人均持有粮食500公斤以上。继续加强农业基础建设，集中改善生产条件，农民人均0.13公顷水浇地或0.27公顷旱作基本田，户均0.13公顷经济林，0.2公顷用材林，发展0.02公顷庭院经济，户均饲养25只羊(大畜折合羊单位)。牧民人均饲养30只羊(大畜折合羊单位)，户均有100亩配套草库仑。农村牧区普及初中教育，户有1名种田或养畜明白人。

改善贫困地区生产条件　1994—2000年，建成各类水利工程227处，购置移动式喷灌设备400余台套。发展水浇地5413公顷，建成旱作基本田6860公顷。旱作基本农田，每年实现地膜覆盖种植3000公顷以上，各类经济作物种植2670公顷以上。全旗贫困地区粮食产量由1994年的946万公斤，增加到1999年的1255.5万公斤，比1994年增长32%。

加强畜牧业基础设施建设　1994—2000年，通过扶贫开发围封草场3120公顷，建设牲畜改良站点38处，扶持扩建克旗家畜胚胎移植中心。购买大小畜5.9万头(只)。全旗牲畜头数由1994年的78.6万头(只)，增加到2000年的152.3万头(只)。

恢复生态环境　在扶贫攻坚阶段，全旗坚持每年开展3次生态建设大会战，共投入苗木款501.2万元，造林面积、防沙治沙面积、水保治理面积分别每年增长1.3万公顷、

2.6万公顷和1.6万公顷以上。

发展社会事业 共投入基础设施建设资金1732.5万元,修乡级以上公路453公里,48个嘎查村修通公路。扶持10所学校改善办学条件,修建校舍326间。建设4所乡镇卫生院。建设人畜饮水工程177处,解决3.2万人、11万头(只)牲畜的饮水困难。5个嘎查村实现通电,新建电路110.5公里。

开展产业、科技、社会扶贫 利用扶贫贷款扶持皮毛厂、腾发公司、然皇山野菜等农畜产品加工企业,发挥龙头带动作用,推动农村牧区经济向产业化发展。

在扶贫攻坚阶段,投入资金340.4万元,推广节水灌溉、机械化小麦种肥分层播种、机械化旱地覆膜、立体种植、种子包衣、牛羊舍饲短期育肥、牲畜疫病防治、青贮氨化、胚胎移植、黄牛冷配等多项适用技术,培训干部和农牧民27万人次。

1997年后,采取旗直单位包扶贫困嘎查村措施,每年有90个以上旗直单位包扶贫困嘎查村。2000年,有94个单位包扶贫困村民小组。每年有5000名以上干部包扶贫困户。旗内社会扶贫累计投入资金和物资折款1043.4万元。旗外对口包扶、党员干部帮扶、涉农部门专项投入、公益性扶持等累计投入1.1亿元以上。

在扶贫攻坚阶段投入扶贫资金在1.3亿元以上,解决巩固10万人的温饱。全旗农业总产值由1994年的26493万元,增加到1999年的54693万元。农牧民人均纯收入由1994年676元和894元分别增加到2000年的1380元和1565元,分别提高104%和75%。

三、扶贫开发

2001—2008年,先后实施“千村扶贫开发工程”“世行贷款扶贫”项目、“整村推进扶贫”项目、“移民扩镇扶贫”项目等开展扶贫开发工作。

世界银行贷款项目扶贫开发 1997年,克旗列为中国西部扶贫世界银行贷款项目区,2000年1月工程正式启动,至2005年6月完成投资4546.21万元,其中世行贷款2191.6万元,国内配套资金2353.27万元。项目区覆盖10个苏木乡镇,28个嘎查村,受益户8775户,受益人口33098人,人均投资强度为1282.99元。

项目建设内容涉及土地与农户开发、灌溉与土地开发、农村基础设施、农村企业、卫生项目和机构建设等6个分项目21个子项目。至2005年6月30日,在土地与农户开发项目上,累计完成投资3595.45万元,种植业完成项目规模3669公顷,其中:水地覆膜玉米50公顷,旱地覆膜玉米962公顷,旱地小麦880公顷,脱毒马铃薯873公顷,旱地荞麦568公顷,杂交油葵336公顷。养殖业完成项目规模43712头(只),其中:肉牛6233头,绵羊29629只,肉猪7850头。林草业完成项目规模包括:青微贮500处,种植紫花苜蓿897公顷、沙打旺523公顷、山杏538公顷,

至2005年6月30日,经评估,全部项目内部收益率为29.65%,回收期为6.44年,项目覆盖区人均年纯收入由原来的870元增加到1611元,农户人均持有粮由原来的

322公斤增加到627公斤，牧户人均持有牲畜由原来的16.7个羊单位增加到31.6个羊单位，项目区90%以上的农牧户掌握1～2门的实用技术，脱贫人口90%。

2001—2008年，建设牲畜棚圈4000余处，建设草库仑1.02万公顷。打机电井139眼，打小管井366眼，完成移动泵站灌溉面积2533公顷，完成坡地改梯田509公顷，修筑防渗渠灌溉面积655公顷。完成人畜饮水工程8处，解决327户1291人、7300头(只)牲畜饮水。农村企业项目共完成机械化服务设备投资88.44万元，购置农机具37台(套)。卫生项目完成投资10万元。机构建设项目完成投资160.1万元。

移民扶贫开发　根据《内蒙古自治区扶贫开发移民扩镇示范区项目实施方案》，鉴于浑善达克沙地生态环境恶化，旗政府决定达日罕乌拉苏木哈西雅图嘎查为实施扶贫开发移民扩镇示范区项目移出区，迁入达日罕乌拉苏木所在地，2001年，被列入自治区实施“千村扶贫开发工程”第二批重点嘎查。2002年末，哈西雅图嘎查人均纯收入850元。

2004年，组织实施移民项目，完成94户362口人迁移，新建移民住房188间3863.4平方米，建成畜棚94处5640平方米，打人畜饮水井1眼，埋设自来水管路10892延长米，修筑移民区街道路1530延长米；架设供电线路6430延长米，安装变压器1台；为移民落实饲草料地200公顷，购置基础母牛188头。

移民扶贫项目设计工程建设总投资517.87万元。申请到国家财政扶贫资金195万元，地方配套204.67万元，信贷资金28.2万元，群众自筹47万元，千村工程配套资金43万元。

产业化扶贫开发　有计划地扶持发展区域性主导产业，依托龙头企业，构筑产出、加工、销售一体化扶贫模式。从产业链条延伸中，让农牧民从中获得附加价值。重点抓住扩大生产规模和发展龙头企业开展扶贫开发。

建立养羊联合体　从2002年起，依托内蒙古金峰公司等良种羊生产经营企业，以扶贫项目为载体，实施“公司+农户”产业化扶贫，组建户企合作的“金峰养羊联合体”，形成从肉羊繁育推广、饲养管理到产品销售各环节相互配套的肉羊生产体系。截至2006年“养羊联合体”累计投入扶贫资金1043.75万元(扶贫无偿资金779.1万元，世行贷款264.65万元)，累计购进优质基础母羊1.9万只。扶持农牧民3886户，有8000多户农牧民参与发展肉毛兼用优质羊养殖，其中6100户农牧民依靠养羊联合体摆脱贫困。

发展马铃薯产业　在新开地乡高寒漫甸区实施全旗示范性扶贫项目。引导农民种植马铃薯，形成种植、加工、贮藏、销售一体化，农民收入大幅度增加。1999—2005年，通过世界银行贷款项目和国家资金的扶持，先后投入资金154万元，在贫困村发展种薯繁育户、建设种薯繁育基地、打机电井、小土井、修防渗渠、购置农机具无偿提供优良种薯等，扶持贫困户1492户5765口人脱贫。全乡的马铃薯种植面积由1999年的208公顷增加到2006年的2667公顷，总产量由1999年的103.4万公斤增加到2006年6000

万公斤。2006 年,新开地乡人均种植马铃薯收入 1692 元。

工程式扶贫开发 2002—2004 年,全旗有 35 个嘎查村被列为“千村扶贫开发工程”项目村。累计投入 1126.99 万元(财政扶贫资金 636 万元,以工代赈配套资金 468 万元,社会扶贫资金 22.99 万元),2004 年,项目养羊 11419 只,建圈舍 116768 平方米,打井 71 眼,围封草库仑 6043 公顷。项目实施前,35 个项目村总户数 10574 户,37202 人,贫困户 7175 户 25466 人,人均牲畜头数 6.5 头(只),人均产粮食 283 公斤,农牧民人均纯收入不足千元,贫困发生率 68.5%。项目实施完成后 35 个项目村总户数为 10500 户,总人口 38976 人,农区人均纯收入 1798 元,建成人均 0.238 公顷旱作基本田、0.024 公顷水浇地,人均拥有粮食 676 公斤、牲畜 13 个羊单位。牧区人均纯收入 2034 元,人均拥有 53 个羊单位,畜均草牧场 0.07 公顷,贫困发生率下降到 2.87%。

利用社会扶贫资金、风沙源项目资金、退耕还林还草项目资金和农业综合开发项目资金,各项目村建设了公路、电网、人畜饮水、通讯、通邮、医疗卫生和教育等基础设施。

科技、劳务扶贫开发 2001—2005 年,对 20 所二期义务教育学校进行扶持,对 13.6 万人次农牧民进行农牧业实用技术培训。2004—2007 年,旗财政共投入扶贫资金 177 万元,4736 人完成职业技能培训,转移就业率 95% 以上。

旅游扶贫开发 2006 年,利用旅游资源优势,通过发展旅游业开展扶贫工作。克什克腾世界地质公园各园区、各国家级自然保护区、国家森林公园等旅游景区帮助周边贫困农牧民开展家庭旅游接待,旗旅游部门帮助贫困农牧民建成敖特尔马文化园、家庭生态旅游扶贫项目,建设完成白音好舒旅游扶贫项目。

社会扶贫投入 在全旗扶贫开发阶段,北京市、自治区厅局、赤峰市等对口扶贫单位累计投入资金 4081.6 万元,赤峰市直党员干部帮扶投入累计 1320.66 万元,涉农部门扶贫投入累计 13360 万元,社会事业部门扶贫投入累计 4000 万元。

“十五”“十一五”期间,全旗投入财政扶贫资金、世行贷款、社会扶贫资金等各类扶贫资金 6166 万元,开发水浇地 2730 公顷,扶持贫困户发展种植业 1467 公顷,建设牲畜棚圈 20 万平方米,购买牲畜 22.8 万只羊单位,解决 1.45 万人和 5.2 万头只牲畜饮水困难。修建乡村公路 84.7 公里。扶持二期义务教育学校 20 所。有 421 名贫困农牧民进行移民搬迁,开展科技培训 13.6 万人次。通过项目开发,直接扶持贫困人口 4.9 万人。同时扶持一批对贫困户辐射带动力较强的龙头企业。截至 2008 年末,按时制贫困标准,全旗贫困人口已由 2000 年底的 13.2 万人,减少到 7.32 万人,平均每年减少 0.98 万人。

检察　审判

第一章　检　察

第一节　机　构

一、机构设置

1991 年,克旗人民检察院内设贪污贿赂侦查局、审查批捕检察科、审查起诉检察科、法纪检察科、监所检察科、控告申诉检察科、政工科、检察院办公室、法警队。同年 12 月,增设民事行政检察科。

1995 年,检察院贪污贿赂侦查局更名为反贪污贿赂局。1997 年,检察院内设反贪污贿赂局、审查批捕检察科、审查起诉检察科、法纪检察科、监所检察科、控告申诉检察科、民事行政检察科、检察技术科、政工科、法律政策研究室、检察院办公室、法警队。2001 年,根据上级检察院统一规定,审查批捕检察科更名为侦查监督科,审查起诉科更名为公诉科,法纪检察科更名为渎职侵权侦查科。2002 年,旗委向检察院派驻纪律检察组。2007 年,根据最高人民检察院要求,渎职侵权侦查科更名为反渎职侵权局。2008 年,检察院内设反贪污贿赂局、反渎职侵权局、侦查监督科、公诉科、法纪检察科、监所检察科、控告审诉科、民事行政检察科、检察技术科、政工科、办公室、法律政策研究室、法警队。

2000 年,克旗人民检察院被自治区人民检察院授予“好班子、好队伍、好机制、好形象、好业绩”五好人民检察院称号;2003 年,检察院晋升自治区级“精神文明单位”。同年,检察院建成 3200 平方米五层技术侦查办公综合楼。

二、队伍培养

(一)制度建设

1978 年,恢复克旗检察院时有工作人员 8 人,2008 年,人员增加到 47 人。

至 2008 年,克旗人民检察院领导班子成员全部在 45 周岁以下,文化、专业知识结构全面优化,法律专业毕业生占 71.4%。在制度管理上,坚持依法管理检察队伍,建立职业准入制度,检察人员中录用检察官选任制度。普遍实行科局室领导干部推荐制、任前公示制和任职试用期制,初步形成公开选拔、竞争上岗、双向选择、岗位轮换、交流任职等制度。建立健全检察职业保障制度,落实检察官等级津贴,对检察官因公牺牲实行特别慰问金和特别补助金制度。坚持“从严治检”方针,加强检察队伍纪律作风建设。建立有党风廉政责任制,惩治和预防腐败制度,防止和纠正各种以权谋私、执法违法行为。

(二)思想建设

克旗人民检察院在队伍建设上,坚持把思想政治工作放在首位,把思想教育、理论武装作为检察队伍建设根本措施,统一认识、提高素养。通过持续不断的教育培训活动,引导检察干警树立正确的世界观、人生观、价值观,践行立检为公、执法为民的意识,立足岗位,忠于国家、忠于人民,恪守责任,公正廉明。坚持把法律监督能力建设作为检察机关落实党的执政能力的核心来抓,提高检察队伍整体素质和执法能力。制定检察官培训条例、检察官正规化培训意见、检察人才队伍建设规划、检察人员培训计划,坚持开展岗位练兵。至2008年,全院检察人员中,取得本科学历的35人,占检察人员总数的74%。

第二节 检察体制改革

1996年,检察院贪污贿赂侦查局更名为反贪污贿赂局。

1997年,结合《中华人民共和国刑事诉讼法》和新修订的《中华人民共和国刑法》施行,反贪污贿赂以12项罪名、渎职侵权以41项罪名的新的涉案范围检察起诉。

1998年,按照最高人民检察院统一部署,检察院首次评定检察官。

同年,检察院实行检务公开,接受群众和社会监督。

2002年,检察院人员编制由49名减为44名,中层干部实行竞争上岗,普通干部实行双向选择任用制。

2005年,开展人民监督员制度试点工作。

2006年,检察院进一步完善警务区建设,推行讯问职务犯罪嫌疑人全程同步录音录像,同年,检察院增加12项检务公开制度、办案规程,并设立来访接待室、举报中心等办事机构,方便群众咨询、来访、举报。

2007年,实行人民检察官津贴办法,检察官享受月180~233元的岗位津贴。

1991—2008年克旗人民检察院检察长名录

表26-1-1

姓名	性别	民族	政治面貌	籍贯	文化程度	任职时间
董继荣	男	汉族	中共党员	克什克腾旗	高中	1984.7—1993.4
赵学祺	男	汉族	中共党员	克什克腾旗	大专	1993.4—1998.11
乌日图	男	蒙古族	中共党员	阿鲁科尔沁旗	本科	1998.11—2002.2
赵晓明	男	蒙古族	中共党员	喀喇沁旗	本科	2002.2—2007.10
徐国峰	男	蒙古族	中共党员	喀喇沁旗	本科	2007—2008.12

第三节　刑事案件检察

一、侦查监督(审查批捕)

1991—1995 年,检察院受理公安机关提请批准逮捕人犯 387 人,经审查决定批准逮捕 339 人,占受理人数 87.6%,不批准逮捕 37 人,占受理人数 9.6%。

1996—2000 年,检察院共受理公安机关提请批准逮捕人犯 475 人,经审查决定批准逮捕 398 人,占受理人数 83.8%,不批准逮捕 70 人,占受理人数的 14.7%。

2001—2005 年,检察院共受理公安机关提请批准逮捕人犯 423 人,经审查决定批准逮捕人犯 395 人,占受理人数 93.4%,不批准逮捕 28 人,占受理人数 6.6%。

2006—2008 年,检察院共受理公安机关提请批准逮捕人犯 299 人,经审查决定批准逮捕人犯 289 人,占受理人数 96.7%,不批准逮捕 10 人,占受理人数 3.3%。

1991—2008 年克旗人民检察院侦查监督受理案件情况表

表 26-1-2

项目 年份	受理公安机关提请批捕(人)	经审查批准逮捕(人)	批准逮捕占公安机关提请批捕率(%)	经审查决定不批捕(人)	经审查退回公安机关补充侦查(人)
1991	76	70	92.11	6	—
1992	65	57	87.69	7	1
1993	77	66	85.71	8	3
1994	88	75	85.23	10	3
1995	81	71	87.65	6	4
1996	117	79	67.53	31	7
1997	75	67	89.33	8	—
1998	101	92	82.35	9	—
1999	87	78	87.66	9	—
2000	95	82	86.32	13	—
2001	107	97	88.99	10	—
2002	84	77	94.05	7	—
2003	85	83	97.65	2	—
2004	79	71	88.61	8	—
2005	68	67	98.53	1	—
2006	84	83	98.8	1	—
2007	114	110	96.9	4	—
2008	101	96	94.3	5	—

二、公诉

1991—1995 年,检察院共受理公安机关移送起诉各种刑事案犯 284 件 446 人,经审查决定起诉 245 件 369 人,不起诉和免于起诉 32 件 35 人,退回公安机关和公安机关撤销案件 5 件 6 人。报送案件 25 件 67 人。

1996—2000 年,检察院共受理公安机关移送起诉各种刑事案犯 259 件 262 人,经审查决定起诉 241 件 339 人,不起诉 14 件 16 人,退回公安机关和公安机关撤销案件 4 件 7 人。报送案件 12 件 13 人。

2001—2005 年,检察院共受理公安机关移送起诉各种刑事案犯 356 件 470 人,经审查决定起诉 328 件 438 人,不起诉 14 件 14 人,退回公安机关和公安机关撤销案件 7 件 7 人。报送案件 21 件 23 人。

2006—2008 年,检察院共受理公安机关移送起诉各种刑事案犯 258 件 375 人,经审查决定起诉 242 件 353 人,不起诉 5 件 5 人。报送案件 12 件 19 人。适用简易、简化的“两简”案件 93 件,“两简”适用率为 96. 88%。

1991—2008 年克旗人民检察院公诉受理案件统计表

表 26 - 1 - 3

项目 年份	受理总数	受理公安案件	受理自侦案件	起诉数	不起诉数	免诉数	公安撤案	报送	退回公安	适用简易程序案件	适用简化程序案件	发出检察建议	发出纠正违法通知书
	件人	件人	件人	件人	件人	件人	件人	件人	件人	件	件	份	份件人
1991	65104	5998	66	5593	11	67	11	11	11	—	—	—	—
1992	5590	5084	56	3953	22	67	11	626	—	—	—	—	—
1993	72100	6991	99	5881	—	77	—	612	—	—	—	—	—
1994	78124	71117	77	6698	—	44	—	720	12	—	—	—	—
1995	3960	3556	44	2744	—	67	—	58	11	—	—	—	—
1996	75105	6796	89	5986	—	89	—	55	35	—	—	—	—
1997	3144	3043	11	2841	11	—	—	22	—	—	—	—	—
1998	3655	3453	22	2743	34	—	12	56	—	—	—	—	—
1999	7195	7094	11	7094	11	—	—	—	—	—	—	—	—
2000	5876	5876	—	5775	11	—	—	—	—	—	—	—	—
2001	6198	6097	11	5895	11	—	—	22	—	—	—	—	—
2002	7194	7093	11	6087	11	—	—	66	—	—	—	—	—
2003	83111	78106	55	6687	66	—	—	810	33	—	—	—	—
2004	89109	82102	77	7999	44	—	—	33	33	—	—	—	—
2005	7079	6672	47	6570	22	—	—	22	11	—	—	—	—
2006	79107	74102	55	7199	22	—	—	44	1113	—	—	—	—
2007	88126	87124	11	75110	—	—	—	78	—	—	—	—	—
2008	100153	97149	34	961143	33	—	—	17	22	41	50	6	232

第四节　反贪污贿赂检察

1990 年，检察院撤销经济检察科，成立贪污贿赂侦查局。1995 年更名为反贪污贿赂局。

1991—2006 年，检察院共受理贪污贿赂案件 73 件，涉案 80 人。经审查，决定立案 37 件 39 人，撤销案件 1 件 1 人，移送公安机关 1 件 1 人，有罪判决 7 件 9 人，移送起诉 1 件 1 人，不起诉 6 件 6 人，中止侦查 1 件 1 人。追回赃款赃物折合人民币 170 余万元。

2007—2008 年，检察院受理贪污贿赂案件 3 件，涉案 5 人。经审查，决定立案 3 件 5 人，提起公诉 3 件 5 人；有罪判决 3 件 5 人，追回赃款赃物折合人民币 4.8 万余元。

第五节　法纪 民事检察

一、渎职侵权侦查

1991—2008 年，检察院共受理渎职侵权案件 22 件 23 人，移送起诉 6 件 6 人，免于起诉 4 件 5 人，撤销案件 1 件 1 人，不起诉案件 5 件 5 人。

二、控告(举报)申诉检察

1991—2008 年，检察院共受理群众来信来访有关贪污贿赂、渎职、非法拘禁、刑讯逼供、报复陷害、非法搜查等方面的侵犯公民人身权利、民主权利等举报 519 件人(次)，自行办理 506 件，其中处理“告急”来访 3 件，转送办理 13 件。

三、民事行政检察

1991 年，检察院设立民事行政检察科。至 2008 年，共审查有关判决、裁定副本 187 份，建议提请抗诉 8 件，提请抗诉 6 件，终止审查 9 件，调解息诉 3 件，不予立案 7 件，向法庭发出检察建议 12 件。

第六节　监所检察

检察院监所检察科通过书面、口头形式向监管执行部门提出建议。

1991—2008 年，检察院共向监管执行部门提出书面、口头检察建议 726 件(次)，全部得到答复和落实。

第七节　政策研究与技术改进

一、检察政策研究

1997 年,检察院成立法律政策研究室。至 2008 年,全院撰写调研分析文章 185 篇,有 73 篇文章被国家、自治区、赤峰市三级有关报刊选录发表。其中,赵晓明撰写的《对我国人民检察院体制改革的几点浅见》、苗树生撰写的《三级检察机关坚持抗诉九年后抢劫犯被判重刑》等发表后,被收入多种文库。

二、检察技术改进

1997 年,检察院设立检察技术科,通过科技强检、技术改进加强履行法律监督职能。逐步调配技术力量,购置勘验、活体检验设备,添置录像、录音、照像器材等,改进检察技术。至 2008 年,检验鉴定案件 24 件,文证审查 185 件,通过文证审查改变鉴定结论 2 次。协助公安、法院出现场勘验、检验 47 次,出具各种有效鉴定(含法医、录照)110 件(次)。

第二章　审　判

第一节　机　构

一、机构

1991 年,克旗人民法院内设办公室、政工科、刑事审判庭、民事审判庭、经济审判庭、行政审判庭、告诉申诉审判庭、执行庭。下设基层人民法庭有经棚镇人民法庭、新庙人民法庭、热水塘人民法庭、广兴源人民法庭、万合永人民法庭、土城子人民法庭、达来诺日人民法庭、巴彦查干人民法庭。1993 年,巴彦查干人民法庭撤销,所辖区域民事案件交由达来诺日人民法庭管辖。

1997 年 8 月,克旗人民法院内设机构和基层法庭调整后,内设办公室、政工科,刑事、民事、经济、行政审判庭,执行庭、法警队、技术室。基层人民法庭有经棚、新庙、热水塘、广兴源、万合永、土城子、达来诺日人民法庭。

1998 年,法院增设立案庭、审判监督庭、研究室(调研室)。1999 年,法院成立纪检监察室。2001 年,成立执行局,撤销执行庭。2002 年,成立民事审判庭二庭,原经济审判庭管辖的民事、商事案件转由民事审判庭二庭管辖。成立司法警察大队。同年,撤销新庙人民法庭,所管辖区域案件交由热水人民法庭管辖。2006 年,三义人民法庭更名为红山子人民法庭,管辖区域调整为红山子乡、乌兰布统乡,浩来呼热办事处、桦木沟林场、大局子林场、上湾子Ⅰ、Ⅱ级电站、响水电站、胡家湾电站、龙口电站、龙尾电站。2007年,原三义乡、新庙乡、河南店乡辖区民事案件并入经棚镇人民法庭管辖。

2008年,法院内设办公室、政工科、纪检监察室、研究室、司法装备科、司法警察大队;审判机构有立案庭、刑事审判庭、民事审判庭一庭、民事审判庭二庭、行政审判庭、审判监督庭、执行局。基层法庭有经棚、土城子、达来诺日、热水、芝瑞、万合永、红山子人民法庭。

二、队伍

1995年,克旗人民法院按照《中华人民共和国法官法》开展队伍建设,明确人民法院法官、执行员、书记员、司法行政人员配置。

1996年克旗人民法院有工作人员63人,1998年法院有工作人员73人,2002年有工作人员67人,2004年有工作人员65人;2008年有工作人员71人。

1991—2008年克旗人民法院院长名录

表26-2-1

姓 名	民 族	性别	任 职 时 间	籍 贯
武希坡	汉 族	男	1987.7—1997.12	克 旗
魏永岐	蒙古族	男	1998.3—2003.11	克 旗
刘长江	汉 族	男	2003.11—2008.12	克 旗

第二节 审判体制改革

一、制度完善

1991年,克旗人民法院审理案件依据程序法办案,建立起两审终结、公开审判、陪审、回避、辩护、议事、刑事审判程序、证明责任和证据审查、使用少数民族语言文字诉讼、合议庭评议案件和审判委员会讨论案件等基本制度。

1991年,克旗人民法院聘请特邀陪审员,安排女审判员做少年法庭审判长。

1996年,克旗人民法院开庭与审查程序中去掉要求补充侦查、撤回起诉规定,指控、举证、质证由公诉人行使,举证责任由公诉人和辩护人、被告人双方承担,当庭引进质证,审判人员当庭认证。人民法院可以为经济困难或因其他原因被告人指定辩护人。

二、程序规范

(一)民事审判

1990年后,在民事审判程序上,克旗人民法院开始试行"谁主张,谁举证"原则,以当事人举证为核心,明确举证期限,交换证据,落实举证责任等。1991 年,执行民事诉讼“依靠群众、调查公开、着重调解、就地解决”方针。1998 年,侧重贯彻公开审判,巡回审判与就地办案,着重人民调解的办案方针。2002 年,明确经人民调解委员会调解达成的调解协议具有民事合同性质,对当事人有法律约束力。2007 年,法院完全依照《中华人民共和国民事诉讼法》办案。

(二)经济审判

1991 年,在经济审判程序上,克旗人民法院依据《中华人民共和国经济合同法》《中华人民共和国民事诉讼法》办案。

2002 年,经济审判改作民商事审判,使用民事案件审判程序。

(三)行政审判

1990 年后,在行政审判程序上,克旗人民法院依据《中华人民共和国行政诉讼法》,对涉及土地、森林、草原、矿产资源、城市规划、产品卫生、治安管理处罚、道路交通管理、工商行政管理等行政行为是否合法进行审查,受理不服拘留、罚款、吊销许可证和执照、责令停产停业、没收财物等行政处罚的案件;受理不服限制人身自由或对财产的查封、扣押、冻结等行政强制措施的案件;受理认为行政机关侵犯经营自主权的案件;受理行政机关拒绝颁发许可证、执照及未依法发给抚恤金的案件;受理行政机关违法要求履行义务或侵犯其他人身权、财产权的案件。

(四)审制监督

1991 年,在告诉申诉及审判监督程序上,克旗人民法院实行审查立案和申诉案件审判制度,即接受和审查告诉(确定是否立案),接受控告、检举,投案自首,审查判决申诉,调解处理刑事、民事简易纠纷,转交处理、催办非诉讼信访等。

1998 年,克旗人民法院机构改革后,成立立案庭和审判监督庭。立案庭依据诉讼法,分离立案与审判程序,以便利诉讼、审判,启动审判监督程序(再审程序),并应用于刑事、民事、行政诉讼中。

(五)判决执行

2001 年,法院执行局,主要执行的法律文书有民事、行政判决、裁定、调解书,民事制裁决定、支付令,刑事附带民事判决、裁定、调解书;行政处罚决定、行政过程决定;仲裁裁决和调解书;具有强制执行效力追偿债款、物品债权文书等。人民法院根据当事人申请或依职权强制义务人履行义务。

第三节　刑事案件审判

1991—2008 年，克旗人民法院共受理各类刑事案件 1303 件，依法审结 1301 件，结案率为 99.85%。其中：杀人案 14 件，伤害案 277 件，强奸案 119 件，抢劫案 52 件，盗窃案 470 件。涉及被告人 1827 人，处罚 1506 人。

1991—2008 年克旗人民法院一审刑事案件审判情况表

表 26-2-2

年份	收案件（件）	结案件（件）	被告人数（人）	给予处罚（人）	免于处罚（人）	宣告无罪（人）
1991	74	74	119	112	0	0
1992	52	52	67	62	1	0
1993	62	62	81	68	0	0
1994	91	91	129	110	0	0
1995	31	31	60	49	0	0
1996	80	80	116	75	0	1
1997	39	39	59	43	0	1
1998	39	39	66	48	0	4
1999	78	78	105	85	1	2
2000	81	81	111	79	0	0
2001	60	60	97	96	0	0
2002	69	69	90	79	0	2
2003	102	102	138	98	5	0
2004	85	85	110	83	0	4
2005	78	78	91	77	3	0
2006	88	88	116	97	4	0
2007	91	91	119	109	2	0
2008	103	101	153	136	6	0

第四节　民事案件审判

1991—2008 年，法院共受理各类民事案件 22992 件，审结案件 22730 件，结案率 98.86%。其中离婚案件 6237 件，抚养、赡养和收养案件 254 件，继承案件 74 件，房屋案件（包括确定权属、转让、租赁等）86 件，土地、宅基地、山林、水利纠纷案件 29 件，债务案件 2955 件，损害赔偿案件 1391 件，劳动争议案件 64 件，农村土地承包合同纠纷 339 件及其他案件。

1991—2008 年克旗人民法院审理一审民事案件情况表

表 26 -2 -3　　单位:件

年份	收案	结案	年份	收案	结案
1991	732	771	2000	875	752
1992	681	681	2001	1367	1329
1993	725	729	2002	1487	1376
1994	837	830	2003	1339	1334
1995	945	946	2004	1711	1821
1996	859	859	2005	2456	2459
1997	764	764	2006	1657	1656
1998	806	795	2007	2181	2131
1999	1012	990	2008	2558	2507

第五节　经济案件审判

1991—2008 年,共受理各类经济纠纷案件 950 件,结案 926 件,结案率 97.5%。主要是合同纠纷,约占全部经济案件 71%,计 672 件,其中,购销合同 364 件,建设工程合同 83 件,借款合同 218 件,农村承包合同 7 件。

1991—2001 年克旗人民法院处理经济纠纷案件一览表

表 26 -2 -4

年份	旧存(件)	新收(件)	结案(件)	诉讼标准(万元)
1991	0	23	23	54.29
1992	0	28	28	201
1993	0	150	150	481.7
1994	0	190	188	328.5
1995	2	100	102	224.5
1996	0	93	93	1009.1
1997	0	78	76	4197.9
1998	2	35	37	3721.6
1999	0	78	66	460.48
2000	12	58	53	226.87
2001	17	117	110	346.1913

第六节 行政案件审判

1991—2008 年,法院共受理各类行政诉讼案件 99 件,结案 97 件,结案率 97.9%,其中撤销 28 件,驳回起诉 16 件,原告撤诉 25 件;主要是公安行政案件(15 件)、土地行政案件(13 件)、林业行政案件(12 件)、草原管理案件(14 件)。

1991—2008 年克旗人民法院审理一审行政案件情况表

表 26-2-5 单位:件

年份	收案	结案	维持	全部撤销	部分撤销	变更	驳回起诉	原告主动撤诉	被告变更原告撤诉
1991	2	1	0	0	0	0	0	0	1
1992	1	2	1	1	0	0	0	0	0
1993	1	1	0	0	0	0	0	1	0
1994	2	0	0	0	0	0	0	0	0
1995	4	3	2	0	0	0	0	0	1
1996	8	7	3	4	0	0	0	0	0
1997	5	6	1	4	0	0	0	1	0
1998	1	4	0	1	0	0	0	3	0
1999	7	4	0	2	0	0	1	1	0
2000	8	12	0	6	1	1	0	3	1
2001	9	10	0	2	0	2	2	3	1
2002	9	7	1	0	0	1	0	5	0
2003	1	2	0	0	0	0	1	1	0
2004	3	3	1	0	0	0	1	1	0
2005	12	13	3	5	0	0	3	2	0
2006	14	13	3	2	0	0	6	0	2
2007	6	4	0	0	0	0	1	2	1
2008	6	5	1	1	0	0	1	2	0

第七节 告诉申诉与审判监督

1991—2008 年,法院受理各类告诉案件 25417 件,主要为民事案件、刑事案件、经济案件,三类案件计 25245 件,占全部案件的 99.3%,其中民事案件 22992 件,占各类告诉案件的 90.5%。

1991—2008 年克旗人民法院受理各类告诉案件情况表

表 26-2-6　　单位:件

年份	刑事	民事	经济	行政	申诉
1991	74	732	23	2	0
1992	52	681	28	1	0
1993	62	725	150	1	1
1994	91	837	190	2	0
1995	31	945	100	4	1
1996	80	859	93	8	0
1997	39	764	78	5	0
1998	39	806	35	1	0
1999	78	1012	78	7	0
2000	81	875	58	8	4
2001	60	1367	117	9	0
2002	69	1487	0	9	10
2003	102	1339	0	1	7
2004	85	1711	0	3	7
2005	78	2456	0	12	11
2006	88	1657	0	14	10
2007	91	2181	0	6	10
2008	103	2558	0	6	12

1992—2008 年,法院受理审理各类申诉案件 73 件,决定再审案件 58 件,改判案件 31 件。

1993—2008 年部分年份克旗人民法院受理审理各类申诉、再审案件情况表

表 26-2-7　　单位:件

年份	受理案件	决定再审案件	改判
1993	1	1	1
1995	1	1	1
2000	4	0	0
2002	10	8	4
2003	7	5	3
2004	7	6	4

续表 26－2－7

年份	受理案件	决定再审案件	改判
2005	11	9	4
2006	10	8	3
2007	10	8	4
2008	12	12	7

第八节　案件执行

1991—1996 年，克旗不存在未执行积案。1997—2008 年，克旗人民法院累积执行案件计 5158 件，已执行 5132 件，执行率为 99.5%，累积有 26 件案件未能及时执行。

1997—2008 年克旗人民法院案件执行情况表

表 26－2－8　　单位：件

年份	旧存	新收	已执行	未执行
1997	0	247	247	0
1998	0	371	371	0
1999	0	439	391	48
2000	48	130	113	65
2001	65	463	494	34
2002	34	427	425	36
2003	36	335	339	32
2004	32	534	535	31
2005	31	504	505	30
2006	30	497	499	28
2007	28	541	542	27
2008	27	670	671	26

第九节　法院建设

一、法官任用

1991—2008 年，人民法院院长由克旗人民代表大会选举产生，副院长、庭长、副庭长和审判员由旗人民代表大会常务委员会任免，助理审判员由法院院长任免；审判委员会委员由院长提名报请克旗人民代表大会常务委员会任免。

1999 年，法院公开选拔庭、室负责人，实行双向选择，竞争上岗，选拔工作接受旗人大、旗政法部门、组织部门、纪检监察部门监督。

2000 年后,审判人员统一着装,开庭时穿着法官袍。

二、思想建设

克旗人民法院坚持开展廉洁奉公、忠诚积极、刚正不阿、依法办案、全心全意为人民服务的宗旨教育和系列大型教育活动。坚持开展法律法规学习和实践,加强人民法院办公室、研究室、司法行政装备管理科、法警大队、司法统计、司法档案管理等司法行政工作。

三、设施建设

1991 年,克旗人民法院建成使用面积 960 平方米的办公楼。1992 年,法院建成 830 平方米审判大庭。2003—2005 年,法院办公楼先行扩建至 1820 平方米,再度扩建至 2830 平方米。2008 年,办公楼、审判庭 4570 平方米,基本满足办公、审判需要。并加强基层法庭建设,红山子法庭、达来诺日法庭、芝瑞法庭达到"五有"(有办公用房、办公桌椅、交通工具、审判法庭、干警宿舍)标准。

第二十七篇 公安 司法

第一章　公　安

第一节　机　构

一、机构

(一)管理机构

1991 年 1 月,旗公安局内设办公室、政治工作办公室、法律政策研究室、政治保卫股、治安股、保卫股、消防股、预审股和刑警队、交警队。

1995 年,旗公安局内设办公室、政治工作办公室、法制办公室、政治保卫股、预审股、内部保卫股、治安股、户政股、看守所、交警队、刑警队、通讯股。

1997 年,旗公安局经公安机构改革,内设指挥部、政治处、督查科、计财科、法制科、户政科、刑警大队、交警大队、预审监管大队、治安大队、消防大队、政治经济保卫大队、巡逻警察大队、看守所。指挥部、政治处、督察科、交警队、刑警队、经棚镇派出所设准科级单位。

2002 年,旗公安局再经机构改革,内设办公室、政治处、刑事警察大队、经济案件侦查大队、交通警察大队、监管看守警察大队、巡逻防暴警察大队、警务督察大队、消防警察大队。同年 11 月,增设外事管理科。

2007 年,旗公安局内设机构调整为:办公室、政治处、刑事警察大队、经济案件侦查大队、交通警察大队、监管看守警察大队、巡逻防暴警察大队、警务督察大队、消防警察大队。

(二)基层派出所

1991 年,公安局在全旗 28 个苏木乡镇设 28 个基层派出所。

2002 年,公安局在 20 个苏木乡镇设置派出所。在达来诺日自然保护区、热水开发区设 2 个治安派出所。

2007 年,苏木乡镇派出所调整为 15 个。

二、队伍

1991 年,公安局有民警 142 人。1995 年,有行政、事业编制 125 名(其中事业编制 10 人),有地方编制警察 32 名。2008 年,公安局有政法专项编制 184 名,地方人员编制 111 名。实有公务员 194 人,事业干部 94 人,工勤人员 2 人。已有 193 人获得人民警察警衔授衔。全局有 39.5% 的人取得初级执法资格认证,29.9% 的人取得中级执法资格认证,7.12% 的人取得高级执法资格认证。其中有研究生学历 3 人,大学学历 109 人、大专学历158人。

(一)队伍建设

1. 法纪建设

克旗公安局在法律、法规、制度、纪律建设上,坚持从严治警方针不动摇,制定有《克旗公安局协勤人员管理办法》《公安队伍思想状况分析制度》《民警外出请销假制度》《民警谈心谈话制度》《民警8小时以外管理规定》等制度,做到全体民警十余年无违反禁令、条令,无违法、违纪举报。

2. 思想教育

克旗公安局思想政治工作通过立警为公、执法为民、信念教育,世界观、人生观、价值观理想教育,典型示范教育,反面教材警示教育,政工例会、组织谈心等形式,落实各项思想政治工作任务。

经常结合形势与任务,不断开展主题教育活动。每次活动做到明确指导思想,确立目标任务,制定实施方案,成立领导机构,请专家学者讲课、观看警示片、召开剖析会或经验交流会、撰写心得文章、举办演讲比赛、组织宣誓活动等多种形式,集中落实主题教育活动目标任务。

3. 业务培训

克旗公安局成立有干警教育培训领导组织,制定有训练规划,区分教育训练层次,坚持聘请网络安全、法医刑侦、案例研判等各方面专家学者到教育培训中心为民警授课,形成全警集中培训、警种分类轮训、专门业务调训、相关部门直训等系列教育训练格局。年均培训民警1000人次以上,民警每年每人平均培训6次以上。

4. 创新服务

克旗公安局建立有网上警务室、QQ群,开通网络微博,不断在虚拟社区发布预警、安全提示信息,解答咨询、回应求助。通过治安天气预报、交通之声平台广播、民生服务热线、警用MAS平台等媒介向公众发出安全提示、预警信息。开设有流动车管所,深入苏木乡镇,办理"五小"车辆新车入户、驾驶资格证申领、驾驶员培训、车辆检审等业务。

5. 社会监督

克旗公安局通过开通"民声服务热线"、微博,设立网络评论员和公开举报电话等措施使民警自觉接受舆论监督。建立健全公安干警队伍"8小时外"监督机制。建立起公安局领导、政工、纪检、督察部门不定期深入文化娱乐场所、宾馆饭店督察制度,民警违纪违规线索举报奖励制度,鼓励全社会对民警进行监督。

2004—2008年,旗公安局在行风评议中连续获得全旗第一。局党委班子被旗委、旗政府评为连续实绩突出领导班子。2008年,自治区党委、政府授予克旗公安局"全区政法系统先进集体"称号。

(二)队伍管理

1. 领导责任制

旗公安局党委把党风廉政建设和干警廉洁自律作为中心工作。实行领导干部“一岗双责制”。

2. 奖惩机制

克旗公安局有健全完善的奖惩机制,制定年度工作绩效考核办法。年度考核前三名推荐为本年度先进集体。对在办理治安、刑事案件和救助群众中表现突出的民警,参加各类培训、比武、竞赛中取得优异成绩以及因工作成绩突出受到上级表彰奖励给的再予奖励。对考核排名末位部门,局党委对其班子进行集体诫勉谈话,连续两年末位,部门主要负责人引咎辞职。对违反机关工作制度、因延误工作或迟报、漏报重要信息以及受到上级机关通报批评的民警扣发相应岗位津贴,并追究部门领导连带责任。

3. 育警文化

克旗公安局有健全的文化教育机制。2008 年 6 月,克旗公安局建成占地面积 2 公顷、建筑面积 2800 平方米,集会议、射击、训练电教及食宿于一体的综合性民警训练基地。培育公安育警文化,成立克旗公安文联、克旗公安文体协会;坚持出版《克什克腾公安简报》。

第二节　户政管理

一、户口管理

1991—2008 年,克旗户口实行农业户口和非农业(城镇户口)户口二元管理。基本趋势是随政策调整,农业户口不断转为非农业户口。

1992 年后,克旗在户籍管理上有六个批次“农转非”。

同年,落实本人、子女随亲转换非农业户口政策,对招工、招干人员,民办教师转正人员,由农业户口转为非农业户口。

1993 年,依据随亲转换非农业户口政策,把农牧场矿职工子女,农业户口转换为非农业户口。

1995 年,依据随岗位办理非农业户口政策,为特殊工种人员、支柱企业重要岗位人员办理非农业户口。

1996 年,依据《克什克腾旗城镇蓝印户口暂行规定》,对交纳教育附加费、城镇建设费与增容费、社会治安费等乡企、私企、工商户、经商人员同意转入城镇蓝印户口的,办理城镇蓝印户口。

1997 年,对具有城镇开发区户口,在经济开发区投资、生产、经营者办理非农业户口。

2001 年,根据经棚镇增容要求,对夫妻、父母、子女相互投靠者,放开小城镇户口。

2008 年,经棚镇城镇户口放开。

二、人口管理

(一)常住人口管理

1991 年,克旗常住人口按农业户口和非农业户口进行常规管理。

2000 年,在全旗范围开展户口专项整顿工作。

2002 年,各户籍派出所简化办理户口审批手续,以经棚镇为试点,改革小城镇户籍制度,在土城子镇、热水塘镇、宇宙地镇实行农业户口城市化管理。

2005 年 1 月,再度开展居民户籍信息纠错,共纠正重户人口 6494 人,重证号 2751 人;纠正居民身份证逻辑错误 325 份,公民身份证号码与性别校验不符错误 90 人,性别与家庭关系校验不相符错误 852 人;核实住址不详 2481 人、住址街路巷空户 843 人,以及改正姓名少于 2 个汉字者 268 人,姓名中使用不规范字符者 153 人,同年,开始实施人口信息采集录入“天网工程”,共录入常住人口信息 241432 条,录入全旗各苏木乡镇、村组、住户示意图近 2000 张。2006 年,克旗户籍派出所全部开通“四级网”,实现旗内居民迁移户口直接在网上办理。2008 年,全旗人口管理全部实行电脑网络管理。

1991—2008 年克旗常住人口情况表

表 27-1-1

年份	总户数(户)	总人口数(人)	非农业户口人数(人)
1991	64319	244951	31155
1992	63288	241657	30317
1993	64319	244941	31255
1994	65776	245479	31678
1995	66391	248060	32834
1996	66482	249580	34237
1997	66676	252275	34818
1998	66346	254360	34346
1999	67050	257107	36267
2000	71897	243334	36620
2001	73276	244396	40488
2002	73893	243283	42560

续表 27－1－1

年份	总户数(户)	总人口数(人)	非农业户口人数(人)
2003	74184	238998	43334
2004	74680	246457	50265
2005	76167	212989	41189
2006	80395	246779	47295
2007	83968	250940	49056
2008	101511	252134	54120

(二)暂住人口管理

1991 年,克旗对在旗境内居留 3 个月以上人口,实行登记并办理暂住证。1997 年 5 月,集中开展清理整顿流动人口,对经棚镇、热水镇内各宾馆、旅店、招待所住宿人员凭身份证入住。1999 年,全旗暂住人口登记率 90% 以上。2008 年,暂住人口登记率在 96% 以上。两次开展流动人口、重点人口、出租房屋清理整顿专项行动。全年共清查登记流动人口 1586 人,采集照片 1586 人份,办理暂住证 1032 人份,登记出租房屋 657 户,核实、列管重点人口 442 人。

三、居民身份证管理

1991 年,在农村牧区、城镇居民中全部实行身份证管理。1998 年,全旗身份证编号纠错 1012 人。全旗有 15 个基层派出所实行户口微机管理。1999 年 7 月,全旗 80% 以上派出所实现常住人口信息化、微机化管理,完成人口信息百城联网工程。2006 年 5 月 15 日,完成全旗第二代居民身份证制发工作。2008 年 12 月,克旗户籍居民全部使用二代身份证。

第三节　治安管理

一、治保组织

1991—2008 年,克旗农村牧区嘎查村设有村民治安保卫委员会,开展日常社会生活治安保卫工作。全旗村嘎查全部建立治保会,设立有专兼职治保主任,治保会基本做到"四有"(有办公室、有公章、有牌子、有工作制度),成为稳定农村牧区治安重要力量。

各基层派出所通过树典型,治保会规范化建设,延伸治保会功能等措施,推动、促进治安保卫工作。先后树立热水镇很黑村、三义乡永胜村、新庙乡民主村、宇宙地镇乃木呆村、土城子镇沟门村、木希嘎乡中地村、新井乡向阳村、新井乡新井村、新井乡关东车村治保会等示范典型。

二、特种行业管理

2000—2008 年,对从事特种行业经营者实行特种行业经营许可证制度,年度进行全部审验,对违规经营者一经发现,即发出整改通知书,限期整改。对多次违规经营者,取消其经营资格,吊销特种行业经营许可证。

对从事特种行业经营者实行上岗培训,不经培训不得上岗。

三、“扫黄打非”

1996 年春夏间,克旗公安局在全旗范围内组织开展扫黄、打非、清理文化市场及禁毒、禁赌,反对封建迷信专项斗争。共查处各类案件 32 起,违法人员 152 人,铲除罂粟 4600 余株。

1999—2001 年,连续开展扫黄打非、除害斗争,共查处此类案件 29 起,处罚 99 人。

四、治安案件处罚

1991—1992 年,查处治安案件 167 件,处罚涉案人员 293 人。1996—1997 年,查处治安案件 391 件,处罚涉案人员 691 人。1999—2001 年,查处治安案件 1299 件,处罚涉案人员 1078 人。2003—2006 年,查处治安案件 1310 件,处罚涉案人员 1869 人。2007—2008 年,查处治安案件 855 件,处罚涉案人员 947 人。

第四节 出入境管理

1992 年,克旗公安局国内安全保卫大队负责克旗公民和境外人员出入境管理。

2002 年,出入境管理业务从安全保卫大队中分离,克旗公安局设立外事科。

2007 年,克旗公安局出入境管理工作具体由治安大队负责,改为克旗公安局治安大队出入境管理办公室,负责出入境日常管理工作。

第五节 安全保卫

1992—2008 年,旗公安局成立国内安全保卫大队,对在克旗境内召开的重要会议、党和国家领导人、自治区党政主要领导人到克旗视察、检查指导工作,开展安全保卫。1996 年,经棚镇内四所中学组建护救队和成立治安办公室。2007 年,公安局建成网络信息预警系统。

1992—2008 年,克旗公安局在公安保卫上强化对群体性事件的维稳工作。

成功完成香港回归、中华人民共和国国庆 50 周年、澳门回归、北京奥运会克旗境内的安全保卫工作。保护滦河源头吐力根河水源不被污染和破坏。

第六节　刑事案件侦查

1998—2008 年，克旗公安局刑警侦破杀人、盗窃、抢劫、强奸、纵火、盗掘古墓、走私文物、贩吸毒品等重特大案件 1178 起。同时，协作破获重特大案件 77 起。

1998—2008 年克旗刑事案件侦查情况表

表 27－1－2

年份	年度发生重特大案件总数(件)	破案数(件)	当年破案率(%)	破　隐积案数(件)	协　作破案数(件)	打击处理犯罪嫌疑人数(人)
1998	52	49	95	23	2	68
1999	57	53	93	34	6	86
2000	214	109	51	36	4	119
2001	203	78	38	27	8	98
2002	219	107	49	41	7	121
2003	199	96	48	54	9	114
2004	227	144	63	43	13	143
2005	180	102	57	51	6	119
2006	235	128	54	64	6	129
2007	253	164	65	69	11	121
2008	231	148	64	79	5	164

第七节　“110”报警服务

1998 年，克旗公安局建立“110”指挥中心，开通运行“110”报警服务台，全天候受理群众报警求助。

“110”指挥中心被赤峰市创建精神文明号活动组委会授予“青年文明号”称号。

2008 年，“110”报警服务台实行“三班双岗 24 小时执勤制”。“110”报警服务台接警员由每班一人，增加到每班两人。1998—2008 年，“110”报警服务台累计接警 3000 余次，出警率在 95% 以上，都能做到及时满足群众警务需求。

第八节　交通安全管理

一、车辆管理

1991—2008 年,对机动车实行登记入户、车辆检验年审制。维护道路交通秩序,预防和减少交通事故。开展无证驾驶,酒后、疲劳驾驶,超载、超员、超速驾驶,涉牌涉证,城区秩序,农村交通安全等重点专项整治行动。对各类严重交通违法行为进行处罚。

2008 年,建设旗域智能交通治安卡口 7 处。

1991—2008 年部分年份克旗机动车辆情况表

表 27-1-3　　单位:辆

年份	大型汽车	小型汽车	五小车辆
1992	500	200	1200
1996	700	300	2000
2000	1500	1200	8000
2004	1800	2200	16000
2008	2000	4000	21000

注:"五小车辆"指二轮摩托车、轻便摩托车、三轮摩托车、四轮农用车、三轮农用车

二、驾驶员管理

1991—2008 年,克旗对机动车辆驾驶人实行考试准驾,驾驶人检验年审制,持证驾驶。

2004 年,给予违法驾驶员记分处罚。对记满 12 分的违法驾驶员,到市交警支队参加复训。

2007 年,小型车辆驾驶人部分科目实现无纸化考试,驾驶操作使用桩考仪进行。

第九节　监所管理

1991—2008 年,克旗设有公安看守所。

一、管理措施

公安看守所依法办理犯罪嫌疑人收押、出所手续,按规定进行健康和人身物品检查,对犯罪嫌疑人实行换押和超期羁押情况报告、通报制度;依法按规定程序办理留所服刑罪犯的减刑事项;依法对在押人员的上诉、申诉、举报、控告材料及时转送,保护在押人员在羁押期间的合法权益,按有关规定管理、使用武器和警械。实行警务公开,设

立执法监督电话，建立所长接待日制度。邀请人大代表、政协委员视察看守所，聘请执法监督员定期评议看守所工作；征求办案单位、律师和在押人员亲属等对看守所工作的意见。

看守所制定并执行提审、押解、就医、会见、通信、运物、劳动等制度；制定处置突发事件预案。随时掌握在押人员思想动态；制定出入监区制度。建设有人防、物防、技防相结合的安全防范体系。

二、管理教育

看守所民警依照岗位职责分工进行管理工作，建立有规范的在押人员档案管理制度，对在押人员信息实行动态管理；对新入所在押人员在24小时内进行个别谈话，告知其在羁押期间享有的权益和在看守所应当遵守的规定；制定并执行在押人员行为规范、一日生活制度；针对在押人员案件性质、情节以及羁押期间表现，制定并采取不同管理方式；建立有规范的勤务生活管理规范，评选文明监室和对表现出色个人进行评比、表奖。

1999—2008年克旗看守所在押人员情况表

表27－1－4　　　　单位：人

年份	在押人数			留所服刑人数	无期、死刑重刑人数	减刑人数
	总数	男	女			
1999	1073	—	—	351	13	11
2000	1147	1112	35	38	0	9
2001	992	967	25	52	3	7
2002	667	651	16	33	3	5
2003	816	779	37	15	12	6
2004	691	658	33	7	5	3
2005	521	500	21	10	3	4
2006	185	174	11	15	4	5
2007	212	201	11	35	4	3
2008	229	221	8	67	7	2

第十节　消防管理

一、队伍

1997 年,克旗成立公安消防大队,实行部队、公安相结合的消防体制,在配置地方公安人员的同时,征收现役军人。

2008 年,克旗消防大队内设 1 个消防中队,有官兵 24 人,执勤车 3 辆。

二、火灾预防

1997 年,克旗消防大队成立后,与相关职能部门协作,坚持对火灾高发场所、在火灾高发时段定期进行执法检查,对易燃易爆行业、大型企业、集贸市场、宾馆饭店、校园、医院、车站、娱乐场所采取不定期专项治理火灾隐患行动,对矿山企业、公共场所、中小学校、医疗卫生等人口密集型单位实行消防安全许可证制度,与主要负责人签订责任状,落实防火措施,消除火灾隐患。

三、灾害救助

1997—2008 年,克旗公安消防大队灭火救灾 220 余次,出动 1300 余人次。

1997—2008 年克旗公安消防大队灭火救灾情况表

表 27－1－5

年　度	灭火次数(次)	抢险救灾次数(次)	出动人员(人次)	出动车辆(台次)	抢救遇险群众(人次)
1997—1999	64	5	360	65	10
2000—2002	50	3	320	52	5
2003—2005	55	7	350	58	13
2006—2008	54	10	330	56	1

第十一节　警务督察与保障

一、警务督察

1997 年,公安局内设督察科。

1998 年,督察科改设为监察科,加挂警务督察大队牌子。

1998—2008 年,依据公安部“五条禁令”“内务条令”等法规、法令进行警务督察。年度定期开展“警务督察周”活动,督察部门、政工纪检部门,不定期深入文化娱乐场所、宾馆饭店展开督察,及时发现、纠正违纪违规行为,定期发放《民警家庭意见征求书》,了解民警 8 小时以外活动情况,对违纪违规苗头,通过谈心、警示,防范违法违纪违规事情发生，建立民警违纪违规线索举报奖励制度，鼓励社会对民警进行监督，主动接受上级警务督察机关的指导、督察，强化警风警纪建设。

二、警务保障

公安局设有警务保障室，担负经费预算、分配、使用、监督和管理，装备配备、备装申报发放，车辆、资产、基础设施建设管理等工作。

至 2008 年，公安局所、队都建有标准化视频会议、通讯系统，各基层所、队都配发有巡逻警车、电脑、对讲机、现场执法仪、单警装备和数字证书。

第十二节　基层派出所建设

一、经棚派出所

1991 年，经棚派出所下设车站、百货大楼、河西三个警务区。1998 年，经棚派出所被自治区公安厅评为文明户籍室、档案一级达标单位，被赤峰市公安局评为市级优秀派出所。1999 年，被自治区档案局评定为自治区“档案工作目标管理”先进单位。同年 12 月，被命名为“市级精神文明单位”。2001 年，自治区公安厅评为全区人民满意基层单位。2002 年，被公安部命名为“一级公安派出所”。2006 年，被赤峰市评为“市级青年文明号”“青少年维权岗”荣誉单位。2001—2008 年，经棚派出所连续八年荣立集体三等功。

2008 年，派出所辖置东小井、经锡路、经棚路、园林路、解放路、北街、新村共 7 个警务区，有民警 25 人，协警 8 人。

二、达来诺日派出所

达来诺日派出所辖 5 个警务区，在编民警 4 人，协警 6 人。2008 年，派出所辖置罕达罕、岗更、托力、白音敖包等 4 个警务区，有民警 3 人，协警 2 人。

三、达日罕乌拉派出所

1992 年，派出所配置民警 3 人，协警 1 人。2003 年，派出所开始连通公安信息网，微机管理辖区人口信息。2008 年，派出所辖置 2 个警务区，配备民警 3 人，协警 1 人。

四、巴彦查干派出所

1991—2006 年，巴彦查干派出所与巴彦高勒派出所分别在 2 个苏木政府院内办公，各配备 1 名民警。

2007 年，巴彦查干派出所配备民警 3 名，协警 2 名。

五、浩来呼热派出所

(一)机构变动

1991—1993 年，好鲁库种羊场保卫科(公安派出所)，人员调配和经费装备保障等由种羊场负责,业务上接受旗公安机关指导。有公安干警4人。

1995年8月,克旗公安局在浩来呼热乡设置公安派出所,定编干警4人。好鲁库种羊场保卫科(派出所)同时存在,由总场管辖,协同配合浩来呼热公安派出所,共同负责辖区的社会治安管理工作,户籍管理交由浩来呼热公安派出所。

1998年,好鲁库种羊场和浩来呼热乡合并,好鲁库种羊场保卫科(派出所)同好鲁库种羊场其他机构撤销,保卫科(派出所)人员、设施、装备统一调配到浩来呼热派出所使用管理。

(二)警所建设

2000年,浩来呼热派出所开始户籍档案微机录入,辖区户籍人口资料实现自动化管理。同年,被评为赤峰市三级基层派出所。2002—2005年,派出所配合当地政府,成功制止较大规模群体性上访事件。2008年,浩来呼热派出所辖置4个警务区,有民警4人,协警1人。

2006年,浩来呼热派出所更名为经棚第四派出所,管辖范围无变动。

六、乌兰布统派出所

1994年,红山军马场、元宝山牧场两个企业治安派出所撤销,在红山军马场治安派出所基础上组建成乌兰布统乡派出所。1994年,乌兰布统派出所定编干警4人。2004年,被评定为赤峰市三级规范化基层派出所。2006年,开始户籍档案微机录入,辖区户籍人口资料实现自动化管理。2008年,派出所辖置红山军马场1个警务区,有民警2人。

七、土城子派出所

1991年,土城子派出所警务辖区有土城子、天保同、五分地、铁营子、哈巴其拉、十里铺、太平、瓦房、小伙、五台山10个行政村,有民警3名。1995年,派出所有民警4名。派出所辖15个警务区,有民警6人。同年12月,被自治区公安厅命名为二级规范化基层派出所。

八、同兴派出所

1991年,同兴派出所承担木希嘎乡7个村和天合园乡3个村的警务任务,有民警2人。1996年,派出所被自治区公安厅授予规范化公安派出所。

2008年,派出所辖7个行政村、1个居委会和1个国有林场警务工作。有民警4人,协警2人。

九、芝瑞派出所

1991年,芝瑞派出所承担4个村警务任务,有民警2人。1996年,开始使用电脑管理人口户籍档案。2004年,自治区公安厅评定为三级派出所;有民警3人。2008年,芝瑞派出所设置17个警务室,承担17个行政村警务任务。有民警6人,增加协警1人。

十、万合永派出所

1991年,万合永派出所承担原万合永乡5个村和柳林乡5个村的警务任务;有民警2人。2002年,派出所辖12个村的警务,有民警3人。同年,自治区公安厅评定为三级公安派出所。2008年,万合永派出所辖置4个警务区,12个行政村,有民警5人,协警1人。

十一、宇宙地派出所

1991年,宇宙地乡设置宇宙地派出所,承担原宇宙地乡5个村的警务任务,有民警3人。1994年,派出所被评定为自治区规范化派出所。1996年,被赤峰市公安局评为全市十佳派出所。1998年,派出所档案建设达到自治区档案管理一级标准。2000年,派出所辖9个村警务区,有民警5人。同年,宇宙地派出所被评定为自治区级"人民满意派出所",全所民警荣立集体三等功。2008年,辖3个警务区、1个林场警务室,承担7个行政村、2个居委会和1个林场的警务任务,有民警6人。

十二、新开地派出所

1991年,新开地派出所承担新开地乡7个村的警务任务,有民警2人。1992年,被评定为赤峰市规范化基层派出所,民警增加至4人。1997年,被赤峰市公安局评为全市十佳派出所。1999年,档案建设达到自治区档案管理三级标准。2008年,新开地派出所设置7个警务室,承担7个行政村的警务任务,有民警4人。

十三、红山子派出所

1991年,红山子派出所承担红山子乡6个行政村的警务任务,有民警3人。2002年,派出所档案建设达到自治区档案管理一级标准。2003年,派出所被自治区公安厅评定为二级规范化派出所,民警增加至4人。同年,被赤峰市公安局评为赤峰市十佳派出所。2008年,派出所辖6个行政村警务任务;有民警4人。

十四、镇郊派出所

2008年,克旗公安局设置镇郊派出所,辖经棚镇周边12个行政村,配备民警6人,协警7人。

十五、达里诺尔自然保护区治安派出所

1995年,克旗公安局在达里诺尔渔场设置达里诺尔治安派出所。配备民警4人。2002年,旗政府批准建立达里诺尔自然保护区治安派出所,定编7人。2008年,治安派出所承担达里诺尔国家自然保护区内的护鸟、护渔、社会治安、渔业资源和湖区生态保护等警务任务,有民警7人。

十六、热水治安派出所

2002年,克旗公安局设置热水开发区治安派出所,辖热水开发区、宇宙地镇三地村

两个警区,承担户籍管理以外的警务任务。有民警3人。2008年,热水开发区治安派出所有治安民警5人,承担辖区内26家宾馆旅店、8个单位、1200人常住人口警务任务。

第二章 司 法

第一节 机 构

一、机构设置

1991年,克旗司法局内设法制宣传教育组、人民调解管理组、办公室,下辖27个司法所。1995年,成立克旗法律服务中心,为自收自支事业单位。

2008年,克旗司法局内设政治工作股、法制宣传教育股、基层工作指导股、政策法规股、法律援助指导股(对外挂"法律援助中心"牌子)、办公室,管理克旗人民调解协调指挥中心、盛兴律师事务所、克旗公证处三个事业单位。

二、队伍建设

1991年,司法局有行政人员10人。1995年,有行政人员10人,乡镇设司法助理员19人。同年,核定行政编制14名,司法助理编制增至23名。2006年,司法行政编制总额45名,其中局机关有编制14名,基层编制31名。2007年,核定克旗人民调解协调指挥中心事业编制3名,增补基层司法所人员编制2名。2008年,克旗司法局有行政编制17名,事业编制3名(不含盛兴律师事务所、克旗公证处人员),有基层司法行政编制34名。

1991—2008年,克旗司法部门建立有系统的理论学习、教育培训、思想政治工作制度,以加强司法队伍建设。

第二节 司法体制改革

1991—2008年,克旗司法体制改革,重点是推进律师制度改革、完善和强化对司法行政工作监督。

司法局在工作辖区内聘请有党外人士监督员,有专人负责与监督员沟通联络,不定期征求监督员对司法行政机关的意见和建议,召开党外人士民主评议司法行政工作座谈会,疏通党外司法行政监督渠道。

第三节　普法宣传教育

1991—2008年，坚持实施4个五年普法规划，普法宣传教育，自机关干部、企事业单位人员向全旗社会各个层面扩展。

克旗“二五”至“五五”普法情况概况

表27－2－1

名　称	规划时段	重点普及法律	相应普法活动
“二五”普法	1991—1995	中华人民共和国宪法，行政诉讼法，义务教育法，集会游行示威法，土地管理法，森林法，水法，民族区域自治法等	使用《社会主义法治建设若干意见》《中华人民共和国宪法宣讲》教材在旗党校进行培训骨干，拓展宣传等
“三五”普法	1996—2000	中华人民共和国宪法，行政诉讼法，义务教育法，婚姻法，国旗法，民族区域自治法，计划生育条例等	以《邓小平论民主法制建设》为教材培训骨干宣传员，组建普法宣讲团，开展“百日法制宣传活动”、法律进万家、送法下乡、法治文艺下乡、三个“示范”〔依法治村示范村、学法用法示范户、“四制”（责任制、公示制、赔偿制和过错责任追究制）建设示范单位活动等〕
“四五”普法	2001—2005	中华人民共和国宪法，行政诉讼法，义务教育法，农业法，森林法，草原法，土地管理法，老年人权益保护法，村民委员会组织法等	举办普法宣传培训班、法律知识竞赛、公务员普法轮训、法律讲座进村入户、创建“民主法治示范村”、社区治理工程、普法教育培训等
“五五”普法	2006—2010	中华人民共和国宪法，行政诉讼法，行政复议法，土地管理法，老年人权益保护法，妇女权益保障法，公证法等	聘请法学专家讲学，开展行政执法人员上岗、领导任职专题培训，送法下乡，妇女权益保障法和公证法实施宣传，建立普法基地（6个），创建“民主法治村”和“民主法治社区”及“法治机关（企业、校园等）”，建立法律图书角，开通“克旗司法网”，设置“法治在线”和“农村普法”电视专栏等

第四节　基层司法工作

一、基层司法所

1991 年,克旗有 9 个司法所。1996 年,司法所增加到 20 个,司法所与法律服务所合属办公,“一套人马两块牌子”。1997 年,在全旗各苏木乡镇设立司法所,机构规格为股级,业务隶属旗司法局。2002 年,苏木乡镇司法所为 20 个,专兼职司法人员 43 人。2008 年,克旗共有司法所 14 个,有 9 个司法所达到自治区规范化司法所建设标准,5 个司法所基本达到规范化标准。

二、人民调解

1991 年后,处理人民内部矛盾,主要是通过人民调解委员会先行调解,通过内部协商,化解矛盾。

1997 年,克旗社会治安综合治理委员会决定成立民间纠纷集中排查与调处工作领导小组,负责领导全旗民间纠纷集中排查与调处,办公室设在司法局。

2002 年,20 个苏木乡镇全部建立司法调解中心,调解中心下设接待室、调解厅、148 值班室、安帮站、档案室。2003 年,司法调解中心更名为人民调解委员会。

2008 年,成立克旗人民调解协调指挥中心,指挥中心下设办公室,办公室设在旗司法局。

1991—2008 年部分年份克旗人民调解工作情况表

表 27－2－2

年份	人民调解委员会数(个)	年排查调解纠纷数(人次)	人民调解员数(人)	调解成功率(%)
1991	246	866	823	95
1994	208	1161	779	98
1996	211	1107	3382	97
1998	198	1251	2503	98
2000	185	1327	1910	96
2003	166	1291	1120	98
2008	151	1267	588	98

三、法律服务

(一)常规服务

1995—2008 年，克旗开展的法律服务工作主要是通过基层法律服务所法制宣传、人民调解、法律咨询、民事代理、协办公证和见证、代写法律文书、进行法律咨询等服务。在服务中，逐步扩大服务对象，形成以农牧民为重点，服务项目健全、服务功能灵活的法律服务网络。

1995 年，成立克旗法律服务中心，辖 9 个法律服务所。1996 年，克旗法律服务所增至 20 个，法律服务所与司法所合属办公，有 43 人代理法律工作者。

2002 年，在法律服务中心设立法律服务专用电话，号码“12348”。

2003 年，克旗法律服务所由 20 个整合为 10 个，有法律服务工作者 30 名。2008 年，克旗法律服务所增加至 14 个，苏木乡镇都设有法律服务所，有法律服务工作者 46 人。

(二)法律援助

2002 年，成立克旗法律援助中心，隶属克旗司法局，核定编制 3 人。

2004 年，克旗法律援助中心被自治区政府评为全区法律援助工作先进集体，2007 年被司法部评为全国法律援助工作先进集体，2007 年被自治区司法厅评为全区法律援助工作规范化建设达标单位。

至 2008 年，克旗法律援助中心共受理各类法律援助案件 509 件，受援人数 523 人，为受援人挽回经济损失 210 余万元。

第五节　法律公证

一、公证机构

1982 年，克旗设立法律公证处(为财政全额拨款单位)，有工作人员 2 人。1990 年，公证处改为司法局内设机构，有公证员 2 人，工作人员 2 人。1993 年，公证处转制为财政差额管理单位。1996 年，重新核定差额事业编制 11 名，其中，公证员 5 人。

2008 年，克旗法律公证处有公证员 1 人、从业人员 3 人。

二、法律公证

1991—2008 年，克旗法律公证处共办理各类公证 7985 件，其中办理民事类公证 2532 件，办理经济类公证 5453 件。

第六节　律师事务

1991 年,克旗律师事务所为全额拨款事业单位。有专职律师 3 人,兼职律师 2 人。

1999 年,有执业律师 4 人,辅助工作人员 3 人。

2000 年,克旗律师事务所脱钩改制为合伙制律师事务所,更名为内蒙古盛兴律师事务所,有专职执业律师 3 人。

2008 年,盛兴律师事务所有执业律师 5 人。

2000—2008 年,盛兴律师事务所办理刑事辩护和代理案件,办理民事诉讼代理和行政诉讼代理等律师事务,累积代理辩护各类案件 1591 件,解答上万人次法律咨询。累计为百家企业担任各类法律顾问,为国有企业改制、企业兼并、重组和公司制改造、出售、破产提供法律服务,为企业和其他经营组织审查起草修改合同、章程,为商务谈判提供咨询、代理。

克什克腾旗志（1991—2008）

第二十八篇

KE SHI KE TENG QI ZHI

第一章　地方武装

第一节　机　构

一、克旗人民武装部

1986 年，根据《中共中央、国务院、中央军委关于县（旗区）人民武装部改归地方建制有关问题的通知》精神，克旗人民武装部（以下简称旗人武部）划归地方建制，为副县团级单位，隶属中共克旗委。

1991 年，旗人武部内设政工科、军事科、后勤科。

1996 年，根据《中共中央、国务院、中央军委关于县（旗区）人民武装部收归军队建制的通知》精神，旗人武部收归中国人民解放军序列，隶属赤峰军分区，为正团级建制。

1991—2008 年克旗人武部领导名录

表 28－1－1

<table>
<tr><th>党委届次</th><th>姓　名</th><th>民　族</th><th>党委职务</th><th>军　职</th><th>任　职　时　间</th></tr>
<tr><td rowspan="3">第十二届</td><td>巴　根</td><td>蒙古族</td><td>书　记</td><td>部　长</td><td>1986.4—1993.4</td></tr>
<tr><td>于慎法</td><td>汉　族</td><td>副书记</td><td>政委部长</td><td>1990.2—1995.4</td></tr>
<tr><td>宋喜岭</td><td>汉　族</td><td>副书记</td><td>政　委</td><td>1993.1—1995.5</td></tr>
<tr><td rowspan="3">第十三届</td><td>呼格吉图</td><td>蒙古族</td><td>旗委书记</td><td>书记（兼）</td><td>1995.5—1996.4</td></tr>
<tr><td>于慎法</td><td>汉　族</td><td>副书记</td><td>部　长</td><td>1995.5—1996.4</td></tr>
<tr><td>宋喜岭</td><td>汉　族</td><td>副书记</td><td>政　委</td><td>1995.5—1996.4</td></tr>
<tr><td rowspan="3">第十四届</td><td>呼格吉图</td><td>蒙古族</td><td>旗委书记</td><td>第一书记</td><td>1996.4—1999.12</td></tr>
<tr><td>娄耀坤</td><td>汉　族</td><td>书　记</td><td>政　委</td><td>1996.4—1999.12</td></tr>
<tr><td>于慎法</td><td>汉　族</td><td>副书记</td><td>部　长</td><td>1996.4—1999.12</td></tr>
<tr><td rowspan="4">第十五届</td><td>呼格吉图</td><td>蒙古族</td><td rowspan="2">旗委书记</td><td rowspan="2">第一书记</td><td>2000.1—2000.4</td></tr>
<tr><td>白音巴特尔</td><td>蒙古族</td><td>2000.4—2002.4</td></tr>
<tr><td>明俊国</td><td>汉　族</td><td>书　记</td><td>政　委</td><td>2000.1—2002.4</td></tr>
<tr><td>原晓东</td><td>汉　族</td><td>副书记</td><td>部　长</td><td>2000.1—2002.4</td></tr>
</table>

续表 28－1－1

党委届次	姓名	民族	党委职务	军职	任职时间
第十六届	白音巴特尔	蒙古族	旗委书记	第一书记	2002.5—2003.2
	秦义	汉族			2003.2—2003.12
	刘万华	汉族			2003.12—2005.12
	李国庆	汉族	书记	政委	2002.5—2005.12
	原晓东	汉族	副书记	部长	2002.5—2002.12
	白音门德	蒙古族			2003.1—2005.12
第十七届	李欣华	蒙古族	旗委书记	第一书记	2006.1—2008.7
	边中悦	蒙古族			2008.8—2008.12
	毕兆东	汉族	书记	政委	2006.3—2008.12
	白音门德	蒙古族	副书记	部长	2006.1—2008.12

二、基层人民武装机构

1987年,苏木乡镇设立28个人民武装部,并在好鲁库种羊场、元宝山牧场设牧场人民武装部,全旗共有30个基层人民武装部。苏木乡镇党委书记兼任第一部长,设专职武装部部长。基层人民武装部隶属同级党委。

2001年,全旗基层人民武装部减少为20个。2002年,黄岗矿业有限责任公司成立人民武装部。2003年,红山军马场成立人民武装部。2005年,全旗乡镇苏木人武部减少为11个。2008年,全旗有16个基层人民武装机构。

三、武装部建设

(一)组织建设

1996年,旗人武部收归军队建制后,重新设置党委。开展思想作风整顿和纪律整顿,制订党委各项制度和措施。

2003年,旗人武部党委从集体领导、理论学习、团结协作、党风廉政和工作作风五个方面,加强自身建设,提高党委班子凝聚力、创造力、战斗力。

2004年,旗人武部党委依据《军队委员会工作条例》,制定、实施加强自身建设工作措施。

(二)思想建设

1996年,旗人武部开展党员干部理论学习教育,基本主题是自觉地与党中央在思想上保持高度一致，“讲学习、讲政治、讲正气”，献身国防事业。1998 年，在机关干部中开展“一振三戒”（即振奋革命精神，戒漂浮、戒懒惰、戒奢侈）政治教育。2000 年，围绕“重事业、淡名利”主题，在全体干部中开展“正确对待自己、正确对待事业、正确对待调整、正确对待走留”专题教育。2003 年，开展“学习新理论、投身新伟业、担当新任务”“坚持与时俱进，不断开拓创新”和“勤奋勤俭、正风正气”三大专题教育活动。2004 年，开展“学习新理论、掌握新知识、增长新本领”主题政治教育活动。2005 年，开展历时一年的以实践“三个代表”重要思想为主要内容的“保持共产党员先进性教育”活动。2006 年，开展科学发展观、军队新使命、社会主义荣辱观政治教育活动。2007 年，开展上党课和增强事业心、责任感专题政治教育活动。2008 年，开展“赞颂新成就、履行新使命、迎接十七大”“讲党性、重品行、作表率、树正气”和“坚定中国特色社会主义信念，有效履行我军历史使命”等主题教育活动。

图 28－1－1 克什克腾旗人民武装部

图 28－1－2 克什克腾旗人民武装部

（三）正规化建设

1996 年，旗人武部逐步完善民兵管理、训练，征兵动员、入伍，国防教育，精神文明建设等工作规范和制度。

1998 年，旗人武部党委被内蒙古军区表彰为党风廉政建设先进单位。2000 年，被内蒙古军区命名为党风廉政建设先进单位。克旗三义乡人武部被内蒙古军区命名为基层建设先进单位。

旗人武部建有 1600 平方米民兵训练基地。2008 年，克旗人武部建成 1900 平方米新办公楼。

第二节　民　兵

一、组织设置

(一)民兵

1991—2008 年,克旗民兵组织由普通民兵和武装基干民兵组成。凡年龄符合条件,政治可靠,身体健康者,年龄为 18～35 周岁,基干民兵年龄为 18～28 周岁。女民兵按不超过基干民兵总数 10% 的比例适当选编为基干民兵。

(二)民兵干部

1991—2008 年,以专兼结合的形式,选拔配备民兵干部。农村牧区配备专职民兵连(营)长。

(三)民兵编组

1991 年旗人武部依据《中华人民共和国兵役法》和《民兵工作条例》,按着"控制数量,提高质量,抓好重点,打好基础"的要求,进行民兵整组。建成 176 个正规化民兵连。7 月,组建达日罕乌拉苏木草原骑兵分队。

1993 年,对全旗 117 个民兵连队进行检查验收,有 98% 民兵整组达标。

2000 年,在旗医院组建成立民兵医疗对口专业分队。同月,黄岗铁矿民兵举行应对突发事件和轻武器实弹射击训练。2003 年,组建红山军马场草原骑兵分队。2008 年,全旗有 120 个民兵连,2 个骑兵分队,1 个医疗分队。

二、政治教育

1994 年,旗人武部被北京军区政治部表彰为民兵刊授宣传教育工作先进单位。被赤峰军分区评为 1994 年度"民兵政治教育工作先进单位"。2007—2008 年,旗人武部总结红山军马场骑兵应急分队思想政治教育试点经验,开展通过募集图书、置办文体活动器材、兴建"青年民兵之家",开展民兵政治教育、国防教育、科技文化学习。

三、军事训练

1989—1999 年,克旗民兵训练以基干民兵为主,按照中国人民解放军总参谋部颁布的《民兵军事训练成绩评定标准》组织训练、考核,填写《民兵训练成绩报告表》和军事训练合格证,做到入队必训,训必合格。

2000—2008 年,按照《军事训练与考核大纲》要求,主要按应急分队、专业技术分队、对口技术分队的专业要求进行技术掌握、战法运用演练。针对防汛救灾、医疗救护、交通通讯抢修、新型武器应用等多方面展开训练,并开展技术比武。2001 年,旗人武部组织内蒙黄岗铁矿 276 名职工开展大型民兵军事训练;针对新上任的 21 名专职武装干部开展业务培训。2002 年，组织经棚一中和经棚二中 1000 余名学生开展大规模军事训练活动。

2006 年，旗人武部被内蒙古军区评为 2005 年度军事训练一级单位。

2007 年，旗人武部组织旗林业局民兵应急分队 100 人，在旗人武部接受挂钩训练，训练战斗队形和警棍盾牌术，并在军分区年终考核时验收，成绩全部合格。

四、装备管理

2008 年，旗人武部按照“部库合一”要求对机关办公楼兵器室实行双人双锁、分管单放、定期擦拭保养、通风检查，出入库登记等管理制度。

第二章　兵役工作

第一节　兵役制度

一、预备役

1991 年后，克旗依据 1984 年颁布的《中华人民共和国兵役法》落实兵役制度：兵役分为预备役和现役两种，凡年龄在 28 周岁以下的退伍军人，符合服现役未被征集的应征公民及参加军训的基干民兵编入第一类士兵预备役。凡年龄在 29 ~ 35 周岁的退伍军人及普通民兵编入第二类士兵预备役，第一类士兵预备役 35 周岁退出预备役。预备役军官由退出现役的军官及部分士兵、高等院校毕业生、专职人民武装干部、民兵干部和非军事部门的干部组成。

1998 年，克旗依据重新修改的《中华人民共和国兵役法》落实兵役制度：经过登记服士兵预备役的 35 岁以下的退出现役的士兵、地方与军事专业对口的技术人员及编入预备役部队和预编到现役部队的 28 周岁以下的预备役士兵，编制第一类士兵预备役。除服第一类士兵预备役的人员外，编入民兵组织的人员和经过登记服士兵预备役的 35 周岁以下的男性公民，编制第二类士兵预备役。预备役士兵年满 35 周岁退出预备役。预备役军官由退出现役转入预备役的军官及确定服军官预备役的退出现役的士兵、高等院校毕业生、专职人民武装干部、民兵干部和非军事部门的干部及专业技术人员组成。

二、兵役

1991 年后，克旗依据《中华人民共和国兵役法》，落实国家实行以义务兵役制为主体，义务兵与志愿兵相结合、民兵与预备役相结合的兵役制度。

1998 年，开始执行修正后的兵役法：实行义务兵与志愿兵相结合、民兵与预备役相结合的兵役制度。义务兵服役期限一律改为2年。志愿兵实行分期服现役制度。服现役的期限,从改为志愿兵之日算起,至少3年,后续年限不等,一般不超过30年,年龄不超过55周岁。

第二节　兵员征集

一、组织领导机构

1991—2008年,每年征兵工作由人民武装部委员会统一领导。人民武装部委员会由旗委书记任主任,旗政府旗长、旗人武部部长、政治委员任副主任。成员包括分管民兵工作的旗政府副旗长、人武部副部长、旗委宣传部部长、卫生局长、交通局长、妇联主席、旗纪律检查委员会副书记、旗医院院长等人组成。在旗人武部下设办公室,旗人武部副部长兼任办公室主任,并设兵员征集组、政审组、宣传组、纪检组、后勤组等工作机构。

二、新兵征集

1991—2008年,克旗在每年冬季征集新兵。基本步骤是调整健全领导机构、下达本级当年征兵任务、划分补兵区域、开会部署、宣传动员、组织体检、政治审查、审批定兵、交接起运、工作监督等。

1997年,旗人武部被自治区人民政府和内蒙古军区评定为征兵工作先进单位。1999年,旗人武部被自治区政府、内蒙古军区表彰为征兵工作先进单位。

第三章　国防教育与国防动员

第一节　国防教育

一、国防教育设施建设

2001年,旗人武部建成国防教育展览厅。2008年,在新建办公楼和民兵训练基地布设新国防教育展览厅。

二、国防教育活动

(一)全民教育

1992年,宇宙地乡、达来诺日苏木被赤峰市国防教育动员委员会评为全民国防教育先进单位。

1995 年 9 月，克旗开展“全民国防教育宣传月”活动，通过电视台播放《边关军魂》《长城在我心中》等专题片，深入农村集市、牧区那达慕大会巡回展览国防教育图板，开展全民国防教育。1997 年，开展《中华人民共和国国防法》宣传教育活动。1998 年，举办国防知识竞赛活动。2000 年，在全旗集中开展国防教育活动。组织学习《国防教育大纲》。2004 年，在全旗开展“万人国防观念大调查”活动。2008 年，组织千余名干部群众观看“心系国防”大型国防教育文艺演出。

(二)学校教育

1991 年后，克旗城镇中学逐步开展学生军训。每年秋季开学，结合学生军训，旗国防教育委员会办公室在经棚一中、克旗蒙古族中学开展 10 天左右的国防教育活动。逐步普及到全旗所有中学。

2007 年后，旗人武部与教育局招生部门一起在应届毕业生中进行政策宣传和咨询活动，鼓励优秀学子报考军队院校和地方院校国防生专业。

2008 年暑期，旗人武部协调驻地武警部队，组织 700 余名中小学生开展“暑假警营双日游”活动。

第二节　国防动员

一、组织机构

2002 年，组建克旗国防动员委员会，办公室设在旗人武部。内设综合办公室、人民武装动员办公室、国民经济动员办公室、人民防空办公室、交通战备办公室、科技动员办公室、信息动员办公室、政治动员办公室。

克旗国防动员委员会，由旗委书记任第一主任，副书记担任主任，旗政府常务副旗长、旗人武部部长和政法委书记、旗公安局局长任副主任，成员由旗相关单位主要领导组成。

克旗国防动员委员会秘书长由旗人武部部长兼任，副秘书长分别由旗委办公室副主任、督查室主任和旗政府办公室主任、防空办公室主任兼任。

二、主要工作

克旗国防动员委员会是在赤峰市国防动员委员会和中共克旗委、克旗政府领导下，处理克旗国防动员工作的议事协调机构。

2002—2008 年，克旗国防动员委员会开展的主要工作有：根据国防动员工作方针、政策，贯彻积极防御的军事战略方针，结合克旗实际，组织实施国防动员工作规划；协调国防动员工作中经济与军事、军事与政府、人力与物力之间的关系，以增强本地国防实力，提高平战转换能力；完成上级国防动员委员会下达克旗的国防动员任务。

日常工作包括，修订完善战备方案和战备保障机制，保护战备设施和工作设备，健全、完善和落实战备教育、军情研究、战备值班、节日战备、战备管理等制度;开展战争潜力调查,预备役登记统计,兵役登记和合格兵役储备;制定国民经济动员预案和交通战备保障预案等。

第四章 “双拥”共建

第一节 军民互动

1991—2008年,驻军部队、武警、森警在抢险救灾、植树造林、兴修水利、修桥补路、扶贫帮困、维护社会治安综合治理、学生军训、校外辅导等活动中,累计出动人力30000人次以上,出动车辆3000台次以上。部队定期接纳地方人士参加军营政治、军事、娱乐活动。驻军和专业警种部队在完成驻守任务的同时,主动参与地方的经济。建设、防灾救灾活动,推动拥政爱民工作不断深入开展。克旗地方政府部门单位出师资、教材、机械,为驻军部队培养农机驾驶员、汽车驾驶员、家电维修、烹饪等各类人才,初步统计逾百名。

1997年,赤峰市委、市政府、赤峰军分区联合命名克旗经棚第一中学为拥军优属模范单位,1998年,自治区政府、内蒙古军区命名克旗经棚第一中学为“双拥”先进单位。

2002年,中共克旗委、克旗人民政府举办庆祝中国人民解放军建军75周年活动,对全旗转退军人和生活困难的党员转退军人进行慰问。同年11月,驻克旗森警大队36

图28-4-1 克什克腾旗交通安全活动

名战士退出现役，旗委、人大、政府、政协领导参加退役士兵告别军旗仪式。2003年“八一”建军节期间，邀请18位抗美援朝老战士举行座谈，慰问驻军部队，组织演出团队与驻军森警、武警联欢，追忆中国革命重大历史事件，展示人民军队光荣传统。2006年1月，旗人武部被赤峰军分区评为“2005年度生态建设先进单位”。

第二节　抗灾救灾

1994年春夏，克旗出现严重旱情。旗人武部，组织全旗民兵开展大规模生产抗灾自救。

2001年冬，克旗发生重大雪灾，7个苏木乡镇牧业受灾。旗人武部组织400余名民兵，疏通道路，解救群众、抢救牲畜。中央电视台、内蒙古电视台、赤峰电视台分别报道克旗人武部组织民兵预备役人员抢险救灾情况。

2002年，克旗发生严重旱灾，全旗有18万公顷耕地受灾。旗人武部组织26000余名民兵投入抗旱救灾，发展生产。

2006年夏，经棚镇突发洪涝灾害，镇人武部组织带领400余名民兵抢险救灾，抢运物资，解救受困群众200余名。

2007年夏，同兴镇突发洪涝灾害，镇人武部带领300余名民兵抢险救灾，转移群众、抢运物资、解救受困群众。

2008年，旗人武部在经棚镇西南建设西槽子生态科技示范园区生态林。

第三节　扶贫脱困

1991年，旗人武部在达来诺日苏木西岗更嘎查开展每户建1处牲畜暖棚、1处饲料地、打1眼压水井、建设1处青贮池的“五个一”畜牧业建设工程，取得成功，在全旗推广。

2001年，克旗武装部科级以上干部分别资助1名失学儿童。

同年，赤峰军分区在书生乡龙潭沟村开展包扶脱贫，旗人武部予以配合，采取退耕还草、舍饲圈养小尾寒羊，改善种养结构，投入资金等措施，经3年努力，龙潭沟村基本脱贫。

2004年，旗人武部通过“一兵带一户，一连带一村”办法，帮助群众脱贫致富。

2005年，赤峰军分区在新庙乡昌兴村定点帮扶。

2006年，旗人武部先后在红山子乡永和村组织民兵开展养殖项目和种植项目试验，组织劳务输出，促进农民增收。在乌兰布统开发区小红山子村，组织民兵带头发展旅游业，拓展农民增收渠道。

2008 年,旗人武部与巴彦查干苏木乌宝力格嘎查结成帮建对子,帮助嘎查发展小型旅游业、新型畜牧业和加强嘎查党支部建设,并帮助牧民打牲畜饮水井、修建牛羊改良站和建设牧民集中居住点、放牧点厕所、垃圾存放点等。旗人武部与巴彦查干苏木小学制定共建规划;人武部领导每人资助 1 名贫困学生完成初中学业。

第四节　相助共建

1991—1994 年,旗人武部在三义乡建设社会治安综合治理试点。1994—1996 年,三义乡连续三年被克旗、赤峰市两级社会治安综合治理办公室评为“社会治安综合治理先进单位”。三义乡人武部被赤峰市委、赤峰市政府、赤峰军分区联合评为“综合治理活动先进人民武装部”。1991 年,旗人武部发动民兵投入禁毒专项斗争。

1996 年,组织发动民兵配合公安部门开展“严打”犯罪斗争。

2004—2008 年,旗人武部配合全旗生态建设,组织民兵实施“民兵号工程”,植树造林,并打造生态建设示范工程、生态示范园区,助力克旗的生产建设。

第五章　人民防空

第一节　机　构

2004 年,成立克旗人民防空办公室,是旗人民政府防空工作主管部门,是克旗国防动员委员会的常设办事机构。在有关部门和单位密切配合下,克旗人民防空办公室牵头组建抢险抢修、医疗救护、消防、防化防疫、通信、运输、治安 7 支专业性人民防空队伍。

2008 年,克旗被自治区人民防空办公室评为人民防空工作十佳旗县。

第二节　防空工作

一、目标确立

2004 年,克旗人民防空办公室贯彻落实以建为主、以收促建、收建结合的人民防空工作方针。坚持“长期准备,重点建设,平战结合”原则,以在赤峰市“争一流、站排头”为目标,推动全旗人民防空事业稳步发展。

二、防空宣传

克旗人民防空办公室着眼于在全旗形成人人认识人民防空、人人关注人民防空良好氛围，开展持续的宣传工作。先后印制《人民防空工作手册》《克旗防空防灾知识宣传手册》和人民防空知识宣传单，创办《克旗人民防空简报》。开展“人民防空知识进社区”“争做人民防空小公民”等系列活动。

三、防空工程建设

2006—2007 年，克旗人民防空办公室建成人民防空疏散基地；2008 年，按照“战时防空、平时防灾救灾”要求，建成克旗防空地下室工程。

四、防空警报

2004 年后，克旗每年 9 月 18 日鸣响防空警报，鸣响率 100%。

第六章　武装警察部队

第一节　武警克旗警察中队

1991—2008 年，克旗驻有武警克旗警察中队。1991 年，人民武装警察部队克旗中队下设有 2 个小队；2000 年，武警克旗中队内设 3 个小队；2008 年，武警克旗中队内设 4 个小队。武警克旗中队执行国家赋予的安全保卫、看押守卫、抢险救灾、防卫作战、经济建设等任务。

1991 年后，武警克旗中队按照“执勤信息化、管理规范化、设施人性化、营区园林化”建设要求，至 2008 年，逐步建立起数字网络视频、声光电报警、无线通讯对讲、监门自动验证、军械多级联控等智能指挥控制系统，形成“一点报警，多点感知，整体联动”机动战斗能力。

图 28－6－1　克什克腾旗武警集训

1995—2008 年，武警克旗中队多次被武警内蒙古总队评为部队基层建设先进集体。

第二节　武警克旗森林中队

1991—2008 年,克旗驻有武警克旗森林中队。主要执行克旗全境森林、草原的防火、扑火任务。先后在克旗境内参与 17 次灭火行动。

武警克旗森林中队参与的境外灭火行动有:1998 年 5 月,兴安盟阿尔山森林灭火行动;2002 年 7 月,牙克石满归地区森林灭火行动;2003 年 5 月,牙克石根河地区森林灭火行动;2006 年 5 月,黑龙江坎都河地区森林灭火行动;2008 年,黑龙江伊春地区森林灭火行动。

1991—2008 年,武警克旗森林中队义务献血 580 人次。

2001 年,武警克旗森林中队搬迁入驻标准化新营房。

第二十九篇

文 化

第一章　文　博

第一节　机　构

一、管理机构

1991 年，克旗文化局内设办公室、财会股、群众文化股。

1993 年，文化局与体育工作委员会合并，成立文化与体育局，内设办公室、群众文化股、体育股。

1998 年，文体局内设办公室、社会文化股、文化市场管理股、体育股、业余体校。

2000 年，文化局与体育局分设。文化局内设办公室、社会文化股、文化市场管理股。

2002 年，广播电视事业、文化事业、体育事业、旅游局，组合为旅游文化体育局，文化事业局具体主管全旗文化工作。

2008 年，克旗文化工作主管机构为旅游文化体育局，文化事业局具体主管文化事务。内设办公室、社会文化股、文化市场管理办公室。

二、事业单位

1991 年，文化局所属事业单位有文化馆、图书馆、博物馆、乌兰牧骑、电影公司、新华书店。

1993 年，新华书店实行垂直管理，人事、财务由自治区新华书店赤峰分店进行分管，更名为内蒙古自治区新华书店克旗支店。

2000 年，克旗农牧区电影放映队解散，旗民族电影院关闭，克旗电影发行公司工作处于停滞状态。

2008 年，克旗旅游文化体育局的文化事业局所属事业单位有文化馆、图书馆、博物馆、乌兰牧骑、应昌路文物工作站。

第二节　文化体制改革与市场管理

一、文化体制改革

1993 年，克旗新华书店进行企业化改革，同时实行垂直管理。

1997 年，克旗电影公司进行企业化改制，内设民族电影院、农牧区电影放映队。电影发行公司实行承包经营。至 2000 年，电影发行公司发行停滞，农牧区电影放映队解散，同年民族电影院关闭。

1998—2008 年,乌兰牧骑实行半企业化管理,尝试开辟演出市场。

二、文化市场管理

1991—1994 年,克旗文化娱乐市场主要有台球室、放像厅、游戏厅等,旗文化局设兼职人员进行管理。

1996 年,克旗文化娱乐市场显现活跃态势。室内外台球、书报厅、电子游戏厅、打字复印部、彩扩照相、放像厅、卡拉 OK 厅、歌舞厅陆续出现。放像厅经营者购进录像带,必须到旗文化局进行审验,贴上准映证方可公开播放。允许收取文化市场管理费。

1998 年,成立克旗文化市场管理办公室,定编 3 人,为股级单位,隶属旗文化局,对全旗文化市场开展稽查管理。

1999—2001 年,克旗文化市场管理办公室连续三年被赤峰市文化局评为先进单位。2006—2008 年,克旗文化市场管理办公室连续三年被赤峰市文化局评为先进单位。

第三节 公共文化事业

一、博物馆

(一)馆建概况

1991 年,克旗博物馆在经棚庆宁寺办公,代管庆宁寺。1999 年,旗政府在经锡路中段划拨二层楼房改建成 2000 平方米博物馆。2007 年,克旗博物馆搬迁至克什克腾世界地质公园博物馆楼北侧,馆舍占地 1000 平方米。

(二)馆藏文物

1991—2008 年,克旗博物馆有馆藏文物 2300 件(套),其中国家一级文物 10 件,国家二级文物 23 件。经征集,馆藏古钱币丰富,计有各朝代古钱币 3000 余枚。

(三)精品简介

石人像 初步确定为新石器时代兴隆洼文化遗存。像高 41.5 厘米,宽 15.7 厘米,厚 20.3 厘米。双耳、眼和嘴下凹,背弓形起脊,臂部隆起,双手护在腹部,双腿下伸呈坐姿。

石刻女神像 初步确定为新石器时代红山文化遗存。像高 35.9 厘米,宽 12.2 厘米,厚 9.5 厘米。大眼高鼻,鼓腹,双臂垂下抱于胸前。

陶牛 初步确定为新石器时代赵宝沟文化遗存。1994 年出土于新庙乡瓦窑沟。像长 24 厘米,高 10.5 厘米,宽 8.4 厘米;为细泥红陶塑,牛头昂起前伸,眼视前方,造型生动传神。

玉蚕 为新石器时代红山文化遗存。克旗公安局移交。玉蚕长 4.8 厘米、宽 1.8 厘米、厚 1.5 厘米、孔径 0.4 ~0.5 厘米。蚕整体作圆雕,头部呈方圆形,蚕肚圆鼓,有 3

条“> - <”形阴刻线刻示蚕眼，蚕颈、触角微微翘起。颈部有一佩挂穿孔。玉色黄绿，绿中泛黄，质地细润，表面有白色雾状水沁包浆，有透明感。

玉箍形器　为新石器时代红山文化遗存。土城子镇天宝同村出土。玉箍长 6.8 ~ 9.3 厘米，壁厚 0.3 ~0.4 厘米。器呈椭圆形，修缘刃边，通体磨制，光素无纹，内外壁均光滑洁净，有古玉光泽。玉色黄绿，黄中泛绿，质地细腻纯净，半透明。

白釉铁锈花罐　初步确定为辽代瓷器。罐通高 32.6 厘米、最大腹径 24 厘米、足径 9.7 厘米。平口、卷沿、短颈、斜肩，整体器形端庄美观，釉色莹亮；肩部至腹部一周剔有牡丹花，地填黑釉。雕刻线条粗壮、有力、流畅。

鎏金银盘　初步确定为金代银器。银盘直径 14.6 厘米，底径 12 厘米，边宽 1 厘米，重 95 克；通体鎏金。为平底宽边浅盘，上錾点状连续卷草纹，盘底中部为莲花及荷叶纹。

应昌路曼陀山新建龙兴寺碑　应昌路曼陀山新建龙兴寺碑由碑和龟趺组成。碑为汉白玉质地，高 2.8 米，宽 1.05 米，厚 0.25 米。碑首浮雕二龙戏珠，雕工精细，体态威武。额首阴刻“应昌路曼陀山新建龙兴寺记”12 个篆字。正面碑文阴刻楷书汉字计 24 行 648 字。背面板平无文。龟趺残缺。现藏于应昌路故城遗址工作站。

元八思巴文“中书分户部印”　中书分户部印为铜质，印面方形，边长 8 厘米，通高 9.3 厘米，印厚 1.6 厘米，重 1400 克。1974 年，出土于元应昌路故城内，是极为少见的八思巴文元代中央官印。

西周涡纹圆形青铜镜　西周涡纹圆形青铜镜直径 11.1 厘米，厚 0.5 厘米。桥状钮，窄缘，镜体较薄，镜面微弧，从钮开始向外饰有 6 圈凸涡旋纹。

龙泉窑影青盘　为元代龙泉官窑器物。1978 年出土于达日罕乌拉苏木境内应昌故城遗址。盘成一对，直径 20 厘米，高 4 厘米。浅盘圆唇，盘中印有缠枝莲瓣纹饰，圈足，胎体厚重，通体施葱绿色釉，釉色莹润，有玉质感。

铜铳　1983 年出土于达日罕乌拉苏木烧锅木。铜铳通长 35.5 厘米，直径 2.8 ~3.5厘米，壁厚 0.6 厘米，重 2.97 公斤。铜铳由铳管、药室、后座三部分构成，铳身铸有三道铜箍；铳座上竖行阴刻“天字壹万捌千玖百叁拾柒年玖月……日造”文字。

战刀　1974 年，由达日罕乌拉苏木武装部征集所得。战刀整体呈弧状，通长 80 厘米，由刀和刀鞘组成，刀鞘外包皮革，刀柄至护手之间用鲨鱼皮包制；刀的上部阴刻有“陈诚赠蒋廷黻”六个字。

二、图书馆

（一）馆建概况

1991 年，克旗图书馆有图书资料库、图书阅览室、办公室等用房 600 平方米。馆藏图书资料 2.1 万册。

1999 年 9 月,在全国公共图书馆评估定级中,克旗图书馆被文化部评定为“三级图书馆”。

2000 年,克旗图书馆馆藏图书资料增至 2.5 万册。

2007 年 8 月,克旗图书馆迁至经棚镇应昌路北段世界地质公园楼新馆址。馆舍建筑面积 260 平方米,其中借阅大厅 140 平方米,办公室 120 平方米。

2008 年 12 月,克旗图书馆设有外借部、阅览部、采编部、办公室。

馆藏文献 16130 册,其中图书文献 11160 册,期刊 5000 余册;年度订阅报纸、杂志 30 余种。

(二)图书服务

1991 年,克旗图书馆主要通过外借、阅览、流动图书网点提供图书文献资料阅览服务和咨询服务,年接待读者 1.3 万人次,图书文献利用率约 80%。

1995 年后,克旗图书馆开始建立旗内图书借阅流动网点,先后与旗委党校、经棚蒙古族中学、经棚第一小学、克旗武警中队、克旗监狱所等单位建成图书借阅网点,年互借图书 4000 余册。

2003—2006 年,图书馆先后为巴彦高勒苏木,同兴镇、新庙乡、经棚镇联丰村等图书室送科技图书 3000 余册。

2003 年,图书馆以集资入股方式建立起电子阅览室,提供网上咨询、网上阅读、资料查询、视听服务;高考期间,免费为考生提供分数查询,填报志愿服务。

2006 年,图书馆与赤峰市洪森图书有限公司合作,投资建立图书馆购书借阅服务中心。

1991—2008 年,图书馆坚持在每年春节期间协助文化、旅游单位举办灯展,美术摄影展、根雕展等活动;坚持在馆内举办有奖知识问答、有奖猜谜、读书报告会等活动。

三、文化馆

(一)馆建概况

1991 年,克旗文化馆有馆舍 13 间 260 平方米。1993 年,旗文化馆被确定为差额事业单位。1996 年,文化馆有馆舍面积 300 平方米。2002 年,恢复为全额事业单位。

(二)文化活动

1993—2002 年,克旗文化馆开始创办第三产业,进行“以文补文”。文化活动场馆出租,活动大厅主要由承租方开展台球、录像放映、召开舞会、美术展览等活动。

克旗文化馆主要在节假日组织公益性群众文化活动,组织举办图片、书画展,根艺展,开办游艺活动;春节期间组织高跷队、秧歌队、业余文艺团队文艺表演。

2001—2005 年,克旗文化馆联合企业与个体工商户,先后举办“电信杯”“网通杯”“小肥羊杯”等群众文化活动;春节期间,连续举办五届“春节歌手大奖赛”活动。出版

《克什克腾民间故事》。

2005—2008 年，组织多次歌曲比赛，绘画、书法、摄影作品展览。

2006 年，克旗文化馆成立克什克腾旗民族艺术培训中心，开办舞蹈、器乐、书法等辅导班。

四、乌兰牧骑

（一）队伍建设

1991 年，克旗乌兰牧骑有队员 19 人，其中声乐演员 8 人，舞蹈演员 4 人。

1999 年，乌兰牧骑有队员 14 人，其中声乐演员 5 人，舞蹈演员 4 人。

2004 年后，乌兰牧骑恢复为全额事业单位，有队员 25 人，其中声乐演员 3 人，舞蹈演员 18 人。旗财政拨款购置一辆演出专用车。

2006 年，乌兰牧骑被自治区文化厅评为一类乌兰牧骑，同时，被共青团赤峰市委授予“民族团结进步奖”。

2008 年，乌兰牧骑有队员 35 人，其中声乐演员 10 人，舞蹈演员 25 人。

（二）创作演出活动

1993—2002 年，旗乌兰牧骑创编、演出的优秀节目有三人舞《百岔岩画随想》，获自治区文化“五个一工程”奖，《奔腾的西拉沐沦》《鸿雁归》等舞蹈，《碧柳河之歌》《美丽富饶的克什克腾》《西沙窝情歌》等歌曲作品，在赤峰地区会演和自治区比赛中多次获奖。

图 29－1－1　克什克腾旗传统文化撒灯

图 29－1－2　克什克腾旗传统文化饮龙

2003—2004 年，乌兰牧骑在坚持服务基层的同时，参加区、市的创编、会演和展演，有多个节目获奖。好来宝《克什克腾赞》、舞蹈《嘎达梅林》《绿色之梦》，分别获市级优秀创作奖和优秀表演奖；独唱《天堂草原》获市级优秀演唱奖；三人舞《天上草原》获市级创作、表演二等奖。大型歌舞剧《爷爷故乡》，在全市乌兰牧骑会演、展演中获优秀创作奖和优秀表演奖，夺得全市乌兰牧骑比赛第一名。2004年,克旗乌兰牧骑参加中国首届成吉思汗杯蒙古舞大赛,自创舞蹈《我要飞》获得创作、表演双铜奖。

图29-1-3　克什克腾旗市民休闲广场舞

2005—2006年,在赤峰市《走进克什克腾》晚会汇演中,乌兰牧骑演出的舞蹈《阿布钦》《母亲河》《飞》,歌曲《生在草原、恋着草原》等节目获金奖;演出的马头琴齐奏《万马奔腾》,舞蹈《顶碗舞》,歌曲《蒙古心》《草原湖》《天鹅湖》《小黄马》等获银奖。2006年参加赤峰"春晚"大型文艺表演。

2007—2008年,乌兰牧骑为配合克旗"旅游强旗"建设,在旅游景区、景点为中外游客演出200余场,为农村牧区农牧民演出100余场。

第四节　文物古迹发现与保护

一、新发现文物古迹

(一)遗址

龙头山遗址　龙头山遗址位于克旗土城子镇南6公里处的龙头山北坡,坐落于一横贯东西的大漫坡处,东西长约600米,南北宽400余米,总面积约25万平方米。龙头山是一处包含有早期遗存,延续时间较长的夏家店上层文化遗址,其年代上限可追溯至西周以前,下限根据地层所出陶器应延续到春秋晚期。遗址规模宏大,保存完好,遗迹遗物丰富,是夏家店上层文化"龙头山类型"命名地,为西拉沐沦河流域首次发掘的夏家店上层文化典型遗址。

整个遗址由居住区、墓葬区、祭祀区和石器打制场4部分组成。1987—1991年,内蒙古自治区考古研究所、吉林大学考古系、克旗博物馆先后4次对该遗址进行考古发掘,揭露面积6300平方米,清理大型祭祀址1处、房址19座、人祭坑7个,其他祭坑和灰坑262个,墓葬15座和壕沟1条。出土夹砂红褐陶鬲、鼎、罐、盆、钵、豆,青铜鹿牌饰、短剑、斧、凿、刀、镞、石刀,石斧等一批珍贵文物。

南台子遗址　南台子遗址位于经棚镇火车站北0.5公里处,碧柳河右岸台地上。面积约1万平方米,文化层厚约1米。1991年,配合集通铁路建设发掘约3100平方米,清理出方形、梯形、长方形半地穴式兴隆文化房址33座,多数为单室,少数为前后相连

“吕”字形双室，面积在 20～81 平方米。出土有夹砂褐陶压印纹、交叉纹及三式筒形罐、长方形扁平石铲、骨柄石刃刀等。

上店遗址　上店遗址位于万合永镇（原新井乡）大耗来上店村。1991 年，内蒙古文物考古研究所和克旗博物馆联合对该遗址进行发掘，根据文化属性不同，初步可分 A、B、C 三个点。

A 点，位于上店村西沟西南坡地，面积约 8000 平方米。采集有夹砂红褐陶黑彩双耳罐、鸟首形双耳壶、泥质灰陶细绳纹罐、泥质红陶黑彩残片，属小河沿文化遗存。

B 点，位于大西沟北坡，面积约 6000 平方米。遗址中部暴露灰坑 1 个，出土有夹砂褐陶之字纹筒形罐、圈足钵及蚌饰。坡下部有墓葬 10 余座，用石块封顶，自上而下排列。其中一座被破坏，出土有管状骨串珠。属小河沿文化遗存。

C 点，位于上店村北 1 公里处洞稿沟，面积约 6000 平方米。1991 年局部发掘，出土有夏家店上层文化夹砂红褐陶鬲、罐、鼎等。遗址西 50 米处有一小河沿文化墓地，发现 6 座墓葬，由北向南呈不规则三角形排列，皆长方形竖穴土坑墓，出土有夹砂红陶双耳罐、彩陶钵及石环、骨珠、蚌饰等。

牛粪沟遗址　牛粪沟遗址位于经棚镇牛粪沟台地上。是一处古代聚落遗址，分布面积约 8000 平方米，地表遗物丰富，文化类型齐全，涵盖从新石器时代、青铜时代到辽、金、元、清多个历史时期。从地表采集到标本有磨制石斧、石磨棒、石网坠，夏家店上层文化加砂陶片，特别是辽代陶罐、陶瓮、陶盆残片丰富。从遗址中还采集到金、元时期的瓷片，清代装药青花小瓶以及铜器、铁器、五铢、宽永铜钱等。

元房子遗址　元房子遗址位于万合永镇（原新井乡）关东车村元房子北 200 米坡地，为夏家店上层文化遗存。2002 年，吉林大学考古学系与克旗博物馆联合开展调查性发掘。遗址东西长 160 米，南北宽 120 米，分布面积 19200 平方米。遗址存有多处灰坑及沟、墙遗迹，地表存有石网坠、石斧、夹砂红褐陶片。发掘清理灰坑 1 处，出土大量骨镞，并在坑壁中发现当时人们使用挖土留下的工具痕迹。发掘清理土坑竖穴墓 1 座，出土完整尸骨 1 具，随葬品有青铜刀、青铜锛及陶罐等。

园林子矿冶遗址　园林子矿冶遗址，位于巴彦查干苏木境内热阿线公路 57 公里处北侧山坡上，属于黄岗梁铁锡矿区。遗址已知范围南北长约 500 米，东西宽约 150 米，面积约 7.5 万平方米。地表显露有明显的古代露天开采矿坑 30 余处，所有矿坑都沿着矿脉方向从山底向山顶延伸，其中最大者长 300 余米。遗址地表可采集到石锤、石碾盘等大量采矿石器。在现代地质队开掘的探槽中，发现有兽骨、木炭、矿石、陶片等，其中陶片带有灰黑色细绳纹。其年代距今 3300 年前后，相当于中原商代晚期，是当时赤峰地区发现的年代最早、规模较大、保存最好的采掘锡矿遗址。经北京科技大学、吉林大学边疆考古研究中心初步鉴定，园林子矿冶遗址是一处锡多金属共生矿，大量存在的石碾盘表明古人能够从开采的矿石中重选出锡矿物。

应昌路故城遗址 应昌路故城遗址位于克旗达里湖西岸。至元七年(1270 年)弘吉剌部首领斡罗陈和妃囊加真公主请于朝庭,在离宫的基础上建城邑以居,忽必烈准建,并赐名“应昌府”。至元二十二年(1285 年)升府为路。至正二十八年(1368 年),元末皇帝妥懽帖睦尔败,北迁应昌路。至正三十年(1370 年)四月,妥懽帖睦尔病逝应昌,太子爱猷识理达腊在应昌即位。2001 年,国务院公布为全国重点文物保护单位。

乌兰布统古战场遗址 乌兰布统,蒙古语,汉译“红色的山峰”。位于克旗境南,是清代皇家猎苑—木兰围场的一部分。主战场位于乌兰布统北缘将军泡子以北,大红山子以南乌兰公河两岸,长约 5 公里。乌兰布统之战挫败噶尔丹妄图依靠沙俄肢解中国蒙古地区的阴谋,确保清王朝北方边境安全,维护多民族国家统一。乌兰布统之战为清代近三百年的大事之一,因而以著名战场载入史册。2006 年,自治区政府公布乌兰布统战场遗址为自治区重点文物保护单位。

十二座联营遗址 十二座联营遗址位于乌兰布统吐力根河左岸。面积约 10 万平方米。地表有石砌建筑基址三排,南北间距 10 米,总长 280 米。每排有 16 座互相连接的院落,东西长 17.6 米,南北宽 13.5 米,门开在南墙东部,院内东北部有长方形房址,东西长 10 米,南北宽 5 米。此遗址初步认定为清代木兰围场守护所。

嘎松山关隘 贡格尔草原金界壕嘎松山关隘,由关城和瓮城组成,两城之间连接金界壕,中间辟有门址。关城呈长方形,边长 45 米 ×65 米,南城墙设有城门。瓮城突出于金界壕,在金界壕北部,城为长方形,边长 28 米 ×48 米,北城墙有一门。嘎松山关隘筑在草原开阔地带,面南可遥望诸多堡城。

努其宫侵华日军工事旧址 努其宫侵华日军工事旧址位于克旗同兴镇努其宫村木石匣河左岸四立本、敖包二个自然村以东山谷内,工事占地面积 4 平方公里。1941 年春至 1943 年秋,侵华日军从外地押解苦力(劳工),将四立本、敖包一带用铁丝网围起,修筑钢筋混凝土大小碉堡 15 个,由北向南呈弧形分布,挖山洞 3 处。工程完工后,将劳工赶至山里悉数杀害灭口。这是日本侵略军留在内蒙古东部的侵略铁证。

协理台吉官府旧址 协理台吉官府旧址位于芝瑞镇永兴村高营子西沟处,东南距白岔河畔高营子 1.5 公里,西南距芝瑞镇政府所在地 30 公里。旧址呈长方形坐西面东,长约 110 米,宽约 70 米;黄土夯筑围墙,大门两侧均有玄武岩门枕,门枕正面阴刻弦纹。院墙四角筑有方形岗楼建筑,院内仅存 2 间土木建筑房舍及 1 眼水井。其他地方已辟为现代民居。经调查了解,此宅主人姓宝,清末任过协理(协理也称协理台吉,协助札萨克处理旗政,由蒙古贵族台吉或塔布囊担任)。因此,当地群众称此院为“协理府”。为清代东协理府建筑旧址。

(二)古墓葬

圆圈洼石棺壁画墓 墓葬位于宇宙地镇二八地村西沟圆圈洼,分布有辽代墓葬群,其中一处已发现被盗石棺壁画墓。

墓葬依山而建,墓室坐北面南,为砖砌券顶长方形单室墓,边长 4 米 ×3.5 米;结构较简单,由墓室、墓门、墓道三部分组成。墓室南北向放一完整石棺,石棺通长 290 厘米,前宽 150 厘米,后宽 90 厘米。石棺由 6 块花岗岩大石板卯合相扣,棺体敦实厚重,造型美观,内外平整,白灰抹面。石棺内壁存有壁画 4 幅,前后两堵头上壁画脱落,石棺左右内壁 2 幅残存,画幅 2 米 ×0.5 米。石棺右侧内壁描绘有 4 个契丹民族形象和装束人物,髡发,左衽束腰,手抓缰绳各牵 1 匹全鞍马,鞍饰红缨雉尾,彩色鞍辔,其后尾随多个散马。石棺左侧内壁绘有 6 头健壮红牛,后为 1 只长角山羊,2 只绵羊,牧群最后为一放牧人,身穿开襟皮衣到膝盖处,头戴尖顶圆形毡帽,手持牧鞭。

两幅壁画笔法娴熟,构图精美,形象地再现了辽地早期游牧生活场景。

采石沟墓群　墓群位于原新庙乡东采石沟两侧。分布面积 5000 平方米,沟北坡为聚落遗址,文化层 1 ~ 3 米,南坡是墓葬区,整个遗址地表石器、陶器残片及人骨兽骨散落。

由于在墓葬区取土,坍塌暴露出两座夏家店文化上层期墓葬。一座完全被破坏,另一座灰色墓葬在填土一半处有 3 个马头骨悬挂于土壁上。经过抢救清理,出土文物有加砂红陶直领罐,青铜刀、青铜斧、涡旋纹铜泡及铜饰件。此墓文物为研究本地区 3000 年左右东胡人青铜冶炼技术和青铜铸造工艺提供依据。

塔黄图辽墓　墓葬位于宇宙地镇塔黄图村城子沟脑坡地。在坡下 100 米处有小溪。是一早期被盗墓葬,为砖砌多室墓,分别由主室、左右耳室、墓道、墓门构成。主室正中有砖砌尸台,墓门呈砖砌券顶状,墓道长约 16 米,前有祭祀台,墓葬封土高大。距此墓东 150 米处,有一辽代建筑基址,遗址为长方形,面积 25 米 ×15 米。墙基为石块垒砌,残高 40 厘米,地表存有辽代青灰砖和布纹瓦建筑构件,遗址后山坡遗存有两道石墙,遗址内出土有一件青色玄武岩石雕抱石鼓。建筑为塔黄图墓葬祭祀祠。

棒槌山辽墓　墓葬位于宇宙地镇二八地村东北棒槌山。墓背靠棒槌山,左右由小山拱卫,前临沟川。墓地有石块垒砌的墓圹建筑遗迹,石墙呈弧状连接左右小山,石墙之外有一高大封土包,墓圹之内没有封土痕迹,墓葬没有发现被盗现象,保存完好。

(三)古建筑遗址

曼陀山龙兴寺遗址　元代龙兴寺遗址,位于达日罕乌拉苏木达根诺日嘎查曼陀山东麓山脚下。元泰定二年(1325 年)鲁王妃大长公主普纳和鲁王桑哥不刺,在曼陀山观音洞旁修建三楹观音殿,题名龙兴寺,勒石立碑,是为纪念。今存龙兴寺碑。

经棚关帝庙　经棚关帝庙俗称老爷庙,座落于经棚镇碧柳河西岸敖包山脚下。

据民国 13 年(1924 年)重修关帝庙碑文记载,庙始建于清乾隆年间,原建五楹正殿。清光绪十八年(1892 年)因连续大雨引发山洪,庙宇被冲毁。清光绪二十八年(1902 年),经商会牵头,动员商户重修关帝庙,历时五年,捐资耗银一万两,清光绪三十三年(1907 年)建成。有建筑分别为戏楼、山门、钟鼓楼、东西配殿、天王殿、关帝殿、城隍庙,及碧霞宫、风神庙、大仙祠、娘娘庙等。

1948 年,诸神像被毁,庙宇建筑辟为学校和盐库。1964 年,经棚关帝庙再度被拆毁,仅存五楹正殿。

(四)石刻题记

烧锅木石刻题记 题记位于达里湖西北岸烧锅木岩石上,南距金界壕 25 米。题记岩石为火成岩,岩面呈长方形,面积 0.6 平方米,直书三行阴刻楷书汉字,“监功扎也扬肃,二十□日”10 个字迹。初步研究认为此题记为修筑界壕时所刻。

永丰泉梵文石刻题记 题记位于宇宙地镇永丰泉村东,木石匣河左岸 100 米岩石上。在两处花岗岩石上,分别阴刻 5 组共 56 个梵文字样,石刻面积 9 平方米,分布面积 1200 平方米。

第一处分布两组梵文石刻,第一组凿刻面积 1.6 米 ×0.8 米,两行上下各 6 个字。第二组在第一组北 1.5 米处,凿刻面积 0.7 米 ×0.2 米,1 行 5 个字。第二处距第一处东 40 米,分布 3 组梵文石刻,第一组凿刻面积 2.2 米 ×1.4 米,3 行 15 个字,岩石顶部中间凿有半圆型凹坑,直径 9 厘米。第二组位于第一组南 3 米,凿刻面积 2.2 米 ×1.7 米,3 行 18 个字。第三组在第二组南 2 米,凿刻面积 1.6 米 ×0.4 米,1 行 6 个字。

初步研究认为永丰泉梵文石刻题记为藏传喇嘛教六度:“六波罗密多”,即布施、持戒、忍辱、精进、禅定、智慧内容。

福山嗣良碑记 碑记发现于达日罕乌拉苏木所在地,曼陀山南 1 公里处。

碑文为汉白玉质地,残高 1 米,宽 0.5 米,厚 0.15 米,石碑正面直书阴刻两行十六个楷书汉字,“康德四年六月二十四日,福山嗣良书立”。碑首阴刻花鸟图案,周边为几何图形纹饰。背面阴刻日文,三行直书,译文为“立碑于蒙古地,亚洲一定要统一,成吉思汗的血在燃烧”。

民国 22 年(1933 年)3 月,日军侵占经棚,克旗沦陷,同年五月,伪满政府撤销经棚县,并入克什克腾旗,划归兴安西省。福山嗣良为首任伪克什克腾旗公署参事官。民国 27 年(1938 年)4 月,福山嗣良在经棚伪旗公署自杀身亡。

土城子界碑记 界碑立于土城子镇北门外 100 米处。碑质为青色玄武岩,高 1.2 米,宽 0.29 米,厚 0.15 米。碑阴刻楷书汉字“乌尔山坤兑下牌南界”和“土城子街北界”。

(五)岩画

第三次文物普查新发现岩画主要分布于白岔河中下游山前村、呼吉日图村、阁老营子、牧场、二地等处,共发现岩画 6 处 20 个单体画面。

“彤日枭面图” 岩画位于万合永镇山前村后东北角 20 米处一处接近地表平滑的青色岩壁上,岩画画幅面积 1.2 米 ×0.8 米,阴刻磨制,太阳周边光芒四射如火焰,右侧为一枭形人面像,不绘面部轮廓,只有眉和眼。

“巫舞图”　位于万合永镇呼吉日图村西北1公里处。距地表1米一平整巨石上,单线阴刻勾勒一弓身原始巫术人,头戴羽冠,服饰饰有神鸟及枭形人面图案,似在行走或做法术。

阎老营子岩画　新发现三组,第一组“群鹿图”,位于村西40米处,白岔河左岸一沙沟内,在一平整巨石上绘有大小不一12只鹿,用白色颜料平涂。第二组“骏马图”位于第一组东60米,在距地表20米悬崖峭壁上,用单线勾勒一仰首飞奔的骏马。第三组“人面人像图”,位于第二组东40米,距地表3米一缓坡岩石上,绘有一个人物像、一个人面像。人物像绘于画幅左上角,用较宽单线阴刻圆形脸部及眉、眼、口、鼻和身体。人面像绘于画幅右下角,单线阴刻磨制一人面,头顶一葫芦状饰物。

牧场岩画　位于万合永镇胡角吐村西沟门。在一石山下不同地方分布有6组岩画,每组岩画分别刻画在一独立的岩石上,分布面积1800平方米,其中有3幅是20世纪80年代发现的。新发现3幅为一只羊,单线阳刻,画幅面积1.5米×1.2米。两匹马,单线勾勒,画幅面积分别为0.4米×0.25米、0.3米×0.2米。

群鹿图　位于万合永镇二地沟门,在距地面10米处岩石上,用白色颜料磨制平涂2组3只奔鹿,第1幅绘有2只长有长角奔鹿,上下排列。第2幅为1只幼鹿,绘于两鹿下2米缓平的岩面上。

二、文物保护与利用

经过三次文物普查,全旗共发现各类文化遗存300处,申报上级文物保护34处,其中全国重点文物保护单位2处,内蒙古自治区重点文物保护单位5处。

在文物古迹保护上,将文物保护工作纳入旗经济与社会发展计划,纳入城乡建设规划,纳入财政预算,纳入体制改革,纳入旗乡领导工作目标责任制。落实《文物保护法》,文物保护和管理做到“有法必依,违法必究”。按照分级管理的原则,主管部门与文物保护单位所在地乡镇苏木及嘎查村签订文物保护责任书;文物保护单位的保护、管理工作责任明确。

在文物利用上,馆藏文物通过爱国主义教育基地建设、组织陈列展览,使观众增长知识,受到教育;利用科研成果,开展地方社会、历史科学宣传;利用文物景点,开展观光旅游,应昌路遗址、金代界壕、白岔河岩画、乌兰布统古战场、宇宙地辽墓群,每年都有国内外专家、学者、游客考查、观光。

第五节　群众文化活动

一、电影放映

1991 年,克旗电影公司有员工 36 名(包括 10 名退休人员),全旗农村牧区有 21 支电影放映队。旗民族电影院日均放映电影 4 场,上座率 70% 左右,农村牧区村民组、独贵龙月放映 1 场电影。

1994 年,电影市场逐渐萎缩,民族电影院日均放映电影下降到 2 场,每场观众百人左右;农牧区电影放映队减少到 10 支,放映场次也不断减少。电影公司收入出现亏损。

1995 年,克旗民族电影院、农村牧区电影放映队、旗电影公司分别实行承包经营。旗民族电影院日均放映电影场次有所增加,上座率低,经营效果差。农村牧区电影放映队减少到 4 支,电影收费难问题突出。

1997 年,旗政府印发《关于加强电影工作,促进文化建设的意见》,旗民族电影院以放映中小学爱国主义教育影片、主旋律影片为重点,上座率上升,年放映 30 余场,年放映收入有所提高。农村牧区电影放映队恢复到 8 支,年放映 710 场,观众 14 万人次。

1999 年,克旗电影公司进行企业化改革,职工全员买断工龄、下岗。旗民族电影院固定资产暂由文化局管理。

2001 年,旗民族电影院,采取承包租赁方式由原电影公司下岗人员经营。农村牧区电影放映队自然解散。

2005 年,国家实施电影"2131"工程,资助克旗流动放映车 1 辆、16 毫米放映设备 8 台、拷贝 30 部,旗文化局利用放映设备组织放映人员为农牧民放映电影,当年放映 200 余场。

2005 年,旗文化局成立电影管理站,加强全旗电影发行放映工作。旗文化局被自治区文化厅评为电影"2131"工程先进集体。

2006 年,旗民族电影院使用土地和固定资产由旗政府收回开发。使用了三十年的地标性民族电影院建筑拆除。

2008 年,旗文化局农牧区电影放映队不定期到村组、嘎查独贵龙放映资助电影。

二、书法绘画

1991—2008 年,涌现出一批书画作者。部分作者先后加入内蒙古自治区书法家协会和内蒙古自治区美术家协会。有的作者出版作品选集,在国内外书法大奖赛中获奖;有的作者的篆刻作品在国家级展览中获奖入集出版。

2000 年后,克旗文化部门牵头组织,相关部门配合先后举办纪念毛泽东诞辰 110 周年书画展、纪念邓小平诞辰 100 周年全旗书画展、庆祝内蒙古自治区成立 60 周年经棚镇区书画展、迎新春书法绘画根艺展等大型书画展览。

2007 年，召开克旗书画家协会成立大会，通过克旗第一次书画家协会章程。选举出书画家协会主席和秘书长。

三、文学创作

1993 年后，克旗文学创作不断活跃，涌现一批文学新人和作品。作品多以克旗特色风土人情、自然景观为写作对象，记录表达作者对家乡的热爱和歌颂。也有许多作品以家乡工作生活经历为线索或题材，描写克旗风土人情、自然景观，反映克旗的变迁发展。（作品见“艺文选录”）

四、民间文艺活动和文化遗产

20 世纪 90 年代，克旗春节期间民族民间文艺活动一直保留着传统秧歌、高跷、旱船、跑驴等节目形式，90 年代末逐渐兴起现代秧歌。

2002 年后，经棚镇相继自发成立“夕阳红秧歌队”“中老年健身操表演队”。

2003 年，组织举办经棚镇区秧歌大赛。

2004—2007 年，连续举办四届迎新春“高跷、秧歌、龙灯”民间艺术展示赛。

2002 年 5 月，经棚镇区文艺爱好者先后成立文艺团体“原野业余艺术团”“中老年合唱团”“京剧演唱队”“民族器乐队”“民族民间皮影戏团”等。

图 29－1－4　克什克腾旗经棚镇民间文艺

老一代剪纸艺人有新作问世，也涌现出新一代剪纸艺人，作品多次在自治区内外展览中获奖。

克旗文化局牵头，挖掘整理出一批地方民族民间文化遗产。2002 年 10 月，土城子镇百年龙灯被自治区文化厅命名为第三批“民间社火艺术之乡”；整理并申报达日罕乌拉兴畜节，祭白音朱日和敖包、察干伊德敖包仪式风俗，克什克腾蒙古族马鞍具制作技艺，祭塞北灵验佛等非物质文化遗产。

图 29－1－5　克什克腾旗达日罕银驼节

第二章　媒　体

第一节　机　构

1991 年,克旗广播电视局内设办公室、广播电视总编室、技术事业股、保卫股、广播电视服务部、电视差转台。

1993 年,克旗有线电视台成立。

1994 年,克旗广播电视局更名为克什克腾旗广播电视服务中心,内设办公室、广播电视总编室、技术事业股、有线电视台、保卫股、广播电视服务公司、广播电视工程服务部。

1999 年,政府批准克旗有线电视台改制为企业,更名为“克什克腾旗有线电视有限责任公司”。

2002 年,广播电视服务中心更名为“克什克腾旗广播电视事业局”,内设克旗有限电视责任公司、广播电视服务公司、办公室、广播电视总编室、技术事业股、保卫股、社会管理股、稽查大队、广播电视工程部。

2005 年,广播电视事业局调整内设机构,撤销技术事业股、稽查大队、广播电视总编室、克旗有线电视责任公司。设置汉语编辑部、蒙语编辑部、制作播出部、维护与收费部、维护与收费南部、户管部、工程部、保卫股、卫星地面站销售部、办公室、热水站、广告部、服务部。

2008 年,广播电视事业局内设机构调整为办公室、汉语编辑部、蒙语编辑部、制作播出部、社会管理股、维护与收费南部、维护与收费北部、稽查办、广告部、保卫股、广播电视服务公司、广播电视工程服务部、热水广播电视站。

2000 年,人事部、国家广播电影电视总局授予克旗广播电视局“全国广播电影电视系统先进集体”荣誉称号。

第二节　广　播

一、有线广播

1991 年,克旗建有苏木乡镇基层广播站 22 个,10 个广播站开办自办广播节目;10 个乡镇有调频接收机,23 个乡镇建有差转台,17 个乡镇建有卫星地面接收站。苏木乡镇通播率 75%,通嘎查广播村 44 个,通播率 40%,通广播自然村独贵龙 190 余个,通播率 20%。克旗广播站开设 5 个类型栏目,播出蒙汉两种语言新闻节目。

1992 年,全旗有线广播农区乡镇通播率出现下降,约在 70%,行政嘎查村广播通播率降至约30%。喇叭入户率约存10%。

1995年后，克旗农村牧区有线广播基本处于停播状态；仅克旗人民政府所在地经棚有20余个低音喇叭每天3次定时播出广播节目。

二、无线发射

1991年，克旗建成1座调频广播电台，架设调频线路30余公里。广播覆盖率约为总人口的73%，覆盖人口17万人。

1995年，开通经棚镇20瓦调频广播发射机，经棚镇区广播节目改为调频发射。

1996年后，克旗无线广播快速发展，分别在热水塘镇、宇宙地镇、芝瑞镇、经棚镇建成4个20瓦调频广播发射台，调频广播发射机总功率达到1080瓦。旗广播电台主要自办节目有：每周3组蒙语新闻、3组汉语新闻和《天气预报》等。

2005年，在嘎拉德斯太山(802差转台处)、达来诺日嘎松山新建3座1千瓦调频发射台，在达来诺日镇建成3座大功率中波发射台。

2006年，全旗有4座1千瓦广播调频台，广播综合覆盖率达95.5%。

2008年，克旗有调频广播发射机6台，中波广播发射机6台，广播发射总功率26千瓦，广播综合覆盖全旗境域。

第三节　电　视

一、无线转输

1991年，克旗境内建有赤峰市广播电视局所属的802电视转播台、115、116、117三个微波站；克旗地方自建小功率电视差转台、地面站19座，主要转播中央一套、二套和内蒙古蒙汉语电视节目。

1992年初，17个乡镇采用节目源卫星地面接收方式收看电视节目。

同年8月，三义二窝铺1千瓦电视差转台建成转播电视节目，达来诺日镇、达日罕乌拉苏木、阿其乌拉苏木群众开始收看蒙语电视节目。同年末，巴彦查干、巴彦高勒苏木先后建成电视差转台，全旗苏木蒙古语电视覆盖率100%，嘎查覆盖率80%。

1993年末，克旗3个无线电视频道播出电视节目6970小时、摄制播出专题片12部。

1995年，克旗电视地面接收站、差转台35处，28个苏木乡镇政府所在地一半建成电视地面站或差转台。

1999年，克旗建成MMDS广播电视传输网络。发射机实际覆盖半径近80公里，共传输包括中央1～8套、内蒙蒙汉语、赤峰、克旗和部分省台的12套电视节目。

2006年，克旗有10千瓦内蒙古电视汉语和1千瓦蒙语两座电视发射台。

2008年，克旗有无线覆盖电视发射机8台，总功率14.22千瓦。

二、有线传播

1992 年,筹建克旗有线电视台。

1993 年,在经棚建立有线电视台,年内架设有线电视线路 22 公里,开通 10 个频道,传输包括自办节目在内 10 套节目,有线电视用户达 3000 余户。

1995 年,各苏木乡镇政府所在地全部建成有线电视网络,并传输 6 套以上电视节目。

1996 年,全旗建立有线电视网络 125 处,其中 28 个乡镇苏木建起 22 个乡级网络,全旗有线电视用户 20048 户。经棚镇有线电视入户率 82%。

1997 年,克旗有线电视台主支线总长达到 25 公里,功率从 300 兆增大为 550 兆,有线电视频道增加到 20 个。自办节目有新闻、广告、专题节目等。全旗农村牧区厂矿共建有线电视共用天线系统 317 处,27 个苏木乡镇所在地建起卫星地面站、共用天线系统,有线电视覆盖率超过 30%。

1998 年,改造经棚镇有线电视线路放大器,有线电视频道增加到 21 套,实现经棚镇、河南店乡、新庙乡三地光缆联网,经棚镇有线电视网络用户突破 7500 户。同年末,建成有线电视网 305 处,有线电视终端用户超过 2. 5 万户,全旗有线电视覆盖率 30%。

2002 年,克旗有线电视台购置数字摄、录、编设备。8 月,开通赤峰国家光缆干线网络,在线收看赤峰电视台节目。

2003 年,克旗有线电视台更新摄、录、编设备,自办电视节目全部数字化。完成经棚镇区光缆网络改造工程,有线电视频道由 26 套增加到 31 套。投资 700 余万元,建成克旗广播电视综合楼。

2005 年,克旗有线电视台采用光缆加芯方式开通经棚镇至达来诺日镇、三义乡、宇宙地镇 110 公里光缆信号,成功使达来诺日镇、三义乡、新庙乡、热水开发区、宇宙地镇与旗中心机房联网,扩大有线电视用户 4000 户,节目套数由 8 ~ 12 套增加到 32 套,在线收看到赤峰和克旗新闻节目。同年,全旗苏木乡镇和开发区政府所在地收看节目均达到 18 套以上。

2006 年 4 月,克旗有线电视台购置非线性编辑机,自办节目摄录编播实现完全数字化。同年末,全旗有线电视终端用户突破 20000 户。

2008 年末,克旗有线电视主支线总长 382 公里,节目套数 38 套,终端用户在 20000 户以上。

三、电视节目

1991 年,旗政府拨款购买模拟大 3/4 摄、录、编、播配套电视节目制作设备。

1993 年,克旗有线电视台开播自办节目,栏目有《克什克腾新闻》《有线剧场》。

1995 年,克旗有线电视台汉语《克什克腾新闻》由每周播出一次增加为每周播出两次,开始播出蒙语《克什克腾新闻》和《午间新闻》。新设置固定栏目《每周一歌》《艺苑欣赏》《听众之友》《观众俱乐部》《黄金广告》等，推出《人民公安》不定期栏目。

1996年，克旗有线电视台主要节目设置有：《克什克腾新闻》《'96聚集》《新闻透视》《黄金广告》《广告天地》《金曲与点播》《温馨时刻》《海外影视》《共度好时光》《有线剧场》。

1998年，克旗有线电视台自办节目设置有《克旗新闻》《新闻透视》固定栏目和《方圆两万里》《生活杨柳青》《家乡风景线》3个汉语专栏，开设有《特日格勒赛汗草原》（多姿多彩的草原）《诺尔嘎的乌云嘎》（故土的旋律）2个蒙古语专栏。开播板块栏目：《奋起在今朝》《小康路上》《今日起跑线》《城建风采》《致富传真》《朝阳脚步》等。

2006年，克旗有线电视台开通远程教育频道，开设《农村牧区实用技术推广》《党员教育之窗》《关注健康》等14个栏目，开播《百姓视点》固定专栏。

2008年末，克旗有线电视开播固定电视专栏《克旗新闻》（蒙汉语）《百姓视点》《一周要闻》。

四、"村村通"工程

1998年，克旗开始建设广播电视"村村通"工程，至2003年末，全面完成行政村"村村通"任务。

2005年，通过小前端覆盖的形式，50户以上自然村（村民组）全部通广播电视。

2007年，20户以上自然村（村民组）全部能收听收看到广播电视。

第四节　报　刊

一、机构与刊物

1991—2008年，克旗有《克什克腾报》和《松漠》一报一刊。

《克什克腾报》是旗委机关报，由克什克腾报社主办。

1991年，《克什克腾报》筹备组建机构，印行试刊。同年10月，旗委批准成立克什克腾报社。报社内设编辑部、财务室、发行部。设社长1人。

2001年4月，旗委决定，克什克腾报社并入克旗广播电视服务中心。同年12月，《克什克腾报》停刊。

2000年，克旗文学艺术界联合会会刊《松漠》创刊。

二、印刷与发行

1991年10月至1999年12月，《克什克腾报》出版周一刊，一张四版。有新闻、经济、文化、社会、法制、文艺等版面，由报社向全旗各苏木乡镇党政机构、行政嘎查村，旗直各部委办局、企事业单位免费发行，单期总发行量2000份。

2000年1月，《克什克腾报》改版，出版《赤峰日报·克什克腾版》，周二刊，2张8版。

2001年12月，《赤峰日报·克什克腾版》停刊，计出版418期。

2000—2008 年,《松漠》面向克旗文学爱好者和社会免费发行,每期 64 个页码,约发表作品 24 篇左右。计出版 32 期,累计发表作品近 1000 余篇,约 500 万字。

第五节　图　书

一、经营机构

1991 年,旗新华书店以全旗乡镇供销社为依托,建有 21 处乡镇图书发行网点。

1992 年,克旗新华书店更名为自治区新华书店克旗支店,隶属于赤峰新华书店分店。有员工 21 人。

1998 年,新华书店克旗支店 21 处发行网点撤销。

2000 年,自治区新华书店组建为发行集团,新华书店克旗支店改制为文化企业。有员工 20 人。

2001 年,新华书店克旗支店全店员工 14 人。同年,有 6 名员工买断工龄,1 人内部退休。

2006 年,新华书店克旗支店完成股份制改造,实行一级法人,分级管理。更名为内蒙古新华发行集团股份有限公司克旗新华书店。

二、经营体制

1992 年,旗新华书店为文化事业单位。行政、财务、业务工作由赤峰市新华书店垂直管理,党务工作由克旗文化系统党委管理。

1993 年,书店实行企业化管理,经营下达经济指标并与工资效益挂钩,以签订 3 年经济指标协议合同作为管理手段。

2006 年,书店以一级法人,分级管理模式完全公司化经营。

三、图书销售

伴随文化事业改革,新华书店从事业单位到实行企业化管理到市场化运作,在文化体制改革中,图书发行和经济效益逐渐增长。

1991—2008 年克旗图书销售情况表

表 29 - 2 - 1

年　　份	销售图书(万册)	码洋(万元)	利润额(万元)	其中课本发行(万册)
1991—1992	78	547	29. 1	75
1993—1995	82. 3	570	31. 7	77
1996—1998	92. 5	671. 8	37. 4	90. 3
1999—2001	104. 1	837. 9	44. 2	98. 1

续表 29－2－1

年　份	销售图书(万册)	码洋(万元)	利润额(万元)	其中课本发行(万册)
2002—2003	87.8	660.9	25.8	85
2004—2006	118.5	1117.1	39.6	112.9
2007—2008	96.7	796.5	29.9	90.9

第三章　档案　史志

第一节　机　构

1991 年,克旗档案局(馆)归属克旗政府编制序列,为政府内设机构。

1993 年,撤销档案局,职能并入档案馆,改行政编制为事业编制,同时,党史办公室并入档案馆。

1994 年,撤销地方志办公室,部分工作和人员划入档案馆。

1995 年,核定克旗档案馆事业编制 10 名。

1996 年,核定克旗档案馆全额事业编制 11 名。

同年 12 月,恢复克旗档案局建制,实行局馆合署办公,一个机构,两块牌子,列入旗委部门序列。

1997 年,克旗地方志办公室业务归入旗政府办公室,旗党史办业务归入旗委办公室。

1998 年,档案局、馆分设,档案局内设办公室、档案管理股、业务指导股、档案馆,7 人过渡为公务员。

2008 年,档案局、档案馆合属办公,一个机构,两块牌子,隶属旗政府编制序列。内设办公室、业务指导股、综合股、档案编研利用股、档案馆。核定编制 10 名。

全旗有各类档案室 118 个,专职档案员 11 人,兼职档案员 107 人。

第二节　档案工作

一、馆库建设

1991 年,克旗档案馆在旗委办公楼 4 楼,有库房 4 间,使用面积 60 平方米。

1994 年 5 月,克旗档案馆搬迁到旗委后院平房,有库房 3 间,使用面积近 100 平方米。

2003 年 7 月,克旗档案馆再迁至旗委会议室一楼。有档案库房 2 间,使用面积 230

平方米。档案装具改用30列120组密集架。

2005年9月,克旗档案馆购置2台计算机,配置津科档案管理软件(网络版)一套,开始档案微机录入。

2006年,旗档案馆迁入新城区党政综合楼,档案馆库设在一楼,使用面积近1000平方米。

二、馆藏档案

1991年,克旗档案馆保存文书档案12014卷,科技档案350卷,照片档案3盒底片400张,馆藏图书2400册,报刊资料6280份。

同时,全旗苏木乡镇局所属档案室96个,保存文书档案18769卷,地名档案28卷;有科技档案室36个,保存科技档案2088卷。

2004年,旗档案局对全旗未入馆苏木乡镇、国营农牧林场档案进行抢救性整理,接收入馆4041卷长期、永久保存文书档案。

2008年,旗档案馆共收藏档案86个全宗89341卷,其中有中华人民共和国成立前革命历史文书档案195卷;馆藏照片和声像档案25册;馆藏资料12923册(本),其中图书资料3052册(本),报刊文件汇编类9871册(本)。

截至2008年末,全部馆藏档案按照全宗区分,进行完系统整理,编制有各种目录、索引,建立检索体系,全部档案均编制案卷目录、全引目录;有案卷目录184本,全引目录371本,归档文件目录24本,卡片式索引1500张。编制的专门索引著录有中共克旗委常委会会议分类目录索引,下乡知识青年人名索引、精简人员人名索引、退职人员人名索引、合同工人人名索引和革命历史档案文件级著录单、干部人事任免著录卡。

编制完成案卷级机读目录2387条、文件级机读目录19125条。

在专业档案馆藏方面,保存有旗级民政部门优抚、复员、退伍、伤残、转业军人档案4138卷、婚姻档案9118卷;保存有克旗医院病历档案7116卷,克旗蒙中医院病历档案8758卷;保存有中共克旗委组织部、克旗人民政府人事教育劳动部门已故干部、工人、教师档案1776卷;保存有中共克旗纪律检查委员会审理、信访案卷1315卷。保存部分全旗性大型政治经济活动档案,克旗农牧民增收档案3212卷;中共党组织、党员先进性教育活动档案8758卷。

三、档案编研

1992年,编写完成《中国共产党克什克腾旗党史大事记》。

1993年,克旗档案馆配合编纂、出版《克什克腾旗志》。

2002年,编写完成《克旗档案馆概览》。

2007年,点校、出版《热河经棚县志》(55万字,草稿、点校、普及三个版本)。

2008年,编写完成《伪满时期克旗伪旗公署的机构设置和敌伪机构、人员编制概括情况》。

四、利用服务

（一）档案查阅服务

1991—2008 年，旗档案馆查阅服务集中为政府部门处理边界纠纷、编修史志，个人查找核对工龄、办理社会养老保险、落实干部、知青政策等提供查阅服务，据不完全统计，提供档案查阅上万卷（册），为 5 万以上人次提供服务。

1991 年，旗档案馆向社会开放档案 2298 卷；2008 年，向社会开放档案 80000 余卷。

2000 年，为赤峰市档案局编写《赤峰市档案志 · 克什克腾旗部分》，前后调阅 1990—2000 年档案 272 卷；2003 年 1 月，为旗民政局提供 1960—1965 年边界卷 4 卷，为解决克旗与锡林郭勒盟相关旗界纠纷出具原始证明。2005 年，为上海复旦大学历史地理研究中心学者提供 1950—1970 年旗政府全宗、农牧组全宗档案 305 卷，供查阅、复印、研究克旗农牧业的发展；2006 年夏，为旗志办编写《克什克腾旗志》（1991—2008）提供查阅档案近 600 卷，报纸合订本、图书资料查阅近 680 余册次；2008 年 3 月，为达里诺尔自然保护管理局编写《达里诺尔志》提供查阅档案 30 余卷次。

（二）文件阅览服务

2003 年，旗政府批准建立“克旗现行文件阅览中心”。提供文件阅览服务。

（三）爱国主义教育基地创建

2007 年末，旗档案局（馆）结合新馆布置，建成克旗爱国主义教育基地档案展厅。展厅使用面积 30 平方米，专门用于开展爱国主义教育活动。展厅布置有《克什克腾旗志》《克什克腾旗党史》《克什克腾旗地名志》及已出版的克旗部门志、专业志。有克旗不同时期政权、组织、人物的档案材料，如早期革命工作日记；反映克旗建设成就、发展业绩、名胜古迹、风土人情、民族宗教的实物档案，如各种组织印章。

五、档案管理

（一）存档指导

1991—2008 年，旗档案局负责全旗党政各机关、各人民团体、各苏木乡镇及各街道办事处和嘎查村，各工业、旅游开发区，各自然保护区，全旗企事业单位，中直、区直驻克旗各单位的档案业务指导。

1995 年，在全旗实行档案规范化管理，开展档案达标升级目标化管理活动。至 2008 年，全旗党政机关 22 个档案室达到自治区特级标准，52 个档案室达到自治区一级标准，8 个档案室达到自治区二级标准，11 个档案室达到自治区三级标准；1 个档案室达到科技事业单位国家二级标准，2 个档案室达到科技事业单位自治区级管理标准；1 个档案室达到企业单位国家二级标准，4 个档案室达到企业单位自治区级标准。全旗有2个示范档案室,2个服务利用优秀级单位。

2001年夏,国家档案局(馆)推行新的归档文件整理规则后,克旗档案局先后举办两期归档文件整理规则学习班,对全旗档案员进行集中培训,全旗文书档案全部执行新的归档文件整理规范。

2008年,旗档案局对全旗各机关、团体、企事业单位文件归档进行全面规范。

(二)档案信息化建设

2002年开始,旗档案馆开展馆藏档案微机录入。至2008年末,录入案卷级机读目录2387条,文件级机读目录19125条。2007年,克旗档案局开通"克旗档案信息网",与赤峰市档案局、各旗县区档案网站链接。

(三)档案馆规范化建设

1995年,克旗档案馆晋升为自治区二级档案馆。

2006—2007年,旗档案馆被自治区档案局评为全区档案利用服务良好、优秀级单位。

2007年,旗档案馆成为自治区档案馆功能建设一级单位、自治区特级档案馆、赤峰市示范档案馆。

2008年,旗档案馆晋升为国家二级档案馆、自治区综合档案馆功能建设一级单位。

第三节　档案法制建设

一、法规宣传

1998年,旗档案局与旗有线电视台合作,制作、播发1997年档案目标管理专题片。同旗广播电视局、计生局、旗人民法院、旗公安局交警大队等单位合作,制作、播放档案工作电视专题片,开展纪念《中华人民共和国档案法》颁布10周年大型宣传活动。

1999年4—5月,克旗档案局利用电视、报纸、标语等形式开展《中华人民共和国档案法》和《内蒙古自治区档案条例》宣传月活动。

2007年,开展《中华人民共和国档案法》颁布20周年纪念活动。

二、执法检查

1996年,赤峰市档案局在克旗开展档案执法检查。

1999年,旗档案局确定5人为档案执法人员,不定期开展执法检查。

2000年,旗档案局向旗政府法制办呈送《克旗档案行政执法监督九项制度》,档案行政执法初步实现规范化。旗档案局行政人员领取行政执法证,开始执法持证上岗。

2006年,《中华人民共和国档案法》执法检查工作列入克旗人大2006年度执法检查内容。旗档案局配合旗人大常委会执法检查组先后检查2个苏木镇2个旗直科局1

个国营企业的档案工作。受旗政府委托旗档案局向克旗第十四届人大常委会第22次会议报告克旗贯彻实施《中华人民共和国档案法》《内蒙古自治区档案条例》情况。

第四节　史志编纂

一、一轮修志

(一)机构

1985年,成立《克什克腾旗志》编纂委员会,旗委副书记任主任委员,旗人大、政府、政协分管领导任副主任委员,旗委办公室、旗政府办公室、旗政法委、计划委员会、财政局、经济贸易委员会、民政局、文化局、档案局、民族事务委员会为成员单位,下设办公室,旗委办公室主任兼任编委会办公室主任。李振刚任主编。

1991年,调整《克什克腾旗志》编纂委员会成员。编委会主任由旗长担任,旗志办主任由旗政府办公室主任兼任。1993年末,旗志办撤销。

(二)编纂工作

1982—1986年,旗地方志办公室即着手搜集资料,历时近4年,收集、抄录复印旗内外书籍、文字资料和口碑资料计1500万字。制定编写大纲第一稿(7编30章)和第二稿(8编49章),印行内部刊物《史志通讯》27期,约20万字。

1986—1988年,经四易草稿,完成《克什克腾旗志》初稿10卷63章100万字。

1989—1990年,对《克什克腾旗志》进行第五次修订和总编纂,编辑送审稿30卷142章,近107万字。

1991年,《克什克腾旗志》送审稿通过自治区地方志编委会、赤峰市志编委会、克旗志编委会70余名评委评审。

1991年,旗委、旗政府决定下限从1987年延伸至1990年末。至同年11月末,结合评审修改意见,《克什克腾旗志》调整、增加部分章节和延伸时限,完成总编纂第四稿修改,计成书稿30卷144章,120万字。

1993年10月,《克什克腾旗志》出版发行。

二、二轮续志

(一)机构

2005年,克旗开始组建第二轮续志领导办事机构,成立《克什克腾旗志(1991—2008年)》编纂委员会。时任旗委书记、旗政府旗长任主任委员,旗委分管副书记、旗政府副旗长、宣传部长、人大常委会有关副主任、政协有关副主席等任副主任委员;旗委办公室、旗政府办公室、财政局、发展和改革局、经济贸易局、档案局、统计局、教育局、卫生局、文化事业局、民政局、农牧业局、林业局、交通局、建设局、国土资源局等单位的主要领导为委员。

旗志主编:刘德生,旗志编纂委员会下设办公室,主任:赛希雅拉图(兼),副主任:胡昌明(负责旗志办常务工作)。

2013 年,调整《克什克腾旗志(1991—2008 年)》编纂委员会成员:时任旗委书记、政府旗长任主任委员,旗委分管副书记、旗政府分管副旗长、宣传部长、旗人大常委会有关副主任、旗政协有关副主席任副主任委员,旗委办公室、政府办公室、财政局、发展和改革局、国土资源局、经济和信息化局、档案局、统计局、教育局、人力资源和社会保障局、卫生局、旅游局、民政局、环境保护局、农牧业局、林业局、交通局、住房和建设局、民族宗教事务局、文化服务中心、广播电影电视服务中心、机要局等单位的主要领导为委员。

办公室主任:张志强(兼),副主任:胡昌明(负责旗志办常务工作)。旗志主编:刘德生,副主编:胡昌明。

(二)编纂评审

2005 年,旗政府组织召开克旗续志工作启动会议,部署撰稿提供资料工作,全旗苏木乡镇、各职能委办局分管领导、撰稿人参加会议;并印发《克旗第二轮地方志编纂工作方案》。

2006—2008 年,主要集中力量搜集资料。重点是搜集工业、商业改制前后的档案材料和记忆材料,搜集改革变动的企事业单位、撤并的行政机构等档案缺失的资料。

2006 年,采取以会代训形式,对旗直志书资料撰稿人进行培训;11 月中旬,对苏木乡镇 13 名撰稿人进行业务培训。2007 年 4 月下旬,对旗直单位委办局撰稿人进行培训。

2007 年,收集、整理资料,拟定“篇目”。

图 29-3-1　文化阵地

克什克腾旗志（1991—2008）　第三十篇

KE SHI KE TENG QI ZHI

第一章　办学体制与教学

第一节　办学体制

1991—2000 年,全旗中小学全部为公办学校,嘎查村办小学,苏木乡镇办初中和少量高中。2006 年,全旗撤销嘎查(村)小学和撤并乡镇中学,集中到城镇办学。至 2008 年末,逐步完成从试点到推广、从农村入城镇的办学体制改革,全旗小学由 1991 年的 199 所减少为 48 所,初级中学由 1991 年的 24 所减少为 10 所。

2000 年,经棚镇出现第一所民办幼儿园,2002—2003 年,经棚镇先后出现民办新东方英语学校和剑桥英语学校。

至 2008 年,全旗共有民办幼儿园 26 所。

第二节　学制与常规教学

一、学制

1991—1999 年,普通小学和民族小学教育实行五年学制,初级中学、高级中学实行三年学制。2003 年秋,小学特长生实行六年学制。各学校均执行自治区教育厅颁发的普通中小学、蒙古族中小学教学计划,统一使用人民教育出版社统编教材和自治区教育出版社的蒙古族中小学教材。

二、招生 毕业

1991—2003 年,适龄儿童全部入学。小学生毕业进行全旗统一测试,由学校颁发毕业证。2003 年前,小学生升入初中要进行考试,2003 年后,不再进行统一升学考试。

1991—2008 年,全旗初中升入高中要参加赤峰市统一命题考试,初中毕业由学校自行掌握。高中毕业实行会考制,考试和考核合格,由学校发放毕业证书。

三、教学

1991—2008 年,克旗各类各级学校由旗教育主管部门制订、安排执行统一的教学计划,使用统一教材,对学生进行教学、考试(考核)。

四、教学研究

1991—2008 年,全旗教研工作以旗教研室为主,配合各学校开展教研活动。教研室检查指导教学计划、教学大纲的落实情况,组织教学能手评比、教学方法研究、教学课题实验;组织学校承担国家、自治区、赤峰市、克旗的教育、教学科研课题研究。制订新教材的师资培训计划。

第二章 学前教育

第一节 幼儿园概况

1991—1999年,克旗幼儿教育业务由旗教育局管理。教育局普教股对增设幼儿园申报情况和办园资质进行考核,备案批复。各苏木乡镇小学招收学前班要通过克旗教育局批准备案后,方可招生。

2000年以后,创办民办幼儿园,法人代表须先行向克旗教育局申报,通过办学资质和办学条件审核合格后,批准备案,签发社会力量办学许可证。

1991年,全旗有21所幼儿园、201个学前班、249个教学班,3437名在园儿童、262名幼儿教师。

1996年,全旗有17所幼儿园、98个学前班、260个教学班,5838名在园儿童、278名幼儿教师。

2000年,全旗有18所幼儿园、65个学前班、203个教学班,4346名在园儿童。

2006年,经棚镇有25所在册民办幼儿园;有475名在园儿童,27名专任教师。

2008年,克旗有1所公办幼儿园,17个教学班,在园儿童618人;有26所民办幼儿园,在园儿童2270人。

第二节 教师与幼教

一、教师

1991—2008年,公办幼儿教师由人事主管部门统一选录、调配,由教育局管理。

1990年,幼儿园园长、教师须具有幼儿师范学校(包括幼儿职业学校)幼儿教育专业毕业学历,或通过教育行政部门考核合格方可担任,实行聘任、考评、定级。

克旗公办幼儿园教师享受中小学教师同等带薪休假及升职晋级学习培训待遇,合同教师、代课教师和公办教师同样享受补贴。

二、幼儿教育

1991—2000年,对3周岁以上学龄前儿童实施保育和教育,属学前教育预备阶段。幼儿园学制一般为三年制,实行春秋两季招生。多数小学招收一年制学前班,形成过渡教育形式。2000年后,民办幼儿园招收一年制学前班或二年制、三年制儿童入园。

第三节　幼儿园简介

一、克旗幼儿园

旗幼儿园始建于1972年，总占地面积3.8公顷，是克旗唯一一所公办幼儿园。

1991年，克旗幼儿园有两栋平房，建筑面积922平方米。有教职工52人，其中40名专任教师，有5个教学班，110名在园儿童，为二类乙级幼儿园。

1997年，试行分园设点办园，先后在经棚镇各居民区开设阳光、春蕾1、春蕾2、启蒙、康乐、明珠、英才、益智八所分园。同年，被赤峰市教育委员会评为幼儿教育先进集体。

2001年，克旗幼儿园建成1260平方米教学楼。有18个教学班，54名教职工，538名在园儿童。旗幼儿园被赤峰市妇联评为巾帼文明示范岗。

2003年，克旗幼儿园达到内蒙古自治区幼儿园分类定级标准，评定为一类乙级幼儿园。

2006年，克旗幼儿园新建550平方米教学楼，被评定为一类甲级幼儿园。

2008年，克旗幼儿园有17个教学班，618名在园儿童，45名教职工。

二、民办幼儿园发展简介

2000年，经棚镇出现克旗第一所民办幼儿园，由一位退休老教师筹办“苗苗幼儿园”，设2个教学班，70名儿童入园，3名专任教师。

至2008年，共有民办幼儿园26所，在园儿童2270人。

第三章　义务教育

第一节　小学教育

一、小学教育发展概况

1991年，克旗小学教育基本是一村一校。全旗有199所小学，1964名教师，15446名在校学生。小学适龄儿童入学率100%。

2000年，全旗全面普及九年义务教育，小学校总数调整为133所，在校生21163人，856个教学班，有1364名教师，适龄儿童入学率98%。

2004年，全旗小学校调整为96所。同年，启动普及九年义务教育、基本扫除文盲工作。

2006年，全旗开始大幅度调整学校布局，小学校撤并为44所，教学点调整为48

个。在校学生人数13985人,有427个教学班,1265名教师,小学适龄儿童入学率98%。同年11月通过自治区“两基”达标验收。经棚镇蒙古族小学、经棚镇三义完全小学、达日罕乌拉苏木完全小学被市政府授予基本普及九年义务教育、基本扫除青壮年文盲达标先进单位。

2008年,全旗小学校45所,在校学生15080人,有505个教学班,1673名小学教师,小学适龄儿童入学率100%。

二、学校人事管理

1991—1996年,学校管理实行教育主管部门领导下的校长负责制、教师聘任制、结构工资制。克旗直属小学校长由旗委组织部任免;各乡苏木镇小学校长由教育局任免。

旗教育局依据《内蒙古自治区人民政府全日制小学机构编制管理办法》,核定各小学教师编制。农村小学40名学生班额配置2名教师、城镇45名学生班额配置2.2名教师,实行任职资格认定,颁发教师资格证书,持证上岗。每年签订聘用合同,依据有关规定申报职称,享受待遇。

三、学制与教学

1991—2002年,克旗各小学实行五年一贯学制,2003年后,改为六年学制。

2003年后,实施新课程改革,各学校自行确定使用教材,主要使用北京师范大学出版社、人民教育出版社两种版本教材。

至2008年,全旗小学生由克旗教育局统一组织命题、考试、阅卷测评,成绩合格后,由所在学校颁发毕业证书。

第二节 旗属小学简介

一、经棚民族实验小学

1985年,经棚第一完全小学更名为经棚实验小学。1991年,经棚实验小学建成2栋标准化教室,有12个实验班,600名学生。

1996年,旗政府投资建设经棚实验小学4450平方米教学楼。

2001年,经棚回民小学并入实验小学,学校再次更名为“经棚民族实验小学”。

2006年,旗政府投资再建成1处3000平方米综合教学楼,配备有2个标准实验室、2个音乐教室、1个电子备课室、1个仪器库,建有2个标准篮球场;配置有50台电脑和远程教育系统,297种4550余件教学仪器;购置图书9725册。同年,通过自治区基本普及九年义务教育、基本扫除青壮年文盲达标验收。专任教师合格率100%。

2000年,赤峰市教委在经棚民族实验小学召开“发展小学数学”研讨会,美籍华人教学考察团考察“发展小学数学”课题实验项目。同年,被中国珠算协会评为“三算”教学先进校。2001 年,经棚民族实验小学承担自治区教育科研"十五规划"课题"'以人为本'班级管理模式的研究",经自治区教育科研规划办公室组织专家验收。学校被国家教育科学研究所评定为先进单位。2002 年,全国政协副主席周铁农视察学校,同时,学校被确认为赤峰市教育科学研究实验学校。2004 年,赤峰市教育科学研究所认定经棚民族实验小学为教学实验优秀学校。1991—2008 年,经棚实验小学涌现出 41 名市级以上骨干教师、9 名市级教学能手、14 名市级学科带头人,获得 4 项市级以上教育科研机构颁发的科研成果奖项。

二、经棚第二小学

经棚第二小学始建于 1969 年,原名红星小学。1973 年更名为经棚电厂小学,1975 年,更名为经棚第二小学。1990 年,更名为"经棚镇中心完全小学"。2002 年,同经棚第四小学合并,更名为经棚镇第二小学。2003 年以前,经棚二小行政上隶属经棚镇人民政府,同年 9 月,学校进行课程改革,招收 6 年制新生,被确定为旗直属小学。

1991 年后,经棚二小在贯彻国家教育方针,探索德育教育方面得到社会肯定。1996 年,经棚二小承担"九五"国家级重点教学研究课题"整体构建中小学德育体系"研究实验。1997 年 11 月,学校少年大队部被团中央少年工作委员会命名为"全国文明雏鹰假日小队"。2002 年,经棚二小承担"以人为本"班级管理模式研究,经自治区教育科学规划办公室组织专家组验收,被评为内蒙古自治区优秀实验学校。同年,被教育部中小学教师综合培训项目领导小组命名为教育部中小学教师综合培训项目示范校。1992 年,经棚二小承担国家教育科学所"发展小学数学"课题实验研究,有 4 个班 132 名学生参加实验,3 名教师获得实验成果奖。1998 年,经棚二小被赤峰市教育委员会评为"市级优秀电化教学学校"。1999 年,有 6 名教师参加"全国青年教师教学基本功大赛",获比赛团体第三名。2003 年,经棚二小被自治区教育厅命名为"内蒙古自治区现代教育技术优秀学校",被赤峰市教育委员会确定为"市级教育科研实验基地"。2006 年,经棚二小通过"两基"达标验收。学校有 1 名自治区级骨干教师,28 名市级骨干教师,5 名市级学科带头人。

2002 年,旗政府投资在原校址建成建筑面积 3450 平方米综合楼,学校装备有微机室(配置 68 台电脑),电视机、小银幕课堂,现代教学设备应用于教学。2005 年,经棚二小再建成建筑面积 3043 平方米综合楼,购置教学设备。

1991 年后,经棚二小的师资力量不断提高,大学专科以上学历教师 86.61%。

1991—2008 年克旗直属普通小学人员情况表

表 30－3－1

项目 / 年份	经棚民族实验小学			经棚第二小学		
	在校生数(人)	班数(个)	教师数(人)	在校生数(人)	班数(个)	教师数(人)
1991	920	23	80	1060	25	97
1992	927	24	82	1100	25	112
1993	1237	24	84	1119	25	123
1994	1192	23	87	1124	25	120
1995	1236	24	88	1162	25	119
1996	1337	26	90	1170	25	118
1997	1470	26	91	1175	27	130
1998	1498	29	92	1139	27	122
1999	1671	26	92	1103	28	126
2000	1681	29	95	1236	28	128
2001	2321	37	100	1336	32	134
2002	2235	36	104	1687	32	96
2003	2369	36	104	2065	36	102
2004	2313	36	110	2460	36	108
2005	2329	39	125	2412	40	119
2006	2127	36	124	2566	40	123
2007	2087	33	130	2560	41	132
2008	2299	36	128	2676	42	129

第三节　乡镇所属小学简介

一、完全小学

(一)经棚镇中心完全小学

经棚镇中心完全小学前身是经棚镇河南店村校。2002 年,有 141 名在校生,5 个教学班,25 名专任教师。2006 年,调整学校布局时,迁址于经棚镇光明村(原新庙乡政府所在地)。学校占地面积 1.2 万平方米,2 栋楼房建筑面积 2708 平方米。

2006年,原新庙乡小学部分并入经棚中心完小,学校有17个教学班,743名在校生,76名教职工,其中有56名专任教师。

2008年,经棚中心完小有30个教学班,992名在校生,70名教职工,其中有48名专任教师。

(二)宇宙地镇中心完全小学

1990年,宇宙地镇中心完全小学从宇宙地乡总校划出,成为独立乡镇完全小学,校址在宇宙地镇政府所在地。2008年,宇宙地中心完小包括1所村级小学,3个教学点。

1996年,学校参加"九五"国家教育重点课题"构建中小学德育体系的研究和实验"的实验研究,开展系列化小学德育实验,收到成效。学校被赤峰市教育科学研究所、赤峰市教育学会评为科研实验先进单位。1997年,承担教育科研项目"发展小学数学"通过验收,有7名教师获得成果奖,有3名教师被评为优秀实验教师。2001年,承担全国教育科学"九五"规划重点课题"整体构建学校德育体系的研究与实验",子课题"德育教育目标体系、内容系列、教材教法研究"实验,通过验收,有18名教师获得实验成果奖。2002年,被赤峰市教育委员会确定为赤峰市实验学校,并开始实施"小学语文整体改革"实验。2003年,承担的自治区教研课题"少边贫地区农村小学教师继续教育模式探索与研究"通过验收,5名教师获得研究成果奖。当年学校被旗政府授予教育工作先进集体称号;并在实施赤峰市"中小学继续教育工程"中获得"中小学继续教育工程先进集体"称号。2004年,被市教育局确定为农村小学教育科研基地。被国家教育科学研究所德育研究中心总课题组批准为全国教育科学"十五"规划"整体构建学校德育体系的深化研究与推广实验"国家重点课题实验学校。

2006年,通过内蒙古自治区"两基"达标验收。

1998年,利用二期义务教育工程资金建成校舍51间,多方筹集资金修建语音、电教、计算机多媒体网络教室。中心校三年级以上班级开设计算机课程,被市、旗两级教育主管部门授予"优秀电教学校"称号。2001年,获得美国教育基金会捐增550册图书,17件音乐器材。2006年,利用63万元国家集中寄宿制学校建设工程项目资金和上海红十字协会捐赠30万元资金,再新建1295平方米校舍。

二、总校小学

土城子总校小学　土城子小学始建于1917年,是克旗最早的地方学堂之一。1923年改为经棚县第二完全小学。1958年迁往经棚镇,后又迁回土城子镇,命名为"土城子小学"。1978年,土城子镇中学和小学合并建立总校。

1991年,土城子镇总校,管辖10个村校,有61个教学班,1098名在校生,120名教师(其中39名公办教师,59名民办教师,22名代课教师)。1994年,撤销土城子总校建立土城子镇中心完全小学,总校和村校合并。1995年,土城子全镇有64个教学班,

1280 名在校生。

2006 年,土城子总校管辖有 10 个村校,47 个教学班,1039 名在校生,99 名教师(其中 69 名公办教师)。全镇小学五年级全部集中入镇上总校。

2008 年,土城子总校小学有 8 个村校,有 49 个教学班,1015 名在校生,119 名教师。

新开地总校小学 1991 年,新开地总校小学有 7 所村级小学。有 78 个教学班,1156 名在校生,126 名教师(公办教师 12 人、民办教师 108 人、代课教师 6 人)。

1993 年,新开地总校被赤峰市教育局授予“两史一情”(即:中国近代史、中国现代史、中国基本国情)教育先进集体”,晋升为市级“精神文明单位”。

2001 年,新开地总校小学有 68 个教学班,1394 名在校生,127 名教师(其中公办教师 62 人)。总校被市委、市政府授予“校园文化先进学校”称号。

2007 年,新开地总校小学完成“两基”达标任务,通过国家级验收。

2008 年,新开地总校小学有 6 所村级小学,有 36 个教学班,798 名在校生,78 名教师。

新井总校小学 1991 年,新井乡总校管辖 8 所村级小学。有 40 个教学班,1216 名在校生,112 名教师(其中公办教师 22 人)。

1993 年,新井总校分设新井中学和新井中心完全小学。

1995 年,新井中心完全小学迁址新井乡政府所在地,占地 10086 平方米,建筑面积 2045 平方米。9 月,新井中心完全小学与新井中学合并,更名为“新井总校”,总校设立小学部和中学部。

1999 年,总校被评为赤峰市级常规管理示范校。

2000 年,新井总校成立黄汝斌基金会小乐队。

2003 年,在赤峰市少年组才艺大赛中小乐队获得优胜奖。

2008 年,新井总校小学设 1 所中心完全小学。有 15 个教学班,469 名在校生,76 名教师。

1998—2004 年,新井总校多次获得克旗政府表奖。

新庙总校小学 1991 年,新庙总校辖 9 所村级小学,有 54 个教学班,1303 名在校生,84 名教师。

1992 年,总校分设新庙中学和新庙中心完全小学。

2002 年,新庙中学和新庙完全小学合并,更名为新庙总校。

2005 年,新庙总校村设小学调整为 5 所,在校生 505 名,43 名教师。

2006 年末,新庙总校小学并入经棚镇中心完全小学。

万合永总校小学 2002 年,由原万合永总校、原柳林总校合并组成万合永总校小学。

1991 年,万合永完全小学有 50 个教学班,672 名在校生,56 名教师。

2008 年,万合永总校小学有 27 个教学班,606 名在校生,77 名在编教师;有 5 个设村教学点。

南店总校小学　南店总校小学由原南店总校和原上头地总校合并组成。

2001 年,上头地总校并入南店总校。南店总校小学有 6 所村设小学,共 41 个教学班,942 名在校生。同年,通过赤峰市级“两基”达标验收。

2008 年,南店总校小学有 1 所完全小学,1 所村设小学,计有 35 个教学班,653 名在校生,82 名在编教师。

经棚镇三义完全小学　1991 年,三义总校有 6 所村设小学,共有 32 个教学班,814 名在校生,62 名教职工。

1998 年,自治区青少年基金会捐资 20 万元,群众集资 10 万元,建成庆国“福和希望小学”。

2004 年,三义总校初中班并入新庙中学,成为三义中心完全小学。

2006 年,三义中心完全小学更名为“经棚镇三义完全小学”。有 21 个教学班,225 名在校生,64 名教师。

2007 年,经棚镇三义完全小学通过自治区“两基”达标验收,被市政府授予“‘两基’达标先进学校”。

2008 年,经棚镇三义完全小学有 6 个教学班,273 名在校生,58 名教师。

书声总校小学　1991 年,书声总校有 8 个村级小学,共有 66 个教学班,1134 名在校生,122 名教师(其中公办教师 29 人)。1996 年,合并各村校教学点,结束复式班教学。9 个村设小学共有 62 个教学班,1113 名在校生,123 名教师。

2000 年,书声总校小学合并为 5 个,有 54 个教学班,850 名在校生,88 名教师。

2006 年,书声乡总校有 5 个初级小学,36 个教学班,703 名在校生,65 名教师。

2008 年,书声总校小学为 1 所完全小学,16 个教学班,655 名在校生,89 名教师。

红山子总校小学　1991 年,红山子乡分设红山子中学和红山子中心完全小学。红山子中心完全小学设在大浩来图村,辖六所村设小学,有 46 个教学班,987 名在校生,101 名教职工(其中公办教师 15 人)。

1998 年,红山子乡中学、红山子中心完全小学合并成立红山子总校。

2001 年,全乡保留有 5 所村设小学,32 个教学班,762 名在校生,76 名教师。

2006 年,红山子总校设立小学部,全乡小学四年级、五年级全部集中到总校授课。小学部共有 16 个教学班,377 名在校生,65 名教师。

2008 年,红山子总校小学有 11 个教学班,316 名在校生,62 名教师。

广兴源总校小学　广兴源总校小学由广兴源总校小学和天盛号总校小学合并组成。

1993 年,台湾企业家李志仁为天盛号先锋村捐资建成克旗第一所“希望小学”—

“先锋希望小学”。

2002 年,撤乡建镇后,广兴源中心完全小学与天盛号总校合并,成立广兴源总校。有 45 个教学班,1030 名在校生,76 名教师。

2008 年,广兴源总校小学有 25 个教学班,440 名在校生,47 名在编教师。

同兴总校小学 同兴总校小学由原同兴总校小学和原天合园总校小学合并组成。

2002 年,撤乡建镇后,天合园总校与同兴总校合并,更名为同兴总校。包括 10 所村小学,52 个教学班,1071 名在校生,63 名教师。

2008 年,同兴总校小学辖有天合园村小学、同兴村小学两个设村小学,有 21 个教学班,645 名在校生,有在编教师 70 名。

芝瑞总校小学 芝瑞总校小学由原芝瑞总校小学和昌义总校小学两校合并组成。

2002 年,撤乡建镇后,原昌义总校合并入芝瑞镇总校。芝瑞总校小学有 35 个教学班,843 名在校生,72 名教师。

2008 年,芝瑞总校小学有 1 所中心完全小学,3 个设村小学,有 22 个教学班,627 名在校生,47 名在编教师。

浩来呼热小学 1958 年,好鲁库种羊场开办学校,有初中和小学两类教学班。

1995 年,好鲁库种羊场学校更名为“好鲁库种羊场总校”。有 4 个分场小学,8 个教学班,518 名在校生,41 名教师。

1999 年,场乡合一体制改革后,学校更名为“浩来呼热总校”。

2001 年,撤销分场学校,小学全部集中到总校教学,共有 6 个教学班,461 名在校生,44 名教师。

2002 年,原浩来呼热总校纳入克旗教育系统管理。

2005 年,浩来呼热总校中学部分并入新庙中学,浩来呼热小学更名为“经棚镇浩来呼热小学”。

2008 年,经棚镇浩来呼热小学有 6 个教学班,108 名在校生,38 名在编教师。

乌兰布统小学 1958 年,元宝山牧场开办中学,附设小学。在分场设立 4 所分校。

1991 年,元宝山牧场中学、小学共 6 个教学班,118 名在校生,26 名教师。

1999 年,撤销四个分场分校,集中办学。小学部分共有 8 个教学班,120 名在校生。

2002 年,元宝山牧场中学初中班并入广兴源中学,在乌兰布统乡组建乌兰布统小学。

2008 年,乌兰布统小学有 5 个教学班,43 名在校生,17 名在编教师。

1991—2008 年克旗小学教育基本情况表

表 30－3－2

项目 年份	学校(个)			教学班(个)		在校生(人)		教师(人)		
	旗直	中心完小	村小	旗直	乡镇	旗直	乡镇	公办	民办	代课
1991	2	29	168	53	1174	2101	19702	410	860	637
1992	2	29	166	54	1163	2164	18968	421	835	624
1993	2	29	163	54	1149	2502	19418	428	796	606
1994	2	29	163	53	1153	2465	21146	452	773	631
1995	2	29	163	54	1166	2552	22867	497	728	490
1996	2	29	153	56	1174	2672	24544	523	695	458
1997	2	29	151	58	1144	2811	25527	586	641	450
1998	2	29	117	58	1065	2825	24234	807	310	430
1999	2	29	108	62	951	3009	20746	912	107	402
2000	2	29	102	59	800	3169	17994	987	32	365
2001	2	26	89	71	618	3929	14063	1019	—	268
2002	2	26	74	79	587	4218	14107	1019	—	185
2003	2	26	68	82	585	4758	13249	1025	—	160
2004	3	25	68	84	584	5067	12655	1057	—	158
2005	3	25	65	94	526	5230	11938	1187	—	162
2006	3	20	33	91	454	5149	9812	1127	—	140
2007	3	7	37	55	393	2562	11816	1592	—	—
2008	3	7	38	56	445	2583	12497	1673	—	—

第四节　初中教育

一、发展概况

1991 年，全旗有 26 所普通初级中学，833 名教师，12776 名在校生。2 所职业初级中学，1241 名在校生，57 名专任教师。

2001 年，全旗普通初等中学调整为 24 所，有 13528 名在校生，734 名专任教师。2 所职业初等中学，有 1966 名在校生，117 名专任教师。

2006 年，全旗初等中学调整为 12 所，有 8655 名在校生，869 名教师。

2008 年，克旗有初等中学 10 所，有 7343 名在校生，887 名在编教师。

二、初中设置

2002年后,随着撤乡并镇区划布局调整和生源下降,乡级初等中学出现较大幅度调整撤并。由2001年的24所撤并为2006年的12所;2008年,克旗有初等中学10所,其中在乡镇设置初等中学8所:新庙中学、宇宙地中学、土城子总校、新开地总校、芝瑞总校、广兴源总校、红山子总校、同兴总校。

三、人事、教学管理

1991—2008年,克旗初级中等学校人事管理分为两部分,直属初级中学校长由旗委组织部考核任免;苏木乡镇初级中等学校校长由旗教育局任免。

克旗初级中等学校教育教学管理执行国家教育部有关规定,学制设置为三年,统一执行义务教育阶段新课程标准,使用全国统编教材,按统一要求更换使用新教材。

第五节　初中学校简介

一、旗直属初级中等学校

(一)经棚第二中学

1965年,始建经棚第二中学。1972年,更名为"克旗经棚师范学校"。1976年,师范教育部分分离迁出,恢复成立经棚第二中学。

1991年,经棚二中招收12个初中教学班,575名在校生,56名教师。招收10个高中班。

1994年,经棚二中高中班撤并入经棚第一中学。经棚第一中学2个初中班撤并入经棚二中,经棚二中成为完全初级中等学校。

2006年,经棚二中增加到30个教学班,1610名在校生,115名教职工。同年,经棚二中与经棚实验中学合并,学校更名为"克什克腾旗经棚第二中学",共有58个教学班,2985名在校生,208名教职工。

2008年,经棚二中有60个初中教学班,3397名在校生,234名教师。

1991年,经棚二中实行会考制度,推行教法改革,开展"导学式"教法实验。王艳秋获得自治区级语文学科教学能手、王敬东获得"赤峰市数学学科带头人"称号。

1994年,经棚二中进行学校管理体制改革,试实行校长负责制、教师聘任制、结构工资制。

1996年,经棚二中与克旗公安交警大队共同创办赤峰市首个"少年交警学校"。

1998年,经棚二中被上级教育主管部门评为"常规管理示范校"。承担上级关于德育、目标教学、英语教学评价、贫困地区中小学教师继续教育等多项教学科研项目,承担的国家重点教育科研项目"整体构建学校德育体系"子课题"学校家庭社会三结合一体化"实验研究通过国家验收;实验教师张巨文、刘凤杰分别获语文、英语国家优秀科研成果二等奖。

2006 年,经棚二中通过自治区"两基"达标验收。

1998 年,经棚二中建成 3300 平方米教学综合楼。2003 年,建成 530 平方米教学综合楼,初步改善教学条件。

2006 年,经棚第二中学与经棚实验中学合并,迁校于经棚镇解放路北段,新建成占地 8.7 公顷,建筑面积 27163 平方米教学楼、实验楼、宿舍楼、师生食堂,办学条件全面改善。

(二)经棚实验中学

1984 年,克旗设置经棚第三中学。1986 年,迁址于经棚解放路中段,占地 20150 平方米,建成第一栋建筑面积 3465 平方米综合楼,1989 年,建成第二栋建筑面积 3386 平方米教学楼。

1991 年,经棚第三中学有 14 个教学班,633 名在校生,46 名专任教师。

1998 年 7 月,经棚第三中学更名为"经棚实验中学"。

2001 年,经棚实验中学有 30 个教学班,2066 名在校生,106 名教职工,其中专任教师 86 人。

2006 年,经棚实验中学有 30 个教学班,1568 名在校生,111 名教职工。同年 9 月,经棚实验中学与经棚二中合并,迁入新校址办学。

1991—2008 年克旗直属普通初中教育发展情况表

表 30-3-3

项目/年份	经棚民族实验中学			经棚第二中学		
	在校生数(人)	班数(个)	教师数(人)	在校生数(人)	班数(个)	教师数(人)
1991	716	12	60	901	18	96
1992	718	12	60	925	18	96
1993	732	18	60	947	20	98
1994	745	18	62	956	20	101
1995	751	18	68	1002	24	101
1996	763	18	72	1014	24	102
1997	774	18	77	1025	24	104
1998	774	18	80	1113	24	97
1999	982	20	80	1211	24	100
2000	1608	24	98	1454	26	100
2001	1612	28	108	1655	28	102

续表 30－3－3

年份＼项目	经棚民族实验中学			经棚第二中学		
	在校生数(人)	班数(个)	教师数(人)	在校生数(人)	班数(个)	教师数(人)
2002	1664	28	108	1817	30	102
2003	1790	30	111	1840	30	102
2004	1783	29	112	1670	30	114
2005	1636	30	112	1670	30	115
2006	—	—	—	2985	56	227
2007	—	—	—	3476	60	223
2008	—	—	—	3397	60	234

二、乡镇初级中学

(一)宇宙地镇中学

1984 年,宇宙地乡中学在现宇宙地镇政府所在地建校,占地 33230 平方米,为乡镇完全初级中学。2002 年秋,热水塘镇中学并入宇宙地乡中学,宇宙地建镇,宇宙地乡中学更名为宇宙地镇中学。2006 年,书声乡总校初中部并入宇宙地中学。

1991—2008 年宇宙地中学、热水中学班级和师生数目表

表 30－3－4

年份	宇宙地乡(镇)中学			热水塘镇中学		
	教学班数(个)	在校生数(人)	教师数(人)	教学班数(个)	在校生数(人)	教师数(人)
1991	8	212	27	10	429	38
1995	11	239	29	9	366	41
2000	24	1335	97	12	589	49
2002	25	1539	109	12	432	51
2004	27	1449	114	—	—	—
2006	25	1101	110	—	—	—
2008	24	1145	102	—	—	—

2006 年,宇宙地镇中学派出业务骨干教师外出学习,借鉴成功经验,实施新课标,并大胆尝试学生“自主、合作、探究”学习方式,提高教学质量。

宇宙地镇中学的办学条件不断得到改善。2003 年,利用国家“二期义务教育工程”70 万元资金和宇宙地镇人民政府 6 万元自筹资金,建成 2093 平方米教学楼;2005 年,利用“寄宿制学校建设项目”290 万元资金,建成 3400 平方米的宿舍楼,2006 年,学校自

筹资金建成1200平方米的师生食堂,硬化600平方米甬道、建成500平方米花坛、扩建9800平方米体育运动场所。

2006年11月,宇宙地镇中学首先接受国家九年义务教育达标验收,并顺利通过。

(二)经棚镇新庙总校初中

1968年,红光公社建"红光'五七'中学",1982年秋,更名为"新庙乡总校"。

1992年,新庙乡总校小学与中学分设,新庙乡中学为独立初级中学。1998年,新庙乡中学与新庙乡小学合并,重新命名为"新庙总校"。2001年9月,元宝山牧场中学并入新庙总校。2004年,三义总校初中教育并入新庙总校。2005年,浩来呼热总校初中部分并入新庙总校。2006年,南店镇总校初中部并入新庙中学。

1991—2008年新庙、三义、好来呼热、元宝山总校班级师生数目表

表30-3-5

学校 \ 年份	经棚镇新庙总校			三义总校初中			浩来呼热总校初中			元宝山牧场中学		
	教学班数(个)	在校生数(人)	教师数(人)	教学班数(个)	在校生数(人)	教师数(人)	教学班数(个)	在校生数(人)	教师数(人)	教学班数(个)	在校生数(人)	教师数(人)
1991	9	332	45	6	309	23	6	306	17	3	73	11
1996	9	455	51	6	327	26	4	201	16	3	79	11
2001	14	477	68	6	256	36	3	126	12	2	27	11
2004	14	488	73	6	214	40	3	87	39	—	—	—
2005	12	501	76	—	—	—	3	89	39	—	—	—
2006	14	728	75	—	—	—	—	—	—	—	—	—
2008	18	619	98	—	—	—	—	—	—	—	—	—

注:浩来呼热乡总校、元宝山牧场中学2001年的数字是2000年末的数据

2003年,新庙乡总校建成6800平方米教学楼,配备有多媒体教室。2004年,新庙乡总校新建成2018平方米宿舍楼。

同年,新庙乡总校与内蒙古经贸学校联合办学,发展农村职业教育,至2008年末,先后有3届53名职教学生毕业。

(三)土城子镇中学(总校)

1961年,土城子中学在土城子镇北建校,占地2860平方米。1978年,恢复高考后,分设高中部和初中部,为完全中学。1998年,土城子中学撤销高中教育,成为一所完全初级中学。2004年9月,镇初级中学、小学合并办学,更名为"土城子镇总校"。

1991年,土城子中学(总校)有12个教学班,672名在校生,41名教师。

2008 年,土城子中学(总校)有 12 个教学班,586 名在校生,56 名教师。

(四)土城子镇书声总校初中

土城子镇书声总校,校址在书声乡政府所在地。2004 年,书声总校并入土城子镇总校,更名为土城子镇书声总校。

1948 年,始建书声学校,建校初,有 7 个教学班,14 名教师。1968 年,命名为书声人民公社中学,后更名为书声乡中学、书声总校。

1991 年,书声总校有 10 个初中教学班,502 名在校生,41 名教师。

2008 年,土城子镇书声总校有 10 个初中教学班,382 名在校生,50 名教师。

2000 年,书声总校有 2 名赤峰市级骨干教师,1 名自治区级骨干教师。

2002 年,书声总校通过市级"两基"达标验收。

2006 年,土城子镇书声总校初中合并到新庙中学(总校)。

2007 年,土城子镇书声总校 6 所村校合并,更名为土城子镇书声完全小学。

(五)万合永镇新井总校初中

1978 年,新井乡中学在新井乡政府所在地始建校,占地 17534 平方米。1993 年,分设乡属中学、小学。2005 年,中学、小学合并为总校,分设中学部、小学部。随撤乡并镇,新井总校更名为万合永镇新井总校。

1991 年,新井中学有 6 个初中教学班,252 名在校生,38 名教师。

2008 年,万合永镇新井总校有 6 个初中教学班,246 名在校生,54 名教师。

(六)万合永总校初中

1948 年,万合永乡始建学校,原名山后小学。1987 年,在双合乡政府所在地,扩建并命名为"双合学校",占地 103688 平方米。

1991 年,更名为万合永总校,2002 年,万合永总校与柳林总校合并为完全初级中学(总校)。

1991 年,万合永总校有 6 个初中教学班,340 名在校生,24 名教师。

2008 年,万合永总校有 7 个初中教学班,274 名在校生,44 名教师。

1997 年,万合永总校通过赤峰市初级中学义务达标校验收。2000 年,晋升为赤峰市级精神文明单位。2004 年,万合永总校与赤峰市农牧学校联合创办农村职业教育,并成功输送两届 56 名毕业生。2005 年,获得"赤峰市语言规范化达标学校"称号。2006 年,通过自治区"两基"达标验收。2007 年,被评为克旗语文教学改革示范校。

(七)新开地总校初中

1991 年,新开地总校,有 9 个初中教学班,532 名在校生,52 名教师。2008 年,新开地总校有 11 个初中教学班,472 名在校生,96 名教师。

1993 年,新开地总校被赤峰市教育局评为"两史一情"(中国近代史、中国现代史、中国基本国情)教育先进单位,晋升为市级精神文明单位。1996年,被赤峰市教育科学研究所评定为发展小学实验先进集体。2000年,建成教学综合楼。2001年,被市委、市政府授予校园文化先进学校称号。2002年,被旗政府评定为教育管理年先进集体。2003年,被旗社会治安综合治理委员会评定为安全文明校园。

2008年,新开地总校建成2400平方米学生宿舍楼。

(八)红山子总校初中

1949年,红山子乡始建萨岭河小学。1954年,萨岭河小学更名为红山子中心小学。1969年,改办为独立中学,命名为红山子中学。1987年,红山子乡中学、小学合并办学,更名为红山子总校。1991年,红山子乡分设红山子中学和红山子中心完全小学。1998年红山子中学、小学合并,恢复为红山子总校。

1991年,红山子中学有6个初中教学班,186名在校生,30名教职工。

2008年,红山子总校有7个初中教学班,262名在校生,44名教职工。

1996年,红山子中学教师傅海霞获得自治区"模范班主任"称号。

2000年,红山子总校承担"强化语文实践,提高语文能力"的教学改革实验,通过评审验收,有2名教师获得旗级语文教学研究科技成果奖。

2006年,红山子乡总校通过自治区"两基"达标验收。

2004年,红山子总校新建17间宿舍和实验室、档案室、综合活动室,学生计算机教室、教师办公室全部装备计算机,学校拥有计算机近百台,并安装远程教育地面接收系统。

2005年,红山子乡总校打出深水井1眼,防止儿童克山病。

2007年,香港刘国烈为学校捐资助学。

(九)芝瑞中学(总校)

1962年,芝瑞人民公社建立中心完全小学。1969年,建立芝瑞"五七"中学。1991年中学、小学合并,建立芝瑞乡总校。2002年,昌义乡总校并入芝瑞总校,更名为芝瑞镇总校,2004年,更名为芝瑞镇芝瑞总校。

1991—2008年芝瑞(昌义)总校师生数目表

表30-3-6

学校 年份	芝瑞总校(初中)			昌义总校(初中)		
	教学班(个)	在校生(人)	教职工(人)	教学班(个)	在校生(人)	教职工(人)
1991	7	240	27	7	252	17
1996	8	289	32	6	234	18
2000	9	359	33	6	217	18

续表 30-3-6

年份＼学校	芝瑞总校(初中)			昌义总校(初中)		
	教学班(个)	在校生(人)	教职工(人)	教学班(个)	在校生(人)	教职工(人)
2001	8	354	33	6	211	18
2002	22	696	64	—	—	—
2006	20	565	67	—	—	—
2008	17	542	61	—	—	—

1998 年,芝瑞总校被市政府授予“勤工俭学先进集体”称号。

2006 年,芝瑞总校建成 1835 平方米教学楼,通过自治区“两基”达标验收。

(十)芝瑞镇广兴源总校初中

1961 年,建广兴源小学。1968 年,学校更名为广兴“五七”中学。1983 年,改办农业职业高级中学,命名为“广兴农业高级中学”。1995 年,撤销广兴农业职业高级中学,更名为广兴源职业初级中学。1984 年,天盛号乡始建学校。

2001 年,天盛号总校并入广兴源总校。2004 年,更名为芝瑞镇广兴源总校。

1991 年,广兴源总校“农职高”部有 324 名在校生,23 名农职高教师;初中部有 347 名在校生,24 名初中教师。

2006 年,广兴源总校有 10 个初中教学班,501 名在校生,68 名初中教师。

2008 年,广兴源总校被评为市级勤工俭学示范校。

(十一)芝瑞镇南店总校初中

1984 年,南店乡建有南店总校,上头地乡建有上头地总校。2001 年,上头地总校并入南店总校。2005 年,撤销南店镇后,南店总校更名为芝瑞镇南店总校。

2007 年,南店校区和上头地校区初中班并入宇宙地中学。

1991—2006 年南店、上头地总校班级、师生数目表

表 30-3-7

年份	南店总校区			上头地校区		
	初中教学班(个)	在校生数(人)	教师数(人)	初中教学班(个)	在校生数(人)	教师数(人)
1991	5	210	15	6	245	22
1996	5	235	16	7	345	26
2000	7	331	21	7	376	27
2006	6	246	22	6	236	24

2001 年,南店乡总校通过赤峰市级"两基"达标验收。

(十二)同兴镇总校初中

1984 年,设木希嘎总校,2001 年,更名为同兴镇总校。

1991 年,木希嘎总校有 6 个初中教学班,300 名初中在校生,51 名教师。

2008 年,同兴镇总校有 9 个初中教学班,458 名初中在校生,61 名教师。

2003 年,同兴镇总校新建 2300 平方米校舍,办学条件改善。

2006 年,同兴镇总校通过自治区"两基"达标验收。

1991—2008 年克旗初级中学发展情况表

表 30－3－8

年份	学校(所)	班数(个)	在校生(人)	招生(人)	毕业生(人)	教职工(人)			
						公办	民办	代课	专任教师
1991	24	189	7765	2836	2603	275	302	83	658
1992	24	189	8200	2782	2415	283	304	82	658
1993	24	187	8181	2961	2509	298	290	82	670
1994	28	225	9965	3901	2965	307	282	85	752
1995	27	232	10459	3728	3053	324	267	85	737
1996	27	236	10407	3330	3266	352	239	87	776
1997	7	232	9692	3284	3760	387	208	90	750
1998	29	237	9991	3990	3328	403	176	97	716
1999	28	247	11376	5062	3014	498	105	114	766
2000	28	280	14017	5871	2696	592	11	98	833
2001	27	302	15494	6048	3762	635	—	89	851
2002	21	302	15881	5132	4173	677	—	60	872
2003	20	304	14438	4477	4868	698	—	55	886
2004	18	293	13813	3939	5052	704	—	40	956
2005	15	245	10952	2922	4768	743	—	37	762
2006	13	201	10296	3070	3861	760	—	16	803
2007	10	161	7868	2730	2553	909	—	—	759
2008	10	166	7343	2038	2568	887	—	—	787

第四章　高中教育

第一节　学校设置与管理

1991—2008年,经棚一中和经棚蒙中两所高中人事管理由旗教育局和旗人事局分别管理,高中校长、副校长由旗委组织部考核任免;环节干部由学校提出意见报旗教育局任免。旗教育局负责教师的常规管理,调配教师由教育局报人事局批复后执行。教师实行职称工资制,职称评定由旗教育局组织申报,克旗和上级人事主管部门进行审核批准,旗教育局根据教师职称比例逐年分配指标聘用教师,教师聘用后兑现职称工资。

2所高中教育教学管理执行国家教育部有关规定,学制设置为三年,统一执行课程标准,使用全国统编教材。

第二节　经棚第一中学简介

经棚第一中学是克旗唯一一所全日制汉语授课普通高级中学。

1991年,经棚一中有24个教学班(包括初中6个教学班,305名学生),1265名在校生,147名教职工。2008年,有76个教学班,5249名在校生,240名教师。

1991—2008年,经棚一中累计培养高中毕业生14751人,输送高等院校新生10391人。其中有1人考入清华大学,3人考入北京大学,178人考入国家其他重点大学,有312人考入全国各地职业大学。

1997年后,经棚一中办学条件持续改善,建成教学科研楼。1998年建成2栋职工家属楼。2001年建成3294平方米教学楼、2600平方米实验楼,装备语音室、电教室、多媒体阶梯教室、微机室、电脑备课室、理化生实验室,开通校园无线调频广播台。2003年建成7065平方米综合教学楼,设置有40个教室、5个大型语音室,装备有网络、电话、卫星接收、广播电视系统等电教设备。建成6384平方米264个房间,可容纳2112人住宿的学生公寓楼。2004年建成集学生餐厅、教工餐厅、学生宿舍、公寓为一体的综合公寓楼。2005年建成10个标准化篮球场,2个标准化排球场。2006年建成可下载近10万册图书的电子图书室,1200平方米水冲式厕所。2008年建设1个4000米标准化塑胶田径运动场、12个篮球场、4个排球场、5个羽毛球场、1个室内网球场。

1991—2008年,经棚一中集体和个人赢得国家、自治区、市各级党委、政府和教育主管部门奖励,学校知名度不断提高,涌现出一批优秀、骨干教师。1993年,边国军获得自治区教育厅颁发的"优秀教师奖"。2000年,庞万银在自治区"优秀课"示范观摩研讨会上获高中组一等奖；亢洪波被自治区教育厅授予“学科带头人”称号；张少军、王秉泽被授予“自治区级骨干教师”称号。2008 年，全校有 29 名中学高级教师。1993 年，被授予“市级文明学校”称号。1996 年，被赤峰市政府授予“教育管理先进集体”称号。1997 年，晋升为自治区级精神文明单位。1998 年、2002 年、2004 年 3 次被赤峰市教育局授予“普通高中管理先进学校”称号。2007 年，分别被赤峰市政府、赤峰市委宣传部授予“赤峰市公共道德建设先进单位”“赤峰市思想政治工作示范单位”称号。2008 年，被内蒙古大学确定为优秀生源基地。

1991—2008 年经棚一中教育情况表

表 30　4　1

年份	班（个）	学生（人）	教师（人）	毕业人数（人）	升学率	年份	班（个）	学生（人）	教师（人）	毕业人数（人）	升学率
1991	24	1265	147	493	25%	2000	29	1661	148	525	36%
1992	24	1269	145	368	24%	2001	29	1599	146	658	56%
1993	24	1265	144	421	27%	2002	36	2084	166	559	71%
1994	24	1201	145	407	35%	2003	60	4126	185	842	62%
1995	24	1226	146	241	55%	2004	73	4984	229	1172	97%
1996	24	1345	143	79	37%	2005	85	5619	252	1456	84%
1997	24	1438	141	366	52%	2006	83	5428	271	1699	86%
1998	27	1421	147	436	30%	2007	79	5012	241	2100	90%
1999	29	1577	147	460	34%	2008	76	5249	240	2287	90%

第五章　民族教育

第一节　民族教育概况

一、现代兴教追记

中华民国 4 年(1915 年)，克旗旗务总管乐景涛(慕容嘎)首办蒙古族萃英小学。

中华民国 23 年(1934 年)，诺力嘎尔扎布在今达日罕乌拉苏木东太里井子创办达尔罕小学。

中华民国 30 年(1941 年)9 月，克旗“第一国民优级学校”更名为“第一国民优级实验学校”，蒙古语授课。

中华民国 35 年(1946 年)冬，克旗草原连降大雪，达尔罕小学学生不能到校，教师骑马到牧民家中授课，由此克旗首创适应游牧生活巡回式“马背小学”。此后教师巡回式“马背小学”迅速发展，成为草原牧区冬天的一种教学方式。因巡回授课往往以独贵龙(今牧民小组)为单位,民众称为艾里(汉语“营子”、“村子”之意)小学,蒙古语授课。今达日罕乌拉苏木白音门德小学是克旗最早的艾里小学。

1965 年 4 月,内蒙古党委机关刊物《实践》以《牧民逐水草而居,学校随牧民而移》为题,介绍“马背小学”。同年,《人民日报》《光明日报》分别作宣传报道,“马背小学”一时成为草原牧区办学方向。

1949 年,克旗共有 8 所蒙古语授课初级小学。

1990 年,克旗有 38 所蒙古语授课小学。

二、发展阶段

1991 年,全旗有 42 所蒙古族小学、1 所回族小学,2216 名在校生。有 6 所蒙古族初级中学,1118 名在校生,有一所蒙古族高级中学,163 名在校生。

1996 年,全旗有 31 所蒙古族小学,2764 名在校生,有 5 所蒙古族初级中学,818 名在校生,有 1 所蒙古族高级中学,78 名在校生。

2001 年,全旗有 8 所蒙古族小学,2279 名在校生,有 5 所蒙古族初级中学,1041 名在校生,1 所蒙古族高级中学,有 147 名在校生。

2006 年,全旗有 7 所蒙古族小学,1224 名在校生,1 所蒙古族初级中学,533 名在校生,1 所蒙古族高级中学,515 名在校生。

2008 年,全旗有 6 所蒙古族小学,1031 名在校生,1 所蒙古族初级中学,543 名在校生,1 所蒙古族高级中学,460 名在校生。

1991—2008 年,随着生源减少,克旗蒙古族小学、初级中学呈调整和减少趋势,布局向城镇收缩。

2002 年,克旗回民小学并入经棚实验小学。

1991 年后,克旗民族教育实行“两主一公”(寄宿为主、助学金为主的公办学校)办学形式。

1996 年,各蒙古族中小学普遍实行校长负责制。蒙古族中学实验“英语”课得到肯定,形成“三语”(蒙古语、汉语、英语)教学体系。

第二节　民族义务教育

一、蒙古族幼儿学前教育

1991 年,全旗蒙古族小学有 51 个学前班,617 名在校儿童。1996 年,全旗蒙古族小学有 52 个学前班,661 名在校儿童。2000 年,全旗蒙古族小学有 22 个学前班,327 名在校儿童。2006 年,全旗蒙古族小学有 17 个学前班,364 名在校儿童。2008 年,全旗蒙古族小学共有 15 个学前班,281 名在校儿童。

二、民族小学教育

（一）发展概况

1991 年，全旗共有 6 所蒙古族中心完全小学，36 所蒙古族嘎查学校。1996 年，全旗蒙古族小学减少为 31 所。2000 年，全旗蒙古族小学减少为 8 所。2004 年，达日罕乌拉总校、经棚蒙古族小学分别建成教学楼，配备电化教学、图书资料、音乐体育美术等教学设备。2008 年，全旗蒙古族小学减少为 6 所。经棚蒙古族小学再建成教学楼，添置电化教学、图书资料、音乐体育美术等教学设备。

（二）民族小学简介

1. 经棚蒙古族小学

1985 年，建设经棚蒙古族小学。1986 年春，经棚蒙古族小学从经棚蒙中院内迁出。为旗直属小学。

1991 年，经棚蒙小有 5 个教学班，121 名在校生，34 名教师。1996 年，经棚蒙小有 7 个教学班，165 名在校生，41 名教师。2001 年，经棚蒙小有 8 个教学班，275 名在校生，38 名教师。2006 年，经棚蒙小有 13 个教学班，456 名在校生，60 名教师。2008 年，经棚蒙小有 17 个教学班，580 名在校生，67 名教师。

1995 年，经棚蒙小被赤峰市教育局确定为赤峰市双语实验校。1996 年，被赤峰市教育局命名为赤峰市民族规范化学校、赤峰市民族中小学素质教育试点校。2001 年，被赤峰市教育局授予赤峰市义务教育示范校。2004 年，建成 3115 平方米教学、办公、生活综合楼，办学条件全面改善。2006 年，通过内蒙古自治区基本普及九年义务教育、基本扫除青壮年文盲达标验收。

2. 达来诺日蒙古族实验小学

1991 年，达来诺日蒙古族实验小学有 24 个教学班，243 名在校生，92 名教师。1996 年，有 30 个教学班，489 名在校生，85 名教师。2001 年，有 10 个教学班，328 名在校生，86 名教师。2006 年，有 5 个教学班，152 名在校生，98 名教师。2008 年，有 5 个教学班，133 名在校生，93 名教师。

1994 年，达来诺日蒙古族实验小学承担“速算式三结合”实验研究，1999 年，通过评审验收。

1995 年，被赤峰市教育委员会授予赤峰市义务教育示范校，并评为赤峰市电化教学优秀学校。

1999 年，被市政府命名为“赤峰名学校”。

2001 年，立项启动蒙古语、汉语、英语“三语”教育教学模式研究，学校被确定为国家“九五期间重点课题——双语教育试点校”。被自治区教育厅授予现代教育技术优秀学校，被评为自治区级义务教育示范校。

2003 年,“双语教育试点校”通过自治区教育科学研究规划领导小组评审。承担实验的教师获得自治区中小学教师继续教育课题成果一等奖;学校被自治区教育厅授予“中小学教师继续教育优秀学校”。

2006 年 10 月,通过内蒙古自治区“两基”达标验收。

1991—2008 年,达来诺日蒙古族实验小学教师日斯格玛、塔娜、阿拉塔先后被评为自治区级教学能手,达布希拉图被教育部授予全国优秀教师。

1992 年,被自治区教育厅评定为“标准化民族学校”。

1998 年后,建成 18 间教室和学生宿舍,装配微机室(有 12 台计算机)、语音室(36 座位)、电教室(配置有投影仪、卫星地面接收器及远程教育设备)。2002 年,教室、宿舍、食堂全部安装水暖设备,办学条件全面改善。

3. 经棚回民小学

1958 年,经棚初级小学更名为“经棚镇回民小学”。1959 年,经棚镇回民小学再迁回原校址办学。1968 年,改名为红卫小学。1969 年,红卫小学附属于克旗印刷厂,为企业办学。1978 年,恢复“经棚回民小学”名称,隶属经棚镇。1985 年,经棚第三小学并入经棚回民小学。1991 年,有 12 个教学班,600 名在校生,33 名教师。2001 年,有 8 个教学班,170 名在校生,24 名教师。2002 年,并入经棚实验小学。

4. 达日罕乌拉总校

1991 年,达日罕乌拉总校下设巴音门德、达根、巴音希勒、那日苏嘎查 4 所学校。形成 1 所总校 4 处小学办学格局。有 18 个教学班,732 名在校生,88 名教职工。

1993 年,达根嘎查小学撤并入总校。

1996 年,达日罕乌拉总校有 16 个教学班,482 名在校生,71 名教职工。

2000 年,阿其乌拉总校并入达日罕乌拉总校。有 24 个教学班,660 名在校生,108 名教职工(90 名专任教师)。2006 年,通过自治区“两基”达标验收。2008 年,达日罕乌拉总校有 9 个教学班,263 名在校生,68 名教师。

1996 年,学校组织教师参加国家“九五计划”国家级重点课题“构建小学德育体系的研究和实验”课题研究,制定《达日罕乌拉总校电化教学五年规划》,计算机、电视机、大屏幕开始进入课堂教学。总校被赤峰市教育局授予“义务教育示范学校”称号,被赤峰市教育科学研究所、赤峰市教育学会评定为“科研实验先进单位”。1997 年,达日罕乌拉总校被克旗教育局确定为素质教育试点校、校园文化建设先进单位、成人教育先进集体;被旗精神文明建设委员会评定为克旗精神文明标兵单位。

2003 年,被旗政府授予教育工作先进集体。2005 年,达日罕乌拉总校获得赤峰市中小学教师继续教育工程先进集体。1995 年,被评定为市级勤工俭学先进单位。1998 年,达日罕乌拉总校筹资 18 万元,建成集电化教学、计算机教育为一体的多媒体网络教室,在总校三年级以上教学班开设计算机课程。2003 年,建成 1300 平方米的教学楼。

2006年,利用国家集中寄宿制学校建设工程项目资金购置教学设备,学校办学条件得到全面改善。

5. 巴彦查干总校

1948年,巴彦查干苏木建立郝希图小学。1983年,建总校。1991年,巴彦查干苏木总校下设9所嘎查小学。有19个教学班,432名在校生,27名专任教师。1996年,有17个教学班,348名在校生,92名教职工(68名专任教师)。2000年,有11个教学班,236名在校生,68名教职工。2006年,有5个教学班,143名在校生,54名教职工。2008年,有6个教学班,119名在校生,54名教师。

1994年,巴彦查干总校被旗精神文明建设委员会评为精神文明单位。2000年,巴彦查干总校调整学校布局,嘎查校集中到总校办学。2001年,通过自治区"两基"达标验收。同年,巴彦高勒总校划归巴彦查干总校。1998年,巴彦查干总校筹集资金建成多媒体网络教室,三年级以上学生开设计算机课。2008年,巴彦查干总校建成建筑面积2400平方米新校舍,校园占地面积23800平方米。

6. 巴彦高勒完全小学(总校)

1984年,建巴彦高勒完全小学,后改为巴彦高勒总校。1991年,巴彦高勒总校下设有乌套海5所嘎查小学。总校有27个教学班,419名在校生,55名专任教师。1996年,包括5所小学,23个教学班,407名在校生,85名教师。2008年,有10个教学班,386名在校生,75名教师。

1996年,有四所小学先后撤并入巴彦高勒总校。2000年,巴彦高勒总校利用一期义务教育工程项目资金建成12间教室、办公室。2001年,呼和希勒嘎查小学停办。2002年,建成301平方米校舍。2004年,巴彦高勒总校与巴彦高勒苏木中学合并,更名为巴彦高勒总校。2005年,巴彦高勒总校初中班并入克旗蒙古族中学,学校更名为巴彦高勒完全小学。2008年,巴彦高勒完全小学有教学、办公、住宿等用房1760平方米,校园面积20000平方米。

7. 达来诺日第二小学

达来诺日第二小学是克旗牧区唯一一所使用汉语文授课小学,原与达来诺日第二中学合属办学。

1991年,达里二小包括哈日浩舒(农队)嘎查、官地嘎查2个小学教学点,共13个教学班,168名小学生,26名教师。

2008年,有6个教学班,34名在校生,21名教师。

1999年,撤并哈日浩舒(农队)嘎查和官地嘎查2个教学点。2002年,初中部分并入经棚镇新庙中学,成为独立完全小学。同年,接管达里渔场教学点。2004年,搬迁到原达来诺日第一中学校院办学。2006年,通过自治区"两基"达标验收。2008年,校园建筑面积1280平方米,占地面积4600平方米。

1991—2008 年克旗蒙古族小学教育情况表

表 30－5－1

项目 年份	学校(个)			教学班(个)		在校生(人)		教师(人)	
	旗直小学	中心完小	嘎查小学	旗直小学	苏木小学	旗直小学	苏木小学	公办教师	代课教师
1991	1	6	34	5	113	121	2269	340	82
1992	1	6	34	5	115	137	2375	318	75
1993	1	6	31	5	117	146	2433	329	74
1994	1	6	31	5	118	149	2017	327	69
1995	1	6	28	5	112	154	2451	320	70
1996	1	6	27	5	108	165	2522	316	65
1997	1	6	24	5	84	166	2364	324	55
1998	1	6	7	5	74	188	2228	316	52
1999	1	6	3	5	74	235	2076	331	51
2000	1	6	2	5	61	252	1876	373	30
2001	1	5	—	10	55	272	1577	319	29
2002	1	5	—	10	49	296	1325	330	20
2003	1	5	—	10	47	324	1141	300	18
2004	1	5	—	12	40	294	949	328	25
2005	1	5	—	15	33	486	887	325	26
2006	1	5	—	15	33	456	857	321	27
2007	1	4	1	15	27	516	507	161	—
2008	1	4	1	17	30	586	451	160	—

三、蒙古族中学教育

(一)蒙古族初中发展概况

1991 年,全旗共有 6 所蒙古族初中,33 个教学班,1118 名在校生,183 名教师。1996 年,全旗有 5 所蒙古族初中。2000 年,全旗有 4 所蒙古族初中。2004 年,旗达里中学撤并入达来诺日总校;巴彦高勒中学撤并入巴彦高勒总校。2006 年,学校布局调整,克旗保留 1 所蒙古族初中。2008 年,蒙古族中学初中部分有 18 个教学班,543 名在校生,42 名教师。

1991—2008 年克旗蒙古族初中教育情况表

表 30－5－2

项目 年份	学校数（所）	班级数（个）	在校生数（人）	毕业生数（人）	教职工人数（人）	
					公办	代课
1991	6	33	1118	363	143	40
1992	6	32	1087	351	142	36
1993	6	29	898	302	135	33
1994	5	25	821	269	134	24
1995	5	25	802	278	139	22
1996	5	26	818	262	138	21
1997	5	27	858	243	139	15
1998	5	30	900	263	139	15
1999	5	30	891	146	141	9
2000	5	30	963	141	170	6
2001	5	345	1041	103	159	6
2002	3	28	1011	242	121	3
2003	3	28	976	283	123	2
2004	3	25	789	323	122	—
2005	2	16	685	287	91	—
2006	1	14	533	248	55	—
2007	1	18	593	111	42	—
2008	1	118	543	110	42	—

注：蒙古族初中部分也用汉语授课

（二）蒙古族高中发展概况

1991 年，经棚蒙古族中学有 5 个高中教学班，163 名高中在校生，39 名高中教师。1996 年，有 3 个高中教学班，78 名高中在校生，41 名教师。2001 年，有 5 个高中教学班，147 名高中在校生，43 名高中教师。2006 年，有 12 个高中教学班，515 名高中在校生，46 名高中教师。2008 年，有 11 个高中教学班，460 名高中在校生，35 名教师。

1991—2008 年经棚蒙中高中教育情况表

表 30－5－3

项目 年份	班级（个）	学生（人）	教师（人）	毕业生（人）	升学率（%）	项目 年份	班级（个）	学生（人）	教师（人）	毕业生（人）	升学率（%）
1991	5	163	39	45	17.8	1993	4	111	39	55	14.5
1992	5	163	39	99	10.1	1994	3	76	41	34	35.3

续表 30－5－3

项目 年份	班级（个）	学生（人）	教师（人）	毕业生（人）	升学率（%）	项目 年份	班级（个）	学生（人）	教师（人）	毕业生（人）	升学率（%）
1995	6	69	41	32	25	2002	6	214	43	46	17.4
1996	3	78	41	24	29.2	2003	9	320	44	58	55.2
1997	3	75	42	17	5.9	2004	11	36	44	58	48.2
1998	4	120	42	20	8.7	2005	11	437	46	106	62.3
1999	4	92	42	21	28.6	2006	12	515	46	156	65.4
2000	4	89	43	13	53.8	2007	11	543	35	295	83.4
2001	5	147	43	44	20.5	2008	11	460	35	242	31.4

(三)学校简介

1. 经棚蒙古族中学

1991年,经棚蒙古族中学有6个初中教学班,209名在校生,50名教师。1996年,经棚蒙古族中学有9个教学班,266名在校生,52名教师。2001年,经棚蒙古族中学有12个初中教学班,606名在校生,54名教师。2004年,巴彦高勒总校初中教学班并入经棚蒙古族中学。2005年,达来诺日一中初中教学班并入经棚蒙古族中学。2006年,经棚蒙古族中学有14个初中教学班,533名在校生,55名教师。2008年,经棚蒙古族中学有16个初中教学班,540名在校生,38名教师。

1996年,经棚蒙古族中学承担国家教学研究项目“整体构建学校德育体系的研究实验”课题。被市教育局授予“赤峰市民族教育先进集体”称号。1997年,被评定为自治区级“教育技术先进学校”。1998年,经棚蒙古族中学举行建校40周年庆典,国家、自治区领导人周铁农、宝音德力格尔、王占等到校祝贺,周铁农为经棚蒙古族中学题写校名。2001年,自治区体育局授予经棚蒙古族中学“青少年体育工作先进单位”称号;被自治区档案局评定为自治区级档案管理一级达标单位。2006年,通过自治区“两基”达标验收。

1997年,经棚蒙古族中学建成计算机教室、多媒体教室、语音室、电子备课室,接通校园网和宽带互联网。2001年,建成教工家属楼,修缮师生宿舍楼。2003年,建成2804平方米综合教学办公楼,建成“内蒙古自治区现代化远程教育网络工程”。2005年,装备电子备课室、卫星教育接收系统、物理化学实验室。

2. 巴彦高勒初中

1978年,建立巴彦高勒初级中学。1991年,有6个教学班,212名在校生,32名教职工(其中25名专任教师)。1996年,有6个教学班,166名在校生,23名教师。2000年,有6个教学班,123名在校生,28名教师。2004年秋,巴彦高勒初中撤销,学生到经棚蒙古族中学就读。

3. 巴彦查干初中

1971 年,巴彦查干总校附设初中教学班。1991 年,有 5 个初中教学班,198 名在校生。1993 年秋,巴彦查干总校撤销附设初中班,学生入经棚蒙古族中学就读。

4. 达来诺日第一中学

1980 年,建达来诺日第一中学,使用蒙汉两种语言授课。1984 年,达里一中附属小学部分分出,组建达来诺日小学,达里一中成为蒙古族完全初级中学。1991 年,有 7 个教学班,246 名在校生,38 名教职工。1996 年,有 6 个教学班,194 名在校生,39 名教职工。2000 年,有 6 个教学班,235 名在校生,43 名教职工。2005 年,有 3 个初中教学班,96 名初中在校生,36 名教职工。

5. 达来诺日第二中学

达来诺日第二中学是克旗牧区唯一一所九年制汉语文授课学校。其前身是 1954 年成立的达里诺尔中心学校。1984 年秋季,更名为达来诺日第二中学。1991 年,有 3 个初中教学班,106 名在校生,13 名教师。1996 年,有 3 个初中教学班,131 名在校生,13 名教师。2002 年秋,达来诺日二中初中班并入经棚镇新庙中学。

6. 达日罕乌拉总校

1991 年,达日罕乌拉总校有 6 个初中教学班,147 名在校生,24 名教师。1996 年,有 3 个初中教学班,75 名在校生,25 名教师。2001 年,总校初中部分合并入达日罕乌拉总校,有 3 个教学班,30 名在校生,14 名教师。2002 年秋,达日罕乌拉总校初中班并入经棚蒙古族中学。

第六章　成人教育

第一节　农牧民教育

一、扫除文盲教育

扫除文盲工作由克旗教育局扫盲工作办公室负责。全旗各乡镇苏木总校设立扫盲工作领导小组,配备专职扫盲干部负责教学工作。

1991—1995 年,全旗累计举办 420 个学习辅导班,通过考试,有 2846 人脱离文盲,脱盲率 80.3%。其中,新开地乡、宇宙地镇、万合永乡和阿其乌拉苏木通过赤峰市政府“两基”达标验收。

1996—2000 年,克旗扫盲教学工作重点是农村妇女和少数民族。到 2000 年,全旗青壮年非文盲率 93.83%。柳林、广兴源、芝瑞、天合园、河南店、上头地、昌义、天盛号、热水塘镇通过市政府"两基"达标验收。

2001—2006 年,旗政府加大扫盲工作财政支持力度,全旗城镇青壮年非文盲率 99% 以上,苏木乡镇青壮年非文盲率 98% 以上。达日罕乌拉、巴彦查干、巴彦高勒、红山子、新庙、书声、新井、浩来呼热、南店、乌兰布统、三义、经棚、土城子、达来诺日、同兴镇先后通过赤峰市级"两基"达标验收。

2006 年 10 月,克旗扫除文盲工作通过自治区"两基"达标验收。

二、农牧民技能培训

1991 年,全旗各苏木乡镇建成 12 所农牧民成人文化技术培训机构,由教育局业余教育办公室负责管理,在各苏木乡镇设专门教室和专职教师。

1991—1995 年,全旗侧重开展农牧民蔬菜种植技术,家畜养殖技术培训。1996—2000 年侧重开展小麦新品种、中药材、温室暖棚种植技术培训。2001—2006 年侧重开展计算机技术、农牧业实用技术、矿业生产安全、电焊技术等方面的培训。每年的培训人数在千人次以上。

第二节　成人学历教育

1985 年,建成内蒙古广播电视大学克旗管理站,对全旗在职人员开展学历教育。

1991 年,内蒙古广播电视大学克旗管理站开设有文秘、行政管理、财会、法律、园艺、信息系统等 20 多个专业。2005 年,大专班招收 147 名新生,实施"一村一名大学生"工程。

2006 年,试行大学专科升入大学本科教学。

1991—2008 年克旗电大站招生及毕业情况表

表 30－6－1

时间＼学生数	年度招生情况				本届毕业生情况			
	专业	学历层次		合计(人)	本科毕业生(人)	大专毕业生(人)	一村一生培养(人)	合计(人)
		大学专科(人)	大学本科(人)					
1991 年	电工	40	—	40	—	40	—	40
1993 年	财会	39	—	39	—	39	—	39
1994 年	汉语、法律	77	—	77	—	77	—	77
1995 年	财会、电工	83	—	83	—	83	—	83
1996 年	财会	45	—	45	—	45	—	45
1999 年	法律	45	—	45	—	45	—	45
2001 年春秋	小学教育	61	—	61	—	61	—	61

续表 30－6－1

时间＼学生数	专　业	年度招生情况			本届毕业生情况			
		学历层次		合计（人）	本　科毕业生（人）	大　专毕业生（人）	一村一生培养（人）	合计（人）
		大学专科（人）	大学本科（人）					
2002 年春秋	法律、英语	107	29	135	23	98	—	121
2003 年春秋	中文、会计、小学教育	191	58	236	37	178	—	215
2004 年春秋	会计学、汉语言文学、计算机、法学	91	81	—	64	87	—	151
2005 年春秋	法学、数学、会计学、汉语言文学、计算机、小学教育、一村一生	166	23	189	21	60	87	168
2006 年春秋	法学、数学、会计学、汉语言文学、计算机、小学教育、行政管理、一村一生	134	15	149	15	90	40	145
2007 年	计算机、小学教育、行政管理、一村一生	10	42	—	—	—	—	—
2008 年	会计学、计算机、小学教育、工商管理、一村一生	9	60	—	—	—	—	—

第三节　成人培训

克旗成人培训教育主要依托旗教师进修学校和旗委党校进行。

1995 年后，克旗教师进修学校先后开展小学教师职级培训、小学校长岗位职务培训、短缺学科师资培训、小学校长提高培训、新教师培训、骨干教师培训、计算机培训等。2001 年后，先后开展小学教师新课程标准培训、新课程教学设计及典型课实例的培训、新理念新方法教学培训等。2001 年，旗教师进修学校被确定为专业技术人员继续教育基地，承担克旗专业技术人员继续教育培训任务，对各类专业技术人员的计算机基本操作、计算机网络使用等开展培训。2004 年后，旗教师进修学校承担全旗中小学教师校长、专业技术人员的继续教育和职业技能培训。

1995—2008 年克旗教师进修学校非学历教师培训人数表

表 30-6-2　　单位:人

项目 年份	小学职级	新教师	非师范	短缺学科	校长岗位	校长提高	骨干教师	计算机	合计
1995	2276	—	—	—	179	—	—	—	2455
1996	2283	—	—	40	—	—	—	—	2323
1997	2185	—	—	—	—	154	—	—	2339
1998	2102	—	—	44	—	—	—	—	2146
1999	1955	46	—	153	—	—	—	—	2154
2000	648	50	16	—	—	—	18	—	732
2001	1625	40	24	127	—	—	—	240	2056
2002	1571	48	22	—	76	54	18	302	2091
2003	1421	39	—	30	—	46	—	618	2154
2004	1368	70	—	—	—	—	48	589	2075
2005	1324	37	—	144	38	—	588	2137	—
2006	1258	86	—	—	—	—	5	—	1995
2007	1302	—	—	—	—	—	200	200	1702
2008	1300	34	—	—	—	—	200	200	1734

第七章　职业教育

第一节　职业学校教育

1985 年,克旗建经棚民族职业高级中学,开展中等职业教育。首批开设缝纫、电器维修、财会等专业班。

1991 年,职中开设水电林业专业班,有 102 名在校生,21 名教职工。

1996 年,职中建成 2780 平方米教学综合楼。开设水电、农学专业课,有 105 名在校生,24 名教职工。

1999 年,电视大学克旗管理站、成人教育办公室和职业高级中学合并为克旗职业教育中心。学校开设农学、计算机、财会、旅游、水电等专业课,有 170 名在校生,42 名教职工。同年 18 名农学班学生参加高考,有 9 人被各地职业大学录取。

2001 年,职业教育中心建成 2900 平方米综合楼。

2002 年,职业教育中心农学班 10 名学生参加高考,8 人考入职业大学,其中 1 人取得赤峰市职业中学高考生第一名。同年,高级中学部分并入经棚第一中学。经棚一中在职业教育学生中开设农学、计算机、旅游、财会4门专业课程，自编克什克腾地理教材。

2003年，职中开设农学、计算机、财会、旅游、电工、电算6个专业，在校生559人。

2004年，职中有农学专业3个班，计算机专业1个班，在校生190人。

2006年秋，职中从经棚一中分离，与教师进修学校合署办公。

2008年，职中有农学、旅游、风电3个教学班，在校生160人。

第二节　教师进修培训

1972年，建景峰师范学校。1978年，更名为“克旗教师进修学校”。1983年，为成人中等专业学校。1985年，达到自治区级“教师进修学校标准化建设达标学校”。1999年，晋升为市级精神文明单位。2001年，被确定为克旗专业技术人员继续教育基地。

1985年，开展克旗小学教师学历补充提高教育，恢复中等师范函授教学。并进行全旗中小学教师的教材过关培训，英语短缺学科培训、老教师子女中等师范教育。

1991年后，克旗教师进修学校经赤峰市教育局同意，选优招收20%～40%的民办教师普通中等师范学生(简称民普生)进行教师学历教育，1993年，有35名毕业生分配上岗并转正为公办教师。

1994年，在林西县、翁牛特旗和克旗3地招收28名民普生培养，至1997年，共有105名民普生毕业后在克旗分配补充师资岗位。

2002年，内蒙古广播电视大学克旗管理站并入克旗教师进修学校。通过自治区教育厅“旗县级示范教师培训机构”评估验收。

2005年，被国家教育科研所教育督导与评估中心评定为“教育部民族贫困地区中小学教师综合素质培训项目‘教师培训特色区’”。

2006年，通过评估验收，继续承担中小学教师教育技术培训任务。同年，经棚第一中学职业技术教育部分并入克旗教师进修校，组建“克什克腾旗职业技术教育中心学校”。

1991—2004年克旗教师进修学校学历教育毕业情况表

表30－7－1　　单位：人

项目/年份	民普生	中师函授生	小学师资合格生	大专生	本科生	合计
1991	38	69	45	—	—	152
1992	39	—	18	—	—	57
1993	40	112	—	—	—	152

续表 30-7-1

年份＼项目	民普生	中师函授生	小学师资合格生	大专生	本科生	合计
1994	40	—	—	—	—	40
1995	—	113	—	—	—	113
1996	28	77	—	—	—	105
1997	148	177	—	—	—	225
1998	90	193	—	—	—	283
2001	—	—	—	127	—	127
2002	—	—	—	184	126	310
2003	—	—	—	30	—	30
2004	—	—	—	120	—	120

注:未有毕业年份未列表

1991—1998 年,教师进修学校开展中等师范函授教育,共招收 36 个批次,741 人进行学习。

1993 年后,建成计算机教室、多媒体教室、微机教室、语音教室,建成校园网。

2001—2004 年,克旗教师进修学校通过函授形式提升在职教师学历层次,先后招收 4 个批次 461 人。大专班和 1 个批次 126 人大学本科班培养学习。

第八章　教师队伍

第一节　教师结构

1991—2008 年,全旗中小学的教师结构有三类:公办教师、民办教师、合同代课教师。

1991—2008 年克旗各类学校教师体制结构变化表

表 30-8-1　　　　单位:人

年份	小学				初中				普通高中		职业高中		进修学校	合计			
	公	民	代	合同	公	民	代	合同	公	合同	公	合同	公	公	民	代	合同
1991	410	860	637	180	275	302	83	16	76	80	60	40	18	839	1162	720	316
1992	421	835	624	175	283	304	82	14	81	81	63	38	18	866	1139	706	308
1993	428	796	106	184	298	290	82	13	84	76	68	35	18	876	1086	688	308

续表 30－8－1

年份	小学				初中				普通高中		职业高中		进修学校	合计			
	公	民	代	合同	公	民	代	合同	公	合同	公	合同	公	公	民	代	合同
1994	452	773	631	198	307	282	85	26	85	59	72	37	2	938	1055	716	320
1995	497	728	490	138	324	267	85	17	89	40	76	19	22	1008	995	575	214
1996	532	695	458	142	352	239	87	6	95	25	80	15	24	1083	934	545	188
1997	586	641	450	165	387	208	90	11	104	9	85	12	26	1188	49	540	208
1998	807	310	430	100	403	176	97	—	122	—	91	—	28	1451	486	521	107
1999	912	107	402	98	498	105	114	—	126	—	103	—	28	1667	212	402	98
2000	987	32	365	—	592	11	98	—	126	—	128	—	28	1867	43	463	—
2001	1019	—	268	—	635	—	89	—	137	—	136	—	28	1944	—	357	—
2002	1019	—	185	—	677	—	60	—	168	—	104	—	38	2035	—	245	—
2003	1025	—	160	—	698	—	55	—	184	—	133	—	8	2064	—	215	2
2004	1057	—	158	—	704	—	40	—	228	—	140	—	40	2128	—	198	3
2005	1087	—	162	—	743	—	37	—	245	—	124	—	45	2230	—	199	3
2006	1127	—	140	—	760	—	—	—	—	—	124	—	50	2309	—	—	3
2007	1620	—	—	—	1032	—	—	—	273	—	37	—	30	2992	—	—	—
2008	1715	—	—	—	1045	—	—	—	269	—	45	—	30	3104	—	—	—

第二节 教师学历

1991—2008 年，全旗各级各类学校教师通过学历培训、继续教育，逐步达到国家师资合格学历要求。

1991—2008 年克旗教师学历结构变化表

表 30－8－2　　单位：人

年份	中专	大专	本科	后续专科	后续本科	教师总数
1991	652	467	108	46	18	3037
1992	697	489	117	72	9	3019
1993	722	505	121	66	14	2979
1994	926	655	122	150	10	3029
1995	1116	726	131	71	11	2792
1996	1308	796	139	70	18	2750
1997	1411	820	157	54	28	2785

续表 30－8－2

年份	中 专	大 专	本 科	后续专科	后续本科	教师总数
1998	1496	839	159	39	42	2567
1999	1210	858	162	79	25	2493
2000	1231	869	168	79	10	2367
2001	1252	880	174	81	23	2301
2002	1185	908	186	61	26	2280
2003	805	1176	244	128	56	2279
2004	641	1224	353	140	69	2326
2005	559	1289	723	148	106	2429
2006	401	1246	804	55	81	2449
2007	498	398	1092	—	—	3088
2008	571	393	1198	—	—	3205

第三节 教师职称

1991—2008 年,全旗各级各类学校教师通过评定职称,确定职级和待遇。

1991—2008 年克旗各类学校教师职称结构变化表

表 30－8－3　　单位:人

年份	教师总数	小学				初中				高中 职高 进修学校							
		小教一级	小教二级	小教高级	小教超高级	中学三级	中学二级	中学一级	中学高级	教员	中学三级	助理讲师	中学二级	讲师	中学一级	高级讲师	中学高级
1991	3307	813	698	219	—	172	260	116	5	4	30	4	40	3	30	—	8
1992	3019	—	—	234	—	—	—	139	8	—	—	—	—	—	—	—	—
1993	2978	—	—	—	—	193	230	—	—	—	—	—	—	—	—	—	—
1994	3029	1171	452	247	—	111	279	184	10	2	37	1	54	—	24	—	10
1995	2792	1347	284	291	—	55	339	203	12	—	—	—	58	—	33	—	11
1996	2750	—	—	—	—	—	—	—	—	—	—	—	1	—	—	—	—
1997	2785	1456	267	330	—	58	387	217	17	1	35	—	60	—	35	—	13
1998	2567	1506	143	400	1	74	346	248	20	—	26	5	65	2	43	—	16
1999	2493	1487	200	476	—	81	335	303	26	3	17	1	59	3	49	1	21
2000	2367	1428	238	592	3	48	314	35	36	—	24	3	60	1	62	—	22
2001	2301	1023	185	1123	31	28	200	491	64	1	—	1	75	—	87	2	38

续表 30－8－3

年份	教师总数	小学				初中				高中 职高 进修学校							
		小教一级	小教二级	小教高级	小教超高级	中学三级	中学二级	中学一级	中学高级	教员	中学三级	助理讲师	中学二级	讲师	中学一级	高级讲师	中学高级
2002	2280	951	205	1253	44	19	158	568	82	—	—	—	79	2	89	—	42
2003	2279	913	114	1364	51	—	125	588	90	—	—	—	124	1	95	—	46
2004	2326	877	56	1440	81	—	81	598	123	—	—	—	155	—	83	3	56
2005	2429	837	—	1516	101	—	59	650	147	—	—	—	168	—	91	4	63
2006	2449	809	—	1576	159	—	139	667	186	—	—	—	173	—	96	—	73
2007	3088	398	—	873	182	—	226	442	195	—	—	—	126	2	92	6	89
2008	3205	393	—	910	276	—	220	445	247	—	—	—	126	2	87	6	101

第九章　教育管理

第一节　机　构

1991—2000 年，克旗教育局内设普通教育管理股、民族教育管理股、招生工作办公室、体育卫生站、业余教育办公室、督导室、人事股、教学研究室、成人教育管理股、职业教育管理股、计财股、审计股、勤工俭学办公室。

2001 年，旗教育局内设机构中业余教育办公室与职业教育办公室合并为“职业、成人教育管理股”。2004 年，旗教育局内设机构中审计股并入计财股，普通教育管理股更名为基础教育管理股。2005 年，旗教育局内设安全监察办公室。

2008 年，克旗教育局内设机构有办公室、基础教育股、民族教育股、职业与成人教育股、计财股、人事股、督导室、勤工俭学办公室、学校安全监督管理办公室、教育技术装备管理站、体育卫生艺术站、教育系统工会。

第二节　教育发展规划与实施

1991—2008 年，克旗教育事业发展执行《克什克腾旗第十个五年义务教育发展规划》《克什克腾旗 2006—2010 年义务教育规划》。把教育摆到优先发展的战略地位，继续实施科教兴旗战略，推进农村教育标准化、城镇教育优质化、城乡教育均衡化、教育管理信息化。全旗苏木乡镇普及初等义务教育，90% 以上苏木乡镇普及初级中等义务教育。

2000年后,撤并小学78所,撤并初中14所,全旗中小学危房全部得到改造、修缮,新建、扩建校舍47405平方米。全旗普遍实施中小学教师继续教育工程,实施校长负责制、教师聘任制。

2007年,克旗全面普及九年义务教育,通过自治区基本普及九年义务教育、基本扫除青壮年文盲的“两基”达标验收。

至2008年,经棚镇、宇宙地镇、土城子镇义务教育学校基本达实施普及九年义务教育标准。

“十一五”教育规划实施期间,巩固基本普及九年义务教育、基本扫除青壮年文盲的“两基”达标成果。主要是联系实际办学,提高义务教育质量。全旗小学教学班按45人班型计算,由2006年的427个逐步减少为230个;小学在校生按100%入学率计算,由2006年的13985人逐步减少到10369人。全旗初中教学班按45人班型计算,由2006年的200个逐步减少到170个左右;初中在校生按100%入学率计算,由2006年9049人逐步减少到7730人左右。

第三节 教育与教学管理

1991—2008年,克旗教育管理体制实行教育主管部门领导下的校长负责制;学校实行校长领导下的教师聘任制、岗位责任制、结构工资制。

1995年后,全旗各学校普遍推行“四定”(定编、定员、定岗位、定工作量)、“四考”(德、能、勤、绩)岗位责任制,贯彻职、责、权相统一原则。

第四节 经费投入与使用

执行集中管理、分校核算的财经管理制度。

1991—2008年,国家累计拨付教育经费8.5813亿元,累计收取城市教育附加费1387万元,累计收取地方教育附加费288万元,累计投入基本建设费4481万元。

1998—2000年,全旗实施“第一期义务教育工程”,共投入资金1412.8万元,其中中央财政投入496万元、自治区财政投入366万元、市和旗财政投入550.8万元。

2001—2005年,克旗实施“第二期国家贫困地区义务教育工程”,共投入资金1842万元,其中中央财政投入920万元、自治区财政投入460万元、市财政投入140万元、旗财政投入322万元。

2004—2005年,克旗实施“国家农村寄宿制学校建设工程”。有10所中小学校列入工程项目,累计投入资金2517万元,其中中央财政投入2292万元,自治区财政投入68万元,旗财政投入105万元,其他投入资金52万元,改善了寄宿学生住宿条件。

2004 年，根据《内蒙古自治区农村牧区义务教育阶段家庭经济困难学生实施“两免一补”制度暂行管理办法》精神，克旗实施义务教育阶段免除课本费、学杂费，补助寄宿生住宿费办法，同年投入补助资金 201.5 万元；2005 年，投入补助资金 470.8 万元；2006 年，投入补助资金 855.7 万元；2007 年，投入补助资金 1030.5 万元；2008 年，投入补助资金 1482.2 万元。

1991—2008 年克旗教育经费来源情况表

表 30－9－1　　　　单位：万元

年份	经费合计	国拨事业费			城市教育费附加	地方教育费附加	基本建设	勤工俭学	借读学杂费
		计	个人部分	公用部分					
1991	828	813	551	262	16	—	—	28.12	112.63
1992	997	975	684	291	22	—	—	18.07	124.96
1993	1177	1147	880	267	30	—	—	27.2	124.84
1994	1355	1340	1003	337	15	—	—	36.24	131.47
1995	1324	1299	1079	220	14	—	11	30.93	150.25
1996	1584	1496	1360	136	29	—	59	40.05	162.27
1997	1618	1566	1391	175	30	—	22	62.38	181.45
1998	1958	1816	1606	210	34	30	78	60.69	184.06
1999	2460	2318	2011	307	49	58	35	53.75	221.54
2000	2980	2857	2477	380	6	56	30	92.61	236.35
2001	5455	5344	4859	485	36	35	40	94.51	256.09
2002	5448	5349	4739	610	62	7	30	73.72	323.03
2003	7014	6750	5840	910	89	5	170	58.29	396.24
2004	8884	8579	7339	1240	189	31	85	72.49	312.47
2005	11025	9369	7825	1544	285	31	1340	70.18	202.47
2006	13928	11997	8343	3654	441	35	1455	71.78	133.99
2007	12042	10319	6667	3652	—	—	823	—	900
2008	13985	12480	7933	4547	—	—	303	218	984
合计	94071	85814	66587	119227	1387	288	4481	1109.06	5138.11

第五节　基础建设

一、“两基”达标

2004 年，国家实施基本普及九年义务教育、基本扫除青壮年文盲攻坚战略，克旗列入“两基”攻坚旗县。

2005 年，旗委、旗政府成立“两基”攻坚领导小组，召开“两基”攻坚动员大会，印发《克旗基本普及九年义务教育、基本扫除青壮年文盲工作攻坚实施方案》，制定全旗苏木乡镇政府和所属总校“两基”责任制，并签订责任书。

全旗“两基”攻坚专项总投入1.08亿元。新建和改扩建校舍50200平方米,维修校舍23100平方米,用于学校基础建设总投入7609万元。旗政府财政自筹资金671.15万元,完成11所学校新建、改建、扩建项目。

2006年,自治区人民政府“两基”达标评估组对克旗基本普及九年义务教育、基本扫除青壮年文盲达标工作进行评估验收,给予高度评价。

二、设施设备

2008年,全旗共有小学45所,其中城镇小学3所。

2008年克旗小学基础设施情况一览表

表30-9-2

校园总面积(平方米)	学校建筑总面积(平方米)	标准教室(间)	微机室(个)	图书阅览室(个)	楼房学校		平房学校		寄宿舍(间)
					数量(所)	建筑面积(平方米)	数量(所)	建筑面积(平方米)	
886914	93452	590	21	43	3	18647	42	74805	639

2008年,全旗各小学均设有标准操场,共有小运动场11个,篮球场95个,足球场20个,排球场19个,羽毛球场3个,乒乓球台案203张。全旗各小学共配备授课用电脑396台。

2008年克旗中学基础设施情况一览表

表30-9-3

校园总面积(平方米)	学校建筑总面积(平方米)	标准教室(间)	实验室(个)	图书阅览室(个)	微机室(个)	楼房学校		寄宿舍(间)
						数量(所)	建筑面积(平方米)	
282595	64567	275	69	16	20	6	28062	921

2008年,全旗中学有标准田径场2个,篮球场29个,足球场8个,排球场8个,羽毛球场5个,网球场1个,乒乓球台案65张。克旗各类中学共配备授课用电脑481台。

科学技术

第一章　机构　队伍

第一节　机　构

一、机构

1991 年,成立克旗科学技术委员会,内设办公室、科技股、成果股、地震观测站。

1993 年,科学技术委员会并入旗教育局,更名为教育与科学技术局,内设办公室、科技股、科普股、学会股。

同年,旗政府成立科技工作领导小组,旗长任组长,在教育与科学技术局设办公室,各乡镇相应成立领导小组。

1995 年,教育局与科学技术局分设。科学技术协会、地震办公室合并,成立克旗科学技术局,内设办公室、科技管理股、科技成果股、科协办公室。

1996 年,旗科技局更名为“克旗科学技术委员会”,加挂“科学技术协会”牌子,内设人秘股、计财股、科技综合股、信息股、地震办、技术市场专利股。

2002 年 7 月,科学技术委员会更名为科学技术局。

2008 年末,克旗科技局内设办公室、政策法规和知识产权股、高新技术与产业化股、计划财务与基础研究股。

二、事业单位

(一)克旗防震减灾办公室

1995 年,地震办公室从教育局分出,合并到克旗科学技术委员会。2002 年,地震办公室与科技局合署办公,对外挂克旗防震减灾办公室牌子。2008 年末,防震减灾办公室与科技局合署办公。

(二)科学技术协会

1991 年,旗科学技术协会单设,内设办公室、普及部、学会部、咨询服务部等机构。设科协主席、副主席。

1995—2008 年,旗科协与旗科学技术委员会合设,对外挂“科学技术协会”牌子。

第二节 队 伍

一、专业队伍

1991—2008 年,全旗科技人员主要集中在教育、医疗卫生、农牧口单位。

1991 年,全旗科技队伍中中专以上文化程度的各类人员 3155 人,取得副高级以上职称 24 人,取得中级职称 846 人。

2001 年,全旗科技队伍中获得副高级以上职称 76 人,取得中级职称的 1559 人,初级职称的 1953 人。

2008 年,全旗科技队伍中取得副高级以上职称的累计 956 人,取得中级职称的超过 2000 人;全旗取得职称的科技人员 5000 人。

1991—2008 年克旗副高职以上科技人员登记表

表 31-1-1　　单位:人

年份	教育	医疗卫生	农牧林水机	其他单位
1992	3	1	1	—
1993	—	—	2	—
1994	2	—	—	1
1995	5	—	2	—
1996	1	4	—	—
1997	5	2	1	—
1998	5	4	3	—
1999	13	2	2	—
2000	7	3	3	—
2001	56	1	5	1
2002	33	1	—	—
2003	14	4	2	—
2004	73	4	3	—
2005	41	4	2	2
2006	100	5	3	1
2007	277	15	6	4
2008	204	9	3	11
合计	839	59	38	20

二、科普网络

1992 年，建立四级科普网络，制定农村牧区科普示范体系标准，配备科技副乡长（苏木达）。同年，成立科普协会学会组织 14 个，吸纳会员 2300 人。

1995 年，全旗 28 个苏木乡镇全部配备有科技助理，有 24 个苏木乡镇配备科技副乡镇长（苏木达），配备 127 名科技副村长（嘎查达）。

1996 年，成立 23 个科普组织（学会、协会），吸纳会员 807 人。

1998 年，旗政府配备科技副旗长，苏木乡镇配备科技副乡镇长（苏木达），行政村（嘎查）配备专职（或）兼职科技副村长（嘎查达）。

2008 年，旗政府配备科技副旗长，苏木乡镇配备科技副乡镇长（苏木达），行政村、嘎查配备有专兼职的科技副村长（嘎查达）。各乡镇均设有科普协会。

第二章　科技工作

第一节　科技计划与实施

1993 年，全旗科技工作会议通过《克什克腾旗 1993—2000 年科技发展规划》。

1996 年，制定《1996—2000 年克旗科技发展规划和科教兴旗实施方案》。

同年，旗政府印发《克什克腾旗农业科技人员深入生产第一线开展技术承包服务管理办法》，鼓励科技人员到农牧业一线，要求专业技术人员下基层达到三分之二以上，开展科技项目承包。

1998 年，全旗建成科技示范乡镇苏木 6 个，科技示范村嘎查 46 个，科技示范户 1000 户。在推广和服务体系上本着巩固旗一级、建设乡一级、发展村一级，基本达到“一乡一站”（综合科技服务站）、一村一员（科技员）、“一组一户”（科技示范户）、“一户一人”（科技明白人）的目标。

1999 年，全旗实施科技“三个一工程”（一个科技示范乡，一个科技先导企业，一个科技示范推广项目），确定新庙乡为科技乡，试验多个玉米育秧、栽培技术和小麦套种、种子包衣、长效碳铵使用等新技术。

同年，旗政府印发《克旗科学技术进步奖励条例》。

2005 年，在实施“肉羊繁育技术推广体系建设与农牧业产业化”科技项目，开始在全旗开展科技先进苏木乡镇创建活动。

第二节　科技推广

一、项目推广

1991 年，推广克旗科委研发“圣皇牌”牛羊抗灾保畜饲料。在新庙乡、土城子镇、木希嘎乡、宇宙地乡、广兴源乡、新井乡等 12 个乡镇推广克旗科委和克旗农机局联合研发的小麦生产过程机械化模式，试种初见成效。

1992 年，克旗在牧区苏木实施“五个一工程”(各嘎查牧户一户种 100 亩草、10 亩青贮、10 亩饲料，建 1 处太阳能塑料暖棚、建 1 处青贮窖)。

1996 年，集中推广旱地玉米地膜覆盖高产示范、玉米机械覆膜、甜菜高产高糖、水地小麦高产示范、旱地小麦攻关、小麦种肥分层播种、生态经济沟建设等科技项目。

1997 年，克旗确定 2 个科技示范乡，10 个科技示范村，100 户科技示范户。全旗 238 名农技人员组成 34 个承包集团，科技人员采用集团技术承包方式，推广多种适用种植技术，推广旱地玉米覆膜技术、机械坐水点种、甜菜纸筒育苗等实用技术。在牧区，着重推广“牧业生产模式化”技术项目，建小草库仑、太阳能暖圈、家畜改良、人工种草等。

1999 年，克旗完善畜牧业模式化生产技术，开展肉牛育肥，建设暖棚暖圈。在新庙乡、上头地乡、书声乡推广台湾“天麒”营养粉制作青贮饲料新技术。在部分学校建设太阳能教室，推广太阳能采暖。

2001 年，克旗开展“建设首都绿色屏障科普活动”，实施“五大项目工程”。在新井新台子建设 67 公顷科普示范防护林带。在喜鹊沟和三义台里井子建设 67 公顷科普示范草地，围封、改良草场。建设经棚科普示范苗圃，育苗 6.7 公顷，在 303 国道经棚镇应昌路段栽植 1 公里科普示范林。

2002 年，克旗科学技术委员会牵头，依托好鲁库“超细型无角美利奴细毛羊示范推广”项目，集中为农户提供养殖技术服务，至 2003 年底，辐射 9 个乡 14 个村发展养羊户 3620 户，累计导血 40 万只。同时，推广机械剪毛和羊毛标准化分级技术。

二、技术推广

2001 年，在农林牧三大领域，开展“送科技下乡”活动，农业部门选择农作物新品种选育技术、农作物高产优质高效栽培技术、旱作农业综合技术、节水灌溉技术、农作物病虫害综合防治技术、生态农业和生物菌肥的应用技术；畜牧业部门推广草原生态保护和生态治理技术、畜牧优良品种选育和技术引进、畜禽传染病寄生虫病区域性感染防治技术、农作物秸秆青贮微贮氨化及鲜草贮存配合饲料技术、牛羊短期育肥畜禽配套饲养管理及暖棚舍饲半舍饲技术；林业部门推广优良树种的繁育引进技术、沙地综合治理新技术、林木的病虫害防治技术、抗旱造林系列技术。

2002年，克旗引进创建公司风力田开发新技术、红花种植新品种、脱毒马铃薯新品种、冬小麦新品种，开发推广行走式植树机、悬浮式拾草器、自发电装置等。

2003年，推广内蒙古金峰畜牧业有限公司“公司+农户”联合体良种育羊模式。

同年，白音敖包国家级自然保护区运用沙地云杉扦插快繁技术，累计成功繁育云杉扦插移植苗木236万株，销售沙地云杉扦插苗木150万株。

2004年，克旗推广“肉羊繁育技术推广体系建设与农牧业产业化”项目，3年累计培训专业技术人员1500人次、培训农民技术人员1万人，覆盖16个苏木乡镇92个村5320户。

2005年，克旗完成全国“科技工作试点县”即“富民强县”专项计划的申报，科技部和财政部批准立项。

至2008年，共推广各类科技实用技术280余个。

第三节　科技成果

1991年，克旗科学技术委员会承担的“塑玻兼用复合式太阳能暖圈”项目，通过自治区能源办鉴定。旗科委申报的“太阳能在牧区生产生活中应用”项目，获得市科技进步三等奖。

1996年，克旗申报“八五”期间科技进步奖项目43项，评出一等奖9项，二等奖8项、三等奖9项。评出科技进步先进单位3个，科技培训先进单位2个。

2003年，白音敖包林场被认定为自治区级科技特色产业基地。内蒙古金峰畜牧业有限公司实施“超细型无角美利奴细毛羊示范推广项目”，发展养羊联合体会员户520户。

2004年，宇宙地镇8公顷原种脱毒马铃薯种植和0.7公顷大黄栽培试验获得成功。

2005年，在自治区第三届农牧业科技成果博览会暨赤峰市第五届农业新技术、新产品交易会上，金峰公司参展的种羊获得一等奖。

2008年，有3家企业被认定为市级科技民营企业，有8个苏木乡镇被赤峰市政府授予科技进步先进苏木乡镇，有3个乡镇评为市级科普示范乡镇。

第三章　科学研究

第一节　科研立项与经费

2005 年,旗政府印发《克旗科技三项经费使用管理办法》,遵循“先立项、后审批、再投入”原则,规定科技新产品试制费、中间试验费、重大课题补助费三项科研经费的使用办法,要求保证重点项目、重点课题试验经费足额到位,经费使用专用账户,做到专款专用。

1991—2008 年克旗科技三项经费情况一览表

表 31-3-1　　　　单位:元

年份	金额	年份	金额	年份	金额
1991	18652	1997	6640	2003	42751
1992	18806	1998	67420	2004	58842
1993	19805	1999	22855	2005	56062
1994	18732	2000	16197	2006	106302
1995	36299	2001	75802	2007	44858
1996	24338	2002	24419	2008	160000

第二节　科学实验

1992 年,达来诺日苏木、畜牧局、科委联合承担自治区星火计划项目“畜牧业生产模式化技术”,总投资 96 万元。1993 年,“畜牧业生产模式化技术”实验成功。1995 年,“畜牧业生产模式化技术”项目入选《中国技术成果大全》和《国际优秀专利技术精选》中国卷。

1993 年,完成“立体养殖模式”研究试验。利用太阳能暖棚养鸡,收集鸡粪加工成猪饲料养猪,收集猪粪加工养鱼,形成循环链。项目初步取得成功。

2000 年,白音敖包林场实施林业科技成果转化项目——“沙地云杉扦插快繁技术”试验,通过自治区科委组织的专家鉴定。

2003 年,木希嘎苗圃开展国家农业科技项目“白桦实生苗繁育及造林中间试验”。2005 年,实验成功,获得国家专利。

2007 年,克旗成功申报星火计划项目“草原羔羊产业化快速育成与屠宰深加工”及自治区科技攻关项目“草原白蘑模拟野生种植技术”。

2008 年,内蒙古黄岗矿业有限责任公司黄岗铁锡钨复杂多金属矿高效分离技术应用实验项目成功,大幅度提高锡、钨、锌等有色金属回收率和铁精粉品质。

1992—2008 年克旗科技重点实验项目表

表 31－3－2

项目名称	完成单位与个人	鉴定时间	鉴定单位
被动式太阳能中小学教室研究	克旗科委	1992. 8. 4	赤峰市科学技术委员会
小学数学能力培养	克旗教研室孟庆兰	1992. 8	赤峰市科学技术委员会
畜牧业生产模式化技术	克旗畜牧局、达来诺日苏木、科委	1993. 9. 7	赤峰市科学技术委员会
机械化剪毛、羊毛分级配套技术	内蒙古金峰畜牧有限公司	2003. 4. 14	内蒙古自治区科学技术厅
提高教师素质与学生能力关系的研究	由同兴总校田培海主持,参与人任亚军、李秀霞	1995. 5—2000. 6	克旗教研室、赤峰市教科所
三算结合促进素质教育发展的研究	由同兴田培海主持,参与人任亚军、吴凤霞、李秀霞	2000. 9—2005. 6	赤峰市教科所
以人为本班级管理模式研究	市教科所邵庆荣和同兴杨士龙主持,参与人贾凤娟、王玉良	2001. 9—2004. 12	内蒙古自治区教科所
以人为本的班级管理的模式研究	由宇宙地孙光俊主持,郅富有、刘久明参与	2002. 3—2004. 9	赤峰市教科所
高寒漫甸、低山丘陵区防护林体系营造技术	克旗林业局李景章	2004. 12. 3	内蒙古自治区科学技术厅
新课程教学中应如何进行课堂教学设计	由书声完小傅海龙、刘秉政主持,仝晓峰、宋开臣、孙显华、胡景杰、刘月华参与	2006. 6—2009. 9	赤峰市教科所
半干旱区次生林可持续经营模式	克旗林业局李景章、刘向民	2008. 12. 20	赤峰市科学技术委员会

第三节　技术专利

1991 年,克旗农机研究所赵景玉牵头研制的拾草器(CN205566U)、搂草机(CN2282329Y)、轻便耘锄(CN2303433Y)、多功能播翻犁(CN2303435Y)等农具,均获得国家技术专利。

1996 年,克旗获个人发明专利 1 项,实用新型专利 1 项。

1999 年,申报美乐绿色食品开发公司“沙棘元力口服液”“虫草元力酒”和克旗水泥厂“YZD—200 型智能电动保护器”“实用新型轻便耘锄”4 项专利。

2008 年,有 3 项专利技术成果被赤峰市专利事务所确认。

2002—2008年克旗专利项目一览表

表31-3-3

名　　称	公告号	公告日	发明者	专利人	代理机构
电动多功能剪伐机	CN2479729Y	2002.3.6	莫巴特尔 关其格 斯仁扎木苏	莫巴特尔	赤峰市专利事务所
悬浮式牧草捡拾机	CN2500088Y	2002.7.17	赵景玉	赵景玉	赤峰市专利事务所
多功能饮料加工机	CN2590350Y	2003.12.10	史凤宏	胡庆山	赤峰市专利事务所
瓶　帖	CN3410629	2004.5.14	邱连才	邱连才	赤峰市专利事务所
牧草搂集器	CN2682796Y	2005.3.9	史凤宏 赵景水 张玉祥	胡庆山	赤峰市专利事务所
大黄饮品	CN1706289A	2005.12.14	洪永生	洪永生	赤峰市专利事务所
牧草捡拾机悬浮捡拾装置	CN2733860	2005.10.19	赵景玉	赵景玉	赤峰市专利事务所
工艺品(博克手)	CN3484065	2005.11.2	姚金生	姚金生	赤峰市专利事务所
用“穴位割治法”根治颈淋巴腺结核	CN1748652A	2006.3.22	杨树术	杨树术	赤峰市专利事务所
便携式电力铝排垂直折弯机	CN2766996Y	2006.3.29	张俊杰	张俊杰	赤峰市专利事务所
仿动物形房间	CN200989065Y	2007.12.12	周　玉 丁绪庆	周　玉	赤峰市专利事务所
自动装卸备料箱	CN200985182Y	2007.12.5	孟庆禧	孟庆禧	赤峰市专利事务所
多功能前悬挂三轮牧草收割机	CN20109109Y	2008.7.30	张岩忠	张岩忠	赤峰市专利事务所
机械打印显示器	CN101281707A	2008.10.8	唐中文	唐中文	赤峰市专利事务所
调节器	CN201123235Y	2008.10.1	白玉成	白玉成	赤峰市专利事务所

第四章　地震工作

第一节　机　构

1990年,成立克旗地震台。

1991年,成立克旗地震办公室。

1993年,地震办公室并入教育局,内设地震办公室。

1995年,地震办公室从教育局分出,合并到科学技术委员会。

1999年,防震减灾工作办公室与地震办公室合并为防震减灾办公室。

2002—2008年,防震减灾办与科技局合署办公,对外挂克旗防震减灾办公室牌子。

第二节　防震工作

1992 年,制定克旗《破坏性地震应急预案》。旗人民政府投资,在经四路东山根建七间平房办公室,并建设一口观测水井和购置监测仪器仪表。

1999 年,建立起地震灾情报告制度。

2002 年,健全克旗建设工程抗震设防监督管理工作制度和地震安全性评价报告报送制度。

2004 年,提出预防破坏性地震应急工作程序、管理措施、具体要求。

同午 2 月 6 日上午 11 时 25 分,监测到境内宇宙地镇很黑村发生 ML:3.6 级地震,并及时呈报地震调查报告。同年,克旗人民政府投资 42 万元,建成克旗数字地震测震台,并购置基础设备,配电入网。

2005 年,克旗地震管理部门建成克旗数字地震测震台,与市、自治区地震主管部门系统联网。同年,协助自治区地震局完成热水地震水化监测站建设;编撰完成《克旗地震应急基础数据汇总》一书。

2007 年,克什克腾测震台投入使用,并与自治区地震监测预报中心和赤峰市地震台连网运行。

2008 年,全旗有地震防震减灾助理员 15 人。

第五章　气　象

第一节　机　构

1991 年,气象局负责克旗的气象记录、分析、预报、预测。内设办公室、财务室、天气预报股、气象测报站。

1992 年,克旗气象局划归赤峰市气象局垂直管理。

2008 年,克旗气象局内设财务室、办公室、生态预报服务科、地面测报科、防雷检测站、人工影响天气办公室。

第二节 气象服务

公众气象服务 克旗气象局实行每日下午17时通过旗广播电视台发布24小时、48小时天气预报,遇有灾害天气,利用电话向克旗人民政府及有关部门发布通知。2005年后,通过互联网发布24小时天气预报到克旗人民政府网站和旅游网站。2008年8月,引进非线性编辑天气预报制作系统,开始在克旗电视上向公众播报天气预报,发布包括经棚镇在内的7个地区晴雨、气温、风力、火险24小时天气预报。

决策气象服务 1991—2008年,克旗气象局坚持无间断向克旗人民政府及相关部门制作雨(雪)情报、墒情报、灾情报、产量预报、气候影响评价、旬月气象预报。提供决策气象服务产品:气象年景分析,春季牧业转场期、春耕春播期、春小麦适播期预报及冬、夏季气候趋势预测。

2000年后,气象局利用手机短信方式,向全旗各苏木乡镇党委、政府和涉农部门领导发布雨雪情报、天气预报、灾害预警等决策参考气象信息,服务于农牧业生产、指导防灾减灾。

专业与专项气象服务 1989年后,气象局开始提供防雷检测服务,初期主要为砖厂之类生产企业提供防雷高度、接地阻值等检测,通过单位换算得出保护结论。2006年后,采用K-2126B电子检测仪检测,并扩展检测对象,为全旗楼房、各类厂矿企业提供雷电灾害检测。

人工影响天气 2003年,气象局购进车载火箭等增雨设备,开展地面火箭影响天气业务,主要开展人工增雨(雪)、水库蓄水等服务项目。

气象科普宣传 1991—2008年,气象局坚持每年"3·23"世界气象日,"5·12"防灾减灾日开展气象科普宣传。运用电视天气预报、手机短信、印发气象科普宣传单等方式,开展气象科普入村、入企、入校、入社区活动。

1990年后,气象局开始配备PC-1500计算机,取代人工编报。2005年,建成自动气象站,自动观测风向风速、气温、空气湿度、气压、降水地表温度。2006年,建成9个自动雨量站,人工气象站、自动气象"双转"运行。2008年,自动气象站独立运行。

第三十二篇

第一章　医疗卫生

第一节　机　构

一、管理机构

1991 年，克旗卫生局内设人事秘书股、财会审计股、医政股、药政股、预防保健股、爱委会办公室、初级卫生保健委员会办公室、健康教育所。

1992 年 9 月，克旗防治地方病领导小组办公室和克旗爱国卫生运动委员会办公室并入卫生局。

1995 年，卫生局内设人事秘书股、财会审计股、医政股、药政股、预防保健股、爱国卫生运动委员会办公室、防治地方病办公室。

2002 年，卫生局内设办公室、财会审计股、医政股、疾病控制与妇幼保健办公室、卫生执法监督股(挂爱委会办公室牌子)。

2006 年，建立克什克腾旗新型农村牧区合作医疗管理委员会办公室，隶属克旗卫生局。

2008 年，卫生局内设：办公室、财会审计股、医政股、疾病控制与妇幼保健办公室、卫生执法监督股(挂爱委会办公室牌子)、新农合医管办。

二、医疗机构

(一)旗级医疗机构

1. 克旗医院

1991 年，克旗医院设内科、外科、传染病、中医、急诊、手术麻醉、保健、检验、病理、放射线、心电图、药械、功能检查等 22 个科室。全院有职工 205 人，其中有医疗技术人员 146 人，占全院职工的 71.2%。医院总建筑面积 6794 平方米，编制床位 140 张，实际开放 116 张，有万元以上医疗器械 74 台(件)。

1993 年，旗医院晋升为市级文明医院，再晋升为自治区文明医院。1994 年，晋升为卫生部分级管理达标二级甲等医院。1996 年，获联合国儿童基金会、世界卫生组织和卫生部“爱婴医院”称号。

2008 年，旗医院临床、医技科室发展到 26 个，建成中心血库一处。职工 225 人，医疗技术人员 177 人，占全院职工的 78.7%，其中有主任医师 1 人，副主任医师 14 人，主治医师 35 人，主管护师 17 人，主管药师 3 人，主管检验师 3 人，主管技师 1 人，医师 34 人，护师 38 人，药师 15 人，检验师 3 人，医士级 23 人。医院总建筑面积 10489 平方米，编制床位 152 张,年门诊 62400 人次,年业务收入 2500 万元。成为一所集医疗、教学、科研、预防保健、急救为一体的县级综合医院。

2. 克旗蒙医中医医院

1979 年,经棚公社卫生院改建为中蒙医院(集体所有制)。1994 年,蒙医中医院升格为科级单位。

1991 年,蒙医中医院在经棚镇应昌路北段建成 267 平方米门诊楼。1993 年,自治区卫生厅拨款 20 万元,旗财政匹配 10 万元建成 1246 平方米住院楼,1994 年投入使用。同年,新建成蒙医五疗科。

1996 年,经自治区卫生厅评审,晋升为"二级甲等蒙中医院"。1998 年,购入全身 CT 扫描机。同年,设中医糖尿病专科。2001 年,被评为自治区"百佳医院"。

2008 年,蒙医中医院发展到 2 处住院部,10 处院外门诊,内设 12 个(其中 4 个重点专科)临床科室,4 个功能科室,7 个职能科室;全院有职工 102 人,医疗技术人员 89 人,占全院职工的 87.3%,其中副主任医师 10 人,主治(管)医(护)师 16 人,医(护)师(士)63 人。医院总使用面积 10500 平方米,建筑面积 3960 平方米;设有病床 60 张,配备有全身 CT、彩色超声多普勒诊断仪、血流变测试仪、经颅彩色多普勒等先进医疗器械 22 台(件),救护车 2 台。蒙医中医院全年门诊约 72900 人次,年业务收入 654 万元。

3. 克旗热水民族疗养院

克旗热水民族疗养院始建于 1979 年。全院总占地面积 16000 平方米,建筑面积 5449 平方米,划分为老干部疗养区、皮肤病疗养区、综合疗养区,有床位 240 张,内设中医、西医、蒙医、电疗、光疗、按摩、针灸等医疗技术科室。年均接待 3000 余人次。

1994 年,热水民族疗养院加挂"克什克腾旗矿泉医院"牌子。

2001 年,改为股级全民事业单位,按自收自支管理,试行承包经营。

2008 年,克旗热水民族疗养院有职工 49 人,有技术人员 27 人,占职工总数 55.1%,其中副主任医师 2 人,主治医师 2 人,医师(士)23 人。年门诊 11150 人次,年业务收入 47 万元。

(二)苏木乡镇医疗机构

1. 苏木乡镇中心卫生院和卫生院概况

1984 年,建有书声、芝瑞、红山子、热水、同兴、达来诺日、广兴源中心卫生院。1991 年,保留有:书声、芝瑞、红山子、达来诺日中心卫生院。1995 年,土城子镇卫生院改为中心卫生院。1998 年,巴彦查干苏木卫生院改为中心卫生院。2002 年,宇宙地镇卫生院改为中心卫生院。2006 年,书声乡中心卫生院调整为重点卫生院,同兴镇卫生院调整为中心卫生院。

2008 年,全旗有达来诺日、巴彦查干、土城子、宇宙地、红山子、芝瑞、同兴 7 所中心卫生院,全旗苏木乡镇设 21 所卫生院,从业人员 398 人,其中技术人员 342 人,占从业人数的85.9%，其中副主任医师6人，主治医(护)师35人，医师(士)301人，年门诊约160480人次，业务收入852万元。

2. 卫生院(所)建设改造

1990—2000年，全旗苏木乡镇卫生院培养各类专业人员472人，投入建设资金581.1万元，新建房屋面积7458平方米，维修面积9504平方米，扩建面积1682平方米，新增200毫安X光机、B超机、半自动生化分析仪等160台(件)。

2001年，全旗苏木乡镇卫生院在职职工全部纳入社会养老保险保障管理范围，基层卫生院从事预防保健工作人员工资纳入财政预算。

2005年，克旗15所苏木乡镇卫生院建设项目立项，2006年实施。项目设计批复建设总规模6818.4平方米，总投资480万元，其中中央预算内资金375万元，地方配套105万元，2006年，乡镇卫生院建设项目通过竣工验收，交付使用。

2008年，全旗有21个苏木乡镇卫生院，有技术人员398人，用房建筑总面积17201平方米，有住院床位582张。

三、卫生机构

(一)防治机构

1. 疾病预防控制中心

克旗疾病预防控制中心的前身是旗卫生防疫站，1957年9月成立，1968年与旗医院合并，1969年8月，恢复旗卫生防疫站建制。

1991年，克旗卫生防疫站内设办公室、流行病科、计划免疫科、劳动卫生科、食品卫生科、环境卫生科、学校卫生科、地方病科、检验科等科室。有职工64人，其中业务人员52人，有主治医师2人，医师10人，医士34人，有建筑面积1821平方米办公房，有业务用车3台及部分检验器材。

1995年，卫生防疫站实验室通过自治区质量技术监督局实验室计量认证，取得实验资质。1998年，建成1420平方米综合办公楼。2002年，防疫站实验室被列入国家40个示范县实验室项目，投资20万元，装备酶标仪、气相色谱仪、原子吸收仪等16台(件)检验设备。2003年，新建成1020平方米疾病预防控制中心办公楼，240平方米疫苗贮存库、X光室。2005年，建成克什克腾旗疾病预防控制中心。2008年，疾控中心有职工51人，卫生技术人员44人。其中副高级职称4人，中级职称12人，初级职称28人；专业技术人员占职工总数86.3%。疾控中心占地面积6700平方米，建筑面积2170平方米，中心实验室用房面积1000平方米，有3台业务用车，57台(件)大中型仪器设备，能够开展4类97项检验项目。

2. 结核病防治所

1983年，克旗成立结核病防治所。

1992 年,结核病防治所与卫生防疫站合署办公,卫生防疫站设结核病防治科,设门诊部,使用“结核病防治所”称谓。2006 年,疾控中心设结核病防治科,有业务人员 13 人,业务用房面积 520 平方米,各种检验器材 10 台(件),主要开展结核病人归口管理、治疗、病人线索调查和流行病学调查等项卫生防治工作。2008 年,克旗结核病防治所为疾控中心内设机构,有业务工作人员 13 人。

(二)保健机构

1. 妇幼保健所

1991 年,克旗妇幼保健所内设儿童保健、妇女保健、化验室、药房、后勤等科室,有职工 41 人,其中技术人员 30 人,主治医师 3 人,医师 11 人,医(护)士 9 人。

1994 年,克旗妇幼保健所升格为科级事业单位。

同年,建设 605 平方米病房楼,1996 年 11 月交付使用。1997 年,建成 110 平方米锅炉房、供应室。

1997 年,克旗妇幼保健所获得自治区爱婴医院称号。2002 年,妇幼保健所产科被赤峰市妇联授予“巾帼文明示范岗”称号。

2003 年,妇幼保健所开始独立开展宫颈癌盆腔清扫术,2004 年开始独立开展阴式子宫全切术,2005 年引进儿童微量元素检测、新生儿游泳等新保健项目。

2005 年,建成 2075 平方米综合楼,同年 10 月,迁至经棚镇解放路中段新址。

2008 年,妇幼保健所内设办公室、妇女保健科、儿童保健科、基层培训科、医技科等科室,全所有职工 42 人,其中卫生技术人员 38 人,占全所人员的 90.5%。有副高级职称 4 人,中级职称 14 人,初级职称 20 人。全旗有乡级妇幼保健员 43 人。除开展妇女病普查普治、儿童保健、孕产妇护理等常规卫生保健服务和常规卫生检验、计划生育手术外,也进行剖宫产,卵巢囊肿切除,子宫次、全切等手术和非正常产处理、早产儿护理等医疗服务。

2. 中心血库

1997 年,建立克什克腾旗中心血库,隶属克旗医院,核定自收自支事业编制 5 名。

2001 年,正式对外发血。配发血准确率、血型鉴定准确率、入库血体检率全部实现 100%。

2003 年,中心血库购置螺旋 CT、彩色多普勒超声诊断仪、600 毫安 X 光机、全自动生化分析仪、心脏平板测试系统、鼻腔鼻内窥镜、尿道膀胱镜等 50 余台(件)医疗器械。在经棚镇区开展无偿献血活动。

2004 年,中心血库与克旗医院检验科分设,内设登记室、血员休息室、体检室、采血室、储血室、成分室、质控室、检验室、血型室、值班室、专用材料库、档案室等,形成结构和功能基本符合工作流程和卫生学要求的基层血站。能采用聚凝胺方法和盐水法交叉配血。2007 年,旗政府投入 60 万元,增加相关设备,用于成分输血项目。

2002—2008 年部分年份克旗中心血库运行情况表

表 32-1-1

年份	采血量(毫升)	合格入库血量(毫升)	采血(人次)	无偿献血(人次)	血型鉴定合格率(%)	入库血体检率(%)
2002	150950	146400	700	15	100	100
2004	144500	141100	600	291	100	100
2006	163200	158300	750	199	100	100
2008	300000	291000	900	820	100	100

(三)卫生监督机构

1996 年,组建克旗卫生局公共卫生监督所。

2005 年,克旗卫生局公共卫生监督所为单设科级单位,独立履行公共卫生监督职能。

2008 年,克旗卫生监督所内设医疗卫生传染病监督科、许可审核科、稽查科、经棚镇食品卫生公共卫生监督科、基层食品卫生公共卫生监督科、职业卫生放射卫生监督科、办公室。有职工 32 人,其中副高级职称 1 人,中级职称 6 人,初级职称 25 人。

第二节　卫生队伍

一、人员构成

1991 年,克旗旗属医疗卫生机构和苏木乡镇卫生院有在职职工 792 人,其中有医疗卫生技术人员 681 人,占 85.98%。在卫生技术人员中,有副高级技术职称 2 人,中级技术职称 40 人,初级技术职称 557 人。

2000 年,全旗医疗卫生机构有在职职工 789 人,其中有技术人员 640 人,占 81.11%,有高级技术职称 4 人,中级技术职称 128 人,初级技术职称 506 人。

2008 年,全旗医疗卫生机构有职工 873 人,其中技术人员 746 人,占职工总数的 85.45%,有高级技术职称 43 人,中级技术职称 156 人,初级技术职称 547 人。

二、队伍分布

2008 年,全旗城镇平均每千人拥有医疗卫生技术人员 10.7 人。牧区平均每千人拥有医疗卫生技术人员 1.5 人。农村平均每千人拥有医疗卫生技术人员 1.01 人。

2008 年末克旗医疗卫生机构人员构成情况表

表 32－1－2　　　　　　　　　　　　　　　　　　　　　　　　　　　　　　　　单位：人

机构名称	职称情况														学历情况				
	合计	高级职称			合计	中级职称				合计	初级职称				合计	本科	专科	中专	高中及以下
		医疗	护理	药剂		主治医师	主管护师	主管药师	其他		医师医士	护师护士	药师	其他					
总　计	43	40	2	1	156	112	21	6	17	547	286	91	44	126	873	127	324	207	215
克旗医院	15	13	1	1	59	38	15	3	3	109	33	51	16	9	225	55	88	23	59
克旗蒙中医院	11	11	—	—	20	13	2	—	5	74	25	16	17	16	102	22	42	17	21
卫生监督所	1	1	—	—	6	5	—	—	1	25	17	—	1	7	32	3	13	9	7
妇幼保健所	4	4	—	—	14	9	3	—	2	7	3	3	—	1	46	11	14	11	10
疾控中心	4	4	—	—	12	7	—	1	4	28	20	—	1	7	51	6	23	2	20
民族疗养院	2	1	1	—	2	2	—	—	—	22	12	3	3	4	49	1	8	11	29
卫生局	2	2	—	—	10	7	1	—	2	3	3	—	—	—	19	4	15	—	—
经棚社区	—	—	—	—	3	3	—	—	—	18	16	—	—	2	21	—	13	2	6
中心卫生院	2	2	—	—	12	12	—	—	—	107	57	10	3	37	137	12	39	62	24
乡级卫生院	2	2	—	—	18	16	—	2	—	154	100	8	3	43	191	13	69	70	39

三、教育与技术培训

1991 年，克旗卫生系统制定和实施“八五”计划期间全旗医疗卫生人才教育与技术培训规划。

1995—1997 年，克旗卫生学校先后举办一年期中专医士班、在职医士班、村级妇幼班各一期，学员 127 人。在旗直卫生医疗单位选定培养技术骨干 10 人，学科带头人 6 人，希望之星 4 人，给予重点教育培养。

1999 年后，全旗医疗卫生单位开始按业务收入的 2% 提取科研经费，用于对专业技术人才的培养和激励。

1991—2008 年，旗直卫生单位为基层卫生院(所)培训外科、检验、放射线、B 超等各类专业人员千余人次。旗、乡两级医疗单位送往市级以上医疗单位各科进修学习 200 余人次。旗卫生局及旗直卫生单位举办各类短期训练班 28 期，参加培训人员 1500 人次。旗、乡两级医疗单位参加赤峰市各类专业培训班近 20 期次，培训逾百人。有 14 人参加并通过中医学自学考试，有 158 人参加并通过后期本科、临床医学、白求恩医科大学学历自学考试，有 60 人通过函授学习取得中等专业文凭，有 55 人通过函授学习取得防疫保健证书。全旗 95% 的旗直单位、90% 乡村医疗卫生技术人员继续教育学分达到合格标准。

第三节　医疗卫生体制改革

一、管理体制改革

1991 年,克旗医疗卫生实行旗卫生局统一管理体制。其中,医药监管、医政监督、食品安全、卫生执法、初级卫生保健等职能,由旗卫生局行使。地方病防控、爱国卫生运动设置“克旗防治地方病领导小组办公室”和“克旗爱国卫生运动委员会办公室”,行使管理职能。

1992 年,克旗防治地方病领导小组办公室和克旗爱国卫生运动委员会办公室并入卫生局。

1996 年,克旗爱国卫生运动委员会办公室单设,负责全旗公共卫生日常管理。

2000 年,克旗成立药品监督管理局,行使药政监督管理职能。2002 年,药品监督管理局实行垂直管理。

2002 年,卫生局与爱国卫生运动委员会办公室合属办公,克旗卫生局挂克旗爱国卫生运动委员会办公室牌子。

2004 年,赤峰药品监督管理局克旗分局更名为赤峰食品药品监督管理局克旗分局。

二、医疗卫生机构改革

(一)城镇医疗卫生改革

1982 年,在旗属医院实行三级医疗护理负责制。1985 年,在旗直各医疗卫生单位推行院、站、所长负责制,员工聘任制,职称评聘制。实行定编制、定医疗指标、定经济指标、定管理措施、超额有奖、缺额处罚的“四定一奖惩”制度。

1991 年,旗医院实行自收自支管理经营。1993 年,克旗蒙医中医院转为自收自支。

1999 年,克旗规范医疗机构设置,药品采购集中招标,后勤服务社会化。

2007 年,克旗蒙医中医院医务人员实行工资财政补贴制。

(二)苏木乡镇医疗卫生改革

1982 年,克旗实行“包、定、记、奖、惩”五字基层卫生组织改革办法。1983 年,全旗基层卫生院普遍采取“国家补助、独立核算、自负盈亏、按劳分配、民主管理”方式运行。1984 年后,全旗基层卫生院采取承包制,“经费包干、自负盈亏、亏损不补、超额留用”。1985 年后,全旗乡级卫生院开始实行依靠集体办、集体管理,院长负责制、人员聘任制,以综合承包为主的目标管理责任制。1989 年后,克旗苏木乡镇卫生院开始自收自支经营。

1991 年,卫生院实行乡镇政府和旗卫生局共同管理。

1998年,全旗基层卫生组织开始向"县办县管"的行业管理体制转变。

2005年,全旗基层卫生院职工全部纳入社会养老保险,克旗财政对1994—2004年度全部职工保险金给予一次性补偿,补贴300万元。2007年,基层卫生院职工工资实行按工资比例给予补贴,4所牧区卫生院工资纳入全额拨款,17所农区卫生院财政支付全额工资40%,逐年递增。2008年末,17所农区卫生院人员工资旗财政增加支付至全额的80%。

(三)村(嘎查)医疗卫生改革

1991年,全旗169个行政村(嘎查),有144个卫生室,其中集体办130个,占90.2%。

1996年,全旗实行村(嘎查)卫生组织"乡村联办一体化"管理。旗卫生局在土城子、天盛号、新井、木希嘎、南店等5个乡镇试点。

1998年,全旗有17个苏木乡镇实行村(嘎查)卫生组织"乡村联办一体化"管理,占全旗苏木乡镇的68%。

2002年,克旗有4个苏木乡镇、村(嘎查)卫生组织实行乡办乡管。

2003年,对全旗188个村级卫生室进行全面考核验收,有144个卫生室取得医疗机构许可证。

2008年,全旗有村(嘎查)卫生室114个,厂(场)办卫生所7个。

(四)个体诊所

1983年,克旗允许中、西医卫生技术人员开办个体行医诊所。1991年,有36处个体诊所。2006年末,有个体诊所10处,从业人员30人。2008年末,有个体诊所16处。

三、防疫保健工作体制改革

1991年,克旗推行计划免疫保偿制,当年计划免疫入保率83.45%。1992年,全旗推广妇幼保健保偿制,同年投保率20.5%。

2000年,防疫保健人员考试竞岗,2003年,全旗有110人参加考试,有90人考试合格后上岗。

2003年,克旗开始实行国家一类疫苗免费接种制度,首先对新生儿免费接种乙肝疫苗,后逐年实行免费接种麻疹、流腮、流脑、甲肝等疫苗。

2008年,克旗基层防疫保健工作实行苏木乡镇卫生院经费承包、财政适当补助。

四、人事制度经费收支改革

1986年,旗医院开始实施招聘制。1991年,旗乡两级医院、卫生院工作人员实行全员聘任合同制。1991年,旗所属医院公用经费由旗财政拨付,乡镇卫生院和乡镇中心卫生院、牧区卫生院及防疫保健人员工资旗财政分别按40%、80%比例预算拨付。2008年,旗医院人员工资自收自支,蒙医中医院由旗财政按人员工资30%预算拨付。

乡镇卫生院和乡镇中心卫生院、牧区卫生院及防疫保健人员工资由旗财政分别按40%、80%比例预算拨付。

五、医疗制度改革

(一)职工医疗保险制度

1988年,设立克旗公费医疗管理委员会办公室。1989年旗政府批转《克什克腾旗公费医疗管理委员会职工公费医疗管理办法》,确定全旗公费医疗“采用以工龄分档,标准定额,超支按比例报销,与单位和个人利益挂钩,国家、单位、个人三方承担”的管理办法。具体报销比例按工龄分档,人年均标准为60元,超支部分个人承担10%~50%,单位承担20%,旗公费医疗管理办公室报销30%~70%。对极特殊病人适当降低个人负担比例。

1995年,撤销克旗公费医疗管理办公室,离休人员医药费由旗老干部局管理,在职人员和退休人员医药费暂由旗财政局管理。

1996年,成立克旗城镇职工基本医疗保险管理委员会,在旗卫生局设立克旗职工医疗管理委员会办公室,负责全旗职工医疗保险具体事宜。

2000年,职工医疗管理委员会办公室并入社会劳动保险服务中心。

2008年,克旗全面执行职工医疗保险制度。

(二)新型农牧民合作医疗制度

2003年,克旗实施新型农村合作医疗制度。

2005年,克旗被自治区确定为新型农村合作医疗工作试点旗。

2006年,《克旗新型农村牧区合作医疗管理暂行办法》规定:参加合作医疗的农牧民以户口为单位,每人每年缴纳10元,中央财政每人每年补助20元,自治区、市、旗三级财政每人每年补助20元。规定医药费起付线为:乡级100元/人/次,旗级200元/人/次,旗外公立医院500元/人/次,封顶线为8000元/人/次。补偿比例:乡级40%~60%,旗级30%~50%,旗外公立医院20%~30%。全旗确定三级定点医疗处251所〔旗级3所,苏木乡镇级26所,村(嘎查)级222所〕。全旗有51656户169408人参加新型合作医疗,参加新型合作医疗率(以下简称参合率)86.79%。统筹基金847万元,其中家庭账户基金153万元。大病统筹资金近695万元,当年,大病统筹报销3692人次,支付大病统筹资金320.82万元。

2008年,全旗有173368名农牧民参加合作医疗,参合率为88.82%。旗级财政补助标准增加到每人每年15元。年内统筹资金1647万元,其中大病统筹资金1491万元,家庭账户资金156.03万元。年内支付大病统筹资金1632.38万元。其中大病统筹报销9121人次,支付资金1257.38万元;重大疾病补偿1278人,补偿金额307.19万元。慢病补偿2105人,补偿金额67.59万元。综合报销比例52.47%。

同年,再做制度性调整:报销封顶线提高到3.5万元,补偿比例提高5~15个百分点;正常分娩单病种统一补偿180元;对肝硬化、糖尿病等两类六种慢性病患者非住院治疗费用实行定额补偿;为所有参加合作医疗农牧民进行一次免费健康体检,建立农牧民家庭健康档案;住院治疗患者报销医药费用在5000元以上者,实行不同大病补偿比例。

第四节　医疗技术

一、蒙医中医

1991—2008年,克旗蒙医中医院先后与北京酒仙桥医院、北京市昌平县中医院、河北医科大学第一附属医院建立业务协作关系,提高临床技术水平,推动蒙中医专科发展。蒙医五疗科应用传统的民族医疗手段在治疗面部神经麻痹、风湿病、腰腿疼、骨关节病等方面取得良好临床效果。中医糖尿病专科应用中药制剂治疗糖尿病和控制并发症,以其疗效确切、费用低、副作用小、服用简便等特点得到患者认可;中医骨伤科运用独特方法在中医骨折外固定、小针刀治疗狭窄性腱鞘炎、按摩治疗腰椎间盘病等方面效果明显。

克旗医院、热水民族疗养院及乡镇卫生院也设有中医科、中药房;热水民族疗养院设有蒙医科,苏木卫生院多以蒙医药为主,为当地蒙古族群众就医提供方便。

二、西医

1996年,克旗医院与旗内外建立技术协作关系,多次聘请医学专家到克旗讲学、应诊,举办学术活动,选送医院专业人才外出进修,培养出腹部外科、胸部外科、急诊急救、功能检查、内分泌等数十名专业人才。

1991—2006年,旗医院引进、推广实用技术40项,新上医疗项目35项。

2002年,旗医院实施的“中心性肺癌全肺切除术”,获市科学技术委员会、市卫生局联合颁发的科技进步三等奖。2003年,旗医院实施的“脊柱侧凸矫型术”“经胸6椎体结核病灶清除植骨融合术”获市级科技进步奖。2005年,开展的“支气管成型治疗小儿支气管断裂术”获市级科技进步奖。

1999年,克旗土城子中心卫生院、红山子卫生院、柳林卫生院等乡镇卫生院先后与赤峰市医院、赤峰学院附属第一医院建立起协作关系,两医院为乡镇卫生院提供10余项新项目指导,培养技术人员,支援麻醉机、无影灯等医疗设备。2000年,柳林乡卫生院、书声乡卫生院请赤峰市医院专家开展义诊活动,先后解除疑难病症60例,实施手术11例,诊疗超过2400人次。2001年,红山子乡卫生院治疗四肢大面积烧伤植皮术成功,填补旗内乡镇卫生院此项技术的医疗空白。

2008年,全旗有西医药人员574人,占全旗医疗卫生技术人员的76.6%。

第五节　卫生防疫

一、计划免疫

1988 年，克旗开始实行儿童计划免疫保偿制，保偿率 95% 以上，“四苗”（卡介苗、脊髓灰质炎糖丸、白百破三联疫苗、麻疹疫苗）接种率 98% 以上。

1990 年，克旗儿童计划免疫通过国家达标验收。

1991 年，统计克旗儿童卡介疫苗基础免疫率为 93.16%，加强免疫率 94.23%；脊髓灰质炎免疫基础率分别为（1）95.81%，（2）88.77%，（3）96.63%，加强免疫率 1.5～2 岁为 98.06%，4 周岁为 94.4%；白百破免疫基础分别率（1）96.16%，（2）94.1%，（3）95.17%，加强免疫率 94.93%；麻疹免疫基础率 95.87%，加强免疫率 95.25%；白百破二联免疫加强率 91.31%；0 周岁儿童免疫入保率为 89.37%。

1992 年，克旗乙肝疫苗接种纳入计划免疫管理。

1993 年，克旗适龄儿童实施“五苗”（风疹疫苗、甲肝疫苗、流腮疫苗、流脑疫苗、乙脑疫苗）计划接种。

1999 年，对 0 周岁儿童实施不同方式免疫入保，其中“五苗”一保七年率保偿率为 54.94%，“十苗保偿”扩大免疫保偿率为 45.06%。

2000 年，克旗对 1～14 周岁儿童实施新“五苗”接种，接种率分别为风疹 62.95%、甲肝 35.33%、流腮 40.55%、流脑 49.01%、乙脑 72.92%。

2005 年，克旗“五苗”接种率分别为甲肝 89.88%，风疹 91.01%，流脑 57.36%，乙脑 73.7%，流腮 88.14%。全旗 1～14 周岁儿童发病率分别是麻疹 0.4/10 万、流脑 5.23/10 万、风疹 0.81/10 万。

2006 年，实施基础“五苗”接种，接种率分别为卡介苗 99.4%、小儿麻痹糖丸 98.32%、白百破疫苗 97.97%、麻疹疫苗 95.07%、乙肝疫苗 99.01%。

2007 年，基础疫苗接种率：卡介苗 99.7%，脊灰糖丸 98%，白百破三联苗 97.5%，麻疹疫苗 96.21%，乙肝疫苗 96.19%。

2008 年，加强免疫工作“软件”管理，重点对乡村两级冷链运转情况、接种质量，各种疫苗出入库账目、转移卡接受、发放情况，流动儿童底数掌握情况，新生儿免费乙肝疫苗专项管理情况，计划免疫档案、表、卡、证、册、资料管理；并对成人乙肝疫苗接种、入学入托儿童预防接种证查验等工作情况进行全面督导检查。同年，基础疫苗接种率：卡介苗 99.8%，脊灰 97.6%，白百破三联疫苗 96.8%，麻疹疫苗 82%，乙肝疫苗 98.8%。

二、传染病防治

（一）鼠疫防治

芝瑞镇上柜村曾为历史（1887 年）鼠疫地，疫区面积 314 平方公里，是克旗多年鼠疫防治重点区域。1976 年,经赤峰市、克旗两级专业验收,达到灭鼠拔源标准;1983 年,国家北方地方病防治办公室命名克旗为“灭鼠拔源先进旗”。达标后,每年坚持开展巩固性灭鼠。从 1995 年起,旗政府每年拨专款,在芝瑞历史鼠疫区进行一次巩固性家屋灭鼠和野外灭鼠。

1996 年,旗财政拨专款,开展全旗性灭鼠,灭鼠后平均鼠密度 0.7 洞/公顷,通过赤峰市防疫部门验收。1999 年,开展全旗性灭鼠;同时检测标本鼠 50 只,检验血清 50 份,未发现阳性。

2004 年,对芝瑞镇历史鼠疫区进行药物灭鼠,灭前鼠密度 2 洞/公顷,灭后,鼠密度 0.7 洞/公顷。

同年,在达日罕乌拉苏木部分地区开展鼠间鼠疫疫情监测,监测面积 50 平方公里,调查单公顷样方 15 个,解剖黄鼠 286 只,其他鼠 19 只,均未检出鼠疫菌,对所获鼠体蚤、洞干蚤、巢蚤总计 223 匹,分 13 组进行细菌培养,均未获鼠疫菌,检查黄鼠血清 236 份,除检出低度阳性材料外,均为阴性。

2006 年,旗防疫部门完成对浩来呼热地区鼠疫监测,经过控制,该地区鼠密度在 0.5 洞/公顷以内。

2007 年,旗防疫部门对芝瑞镇上柜村再次展开重点灭鼠,经检查,灭鼠前鼠密度 1.8 洞/公顷,灭鼠后鼠密度 0.4 洞/公顷。对乌兰布统开发区鼠疫检测点展开检测,稳定调查面积 100 平方公里,调查单公顷样方 50 个,扑获黄鼠 24 只,平均鼠密度为 0.48 洞/公顷,单公顷样方最高 2 只,并进行黄鼠洞干蚤、鼠体蚤、巢蚤调查。剖检鼠 310 只,检验蚤类 79 组 280 匹,结果全部阴性;检验鼠血清 296 份,结果均为阴性。

2008 年,对芝瑞镇上柜村、乌兰布统开发区开展鼠疫监测、灭鼠活动。上柜村灭鼠后,鼠密度降低在 0.5 洞/公顷以下;对乌兰布统开发区与锡盟多伦县接壤的双敖包村进行重点监测,稳定监测面积 100 平方公里。5—7 月,检验鼠类病原体 255 份,检验蚤类 44 组 106 匹,结果全部阴性;检验黄鼠血清 245 份,结果全部阴性。

(二)病毒性肝炎防治

1991 年,克旗病毒性肝炎报告发病 513 例,居全旗传染病报告发病首位,全部得到及时治疗。

1999 年,克旗新开地乡红石砬村小学爆发甲型肝炎,地区年发病率 210.37/10 万,防疫部门采取多种防疫处理措施,疫情得到控制。

1991—2006 年,全旗共报告病毒性肝炎 3819 例,死亡 4 例,年平均发病率为 104.73/10 万,都得到及时治疗。2007 年,全旗报告病毒性肝炎 129 例,与 2006 年同期比上升 5.73%。2008 年,全旗报告病毒性肝炎 75 例,较上年大幅下降。

(三)流行性出血热防治

1998 年,在克旗乌兰布统乡胡萝卜脑村首次发现 2 例流行性出血热疑似病人,经北京流行性疾病研究所实验室检测为确诊病例。同年秋，防疫站对胡萝卜脑村和周边地区进行流行性出血热人间、鼠间疫情监测，采集人血清366份，鼠肺97份，1份小褐家鼠材料检测呈阳性，根据流行性疾病调查和监测结果，该地区被确定为赤峰市首发流行性出血热疫区。2000年，上头地乡、木希嘎乡、新开地乡各发生1例流行性出血热病人，都得到及时治疗。2002年，红山子乡发生2例流行性出血热病人，得到及时治疗。1998—2008年，全旗共发现10例出血热实验确诊病例，未有死亡病例。

（四）非典型性肺炎防治

2003年，全国爆发传染性非典型性肺炎（以下简称“非典”）。克旗从4月15日起处于应急预备状态。4月16日，旗委、旗政府召开旗直各单位、经棚镇辖区负责人参加的第一次防治非典型性肺炎工作会议。4月18日，克旗成立以旗长为组长，旗委副书记、副旗长和卫生局长为副组长的克旗非典型肺炎预防控制领导小组；同时制定印发《克什克腾旗传染性非典型肺炎防治预案》《突发公共卫生事件应急预案》；4月27日，“防非”领导小组决定，把蒙中医院河西分院确定为克旗非典型肺炎防治定点医院，在旗医院设置发热门诊。

卫生防疫站成立6个包片监督检查组和1个重点督查组，监督指导旅店业落实外来人员住宿登记、体检、报告制度，排查外来旅客，指导和检查“非典”定点医院、病房及观察室设计、消毒、医护人员防护、病人转接等具体工作，指导个人防护、划分观察隔离区、垃圾处理，督导食品生产单位、公共场所、建筑工地、学校幼儿园消毒，在经棚火车站、汽车站对乘车人员进行登记体检，组织省际通道克旗7个标段同时开展工区野外灭鼠；成立锡盟—克旗阿其乌拉消毒留验站，对过境车辆进行消毒。

开展广泛的防“非典”宣传，运用各类宣传品和各种宣传手段，让民众最大限度地了解“非典”和掌握预防“非典”知识。

在防“非典”期间，全旗共报告、处置发热病人、留滞观察病人19人，处置群众报告怀疑疫情5人，处置基层学校发热、咳嗽报告2人。处置1起赤峰市非典型肺炎预防控制领导小组通报疫情。克旗未发生疑似、确诊病例。

（五）禽流感防治

2004年，中国周边国家和国内部分地区陆续发生禽流感，根据上级卫生部门和克旗人民政府的安排部署，克旗及时制定出《克旗预防禽流感工作方案》，派员参加赤峰市卫生局组织的专门培训，并组织旗直和各苏木乡镇医疗卫生单位进行培训。通过克旗广播电视台《关注健康》栏目，宣传防治春季呼吸道传染病及禽流感防治知识。经监测，克旗未有疫情报告和未发生相关疫情。

（六）艾滋病防治

2005年，克旗卫生防疫站开始将艾滋病列为重点防治传染病之一，全面开展疫情监测、预测、报告、分析和管理,并首次对公安部门监管场所中 45 人进行筛查,每月中旬、月末各采血一次。

2006 年,旗政府成立以分管副旗长为主任的“克旗防治艾滋病工作委员会”,有 28 个成员单位参加。同时印发相关文件,旗卫生行政管理部门与旗妇联、计划生育等部门协作,结合各种会议,对乡村两级医务人员培训。

2007 年,在疾控中心建设“艾滋病病毒抗体初筛实验室”。继续筛查公安部门监管场所人员 127 人。同年,完成自愿咨询检测 415 人。

2008 年,全旗筛查公安部门监管场所人员 112 人,完成自愿咨询检测人员 230 人。同年 9 月,克旗发现由北京胸科医院报告的首例艾滋病确诊病例,10 月 7 日该份病例死亡。

(七)手足口病防治

2008 年,卫生局、疾病预防控制中心针对安徽省阜阳爆发流行手足口病疫情,展开预防。重点走访旗直幼儿园、小学,先后对旗直幼儿园、经棚一小、二小、蒙小展开流行病学调查,召集旗内 23 个个体幼儿园(托幼机构)负责人,签署预防工作指导意见书,展开防治手足口病宣传。

旗政府成立“克旗防治手足口病领导小组”,制定印发《克旗防治手足口病应急预案》,培训乡、村两级医务人员,开展各种形式的预防宣传教育。

克旗未发现手足口病临床病例。

(八)其他传染病防治

1991—2008 年,克旗出现流行性脑炎、乙型脑炎、百日咳、麻疹、痢疾、伤寒、副伤寒、肝炎、狂犬病、猩红热、流行性出血热、斑疹伤寒等疾病,都在发现时给予有效控制,尤其是细菌性痢疾、肺结核等传染病的发病下降趋势明显。全旗共发现各类传染病 4475 例。其中肝炎 3737 例,痢疾 420 例,麻疹 66 例,斑疹伤寒 50 例,性病 36 例,有 6 例死亡病例。

三、地方病防治

(一)克山病、大骨节病防治

1976 年,克旗开展克山病普查,全旗有各型克山病患者 2481 人,平均患病率 4.33%。1986 年,复查全旗有克山病患者 903 人,平均患病率 1.58%。1986 年 10 月,克旗代表赤峰市通过由卫生部地方病防治司和自治区卫生厅组织的防治克山病考核验收,达到基本控制标准。

1987 年开始,由自治区地方病研究所与旗防疫站一同开展国家级克山病监测,主要监测红山子乡、三义乡克山病的防治进展情况。

1994 年,全旗监测 320 人,发现克山病人 6 例。2000 年,克旗地方病防治部门协助自治区地方病研究所完成红山子乡天太永村克山病监测任务，计监测514人。2002年，全旗监测320人，发现克山病人15例(其中潜在型11人，慢型4人)。2006年，全旗监测50人，治疗20人。2007年，重点监测红山子乡天太永村3个村民组，普查260人，发现潜在型克山病人7人，发病率为2.69%；慢性克山病人18人，发病率6.92%。2008年，继续重点监测红山子乡天太永村3个村民组，普查600人，发现克山病人20人(其中：潜在型11人，慢性9人)。

1980—2008年，克旗连续28年无克山病急发死亡病例，病区病情稳定。

1976年，克旗普查出大骨节病病人1791人。1990年，大骨节病病人监测显示，病情明显下降，临床检出率为0.65%，X线检出率为2.24%。1991年后，大骨节病防治通过自治区考核验收，至2008年达到病情控制标准以下。

(二)布鲁氏菌病防治

1984年，克旗畜间布鲁氏菌病自然感染率已下降到2%以下，人间无新患病例发生。同年9月，通过内蒙古自治区考核，达到稳定控制标准。

1989年，在达来诺日苏木查干敖瑞嘎查出现达到稳定控制标准后的首个爆发疫点，之后相继在巴彦高勒苏木阿日达其独贵龙、木希嘎乡天合园村、乌兰布统乡部分地区出现人、畜间感染布病疫情。卫生防疫站采取以畜间免疫为重点的布病综合防治措施，开展人、畜间疫情监测。

1991年，全旗人间监测273人，疫情阳性率1.1%；畜间监测3600头(只)，疫情阳性率1.3%。

1997年，对巴彦高勒苏木阿日达其布病爆发点开展流行病学调查，人间血样检测31人，试管凝集实验呈阳性5人，羊血样检测21只，实验呈阳性2只。检测牛6头，没有检出阳性。

1998年，采集人体血样320份，发现阳性血样3份，阳性率0.93%。检测畜间羊血样130只，3只呈阳性，阳性率2.3%；检测牛19头，没有检出阳性。同年，畜间免疫272781头(只)，免疫率92.63%。

1999年，旗政府成立“克旗布鲁氏菌病监测领导小组”，重点对全旗11个苏木乡镇开展布病监测和流行病学调查。共检查5275人，检测人体血样576人，4人血检呈阳性。畜群检测牛血样800头，24头血检呈阳性，检测羊血样3700只，13只血检呈阳性。

2004年，全旗抽样调查4个苏木乡镇10个嘎查村，血样检测794人，发现147人血检呈阳性，阳性率为18.51%，新发病人254人，临床确诊病例39人。

2005年，全旗血样检测1364人，血检呈阳性151人，阳性率11.07%，新发现病人137人，门诊确诊病人764人。

2006年，全旗血样检测360人，血检呈阳性46人，阳性率12.77%，新发现病人41人，门诊确诊病人371人。

2007年,全旗共开展5个乡镇人间疫情监测,调查2578人,采血506人,检出阳性46人,新发现病人37人,阳性率9.09%。同年,新发现病人165人。畜间监测:全旗采血10023份,其中:牛8763份,羊1260份,全部阴性。

2008年,全旗完成5个乡镇人间疫情监测,调查2000余人,采血504人,检出阳性23人,新发现病人23人,阳性率4.56%。全年总计新发现病人91例。

(三)碘缺乏病防治

1986年,克旗碘缺乏病(俗称地甲病)患病率为2.22%,经赤峰市考核验收达到控制标准。全旗以普及合格碘盐为主要防治措施,对重点人群补碘改善碘缺乏病危害,同时,定期开展碘盐监测、病情监测。

1991年,碘盐监测有碘率为100%,合格率达到97.3%。调查中小学生557人,发现69人甲状腺肿大,肿大率为12.39%。

1994年,制定《克旗2000年实现消除碘缺乏病实施方案》,并予以实施。

1996年,全旗监测碘盐837份,尿碘90份,新生儿"低钾"筛查送检184份。对3个苏木的3所中心完全小学开展碘缺乏病病情监测,共调查7~10周岁儿童369人,检出48人甲状腺肿大。检测特需补碘人群35860人。

1998年,全旗碘盐监测定量分析910份,检测特需补碘人群37372人,补碘率为68.18%。抽查尿碘169份,结果为333.9/VMG/L,新生儿"低钾"筛查送检176份。

2000年,克旗碘缺乏病防治通过自治区阶段性评估,达到消除碘缺乏病标准。

2004年,全旗年监测生产层次碘盐10批次,质量合格率100%。抽样监测居民碘盐288份,碘盐覆盖率96.18%,碘盐合格率88.54%。全年开展0~14周岁儿童特需补碘人群碘盐投放工作。

全年抽样调查8~10周岁学生甲状腺肿大率,临床调查562人,甲状腺肿大40人,肿大率为7.12%。

2007年,全旗年监测生产层次碘盐11个批次,质量合格率100%。抽样监测居民碘盐316份,合格碘盐304份,不合格碘盐12份,碘盐合格率96.2%,碘盐食用率96.2%,碘盐覆盖率达到100%。继续在全旗开展0~14周岁儿童补碘工作。开展8~10周岁学生甲状腺肿大率调查,临床调查355人,甲状腺肿大21人,肿大率5.92%。

2008年,全旗年监测生产层次碘盐10个批次,质量合格率100%;全年抽样监测居民碘盐250份,不合格碘盐38份,合格率86.82%,食用率86.81%,碘盐覆盖率100%。继续开展8~10岁学生甲状腺肿大率调查,临床调查114人,甲状腺肿大10人,肿大率为8.77%。

(四)地方性氟、砷中毒防治

1. 氟中毒防治

1975年,克旗开展地方性氟中毒病全面普查,发现全旗有128眼井水含氟量超过国家规定标准，查出各型氟中毒病人 7652 人，确定全旗有 161 个村民组为高氟病区。同年，防疫部门和水利部门配合，采取打防氟深井、修引水工程等方式，对水源含氟较高的新井乡、热水塘镇、三义乡等地进行防氟改水，到 1990 年，建成防氟改水工程 8 处，受益人口 24946 人，55.52% 的高氟病区人口实现安全饮水。

1995 年，对 5 个乡 8～12 周岁儿童开展氟斑牙调查，调查留意 921 人。同时，开展部分改水水源含氟监测。

2000 年，全旗检验主要防氟改水工程水质，对部分新建改水工程建立水质档案。

2004 年，全旗完成改水、未改水地区水质调查，共调查 20 个苏木乡镇 309 个自然村。其中，调查改水工程 108 处，调查改水地区 203 个自然村，采集小学学生饮用水 94 份，共采集和监测水样 779 份。调查 4 乡镇 491 人氟斑牙病情显示：31 人可疑氟斑牙病，25 人患极轻氟斑牙病，12 人患轻度氟斑牙病，1 人患中度氟斑牙病。

2007 年，全旗完成 6 个乡镇防氟改水工程水质调查 33 份，含氟量在 1 毫克/升以下者有 26 份，1 毫克/升以上者有 7 份。调查 7～12 周岁儿童氟斑牙 631 人，可疑 37 人，各度氟斑牙 72 人。调查 4 个苏木成人氟斑牙、氟骨症 401 人，可疑氟斑牙 25 人；各度氟斑牙 44 人，平均患病率 11%，未发现氟骨症临床病人；调查 8～12 周岁儿童氟斑牙 419 人，查出可疑氟斑牙 29 人，各度氟斑牙 63 人，平均患病率 15%。

2008 年，全旗共完成 4 个乡镇防氟改水工程水质调查 32 份。7～12 周岁儿童氟斑牙调查 479 人，可疑 23 人，各度氟斑牙 47 人，平均患病率 9.8%。

2. 砷中毒防治

1992 年，中国医科大学、赤峰市防疫站首次对克旗木希嘎乡白音杲村“地方性砷中毒病”（以下简称“地砷病”）进行系统调查，共查出地砷病人 97 名，经检验当地山泉水砷含量为 2.431ppm，居民饮用水砷含量为 0.1662～0.5525ppm，确认克旗木希嘎乡白音杲村为新发现的“慢性地方性砷中毒”地方病病区，地砷病为赤峰地区首次发现，成为赤峰地区首个“慢性地方性砷中毒”地方病病区。自 1992 年起，防疫部门对克旗境内大兴安岭山系开展地砷病线索调查，查清和确定病区范围，在病区人群中开展监测和普查，对查出的患病人给予治疗。通过打深井、化学改水等办法加强患病防治。1997 年，国家投资为木希嘎乡砷中毒病区家庭安装 63 个除砷器。1999 年 5 月，再度对除砷器进行水质监测，采水样 32 份，经检验水质良好，达到控制要求。同年，开展地区间、国际间合作，对防治地砷病开展科学研究。此后，地砷病基本消除。

四、结核病防治

1991 年，克旗结核病新发现病例 125 人，其中病菌阳性 40 例。

1994 年，克旗被列入卫生部加强与促进结核病控制项目县。1995 年，通过自治区卫生厅验收。同年，全旗共发现活动性肺结核病人 243 例，其中病菌阳性 76 例。对热水镇 1500 人开展流行病学调查。

2000 年,全旗共发现肺结核病人 262 例,其中涂阳病人 75 例,涂阴病人 187 例,新发涂阳肺结核管理治疗覆盖率 100%,对巴彦查干苏木结核病开展病人线索调查,发现 7 例肺结核涂阳病人,15 例涂阴病人。

2001 年,国际福特基金会援助“达日罕乌拉苏木贫困牧民结核病预防治疗项目”启动。

2002 年,全旗共发现肺结核病人 99 例,其中病菌阳性 20 例,病菌阴性 79 例,涂阳肺结核管理治疗覆盖率 100%,对木希嘎乡、宇宙地镇两地结核病人完成线索调查;通过流行病学调查发现结核病患病率 540/10 万。

2003 年,国际福特基金会援助“达日罕乌拉苏木贫困牧民结核病预防治疗项目”顺利完成。同年,在克旗启动国家实施结核病人免费治疗项目及世行贷款、英国援助中国结核病防治项目,结核病在克旗得到控制,发病减少。

2006 年,全旗结核病人涂阳、重症涂阴病人服药减免率 100%,系统管理率 100%,完成年内新涂阳病人登记率 42/10 万(104 人)指标,完成对 1 个苏木,2 个乡镇结核病病人线索调查。

2007 年,全旗共登记初诊结核病人 290 例,检出初治涂阳病人 106 例,涂阴病人 70 例。完成乡级线调点 3 个,覆盖人口总数 12496 人,共检测疑似病人 290 人,线调可疑者发现率 33%,线调地区新涂阳病人发现率 33/10 万。

2008 年,共登记初诊结核病人 290 例,检出初治涂阳病人 126 例,涂阴病人 46 例。新涂阳病人 107 例,治愈 101 例。完成乡级线调点 3 个,共检测疑似病人 290 人,线调可疑者发现率 33%,线调地区新涂阳病人发现率 33/10 万。乡镇设置 7 个痰检点。

1991—2008 年,克旗共发现肺结核病人 3108 人,其中涂阳病人 1228 人,均得到及时治疗。

第六节　卫生保健

一、妇幼保健

(一)妇女保健

1. 实行妇幼保健保偿责任制

1991 年,克旗开展妇女保健工作“妇幼保健保偿责任制”试点。1992 年,全旗妇幼保健保偿投保率 20.5%。1996 年,入保率 90%,全旗农村牧区妇幼保健保偿入保率 20%。2000 年,入保率提高到 64.6%。2006 年,入保率提高到 86%。2008 年,入保率 60%。

2. 婚前检查

1987 年,克旗妇幼保健所承担全旗新婚夫妇婚前保健任务,开展“婚前医学检查”。

1995年，克旗妇幼保健所正式设立婚检室，设置专职男女婚检医师，当年应查人数612人，实查90人，检查率14.71%，疾病检出率为零。2002年，在全旗全面推介婚前医学检查，共检查1875对新婚夫妇，婚检率73.51%，疾病检出率18.62%，其中检出传染病69例，严重遗传性疾病2例，生殖系统疾病82例。2003年，在全旗取消强制性婚前医学检查，实施自愿婚检，婚检率有所下降。2007年，全年开展新婚夫妇婚前检查15对，占结婚总数的9.03‰。

（二）儿童保健

1995年，克旗全面实施《中华人民共和国母婴保健法》。1996年，克旗开始创建爱婴乡镇活动，同年有达来诺日镇、天盛号乡通过赤峰市卫生局创建"爱婴乡镇"活动领导小组评估验收。2000年，旗人大常委会执法组对全旗实施《中华人民共和国母婴保健法》情况进行视察。同年，克旗被确定为卫生部"降低孕产妇死亡，消除新生儿破伤风"项目（简称"降消"项目）全市九个旗县区之一。2004年，克旗开始实施第二轮"降消"项目。2001年，在赤峰市爱婴乡镇复检验收中，克旗跨入爱婴乡镇行列的10个乡镇全部验收合格。2003年，克旗被赤峰市卫生局评为全市妇幼卫生工作先进地区。2006年，有16个苏木乡镇达到"爱婴乡镇"标准。2008年，全旗11个苏木乡镇全部达到"爱婴乡镇"标准。

（三）妇幼保健监测

1991年，克旗重点实施孕产妇系统管理、儿童系统管理，巩固和加强防护保健网络建设。全旗每一个嘎查、村卫生室都配备有1～2名兼职妇幼保健员。同年，全旗孕产妇总数1518人，85%孕产妇建立保健卡。全年有2名孕产妇死亡，死亡率13.18/万。90.38%产妇实行新法接生，婴儿死亡率17.54‰。妇女病普查12317人，患病人数2131人，患病率23.77%，体检0～7周岁儿童22482人，体检率65.06%，查出佝偻病3374人，贫血613人，患病率17.73%。

1995年，全旗孕产妇总数2769人，全年孕产妇死亡率72.3/10万。新生婴儿死亡率18.1‰。妇女病普查患病率22.3%，调查0～6周岁生长发育儿童24369人，体检率为83.4%。

2005年，全旗孕产妇总数1725人，全年孕产妇死亡率57.7/10万。新生婴儿死亡率14.4‰。妇女体检率21.3%，0～7周岁儿童体检率达到89.2%。

同年，克旗被确定为自治区级"三网"（旗乡村三级妇幼保健网）监测旗县，按监测要求，同年全旗监测孕产妇1887人，死亡1例。在7个乡镇监测5周岁以下儿童517例，死亡12例。在旗医院、旗妇幼保健所监测新生儿807例，有出生缺陷5例。

2007年，旗乡村三级妇幼保健网监测7个乡镇45个村，开展有计划分娩、无痛人流、新生儿早教和新生儿神经检测等多项新科目。

2008年,在克旗实施国家妇幼保健“叶酸预防神经管畸形”项目,并培训专门技术人员、免费发放叶酸。旗妇联同旗妇幼保健所联合开办“孕妇学校”。全旗孕产妇系统管理率提高到87.6%,儿童系统管理率提高到89.5%,住院分娩率达到99.6%,儿童死亡率11.2‰,孕产妇死亡率55.9/10万。

二、初级卫生保健

1990年,成立克旗初级卫生保健委员会,开展全旗卫生保健工作。落实《克旗初级卫生保健工作实施方案》。

1992年,克旗改建公共厕所30处,改造饮用水源7处。

1997年,克旗通过自治区初级卫生保健评审验收。

1998年,人大常委会对全旗部分苏木、乡镇初级卫生保健工作进行视察,并在旗人大第十二届三十一次会议上听取并审议克旗初级卫生保健工作情况汇报。

2001年,制定并落实《克旗农村初级卫生保健发展纲要2001—2010实施方案》,力争用5—10年时间,乡村医疗机构覆盖率90%以上,执业医师或助理医师占在乡(镇)、村两级提供服务的医生总数比例60%以上,基本医疗管理规范率90%以上,主要慢性病管理率30%以上,法定报告传染病发病率保持在3‰以下,现代结核病控制人口覆盖率95%,计划免疫接种率85%以上,孕产妇住院分娩率80%以上,7周岁以下儿童保健覆盖率80%以上,自来水普及率50%,卫生厕所普及率60%,婴儿死亡率、孕产妇死亡率、5周岁以下儿童死亡率明显降低,新型农村牧区合作医疗体制基本建立。

第七节 公共卫生

一、环境卫生监测

1991年,继续实施《公共场所卫生管理条例》,监督、推动公共环境卫生建设;重点做好旗内各类公共场所的卫生监督、从业人员体检、公共用品、生活饮用水的卫生监测。

1993年,对全旗各类公共场所发放卫生许可证2593份,体检从业人员689人。监测分析一处生活饮用水源水质,重点监测经棚镇公共场所餐饮用具、茶具卫生状况,行政处罚部分卫生不合格单位。

1998年,全旗全年办验、换发卫生许可证1530份;体检从业人员2431人,检出痢疾、伤寒、病毒性肝炎、活动期肺结核、接触性皮肤病“五病”人员29人,全部调换工作岗位。

2002年,对全旗各类公共场所换验、办发卫生许可证224份;重点监测公共场所从业人员卫生合格状况,体检从业人员274人。

2007 年，全旗开展公共场所检测 680 户次，基本覆盖全旗苏木乡镇所在地；健康检查从业人员 4027 人，检出患有“五病”人员 51 人，全部调换工作岗位。

2008 年，旗卫生行政部门重点查处芝瑞镇饮用水源污染事件，查处经棚镇内婴幼儿食用“三鹿配方”奶粉投诉事件。开展公共场所从业人员健康检查 4200 人，检出患有“五病”人员 59 人，全部调换工作岗位。

二、食品卫生

1991 年，克旗卫生防疫站对经棚镇食品生产、加工、销售行业、从业人员健康体检进行制度性业务监管。

1992 年，卫生局受旗政府委托，向旗人大常委会第十一届第十次会议报告克旗 1990—1992 年贯彻实施《中华人民共和国食品卫生法》（试行）基本情况。

1993 年，全旗检测、监督食品生产、经营单位 2184 户次。为食品生产、经营单位办理、验收、换发卫生许可证 546 份，体检从业人员 2154 人。经检测，各类食品合格率占检测食品总量的 83.09%。

1998 年，全旗检测食品生产经营单位 1530 家 6120 户次，体检从业人员 2431 人。全年监督、监测各类食品 67 样（次），合格 60 份，合格率 89.6%，检测餐具 248 份，合格 178 份，合格率 71%。

2003 年，全旗检测食品生产经营单位 1808 家 6232 户次，体检从业人员 3216 人。监测各类食品 100 样（次），全部合格。检测餐具 1598 样/份，合格 1579 样（份）。

2008 年，对全旗 1708 家食品生产经营单位全面开展监测；监督检测经棚地区频次 6 次以上，监督检测克旗重点旅游景区 4 次。同年，旗卫生部门配合旗政协、旗教育局先后对 29 所学校集体食堂开展食品安全专项调研和检查，对乡镇学校生活饮用水样品、公共场所餐茶具重点进行卫生检测。1991—2008 年，克旗未发生集体食物中毒事件。

三、学校卫生

1984 年，克旗防疫站内设学校食品卫生科，开始对学校卫生检测监督，在全旗各类学校开展在校学生健康监测检查，生长发育、营养状况评价，常见病监测及防治。

1993—1995 年，对中小学生常见病进行重点防治。在学校矫治沙眼 2838 人，治愈率 75.83%，矫治视力不良 2454 人，有效率 62.9%，对 16677 人进行肠驱虫。

1993—1995年经棚镇中小学生生长发育及营养状况评价调查表

表32-1-3

年份	在校生数(人)	生长发育评价(人)						7~18岁学生营养状况评价		
		匀称型		粗壮型		细长型		正常	肥胖	营养不良
		男	女	男	女	男	女	(%)	(%)	(%)
1993	5550	1054	119	113	224	259	175	53.95	3.26	31.16
1994	5832	887	701	98	159	77	74	56.47	5.63	37.9
1995	6396	747	654	34	19	155	186	78.9	3.27	18.41

1999—2001年,侧重对经棚镇内入学新生进行肝炎、肺结核普查。累计检查7237人,乙肝表面抗原阳性检出率2.5%,肺门淋巴结核病检出率0.51%。

2000年,对全旗中小学校进行学生健康体检。对经棚镇10所中小学校8456名学生进行贫血调查,共查出贫血学生809人,贫血率9.57%。

2000年后,全旗各类学校普遍实行在校学生健康评价(营养评价、百分数评价和等级评价、各种常见病患病率)。

1991—2008年,克旗中小学生体检及患病率情况表明,中小学生体格向好发展趋势明显,沙眼、龋齿、视力不良、脊柱弯曲、蛔虫、心脏病、贫血等项健康指标,除视力不良有所发展外,其他指标明显好转。

四、劳动卫生

1991年,全旗13个国营、集体厂矿建立有工人卫生档案。

2002年,监测接触职业病危害作业点38个,合格率28.9%,监测放射卫生19户,合格率57.9%。2006年,全旗监测粉尘作业点40个,体检工作人员972人,体检合格率95.68%。2007年,对全旗8个矿山576名接尘工人进行健康体检,检出职业禁忌2人,检查结果异常42人。同时对3家矿山生产车间40个点进行采样监测,24个合格。对6家矿山的生活饮用水水质作20项全分析,有2家水质控制指标超标。2008年,共体检7个矿山职业危害因素接触人员1103人,检出疑似职业病(尘肺)2人,乙型肝炎表面抗原阳性者49人次,活动型肺结核2人次,血压异常36人次,都出具行业禁忌人员通知。

五、爱国卫生运动

(一)卫生治理

1984年,克旗人大常委会第八届第二十次会议通过《克什克腾旗城镇公共卫生管理条例》,全旗爱国卫生运动依法开展。在经棚镇区内旗直机关长期开展机关单位卫生达标活动。

1991 年，旗直机关卫生达标率 65%；农村牧区开展创建自治区、市卫生示范苏木、乡、镇活动。达来诺日苏木、热水塘镇、土城子镇、广兴源乡、天盛号乡、红山子乡等达到规定标准。

1994—1996 年，经棚镇连续三年获得自治区爱国卫生运动"银杯赛"第一名，1996 年，经自治区爱国卫生运动委员会验收合格，命名经棚镇为自治区级卫生城镇。

2002 年，通过自治区爱国卫生运动委员会复查验收，克旗被评定为自治区卫生城镇建设管理先进地区。

2003 年，全旗有 12 万余人次，参加第十五个爱国卫生运动活动月，经棚镇建成垃圾池 50 处，修建地下排水管道 1450 延长米，开展全覆盖式房屋灭鼠活动。

2004 年后，全旗开展创建"绿色环保文明旅游长廊"活动，对国(省)干道沿线苏木乡镇、嘎查村公路沿线两侧 50 米之内区域和城乡结合部环境卫生、公路标识、市场摊点进行综合治理和规范。经棚镇内 40 个公共厕所翻建更新。在全旗农牧区展开环境卫生综合整治工作，结合镇区道路和房地产开发建设，经棚镇区的给排水管网建设和污水处理工程基本完成卫生环境改善。

(二)健康教育

1990 年，建立"克旗健康教育所"，对重点目标人群、农牧民、中小学生开展健康教育。1991 年，全旗有 22 个苏木乡镇配备 56 名专兼职健康教育人员；在全旗苏木乡镇中小学和城镇中小学开设健康教育课。1992 年，发放健康教育读物 1.7 万余册。1996 年，克旗健康教育所被自治区爱国卫生运动委员会评为先进健康教育所。1998 年，全旗各级中小学校全部开设健康教育课。2008 年，开展免费为农牧民体检，宣传体检对健康的意义。

第八节　医药管理

一、医政管理

(一)标准化管理

1994 年，旗医院晋升为"二级甲等"医院。1995 年，进一步规划、布局全旗医疗机构，清理医疗市场，规范直属医疗单位执业人员资格、执业行为、操作规程。1996 年，蒙医中医医院达到"二级甲等"医院。土城子中心卫生院评定为一级甲等卫生院，新开地、芝瑞、天盛号、巴彦高勒卫生院评定为一级二类甲等卫生院。1997 年，妇幼保健所评定为"爱婴医院"。1998 年，全旗有一级一类卫生院 4 所，一级二类卫生院 18 所，一级三类卫生院 6 所。

2002 年,撤销阿其乌拉卫生院,并入达日罕乌拉卫生院,撤销河南店卫生院,并入经棚镇卫生所,改万合永、昌义、天盛号、天合园卫生院为卫生分院。

2003 年,旗直二级医疗单位及各苏木乡镇中心卫生院开展"以病人为中心,提高医疗服务质量"为主题的"医疗服务规范管理年"活动,规范执业行为、医疗文书、技术操作,加强急诊急救、医疗事故、医疗争议和医疗投诉方面的管理。

2006 年,旗直属医院和苏木乡镇卫生院开展"医疗服务质量提高年"活动。

(二)规范执业

1999 年,全国实行执业医师资格考试注册登记制度,当年克旗认定注册执业医师 533 人。2003 年,旗卫生行政部门考核验收全旗 188 个村级卫生室,对 144 个卫生室核发医疗机构许可证。全旗有 440 人完成执业医师和注册护士登记工作,其中执业医师 256 人,执业助理医师 77 人,注册护士 107 人。2008 年,全旗有卫生技术人员 697 人,其中执业医师 221 人,占 31.7%,执业助理医师 89 人,占 12.77%,注册护士 113 人,占 16.21%。

(三)体制改革

1996 年,克旗土城子镇、天盛号乡、新井乡、木希嘎乡、南店乡开展"乡村卫生组织一体化管理"试点。

1997 年,嘎查村实行卫生室村办乡管。乡卫生院统一管理村卫生室的人员、药品、业务、收费、财务、医疗文书。

1998 年,在新井乡召开全旗"乡村卫生组织一体化管理"现场会。

2002 年,全旗绝大多数苏木乡镇实行乡村卫生组织一体化管理,有 4 个苏木乡镇实行乡村卫生组织乡办乡管。

2007 年,在经棚镇区建设社区卫生服务中心和社区卫生服务站。

2008 年,经棚镇社区卫生服务中心和社区卫生服务站,建立社区居民家庭健康档案,同年,建立居民健康档案 6000 户份。

二、药政管理

1988 年,设立克什克腾旗药品检验所,负责全旗药品质量的监督检验。

1991 年,开展药品检验,检查药品经营企业、厂矿卫生所、乡级卫生院、村级卫生所、个体诊所、旗直卫生单位 50 余个,检验药品 160 余种。

1994 年,全旗抽查检验医药单位 48 家,抽检各类药品 161 批次。药品检验所被评为赤峰市药品监督管理先进单位。

1996 年 4 月,克旗人大常委会就执行《中华人民共和国药品管理法》组织执法检查。

1999 年,旗第十二届人大常委会第十次会议专门听取克旗卫生局关于贯彻执行《中华人民共和国药品管理法》实施情况的报告。同年,对全旗苏木乡镇医药经营单位开展药品质量监督检查，对80%以上村（嘎查）卫生所进行药品质量检查。同年，克旗被评为赤峰市药品监督管理先进地区。

2002年，赤峰市药品监督管理局克旗分局成立。到2008年，是克旗药品监督管理机构。

三、医疗项目建设

（一）克旗医院迁址

2007年，克旗医院选址新建，8月开工建设，2009年5月迁入新址。新建克旗医院占地3.6公顷，建筑面积3万平方米，总投资8000万元。有病房楼10700平方米，医疗技术楼5300平方米，门诊楼9500平方米，后勤区4500平方米。设置病床300张。

（二）完善医疗救治体系

2008年，旗建立起120急救指挥中心。120急救指挥中心与旗直医疗单位、各苏木乡镇卫生院协同建成120急救系统，并运用卫星定位、无线呼叫、电子地图等科技手段搭建成沟通平台，成为危重患者抢救绿色通道。

（三）完善农村牧区卫生设施

2006年，克旗通过财政和利用国债资金，投入518万元，对苏木乡镇15所卫生院进行基础设施改造、修缮。2007年，通过财政投入和医疗单位自筹，投入111万余元，对21所苏木乡镇卫生院和分院装备、设备进行更新、补充，购置各种医疗器具103（台）件。2008年，投资15万元，新建5所村卫生室，全旗累计建成43个规范化嘎查（村）级卫生室。

第二章　体　育

第一节　机　构

一、管理机构

1993年，体育运动委员会与文化局合并，成立克旗文化与体育局，内设体育股、业余体校。1996年，文化与体育局分设为文化局和体育局。体育局内设办公室、业务股、业余体校、老年体育协会。2002年，旅游局、文化局、体育局合并为旅游与文化体育局。克旗体育局单独办公，更名为“克旗体育事业局”。2008年，克旗体育事业局内设办公室、业务股、业余体校、老年体协。

二、事业单位

（一）克旗业余体育学校

1990年，建立克旗业余体育学校。隶属克旗体委。2008年，克旗业余体育学校有工作人员 9 人。

(二)克旗老年人体育协会

1991—2008 年,克旗老年人体育协会配置 1 名工作人员,在克旗体育事业局办公。

1993—2008 年克旗老年人体育协会领导一览表

表 32－2－1

届次		名誉主席	主席	常务副主席	副主席
1993. 4. 30	第三届	王春孝　陈会明 鹿金祥　德力根	吴连举	—	丹　巴　马长俊 高文有　李秉义 赵显增　张更非 肖　杰
1995. 4. 1	第四届	王振祥　王春孝 斯　钦　巴特尔 吴连举　赵显增	丹　巴	白树森	希古尔　布　和 郝景生　艾　登 冯子和　张国祥 管振国　马长顺 管振安　郭　金
1998. 6. 2	第五届	董润生　王振祥 刘文章　王殿荣	希古尔	白树森	常桂英　李长春 戴广巨　刘云国 闵晓天　马国良 李秀峰　巴　塔 白树田
2004. 4. 15	第六届	王立山　于凤先 王春孝　刘建华 李长春　刘俊林 希古尔	王　杰	—	副主席 12 人
2007. 11. 6	调　整	王立山　杨宗仁 高希华　刘建华 李长春　刘俊林 希古尔	王　杰	—	副主席 11 人

第二节　体育设施

1991 年，旗政府在原旗医院路南划定体育运动场，逐步建设各类体育活动设施，并建成灯光篮球场、摔跤训练馆。

2001 年，搬迁新建克旗体育运动场。克旗体育场新址选定在经棚镇解放路北段经八街南侧，占地总面积 48300 平方米。

2003 年，新体育运动场开工建设。2004 年竣工，建成 400 米田径场（内含足球场）、2 处门球场、2 处网球场，建筑面积 12500 平方米。

在克旗经棚广场安装 32 件健身器材。

2004 年，开工建设网球馆，建筑面积 1600 平方米。

2008 年，克旗经棚体育中心开工建设。体育中心占地面积 48260 平方米，建筑面积 6041 平方米，其中，设有标准网球场地 4 片，面积 3654 平方米，附设办公室、乒乓球室、健身活动室，建筑面积 2387 平方米。

2008 年，全旗有体育场馆设施 232 个。

2008 年克旗体育设施情况调查表

表 32－2－2　　单位：个

权　属	运动场	篮球场	排球场	网球馆场	门球场	乒乓球馆　室	非标准运动场地	滑雪场	备　注
旗　属	1	4	—	4	—	—	—	—	运动场内含足球场
中小学校	37	106	14	1	—	—	23	—	—
单位所属	—	13	6	6	9	4	4	1	—

第三节　群众体育

一、职工体育

1990 年后，克旗职工体育活动主要以篮球、排球、乒乓球为主。

2008 年，全旗职工体育活动项目主要有篮球、排球、乒乓球、网球、羽毛球、登山、中国象棋、蒙古象棋、健身操、广播体操、慢跑、钓鱼等。参加体育活动的职工人数比例占职工总数 32%。旗直机关、行业系统、单位之间各类单项比赛活动也明显增加。

二、全民健身

1991 年，全旗体育人口约占总人口 35.6%；2008 年，体育人口约占总人口的

38.7%。

1991年,全旗社会体育健身活动项目有10余项,到2000年增至32项,2008年达到45项。主要有篮球、排球、足球、乒乓球、网球、羽毛球、台球、门球、地掷球、毽球、田径、公路越野、自行车、速度滑冰、滑雪、轮滑、蒙古式摔跤、中国式摔跤、赛马、射箭、武术、中国象棋、国际象棋、蒙古象棋、围棋、桥牌、健身操、健美操、韵律操、广播体操、大秧歌、拔河、慢跑、登山、跳绳、滑沙、滑草、漂流、沙地摩托、游艇、摩托艇、射击、功拳剑、打布鲁、钓鱼等。

截至2008年末,全旗有:篮球、排球、网球、乒乓球、棋牌、功拳剑、桥牌、钓鱼、健身操、民族传统体育运动、老年人体育等单项体育协会11个。

社会体育指导员队伍快速扩大。1995年,克旗仅有三级社会体育指导员76人;2000年,有二级社会体育指导员3人,三级社会体育指导员121人;2008年,发展有一级社会体育指导员5人,二级社会体育指导员4人,三级社会体育指导员279人。

1999年,克旗体育局对全旗28个苏木、乡、镇和73个机关、企、事业单位2687人进行体质抽样测试,以此有针对性地开展科学健身活动并制定出相应规划。

2000年,克旗被自治区人民政府命名为“内蒙古自治区体育先进旗”。2008年12月,克旗体育局被国家体育总局授予“全民健身活动先进单位”称号。

1991—2008年克旗大型群众体育竞赛活动情况表

表32-2-3

竞赛名称	比赛项目	参加队数	时间	地点
全旗中小学生田径运动会	田径	44队	1991.5	经棚镇
全旗第一届职工篮球比赛	篮球	18队	1992.5	经棚镇
全旗第二届职工球类比赛	篮球、乒乓球	23队	1993.1	经棚镇
全旗第三届职工篮球比赛	篮球	9队	1997.10	经棚镇
赤峰市第四届搏克邀请赛	搏克、赛马、射箭	11队	1998.7	阿其乌拉苏木
全旗中小学生田径运动会	田径	35队	1998.5	经棚镇
全旗职工篮球比赛	篮球	13队	1998.9	经棚镇
赤峰第一届草原旅游节	搏克、赛马、射箭	6队	1999.7	阿其乌拉苏木
庆祝建国50周年球类比赛	篮球、乒乓球、门球	29队	1999.9	经棚镇
赤峰第二届草原旅游节	搏克、赛马、射箭	6队	2000.7	达日罕乌拉苏木
赤峰第三届草原旅游节	搏克、赛马、射箭	6队	2001.5	达来诺日镇
赤峰第四届草原旅游节	搏克、赛马、射箭	6队	2002.6	贡格尔草原
赤峰第五届草原旅游节	搏克、赛马、射箭	6队	2004.6	贡格尔草原

续表 32－2－3

竞赛名称	比赛项目	参加队数	时间	地点
全旗中小学生田径运动会	田径	32 队	2004.6	经棚镇
全旗庆"五四"青年环城赛	长跑	45 队	2007.4	经棚镇
克什克腾旗庆"七一"球类比赛	篮球、排球、乒乓球、网球	82 队	2007.6	经棚镇
赤峰市第十一届老年乡镇门球邀请赛	门球	12 队	2006.9	经棚镇
全旗青年职工田径运动会	田径	52 队	2008.5	经棚镇
全旗中小学田径运动会	田径	34 队	2008.6	经棚镇

三、老年体育

克旗老年人体育活动项目逐年增加，普遍开展的体育项目由初期的 6 项，发展到 1995 年的 9 项，2008 年末，老年人体育活动项目增加到 13 项，主要有：台球、门球、地掷球、乒乓球、网球、功拳剑、健身操、钓鱼以及书法、绘画、摄影等活动。

1991—2008 年克旗老年人体协参加赤峰市比赛成绩表

表 32－2－4

组别	参赛名称	取得成绩	成绩获得者	时间	比赛地点
男子	赤峰市第四届老年人运动会蒙古象棋	第一名	敖力玛扎布	1994.5	赤峰市
男子	赤峰市第四届老年人运动会中国象棋	第二名	陈玉民	1994.5	赤峰市
团体	赤峰市第十一届"益寿杯"老年门球赛	第四名	克旗	1996.5	赤峰市
团体	第四届赤峰市乡镇苏木老年人门球赛	第四名	经棚镇	1997.8	右旗大板镇
团体	赤峰市第十三届"益寿杯"老年门球赛	第四名	克旗	1998.6	赤峰市
男子团体	赤峰市第七届老年人乒乓球比赛	第五名	克旗	1998.6	赤峰市
男子团体	赤峰市第八届老年人乒乓球比赛	第五名	克旗	2000.5	赤峰市
男子团体	赤峰市第九届老年人乒乓球比赛	第五名	克旗	2001.4	赤峰市
团体	第八届赤峰市乡镇苏木老年人门球赛	第六名	经棚镇	2003.8	宁城县天义镇
团体	赤峰市第七届老年人钓鱼比赛	第一名	克旗	2004.5	赤峰市
团体总分	赤峰市第八届老年人体育运动会	第五名	克旗	2004.9	赤峰市
团体	赤峰市第八届老年人钓鱼比赛	第三名	克旗	2005.5	赤峰市
男子	赤峰市老年人台球比赛	第一名	武永生	2005.6	赤峰市

续表 32-2-4

组 别	参 赛 名 称	取得成绩	成 绩 获得者	时 间	比赛地点
团体	第十届赤峰市乡镇苏木老年人门球赛	第二名	经棚镇	2005.8	阿旗天山镇
女子团体	赤峰市第十二届老年人乒乓球比赛	第六名	克旗	2005.8	赤峰市
团体	第十一届赤峰市乡镇苏木老年人门球赛	第二名	经棚镇	2006.9	克旗经棚镇
团体总分	赤峰市第九届老年人运动会	第六名	克旗	2008.7	赤峰市
男子	赤峰市第九届老年人运动会台球比赛	第一名	克旗	2008.7	赤峰市
男子	赤峰市第九届老年人运动会蒙古象棋	第三名	克旗	2008.7	赤峰市

第四节 民族体育

克旗蒙古族群众在积极参加现代体育活动的同时,每逢祭祀敖包、庆祝丰收时都要举办那达慕。摔跤、赛马、射箭一直是克旗蒙古族的传统体育项目。

1991—2008 年,克旗承办五届赤峰市草原文化旅游节暨草原那达慕,举办 7 次全旗性那达慕。

第五节 学校体育

一、体育教学

1990 年后,全旗各级各类中小学逐步建成标准田径场、篮球场、排球场,规划设置足球场地,配备体育器材,开展体育教学。民族学校普遍开设摔跤、射箭等少数民族传统体育项目。

经棚蒙古族中学、经棚第二中学、经棚蒙古族小学被赤峰市教委批准为体育传统项目学校,成为赤峰市民族后备竞技体育人才培训基地。

2008 年,克旗体育局业余体育学校被自治区体育局命名为“内蒙古自治区竞技体育后备人材培训基地”。经棚蒙古族中学被自治区体育局、教育厅命名为第二批自治区级体育传统项目学校。

1995 年克旗学生体质健康标准合格率达到 95.8%,2000 年上升为 96.7%,2008 年提高到 97.6%。

至 2008 年,全旗有专兼职体育教师 146 人,其中专科以上学历占体育教师总数的 26%,有女体育教师 7 人,占体育教师总数的 4.79%。

二、比赛活动

克旗中小学在不断加强体育教育的同时,不定期开展了学校体育比赛活动。

1991—2008 年克旗中小学体育运动会情况表

表 32－2－5

竞　赛　名　称	比　赛　项　目	参加队数	时　间	地　点
克旗中小学田径运动会	短跑、中长跑、接力赛、投部、跳部	44 队	1991. 5	经棚镇
克旗中小学田径运动会	同上	40 队	1998. 5	经棚镇
经棚镇区中学生排球比赛	排球	4 队	1999. 8	经棚镇
克旗中小学田径运动会	短跑、中长跑、接力赛、投部、跳部	32 队	2004. 6	经棚镇
经棚镇区中学生排球比赛、小学生足球比赛	排球 足球	4 队 3 队	2005. 6	经棚镇
克旗中小学田径运动会	田径	34 队	2008. 6	经棚镇

第六节　竞技体育

1991—2008 年,举办 19 次全旗性大型体育比赛。各类代表队参加 97 次市级以上体育比赛,其中:31 次青少年体育比赛,8 次民族体育比赛,6 次职工体育比赛,52 次老年人体育比赛。

2008 年 7 月 20 日,北京第 29 届奥林匹克夏季运动会国内火炬传递到赤峰市,克旗有 3 名火炬手,参加内蒙古赤峰段的火炬传递。

2008 年,克旗体育局业余体育学校被国家体育总局命名为“国家级青少年体育俱乐部”。

1991—2008 年克旗参加市级以上体育比赛成绩表

表 32－2－6

组　别	竞　赛　名　称	成绩	获得者	时间	地　点
男子团体	赤峰市第一届搏克邀请赛	第三名	克旗	1996. 7	阿鲁科尔沁旗
男子团体	赤峰市第二届搏克邀请赛	第三名	克旗	1997. 6	巴林右旗
男子团体	赤峰市第三届搏克邀请赛	第三名	克旗	1998. 7	克旗阿其乌拉苏木
女子	全区第九届运动会搏克团体	第五名	克旗	1998. 6	锡林浩特市

续表 32-2-6

组　别	竞　赛　名　称	成绩	获得者	时间	地　点
耐仁赛	全区第四届少数民族运动会搏克	第二名	斯日古楞巴特尔	1999.8	通辽市
少年甲组	赤峰市“英才杯”青少年田径运动会 200 米	第二名	吉日木图	2003.8	赤峰市
少年甲组	赤峰市第三届“玉龙杯”青少年乒乓球比赛	第四名	克旗	2003.8	赤峰市
少年甲组	赤峰市第四届“超达杯”青少年乒乓球比赛	第三名	克旗	2004.8	赤峰市
男子	赤峰市青少年篮球比赛旗县区组	第三名	克旗	2005.7	赤峰市
男子	赤峰市青少年篮球比赛旗县区组	第七名	克旗	2007.7	赤峰市
团体总分	赤峰市青少年田径运动会	第七名	克旗	2007.7	赤峰市

第七节　体育彩票

1997 年,克旗开始销售即开型体育彩票,一次性销售量过 180 万元。2004 年,克旗开始销售电脑体育彩票。2006 年,全旗电脑体育彩票销售网点发展到 13 处。2008 年末,全旗电脑体育彩票销售网点发展到 36 处,其中经棚镇 28 处,苏木乡镇 8 处;平均月销售额约 18 万元。

- ◇ 第一章　机　　构
- ◇ 第二章　思想道德建设
- ◇ 第三章　精神文明建设工程
- ◇ 第四章　文明单位创建
- ◇ 第五章　文明创建活动
- ◇ 第六章　社会新风

第一章　机　构

第一节　领导机构

1983 年,克旗成立“五讲四美三热爱”(讲文明、讲礼貌、讲卫生、讲秩序、讲道德,心灵美、语言美、行为美、环境美,热爱祖国、热爱社会主义、热爱中国共产党)教育委员会,组成人员 15 人。

1987 年,“五讲四美三热爱”教育委员会更名为克旗精神文明建设委员会。由旗部委办局负责党务工作领导任成员。实行动态调整。2008 年,克旗精神文明建设委员会组成人员增加到 35 人。

第二节　工作机构

1990 年,克旗精神文明建设委员会办公室设在宣传部。有工作人员 2 人。

2002 年旗文明办为宣传部内设机构。

2008 年为旗委内设机构。

第二章　思想道德建设

第一节　思想政治教育

1991—2008 年,克旗在全旗机关企事业单位持续开展理想信念教育,尤其重视在学校、服务窗口、青年中开展革命人生观、价值观、世界观教育,始终把思想政治教育作为青年一代成长的首要任务,不断涌现出思想政治工作典型。2007 年,经棚镇解放路居委会、旗工商局、旗妇联、经棚民族实验小学、团旗委、经棚一中、达来诺日渔场、公安局交警大队、经棚镇经锡路居委会被赤峰市委宣传部、市思想政治工作研究会评为全市思想政治工作示范单位。

第二节　爱国主义教育

1995 年,克旗把爱国主义教育作为精神文明建设基础工程来抓,先后制定印发《克旗关于贯彻落实爱国主义教育实施纲要的意见》《克旗爱国主义教育实施纲要三年规划》《关于爱国主义教育基地建设的意见》,确定 22 处爱国主义教育基地,编写青少年德育教育、革命烈士、克旗自然资源、人文地理、建设成就和先进模范人物事迹专题讲稿,播放百部爱国主义教育影片。

1997 年 4 月,克旗经棚烈士陵园被赤峰市委、市政府命名为“第二批市级爱国主义教育基地”。

1999 年,克旗首批命名 3 个爱国主义教育基地。申报 1 个内蒙古自治区级爱国主义教育基地。

2000 年,在全旗开展“热爱克旗、建设克旗”主题宣传教育活动。旗文明办会同旗环保部门组织环保图片展和“建设美好家园”万人签名活动。

2004 年,旗文明办组织开展“挖掘整合爱国主义教育基地资源,大力弘扬民族精神”主题系列活动,被赤峰市委宣传部评为全市精神文明建设创新奖;旗委宣传部被赤峰市委宣传部评为对外宣传工作特色奖。

第三节　公民道德教育

2000—2001 年,克旗开展社会公德、职业道德、家庭美德综合教育活动。

2002 年,以学习贯彻《公民道德实施纲要》为切入点,克旗关心下一代工作委员会、团旗委、全旗各中小学校编写《拍手歌》,在全旗中小学生中普及传唱,宣传、落实《公民道德实施纲要》。经棚镇内中小学校普遍开展贯彻落实《公民道德实施纲要》演讲比赛和歌咏比赛。

2003 年,继续广泛开展以《公民道德建设实施纲要》为主题内容的思想道德教育活动。3 月,组织旗直机关干部和中小学生到经棚实验小学爱国主义教育展览室观看英烈简介。4 月,克旗电视台开设《公民道德大家谈》栏目。7 月,旗委宣传部、旗文明办、克旗关心下一代工作委员会、广播电视局联合组织 20 名离退休老干部就基本道德规范方针,做《公民道德大家谈》系列访谈,并制作光盘,供中小学生观看。同月,在经棚广场举办 2 万余人“讲文明、改陋习、树新风、塑形象”主题动员大会和万人签字仪式,发放公民道德规范、文明市民公约和倡议书。8 月,旗文明办与卫生局配合,组织经棚镇内机关、事业单位干部开展义务献血和志愿者签名活动。

2004 年,克旗精神文明建设委员会组织开展“诚信克旗”系列建设活动。旗文明办先后协调旗直党政机关、苏木乡镇党委、政府，开展公务员和行政执法人员公务员知识、公民道德知识及诚信克旗建设、“公务员礼仪知识”电视大赛。旗文明办联合旗工商联党委、克旗工商局，在全旗个体私营企业和商业网点中组织开展“诚信企业”“诚信店(铺)”“诚信个体户”评比竞赛活动和“文明诚信市场达标竞赛”活动，有 8 家被评为“诚信企业(户)”。与旗信用联社联合在农村牧区组织开展“文明信用乡镇(苏木)”“文明信用村(嘎查)”“文明信用户”评比竞赛活动，有 20 个行政村被评为“文明信用村”，1393 户农牧民被评为“文明诚信户”。在全旗教育系统开展“文明诚信进校园”主题教育活动，开设诚信道德教育课。

同年，旗文明办与克旗关心下一代工作委员会组建宣讲团到全旗中小学校落实《中共中央国务院关于加强和改进未成年人思想道德建设若干意见》，推进中小学生思想道德教育，“五四”“六一”期间，组织学生进入爱国主义教育基地、爱国主义教育综合展览室和敬老院接受爱国主义、革命传统教育和开展敬老道德实践活动。

2005 年，继续开展“诚信克旗”建设活动。结合贯彻落实《公民道德建设实施纲要》，在全旗开展“道德新风进万家”和“讲文明、改陋习、树新风、塑形象”活动；在经贸企业继续开展“诚信企业”“诚信店铺”“诚信个体户”评比竞赛活动和“文明诚信市场达标”竞赛活动；在农村牧区继续开展“文明信用苏木乡镇”“文明信用嘎查村”“文明信用户”评比竞赛活动；在中小学继续开展“文明诚信进校园”活动；在旅游经营单位开展“树文明形象、创文明景区”活动。

同年，克旗继续开展落实《关于加强和改进未成年人思想道德建设的若干意见》，旗各职能部门配合，举办经棚镇社区加强和改进未成年人思想道德建设动员会暨文化演出活动。

2006 年，克旗重点开展社会主义荣辱观教育活动。旗文明办印发《关于深入学习实践社会主义荣辱观，大力加强思想道德建设的意见》，先后举办青少年树立社会主义荣辱观教育座谈会、克旗“十佳”青年评选活动。排演知荣辱、树新风、争做合格小公民专题文艺节目。旗文明办、克旗关心下一代工作委员会、政法委、文化局、公安局、工商局、教育局联合开展对经棚镇网吧专项治理活动，聘请 17 名老干部组建网吧义务监督队。

2007 年，组织清明文明祭祀教育活动。

2008 年，克旗围绕“文明就在身边”“文明礼仪伴我行”主题，先后开展文明礼仪进校园、进机关、进家庭、进社区、进农村牧区活动。通过克旗电视台播发《致全旗广大公民的公开信》，倡导文明和谐理念，弘扬公民道德文明风尚。开展全旗性环境综合治理活动，重点开展国省干道沿线、苏木乡镇所在地、旅游景区景点环境卫生治理。

第三章　精神文明建设工程

第一节　环境文明工程

1992 年,克旗在创建文明乡镇活动中,主要利用义务劳动措施完成经棚镇应昌路、解放路主要街区 5000 米人行路硬化、美化,完成经锡路出口、应昌路南端延伸部分工程建设,在经棚至赤峰主要公路沿线乡镇开展文明长廊建设工程。

1993 年,制定《克旗文明长廊建设五年规划》。1994 年,克旗继续实施文明长廊建设工程,具体概括为坚持“三为主”,做到“六个结合”。“三为主”即文明长廊建设工程以开发治理为主、以属地建设管理为主、以群众集体建设活动为主。“六个结合”为文明长廊建设工程与农田草原水利基本建设相结合、与发展路边经济相结合、与发展小集镇建设相结合、与文明单位建设和十星级小康文明户评比活动相结合、与社会治安综合治理相结合、与精神文明宣传教育、典型引路相结合。1997 年,在全旗苏木乡镇所在地开展“文明一条街”竞赛评比活动。

1999 年,在经棚镇创建三星级文明城镇过程中,以义务投劳为主要措施,完成应昌路 1200 延长米排水沟改造,拓宽路面 1800 平方米,开辟解放路北段 720 延长米路面,治理小巷 10 条,硬化小巷路面 4 条,维修砂石路面 6 条。

2000 年,开展旅游乡镇、旅游公路沿线镇容镇貌治理工程。通过义务劳动对经棚镇应昌路、解放路、经三街、经四街、经五街、经六街、北出口小公园、碧柳河带状小游园及镇区周围进行全面绿化、美化。

2004 年,提升文明城镇创建标准,对经棚镇区环境卫生进行综合治理,要求主要街路实现 16 小时保洁、垃圾不落地管理、地坑装箱处理和封闭运输垃圾和垃圾日产日清,在经棚镇平房区配备 80 个摇铃车上门收集垃圾。

2005—2007 年,连续开展“百里文明大通道”、“绿色环保文明旅游长廊”创建活动。以国道省道沿线、尤其是旅游道路沿线苏木乡镇、嘎查村为重点,大力开展诚信、整洁、生态、文化、平安五大通道文明工程建设,称“共享百里文明大通道创建成果”行动。

2006 年,以全旗苏木乡镇政府所在地为重点区域,以国省干道公路沿线苏木乡镇、嘎查村为重点对象,以环境综合整治为主要手段,对公路两侧 50 米内和村镇结合部集中开展文明卫生工程建设。

2007 年,克旗精神文明建设委员会推动实施精神文明建设“六大工程”:文明形象塑造工程、城乡环境治理工程、交通秩序整治工程、旅游精品打造工程、文明创建示范工程、舆论氛围营造工程。

第二节　文化提升工程

1997 年，克旗在文化领域实施工程建设。制定年度推选一部好戏剧、一部好电视剧、一部好图书、一篇好理论文章、一首好歌的“五个一工程”实施方案。当年，克旗广播局选送《我们的刘书记》电视专题片，被市委宣传部评为“五个一”优秀作品奖。

1999 年，文化主管部门开展克旗民歌创作、征集、评选活动。继续推荐“五个一工程”优秀作品。

2000 年，争取国家百县文化扶贫工程资金，恢复、建设热水镇文化站和书声乡文化站。

2001 年，开展送科技、文化、卫生“三下乡”活动。

2002 年，借助“西部开发助学工程”和“百县千乡宣传文化工程”，争取资金救助贫困学生 435 人。继续恢复、建设乡镇文化站。

2004—2005 年，配合“西部开发助学工程”，连续开展全旗社会性资助贫困大学生、高中生行动，资助超过 500 名贫困大学生、高中生完成学业。同年，开展对全旗网吧、电子游戏经营场所和音像、书报刊市场进行整顿治理，取缔校园周边网吧，查没非法出版物。

2005 年，继续开展“百县千乡宣传文化工程”和“电视进万家”活动，向全旗 20 个苏木乡镇贫困户赠送 300 台电视机，向书声乡文化站赠送 100 套爱国主义教育光盘。

2007 年，实施“万村书库”工程，向农牧区 5 个嘎查村赠送图书 15415 册，光盘 9005 碟，电视 5 台，DVD5 台，书架 15 组。向 13 个苏木乡镇、开发区、办事处 240 户村民赠送电视机 240 台。

第四章　文明单位创建

第一节　考评体制

克旗精神文明单位分旗级、市级、自治区级、国家级四个级别单位，逐级开展创建、考核、评定、晋升。

克旗境内精神文明单位创建考核评定由克旗精神文明建设委员会办公室负责组织实施。依据创建规划，境域内各单位由低向高按照各级标准逐级进行创建、晋升。

第二节　动态管理

1991 年,赤峰市精神文明建设委员会办公室对克旗精神文明建设工作进行检查。主要检查、验收申报预进入市级文明单位和复检市级文明单位,检查验收“公仆杯”和“优质服务杯”竞赛活动,检查验收甲级文明镇竞赛活动和农村牧区文明苏木乡镇、文明嘎查村竞赛活动。

1992 年,自治区精神文明建设检查团检查经棚镇、恩格尔保力格嘎查、税务局、水电局等 7 家自治区级精神文明创建单位。旗文明办组织开展旗级文明单位复检验收,对旗级文明单位进行评比定级,实行动态管理,当年评定出甲级文明单位 29 个、乙级文明单位 54 个、丙级文明单位 12 个。

1997 年 1 月,中共克旗委印发《关于贯彻中共十四届六中全会精神二十条意见》,实行精神文明建设目标责任制。

2001 年,克旗精神文明建设委员会抽调旗委组织部、宣传部、纪检委、政法委等部门人员组成文明单位届期认定复查组,对全旗 47 个市级文明单位进行复查认定,并向赤峰市精神文明建设委员会推荐优胜单位和建议撤销称号单位,调整旗级文明窗口单位。

2003 年,克旗全面认定验收自治区级、市级和旗级精神文明单位,对 4 个自治区级、39 个市级文明单位、92 个旗级文明单位进行届期验收认定。对 1 个创建、申报自治区级文明单位,6 个创建、申报市级文明单位,19 个创建、申报旗级文明单位进行考核验收,注销 2 个市级文明单位称号。

2008 年,克旗精神文明建设委员会组织相关部门对旗、市两级文明单位全面进行复检和验收,具体指导晋升市、自治区级文明单位。

第三节　创建成果

1991—2008 年,克旗坚持开展精神文明建设,共创建自治区级精神文明建设单位 7 个、市级精神文明建设单位 69 个、旗级精神文明建设单位 300 余个。

1991—2008年克旗精神文明单位建设情况表

表33-4-1

年份	自治区级文明单位	赤峰市级文明单位	克旗级文明单位数(个)
1991	—	—	230
1993	经棚镇、巴彦查干苏木恩格尔保力格嘎查(1991年晋升)、水电水产局(1993年晋升)	水电水产局、饲料公司、电影公司(1991年晋升)、广兴源粮站、武警克旗中队、经棚工商所、响水电站、中国工商银行克旗支行、旗委机关、达来诺日苏木政府、达来诺日苏木西岗更嘎查、达来诺日苏木托里嘎查、土城子镇五分地村(1992年晋升)	289
1996	经棚镇、巴彦查干苏木恩格尔保力格嘎查(1991年晋升)、水电水产局(1993年晋升)、旗人民法院(1995年晋升)	水电水产局、饲料公司、电影公司(1991年晋升)、广兴源粮站、武警克旗中队、经棚工商所、响水电站、中国工商银行克旗支行、旗委机关、达来诺日苏木政府、达来诺日苏木西岗更嘎查、达来诺日苏木托里嘎查、土城子镇五分地村(1992年晋升)、旗政府机关、达来诺日苏木总校、天盛号乡卫生院、经棚粮油公司、克旗地方税务局、克旗国家税务局(1996年晋升)	247
1999	经棚镇、巴彦查干苏木恩格尔保力格嘎查(1991年晋升)、水电水产局(1993年晋升)、旗人民法院(1995年晋升)	水电水产局、饲料公司、电影公司(1991年晋升)、广兴源粮站、武警克旗中队、经棚工商所、响水电站、中国工商银行克旗支行、旗委机关、达来诺日苏木政府、达来诺日苏木西岗更嘎查、达来诺日苏木托里嘎查、土城子镇五分地村(1992年晋升)、旗政府机关、达来诺日苏木总校、天盛号乡卫生院、经棚粮油公司、克旗地方税务局、克旗国家税务局(1996年晋升)、广播电视局、经棚宾馆、宇宙地镇政府机关、土城子镇政府机关、达里诺尔渔场、农电局广兴供电所、中国人寿保险有限公司克旗支公司、人民法院(1997年晋升)、教师进修校、经棚第二中学、经棚第三中学、经棚镇派出所、龙口电站、公安局交通警察大队、中国农业发展银行克旗支行、邮政局(1999年晋升)	271
2002	经棚镇、巴彦查干苏木恩格尔保力格嘎查(1991年晋升)、水电水产局(1993年晋升)、人民法院(1995年晋升)、公安局、经棚一中(2001年晋升)、农电局(2002年晋升)	水电水产局、饲料公司、电影公司(1991年晋升)、广兴源粮站、武警克旗中队、经棚工商所、响水电站、中国工商银行克旗支行、旗委机关、达来诺日苏木政府、达来诺日苏木西岗更嘎查、达来诺日苏木托里嘎查、土城子镇五分地村(1992年晋升)、旗政府机关、达来诺日苏木总校、天盛号乡卫生院、经棚粮油公司、克旗地方税务局、克旗国家税务局(1996年晋升)、广播电视局、经棚宾馆、宇宙地镇政府机关、土城子镇政府机关、达里诺尔渔场、农电局广兴供电所、中国人寿保险有限公司克旗支公司、人民法院(1997年晋升)、教师进修校、经棚第二中学、经棚第三中学、经棚镇派出所、龙口电站、公安局交通警察大队、中国农业发展银行克旗支行、邮政局(1999年晋升)、经棚实验小学、医药支公司、中国农业银行克旗支行、卫生防疫站、人民检察院、旗党校、旗医院、中国建设银行克旗支行、克旗森警大队、盐业支公司、新开地乡总校、巴彦高勒苏木卫生院、公路管理工区、达来诺日镇实验小学(2002年晋升)	270

续表 33-4-1

年份	自治区级文明单位	赤峰市级文明单位	克旗级文明单位数(个)
2005	经棚镇、巴彦查干苏木恩格尔保力格嘎查(1991年晋升)、水利水产局(1993年晋升)、人民法院(1995年晋升)、公安局、经棚一中(2001年晋升)、农电局(2002年晋升)	水利水产局、饲料公司、电影公司(1991年晋升)、广兴源粮站、武警克旗中队、经棚工商所、响水电站、中国工商银行克旗支行、旗委机关、达来诺日苏木政府、达来诺日苏木西岗更嘎查、达来诺日苏木托里嘎查、土城子镇五分地村(1992年晋升)、旗政府机关、达来诺日苏木总校、天盛号乡卫生院、经棚粮油公司、克旗地方税务局、克旗国家税务局(1996年晋升)、广播电视局、经棚宾馆、宇宙地镇政府机关、土城子镇政府机关、达里诺尔渔场、农电局广兴供电所、中国人寿保险有限公司克旗支公司、人民法院(1997年晋升)、教师进修校、经棚第二中学、经棚第三中学、经棚镇派出所、龙口电站、公安局交通警察大队、中国农业发展银行克旗支行、邮政局(1999年晋升)、经棚实验小学、医药支公司、中国农业银行克旗支行、卫生防疫站、人民检察院、旗委党校、旗医院、中国建设银行克旗支行、克旗森警大队、盐业支公司、新开地乡总校、巴彦高勒苏木卫生院、公路管理工区、达来诺日镇实验小学(2002年晋升)、烟草专卖局、交通征费稽查所、工商局、环保局、经棚第二小学、蒙古族中学、公安局看守所(2003年晋升)	150
2008	经棚镇、巴彦查干苏木恩格尔保力格嘎查(1991年晋升)、水利水产局(1993年晋升)、人民法院(1995年晋升)、公安局、经棚一中(2001年晋升)、农电局(2002年晋升)	水利水产局、饲料公司、电影公司(1991年晋升)、广兴源粮站、武警克旗中队、经棚工商所、响水电站、中国工商银行克旗支行、旗委机关、达来诺日苏木政府、达来诺日苏木西岗更嘎查、达来诺日苏木托里嘎查、土城子镇五分地村(1992年晋升)、旗政府机关、克旗达来诺日苏木总校、克旗天盛号乡卫生院、克旗经棚粮油公司、克旗地方税务局、克旗国家税务局(1996年晋升)、广播电视局、经棚宾馆、宇宙地镇政府机关、土城子镇政府机关、达里诺尔渔场、农电局广兴供电所、中国人寿保险有限公司克旗支公司、人民法院(1997年晋升)、教师进修校、经棚第二中学、经棚第三中学、经棚镇派出所、龙口电站、公安局交通警察大队、中国农业发展银行克旗支行、邮政局(1999年晋升)、经棚实验小学、医药支公司、中国农业银行克旗支行、卫生防疫站、人民检察院、旗委党校、旗医院、中国建设银行克旗支行、克旗森警大队、盐业支公司、新开地乡总校、巴彦高勒苏木卫生院、公路管理工区、达来诺日镇实验小学(2002年晋升)、烟草专卖局、交通征费稽查所、工商局、环保局、经棚第二小学、蒙古族中学、公安局看守所(2003年晋升)、交通局、财政局、赤峰中昊运输公司克旗分公司、赤峰交通征费稽查分局经棚收费所、赤峰交通征费稽查分局新井收费所、信用联社(2008年晋升)	73

注:① 2003年注销市级文明单位:天盛号乡医院和万合永中学2个市级文明单位因机构改革撤并;

② 2007年撤销市级文明单位:中国建设银行克旗支行(自动放弃),经棚实验中学(机构合并),巴彦高勒苏木卫生院(改变单位名称),建行克旗支行电脑储蓄所(自动放弃),经棚宾馆(企业转制);

③ 2008年撤销市级文明单位:经棚粮油公司(企业转制),旗环保局(防范工作一票否决)。

第五章　文明创建活动

第一节　主题活动

1992年，克旗在党政机关，开展学习焦裕禄、争做人民好公仆“公仆杯”竞赛活动；在服务行业，开展“岗位学雷锋、行业树新风、温暖在克旗”“服务优胜杯”活动；在企业，开展“学铁人、做奉献，我与企业共兴衰”“劳动奖章”活动；在窗口单位，开展“优质服务一条街”竞赛活动；在团员中开展“伟大的党、光荣的共青团、社会主义好”有奖知识竞赛活动；在中小学生中开展“学赖宁、做党的好孩子”活动。

1993年，结合纪念毛泽东等老一辈无产阶级革命家为雷锋题词30周年，开展全旗性“岗位学雷锋，行业树新风”活动；以优质服务为主题内容，以服务窗口单位为重点，开展“满意在经棚”活动。

1996年，“五四”青年节期间，旗委宣传部、团旗委、关心下一代工作委员会联合举办“青年志愿者”授旗仪式，2000余名青年参加活动。在全旗开展大型“知我祖国、家乡，振兴民族精神”主题宣传教育活动。10月，举办旗直机关纪念抗日战争暨世界反法西斯战争胜利50周年主题演讲比赛和爱国主义知识竞赛。

1997年，在“五四”青年节、“六一”儿童节期间，利用全旗爱国主义教育基地，在全旗青少年中普遍开展“爱党爱祖国爱家乡”主题活动。

2001年，开展“百城万店无假货”活动，打击制造和销售假冒伪劣产品行为。在部分乡镇举办“崇尚科学文明、反对迷信愚昧”大型图片巡回展览，组织旗直文明单位职工观看“崇尚科学文明、反对迷信愚昧”录像片。

2006年，开展全旗性“文明克旗、和谐克旗”主题活动和“诚信克旗”精神文明建设活动。在清明节，开展全旗性“告别陋习、文明祭祀”活动，开展全旗范围的纪念建党85周年、红军长征胜利70周年系列宣传纪念活动。

2007年，继续开展“文明克旗、和谐克旗”主题教育活动和“诚信克旗”演讲活动，评议出“十大不文明”行为。倡导文明生活方式，举办全民健身环城长跑比赛。

2007—2008年，加强对未成年人出入网吧的监督管理。在全旗中小学普遍开展“共享阳光”主题教育实践活动。

第二节　竞赛活动

1991年3月,文明办、团旗委、商业局、供销社、爱国卫生运动工作委员会、工商局、总工会、直属机关党委联合举办商业、饮食服务业创“三优”(搞好优质服务、建立优良秩序、创造优美环境)一条街(路)竞赛活动。同年,旗党政机关(包括乡镇苏木)参加赤峰市“公仆杯”竞赛活动。旗政府机关党总支、旗委机关党总支被赤峰市精神文明建设委员会评为全市“公仆杯”竞赛活动先进单位,回民副食商店、欣欣百货商店被赤峰市精神文明建设委员会评为“优质服务杯”先进单位。

1996年,经棚镇全面开展创建星级文明城镇竞赛活动。在10个后进转化村(嘎查)开展“十星级文明小康户”竞赛活动。在全旗14个“窗口单位”开展“文明杯”竞赛活动。

2001年,在执法执纪部门开展政务公开、警务公开竞赛活动,以重点解决“门难进,脸难看,事难办”问题;在“窗口单位”推行社会服务承诺制,开展“服务创一流,行风站排头”竞赛活动。

2007年,开展星级文明城乡竞赛活动,经棚镇晋升为自治区七星级文明城镇;经棚镇永胜村开展自治区级“生态文明村”建设。

2008年,克旗组织开展“迎奥运、讲文明、树新风”风采礼仪比赛。全旗有26支代表队参赛,并参加赤峰市“迎奥运、讲文明、树新风”风采礼仪知识电视大奖赛,克旗代表队获得第三名。

第三节　评比活动

1992年,在农村开展“十星级”文明户评比活动,在牧区开展“十骏马”文明户评比活动,广兴源乡、达来诺日苏木西岗更嘎查先行试点,开展评选“五十佳”系列活动,以廉洁奉公、勤政高效为主题,在全旗干部中评选“十佳公仆”;以优质服务、“温暖在克旗”为主题,在服务行业和“窗口单位”评选“十佳服务标兵”;以视厂(矿)为家,无私奉献为主题,在工交企业职工中评选“十佳主人翁”;以建设克旗、强边固防为主题,在军警民中评选“十佳共建标兵”;以创建文明城镇、保自治区级文明镇为主题,在全旗精神文明建设活动中评选“十佳文明新事”。

1994年,继续开展“十星级(十骏马)文明户”评比活动,全旗26个乡镇苏木28618户居民参加评比活动,占全旗总户数的57.5%。

1995年,克旗继续开展文明户评比活动,改“十星级(十骏马)文明户”为“十星级小康文明户”。

1998年，克旗继续在农村牧区开展“十星级文明小康户”评比活动。2月，在城镇开展文明城镇、文明街路、文明小区评比活动。

2001年，继续在农村牧区开展“十星级小康文明户”评比活动。为推动克旗旅游业发展，开展文明风景旅游区评选活动。“巾帼建功”“五好文明家庭”评比活动；在邮政、电信、工商等31个行业继续开展创建文明行业评比活动。

2004—2008年，连续依据行业特点、职能特性、服务范围开展精神文明创建评比活动，并区分层次进行申报评比。

第四节　提升活动

1997年，克旗人民法院被市委、市政府命名为“赤峰市首批市级文明标兵单位”。

1998年，重点抓好全旗4个镇、30个村、100个村民组的精神文明创建活动。

2001年，经棚镇通过自治区四星级文明镇检查验收。曼陀山庄旅游区晋升为自治区级文明风景旅游区。

2002年，土城子镇被赤峰市命名为“文明示范镇”，经棚工商所被命名为“文明示范窗口”。

2003年，克旗通过自治区、赤峰市星级文明旗县联合检查组验收，被命名为“四星级文明旗县”。

2004年，赤峰市委、市政府命名经棚镇农电小区为赤峰市级文明小区，命名公路管理工区达里道班为赤峰市创建文明行业示范窗口，命名经棚二中为赤峰市公民道德建设先进集体。

2005年，以经棚镇为重点，集中开展五星级文明旗县创建活动。赤峰市委、市人民政府命名克旗地税局为“诚信赤峰”建设先进单位；命名经棚实验中学、经棚镇党委为全市道德建设先进单位。自治区精神文明建设委员会命名经棚镇为五星级文明旗县城，命名土城子镇为三星级文明镇，达来诺日镇、同兴镇、芝瑞镇、广兴源镇、三义乡、新井乡、红山子乡为二星级文明镇（乡），命名宇宙地镇、新庙乡、浩来呼热乡为一星级文明镇（乡），命名新井乡河沿村、乌兰布统乡元宝山村为二星级文明村，命名三义乡永胜村、达来诺日镇白音珠日和嘎查为一星级文明村（嘎查）。

2006年，赤峰市委、市政府命名克旗关心下一代工作委员会、宇宙地中学为全市公民道德建设先进单位，命名经棚镇园林路小区为赤峰市文明小区，命名农电局宇宙地供电营业所为全市创建文明行业示范窗口。

2008年，经棚镇永胜村和达里诺尔旅游景区代表赤峰市参加自治区“文明村镇”和“文明风景旅游区”评选活动。

第六章　社会新风

第一节　行业新风

1999 年,在“讲文明、树新风”活动中,重点在全旗中小学校开展遵守校纪、遵守学生守则教育;在窗口服务部门开展“服务创一流,行业站排头”活动,在交通部门,开展整顿交通秩序,整顿出租车乱停乱放现象。

2007 年,在“讲文明、树新风”活动中,重点在经棚镇区举办“安全文明行驶”培训班,组织摩的、出租车从业者开展“安全文明使者”活动。在城镇居民中开展“不闯红灯、从我做起”宣传教育。

2008 年,在“讲文明、树新风”活动中,重点在旗直中小学生中开展“知荣辱、树新风、我行动”“文明规范伴我成长”主题教育,结合学校教育开展“孝敬父母、体验亲情”“服务社会、爱心奉献”教育。

第二节　人物命名

1992 年 7 月,李凤怀被自治区精神文明建设委员会授予“先进工作者”称号。

2006 年,自治区精神文明建设办公室、自治区人事厅命名刘云国、代广岳为 2004—2005 年度“自治区精神文明建设先进工作者”。2002—2004 年,先后有洪永生、代广岳、李玉琴、王明学被命名为年度“赤峰市精神文明建设先进工作者”;王春孝、马爱华、马国良、昂斯格尔、邢克忠被命名为“赤峰市公民道德建设先进个人”。

2005 年,推荐万合永镇农民唐臣为“感动赤峰人物”;2007 年,推荐刘凤梅为“感动赤峰人物”;2008 年,推荐农电局客户服务中心刘雪梅为诚实守信道德模范。

人物

人　物

一、人物传略

鲍仲元(1917.4—1992.10)　男,蒙古族,巴林左旗花加拉嘎人,1949年加入中国共产党。1946年参加工作,任巴林左旗人民政府科员,同年任巴林左旗财粮科科长;1948年任巴林右旗建设科科长;1949年任巴林右旗政府秘书科科长、办公室主任;1950年任昭乌达盟公署秘书科科长;1956年任昭乌达盟公署办公室副主任;1958年任巴林右旗旗长;1960年任中共巴林右旗委副书记;1962年任中共克旗委副书记,1972年任白音查干人民公社革委会主任、党委书记;1975年任克旗龙口电站党总支书记;1977年任中共克旗委员会常委、旗革委会副主任;1979年任中共克旗委副书记、旗革委会副主任;1980年任中共克旗委副书记,克旗人大常委会党组书记、主任;1982年任克旗人大常委会主任、党组书记;1982年12月离职休养。

阿　林(1923—2006.3)　男,又名哈斯道尔吉,蒙古族,辽宁省建平县人。1949年8月加入中国共产党,1946年4月任巴林左旗人民政府科员、司法科长;1947年后历任阿鲁科尔沁旗实业科长、政府旗长、旗委副书记;1952年任中共巴林右旗旗委书记;1955年任昭乌达盟秘书长;1958年任中共巴林左旗旗委第一书记;1958年任平庄矿务局党委宣传部部长、副局长,文化大革命期间停止工作,到"五七"干校劳动;1972年恢复工作,任中共林西县委常委、县革委会副主任;1976年任中共翁牛特旗委副书记、旗革委会副主任;1977年任中共克旗委书记、旗革委会主任;1978年任中共克旗委书记,1981年调任中共昭乌达盟委常委副书记;1983年任赤峰市人大常委会筹备委员会主任。

德力格尔(1926.10—1993.9)　男,曾用名德力根,蒙古族。克旗忠阿鲁努图克人,1948年参加工作,1949年加入中国共产党。1947年4月参加热北军区36团,同年任忠阿鲁努图克都什业图贫牧团秘书;1948年5月在林东内蒙古自治学院学习,同年任忠阿鲁努图克文教助理;1949年5月在昭乌达盟(林东)委党校学习,同年任忠阿鲁努图克党委宣传干事;1950年7月任忠阿鲁努图克党委宣传委员;1952年任中共克旗巴隆阿鲁努图克委员会副书记;1953年任中共克旗巴隆阿鲁努图克委员会书记;1955年在内蒙古党校学习;1956年任中共克旗委合作部专职干事;1958年任克旗白音胡韶区党委书记,1958年任克旗人民法院副院长,同年任克旗人民委员会政法公安部副部长;1959年任克旗人民法院副院长;1960年任克旗委组织部副部长;1968年任克旗达里公社党委书记、革委会主任;1976年任昭乌达盟达来诺日牧场筹建领导小组副组长、副主任;1978年任克旗农牧办主任;1980年任克旗人民政府副旗长,兼农牧办主任;1983年12月提名克什克腾旗人大常委会主任;1984年任党组书记、当选克旗人大常委会主任;1982年获内蒙古自治区"分管计划生育工作先进旗长奖";1985年获赤峰市人民政府"爱国卫生运动先进个人奖";1987年2月获内蒙古自治区人民政府晋升一级工资奖,1987年6月离职休养。

额尔德尼(1930.9—2007.6) 男,又名哈斯额尔德尼,蒙古族,哲里木盟奈曼旗太山木图苏木东太山木图嘎查人,1949年6月加入中国共产党,初中文化。1947年5月参军,历任中国人民解放军内蒙古军区骑兵25团二连战士、译电员,师政治部组织科警卫员,师政治部宣传队队员,内蒙古军区司令部机要训练队学员,军区机要处科员,昭乌达盟军分区机要科科员;1952年由军队转入地方工作,任中共昭乌达盟委机要科译电员;1955年任克旗人民委员会文化科、文教科副科长,1957年任克旗统计局副局长;1958年任克旗经济计划委员会副主任;1960年7月至1968年3月任中共克旗委宣传部副部长;1966年6月到"五七"干校学习;1969年任克旗革委会办事组副组长;1975年任中共克旗委常委、旗革委会副主任;1977年任中共克旗委副书记、革委会副主任;1980年任中共克旗委副书记、旗政府旗长;1983年任中共克旗委书记;1988年5月任赤峰市人大常委会副主任;1983年当选为自治区第六届人民代表大会代表;1984年当选为中共内蒙古自治区第四次党代会代表;1985年为中共赤峰市首次、二次党代会代表,并当选为中共赤峰市首届委员会委员;1990年12月离职休养;2003年11月出版工作传记《岁月留痕》。

张长弓(1931.8.16—2000.4.12) 男,汉族,中国当代著名作家、书画家、杰出文化名人,内蒙古作家协会副主席。1990年,被内蒙古文史研究馆聘为研究员,享受国务院特殊津贴。张长弓祖籍山东青州寿光县,生于克什克腾旗经棚镇。1947年3月参加革命工作,1955年加入中国共产党,曾在国营贸易公司做营业员、会计。1949年,调昭乌达盟贸易公司任秘书科长、盟计划委员会综合科科长。这期间开始尝试写小说、诗歌、散文、杂文和电影文学剧本。从1951年开始为《内蒙古日报》副刊撰稿，在全国文艺刊物上发表多种体裁的文学作品。作品大多数取材于内蒙古半农半牧区，有着鲜明的地域特点和民族性、时代性。1955年，任昭乌达报社记者、编辑、编辑部主任，同年参加全国青年文学创作会议，1959年被吸收为中国作家协会会员。1960年，出席全国文教群英会后，被自治区党委推荐到内蒙古大学文艺研究班进修，毕业后到内蒙古文联《草原》文艺月刊社任副主编。张长弓曾当选为内蒙古自治区第五届人大代表、大会主席团成员。历任中国作家协会第四届理事、第五届全委会委员，作协内蒙古分会副主席、国家一级作家。

张长弓一生创作了大量文学、书画作品，长篇小说、中篇小说、短篇小说、散文、诗歌、电影剧本计20多种，逾千万字，较全面地反映了他所处时代的精神风貌。长篇小说《青春》《边城风雪》《娜敏伊虹》《漠南魂》《黑玫瑰》《追踪金的黎明》《征人泪》《昨夜星辰》等，中篇小说《红柳》《戈壁花》《草原轻骑》《并非温馨的爱情》《小草恋山》和《张长弓小说选》等，散文集《月在回廊》《野有蔓草》等，诗集《望平原》，电影文学剧本《战地黄花》《蒙根花》等，有《鹰》《凌晨人》《草原似锦》《水碧沙明》等短篇小说集。

1994年，有14幅作品参加了中国作家协会、中华文学基金会在北京美术馆举办的“中国作家十人书画展”。1998年，参加了由中国作协、书协、美协举办的《著名作家、画家、书法家书画作品展》。同年，出版《张长弓书法集》。1999年，被中国诗书画研究院聘为研究员，并于同年12月参加了由中国作协、美协、书协、中华文学基金会举办的“庆澳门回归马万棋精选书画展”。2000年初，入选为百名当代著名书法家、百名当代著名画家《千古绝唱——唐诗宋词创意精品典藏集》创作者。出版有《张长弓书法选》《张长弓书画精品》。他的书画作品被人民文学出版社、茅盾旧居、鲁迅博物馆、赵一曼烈士展览馆、滕王阁等单位收藏。

何振关（1931.12—2004.2）　男，满族，大学学历，辽宁辽阳人；中国医科大学医疗系毕业，内科主任医师。1959年，被分配到内蒙古工作。历任内蒙古医学院附属医院内科住院医师，赤峰市红山电厂保健医生，昭盟医院内科医师。1964年，调克旗医院任内科主任，医院副院长、院长，克旗自然科学协会副理事长，克旗医学分会副理事长，昭盟医学分会理事。曾任克旗第七、八、九届人大代表，政协克旗第一、二届常委、副主席。他长期在克旗从事内科临床工作，临床经验丰富。撰写有《红山子地区克山病调查报告》《克什克腾旗好鲁库地区发生流行性出血热的报告》《克什克腾旗地区发生蚕豆病的报告》等论文，并获《昭乌达医药》论文奖。1984年，调任赤峰市医院门诊部主任，赤峰市红十字会常务副会长兼赤峰市原红十字会中心血站站长、名誉站长。当选为政协赤峰市首届、第三届委员会常委。

1986年12月,何振关加入中国农工民主党,历任中国农工民主党内蒙古自治区第二届、第三届区委委员,中国农工民主党第十一次、第十二次全国代表大会代表;中国农工民主党赤峰市委员会主任委员;赤峰市海外联谊会第一次代表大会代表、副会长。

陈会明(1932.11—2000.12) 男,汉族,克旗经棚人,1954年2月加入中国共产党。1953年任克旗城关区秘书,1956年任旗委农牧部干事;1958年任旗委办公室秘书;1966年任旗委办公室副主任;1968年4月任克旗同兴人民公社革委会主任;1968年8月任旗革委会办事组副组长;1972年任旗革委会政工组副组长,1974年任旗革委会组织组组长;1976年任旗革委会副主任;1980年任克旗政府副旗长;1983年任中共克旗委副书记,1987年6月当选克什克腾旗人大常委会主任;1991年任中共克旗委督导员。

董润生(1936.3—2000.6) 男,汉族,中共党员,刊授大学毕业,赤峰市林西县人。1952年参加工作,任林西县畜产公司出纳员;1953年12月,历任克旗农产品采购局统计员,供销社计划科副科长,旗直属党总支和财贸部干事,旗委办公室秘书,三义公社党委副书记,元宝山牧场革委会主任。克旗工业管理站领导小组组长、工业系统党总支书记,劳动科长,旗工交组副组长。1977年5月至1983年12月任中共克旗委组织部副部长,1984年1月至1987年6月任旗委常委、组织部部长。1987年,当选政协克旗委员会副主席。1990年当选政协克旗第三届委员会主席、任党组书记。1991年3月当选政协克旗第四届委员会主席、任党组书记。1994年3月任克旗人民政府调研员。

董润生任政协克旗委员会主席期间,积极履行政治协商、民主监督、参政议政职能。组织政协委员深入农村牧区调研,就农村牧区农田草原基本建设、农牧结合加快畜牧业发展、发展乡镇企业和私营企业、精神文明建设建言献策,推动地方新产品上市、创优,为矿山、电站、项目考察、筹建、立项主动协调各方意见;协调引进科技成果和实用农牧业技术,推动科普计划落实;协助旗政府为群众办实事,为偏僻乡镇通电话通公路献策出力。

1996年4月,董润生离职休养。

王如山(1944.4—2004.11)　男,回族,克旗经棚镇人。1968年,毕业于内蒙古医学院医疗系,分配克旗医院工作。1992年,被评定为内科副主任医师,1998年,晋升为内科主任医师。1978年,针对克旗急危重地方病和疑难病人,开展医疗攻关对“重度鲁米那中毒自主呼吸停止七十二小时”“腹膜透析抢救急性肾衰”等病症,在无呼吸机和必备设备下获得成功,成为克旗医院内科学科带头人。1980年后,带领科内专业技术人员学习、引进多项新技术,为克旗医院进入二级甲等医院打下了技术基础。王如山长期坚持走中西医结合从医道路,在治疗糖尿病、肺心病心衰、慢性胃炎、肝硬化、血小板减少性紫癜脑卒中后遗症、血管性头痛等20余个病种方面均取得成果。在不同级别医疗刊物上发表论文10余篇,其中《黄连素致严重心律紊乱的抢救》《大剂量激素在新近发生的Ⅲ°房室传导阻滞的治疗》《蛛网膜下腔出血后脑血管痉挛的治疗探讨》《韦格氏肉芽肿的误诊体会》等论文在省和国家级医疗杂志上发表。

王如山曾连续获得赤峰市政府晋升工资、白求恩式医务工作者和自治区民族团结模范等奖项。曾当选为内蒙自治区人民代表大会代表、克旗政协副主席。

曹　旺(1944.7—1998.12)　男,汉族,克旗新开地广华村人,1969年8月加入中国共产党。1973年6月任新开地公社党委副书记;1973年12月任克旗革委会副主任;1975年任中共克旗委副书记、旗革委会副主任;1980年任中共克旗委副书记;1983年任中共林西县委副书记;1987年任中共林西县委书记;1992年任中共赤峰市委常委、纪律检查委员会书记;1995年任中共赤峰市委常委、赤峰市人民政府常务副市长。

刘子文(1946.8.15—2008.7.11)　男,汉族,中共党员,中专文化,书声乡龙潭沟村人。1966年7月参加工作,任克旗电影管理站放映员、克旗书声公社助理员、克旗人民法院审判员、旗委组织部干事、副部长。1990年5月,任旗委常委、纪检委书记、旗人大常委会党组书记。1996年1月,克旗第十二届人民代表大会第三次会议选举刘子文为旗人大常务委员会主任,任人大党组书记。1999年1月,克旗第十三届人民代表大会第一次会议选举刘子文为旗人大常委会主任,任人大党组书记。刘子文任克旗人大常委会主任期间,重视地方法制建设,先后主持制定了《克什克腾旗野生植物资源保护管理办法》《克什克腾旗水产资源繁殖保护管理办法》《克什克腾旗经棚镇城镇总体规划》《克什克腾旗法制宣传教育暂行规定》《克什克腾旗旅游管理暂行办法》《克什克腾旗人民代表大会常务委员会述职评议办法》等地方法规;人大交办逾400件人民代表提出的建议和意见,处理了近800件人民群众来信,接待了逾3000人次群众来访。

2002年3月,刘子文任克旗人民政府调研员。

薛广坡(1960.6—2004.12) 男,汉族,新庙乡常善村人,中共党员。1980年参军入伍,曾荣立二等功一次。1984年,先后在新庙乡计生办、财政所、司法所工作。1991年,被任命为乡司法助理员。1997年和1999年,两次被旗司法局评定为基层司法先进工作者。1998年和2000年,被赤峰市司法局评为全市司法行政系统先进工作者和优秀司法所长。2001年,被司法部授予“人民满意的司法助理员”称号。2003年,被自治区司法厅党委授予自治区司法行政系统防治非典型肺炎优秀共产党员,被旗委、旗政府命名为2003年度全旗防范和处理邪教问题先进工作者。

二、人物简介

特木其勒(1927.5—) 男,蒙古族,又名关其格道尔吉,汉名王宗元,通辽市库伦旗人,1948年8月加入中国共产党。1947年任库伦旗哈尔稿区财政助理、区党委组织委员,1949年任中共库伦旗委组织干事;1950年任共青团库伦旗委副书记;1951年在内蒙古党校学习,同年任哲里木盟科左中旗共青团委书记;1954年在北京中央团校学习;1956年任共青团内蒙古自治区委员会办公室副主任、主任。1959年任共青团昭乌达盟委员会副书记、书记;1965年任昭乌达盟“三线”建设办公室主任;1967年3月至1968年9月因“内蒙古人民革命党”罪名遭受迫害,在昭乌达盟“五七”干校学习劳动;1972年任昭乌达盟民政局革命委员会领导小组副组长;1973年任昭乌达盟革命委员会信访处处长;1976年任昭乌达盟总工会副主席;1981年任中共克旗委书记;1984年1月至1987年调任中共赤峰市直属机关委员会书记;1987年9月离职休养。

王春孝(1929.12—) 男,汉族,1949年9月22日加入中国共产党,初中文化,内蒙古克旗芝瑞人。1948年7月15日,参加中国人民解放军45军134师400团,参加过平津战役、衡宝战役、广西战役,抗美援朝及青海西藏平叛,荣立四次大功。历任战士、排长、指导员、营教导员、团政治处副主任、团副政委、政委。转业后,历任敖汉旗革命委员会副主任、中共克旗委副书记。1989年12月1日,离职休养。

1990年4月,王春孝牵头组建克旗关心下一代协会,担任克旗关心下一代协会首任理事长,后连任关工委主任。关工委组建以来,王春孝带领关工委一班人,发展克旗关工委组织近1600个,参与关心下一代工作的社会老年人累计多达4000人。有800余名老同志长期参与旗关工委活动。

王春孝离职不离休、无私奉献十八年,全身心扑在旗关工委工作上,推动克旗关工委工作走在赤峰市、内蒙古自治区前列,多次被评为市、区关心下一代工作先进集体。1990年,被中共内蒙古自治区委员会授予"优秀共产党员"称号;1994、1999年,两次被内蒙古自治区老干部局和关工委评为关心下一代工作先进个人,1993、1997、2000年,三次被中共赤峰市委、赤峰市人民政府及赤峰市老干部局、关工委评为"关心下一代工作先进个人""模范老干部""老有所为先进个人"。2000年,被中央关心下一代工作委员会评为"全国关心下一代工作优秀工作者"。

1998年9月,内蒙古电视台《走进生活》栏目录制并播出了反映王春孝工作的专题片《一心扑在关心下一代工作的老人》。2004年,赤峰日报刊登通讯《精神可贵,余热生辉》,报道了王春孝的事迹。

许连德(1930.5—　)　男,汉族,辽宁省大连市人。1947年5月在大连市关东技校学徒。1947年8月入伍,为中国人民解放军第四野战军后勤部汽车连战士;1948年任第四野战军后勤部汽车连五团班长、排长,1950年任中南军区后勤部汽车46团参谋处参谋;1950年5月加入中国共产党;1958年任广州军区后勤部汽车46团司令部股长;1964年任广州军区后勤部四分部兵站科长;1965年任广州军区后勤部四分处运输处副处长;1965年任广州军区工程兵四支队后勤部科长;1968年任沈阳军区工程兵四师后勤部科长;1970年任沈阳军区守备四师后勤部副政委;1970年在中国人民军政大学学习;1971年任沈阳军区守备四师十一团副政委;1976年任中共党旗委常委、旗革委会副主任,1980年当选克旗人大常委会副主任;1984年当选政协克旗委员会主席;1990年8月离职休养。

汪永泽(1935.4—　)　男,满族,中共党员,高小文化,克旗原三义乡庆国村人。1956年10月参加工作,先后任三义乡团支部书记、中共克旗委合作部专职干部、农业局会计辅导员、克旗人民委员会团总支书记、克旗人民委员会秘书等职。1965年7月任书声人民公社副社长。1966年以后,在克旗人民委员会生产办公室、生产建设组、克旗革命委员会机关政工组等单位工作。1972年2月任旗委机关党总支书记、党委副书记,1979年任旗纪检委副书记;1983年12月任旗纪检委书记。1990年10月任克旗人大常委会副主任。1991年3月,当选为克旗第十一届人大常委会主任、任人大党组书记。

汪永泽任克旗人大常委会主任期间,重视发挥对"一府两院"的监督职能,围绕经济建设中心开展人大工作,旗人大交办逾200件人民代表提出的建议和意见,处理了近800件人民群众来信,接待人民群众来访近800人次。

1994年3月,任克旗人大常委会调研员。1995年4月,退职休养。

苏亚拉(1936.11—) 男,蒙古族,中共党员,大学文化。克旗巴隆阿鲁罕达罕嘎查人。1958年参加工作。1962年,任昭乌达盟克旗"五七"干校教师。1969年,调克旗农牧业办公室工作,同年,任克旗林业局局长,1976年,任中共克旗白音查干公社党委书记,1980年2月—1981年8月任克旗人民检察院副检察长,1981年8月—1983年,先后任中共克旗委组织部副部长,部长。1984年后,连续当选为赤峰市第一届、第二届、第三届人大代表和中共赤峰市第一、第二、第三次党代会代表。1983—1989年,任中共克旗委副书记、克旗人民政府旗长,中共克旗委书记。1990年,任赤峰市中级人民法院院长。1992年获"全国法院系统个人一等功"。

苏亚拉坚决拥护落实党的改革开放政策,积极主动地推进农村牧区改革,在加强农牧业基础建设和生态建设,促进民族团结,维护社会稳定,推动克旗经济社会发展事业中卓有成效地开展了工作。

冯世清(1936.7—) 男,回族,中共党员,高中文化,克旗经棚镇人。1952年参加工作。历任克旗革命委员会组织科科长,财贸组副组长,经棚公社革命委员会主任、党委书记,经棚镇党委书记,科学技术协会主席等职。曾任旗委委员、旗人大代表。政协克旗委员会常委。冯世清多次受到内蒙古自治区、赤峰市、克旗三级人民政府的表奖。在经棚镇任职时,推广蔬菜大棚生产技术。调任克旗科协后,在多个乡镇推广蔬菜大棚生产。

1995年,冯世清退休后到经棚清真寺管委会从事领导工作,主持和管理经棚清真寺的日常工作。主持出版了《克旗回族志》一书,全面介绍了克旗回族的宗教渊源和宗教习俗。请旗政府划定了回民墓地范围,筹资购置了殡葬专用车,为经棚清真寺打机电井,建果园和搞养殖,使经棚清真寺实现了财务自给自足。2008年,筹措资金全面维修经棚清真寺。经棚清真寺多次被自治区、赤峰市、克旗有关部门评为"五好清真寺""民族团结先进单位"。冯世清也被评为"民族团结先进个人"。2004年,冯世清当选为赤峰市伊斯兰协会副会长。

郭　金(1936.12—　)　男,汉族,中共党员,克旗新庙乡昌兴村人。1957年,参加工作,先后任经棚一小体育教师、文教局体育专职干部。1959年,调入克旗体育运动委员会工作,历任体育运动委员会办公室科员、副主任、主任等职。

郭金在任职期间,培育出一大批民族体育优秀运动员,涌现出国家级运动健将、内蒙古自治区全运会金牌获得者及竞技比赛团体第一名的成绩。1973年克旗男子篮球队获得赤峰市职工篮球赛第一名。组建了克旗业余体育学校,为2000年克旗进入内蒙古自治区体育先进(旗)县,做出了贡献。1985年,郭金被国家体育运动委员会评选为“新中国体育开拓者”,授予证书和徽章。

张云程(1937.2—　)　男,汉族,克旗木希嘎人,中国书法函授大学国画书法专业毕业,为克旗文化馆专职创作员。张云程曾任克旗书画家协会理事、内蒙古书画研究院院士。《中国当代艺术家传记》《中国当代实力派书画作品集》《保护国土资源全国书画精品集》《中国名师诸贤书画精品大典》《新中国大阅兵题贺艺术大典》《中华世博题贺艺术大典》《中华人民共和国杰出书画艺术名家大典》《中华魂——庆祝中华人民共和国52周年书画集》等文集收录了他的作品和作者传记。

张云程书画作品,在国内多种报刊上发表,入编《中国书法全集大典》第九卷,《世界艺术通史》绘画卷,其作品多次参加过国内外展出。

巴特尔(1940.8—　)　男,蒙古族,克旗白音查干人。1958年任克旗人民委员会干部、共青团克旗委员会副书记,1972年3月加入中国共产党。1975年任白音查干公社党委书记、革委会主任;1976年任昭乌达盟委组织部副部长;1978年任中共克旗委常委、旗革委会副主任;1980年任中共党旗委常委、宣传部部长;1980年任克旗政府副旗长;1983年任中共喀喇沁旗委副书记;1985年任巴林右旗旗委书记;1990年任赤峰市委常委、宣传部部长;1995年任政协赤峰市委员会党组书记、主席。曾当选为共青团辽宁省第五次代表大会代表,中共内蒙古自治区第五次代表大会代表,中共赤峰市第一次、二次、三次代表大会代表,中共赤峰市委第一届、二届委员会常委,第三届委员会委员,政协内蒙古自治区第八届委员会委员。2000年5月任中共赤峰市委巡视员。

刘国仁(1940. 12—　) 男,汉族,克旗土城子镇人。1958年参加工作。先后在克旗商业系统副食品厂、百货公司、五金公司、食品公司、商业局工作,先后任秘书、卫生股长、秘书股长等职务。2000年后,先后加入中国梅花腊梅研究会、中国画研究会、内蒙古社会书画协会、内蒙古硬笔书法研究会、内蒙古社会书画服务社。现为克旗书画家协会副主席。1998年,主攻梅花,并潜心研究"书画一体写梅花",追求"融书为画、画中有书,用字写梅。梅变画字,字在花中藏、花在字中开"的艺术境界,独创出"书画一体写梅花"的画法。

1990年后,刘国仁书画作品多次参加旗(县)、赤峰市、内蒙古自治区和国家书法展览,获得表奖二十余次。其《洛阳春色图》等作品荣获"迎香港回归全国书画大赛""全国大川杯国花绘画大赛"佳作奖、二等奖;《清香·兰梅图》《春满乾坤图》《岁寒图》等作品先后获"全国咏梅诗书画大赛""迎香港回归十周年书画大赛""中华陆游杯梅花书画大赛"优秀奖、三等奖;数次获得内蒙古自治区"松鹤杯书画大赛"一二三等奖;其画作被中国文联、中国书画院和部分大赛组委会收藏;有200余幅作品被北京、上海、辽宁、大连、呼和浩特市收藏。2002年,在赤峰松山斋举办画展。2008年,出版《刘国仁梅花牡丹作品集》。

贺希格陶克陶(1940. 12—　) 男,蒙古族,大学文化,克旗忠阿鲁努图克人。1966年,从中央民族学院语文系蒙古语言文学专业毕业。留校任教。一直从事蒙古古代文学及蒙古文献教学与研究工作。1993年,担任中央民族大学中国少数民族语言文学学院蒙古语言文学系教授、博士生导师,兼任国家民委重点文化项目《中国少数民族古籍论》顾问,国际蒙古学家协会执行委员,日本早稻田大学蒙古学研究中心客座教授。先后应蒙古国科学院、国际蒙古学家协会、蒙古国游牧文化研究院、蒙古国总理等多次邀请,出席乌兰巴托第七、八、九届国际蒙古学家大会和蒙古史学、文学研究等学术会议,为第七届国际蒙古学家协会执行局委员,曾获得蒙古国总统亲自颁发的蒙古学研究突出成就奖—"北极星"勋章,多次应日本早稻田大学作访问学者或出席会议并作专题学术报告;应韩国蒙古学学会、美国蒙古文化学会、印第安纳大学蒙古文中心邀请进行访问并作学术交流。

贺希格陶克陶主要著作有《蒙古古典文学研究》《蒙古古典文学研究新论》和《蒙古文献研究》等论文集,有《蒙古文古典诗歌选注》《蒙古文蒙汉文著作概述》等教学专著。《蒙古古典文学研究》一书获北京市哲学社会科学优秀奖;论文《再论元代佛僧溯思吉翰节儿生平》获得国家民委社会科学优秀成果三等奖。在成吉思汗陵墓研究溯思吉翰儿研究方面和《应昌路曼陀山新建龙兴寺记》等多篇论文受到国际蒙古学界的关注。

王庆有(1941.10—) 男,汉族,中共党员,大学文化,克旗土城子镇人。1964年8月参加工作,先后任兴安盟免渡河林业局生产调度勘测队队长、劳资科副科长、扎敦河林场副主任。1970年1月,调任克旗广兴林场技术员、旗林业局副局长、旗农牧业机械局副局长、局长、广兴公社党委书记、旗畜牧局局长、党总支书记、旗林业局局长、党总支副书记,1987年1月任中共克旗委常委、宣传部部长,1987年7月任中共克旗委副书记,1988年5月任克旗政府副旗长,1989年10月调任巴林左旗旗委常委、政府副旗长,1994年3月当选政协克旗第五届委员会主席、任党组书记。

王庆有任政协克旗委员会主席期间,积极履行政协职能,组织政协委员深入厂矿企业开展调查研究,对保护经棚镇生态、白音敖包云杉,经棚镇公墓建设,农田草原基本建设、能源、畜产品加工、城镇经济、落实《中国教育改革与发展纲要》、减轻农牧民负担、扶贫开发提出提案、建言献策。

黄凌云(1941.11—) 男,蒙古族,宁城县小城子人,1972年12月加入中国共产党,1959年毕业于赤峰师范学校。1959年7月任昭乌达盟博物馆干事、翁牛特旗乌丹一中教师;1962年在翁牛特旗山嘴子小学任教;1964年在翁牛特旗乌丹一小任教师;1970年在翁牛特旗新华书店工作;1972年任中共翁牛特旗委宣传部干事;1976年后历任翁牛特旗文化局副局长、广播电视局副局长;1980年任中共翁牛特旗委办公室副主任;1984年5月任中共赤峰市委党校副校长;1987年任中共克旗委副书记;1987年任克旗人民政府代旗长、旗长;1990年8月调任赤峰市红山区区长。

王洪勋(1942.4—) 男,汉族,中共党员,大学学历,赤峰市林西县新城子镇人。1966年,毕业于内蒙古师范学院中文系。1968年,王洪勋在克旗从事教学、教育行政工作。1979年2月加入中国共产党。同月,调入旗政府办公室,先后任秘书、政府办公室副主任。1983年借调赤峰市委组织部工作。同年12月任中共克旗委副书记。1992年2月任中共克旗委书记。王洪勋在任职期间,推动地区资源优势转换为经济优势,开发建设了中国长江以北最大的黄岗铁锡矿,建成投产了安乐锡矿、宇宙地铅锌矿和芝瑞镇等玄武岩石材加工企业,为工业富旗奠定基础。为改善经济社会发展条件,集思广益,团结带领干部群众争取上级扶持,组织民工建勤,坚持长期会战,自治区农田水利建设"金龙杯"落户克旗。开通全旗乡镇公路,动员组织群众参加集通铁路建设。建成经棚镇等多处防洪设施,在全旗展开人畜饮水工程建设。地方病防治、乡村卫生防疫工作达到国家标准,基础教育工作、计划生育工作步入全国先进行列。王洪勋是中共赤峰市第二、三、四次党代会代表,自治区第八届人代会代表。

1995 年,王洪勋当选为中共赤峰市第二届委员会常委、中共赤峰市纪律检查委员会书记,并补选为中共内蒙古自治区纪检委委员。

张振藩(1942. 6—) 男,蒙古族,中共党员,主任医师,赤峰市敖汉旗人。1965 年内蒙古医学院医疗系毕业后分配克旗工作。先后任克旗卫生系统党委书记、副局长,赤峰市医学会常务理事、克旗医学会名誉理事长、克旗老年卫生科技工作者协会理事长。在克旗医院工作期间先后担任科主任、副院长、院长。是赤峰市第二届人民代表大会代表,中共克旗十二次党代会代表。

张振藩在担任旗医院院长前曾 16 次被各级评为先进工作者、工作标兵。全市最佳服务个人等。担任院长后 28 次被评为先进工作者、劳动模范、优秀共产党员、全市基层先进院长、白求恩式医务工作者。

1989—1995 年,张振藩担任克旗医院院长期间,引进新技术、新项目 248 项,推进二级医院必备技术项目 92. 6%。1993 年,旗医院达到国家二级乙等医院标准,1994 年,克旗医院达到国家二级甲等医院标准。1995 年,克旗医院进入爱婴医院行列,医院两次被评为学习白求恩优胜单位。在临床工作中,张振藩有诊疗多科疾病的能力,擅长心血管病的诊治和研究。曾撰写有《综述心律失常及药物选择》《综述心律失常的药物治疗》《几种常见严重心律失常的诊治》《甲亢合并周期性麻痹分析》《甲减性心肌病的误诊分析》《中西医结合治疗急性肾小球肾炎的体会》等多篇论文。其中,有 1 篇论文在国际性医药杂志发表,有 5 篇论文在全国学术会议交流,有 7 篇论文在省级以上刊物发表。其事迹被《赤峰人物》《中国名医一万家》《中国专家人才库》《中国专家大辞典》《中国专家人名词典》《中华魂中国百业领导英才大典》等书籍收录。

李春海(1942. 11—) 男,汉族,中共党员,高中文化,赤峰市阿鲁科尔沁旗人。1963 年参加工作。一生从事行政工作,曾任旗档案局局长近二十年。现为中华诗词学会会员、赤峰诗词学会会员、红山诗词学会理事。克旗文联副主席、克旗作家协会名誉副主席。克旗书画家协会名誉副主席、《松漠》文学季刊主编。入选《中华李氏通鉴》《世界书画篆刻家通联大会》(词条)。著有《李春海诗文选》,主编《克什克腾旗风景诗选》《克什克腾文史》(诗词专辑),白话翻译《热河经棚县志》等。

李春海一直致力于克旗文联工作,为培养本地区文学新人付出了努力。其书法作品多次在自治区、赤峰市及旗内展览中获奖。

官其格(1944.10—)　男,蒙古族,克旗达日罕乌拉苏木那日苏嘎查人。1963 年,参加昭乌达盟青年摔跤选拔赛,获得最轻量级第一名,同年 7 月,被选入内蒙古体工队接受摔跤训练。1963 年,官其格代表自治区参加全国中国式摔跤比赛,获得轻量级冠军。1964 年,参加全国中国式摔跤比赛,再次获得轻量级冠军,被授予"运动健将"称号和徽章。1965 年,在第二届全国运动会上,获得古典式摔跤最轻量级冠军,再次获得"运动健将"称号和徽章。1966 年,参加中国青年队在上海、北京、长春等地与日本青年摔跤队进行摔跤友谊赛,获得国际式摔跤最轻量级第二名。同年 11 月,参加中国青年摔跤队在日本举办的亚洲摔跤友谊赛,获得国际式摔跤最轻量级第二名。回国后,受到周恩来、邓小平、陈毅、贺龙等国家领导人的接见。1968 年,被打成"内蒙古人民革命党"成员,被开除公职,遣返原籍。1980 年,恢复公职,安排到达尔罕供销合作社工作。

2004 年,受聘于克旗蒙古族中学,担任摔跤教练。

呼格吉图(1947.5—)　男,蒙古族,中共党员,大学文化,赤峰市阿鲁科尔沁旗人。1966 年 9 月参加工作,历任阿鲁科尔沁旗天山蒙小教师、旗广播站机线员、编辑,旗委宣传部报道员、新闻干事,旗委办公室秘书、办公室主任,旗委常委、组织部长,旗政府副旗长。1992 年 7 月,任中共克旗委副书记。1994 年 3 月,任中共克旗委副书记兼旗人大常委会主任。1995 年,市委决定呼格吉图任中共克旗委书记。同年,旗委第十一届委员会第一次会议选举呼格吉图为书记,兼任克旗人大常委会主任。

呼格吉图任中共克旗委书记期间,提出并实施了农牧为本、生态立旗、科教兴旗、旅游活旗、工贸强旗战略,以治理西拉沐沦河、浑善达克沙地、科尔沁沙地为重点,实施 4 个百万亩生态治理工程。推进了克旗经济体制改革,稳定完善了农村家庭联产承包责任制和牧区统分结合双层经营体制,推行了土地、草牧场有偿使用制度和"五荒"使用权拍卖。提出改革牵动、"工业立旗"战略,加大了资源开发、旅游开发力度。开展了社会化服务体系建设,推进贸工农一体化。产加销一条龙经营、开展了以爱国主义、集体主义和社会主义为主线的思想教育活动和达小康竞赛、发挥党组织政治核心作用为主题的基层党组织建设。2000 年 5 月,呼格吉图调任赤峰市民族事务委员会主任、党组书记。

高国芳(1947.7—) 男,蒙古族,中共党员,大学文化,赤峰市松山区人。1968年9月为知青下乡于克旗白音查干公社白音查干大队,1971年在白音查干公社从事电影放映工作,1973年调入白音查干供销社工作,1975—1978年任白音查干供销社副主任,1978—1983年任白音查干供销社主任。1983—1986年任克旗供销社副主任、主任。1986年3月任克旗政府副旗长,旗委常委、旗政府副旗长,1990年11月任中共克旗委副书记,旗政府代旗长,1991年3月任克旗政府旗长。

高国芳任旗政府旗长期间,强化了克旗农牧业基础地位,推进农田草原基本建设、机械耕作、农业科技推广、牲畜改良、畜疫防治等工作,尤其在农田基本建设上连续开展春秋两季“大会战”,一举夺得自治区农田水利建设“金龙杯”。在扶贫救灾上,全旗各科局包乡对接、齐抓共管。在深化经济体制改革上,重点推进承包经营责任制,加强了克旗的水电能源建设。1995年5月,高国芳调任赤峰市轻工业局局长。

张彦斌(1948.9—) 男,蒙古族,中共党员,大专文化,赤峰市巴林右旗人。1968年8月参加工作,先后任阿鲁科尔沁旗天山口供销社营业员、商业局秘书、供销合作社秘书、巴拉奇如德基层社副主任、主任、旗社副主任、理事会主任、党组书记。1988年11月—1995年4月任阿鲁科尔沁旗政府副旗长、旗委常委、旗人民政府副旗长。1995年4月,中共赤峰市委任命张彦斌为中共克旗委副书记,提名为克旗政府副旗长、代旗长。1995年6月,克旗十二届人大常委会第九次会议任命张彦斌为副旗长,代旗长。1996年1月,克旗第十二届人民代表大会第三次会议选举张彦斌为克旗政府旗长。

张彦斌任克旗人民政府旗长期间,着力推进企业破产、兼并、租赁、出售和股份制改造,个体私营经济快速发展。推动了克旗石材、宇宙地铅锌矿、木希嘎铁矿、黄岗铁锡矿、山野菜加工等一批项目建设。财政收入有较快增长。

1999年9月,张彦斌调任赤峰市供销合作社主任。

孟庆林(1948.9—) 男,汉族,中共党员,大专文化,克旗土城子镇人。1968年8月参加工作。先后在热水林场、桦木沟林场、经棚粮库工作。1976年以后,任旗劳动局副局长、旗计划委员会副主任、协作办主任。1988年12月任克旗政府旗长助理,1990年5月当选克旗政府副旗长,1995年12月—1998年11月任中共克旗委副书记;1998年12月任政协克旗委员会党组书记。

1999年1月,孟庆林当选政协克旗第六届委员会主席、任党组书记。孟庆林任政协克旗委员会主席期间,重视加强政协自身建设,修订了《政协克旗委员会关于加强政治协商、民主监督、参政议政工作的实施办法》《政协克旗委员会常务委员会工作规则》,制订了《政协克旗委员会委员条例》;组织政协委员深入农村牧区就风沙源治理、退耕还林工程、土地草牧场使用权流转、五荒拍卖、草畜平衡、城镇居民增收等政策措施的落实开展调研,积极参政议政、提交提案,就扶贫开发、社会保障、职工再就业、矿产业、绿色食品加工等生态工业发展建言献策。

2003年12月,任旗人民政府调研员。2008年10月,退职休养。

王恩夫(1948.12—　)　男,汉族,克旗经棚镇人。1975年6月加入中国共产党。大学本科学历。1968年为黄芩场下乡知识青年;1970年在林西县参加国防施工,任连队秘书;1971年任克旗景峰一中教师;1978年在沈阳师范学院读书;1980年在经棚一中工作,历任教导处副主任、团委书记、副校长;1980年任中共克旗委办公室秘书;1984年任中共克旗委常委、宣传部部长;1986年任中共克旗委常委、旗政府副旗长,1990年任中共克旗委副书记;1992年2月调任内蒙古纺织工业学校党委书记、校长。

唐　臣(1949.11—　)　男,汉族,小学文化,万合永镇兴盛义村人。1984年,带领全家治理西梁山,开始了漫长而艰辛的种树治沙历程。通过种植沙柳、白榆、杨树、樟子松、山杏、山竹子等,治理流动沙地230公顷,地表植被大面积恢复。由治沙造林转变为综合开发治理,一家人逐步走上脱贫致富之路,为克旗沙地治理和荒山开发利用探索了可借鉴之路并做出示范。唐臣先后被赤峰市、自治区人民政府授予"全市造林治沙劳动模范""全区个体造林先进个人"等荣誉称号。

2002年,全国绿化委员会、人事部、国家林业局联名授予唐臣"全国治沙十大标兵个人"称号。被评选为林业部劳动模范。

斯日古楞(1951.9—　)　男,蒙古族,中共党员,大专文化,赤峰市敖汉旗人。1968年,在达里公社白音宝力格大队插队下乡,后转好鲁库种羊场当工人。1972年12月至1977年3月,在部队服兵役。1977年,在克旗交通局工作。1983年以后,历任克旗达来诺日公社(苏木)社长、苏木达、党委书记,中共克旗委组织部副部长、部长,中共克旗委副书记。1992年,调任翁牛特旗政府旗长。

斯钦巴特尔(1954.9—　)　男,蒙古族,中共党员,大学文化,克旗达来诺日镇人。1974年10月,在达里诺尔公社供销社工作。1977年任达里公社秘书、公社管理委员会副主任、达来诺日苏木党委副书记、苏木达、党委书记。1987年5月任旗政府办公室主任。1987年9月后历任中共克旗委常委、宣传部部长、组织部部长,1993年12月任克旗政府副旗长、中共克旗委常委、政府副旗长,1998年11月任中共克旗委副书记,2002年任旗人大常委会党组书记,2004年1月,克旗第十四届人民代表大会第一次会议选举斯钦巴特尔为旗人大常委会主任、任党组书记。2007年11月,克旗第十五届人民代表大会第一次会议选举斯钦巴特尔为旗人大常委会主任,任人大党组书记。

斯钦巴特尔任克旗人大常委会主任期间,发挥人大对"一府两院"的监督职能,为打造"全国旅游名旗",组织立法,通过批准了《克什克腾旗旅游管理办法》和《克什克腾世界地质公园保护管理办法》;开展了多项有针对性的执法检查;克旗人大交办了300多件人民代表建议意见,处理了逾千件人民群众来信来访。

白音巴特尔(1955.4—　)　男,蒙古族,大学文化,中共党员,赤峰市巴林右旗人。1974年12月参加工作,1984年10月加入中国共产党。1974年任昭乌达盟革命委员会办事组翻译,1976年在中央民族学院干训班学习。1978年后历任昭乌达盟革委会、赤峰市政府翻译、秘书,林西县政府副县长、县委副书记,赤峰市计生委副主任、赤峰市政府副秘书长、市统计局局长、党组书记。1999年5月,克旗人大十三届三次常委会议任命白音巴特尔为克旗人民政府副旗长,代理旗长,2000年1月,克旗第十三届人民代表大会第二次会议选举白音巴特尔为政府旗长,同年,市委任命白音巴特尔为克旗委书记,中共克旗十二届一次全委会议选举白音巴特尔为书记。2003年白音巴特尔调任赤峰市林业局局长。

白音巴特尔在克旗工作期间,继续推进全旗农牧业产业化改革,进行了草牧场"双权一制"改革,大力实施"生态立旗"战略,提出"建设为主,保护优先"生态建设与保护方针,实施"以牧为主,为牧而农"的农牧业经济发展目标,推进产业结构调整,加大兴旗富民力度。黄岗铁矿引进铁精粉选矿工艺,延长了企业生产链条。引进风电能源产业,扩大牛羊肉深加工和沙棘液新产品加工。在生态环境建设与保护上,科学施政,责任为先,加大建设与保护力度,分别施策,长抓不懈,扩大生态保护区面积,全旗森林覆盖率增加至20%。实施草原围封,划区轮牧。农区推广休牧舍饲,加强生态监察管理。加强全旗旅游业标准化建设,新修和整修公路网,注重干部教育管理,推动党建工作和精神文明建设发展。

宋喜岭(1955.12—　)　男,汉族,中共党员,大学文化,克旗书声乡上头地村人。1972年在书声公社参加工作;1981年以后,历任土城子公社管委会副主任、土城子镇党委副书记、镇长、镇党委书记。1994年6月,任克旗人民武装部政委。1996年6月,调任林西县人武部政委,被内蒙古军区授予"党风廉政建设先进个人"。1999年5月,任克旗政府副旗长。2003年,被自治区党委、自治区政府授予"抗击非典先进个人"。2004年1月,任克旗政协党组书记,当选为政协克旗第七届委员会主席;2007年11月,当选为政协克旗第八届委员会主席、任党组书记。

宋喜岭任克旗政协主席后,重视政协工作规范化建设,制定了《政协克旗常委会议工作细则》,修订了《中国人民政治协商会议克什克腾旗委员会提案工作条例》;注重调查研究,发挥政协委员的建言献策作用,就矿产业、清洁能源、煤化工、农畜产品加工等开展调研,为克旗经济跨越式发展提出建议;组织政协委员深入农村牧区,就农牧民脱贫达小康、封育禁牧、旅游开发、医疗卫生改革、经济社会协调发展提出意见和建议。

赵彩云(1960.2—　)　女,汉族,克旗经棚镇人。1980年任北京军区红山军马场子弟学校初中部教师,1981年在长春市解放军兽医大学兽医系读书,1986年在红山军马场兽医科工作;1988年在克旗畜牧局、农牧业局动物防疫站化验室工作;2009年在克旗农牧业局兽医局工作;1998年晋升高级兽医师,任兽医局总工程师。历任赤峰市第四届、第五届人民代表大会代表,赤峰市第四次妇女大会代表,政协克旗委员会第六届、第七届委员会常委。被聘为克旗科技局自然科学专家组成员,克旗人民检察院、克旗法院人民执法监督员;2008年被内蒙古自治区妇女联合会授予"三八红旗手"。长期从事动物疫病诊治、检测及防治工作。2006年被自治区授予"农业丰收一等奖"。在国家、省级以上刊物发表论文二十多篇;2002年被旗政府授予记三等功奖;2003年被旗政府授予科学技术推广先进个人;2004年被旗委、旗政府命名为有突出贡献专业技术人员;2007年被授予赤峰市"三八红旗手"。

刘万华(1962.10—　)　男,汉族,中共党员,大学文化,赤峰市松山区人。1984年7月参加工作。历任赤峰市委研究室科员、副科级研究员,市委办公室综合科秘书、副科长、科长、助理调研员,1997年5月任内蒙古自治区党委办公厅综合处副处级秘书,1998年9月任赤峰市委办公厅副主任、调研员;2001年任中共赤峰市委副秘书长、政研室主任。2003年12月,中共赤峰市委任命刘万华为中共克旗委书记。2004 年 4 月,刘万华当选为中共克旗第十二届委员会书记。

刘万华任书记期间,提出把克旗打造成为“全市工业强旗、全区牧业大旗、全国旅游名旗”发展定位。继续推动农牧业由种植业主导型向养殖业主导型转变,并同步推进生态工程和封育禁牧,落实农牧业免税政策,进行苏木乡镇、旗直机关机构改革,开展农村牧区新型合作医疗试点,克旗步入“全国科技进步县”行列。

2006 年 1 月,刘万华调任赤峰市政府秘书长。

秦　义(1963.9—　) 男,汉族,中共党员,大学文化,赤峰松山区人。1985 年 7 月参加工作。历任克旗百货公司秘书、副经理、经理,旗商业局副局长、局长、旗商贸总公司经理。1994 年任克旗政府副旗长,1998 年 11 月任旗委常委、政府副旗长。2000 年 5 月,赤峰市委提名秦义代理克旗人民政府旗长。旗十三届人大三次会议选举秦义为旗政府旗长。2003 年,市委任命秦义为中共克旗委第十二届委员会书记。2003 年 12 月,秦义调任赤峰市发展和改革委员会主任、党组副书记、党组书记。

秦义在克旗任职期间,整合全旗工业和商贸服务业资源,推动企业体制改革,做好安置下岗职工再就业工作。构建公路网提档升级。组织克什克腾旗国家地质公园、克什克腾旗世界地质公园、白音敖包国家级自然保护区、乌兰布统旅游开发区的各项申报,扩大克旗旅游资源知名度,推动旅游业发展。积极加快对外开放步伐,引进外资,加大矿产开发、风力发电、地方土特产品加工力度。推动产业结构调整升级。

王玉成(1964.9—　) 男,汉族,克旗双合公社人,毕业于包头钢铁学院工业管理工程专业。1981 年任共青团万合永乡委员会书记,1983 年 12 月加入中国共产党,1984 年任中共柳林乡委员会副书记;1988 年任中共木希嘎乡委员会书记;1992 年任赤峰黄岗铁矿党委书记、矿长;1999 年任克旗政府旗长助理、黄岗铁矿有限责任公司总经理;2002 年任克旗人大党组成员、黄岗铁矿有限责任公司总经理;2002 年任旗人大常委会副主任、内蒙古黄岗矿业有限责任公司总经理;2005 年 4 月被内蒙古自治区政府授予“劳动模范”称号,2012 年任中共克旗委调研员。

三、人物名录

1991—2008 年克旗获自治区级以上劳动模范、先进个人名录

人物表－1

获奖人	性别	民　族	获奖名称	待　遇	颁奖单位名称	获奖时间	获奖者所在单位
孟　克	男	蒙古族	全国民族青年团结进步先进个人	—	共青团中央、国家民族事务委员会	1993.6	达来诺日哈达英格尔嘎查
于金河	男	蒙古族	药品监督管理先进工作者	—	卫生部	1995	克旗卫生局
乌力吉	男	蒙古族	内蒙古自治区劳动模范	享受省部级劳模待遇	内蒙古自治区人民政府	1995.5	达来诺日岗更嘎查
王如山	男	回　族	民族团结模范奖	—	内蒙古自治区人民政府	1997	克旗医院
王喜鹏	男	汉　族	内蒙古自治区劳动模范	享受省部级劳模待遇	内蒙古自治区人民政府	2000	克旗家畜胚胎移植中心
孙达来	男	蒙古族	内蒙古自治区劳动模范	享受省部级劳模待遇	内蒙古自治区人民政府	2000	达来诺日镇塔拉图如嘎查
苗清华	男	汉　族	卫生三项建设先进个人	—	内蒙古自治区人民政府	2001	克旗卫生局
张　杰	男	汉　族	优秀防疫站站长	—	内蒙古自治区人民政府	2001	克旗卫生防疫站
鲍长江	男	蒙古族	优秀卫生院院长	—	内蒙古自治区人民政府	2001	克旗巴彦查干苏木卫生院
赵瑞山	男	汉　族	地方病防治先进个人	—	内蒙古自治区人民政府、卫生部、经贸委、农业部、水利部	2001 2002	克旗卫生局
闫素珍	女	汉　族	抗击“非典”先进个人	—	中共内蒙古自治区党委、人民政府	2003	克旗卫生局
王明义	男	汉　族	抗击“非典”先进个人	—	中共内蒙古自治区党委、人民政府	2003	克旗中蒙医院
杜景峰	男	汉　族	抗击“非典”先进个人	—	中共内蒙古自治区党委、人民政府	2003	克旗卫生防疫站
李　树	男	汉　族	全国草原防火先进个人	—	农业部	2005	克旗森林草原防火指挥部办公室
王玉成	男	汉　族	内蒙古自治区劳动模范	享受省部级劳模待遇	内蒙古自治区人民政府	2005	克旗黄岗铁矿

人物表－1

获奖人	性别	民　族	获奖名称	待　　遇	颁奖单位名称	获奖时间	获奖者所在单位
贾国友	男	汉　族	内蒙古自治区劳动模范	享受省部级劳模待遇	内蒙古自治区人民政府	2005	克旗水泥厂
傅久江	男	汉　族	内蒙古自治区劳动模范	享受省部级劳模待遇	内蒙古自治区人民政府	2005	克旗达里诺尔渔场
吴爱华	女	汉　族	内蒙古自治区劳动模范	享受省部级劳模待遇	内蒙古自治区人民政府	2005	克旗世百合宾馆
额尔登毕力格	男	蒙古族	内蒙古自治区劳动模范	享受省部级劳模待遇	内蒙古自治区人民政府	2005	克旗巴彦查干苏木珠力克嘎查
张建军	男	汉　族	全国交通劳动模范	享受省部级劳模待遇	交通部	2005	克旗公路管理工区
李景章	男	汉　族	全国林业系统劳动模范	享受省部级劳模待遇	林业部	2006	克旗林业局
布仁巴图	男	蒙古族	第二次全国农业普查先进个人	—	国家农普领导小组办、国家统计局	2008	达日罕乌拉苏木

图1　晨　练

附录

附　录

一、文献辑存

克什克腾旗人民政府
关于宜农土地开发及草场更新若干问题的暂行规定

克政发〔1997〕38号

第一条　为了保证我旗国民经济持续稳定发展，开发、利用潜在的宜农土地资源，建设、保护、利用好草牧场资源，根据《中人民共和国土地管理法》（以下简称《土地管理法》）《中华人民共和国草原法》（以下简称《草原法》）《中华人民共和国土地管理条例》（以下简称《条例》）《内蒙古自治区实施〈土地管理法〉办法》（以下简称《办法》）的有关规定，特制定本规定。

第二条　开发宜农土地，进行草场更新，建设牧区饲料地，必须有利于发展我旗大农业。做到土地开发与草原建设并举，种植业与养殖业并重，达到自然资源永续利用的目的。

第三条　凡在我旗苏木、乡镇境内从事农、牧、林、渔业和其它行业的单位及个人，都可依照《土地管理法》《草原法》《条例》《办法》的规定，申请开发宜农土地。从事牧业生产的牧民和牧场职工，可依据上述法律规定，申请对草场进行更新改良。

第四条　由上级政府和有关政府管理机关批准，在我旗境内从事农牧业生产、开发、科研的企事业单位、公司（含外资、中外合资、股份制企业、部队），根据政府相关部门核准确认的经营项目，进行宜农土地开发、草牧场更新改良的，也适用本规定。

宜农土地开发

第五条　所有申请开发宜农土地的单位和个人，必须在开发的前一年十一月底以前，向当地苏木、乡镇提交书面申请，由苏木、乡镇初审同意后，报旗人民政府。旗政府同意后，由土地、草原、水利、农业、林业等有关部门实地勘查，符合条件的，由土地管理部门按审批权限报批，批准后，由土地部门监察实施，纳入计税面积。政府保障开垦者对开垦土地拥有使用权。

第六条　凡不经批准，擅自开发土地，进行所谓“草场更新”者，依据《草原法》《土地管理法》《条例》《办法》的有关规定，按违法开荒，破坏草原查处，并参照《行政处罚暂行规定》进行处罚。

第七条 获批准开垦的宜农土地,不准随意撂荒、弃耕,更不准造成沙化和水土流失。对不经批准随意撂荒、弃耕,造成沙化和水土流失的责任人责令其限期治理,并处罚款。

第八条 已经开发的宜农土地,经土地管理部门验收测量后,按土地所有权性质确认使用权,并发放土地使用权证。使用权可以依法转让,转让手续由土地管理部门办理,按有关规定收取费用。

第九条 凡批准开发的宜农土地,按内价费字(1996)62号文件和赤土籍发(1996)86号文件规定的标准收取宜农土地开垦管理费、测量费。

草场更新改良

第十条 各苏木、乡镇人民政府对草场更新改良要做出统一规划,有章可循。需要更新改良的草牧场,要按本规定第五条要求,向所在苏木乡(镇)人民政府提交书面申请,并交草场更新改良保证书一式三份,由苏木、乡(镇)人民政府统一审核上报。

第十一条 苏木、乡(镇)同意更新改良草场申请的,报旗政府同意后,由草原、土地部门按苏木、乡(镇)的规划设计,到实地踏查,界定地块和范围,明确种植作物种类和改良措施,批准后,由草原、土地部门按"草场改良技术规程"监督实施。擅自改变草场改良用途,或不按规划设计及"草场改良技术规程"办理的,由草原、土地部门按违法开荒处理。

第十二条 为保证草场更新改良的质量,提高更新效果,禁止种油菜或芥花籽,15度以上坡地不准更新改良。

第十三条 草场更新改良的单位和个人,享有草场建设收益权,可以持"草场更新改良验收合格证"自主支配应缴费用以外的全部收益,直至更新周期完成(5~7年)。

饲料基地建设

第十四条 加强饲料地建设是发展牧区经济的组成部分,有条件的苏木,每人可以种植5亩,每户不超过20亩的饲料地,作为发展牧区牧业的辅助部分,饲料地不计征农业税。人均5亩,户均20亩以外的饲料地计征农业税。牧区(不含牧场)无畜户在苏木、镇统一规划下可适当多种些饲料地。

第十五条 饲料地的种植,只能种植青贮玉米、豌豆、蚕豆等作物并作为养畜饲料,否则不按饲料地对待,必须纳税。

第十六条 个人围封的小草库伦开作饲料地的,也必须报批,由苏木监督实施,草原、土地部门定期检查。不报批或不按要求种植,造成沙化和水土流失的,由土地部门按非法开荒查处。

第十七条 关于养畜的标准(指养畜大户含牧场)暂定为人均 20 个羊单位以上,不够此数量者不算为养畜户,饲料地不免征农业税(牛 =5 个羊单位,马 =6 个羊单位,驼 =7 个羊单位,骡 =5 个羊单位,驴 =3 个羊单位)。养畜数量每年由苏木、乡镇政府依据上年度上报。

克什克腾旗人民政府
克什克腾旗实施生态立旗战略 加强生态环境保护与建设的暂行规定

克政发〔2000〕55 号

为全面落实生态立旗战略,加强生态环境保护与建设,加快实现建设克旗秀美山川的宏伟目标,根据有关法律法规和政策,结合我旗实际,特作如下规定。

第一条 对植被盖度较低、风蚀沙化和水土流失严重山区、浑善达克沙地和科尔沁沙地进行大面积封育及小流域治理,恢复林草。旗政府根据各地的生态条件,每年将封育和治理任务与造林绿化任务一同下达,各苏木乡镇政府及经营使用单位要制定封育总体规划,有计划、有步骤地进行封育,封育期内坚决杜绝进行生产经营活动,做到封严封死、治严治满,治一片封一片,封一片成一片,达不到封育标准的不准投入利用。主要公路沿线由有关苏木乡镇进行封育,西拉沐沦河流域由旗政府划定封育区,沿河苏木乡镇政府、电站负责组织实施。

第二条 对旗级统一规划的防护林网等重点生态工程占用的耕地,由土地等部门重新核定。凡不符合自治区政府(1999)1 号令规定在草原开垦的,一律闭耕,旗政府和有关部门批准开垦草原的有关文件以及有关合同废止。对牧区饲料地,必须固定地块,限定数量,搞好水源配套工程建设,只能种植饲草作物,禁止种植油料、小麦等非饲草作物;对牧区农队的耕地进行重新清理核定,严格限定面积,固定地块,超出部分限期退耕还草,不准扩大;对确需更新的草原要在年初提出计划,由畜牧、土地、农业、环保等有关部门联合实地规划,批准实施;林区要限耕限牧,由畜牧、农业、土地、林业、环保部门一次性核定,做出具体规划实施,要防止建设性破坏。小流域治理、治山、治水等工程措施的实施,要由实施苏木乡镇嘎查村提出具体计划,报旗林业部门和土地、水利、环保等有关部门审批,林场等营林单位在实施造林前将具体地块报旗政府分管领导批准。

第三条 根据自治区政府关于草畜平衡的规定,对已出现退化、沙化的天然草场实行禁牧、限牧、休牧制度。对沙区放牧场要进行围封退牧,恢复植被。西拉沐沦河流域、水土流失严重植被稀疏的石质山地、封育区、天然山杏经济林地、生态公益林区、重点生态工程项目区、库区、自然保护区核心区为禁牧区,常年封育。公路两侧、重点旅游景区、自然保护区缓冲区为限牧区,只能放养牛和绵羊,由所在地苏木乡镇政府会同旗畜牧部门规定合理放养数量;退化、沙化的天然草场在牧草生长季节阶段性禁牧,实行休牧、轮牧、禁牧、限牧、休牧令由旗人民政府统筹规划,视具体情况,适时颁布。禁牧、限牧,休牧令涉及到一个村(嘎查),由村委会具体划定并组织实施;涉及到两村以上,由乡级人民政府划定,村级组织实施;涉及到两乡(镇、苏木)以上,由旗人民政府划定,有关乡级政府组织实施。凡进入禁牧、限牧、休牧区放牧和进行其它人为破坏行为的,按照有关法律法规进行处理。各苏木乡镇根据本地区实际,也可下达禁牧、限牧、休牧令。针对我旗当前滥采乱挖草原比较严重的实际情况,野生中草药全旗停止采挖一年,收购市场关闭一年。

第四条 实行生态效益补偿制度,生态效益补偿资金的征收按内党发(1997)27 号文件和其它有关规定执行。其它应征收但没有明确规定的,具体征收标准和办法由各业务主管部门结合我旗实际同财政、物价和法制办公室制定,报旗人民政府审批。一切新建、改建、扩建项目,生态开发、旅游开发、矿产开发及区域性开发,必须严格执行环境影响评价制度和"三同时"制度(建设项目配套建设的环境保护设施与主体工程同时设计、同时施工、同时投产使用)。生态效益补偿基金主要用于植被恢复、防沙治沙、植被种草等生态建设。

第五条 加强自然保护区和生态示范乡(镇)的保护建设与管理。在现有 6 个自然保护区基础上,再建立贡格尔草原、黄岗梁、阿斯哈图石林等旗级自然保护区。严格按照《自然保护区管理条例》加强保护,自然保护区核心区限制生产经营性活动,保护区缓冲区内,在科学、合理规划的前提下,可以开展适当生产经营活动和生态旅游。采取生物措施和工程措施相结合,发展生态农牧业,防止耕地退化、沙化,提倡施用有机肥,逐步减少化肥、农药施用量;加强秸秆转化利用,充分利用风能、太阳能等清洁能源,发展沼气。

第六条 2000 年完成森林分类经营区划工作,明确界定生态公益林区、商品林区和兼用型林区,对生态公益林采取保护措施,严禁采伐。国有生态公益林由生态公益型林场负责管理保护;几条主要河流源头和严重沙化地段的水源涵养林、防风固沙林等生态公益林,由所有权单位采取保护措施。对现有的天然山杏经济林,2000 年底前明确权属,以承包、拍卖、租赁等有效方式落实经营使用权和管护责任,有条件的地区要围封管护;要加强对沙棘经济林的保护;要保护好农田草牧场防护林、防风固沙林、城乡居民点防护林、护路林、护岸林、水源涵养林;严禁改变林地使用性质,严格征占用林地审批手续。

第七条 逐步实现以草定畜,达到草畜平衡。转变传统的自然放养方式,限制马属动物和山羊的放养,提倡山羊良种化和舍饲。西拉沐沦河沿岸、科尔沁沙地和浑善达克沙地,山羊放养量人均控制在 5 只以内,马属动物每户控制在 2 头(匹)以内,超出部分,逐年加倍征收生态资源补偿费(马属动物收费标准每头匹按5个羊单位计征),各苏木乡镇可视本地区生态情况确定适宜的放养数量和征收金额。生态资源补偿费纳入苏木乡镇生态建设基金,用于山羊改良、舍饲和生态建设上,以乡为单位调剂使用,并由财政部门审计。对于超养马属动物和山羊户,也可划定一定面积的沙化土地,限期治理,以促使其向生态建设投入。

第八条　适度控制借场放牧行为。对本行政区外的单位和个人租借草牧场,按寄养牲畜数量和畜种征收生态建设基金,大畜每头(匹)年征收10元,小畜每头(只)年征收2元,上述基金由出租出借草牧场的苏木乡镇人民政府负责组织征收,全额上缴旗财政生态建设基金专户,并按一定比例返还。

第九条　重点生态治理工程项目区(包括未上生物措施的)所属苏木乡镇要责成专人看护,转换经营管理机制,尽快将使用权落实到户,调动群众的生态保护积极性。对因组织管理手段弱、管护措施落实不到位造成破坏的,要对负有直接领导责任的当地政府和村级领导人按有关规定同破坏者一并处罚。加强整治农区牲畜散撒散放现象,各村要制定有较强约束力的村规民约,农区乡镇的大小牲畜必须长年组群放牧,对散撒散放牲畜造成生态资源破坏的按有关法律法规和村规民约进行处理。

第十条　实行造林绿化生态建设任务通知书制度。按国家规定,造林绿化实行部门和单位负责制,铁路公路两侧、河流两岸、湖泊库区周围,按土地使用权属各业务主管部门和苏木乡镇为造林绿化责任单位;农牧林渔场电站经营地区、工矿区、机关学校用地、部队营区,经营使用单位是绿化责任单位;各地、各单位的造林绿化和整地任务,由旗人民政府下达任务通知书,予以确认。

第十一条　坚持国家、集体、个人一起上的建设方针,以群众投工投劳为主,国家投入为辅,多渠道,多层次,多形式,广泛筹集生态建设资金。生态建设资金列入旗乡两级财政预算,根据全旗的财政状况逐渐增加生态建设资金投入。加强绿化基金、拍卖“五荒”资金、义务植树绿化费和生态效益补偿资金的征收、管理和使用工作;坚持生态建设绿化费征收渠道和使用用途不变。各项资金必须保证用于防沙治沙、宜林荒山造林绿化、“五荒”治理、草原建设等生态建设投入。对不能直接参加义务植树的适龄公民,按每人每年8元征收义务植树绿化费,由苏木乡镇政府、企事业单位、机关、团体、村(居)委会负责征收上缴旗绿化委员会办公室,专户管理,计划用于义务植树支出,对逾期不交者,按有关规定处理。

生态建设资金实行以奖代补,对建设成果优异的,优先投入。

第十二条　进一步完善生态建设劳动积累工制度,坚持开展群众性生态建设大会战。各地要根据实际情况,制定合理的劳动积累工定额标准和管理使用办法,凡是用于生态建设并属于生产建设性的投入,不视为增加农牧民负担。

第十三条　要进一步明确责任,凡有违反上述规定的,按有关规定追究当事人责任,同时追究苏木乡镇政府和嘎查村主要负责人的失查责任。各苏木乡镇要建立起生态环境和生态资源管护大队,加强对生态环境和生态资源的保护和管理。

第十四条 继续执行旗政府以前针对生态保护与建设制定出台的优惠政策,建立生态建设奖励基金,定期召开全旗生态保护与建设表彰大会,对做出突出成绩的干部给予奖励,对贡献突出的科技人员和农牧民群众实行重奖,树碑立传。

第十五条 本规定自发布之日起执行。

克什克腾旗人民政府
克什克腾旗深化林业产权制度改革实施方案(摘要)

克政发〔2004〕26 号

为深化林业产权制度改革,发展非公有制林业,增强林业发展活力,根据《中共中央、国务院关于加快林业发展的决定》《内蒙古党委、政府关于深化改革加快林业发展的决定》《赤峰市委、市政府关于贯彻中共中央国务院〈关于加快林业发展的决定〉的意见》和《赤峰市人民政府办公厅关于印发〈赤峰市深化林业产权制度改革实施方案〉的通知》精神,制定本方案。

一、加强组织领导

全旗成立以旗政府分管领导为组长,相关部门负责人组成的全旗深化林业产权制度改革领导小组(名单附后),负责全旗林业产权制度改革的组织、协调和调处产权纠纷等项工作。各苏木乡镇、国有林场也要成立相应组织,负责本地区林业产权制度工作,确保辖区内林业产权制度改革的顺利实施。

二、基本原则

(一)林业产权制度改革的范围包括国有、集体森林、林木及其宜林地。国家级自然保护区和国家公益林区的林木及其它特种用途林暂不进行产权制度改革。

改革的重点是集体林和国有、集体宜林地。

国有林产权制度的改革主要通过推动活立木流转,活化资源,为其它主体投资开发建设林业创造条件。

(二)明晰产权是林业产权制度改革的基础。根据上级党委、政府的要求,2004 年底前要全面完成林业用地的确权发证工作。

(三)今后造林任务将按 2004 年底经旗人民政府核发林权证的宜林地进行安排,未确定为宜林地的地块将不再安排造林投资。对产权不明晰的集体森林、林木,限制采伐。

(四)要组建森林资源资产评估组织,负责对全旗流转的森林资源资产进行评估。

评估组织由林业主管部门协调组建,报有关部门批准。办理评估业务时,按有关规定收取评估费。

(五)拍卖、承包、租赁、划分、明晰产权要坚持公开、公平、公正原则。流转双方要签定合同,明确权利和义务。

林地的使用年限可以延长到70年。

集体林地拍卖前15日,在辖区范围内公布;国有林拍卖前30日在全市范围内公布。

(六)宜林地所有者或管理者要与宜林地使用权者签定造林绿化合同,明确年度造林绿化任务,绿化期限为1～5年,经旗林业主管部门验收,连续两年未完成合同规定年度造林任务的,根据合同约定,无偿收回林地使用权,重新发包,对原使用者,收取荒芜费。

(七)过去承包的宜林地要补充完善造林绿化合同,已经依法承包到户的集体森林,林木原则上不再变动,要保持政策的连续性和稳定性。

三、国有林业产权改革

(一)国有森林资源资产的流转必须在评估后进行。对流转的国有森林资源资产,由林业主管部门和国有资产管理部门进行监督。流转后,由国有资产部门按有关规定办理相关手续,并经旗林业主管部门初审后,报市林业主管部门审批。

(二)国有森林、林木所有权、使用权和林地(包括宜林地)使用权,通过拍卖、承包、租赁、组建家庭林场等形式落实其经营主体。国有林场也可用林地参股,实行股份制经营。

(三)国有宜林地的流转,经评估组评估后报旗林业主管部门批准,立地条件差,造林难度大的国有宜林地可以无偿划拨给有能力造林者在一定年限内使用。

四、集体林业产权制度改革

(一)集体所有的有林地要经过村民大会或村民代表会议讨论通过后,因地制宜,以拍卖、承包、租赁、划分明晰股权等多种形式,确保林权到户。

1. 合理无偿划分到户。

2. 承包经营。将现有林进行合理划分、评估收益,确定村户收益分成比例,集体组织成员投标并交纳风险抵押后承包经营。

3. 联户经营。将现有林的产权明晰到户,评估现有林木蓄积量,测算林木主伐出材量基数,确定村户收益分成比例,合理划分(股、片、株),联户经营。

4. 划片经营。以户为单位划片经营,按面积每年定额向村委会上缴林地使用费,其余收入归经营者所有。

5. 有偿转让。对现有林木资产评估后,将林木所有权和林地使用权采取拍卖、投标和协议等形式,进行有偿转让,受让者自主经营。

(二)集体宜林地原则上划分到户,谁造谁有,自主经营。立地条件较好的宜林地、采伐迹地、火烧迹地和疏林地可实行租赁经营,按面积交纳林地使用费。集体组织成员无人承包的宜林地,可面向社会承包。立地条件差,造林难度较大的,可划给有能力造林者一定年限内无偿使用。

(三)集体宜林地的确定,由村委会提出申请,经苏木乡镇人民政府初审,报旗土地管理部门审核同意后,由旗政府发放林地使用证书。

五、工作步骤

(一)培训阶段。组织苏木乡镇、国有林场的领导及有关工作人员,对此项工作的意义、原则、工作方法、步骤等方面进行培训。

(二)登记阶段。各苏木乡镇、国有林场对辖区内的宜林地进行登记,要以二类调查时划定的林班、小班为单位进行登记,在5月底之前将登记结果报旗林业局汇总。

(三)审核阶段。对上报的宜林地由有关部门审核,进行调整,6—7月完成。

(四)明晰产权阶段。将核定的宜林地利用各种方式明晰产权,张榜公示,无异议后签定合同,确定绿化期限,8—10月完成。

(五)发证阶段。根据签定的合同书,由旗政府核发林权证,年底前完成。

克什克腾旗人民政府
克什克腾旗转变畜牧业生产方式推行草畜平衡制度暂行规定

克政发〔2006〕85号

第一章　总　则

第一条　为改善生态环境,促进畜牧业经济的可持续发展,根据《中华人民共和国草原法》《中华人民共和国森林法》《中华人民共和国防沙治沙法》《内蒙古自治区草原管理条例》《内蒙古自治区草原管理条例实施细则》《草畜平衡管理办法》(国家农业部2005年第48号令)等有关法律、法规以及《中共赤峰市委、赤峰市人民政府关于进一步加强封育禁牧工作的意见》(赤党办发〔2006〕21号)精神,结合我旗实际,制定本规定。

第二条　在克什克腾旗行政区域内利用草原资源从事畜牧业生产、经营活动的单位和个人,必须遵守本规定。

第三条　各苏木乡镇人民政府、国营林场、水电站、旅游开发区、自然保护区、旅游景区要加强对转变畜牧业生产方式、推行草畜平衡制度工作的领导,由旗人民政府监督实施。

第四条　转变畜牧业生产方式、推行草畜平衡制度要作为各苏木乡镇人民政府的一项重要工作，实行考核评比制度。旗组织部门将按照草畜平衡工作责任状要求，每年对各苏木乡镇推行禁牧舍饲、草畜平衡制度情况进行考核，并列入党政班子考核的总体目标。

第五条　旗农牧业局、草原监督管理局负责全旗转变畜牧业生产方式、推行草畜平衡制度的管理工作；各苏木乡镇人民政府、国营林场、水电站、旅游开发区、自然保护区、旅游景区主管辖区内的转变畜牧业生产方式、推行草畜平衡制度工作。

第二章　舍饲禁牧与草畜平衡

第六条　为恢复生态环境，确保草牧场合理永续利用，对全旗草牧场分区域实行全年禁牧、季节性休牧和禁止饲养牲畜管理，即把国道、省际通道及主要旅游公路沿线、国家重点公益林区、自然保护区、旅游景区、主要河流发源地、主要生态建设项目区、生态严重恶化区、克什克腾世界地质公园园区以及在全旗实行全年舍饲的乡镇划定为全年禁牧区，实行长年禁牧管理。对大面积草牧场，在草木生长期实行季节性休牧。对在各国营林场、渔场、矿山企业、电站的住户要实行禁止饲养牲畜管理。

第七条　全年禁牧地区包括经棚镇（含浩来呼热办事处筹备处）、宇宙地镇、土城子镇、万合永镇、同兴镇、芝瑞镇、红山子乡（含乌兰布统旅游开发区、红山军马场）、新开地乡 8 个乡镇；季节性休牧地区包括巴彦查干苏木、达日罕乌拉苏木、达来诺日镇 3 个苏木镇，以嘎查或独贵龙为主，推行划区轮牧。

第八条　对季节性休牧地区的羊，从每年的 3 月 1 日—6 月 1 日实行季节性休牧，牛从每年的 3 月 1 日—5 月 1 日实行季节性休牧，并积极创造条件，逐年延长休牧期；全年禁牧地区，除每年的 9 月 1 日—11 月 15 日可以在收获后的田间地头放牧外，其余时间全部实行禁牧舍饲（此期间内不允许在禁牧区内放牧，各乡镇可根据实际情况坚持长年舍饲）。全旗范围山羊和马属动物继续实行全年禁牧舍饲。

第九条　旗草原监督管理局对季节性休牧地区及具有一定数量放牧场的地区每年进行一次草地生产能力测算，根据连续三年草地生产能力测算的平均结果，每三年对草牧场适宜载畜量进行一次调整，对特殊年份要一年进行一次调整。各苏木乡镇要根据旗草原管理局核定的草牧场载畜量标准，结合各户实际经营利用的放牧场生产能力，计算出每个农牧户的合理载畜量，对超载牲畜必须实行强制出栏。

任何单位及个人不准以任何理由组织借场放牧和招揽牲畜超载放牧。草原承包者的草牧场承包经营权需要流转的，必须严格履行草牧场承包经营权流转程序，到苏木乡镇人民政府签订流转合同书，并报旗草原监督管理局备案。

第十条　坚决清理党政机关、企事业单位及其职工干部和非农牧民占用草牧场饲养牲畜，依法清退非集体经济组织成员未经法定程序承包的草原。

第十一条 草畜平衡核定以享有草牧场承包经营权的农牧户为单位进行,在草畜平衡核定中,草牧场面积的确定以草牧场经营权证书所列数据为准。

第十二条 严格推行《出牧证》制度。季节性休牧地区要根据草畜平衡台账,为各草畜平衡户办理《出牧证》,《出牧证》的文本样式要以旗草原监督管理局统一编号的固定式样为准。《出牧证》是季节性休牧地区内牲畜放牧所必须持有的证件,牧工出牧时必须随身携带,以备查验,联户组群放牧的,牧工要携带本群所有畜主的出牧证。

各畜主和牧工要妥善保管此证,不得涂改、转借,一旦丢失,要及时申请补办。要严格按照本证核定的出牧地点、范围、牲畜数量、出牧时段出牧,严禁不带出牧证出牧、禁牧期出牧、超载放牧。

第三章 保障措施

第十三条 加强畜牧业基础设施建设。实施禁牧舍饲、草畜平衡的农牧户,要多方筹措资金,加强永久性窖池、塑棚、饲草料加工机械以及牲畜运动场地等基础设施建设。季节性休牧地区要加强草牧场改良和人工种草建设,鼓励将打草场进行围封管理,有条件的嘎查在征得本集体经济组织成员的村(牧)民会议三分之二以上成员或者三分之二以上村(牧)民代表的同意并签字的,可以将放牧场划分到组(独贵龙),能划分到户的必须划分到户,逐步解决放牧场"大锅饭"问题。

第十四条 加大绵羊改良和黄牛冷配力度,重点发展肉牛、肉羊和肉毛兼用羊,提高基础母畜在畜群中的比例。全年禁牧地区改良上站需要草牧场的,必须具备水源、围封等条件,并有专业技术人员指导的前提下,经村民代表大会研究确定,由乡镇人民政府审核后,统一报旗人民政府审批。旗草原监督管理局有备案的,可优先解决。

第十五条 搞好饲草料贮备。实施禁牧舍饲、草畜平衡的地区,要加强饲草料基地建设,广泛推广青贮、微贮、氨化、糖化等实用技术,加大秸秆转化力度,提高秸秆转化利用率。由于饲草料贮备不足而不具备舍饲圈养条件的地区,要求牲畜全部出栏,防止无草又不能按期圈养造成全旗大面积滥牧现象的发生。

第十六条 强化技术服务,分类指导。对实施禁牧舍饲、草畜平衡的农牧户,旗农牧业局、草原监督管理局、水利局、林业局、农机服务中心等部门要在饲养管理方法、饲草料加工调制、饲草料基地建设规划、人畜饮水建设、牲畜改良和防疫等方面提供优质、高效的技术服务。

第十七条 建立完善的禁牧舍饲、草畜平衡责任制,旗农牧业局、草原监督管理局认真做好全旗转变畜牧业生产方式、推行草畜平衡制度的管理工作。各苏木乡镇(场、站)行政一把手是本地区转变畜牧业生产方式、推行草畜平衡制度工作的第一责任人,全面负责辖区内禁牧舍饲、草畜平衡工作。组织部门要加大考核工作力度,对实施转变畜牧业生产方式、推行草畜平衡制度工作领导不力、禁而不止的苏木乡镇(场、站),在年末实绩考核中，党政班子不得评为实绩突出或比较突出领导班子，领导干部不得受奖，对生态环境造成严重破坏的，要追究主要领导和直接责任人的责任。

第十八条　加强禁牧舍饲、草畜平衡工作监管力度。旗草原监督管理局、林业公安负责违法违规案件的查处，确保全旗转变畜牧业生产方式、推行草畜平衡制度工作的顺利实施。

第四章　优惠政策

第十九条　凡转变畜牧业生产方式、推行草畜平衡制度的地区，群众有积极性、能够自筹部分资金的，旗人民政府将根据具体情况，结合全旗正在实施或即将实施的国家、自治区农牧业项目，在永久性窖池、塑棚、饲草料加工机械、人工种草和水利基础设施建设等方面给予政策倾斜和资金支持。

第二十条　旗农牧业部门要积极鼓励发展养牛和优质绵羊，在黄牛冷配、绵羊胚胎移植、种畜引进等方面给予支持；有条件的地区，由各苏木乡镇人民政府协调，对绵羊改良、胚胎移植等方面无偿提供配种围栏及草牧场。

第二十一条　土地部门要因地制宜，结合各地农牧业生产实际，在依法执行有关法律法规的前提下，及时调整土地利用规划。对舍饲圈养农牧户因产业结构调整，需要生产、建设用地的，可由农牧户提前提出计划，优先安排指标。

第二十二条　林业、水利部门在依法执行有关法律法规的前提下，对舍饲圈养农牧户需要建设养殖小区、养殖场畜舍的，要简化手续，优先批准采伐指标；人畜饮水有困难的，要优先解决打井及协调配套资金，解决人畜饮水困难问题；对禁牧区、国家重点公益林区的林间草地，在保证国家重点公益林补植补造和宜林地绿化的前提下，允许农牧民无偿打草，但不得进行放牧。

第五章　罚　则

第二十三条　对于在禁牧期内或禁牧区内放牧的，一经发现，根据《中华人民共和国草原法》《内蒙古自治区草原管理条例》等有关法律法规，处以抢牧、滥牧牲畜每个羊单位每次 5～10 元罚款；对超载放牧的，由草原监督管理部门给予警告，并限期改正，逾期未改正的，处以每个超载绵羊单位 30 元的罚款。

对在国家重点公益林区的林间草地放牧的，由草原监督管理部门或林业公安部门按相关法律法规进行查处。对不按程序办理草牧场流转合同、违反草畜平衡制度或随意签订多份流转合同造成管理混乱的农牧户，按每个超载绵羊单位 40 元的罚款处理（其中超载罚款 30 元，滥牧罚款 10 元），对生态环境造成严重破坏的，要按照有关规定进行严肃处理，对违反《中华人民共和国森林法》《中华人民共和国防沙治沙法》的，由林业公安依法进行查处。

第二十四条 对不签订草畜平衡责任书的，由草原监督管理部门责令限期签订，逾期仍不签订的，对责任人处以500元以下的罚款。

第二十五条 对阻挠、纠缠草原监理人员执法的，由草原监督管理部门报公安部门，并由公安部门按照《中华人民共和国治安管理处罚法》进行处罚。

第二十六条 对违反本规定第二十三条、第二十四条规定，应给予行政处罚的，由草原监督管理部门报请相关行政主管部门按《中华人民共和国行政处罚法》的规定，给予行政处罚。

第二十七条 本规定自公布之日起执行。

克什克腾世界地质公园保护管理办法

第一章 总 则

第一条 为了加强对克什克腾世界地质公园的管理，有效保护、合理开发利用地质遗迹资源，促进克什克腾旗社会经济可持续发展，依据《中华人民共和国宪法》《中华人民共和国土地管理法》《中华人民共和国自然保护区条例》《中华人民共和国环境保护法》《中华人民共和国矿产资源法》，国务院《风景名胜区管理暂行条例》，国土资源部《中国国家地质公园建设技术要求工作指南》《古生物化石管理办法》《地质遗迹保护管理规定》，联合国教科文组织《世界地质公园网络指南》，内蒙古自治区人大常委会《内蒙古自治区地质环境保护条例》等法律、法规，结合我旗实际，制定本办法。

第二条 本办法适用于克什克腾世界地质公园区域内的各类地质遗迹管理。在该区域内所从事的一切与地质遗迹有关活动的单位和个人，必须遵守本办法。

第三条 本办法所称地质公园，是指具有特殊的科学意义、稀有的自然属性、优雅的美学观赏价值，并具有一定规模和分布范围的地质遗迹为区域。它融合自然景观与人文景观并具有生态、历史和文化价值，是为人们提供具有较高科学品位的观光游览、度假休闲、保健疗养、科学教育、文化娱乐的场所。同时也是地质遗迹景观和生态环境的重点保护区、地质科学研究与普及的基地。地质公园是保护地质遗迹、向公众普及科学知识和促进当地经济、文化和环境可持续发展的一种重要形式。

地质遗迹是指在地球演化的漫长地质历史时期，由于各种内外力地质作用的形成、发展并遗留下来的珍贵的不可再生的地质自然遗产。

第四条 地质遗迹的保护是环境保护的一部分，应当遵循“在保护中开发，在开发中保护”的原则。

任何单位和个人都有保护地质遗迹的义务，有权对破坏地质遗迹的行为进行制止、检举和控告。

第二章　管　理

第五条　克什克腾世界地质公园是世界级地质公园，即世界级地质遗迹保护区。联合国教科文组织世界地质公园网络办公室、中华人民共和国国土资源部和内蒙古自治区人民政府国土资源行政主管部门是克什克腾世界地质公园的业务主管部门。克什克腾世界地质公园依法设立管理机构，即内蒙古克什克腾世界地质公园管理（局）委员会，对克什克腾世界地质公园的资源保护、开发建设、经营服务、科研和游览活动实行统一管理，并采取经济、技术、法律、政策等措施，对地质遗迹进行保护。

克什克腾世界地质公园辖区内的各苏木乡镇、旅游开发区、旅游企业、国有林渔场、水电站在克什克腾世界地质公园管理（局）委员会的指导下，负责对本地区的地质遗迹实施监督管理。

第六条　克什克腾世界地质公园管理（局）委员会和克什克腾旗国土资源局是克什克腾世界地质公园的主管部门，主要职责是：

（一）贯彻执行国家、地方有关地质遗迹保护的法律、法规和有关政策；

（二）制定克什克腾世界地质公园的各项管理制度，管理在地质公园内从事的各项活动；负责制定克什克腾世界地质公园辖区内的总体建设规划和详细规划；

（三）组织或协调相关部门对克什克腾世界地质公园内的地质遗迹进行调查、评价、监测，编制地质遗迹调查评价报告和地质环境影响评价报告；

（四）组织或者协助有关部门开展克什克腾旗地质遗迹的科学研究工作，加强人才培养；

（五）组织开展克什克腾旗地质遗迹保护的宣传、教育活动，防止地质遗迹被破坏和污染；

（六）在不影响保护克什克腾世界地质公园的自然环境和地质遗迹的前提下，开展旅游活动；

（七）监督在辖区内开展科研、考察、学术交流、旅游开发和影视外景拍摄活动的单位和个人的行为。

第七条　在克什克腾世界地质公园内从事旅游经营活动的企业，应当建立内部管理制度和经营活动业务档案，并按《中华人民共和国统计法》有关规定向克什克腾世界地质公园管理（局）委员会和有关部门如实报送财务、统计报表。克什克腾世界地质公园管理（局）委员会有权对克什克腾世界地质公园内的地质遗迹保护、旅游开发、建设活动等进行检查和监督，被检查者应当如实提供情况和相关材料。

第八条　督察制度。克什克腾世界地质公园管理（局）委员会聘任督察员，对克什克腾世界地质公园进行日常督察和专项督察。监督检查克什克腾世界地质公园，对有关法律、法规和本办法的执行、地质遗迹保护、规划的实施情况等。

第九条 地质遗迹资源所有权属于国家,未经批准,任何单位和个人不得占有、使用、收益和处分克什克腾世界地质公园的地质遗迹资源。任何单位和个人使用地质遗迹资源,必须经克什克腾世界地质公园管理(局)委员会审核、组织专家论证,经旗人民政府审批后,报内蒙古自治区国土资源厅和中华人民共和国国土资源部备案。

第十条 克什克腾世界地质公园内的地质遗迹资源和设施实行有偿使用,凡依赖克什克腾世界地质公园内地质遗迹资源进行经营活动的单位和个体经营者,都必须缴纳地质遗迹资源使用费、设施使用费和资源维护费,具体收费标准和办法,由克什克腾世界地质公园管理(局)委员会制定,报旗人民政府批准后执行。

第十一条 门票管理。克什克腾世界地质公园内各园区门票,由园区提出申请,经克什克腾世界地质公园管理(局)委员会审核后,报物价管理部门审批,由地方税务部门统一监制,园区到地方税务部门领取,税务部门定期向克什克腾世界地质公园管理(局)委员会如实报告门票的使用情况。

第十二条 任何单位和个人在克什克腾世界地质公园从事科学研究、教学实习和标本、化石采集、影视外景拍摄,应当事先向克什克腾世界地质公园管理(局)委员会提交申请和活动计划,未经批准,不得从事上述活动。从事上述活动的单位和个人取得的科研成果依照法律确定其所有权,但所取得的科研成果应向克什克腾世界地质公园管理(局)委员会提交副本存档。

第十三条 经批准进入克什克腾世界地质公园的人员,必须遵守克什克腾世界地质公园的各项规章制度,接受克什克腾世界地质公园管理(局)委员会的管理。

第三章 保 护

第十四条 地质遗迹由中华人民共和国国土资源部和内蒙古自治区人民政府国土资源行政主管部门认定。

第十五条 下列地质遗迹应当予以保护:

(一)对追溯地质历史具有重大科学价值的典型地层剖面、地质构造;

(二)对地球演化和生物进化具有重要科学文化价值的古生物化石及其产地和重要古生物活动遗迹;

(三)具有重大科学研究和观赏价值的火山、溶岩、花岗岩峰林、石林、岩臼、沙地、冰川遗迹等奇特地质景观;

(四)具有特殊科学研究价值的岩石、矿物、宝玉石及其典型产地;

(五)具有独特医疗、保健作用或者科学研究价值的温泉、矿泉及有特殊地质意义的瀑布、湖泊、河流等水体;

(六)典型地质灾害遗迹;

(七)法律、法规规定应当保护的其他地质遗迹。

第十六条　经联合国教科文组织和中华人民共和国国土资源部批准的《克什克腾世界地质公园总体规划》确定的规划面积为5000平方公里,保护面积为1750平方公里,为本办法的保护范围。

第十七条　保护级别的划分:

对克什克腾世界地质公园内的地质遗迹分别实施特殊保护、一级保护、二级保护和三级保护。

特殊保护区:是克什克腾世界地质公园的核心部分。

一级保护区:对在国内或国际具有极为罕见和重要科学价值的地质遗迹实施一级保护,非经批准不得入内。经克什克腾世界地质公园管理(局)委员会批准后,可组织进行参观,科研或者国际间交往。

二级保护区:对大区域范围内具有重要科学价值的地质遗迹实施二级保护,经克什克腾世界地质公园管理(局)委员会批准,可有组织地进行科研、教学、学术交流及适当的旅游活动。

三级保护区:对具有一定价值的地质遗迹实施三级保护,经克什克腾世界地质公园管理(局)委员会批准,可组织开展旅游活动。

第十八条　克什克腾世界地质公园的范围界线执行联合国教科文组织和中华人民共和国国土资源部批准的世界地质公园界线,由克什克腾世界地质公园管理(局)委员会标明区界,予以公告。任何单位和个人不得擅自移动、变更、损坏克什克腾世界地质公园的各种碑石、标识和界标。

第十九条　克什克腾世界地质公园的撤销及其性质、范围和界线的调整或者改变,应报联合国教科文组织和中华人民共和国国土资源部批准。

第二十条　被保护的地质遗迹是世界和国家的宝贵财富,任何单位和个人不得破坏、擅自挖掘、买卖或者以其他形式转让。

第二十一条　严格保护克什克腾世界地质公园内的地质地貌、自然景观和生态环境。未经许可,任何单位和个人不得进入公园建立机构和修筑与地质遗迹保护无关的设施。对已经建成并对地质遗迹造成污染或破坏的设施,应当限期治理或者拆除,责令恢复其原貌。

在公园内禁止非法从事砍伐、狩猎、采集标本和化石;禁止采药(包括花卉、植物等)、采矿、探矿、挖沙、取土、采石、葬坟等对地质遗迹造成损害的活动。

第二十二条　克什克腾世界地质公园管理(局)委员会可以根据地质遗迹的保护程度,批准单位或者个人在克什克腾世界地质公园范围内从事科研、教学及旅游活动。

第二十三条　景点命名:

(一)要突出科学普及的特点,深入浅出,并保持地质科学内容的严缜性。

(二)高度概括景观特点,主题恰如其分,充分揭示景观的科学内涵与自然美学精髓。

(三)具有新颖性、知识性与趣味性,能启迪游人探索自然和游览观赏的兴趣;尊重当地少数民族的宗教信仰和生产、生活习俗;雅俗共赏,应满足各层次多数游人浏览需求。

第二十四条 克什克腾世界地质公园所辖园区的所有经营活动、宣传促销活动,须使用统一的冠名和标志徽,任何单位和个人无权擅自改动。克什克腾世界地质公园八个园区分别冠名为:

克什克腾世界地质公园·阿斯哈图花岗岩石林园区;

克什克腾世界地质公园·青山岩臼及花岗岩峰林园区;

克什克腾世界地质公园·达里诺尔火山地貌园区;

克什克腾世界地质公园·黄岗梁第四纪冰川遗迹园区;

克什克腾世界地质公园·热水塘温泉园区;

克什克腾世界地质公园·平顶山第四纪冰斗群园区;

克什克腾世界地质公园·西拉沐沦大峡谷园区;

克什克腾世界地质公园·浑善达克沙地园区。

第四章 规划和建设

第二十五条 克什克腾世界地质公园的保护、建设、开发、利用,必须符合《克什克腾世界地质公园建设保护总体规划》,遵循严格保护、统一管理、合理开发、永续利用的原则。

第二十六条 克什克腾世界地质公园管理(局)委员会依据批准的《克什克腾世界地质公园保护建设总体规划》分别编制各园区详细规划,并按规定程序报克什克腾旗人民政府和中华人民共和国国土资源部批准。经批准的园区详细规划,必须严格执行,任何单位和个人不得擅自改变。确需对规划进行重大调整或者修改的,应当按原审批程序报批。

第二十七条 克什克腾世界地质公园内的各项设施建设,必须符合《克什克腾世界地质公园保护建设总体规划》和园区详细规划的要求,经克什克腾世界地质公园管理(局)委员会审核,克什克腾旗人民政府批准后,再按规定程序到有关部门办理手续,报内蒙古自治区国土资源厅和中华人民共和国国土资源部备案。

第二十八条 经批准在克什克腾世界地质公园内进行建设、施工作业时,必须遵守地质遗迹保护管理法律、法规的规定,采取有效措施,做到文明施工,保护好施工现场周围的山体、水体、林木、植被、地貌、地质遗迹等,不得造成污染和破坏。施工结束后,必须及时清理场地,恢复环境原貌,并提交工程竣工档案。

第五章　地质环境评价与监测

第二十九条　克什克腾世界地质公园管理(局)委员会组织有关部门开展地质遗迹调查与地质环境影响评价，建立和完善地质环境监测网络以及地质灾害预警系统，设置相应的监测设施，对地质环境实行动态监测和监督。监测的内容包括地质遗迹资源的保存状况、重大变化、损坏和灭失危险、档案记录等。

第三十条　在克什克腾世界地质公园内开发利用地质遗迹资源，进行旅游开发项目和其它项目建设，应当由具有相应资质的单位进行地质环境影响评价，编制地质环境影响评价报告，经克什克腾世界地质公园管理(局)委员会审核同意后，列为环境保护行政主管部门环境影响评价的重要组成部分。

第六章　奖　励

第三十一条　对取得下列成绩的单位和个人，给予表彰和奖励。

(一)贯彻执行本办法及有关法律、法规表现突出的；

(二)保护地质遗迹成绩突出的；

(三)执行克什克腾世界地质公园规划成效显著的；

(四)对克什克腾世界地质公园作出特殊贡献的；

(五)对违反《克什克腾世界地质公园保护管理办法》进行检举、控告的有功人员。

第七章　罚　则

第三十二条　违反本办法规定，有关法律、法规有处罚决定的从其规定，没有法律、法规规定的依照本办法规定执行。

有下列行为之一者，克什克腾世界地质公园管理(局)委员会依据《中华人民共和国自然保护区条例》《地质遗迹保护管理规定》《风景名胜区管理暂行条例》《内蒙古自治区地质环境保护条例》及其它有关法律、法规的规定，视情节轻重，分别给予警告、罚款、没收非法所得，并责令赔偿损失，构成犯罪的，依法追究其刑事责任。

(一)在公园内非法从事探矿、采矿、采石、砍伐、采药、取土、挖沙；

(二)侵占地质公园土地，非法买卖土地，进行违章建设的；

(三)破坏、污染、买卖或以其他形式转让被保护的地质遗迹的；

(四)擅自采集、挖掘标本和古生物化石的；

(五)擅自移动和破坏碑石、界标和标示系统的；

(六)未正确使用克什克腾世界地质公园冠名的；

(七)未建立或保存完整业务档案，不如实报送财务、统计报表，不如实提供情况及相关材料，拒绝克什克腾世界地质公园管理(局)委员会检查的；

(八)经批准在克什克腾世界地质公园从事科学研究,教学实习和标本采集的单位和个人,未向克什克腾世界地质公园管理(局)委员会提交研究成果副本的;

(九)进行旅游开发建设项目和其它项目建设未进行地质环境影响评价的。

第三十三条 克什克腾世界地质公园管理(局)委员会和有关管理部门及其工作人员,滥用职权、玩忽职守、徇私舞弊、监守自盗、破坏地质遗迹者,构成犯罪的依法追究刑事责任;情节轻微,尚不构成犯罪的,依照国家有关行政处分规定和干部管理权限给予行政处分。

第三十四条 当事人对处罚不服的,可以依法申请行政复议或提起行政诉讼。当事人逾期不申请复议、不提起诉讼、又不履行处罚的,依据《中华人民共和国行政处罚法》,由作出处罚决定的机关申请人民法院强制执行。

第三十五条 外国人、无国籍人、国外组织在克什克腾世界地质公园内违反本办法,适用本章规定。法律另有规定的除外。

第八章 附 则

第三十六条 本办法由克什克腾世界地质公园管理(局)委员会负责解释。

第三十七条 本办法自公布之日起施行。

中共克旗委 克旗人民政府
关于切实加强生态保护与建设的决定

克党发〔2007〕15 号

(2007 年 8 月 18 日)

为继续深入贯彻落实“生态立旗”战略,加大生态保护与建设力度,坚持走发展生态经济,促进资源增值的可持续发展之路,维护生态安全,保障全旗经济社会可持续发展,现就全旗生态保护与建设工作做如下决定。

一、切实增强生态保护与建设的责任感和紧迫感

“十五”期间,在上级党委、政府的支持和全旗各族干部群众的共同努力下,我旗生态保护与建设步伐不断加快,沙化和水土流失现象得到有效遏制,生态保护与建设取得了阶段性成果,全旗森林覆盖率达到了 25.6% ,局部地区生态环境得到好转,但从全旗生态环境现状看,东部趋于好转,西部发生逆转。由于连续干旱、过度放牧、草原超载,导致森林退化、草原沙化、河流干涸、湿地萎缩、水位下降,已严重威胁到了全旗经济的发展和人民的生产生活安全。加强生态保护与建设,维护生态安全刻不容缓。

生态环境是我们赖以生存和发展的资源基础,森林、草原作为我旗生态的主体,在保障农牧业发展、维护生态平衡等方面发挥着重要作用。保护好现有的森林、草原，提高森林、草原的多种效能，才能实现全旗经济社会可持续发展。因此，必须坚持"生态立旗"战略，走以生态保护为主的可持续发展之路。各级党委、政府和广大干部群众一定要对我旗生态环境问题有一个清醒、科学、理性的判断，从对人民负责，对子孙后代负责的态度来认识加强生态保护与建设的重要性、长期性和艰巨性，增强危机感、责任感和紧迫感，进一步明确生态保护与建设在全旗经济发展中的基础地位，用科学发展观解决好我旗生态保护与建设存在的突出问题，全力做好生态保护与建设工作。

二、进一步明确生态保护与建设的指导思想和奋斗目标

指导思想：围绕社会主义新农村新牧区建设，以建立环境友好型、资源节约型社会，实现可持续发展为目标，坚持生态保护与建设并重，突出保护，强化管理，严格推行草畜平衡、舍饲禁牧政策，加强封育禁牧，重点抓好国家重点公益林、湿地、河流源头、河流两岸及严重沙化草地的保护与管理，尽快遏制生态环境局部恶化的趋势，为全旗经济振兴和社会发展提供良好的生态保障。

奋斗目标：以国家生态重点工程项目为依托，大力开展封山育林、围栏封育、舍饲禁牧、小流域治理、人工造林和全民义务植树。每年完成生态工程建设 30 万亩以上。到 2015 年森林覆盖率达到 35% 以上，林草覆盖度达到 65% 以上，生态环境明显好转，局部恶化趋势得到有效控制，初步建立起适应经济社会发展的生态安全体系和资源管理体系；到 2030 年森林覆被率达到 40% 以上，林草覆盖度达到 90% 以上，宜林荒山、荒地得到绿化，沙化土地治理状况全面好转，生态环境步入良性循环的轨道，生态保障能力增强，建立起比较完备的森林草原生态安全体系、发达的产业体系和繁荣的生态文化体系。

三、统一思想，转变观念，坚定不移地走以生态保护为主的可持续发展道路

生态保护与建设是影响我旗经济社会发展最直接、最现实的根本问题。而影响生态保护与建设最根本的问题则是广大干部群众的思想认识问题和生态观念问题，这是实现可持续发展的关键所在。各级党委、政府和广大干部群众一定要对加强生态保护与建设重要性有一个全新的认识，把思想统一到维护生态安全、实现可持续发展、构建和谐社会的目标上来，处理好经济发展与生态保护、眼前利益与长远利益之间的关系，尤其要解决好现阶段我旗生态保护与建设中存在的林牧矛盾、草畜矛盾问题，实现资源的合理利用，促进可持续发展，使生态建设更好地为经济发展服务。各苏木乡镇要在保护好生态的前提下，大力推行以草定畜、封山禁牧、舍饲圈养，发展现代高效畜牧业，实现由粗放型数量型畜牧业向集约型效益型畜牧业的根本转变。充分发挥典型引路作用，对实现草畜平衡和舍饲圈养的地区，各部门要在项目和资金上给予倾斜，使我旗畜牧业发展走出低谷，走上优质高效的发展之路，促进全旗经济社会协调持续发展。

四、完善机制,落实政策,加大生态保护力度

(一)严格推行草畜平衡制度。各苏木乡镇要树立科学的发展观,严格推行草畜平衡制度,进一步落实和完善草牧场"双权一制"工作,坚决杜绝草牧场"吃大锅饭"和"大户垄断"现象发生,力争用最短的时间将放牧场和嘎查村集体留用的草牧场全部划分到户,稳定广大农牧民草牧场承包经营责任制,遏制掠夺式经营,维护广大农牧民的合法权益。在饲养类型区划分上,各地要结合乡镇机构改革后的实际情况,以嘎查村为单位,科学合理确定饲养类型区,强化措施,实行严格管理。农牧业和草原监督管理部门要建立健全草牧场生产力监测体系,对全旗不同类型区的草牧场实行常年动态监测,对沙化、退化的草牧场提出治理规划,对实行放养的草牧场科学核定载畜量,实现以草定畜。凡涉及林地、草地存在争议的地区,在落实草牧场"双权一制"过程中,对已经确权的公益林区和宜林地不得列入落实范围,实行严格保护。

(二)坚决执行封育禁牧政策。严格按照《中共赤峰市委办公厅、赤峰市人民政府办公厅印发〈关于进一步加强封育禁牧工作的意见〉的通知》(赤党发〔2006〕21 号)文件要求和旗里相关规定,落实好封育禁牧政策,全面实行舍饲禁牧、季节性放牧和划区轮牧,对舍饲区必须实行全年禁牧,对季节性禁牧和划区轮牧的区域要严格执行禁牧时间、制止偷牧、滥牧,特别是享受饲料粮补贴的苏木乡镇,要严格按照项目要求,在规定时间内进行封育禁牧,对于不禁牧或没有开展舍饲禁牧的,不再安排国家项目,并停止发放补贴资金。对禁牧区、国家重点公益林区的林间草地,在保证国家重点公益林补植补造和宜林地绿化的前提下,经过国有林场统筹安排后,允许农牧民打草,但不得进行放牧。加大执法监管力度,坚决做到封严、封住,保护建设成果,遏制森林草原沙化、退化趋势,为发展舍饲畜牧业奠定基础,创造条件。

(三)转变畜牧业经营方式,发展舍饲畜牧业,走优质高效的发展路子。各苏木乡镇、有关部门要做好政策引导和技术服务,加大舍饲畜牧业工作力度,着力解决广大农牧民在发展舍饲畜牧业中存在的实际困难及问题,推广人工种草,加强草牧场改良和饲草料基地建设,广泛推广青贮、微贮、糖化等适用技术,加大秸秆转化力度,提高饲草料利用率,缓解草畜矛盾。加快推进良种畜繁育,依托喜鹊沟胚胎移植中心和金峰公司两大种源企业,推广大小畜人工授精技术,舍饲地区要发展改良专业户,有放养条件的地区,适龄母畜可组群上站,由农牧业局统一规划,划出具体地块,由草原监督局核定改良站点的适宜载畜量,加强监管力度,防止因建设改良站点造成超载放牧。对舍饲养殖专业小区、专业村和养殖大户要在相关项目的落实上给予倾斜。要加大投入力度,抓典型,带全面,促发展,加快舍饲畜牧业产业化进程,使畜牧业真正成为增加农牧民收入,稳定农牧民收入,带动全旗经济发展的支柱产业。

(四)依法规范草牧场承包经营权流转。依法规范草牧场承包流转是合理利用草原,保护广大农牧民切身利益的有效手段,草牧场承包经营权流转必须在不改变草原用途、不超载放牧，遵循自愿、有偿、合法的原则下进行，各苏木乡镇要严格按照《内蒙古自治区草原管理条例实施细则》的有关规定，对本辖区内的草原承包经营权流转工作进行依法规范，对不符合要求的，限期整改，凡是进行草牧场承包经营权流转的，都必须经嘎查村民会议或嘎查村民代表会议通过，签订流转合同，经苏木乡镇审核，报旗草原监督管理局备案，凡未经法律程度，个人私下商定的流转协议，一律无效，按非法买卖草原查处。要切实保护草地资源，维护广大农牧民的合法权益。

（五）依法清理非牧民占用草牧场。由于草原"双权一制"工作落实不彻底，一些机关企事业单位、国家干部、外来户长时间、大面积、低偿或无偿占用草牧场，少数机关干部职工在牧区寄养、租养牲畜，与牧民争夺有限资源，加重了承载能力，加速了森林草原沙化退化，严重侵害了广大农牧民的切身利益，影响了农村牧区的经济发展和社会稳定。因此，各苏木乡镇一定要把清理非牧民占用草牧场当作落实各项生态保护政策的首要任务来抓，必须严格按照《内蒙古党委、政府关于清理非牧民占用牧区草场和依法规范草场使用权流转的意见》（内党发〔2003〕3 号）进行限期清理，旗委、政府将专门组成领导小组对清理情况进行督查，对于逾期不清退的，依法强制执行，涉及国家公务人员的，交由纪检监察部门给予党政纪处分，同时还要建立举报制度，加大监管和查处力度，坚决制止以牺牲生态环境为代价，不顾广大群众根本利益的恶劣行为，真正把草畜平衡和"双权一制"工作落到实处，保障全旗生态保护与建设工作顺利开展。

五、依法保护生态资源，加大执法力度

（一）以法制为保障，加大资源保护力度。严格贯彻落实《森林法》《草原法》《环境保护法》《防沙治沙法》《野生动植物保护法》等法律法规，借助国家实施重点公益林保护、基本草牧场保护的有利时机，结合封育禁牧政策，加大对生态资源的执法监管力度。对国家重点公益林区、沙源工程项目区、退耕还林项目区、自然保护区、森林公园、世界地质公园园区实行全年全境禁牧。任何单位和个人都要服从和服务生态保护这个大局，坚决制止以任何形式阻挠和影响生态保护项目建设，特别是对有林权证的国家重点公益林和宜林地实施建设工程的，更不允许任何单位和个人进行干预。充分维护林权证的法律效力，对于重复发证，造成"一地两证"的，必须以林权证为准，对现有生态资源进行依法利用、依法保护。

（二）加强执法队伍建设，加大打击查处力度。要加强森林公安、草原监督管理、水政管理、土地、环保和公益林管护执法队伍建设，实行部门分工负责制，各负其责，相互配合，不断提高执法队伍的行政执法综合防御和打击能力，建设一支训练有素、敢打硬仗的生态执法队伍，构建完备的生态资源查处体系。结合局部地区生态恶化的严峻形势，有针对性地开展严打和专项整治，严厉打击非法征占用林地草地、开垦草原、毁林开荒、滥牧、偷牧、滥取滥用水资源等违法犯罪行为。对于屡教不改、顶风作案的单位和个人要依法进行严惩，涉及领导干部的，更要加大处罚力度，造成严重后果和社会影响的，要依法追究刑事责任。

严禁无序开发利用生态资源,严格保护林地、草地、不得擅自征收、征用、租用、占用或改变其用途。强化征占用生态资源用地行政审批程序,从审批源头严格控制征占和开发生态资源行为。各类开发行为,必须在符合全旗整体规划的前提下,先取得政府组织及各相应主管部门的审批手续方可开工,严禁先开工后补手续,对违法者要严肃依法处理,对违反总体规划的已建、在建设施必须强制拆除。定期组织相关部门对各工矿企业、旅游企业进行检查,对审批部门把关不严的,追究有关部门责任。

建立举报制度,旗政府设立举报基金,用于奖励举报破坏生态环境和生态建设的单位和个人。

(三)加快湿地保护区、自然保护区、河流源头和河流两岸的建设治理步伐。湿地、自然保护区、河流源头、河流两岸是具有特殊功能的生态区域,必须认真加以保护。各地、各部门要把此项工作高度重视起来,要积极依托国家重点工程项目,采取抢救性保护措施,全力做好湿地、自然保护区、河流源头、河流两岸的保护建设工作,开展围封禁牧,营造水源涵养林等工程建设,逐步恢复湿地、森林、草原的水源涵养功能。同时各相关部门要结合实际情况,尽快制定出湿地保护建设规划,并报旗人大审议通过,建立湿地保护区,实施依法保护。争取国家投资,对达里湖湿地、鸟类等生物多样性资源进行有效保护。根据生态类型及分布特点,对现有自然保护区进行整合,建立以桦木沟自然保护区和白音敖包自然保护区为主体的两大跨区域保护体系。桦木沟自然保护区要以桦木沟林场为中心,保护好大局子林场和乌兰布统的湿地资源;白音敖包自然保护区要扩大到黄岗梁林场,保护好沙地云杉林为主的天然林资源。对全旗生态关键区形成完整的自然保护区网络体系,构建完备的生态系统。

六、因地制宜,加快生态建设步伐

根据我旗生态治理现状和地貌类型,将全旗划为沙地治理区、水土保持区和水源涵养区三个区域,坚持因地制宜,因区施策、重点突出的原则,进行综合治理,实施区域性生态防治战略,构建生态屏障。

沙地治理区(包括浩来呼热办事处、达日罕乌拉苏木、达来诺日镇、红山子乡、乌兰布统开发区、经棚镇、联丰林场、大局子林场、桦木沟林场),以抢救性保护浑善达克沙地林草植被、河流源头和河流两岸植被为主,主要采取以下措施:一是加强国家重点公益林保护管理,清除公益林区牧点,实行全封闭式管理,对河流源头、两岸公益林实行工程封育;二是转变牧业饲养方式,严格执行以草定畜和草畜平衡政策,清除以非农牧人口为主的养畜大户,遏制掠夺式经营;三是实施生态移民政策,对于生态环境极度恶化地区的分散居民点进行生态移民,划定禁牧区,实行全封闭式管理;四是开展规模治理,采取工程措施和生物措施相结合,封、飞、造相结合的综合治理措施,对严重沙化区域形成综合治理、整体推进的治理模式,遏制森林草原的沙化退化,重点是浩来呼热办事处从其东南侧开始向西推进，达日罕乌拉苏木从其北侧开始向南推进，最终形成闭合的治理项目区。

水土保持区（包括土城子镇、新开地乡、芝瑞镇、万合永镇、宇宙地镇、黄榆沟林场、青山林场、托河林场、广兴林场），以保护国家重点公益林为主，在巩固风沙源和退耕还林工程建设成果的基础上，全力做好管护工作，重点建设好农田防护林、“十一五”规划的宜林地绿化和封山育林工程，主要目标是控制水土流失。

水源涵养林区（包括白音查干苏木、同兴镇、黄岗梁林场、白音敖包林场、白音敖包国家级自然保护区），以保护国家重点公益林为主，重点治理和保护贡格尔河、锡林河源头和河流两岸，以风沙源人工造林、封山育林项目和国家重点公益林补植、围护项目为支撑，营造水源涵养林和划定禁牧区，坚持工程治理与保护措施相结合，重点解决水源涵养和水源供给问题。

七、加强领导，密切配合，保障生态保护与建设工作有效开展

（一）加强领导，强化责任。各苏木乡镇一定要把生态保护与建设列入重要日程，当作头等大事来抓，切实加强对生态保护与建设工作的组织领导，实行领导任期目标责任制和属地生态环境管理目标责任制，各苏木乡镇行政一把手是生态保护与建设的第一责任人，分管领导是主要责任人，对本辖区内的生态保护与建设工作负有直接责任，要坚持做到责任到人、任务到人、层层落实。要继续开展“生态书记、生态乡镇长”评选活动，把生态重点工程建设、国家重点公益林保护、草畜平衡工作作为重点，纳入年度考核内容当中，制定严格的考核细则和评选办法，年末由组织部、纪检委和相关部门组成考核组，对各苏木乡镇生态保护与建设工作开展情况进行考核评比、单列排队，对生态保护与建设成绩突出的单位和个人要在全旗进行通报表扬，被评为前三名的单位，要对第一责任人和主要责任人给予物质奖励。对完不成各项任务、达不到验收标准的苏木乡镇，不得评为实绩突出和实绩比较突出党政班子，对该地区生态环境造成破坏的要追究责任。同时，建立生态监测体系，对全旗生态资源进行监测，定期公布监测结果，还要建立人大代表、政协委员定期视察、评议生态保护与建设工作制度，为开展效绩评比提供依据。各有关部门要密切配合，通力合作，共同支持和参与生态保护与建设工作，团结和带领广大群众把我旗生态保护与建设工作做好，在全旗建立生态保护一任接一任抓，生态建设一届接着一届干，一张蓝图绘到底的生态组织保障体系。

（二）加快国土绿化步伐。各地、各部门要全力实施好全民义务植树和社会化造林的组织动员工作，要加强义务植树的组织和领导，建立和完善各级义务植树基地，抓好义务植树基地规划编制和年度任务的落实，建立适龄人口动态管理体系，为适龄公民履行植树义务提供方便条件，丰富义务植树实现形式，保证全民义务植树活动稳步有效开展。要做好社会造林的宣传发动工作，对社会造林要在政策上给予支持和配合，吸引境外企业和社会团体到我旗开展造林绿化，吸纳外地资金投入建设；鼓励工矿企业对造林绿化进行投入,建立社会造林基地。在全旗形成全民动手、全社会搞绿化的良好局面,加快国土绿化步伐。

(三)加大宣传教育力度。各地、各部门要全力做好生态保护与建设的宣传教育工作,积极开展以保护生态、建设绿色家园为主题的宣传教育活动,使生态保护与建设工作深入人心,形成共识,调动全社会力量共同参与到生态保护与建设中来。同时,旗广播局还要将生态保护与建设纳入公益性宣传范围,加大新闻媒体的跟踪报道力度,在全社会营造强有力的生态保护与建设氛围。

生态保护与建设是全社会的共同任务,是一项利在当代、惠及子孙的千秋伟业。全旗各级领导干部和广大群众要在旗委、政府的正确领导下,继续发扬艰苦奋斗、团结协作的精神,立足于生态保护与建设不动摇,加大监管、保护力度,为彻底改善我旗生态环境、促进全旗经济可持续发展而努力奋斗。

克什克腾旗非典型肺炎防治预案

为加强非典型肺炎应急处理与预防控制工作,确保在疫情发生时能够及时、迅速、高效、有序地处理疫情,保障人民身体健康,维护社会稳定,根据《中华人民共和国传染病防治法》及其实施办法等法律、法规规定,结合克旗实际,特制定本预案。

一、加强领导、健全组织、明确责任

认真贯彻执行"预防为主"的方针,加强对本地区防治非典型肺炎的领导,积极做好组织保障、技术措施的落实。

(一)由卫生行政部门成立非典型肺炎防治指挥部,下设预防控制技术指导小组,医疗救护指导小组,疫情信息与宣传小组,后勤保障,治安小组。

主要职责:

1. 非典型肺炎防治指挥部负责指挥、组织、协调本地区非典型肺炎防治工作并监督检查各项防治措施的具体落实。

2. 预防控制技术指导小组参予、指导非典型肺炎流行病学调查、疫点(区)处理、消毒隔离、个人防护等预防控制工作。

3. 医疗救护指导小组

指导医院诊断、救治非典型肺炎病人,指导医院做好消毒隔离和医务人员的防护工作。

4. 疫情信息与宣传小组

协同其他小组做好有关非典型肺炎预防控制知识的宣传,按要求定期公布和通报相关信息。

5. 后勤保障、治安小组

负责保障应急工作经费、物资的及时到位，协助指挥部与疫点（区）以及其它小组的通信联络和交通运输工作。协助公安负责疫区的治安管理、交通管制以及本地区的安全保卫，维护正常生产与生活秩序。

（二）各级机构的职责

1. 卫生行政部门

（1）组织制定本地区医疗救护、预防控制等实施方案，并组织实施。

（2）组织协调卫生技术力量，防止和控制疫情的发生和蔓延。

（3）组织评估临床治疗病人、预防控制疫情的措施效果，完善各项防治预案。

（4）组织开展卫生科普知识的宣传等工作。

2. 卫生防疫站

（1）做好疫情的监测、报告，开展流行病学调查，迅速对疫情作出全面评估。

（2）疫情核实，提出疫点和疫区划定、启动或停止预案的建议，并参与组织实施。

（3）组织实施疫点、疫区消毒隔离等预防控制措施。

（4）建立紧急疫情控制物资储备库，储备消毒（杀）药品、器械、防护用品等。

（5）负责监督收治病人医疗机构的消毒隔离、个人防护、污物处理和其它现场处理等控制措施的落实。

（6）做好学校、托幼机构和公共场所等预防控制工作的监督检查。

（7）对疫情预防控制措施效果进行评估，并提出改进建议。

（8）做好专业技术人员的培训，加强卫生宣传和健康教育工作。

3. 医疗保健机构

（1）负责疑似非典型肺炎的疫情报告及病人的诊断、治疗和收治管理工作。

（2）负责病房的消毒隔离、污物处理工作。

（3）做好医务人员的培训和个人防护。

（4）做好有关卫生宣传教育工作。

二、疫情确认

（一）克旗发现首例疑似非典型肺炎病例应立即启动本预案，非典型肺炎防治指挥部组织预防控制技术指导小组、医疗救护专家指导小组现场流调、会诊，同时报市非典型肺炎防治指挥部确认。非首例病例由旗非典型肺炎防治指挥部组织确认并报上一级卫生防疫机构和卫生行政部门。

（二）报告疑似病例必须具备非典型肺炎流行病学史、临床症状与体征、实验室检查、肺部影像学检查。临床诊断及重症病例诊断标准，应严格执行《非典型肺炎病例的临床诊断标准》（附件1）。临床医师在接诊疑似非典型肺炎（SARS）患者时，除询问病史、症状和进行相应检查外，还必须围绕流行病学史，询问发病前两周内是否探视或护理过非典型肺炎（SARS）患者或疑似病人，是否接触过发热病人，是否到过外地（包括有非典型肺炎流行的地方)出差、旅游或探亲,是否坐过飞机、火车、轮船、长途汽车、出租车,是否到过空气污染、人口拥挤的公共场所和地方,是否接触过家养或野生动物。

三、疫情报告

(一)报告制度:旗卫生局、卫生防疫站、旗直医疗单位、各基层卫生院建立昼夜值班制度,建立病例日报告、零报告制度以及动态报告制度。

(二)报告主要项目:病例发生地点、时间、主要病症、发病人数、死亡人数、年龄、性别和职业、可能原因、采取措施、现状和趋势等,并按《传染性非典型肺炎(严重急性呼吸道综合症)病例或疑似病例报告表》(附件2)要求填写相关项目。

(三)报告方法:执行职务的医疗保健人员、卫生防疫人员发现疑似非典型肺炎病例时,镇内于6小时内、农村12小时内,以最快的通讯方式向卫生防疫机构报告。旗卫生防疫机构接到疫情报告后,应立即向市级卫生防疫机构报告,并同时报告旗卫生行政部门,各级均应做好疫情登记工作。

四、现场流行病学调查

疫情发生后旗防治非典型肺炎指挥部立即组织卫生防疫、医疗单位业务人员赶赴现场,进行核实诊断、流行病学调查,调查严格按《非典型肺炎病例流行病学调查提纲》(附件3)要求执行。落实病人隔离治疗、病家消毒和医学观察等防治措施,防止疫情扩散。根据克旗实际情况,可按《非典型肺炎病例实验室标本采集技术指南(试行)》(附件4)中“血清标本采集与运送”的要求、采集病例急性期和恢复期血清冷冻保存,以备查验。

五、治疗抢救与出院标准

医院应设立相对独立的发热病人诊室和与其它科室(病房)隔离的专门病房(留观室),发现疑似非典型肺炎病例,应收治到留观室。旗医院为定点隔离治疗点,应按要求做好消毒隔离和个人防护工作,以防止疫情蔓延。病人的治疗抢救及出院标准执行《非典型肺炎病例或疑似病例的推荐治疗方案和出院诊断参考标准(试行)》(附件5)。

六、疫点、疫区划分

(一)疫点:是指发生非典型肺炎病人、疑似病人所在场所,一般指同门户出入的住户或与病人、疑似病人密切有关的若干户为范围。

(二)疫区:是根据疫情可能波及的范围、疫点的地理位置、水系分布、交通情况、自然村落等来划分疫区。一般在农村以一个村或几个村、一个乡或毗邻乡,在经棚镇以一个或几个居民委员会或一个街道为范围划分疫区。

七、消毒与疫区处理

医院消毒隔离、病人住所及公共场所的消毒、各种污染物品的消毒执行《非典型肺炎防治技术方案》附件6、附件7、附件8,克旗学校及托幼机构的消毒、公共场所的消毒见附件9、附件10。

八、保障措施

(一)专业技术保障:旗卫生局要组建非典型肺炎疫情防治的医疗卫生应急预备队,随时待命参加疫点或疫区病人的救治和疫情的预防控制工作。迅速开展对卫生防疫人员及临床医务人员的专业技术培训,尽快掌握有关非典型肺炎的临床特征、诊断标准、治疗原则、个人防护及预防控制等方面知识和方法,做到早发现、早诊断、早报告、早治疗、早处理。

(二)物资保障:由旗卫生防疫站建立紧急物资储备库,储备应急器械、消毒(杀)药品、防护用品等。

(三)资金保障:卫生行政部门应储备应急防疫物资、疫情预防控制、疫情监测等资金,同时申请政府资助。

九、宣传教育

利用广播、报纸、电视等宣传媒体,普及非典型肺炎的临床特征、预防措施等知识,明确非典型肺炎的传播途径,提高广大人民群众的防病意识,使群众懂得非典型肺炎是一种可以预防、可以治疗的传染病,经验已证明我国有足够的能力控制该病。一旦发生疫情,不要恐慌,应积极配合医疗卫生人员调查处理,尽早对症治疗,避免探视住院病人,医护人员应按要求进行防护,教育群众加强个人卫生和环境卫生,养成良好的卫生习惯。

十、疫情控制效果评价

旗防疫站在疫情调查处理后经应急处理专家核定,尽快向上级防疫站和卫生行政部门报告结果。

附件:1—10(略)

〔注:此件为克旗人民政府(克政发〔2003〕16 号)文件〕

三义乡永胜村十地组小流域治理纪实

一、村情概况

永胜村十地村民组座落在格类河上游北部一个小山沟里。2003 年末,全组共有 86 户,301 人,有大小牲畜 2100 头(只)。三十年前的十地组是一个草茂粮丰、耕田养牧、自给有余的地方。盲目地对大自然进行掠夺,开荒种地、超载放牧、挖药、砍柴,仅二、三十年光景,草稀山秃、岩石裸露,厚土阴坡被洪水冲成沟壑,仅有的两条出村便道被十几米深的沟壑切断,收割的庄稼得用人背、畜驮才能进村,人们办事出村要先行爬山或步行绕沟才能出村。耕地减少、牧场毁坏,一部分群众举家搬迁或外出打工,仅 2000—2001 年两年时间,即有 8 户 30 人背井离乡,有 43 人弃耕外出打工。这个总面积不足 700 公顷的自然村,水土流失面积高达 530 多公顷。村民们每年挖坑植树、填沟筑路,而树被散养牲畜啃食难以成株,路年年被洪水冲塌,二十多年始终没有改变被动局面。

二、治理规划设计模式

2003—2004 年间,京津风沙源工程十地组小流域治理项目启动。在内蒙古自治区、赤峰市两级水利部门的大力支持下,克旗水利局经实地调查,综合乡村多方面意见,对十地组小流域治理设计了先易后难、先上后下、先坡面后沟道,工程措施与生物措施、乔灌草配置混种相结合,全面实施山、水、田、林、路综合治理的规划模式,建设成以工程建生态、以生态做工程的五种径流调控体系。即:梁峁径流调控体系:最上部采取围栏封育,利用鱼鳞坑聚散径流,并栽植山杏、柠条等灌木。上中部坡面径流调控体系:采用水平沟整地方式蓄散径流,阴坡配置带状混交林,按 3∶1 混交比种植山杏、柠条、榆树。下部坡面径流调控体系:最大可能退耕还林还草,阳坡混交山杏、沙棘等经济林,阴坡及缓坡发展人工种植苜蓿及沙打旺等牧草。沟道拦蓄径流体系:通过沟头防护、修筑谷坊、栽植杨柳树、沙棘等防冲林,实施生态封沟。路边绿化体系:新修作业路,路边利用大方坑整地,栽植大棵樟子松容器苗,一次性成功绿化。

通过上述规划模式,使之达到水不下山、土不出川、无山不绿、有水须清的小流域治理目标;同时兼顾产业结构调整,尽可能发展经济林、速生丰产林,并通过人工种草封山禁牧,推进舍饲化养畜等措施,加大基本农田建设力度,走高效、高产、优质的农业发展道路。

三、施工组织与管理

在十地组小流域治理中,实行集中管理,程序化施工。组建农民专业施工队,全程合同化运行。具体组织形式是:克旗人民政府为项目建设单位,政府水利主管部门为项目施工承办单位,项目区所在乡为协作单位,首先通过办理委托书,将项目区委托水利部门进行治理。水利部门作为发包方,将规划治理坡面划分若干个治理单位即地板块,发包给有承包能力的农民施工队,逐一签订协议合同,各施工队按设计要求和指定板块进行施工。完工后,由水利部门聘用的水土保持施工管理人员(旗级监理),逐板块、逐行、逐坑划出施工作业竣工图纸,交水利局水土保持站,待小流域的局部坡面完工后,由水利局组织有关人员对质量、数量进行抽查验收。抽查比例不低于总数的 50%。抽查验收合格后及时按协议合同兑付施工费,再签订下轮治理协议合同,直至全部治理任务完成,并将全部治理规划施工合同文本、施工费发放表立卷归档备考。

各项治理工程完工后,由十地组利用拍卖、承包、租赁等方式,交由村民管理使用,并办理荒山使用证书或签订使用合同。水利部门按各户的荒山使用面积,规划设计出所需的苗木品种和数量,登记填表,集中组织采购苗木;在签订造林合同的基础上,及时无偿地发放苗木,指导村民造林。待造林结束后,两个月内对成活率进行抽查,验收后依据造林实际成活率和造林数量,兑现一定的造林补助费。实行责、权、利统一,调动了村民的治理积极性。

四、工程完成情况

经2003年春至2004年春一年治理，永胜村十地组小流域共完成治理面积469公顷，其中封禁治理面积14公顷，营造水土保持林305.67公顷，经济林136公顷，种草13.34公顷；治理主沟道3条、支沟10条，沟头防护0.5公里，修土谷坊289座，作业路2.5公里，网围栏10公里。2004年6月初，检查林草成活率达到85%以上，各项整地措施、沟道治理措施及生物措施配置均符合设计要求，工程质量达到设计要求。

五、工程后管理模式

克旗水利局依据内蒙自治区计划委员会的有关实施方案和内蒙自治区水利厅初步设计批复，利用国家京津风沙源治理投资的有关要求，验收后将流域内水土保持工程移交给当地政府，对今后流域的管理运行行使管理权，并指导项目区所在村、组进行管护。

交接后，永胜村十地组选派专人进行看护，由于荒山、荒坡、荒沟已全部拍卖或承包到群众手中，全组顺利实行封山禁牧，并把植树造林大搞生态建设写入村规民约。

六、工程效益监测

治理后的十地组小流域，人均达到有林草面积1.56公顷，为治理前的20倍余，林木成活率达到85%以上，产业结构趋于合理，稳定了农业、发展了林业、提高了牧业，增加了村民经济收入。

生态效益上植被覆盖度由30%增加到96%，森林覆盖率由24%增加到90.14%。蓄水总量可达到18.6万立方米，拦土总量可达到1.31万吨，蓄水效率为87.69%，保土效率为89.19%，实现了“水不下山、土不出川”的治理目标。十地组流域沟口已出现常年不断流的小溪。

经济效益上，十地组流域营造落叶松、桦树混交林215公顷，以杨树为主的速生丰产林25000多株，以山杏为主体的经济林达200多公顷，成树后经济效益即显现。2005年秋季，村民在治理过的小流域内共打贮饲草90多万公斤，产值16万元，改变了十地组连续数年不能收割饲草的状况。

社会效益上，通过小流域治理，十地组产业结构初步得到了优化，抵御自然灾害的能力增强，彻底消除了水害。村民实现了安居乐业，提高了相邻村民的环保意识和山水林田治理积极性。

中共克旗委办公室　克旗人民政府办公室
关于报送《克什克腾旗志·人物卷》(1991—2008)
有关事项的通知

克党办发〔2014〕13号

各苏木乡镇党委、政府，各街道党工委、办事处，热水开发区党委、管委会，旗直各部门、企事业单位，各人民团体，中区直驻旗各单位：

为了使《克什克腾旗志·人物卷》(1991—2008)全方位收录克旗籍知名人士和为克旗各项事业做出贡献的各行各业人士入志，参照上级指导部门的有关规定要求和借鉴外地的通常做法经验，现将征集入志人物相关事宜通知如下：

一、收录范围

2008年12月31日前上溯至1991年或稍前在克旗工作的本旗籍和在外地工作的本旗籍知名人士；在克旗工作，为克旗经济社会发展做出重大贡献的外籍人士。

二、征集资料类别、标准

《克什克腾旗志(1991—2008)·人物卷》为断代续志，只收录当代人物。分三种录入形式：人物传略、人物简介、人物名录。

人物传略：对克旗有重大贡献或重大影响的符合入志的已故人物。

人物简介：1991年(或稍早)至2008年末在克旗工作的实职正处级领导人；获得自治区级及以上表奖的正高级职称专业技术人员；获得自治区级综合运动会第一名和国家级及以上体育赛事前三名获得者及自治区级及以上体育先进工作者；自治区级以上大赛获奖的专业文艺工作者及突出贡献者，老中医、民间艺人、社会贤达中的知名人士。

人物名录：1991—2008年间：1. 中共全国代表大会代表；全国人大代表和政协委员；中共内蒙古自治区代表大会代表；内蒙古自治区人大代表和政协委员。2. 克旗籍全国党政军界副地厅(师)级以上职务干部(含离退休人员)。3. 自治区级以上劳动模范(五一奖章、三八红旗手等)、先进个人。4. 克旗各事业单位副高职称以上专业技术人员(含离退休人员)。5. 享受自治区人民政府和国务院特殊津贴人员。6. 1991至2000年累计纳税百万元以上，2001至2008年年纳税过百万元的私营企业主，为克旗公益事业捐款50万元以上的爱心人士。7. 对克旗社会、经济发展有重大影响、突出贡献和在特定领域产生重大影响的人物。

三、责任分解

按照人物所在系统、单位负首责的要求，现将各部门、单位报送资料责任总体上明确如下：

1. 符合成传条件者，在本旗离退休者，由生前原工作单位和离退休后管理单位共同负责；调离克旗的外籍人士，由调离前所在单位负责。如旗委书记由旗委办公室负责；旗长由政府办负责。涉及单位由单位主要领导负总责。

2. 符合作人物简介者或收入名录者，责任分解如下：

拟入志人物序列	入志方式	责任单位
领导人	简介、名录	在本旗工作时所在单位
专业技术人员	简介、名录	人员所在单位和人社局
获奖运动员和体育工作者	简介	旗体育服务中心
文艺界人士和民间艺人	简介、名录	文化服务中心、文联
老中医和卫生界人士	简介、名录	卫生局
社会贤达等	简介、名录	旗委统战部、工商联、老干部局
全国或自治区党代表	名录	旗委办公室
全国或自治区人大代表	名录	人大办公室
全国或自治区政协委员	名录	政协办公室
克旗籍全国党界副地厅级以上领导	名录	旗委办公室
克旗籍全国政界副地厅级以上领导	名录	政府办公室、人大办公室、政协办公室
克旗籍全国军界副师级以上领导	名录	人武部
自治区级以上劳动模范、先进个人(包括五一奖章、三八红旗手、五四奖章获得者等)	名录	人员所在单位和旗总工会、旗妇联、团旗委等
享受自治区人民政府和国务院特殊津贴人员	名录	所在单位和津贴主管部门
私企主和爱心人士	名录	税务、工商和相关公益事业职能部门
其他	名录	相应职能部门

上述列表是依据行业职能作总体明确，未列入上表的单位有上述符合录入条件者，也应承担起报送责任，不得推诿、脱责漏报。

四、报送要求

1. 提供的资料务必事实真实、确凿。

2. 对符合入志的已故人士和离退休人员，原单位为其整理、完善材料提供帮助的同时要通知本人或家属。

3. 入志人物传略和人物简介要写清姓名(用字准确)、性别、出生年月日、籍贯、出生地、(具体到村嘎查)、职务、任职时间、主要事迹和贡献,并附本人电子版免冠照片;人物名录要填全样表中各项内容。

4. 此前,旗志在征集资料时,各地区、各单位已报送旗志办部分资料,此次征集是最后核实、补充、完善,以此次资料为准入志。

5. 各单位在报送资料上要附上提供资料单位名称、联系人和电话。

6. 请各单位咨询社会各界知情人士,广泛征求资料并提供入志人物线索。

五、报送时间、方式

全部材料要形成纸质、电子两种文档,于 2014 年 9 月 30 日前报送旗委办公室 1033 室。

此通知落实情况,旗委督察室、政府督查室将负责督办。

附件:人物名录样表(略)

二、艺文选录

(一)艺术作品

1. 书法作品

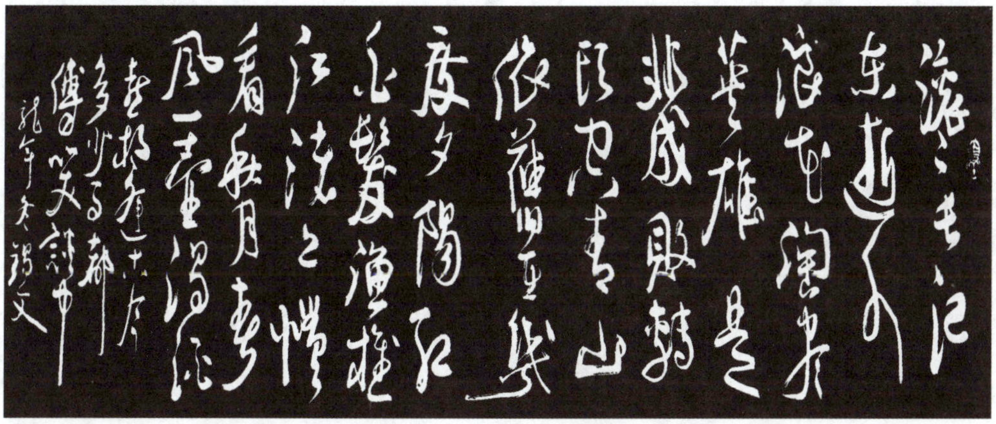

侯希文　创作于2000年

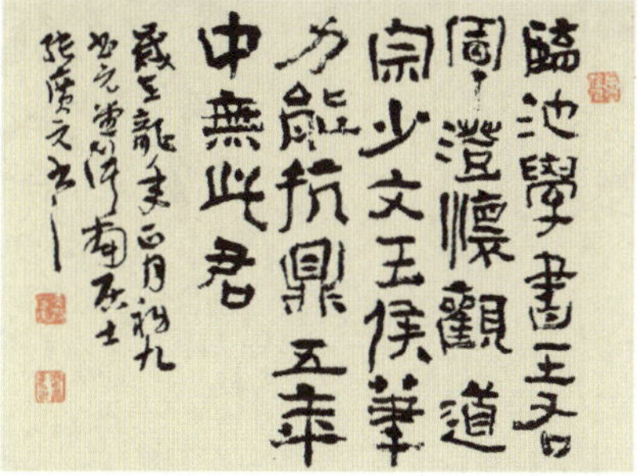

张广元　创作于2000年

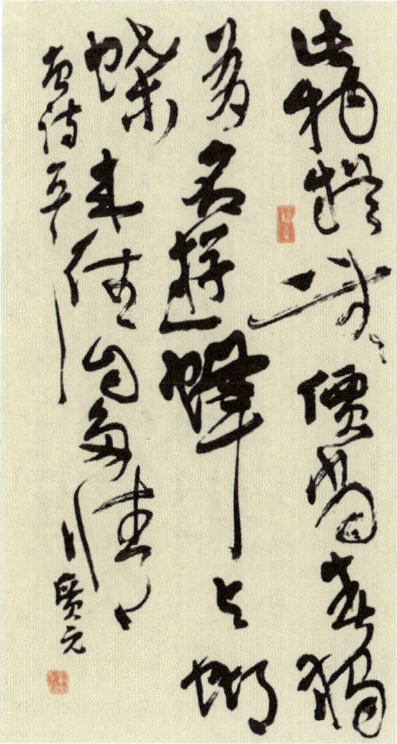

张广元　创作于2005年

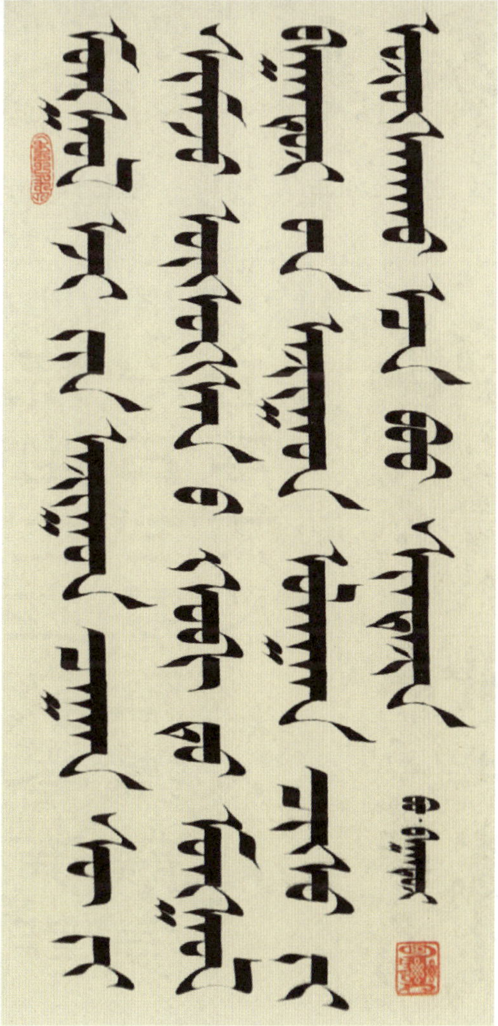

宝·巴特　创作于2005年

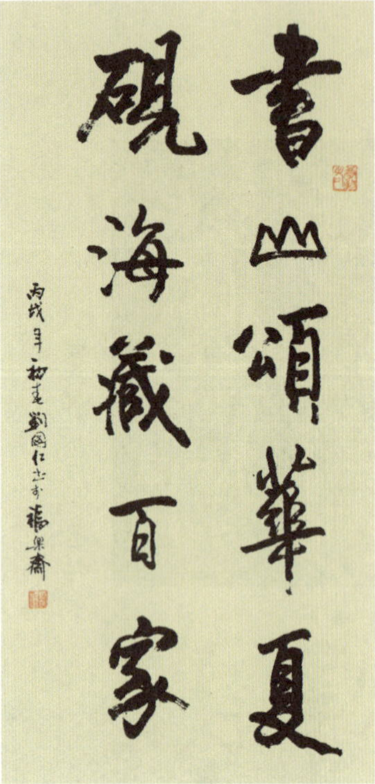

刘国仁　创作于2006年

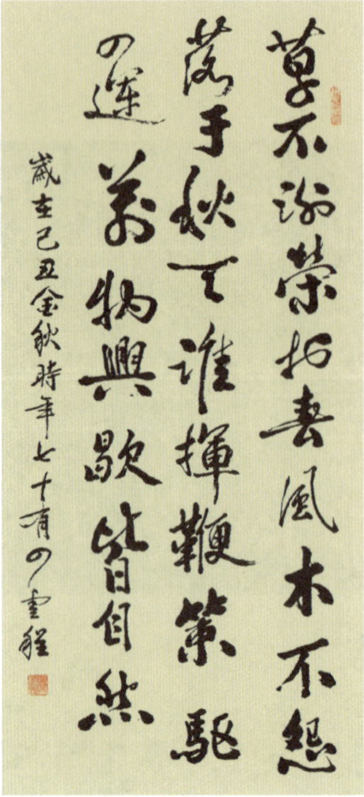

张云程　创作于2006年

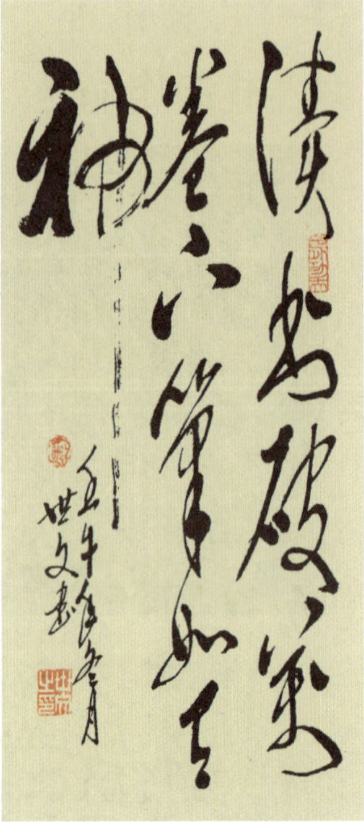

米世文　创作于2006年

韩庭春　创作于2006年

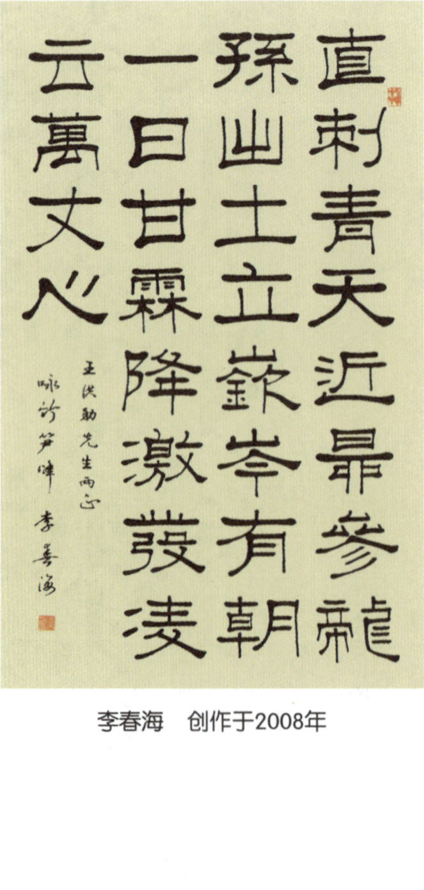

李春海　创作于2008年

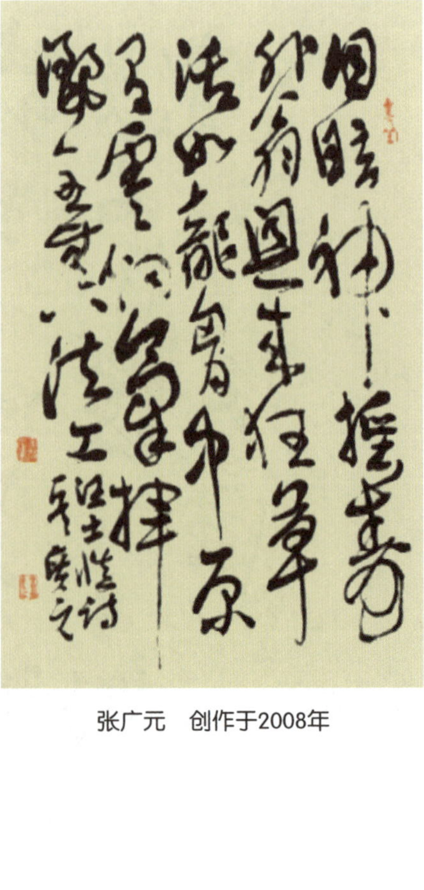

张广元　创作于2008年

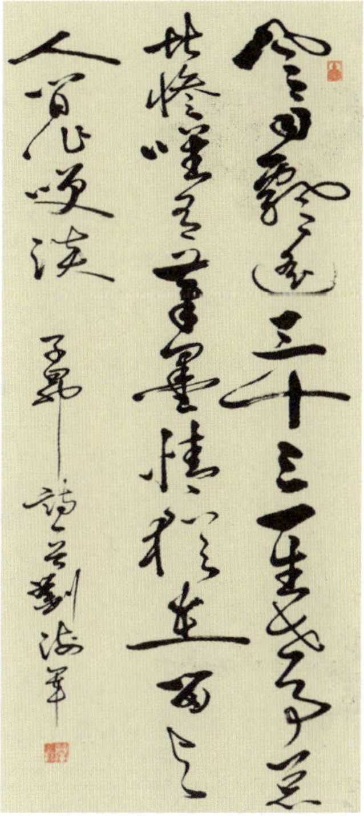

刘海军　创作于2008年

刘国仁　创作于2008年

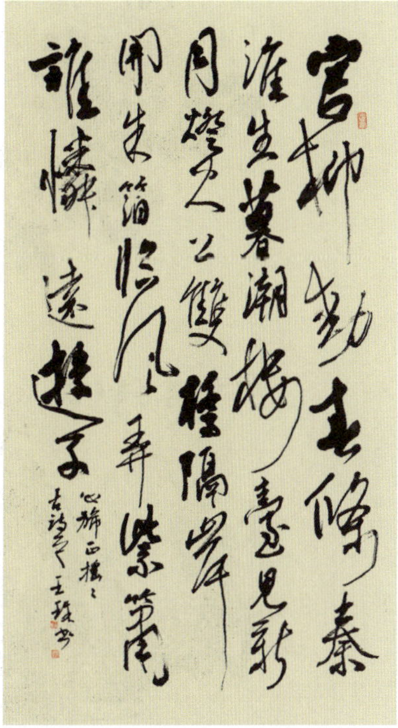

王珠　创作于2008年

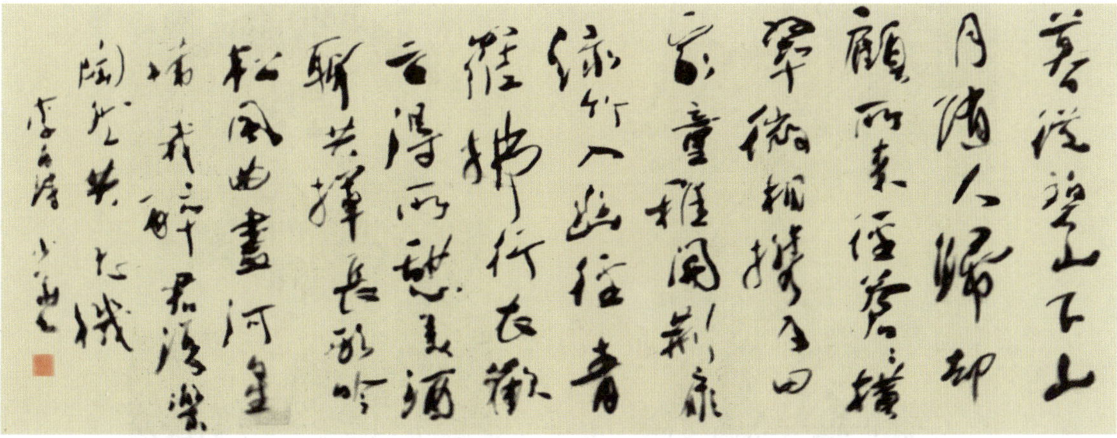

靳少华　创作于2008年

2. 绘画作品

刘国仁　创作于2000年

刘国仁　创作于2005年

刘国仁　创作于2002年

张云程　创作于2007年

3. 篆刻作品

张广元　篆刻

张广元　篆刻

张广元　篆刻

张广元　篆刻

宝·巴特　篆刻

宝·巴特　篆刻

侯希杰　篆刻

4. 摄影作品

火车穿越集通线最高铁路桥——经棚大桥　2001年6月/刘树山拍摄

飞来石　2005年7月/孙国树拍摄

青山岩臼　2005年7月/孙国树拍摄

蛇石　2005年8月/李景章拍摄

水库风光　2006年6月/张新伟拍摄

奋翮　2007年2月/李景章拍摄

远眺/黑鹳　2007年4月/赵国君拍摄

绚烂金秋　2007年9月/姜君拍摄

江山如画　2007年10月/姜君拍摄

东方红　2007年10月/李景章拍摄

舞斗/黑琴鸡　2008年4月/赵国君拍摄

守望/鸳鸯　2008年4月/赵国君拍摄

惊吻/红嘴巨鸥　2008年4月/赵国君拍摄

回望/半蹼鹬　2008年6月/赵国君拍摄

响水瀑布　2008年7月/张新伟拍摄

水天一色　2008年7月/姜君拍摄

天低野阔　2008年8月/李景章拍摄

火车通过达坝梁隧道　2008年12月/刘树山拍摄

5. 根石艺作品

展翅　韩庭春创作于 2004年

汲水　韩庭春创作于2006年

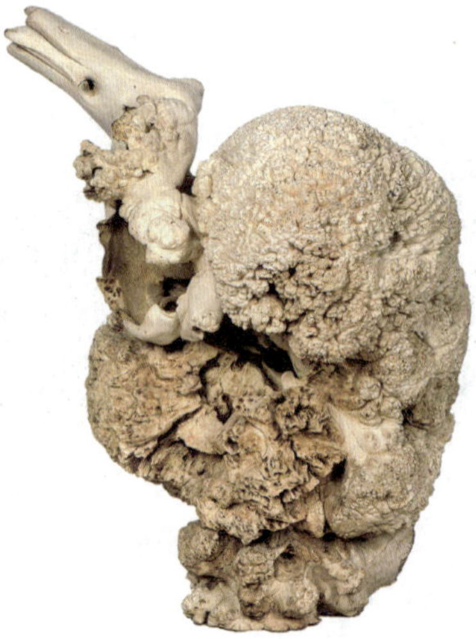

雏　李玉旬创作于2005年

桃子熟了　李玉旬创作于2004年

渔乐　王松岭创作于2004年

吻　金厚彦创作于2002年

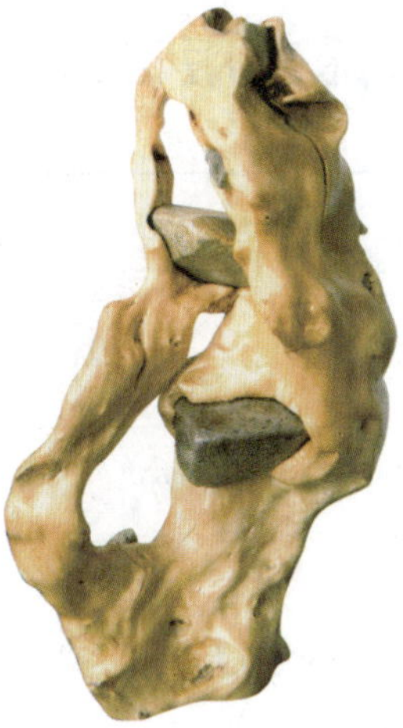

赛太湖石　金厚彦创作于2004年

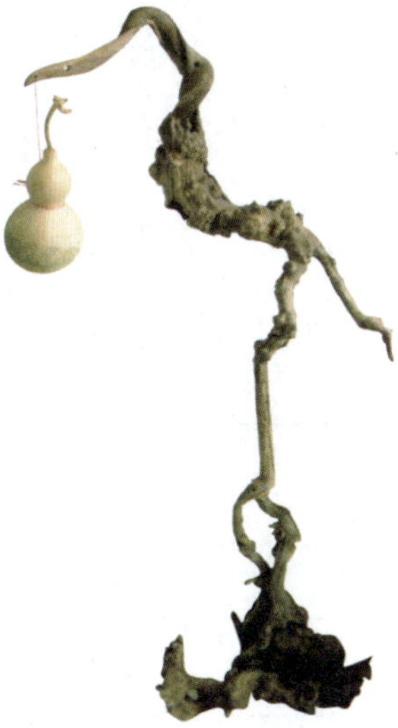

寿禄　金厚彦创作于2006年

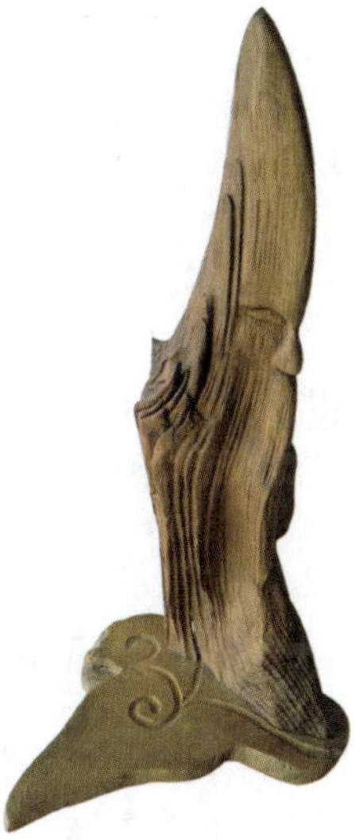

云游　陈贵金创作于2001年

捕食者　陈贵金创作于2002年

寿者·桃也　陈贵金创作于2005年

(二)作品选录

1. 文学作品出版目录

年份	作品名	作者	体裁	出版社或发表刊物
1991	《护法雄鹰》	作品合集	报告文学集	内蒙古人民出版社
1999	《可爱的克什克腾草原》	宝·乌力吉图	诗歌集	内蒙古文化出版社
2000	《山丹和他的小白马》	宝·乌力吉图	小说集	内蒙古人民出版社
2003	《血色黎明》	唐德华	长篇小说	新华出版社
	《大山的史诗》	那森吉雅	诗歌集	内蒙古远方出版社
	《草原之歌》	舍·阿拉腾巴根	诗集	内蒙古少年儿童出版社
	《留住草原》	陈贵金	散文集	新华出版社
2005	《静静的雨夜》	张玉良	小说、散文、报告文学集	远方出版社
	《草原魂》	乌庶民	小说、散文集	人民日报出版社
	《吉祥鸟》	吕振山	散文集	内蒙古人民出版社
2007	《李春海诗文选》	李春海	诗歌集	新华出版社
	《撤乡并镇》	天热	中篇小说	《草原》本年第四期
	《家园之恋》	吕振山	散文集	昆仑出版社
2008	《克什克腾旅游文化》(蒙古文版)	额尔德木图	记实长篇作品	内蒙古人民出版社
	《克什克腾白音吉如和》(蒙古文版)	布和吉日嘎拉	记实长篇作品	内蒙古人民出版社
	《秋天的收获》	天热	中篇小说	《草原》本年第四期
	《土龙山会战》	天热	中篇小说	《草原》本年第四期
	《倒霉拴子爱媳妇》	郭久良	中篇小说集	现代出版社

2. 诗歌选录

草原明珠达里湖

张廷琢

我久久眷恋的达里湖啊，
你是草原上的一颗明珠。
你的神奇令人向往，
你的壮美为人倾慕。
我要挥动多情的画笔，
描绘一幅多彩的画图。
你的形象
　　在我心中不断变幻，
你的情态
　　在我笔下翩然飘舞……

达里湖啊，
假如你是一幅水墨画，
那真是意境雄浑、气韵不俗：
辽阔的草原是宏伟的背景，
浩森的水域是壮阔的画幅。
缕缕炊烟
　　缭绕在湖滨沃野，
点点渔帆
　　飘荡在湖心深处。
远山巍峨
　　像巨人顶天屹立；
小岛峻峭
　　像淑女登舟环顾……

哦，达里湖！
假如你又是一幅水彩画，
明丽的色彩多么赏心悦目：
蓝天下
　　晶莹的湖水像无瑕的翡翠；
绿野上
　　肥壮的牛羊像无数的珍珠。
白云悠悠
　　映在水中时隐时现；
彩蝶纷纷
　　飞向花丛间歇间舞。
雁群排空、鹤队戏水，
　　真是个百鸟栖息的乐园；
锦鳞跃波、银翅亮舞，
　　好一幅鱼禽媲美的画图……

啊，我无比热爱的达里湖！
如果说你是一位妙龄女郎，
你的风韵可真引人注目：
粼粼碧波
　　是你袅娜的身姿；
频频涟漪
　　是你轻盈的脚步。
形如铁砧的崇山
　　那是你御风的屏障；
状似银带的小河
　　那是你徜徉的道路。
朝霞辉映
　　是来为你梳妆打扮；
暮霭低垂
　　是来陪你游玩散步。
古老的蒙古包
　　那是你简朴的故居；
新兴的度假村
　　那是你豪华的别墅。

端出浓香的奶酪
　　是你对游人的热情;
献上洁白的哈达
　　是你对来宾的祝福……

哦,我心中荡漾的达里湖!
如果说你是一位老人,
你的阅历竟那么丰富:
你亲眼看见过
　　成吉思汗骁勇的征师;
你亲手建造过
　　鲁王城里辉煌的建筑。
绵延千里的金界壕边堡,
　　那是你护身的长剑;
栩栩如生的砧子山岩画,
　　那是你撰写的史书。
龙兴寺旁
翩翩兀立的石佛
　　给了你千载的护佑;
曼陀山上
高高昂起的风机
　　将给你万代的幸福。
你浏览过多少次应昌路遗址,
你观看过多少次草原那达慕。
你编织了多少动人的故事,
你收藏着多少珍贵的文物。
你记录着劳动人民灿烂的文化,
你的经历就是一部历史巨著……

达里湖啊,
我终生难忘的达里湖!
假如你又是一位母亲,
你更是那么慈祥,那么淳朴:
满盈盈的湖水
　　是永不枯竭的乳汁;
平展展的湖畔
　　是婴儿安眠的床铺。
千百年来
你用勇敢和坚强
　　哺育了英雄的儿女;
从古至今,
你用勤劳和智慧
　　抚育起强盛的民族。
你无私地奉献出所有的财富,
儿女们对你怀着深深的情愫。

哦,风光无限的达里湖!
璀璨的明珠,
富饶的宝库。
民族的摇篮,
绮丽的画图。
你的壮美
　　使多少游客流连忘返;
你的神奇
　　引多少诗人吟诗作赋。
今天,
无须再赘述你的佳处,
因为
人们早已把你绘入
　　小康社会的宏伟蓝图。

(此诗2005年7月在河南作家协会和河南电视台等14个单位联合举办的“山水情怀——全国电视诗歌大赛》中获佳作奖,入选《山水情怀——全国电视诗歌大赛作品集》)

草　　原

张廷琢

身临草原满目新，地阔天高爽气神。
无边碧草铺绿毯，遍野肥羊落白云。
襟飘带舞迎远客，酒香茶浓待佳宾。
歌舞未尽夕阳晚，蒙汉情深一家亲。

（此诗在 2004 年《少年之友报》社举办的“首届少年之友文艺作品大奖赛”中获优秀奖）

风雨大青山（七古）

赵作清

乌云初起西北天，瞬间扑向大青山。
雷霆翻滚捣岩白，闪电飞腾削层峦。
骤雨倾盆磐石抖，狂风呼啸大树弯。
冷雾劈颊嗖嗖去，闲庭难见此奇观。

（1995 年 8 月 9 日作品）

村　风（七古）

赵作清

富裕生活仍勤俭，男人敦厚女人贤。
祥和恬静秋光媚，大街小巷笑语传。
翁媪相搀艳阳下，童稚嬉戏柳荫间。
偶遇少妇瞧喜去，花插挎篮七彩鲜。

（2000 年 11 月作品）

月是故乡明

赵作清

南北东西行，穿越华乡走繁城。
远方景色千般好，难泯思乡百念生。
草是故乡萋，林是故乡盛。
水是故乡绿，山是故乡青。
苍茫还是故乡野，峥嵘还是故乡峰。

花是故乡艳，鸟是故乡灵。
蜂是故乡勤，蝶是故乡聪。
遒劲还是故乡柏，伟岸还是故乡松。

雨是故乡润，风是故乡轻。
春是故乡华，秋是故乡盈。
六畜还是故乡旺，五谷还是故乡丰。

日是故乡暖，月是故乡明。
星是故乡灿，天是故乡晴。
晚霓还是故乡美，朝霞还是故乡红。

土是故乡热，人是故乡忠。
耕是故乡传，读是故乡承。
思辨还是故乡缜，论理还是故乡公。

亲是故乡厚，友是故乡重。
酒是故乡醇，情是故乡浓。
老病还是故乡悯，窘困还是故乡容。

白日想啊夜里梦，故乡是游子的不了情。
少走天涯今白发，难改乡音一字声。

（2001 年 9 月 9 日作品）

沙地云杉——大漠魂（七古）

刘国仁

茫茫碧野耸奇珍，铁骨铮铮大漠魂。
雪压风欺身犹健，烟笼雨洗愈精神。

枝出九霄拨云雾，叶罩八方映绿荫。
漫卧丹崖俯沃野，龙吟鹤舞四时春。

(2002年9月作品)

黄岗林海(七古)

刘国仁

悠悠黄岗莽苍峦，浩瀚林海浪接天。
壁立千岩迎风雨，峡沟百里响流泉。
鹰击险谷云飞渡，鹿走平川水悠闲。
远望层层山竞翠，兴安一脉大无边。

(2004年8月作品)

达里湖赞(七古)

刘国仁

谁引银河落平川，酿出奶酒满湖鲜。
波光涟漪游人醉，似梦如幻欲成仙。

(2006年7月作品)

念奴娇·游达里湖

李春海

风惊涛怒，浪尖上偶见鱼龙飞渡。遗址应昌只剩得，碑沥颓垣狐兔。胜地神游，天之骄子，雕落弯弓处。花开花落，砧山千载如铸。沿岸芳草绵绵，牛羊追逐，似伴天鹅舞。定是鱼虾堆仓罟，试看徐徐当橹。喜事联翩，渔郎牧女，昨夜新婚娶。人欢水醉，湖中红日初曙。

(选自《李春海诗文集》2007年5月)

耗　来　河

李春海

河如喉细淌歌谣，搭本薄书充鹊桥。
赴约天津三宿恋，芳原妩媚胜多娇。

注："三宿"用《后汉书·襄楷传》"浮屠不三宿桑下，不欲久生恩爱，精之至也。"典故。

(2007年作品)

七律·克什克腾世界地质公园八赞(二)·青山岩臼

董风学

青山岩臼慢雕成，利器琢磨信是冰。
裂土开石悉靠水，断金截玉又因风。
天长皿内生白桦，地久崖边挂紫藤。
最炫峰头十景酷，奇观异赋游人惊。

(2007年8月作品)

卜算子·火山喷气碟

董风学

甸上冒圆碟，喷气昨年静。
浑若神仙煮饭锅，远古留奇景。
止步审石钵，惊诧游戏人省。
未睹当时火溢出，仅见岩浆冷。

(2008年夏作品)

诗四首

希·巴图

一、诗行与拐杖

烈阳灼灼沙丘延绵
秋天的母亲辛劳依然
眺望缓缓移动的羊群
是否想起了写诗的孩子

诗行的魅力凝聚在一起
耳边总响起故乡的讯息
满饮一碗生活的苦辣
母亲的一吻滚烫在额头

化作拐杖吧　我的诗行
将淘气的羊群拦截在远方
辛劳的母亲安详无恙
我会骄傲因我的诗行

天上的太阳渐渐西下
晚归的羊群脚步匆忙
寒冷的他乡我儿在漂泊
叹息的母亲孤独地归去　归去

二、致亲爱的你

欢笑与泪水间
倾听与坚守时
遴选九百九十九朵花
我只将你捧在掌心　独醉

轻轻吻你的额头
温润的爱火被点亮
爱你的心哟
只为你的未来　等待
在双眸与花畦间
满怀倩影　满足

蓝天下
我塑造你的阳光雨露
在纯爱的呵护中
筑一座月光城堡
把爱你的誓言捧在手心
轻轻诉说

爱的诺言
并非只是花前月下
爱情盛开
生活赐予我们爱的硕果
看着阳光
守着爱恋
想起我们年少的韶光
我们肩并肩
伸向远方的崎岖山路
亲爱的，它也会俯身祝福

三、锁

锁是人类博大的智慧
是耸立的大门得意的装饰
偶尔也是哲学的反驳
面对权衡坚守的真理

门上的锁是道德的化身
不是摆设请勿要强夺
锁头伤逝钥匙将孤独
你将会拥有臭名昭著

得失的秤杆犹如谜团

阳光大门总迎着绅士

蕴含着高贵
沉淀的思念
受伤着回忆

四、眼睛的话语

记载永恒的足迹上
眼睛　偶尔撰写故事
睫毛挂满沉沉的思念
微笑着向你详述

潺潺春水
滋养嫩春芽
眼神的流淌
降临爱的温柔

为连接心与心
眼神于眼神交汇
守候心灵驿站
等待思念如火
静守的眼神

在真诚的芳香中
请相信牢记眼睛的话语
若是心动在此时
眼神便是那幻想的天使

3. 散文选录

石砌的史书——阿斯哈图

张抗抗

“阿斯哈图”是什么意思？——“阿斯哈图”是蒙语，汉译为“险峻的山峰”。

阿斯哈图在哪里？——阿斯哈图在天边。内蒙古自治区的中北部，克什克腾旗境内，大兴安岭南端黄岗峰北。

去阿斯哈图怎样走？从赤峰启程至克什克腾旗经棚镇，然后再往北行三小时，若是夏季，那将是一次绿色的旅程。人和车始终在起伏的草原上穿行，淹没在望不见边际的绿色之中。偶尔掠过大片大片的紫花苜蓿，在风中摇曳的白色雏菊，初冬的雪地一片纯净。绿色是夏季草原的底色，绿色是一种胸怀，绿得安详而坦荡。悠闲散落在原野上成群的红牛黑马白羊，在绿色中浮游，给人以与自由有关的种种联想。

是什么原因让你走那么远的路，去阿斯哈图？

——是因为克什克腾国家地质公园独一无二的“冰川石林”。

世上有很多冰川遗址和怪石奇林呵，为什么非要去阿斯哈图呢？

——我喜欢它那种宏伟的霸气，磅礴的气势和气度，那种不可一世的傲慢、遗世独立的尊严。在我曾经走过的地方，那些秀美的石林都太精致太诡谲了。

可是草原上怎会有险峻的岩石和山峰呢？草原深处的阿斯哈图。

——把绿色走到尽头，耸立的大山阻断了去路。大山拔地而起，如同草原剽悍的巨人卫队。换车上山，峰回路转，扬起一路烟尘。山脚是一层层茂密的白桦原始次生林，沿途可见灌木草坡交替，已是一派高原风光。抬头仰望，山顶嶙峋的巨石轮廓，似乎遥不可及。

阿斯哈图的山峰终于呈现在你眼前的时候，穿着什么颜色的袍子？

——我无法辨别它的颜色，因为它始终在不断的变化之中。灿灿斜阳直射之下，它是暖金色；背阴处却是中性的灰褐；远远的剪影是冷冷的黑；走到近前细细观摩，越发觉得它的调性难以确定。色块互相渗透融合，一抹赭红、一层青灰、一团麻黄、一片蓝绿；当它们混合在一起，就构成了斑驳沉着的杂色，似一座巨大的露天矿藏。我更愿意想像草原的冬天，大雪纷飞，它们在厚厚的雪地上岿然不动，还原成远古第四纪纯银色的冰川。

阿斯哈图的岩石究竟是什么形状，能让人如此震撼？

——我无法描绘它的形状，因为每一座山岩的姿态，从每一个不同的角度望去，都会变成另一种样子。通常，它们会被牵强地解释成各种世俗的物体，被赋予某些象征性的意义，比如塔、鹰或是情侣。但在我看来，阿斯哈图是一座史前古城堡的遗址，高达几十米的城墙巍然矗立、陡峭的烽火台依然坚硬；石砌的通道在荒草中依稀可辨，奇巧牢固的防守工事潜藏在拐角的暗处……那是一个消失了的巨人王国，山峦间每一道高不可及的断垣残壁上，都遗留着当年的巨人营造城堡的痕迹。若是从这一座墙砖走向另一座石壁，要经过开阔辽远的山梁与谷地。在夕阳下眺望周边五平方公里范围内四处散落的城堡废墟，我确信巨人王国是曾经存在过的。惟因其巨，而不堪其重。

那么你见到阿斯哈图石林城堡中的巨人脚印了么？

——我见到山坡上以完整的巨石铺就的巨人卧榻。我看到山谷中粗砺的岩石上烙刻的巨人手纹。在荒凉的城堡石壁下，开满金红浅紫的野花，每一片颤栗在风中的花瓣，都残留着远古的气息。但我最终被阿斯哈图慑服，仍是因为阿斯哈图山巅上那些神奇的花岗石，每一块或方或扁，就像用锋利的刀斧削凿后打磨而成。岁月流逝风雨剥蚀，它们被挤压成棱角浑圆的石块石板，边缘清晰、线条流畅、厚薄均匀，然后一层一层地重叠，整整齐齐地码放，犹如一页页巨型厚纸，最后被装订成了一本本重量级的大书，随意地摞在山峦的高地上。我第一眼仰视它们的那个瞬间，有一种打开翻阅的冲动。我想这石头的书页里定是藏有文字的，每一页都有葱郁的白桦树林、烂漫的山花作为插图，这是一座用石头史书垒砌的城堡，深邃的岩缝里刻录着历史的沧桑。

阿斯哈图，原来是一部巨人的史书。那么，你在其中读懂了什么？

——史书未著一字而尽得风流。我读出了大自然的鬼斧神工，读出了花岗石的固执与坚硬,读出天空的宽容,读出时间的永恒。然而,我听见风声沉重的翻页、听见沙砾蹦溅时悲壮的吟咏,那一刻,我知道自己仍然读不懂它,不可参悟的阿斯哈图。

你走不出阿斯哈图了,这一座巨大的地质博物馆,真解不开你的种种谜思么?

——回望阿斯哈图,我看见巨石峰尖上的冰山浮砾插入云层,将绚丽的晚霞温柔地撕裂。想象着远古时期冰封雪盖的阿斯哈图,怎样在微弱的暖意中渐渐苏醒;高原隆升,顶开了巨大的冰盖,雪层崩塌;冰川融水,刨蚀浸蚀拔蚀冲蚀,终至水滴石穿水落石出。克什克腾的阿斯哈图石林,是冰川馈赠给人类的珍贵遗产。如此惊心动魄、波澜壮阔的大手笔,超越了人类已有的文字记录。

阿斯哈图纠正了我们以往对草原的肤浅认识。其实,没有巨人也没有巨人王国,只有地壳运动所留下的那部石砌史书,从此将被人们一次次用目光抚摸,然后,记住。

(选自2004年09月23日《人民日报》海外版)

阿斯哈图·金色的圣山

刘少华

克什克腾,赤峰的骄傲,力量的化身。它壮阔雄健,它博大精深,它绚丽斑斓,它秀美神奇。仲夏时节,我们迎着它远古的召唤和无尽的诱惑,虔诚地走进大山环抱的经棚,走向盼慕已久的克什克腾万千气象的阿斯哈图。去领略什么是撼人心魄,去品读什么是沧桑变迁,去感受什么是豪放真谛……

我们带着追寻、带着迷恋,一路驱车前行。如果说,克什克腾是资源富集的经济强旗,那么,它又是收人眼目的文化大旗、旅游名旗。陪同我们采访的旗委常委、宣传部长刘云国,用学者的口吻描绘着克什克腾的悠远和神妙:“克什克腾”是蒙古语,汉译为“亲军”或“卫队”之意,是成吉思汗的“护卫军”所在。这里属大兴安岭山脉、燕山山脉、浑善达克沙地结合部,蓝天与白云相伴,自然景观与人文景观辉映,素有塞北“金三角”、“北京后花园”的美誉。此间,由第四纪冰川遗迹、火山地貌、花岗岩地貌、高原湖泊、沙漠、草原、温泉等遗迹或景观组成的世界地质公园,是探索内蒙古高原隆升、中国北方环境演化及人类发展的地学知识百科全书和天然博物馆。其规划保护面积5000平方公里,可谓地大物博,奥妙无穷!我们纵情在克什克腾广袤的山野。奔康熙亲征噶尔丹的乌兰布统古战场,登黄岗梁大兴安岭海拔2036米最高峰,跨世界最窄的耗来河,访浑善达克沙地边缘世界唯一保存的沙地云杉林,沐热水塘灵动喷涌的神泉圣水,观天然盆景——青山岩臼,穿过美艳绝伦的贡格尔草原,终于折向了阿斯哈图石林。阿斯哈图意为“险峻的岩石”,一到此地,赤峰市委宣传部司机张利把车开得又快又稳,他让我们抖擞精神,燃起热情。我们的车闪过石林园区毡包和欧式别墅组合的部落,便沿着蜿蜒山路攀升而上。莽莽的北大山，清风习习吹拂，婷婷白桦成片成林，金簪花、山丹花、芍药花、马兰花，金红浅紫，争奇斗艳。那漫山遍野间绿波荡漾，花团锦簇，给峥嵘挺拔的石林，平添着几多温情和几多风韵。举目纵览，石林依山脊北东向延展，分布面积5平方公里。该石林在形态上与云南石林、元谋土林、新疆雅丹地貌和现代冰川上的冰林均有相似之处。而它的色调始终却处在与众不同的变化中。斜阳下，它是暖金色；背阴处却是中性的灰褐。细细观摩，色块互相渗透融合，赭红一抹，青灰一层，麻黄一团，蓝绿一片。它无言地岿然不动，放射着斑驳的杂色，残留着花瓣滋溢的芳菲。在这如画卷、如梦幻的人间仙境，让众多中外专家考证后惊呼：阿斯哈图花岗岩石林，是罕见的奇特地貌景观，堪称极致，独冠东西！

我们徜徉在花岗岩石林，但见奇峰异石，犹如欧洲中世纪的古老城堡，平地突起，饱含风尘。近品石林，千姿百态，如塔、如柱、如笋、如人、如兽，呼之欲来，趋之欲动，似刻意雕琢，尽显大自然的鬼斧神工。石林一般相对高度5到20米，石林底部相连，呈现方形或条形。一些形似景观激发想象，越想越像。方塔，塔身分明，昂然耸立；石墙，砌面平直，参差有致；石狮，头身分明，傲视巍岭，栩栩如生；“秀女望月”，一往情深，翘首怀春；“比萨斜塔”，斜势张扬，惟妙惟肖。再看那硕大无朋的“将军床”，让人联想到盖世无敌将军的霸气和酣畅；那一部部浩繁“天书”，厚重沉思，发人破解它深远的华章和要义；那“鲲鹏落草原”的庞然神鸟，护佑着石林的尊严和吉祥，谛听着阿斯哈图的回声绝响。阿斯哈图啊，天工造化，上苍恩赐，高山仰之，叹为观止。一群群南疆北国的游客流连忘返，他们观赏着，感慨着，陶醉着，惊叹着！瞧，北京来的专业摄影师个个志存高远，拍摄、录像好不惬意！听他们兴奋的倾吐：阿斯哈图是画廊、是影楼、是艺术殿堂和文明之谷。它奇在灵性，美在人性，壮在血性！

我们登临石林之巅，极目远眺，青山翠岭连绵起伏，山麓茂密的原始白桦林演绎着雪白的童话。绿树红花的掩映中，玉鸟欢鸣，獐鹿出没，蝶舞蜂飞，香草摇曳。朦胧中，北大山远处平坦而开阔的贡格尔草原好似碧蓝的大海。一阵清凉掠过，朵朵祥云随风浮动，缠缠绕绕，宛若哈达飘荡。在这里，留下了摄影巨幅长焦，也留下了诗人作家的咏叹。当代著名女作家张抗抗，在激情中写着《石砌的史书——阿斯哈图》。她纤纤细笔流溢着深沉的思索。阿斯哈图，原来是一部巨人的史书。那么，我在其中读懂了什么？史书未著一字而尽得风流。我读出天空的宽容，读出时间的无限。然而，我听见风声庄重的翻页，听见沙砾蹦溅时悲壮的吟诵。那一刻，我知道自己仍然读不懂它，不可参悟的阿斯哈图。阿斯哈图石林，是冰川馈赠给人类的珍贵遗产，如此惊心动魄、波澜壮阔的大手笔，超越了人类已有的文字记录。其实，没有巨人也没有巨人王国，只有地壳运动所留下的石砌史书。从此，人们一次次用目光抚摸，然后，记住！

阿斯哈图石林被聚焦，被亘古铭记，被星辰守望。2005年2月11日，联合国教科文组织世界地质公园专家评审会在法国巴黎宣布：内蒙古克什克腾国家地质公园成为中国第二批晋升世界地质公园成员之一！阿斯哈图征服了世界，也拥抱了世界。看吧，中央电视台《走进科学·探索与发现》摄制组来了，福建东南台采访组来了，海外媒体的记者也接踵而来。“阿斯哈图热”，化作克什克腾的“沸点”和“亮点”。怎能忘，著名导演陈凯歌执导的电影大片——《无极》，外景地就从云南石林移师阿斯哈图石林。当红的影星张柏芝、谢霆锋、陈红，齐集石林，共领风骚，引得影迷和游客们倾情追随，火爆石林。当《无极》片花在今年的嘎纳电影节上展映时，阿斯哈图石林的伟岸和秀逸，伴着《无极》豪情婉约的故事，掀动了环球银幕，赢得了滔滔喝彩。阿斯哈图，你让《无极》熠熠生辉，也让《无极》起伏跌宕，更让克什克腾撩开神秘的面纱，让世人一睹风情万种的芳容。

依依向阿斯哈图作别时，云霞将奇山秀林染就成一片辉煌，我们在眷恋中肃然起敬。这是草原金色的圣山啊，多么坚毅，多么富有，多么磅礴，多么旷达。它使我们心灵再造，它使我们情操受洗，它使我们重塑人生。开车的司机张利动情地对我们说：“阿斯哈图的秋色最迷人，层林尽染，山石如画，那时再来才更有看头呢！”我知道，遗憾也是美丽的发现。克什克腾是恢弘的文化庄园，而阿斯哈图就是风光遒劲的扛鼎之作。精美的石头会唱歌，只要心诚，石头也会开出花来。不是吗？阿斯哈图石林美得雄浑、美得赤诚、美得和谐、美得深情。它和贡格尔草原一样，长存不老，江山依旧，青春万岁。我们在此祈祷，在此祝福，在此礼赞：阿斯哈图，你是生命的图腾，时空的永恒！

（选自2005年10月15日《内蒙古日报》）

克什克腾——生态旅游天堂

钟　嘉

克什克腾旗隶属内蒙古赤峰市。克什克腾的意思据说是“御林军”，这个地方曾驻扎御林军或如同京畿的御林军，未能考证。克什克腾确实离北京不算远，风景优美是旅游胜地。而说到生态旅游胜地评价标准，应该包括地理环境、四季气候、野生动物植物、本地人文等等，越多样性越好，越有特点越好。克什克腾就具备这些条件。

一、生态旅游要素丰富——物种多样、地貌出奇、文化灿烂

克什克腾位于一个地理交界处，即动植物地理分区的华北、东北、蒙新三区交界，这样的地方，植物和动物种类三区兼有，往往是某些物种的最南或最北分布地，不同区系的物种都有机会见到。比如黑琴鸡，克什克腾是它分布的最南端，而红眉朱雀，就到了它分布的最北端。这两种鸟，离开克什克腾往南往北就都各缺其一了。

再看地形，有一种说法，称克什克腾囊括了内蒙古的各类主要地貌——草原、沙地、森林、高山、湿地。这里可谓两山衔接(大兴安岭和燕山)、两沙握手(浑善达克与科尔沁)、两河起源(辽河、滦河),还有面积辽阔的草原大湖达里诺尔。一两天中可以浏览这么多不同种类的风景,除了克什克腾,很难找到这样的地方了。

克什克腾有地质奇景——阿斯哈图石林、大青山冰臼群“九缸十八锅”和平顶山的第四纪冰斗群,都属世界级的地质奇观;也有地貌奇景——塞罕坝山顶草原高山漫甸、塔头草甸,大兴安岭的天然白桦林地和坝上的人工落叶松林,浑善达克沙地中的疏林草原、河流源头,都美得独特。草原是内蒙古传统景观,而草原与湿地、沙地在克什克腾往往是交错穿插在一起,辽阔与变化兼有,放眼或俯视,宏观与微观的景致都绝不单调。相比草原牧歌,湿地水韵,沙地也许在人们印象中是荒凉,但克什克腾的各类沙生植物超过200种,千姿百态。

再看历史人文。西辽河源头西拉沐沦两岸,一万年前就有人类活动,当地出土的龙形石器和陶凤,被考古界誉为“天下第一龙”、“天下第一凤”;曾经称“漠北草原第一大都城”的辽国皇都临潢,就在河边。金长城又称金界壕,从克旗西部穿过;乌兰布统草原是清康熙帝平定准噶尔部噶尔丹叛乱的古战场……自然与文化的相互作用,生发着独特的灿烂。今天的内蒙古草原文化,骑马、喝酒、唱歌、住蒙古包,加上克什克腾特有的大湖捕鱼、森林采集,也都诱人神往。

二、从传统旅游走向广袤深邃的生态旅游

克什克腾不是今天才成为旅游胜地的。河北围场著名的景点坝上,在盛夏和初秋,游客云集,这里曾是皇家猎苑,河北人跨界用了塞罕坝和乌兰布统的自然风光和历史遗迹丰富了自己的卖点。那里错落的天然白桦树和整齐的人工落叶松,与起伏的高山草场相间,组成了线条优美、色彩变幻的图画。

但克什克腾的生态旅游资源远不止坝上,也不只在夏秋。严格意义上的生态旅游应该是在一年四季都旅游,是不分季节甚至反季节的,即在常规的旅游旺季之外去欣赏、领略自然生态,包括风霜雨雪、衰草枯杨;观察野生植物动物更能体会在任何季节都有精彩上演,任何气候都有缤纷特点。克什克腾的广袤深邃恰恰体现在四季都有美景高潮。

冬季——冰湖捕鱼,漠地览雀,雪原观杉

位于克什克腾西部的达里诺尔湖,200多平方公里,夏天是无际的“海”,周围草原碧草繁花,霞托日出,海上升月,都是大美至上的景色。如今,严冬的达里诺尔也有了旅游亮点——当地渔场延续原始传统的冬捕方式,从庄严肃穆的“祭湖仪式”,到技艺超群的“冰下走网”,气势磅礴的“起网”,吸引游客前来观赏。

草原的冬季是严峻的,但在晴朗无风的日子,百灵和北方迁来度冬的朱顶雀们,成群地在雪下草地翻食草籽,烟儿一般地飞起又落下,也给寂寥的草原带来勃勃生气。

冰雪中的白音敖包沙地云杉别有情趣。清晨的云杉林,林间雪地被早晨的阳光抹上一层金色,雪粒闪闪;高大而舒展的原始云杉,披雪迎曦,素净肃静;林缘溪流在冰雪下汩汩流淌,水气氤氲;忽一群狍子从林间蹿出,弹起冰尘雪雾,奔向远处……

春天——华子鱼、红杜鹃、白桦林与黑琴鸡

达里诺尔盛产瓦氏雅罗鱼,当地称华子鱼,在半咸水湖生活,却到淡水河流中产卵。华子鱼春天洄游产卵,鱼群沿河溯流蜂拥而上,挤满河道,有时竟造成水流不畅。此时此刻,说手脚轻盈的人可踩着鱼背过河或许夸张,能欣赏到如春运时火车站人流般的鱼头鱼背攒动,不是难得?

看了鱼流去登大兴安岭最高峰黄岗梁,虽然白桦树还没有发芽,林下草木枯黄,山上的风也还很冷,但是,黑琴鸡正在这个时候最活跃,开始它们的求偶争斗:白桦林中的空地上,三五成群的雄鸡聚过来,它们头顶的"鸡冠子"是两个鲜红的"绣球",黑色的尾羽外侧两根卷曲着,立起来像西方的竖琴,而下层尾羽是雪白的,竖起来打开像鹅毛扇。雄鸡争斗,展示着自己最耀眼的羽毛,雌鸡则在一边观战,选择胜利者与之"入洞房"。过了春天,虽然还可能在白桦林里遇到黑红白三色搭配的雄鸡,但机会少多了。

在白桦林刚刚吐绿的时候,林下大片的杜鹃花开了。大兴安岭的杜鹃是粉色偏紫红的,每一株都开得饱满旺盛的时候,连片的杜鹃成为花海。尤其是在白桦林的陪衬下,一面山岭全是紫色的花,白色的树,有微微淡绿的叶子渲染,冷风也是春意了。

深秋——天鹅湖的交响

塞外的秋季很短暂,枫红栌黄的日子在一场大风过后就零落无几。但是寒冷对天鹅、大雁们来说,还远远没有开始,只要达里诺尔的湖水没有结冰,它们会一直守着这片"海"不往南飞。

达里诺尔号称天鹅湖,一般游客都是在夏天来玩,能看见几只水鸟。到晚秋,幼鸟已经长大,北方又来了很多准备南迁的伙伴,达里诺尔集合了成千上万的天鹅、大雁、鹤类、野鸭,各种水鸟远远近近,或大或小,长脖子的,长腿的,成群列队的,孤芳自赏的,体态、色彩缤纷,鹤鸣雁舞,组合交响,蔚为壮观。

如果是早春到达里诺尔或草原上的其它小湖、水泡子观鸟,刚刚迁徙回到繁殖地的水鸟种类也很多,而且此时身披繁殖羽,一般都比秋天鲜艳、抢眼,也是美景。

三、生态美景需要建设和维护

游客来到克什克腾,不论今天看到怎样的美景,吃到怎样的美味,也许不会想到,这些已经不是原生态。由于人类活动,克什克腾的土地开垦、草原放牧,都改变了原生态,对自然的过度利用,则破坏了美景。是近10年的生态恢复与建设工程,重新给了克什克腾可以自豪的生态旅游资源。

在西拉沐沦源头的沙地上,看到小小的山杏苗顶着杏壳钻出来,看到嫩嫩的榆钱儿挂满枝头引得鸟儿来啄食,谁会想到,这里曾经因为过度放牧而植被稀疏,风沙弥漫,河源退缩。现在西拉沐沦源头建立了保护区,山杏的发芽与榆树的繁茂是禁牧与飞播的结果。

在克旗的餐馆、酒店吃饭，大盘的苦菜蘸酱、清脆的蕨菜炒肉、鲜嫩的蘑菇炖鸡……这些当地特色菜肴，今天能有丰富的供应，也是仰仗退耕还林还草、禁牧与封育，使天然植被得到恢复。克什克腾的特色饮料沙棘汁，营养丰富，可口宜人，也是生态建设退耕还林广种沙棘的成果。

在桦木沟林场，现在的林业职工开办了生态旅游林家乐，经营住宿餐饮，接待到塞罕坝旅游的客人。是林地、草原生态的恢复与保存，狍子、野兔、山鸡的自由繁衍，使林场能够从旅游赚钱了；挖野菜、采蘑菇，老辈人的生存手段，可以成为今天的旅游项目。

四野皆美，四季皆美，循环往复，平衡和谐，驻颜有术。克什克腾的今天，就是这样的大美无边。

（选自2007年6月23日《人民日报》海外版）

草原八月末

梁　衡

朋友们总说，草原上最好的季节是七八月。一望无际的碧草如毡如毯，上面盛开着数不清的五彩缤纷的花朵，如繁星在天，如落英在水，风过时草浪轻翻，花光闪烁，那景色是何等地迷人。但是不巧，我总赶不上这个季节，今年上草原时，又是八月之末了。

在城里办完事，主人说："怕这时坝上已经转冷，没有多少看头了。"我想总不能枉来一次，还是驱车上了草原。车子从围场县出发，翻过山，穿过茫茫林海，过一界河，便从河北进入内蒙古境内。刚才在山下沟谷中所感受的峰回路转和在林海里感觉到的绿浪滔天，一下都被甩到另一个世界上，天地顿时开阔得好像连自己的五脏六腑也不复存在。两边也有山，但都变成缓缓的土坡，随着地形的起伏，草场一会儿是一个浅碗，一会儿是一个大盘。草色已经转黄了，在阳光下泛着金光。由于地形的变换和车子的移动，那金色的光带在草面上掠来飘去，像水面闪闪的亮波，又像一匹大绸缎上的反光。草并不深，刚可没脚脖子，但难得的平整，就如一只无形的大手用推剪剪过一般。这时除了将它比作一块大地毯，我再也找不到准确的说法了。但这地毯实在太大，除了天，就剩下一个它；除了天的蓝，就是它的绿；除了天上的云朵，就剩下这地毯上的牛羊。这时我们平常看惯了的房屋街道、车马行人还有山水阡陌，已都成前世的依稀记忆。看着这无垠的草原和无穷的蓝天，你突然会感到自己身体的四壁已豁然散开，所有的烦恼连同所有的雄心、理想都一下逸散得无影无踪。你已经被溶化在这透明的天地间。

车子在缓缓地滑行，除了车轮与草的摩擦声，便什么也听不到了。我们像闯入了一个外星世界,这里只有颜色没有声音。草一丝不动,因此你也无法联想到风的运动。停车下地,我又疑是回到了中世纪。这是桃花源吗?该有武陵人的问答声,是蓬莱岛吗?该有浪涛的拍岸声。放眼尽量地望,细细地寻,不见一个人,于是那牛羊群也不像是人世之物了。我努力想用眼睛找出一点声音。牛羊在缓缓地移动,它们不时抬起头看我们几眼,或甩一下尾,像是无声电影里的物,玻璃缸里的鱼,或阳光下的影。仿佛连空气也没有了,周围的世界竟是这样空明。

这偌大的草原又难得的干净。干净得连杂色都没有。这草本是一色的翠绿,说黄就一色的黄,像是冥冥中有谁在统一发号施令。除了草便是山坡上的树。树是成片的林子,却整齐得像一块刚切割过的蛋糕:摆成或方或长的几何图形。一色桦木,雪白的树干,上面覆着黛绿的树冠。远望一片林子就如黄呢毯上的一道三色麻将牌,或几块积木,偶有几株单生的树,插在那里,像白袜绿裙的少女,亭亭玉立。蓝天之下干净得就剩下了黄绿、雪白、黛绿这三种层次。我奇怪这树与草场之间竟没有一丝的过渡,不见丛生的灌木,蓬蒿,连矮一些的小树也没有,冒出草毯的就是如墙如堵的树,而且整齐得像公园里常修剪的柏树墙。大自然中向来是以驳杂多彩的色和参差不齐的形为其变幻之美的。眼前这种异样的整齐美、装饰美,倒使我怀疑不在自然中。这草场不像内蒙东部那样风吹草低见牛羊,不像西部草场那样时不时露出些沙土石砾,也不像新疆、四川那样有皑皑的雪山、郁郁的原始森林作背景。她像什么?像谁家的一个庭院。"庭院深深深几许。这样干净,这样整齐,这样养护得一丝不乱,却又这样大得出奇。本来人总是在相似中寻找美。我们的祖先创造了苏州园林那样的与自然相似的人工园林,获得了奇巧的艺术美。现在轮到上帝向人工学习,创造了这样一幅天然的装饰画,便有了一种神秘的梦幻美,使人想起宗教画里的天使浴着圣光,或朗世宁画里骏马腾啸嬉戏在林间,美得让人分不清真假,分不清是在天上还是人间。

在这个大浅盘的最低处是一片水,当地叫泡子,其实就是一个小湖。当年康熙帝的舅父曾带兵在此与阴谋勾结沙俄叛国的噶尔丹部决一死战,并为国捐躯。因此这地名就叫将军泡子。水极清,也像凝固了一样,连倒影的云朵也纹丝不动。对岸有石山,鲜红色,说是将士的血凝成。历史的活剧已成隔世渺茫的传说。我遥望对岸的红山,水中的白云,觉得这泡子是一块凝入了历史影子的透明琥珀,或一块凝有三叶虫的化石。往昔岁月的深沉和眼前大自然的纯真使我陶醉。历史只有在静思默想中才能感悟,有谁会在车水马龙的街市发思古之幽情?但是在古柏簇拥的天坛,在荒草掩映的圆明废园,只会起一些具体的可确指的联想。而这空旷,静谧,水草连天,蓝天无垠的草原,教人真想长啸一声念天地之悠悠,想大呼一声魂兮归来。教人灵犀一点想到光阴的飞逝,想到天地人间的久长。

我们将返回时,主人还在惋惜未能见到草原上千姿百态的花。我说,看花易,看这草原的纯真难。感谢上帝的安排,阴差阳错,我们在花已尽,雪未落,草原这位小姐换装的一刹那见到了她不遮不掩的真美。正如观众在剧场里欣赏舞台上浓妆长袖的美人是一种美，画家在画室里欣赏裸立于窗前晨曦中的模特又是一种美。两种都是艺术美，但后者是一种更纯更深的展示着灵性的美。这种美不可多得也无法搬上舞台，它不但要有上帝特造的极少数的标准的模特，还要有特定的环境和时刻，更重要的还要有能生美感共鸣的欣赏者。这几者一刹那的交汇，才可能迸发出如电光石火般震颤人心的美。大凡看景只看人为的热闹，是初级；抛开人的热闹看自然之景，是中级；又能抛开浮在自然景上的迷眼繁花而看出个味和理来，如读小说分开故事读里面的美学、哲学，这才是高级。这时自然美的韵律便与你的心律共振，你就可与自然对话交流了。

呜呼！草原八月末。大矣！净矣！静矣！真矣！山水原来也和人一样会一见钟情，如诗一样耐人寻味。我一步三回头地离开那块神秘的草地。将要翻过山口时又停下来伫立良久。像曹操对洛神一样“背下陵高，足往神留，遣情想象，顾望怀愁”。明年这时还能再来吗？我的草原！

（选自2008年《文苑》第六期）

克什克腾旗——历史上大元帝国的传奇之地

孙再兴

在赤峰市克什克腾旗达日罕境内的达来诺尔湖西畔，有一处曾经繁华过的草原都市，那就是元朝最后的都城——应昌路遗址。残阳照耀下的古老的城垣，清晰可辨的层层夯土犹如历史的年轮，叠压着蒙古帝国最后走向灭亡的沧桑。

元代的应昌路，城北临近巴彦查干嘎查，城南濒临耗来河以及巴彦门都嘎查。古城的东、西、北三面为群山环抱，耗来河由西向东注入达里诺尔湖。应昌路古城的东北就是金朝的界壕边堡，亦被当地的牧民称之为成吉思汗边墙。周围的山峦属于阴山山脉的东麓和大兴安岭南麓山脉的结合部，可谓山峦起伏，且在山地之间多湖泊与山地草原。应昌路古城所处的地理形势，犹如簸箕型，其开口南面向耗来河方向为山地松林地带，古称松漠之地或称平地松林。唐朝曾经于此地建有“松漠都督府”，辽朝属于上京道饶乐州辖境，金朝隶属于北京路的全州管辖。达里诺尔又称鱼儿泊，曾经是匈奴的左地和东胡族行使拜天祭山的“蹛林”之地。辽、金、元三朝皇帝亦经常行猎于此，并修建有行宫之所。

元代的应昌路又名鲁王城，是元朝塞北的三大名城之一，也是由元大都经元上都通往岭北行省的重要通道，又称“帖里干东道”。这条古道的起点站是元大都（今北京市），经元上都（今内蒙古正蓝旗昭乃门苏木），向北到达应昌路，再向西北至克鲁伦河上游，转而西行到达鄂尔浑河上游的和林地区，即元世祖忽必烈以前的“大蒙古国”的政治统治中心,漠北的哈喇和林古城。有趣的是应昌路与元上都、元大都同处在南北一条垂直线上,这种设计显然具有深刻和久远的考虑。忽必烈于至元8年(1271年)设置应昌府,不久又升为应昌路。应昌路古城当修建于元朝的至元8年,即公元1271年前后。元朝初年,应昌路附近便被封为蒙古翁吉拉惕部的游牧地,并将跟随大汗屡立战功的特薛禅的后裔封为鲁王,自此以后应昌路也就成为了弘吉剌部的世居之地。所谓的鲁王是至元27年(公元1290年),弘吉剌部的蛮子台被世袭为万户侯济宁王,继而又进封为鲁王而得名。此后弘吉剌部人凡被袭封为万户者皆加封或进封为鲁王,所以应昌路又有鲁王城之称。而"济宁王"之号,则是元太祖铁木真赐封给弘吉剌部特薛禅之子按陈的封号。说明达里诺尔湖附近,早在元太祖初年就已经成为弘吉剌部的封地。

公元1368年,朱元璋率领的明军攻占元大都,元朝宣告灭亡。元顺帝妥懽帖睦尔则率领元朝的残部北逃至元上都,后来又北遁至应昌路,并开始调集岭北等地的元军以应昌路为中心,在应昌路东、西、南三面的察罕脑尔、骆驼山、开平一线布阵迎击明军,有效地阻止了明朝军队的北进,为元朝的残存力量的积聚赢得了喘息时间。面对着貌似固若金汤的草原孤城,妥懽帖睦尔放松了应有的警惕,恶习大作,于是在应昌城内大兴土木,修筑离宫,建造巨型龙舟,创淫乐之舞,以达里诺尔湖为天然屏障,终日沉浸在花天酒地、歌舞升平之中。据记载,元末著名的"十六天魔舞"就是由妥懽帖睦尔在这个时候创作出来的。人的精力是有限的,1370年春,在一个桃花艳艳的季节,这个将蒙元帝国推向深渊的末代君王终于因患杂症一命呜乎了,时年仅仅51岁。在他死后的20多年里,应昌路在朱明王朝一次又一次的洗劫下,一个曾经威震北疆草原的壮丽宫城千疮百孔。公元1371年,皇太子爱猷识理答腊在此继帝位,改为宣光,即北元。

弘吉剌部特薛禅是成吉思汗的岳父,成吉思汗的大皇后勃儿帖就是弘吉剌部的女儿,据说,太宗窝阔台一纸"弘吉剌部生女以为后,生男世尚公主……"的圣谕,使得这个部落在终元之世,蕴育出18位皇后、16位驸马,这在中国历史乃至世界历史上也都是空前绝后的。这座城市虽说远在塞外,却也有着中原的元素,因为这里也有儒学、文庙。当初这里也是一座繁华的城市,只可惜这里最终却逃不过一场浩劫。明军后来攻占应昌,由于无人约束,在城内大肆烧杀抢掠,等到主将李文忠从前线回到此地时,城里已是熊熊大火,地上满是尸体,已无马下蹄的地方。此后永乐时期,这里被改为清平镇,之后毁于战火,废去。

抚今追昔,悠悠的历史带给我们无尽的感慨,今天的应昌路古城遗址无语,可遗存的塔、寺、墓葬区及断壁残垣还在诉说着当年的故事。现在,应昌路古城遗址保存极好,有总面积达20平方公里的遗址群分布区,遗址距今730余年,城内较为平坦,南部有井字形街道为市肆区;中部靠北为鲁王宫城遗址,南北长24米,东西宽240米,墙体板筑包砖，四面中部辟有宽 8 米的城门，南北城门上存有高大的门楼建筑，城内还分别存有罔极寺、儒学、孔庙、报恩寺等遗址。在当时，应昌路与大宁路、全宁路合称塞北三大名城。应昌路遗址具有较高的历史价值、科学价值和独特的艺术价值，一是应昌路遗址是一处布局严谨，坐落有序的古建筑群体，集中反映了我国古建筑遵循的前朝后市、左宗右社的建筑格局；二是这里是目前国内已知的保存极为完整的古代遗址；三是对于研究北元这一历史缺环，具有不可多得的研究价值。

可喜的是，应昌路遗址于 1963 年定为内蒙古自治区重点文物保护单位，2001 年被列为第五批全国重点文物保护单位；近年来，应昌路遗址保护工作更是得到了极大重视，1998 年、2006 年国家文物局领导先后两次专程视察应昌路遗址的保护工作，当地文化部门也力促应昌路遗址与元上都打捆申报世界文化遗产。

（选自 2007 年 2 月 5 日《内蒙古日报》）

蒲　公　英

张廷琢

在家乡的土地上，生长得最普遍、花开得最早的可算得是蒲公英了。

蒲公英，在花的王国里，它的名字太平淡了。既不像茉莉那样香气浓郁，招人喜爱；又不像牡丹那样艳丽而高贵，令人赞赏。它是那么普普通通，默默无闻。尽管如此，但我觉得蒲公英仍不失为一种值得赞美的小花。

你看，当北方的大地刚刚解冻的时候，蒲公英就破土而出了。而且刚出土不久，就把它那唯一宝贵的东西——小花献了出来，用来打扮北方的春天。晚春季节，你如果在北方辽阔的原野上行走，随处可见散开在小草里疏疏落落、星星点点的小黄花，它们虽然并不鲜艳，但可以说是北方大地上出现得较早而引人注目的景物了。人们常说春天繁花似锦，其实并不然。在北方，那万紫千红的景象是要到仲夏才会见到的。在那百花争妍的时刻到来之前，只有蒲公英和那些花中的小姐妹们齐心协力地点缀着北方的春天。

蒲公英有顽强的生命力。它们落在山脚，就在山脚扎根；它们落在河边，就在河边生长。在北方的大地上，无论是山脚、河边，还是田头、路旁，到处可见它那瘦小的身影。只要是有土壤的地方，它们就能够生存。而且越是落脚在贫瘠的地方，越是奋力地生长，并竭尽全力把它们所在的地方打扮得美丽起来，而它们自己则在那里度过平凡的一生。

蒲公英刚刚出来的时候，大概是由于严寒和干旱对它摧残过分的缘故吧，枯瘦枯瘦的，但它顽强地生长着，耐心地等待着、盼望着。它相信温暖的阳光会照到它的身上，甘甜的春雨会落到它的头上。果然,太阳暖起来了,春雨落下来了。几场春雨的滋润,万物都有了生机,蒲公英也渐渐地肥大起来。但它们始终不愿远离大地母亲的怀抱,它们永远和大地贴得那样近,像是报答大地母亲的养育之恩。

蒲公英还有更值得赞美之处,它们说长一齐长,说开一齐开。当它们瞧瞧周围所有的伙伴们都肥大起来的时候,便露出会心的微笑。这微笑,像是对天空显露胸中的欢悦,像是对太阳表达它们心中的感激。

哦!多么顽强的蒲公英,多么纯朴可爱的蒲公英。它们和它这里大地上勤劳的主人——家乡的建设者们是多么相似啊!

(此文在2006年3月济南市文联《当代小说》编辑部举办的首届'新诗文杯'全国精短文学作品大展赛活动中获优秀奖。入选《中国诗文优秀作品选》(第一卷)

书写生命的痕迹

崔海棠

很久没有写什么了,恍如隔着一个世纪那么远的距离。不是不想写,文字一直以来是自己最钟爱的表达方式,也想写写一年来的心情,可是几次拿着笔,却写不出字来。

过往的一些事情,脉络清晰地呈现在眼前,仿佛伸手可触,那种美妙与痛楚的纠葛,那种温暖如春与寒冷彻骨的极致,那些含泪的欢愉与笑声背后的酸楚。想说的太多,却又不能清晰地用笔表达出来那种感觉,思绪一片混乱!

回过头去,盘点那些过去的岁月,如水的时光缓缓漫过生命的每一刻,深深浅浅,清清淡淡。一点一滴的痕迹,都跳跃着生命的音符,吟唱着一段段激情故事,而这故事的内容都是自己一笔一画饱醮着身心沁出的血泪,用时间的笔墨,刻画在生命画廊里的,不管是无意的还是巧合的,不管是七彩的还是黯然,都深深地烙印在生命上,刻画在岁月中,旋荡在记忆里。

重新回顾那些经历过的岁月,翻看着那些生命遗留下的痕迹,很欣慰,骨子里钟爱的文字,让我有机会重新审视自己,重新认识自己,让我有机会晒亮自己的心事。随着写就的心情,游历着自己的悲欢离合,品味着自己痛且快乐的爱,徜徉在生活的海洋里,看着独舞在人生戏台上的自己,一招一式舞来,间或偶尔错乱的舞步,却是以自己喜爱的方式表演出来,心亦释然。

留恋在文字里,我把痴爱幻化为心中所想,一切有形或者无形的,以我喜爱的形式吐露;游荡在文字里,我把欢快的心情寄予给蓝天白云和山川河流,我把炽爱奉献给平坦无垠的草原,以我热爱的方式倾诉;翻飞素指,我把悲情在厚重的夜幕下寄给星空,我把泪水泅禁在暗夜里,流失在秋风凄雨中,以我想要的方式写出;思绪的浪花变成涓涓细流,我把不尽的相思拉长、延绵,纤纤十指牵动着心底的琴弦,我吟唱着属于自己的旋律。

文字,如同流淌在我身体的血液一般,没有了这滋润生命的血液,也就无从谈起生命的乐曲。那些绚丽的文字从我的生命中潺潺流淌过,在我的生命长河里,它谱写着人生的酸甜苦辣,歌颂着美好的生活,缅怀着逝去的青春,祭奠着刻骨的爱,期望着明天的希望。文字,是浇灌我生命之树的泉水,有它才有树的翠绿;文字,是我生命的驿站,有它才能有个角落休整疲惫而又伤痕累累的心;文字,是我生命的支撑,有它才能有勇气跨过那些无法逾越的心理障碍。我爱文字,从骨子里。

在生活里我是个言语羞涩的女子,而在文字里我是个自如的女子。虽然,我知道自己的文笔生硬,没有什么文学底蕴,但是书写的却是自己的心情,不求妙笔生花,只要能流畅自如地写出自己的心声,只要能记录自己的生命,放飞自己好亦或是坏的心情,便再无它求。

(此作品荣获2008年赤峰市"平煤杯"文学作品大赛优秀奖)

洒向病区的爱(报告文学)

邢　昆

一

深秋,桦树叶黄了,河柳枝红了,一辆马车负载的吱呀声碾碎了方圆百里病区的沉寂。原昭盟防疫站派到克旗的十人防疫小分队坐着四套大马车开进了红山子病区,开始建国后第一次地方病流行病学调查。这是1957年10月。

沿着蜿蜒的山区小路往上走,越走山越高,越走林越密,越走川道越窄,两边的大山伴着林涛向中间扑来,把一条本来不太宽的路挤得像一条又窄又长的带子,飘飘忽忽的伸向山峦深处。再往西,翻过海拔一千多公尺的"牤牛坝",来到了萨林河、天太永一带。

映入眼帘的是一片荒凉的情景,地里稀稀落落的堆着几堆没拉完的庄稼;十几里不见一处人家,更难得见到几个行人,偶尔飞过几只乌鸦,发出嘎嘎的叫声。来到村子里,看不到一处像样的住房,几棵桦树支撑起的"马架子"房,就是人们栖息的地方。衣衫褴褛的孩子,蓬头垢面的妇女钻出马架子,惊奇的打量马车和车上的医生们……。晚上,医生们躺在村子里最好的马架房火炕上,刺鼻的牛、羊粪味,呛人的青烟和着又黑又脏的棉被那说不出的味儿,令人久久难以入睡。

早晨洗脸,几个人共用一盆水,黑乎乎的洗脸水是舍不得倒掉的,早已守在门口的房东接过来还要给猪拌食。吃的是又黑又硬的莜面苦力和咸菜;喝的是上面浮着一层柴禾沫,看一眼就恶心,喝一口苦涩苦涩咽不下去的河塘水;而一到冬季封河,只好喝雪水。

贫瘠的土地,破烂的住房和面黄肌瘦的孩子们勾勒出一片荒凉和贫穷。

二

更残酷的是那些吞噬人们生命的地方病。

小分队经过深入调查,发现这里有几种地方病同时存在。当地流传说:“喝了柳拨水,粗了脖子细了腿”,“一代甲(地甲病)、二代傻、三代四代断根芽”,多少年病区人口的出生抵不住地方病的吞噬。

大骨节病,俗称“两头晃”、“芦节病”,《热河经棚县志》载:“萨里克、乌兰公地方,人民幼时健壮,二十岁后手足渐痉挛,至四十岁遂病伛偻,是则地脉使然。”这些病人关节变粗,活动受限。“吃饭端不动碗,睡觉上不去炕”,许多青壮年劳动力成了半个残废人,从解放到1963年,红山子地区竟送不出一个身体合格的共和国卫士。

还有让人谈虎色变的克山病,其危害程度不亚于“癌症”。克山病又叫“靠山病”、“吐黄水病”,是一种病因迄今未明的慢性病程的地方性心肌病。据考证,在我国华北、东北和西北地区已有百余年的历史,早在清咸丰年间,陕西黄龙金灵寺碑文就有记载;至晚清末年,黑龙江省克山县病情最重,故以“克山病”命名。

在生产队的场院屋里,在马架子里,伴着昏暗的摇曳不定的煤油灯光,听着人们凄惨的回忆那不堪回首的往事,心酸的泪水扑簌簌而下,声音呜咽了……。

1952年,克山病又一次大流行,从入冬到翌年春,二道沟、碳窑沟两个村子的生育期妇女相继被夺走生命,她们有的是怀抱嗷嗷待哺的孩子离去的;有的是在烧火做饭时离去的……,男人是女人的精神支柱,女人是男人的生活依托。这些女人,上要孝敬父母,下要抚育儿女,不可能无牵无挂撒手而去,却没来得及留下一句话。男人的精神崩溃了,好端端的家破了,在那难熬的日子里,哭声恸地,淹没了呼啸的寒风;泪水凄凄,融化了皑皑白雪;孩子哭着找妈妈,撕碎了男人的心。看不到炊烟缕缕,听不到声声鸡鸣,一片萧条,一片寂静。

“疾病和贫穷是双胞胎”,那时的病区,走进屋里,窗上没有挡风的纸,炕上没有席,男人坐在那发呆,孩子围着被子躲在炕旮旯里瑟瑟发抖,困惑的眼睛望着外面本该属于她们的那片天地。

人亡家破,病区人民的心在滴血;房漏田荒,病区大地发出了撕心裂肺的呻吟!

三

小分队的调查报告送到了克旗旗委,传到了昭盟公署、内蒙古自治区和首都北京。

1963年,原内蒙古自治区卫生厅包正副厅长一行视察了红山子克山病区。

克旗成立了防克指挥部，副旗长斯恩布勒带着防克工作队开进病区；旗人委拨出专项救济款，给病区送去棉花、布匹，让病区人都穿上过冬的棉衣；从林场调去大批建房木材，扒掉马架子房，盖上起脊房；在三义白土井子、红山子双和旺建立了常年防克所。

1965年冬，内蒙古卫生厅抽调十五名医务人员到红山子防治克山病。接着，中国人民解放军220医院、1451、1486部队卫生队，原昭盟医院、防疫站等十几批近百人的医疗队先后到病区开展工作。从防疫站到公社卫生院、生产大队、自然村层层建立防治网，自然村的防克员经过培训，装备药品，随时可以抢救病人。发病季节，自上而下十天报告一次病情，克山病处在防治网的层层包围之中，淹没在群防群治的汪洋大海中。

1977年，由中国医学科学院防克小分队主持，在四川西昌地区召开的口服亚硒酸钠防克效果总结交流会上，肯定了硒对显著降低急性克山病死亡和改善预后的效果。这项曾获国际“施瓦茨”奖的科研成果，也迅速在克旗病区推广。到八二年，全旗病区服硒人数已达二万之多，从1978年冬以来，全旗无急型亚急型克山病的发生，慢克发病率也控制在最低水平。

降低发病率，减少急发死亡，最终攻克克山病已不再是神话。

病区人民看到了生命的曙光……。

四

暑往寒来，克旗的防治克山病工作已经度过了二十多个严冬。在那些大雪飘飘、滴水成冰的岁月里，一批批防克医生用自己无私的奉献，谱写着冬天的歌，编织着春天的花环。作家丁玲说过：“人，只要有一种信念，有所追求，什么艰苦都能忍受，什么环境都能适应。”尽管在克旗重病区从事过防克的医生数以百计，岁月在瞬间流逝，人又天各一方，只要沿着历史的辙印去寻觅，仍可发现他们那闪光的足迹。

管文增，早年毕业于中国医大四分校，随热河省的防疫大队到赤峰，后又分配到克旗防疫站从事防疫工作二十多年。这位河北农村出生的医生，黝黑的面庞，浑身是泥土味和风霜气，生就一副倔犟脾气，大家都戏谑的叫他“管老弩”。红山子的天太永村是一个路远、人稀、条件差的防克点，七四年冬，已担任地方病科副科长的管文增又使出了他的犟劲，“都说那儿的条件差、生活苦，我就不信呆不下去。”防克季节一到，他抬腿下了天太永，一气蹲了两个多月。住的是大队办公室，食堂没有别的粮食，硬是一日三餐吃了四十多天的莜面苦力，啃了四十多天的咸菜疙瘩，照样走村串户，防治病人。直到他病倒了，乡亲们把电话打到单位才接他回来。每当提起此事，他总是平平淡淡的一笑，说：“没啥大不了的，习惯了一个样。”

一次偶然的机会，发现他的心电图有了异常，经诊断确定为“二度房室传导阻滞”，根据他长期在病区工作的历史，证实他已患上了地方性克山病。患上这种病因不明的地方病将意味着什么？后果不言而喻，同志们劝他休息，劝他用药，他又来了犟劲“我就不信这个邪”。像往年一样，入冬后领着大儿小女，楼下一冬天取暖用的树叶儿，一摊子家务扔给纤细瘦小、腰腿疼痛的老伴，又去了病区……。

再看看这位从小在赤峰长大，毕业于赤峰卫校，在克旗的克山病区工作了二十多年的中专生吧。

二十多年来，病区的风霜磨砺，把他从一个毛头小伙子摔打成壮壮实实的中年人。在他身上再也找不到“城市味”，看不到“小知识分子”样，只有那双浓眉大眼，依然透露出睿智和干练。他喜欢病区人民的热炕头，叼个小烟袋，天南海北的“侃大山”，他用那日趋精湛的医术，夺回了一个又一个濒临死亡的生命，他叫付彦博。

春节，这个古老的传统节日，充满着吉祥、欢乐和团圆的浓厚色彩，付彦博已有十几个春节是在病区度过的。七五年冬因其他工作他没去病区，刚进农历的腊月，他就开始忙年了，给远在赤峰的双亲寄了钱，为患冠心病的老父亲捎去药，陪妻子去商店给孩子选衣服……，恰在这时，单位却通知他去白土井子病区“把年关”，他能说什么呢？腊月二十六又去了病区。

这是一个新设的防克点，住在一户社员家的对面屋，吃的是全麸面，喝的是冰雪水，取暖用的是羊粪砖湿漉漉的，放在火炉旁，烤干一块烧一块，好在已经习惯了。

除夕下午，他到邻近的一个村子出诊，返回驻地时，已经是夜间十一点多了，刚生着炉子柴湿风大，满屋是烟，呛得他直流泪，只好在屋里点上四、五支蜡烛，用几只药盒缝了一个炉拐脖套在烟囱上，当满屋浓烟散净时，时针正指夜间零时。

大年初一早晨，房东大嫂端来了热气腾腾的饺子——当地人有吃红糖馅饺子的习俗，喻示新的一年甜美——他一连气吃出了三个糖饺子，他满足的笑了。吃过早饭，迎着和煦的阳光，兴致勃勃地到乡亲们那拜年，坐在有收音机的老乡家，津津有味的听着春节文艺节目……。

一阵急促的汽车喇叭声传来，旗医院的救护车开进了村。

噩耗传来，他在赤峰的老父亲突然病逝！

乡亲们围上来，女人们唏嘘着，男人们默默的为他张罗着，房东大嫂拿来一块猪肉，赵家兄弟扛来一袋白面，李家大娘泪眼婆娑的递上一串蘑菇……，他的泪水再也忍不住了，顺着脸颊往下淌，一句话也说不出来，跪倒地上给父老乡亲们磕了一个头，起身跳上了汽车……。

“月有阴晴圆缺，人有悲欢离合”。他们把团圆献给了病区的人民，把悲伤和痛苦留给了自己。

时代的列车风驰电掣般地跨进了九十年代。

今日病区，再也见不到那凄凉的景象，再也看不到那衣衫褴褛的人们。宽阔的公路，明亮的住房，清澈透明的自来水把你带入一个丰衣足食的天地。

1964 年,当红山子地区第一次把自己的三个小伙子送去入伍的时候;当八十年代第一名病区儿女考入内蒙古医学院的时候;当那些被克山病夺走母亲的孩子们穿戴整齐地坐在课堂里朗朗读书的时候;当红山子社办柳编厂的女人们看到亲手编织的产品远销外地、脸上绽出少女般微笑的时候,病区的父老乡亲早已把防克医生的平凡业绩铭记在心中,并为他们竖起了一座无形的丰碑。这座丰碑是那样的嵯峨,那样的辉煌……。

这,就是爱,是党培养下的防克医生洒向病区山山水水、洒向病区人们心中的爱。

(此作品选自 1990 年 10 月内蒙古人民出版社出版的克什克腾旗报告文学集《云杉的故乡》)

走进你——乌兰布统

柴树果

那是人间壮美的梦幻。

那是震撼心灵的草原。

初秋时节,我又一次走进了塞外坝上草原——闻名遐迩的旅游风景胜地乌兰布统。落脚在这绿的王国里,视野满是一片浩瀚绵延的绿色,接天连地,气势莽然。虽已进入秋季,碧绿的原野还未蜕去春夏的基调。绿茵丛中,黄灿灿的金莲花低吟媚笑,张扬炫目;翠绿泛黄的白桦林婀娜秀气,次第排开,一块块镶嵌在锦缎般的草原上,那丰腴的光泽和摇曳的身姿,似在挽留走进草原的人驻足。

乌兰布统(古称乌兰布通),蒙古语,意为"红色的瓮",因境内大红山其形如瓮而得名,即乌兰布统峰。这是一片神奇的土地,在历史上曾经历过战火的洗礼,留下了辉煌的一页。

1690 年秋,蒙古准噶尔部首领噶尔丹亲率几万大军,沿克鲁伦河长驱直入,逼近乌兰布统。清朝皇帝康熙御驾亲征,在乌兰布统峰下与准噶尔军展开了规模空前的决战,战斗惨烈悲壮。准噶尔军凭借驼阵殊死抵抗,一直持续了三日,准噶尔军受到重创而溃退。这段历史世人皆知,乌兰布统也因此蜚声四方。来到这里的人,不仅是要见识一下它那波澜壮阔的古战场,感受下当年金戈铁马披坚执锐的豪壮,还想领略回味坝上草原那独特的魅力。

当我乘车来到古战场遗址——乌兰布统峰下,那褐红色的山峰,如侧立的赤坛半掩于砂砾之中。乌兰布统河绵延伸展,绕峰而过。峰前一泓碧水清澈如镜,与布统峰相映成趣,因清军大将佟国刚战死此地而得名将军泡子。这里水面虽不开阔,但碧水灵秀,芳草葱绿,雁鸭飞翔;四周丘峦迭起,白桦拥翠,红柳如丹,构织成色重霜浓的绚丽与浪漫。伫立于乌兰布统峰上,凭吊古战场、十二座连营、点将台,望苍山如海,看残阳如血,仿佛置身于当年的烽火硝烟之中,抚今追昔,感慨颇多。

置身于阒然寥廓的山水草原,总能感受到一种亲和的召唤。1991,也是这个浓夏浅秋的季节,克什克腾旗电视台应北京军区红山军马场韩国才场长的邀请,广利、树均我们一行3人专程去场里采访。红山军马场隶属北京军区,始建于1964年。从此,乌兰布统草原就成了养育军马的大后方。《我为祖国养军马》,那律动豪迈的歌声,曾催唤多少热血儿女扬鞭跃马驰骋草原。草儿绿了又黄,花儿开了又落。40多个寒暑,一批又一批合格的军马输送到大江南北,边防哨卡,担负保疆为国的大任。当时,我们去的第二天正赶上军马选秀,从不同连队选上来的色彩迥异的上等军马,个个毛鬃光亮,虎虎生气。几十匹龙驹宝骥一字排开在绿野之上,马蹄声碎,随着发令枪的一声鸣响,骑手们扬鞭策马箭一样飞驰而去,转瞬间隐没消失在极目深处。

远处移动的马和静止的树是这里不变的风景。原始次生林、人工林于草原交织延伸,构成了大自然生命的底色,它的澄澈与纯正更唤起了人们对自然原生态的认知。乌兰布统以其独特的文化特性,吸引着世人关注的目光。我们沿着古战场、十二座连营驱车缓缓行驶,来到当年康熙帝号令三军的点将台。点将台是座自然形成的小山包,赫然兀立,峰石凸起,徒步登临,伫立其中,大有君临天下的感触……麾下旌旗飘猎,鼓角相闻,气势夺人。眼下,点将台四周已被茫茫的人工落叶松所笼罩,看上去仍如同士气饱满的军阵,排山倒海,风云激荡。

走进这上苍亲情眷顾的方圆1000平方公里的乌兰布统草原,寻觅着无尽缥缈瑰丽的远古故事,观赏这高旷俊奇,气势磅礴,雄浑壮阔的自然景观,注入其间,流连忘返。可以说,这里汇集着坝上草原无尽的风光,隽秀迷人的公主湖,像裹着轻纱的少女,窈窕而多姿;壮观诱人的乌兰大峡谷,像巨龙横亘翡翠开堑,峥嵘而峻奇;金色醉人的金莲滩,像盛开的芝草瑶花,绚丽而妩媚;斑斓动人的五彩山,像天工巧作的一幅水墨画,美艳而夺目,还有那茂密的白桦林、连片的湿地、清澈的河流、别致的草原小木屋……激发游人更多的探幽揽胜,牧养心灵的乐趣。

人们称谓乌兰布统是首都的后花园,离北京最近最美的草原。这样的定位并不夸张。因为,从北京到乌兰布统仅仅有800里之遥,驾车一天轻松打个来回。这次,我们好奇的来到草原的尽头——吐鲁根河。这是一条界河,过了河就进入河北围场了,河道并不宽阔,但河水清澈见底,水流湍急,河两岸分布着不同的娱乐游玩景点;漂流、垂钓、骑马、射箭、射击,还有山地车、草原摩托……,游人可尽情挥洒。路边还有数不清的摊点,摆放着各种草原特产、旅游纪念品。说起吐鲁根河虽名不见经传,可它却是滦河的发源地。曾几何时,规模宏大文明华夏的引滦如津工程,为天津的民众送去了滋润的甘露。滦河之水天上来,奏出了草原母亲河源远流长的生命赞歌。说来也巧,当我要离开美丽的坝上草原时,迎来了一群天真烂漫的孩子,他们是北京第十七中学的学生,鲜艳的旗帜上醒目地写着“走进草原采风团”。当我得知这群十

四、五岁的孩子是靠着双腿，在路上跋涉了几天，才到了他们魂牵梦绕的大草原，我的心颤栗了。望着他们手舞足蹈欣喜若狂的神态，凝视起一张张坚毅而有些汗水模糊的脸庞，心里顿时泛起了阵阵欣然的敬意。

春有百花秋有月，夏有凉风冬有雪，乌兰布统的景观四季交替地呈现给游人。时令已过大暑，北京依旧是溽热难耐，这里却是惠风丽日，凉爽宜人，驻入其间身心俱畅，久久不愿离去。从满清康熙起，这里成为历代皇家避暑狩猎的首选地，迄今，又是国内外不可多得的影视剧外景拍摄基地。《还珠格格》《三国演义》《康熙大帝》《射雕英雄传》《遥远的布尔特》等50多部影视片的外景相继在这里拍摄。有人说，乌兰布统可与中欧的瑞士草原相媲美，我没有亲身感受到异国的风光，不敢苟同。但至今我依然对眼前的这片草原情有独钟，特别每次走近它，我总要驱车来到碧绿草坡下的公主湖边，静静欣赏这里醉人的景致。那花林掩映的湖水，清波幽幽，拥吻着岸边的白桦，小船儿划开碧波，水面上漾起一圈圈涟漪，恰如妩媚少女多情的笑靥。还有那不知名的鸟儿，时不时地掠过水面，带着悦耳鸣声飞向岸边水草丛中。

乌兰布统已划为旅游开发区，正竭力打造国家级旅游名区。这里已建起许多中小型旅馆类似“农家乐”、“牧家乐”、“林家乐”的私人家庭旅舍，在食宿上本着洁净舒适，物美价优，乡土特色招徕游客，以增加收入。我每次来到乌兰布统，多数是食宿在开发区管委会的招待所，但也接触了许多民营服务业的老板。如名仁山庄的老总李殿民、丰泽庄园的老板叶川芬，他们从事住宿餐饮业已有十多年，开创了乌兰布统旅游服务业的先河。以他们淳朴善良、好客的品格赢得了游客的青睐。我第一次见到李殿民时，他非但没有“大老板”的架子，反而以他充满活力，风趣幽默的人格魅力感染了我。他心里装着好多故事，讲起故事来又总是绘声绘色，沁人心脾。认识叶川芬是在风泽庄园的餐桌上，她亲自下厨，笑盈盈的为我们端上来一大盘热气腾腾、纯正美味的手把肉。接着，她又放开歌喉，为我们演唱了一首歌曲《草原在那里》，歌声伴着酒香顿时溢满了整个庄园。

曾经的金戈铁马，曾经的民族悲壮，都已是白驹过隙，那般的遥远。如今，一切都来的那么自然和谐。从喧闹的都市走进这空灵奇峻的草原，那是在感受超尘脱俗的另一世野，既远古又现实……此后的漫漫岁月，都会因这份无尽飘渺瑰丽的故事而变得坦然、都会因这片浩瀚绵延充满魅力的草原而变得明媚。

平顶山感怀

张广成

看不见车马喧阗,听不到人声鼎沸,一切都那么寂静。这就是平顶山——克旗所谓的八大景区之一。四野瞭望,除了高耸入云的群山,就是绿草茵茵的谷地。虽然是秋天,但还感受不到秋气日恻恻,秋空日凌凌的寒冷景象,我们自山道上行,山川自相映发,使人应接不暇,所过之山,清丽秀美,看不胜看。

我们是去看冰斗的。汽车进入万合永不过一个小时,那嵌有冰斗的高高山峰就历历在目了。古人认为山川是地方的主要标志,平顶山是个什么样子,只有登上去才能知道。

然而,走到山根儿我才发现,想登上平顶山绝非易事,恐怕有蜀道之难吧。那奇型怪状的石头,若人、若物、若兽,尤其可怕的是没有登山的路,且石头光滑,人只能四肢着地小心翼翼的往上攀爬。我望而却步,听从了长辈老师们的劝阻,留在了山下。也是,一个心脏病患者逞什么能,只有槃旋偃仰,从容冶步了。

其实,我对于山川是有着特殊感情的,不但是我,四十岁往上的人哪一个没与山川结缘!几十年前为了生计,家乡的南山留下多少人的足迹。如今,山川依旧,面目全非了。平顶山,并没有什么奇特之处,它除了高大和带有斗的形状以外,就只有草木葱茏了。山虽高,但缺少了些许灵气,这也许是没有水的原故吧。

它或许是当地的主要标志吧,这里的人也一定是勤劳、善良的,因为平顶山就朴素无华,古人说的好:"只疑淳朴处,自有一山川"嘛。

看不尽的平顶山秋色,看不完的绿野山川。我虽然没能登上平顶山的绝项,但我毕竟来到了它的眼前,我仿佛与它一起经历过春的吐华、夏的布叶、秋的凋零、冬的成实。高山,使我思绪万千,那高入云端的平顶峰不就是一个正正当当的人字吗?难怪人们常说正立如山不动摇。

不管是高山还是低谷,不管是花草还是林木,其实万物都是有灵性的。如果只是为了旅游而旅游,那就惨了。眼前的平项山高于云端,若隐若现于半空中,或许它就是佛家所指的山王吧。如今,信佛的人多如牛毛,但真正懂佛的人并不是很多,佛教文化当然深厚,但其主要一点就是要人们行善,有一个平和的心态,说穿了,就是少被尘世熏染,多一些真诚。如今信仰危机,人们与佛结缘,亦或是一种寄托吧。古今中外有多少文人墨客取逸山林,他们用大自然的景色陶冶性情,其实,大自然给人们的启迪是无穷无尽的,因为山川,使多少人挺起了脊梁;因为流水,使多少人荡去尘埃。做人如果能和大山一样,为人宽和自守,以温言逊词承上接下,那就无所失意了。

我一直惦记着登山的事，所以，小憩一会后，我们便决定去登平顶山左侧的山峰。这座山虽然也丹崖百丈，青壁千寻；虽然也草深林密，绿色掩映，但它毕竟有一条忽隐忽现的小路。我们沿着这条小路爬行，真想一步到峰顶，因为我一直相信无限风光在险峰，我想早看看山项是个什么去处，古人说得好，野客思茅宇，山人爱竹林嘛。

自打病愈，我是惴惴小心，如临于谷；战战兢兢，如履薄冰。亲朋好友的嘱咐我是不能忘记的，且心存感激，我知道，我能回到人间，真犹如获得了“广赛宫里长生药，医得冰魂雪魄还”。但也有得意忘形的时候，把一切都抛到九霄云外去。现如今，我兴致勃勃、汗流浃背地就要登上了山顶，那种高兴劲，只有身临其境才能体会得到。

好美的景致啊！我仿佛站在半空，蓝天白云从我头顶飘过，山峰连着山峰，沟谷连着沟谷，壁立千仞，林木苍翠，那真是云日相辉映，空水共澄鲜。而山川沟谷的植物更是冶叶倡条，虽有些泛黄，但绝感受不到“风吹山带遥知雨，露温荷裳已报秋”的味道，我仰卧在柴草丛中，望望着这干净如洗的大地，我的心灵也随之溶入了天空。登山与学习工作其实是相同的，道理是一样的，登到山的顶峰，才能一览无余；而学习和工作到无我境界，便有海阔天空，登山而小天下气象。

巍峨的平顶山，不管春夏秋冬，不管雨雪风寒，就那么屹立着，它与山相连，与动植物相依偎，始终坚守着与其他物质和陸相处的信条，而人类不应该从中明白些道理吗？当前，最时兴的字眼是构建和谐社会，但不要忘了要想达到和谐，人之处世是根本的，也是最基础的。现在人们似乎把浮名看得过重，这就难免使山川失色，草木黯然了。其实，人活天地之间，如白驹过隙，名利地位金钱固然重要，但正如古人所说：“白衣苍狗变浮云，千古浮名一聚尘。”人到中年，大脑里老是往事不断，想抑制又抑制不住，心里也知道“往事悠悠添浩叹，劳生扰扰竟何能”但还是想说，好联想。

诚然，山野之人，安能佐世，但庄子的话还是令人信服的：人之处世，材与不材都不免于累，惟乘道德而游的人始能主动而不为物所役使。平顶山现在还是一方净土，净土自有它自己的灵性。但秋游平顶山，使我悟出一个道理：那就是山川与河流和陸相处，就能山清水秀，山与山和睦相处，那就是永久的万里长城。人间世道，虽如山之险峻，杂事频仍，但还是应和陸相处的，其不闻古人云：若不和睦则有仇党，有仇党则毁誉无端，毁誉无端则真伪失实，不可不深防备，有以绝其源流。其实不但国家如此，一个单位，一个家庭何尝不是如此。平项山使我心灵为之一动；让我对家乡的山山水水有了更深的感情，这或许有点“才入新秋百感生，就中蝉噪最堪惊”的感叹吧。如果你的平顶山之行领悟了这里的一山一石，一草木，呼吸了那里的清新空气，那么，你的身心就会被净化，你将如冰之清，如玉之洁，法而不威，和而不亵。因为素坚冰蘖心，洁立保贤贞啊。

达里湖赋

李春海

达里湖,海一般的浩瀚,海一般的富有。

有人说,达里湖是克什克腾草原上的一颗璀璨的明珠,而那草原上的牛羊,就如五色斑阑的玛瑙,象众星捧月一样,萦绕在它的周围,使之更加光彩夺目;也有人说,千里草原像一块百花盛开的地毯,达里湖就是镶嵌在这块硕大无朋的地毯上的一块晶莹的蓝宝石,使这件工艺品价值连城;还有人说,达里湖是一面熠熠闪光的明镜,映现出克什克腾草原五色缤纷的美好画图;更有人说,达里湖是一个聚宝盆,它富有而又慷慨,把它满湖的鱼虾,满湖的深情,都毫无保留地奉献给勤劳的人们。

这些话绝非溢美之辞,它传神地勾勒出达里湖的绝代风情,达里湖就是这样,用她广袤的胸怀,用她甘美的乳汁,哺育了克什克腾草原。如果达里湖是一樽盛满马奶美酒的夜光杯,尽管我不善饮酒,我也会双手捧起它,一饮而尽,醉!醉!醉!

倘若你不惮跋涉之若,不怕攀缘之危艰,不惧惊涛骇浪之冲击,或绕湖观光,或登山远眺,或弄舴艋于湖面,你会从不同的角度领略到大自然是如何把水乡渔村的妩媚秀丽,塞外草原的广袤幽深,大漠那种砂起雷行的粗犷剽悍巧妙地揉合在一起,你会由衷地赞叹大自然的匠心和它对达里湖的情有独钟。

清晨,踏露珠,披蒙茸,摄衣攀上砧子山顶,静待日出,则别有意趣。日出时“正赤如丹,红波晃耀。”满湖的水都象在燃烧,到处都象是簇簇闪动的火苗。我暗忖:在这里取一星火种,就足以温暖全世界。如果换一个角度去看、去想,此时的达里湖,又觉得这是一个红宝石的海洋,变幻着迷人的光彩,眩人眼目。我没见过泰山的日出,没见过海日出曙,我想玉皇顶观日出,海涛浴日,也就是这般景象吧。沿湖蓑葭苍苍,百草丰茂。驾一叶扁舟,游弋湖面,四顾细浪鳞鳞,烟波浩森,以浆击水迎日处如霞集布,星落时如珠云散。摇双浆击碎万顷琉璃,小舟徐徐前行,时见鱼斗碧波,鹤翔蓝天。我虽未见“其鱼溯流而进,填塞河内,人马皆不可渡”的奇观,却也见到:近岸处银鲫金鲤时往时还,时浮时潜。或觅食而草叶动,或吐气面水泡圆。及湖深处,群鱼摇头鼓腮而来,振鳞奋鳍,破浪而去的鱼乐图。当我们正陶醉在“乐哉,鱼也”的情景时,蓦然,舷边一尺许金鲤破水乘空,坠落船中,正是:“欲跳龙门而未过,误坠船舱进汤锅”。我的两句即兴调侃,引起同行人的一阵大笑。

友人讲,难得今天风和日丽,水波不兴,如遇风起云涌之时,达里湖则开这层脉脉温情的面纱,满湖层浪叠障,雪涛壁立,惊波雷奔骇水迸进,风嗔电怒,奋沫扬波,其时,船棹归港,鸟兽雌伏,鱼虾潜深。其勢如千军万马在冲杀,似龙吟虎啸在争斗,万水千山齐响应。令人满腔热血为之沸腾。

岸边，丹顶鹤高蹈如舞芭蕾，白天鹅引吭似扬天音。银鸥、水鹜等水鸟欢呼雀跃，汇成百鸟齐鸣的大合唱。它们或弄翮而顾影，或将雏而觅食；或戏水侣浴，映波而形双；或星陨入水，衔鱼而高翔；或惊飞蓬集而喧哗，或矫翅凌云而翳目。这里的一切都生机勃勃，鼓舞人力争上游。南临曼陀罗山，极目远望，水天一色，三石山似屏，洲渚若浮点点白帆拼搏于波涛之中，只只水鸟掠过水面，眼前的景物，浑如一幅天成的水墨画，悬挂于天地之间。

湖的西边，沙丘起伏，连接朔漠，离湖不远处，就是著名元代应昌路遗址。先贤留迹处，我辈复登临，不由人感慨万千，传说，成吉思汗曾在这风光秀丽的湖畔，度过他金色的年华中的一段时光。这里是他叱咤风云成就大业的发祥地之一。也就是这风云变幻大漠，水草丰茂的草原，秀美如画的湖光山色，造就了这位纵横欧亚大陆，所向披靡的英雄。是达里湖赋予他海一般的韬略，是砧子山的巨岩铸成了他铁一般的性格，是迥漠风沙锻炼了他盖世无双的武功。达里湖，你可曾饮他那驰骋沙场的白骒马？砧子山，你可曾锻造过他手中射雕的利镞？水云洞，你可曾见过他出征时的英姿？

湖的东面是无垠的大草原，牧民定居点错落其间，袅袅炊烟直，阵阵奶茶香，公路上不时有装载牛羊、皮毛的车队驶去，间或有装满百货的汽车开来，时而有牧民的摩托车队急驰而过。机器的轰鸣声，人们欢歌笑语声，在草原上掀起一阵阵的沸腾。草原上羊群如一朵朵飘动的白云，一群群岗更牛象一片片升起的朝霞，与点缀在草原上紫茸茸的红藤萝，湛蓝的振翅欲飞的鸽子花，黄色的金莲花，五颜六色的野菊花，把草原打扮的花团锦簇，有声有色，整个草原就象是一曲交响乐，就象一幅重彩的风俗画。

达里湖，你是一个英雄的湖。砧子山，你是一座充满传奇色彩的山。人们说，砧子山、达里湖、水云洞是一部乡土的历史百科书。不是么？砧子山的每一条皱褶都记录着克什克腾旗各族人民前仆后继，争取解放斗争的历史；达里湖的每一朵浪花，都是一个个欢快的音符，歌唱着克什克腾旗各族人民取得社会主义建设事业伟大胜利的喜悦。

民国诗人王枢在游达里湖后写道“中涵岛屿水平铺，绝妙鱼禽飞跃图，自古英雄勤远略，至今留得大儿湖”。吟咏着这绝妙好辞，我想成吉思汗是一个大英雄，他创造了举世无俦的奇勋伟绩，但他又给克什克腾草原，又给达里湖留下多少福祉？只有我们这一代各民族的社会主义建设者们，才是真正的英雄，才是历史的真正主人。用我们勤劳的双手，用我们的心血和汗水浇灌了克什克腾草原，美化了达里湖。使克什克腾草原常绿，使达里湖水常清，使克什克腾各族人民生活更美满。

祝福你，达里湖。祝福你，克什克腾草原，祝福你，生活在克什克腾草原上的各族人民。

大青山赋

吕振山

2005年新年伊始,从法国巴黎传来喜讯,克什克腾国家地质公园晋升为克什克腾世界地质公园。由此昭示,克什克腾草原神奇壮美的景观,从此展示在全世界公众的视野,成为集地质科考与自然遗产保护为一体的亮点,成为生态文化旅游的热点,成为克什克腾各族人民绿色经济的增长点。

山川胜概,万般气象;塞北明珠,满目琳琅。中国克什克腾世界地质公园九大景区,分布在2万平方公里国土上,星罗棋布,聘怀极目。阿斯哈图花岗岩石林奇石耸立,巧夺天工;热水温泉蓝霭蒸腾、膏泽黎民;西拉沐沧大峡谷群峰逶迤、碧水波横;黄岗梁第四季冰川遗迹群山奔涌、绿浪滔天;平顶山冰斗群峰谷如刃、山谷空音;乌兰布统草原长虹卧波、草木葳蕤;达里诺尔火山群峰燧沉寂、风雨如磐;浑善达克沙地榆柳婆娑、荒原默默;而青山岩臼及花岗岩峰林,雄峙于草原中心,北望黄岗梁,襟带热水汤,西瞰达里诺尔,南邻平顶山,脚下滔滔潢水,头顶浩瀚苍天。浩浩乎,收万水千山于眼底;洪洪乎,采万世千秋宏猷于一身。承受了火山炼狱之创生,经历了冰川风雪之磨砺;饱含了自然爱神的垂爱,披挂了丽花佳树的装饰。在时光的研磨里,峥嵘伟岸;在风雨的洗涤下,慧照苍穹。一座自然创造的佛山,一山巧夺天工的神石,突兀而立,卓而不群。其山势崔巍,其山色清仓,故人们敬而称之:大青山。

青山高,黄地厚。青山高啊云绕鹰旋,黄地厚啊天荒地老。西拉沐沦如长龙卧波,得天地灵犀滋润;大青山若龙头高昂,仰视苍穹,吸纳日月光华。其山高,朝迎东方旸谷之羲和,巡视于北方苍茫大地;其山美,紫气濛濛,流光溢彩,神韵至极;其山险,峭壁衔环,峰列如栅,令神鬼皆惊;其山奇,佛山神石,鬼斧神工,惟妙惟肖。更有岩臼之神奇,天然盆景,形态各异,贯玉垂虹,树柔草纤;蓄水藏风,凝视长天。实乃洪荒时代之印痕,叹自然伟力之无穷。山高吸天地之灵气,成其无双之美丽;山奇藏嘉树丽花于胸怀,使之四季不同生机盎然。山险呈孤峰深壑,万仞绝壁之威势,纵然诗仙到此也瞠然不语;山美有天然大佛端坐,自带肃穆慈祥之气息,高屋建瓴之风度,令人肃然起敬。

青山巍峨,连绵四十余里,高低错落,波涌连横。山巅孤峰如笋、如剑、如埃及金字塔、如秦王军阵,刀枪如林,直指青天。主峰群山簇拥,黄土长岭如莲花拥蕊,西拉沐沦玉带缠腰。山峰似大佛端坐,手抚长膝,微仰问禅;胸膛端直,胸纳世事风云;双足稳踏,显露佛法高深。左青龙,奔腾而下,动感十足;右白虎,卧于佛前,威风凛凛;前玄武,众星捧月,气势昂然;后朱雀,挟风带雨,惊心动魄。更有神鹰护法、群猴献桃、断蛇垂泪、蟠桃献瑞、老龟求法、石蛙跳涧、天犬吠日、双熊望天,还有采药老人、青山老人阅读天荒地老生涯远；老翁老妪品味夕阳红透半边天……一山一石一草一木，移步换景、自然生动，令人抚掌称奇，遐想无边。

青山神奇而生命蓬勃，树繁茂而流光溢彩，草旺盛而芳茵花香。虎距龙盘，仙草异花。马鹿奔跑于林中；苍鹰盘桓于蓝天。山风吹雾，紫气蒸腾；危崖眺望，玉树临风。曳云贮玉，连翠飞红；顽石灵犀，草木含情。白桦亭亭，与五角枫同沐皎月；松柏苍苍，与山核桃共舞秋风。杜鹃花虹霓飞扬；山杏花绢白情柔。此情此景，天堂也、神仙乎！喜与诸君共吉祥。

好山好水逢盛世，华夏腾飞祥瑞升。龙腾虎跃，风云际会。青山奇景，遂为世人称道。有柴君武常者，生于千湖之省，学成于首都名校，学识渊博，慧眼识珠，登青山、探神奇，履险谷、钻洞窟，穿林钻隙，历尽艰危。劈山崖、凿石阶、建索道、打石屋，开辟生态旅游之事业。百余景观景景不同，二十洞天洞洞别致。绿树成荫蜂戏蝶舞，美酒佳肴激情洋溢。草原风情令人流连忘返，多彩文化熏陶如醉如痴。品野果，饮山泉，手扒肉，马奶酒，好汉三赛，蒙古长调，尽情品味克什克腾之浓郁风情，沐浴草原天人合一之共永。

当今之世，俊彩星驰；现代生活，早已多维。江山胜迹，不可或缺；风俗淳厚，于斯为甚，嗟乎！承平盛世，祯祥普惠。青山冰臼，世界遗宝。已为地区发展之亮点，更是百姓致富之珍宝。身临其境，目不暇接；神清气爽，豪情满怀。安能不临风而歌唱，登高而感怀？

是为赋。

2006 年 6 月作于大青山

小 D（微小说）

色・恩克

在我居住的小区里有一个小男孩儿，因为我不知他姓啥叫啥，便把他叫成小 D。

我每天上下班的时候经常见到他，每次碰见的时候他总是目不转睛地盯着我。或许他从我的脸上看到了什么，并且走过很远还频频回过头来望着我。一开始我很诧异这个孩子。有一次他跟往常一样还是一直盯着我，那时我的坏脾气突然发作，便说“瞧什么瞧，没有见过女人吗？恐怕你们家女人都死光了？”我抽了他一记耳光，此时的他像个被踢的小狗一样，一声都没发，憋住眼泪瞧了我一眼，咬着嘴唇离开了我。那时候我看到了他那又大又黑的眼珠子，虽然他眼里泪水满满，但是他忍着没有让它掉下来。从那以后他不再和以前那样直直的盯着我，而是从老远的地方望着我或有时还躲着我走。

后来时间长了，我也习惯了。但是我发现他每天从小区里的小卖部里买一些馍饼或最便宜的蔬菜，油盐酱醋等。他那很成熟的举动在我的眼里，很像是一个打理全家琐事的家庭主妇。

有一次我走进小卖部的时候,正好碰见了小D。他这次没有买馍饼蔬菜,竟然手里拿着一个空的矿泉水瓶,从柜台旁边打了半瓶散白酒,付了零零散散的几个钱害羞地跑过去了。我看到很诧异,这么小的年龄还饮酒?我便问了小卖部的摊主。摊主压低声音说:“哎,说起话长,他是个很不幸运的孩子,父亲是个残疾人,去年的中秋节那天,他母亲为了生计在集市上推着车卖月饼,被一酒驾司机给撞死了。从那以后他父亲酗酒,后来就成了离不开酒的人了,就那一场车祸给一个好好的家庭带来了不幸。所以这个孩子就成了这一家的顶梁柱。”

她又接着说:“这孩子的母亲生前也是跟你一样乌黑长发,明亮眼睛的漂亮女人,并且你腮下的那只黑痣长得跟那个女人一摸一样,也许那孩子看到你的那只黑痣,想起了他妈妈,不瞒你说我也每次看到你的时候就想起那个姐们儿,她是个又朴实又善良的好女人。”说完这些话她也轻轻的擦了擦眼睛。我默默地听着她叙述的话语,再也不敢往下追问,我心里也涌现出一股酸酸的感觉,听了这个小孩子的不幸经历,我也忍不住泪水走出了小卖部。

从那以后我明白了小D,每当见到我时目不转睛的盯着我的秘密了。因为他是一个失去母亲的单亲儿,多么渴望母爱啊,我摸了摸腮下的那只黑痣,深深地叹了一口气,心里想,原来那个小孩子,在我身上看到了已经失去并永远追不回来的东西。

平凡的日子一天天的过去。又迎来了一年的中秋。小区里的邻居们都为了过节而忙活着,但是我确没有看到小D。我心里好像丢失了一件珍贵的东西似的格外空虚。后来我从摊主的口中听到了小D的去向。摊主说:“近期孩子的父亲病情加重,他搜集捡纸盒、易拉罐的钱和妈妈遗留的维持生活款,领着他父亲去外地治病去了。”听到这里我心思,那么小的孩子能把他父亲照料得了吗?尤其是他父亲是个残疾人。这时他那可爱又可怜的身影像电影镜头一样一幕一幕的浮现在我眼前,我心里失去了平衡,眼睛都湿了。

可怜的小D不知流浪在何方……

三、续志资料备考

主编、副主编简介

主编简介

刘德生　男，汉族，1955 年 8 月出生，克旗新开地乡人，大学文化，中共党员。1973 年参加工作，历任新开地公社广华大队中学教师，广华大队会计、副主任，新开地供销社党支部委员、销货员。1976 年 10 月后，历任克旗广播局会计、新开地公社党委秘书，克旗广播站编辑、记者。1984 年 2 月后，历任中共克旗委秘书、旗委宣传部副部长兼旗精神文明建设委员会办公室主任、中共克旗委办公室主任、新庙乡党委书记、克旗畜牧局局长、中共克旗委统战部部长。2003 年后，历任政协克旗委员会党组成员、副主席，克旗人大常委会党组成员、副主任、调研员。2015 年 9 月退职休养。自 2005 年 7 月起，主持编纂《克什克腾旗志(1991—2008)》。

副主编简介

胡昌明　汉族，1954 年 5 月出生。1972 年末高中毕业，1973 年 2 月到三义中学教学至 1990 年。1985 年秋参加内蒙古自治区高等教育自学考试，至 1991 年春取得大学专科、本科学历。1986 年 8 月加入中国共产党。1991 年 5 月调入旗委宣传部工作；1995 年 5 月调任旗文体局副局长、党总支副书记；1997 年末调任旗就业服务局局长；1999 年末调任旗档案局副局长。2005 年 7 月调入旗地方志办公室负责日常工作，编纂《克什克腾旗志(1991—2008)》。

四、编纂始末

2005年7月,克旗人民政府办公室组织召开克旗续志工作启动会议,部署搜集资料工作,全旗各苏木乡镇、各职能部委办局分管领导、撰稿人95人参加会议;并印发《克旗第二轮地方志编纂工作实施方案》。

2006年2月至2008年10月间,编修人员主要是集中力量搜集资料。重点是搜集工业企业、商业企业改制前后档案材料和记忆材料,搜集改革变动的企事业、撤并的苏木乡镇、行政机关缺失档案的应入志资料。

同年10月,用以会代训形式,对旗直志书资料撰稿人进行初步培训;11月中旬,对苏木乡镇13名资料稿撰稿人进行专门业务培训。2007年4月下旬,对旗直部委办局和企事业单位56名资料撰稿人举办专题培训班进行业务培训。

2007年6月,收集整理资料,拟定初稿"篇目"稿。

2009年初至2013年8月,完成《克什克腾旗志(1991—2008)》初稿主体部分编纂工作。

2013年9月,展开《克什克腾旗志(1991—2008)》三稿总编纂工作。

同年11月,开始对《克什克腾旗志(1991—2008)》总编纂稿资料进行补充、核实、修改。

2016年7月,完成《克什克腾旗志(1991—2008)》征求意见稿,向全旗各部门单位征求意见。

同年11月,完成《克什克腾旗志(1991—2008)》送审稿定稿、送审。

2017年11月,《克什克腾旗志(1991—2008)》通过内蒙古自治区地方志办公室、赤峰市地方志办公室组织的联合评审组评审。

同年12月,根据评审意见,对志稿进行修改、补充、重写,准备复审、验收等。

2019年8月中旬,《克什克腾旗志(1991—2008)》送自治区验收。

2020年3月下旬,通过自治区验收和方志出版社三审。

2020年6月,印刷发行。

克什克腾旗地方志办公室

2020年6月

索 引

索　引

一、主题索引

说　明

1. 本索引采用主题分析索引法编制,除大事记外,志书中有实质检索意义的内容均予以标引,以便检索。

2. 本索引基本上按汉语拼音音序排列,具体排列方法如下:以数字开头的,排在最前面;以英文字母开头的,列于其次;汉字标目则按首字的音序、音调依次排列,首字相同时则以第二个字排序,依此类推。

3. 索引标目后的数字,表示检索内容所在的正文页码;志书中用表格、图片反映的内容,则在索引标目后面用括号注明(表)(图)字,以区别于文字标目。

4. 索引标目之下设置二级标目的,采用分行缩二格形式区分,之下再按汉语拼音音序、音调排列。

0～9(数字)

A

B

C

索引

E～F

索引

H

J

M

P～Q

S

索引

T

W

索引

X

索引

(王彦祥　刘子涵　编制)

二、表格索引

索引表－1

索引表 -1-1

索引表－1－2

索引表-1-3

索引表 -1-4

索引表-1-5

索引表 -1-6

索引表 -1-7

索引表－1－8

索引表 -1-9

索引表－1－10

后　记

《克什克腾旗志(1991—2008)》问世了。

志稿十数载艰辛,一朝收获。浩繁之文化工程付梓成书。

本志书的编纂、出版得到旗委、旗政府的关怀、重视,得到各个部门的鼎力支持、配合。旗档案局的工作人员随时提供资料、查询服务。旗统计局安排专人专门办公室供旗志办人员查阅、核实资料。修志人员以对历史负责,对全旗人民负责,对子孙后代负责的态度,从收集资料、拟定纲目,分纂初稿送审各个过程,勤奋认真、兢兢业业,保证如实、殩信反映这一时段的历史,为后世留存翔实、可信的记录。

历史是人民创造的。本志书所载叙之历史时段,正值我国改革开放、建设有中国特色社会主义伟大征程关键时期,记录好这一伟大实践,对克什克腾旗的现实与未来,提供借鉴,继往开来,无疑具有重大历史意义。是研究克旗改革开放,在发展中确立全旗经济发展定位和战略措施,研究克旗历史延革、政治、经济、资源、军事和人文等方面第一手资料,以为克旗资源利用,旅游开发等提供翔实史料根据,也是克旗各族人民创新发展、守望相助的重要原始资料,承接了《克什克腾旗志》前卷的历史脉络,具有重要的学术价值。

由于在本志书所记述时段,社会、经济以及行政区划、建置改革节奏快,变动幅度较大,故企业和各级国家行政机构档案有毁损遗失,图片随技术更新已换代,给编纂工作带来一定困难,有旗委、政府的直接领导,各单位以及专家、学者、知情人士和社会贤达的大力帮助,为我们提供了大量史料。我们还特别邀请了李春海、吕振山、张广成、王广利四位同志对本书作最后的修改、校对,并对个别章节进行了重新修写。我们对所有关心、支持、帮助修纂此书的单位和个人,一并表示深深的谢意。

受能力和条件所限,本志书修纂校对难免有不当或遗误之处,恳请广大读者批评指正。

编　者

2020年6月